SAT

能够让你背出幸福感和成就感的神奇单词书

Stefanie.W

啄木鸟教育
WOODPECKER EDUCATION
——满分®培训SAT丛书

出国考试满分®培训

猴哥SAT词汇蓝宝书

白金升级3.0版

猴哥⊙编著

江苏文艺出版社
JIANGSU LITERATURE AND ART
PUBLISHING HOUSE

图书在版编目（CIP）数据

猴哥SAT词汇蓝宝书 / 猴哥编著. —南京：江苏文艺出版社，2013.11（2014.8重印）
ISBN 978-7-5399-6672-4

Ⅰ.①猴… Ⅱ.①猴… Ⅲ.①英语－词汇－高等学校－入学考试－美国－自学参考资料 Ⅳ.①H313

中国版本图书馆CIP数据核字(2013)第242610号

书　　名	猴哥SAT词汇蓝宝书
编　　著	猴　哥
责任编辑	孙金荣
特约编辑	韩　洋　赵　娅
文字校对	陈晓丹
出版发行	凤凰出版传媒股份有限公司 江苏文艺出版社
出版社地址	南京市中央路165号，邮编：210009
出版社网址	http://www.jswenyi.com
经　　销	凤凰出版传媒股份有限公司
印　　刷	北京兆成印刷有限责任公司
开　　本	787毫米×1020毫米　1/16
印　　张	28
字　　数	442千字
版　　次	2013年11月第1版　2014年8月第3次印刷
标准书号	ISBN 978-7-5399-6672-4
定　　价	88.00元

前言 PREFACE

《猴哥 SAT 词汇蓝宝书》自 2010 年面世以来，凭借科学的选词方式和按照考试中出现频率排列单词的优势，成为全国大约 70% 以上 SAT 考生背诵记忆 SAT 单词的首选用书。

虽然本书广受肯定，但在使用过程中，我们也发现其在词汇中文释义的选择等方面还存在诸多不足。为了让读者更好地使用本书，作者集中精力，连续 3 个月，对白金升级 3.0 版进行了每天 10 小时、累计 1000 小时的单词选择及词义修订。相信当你使用这一版蓝宝书时，能感受到这些充满生命力的单词从纸上跳出来和你交流。

本书包含以下内容：

猴哥 SAT 词频 7000：统计 SAT 真题 /OG/OC 中的所有单词，按照考试中的词频排序，去除基础单词。

猴哥填空词频 3100：统计 SAT 真题 /OG/OC 中填空题目的备选项单词，按照考试中的词频排序，去除基础单词。

猴哥巴朗词频 3500：很多考生把《猴哥 SAT 蓝宝书》和《巴朗 SAT 词表》配合使用；猴哥把巴朗词表中的 3500 个单词，按照在 SAT 真题 /OG/OC 中出现的频率进行排序，这样就可以按照单词的重要程度来背诵巴朗 3500 了。巴朗 3500 只有一半（1700 个）左右在 SAT 考试中出现过。

猴哥 SAT 数学单词：统计了 SAT 考试中的数学单词。

猴哥 SAT 各科备考方法：收录猴哥最新的 SAT 备考规划及托福 SAT 混合备考法等内容。

新版特点：

1. 重写词义。把单词在 SAT 中考查最多的词义写在前面，并且把词义控制在三个左右，方便背诵。

2. 单词排序上的创新。第一顺序是按照词频排序，第二顺序是按照词性排序，第三顺序是按照词义排序。按照词性排序，集中背诵某个词性的单词，可以增加一个确认维度，经过统计，此种方法可以将记忆效率提高 20% 以上；按照词义排序，可以集中背诵一些近义词。

3. 创新融入《巴朗 SAT 词表》。把《巴朗 SAT 词表》中的 3500 个单词按照词频排序加入新版蓝宝书，方便考生记忆。

目录 CONTENTS

第一章
猴哥幸福背词法 3.0

背单词最关键的是要清楚背词范围、背词顺序、背词内容和背词方法。

1. 背词范围

背词范围一定是以真题为范围。美国的 SAT 考试、托福考试、GRE 考试、GMAT 考试的词汇范围都比较稳定，其原因是这些考试都有有效期，而在有效期内要保证相同成绩具有可比性，就必然不会出现太多新词。所以，猴哥的托福、SAT、GRE 词表里的词汇，都是从真题里完整统计出来的。

2. 背词顺序

背词顺序一定是以词频为顺序，先背诵考查频率高的词。

按照词频背诵的第一个好处是，可以迅速把高频词记住，然后通过阅读来提高对单词的熟悉程度。如果按照字母顺序背诵，你只能把所有单词都背完，再去看阅读才能读懂。只背单词而不通过阅读使用单词，单词迟早会被忘掉。

比如猴哥托福阅读词频，是从近 100 次托福考试 、400 篇阅读材料中统计而来，涉及的词汇总量高达 40 万。如果你把阅读词频 6000 中的前 3000 个在考试中出现过 3 次及 3 次以上的单词背诵下来，那么遇到任意一篇托福阅读时你基本都可以读懂，因为有 95% 的单词你都已经认识。

按词频背诵的第二个好处是不用把所有单词都背诵下来。根据你准备考试的时间，你并不需要把这 6000 个单词都背诵下来，因为很多词频为 1 的词，在实际考试中出现的概率很低。

3. 背词内容

在背单词的过程中，我们到底该背什么？

总原则：单词不要背拼写，开始时只记一个主要释义。

对于单词，不要背单词的拼写，因为很多英语单词，美国人也不会拼写，但是在阅读中能认出来，汉语中也有这种情况。汉字是由偏旁部首构成的，中国人对偏旁部首的组合比较熟悉，而英文单词是由词根、词缀发展而来的，所以背诵英语单词时，可以按照词根、词缀来背诵，也可以背诵单词的大致形状和音节起伏。至于拼写，在托福、SAT、GRE 等考试中，一般只有写作时会用到。我们只要掌握 3000 个单词的拼写，就能写出很漂亮的文章，所以我们没有必要把 9000 个单词的拼写都掌握。

一个单词往往有很多汉语释义，开始记忆时，背诵的信息量越少，单位时间内背诵的单词就越多，所以我建议先记住大部分单词的一个主要意思，在后面的阅读中再深入理解。阅读时，在掌握了一个主要意思的情况下，根据上下文，是可以猜出该语境中这个单词的扩展词义的。而且，通过阅读可以加深对这个单词的用法和扩展词义的理解。

4. 背词方法

使用猴哥幸福成像背词法：

今天我来教大家猴哥成像背词法，终于可以脱离死记硬背的苦海了。学完之后背单词"SO EASY!"让大家背单词背出幸福感哈！

（1）标记：如下图所示，把卡片卡在单词上，如果1秒钟之内能够反应出这个单词的一个主要意思，则把单词后面的 Ⓐ 圆圈用铅笔涂黑，Ⓐ 涂黑的单词代表永久记忆单词，可以先不用再背诵。（背诵单词的第一步，就是要先把这些已经是永久记忆的单词从背诵的范围中剔除出去，否则你会感觉单词越背越多。）

例： pretext ⒶⒷⒸⒹⒺ

（2）背诵3遍：只背诵 Ⓐ 没有涂黑的单词，用卡片盖住单词的中文意思，看一眼英文，回忆中文意思，这时应该大部分单词不能回忆出其中文意思。掀开卡片，背第一个中文意思，然后再盖上卡片，闭上眼睛，在脑海中形成一个"这个单词后面跟着一个中文意思"的像。

pretext ⒶⒷⒸⒹⒺ　　n. 借口
divulge ⒶⒷⒸⒹⒺ

①

pretext ⒶⒷⒸⒹⒺ　　n. 借口
divulge ⒶⒷⒸⒹⒺ　　vt. 泄漏，透露

②

pretext ⒶⒷⒸⒹⒺ　　n. 借口
divulge ⒶⒷⒸⒹⒺ

③

好，闭上眼睛试试，看看脑海中能不能成像为：

divulge 泄漏

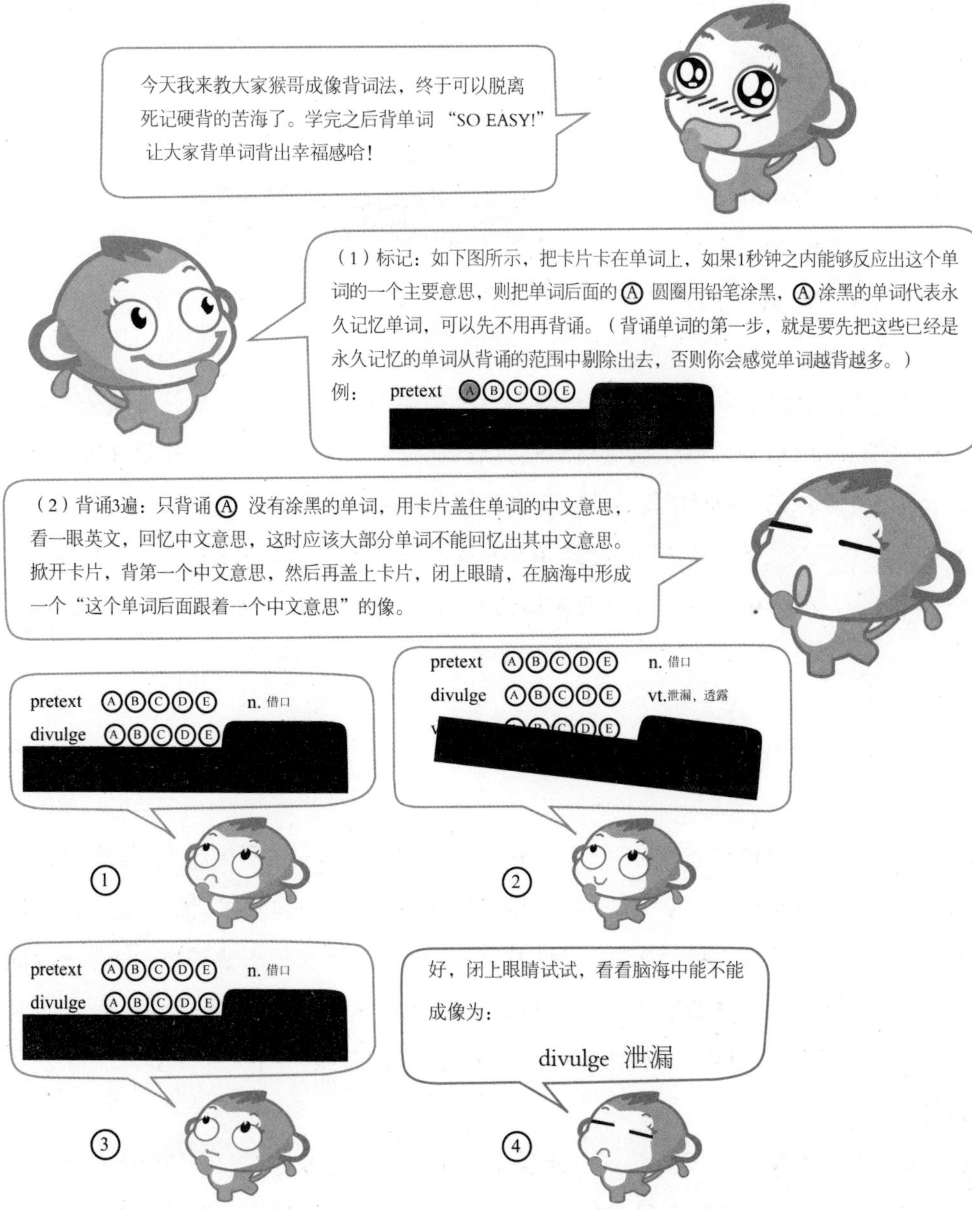

（3）用这个成像的方法，顺序背诵Ⓐ没有涂黑的单词。背诵50到100个单词（根据个人的记忆速度和时间来决定）后，马上用这个方法重复背诵第二遍和第三遍，记住，背诵三遍。

（4）半小时后，把刚才背诵过的单词，按照下面的方法“过”一遍：

用卡片卡住单词。Ⓐ已经涂黑的单词不用管（这些单词是永久记忆单词）；Ⓐ空白的单词，如果在1秒内可以反应出一个中文意思，则把Ⓑ涂黑，如果不能反应出中文意思，则不涂黑Ⓑ。

例：pretext ⒶⒷⒸⒹⒺ n. 借口

divulge ⒶⒷⒸⒹⒺ [redacted]

这就是“过”一遍的概念。

“过”一遍的作用，除了区分哪些单词还记着，更重要的是把记忆延长到12个小时之后。

过完之后，对于ⒶⒷ都没有涂黑的单词（也就是遗忘的单词），再用前面的“成像法”背诵三遍。

12个小时之后，再“过”一遍，如果还记得，把Ⓒ涂黑。

例：pretext ⒶⒷⒸⒹⒺ n. 借口

divulge ⒶⒷⒸⒹⒺ vt.泄漏，透露

vacillate ⒶⒷⒸⒹⒺ vi.犹豫不决

通过这个方法，Ⓐ是黑的，代表永久记忆单词。ⒷⒸ涂黑的个数越多，说明记住的次数越多。

之后是过24小时、2天、4天、7天、15天，分别过一遍，涂黑ⒹⒺⒻⒼ……

另外，每周利用周末的时间，把本周背过的单词集中过一遍，每个月把本月背过的单词集中过一遍。

如果以上的图表你没有看懂，你还可以关注猴哥的微信账号：houge100，回复“背词法”来获得猴哥背词法的课程录像。你也可以去啄木鸟教育的各个分公司申请免费的一对一背词法课程，啄木鸟教育机构的老师会手把手教你掌握“猴哥幸福背词法”。

第二章

猴哥托福学习规划 3.0

托福是针对母语非英语者的一种英语能力考试，主要考察一个人在美国学习和工作时的英文听、说、读、写能力，其考查偏重于日常交流方面，而不是在学术上的应用。

众所周知，中文是世界上最难的语言之一，我们每位学生的中国话都说得非常利落，读书、看报、写作文也没有问题，所以我们应该有自信掌握英文。学好英文，只要掌握以下5点便易如反掌，考取托福高分也会顺理成章。

1. 要有学习托福的决心。托福学习我们是躲不过去的，不管你用什么方式去美国读大学，如果听、说、读、写不过关，上课听不懂，无法回答问题，就很难毕业，不要幻想去美国先学语言，认为有了语言环境很快就能学会，这些都是不切实际的。

2. 要有相对充足的学习时间。每天要拿出至少1个小时的时间学习，然后阶段性地上课和集中训练，一共需要3~6个月就可以取得需要的成绩。

3. 要有适合自己的科学的学习方法。这是猴哥在这一章里要重点讲的。

4. 要找到一个合适的切入点。对于托福模考分数不同的同学来说，切入点也是不同的。比如让托福模考分数只有40分的同学去练习托福真题（TPO）的听力，无论听多少，提高都是有限的，因为根本就听不懂。阅读也是一样，所以模考分数较低的同学要找比托福真题简单的内容来练习。找到适合自己的切入点，这个是学习内容规划的重点。

5. 上托福培训班。培训班主要讲技巧，通过一堂阅读课的学习，阅读能力不可能自然提高，考生需要按照课堂上讲的方法在课下进行大量的阅读练习。老师用20个小时就可以把托福的阅读技巧全部讲一遍，但是要想真正提高阅读能力，则需要大量科学的阅读训练。

一、语法

背诵单词的同时，要开始看语法，掌握语法的关键是理解并牢记语法体系。具体体系见《猴哥托福阅读、听力词频》的第五章。所谓语法体系，不是光看懂就可以的，还要把它背诵下来。因为语法的本质是规则，需要理解的地方不多，关键是要把它记下来。

具体操作时建议用一本高中的语法书作为参考，如《无敌高中英语语法》，这本书的内容不像专业语法书那么烦杂，只是最基础的语法，还配了练习题。把这本书仔细看完，再配合猴哥的语法框架来记忆，则可以轻松掌握基础语法了。

二、阅读

1. 掌握了基础单词和语法后，就可以读懂句子，读懂文章

但是，由于词汇量和语法熟练程度的限制，很多基础薄弱的学生仍然会发现还是读不懂托福真题的阅读，这个时候就要选择比托福真题（TPO）简单的内容来阅读，例如《朗文托福阅读特训》，如果还是大量读不懂，则可以使用啄木鸟教育的内部教材《Level-B》和《Level-A》的阅读部分。Level-B 的阅读难度相当于高考阅读难度，而 Level-A 的阅读难度相当于中考阅读难度。

2. 托福阅读长难句

很多学生发现，虽然背了许多托福单词，但是做托福阅读时会遇到很多这样的句子——每个单词都认识，但就是不明白整句话的意思，这就是长难句。虽然每次托福考试总会有新的长难句，但是这些长难句所使用的语法规则是有限的。猴哥收集了托福（TPO）中最难的 167 个长难句，并且对每一句的语法、意群进行了分析，把这 167 个长难句分析清楚，阅读长难句的能力就会提高。遇到长难句，刚开始还需要分析语法，待熟练掌握后，不依靠语法也可以读懂。《猴哥托福阅读长难句宝典》免费限量领取 2000 本，网址 :www.zmnedu.com/book，啄木鸟教育的各分公司也可以免费限量领取。

3. 上托福阅读培训班，形成自己的阅读习惯和技巧

在培训班上，老师会帮你把托福阅读的题型、题材等特点搞清楚，并且教给你一些阅读方法和技巧。有了这些方法和技巧，再掌握了单词和长难句，读懂文章后，你又可以多做对一些题目了。关键是要通过上课，形成自己的阅读习惯和技巧，并且在每一次做题过程中，都要使用这些技巧。

4. 用猴哥幸福做题法做托福阅读题

第一遍卡着时间来做托福阅读题目，体会时间如何分配和做不完题目的时候该如何取舍。做完第一遍后，马上拿出字典，查阅影响理解的生词，不限制时间，仔细精读文章，彻底读懂，然后再把题目做一遍。第一次做错、第二次做对的题目，说明是因为第一遍没有读懂；第一次做错、读懂后仍然做错的题目，说明是理解有问题。查看一下这些题目为什么选项是这个，同时，拿出本子，记录下自己的思维误区。

猴哥幸福阅读法的作用，除了能够精确地找到自己的思维误区外，最重要的就是精读的过程。精读是提高阅读能力最好的方法。猴哥提到托福阅读最重要的是真正提高阅读能力，那么，什么

是阅读能力？认识一篇文章的每个单词,能读懂每一句话,这个是阅读能力吗？不是。一本说明书，孩子能读懂，妈妈虽然认识每个字，可能就是读不懂，这就说明孩子和妈妈在阅读说明书这个文体上，存在阅读能力的差别。

阅读能力应该是不管什么文体，看第一段就能预测第二段写什么，阅读的过程中，能高效率地思考作者的观点，看完后，基本也吸收了该吸收的内容。这种阅读能力提高的最好方式，就是精读一篇文章，精读的过程中，还需要不断地归纳、总结、记忆和思考。完成精读之后，给这篇文章分段，写段意，写中心思想。

5. 泛读（小说、杂志、期刊）

猴哥在研究很多第一次托福 110、SAT2200 分学生的学习过程时发现，他们大部分都有大量阅读英文小说的习惯。看小说的好处:（1）通过大量阅读巩固单词;（2）小说比较有趣，容易坚持;（3）小说是以情节为导向的，在读的过程中，容易建立英文思维，降低阅读难度。

看小说贵在坚持，所以一定要选择自己感兴趣的。初期可以看一些篇幅短的、自己感兴趣的、相对简单的小说，比如《教父》《暮光之城》等，也就是以篇幅短、感兴趣、相对简单为初期选择小说的原则。另外，看小说尽量不要查单词，查单词你就体会不到阅读的乐趣，也会阻断阅读连续性的训练。要实现不查单词，有两个方法:（1）迅速大量背单词，提高单词量;（2）降低阅读的难度。

本书附录中有猴哥推荐的小说阅读列表，同时还参考了很多提分明显的学生的阅读经验和爱好，希望对大家有所帮助。除了以上两点，我还推荐大家看一些杂志、期刊和浏览英文网站。

推荐内容	英文名	推荐理由	重点推荐	备注
探索频道	Discovery Channel	托福考试学科必备科普知识	考古学、人类学、社会学	http ://dsc.discovery.com/
国家地理	National Geographic	天文、地理，各学科必备知识	地理地质学、天文学、环境学	http ://www.nationalgeographic.com/
《读者文摘》	Reader’s Digest	社会万象	社会科学类	www.rd.com
《美国科学》	Scientific American	科普研究	自然科学类	www.sciam.com
报刊联合推荐网页	Teach	英美主流报刊杂志	纽约时报	http ://www.thea.cn/xtoefl_Zl_3382-1.htm

三、听力

1. 背诵猴哥托福听力单词

听力中有很多单词是高频出现的，仅仅背诵下来、认识还不够，还要能听懂。《猴哥托福阅读、听力词频》中，对听力高频词也进行了统计，考生需要将这些高频词背诵并读出来。

2. 听写（听抄、精听）

听写是提高听力最有效的方式。

（1）选择一个自己能听懂 60%~70% 的听力材料来训练。如果选的材料你都能听懂，则几乎没有训练效果；如果几乎都听不懂，则也没有训练效果。

难度顺序

科学人 60 秒（SSS）>TPO> 老托福 PartC> 标准 VOA> 慢速 VOA> 啄木鸟 Level–B> 啄木鸟 Level–A

（2）听写方法：

听一小段，5 秒左右，能写多少就写多少，然后重复听，直到能把句子大意完整写下来。如果重复超过 5 遍还听不懂，则可以看原文听。每天训练 1~2 个小时，听力会大大提高。

（3）听力是最容易退步的能力，所以要坚持听写，如果实在没有时间，哪怕每天 20 分钟，也要坚持听写。

3. 看美剧

（1）准备托福考试是很枯燥的事，所以看美剧是一种消遣加提高真实听力的方式。

（2）看美剧一定不能有字幕，英文字幕也不能有，有了字幕，训练效果为零。字幕遮挡可以用猴哥背词卡直接贴在屏幕上字幕的位置。

（3）要选择自己喜欢的题材来看，兴趣会促使你坚持下去。

（4）不要选择《生活大爆炸》这种对话类的情景剧，因为情节起不到交代作用，单词听不懂又没有字幕的情况下，丝毫不能使你产生兴趣。

（5）对于没有字幕看不懂的情况，解决方案有 2 个：一是降低美剧的难度；二是迅速通过集中的听写训练，提高自己的听力能力。

（6）看美剧第一集的时候可以看字幕，这样可以对人物和情节有所了解，也能够激发继续看的兴趣。从第二集开始，一定不要有字幕。

4. 使用一些听力网站来获取资源

可可英语网站	kekenet	字幕中英双语、快慢皆宜	VOA 慢速，自然科技教育类	http：//www.kekenet.com/broadcast/voaspecial/
普特听力网站	putclub	资源丰富、全面、详细	托福听力训练	http：//www.putclub.com/

四、写作

1. 研读《猴哥托福写作教程》的讲义部分，了解托福作文的基本写作方法。

2. 背诵《猴哥托福写作教程》中的高级写作词汇、高级句式、例子及高分范文。

3. 上托福写作培训班，让老师帮助你把托福写作体系建立起来，能够写出基本的托福作文。

4. 把《猴哥托福写作教程》中的高分范文，当作阅读材料来做精读，并背诵精彩句式，体会这篇文章为什么会得高分，分析多了，自然就能体会其中不可言传的原因。

5. 把自己练习的作文拿给老师修改，并且把老师改出的问题点背诵下来，下一次写作时不能再犯同样的错误。我们平常写托福作文喜欢用一些词汇和句式，而这些用法中有些是错误的或者不地道的，在正式考试中，考生使用这些词汇和句式的概率非常高，把这些问题解决了，作文分数一定可以提高。

五、口语

1. 研读《猴哥托福口语教程》的讲义部分，了解托福口语的基本考法。

2. 上托福口语培训班，让老师帮助你把托福口语体系建立起来。

3. 多利用电脑进行录音训练，并且把录音拿给老师分析，找出自己的问题并解决。

4. 多找机会在实际生活中使用英语，真正提高自己的口语能力。

5. 用标准口语素材进行跟读模仿，纠正发音和语音语调。

第三章
猴哥 SAT 学习规划 3.0

一、猴哥 SAT 各科在不同阶段的备考重点

SAT 考察的项目细分为：数学、作文、语法、填空和阅读理解。在备考过程中，不同阶段应该如何分配复习时间呢?

猴哥见过太多的学生，一谈 SAT 首先想到的是自己的阅读理解比较薄弱。他们向猴哥询问如何提高阅读分数，但猴哥想说的是，如果你的总分数没有达到 2100 分，肯定不单是因为阅读理解不好。

同样的总分数，各科的分数分布有不同，取得相应分数的难易程度也不同。比如同样是 2100 分，数学 800 分、写作 700 分、阅读 600 分就要比数学 700 分、写作 700 分、阅读 700 分容易获得。

以下是猴哥总结出的 SAT 最容易获得分数的分布方式：

2000 分最容易获得的分布

数学：54 道题目全对，800 分。

写作：作文 8 分，语法错 5 个，650 分。

阅读：填空错 4 个，阅读 48 个错误及没有答的题 20 个左右，550 分。

2100 分最容易获得的分布

数学：54 道题目全对，800 分。

写作：作文 9 分左右，语法错 4 个左右，700 分。

阅读：填空错 3 个左右，阅读 48 个错误及没有答的题 13 个左右，600 分。

2200 分最容易获得的分布

数学：54 道题目全对，800 分。

写作：作文 10 分左右，语法错 2 个左右，760 分。

阅读：填空错 2 个左右，阅读 48 个错误及没有答的题 10 个左右，640 分。

如果你的目标是 2000 分，但是你却只有 1700 分，有可能不是你的阅读不好，而是数学错三题扣了 90 分，语法错 14 个多扣了 90 分，填空错 13 个多扣了 90 分，这样你就只有 1730 分了。

所以，1700 分水平的学生，要想冲击 1900 甚至 2000 分，备考的重点一定是数学、语法、填空。这三项和自身英语能力的相关性弱一些，一训练就可以有明显的提高。不像阅读理解，训练很久但是提高不明显。

对于想要在短时间内提高分数的学生来说，比如离 SAT 考试还有 1 个月，他们的复习重点也是数学、语法、填空。因为这三项可以在短时间内提高。

各科的训练方法，参考猴哥相关书籍中的《猴哥 SAT 学习规划 3.0》

相关书籍免费领取网址：www.zmnedu.com/book 或加猴哥的微信账号：houge100。

二、猴哥 SAT 数学满分五步训练法 3.0

SAT 数学一定要考 800 分！！

否则对不起奥数！

对不起初中数学老师！

对不起重点高中！

对不起理科实验班！

对不起同桌！！

因为美国高考 SAT 数学是这样的题：

Ellen 一天洗 X 辆车，洗 5 天，一共洗多少辆车？

A.5　B.X−5　C.X+5　D.X　E.5X

关于 SAT 数学猴哥想说：

1. SAT 考试中，阅读错一道题，大概扣 10 分，语法错一道题，大概扣 10 分，但是数学错一道题，会扣 30 分左右，有时候错 3 道题，数学的分数就变成 710 分了。

2. SAT 数学不仅考数学的基本能力，还考查你把一件简单的事情做到完美的能力，要想得高分，就要细心。

3. 中国学生第一次考 SAT，只有不到 20% 的学生数学能拿满分。拿不到满分的原因就是粗心，轻视简单题目。如果你平时模考 SAT 数学不能连续三次得 800 分，那么你正式考试得 800 分的概率会非常低。

4. SAT 三门课，阅读 800 分，写作 800 分，数学 800 分，阅读和写作很难拿满分，但数学拿满分很简单，只要用心准备，方法得当，克服粗心，在很短的时间内就可以拿满分，而且满分的数学成绩对申请学校十分有利。

5. SAT 数学是提分性价比最高的科目，花半个月的时间训练，可能就可以从 710 分提高到 800 分，而阅读要想提高 90 分，往往需要训练半年以上的时间。

我们再看一道 SAT 数学题：

一根长 17 米的木棍，有 2 米被虫子蛀了，截掉坏的 2 米，把剩下的部分均匀地锯 5 次，每段是多长？

A.3 米　B.3.5 米　C. 2 米　D.2.5 米　E.4 米

如果这道题目，你选择了 A，那你就对不起同桌了……

因为锯 5 次，是 6 段，（17–2）/ 6=2.5，所以选 D。

很多同学在做 SAT 数学 25 分钟的部分时，一般用 10~15 分钟就可以做完，同学们会利用剩下的时间再做一遍，但是如果你第一遍选择了 3 米，再做一遍也不会发现，因为第二遍的思维过程不会有任何变化，这个叫作思维定式。

在 SAT 数学中，错题的原因一般有三点：单词不认识、知识点不会、粗心。

单词不认识，可以背诵《猴哥 SAT 数学宝典》或者《猴哥 SAT 词汇蓝宝书》（白金升级 3.0 版）里的数学单词。

知识点不会可以参看一些国内的数学教材，比如概率、统计、排列组合里的一些问题，可以参看《猴哥 SAT 数学宝典》第六章：SAT 数学知识点体系。如果还有不会的，则可以把国内高中数学的相关部分让数学牛人给你讲一下。

粗心，就要归纳出这个粗心点，比如 5 次和 6 段，然后把这个粗心点记录在专门的本子上，下次粗心，再记录。

猴哥的学生们总结的一些粗心点：

1. 把周长看成半径；

2. 漏看倒数第二行的“other”，所以总共应该是 4 个人而不是 3 个；

3. 180° 里面只有 5 个 x，我算了 6 个；

4. 10^{-2} 看成了 10^2。

更多的粗心点，可以参看《猴哥 SAT 数学宝典》教材中的“数学粗心点总结”。

粗心点记录下来后，要进行归类。一般情况下，归类后的粗心点在 10 个左右。然后，把粗心点背下来，像背单词一样，今天背明天背，直到闭上眼睛，10 个粗心点就在脑海里浮现。

为避免因粗心丢分，在做题和考试的时候，要连续看两遍题目。第一遍是正常读题，读完题目后，不要马上开始做题，而是再看一遍题目；第二遍看题目时，不是按照第一遍的逻辑思维来看题，而是用背诵的 10 个粗心点来过滤这道题，这样，就可以大大降低读错题的风险。

读两遍题不会花太多时间，但是如果你看错一个条件，往往不能很快计算出正确答案，最后反而浪费了时间。读完题后，在做题的过程中，每做完一步，要回忆一下粗心点，看看运算、思维逻辑是否有问题。

猴哥有很多 SAT 第一次就考 2200 分的学生，他们基本上都会总结粗心点，都会看两遍题。这个两遍读题法，猴哥从小也使用在数理化的学习中，非常有效果。

学生们另外一个粗心点则属于简单的计算过程出错，猴哥曾经遇到一个学生心算，把 $2 \times 2 \times 3 \times 4 \times 5$ 的结果计算成 120，导致题目做错。很多中国考生对自己的心算能力过于自信，大多数时候做 SAT 数学题不爱把计算过程一步一步写下来。在这里猴哥建议大家，如果想把数学成绩做到完美，每个题目的计算过程都一定要写在草稿纸上，一方面提高自己做题的正确率，另一方面做错题目后可以查看草稿纸，清楚认识自己的错题点。

猴哥 SAT 数学满分五步训练法：

1. 背诵《猴哥 SAT 数学宝典》中的 SAT 数学单词。

2. 阅读《猴哥 SAT 数学宝典》第六章：SAT 数学知识体系，把不熟悉的部分找老师或者数学好的同学讲清楚。

3. 定时做 SAT 数学整套真题，总结粗心点，并且背诵；训练自己用猴哥两遍读题法做题。

4. 阅读《猴哥 SAT 数学宝典》第八章：SAT 数学粗心点，看别的同学在哪些方面容易粗心。

5. 用猴哥两遍读题法，做《猴哥 SAT 数学宝典》的第七章：猴哥 SAT 数学难题 200，看看是否能够全对。

三、猴哥 SAT 语法五步训练法 3.0

关于 SAT 语法猴哥想说：

1. 语法和作文在一起构成写作的 800 分，语法大约占 600 分，作文大约占 200 分。

2. 因为语法考查的范围相对固定，所以短时间内，语法比较容易提高。

3. 用猴哥五步训练法，只要有基本的高中语法基础，经过 1~2 个月的训练后语法会有大幅度的提高。语法少错 10 道题，SAT 写作部分就能提高 100 分，如果原来你的 SAT 总分是 1920 分，就能提升为 2020。

如果你在考前的 SAT 模考中，语法一般错三四个，但是正式考试时却错十多个，那么你就不幸福。猴哥告诉你，你错十个语法的原因不是你的语法知识点没有掌握，而是你在正式考试的时候，没有想到这道题考的是这个知识点。按照“猴哥 SAT 语法五步训练法”来训练 1~2 个月，可解决这些问题，模考的时候错两三个，考试的时候也错两三个，那么你就会幸福。

猴哥 SAT 语法五步训练法

1. 建立高中语法框架

高中基础语法是 SAT 语法的基础，所以首先要检查自己的高中基础语法框架是否已经建立。

第一个问题，语法分为哪两个部分？

“词法”和“句法”，然后呢？

如果不熟悉，看《猴哥 SAT 语法宝典》第五章中的“基础语法知识体系”。

其实在我们平时的英语学习中，已经对这些语法现象有了一定了解，但是没有系统地背诵，就建立不起来体系。如果感觉自己的基础语法体系太薄弱，可以把《无敌高中英语语法》看一遍，把后面的练习题做了。

2. 上培训班，建立 SAT 语法框架

要求：上完 SAT 语法培训班后，把《猴哥 SAT 语法宝典》讲义仔细看一遍，然后按照 ISE、IS、IP 题型，把每部分常考的知识体系框架背诵下来。记住，是背诵下来！

原因：训练到一定阶段，学生会发现很多 SAT 语法题的错题，不是因为知识点不会，知识点早就掌握了，而是在做题的时候，没有想起来这道题考查的是这个语法点。其表现形式就是做完题，对答案，错了，但同时能马上想到为什么，都不用问别人。

出现这种现象的原因，是对语法常考知识点的熟悉程度不够，造成在考试的时候，不能正确反应出被考查的是哪个知识点。

猴哥曾经研究过不同分数层次学生的学习习惯和学习效率，第一次 SAT 就能考 2200 分左右的学生，猴哥发现，他们语法题一般错 1~3 个，我随时问他们语法体系，比如 ISE 题常考的知识点有哪些，他们马上就能非常熟练地说出来：常考主谓一致、平行结构。SAT 考 2000 分左右、语法题错 5~8 个的学生，也基本能说出来。而 SAT 考 1800 分左右、语法题错 10 个左右的学生，则基本上答不上来。

语法框架不能光知道，还要能够熟练地背诵出来，一闭眼睛，就能够在脑子里出现图形化的语法框架。在做题目的时候，如果遇到不能一眼看出来答案的题目，要迅速地在脑子里把 SAT 的语法体系过一遍，这样做找到考查点的概率就会高，速度就会快，可以留出更多的时间给 IP 题。

3. 用猴哥幸福做题法做真题和 OG

学习了基本的语法知识体系、SAT 语法体系，上了 SAT 语法培训班后，就开始做题。如何做题更有效果呢？

猴哥 SAT 语法幸福做题法：

第一遍做题要按照 SAT 考试时间做，并且要留出涂答题卡的时间。

目的：训练做题的节奏感，仔细体会自己做题速度的快慢。

做完后，马上找人来帮忙对答案。这样做的目的是别人只标出你哪些题做错了，你不知道正确答案是哪一个。你可以找同桌、家人来帮忙对答案。你也可以把答案写在一张纸上，不要写题号，然后和答案去核对，只把错的标出来，这样你一般记不住正确的答案是哪个。

对完答案后，马上把刚刚做错的题目再做一遍。

之后就会有两种情况：第一次做错，第二次还做错；第一次做错，第二次做对。

第一次做错、第二次还做错的题目，说明是知识点没有掌握，那你需要把这个知识点记熟，并且要在 SAT 语法框架里去记忆。

第一次做错、第二次做对的题目，说明就是粗心，没有想到这道题目在考查这个知识点。这时候，要仔细回忆第一遍做的时候的思维过程，这个思维过程就是你在正式考试中特别容易犯错的点，要把这个思维过程记录在框架里。

4. 把 SAT 语法集体易错题做 3~5 遍

猴哥发现，在 SAT 语法中，有些题目，不同的学生做的时候，都会做错，猴哥给这些题目起了个名字——“集体易错题”。《猴哥 SAT 语法宝典》第十章收集了最容易做错的语法题，你可以把这些题目集中做。做题方法采用猴哥幸福做题法。

《猴哥 SAT 语法宝典》免费限量领取 2000 本，网址：www.zmnedu.com/book，或加猴哥微信账号：hougel00。

5. 把 SAT 语法个人易错题做 3~5 遍

买一套新的真题和 OG，把自己曾经错过的语法题在新书上标出来，然后连续做 3~5 遍。

语法题有一个特点，第一次如果做对，则以后很难会做错；但是如果第一次做错，则下次再做错的概率也特别大。做题方法同样采用猴哥幸福做题法。

这五步方法的核心

1. 建立框架；

2. 把框架背诵下来（真的要背诵下来）；

3. 用幸福做题法做题（集体易错题、个人易错题）。

自己做题的过程中，遇到不会的题目，可以马上查看《猴哥 SAT 语法宝典》的第九章 SAT 真题详解，来弄清楚这道题目为什么选择这个选项。

《猴哥 SAT 语法宝典》第九章中的内容也是业界第一次如此详细地对 SAT 真题进行讲解。

四、猴哥 SAT 填空三步训练法 3.0

关于 SAT 填空猴哥想说：

1. SAT 阅读一共有 67 道题目，其中有 19 道填空、48 道阅读理解。

2. 和阅读理解相比，填空主要考查的是词汇和逻辑能力，只要把固定范围内的 3100 个单词背诵下来，基本就可以把填空的分数提高上去。不少学生 19 个填空题目会错 13 个，通过背单词，可以减少到错 2~3 个，阅读的总分可以提高 100 分。而阅读理解想要提高 100 分，要多对 10 道题，这在短时间内几乎是不可能实现的，因为 SAT 阅读理解拼的是真正的英文文本阅读能力和逻辑思维能力。

3. 猴哥 SAT 填空词频 3100，是把 SAT 真题、OG、OC 里填空题备选项中的所有单词按照频率、词性排序，并且去除了简单词编排而成。由于美国 SAT 考试的连续性，所以每一次 SAT 考试出现新词的数量很少，只要把这 3100 个单词背下来，填空题的错误率基本可以控制在 3 个以内。

猴哥 SAT 填空三步训练法

1. 用猴哥幸福背词法背诵《猴哥 SAT 词汇蓝宝书》（白金升级 3.0 版）中的“猴哥 SAT 填空词频 3100”部分。

2. 做填空题目时，分析错题原因（单词不认识、逻辑不清晰），由于逻辑不清而做错的题目，把逻辑理清楚以后要记录下来，定期复习自己容易错的逻辑。

3. 单词背诵到一定程度后，找空闲的 2 个小时，连续做 10 套真题的填空题目 190 道。一些常见的逻辑关系会在 10 套题目里重复出现，你会找到这种逻辑的感觉。如果只是做一套题目，则很难产生这种感觉。这种“190 填空做题法”可以用在复习填空的过程中，特别是考试前，多使用几次能强化做题的感觉。

五、猴哥 SAT 写作六步训练法 3.0

关于 SAT 写作猴哥想说：

1. 写作的 800 分，由 25 分钟写一篇作文和 49 个语法题目构成。写作在整个 SAT 考试中占的比例很少，设想一种极端的情况：如果语法全对，作文 0 分，则 800 分的写作部分考生可以得 650 分左右。

2. 考试中，如果考生是原始分 9 分的写作水平（满分 12 分），由于发挥不好，感觉写得很差，一般至少也可以得 7 分，写作 7 分到 9 分，对总分的影响只有 20~40 分，而一道数学题做错有时就会扣 20~40 分。

3. 写作在 SAT 考试中第一个考，很多考生因为作文这第一个 section 发挥不好而心情沮丧，以至于无法集中注意力在后面的题目上好好发挥，还有的考生因为作文没有发挥好索性彻底放弃考试。基于以上两点原因，同学们千万不要因为作文写得不好而放弃考试。你不会因为一道数学题没有把握而放弃考试吧？作文没写好的影响其实跟一道数学题没做好是一样的。

4. 猴哥统计了大量学生的真实 SAT 考场作文和对应的分数，发现 SAT 作文的分数和篇幅长短的相关度最高，所以写作文时要尽量写满考卷。

猴哥 SAT 写作六步训练法

1. 研读《猴哥 SAT 写作宝典》的讲义部分，了解 SAT 作文的基本写作方法。

2. 背诵《猴哥 SAT 写作宝典》中的 SAT 写作高级词汇、高级句式、例子及高分范文。

3. 上 SAT 写作培训班，让老师帮助你把 SAT 写作体系建立起来，整理属于自己的 SAT 写作案例库，能够写出基本的 SAT 作文。

4. 把《猴哥 SAT 写作宝典》中的高分范文（11 分、12 分），当成阅读材料来精读，体会这篇文章为什么会得高分，分析得多了，自然就能体会其中不可言传的原因。

5. 定期写作文并让老师修改，把老师改出的问题点背下来，下一次写作时不能再犯同样的错误。我们平常写 SAT 作文肯定喜欢用一些词汇和句式，而这些用法中可能有些是错误的或者不地道的，考生在正式考试中用这些作文词汇和句式的概率又非常高，把这些问题解决了，你的作文分数肯定可以提高。

6. 为了保证作文的长度，要训练写作速度，平时要加强手写 SAT 作文的训练。还要加强开头、例子的准备，让考试时构思作文的时间尽量缩短。

六、猴哥 SAT 阅读六步训练法 3.0

关于 SAT 阅读猴哥想说：

1. SAT 的 48 道阅读理解题是 SAT 备考中最难提高的部分。

2. 要想提高 SAT 阅读理解分数，需要真正提高你的 SAT 阅读能力和逻辑思维能力。

3. 阅读能力和逻辑思维能力的提高需要时间积累，短期内不可能速成。

4. 精读 + 分析题目 + 泛读小说是最好的提高阅读能力的方法。

5. 如果你在托福考试中，托福阅读还没有达到 20 分，则没有必要开始学习 SAT 阅读。托福阅读 20 分是 SAT 阅读的基础。

猴哥 SAT 阅读六步训练法

1. 背单词

用猴哥幸福背词法背诵《猴哥 SAT 词汇蓝宝书》（白金升级 3.0 版）综合单词中词频 3 次及 3 次以上的单词。当然，这个的前提是你把《猴哥托福阅读与听力词频》中的基础词频 2500 和托福阅读词频 3 次及 3 次以上的单词已经背诵熟练。巴朗 SAT3500 也是不错的词汇，猴哥在《猴哥 SAT 词汇蓝宝书》（白金升级 3.0 版）中，创新性地把巴朗 SAT3500 的词汇按照在 SAT 真题 /OG/OC 里出现的频率进行了排序，大家可以按照频率来背诵巴朗 3500。实际上，巴朗 3500 里有一半单词在 SAT 考试中从来没有出现过，所以如果要背诵巴朗 3500，则先把 SAT 考试中出现过 2 次及 2 次以上的单词背诵下来。

2. 学习猴哥 SAT 长难句

很多学生发现，SAT 单词虽然背了很多，但是在 SAT 阅读中，有很多句子，每个单词都认识，但就是不明白整句话的意思。这个就是长难句。虽然每次考试总会有新的长难句，但是这些长难句所使用的语法规则是有限的。猴哥收集了 SAT 真题 /OG/OC 中最难的 148 个长难句，并且对每一句的语法、意群进行了分析，把这 148 个长难句分析清楚，阅读长难句的能力就会提高。遇到长难句，刚开始还需要分析语法，待训练熟练后，则不依靠语法也可以读懂。

3. 上 SAT 阅读培训班，形成自己的阅读习惯和技巧

在培训班上，老师帮你把 SAT 阅读的题型、题材、选项设置等特点搞清楚，并且教给你一些阅读方法和技巧。有了这些方法和技巧，再掌握了单词和长难句，读懂文章后，你又可以在做题

时多对一些题目了。这个的关键是要通过上课，形成自己的阅读习惯和技巧，并且在每一次做题过程中，都要使用这些技巧。

4. 用猴哥幸福做题法做 SAT 阅读题

第一遍卡着时间来做 SAT 阅读题目，体会时间的分配和在做不完题目的时候该如何取舍。

做完第一遍后，马上拿出字典，查出妨碍理解的生词，不限制时间，仔细精读文章，彻底读懂，然后再把题目做一遍。第一次做错、第二次做对的题目，说明是因为第一遍没有读懂造成的。第一次做错、读懂后仍然做错的题目，说明是理解的问题。用《猴哥 SAT 阅读宝典》，查看这些题目为什么会选择这个，同时，拿出本子，记录刚才自己的思维误区。这个思维误区，可能是因为东西方文化差别造成的，也可能是因为你个人和普通大众之间的思维模式差别造成的（很多特别聪明的学生都有这个问题，就是比一般人想得多）。通过多次的记录和总结，你会发现你的思维误区是存在共性的，把这些共性的东西背诵下来，保证下次做题时不再犯类似错误。

猴哥幸福阅读法的作用，除了能够精确地找到自己的思维误区外，最重要的就是精读的过程。精读是提高阅读能力最好的方法。

猴哥提到 SAT 阅读最重要的是真正提高阅读能力，那么，什么是阅读能力？认识一篇文章的每个单词，能读懂每一句话，这个是阅读能力吗？不是。一本说明书，孩子能读懂，妈妈虽然认识上面的每个字，但可能就是读不懂，这就说明孩子和妈妈在阅读说明书这个文体上，存在阅读能力的差别。

阅读能力应该是不管文体，看第一段就能预测第二段写什么，阅读的过程中，能高效率地在脑子里思考作者的观点，理清作者的写作思路和文本组织方式，看完后，基本也吸收了该吸收的内容。

提高这种阅读能力的最好方式，就是精读一篇文章，在精读的过程中，还需要不断地归纳、总结、记忆和思考。

完成精读之后，给这篇文章分段，写段意，写中心思想。

5. 背诵 SAT 阅读材料

精读完后，选择几篇典型的文章，可以是长阅读，把它背诵下来。这个对提高阅读能力非常有效，当你能够把一篇阅读材料背诵下来时，你对这篇阅读设置问题的布局、思路等就会十分清楚。

6. 泛读小说

猴哥在研究很多第一次托福 110、SAT2200 分的学生的学习过程时发现，他们大部分都有大量阅读英文小说的习惯。

看小说的好处：

（1）通过大量阅读巩固单词。

（2）小说比较有趣，容易坚持。

（3）小说是以情节为导向的，在读的过程中，容易建立英文思维，使阅读难度降低。

（4）通过阅读小说提高阅读速度，构建英语阅读思维。

看小说贵在坚持，所以一定要选择自己感兴趣的。初期可以看一些篇幅短的、自己感兴趣的、相对简单的小说，比如《教父》《暮光之城》等。篇幅短、感兴趣、相对简单是初期选择小说的三个原则。

看小说的原则是尽量不要查单词，查单词你就体会不到阅读的乐趣，也会阻断阅读连续性的训练。

要实现不查单词，有两个方法：

（1）迅速大量背单词，提高单词量。

（2）降低阅读的难度。

以下是猴哥推荐的小说阅读列表和推荐原因。是按照初级、中级和高级来排序推荐的，同时还参考了很多提分明显的学生的阅读经验和爱好，希望对大家有用。

大家在确定读哪本小说前，最好先从网上找到这篇小说的介绍，并且试读一部分，看看是否真的喜欢。确定真正喜欢的，再找来读。记住，兴趣对于能否坚持非常重要。

初级		
Name	Author	Book Description
Twilight	Stephanie Meyer	暮光之城系列，主要讲一个高中女生与吸血鬼之间的事。文本比较简单，口语化特点明显，情节性很强，适合初次接触小说的同学，看完小说还可以结合电影进行欣赏。大部分高中生都看了这本小说。
Animal Farm	George Orwell	一则入骨三分的反乌托邦式的政治讽喻寓言。农场的一群动物成功地进行了一场“革命”，将压榨它们的人类东家赶出农场，建立起一个平等的动物社会。然而，动物领袖，那些聪明的猪们最终却篡夺了革命的果实，成为比人类东家更加独裁和极权的统治者。本书适合思想较深邃的同学。
The Devil Wears Prada	Lauren Weisberger	讲述一个穿着邋遢没有时尚品味的女生如何奋斗变成一个时尚女魔头的故事。这本小说语言简单，比较励志，适合女生看。

The Godfather	Mario Puzo	总的来讲就是一个词：男人的奋斗史。麦可是柯里昂家族的人，是一名“乖乖的大学生”，他的父亲是黑道人物，但因不肯跟其他帮派合作贩卖毒品，险遭暗杀。麦可在谈判时杀掉了五个帮派的代表和一名警察局长，为了避风头他躲到意大利，麦可的大哥被杀害了。回国后的麦可成为了黑手党新的领袖。普佐与弗朗西斯·科普拉（Francis Coppola）合作，将《教父》改编成电影剧本，1972 年搬上银幕，由巨星马龙·白兰度主演，该片在奥斯卡颁奖典礼上大放异彩。这本书是猴哥强烈推荐的小说，古龙的《流星蝴蝶剑》是向《教父》致敬的作品。男生必看！女生看了能更了解男生！
Gulliver's Travels	Jonathan Swift	讲述格列佛游览到了不同地方的故事，有小人国、巨人国、全部是马的国家等许多地方。语言简单，故事趣味性很强，词汇量适中。适合大部分高中生阅读，非常锻炼学生的批判性思维。
中级		
Name	Author	Description
The Great Gatsby	F. Scott Fitzgerald	20 世纪 20 年代的美国，空气里弥漫着欢歌与纵饮的气息。一个偶然的机会，穷职员尼克闯入了挥金如土的大富翁盖茨比的隐秘世界，惊讶地发现，他内心唯一的牵绊竟是河对岸那盏小小的绿灯——灯影婆娑中，住着他心爱的黛西。然而，现实容不下飘渺的梦，到头来，盖茨比心中的女神只不过是凡尘俗世的物质女郎。当一切真相大白，盖茨比的悲剧人生亦如烟花般，璀璨只是一瞬，幻灭才是永恒。大部分美国高中生都看这本小说，男生必看！
Pride and Prejudice	Jane Austin	通过描写几个中产阶级少女对终身大事的处理，表达了这一社会阶层的婚姻恋爱观。为了财产和地位而结婚是错误的，但结婚不考虑财产也是愚蠢的。小说的女主人公伊丽莎白出生于平民阶层却为富家子弟达西所心仪。达西克服了当时的门第观念，向伊丽莎白求婚，却遭到拒绝，原来伊丽莎白误信了谗言。最后误会涣然冰释，达西又帮助伊丽莎白的一个私奔的妹妹完婚，挽回家庭的声誉，终于赢得了她的爱情。同时，小说中还描写了伊丽莎白的几个姐妹和女友的婚事，以此与主人公理想的婚姻相对照。作品语言清新、洗练、风趣机智，情节曲折有致，极富戏剧色彩，是奥斯汀一生创作的六部小说中最受人们喜爱的一部。里面的用词并不是太复杂，有很多词在现代的书面语中也经常使用。一本非常适合女生看的小说（对正在谈恋爱的女生也很实用）。

高级		
Name	Author	Description
Walden	Henry David Thoreau	《瓦尔登湖》记录了作者独居瓦尔登湖畔，与大自然水乳交融。在田园生活中感知自然重塑自我的奇异历程。叙述以春天作为开始，历经了夏天、秋天和冬天，又以春天作为结束，这正是一个生命的轮回，终点又是起点，生命开始复苏。这是一本宁静、恬淡、充满智慧的书。其中分析生活、批判习俗处，语语惊人，字字闪光，见解独特，耐人寻味。许多篇章描绘形象，优美细致，像湖水的纯洁透明，像山林的茂密翠绿；也有一些篇章说理透彻，十分精辟，给人启迪。这本书语言稍微晦涩一些，但是 SAT 真题的阅读多次以 *Walden* 为素材，看完这本书阅读能力有很大的提高。建议阅读冲刺 700 分以上的学生一定要看这本书。
The Scarlet Letter	Nathaniel Hawthorne	《红字》讲述的是发生在北美殖民时期的恋爱悲剧。女主人公海丝特·白兰嫁给了医生奇灵渥斯，他们之间却没有爱情。在孤独中白兰与牧师丁梅斯代尔相恋并生下女儿珠儿。白兰被当众惩罚，戴上标志“通奸”的红色 A 字示众。然而白兰坚贞不屈，拒不说出孩子的父亲是谁。作者霍桑的语言较难理解，文本风格也很具批判性，但这本小说对于理解美国当时的宗教以及社会有很大的借鉴意义，同时非常锻炼学生的批判性思维。建议阅读能力强的学生进行阅读。

更多小说：

初级	
Name	Author
Oedipus Rex	Sophocles
Twilight	Stephanie Meyer
Little Women	Louisa May Alcott
Animal Farm	George Orwell
1984	George Orwell
The Old Man and the Sea	Ernest Hemingway
The Devil Wears Prada	Lauren Weisberger
Robinson Crusoe	Daniel Defoe
The Adventures of Huckleberry Finn	Mark Twain

Uncle Tom' s Cabin	Harriet Beecher Stowe
Gulliver' s Travels	Jonathan Swift
Everyone Worth Knowing	Lauren Weisberger
The Hunger Games	Suzanne Collins
中级	
Name	Author
The Great Gatsby	F. Scott Fitzgerald
Schindler' s Ark	Thomas Michael Keneally
Pride and Prejudice	Jane Austin
A Tale of Two Cities	Charles Dickens
Jane Eyre	Charlotte Brontë
Wuthering Heights	Emily Brontë
Invisible Man	Ralph Ellison
Lord of the Flies	William Golding
Tess of the D' Urbervilles	Thomas Hardy
Brave New World	Aldous Huxley
The Call of the Wild	Jack London
The Grapes of Wrath	John Steinbeck
Pygmalion	George Bernard Shaw
King Lear	William Shakespeare
Romeo and Juliet	William Shakespeare
Hamlet	William Shakespeare
高级	
Name	Author
Walden	Henry David Thoreau
The Scarlet Letter	Nathaniel Hawthorne
Waiting for Godot	Samuel Beckett
The Canterbury Tales	Geoffrey Chaucer

The Hunchback of Notre Dame	Victor Hugo
Don Quixote	Miguel de Cervantes
Crime and Punishment	Fyodor Dostoyevsky
The Portrait of a Lady	Henry James
The Metamorphosis	Franz Kafka
Vanity Fair	William Thackeray
The Picture of Dorian Gray	Oscar Wilde
To the Lighthouse	Virginia Woolf
The Iliad	Homer

第四章

猴哥 SAT/ 托福混合备考法 3.0

众所周知，申请美国本科在语言关方面，我们首先需要具备两个考试成绩——SAT 和托福。对于国内学生而言，无论哪一门考试，都需要通过系统化的学习才能够拿到理想成绩，这时我们便遇到了一个问题，那就是如何规划这两门考试，先考哪一门，考多少次？这些问题一直以来困扰着相当一部分的学生朋友。

常见的两种处理方法

A：先考托福，等托福考到 110 分了，再学 SAT。这个方法的问题是 SAT 的难度比托福大，如果非要把托福考到 110 分，需要花很长时间，这样留给 SAT 的战略准备时间就不够了。另外，托福成绩达到 100 分以后，仅仅通过不断地训练托福，是很难再提升托福分数的。

B：先考 SAT，等 SAT 搞定，托福自然搞定。这个方法更不科学。首先，SAT 不考听力和口语，所以把 SAT 搞定，不代表托福的听力、口语就搞定，而且听力是不能在短时间内提高的。其次，基础一般的学生，直接从高难度的 SAT 学起，而没有托福的基础词汇、语法、阅读和写作能力，会十分痛苦。

猴哥首创的 C 计划：猴哥托福 SAT 混合备考法

复习初期，从托福基础词汇、基础语法开始，同时训练基础的听、说、读、写能力，然后系统地学习托福，当托福达到 80 分水平后，马上开始 SAT 的备考。在 SAT 备考的过程中，坚持训练托福的听力和口语，每一次 SAT 考试结束后，集中训练 1 个月的托福，然后再考一次托福。

这样安排的具体原因阐述如下：

一、SAT 和托福到底考什么

先来说托福考试，托福是一门语言考试，主要考查考生的听力、口语、阅读、写作、词汇、语法这六大能力。SAT 是美国的高考，主要考查考生的词汇、语法、阅读、写作、数学、批判性思维这六大能力。从考点上我们不难看出两者当中有四项考查是重合的，分别是词汇、语法、阅读和写作。

二、影响考试分数的三大因素

无论 SAT 还是托福，它们最终的分数均取决于三个方面：能力、技巧和发挥。下面就来一一介绍如何提升这三个方面。

（1）如何提高自己的 SAT 和托福能力？（运用混合备考的重要阶段）

备考这两门考试的时候，最基本的学习和训练目标都是提高英语能力，换言之，无论我们备考哪一个科目，我们都必须先进行自身英语能力的提高。对于英语能力而言，并没有 SAT 和托福之分，它们都包含词汇能力、语法能力、阅读能力和写作能力，而阅读和写作能力，究其本质，也是基于词汇和语法这两大能力之上的。你掌握了单词，懂得了语法，就可以看懂文章、听懂听力、写出作文、说出口语了。

SAT 和托福所需要的词汇范围固然是不一样的，但它们有很大一部分交集，这些重合的部分基本上是一些相对简单的词。从另一方面来说，我们国内的学生，初中的学习大纲有 1600 个英语词汇，高中学习大纲有 3500 个英语词汇，而一个美国本土的高中毕业生，所拥有的英语词汇量一般在 10000 个到 20000 个的范围内。通过这些数据我们可以清晰地看到，中美学生的词汇量有巨大差别，而这些相差的部分基本上也均为简单词或高频词，它们可能不会出现在任何一本 SAT 和托福的专项词汇书中，但却又是我们不可或缺的常用词汇。只有掌握这些相对基础的单词之后，我们才能拥有词汇的基础，从而达到量变产生质变的效果，也就形成了词汇能力。

语法能力也是同样的道理。我们在初中和高中阶段会接触和学习到很多语法知识点，但我们并没有系统地构成一个完整的语法知识框架体系。所以，在备考 SAT 和托福的初期，我们需要系统地对语法进行学习，从而建立起完备的语法知识体系。而学习语法的过程也不会有 SAT 和托福之分，无论备考哪一种考试，这些基本的能力学习都是不容忽视的。从能力训练抓起，坚持不懈，综合提高，这便是满分猴哥 SAT/ 托福混合备考法的精髓。

（2）如何提升自己的考试技巧？

相对于能力而言，技巧是可以通过短期的训练或参加辅导课程而快速掌握的。

（3）如何才能正常甚至超常发挥？

对于发挥，猴哥建议大家的做法是“模考”。所谓模考就是考前一个月尤其是考前一周，保证每天使用 SAT 最新真题进行模拟的考试练习，目的是培养考试的节奏感，合理的时间分配，提高自己的心理素质。此外，还可以对备考中期的练习成果进行巩固和提高，有规律的模考是保持这种状态的最好方法。

三、如何运用猴哥混合备考理念规划自己的复习

由上面的内容，我们不难看出：对于 SAT 和托福的备考，我们应在备考初期，即能力提升的阶段运用混合式备考法，对词汇、语法、阅读、写作、听力、口语、数学和逻辑这八大能力进行准备和训练，当这八大能力积累到一定程度以后，再根据技巧学习、模考训练等具体情况来选择

SAT 和托福考试的先后顺序。

猴哥 C 计划：复习初期，从托福基础词汇、基础语法开始，同时训练基础的听、说、读、写能力，然后系统地学习托福，当托福达到 80 分水平后，马上开始 SAT 的备考。在 SAT 备考的过程中，坚持训练托福的听力和口语，每一次 SAT 考试结束后，集中训练 1 个月的托福，然后再考一次托福。

一般情况下，高一的学生第一学期学托福基础，第二学期学托福强化，高一结束可以考一次托福，基本上能在 80 分左右。考完之后的暑假就开始学 SAT，高二第一学期学 SAT 基础，学 SAT 的同时不要忽略托福口语和听力的训练，也就是每天备考 SAT 的同时，坚持练听力、口语，尤其是听力。听力怎么练，就练听写。啄木鸟教育精英计划不是给你上听力课，而是有人督促你，告诉你每天听什么，你要录音，交作业。在高二的寒假，去考第一次 SAT，感受一下。SAT 考完之后，可以利用寒假训练托福的阅读和写作。如果 SAT 分数不错，反过来训练托福是比较容易的。如果一直练托福，不管怎么练，阅读和写作的分数都很难突破，但是按照 SAT 的阅读和写作要求训练，反过来看托福的阅读和写作就会觉得很简单，就可以考高分。一月份考完 SAT1 后，利用一个月的时间把托福强化再考一次，可能会考到 100 分左右。剩下的时间你可以去考 5、6 月的 SAT1。结束之后，在那个假期考第三次托福，你就能考到 110 分左右，那时你的阅读和写作能力又到了一个巅峰，但是整个过程不能停止对听力和口语的训练。

下面以一位刚进入高中且准备去美国留学的学生为例详细介绍一下如何混合备考：

高一	第一学期	托福基础能力的训练，包含托福六大能力（听、说、读、写、词汇、语法）的训练
	第二学期	除了托福基础能力的训练之外，要提升自己的考试技巧，从考前一个月开始模考，训练自己的考试节奏感，最终以过硬的英语基础能力 + 熟练的技巧 + 超常的发挥来应对暑假的第一次托福考试
暑假		第一次考托福
高二	9–12 月份	开始 SAT 基础能力（词汇、语法、阅读、写作、数学、逻辑）的训练，同时兼顾托福听力和口语的复习
	1 月份	经过 4~5 个月的 SAT 复习，1 月份的时候参加第一次 SAT 考试
	寒假	1 月份考完 SAT 之后再次回到托福的复习备考中，寒假期间参加第二次托福考试
	2–5 月份	如果你第一次的 SAT 成绩不是很理想，现在就要开始 SAT 的强化复习了，除了对 SAT 六大能力的培养之外，SAT 的考试技巧和发挥也是至关重要的，托福听力和口语也不要落下

暑假	5 月或者 6 月	参加第二次 SAT 考试（还可以参加一次 SAT2 考试）
	7 月份	参加第三次托福考试
	7–9 月份	继续强化 SAT 和托福的复习
高三	10 月	第三次考 SAT
	11 月	第四次考 SAT；第四次考托福（根据情况确定）

最后，猴哥想说："SAT / 托福其实都是纸老虎，一捅就破，只要找对方法，调整好心态，获得高分并不难。"

猴哥

SAT词汇蓝宝书

白金升级3.0版

第五章

猴哥 SAT 词频 7000

单词	标记	频率	读音	词义
scale	ⒶⒷⒸⒹⒺⒻⒼⒽⒾⒿⓀⓁ	285	[skeil]	n. 规模，等级，比例，天平
integer	ⒶⒷⒸⒹⒺⒻⒼⒽⒾⒿⓀⓁ	214	['intidʒə]	n. 整数，整体，完整的事物
correspond	ⒶⒷⒸⒹⒺⒻⒼⒽⒾⒿⓀⓁ	176	[kɔris'pɔnd]	v. 符合，对应，通信
grid	ⒶⒷⒸⒹⒺⒻⒼⒽⒾⒿⓀⓁ	162	[grid]	n. 格子，网格，电网
column	ⒶⒷⒸⒹⒺⒻⒼⒽⒾⒿⓀⓁ	152	['kɔləm]	n. 栏，专栏，柱，圆柱
primarily	ⒶⒷⒸⒹⒺⒻⒼⒽⒾⒿⓀⓁ	140	['praimərili]	ad. 主要地，起初地
demonstrate	ⒶⒷⒸⒹⒺⒻⒼⒽⒾⒿⓀⓁ	134	['demənstreit]	v. 证明，示范，示威
available	ⒶⒷⒸⒹⒺⒻⒼⒽⒾⒿⓀⓁ	126	[ə'veiləbl]	a. 可利用的，可得到的，有空的
critical	ⒶⒷⒸⒹⒺⒻⒼⒽⒾⒿⓀⓁ	121	['kritikəl]	a. 批评的，挑剔的，决定性的
response	ⒶⒷⒸⒹⒺⒻⒼⒽⒾⒿⓀⓁ	102	[ris'pɔns]	n. 响应，反应，回答
imply	ⒶⒷⒸⒹⒺⒻⒼⒽⒾⒿⓀⓁ	101	[im'plai]	v. 暗示，暗指，包含有
context	ⒶⒷⒸⒹⒺⒻⒼⒽⒾⒿⓀⓁ	98	['kɔntekst]	n. 上下文，背景
influence	ⒶⒷⒸⒹⒺⒻⒼⒽⒾⒿⓀⓁ	95	['influəns]	n./v. 影响，影响力
excerpt	ⒶⒷⒸⒹⒺⒻⒼⒽⒾⒿⓀⓁ	93	['eksə:pt]	n. 摘录，节选 v. 摘选
extend	ⒶⒷⒸⒹⒺⒻⒼⒽⒾⒿⓀⓁ	92	[iks'tend]	v. 延伸，扩展
acceptable	ⒶⒷⒸⒹⒺⒻⒼⒽⒾⒿⓀⓁ	88	[ək'septəbl]	a. 可接受的，合意的
selection	ⒶⒷⒸⒹⒺⒻⒼⒽⒾⒿⓀⓁ	87	[si'lekʃən]	n. 选择，挑选，被选择的人或物
omit	ⒶⒷⒸⒹⒺⒻⒼⒽⒾⒿⓀⓁ	84	[əu'mit]	v. 省略，遗漏，删除
propose	ⒶⒷⒸⒹⒺⒻⒼⒽⒾⒿⓀⓁ	83	[prə'pəuz]	v. 打算，提议，求婚
define	ⒶⒷⒸⒹⒺⒻⒼⒽⒾⒿⓀⓁ	82	[di'fain]	v. 定义，规定
reveal	ⒶⒷⒸⒹⒺⒻⒼⒽⒾⒿⓀⓁ	79	[ri'vi:l]	v. 揭露，显示，展示
dispute	ⒶⒷⒸⒹⒺⒻⒼⒽⒾⒿⓀⓁ	78	[dis'pju:t]	n./v. 争论，争端
structure	ⒶⒷⒸⒹⒺⒻⒼⒽⒾⒿⓀⓁ	75	['strʌktʃə]	n. 结构，构造 v. 建造
equation	ⒶⒷⒸⒹⒺⒻⒼⒽⒾⒿⓀⓁ	74	[i'kweiʃən]	n. 相等，等式
assign	ⒶⒷⒸⒹⒺⒻⒼⒽⒾⒿⓀⓁ	74	[ə'sain]	v. 分配，指派
sequence	ⒶⒷⒸⒹⒺⒻⒼⒽⒾⒿⓀⓁ	70	['si:kwəns]	n. 顺序，次序，连续 vt. 按顺序排好
decimal	ⒶⒷⒸⒹⒺⒻⒼⒽⒾⒿⓀⓁ	70	['desiməl]	n. 小数 a. 十进位的，小数的
introductory	ⒶⒷⒸⒹⒺⒻⒼⒽⒾⒿⓀⓁ	69	[intrə'dʌktəri]	a. 介绍的，引导的，开端的
emphasize	ⒶⒷⒸⒹⒺⒻⒼⒽⒾⒿⓀⓁ	68	['emfəsaiz]	v. 强调，加强语气
characterize	ⒶⒷⒸⒹⒺⒻⒼⒽⒾⒿⓀⓁ	64	['kæriktəraiz]	v. 刻画性格，赋予特色
satisfactory	ⒶⒷⒸⒹⒺⒻⒼⒽⒾⒿⓀⓁ	63	[sætis'fæktəri]	a. 令人满意的
development	ⒶⒷⒸⒹⒺⒻⒼⒽⒾⒿⓀⓁ	63	[di'veləpmənt]	n. 发展，开发，进展

单词	标记	频率	读音	词义
negotiator	ⒶⒷⒸⒹⒺⒻⒼⒽⒾⒿⓀⓁ	63	[ni'gəuʃieitə]	n. 谈判者，交涉者
divisive	ⒶⒷⒸⒹⒺⒻⒼⒽⒾⒿⓀⓁ	62	[di'vaisiv]	a. 分裂的，不和的
enforce	ⒶⒷⒸⒹⒺⒻⒼⒽⒾⒿⓀⓁ	61	[in'fɔ:s]	v. 强迫，加强，实施
historian	ⒶⒷⒸⒹⒺⒻⒼⒽⒾⒿⓀⓁ	60	[his'tɔ:riən]	n. 历史学家
digit	ⒶⒷⒸⒹⒺⒻⒼⒽⒾⒿⓀⓁ	60	['didʒit]	n. 数字，位数，指头
primary	ⒶⒷⒸⒹⒺⒻⒼⒽⒾⒿⓀⓁ	58	['praiməri]	a. 首要的，主要的，最初的，基本的
conversion	ⒶⒷⒸⒹⒺⒻⒼⒽⒾⒿⓀⓁ	58	[kən'və:ʃən]	n. 变换，转化，皈依
margin	ⒶⒷⒸⒹⒺⒻⒼⒽⒾⒿⓀⓁ	58	['ma:dʒin]	n. 页边空白，边缘，余地
relate	ⒶⒷⒸⒹⒺⒻⒼⒽⒾⒿⓀⓁ	58	[ri'leit]	v. 使有联系，有关联，叙述
legible	ⒶⒷⒸⒹⒺⒻⒼⒽⒾⒿⓀⓁ	57	['ledʒəbl]	a. 可辨认的，清晰的，易读的
activity	ⒶⒷⒸⒹⒺⒻⒼⒽⒾⒿⓀⓁ	57	[æk'tiviti]	n. 活动，活跃，活力
booklet	ⒶⒷⒸⒹⒺⒻⒼⒽⒾⒿⓀⓁ	57	['buklit]	n. 小册子
domain	ⒶⒷⒸⒹⒺⒻⒼⒽⒾⒿⓀⓁ	56	[dəu'mein]	n. 领地，范围，域
specify	ⒶⒷⒸⒹⒺⒻⒼⒽⒾⒿⓀⓁ	56	['spesifai]	v. 指定，详细说明，阐述
establish	ⒶⒷⒸⒹⒺⒻⒼⒽⒾⒿⓀⓁ	52	[is'tæbliʃ]	v. 建立，确立，创办
reference	ⒶⒷⒸⒹⒺⒻⒼⒽⒾⒿⓀⓁ	51	['refrəns]	n. 参考，推荐信，推荐人
effectiveness	ⒶⒷⒸⒹⒺⒻⒼⒽⒾⒿⓀⓁ	48	[i'fektivnis]	n. 有效性，效力
precise	ⒶⒷⒸⒹⒺⒻⒼⒽⒾⒿⓀⓁ	47	[pri'sais]	a. 精确的，准确的
reminder	ⒶⒷⒸⒹⒺⒻⒼⒽⒾⒿⓀⓁ	47	[ri'maində]	n. 提醒物，提示，提醒者
radius	ⒶⒷⒸⒹⒺⒻⒼⒽⒾⒿⓀⓁ	46	['reidjəs]	n. 半径
hypothesis	ⒶⒷⒸⒹⒺⒻⒼⒽⒾⒿⓀⓁ	46	[hai'pɔθisis]	n. 假设，假说，前提
arithmetic	ⒶⒷⒸⒹⒺⒻⒼⒽⒾⒿⓀⓁ	46	[ə'riθmətik]	n. 算术，算法
region	ⒶⒷⒸⒹⒺⒻⒼⒽⒾⒿⓀⓁ	45	['ri:dʒən]	n. 地区，区域
prompt	ⒶⒷⒸⒹⒺⒻⒼⒽⒾⒿⓀⓁ	44	[prɔmpt]	a. 迅速的，敏捷的 v. 推动，提示
solution	ⒶⒷⒸⒹⒺⒻⒼⒽⒾⒿⓀⓁ	44	[sə'luʃ(ə)n]	n. 解决办法，解答，溶液
criticize	ⒶⒷⒸⒹⒺⒻⒼⒽⒾⒿⓀⓁ	44	['kritisaiz]	v. 批评，挑剔，评价
medieval	ⒶⒷⒸⒹⒺⒻⒼⒽⒾⒿⓀⓁ	43	[ˌmedi'i:vəl]	a. 中世纪的
environment	ⒶⒷⒸⒹⒺⒻⒼⒽⒾⒿⓀⓁ	43	[in'vaiərənmənt]	n. 环境，外界
tone	ⒶⒷⒸⒹⒺⒻⒼⒽⒾⒿⓀⓁ	43	[təun]	n. 音调，语气，色调 v. 定调
maintain	ⒶⒷⒸⒹⒺⒻⒼⒽⒾⒿⓀⓁ	43	[men'tein]	v. 维持，维修，坚持
portion	ⒶⒷⒸⒹⒺⒻⒼⒽⒾⒿⓀⓁ	42	['pɔ:ʃən]	n. 部分，一份，命运
ambiguity	ⒶⒷⒸⒹⒺⒻⒼⒽⒾⒿⓀⓁ	42	[ˌæmbi'gju:iti]	n. 模棱两可，含糊
criticism	ⒶⒷⒸⒹⒺⒻⒼⒽⒾⒿⓀⓁ	41	['kritisiz(ə)m]	n. 批评，评论
correctness	ⒶⒷⒸⒹⒺⒻⒼⒽⒾⒿⓀⓁ	41	[kə'rektnis]	n. 正确，正确性
perception	ⒶⒷⒸⒹⒺⒻⒼⒽⒾⒿⓀⓁ	41	[pə'sepʃən]	n. 知觉，洞察力，认知能力
awkwardness	ⒶⒷⒸⒹⒺⒻⒼⒽⒾⒿⓀⓁ	40	['ɔ:kwədnis]	n. 笨拙，尴尬
cheetah	ⒶⒷⒸⒹⒺⒻⒼⒽⒾⒿⓀⓁ	40	['tʃi:tə]	n. 猎豹
perimeter	ⒶⒷⒸⒹⒺⒻⒼⒽⒾⒿⓀⓁ	40	[pə'rimitə]	n. 周长
traditional	ⒶⒷⒸⒹⒺⒻⒼⒽⒾⒿⓀⓁ	39	[trə'diʃən(ə)l]	a. 传统的，惯例的，传说的
literary	ⒶⒷⒸⒹⒺⒻⒼⒽⒾⒿⓀⓁ	39	['litərəri]	a. 文学的

单词	标记	频率	读音	词义
odd	ⒶⒷⒸⒹⒺⒻⒼⒽⒾⒿⓀⓁ	38	[ɔd]	a. 奇数的，奇特的，剩余的
artistic	ⒶⒷⒸⒹⒺⒻⒼⒽⒾⒿⓀⓁ	38	[aː'tistik]	a. 艺术的
comparison	ⒶⒷⒸⒹⒺⒻⒼⒽⒾⒿⓀⓁ	38	[kəm'pærisn]	n. 比较，对照，比喻
analyze	ⒶⒷⒸⒹⒺⒻⒼⒽⒾⒿⓀⓁ	38	['ænəlaiz]	v. 分析，分解
coordinate	ⒶⒷⒸⒹⒺⒻⒼⒽⒾⒿⓀⓁ	38	[kəu'ɔːdinit]	v. 调节，协调 n. 坐标 a. 同等的
mechanic	ⒶⒷⒸⒹⒺⒻⒼⒽⒾⒿⓀⓁ	37	[mi'kænik]	n. 技工，机修工
segment	ⒶⒷⒸⒹⒺⒻⒼⒽⒾⒿⓀⓁ	36	['segmənt]	n. 部分，线段，弓形
communication	ⒶⒷⒸⒹⒺⒻⒼⒽⒾⒿⓀⓁ	36	[kə,mjuːni'keiʃn]	n. 交流，通讯
celebrity	ⒶⒷⒸⒹⒺⒻⒼⒽⒾⒿⓀⓁ	36	[si'lebriti]	n. 名人，声望
fraction	ⒶⒷⒸⒹⒺⒻⒼⒽⒾⒿⓀⓁ	36	['frækʃən]	n. 小部分，片段，分数
interpret	ⒶⒷⒸⒹⒺⒻⒼⒽⒾⒿⓀⓁ	36	[in'təːprit]	v. 解释，说明，口译
emotional	ⒶⒷⒸⒹⒺⒻⒼⒽⒾⒿⓀⓁ	35	[i'məuʃənl]	a. 情绪的，情感的
venus	ⒶⒷⒸⒹⒺⒻⒼⒽⒾⒿⓀⓁ	35	['viːnəs]	n. 维纳斯，金星
contrast	ⒶⒷⒸⒹⒺⒻⒼⒽⒾⒿⓀⓁ	35	['kɔntræst]	v./n. 对比，对照
probability	ⒶⒷⒸⒹⒺⒻⒼⒽⒾⒿⓀⓁ	34	[,prɔbə'biliti]	n. 可能性，概率
crisis	ⒶⒷⒸⒹⒺⒻⒼⒽⒾⒿⓀⓁ	34	['kraisis]	n. 危机，紧要关头
rarely	ⒶⒷⒸⒹⒺⒻⒼⒽⒾⒿⓀⓁ	32	['reəli]	ad. 很少
property	ⒶⒷⒸⒹⒺⒻⒼⒽⒾⒿⓀⓁ	32	['prɔpəti]	n. 财产，所有物，性质
cancel	ⒶⒷⒸⒹⒺⒻⒼⒽⒾⒿⓀⓁ	32	['kænsəl]	v./n. 取消，删除，作废
alter	ⒶⒷⒸⒹⒺⒻⒼⒽⒾⒿⓀⓁ	32	['ɔːltə]	v. 改变，修改，阉割
flaw	ⒶⒷⒸⒹⒺⒻⒼⒽⒾⒿⓀⓁ	31	[flɔː]	n. 缺点，瑕疵
comic	ⒶⒷⒸⒹⒺⒻⒼⒽⒾⒿⓀⓁ	31	['kɔmik]	n. 喜剧演员，连环画 a. 滑稽的
coil	ⒶⒷⒸⒹⒺⒻⒼⒽⒾⒿⓀⓁ	31	[kɔil]	n. 线圈，卷 v. 盘绕
slope	ⒶⒷⒸⒹⒺⒻⒼⒽⒾⒿⓀⓁ	31	[sləup]	n. 斜坡，斜面，斜率 v. 倾斜
equally	ⒶⒷⒸⒹⒺⒻⒼⒽⒾⒿⓀⓁ	30	['iːkwəli]	ad. 相等地，平等地
volume	ⒶⒷⒸⒹⒺⒻⒼⒽⒾⒿⓀⓁ	30	['vɔljuːm;-jəm]	n. 卷，册，音量，容量，体积
portrait	ⒶⒷⒸⒹⒺⒻⒼⒽⒾⒿⓀⓁ	30	['pɔːtrit]	n. 肖像画
evolve	ⒶⒷⒸⒹⒺⒻⒼⒽⒾⒿⓀⓁ	30	[i'vɔlv]	v. 演变，进化，逐渐发展
cite	ⒶⒷⒸⒹⒺⒻⒼⒽⒾⒿⓀⓁ	30	[sait]	v. 引用，引证，传唤
pursue	ⒶⒷⒸⒹⒺⒻⒼⒽⒾⒿⓀⓁ	30	[pə'sjuː]	v. 追求，追踪，从事
private	ⒶⒷⒸⒹⒺⒻⒼⒽⒾⒿⓀⓁ	29	['praivit]	a. 私人的，私有的 n. 士兵
narrative	ⒶⒷⒸⒹⒺⒻⒼⒽⒾⒿⓀⓁ	29	['nærətiv]	n. 故事，叙述 a. 叙述的
shift	ⒶⒷⒸⒹⒺⒻⒼⒽⒾⒿⓀⓁ	29	[ʃift]	v./n. 移动，转变，变换
viewer	ⒶⒷⒸⒹⒺⒻⒼⒽⒾⒿⓀⓁ	28	['vjuːə]	n. 电视观众，观看者
decline	ⒶⒷⒸⒹⒺⒻⒼⒽⒾⒿⓀⓁ	28	[di'klain]	v./n. 下降，衰退，婉拒
promote	ⒶⒷⒸⒹⒺⒻⒼⒽⒾⒿⓀⓁ	28	[prə'məut]	v. 促进，提升
anticipate	ⒶⒷⒸⒹⒺⒻⒼⒽⒾⒿⓀⓁ	28	[æn'tisipeit]	v. 预料，预期
insight	ⒶⒷⒸⒹⒺⒻⒼⒽⒾⒿⓀⓁ	27	['insait]	n. 洞察力，领悟
capacity	ⒶⒷⒸⒹⒺⒻⒼⒽⒾⒿⓀⓁ	27	[kə'pæsiti]	n. 容量，能力
median	ⒶⒷⒸⒹⒺⒻⒼⒽⒾⒿⓀⓁ	27	['miːdiən]	n. 中线，中位数 a. 中间的

单词	标记	频率	读音	词义
neutral	ⒶⒷⒸⒹⒺⒻⒼⒽⒾⒿⓀⓁ	26	['nju:trəl]	a. 中立的，中性的
register	ⒶⒷⒸⒹⒺⒻⒼⒽⒾⒿⓀⓁ	26	['redʒistə]	n./v. 登记，注册，挂号
treatment	ⒶⒷⒸⒹⒺⒻⒼⒽⒾⒿⓀⓁ	26	['tri:tmənt]	n. 对待，治疗，处理
composite	ⒶⒷⒸⒹⒺⒻⒼⒽⒾⒿⓀⓁ	26	['kɔmpəzit;-zait]	n. 合成物 a. 合成的，复合的
locate	ⒶⒷⒸⒹⒺⒻⒼⒽⒾⒿⓀⓁ	26	[ləu'keit]	v. 定位，使坐落于，设置在
precede	ⒶⒷⒸⒹⒺⒻⒼⒽⒾⒿⓀⓁ	26	[pri(:)'si:d]	v. 领先于，在…之前
significant	ⒶⒷⒸⒹⒺⒻⒼⒽⒾⒿⓀⓁ	25	[sig'nifikənt]	a. 重要的，意义重大的
seriously	ⒶⒷⒸⒹⒺⒻⒼⒽⒾⒿⓀⓁ	25	['siəriəsli]	ad. 严肃地，认真地，严重地
ward	ⒶⒷⒸⒹⒺⒻⒼⒽⒾⒿⓀⓁ	25	[wɔ:d]	n. 病房，监护，行政区 v. 守护
remainder	ⒶⒷⒸⒹⒺⒻⒼⒽⒾⒿⓀⓁ	25	[ri'meində]	n. 残余，剩余物，余数
raven	ⒶⒷⒸⒹⒺⒻⒼⒽⒾⒿⓀⓁ	25	['reivən]	n. 大乌鸦 v. 掠夺
mastery	ⒶⒷⒸⒹⒺⒻⒼⒽⒾⒿⓀⓁ	25	['ma:stəri]	n. 精通，掌握，控制
rope	ⒶⒷⒸⒹⒺⒻⒼⒽⒾⒿⓀⓁ	25	[rəup]	n. 绳索 v. 用绳索捆
feature	ⒶⒷⒸⒹⒺⒻⒼⒽⒾⒿⓀⓁ	25	['fi:tʃə]	n. 特征，特色，特写
quotation	ⒶⒷⒸⒹⒺⒻⒼⒽⒾⒿⓀⓁ	25	[kwəu'teiʃən]	n. 引用，引语，报价
accommodate	ⒶⒷⒸⒹⒺⒻⒼⒽⒾⒿⓀⓁ	25	[ə'kɔmədeit]	v. 供应，提供住宿，使适应
vaccine	ⒶⒷⒸⒹⒺⒻⒼⒽⒾⒿⓀⓁ	24	['væksi:n]	n. 疫苗
sublime	ⒶⒷⒸⒹⒺⒻⒼⒽⒾⒿⓀⓁ	23	[sə'blaim]	a. 崇高的，高尚的 v. 变高尚
equivalent	ⒶⒷⒸⒹⒺⒻⒼⒽⒾⒿⓀⓁ	23	[i'kwivələnt]	a. 相等的，等价的 n. 等价物
somewhat	ⒶⒷⒸⒹⒺⒻⒼⒽⒾⒿⓀⓁ	23	['sʌm(h)wɔt]	ad. 稍微，有些
estimate	ⒶⒷⒸⒹⒺⒻⒼⒽⒾⒿⓀⓁ	23	['estimeit]	n./v. 估计，估价
accomplishment	ⒶⒷⒸⒹⒺⒻⒼⒽⒾⒿⓀⓁ	23	[ə'kɔmpliʃmənt]	n. 成就，完成
innovation	ⒶⒷⒸⒹⒺⒻⒼⒽⒾⒿⓀⓁ	23	[,inəu'veiʃən]	n. 革新，创新
chimpanzee	ⒶⒷⒸⒹⒺⒻⒼⒽⒾⒿⓀⓁ	23	['tʃimpən'zi:]	n. 黑猩猩
predator	ⒶⒷⒸⒹⒺⒻⒼⒽⒾⒿⓀⓁ	23	['predətə]	n. 食肉动物，掠夺者
factor	ⒶⒷⒸⒹⒺⒻⒼⒽⒾⒿⓀⓁ	23	['fæktə]	n. 因素，要素，因子，因数
justify	ⒶⒷⒸⒹⒺⒻⒼⒽⒾⒿⓀⓁ	23	['dʒʌstifai]	v. 辩护，证明是正当的
engage	ⒶⒷⒸⒹⒺⒻⒼⒽⒾⒿⓀⓁ	23	[in'geidʒ]	v. 雇佣，从事，订婚
exhibit	ⒶⒷⒸⒹⒺⒻⒼⒽⒾⒿⓀⓁ	23	[ig'zibit]	v. 展览，展示 n. 陈列，展品
nevertheless	ⒶⒷⒸⒹⒺⒻⒼⒽⒾⒿⓀⓁ	22	[,nevəðə'les]	ad. 尽管如此 conj. 然而
ultimately	ⒶⒷⒸⒹⒺⒻⒼⒽⒾⒿⓀⓁ	22	['ʌltimətli]	ad. 最后，最终
representation	ⒶⒷⒸⒹⒺⒻⒼⒽⒾⒿⓀⓁ	22	[,reprizen'teiʃən]	n. 表示法，表现，陈述，代表
resolution	ⒶⒷⒸⒹⒺⒻⒼⒽⒾⒿⓀⓁ	22	[,rezə'lju:ʃən]	n. 决心，决议，解决，分辨率
traveler	ⒶⒷⒸⒹⒺⒻⒼⒽⒾⒿⓀⓁ	22	['trævlə]	n. 旅行者
disregard	ⒶⒷⒸⒹⒺⒻⒼⒽⒾⒿⓀⓁ	22	[,disri'ga:d]	n. 漠视 v. 忽视，不顾
trademark	ⒶⒷⒸⒹⒺⒻⒼⒽⒾⒿⓀⓁ	22	['treidma:k]	n. 商标
facility	ⒶⒷⒸⒹⒺⒻⒼⒽⒾⒿⓀⓁ	22	[fə'siliti]	n. 设备，才能，能力，灵巧
pail	ⒶⒷⒸⒹⒺⒻⒼⒽⒾⒿⓀⓁ	22	[peil]	n. 桶，提桶
drama	ⒶⒷⒸⒹⒺⒻⒼⒽⒾⒿⓀⓁ	22	['dra:mə]	n. 戏剧，戏剧艺术
consumer	ⒶⒷⒸⒹⒺⒻⒼⒽⒾⒿⓀⓁ	22	[kən'sju:mə]	n. 消费者，用户

单词	标记	频率	读音	词义
element	ⒶⒷⒸⒹⒺⒻⒼⒽⒾⒿⓀⓁ	22	['elimənt]	n. 要素，元素，原理
midpoint	ⒶⒷⒸⒹⒺⒻⒼⒽⒾⒿⓀⓁ	22	['mid,pɔint]	n. 中点，正中央
capture	ⒶⒷⒸⒹⒺⒻⒼⒽⒾⒿⓀⓁ	22	['kæptʃə]	v. 捕获，俘获，夺取
perceive	ⒶⒷⒸⒹⒺⒻⒼⒽⒾⒿⓀⓁ	22	[pə'si:v]	v. 察觉，意识到，理解
depict	ⒶⒷⒸⒹⒺⒻⒼⒽⒾⒿⓀⓁ	22	[di'pikt]	v. 描述，描写，描画
trace	ⒶⒷⒸⒹⒺⒻⒼⒽⒾⒿⓀⓁ	22	[treis]	v. 追踪，探索 n. 痕迹，踪迹
additional	ⒶⒷⒸⒹⒺⒻⒼⒽⒾⒿⓀⓁ	21	[ə'diʃənl]	a. 附加的，额外的
psychological	ⒶⒷⒸⒹⒺⒻⒼⒽⒾⒿⓀⓁ	21	[,saikə'lɔdʒikəl]	a. 心理学的，心理的
numerous	ⒶⒷⒸⒹⒺⒻⒼⒽⒾⒿⓀⓁ	21	['nju:mərəs]	a. 众多的，许多的
instance	ⒶⒷⒸⒹⒺⒻⒼⒽⒾⒿⓀⓁ	21	['instəns]	n. 例子，实例 v. 举例说明
progression	ⒶⒷⒸⒹⒺⒻⒼⒽⒾⒿⓀⓁ	21	[prə'greʃən]	n. 前进，连续
encounter	ⒶⒷⒸⒹⒺⒻⒼⒽⒾⒿⓀⓁ	21	[in'kauntə]	v./n. 遭遇，遇到，邂逅
intersect	ⒶⒷⒸⒹⒺⒻⒼⒽⒾⒿⓀⓁ	21	[,intə'sekt]	v. 贯穿，相交
enable	ⒶⒷⒸⒹⒺⒻⒼⒽⒾⒿⓀⓁ	21	[i'neibl]	v. 使能够，使可能
sophisticated	ⒶⒷⒸⒹⒺⒻⒼⒽⒾⒿⓀⓁ	20	[sə'fistikeitid]	a. 老练的，精密的，世故的
profound	ⒶⒷⒸⒹⒺⒻⒼⒽⒾⒿⓀⓁ	20	[prə'faund]	a. 深奥的，意义深远的
mysterious	ⒶⒷⒸⒹⒺⒻⒼⒽⒾⒿⓀⓁ	20	[mis'tiəriəs]	a. 神秘的，不可思议的
dramatic	ⒶⒷⒸⒹⒺⒻⒼⒽⒾⒿⓀⓁ	20	[drə'mætik]	a. 戏剧性的，引人注目的
respectively	ⒶⒷⒸⒹⒺⒻⒼⒽⒾⒿⓀⓁ	20	[ri'spektivli]	ad. 分别地，各自地
interview	ⒶⒷⒸⒹⒺⒻⒼⒽⒾⒿⓀⓁ	20	['intəvju:]	n./v. 接见，会见，面谈
despair	ⒶⒷⒸⒹⒺⒻⒼⒽⒾⒿⓀⓁ	20	[dis'peə]	n./v. 绝望，失望
delegate	ⒶⒷⒸⒹⒺⒻⒼⒽⒾⒿⓀⓁ	20	['deligit]	n. 代表 v. 委派为代表
definition	ⒶⒷⒸⒹⒺⒻⒼⒽⒾⒿⓀⓁ	20	[,defi'niʃən]	n. 定义，精确度，清晰度
invention	ⒶⒷⒸⒹⒺⒻⒼⒽⒾⒿⓀⓁ	20	[in'venʃən]	n. 发明，创造
observer	ⒶⒷⒸⒹⒺⒻⒼⒽⒾⒿⓀⓁ	20	[əb'zə:və]	n. 观测者，观察员
passion	ⒶⒷⒸⒹⒺⒻⒼⒽⒾⒿⓀⓁ	20	['pæʃən]	n. 激情，热情
democracy	ⒶⒷⒸⒹⒺⒻⒼⒽⒾⒿⓀⓁ	20	[di'mɔkrəsi]	n. 民主政治，民主制
prospect	ⒶⒷⒸⒹⒺⒻⒼⒽⒾⒿⓀⓁ	20	['prɔspekt]	n. 前景，景象，希望 v. 勘探
flask	ⒶⒷⒸⒹⒺⒻⒼⒽⒾⒿⓀⓁ	20	[fla:sk]	n. 细颈瓶，烧瓶
coherence	ⒶⒷⒸⒹⒺⒻⒼⒽⒾⒿⓀⓁ	20	[kəu'hiərəns]	n. 一致，连贯
complain	ⒶⒷⒸⒹⒺⒻⒼⒽⒾⒿⓀⓁ	20	[kəm'plein]	v. 抱怨，控诉
portray	ⒶⒷⒸⒹⒺⒻⒼⒽⒾⒿⓀⓁ	20	[pɔ:'trei]	v. 描绘，饰演
endure	ⒶⒷⒸⒹⒺⒻⒼⒽⒾⒿⓀⓁ	20	[in'djuə]	v. 忍受，容忍，持久
skunk	ⒶⒷⒸⒹⒺⒻⒼⒽⒾⒿⓀⓁ	20	[skʌŋk]	v. 使惨败，欺骗 n. 臭鼬
consecutive	ⒶⒷⒸⒹⒺⒻⒼⒽⒾⒿⓀⓁ	19	[kən'sekjutiv]	a. 连贯的，连续的
obscure	ⒶⒷⒸⒹⒺⒻⒼⒽⒾⒿⓀⓁ	19	[əb'skjuə]	a. 模糊的，昏暗的 v. 使模糊
scholarly	ⒶⒷⒸⒹⒺⒻⒼⒽⒾⒿⓀⓁ	19	['skɔləli]	a. 学术性的，学究气的
genetic	ⒶⒷⒸⒹⒺⒻⒼⒽⒾⒿⓀⓁ	19	[dʒi'netik]	a. 遗传的，起源的
seemingly	ⒶⒷⒸⒹⒺⒻⒼⒽⒾⒿⓀⓁ	19	['si:miŋli]	ad. 表面上，似乎
mode	ⒶⒷⒸⒹⒺⒻⒼⒽⒾⒿⓀⓁ	19	[məud]	n. 方式，模式

单词	标记	频率	读音	词义
instructor	ⒶⒷⒸⒹⒺⒻⒼⒽⒾⒿⓀⓁ	19	[in'strʌktə]	n. 教师，讲师
ecosystem	ⒶⒷⒸⒹⒺⒻⒼⒽⒾⒿⓀⓁ	19	[i:kə'sistəm]	n. 生态系统
consumption	ⒶⒷⒸⒹⒺⒻⒼⒽⒾⒿⓀⓁ	19	[kən'sʌmpʃən]	n. 消费，消耗
reproduction	ⒶⒷⒸⒹⒺⒻⒼⒽⒾⒿⓀⓁ	19	[ˌri:prə'dʌkʃən]	n. 再现，复制品，生殖
awareness	ⒶⒷⒸⒹⒺⒻⒼⒽⒾⒿⓀⓁ	19	[ə'weənis]	n. 知道，晓得
composer	ⒶⒷⒸⒹⒺⒻⒼⒽⒾⒿⓀⓁ	19	[kɔm'pəuzə]	n. 作家，作曲家
derive	ⒶⒷⒸⒹⒺⒻⒼⒽⒾⒿⓀⓁ	19	[di'raiv]	v. 获取，起源
truncate	ⒶⒷⒸⒹⒺⒻⒼⒽⒾⒿⓀⓁ	19	['trʌŋkeit]	v. 截短，切去一端
recount	ⒶⒷⒸⒹⒺⒻⒼⒽⒾⒿⓀⓁ	19	[ri'kaunt]	v. 详细叙述，重新计算
intellectual	ⒶⒷⒸⒹⒺⒻⒼⒽⒾⒿⓀⓁ	18	[ˌinti'lektjuəl]	a. 智力的，理性的 n. 知识分子
speculation	ⒶⒷⒸⒹⒺⒻⒼⒽⒾⒿⓀⓁ	18	[ˌspekju'leiʃən]	n. 沉思，推测，投机
creation	ⒶⒷⒸⒹⒺⒻⒼⒽⒾⒿⓀⓁ	18	[kri'eiʃən]	n. 创造，创作
convention	ⒶⒷⒸⒹⒺⒻⒼⒽⒾⒿⓀⓁ	18	[kən'venʃən]	n. 大会，习俗，惯例
originality	ⒶⒷⒸⒹⒺⒻⒼⒽⒾⒿⓀⓁ	18	[ˌəridʒi'næliti]	n. 独创性，原创性
assertion	ⒶⒷⒸⒹⒺⒻⒼⒽⒾⒿⓀⓁ	18	[ə'sə:ʃən]	n. 断言，主张
extent	ⒶⒷⒸⒹⒺⒻⒼⒽⒾⒿⓀⓁ	18	[iks'tent]	n. 范围，程度，广度
symbol	ⒶⒷⒸⒹⒺⒻⒼⒽⒾⒿⓀⓁ	18	['simbəl]	n. 符号，象征，标志
competition	ⒶⒷⒸⒹⒺⒻⒼⒽⒾⒿⓀⓁ	18	[kɔmpi'tiʃən]	n. 竞争，竞赛
prose	ⒶⒷⒸⒹⒺⒻⒼⒽⒾⒿⓀⓁ	18	[prəuz]	n. 散文
vision	ⒶⒷⒸⒹⒺⒻⒼⒽⒾⒿⓀⓁ	18	['viʒən]	n. 视力，想象力，眼光 v. 幻想
explorer	ⒶⒷⒸⒹⒺⒻⒼⒽⒾⒿⓀⓁ	18	[iks'plɔ:rə;eks-]	n. 探险家，探测者
election	ⒶⒷⒸⒹⒺⒻⒼⒽⒾⒿⓀⓁ	18	[i'lekʃ(ə)n]	n. 选举
artwork	ⒶⒷⒸⒹⒺⒻⒼⒽⒾⒿⓀⓁ	18	['a:twə:k]	n. 艺术品，美术品
interfere	ⒶⒷⒸⒹⒺⒻⒼⒽⒾⒿⓀⓁ	18	[ˌintə'fiə]	v. 干涉，妨碍
devise	ⒶⒷⒸⒹⒺⒻⒼⒽⒾⒿⓀⓁ	18	[di'vaiz]	v. 设计，发明，遗赠 n. 遗赠
minor	ⒶⒷⒸⒹⒺⒻⒼⒽⒾⒿⓀⓁ	17	['mainə]	a. 次要的 n. 未成年人，辅修
military	ⒶⒷⒸⒹⒺⒻⒼⒽⒾⒿⓀⓁ	17	['militəri]	a. 军事的 n. 军队
divisible	ⒶⒷⒸⒹⒺⒻⒼⒽⒾⒿⓀⓁ	17	[di'vizəbl]	a. 可分的，可除尽的
progressive	ⒶⒷⒸⒹⒺⒻⒼⒽⒾⒿⓀⓁ	17	[prə'gresiv]	a. 先进的，前进的
memorable	ⒶⒷⒸⒹⒺⒻⒼⒽⒾⒿⓀⓁ	17	['memərəbl]	a. 值得纪念的，难忘的
remarkable	ⒶⒷⒸⒹⒺⒻⒼⒽⒾⒿⓀⓁ	17	[ri'ma:kəbl]	a. 值得注意的，卓越的
regularly	ⒶⒷⒸⒹⒺⒻⒼⒽⒾⒿⓀⓁ	17	['regjuləli]	ad. 有规律地，定期地
copyright	ⒶⒷⒸⒹⒺⒻⒼⒽⒾⒿⓀⓁ	17	['kɔpirait]	n. 版权，著作权
ratio	ⒶⒷⒸⒹⒺⒻⒼⒽⒾⒿⓀⓁ	17	['reiʃiəu]	n. 比例，比率
token	ⒶⒷⒸⒹⒺⒻⒼⒽⒾⒿⓀⓁ	17	['təukən]	n. 表征，记号，代币 a. 象征的
notion	ⒶⒷⒸⒹⒺⒻⒼⒽⒾⒿⓀⓁ	17	['nəuʃən]	n. 概念，观念，想法
interpretation	ⒶⒷⒸⒹⒺⒻⒼⒽⒾⒿⓀⓁ	17	[inˌtə:pri'teiʃən]	n. 解释，阐明
objective	ⒶⒷⒸⒹⒺⒻⒼⒽⒾⒿⓀⓁ	17	[əb'dʒektiv]	n. 目标，宾语 a. 客观的，真实的
trait	ⒶⒷⒸⒹⒺⒻⒼⒽⒾⒿⓀⓁ	17	[treit]	n. 特征，少许
band	ⒶⒷⒸⒹⒺⒻⒼⒽⒾⒿⓀⓁ	17	[bænd]	n. 条纹，带子，乐队 v. 联合，结合

单词	标记	频率	读音	词义
misconception	ⒶⒷⒸⒹⒺⒻⒼⒽⒾⒿⓀⓁ	17	['miskən'sepʃ(ə)n]	n. 误解
diameter	ⒶⒷⒸⒹⒺⒻⒼⒽⒾⒿⓀⓁ	17	[dai'æmitə]	n. 直径
pose	ⒶⒷⒸⒹⒺⒻⒼⒽⒾⒿⓀⓁ	17	[pəuz]	n. 姿势，姿态，假装 v. 摆姿势
resource	ⒶⒷⒸⒹⒺⒻⒼⒽⒾⒿⓀⓁ	17	[ri'sɔ:s]	n. 资源，机敏
proceed	ⒶⒷⒸⒹⒺⒻⒼⒽⒾⒿⓀⓁ	17	[prə'si:d]	v. 继续进行，开始，着手
highlight	ⒶⒷⒸⒹⒺⒻⒼⒽⒾⒿⓀⓁ	17	['hailait]	v. 强调，突出 n. 精彩的部分
endorse	ⒶⒷⒸⒹⒺⒻⒼⒽⒾⒿⓀⓁ	17	[in'dɔ:s]	v. 支持，背书于，批准
dim	ⒶⒷⒸⒹⒺⒻⒼⒽⒾⒿⓀⓁ	16	[dim]	a. 暗淡的，模糊的 v. 使暗淡
inevitable	ⒶⒷⒸⒹⒺⒻⒼⒽⒾⒿⓀⓁ	16	[in'evitəbl]	a. 不可避免的，必然的
unlikely	ⒶⒷⒸⒹⒺⒻⒼⒽⒾⒿⓀⓁ	16	[ʌn'laikli]	a. 不太可能的
literal	ⒶⒷⒸⒹⒺⒻⒼⒽⒾⒿⓀⓁ	16	['litərəl]	a. 照字面的，原义的，逐字的
extremely	ⒶⒷⒸⒹⒺⒻⒼⒽⒾⒿⓀⓁ	16	[iks'tri:mli]	ad. 极端地，非常
thereby	ⒶⒷⒸⒹⒺⒻⒼⒽⒾⒿⓀⓁ	16	['ðeə'bai]	ad. 因此，从而
genre	ⒶⒷⒸⒹⒺⒻⒼⒽⒾⒿⓀⓁ	16	[ʒa:ŋr]	n. 类型，流派
theorist	ⒶⒷⒸⒹⒺⒻⒼⒽⒾⒿⓀⓁ	16	['θiərist]	n. 理论家
purpose	ⒶⒷⒸⒹⒺⒻⒼⒽⒾⒿⓀⓁ	16	['pə:pəs]	n. 目的，意图，决心 v. 打算
recipe	ⒶⒷⒸⒹⒺⒻⒼⒽⒾⒿⓀⓁ	16	['resipi]	n. 食谱，处方，秘诀
candy	ⒶⒷⒸⒹⒺⒻⒼⒽⒾⒿⓀⓁ	16	['kændi]	n. 糖果
trojan	ⒶⒷⒸⒹⒺⒻⒼⒽⒾⒿⓀⓁ	16	['trəudʒən]	n. 特洛伊人，勇士，有决心的人
humor	ⒶⒷⒸⒹⒺⒻⒼⒽⒾⒿⓀⓁ	16	['hju:mə]	n. 幽默
neglect	ⒶⒷⒸⒹⒺⒻⒼⒽⒾⒿⓀⓁ	16	[ni'glekt]	v./n. 忽视，疏忽
recall	ⒶⒷⒸⒹⒺⒻⒼⒽⒾⒿⓀⓁ	16	[ri'kɔ:l]	v./n. 回忆，召回，收回
gaze	ⒶⒷⒸⒹⒺⒻⒼⒽⒾⒿⓀⓁ	16	[geiz]	v./n. 凝视，注视
exaggerate	ⒶⒷⒸⒹⒺⒻⒼⒽⒾⒿⓀⓁ	16	[ig'zædʒəreit]	v. 夸大，夸张
eliminate	ⒶⒷⒸⒹⒺⒻⒼⒽⒾⒿⓀⓁ	16	[i'limineit]	v. 排除，剔除，淘汰
discourage	ⒶⒷⒸⒹⒺⒻⒼⒽⒾⒿⓀⓁ	16	[dis'kʌridʒ]	v. 使气馁，阻碍
inappropriate	ⒶⒷⒸⒹⒺⒻⒼⒽⒾⒿⓀⓁ	15	[inə'prəupriit]	a. 不适当的，不合宜的
harsh	ⒶⒷⒸⒹⒺⒻⒼⒽⒾⒿⓀⓁ	15	[ha:ʃ]	a. 粗糙的，刺耳的，严厉的
static	ⒶⒷⒸⒹⒺⒻⒼⒽⒾⒿⓀⓁ	15	['stætik]	a. 静态的，静止的 n. 静电
questionable	ⒶⒷⒸⒹⒺⒻⒼⒽⒾⒿⓀⓁ	15	['kwestʃənəbəl]	a. 可疑的，有问题的
ethical	ⒶⒷⒸⒹⒺⒻⒼⒽⒾⒿⓀⓁ	15	['eθikəl]	a. 伦理的，道德的
spontaneous	ⒶⒷⒸⒹⒺⒻⒼⒽⒾⒿⓀⓁ	15	[spɔn'teiniəs]	a. 自发的，自然产生的
relatively	ⒶⒷⒸⒹⒺⒻⒼⒽⒾⒿⓀⓁ	15	['relətivli]	ad. 相对地，比较地
preservation	ⒶⒷⒸⒹⒺⒻⒼⒽⒾⒿⓀⓁ	15	[ˌprezə(:)'veiʃən]	n. 保存，防腐
lament	ⒶⒷⒸⒹⒺⒻⒼⒽⒾⒿⓀⓁ	15	[lə'ment]	n. 悲伤 v. 哀悼，惋惜
uncertainty	ⒶⒷⒸⒹⒺⒻⒼⒽⒾⒿⓀⓁ	15	[ʌn'sə:tnti]	n. 不确定，不可靠，易变
legend	ⒶⒷⒸⒹⒺⒻⒼⒽⒾⒿⓀⓁ	15	['ledʒənd]	n. 传说，传奇，图例
irony	ⒶⒷⒸⒹⒺⒻⒼⒽⒾⒿⓀⓁ	15	['aiərəni]	n. 反语，讽刺
payment	ⒶⒷⒸⒹⒺⒻⒼⒽⒾⒿⓀⓁ	15	['peimənt]	n. 付款，偿还，报应
orbit	ⒶⒷⒸⒹⒺⒻⒼⒽⒾⒿⓀⓁ	15	['ɔ:bit]	n. 轨道 v. 绕轨道运行

单词	标记	频率	读音	词义
disease	ⒶⒷⒸⒹⒺⒻⒼⒽⒾⒿⓀⓁ	15	[di'zi:z]	n. 疾病
resident	ⒶⒷⒸⒹⒺⒻⒼⒽⒾⒿⓀⓁ	15	['rezidənt]	n. 居民，住院医生 a. 居住的
deception	ⒶⒷⒸⒹⒺⒻⒼⒽⒾⒿⓀⓁ	15	[di'sepʃən]	n. 欺骗，诡计
fraud	ⒶⒷⒸⒹⒺⒻⒼⒽⒾⒿⓀⓁ	15	[frɔ:d]	n. 欺骗，欺诈，骗子
scent	ⒶⒷⒸⒹⒺⒻⒼⒽⒾⒿⓀⓁ	15	[sent]	n. 气味，线索，香水 v. 嗅到
maintenance	ⒶⒷⒸⒹⒺⒻⒼⒽⒾⒿⓀⓁ	15	['meintinəns]	n. 维持，维修，生活费
mood	ⒶⒷⒸⒹⒺⒻⒼⒽⒾⒿⓀⓁ	15	[mu:d]	n. 心情，情绪
nomad	ⒶⒷⒸⒹⒺⒻⒼⒽⒾⒿⓀⓁ	15	['nɔməd;'nəumæd]	n. 游牧民族，流浪者
soccer	ⒶⒷⒸⒹⒺⒻⒼⒽⒾⒿⓀⓁ	15	['sɔkə]	n. 足球
contact	ⒶⒷⒸⒹⒺⒻⒼⒽⒾⒿⓀⓁ	15	['kɔntækt]	v./n. 接触，联系
attribute	ⒶⒷⒸⒹⒺⒻⒼⒽⒾⒿⓀⓁ	15	[ə'tribju(:)t]	v. 把…归因于 n. 属性，特征
culminate	ⒶⒷⒸⒹⒺⒻⒼⒽⒾⒿⓀⓁ	15	['kʌlmineit]	v. 达到顶点，达到终点
motivate	ⒶⒷⒸⒹⒺⒻⒼⒽⒾⒿⓀⓁ	15	['məutiveit]	v. 激发，给予动机
defy	ⒶⒷⒸⒹⒺⒻⒼⒽⒾⒿⓀⓁ	15	[di'fai]	v. 藐视，挑衅，反抗
enhance	ⒶⒷⒸⒹⒺⒻⒼⒽⒾⒿⓀⓁ	15	[in'ha:ns]	v. 提高，增强
cherish	ⒶⒷⒸⒹⒺⒻⒼⒽⒾⒿⓀⓁ	15	['tʃeriʃ]	v. 珍爱，怀有，抚育
pervasive	ⒶⒷⒸⒹⒺⒻⒼⒽⒾⒿⓀⓁ	14	[pə:'veisiv]	a. 遍布的，弥漫的，渗透的
perpendicular	ⒶⒷⒸⒹⒺⒻⒼⒽⒾⒿⓀⓁ	14	[ˌpə:pən'dikjulə]	a. 垂直的 n. 垂线
intricate	ⒶⒷⒸⒹⒺⒻⒼⒽⒾⒿⓀⓁ	14	['intrikit]	a. 错综复杂的，难懂的
cynical	ⒶⒷⒸⒹⒺⒻⒼⒽⒾⒿⓀⓁ	14	['sinikəl]	a. 愤世嫉俗的，恶意的
wary	ⒶⒷⒸⒹⒺⒻⒼⒽⒾⒿⓀⓁ	14	['weəri]	a. 机警的，小心的
domestic	ⒶⒷⒸⒹⒺⒻⒼⒽⒾⒿⓀⓁ	14	[də'mestik]	a. 家庭的，国内的，驯服的
evolutionary	ⒶⒷⒸⒹⒺⒻⒼⒽⒾⒿⓀⓁ	14	[ˌi:və'lu:ʃnəri]	a. 进化的，发展的，演变的
factual	ⒶⒷⒸⒹⒺⒻⒼⒽⒾⒿⓀⓁ	14	['fæktjuəl]	a. 事实的，真实的
worthy	ⒶⒷⒸⒹⒺⒻⒼⒽⒾⒿⓀⓁ	14	['wə:ði]	a. 有价值的，值得的
formal	ⒶⒷⒸⒹⒺⒻⒼⒽⒾⒿⓀⓁ	14	['fɔ:məl]	a. 正式的，正规的
sufficiently	ⒶⒷⒸⒹⒺⒻⒼⒽⒾⒿⓀⓁ	14	[sə'fiʃəntli]	ad. 充分地，足够地
objection	ⒶⒷⒸⒹⒺⒻⒼⒽⒾⒿⓀⓁ	14	[əb'dʒekʃən]	n. 反对，异议
neighborhood	ⒶⒷⒸⒹⒺⒻⒼⒽⒾⒿⓀⓁ	14	['neibəhud]	n. 附近，邻近，邻居
contract	ⒶⒷⒸⒹⒺⒻⒼⒽⒾⒿⓀⓁ	14	['kɔntrækt]	n. 合同 v. 缩短，感染
discipline	ⒶⒷⒸⒹⒺⒻⒼⒽⒾⒿⓀⓁ	14	['disiplin]	n. 纪律，训练 v. 训练，惩罚
introduction	ⒶⒷⒸⒹⒺⒻⒼⒽⒾⒿⓀⓁ	14	[ˌintrə'dʌkʃən]	n. 介绍，引入，序言
magic	ⒶⒷⒸⒹⒺⒻⒼⒽⒾⒿⓀⓁ	14	['mædʒik]	n. 魔术，魔力 a. 有魔力的
automobile	ⒶⒷⒸⒹⒺⒻⒼⒽⒾⒿⓀⓁ	14	['ɔ:təməubi:l]	n. 汽车
humanity	ⒶⒷⒸⒹⒺⒻⒼⒽⒾⒿⓀⓁ	14	[hju(:)'mæniti]	n. 人性，人类，（复）人文学科
myth	ⒶⒷⒸⒹⒺⒻⒼⒽⒾⒿⓀⓁ	14	[miθ]	n. 神话，虚构故事
exploration	ⒶⒷⒸⒹⒺⒻⒼⒽⒾⒿⓀⓁ	14	[ˌeksplɔ:'reiʃən]	n. 探险，探测
modem	ⒶⒷⒸⒹⒺⒻⒼⒽⒾⒿⓀⓁ	14	['məudəm]	n. 调制解调器
limitation	ⒶⒷⒸⒹⒺⒻⒼⒽⒾⒿⓀⓁ	14	[ˌlimi'teiʃən]	n. 限制，缺点
gender	ⒶⒷⒸⒹⒺⒻⒼⒽⒾⒿⓀⓁ	14	['dʒendə]	n. 性别 v. 发生，产生

单词	标记	频率	读音	词义
consciousness	ⒶⒷⒸⒹⒺⒻⒼⒽⒾⒿⓀⓁ	14	['kɔnʃəsnis]	n. 意识，知觉，觉悟
expedition	ⒶⒷⒸⒹⒺⒻⒼⒽⒾⒿⓀⓁ	14	[ˌekspi'diʃən]	n. 远征，探险队，敏捷
loyalty	ⒶⒷⒸⒹⒺⒻⒼⒽⒾⒿⓀⓁ	14	['lɔiəlti]	n. 忠诚，忠心
mock	ⒶⒷⒸⒹⒺⒻⒼⒽⒾⒿⓀⓁ	14	[mɔk]	v./n. 嘲笑，模仿 a. 模拟的，假装的
rouse	ⒶⒷⒸⒹⒺⒻⒼⒽⒾⒿⓀⓁ	14	[rauz]	v./n. 唤醒，奋起，激起
assert	ⒶⒷⒸⒹⒺⒻⒼⒽⒾⒿⓀⓁ	14	[ə'sə:t]	v. 断言，声称，维护
stray	ⒶⒷⒸⒹⒺⒻⒼⒽⒾⒿⓀⓁ	14	[strei]	v. 迷路，偏离 n. 离群动物 a. 迷路的
captivate	ⒶⒷⒸⒹⒺⒻⒼⒽⒾⒿⓀⓁ	14	['kæptiveit]	v. 迷住，迷惑
erase	ⒶⒷⒸⒹⒺⒻⒼⒽⒾⒿⓀⓁ	14	[i'reiz]	v. 抹去，擦掉
undermine	ⒶⒷⒸⒹⒺⒻⒼⒽⒾⒿⓀⓁ	14	[ˌʌndə'main]	v. 破坏，暗中损害，在下面挖
incomplete	ⒶⒷⒸⒹⒺⒻⒼⒽⒾⒿⓀⓁ	13	[inkəm'pli:t]	a. 不完全的，不完整的
innovative	ⒶⒷⒸⒹⒺⒻⒼⒽⒾⒿⓀⓁ	13	['inəuveitiv]	a. 创新的，革新的
constitutional	ⒶⒷⒸⒹⒺⒻⒼⒽⒾⒿⓀⓁ	13	[ˌkɔnsti'tju:ʃənəl]	a. 法治的，宪法的
crucial	ⒶⒷⒸⒹⒺⒻⒼⒽⒾⒿⓀⓁ	13	['kru:ʃiəl;'kru:ʃəl]	a. 关键的，决定性的
colorful	ⒶⒷⒸⒹⒺⒻⒼⒽⒾⒿⓀⓁ	13	['kʌləfəl]	a. 华美的，多彩的，有趣的
royal	ⒶⒷⒸⒹⒺⒻⒼⒽⒾⒿⓀⓁ	13	['rɔiəl]	a. 皇家的，高贵的 n. 王室成员
candid	ⒶⒷⒸⒹⒺⒻⒼⒽⒾⒿⓀⓁ	13	['kændid]	a. 率直的，坦诚的，公正的
mural	ⒶⒷⒸⒹⒺⒻⒼⒽⒾⒿⓀⓁ	13	['mjuərəl]	a. 墙壁的 n. 壁画
meaningful	ⒶⒷⒸⒹⒺⒻⒼⒽⒾⒿⓀⓁ	13	['mi:niŋful]	a. 意味深长的
sufficient	ⒶⒷⒸⒹⒺⒻⒼⒽⒾⒿⓀⓁ	13	[sə'fiʃənt]	a. 足够的，充分的
overly	ⒶⒷⒸⒹⒺⒻⒼⒽⒾⒿⓀⓁ	13	['əuvəli]	ad. 过度地，极度地
previously	ⒶⒷⒸⒹⒺⒻⒼⒽⒾⒿⓀⓁ	13	['pri:vju:sli]	ad. 先前，在此之前
protest	ⒶⒷⒸⒹⒺⒻⒼⒽⒾⒿⓀⓁ	13	[prə'test]	n./v. 抗议，反对
tribe	ⒶⒷⒸⒹⒺⒻⒼⒽⒾⒿⓀⓁ	13	[traib]	n. 部落，部族
reflection	ⒶⒷⒸⒹⒺⒻⒼⒽⒾⒿⓀⓁ	13	[ri'flekʃən]	n. 反射，考虑，沉思
improvement	ⒶⒷⒸⒹⒺⒻⒼⒽⒾⒿⓀⓁ	13	[im'pru:vmənt]	n. 改进，改善
worksheet	ⒶⒷⒸⒹⒺⒻⒼⒽⒾⒿⓀⓁ	13	[wə:kʃi:t]	n. 工作记录表
viewpoint	ⒶⒷⒸⒹⒺⒻⒼⒽⒾⒿⓀⓁ	13	['vju:ˌpɔint]	n. 观点
supervisor	ⒶⒷⒸⒹⒺⒻⒼⒽⒾⒿⓀⓁ	13	['sju:pəvaizə]	n. 管理人，监督人
lapse	ⒶⒷⒸⒹⒺⒻⒼⒽⒾⒿⓀⓁ	13	[læps]	n. 过失，失误 v. 流逝
skepticism	ⒶⒷⒸⒹⒺⒻⒼⒽⒾⒿⓀⓁ	13	['skeptisizəm]	n. 怀疑论
compound	ⒶⒷⒸⒹⒺⒻⒼⒽⒾⒿⓀⓁ	13	['kɔmpaund]	n. 混合物 v. 混合 a. 复合的
confusion	ⒶⒷⒸⒹⒺⒻⒼⒽⒾⒿⓀⓁ	13	[kən'fju:ʒən]	n. 混乱，混淆
awe	ⒶⒷⒸⒹⒺⒻⒼⒽⒾⒿⓀⓁ	13	[ɔ:]	n. 敬畏 v. 使敬畏
crew	ⒶⒷⒸⒹⒺⒻⒼⒽⒾⒿⓀⓁ	13	[kru:]	n. 全体人员
lifestyle	ⒶⒷⒸⒹⒺⒻⒼⒽⒾⒿⓀⓁ	13	['laifstail]	n. 生活方式
inventory	ⒶⒷⒸⒹⒺⒻⒼⒽⒾⒿⓀⓁ	13	['invəntri]	n. 详细目录，存货清单
rhetoric	ⒶⒷⒸⒹⒺⒻⒼⒽⒾⒿⓀⓁ	13	['retərik]	n. 修辞，修辞学，花言巧语
cylinder	ⒶⒷⒸⒹⒺⒻⒼⒽⒾⒿⓀⓁ	13	['silində]	n. 圆筒，圆柱体，汽缸
circumference	ⒶⒷⒸⒹⒺⒻⒼⒽⒾⒿⓀⓁ	13	[sə'kʌmfərəns]	n. 圆周，周长，周围

单词	标记	频率	读音	词义
ape	ⒶⒷⒸⒹⒺⒻⒼⒽⒾⒿⓀⓁ	13	[eip]	n. 猿
executive	ⒶⒷⒸⒹⒺⒻⒼⒽⒾⒿⓀⓁ	13	[ig'zekjutiv]	n. 主管 a. 行政的，执行的
pursuit	ⒶⒷⒸⒹⒺⒻⒼⒽⒾⒿⓀⓁ	13	[pə'sju:t]	n. 追求，追逐
summarize	ⒶⒷⒸⒹⒺⒻⒼⒽⒾⒿⓀⓁ	13	['sʌməraiz]	v. 概述，总结
communicate	ⒶⒷⒸⒹⒺⒻⒼⒽⒾⒿⓀⓁ	13	[kə'mju:nikeit]	v. 沟通，通信，传达
conceive	ⒶⒷⒸⒹⒺⒻⒼⒽⒾⒿⓀⓁ	13	[kən'si:v]	v. 构想，设想，怀孕
administer	ⒶⒷⒸⒹⒺⒻⒼⒽⒾⒿⓀⓁ	13	[əd'ministə]	v. 管理，给予，执行
evoke	ⒶⒷⒸⒹⒺⒻⒼⒽⒾⒿⓀⓁ	13	[i'vəuk]	v. 唤起，引起
arouse	ⒶⒷⒸⒹⒺⒻⒼⒽⒾⒿⓀⓁ	13	[ə'rauz]	v. 唤醒，鼓励，激起
devastate	ⒶⒷⒸⒹⒺⒻⒼⒽⒾⒿⓀⓁ	13	['devəsteit]	v. 毁坏
subtract	ⒶⒷⒸⒹⒺⒻⒼⒽⒾⒿⓀⓁ	13	[səb'trækt]	v. 减去，减少
cultivate	ⒶⒷⒸⒹⒺⒻⒼⒽⒾⒿⓀⓁ	13	['kʌltiveit]	v. 培养，耕作
equate	ⒶⒷⒸⒹⒺⒻⒼⒽⒾⒿⓀⓁ	13	[i'kweit]	v. 使相等，视为平等，等同
render	ⒶⒷⒸⒹⒺⒻⒼⒽⒾⒿⓀⓁ	13	['rendə]	v. 提供，表现，宣布，翻译
mislead	ⒶⒷⒸⒹⒺⒻⒼⒽⒾⒿⓀⓁ	13	[mis'li:d]	v. 误导，引入歧途
sustain	ⒶⒷⒸⒹⒺⒻⒼⒽⒾⒿⓀⓁ	13	[səs'tein]	v. 支撑，维持
dominate	ⒶⒷⒸⒹⒺⒻⒼⒽⒾⒿⓀⓁ	13	['dɔmineit]	v. 支配，占优势，控制
chronological	ⒶⒷⒸⒹⒺⒻⒼⒽⒾⒿⓀⓁ	12	['krɔnə'lɔdʒikəl]	a. 按年代顺序排列的
sentimental	ⒶⒷⒸⒹⒺⒻⒼⒽⒾⒿⓀⓁ	12	[senti'mentl]	a. 感伤的，多愁善感的
aesthetic	ⒶⒷⒸⒹⒺⒻⒼⒽⒾⒿⓀⓁ	12	[i:s'θetik]	a. 美学的，审美的
intense	ⒶⒷⒸⒹⒺⒻⒼⒽⒾⒿⓀⓁ	12	[in'tens]	a. 强烈的，紧张的
tangent	ⒶⒷⒸⒹⒺⒻⒼⒽⒾⒿⓀⓁ	12	['tændʒənt]	a. 切线的，离题的 n. 切线
frivolous	ⒶⒷⒸⒹⒺⒻⒼⒽⒾⒿⓀⓁ	12	['frivələs]	a. 轻浮的，无关紧要的
overall	ⒶⒷⒸⒹⒺⒻⒼⒽⒾⒿⓀⓁ	12	['əuvərɔ:l]	a. 全部的，全面的 n. 罩衫
passionate	ⒶⒷⒸⒹⒺⒻⒼⒽⒾⒿⓀⓁ	12	['pæʃənit]	a. 热情的，热烈的
productive	ⒶⒷⒸⒹⒺⒻⒼⒽⒾⒿⓀⓁ	12	[prə'dʌktiv]	a. 生产的，多产的，有成效的
faulty	ⒶⒷⒸⒹⒺⒻⒼⒽⒾⒿⓀⓁ	12	['fɔ:lti]	a. 有过失的，有缺点的
renowned	ⒶⒷⒸⒹⒺⒻⒼⒽⒾⒿⓀⓁ	12	[ri'naund]	a. 有名的，有声誉的
influential	ⒶⒷⒸⒹⒺⒻⒼⒽⒾⒿⓀⓁ	12	[influ'enʃəl]	a. 有影响的，有权势的
sage	ⒶⒷⒸⒹⒺⒻⒼⒽⒾⒿⓀⓁ	12	[seidʒ]	a. 智慧的 n. 智者，圣人
considerable	ⒶⒷⒸⒹⒺⒻⒼⒽⒾⒿⓀⓁ	12	[kən'sidərəbl]	a. 重要的，相当大的，可观的
essentially	ⒶⒷⒸⒹⒺⒻⒼⒽⒾⒿⓀⓁ	12	[i'senʃəli]	ad. 本质上，本来
typically	ⒶⒷⒸⒹⒺⒻⒼⒽⒾⒿⓀⓁ	12	['tipikəli]	ad. 典型地，代表性地
potentially	ⒶⒷⒸⒹⒺⒻⒼⒽⒾⒿⓀⓁ	12	[pə'tenʃəli]	ad. 潜在地
obviously	ⒶⒷⒸⒹⒺⒻⒼⒽⒾⒿⓀⓁ	12	['ɔbviəsli]	ad. 显然
originally	ⒶⒷⒸⒹⒺⒻⒼⒽⒾⒿⓀⓁ	12	[ə'ridʒənəli]	ad. 原本，起初
landfill	ⒶⒷⒸⒹⒺⒻⒼⒽⒾⒿⓀⓁ	12	['lændfil]	n.（掩埋式）垃圾处理场
ounce	ⒶⒷⒸⒹⒺⒻⒼⒽⒾⒿⓀⓁ	12	[auns]	n. 盎司（重量单位）
logo	ⒶⒷⒸⒹⒺⒻⒼⒽⒾⒿⓀⓁ	12	['ləugəu]	n. 标识，商标
publication	ⒶⒷⒸⒹⒺⒻⒼⒽⒾⒿⓀⓁ	12	[ˌpʌbli'keiʃən]	n. 出版，出版物，公布

单词	标记	频率	读音	词义
tick	ⒶⒷⒸⒹⒺⒻⒼⒽⒾⒿⓀⓁ	12	[tik]	n. 滴答声 v. 滴答地响
opponent	ⒶⒷⒸⒹⒺⒻⒼⒽⒾⒿⓀⓁ	12	[ə'pəunənt]	n. 对手，敌手 a. 对立的
formula	ⒶⒷⒸⒹⒺⒻⒼⒽⒾⒿⓀⓁ	12	['fɔːmjulə]	n. 公式，分子式，准则，客套话
hook	ⒶⒷⒸⒹⒺⒻⒼⒽⒾⒿⓀⓁ	12	[huk]	n. 钩，鱼钩，勾拳 v. 钩住
illusion	ⒶⒷⒸⒹⒺⒻⒼⒽⒾⒿⓀⓁ	12	[i'luːʒən;i'ljuː-]	n. 幻想，错觉，错误观念
wilderness	ⒶⒷⒸⒹⒺⒻⒼⒽⒾⒿⓀⓁ	12	['wildənis]	n. 荒野，荒地
vehicle	ⒶⒷⒸⒹⒺⒻⒼⒽⒾⒿⓀⓁ	12	['viːikl]	n. 交通工具，车辆
playwright	ⒶⒷⒸⒹⒺⒻⒼⒽⒾⒿⓀⓁ	12	['pleirait]	n. 剧作家
junk	ⒶⒷⒸⒹⒺⒻⒼⒽⒾⒿⓀⓁ	12	[dʒʌŋk]	n. 垃圾
ideal	ⒶⒷⒸⒹⒺⒻⒼⒽⒾⒿⓀⓁ	12	[ai'diəl]	n. 理想，典范 a. 理想的，完美的
legislator	ⒶⒷⒸⒹⒺⒻⒼⒽⒾⒿⓀⓁ	12	['ledʒis;leitə]	n. 立法者
ally	ⒶⒷⒸⒹⒺⒻⒼⒽⒾⒿⓀⓁ	12	[ə'lai;æ'lai]	n. 盟友，同盟国 v. 联盟，结盟
fascination	ⒶⒷⒸⒹⒺⒻⒼⒽⒾⒿⓀⓁ	12	[fæsi'neiʃ(ə)n]	n. 魔力，魅力，迷恋
waterfall	ⒶⒷⒸⒹⒺⒻⒼⒽⒾⒿⓀⓁ	12	['wɔːtəfɔːl]	n. 瀑布
intensity	ⒶⒷⒸⒹⒺⒻⒼⒽⒾⒿⓀⓁ	12	[in'tensiti]	n. 强度，强烈
sentiment	ⒶⒷⒸⒹⒺⒻⒼⒽⒾⒿⓀⓁ	12	['sentimənt]	n. 情绪，感伤，感情
container	ⒶⒷⒸⒹⒺⒻⒼⒽⒾⒿⓀⓁ	12	[kən'teinə]	n. 容器，集装箱
saint	ⒶⒷⒸⒹⒺⒻⒼⒽⒾⒿⓀⓁ	12	[seint;sənt]	n. 圣人，圣徒
disappointment	ⒶⒷⒸⒹⒺⒻⒼⒽⒾⒿⓀⓁ	12	[ˌdisə'pɔintmənt]	n. 失望
crumb	ⒶⒷⒸⒹⒺⒻⒼⒽⒾⒿⓀⓁ	12	[krʌm]	n. 碎屑，面包屑，少许
characterization	ⒶⒷⒸⒹⒺⒻⒼⒽⒾⒿⓀⓁ	12	[ˌkæriktərai'zeiʃən]	n. 特点描述，特性描述
voter	ⒶⒷⒸⒹⒺⒻⒼⒽⒾⒿⓀⓁ	12	['vəutə(r)]	n. 投票者
surgery	ⒶⒷⒸⒹⒺⒻⒼⒽⒾⒿⓀⓁ	12	['səːdʒəri]	n. 外科，手术，手术室
oak	ⒶⒷⒸⒹⒺⒻⒼⒽⒾⒿⓀⓁ	12	[əuk]	n. 橡树，橡木
acorn	ⒶⒷⒸⒹⒺⒻⒼⒽⒾⒿⓀⓁ	12	['eikɔːn]	n. 橡树果实
metaphor	ⒶⒷⒸⒹⒺⒻⒼⒽⒾⒿⓀⓁ	12	['metəfə]	n. 隐喻，暗喻，象征
transportation	ⒶⒷⒸⒹⒺⒻⒼⒽⒾⒿⓀⓁ	12	[ˌtrænspɔː'teiʃən]	n. 运输，运输工具，运输业
rebellion	ⒶⒷⒸⒹⒺⒻⒼⒽⒾⒿⓀⓁ	12	[ri'beljən]	n. 造反，叛乱
obsession	ⒶⒷⒸⒹⒺⒻⒼⒽⒾⒿⓀⓁ	12	[əb'seʃən]	n. 着迷，困扰
controversy	ⒶⒷⒸⒹⒺⒻⒼⒽⒾⒿⓀⓁ	12	['kɔntrəvəːsi]	n. 争议，争论
proof	ⒶⒷⒸⒹⒺⒻⒼⒽⒾⒿⓀⓁ	12	[pruːf]	n. 证据，证明 a. 防…的，耐…的
launch	ⒶⒷⒸⒹⒺⒻⒼⒽⒾⒿⓀⓁ	12	[lɔːntʃ;laːntʃ]	v./n. 发射，推出（新产品）
detect	ⒶⒷⒸⒹⒺⒻⒼⒽⒾⒿⓀⓁ	12	[di'tekt]	v. 发现，察觉，探测
inhabit	ⒶⒷⒸⒹⒺⒻⒼⒽⒾⒿⓀⓁ	12	[in'hæbit]	v. 栖息，居住于
reconcile	ⒶⒷⒸⒹⒺⒻⒼⒽⒾⒿⓀⓁ	12	['rekənsail]	v. 调和，和解，一致
inadequate	ⒶⒷⒸⒹⒺⒻⒼⒽⒾⒿⓀⓁ	11	[in'ædikwit]	a. 不充分的，不适当的
noble	ⒶⒷⒸⒹⒺⒻⒼⒽⒾⒿⓀⓁ	11	['nəubl]	a. 高尚的，贵族的
naval	ⒶⒷⒸⒹⒺⒻⒼⒽⒾⒿⓀⓁ	11	['neivəl]	a. 海军的
cubic	ⒶⒷⒸⒹⒺⒻⒼⒽⒾⒿⓀⓁ	11	['kjuːbik]	a. 立方体的，立方的
mundane	ⒶⒷⒸⒹⒺⒻⒼⒽⒾⒿⓀⓁ	11	['mʌndein]	a. 平凡的，世俗的

单词	标记	频率	读音	词义
fantastic	ⒶⒷⒸⒹⒺⒻⒼⒽⒾⒿⓀⓁ	11	[fæn'tæstik]	a. 奇妙的，极好的，幻想的
ecological	ⒶⒷⒸⒹⒺⒻⒼⒽⒾⒿⓀⓁ	11	[ˌekə'lɔdʒikəl]	a. 生态的，生态学的
provocative	ⒶⒷⒸⒹⒺⒻⒼⒽⒾⒿⓀⓁ	11	[prə'vɔkətiv]	a. 挑衅的，刺激的
sympathetic	ⒶⒷⒸⒹⒺⒻⒼⒽⒾⒿⓀⓁ	11	[ˌsimpə'θetik]	a. 同情的，共鸣的
genuine	ⒶⒷⒸⒹⒺⒻⒼⒽⒾⒿⓀⓁ	11	['dʒenjuin]	a. 真正的，真诚的
loyal	ⒶⒷⒸⒹⒺⒻⒼⒽⒾⒿⓀⓁ	11	['lɔiəl]	a. 忠诚的，忠心的
virtually	ⒶⒷⒸⒹⒺⒻⒼⒽⒾⒿⓀⓁ	11	['vɜ:tjuəli]	ad. 实际上，几乎
surely	ⒶⒷⒸⒹⒺⒻⒼⒽⒾⒿⓀⓁ	11	['ʃuəli]	ad. 无疑，一定
severely	ⒶⒷⒸⒹⒺⒻⒼⒽⒾⒿⓀⓁ	11	[si'viəli]	ad. 严厉地，严重地
significantly	ⒶⒷⒸⒹⒺⒻⒼⒽⒾⒿⓀⓁ	11	[sig'nifəkəntli]	ad. 重要地，意义重大地
literally	ⒶⒷⒸⒹⒺⒻⒼⒽⒾⒿⓀⓁ	11	['litərəli]	ad. 逐字地，照字面上地，简直
initially	ⒶⒷⒸⒹⒺⒻⒼⒽⒾⒿⓀⓁ	11	[i'niʃəli]	ad. 最初，开头
hint	ⒶⒷⒸⒹⒺⒻⒼⒽⒾⒿⓀⓁ	11	[hint]	n. 暗示，线索 v. 暗示
instinct	ⒶⒷⒸⒹⒺⒻⒼⒽⒾⒿⓀⓁ	11	['instiŋkt]	n. 本能，直觉，天性
frustration	ⒶⒷⒸⒹⒺⒻⒼⒽⒾⒿⓀⓁ	11	[frʌs'treiʃən]	n. 挫败，挫折
quantum	ⒶⒷⒸⒹⒺⒻⒼⒽⒾⒿⓀⓁ	11	['kwɔntəm]	n. 定量，数量，量子
premium	ⒶⒷⒸⒹⒺⒻⒼⒽⒾⒿⓀⓁ	11	['primjəm]	n. 额外费用，奖金，保险费
opposition	ⒶⒷⒸⒹⒺⒻⒼⒽⒾⒿⓀⓁ	11	[ɔpə'ziʃən]	n. 反对，敌对
resentment	ⒶⒷⒸⒹⒺⒻⒼⒽⒾⒿⓀⓁ	11	[ri'zentmənt]	n. 愤恨，怨恨
complexity	ⒶⒷⒸⒹⒺⒻⒼⒽⒾⒿⓀⓁ	11	[kəm'pleksiti]	n. 复杂，复杂性
affection	ⒶⒷⒸⒹⒺⒻⒼⒽⒾⒿⓀⓁ	11	[ə'fekʃən]	n. 感情，亲情
isolation	ⒶⒷⒸⒹⒺⒻⒼⒽⒾⒿⓀⓁ	11	[ˌaisəu'leiʃən]	n. 隔离，孤立
craft	ⒶⒷⒸⒹⒺⒻⒼⒽⒾⒿⓀⓁ	11	[kra:ft]	n. 工艺，手艺，诡计，航空器
conception	ⒶⒷⒸⒹⒺⒻⒼⒽⒾⒿⓀⓁ	11	[kən'sepʃən]	n. 观念，概念，怀孕
backyard	ⒶⒷⒸⒹⒺⒻⒼⒽⒾⒿⓀⓁ	11	[bæk'ja:d]	n. 后院，后庭
durability	ⒶⒷⒸⒹⒺⒻⒼⒽⒾⒿⓀⓁ	11	[ˌdjuərə'biliti]	n. 经久性，耐久力
trash	ⒶⒷⒸⒹⒺⒻⒼⒽⒾⒿⓀⓁ	11	[træʃ]	n. 垃圾，废物 v. 废弃，捣毁
territory	ⒶⒷⒸⒹⒺⒻⒼⒽⒾⒿⓀⓁ	11	['teritəri]	n. 领土，地域，版图
thesis	ⒶⒷⒸⒹⒺⒻⒼⒽⒾⒿⓀⓁ	11	['θi:sis]	n. 论题，论文，论点
contradiction	ⒶⒷⒸⒹⒺⒻⒼⒽⒾⒿⓀⓁ	11	[ˌkɔntrə'dikʃən]	n. 矛盾，反驳，否认
ambivalence	ⒶⒷⒸⒹⒺⒻⒼⒽⒾⒿⓀⓁ	11	[æm'bivələns]	n. 矛盾情绪，犹豫不决
pumpkin	ⒶⒷⒸⒹⒺⒻⒼⒽⒾⒿⓀⓁ	11	['pʌmpkin]	n. 南瓜
judgment	ⒶⒷⒸⒹⒺⒻⒼⒽⒾⒿⓀⓁ	11	['dʒʌdʒmənt]	n. 判断，判决
predecessor	ⒶⒷⒸⒹⒺⒻⒼⒽⒾⒿⓀⓁ	11	['pri:disesə]	n. 前辈，前任
emphasis	ⒶⒷⒸⒹⒺⒻⒼⒽⒾⒿⓀⓁ	11	['emfəsis]	n. 强调，重点
editorial	ⒶⒷⒸⒹⒺⒻⒼⒽⒾⒿⓀⓁ	11	[edi'tɔ:riəl]	n. 社论 a. 编辑的，社论的
collector	ⒶⒷⒸⒹⒺⒻⒼⒽⒾⒿⓀⓁ	11	[kə'lektə]	n. 收藏家，征收者
manuscript	ⒶⒷⒸⒹⒺⒻⒼⒽⒾⒿⓀⓁ	11	['mænjuskript]	n. 手稿，手抄本 a. 手写的
liar	ⒶⒷⒸⒹⒺⒻⒼⒽⒾⒿⓀⓁ	11	['laiə]	n. 说谎者
genius	ⒶⒷⒸⒹⒺⒻⒼⒽⒾⒿⓀⓁ	11	['dʒi:njəs]	n. 天才，天赋

单词	标记	频率	读音	词义
agreement	ⒶⒷⒸⒹⒺⒻⒼⒽⒾⒿⓀⓁ	11	[ə'gri:mənt]	n. 同意，一致，协议
governor	ⒶⒷⒸⒹⒺⒻⒼⒽⒾⒿⓀⓁ	11	['gʌvənə]	n. 统治者，管理者
plague	ⒶⒷⒸⒹⒺⒻⒼⒽⒾⒿⓀⓁ	11	[pleig]	n. 瘟疫，灾祸 v. 折磨
vampire	ⒶⒷⒸⒹⒺⒻⒼⒽⒾⒿⓀⓁ	11	['væmpaiə]	n. 吸血鬼
realism	ⒶⒷⒸⒹⒺⒻⒼⒽⒾⒿⓀⓁ	11	['riəlizəm;'ri:-]	n. 现实主义，唯实论
relativity	ⒶⒷⒸⒹⒺⒻⒼⒽⒾⒿⓀⓁ	11	[ˌrelə'tiviti]	n. 相对性，相对论
kitten	ⒶⒷⒸⒹⒺⒻⒼⒽⒾⒿⓀⓁ	11	['kitn]	n. 小猫
merit	ⒶⒷⒸⒹⒺⒻⒼⒽⒾⒿⓀⓁ	11	['merit]	n. 优点，功绩，价值 v. 值得
amusement	ⒶⒷⒸⒹⒺⒻⒼⒽⒾⒿⓀⓁ	11	[ə'mju:zmənt]	n. 娱乐，消遣
policy	ⒶⒷⒸⒹⒺⒻⒼⒽⒾⒿⓀⓁ	11	['pɔlisi]	n. 政策，方针
wisdom	ⒶⒷⒸⒹⒺⒻⒼⒽⒾⒿⓀⓁ	11	['wizdəm]	n. 智慧
device	ⒶⒷⒸⒹⒺⒻⒼⒽⒾⒿⓀⓁ	11	[di'vais]	n. 装置，设备，策略
maximum	ⒶⒷⒸⒹⒺⒻⒼⒽⒾⒿⓀⓁ	11	['mæksiməm]	n. 最大量，最大限度
startle	ⒶⒷⒸⒹⒺⒻⒼⒽⒾⒿⓀⓁ	11	['sta:tl]	v./n. 吃惊，惊恐
revolt	ⒶⒷⒸⒹⒺⒻⒼⒽⒾⒿⓀⓁ	11	[ri'vəult]	v./n. 反叛，反感
disdain	ⒶⒷⒸⒹⒺⒻⒼⒽⒾⒿⓀⓁ	11	[dis'dein]	v./n. 蔑视，轻视
juggle	ⒶⒷⒸⒹⒺⒻⒼⒽⒾⒿⓀⓁ	11	['dʒʌgl]	v./n. 玩杂耍，篡改
retain	ⒶⒷⒸⒹⒺⒻⒼⒽⒾⒿⓀⓁ	11	[ri'tein]	v. 保持，保留，记住
disprove	ⒶⒷⒸⒹⒺⒻⒼⒽⒾⒿⓀⓁ	11	[dis'pru:v]	v. 反驳，证明…有误
commit	ⒶⒷⒸⒹⒺⒻⒼⒽⒾⒿⓀⓁ	11	[kə'mit]	v. 犯罪，承诺，委托
diminish	ⒶⒷⒸⒹⒺⒻⒼⒽⒾⒿⓀⓁ	11	[di'miniʃ]	v. 减少，变小，贬低
grind	ⒶⒷⒸⒹⒺⒻⒼⒽⒾⒿⓀⓁ	11	[graind]	v. 磨，磨碎，折磨 n. 苦差事
publicize	ⒶⒷⒸⒹⒺⒻⒼⒽⒾⒿⓀⓁ	11	['pʌblisaiz]	v. 宣传，引起公众注意
superficial	ⒶⒷⒸⒹⒺⒻⒼⒽⒾⒿⓀⓁ	10	[sju:pə'fiʃəl]	a. 表面的，肤浅的
unfamiliar	ⒶⒷⒸⒹⒺⒻⒼⒽⒾⒿⓀⓁ	10	['ʌnfə'miljə]	a. 不熟悉的
irrelevant	ⒶⒷⒸⒹⒺⒻⒼⒽⒾⒿⓀⓁ	10	[i'relivənt]	a. 不相干的，离题的
elementary	ⒶⒷⒸⒹⒺⒻⒼⒽⒾⒿⓀⓁ	10	[ˌelə'mentəri]	a. 初级的，基本的
indignant	ⒶⒷⒸⒹⒺⒻⒼⒽⒾⒿⓀⓁ	10	[in'dignənt]	a. 愤慨的，愤愤不平的
grateful	ⒶⒷⒸⒹⒺⒻⒼⒽⒾⒿⓀⓁ	10	['greitful]	a. 感激的，感谢的
radical	ⒶⒷⒸⒹⒺⒻⒼⒽⒾⒿⓀⓁ	10	['rædikəl]	a. 根本的，激进的 n. 激进分子
respectful	ⒶⒷⒸⒹⒺⒻⒼⒽⒾⒿⓀⓁ	10	[ri'spektfəl]	a. 恭敬的，有礼貌的
deliberate	ⒶⒷⒸⒹⒺⒻⒼⒽⒾⒿⓀⓁ	10	[di'libəreit]	a. 故意的，深思熟虑的 v. 慎重考虑
mechanical	ⒶⒷⒸⒹⒺⒻⒼⒽⒾⒿⓀⓁ	10	[mi'kænikl]	a. 机械的，呆板的
temperance	ⒶⒷⒸⒹⒺⒻⒼⒽⒾⒿⓀⓁ	10	['tempərəns]	a. 节欲，禁酒，节制
invisible	ⒶⒷⒸⒹⒺⒻⒼⒽⒾⒿⓀⓁ	10	[in'vizəbl]	a. 看不见的，无形的
predictable	ⒶⒷⒸⒹⒺⒻⒼⒽⒾⒿⓀⓁ	10	[pri'diktəb(ə)l]	a. 可预知的
serial	ⒶⒷⒸⒹⒺⒻⒼⒽⒾⒿⓀⓁ	10	['siəriəl]	a. 连载的，系列的 n. 连载小说
desirable	ⒶⒷⒸⒹⒺⒻⒼⒽⒾⒿⓀⓁ	10	[di'zaiərəbl]	a. 满意的，值得要的，吸引人的
interior	ⒶⒷⒸⒹⒺⒻⒼⒽⒾⒿⓀⓁ	10	[in'tiəriə]	a. 内部的，本质的 n. 内部，内在
inner	ⒶⒷⒸⒹⒺⒻⒼⒽⒾⒿⓀⓁ	10	['inə]	a. 内部的，里面的，内心的

单词	标记	频率	读音	词义
nostalgic	ⒶⒷⒸⒹⒺⒻⒼⒽⒾⒿⓀⓁ	10	[nɔ'stældʒik;nə-]	a. 乡愁的，怀旧的
elaborate	ⒶⒷⒸⒹⒺⒻⒼⒽⒾⒿⓀⓁ	10	[i'læbərət]	a. 详尽的，精细的，复杂的 v. 详细阐述
capable	ⒶⒷⒸⒹⒺⒻⒼⒽⒾⒿⓀⓁ	10	['keipəbl]	a. 有能力的，能干的
thoroughly	ⒶⒷⒸⒹⒺⒻⒼⒽⒾⒿⓀⓁ	10	['θʌrəli]	ad. 彻底地，完全
reasonably	ⒶⒷⒸⒹⒺⒻⒼⒽⒾⒿⓀⓁ	10	['ri:znəbli]	ad. 合理地，适当地
exclusively	ⒶⒷⒸⒹⒺⒻⒼⒽⒾⒿⓀⓁ	10	[ik'sklu:sivli]	ad. 专门地，排他地，独占地
ridicule	ⒶⒷⒸⒹⒺⒻⒼⒽⒾⒿⓀⓁ	10	['ridikju:l]	n./v. 嘲笑，愚弄
sting	ⒶⒷⒸⒹⒺⒻⒼⒽⒾⒿⓀⓁ	10	[stiŋ]	n./v. 刺，刺痛
acclaim	ⒶⒷⒸⒹⒺⒻⒼⒽⒾⒿⓀⓁ	10	[ə'kleim]	n./v. 喝彩，欢呼，称赞
contest	ⒶⒷⒸⒹⒺⒻⒼⒽⒾⒿⓀⓁ	10	['kɔntest]	n./v. 竞赛，竞争
dismay	ⒶⒷⒸⒹⒺⒻⒼⒽⒾⒿⓀⓁ	10	[dis'mei]	n./v. 沮丧，惊愕
allusion	ⒶⒷⒸⒹⒺⒻⒼⒽⒾⒿⓀⓁ	10	[ə'l(j)u:ʒən]	n. 暗指，暗示
package	ⒶⒷⒸⒹⒺⒻⒼⒽⒾⒿⓀⓁ	10	['pækidʒ]	n. 包裹，包装 v. 打包
reservation	ⒶⒷⒸⒹⒺⒻⒼⒽⒾⒿⓀⓁ	10	[ˌrezə'veiʃən]	n. 保留，预定，保留物
silence	ⒶⒷⒸⒹⒺⒻⒼⒽⒾⒿⓀⓁ	10	['sailəns]	n. 沉默，寂静
vessel	ⒶⒷⒸⒹⒺⒻⒼⒽⒾⒿⓀⓁ	10	['vesl]	n. 船，容器，血管
telegraph	ⒶⒷⒸⒹⒺⒻⒼⒽⒾⒿⓀⓁ	10	['teligra:f]	n. 电报 v. 发电报
subscription	ⒶⒷⒸⒹⒺⒻⒼⒽⒾⒿⓀⓁ	10	[sʌb'skripʃən]	n. 订阅，签署，捐献
conviction	ⒶⒷⒸⒹⒺⒻⒼⒽⒾⒿⓀⓁ	10	[kən'vikʃən]	n. 定罪，信服，坚信
motive	ⒶⒷⒸⒹⒺⒻⒼⒽⒾⒿⓀⓁ	10	['məutiv]	n. 动机 v. 促使
scope	ⒶⒷⒸⒹⒺⒻⒼⒽⒾⒿⓀⓁ	10	[skəup]	n. 范围，眼界，机会 v. 仔细研究
molecule	ⒶⒷⒸⒹⒺⒻⒼⒽⒾⒿⓀⓁ	10	['mɔlikju:l;'məu-]	n. 分子，微粒
captive	ⒶⒷⒸⒹⒺⒻⒼⒽⒾⒿⓀⓁ	10	['kæptiv]	n. 俘虏，迷恋者 a. 被迷住的
ax	ⒶⒷⒸⒹⒺⒻⒼⒽⒾⒿⓀⓁ	10	[æks]	n. 斧头 v. 削减
frontier	ⒶⒷⒸⒹⒺⒻⒼⒽⒾⒿⓀⓁ	10	['frʌntjə]	n. 国界，边境
chimp	ⒶⒷⒸⒹⒺⒻⒼⒽⒾⒿⓀⓁ	10	[tʃimp]	n. 黑猩猩
cosmetic	ⒶⒷⒸⒹⒺⒻⒼⒽⒾⒿⓀⓁ	10	[kɔz'metik]	n. 化妆品 a. 化妆用的
skeptic	ⒶⒷⒸⒹⒺⒻⒼⒽⒾⒿⓀⓁ	10	['skeptik]	n. 怀疑者，怀疑论者，无神论者
surrounding	ⒶⒷⒸⒹⒺⒻⒼⒽⒾⒿⓀⓁ	10	[sə'raundiŋ]	n. 环境 a. 周围的
acceptance	ⒶⒷⒸⒹⒺⒻⒼⒽⒾⒿⓀⓁ	10	[ək'septəns]	n. 接受，认可
evolution	ⒶⒷⒸⒹⒺⒻⒼⒽⒾⒿⓀⓁ	10	[ˌi:və'lu:ʃən;ˌevə-]	n. 进化，进化论，发展
refusal	ⒶⒷⒸⒹⒺⒻⒼⒽⒾⒿⓀⓁ	10	[ri'fju:zəl]	n. 拒绝
bounty	ⒶⒷⒸⒹⒺⒻⒼⒽⒾⒿⓀⓁ	10	['baunti]	n. 慷慨，宽大，奖金
prey	ⒶⒷⒸⒹⒺⒻⒼⒽⒾⒿⓀⓁ	10	[prei]	n. 猎物，牺牲者 v. 捕食，掠夺
camper	ⒶⒷⒸⒹⒺⒻⒼⒽⒾⒿⓀⓁ	10	['kæmpə(r)]	n. 露营者
feminist	ⒶⒷⒸⒹⒺⒻⒼⒽⒾⒿⓀⓁ	10	['feminist]	n. 女权主义者
critique	ⒶⒷⒸⒹⒺⒻⒼⒽⒾⒿⓀⓁ	10	[kri'ti:k]	n. 批评，评论，评论文章
admiration	ⒶⒷⒸⒹⒺⒻⒼⒽⒾⒿⓀⓁ	10	[ˌædmə'reiʃən]	n. 钦佩，赞美，羡慕
captivity	ⒶⒷⒸⒹⒺⒻⒼⒽⒾⒿⓀⓁ	10	[kæp'tiviti]	n. 囚禁，被关
soda	ⒶⒷⒸⒹⒺⒻⒼⒽⒾⒿⓀⓁ	10	['səudə]	n. 苏打水，汽水，碳酸水

单词	标记	频率	读音	词义
proposal	ⒶⒷⒸⒹⒺⒻⒼⒽⒾⒿⓀⓁ	10	[prə'pəuzəl]	n. 提议，建议，求婚
peer	ⒶⒷⒸⒹⒺⒻⒼⒽⒾⒿⓀⓁ	10	[piə]	n. 同等的人，同辈，贵族 v. 凝视
violation	ⒶⒷⒸⒹⒺⒻⒼⒽⒾⒿⓀⓁ	10	[ˌvaiə'leiʃən]	n. 违反，违背，妨碍
ignorance	ⒶⒷⒸⒹⒺⒻⒼⒽⒾⒿⓀⓁ	10	['ignərəns]	n. 无知，愚昧
substance	ⒶⒷⒸⒹⒺⒻⒼⒽⒾⒿⓀⓁ	10	['sʌbstəns]	n. 物质，实质，资产，重要性
rattlesnake	ⒶⒷⒸⒹⒺⒻⒼⒽⒾⒿⓀⓁ	10	['ræt(ə)lsneik]	n. 响尾蛇
sibling	ⒶⒷⒸⒹⒺⒻⒼⒽⒾⒿⓀⓁ	10	['sibliŋ]	n. 兄弟姐妹
intention	ⒶⒷⒸⒹⒺⒻⒼⒽⒾⒿⓀⓁ	10	[in'tenʃən]	n. 意图，目的，意向
faculty	ⒶⒷⒸⒹⒺⒻⒼⒽⒾⒿⓀⓁ	10	['fækəlti]	n. 院系，全体教员，能力
dean	ⒶⒷⒸⒹⒺⒻⒼⒽⒾⒿⓀⓁ	10	[di:n]	n. 院长，系主任，主持牧师
resale	ⒶⒷⒸⒹⒺⒻⒼⒽⒾⒿⓀⓁ	10	['ri:'seil]	n. 再贩卖，转售
strategy	ⒶⒷⒸⒹⒺⒻⒼⒽⒾⒿⓀⓁ	10	['strætidʒi]	n. 战略，策略
integrity	ⒶⒷⒸⒹⒺⒻⒼⒽⒾⒿⓀⓁ	10	[in'tegriti]	n. 正直，完整
politician	ⒶⒷⒸⒹⒺⒻⒼⒽⒾⒿⓀⓁ	10	[pɔli'tiʃən]	n. 政治家，政客
autobiography	ⒶⒷⒸⒹⒺⒻⒼⒽⒾⒿⓀⓁ	10	[ˌɔ:təbai'ɔgrəfi]	n. 自传
hail	ⒶⒷⒸⒹⒺⒻⒼⒽⒾⒿⓀⓁ	10	[heil]	v./n. 喝彩，欢呼，下冰雹
reverse	ⒶⒷⒸⒹⒺⒻⒼⒽⒾⒿⓀⓁ	10	[ri'və:s]	v. 反转，逆行 a. 相反的，反面的
emerge	ⒶⒷⒸⒹⒺⒻⒼⒽⒾⒿⓀⓁ	10	[i'mə:dʒ]	v. 浮现，显露
discredit	ⒶⒷⒸⒹⒺⒻⒼⒽⒾⒿⓀⓁ	10	[dis'kredit]	v. 怀疑，破坏名声，使丢脸
blend	ⒶⒷⒸⒹⒺⒻⒼⒽⒾⒿⓀⓁ	10	[blend]	v. 混合 n. 混合物
provoke	ⒶⒷⒸⒹⒺⒻⒼⒽⒾⒿⓀⓁ	10	[prə'vəuk]	v. 激怒，煽动，招致
roam	ⒶⒷⒸⒹⒺⒻⒼⒽⒾⒿⓀⓁ	10	[rəum]	v. 漫游，闲逛
bypass	ⒶⒷⒸⒹⒺⒻⒼⒽⒾⒿⓀⓁ	10	['baipa:s;'baipæs]	v. 绕开，忽视 n. 旁道，支路
isolate	ⒶⒷⒸⒹⒺⒻⒼⒽⒾⒿⓀⓁ	10	['aisəleit]	v. 使隔离，使孤立 a. 孤立的
jade	ⒶⒷⒸⒹⒺⒻⒼⒽⒾⒿⓀⓁ	10	[dʒeid]	v. 使疲倦 n. 玉石，翡翠，老马
intrigue	ⒶⒷⒸⒹⒺⒻⒼⒽⒾⒿⓀⓁ	10	[in'tri:g]	v. 耍阴谋，激起兴趣 n. 密谋
investigate	ⒶⒷⒸⒹⒺⒻⒼⒽⒾⒿⓀⓁ	10	[in'vestigeit]	v. 调查，研究
confine	ⒶⒷⒸⒹⒺⒻⒼⒽⒾⒿⓀⓁ	10	['kɔnfain]	v. 限制，禁闭 n. 界限，范围
execute	ⒶⒷⒸⒹⒺⒻⒼⒽⒾⒿⓀⓁ	10	['eksikju:t]	v. 执行，处死
compose	ⒶⒷⒸⒹⒺⒻⒼⒽⒾⒿⓀⓁ	10	[kəm'pəuz]	v. 作曲，写作，组成，使平静
icy	ⒶⒷⒸⒹⒺⒻⒼⒽⒾⒿⓀⓁ	9	['aisi]	a. 冰冷的，冷淡的
erroneous	ⒶⒷⒸⒹⒺⒻⒼⒽⒾⒿⓀⓁ	9	[i'rəuniəs]	a. 错误的，不正确的
hostile	ⒶⒷⒸⒹⒺⒻⒼⒽⒾⒿⓀⓁ	9	['hɔstail]	a. 敌对的，怀敌意的
articulate	ⒶⒷⒸⒹⒺⒻⒼⒽⒾⒿⓀⓁ	9	[a:'tikjulit]	a. 发音清晰的 v. 发音清晰，连接
excessive	ⒶⒷⒸⒹⒺⒻⒼⒽⒾⒿⓀⓁ	9	[ik'sesiv]	a. 过多的，过分的
ironic	ⒶⒷⒸⒹⒺⒻⒼⒽⒾⒿⓀⓁ	9	[ai'rɔnik]	a. 讥讽的，说反话的
formidable	ⒶⒷⒸⒹⒺⒻⒼⒽⒾⒿⓀⓁ	9	['fɔ:midəbl]	a. 可怕的，难对付的
ambivalent	ⒶⒷⒸⒹⒺⒻⒼⒽⒾⒿⓀⓁ	9	[æm'bivələnt]	a. 矛盾的，摇摆不定的
occasional	ⒶⒷⒸⒹⒺⒻⒼⒽⒾⒿⓀⓁ	9	[ə'keiʒnəl]	a. 偶然的，临时的
mediocre	ⒶⒷⒸⒹⒺⒻⒼⒽⒾⒿⓀⓁ	9	[ˌmi:di'əukə;'mi:diəukə]	a. 平庸的，平凡的

单词	标记	频率	读音	词义
vivid	ⒶⒷⒸⒹⒺⒻⒼⒽⒾⒿⓀⓁ	9	['vivid]	a. 生动的，栩栩如生的，鲜艳的
invaluable	ⒶⒷⒸⒹⒺⒻⒼⒽⒾⒿⓀⓁ	9	[in'væljuəbl]	a. 无价的，非常珍贵的
prominent	ⒶⒷⒸⒹⒺⒻⒼⒽⒾⒿⓀⓁ	9	['prɔminənt]	a. 显著的，突出的
rigorous	ⒶⒷⒸⒹⒺⒻⒼⒽⒾⒿⓀⓁ	9	['rigərəs]	a. 严密的，严格的，严峻的
dependent	ⒶⒷⒸⒹⒺⒻⒼⒽⒾⒿⓀⓁ	9	[di'pendənt]	a. 依靠的，依赖的
obsolete	ⒶⒷⒸⒹⒺⒻⒼⒽⒾⒿⓀⓁ	9	['ɔbsəli:t]	a. 已废弃的，过时的
courageous	ⒶⒷⒸⒹⒺⒻⒼⒽⒾⒿⓀⓁ	9	[kə'reidʒəs]	a. 勇敢的
linguistic	ⒶⒷⒸⒹⒺⒻⒼⒽⒾⒿⓀⓁ	9	[liŋ'gwistik]	a. 语言学的，语言的
philosophical	ⒶⒷⒸⒹⒺⒻⒼⒽⒾⒿⓀⓁ	9	[ˌfilə'sɔfikəl]	a. 哲学的，贤明的
pragmatic	ⒶⒷⒸⒹⒺⒻⒼⒽⒾⒿⓀⓁ	9	[præg'mætik]	a. 重实效的，实用主义的
ultimate	ⒶⒷⒸⒹⒺⒻⒼⒽⒾⒿⓀⓁ	9	['ʌltimit]	a. 最终的，根本的，极限的 n. 极品
remarkably	ⒶⒷⒸⒹⒺⒻⒼⒽⒾⒿⓀⓁ	9	[ri'ma:kəbli]	ad. 非凡地，显著地
openly	ⒶⒷⒸⒹⒺⒻⒼⒽⒾⒿⓀⓁ	9	['əupənli]	ad. 公开地，直率地
extensively	ⒶⒷⒸⒹⒺⒻⒼⒽⒾⒿⓀⓁ	9	[ik'stensivli]	ad. 广泛地，大规模地
commonly	ⒶⒷⒸⒹⒺⒻⒼⒽⒾⒿⓀⓁ	9	['kɔmənli]	ad. 普通地，一般地
howl	ⒶⒷⒸⒹⒺⒻⒼⒽⒾⒿⓀⓁ	9	[haul]	n./v. 嚎叫，咆哮
mutiny	ⒶⒷⒸⒹⒺⒻⒼⒽⒾⒿⓀⓁ	9	['mju:tini]	n./v. 叛乱
discourse	ⒶⒷⒸⒹⒺⒻⒼⒽⒾⒿⓀⓁ	9	[dis'kɔ:s;'diskɔ:s]	n./v. 谈话，演讲
complaint	ⒶⒷⒸⒹⒺⒻⒼⒽⒾⒿⓀⓁ	9	[kəm'pleint]	n. 抱怨，控告
tragedy	ⒶⒷⒸⒹⒺⒻⒼⒽⒾⒿⓀⓁ	9	['trædʒidi]	n. 悲剧，惨案
memoir	ⒶⒷⒸⒹⒺⒻⒼⒽⒾⒿⓀⓁ	9	['memwa:]	n. 传记，回忆录，自传
creativity	ⒶⒷⒸⒹⒺⒻⒼⒽⒾⒿⓀⓁ	9	[ˌkri:ei'tivəti]	n. 创造力，创造
pendant	ⒶⒷⒸⒹⒺⒻⒼⒽⒾⒿⓀⓁ	9	['pendənt]	n. 垂饰，悬挂物
proxy	ⒶⒷⒸⒹⒺⒻⒼⒽⒾⒿⓀⓁ	9	['prɔksi]	n. 代理人，代理权
registration	ⒶⒷⒸⒹⒺⒻⒼⒽⒾⒿⓀⓁ	9	[ˌredʒis'treiʃən]	n. 登记，挂号，注册
lightbulb	ⒶⒷⒸⒹⒺⒻⒼⒽⒾⒿⓀⓁ	9	['laitbʌlb]	n. 电灯泡
vertex	ⒶⒷⒸⒹⒺⒻⒼⒽⒾⒿⓀⓁ	9	['və:teks]	n. 顶点，最高点，头顶
summit	ⒶⒷⒸⒹⒺⒻⒼⒽⒾⒿⓀⓁ	9	['sʌmit]	n. 顶点，最高阶层
translator	ⒶⒷⒸⒹⒺⒻⒼⒽⒾⒿⓀⓁ	9	[træns'leitə]	n. 翻译者
prosperity	ⒶⒷⒸⒹⒺⒻⒼⒽⒾⒿⓀⓁ	9	[prɔs'periti]	n. 繁荣，兴旺
corporation	ⒶⒷⒸⒹⒺⒻⒼⒽⒾⒿⓀⓁ	9	[ˌkɔ:pə'reiʃən]	n. 公司，法人
brilliance	ⒶⒷⒸⒹⒺⒻⒼⒽⒾⒿⓀⓁ	9	['briljəns]	n. 光辉，辉煌，才华
hamburger	ⒶⒷⒸⒹⒺⒻⒼⒽⒾⒿⓀⓁ	9	['hæmbə:gə]	n. 汉堡包
offspring	ⒶⒷⒸⒹⒺⒻⒼⒽⒾⒿⓀⓁ	9	['ɔfspriŋ]	n. 后代，子孙
butterfly	ⒶⒷⒸⒹⒺⒻⒼⒽⒾⒿⓀⓁ	9	['bʌtəflai]	n. 蝴蝶
interconnection	ⒶⒷⒸⒹⒺⒻⒼⒽⒾⒿⓀⓁ	9	[ˌintə(:)kə'nekʃən]	n. 互相连接
mechanism	ⒶⒷⒸⒹⒺⒻⒼⒽⒾⒿⓀⓁ	9	['mekənizəm]	n. 机械装置，机理，办法
interaction	ⒶⒷⒸⒹⒺⒻⒼⒽⒾⒿⓀⓁ	9	[ˌintər'ækʃən]	n. 交互作用
outcome	ⒶⒷⒸⒹⒺⒻⒼⒽⒾⒿⓀⓁ	9	['autkʌm]	n. 结果，后果
quart	ⒶⒷⒸⒹⒺⒻⒼⒽⒾⒿⓀⓁ	9	[kwɔ:t]	n. 夸脱（容量单位）

单词	标记	频率	读音	词义
span	ⒶⒷⒸⒹⒺⒻⒼⒽⒾⒿⓀⓁ	9	[spæn]	n. 跨度，间距 v. 横越，延续
video	ⒶⒷⒸⒹⒺⒻⒼⒽⒾⒿⓀⓁ	9	['vidiəu]	n. 录像，视频
panel	ⒶⒷⒸⒹⒺⒻⒼⒽⒾⒿⓀⓁ	9	['pænl]	n. 面板，仪表盘，专门小组
defiance	ⒶⒷⒸⒹⒺⒻⒼⒽⒾⒿⓀⓁ	9	[di'faiəns]	n. 蔑视，挑衅，反抗
plagiarism	ⒶⒷⒸⒹⒺⒻⒼⒽⒾⒿⓀⓁ	9	['pleidʒiərizəm]	n. 剽窃，剽窃物
equality	ⒶⒷⒸⒹⒺⒻⒼⒽⒾⒿⓀⓁ	9	[i(:)'kwɔliti]	n. 平等，相等，等式
destruction	ⒶⒷⒸⒹⒺⒻⒼⒽⒾⒿⓀⓁ	9	[dis'trʌkʃən]	n. 破坏，毁灭
accusation	ⒶⒷⒸⒹⒺⒻⒼⒽⒾⒿⓀⓁ	9	[ækju(:)'zeiʃən]	n. 谴责，指控
contempt	ⒶⒷⒸⒹⒺⒻⒼⒽⒾⒿⓀⓁ	9	[kən'tempt]	n. 轻视，轻蔑
dearth	ⒶⒷⒸⒹⒺⒻⒼⒽⒾⒿⓀⓁ	9	[də:θ]	n. 缺乏，粮食不足
enthusiasm	ⒶⒷⒸⒹⒺⒻⒼⒽⒾⒿⓀⓁ	9	[in'θju:ziæzəm]	n. 热情，狂热
humanitarian	ⒶⒷⒸⒹⒺⒻⒼⒽⒾⒿⓀⓁ	9	[hju(:),mæni'teəriən]	n. 人道主义者
victory	ⒶⒷⒸⒹⒺⒻⒼⒽⒾⒿⓀⓁ	9	['viktəri]	n. 胜利
epic	ⒶⒷⒸⒹⒺⒻⒼⒽⒾⒿⓀⓁ	9	['epik]	n. 史诗，叙事诗 a. 壮丽的，史诗的
saliva	ⒶⒷⒸⒹⒺⒻⒼⒽⒾⒿⓀⓁ	9	[sə'laivə]	n. 唾液
pentagon	ⒶⒷⒸⒹⒺⒻⒼⒽⒾⒿⓀⓁ	9	['pentəgən]	n. 五角大楼（美国国防部），五边形
leisure	ⒶⒷⒸⒹⒺⒻⒼⒽⒾⒿⓀⓁ	9	['leʒə;'li:ʒə]	n. 闲暇，休闲
wedge	ⒶⒷⒸⒹⒺⒻⒼⒽⒾⒿⓀⓁ	9	[wedʒ]	n. 楔子，楔状物 v. 楔入，挤入
psychologist	ⒶⒷⒸⒹⒺⒻⒼⒽⒾⒿⓀⓁ	9	[sai'kɔlədʒist]	n. 心理学家
journalist	ⒶⒷⒸⒹⒺⒻⒼⒽⒾⒿⓀⓁ	9	['dʒə:nəlist]	n. 新闻记者
toothpaste	ⒶⒷⒸⒹⒺⒻⒼⒽⒾⒿⓀⓁ	9	['tu:θpeist]	n. 牙膏
heritage	ⒶⒷⒸⒹⒺⒻⒼⒽⒾⒿⓀⓁ	9	['heritidʒ]	n. 遗产，继承物
obligation	ⒶⒷⒸⒹⒺⒻⒼⒽⒾⒿⓀⓁ	9	[,ɔbli'geiʃən]	n. 义务，职责，债务，束缚
galaxy	ⒶⒷⒸⒹⒺⒻⒼⒽⒾⒿⓀⓁ	9	['gæləksi]	n. 银河系，星系，一群显赫的人
organism	ⒶⒷⒸⒹⒺⒻⒼⒽⒾⒿⓀⓁ	9	['ɔ:gənizəm]	n. 有机体，生物体
yard	ⒶⒷⒸⒹⒺⒻⒼⒽⒾⒿⓀⓁ	9	[ja:d]	n. 院子，码（长度单位）
alga	ⒶⒷⒸⒹⒺⒻⒼⒽⒾⒿⓀⓁ	9	['ælgə]	n. 藻类，海藻
warrior	ⒶⒷⒸⒹⒺⒻⒼⒽⒾⒿⓀⓁ	9	['wɔriə]	n. 战士，武士，勇士
obstacle	ⒶⒷⒸⒹⒺⒻⒼⒽⒾⒿⓀⓁ	9	['ɔbstəkl]	n. 障碍，妨害物
transition	ⒶⒷⒸⒹⒺⒻⒼⒽⒾⒿⓀⓁ	9	[træn'ziʒən;-'siʃən]	n. 转变，过渡，转向
trail	ⒶⒷⒸⒹⒺⒻⒼⒽⒾⒿⓀⓁ	9	[treil]	n. 踪迹，小径 v. 追踪，拖拽
stretch	ⒶⒷⒸⒹⒺⒻⒼⒽⒾⒿⓀⓁ	9	[stretʃ]	v./n. 伸展，延伸 n. 一段时间
trim	ⒶⒷⒸⒹⒺⒻⒼⒽⒾⒿⓀⓁ	9	[trim]	v./n. 修剪 a. 整洁的，匀称的
manipulate	ⒶⒷⒸⒹⒺⒻⒼⒽⒾⒿⓀⓁ	9	[mə'nipjuleit]	v. 操纵，控制
generate	ⒶⒷⒸⒹⒺⒻⒼⒽⒾⒿⓀⓁ	9	['dʒenə,reit]	v. 产生，发生，引起
compensate	ⒶⒷⒸⒹⒺⒻⒼⒽⒾⒿⓀⓁ	9	['kɔmpənseit]	v. 偿还，补偿
flourish	ⒶⒷⒸⒹⒺⒻⒼⒽⒾⒿⓀⓁ	9	['flʌriʃ]	v. 繁荣，挥舞 n. 华丽辞藻
reinforce	ⒶⒷⒸⒹⒺⒻⒼⒽⒾⒿⓀⓁ	9	[,ri:in'fɔ:s]	v. 加强，增援
oblige	ⒶⒷⒸⒹⒺⒻⒼⒽⒾⒿⓀⓁ	9	[ə'blaidʒ]	v. 迫使，施恩于，帮忙
compel	ⒶⒷⒸⒹⒺⒻⒼⒽⒾⒿⓀⓁ	9	[kəm'pel]	v. 强迫，迫使

单词	标记	频率	读音	词义
incline	ⒶⒷⒸⒹⒺⒻⒼⒽⒾⒿⓀⓁ	9	[in'klain]	v. 倾斜，倾向于 n. 斜面，斜坡
speculate	ⒶⒷⒸⒹⒺⒻⒼⒽⒾⒿⓀⓁ	9	['spekju,leit]	v. 深思，推测，投机
conform	ⒶⒷⒸⒹⒺⒻⒼⒽⒾⒿⓀⓁ	9	[kən'fɔ:m]	v. 使一致，遵从，符合
distort	ⒶⒷⒸⒹⒺⒻⒼⒽⒾⒿⓀⓁ	9	[dis'tɔ:t]	v. 歪曲，扭曲，变形
underlie	ⒶⒷⒸⒹⒺⒻⒼⒽⒾⒿⓀⓁ	9	[ˌʌndə'lai]	v. 位于…之下，成为基础
restrict	ⒶⒷⒸⒹⒺⒻⒼⒽⒾⒿⓀⓁ	9	[ris'trikt]	v. 限制，约束
suppress	ⒶⒷⒸⒹⒺⒻⒼⒽⒾⒿⓀⓁ	9	[sə'pres]	v. 镇压，抑制，禁止
verify	ⒶⒷⒸⒹⒺⒻⒼⒽⒾⒿⓀⓁ	9	['verifai]	v. 证明，核实
instant	ⒶⒷⒸⒹⒺⒻⒼⒽⒾⒿⓀⓁ	8	['instənt]	a./n. 立即的，方便的，瞬间的
inconsistent	ⒶⒷⒸⒹⒺⒻⒼⒽⒾⒿⓀⓁ	8	[ˌinkən'sistənt]	a. 不一致的，矛盾的，不稳定的
insufficient	ⒶⒷⒸⒹⒺⒻⒼⒽⒾⒿⓀⓁ	8	[ˌinsə'fiʃənt]	a. 不足的，不充分的
tribal	ⒶⒷⒸⒹⒺⒻⒼⒽⒾⒿⓀⓁ	8	['traibəl]	a. 部落的，种族的
equilateral	ⒶⒷⒸⒹⒺⒻⒼⒽⒾⒿⓀⓁ	8	[ˌi:kwi'lætərəl]	a. 等边的
distinctive	ⒶⒷⒸⒹⒺⒻⒼⒽⒾⒿⓀⓁ	8	[di'stiŋktiv]	a. 独特的，有特色的
scenic	ⒶⒷⒸⒹⒺⒻⒼⒽⒾⒿⓀⓁ	8	['si:nik]	a. 风景优美的，舞台布景的
insightful	ⒶⒷⒸⒹⒺⒻⒼⒽⒾⒿⓀⓁ	8	['insaitfəl]	a. 富有洞察力的
solitary	ⒶⒷⒸⒹⒺⒻⒼⒽⒾⒿⓀⓁ	8	['sɔlitəri]	a. 孤独的，独居的 n. 隐士
hypothetical	ⒶⒷⒸⒹⒺⒻⒼⒽⒾⒿⓀⓁ	8	['haipəu'θetikəl]	a. 假设的，假定的
architectural	ⒶⒷⒸⒹⒺⒻⒼⒽⒾⒿⓀⓁ	8	[ˌa:ki'tektʃərəl]	a. 建筑的，建筑学的
mere	ⒶⒷⒸⒹⒺⒻⒼⒽⒾⒿⓀⓁ	8	[miə]	a. 仅仅的，纯粹的 n. 池塘
unprecedented	ⒶⒷⒸⒹⒺⒻⒼⒽⒾⒿⓀⓁ	8	[ʌn'presidəntid]	a. 空前的
continuous	ⒶⒷⒸⒹⒺⒻⒼⒽⒾⒿⓀⓁ	8	[kən'tinjuəs]	a. 连续的，继续的
pasty	ⒶⒷⒸⒹⒺⒻⒼⒽⒾⒿⓀⓁ	8	['peisti]	a. 面糊似的，苍白的 n. 馅饼
vague	ⒶⒷⒸⒹⒺⒻⒼⒽⒾⒿⓀⓁ	8	[veig]	a. 模糊的，含糊的，不确定的
bizarre	ⒶⒷⒸⒹⒺⒻⒼⒽⒾⒿⓀⓁ	8	[bi'za:]	a. 奇异的，怪诞的
comprehensive	ⒶⒷⒸⒹⒺⒻⒼⒽⒾⒿⓀⓁ	8	[ˌkɔmpri'hensiv]	a. 全面的，综合的，理解的
arbitrary	ⒶⒷⒸⒹⒺⒻⒼⒽⒾⒿⓀⓁ	8	['a:bitrəri]	a. 任意的，武断的，专制的
vocal	ⒶⒷⒸⒹⒺⒻⒼⒽⒾⒿⓀⓁ	8	['vəukl]	a. 声音的，发声的，声乐的
experimental	ⒶⒷⒸⒹⒺⒻⒼⒽⒾⒿⓀⓁ	8	[eks,peri'mentl]	a. 实验的，实验性的
concrete	ⒶⒷⒸⒹⒺⒻⒼⒽⒾⒿⓀⓁ	8	['kɔnkri:t]	a. 实在的，具体的 n. 混凝土
plausible	ⒶⒷⒸⒹⒺⒻⒼⒽⒾⒿⓀⓁ	8	['plɔ:zəbl]	a. 似乎合理的，花言巧语的
stubborn	ⒶⒷⒸⒹⒺⒻⒼⒽⒾⒿⓀⓁ	8	['stʌbən]	a. 顽固的，倔强的
clueless	ⒶⒷⒸⒹⒺⒻⒼⒽⒾⒿⓀⓁ	8	['klulis]	a. 无线索的，无能的
talented	ⒶⒷⒸⒹⒺⒻⒼⒽⒾⒿⓀⓁ	8	['tæləntid]	a. 有才能的，有天赋的
toxic	ⒶⒷⒸⒹⒺⒻⒼⒽⒾⒿⓀⓁ	8	['tɔksik]	a. 有毒的，中毒的
faithful	ⒶⒷⒸⒹⒺⒻⒼⒽⒾⒿⓀⓁ	8	['feiθful]	a. 忠诚的，可信的
nonetheless	ⒶⒷⒸⒹⒺⒻⒼⒽⒾⒿⓀⓁ	8	[ˌnʌnðə'les]	ad. 尽管如此，仍然
whereby	ⒶⒷⒸⒹⒺⒻⒼⒽⒾⒿⓀⓁ	8	[(h)weə'bai]	ad. 凭借，通过
simultaneously	ⒶⒷⒸⒹⒺⒻⒼⒽⒾⒿⓀⓁ	8	[siməl'teiniəsly;saim-]	ad. 同时地
currently	ⒶⒷⒸⒹⒺⒻⒼⒽⒾⒿⓀⓁ	8	['kʌrəntli]	ad. 现在，当前，通常

单词	标记	频率	读音	词义
notebook	ⒶⒷⒸⒹⒺⒻⒼⒽⒾⒿⓀⓁ	8	['nəutbuk]	n. 笔记本，笔记本电脑
pad	ⒶⒷⒸⒹⒺⒻⒼⒽⒾⒿⓀⓁ	8	[pæd]	n. 便签纸，衬垫，发射台，平板 v. 填塞
criterion	ⒶⒷⒸⒹⒺⒻⒼⒽⒾⒿⓀⓁ	8	[krai'tiəriən]	n. 标准，规范，准则
disobedience	ⒶⒷⒸⒹⒺⒻⒼⒽⒾⒿⓀⓁ	8	[ˌdisə'bi:djəns]	n. 不服从，不听话
inequality	ⒶⒷⒸⒹⒺⒻⒼⒽⒾⒿⓀⓁ	8	[ˌini(:)'kwɔliti]	n. 不平等，不平均，不等式
disapproval	ⒶⒷⒸⒹⒺⒻⒼⒽⒾⒿⓀⓁ	8	[ˌdisə'pru:vəl]	n. 不赞成
menu	ⒶⒷⒸⒹⒺⒻⒼⒽⒾⒿⓀⓁ	8	['menju:]	n. 菜单
publisher	ⒶⒷⒸⒹⒺⒻⒼⒽⒾⒿⓀⓁ	8	['pʌbliʃə(r)]	n. 出版者，发行人
villager	ⒶⒷⒸⒹⒺⒻⒼⒽⒾⒿⓀⓁ	8	['vilidʒə]	n. 村民
blade	ⒶⒷⒸⒹⒺⒻⒼⒽⒾⒿⓀⓁ	8	[bleid]	n. 刀刃，刀片
literacy	ⒶⒷⒸⒹⒺⒻⒼⒽⒾⒿⓀⓁ	8	['litərəsi]	n. 读写能力，识字
luminescence	ⒶⒷⒸⒹⒺⒻⒼⒽⒾⒿⓀⓁ	8	[ˌlu:mi'nesns]	n. 发冷光，冷光
mutineer	ⒶⒷⒸⒹⒺⒻⒼⒽⒾⒿⓀⓁ	8	[ˌmju:ti'niə]	n. 反叛者
publicity	ⒶⒷⒸⒹⒺⒻⒼⒽⒾⒿⓀⓁ	8	[pʌb'lisiti]	n. 公众的注意，宣传
assessment	ⒶⒷⒸⒹⒺⒻⒼⒽⒾⒿⓀⓁ	8	[ə'sesmənt]	n. 估计，评估
mismanagement	ⒶⒷⒸⒹⒺⒻⒼⒽⒾⒿⓀⓁ	8	['mis'mænidʒmənt]	n. 管理不善
generalization	ⒶⒷⒸⒹⒺⒻⒼⒽⒾⒿⓀⓁ	8	[ˌdʒenərəlai'zeiʃən]	n. 归纳，概括，普遍化
harmony	ⒶⒷⒸⒹⒺⒻⒼⒽⒾⒿⓀⓁ	8	['ha:məni]	n. 和谐，协调
bloom	ⒶⒷⒸⒹⒺⒻⒼⒽⒾⒿⓀⓁ	8	[blu:m]	n. 花，盛年 v. 开花，茂盛
environmentalist	ⒶⒷⒸⒹⒺⒻⒼⒽⒾⒿⓀⓁ	8	[inˌvaiərən'mentlist]	n. 环保人士
conference	ⒶⒷⒸⒹⒺⒻⒼⒽⒾⒿⓀⓁ	8	['kɔnfərəns]	n. 会议，讨论会
calculation	ⒶⒷⒸⒹⒺⒻⒼⒽⒾⒿⓀⓁ	8	[ˌkælkju'leiʃən]	n. 计算，考虑，估计
superintendent	ⒶⒷⒸⒹⒺⒻⒼⒽⒾⒿⓀⓁ	8	[ˌsju:pərin'tendənt]	n. 监管人，管理员
symphony	ⒶⒷⒸⒹⒺⒻⒼⒽⒾⒿⓀⓁ	8	['simfəni]	n. 交响乐
proximity	ⒶⒷⒸⒹⒺⒻⒼⒽⒾⒿⓀⓁ	8	[prɔk'simiti]	n. 接近，亲近
bond	ⒶⒷⒸⒹⒺⒻⒼⒽⒾⒿⓀⓁ	8	[bɔnd]	n. 结合，粘合，协定 v. 使结合
gram	ⒶⒷⒸⒹⒺⒻⒼⒽⒾⒿⓀⓁ	8	[græm]	n. 克
distress	ⒶⒷⒸⒹⒺⒻⒼⒽⒾⒿⓀⓁ	8	[dis'tres]	n. 苦恼，痛苦 v. 使苦恼，使痛苦
optimism	ⒶⒷⒸⒹⒺⒻⒼⒽⒾⒿⓀⓁ	8	['ɔptimizəm]	n. 乐观主义，乐观
renown	ⒶⒷⒸⒹⒺⒻⒼⒽⒾⒿⓀⓁ	8	[ri'naun]	n. 名声，声誉
catalog	ⒶⒷⒸⒹⒺⒻⒼⒽⒾⒿⓀⓁ	8	['kætəlɔg]	n. 目录
commentator	ⒶⒷⒸⒹⒺⒻⒼⒽⒾⒿⓀⓁ	8	['kɔmənˌteitə]	n. 评论员，解说员
screen	ⒶⒷⒸⒹⒺⒻⒼⒽⒾⒿⓀⓁ	8	[skri:n]	n. 屏幕
implication	ⒶⒷⒸⒹⒺⒻⒼⒽⒾⒿⓀⓁ	8	[ˌimpli'keiʃən]	n. 牵连，含意，暗示
signature	ⒶⒷⒸⒹⒺⒻⒼⒽⒾⒿⓀⓁ	8	['signitʃə]	n. 签名，签字
calendar	ⒶⒷⒸⒹⒺⒻⒼⒽⒾⒿⓀⓁ	8	['kælində]	n. 日历
broth	ⒶⒷⒸⒹⒺⒻⒼⒽⒾⒿⓀⓁ	8	[brɔ(:)θ]	n. 肉汤
emission	ⒶⒷⒸⒹⒺⒻⒼⒽⒾⒿⓀⓁ	8	[i'miʃən]	n. 散发，发行，排放
incineration	ⒶⒷⒸⒹⒺⒻⒼⒽⒾⒿⓀⓁ	8	[inˌsinə'reiʃən]	n. 烧成灰，焚化
mission	ⒶⒷⒸⒹⒺⒻⒼⒽⒾⒿⓀⓁ	8	['miʃən]	n. 使命，任务，代表团

单词	标记	频率	读音	词义
trustee	ⒶⒷⒸⒹⒺⒻⒼⒽⒾⒿⓀⓁ	8	[trʌs'ti:]	n. 受托人，理事
crystal	ⒶⒷⒸⒹⒺⒻⒼⒽⒾⒿⓀⓁ	8	['kristl]	n. 水晶，结晶 a. 透明的
splinter	ⒶⒷⒸⒹⒺⒻⒼⒽⒾⒿⓀⓁ	8	['splintə]	n. 碎片 v. 破裂，分裂
flea	ⒶⒷⒸⒹⒺⒻⒼⒽⒾⒿⓀⓁ	8	[fli:]	n. 跳蚤
council	ⒶⒷⒸⒹⒺⒻⒼⒽⒾⒿⓀⓁ	8	['kaunsil]	n. 委员会，理事会
commission	ⒶⒷⒸⒹⒺⒻⒼⒽⒾⒿⓀⓁ	8	[kə'miʃən]	n. 委员会，佣金 v. 委任，委托
powwow	ⒶⒷⒸⒹⒺⒻⒼⒽⒾⒿⓀⓁ	8	['pauwau]	n. 巫医，议事会
choreographer	ⒶⒷⒸⒹⒺⒻⒼⒽⒾⒿⓀⓁ	8	[kɔri'ɔgrəfə(r)]	n. 舞蹈指导，编舞者
firefighter	ⒶⒷⒸⒹⒺⒻⒼⒽⒾⒿⓀⓁ	8	['faiəfaitə]	n. 消防员
polio	ⒶⒷⒸⒹⒺⒻⒼⒽⒾⒿⓀⓁ	8	['pəuliəu]	n. 小儿麻痹症
asteroid	ⒶⒷⒸⒹⒺⒻⒼⒽⒾⒿⓀⓁ	8	['æstərɔid]	n. 小行星 a. 星状的
novelty	ⒶⒷⒸⒹⒺⒻⒼⒽⒾⒿⓀⓁ	8	['nɔvəlti]	n. 新颖，新奇事物，小装饰
disposition	ⒶⒷⒸⒹⒺⒻⒼⒽⒾⒿⓀⓁ	8	[dispə'ziʃən]	n. 性情，处置，布置
pigment	ⒶⒷⒸⒹⒺⒻⒼⒽⒾⒿⓀⓁ	8	['pigmənt]	n. 颜料，色素
counterfeit	ⒶⒷⒸⒹⒺⒻⒼⒽⒾⒿⓀⓁ	8	['kauntəfit]	n. 赝品 a. 伪造的 v. 伪造
ritual	ⒶⒷⒸⒹⒺⒻⒼⒽⒾⒿⓀⓁ	8	['ritjuəl]	n. 仪式，典礼
pitch	ⒶⒷⒸⒹⒺⒻⒼⒽⒾⒿⓀⓁ	8	[pitʃ]	n. 音调，沥青，球场 v. 投掷
crib	ⒶⒷⒸⒹⒺⒻⒼⒽⒾⒿⓀⓁ	8	[krib]	n. 婴儿床，剽窃 v. 抄袭
nutritionist	ⒶⒷⒸⒹⒺⒻⒼⒽⒾⒿⓀⓁ	8	[nju:'triʃənist]	n. 营养学家
disc	ⒶⒷⒸⒹⒺⒻⒼⒽⒾⒿⓀⓁ	8	[disk]	n. 圆盘，唱片
sneaker	ⒶⒷⒸⒹⒺⒻⒼⒽⒾⒿⓀⓁ	8	['sni:kə(r)]	n. 运动鞋，鬼鬼祟祟的人
intuition	ⒶⒷⒸⒹⒺⒻⒼⒽⒾⒿⓀⓁ	8	[ˌintju(:)'iʃən]	n. 直觉
wit	ⒶⒷⒸⒹⒺⒻⒼⒽⒾⒿⓀⓁ	8	[wit]	n. 智力，才智
patent	ⒶⒷⒸⒹⒺⒻⒼⒽⒾⒿⓀⓁ	8	['peitənt;'pætənt]	n. 专利 a. 专利的，显著的
transformation	ⒶⒷⒸⒹⒺⒻⒼⒽⒾⒿⓀⓁ	8	[ˌtrænsfə'meiʃən]	n. 转变，改造
auto	ⒶⒷⒸⒹⒺⒻⒼⒽⒾⒿⓀⓁ	8	['ɔ:təu]	n. 自动，汽车
presidency	ⒶⒷⒸⒹⒺⒻⒼⒽⒾⒿⓀⓁ	8	['prezidənsi]	n. 总统的职位，总裁职位
stir	ⒶⒷⒸⒹⒺⒻⒼⒽⒾⒿⓀⓁ	8	[stə:]	v./n. 搅拌，激起，骚乱
sprawl	ⒶⒷⒸⒹⒺⒻⒼⒽⒾⒿⓀⓁ	8	[sprɔ:l]	v./n. 蔓延，躺卧
rescue	ⒶⒷⒸⒹⒺⒻⒼⒽⒾⒿⓀⓁ	8	['reskju:]	v./n. 营救，救援
manufacture	ⒶⒷⒸⒹⒺⒻⒼⒽⒾⒿⓀⓁ	8	[ˌmænju'fæktʃə]	v./n. 制造，制造业
remedy	ⒶⒷⒸⒹⒺⒻⒼⒽⒾⒿⓀⓁ	8	['remidi]	v./n. 治疗，补救，药物
ensure	ⒶⒷⒸⒹⒺⒻⒼⒽⒾⒿⓀⓁ	8	[in'ʃuə]	v. 保证，担保
compile	ⒶⒷⒸⒹⒺⒻⒼⒽⒾⒿⓀⓁ	8	[kəm'pail]	v. 编制，编写，汇编
transmit	ⒶⒷⒸⒹⒺⒻⒼⒽⒾⒿⓀⓁ	8	[trænz'mit]	v. 传送，传染
frustrate	ⒶⒷⒸⒹⒺⒻⒼⒽⒾⒿⓀⓁ	8	[frʌs'treit]	v. 挫败，使沮丧
overwhelm	ⒶⒷⒸⒹⒺⒻⒼⒽⒾⒿⓀⓁ	8	['əuvə'welm]	v. 打击，压倒
await	ⒶⒷⒸⒹⒺⒻⒼⒽⒾⒿⓀⓁ	8	[ə'weit]	v. 等候
engrave	ⒶⒷⒸⒹⒺⒻⒼⒽⒾⒿⓀⓁ	8	[in'greiv]	v. 雕刻，铭记
contend	ⒶⒷⒸⒹⒺⒻⒼⒽⒾⒿⓀⓁ	8	[kən'tend]	v. 斗争，竞争，主张

单词	标记	频率	读音	词义
forgo	ⒶⒷⒸⒹⒺⒻⒼⒽⒾⒿⓀⓁ	8	[fɔ:'gəu]	v. 放弃
negate	ⒶⒷⒸⒹⒺⒻⒼⒽⒾⒿⓀⓁ	8	[ni'geit]	v. 否定，否认，使无效
entitle	ⒶⒷⒸⒹⒺⒻⒼⒽⒾⒿⓀⓁ	8	[in'taitl]	v. 给…取名，给…权利
constitute	ⒶⒷⒸⒹⒺⒻⒼⒽⒾⒿⓀⓁ	8	['kɔnstitju:t]	v. 构成，建立，任命
filter	ⒶⒷⒸⒹⒺⒻⒼⒽⒾⒿⓀⓁ	8	['filtə]	v. 过滤 n. 过滤器，滤光器
prevail	ⒶⒷⒸⒹⒺⒻⒼⒽⒾⒿⓀⓁ	8	[pri'veil]	v. 获胜，流行，说服
refine	ⒶⒷⒸⒹⒺⒻⒼⒽⒾⒿⓀⓁ	8	[ri'fain]	v. 精炼，提纯，使高雅
rival	ⒶⒷⒸⒹⒺⒻⒼⒽⒾⒿⓀⓁ	8	['raivəl]	v. 竞争，相匹敌 n. 竞争者
disparage	ⒶⒷⒸⒹⒺⒻⒼⒽⒾⒿⓀⓁ	8	[dis'pæridʒ]	v. 蔑视，贬低
dispatch	ⒶⒷⒸⒹⒺⒻⒼⒽⒾⒿⓀⓁ	8	[dis'pætʃ]	v. 派遣，迅速处理，处死 n. 急件
hover	ⒶⒷⒸⒹⒺⒻⒼⒽⒾⒿⓀⓁ	8	['hɔvə]	v. 盘旋，翱翔，犹豫不决
migrate	ⒶⒷⒸⒹⒺⒻⒼⒽⒾⒿⓀⓁ	8	[mai'greit;'maigreit]	v. 迁移，迁徙，移动
resent	ⒶⒷⒸⒹⒺⒻⒼⒽⒾⒿⓀⓁ	8	[ri'zent]	v. 生气，怨恨
legitimate	ⒶⒷⒸⒹⒺⒻⒼⒽⒾⒿⓀⓁ	8	[li'dʒitimit]	v. 使合法，授权 a. 合法的
interrelate	ⒶⒷⒸⒹⒺⒻⒼⒽⒾⒿⓀⓁ	8	[ˌintə(:)ri'leit]	v. 相互关联
disappear	ⒶⒷⒸⒹⒺⒻⒼⒽⒾⒿⓀⓁ	8	[ˌdisə'piə]	v. 消失，不见
conceal	ⒶⒷⒸⒹⒺⒻⒼⒽⒾⒿⓀⓁ	8	[kən'si:l]	v. 隐藏，掩盖
underscore	ⒶⒷⒸⒹⒺⒻⒼⒽⒾⒿⓀⓁ	8	[ˌʌndə'skɔ:]	v. 在下面画线，强调 n. 下画线
glorify	ⒶⒷⒸⒹⒺⒻⒼⒽⒾⒿⓀⓁ	8	['glɔ:rifai]	v. 赞美，美化
recruit	ⒶⒷⒸⒹⒺⒻⒼⒽⒾⒿⓀⓁ	8	[ri'kru:t]	v. 招募 n. 新成员，新兵
certify	ⒶⒷⒸⒹⒺⒻⒼⒽⒾⒿⓀⓁ	8	['sə:tifai]	v. 证明，保证
mold	ⒶⒷⒸⒹⒺⒻⒼⒽⒾⒿⓀⓁ	8	[məuld]	v. 铸模，发霉 n. 模子，霉
indulge	ⒶⒷⒸⒹⒺⒻⒼⒽⒾⒿⓀⓁ	8	[in'dʌldʒ]	v. 纵容，沉溺于
melancholy	ⒶⒷⒸⒹⒺⒻⒼⒽⒾⒿⓀⓁ	7	['melənkəli]	a./n. 忧郁的，悲伤的
costly	ⒶⒷⒸⒹⒺⒻⒼⒽⒾⒿⓀⓁ	7	['kɔstli]	a. 昂贵的，代价高的
tragic	ⒶⒷⒸⒹⒺⒻⒼⒽⒾⒿⓀⓁ	7	['trædʒik]	a. 悲惨的，悲剧的
imminent	ⒶⒷⒸⒹⒺⒻⒼⒽⒾⒿⓀⓁ	7	['iminənt]	a. 逼近的，即将发生的
reluctant	ⒶⒷⒸⒹⒺⒻⒼⒽⒾⒿⓀⓁ	7	[ri'lʌktənt]	a. 不情愿的，勉强的
crisp	ⒶⒷⒸⒹⒺⒻⒼⒽⒾⒿⓀⓁ	7	[krisp]	a. 脆的，明快的
multicultural	ⒶⒷⒸⒹⒺⒻⒼⒽⒾⒿⓀⓁ	7	[mʌlti'kʌltʃərəl]	a. 多文化的
nonzero	ⒶⒷⒸⒹⒺⒻⒼⒽⒾⒿⓀⓁ	7	[nɔn'ziərəu]	a. 非零的
stylistic	ⒶⒷⒸⒹⒺⒻⒼⒽⒾⒿⓀⓁ	7	[stai'listik]	a. 风格上的，文体上
perceptive	ⒶⒷⒸⒹⒺⒻⒼⒽⒾⒿⓀⓁ	7	[pə'septiv]	a. 感知的，敏感的，有洞察力的
rugged	ⒶⒷⒸⒹⒺⒻⒼⒽⒾⒿⓀⓁ	7	['rʌgid]	a. 高低不平的，崎岖的，粗鲁的
inherent	ⒶⒷⒸⒹⒺⒻⒼⒽⒾⒿⓀⓁ	7	[in'hiərənt]	a. 固有的，内在的
eerie	ⒶⒷⒸⒹⒺⒻⒼⒽⒾⒿⓀⓁ	7	['iəri]	a. 怪诞的，可怕的
marine	ⒶⒷⒸⒹⒺⒻⒼⒽⒾⒿⓀⓁ	7	[mə'ri:n]	a. 海的，海运的 n. 水兵，船舶
implicit	ⒶⒷⒸⒹⒺⒻⒼⒽⒾⒿⓀⓁ	7	[im'plisit]	a. 含蓄的，固有的，无疑问的
astute	ⒶⒷⒸⒹⒺⒻⒼⒽⒾⒿⓀⓁ	7	[ə'stju:t;ə'stu:t]	a. 机敏的，狡猾的
cautious	ⒶⒷⒸⒹⒺⒻⒼⒽⒾⒿⓀⓁ	7	['kɔ:ʃəs]	a. 谨慎的，小心的

单词	标记	频率	读音	词义
liberal	ⒶⒷⒸⒹⒺⒻⒼⒽⒾⒿⓀⓁ	7	['libərəl]	a. 慷慨的，开明的 n. 自由主义者
romantic	ⒶⒷⒸⒹⒺⒻⒼⒽⒾⒿⓀⓁ	7	[rə'mæntik]	a. 浪漫的
idealistic	ⒶⒷⒸⒹⒺⒻⒼⒽⒾⒿⓀⓁ	7	[ai͵diə'listik]	a. 理想主义的，空想的
cryptic	ⒶⒷⒸⒹⒺⒻⒼⒽⒾⒿⓀⓁ	7	['kriptik]	a. 秘密的，神秘的
humble	ⒶⒷⒸⒹⒺⒻⒼⒽⒾⒿⓀⓁ	7	['hʌmbl]	a. 谦逊的，卑下的 v. 使谦卑，贬低
utter	ⒶⒷⒸⒹⒺⒻⒼⒽⒾⒿⓀⓁ	7	['ʌtə]	a. 全然的，绝对的 v. 说，发射
graphic	ⒶⒷⒸⒹⒺⒻⒼⒽⒾⒿⓀⓁ	7	['græfik]	a. 生动的，图解的
unpleasant	ⒶⒷⒸⒹⒺⒻⒼⒽⒾⒿⓀⓁ	7	[ʌn'pleznt]	a. 使人不愉快的
astronomical	ⒶⒷⒸⒹⒺⒻⒼⒽⒾⒿⓀⓁ	7	[͵æstrə'nɔmikəl]	a. 天文学的，巨大的
drafty	ⒶⒷⒸⒹⒺⒻⒼⒽⒾⒿⓀⓁ	7	['dra:fti]	a. 通风良好的
transparent	ⒶⒷⒸⒹⒺⒻⒼⒽⒾⒿⓀⓁ	7	[træns'peərənt]	a. 透明的，显然的
insignificant	ⒶⒷⒸⒹⒺⒻⒼⒽⒾⒿⓀⓁ	7	[͵insig'nifikənt]	a. 无关紧要的，无意义的
anonymous	ⒶⒷⒸⒹⒺⒻⒼⒽⒾⒿⓀⓁ	7	[ə'nɔniməs]	a. 无名的，匿名的
contradictory	ⒶⒷⒸⒹⒺⒻⒼⒽⒾⒿⓀⓁ	7	[͵kɔntrə'diktəri]	a. 相矛盾的
melodious	ⒶⒷⒸⒹⒺⒻⒼⒽⒾⒿⓀⓁ	7	[mi'ləudiəs]	a. 旋律优美的，悦耳的
instrumental	ⒶⒷⒸⒹⒺⒻⒼⒽⒾⒿⓀⓁ	7	[͵instru'mentl]	a. 仪器的，乐器的，作为手段的
audio	ⒶⒷⒸⒹⒺⒻⒼⒽⒾⒿⓀⓁ	7	['ɔ:diəu]	a. 音频的，声音的
historic	ⒶⒷⒸⒹⒺⒻⒼⒽⒾⒿⓀⓁ	7	[his'tɔrik]	a. 有历史意义的，历史的
advantageous	ⒶⒷⒸⒹⒺⒻⒼⒽⒾⒿⓀⓁ	7	[͵ædvən'teidʒəs]	a. 有利的，有益的，方便的
conscious	ⒶⒷⒸⒹⒺⒻⒼⒽⒾⒿⓀⓁ	7	['kɔnʃəs]	a. 有意识的，自觉的，清醒的
nutritious	ⒶⒷⒸⒹⒺⒻⒼⒽⒾⒿⓀⓁ	7	[nju:'triʃəs]	a. 有营养的，滋养的
orderly	ⒶⒷⒸⒹⒺⒻⒼⒽⒾⒿⓀⓁ	7	['ɔ:dəli]	a. 整齐的，有秩序的
publicly	ⒶⒷⒸⒹⒺⒻⒼⒽⒾⒿⓀⓁ	7	['pʌblikli]	ad. 公开地，公然地
chiefly	ⒶⒷⒸⒹⒺⒻⒼⒽⒾⒿⓀⓁ	7	['tʃi:fli]	ad. 首要，主要地
steadily	ⒶⒷⒸⒹⒺⒻⒼⒽⒾⒿⓀⓁ	7	['stedili]	ad. 稳定地，坚定地
strictly	ⒶⒷⒸⒹⒺⒻⒼⒽⒾⒿⓀⓁ	7	['striktli]	ad. 严格地，完全地
conventionally	ⒶⒷⒸⒹⒺⒻⒼⒽⒾⒿⓀⓁ	7	[kən'venʃənəli]	ad. 照惯例
faint	ⒶⒷⒸⒹⒺⒻⒼⒽⒾⒿⓀⓁ	7	[feint]	n./v. 昏倒 a. 头晕的，微弱的
slang	ⒶⒷⒸⒹⒺⒻⒼⒽⒾⒿⓀⓁ	7	[slæŋ]	n./v. 俚语，行话，辱骂
insult	ⒶⒷⒸⒹⒺⒻⒼⒽⒾⒿⓀⓁ	7	['insʌlt]	n./v. 侮辱，辱骂
accord	ⒶⒷⒸⒹⒺⒻⒼⒽⒾⒿⓀⓁ	7	[ə'kɔ:d]	n./v. 一致，协定，调和
motion	ⒶⒷⒸⒹⒺⒻⒼⒽⒾⒿⓀⓁ	7	['məuʃən]	n./v. 运动，打手势，提议
heed	ⒶⒷⒸⒹⒺⒻⒼⒽⒾⒿⓀⓁ	7	[hi:d]	n./v. 注意，留意
safeguard	ⒶⒷⒸⒹⒺⒻⒼⒽⒾⒿⓀⓁ	7	['seif͵ga:d]	n. 保卫者，预防措施 v. 保护
chronicle	ⒶⒷⒸⒹⒺⒻⒼⒽⒾⒿⓀⓁ	7	['krɔnikl]	n. 编年史，记录
misfortune	ⒶⒷⒸⒹⒺⒻⒼⒽⒾⒿⓀⓁ	7	[mis'fɔ:tʃən]	n. 不幸，灾祸
drapery	ⒶⒷⒸⒹⒺⒻⒼⒽⒾⒿⓀⓁ	7	['dreipəri]	n. 布料，纺织品
senator	ⒶⒷⒸⒹⒺⒻⒼⒽⒾⒿⓀⓁ	7	['senətə]	n. 参议员
manipulation	ⒶⒷⒸⒹⒺⒻⒼⒽⒾⒿⓀⓁ	7	[mə͵nipju'leiʃən]	n. 操纵，控制
overtime	ⒶⒷⒸⒹⒺⒻⒼⒽⒾⒿⓀⓁ	7	['əuvətaim]	n. 超时，加班 ad. 超时地

单词	标记	频率	读音	词义
pilgrim	ⒶⒷⒸⒹⒺⒻⒼⒽⒾⒿⓀⓁ	7	['pilgrim]	n. 朝圣者
honesty	ⒶⒷⒸⒹⒺⒻⒼⒽⒾⒿⓀⓁ	7	['ɔnisti]	n. 诚实，正直
polecat	ⒶⒷⒸⒹⒺⒻⒼⒽⒾⒿⓀⓁ	7	['pəulkæt]	n. 臭鼬
disposal	ⒶⒷⒸⒹⒺⒻⒼⒽⒾⒿⓀⓁ	7	[dis'pəuzəl]	n. 处理，处置，布置
purist	ⒶⒷⒸⒹⒺⒻⒼⒽⒾⒿⓀⓁ	7	['pjuərist]	n. 纯粹主义者
algebra	ⒶⒷⒸⒹⒺⒻⒼⒽⒾⒿⓀⓁ	7	['ældʒibrə]	n. 代数学
adversary	ⒶⒷⒸⒹⒺⒻⒼⒽⒾⒿⓀⓁ	7	['ædvəsəri]	n. 敌手，对手
hostility	ⒶⒷⒸⒹⒺⒻⒼⒽⒾⒿⓀⓁ	7	[hɔs'tiliti]	n. 敌意，敌对状态
dungeon	ⒶⒷⒸⒹⒺⒻⒼⒽⒾⒿⓀⓁ	7	['dʌndʒən]	n. 地牢
burrow	ⒶⒷⒸⒹⒺⒻⒼⒽⒾⒿⓀⓁ	7	['bʌrəu]	n. 洞穴 v. 挖洞
bean	ⒶⒷⒸⒹⒺⒻⒼⒽⒾⒿⓀⓁ	7	[bi:n]	n. 豆，豆形果实
canoe	ⒶⒷⒸⒹⒺⒻⒼⒽⒾⒿⓀⓁ	7	[kə'nu:]	n. 独木舟
ribbon	ⒶⒷⒸⒹⒺⒻⒼⒽⒾⒿⓀⓁ	7	['ribən]	n. 缎带，带状物 v. 撕成条
diagonal	ⒶⒷⒸⒹⒺⒻⒼⒽⒾⒿⓀⓁ	7	[dai'ægənl]	n. 对角线，斜线
resistance	ⒶⒷⒸⒹⒺⒻⒼⒽⒾⒿⓀⓁ	7	[ri'zistəns]	n. 反抗，抵抗，阻力
methodology	ⒶⒷⒸⒹⒺⒻⒼⒽⒾⒿⓀⓁ	7	[meθə'dɔlədʒi]	n. 方法论，一套方法
informality	ⒶⒷⒸⒹⒺⒻⒼⒽⒾⒿⓀⓁ	7	[ˌinfɔ:'mæliti]	n. 非正式，不拘礼节
abolitionist	ⒶⒷⒸⒹⒺⒻⒼⒽⒾⒿⓀⓁ	7	[æbə'liʃənist]	n. 废奴主义者，废除主义者
detachment	ⒶⒷⒸⒹⒺⒻⒼⒽⒾⒿⓀⓁ	7	[di'tætʃmənt]	n. 分开，冷漠，脱离，分队
outrage	ⒶⒷⒸⒹⒺⒻⒼⒽⒾⒿⓀⓁ	7	['autreidʒ]	n. 愤怒，暴行 v. 激怒，凌辱
scenery	ⒶⒷⒸⒹⒺⒻⒼⒽⒾⒿⓀⓁ	7	['si:nəri]	n. 风景，舞台布景
reformer	ⒶⒷⒸⒹⒺⒻⒼⒽⒾⒿⓀⓁ	7	[ri'fɔ:mə]	n. 改革家，改革运动者
contributor	ⒶⒷⒸⒹⒺⒻⒼⒽⒾⒿⓀⓁ	7	[kən'tribju(:)tə]	n. 贡献者，投稿人，因素
adviser	ⒶⒷⒸⒹⒺⒻⒼⒽⒾⒿⓀⓁ	7	[əd'vaizə]	n. 顾问，劝告者，指导教师
monster	ⒶⒷⒸⒹⒺⒻⒼⒽⒾⒿⓀⓁ	7	['mɔnstə]	n. 怪物，恶人
relevance	ⒶⒷⒸⒹⒺⒻⒼⒽⒾⒿⓀⓁ	7	['relivəns]	n. 关联，相关性
coastline	ⒶⒷⒸⒹⒺⒻⒼⒽⒾⒿⓀⓁ	7	['kəustlain]	n. 海岸线
lace	ⒶⒷⒸⒹⒺⒻⒼⒽⒾⒿⓀⓁ	7	[leis]	n. 花边，系带，鞋带
granite	ⒶⒷⒸⒹⒺⒻⒼⒽⒾⒿⓀⓁ	7	['grænit]	n. 花岗岩
fahrenheit	ⒶⒷⒸⒹⒺⒻⒼⒽⒾⒿⓀⓁ	7	['færənhait;'fa:r-]	n. 华氏温度
compost	ⒶⒷⒸⒹⒺⒻⒼⒽⒾⒿⓀⓁ	7	['kɔmpɔst]	n. 混合肥料，堆肥 v. 使成堆肥
spark	ⒶⒷⒸⒹⒺⒻⒼⒽⒾⒿⓀⓁ	7	[spa:k]	n. 火花，火星 v. 触发，引起
elitist	ⒶⒷⒸⒹⒺⒻⒼⒽⒾⒿⓀⓁ	7	[ei'li:tist]	n. 杰出人物
dealer	ⒶⒷⒸⒹⒺⒻⒼⒽⒾⒿⓀⓁ	7	['di:lə]	n. 经销商，商人，发牌者
shell	ⒶⒷⒸⒹⒺⒻⒼⒽⒾⒿⓀⓁ	7	[ʃel]	n. 壳，外壳，炮弹
dilemma	ⒶⒷⒸⒹⒺⒻⒼⒽⒾⒿⓀⓁ	7	[di'lemə;dai-]	n. 困境，进退两难
zip	ⒶⒷⒸⒹⒺⒻⒼⒽⒾⒿⓀⓁ	7	[zip]	n. 拉链，邮政编码 v. 嗖嗖飞过
ethic	ⒶⒷⒸⒹⒺⒻⒼⒽⒾⒿⓀⓁ	7	['eθik]	n. 伦理，道德规范
virtue	ⒶⒷⒸⒹⒺⒻⒼⒽⒾⒿⓀⓁ	7	['və:tju:]	n. 美德，优点
veil	ⒶⒷⒸⒹⒺⒻⒼⒽⒾⒿⓀⓁ	7	[veil]	n. 面纱 v. 遮蔽，掩饰

单词	标记	频率	读音	词义
depiction	ⒶⒷⒸⒹⒺⒻⒼⒽⒾⒿⓀⓁ	7	[di'pikʃən]	n. 描写，描画，描述
sensitivity	ⒶⒷⒸⒹⒺⒻⒼⒽⒾⒿⓀⓁ	7	['sensi'tiviti]	n. 敏感，敏感性，多愁善感
imitation	ⒶⒷⒸⒹⒺⒻⒼⒽⒾⒿⓀⓁ	7	[imi'teiʃən]	n. 模仿，仿造品
expansion	ⒶⒷⒸⒹⒺⒻⒼⒽⒾⒿⓀⓁ	7	[iks'pænʃən]	n. 膨胀，扩展，扩张
commonplace	ⒶⒷⒸⒹⒺⒻⒼⒽⒾⒿⓀⓁ	7	['kɔmənpleis]	n. 平常的事 a. 平凡的
paperback	ⒶⒷⒸⒹⒺⒻⒼⒽⒾⒿⓀⓁ	7	['peipəbæk]	n. 平装本
warrant	ⒶⒷⒸⒹⒺⒻⒼⒽⒾⒿⓀⓁ	7	['wɔrənt]	n. 凭证，委任状，根据 v. 担保
advancement	ⒶⒷⒸⒹⒺⒻⒼⒽⒾⒿⓀⓁ	7	[əd'va:nsmənt]	n. 前进，进步
understatement	ⒶⒷⒸⒹⒺⒻⒼⒽⒾⒿⓀⓁ	7	[ʌndə'steitmənt]	n. 轻描淡写的陈述
tune	ⒶⒷⒸⒹⒺⒻⒼⒽⒾⒿⓀⓁ	7	[tju:n]	n. 曲调 v. 调音，调整
curve	ⒶⒷⒸⒹⒺⒻⒼⒽⒾⒿⓀⓁ	7	[kə:v]	n. 曲线，弯曲
mollusk	ⒶⒷⒸⒹⒺⒻⒼⒽⒾⒿⓀⓁ	7	['mɔləsk]	n. 软体动物
essayist	ⒶⒷⒸⒹⒺⒻⒼⒽⒾⒿⓀⓁ	7	['eseiist]	n. 散文作家
demagogue	ⒶⒷⒸⒹⒺⒻⒼⒽⒾⒿⓀⓁ	7	['deməgɔg]	n. 煽动者，蛊惑群众的政客
trader	ⒶⒷⒸⒹⒺⒻⒼⒽⒾⒿⓀⓁ	7	['treidə]	n. 商人，商船
intern	ⒶⒷⒸⒹⒺⒻⒼⒽⒾⒿⓀⓁ	7	[in'tə:n]	n. 实习生，被拘留者 v. 拘留
wrist	ⒶⒷⒸⒹⒺⒻⒼⒽⒾⒿⓀⓁ	7	[rist]	n. 手腕，腕关节
mathematician	ⒶⒷⒸⒹⒺⒻⒼⒽⒾⒿⓀⓁ	7	[ˌmæθimə'tiʃən]	n. 数学家
mercury	ⒶⒷⒸⒹⒺⒻⒼⒽⒾⒿⓀⓁ	7	['mə:kjuri]	n. 水银，汞
fragment	ⒶⒷⒸⒹⒺⒻⒼⒽⒾⒿⓀⓁ	7	['frægmənt]	n. 碎片，片段 v. 使破碎
abbreviation	ⒶⒷⒸⒹⒺⒻⒼⒽⒾⒿⓀⓁ	7	[əˌbri:vi'eiʃən]	n. 缩写，缩写词
heaven	ⒶⒷⒸⒹⒺⒻⒼⒽⒾⒿⓀⓁ	7	['hevən]	n. 天，天空，天堂
suffrage	ⒶⒷⒸⒹⒺⒻⒼⒽⒾⒿⓀⓁ	7	['sʌfridʒ]	n. 投票，选举权，参政权
saturn	ⒶⒷⒸⒹⒺⒻⒼⒽⒾⒿⓀⓁ	7	['sætə(:)n]	n. 土星
surgeon	ⒶⒷⒸⒹⒺⒻⒼⒽⒾⒿⓀⓁ	7	['sə:dʒən]	n. 外科医生
completion	ⒶⒷⒸⒹⒺⒻⒼⒽⒾⒿⓀⓁ	7	[kəm'pli:ʃ(ə)n]	n. 完成
realm	ⒶⒷⒸⒹⒺⒻⒼⒽⒾⒿⓀⓁ	7	[relm]	n. 王国，领域，范围
latitude	ⒶⒷⒸⒹⒺⒻⒼⒽⒾⒿⓀⓁ	7	['lætitju:d]	n. 纬度，自由
charm	ⒶⒷⒸⒹⒺⒻⒼⒽⒾⒿⓀⓁ	7	[tʃa:m]	n. 吸引力，魅力 v. 迷住，使陶醉
droop	ⒶⒷⒸⒹⒺⒻⒼⒽⒾⒿⓀⓁ	7	[dru:p]	n. 下垂，消沉 v. 使下垂，使萎靡
restriction	ⒶⒷⒸⒹⒺⒻⒼⒽⒾⒿⓀⓁ	7	[ris'trikʃən]	n. 限制，约束
nostalgia	ⒶⒷⒸⒹⒺⒻⒼⒽⒾⒿⓀⓁ	7	[nɔs'tældʒiə]	n. 乡愁，怀旧，思乡病
analogy	ⒶⒷⒸⒹⒺⒻⒼⒽⒾⒿⓀⓁ	7	[ə'nælədʒi]	n. 相似，类比
ivory	ⒶⒷⒸⒹⒺⒻⒼⒽⒾⒿⓀⓁ	7	['aivəri]	n. 象牙
puppy	ⒶⒷⒸⒹⒺⒻⒼⒽⒾⒿⓀⓁ	7	['pʌpi]	n. 小狗，没有经验的年轻人
reliance	ⒶⒷⒸⒹⒺⒻⒼⒽⒾⒿⓀⓁ	7	[ri'laiəns]	n. 信赖，信赖的人或事
orangutan	ⒶⒷⒸⒹⒺⒻⒼⒽⒾⒿⓀⓁ	7	[əræŋu:'tæŋ]	n. 猩猩
inquiry	ⒶⒷⒸⒹⒺⒻⒼⒽⒾⒿⓀⓁ	7	[in'kwaiəri]	n. 询问，调查
medication	ⒶⒷⒸⒹⒺⒻⒼⒽⒾⒿⓀⓁ	7	[ˌmedi'keiʃən]	n. 药物治疗，医药
beast	ⒶⒷⒸⒹⒺⒻⒼⒽⒾⒿⓀⓁ	7	[bi:st]	n. 野兽

单词	标记	频率	读音	词义
episode	ⒶⒷⒸⒹⒺⒻⒼⒽⒾⒿⓀⓁ	7	['episəud]	n. 一段情节，片段，插曲
consensus	ⒶⒷⒸⒹⒺⒻⒼⒽⒾⒿⓀⓁ	7	[kən'sensəs]	n. 一致，同意，共识
uniformity	ⒶⒷⒸⒹⒺⒻⒼⒽⒾⒿⓀⓁ	7	[ˌju:ni'fɔ:miti]	n. 一致，一致性
empathy	ⒶⒷⒸⒹⒺⒻⒼⒽⒾⒿⓀⓁ	7	['empəθi]	n. 移情作用，共鸣，心意相通
nutrient	ⒶⒷⒸⒹⒺⒻⒼⒽⒾⒿⓀⓁ	7	['nju:triənt]	n. 营养品 a. 营养的
imagery	ⒶⒷⒸⒹⒺⒻⒼⒽⒾⒿⓀⓁ	7	['imidʒəri]	n. 影像，肖像，意象，比喻
superiority	ⒶⒷⒸⒹⒺⒻⒼⒽⒾⒿⓀⓁ	7	[sju(:)piəri'ɔriti]	n. 优越性，优势
anxiety	ⒶⒷⒸⒹⒺⒻⒼⒽⒾⒿⓀⓁ	7	[æŋ'zaiəti]	n. 忧虑，焦急，渴望
validity	ⒶⒷⒸⒹⒺⒻⒼⒽⒾⒿⓀⓁ	7	[və'liditi]	n. 有效性，合法性，正确性
stuff	ⒶⒷⒸⒹⒺⒻⒼⒽⒾⒿⓀⓁ	7	[stʌf]	n. 原料，材料，本质 v. 塞满
patron	ⒶⒷⒸⒹⒺⒻⒼⒽⒾⒿⓀⓁ	7	['peitrən;'pæ-]	n. 赞助人，老顾客，守护神
fungus	ⒶⒷⒸⒹⒺⒻⒼⒽⒾⒿⓀⓁ	7	['fʌŋgəs]	n. 真菌
regime	ⒶⒷⒸⒹⒺⒻⒼⒽⒾⒿⓀⓁ	7	[rei'ʒi:m]	n. 政权制度，政权，政体
racism	ⒶⒷⒸⒹⒺⒻⒼⒽⒾⒿⓀⓁ	7	['reisizəm]	n. 种族歧视，种族主义
commentary	ⒶⒷⒸⒹⒺⒻⒼⒽⒾⒿⓀⓁ	7	['kɔməntəri]	n. 注释，解说词，评论
rental	ⒶⒷⒸⒹⒺⒻⒼⒽⒾⒿⓀⓁ	7	['rentl]	n. 租金额 a. 出租的
guilt	ⒶⒷⒸⒹⒺⒻⒼⒽⒾⒿⓀⓁ	7	[gilt]	n. 罪行，内疚
versus	ⒶⒷⒸⒹⒺⒻⒼⒽⒾⒿⓀⓁ	7	['və:səs]	prep. 对抗，与…相对
snap	ⒶⒷⒸⒹⒺⒻⒼⒽⒾⒿⓀⓁ	7	[snæp]	v./n. 噼啪作响，拍快照，折断
audition	ⒶⒷⒸⒹⒺⒻⒼⒽⒾⒿⓀⓁ	7	[ɔ:'diʃən]	v./n. 试唱，试演，听力
conjecture	ⒶⒷⒸⒹⒺⒻⒼⒽⒾⒿⓀⓁ	7	[kən'dʒektʃə]	v./n. 推测，臆测
dramatize	ⒶⒷⒸⒹⒺⒻⒼⒽⒾⒿⓀⓁ	7	['dræmətaiz]	v. 编写剧本，夸张，戏剧化
defuse	ⒶⒷⒸⒹⒺⒻⒼⒽⒾⒿⓀⓁ	7	[di:'fju:z]	v. 拆掉（爆炸物）的雷管，缓和
stack	ⒶⒷⒸⒹⒺⒻⒼⒽⒾⒿⓀⓁ	7	[stæk]	v. 堆积，堆放 n. 一堆
breed	ⒶⒷⒸⒹⒺⒻⒼⒽⒾⒿⓀⓁ	7	[bri:d]	v. 繁殖，养育 n. 品种，血统
relax	ⒶⒷⒸⒹⒺⒻⒼⒽⒾⒿⓀⓁ	7	[ri'læks]	v. 放松，休息
distract	ⒶⒷⒸⒹⒺⒻⒼⒽⒾⒿⓀⓁ	7	[dis'trækt]	v. 分散，转移，分心
replicate	ⒶⒷⒸⒹⒺⒻⒼⒽⒾⒿⓀⓁ	7	['replikit]	v. 复制
modify	ⒶⒷⒸⒹⒺⒻⒼⒽⒾⒿⓀⓁ	7	['mɔdifai]	v. 更改，缓和，修饰
convolute	ⒶⒷⒸⒹⒺⒻⒼⒽⒾⒿⓀⓁ	7	['kɔnvəlju:t]	v. 回旋，盘旋 a. 回旋状的
intimidate	ⒶⒷⒸⒹⒺⒻⒼⒽⒾⒿⓀⓁ	7	[in'timideit]	v. 恐吓，威胁
exclude	ⒶⒷⒸⒹⒺⒻⒼⒽⒾⒿⓀⓁ	7	[iks'klu:d]	v. 排除在外，排斥，拒绝
drift	ⒶⒷⒸⒹⒺⒻⒼⒽⒾⒿⓀⓁ	7	[drift]	v. 漂流，堆积 n. 大意，趋势，漂流
originate	ⒶⒷⒸⒹⒺⒻⒼⒽⒾⒿⓀⓁ	7	[ə'ridʒineit]	v. 起源于，发起
differentiate	ⒶⒷⒸⒹⒺⒻⒼⒽⒾⒿⓀⓁ	7	[ˌdifə'renʃieit]	v. 区分，区别
consult	ⒶⒷⒸⒹⒺⒻⒼⒽⒾⒿⓀⓁ	7	[kən'sʌlt]	v. 商量，商议，请教
yield	ⒶⒷⒸⒹⒺⒻⒼⒽⒾⒿⓀⓁ	7	[ji:ld]	v. 生产，获利，屈服 n. 产量
qualify	ⒶⒷⒸⒹⒺⒻⒼⒽⒾⒿⓀⓁ	7	['kwɔlifai]	v. 使具备资格
personalize	ⒶⒷⒸⒹⒺⒻⒼⒽⒾⒿⓀⓁ	7	[pə:sənəlaiz]	v. 使人格化，使个人专有
withhold	ⒶⒷⒸⒹⒺⒻⒼⒽⒾⒿⓀⓁ	7	[wið'həuld]	v. 使停止，扣留，保留，抑制

单词	标记	频率	读音	词义
inscribe	ⒶⒷⒸⒹⒺⒻⒼⒽⒾⒿⓀⓁ	7	[in'skraib]	v. 题写，签名，题字
resemble	ⒶⒷⒸⒹⒺⒻⒼⒽⒾⒿⓀⓁ	7	[ri'zembl]	v. 相似，类似，像
envision	ⒶⒷⒸⒹⒺⒻⒼⒽⒾⒿⓀⓁ	7	[in'viʒən]	v. 想象，设想
domesticate	ⒶⒷⒸⒹⒺⒻⒼⒽⒾⒿⓀⓁ	7	[də'mestikeit]	v. 驯养，教化
elicit	ⒶⒷⒸⒹⒺⒻⒼⒽⒾⒿⓀⓁ	7	[i'lisit]	v. 引出，诱出，通过推理得出
illuminate	ⒶⒷⒸⒹⒺⒻⒼⒽⒾⒿⓀⓁ	7	[i'lju:mineit]	v. 照明，阐释，说明
bolster	ⒶⒷⒸⒹⒺⒻⒼⒽⒾⒿⓀⓁ	7	['bəulstə]	v. 支持 n. 靠垫，长枕
cache	ⒶⒷⒸⒹⒺⒻⒼⒽⒾⒿⓀⓁ	7	[kæʃ]	v. 贮藏，隐藏，缓存 n. 藏物处
deter	ⒶⒷⒸⒹⒺⒻⒼⒽⒾⒿⓀⓁ	7	[di'tə:]	v. 阻止，威慑
maverick	ⒶⒷⒸⒹⒺⒻⒼⒽⒾⒿⓀⓁ	6	['mævərik]	a./n. 特立独行的，标新立异的
conciliatory	ⒶⒷⒸⒹⒺⒻⒼⒽⒾⒿⓀⓁ	6	[kən'siliətəri]	a. 安抚的，调和的
irreversible	ⒶⒷⒸⒹⒺⒻⒼⒽⒾⒿⓀⓁ	6	[iri'və:səbl]	a. 不可逆转的，不可挽回的
unfortunate	ⒶⒷⒸⒹⒺⒻⒼⒽⒾⒿⓀⓁ	6	[ʌn'fɔ:tʃənit]	a. 不幸的，遗憾的
unwilling	ⒶⒷⒸⒹⒺⒻⒼⒽⒾⒿⓀⓁ	6	['ʌn'wiliŋ]	a. 不愿意的
vertical	ⒶⒷⒸⒹⒺⒻⒼⒽⒾⒿⓀⓁ	6	['və:tikəl]	a. 垂直的
atmospheric	ⒶⒷⒸⒹⒺⒻⒼⒽⒾⒿⓀⓁ	6	[ˌætməs'ferik]	a. 大气的，大气层的
monotonous	ⒶⒷⒸⒹⒺⒻⒼⒽⒾⒿⓀⓁ	6	[mə'nɔtənəs]	a. 单调的，无变化的
freshwater	ⒶⒷⒸⒹⒺⒻⒼⒽⒾⒿⓀⓁ	6	['freʃwɔ:tə(r)]	a. 淡水的，内河的
extraterrestrial	ⒶⒷⒸⒹⒺⒻⒼⒽⒾⒿⓀⓁ	6	[ˌekstrətə'restriəl]	a. 地球外的
symmetric	ⒶⒷⒸⒹⒺⒻⒼⒽⒾⒿⓀⓁ	6	[si'metrik]	a. 对称的，匀称的
luminescent	ⒶⒷⒸⒹⒺⒻⒼⒽⒾⒿⓀⓁ	6	[ˌlu:mi'nesnt]	a. 发冷光的
analytical	ⒶⒷⒸⒹⒺⒻⒼⒽⒾⒿⓀⓁ	6	[ˌænə'litikl]	a. 分析的，解析的
parental	ⒶⒷⒸⒹⒺⒻⒼⒽⒾⒿⓀⓁ	6	[pə'rentl]	a. 父母的
affordable	ⒶⒷⒸⒹⒺⒻⒼⒽⒾⒿⓀⓁ	6	[ə'fɔ:dəbl]	a. 负担得起的
imaginative	ⒶⒷⒸⒹⒺⒻⒼⒽⒾⒿⓀⓁ	6	[i'mædʒinətiv]	a. 富有想象力的
simplistic	ⒶⒷⒸⒹⒺⒻⒼⒽⒾⒿⓀⓁ	6	[sim'plistik]	a. 过分简单化的
cooperative	ⒶⒷⒸⒹⒺⒻⒼⒽⒾⒿⓀⓁ	6	[kəu'ɔpərətiv]	a. 合作的，协作的
somber	ⒶⒷⒸⒹⒺⒻⒼⒽⒾⒿⓀⓁ	6	['sɔmbə(r)]	a. 昏暗的，忧郁的，严肃的
chaotic	ⒶⒷⒸⒹⒺⒻⒼⒽⒾⒿⓀⓁ	6	[kei'ɔtik]	a. 混乱的，无秩序的
steadfast	ⒶⒷⒸⒹⒺⒻⒼⒽⒾⒿⓀⓁ	6	['stedfəst]	a. 坚定的，毫不动摇的
ongoing	ⒶⒷⒸⒹⒺⒻⒼⒽⒾⒿⓀⓁ	6	['ɔngəuiŋ]	a. 进行中的，不断发展的
alert	ⒶⒷⒸⒹⒺⒻⒼⒽⒾⒿⓀⓁ	6	[ə'lə:t]	a. 警觉的，灵敏的 n. 警报 v. 使警觉
tremendous	ⒶⒷⒸⒹⒺⒻⒼⒽⒾⒿⓀⓁ	6	[tri'mendəs]	a. 巨大的，惊人的
recyclable	ⒶⒷⒸⒹⒺⒻⒼⒽⒾⒿⓀⓁ	6	[ri:'saikləbl]	a. 可回收利用的
dubious	ⒶⒷⒸⒹⒺⒻⒼⒽⒾⒿⓀⓁ	6	['dju:bjəs]	a. 可疑的，不确定的
analogous	ⒶⒷⒸⒹⒺⒻⒼⒽⒾⒿⓀⓁ	6	[ə'næləgəs]	a. 类似的
impersonal	ⒶⒷⒸⒹⒺⒻⒼⒽⒾⒿⓀⓁ	6	[im'pə:sənəl]	a. 冷淡的，可观的
coherent	ⒶⒷⒸⒹⒺⒻⒼⒽⒾⒿⓀⓁ	6	[kəu'hiərənt]	a. 连贯的，一致的，粘着的
inexpensive	ⒶⒷⒸⒹⒺⒻⒼⒽⒾⒿⓀⓁ	6	[inik'spensiv]	a. 廉价的，便宜的
venturesome	ⒶⒷⒸⒹⒺⒻⒼⒽⒾⒿⓀⓁ	6	['ventʃəsəm]	a. 冒险的

单词	标记	频率	读音	词义
dense	ⒶⒷⒸⒹⒺⒻⒼⒽⒾⒿⓀⓁ	6	[dens]	a. 密集的，稠密的
indifferent	ⒶⒷⒸⒹⒺⒻⒼⒽⒾⒿⓀⓁ	6	[in'difrənt]	a. 漠不关心的，中立的
coeducational	ⒶⒷⒸⒹⒺⒻⒼⒽⒾⒿⓀⓁ	6	[kəuedju:'keiʃənl]	a. 男女合校的
viable	ⒶⒷⒸⒹⒺⒻⒼⒽⒾⒿⓀⓁ	6	['vaiəbl]	a. 能生存的，可行的
rural	ⒶⒷⒸⒹⒺⒻⒼⒽⒾⒿⓀⓁ	6	['ruər(ə)l]	a. 农村的
exclusive	ⒶⒷⒸⒹⒺⒻⒼⒽⒾⒿⓀⓁ	6	[iks'klu:siv]	a. 排他的，独占的，独家的
devoid	ⒶⒷⒸⒹⒺⒻⒼⒽⒾⒿⓀⓁ	6	[di'vɔid]	a. 缺乏的，贫乏的
apathetic	ⒶⒷⒸⒹⒺⒻⒼⒽⒾⒿⓀⓁ	6	[æpə'θetik]	a. 缺乏兴趣的，冷漠的
tropical	ⒶⒷⒸⒹⒺⒻⒼⒽⒾⒿⓀⓁ	6	['trɔpikl]	a. 热带的，炎热的
capricious	ⒶⒷⒸⒹⒺⒻⒼⒽⒾⒿⓀⓁ	6	[kə'priʃəs]	a. 任性的，反复无常的
lengthy	ⒶⒷⒸⒹⒺⒻⒼⒽⒾⒿⓀⓁ	6	['leŋθi]	a. 冗长的，漫长的
picturesque	ⒶⒷⒸⒹⒺⒻⒼⒽⒾⒿⓀⓁ	6	[piktʃə'resk]	a. 生动的，如画的，独特的
biological	ⒶⒷⒸⒹⒺⒻⒼⒽⒾⒿⓀⓁ	6	[baiə'lɔdʒikəl]	a. 生物学的
poetic	ⒶⒷⒸⒹⒺⒻⒼⒽⒾⒿⓀⓁ	6	[pəu'etik]	a. 诗歌的
subsequent	ⒶⒷⒸⒹⒺⒻⒼⒽⒾⒿⓀⓁ	6	['sʌbsikwənt]	a. 随后的，后来的
trivial	ⒶⒷⒸⒹⒺⒻⒼⒽⒾⒿⓀⓁ	6	['triviəl]	a. 琐碎的，不重要的
straightforward	ⒶⒷⒸⒹⒺⒻⒼⒽⒾⒿⓀⓁ	6	[streit'fɔ:wəd]	a. 坦诚的，直率的，成直线前进的
elusive	ⒶⒷⒸⒹⒺⒻⒼⒽⒾⒿⓀⓁ	6	[i'lu:siv]	a. 逃避的，难懂的，难捉摸的
idiosyncratic	ⒶⒷⒸⒹⒺⒻⒼⒽⒾⒿⓀⓁ	6	[idiəsiŋ'krætik]	a. 特质的，与众不同的
unchecked	ⒶⒷⒸⒹⒺⒻⒼⒽⒾⒿⓀⓁ	6	['ʌn'tʃekt]	a. 未检验的，未约束的
linear	ⒶⒷⒸⒹⒺⒻⒼⒽⒾⒿⓀⓁ	6	['liniə]	a. 线的，直线的，线性的
imaginary	ⒶⒷⒸⒹⒺⒻⒼⒽⒾⒿⓀⓁ	6	[i'mædʒinəri]	a. 想象的，虚构的
psychoanalytic	ⒶⒷⒸⒹⒺⒻⒼⒽⒾⒿⓀⓁ	6	[saikəuˌænəl'itik]	a. 心理分析的
oppressive	ⒶⒷⒸⒹⒺⒻⒼⒽⒾⒿⓀⓁ	6	[ə'presiv]	a. 压迫的，压抑的，沉重的
vulnerable	ⒶⒷⒸⒹⒺⒻⒼⒽⒾⒿⓀⓁ	6	['vʌlnərəbl]	a. 易受伤害的，脆弱的
heroic	ⒶⒷⒸⒹⒺⒻⒼⒽⒾⒿⓀⓁ	6	[hi'rəuik]	a. 英雄的，英勇的
ambitious	ⒶⒷⒸⒹⒺⒻⒼⒽⒾⒿⓀⓁ	6	[æm'biʃəs]	a. 有雄心的，野心勃勃的
guilty	ⒶⒷⒸⒹⒺⒻⒼⒽⒾⒿⓀⓁ	6	['gilti]	a. 有罪的，内疚的
grammatical	ⒶⒷⒸⒹⒺⒻⒼⒽⒾⒿⓀⓁ	6	[grə'mætikəl]	a. 语法的，合乎语法的
prospective	ⒶⒷⒸⒹⒺⒻⒼⒽⒾⒿⓀⓁ	6	[prəs'pektiv]	a. 预期的，未来的
cohesive	ⒶⒷⒸⒹⒺⒻⒼⒽⒾⒿⓀⓁ	6	[kəu'hi:siv]	a. 粘合性的，有结合力的
eclectic	ⒶⒷⒸⒹⒺⒻⒼⒽⒾⒿⓀⓁ	6	[ek'lektik]	a. 折中的，选择的 n. 折中主义者
sincere	ⒶⒷⒸⒹⒺⒻⒼⒽⒾⒿⓀⓁ	6	[sin'siə]	a. 真诚的
noteworthy	ⒶⒷⒸⒹⒺⒻⒼⒽⒾⒿⓀⓁ	6	['nəutwə:ði]	a. 值得注意的
gravitational	ⒶⒷⒸⒹⒺⒻⒼⒽⒾⒿⓀⓁ	6	['grævə'teiʃənəl]	a. 重力的，万有引力的
minimum	ⒶⒷⒸⒹⒺⒻⒼⒽⒾⒿⓀⓁ	6	['miniməm]	a. 最少的 n. 最小量
fundamentally	ⒶⒷⒸⒹⒺⒻⒼⒽⒾⒿⓀⓁ	6	[fʌndə'mentəli]	ad. 从根本上，基本地
electronically	ⒶⒷⒸⒹⒺⒻⒼⒽⒾⒿⓀⓁ	6	[ilek'trɔnikəli]	ad. 电子地
hotly	ⒶⒷⒸⒹⒺⒻⒼⒽⒾⒿⓀⓁ	6	['hɔtli]	ad. 激烈地，发怒地
barely	ⒶⒷⒸⒹⒺⒻⒼⒽⒾⒿⓀⓁ	6	['beəli]	ad. 几乎不，仅仅

单词	标记	频率	读音	词义
readily	ⒶⒷⒸⒹⒺⒻⒼⒽⒾⒿⓀⓁ	6	['redili]	ad. 乐意地，容易地，迅速地
temporarily	ⒶⒷⒸⒹⒺⒻⒼⒽⒾⒿⓀⓁ	6	['tempərerili]	ad. 临时地，暂时地
socially	ⒶⒷⒸⒹⒺⒻⒼⒽⒾⒿⓀⓁ	6	['səuʃəli]	ad. 社交上，社会上
physically	ⒶⒷⒸⒹⒺⒻⒼⒽⒾⒿⓀⓁ	6	['fizik(ə)li]	ad. 身体上地，实际上
appropriately	ⒶⒷⒸⒹⒺⒻⒼⒽⒾⒿⓀⓁ	6	[ə'prəupriˌeitli]	ad. 适当地，相称地
inherently	ⒶⒷⒸⒹⒺⒻⒼⒽⒾⒿⓀⓁ	6	[in'hiərəntli]	ad. 天性地，固有地
bitterly	ⒶⒷⒸⒹⒺⒻⒼⒽⒾⒿⓀⓁ	6	['bitəli]	ad. 痛苦地，残酷地
freshly	ⒶⒷⒸⒹⒺⒻⒼⒽⒾⒿⓀⓁ	6	['freʃli]	ad. 新近，刚才
eloquently	ⒶⒷⒸⒹⒺⒻⒼⒽⒾⒿⓀⓁ	6	['eləkwəntli]	ad. 雄辩地，富于表情地
permanently	ⒶⒷⒸⒹⒺⒻⒼⒽⒾⒿⓀⓁ	6	['pə:mənəntli]	ad. 永久地
beforehand	ⒶⒷⒸⒹⒺⒻⒼⒽⒾⒿⓀⓁ	6	[bi'fɔ:hænd]	ad. 预先，事先，提前
spontaneously	ⒶⒷⒸⒹⒺⒻⒼⒽⒾⒿⓀⓁ	6	[spɔn'teiniəsli]	ad. 自发地，自然地
reply	ⒶⒷⒸⒹⒺⒻⒼⒽⒾⒿⓀⓁ	6	[ri'plai]	n./v. 回答，答复
abuse	ⒶⒷⒸⒹⒺⒻⒼⒽⒾⒿⓀⓁ	6	[ə'bju:z]	n./v. 滥用，虐待，辱骂
raid	ⒶⒷⒸⒹⒺⒻⒼⒽⒾⒿⓀⓁ	6	[reid]	n./v. 突然袭击，搜捕，劫掠
glimpse	ⒶⒷⒸⒹⒺⒻⒼⒽⒾⒿⓀⓁ	6	[glimps]	n./v. 一瞥，瞥见
esteem	ⒶⒷⒸⒹⒺⒻⒼⒽⒾⒿⓀⓁ	6	[is'ti:m]	n./v. 尊敬，尊重
arrogance	ⒶⒷⒸⒹⒺⒻⒼⒽⒾⒿⓀⓁ	6	['ærəgəns]	n. 傲慢，自大
inclusion	ⒶⒷⒸⒹⒺⒻⒼⒽⒾⒿⓀⓁ	6	[in'klu:ʒən]	n. 包含，包括
gem	ⒶⒷⒸⒹⒺⒻⒼⒽⒾⒿⓀⓁ	6	[dʒem]	n. 宝石，珍宝
fortress	ⒶⒷⒸⒹⒺⒻⒼⒽⒾⒿⓀⓁ	6	['fɔ:tris]	n. 堡垒，要塞
waterfront	ⒶⒷⒸⒹⒺⒻⒼⒽⒾⒿⓀⓁ	6	['wɔ:təfrʌnt]	n. 滨水区，靠水边的地
impatience	ⒶⒷⒸⒹⒺⒻⒼⒽⒾⒿⓀⓁ	6	[im'peiʃəns]	n. 不耐烦
participant	ⒶⒷⒸⒹⒺⒻⒼⒽⒾⒿⓀⓁ	6	[pa:'tisipənt]	n. 参与者
tenant	ⒶⒷⒸⒹⒺⒻⒼⒽⒾⒿⓀⓁ	6	['tenənt]	n. 承租人，房客，佃户
cardholder	ⒶⒷⒸⒹⒺⒻⒼⒽⒾⒿⓀⓁ	6	['ka:dˌhəuldə(r)]	n. 持卡人
locker	ⒶⒷⒸⒹⒺⒻⒼⒽⒾⒿⓀⓁ	6	['lɔkə]	n. 储物柜，更衣柜，上锁的人
keel	ⒶⒷⒸⒹⒺⒻⒼⒽⒾⒿⓀⓁ	6	[ki:l]	n. 船的龙骨
treadmill	ⒶⒷⒸⒹⒺⒻⒼⒽⒾⒿⓀⓁ	6	['tredmil]	n. 单调的工作，踏车
starch	ⒶⒷⒸⒹⒺⒻⒼⒽⒾⒿⓀⓁ	6	[sta:tʃ]	n. 淀粉，古板 v. 上浆
cavity	ⒶⒷⒸⒹⒺⒻⒼⒽⒾⒿⓀⓁ	6	['kæviti]	n. 洞，空穴
monologue	ⒶⒷⒸⒹⒺⒻⒼⒽⒾⒿⓀⓁ	6	['mɔnəlɔg]	n. 独白，独角戏
earring	ⒶⒷⒸⒹⒺⒻⒼⒽⒾⒿⓀⓁ	6	['iəniŋ]	n. 耳环，耳饰
occurrence	ⒶⒷⒸⒹⒺⒻⒼⒽⒾⒿⓀⓁ	6	[ə'kʌrəns]	n. 发生，事件
expense	ⒶⒷⒸⒹⒺⒻⒼⒽⒾⒿⓀⓁ	6	[ik'spens]	n. 费用，代价
spectroscope	ⒶⒷⒸⒹⒺⒻⒼⒽⒾⒿⓀⓁ	6	['spektrəskəup]	n. 分光镜
windmill	ⒶⒷⒸⒹⒺⒻⒼⒽⒾⒿⓀⓁ	6	['windmil]	n. 风车
denial	ⒶⒷⒸⒹⒺⒻⒼⒽⒾⒿⓀⓁ	6	[di'naiəl]	n. 否认，拒绝
pathos	ⒶⒷⒸⒹⒺⒻⒼⒽⒾⒿⓀⓁ	6	['peiθɔs]	n. 感伤，悲情
nobility	ⒶⒷⒸⒹⒺⒻⒼⒽⒾⒿⓀⓁ	6	[nəu'biliti]	n. 高贵，贵族

单词	标记	频率	读音	词义
frame	ⒶⒷⒸⒹⒺⒻⒼⒽⒾⒿⓀⓁ	6	[freim]	n. 骨架，身躯，结构，框 v. 表达
administrator	ⒶⒷⒸⒹⒺⒻⒼⒽⒾⒿⓀⓁ	6	[əd'ministreitə]	n. 管理人，行政人员
twine	ⒶⒷⒸⒹⒺⒻⒼⒽⒾⒿⓀⓁ	6	[twain]	n. 合股线，麻线，搓 v. 缠绕
alloy	ⒶⒷⒸⒹⒺⒻⒼⒽⒾⒿⓀⓁ	6	['ælɔi]	n. 合金 v. 使成合金，使降低
makeup	ⒶⒷⒸⒹⒺⒻⒼⒽⒾⒿⓀⓁ	6	['meikʌp]	n. 化妆品，组成，结构，补考
interval	ⒶⒷⒸⒹⒺⒻⒼⒽⒾⒿⓀⓁ	6	['intəvəl]	n. 间隔，幕间休息
glue	ⒶⒷⒸⒹⒺⒻⒼⒽⒾⒿⓀⓁ	6	[glu:]	n. 胶水 v. 粘贴
kink	ⒶⒷⒸⒹⒺⒻⒼⒽⒾⒿⓀⓁ	6	[kiŋk]	n. 结，缺陷，奇想，抽筋 v. 打结
ending	ⒶⒷⒸⒹⒺⒻⒼⒽⒾⒿⓀⓁ	6	['endiŋ]	n. 结尾，结局
economy	ⒶⒷⒸⒹⒺⒻⒼⒽⒾⒿⓀⓁ	6	[i(:)'kɔnəmi]	n. 经济，节约
runoff	ⒶⒷⒸⒹⒺⒻⒼⒽⒾⒿⓀⓁ	6	['rʌnˌɔ:f]	n. 径流量，流出，决赛
bureau	ⒶⒷⒸⒹⒺⒻⒼⒽⒾⒿⓀⓁ	6	[bjuə'rəu;'bjuərəu]	n. 局，办事处
endowment	ⒶⒷⒸⒹⒺⒻⒼⒽⒾⒿⓀⓁ	6	[in'daumənt]	n. 捐赠，天赋
monarch	ⒶⒷⒸⒹⒺⒻⒼⒽⒾⒿⓀⓁ	6	['mɔnək]	n. 君主，统治者
protester	ⒶⒷⒸⒹⒺⒻⒼⒽⒾⒿⓀⓁ	6	[prə'testə]	n. 抗议者
objectivity	ⒶⒷⒸⒹⒺⒻⒼⒽⒾⒿⓀⓁ	6	[ɔbdʒek'tivəti]	n. 客观性，客观现实
plea	ⒶⒷⒸⒹⒺⒻⒼⒽⒾⒿⓀⓁ	6	[pli:]	n. 恳求，申诉，借口
garbage	ⒶⒷⒸⒹⒺⒻⒼⒽⒾⒿⓀⓁ	6	['ga:bidʒ]	n. 垃圾，废物
stereotype	ⒶⒷⒸⒹⒺⒻⒼⒽⒾⒿⓀⓁ	6	['stiəriəutaip]	n. 老套，典型，铅板 v. 使陈规化
fir	ⒶⒷⒸⒹⒺⒻⒼⒽⒾⒿⓀⓁ	6	[fə:]	n. 冷杉
plum	ⒶⒷⒸⒹⒺⒻⒼⒽⒾⒿⓀⓁ	6	[plʌm]	n. 李子，梅子
legislation	ⒶⒷⒸⒹⒺⒻⒼⒽⒾⒿⓀⓁ	6	[ˌledʒis'leiʃən]	n. 立法，法律，法规
amphibian	ⒶⒷⒸⒹⒺⒻⒼⒽⒾⒿⓀⓁ	6	[æm'fibiən]	n. 两栖动物，水陆两用飞机
leadership	ⒶⒷⒸⒹⒺⒻⒼⒽⒾⒿⓀⓁ	6	['li:dəʃip]	n. 领导，领导能力
phonograph	ⒶⒷⒸⒹⒺⒻⒼⒽⒾⒿⓀⓁ	6	['fəunəgra:f]	n. 留声机，电唱机
recording	ⒶⒷⒸⒹⒺⒻⒼⒽⒾⒿⓀⓁ	6	[ri'kɔ:diŋ]	n. 录音，录制品
logic	ⒶⒷⒸⒹⒺⒻⒼⒽⒾⒿⓀⓁ	6	['lɔdʒik]	n. 逻辑，逻辑学
gong	ⒶⒷⒸⒹⒺⒻⒼⒽⒾⒿⓀⓁ	6	[gɔŋ]	n. 锣
camel	ⒶⒷⒸⒹⒺⒻⒼⒽⒾⒿⓀⓁ	6	['kæməl]	n. 骆驼
enzyme	ⒶⒷⒸⒹⒺⒻⒼⒽⒾⒿⓀⓁ	6	['enzaim]	n. 酶
dismissal	ⒶⒷⒸⒹⒺⒻⒼⒽⒾⒿⓀⓁ	6	[dis'misəl]	n. 免职，解雇
portrayal	ⒶⒷⒸⒹⒺⒻⒼⒽⒾⒿⓀⓁ	6	[pɔ:'treiəl]	n. 描绘
indifference	ⒶⒷⒸⒹⒺⒻⒼⒽⒾⒿⓀⓁ	6	[in'difrəns]	n. 漠不关心，无兴趣
dairy	ⒶⒷⒸⒹⒺⒻⒼⒽⒾⒿⓀⓁ	6	['deəri]	n. 牛奶场，乳制品
bias	ⒶⒷⒸⒹⒺⒻⒼⒽⒾⒿⓀⓁ	6	['baiəs]	n. 偏见 v. 抱有偏见
speller	ⒶⒷⒸⒹⒺⒻⒼⒽⒾⒿⓀⓁ	6	['spelə]	n. 拼字者，拼字课本
universality	ⒶⒷⒸⒹⒺⒻⒼⒽⒾⒿⓀⓁ	6	[ˌju:nivə'sæliti]	n. 普遍性，一般性
popularizer	ⒶⒷⒸⒹⒺⒻⒼⒽⒾⒿⓀⓁ	6	['pɔpjuləraizə(r)]	n. 普及者
traction	ⒶⒷⒸⒹⒺⒻⒼⒽⒾⒿⓀⓁ	6	['trækʃən]	n. 牵引，牵引力
familiarity	ⒶⒷⒸⒹⒺⒻⒼⒽⒾⒿⓀⓁ	6	[fəˌmili'æriti]	n. 亲密，熟悉，精通

单词	标记	频率	读音	词义
sphere	ⒶⒷⒸⒹⒺⒻⒼⒽⒾⒿⓀⓁ	6	[sfiə]	n. 球，球体，范围，领域
tropic	ⒶⒷⒸⒹⒺⒻⒼⒽⒾⒿⓀⓁ	6	['trɔpik]	n. 热带，回归线 a. 热带的
eagerness	ⒶⒷⒸⒹⒺⒻⒼⒽⒾⒿⓀⓁ	6	['i:gənis]	n. 热心，渴望
personnel	ⒶⒷⒸⒹⒺⒻⒼⒽⒾⒿⓀⓁ	6	[ˌpə:sə'nel]	n. 人员，职员，人事部门
triple	ⒶⒷⒸⒹⒺⒻⒼⒽⒾⒿⓀⓁ	6	['tripl]	n. 三倍数，三个一组 a. 三倍的
entity	ⒶⒷⒸⒹⒺⒻⒼⒽⒾⒿⓀⓁ	6	['entiti]	n. 实体，存在，本质
experimentation	ⒶⒷⒸⒹⒺⒻⒼⒽⒾⒿⓀⓁ	6	[eksˌperimen'teiʃən]	n. 实验
paradox	ⒶⒷⒸⒹⒺⒻⒼⒽⒾⒿⓀⓁ	6	['pærədɔks]	n. 似非而是的论点，自相矛盾的话
waterfowl	ⒶⒷⒸⒹⒺⒻⒼⒽⒾⒿⓀⓁ	6	['wɔ:tərfaul]	n. 水鸟，水禽
quadrilateral	ⒶⒷⒸⒹⒺⒻⒼⒽⒾⒿⓀⓁ	6	[ˌkwɔdri'lætərəl]	n. 四边形
sketch	ⒶⒷⒸⒹⒺⒻⒼⒽⒾⒿⓀⓁ	6	[sketʃ]	n. 素描，草图 v. 素描，概述
negotiation	ⒶⒷⒸⒹⒺⒻⒼⒽⒾⒿⓀⓁ	6	[niˌgəuʃi'eiʃən]	n. 谈判，商议
railroad	ⒶⒷⒸⒹⒺⒻⒼⒽⒾⒿⓀⓁ	6	['reilrəud]	n. 铁路
compassion	ⒶⒷⒸⒹⒺⒻⒼⒽⒾⒿⓀⓁ	6	[kəm'pæʃən]	n. 同情，怜悯
humpback	ⒶⒷⒸⒹⒺⒻⒼⒽⒾⒿⓀⓁ	6	['hʌmpbæk]	n. 驼背，座头鲸
futility	ⒶⒷⒸⒹⒺⒻⒼⒽⒾⒿⓀⓁ	6	[fju:'tiləti]	n. 无用，无价值
phenomenology	ⒶⒷⒸⒹⒺⒻⒼⒽⒾⒿⓀⓁ	6	[fiˌnɔmi'nɔlədʒi]	n. 现象学
enjoyment	ⒶⒷⒸⒹⒺⒻⒼⒽⒾⒿⓀⓁ	6	[in'dʒɔimənt]	n. 享受，快乐
formation	ⒶⒷⒸⒹⒺⒻⒼⒽⒾⒿⓀⓁ	6	[fɔ:'meiʃən]	n. 形成，队形，编队
rotation	ⒶⒷⒸⒹⒺⒻⒼⒽⒾⒿⓀⓁ	6	[rəu'teiʃən]	n. 旋转，循环
rigor	ⒶⒷⒸⒹⒺⒻⒼⒽⒾⒿⓀⓁ	6	['rigə]	n. 严格，艰苦，严酷
telemetry	ⒶⒷⒸⒹⒺⒻⒼⒽⒾⒿⓀⓁ	6	[ti'lemitri]	n. 遥感勘测，遥测法
amateur	ⒶⒷⒸⒹⒺⒻⒼⒽⒾⒿⓀⓁ	6	['æmətə(:);'æmətjuə]	n. 业余爱好者 a. 外行的
conformity	ⒶⒷⒸⒹⒺⒻⒼⒽⒾⒿⓀⓁ	6	[kən'fɔ:miti]	n. 一致，符合，遵守
citation	ⒶⒷⒸⒹⒺⒻⒼⒽⒾⒿⓀⓁ	6	[sai'teiʃən]	n. 引用，引文
infant	ⒶⒷⒸⒹⒺⒻⒼⒽⒾⒿⓀⓁ	6	['infənt]	n. 婴儿 a. 婴儿的，初期的
grease	ⒶⒷⒸⒹⒺⒻⒼⒽⒾⒿⓀⓁ	6	[gri:s]	n. 油脂，贿赂 v. 涂脂于，贿赂
cub	ⒶⒷⒸⒹⒺⒻⒼⒽⒾⒿⓀⓁ	6	[kʌb]	n. 幼兽，年轻人
meteorite	ⒶⒷⒸⒹⒺⒻⒼⒽⒾⒿⓀⓁ	6	['mi:tjərait]	n. 陨石，流星
testimony	ⒶⒷⒸⒹⒺⒻⒼⒽⒾⒿⓀⓁ	6	['testiməni]	n. 证词，证明，证据
colonialism	ⒶⒷⒸⒹⒺⒻⒼⒽⒾⒿⓀⓁ	6	[kə'ləunjəlizəm]	n. 殖民主义
guidance	ⒶⒷⒸⒹⒺⒻⒼⒽⒾⒿⓀⓁ	6	['gaidəns]	n. 指导，引导
interruption	ⒶⒷⒸⒹⒺⒻⒼⒽⒾⒿⓀⓁ	6	[ˌintə'rʌpʃən]	n. 中断，打断
squadron	ⒶⒷⒸⒹⒺⒻⒼⒽⒾⒿⓀⓁ	6	['skwɔdrən]	n. 中队，有组织的一群
apartheid	ⒶⒷⒸⒹⒺⒻⒼⒽⒾⒿⓀⓁ	6	[ə'pa:t(h)eit]	n. 种族隔离
protagonist	ⒶⒷⒸⒹⒺⒻⒼⒽⒾⒿⓀⓁ	6	[prəu'tægənist]	n. 主角，领导者
chairperson	ⒶⒷⒸⒹⒺⒻⒼⒽⒾⒿⓀⓁ	6	['tʃeəpɜ:s(e)n]	n. 主席
glow	ⒶⒷⒸⒹⒺⒻⒼⒽⒾⒿⓀⓁ	6	[gləu]	v./n. 发光，发热，容光焕发
chime	ⒶⒷⒸⒹⒺⒻⒼⒽⒾⒿⓀⓁ	6	[tʃaim]	v./n. 鸣响，敲击，和谐
upgrade	ⒶⒷⒸⒹⒺⒻⒼⒽⒾⒿⓀⓁ	6	['ʌpgreid]	v./n. 升级，提高，改善

单词	标记	频率	读音	词义
probe	ⒶⒷⒸⒹⒺⒻⒼⒽⒾⒿⓀⓁ	6	[prəub]	v./n. 探查，探测，探索
thump	ⒶⒷⒸⒹⒺⒻⒼⒽⒾⒿⓀⓁ	6	[θʌmp]	v./n. 重击，心怦怦跳
bemoan	ⒶⒷⒸⒹⒺⒻⒼⒽⒾⒿⓀⓁ	6	[bi'məun]	v. 哀叹，惋惜
install	ⒶⒷⒸⒹⒺⒻⒼⒽⒾⒿⓀⓁ	6	[in'stɔ:l]	v. 安装，安置，任命
outlive	ⒶⒷⒸⒹⒺⒻⒼⒽⒾⒿⓀⓁ	6	[aut'liv]	v. 比…活得长
plead	ⒶⒷⒸⒹⒺⒻⒼⒽⒾⒿⓀⓁ	6	[pli:d]	v. 辩护，恳求
refute	ⒶⒷⒸⒹⒺⒻⒼⒽⒾⒿⓀⓁ	6	[ri'fju:t]	v. 驳斥，反驳
founder	ⒶⒷⒸⒹⒺⒻⒼⒽⒾⒿⓀⓁ	6	['faundə]	v. 沉没，失败 n. 创立者，建立者
surf	ⒶⒷⒸⒹⒺⒻⒼⒽⒾⒿⓀⓁ	6	[sə:f]	v. 冲浪，浏览
penetrate	ⒶⒷⒸⒹⒺⒻⒼⒽⒾⒿⓀⓁ	6	['penitreit]	v. 刺穿，渗透，看穿
confront	ⒶⒷⒸⒹⒺⒻⒼⒽⒾⒿⓀⓁ	6	[kən'frʌnt]	v. 对抗，面对，遭遇
animate	ⒶⒷⒸⒹⒺⒻⒼⒽⒾⒿⓀⓁ	6	['ænimeit]	v. 赋予生命 a. 有生命的，有活力的
denounce	ⒶⒷⒸⒹⒺⒻⒼⒽⒾⒿⓀⓁ	6	[di'nauns]	v. 公开谴责，控告，通告废除
applaud	ⒶⒷⒸⒹⒺⒻⒼⒽⒾⒿⓀⓁ	6	[ə'plɔ:d]	v. 鼓掌，称赞
irritate	ⒶⒷⒸⒹⒺⒻⒼⒽⒾⒿⓀⓁ	6	['iriteit]	v. 激怒，使发炎或疼痛
persevere	ⒶⒷⒸⒹⒺⒻⒼⒽⒾⒿⓀⓁ	6	[,pə:si'viə]	v. 坚持，不屈不挠
reside	ⒶⒷⒸⒹⒺⒻⒼⒽⒾⒿⓀⓁ	6	[ri'zaid]	v. 居住，存在，属于
invoke	ⒶⒷⒸⒹⒺⒻⒼⒽⒾⒿⓀⓁ	6	[in'vəuk]	v. 恳求，祈求，调用
comprehend	ⒶⒷⒸⒹⒺⒻⒼⒽⒾⒿⓀⓁ	6	[,kɔmpri'hend]	v. 理解，包括
collide	ⒶⒷⒸⒹⒺⒻⒼⒽⒾⒿⓀⓁ	6	[kə'laid]	v. 碰撞，抵触，冲突
crash	ⒶⒷⒸⒹⒺⒻⒼⒽⒾⒿⓀⓁ	6	[kræʃ]	v. 碰撞，撞击，坠毁
impose	ⒶⒷⒸⒹⒺⒻⒼⒽⒾⒿⓀⓁ	6	[im'pəuz]	v. 强加，征收，强制实行
scatter	ⒶⒷⒸⒹⒺⒻⒼⒽⒾⒿⓀⓁ	6	['skætə]	v. 散开，散播，驱散
picket	ⒶⒷⒸⒹⒺⒻⒼⒽⒾⒿⓀⓁ	6	['pikit]	v. 设置警戒哨，派纠察员 n. 纠察队
integrate	ⒶⒷⒸⒹⒺⒻⒼⒽⒾⒿⓀⓁ	6	['intigreit]	v. 使成整体，合并，求积分
aggravate	ⒶⒷⒸⒹⒺⒻⒼⒽⒾⒿⓀⓁ	6	['ægrəveit]	v. 使恶化，加重，激怒
bewilder	ⒶⒷⒸⒹⒺⒻⒼⒽⒾⒿⓀⓁ	6	[bi'wildə]	v. 使迷惑
dazzle	ⒶⒷⒸⒹⒺⒻⒼⒽⒾⒿⓀⓁ	6	['dæzl]	v. 使眼花，使眩晕 n. 耀眼
disrupt	ⒶⒷⒸⒹⒺⒻⒼⒽⒾⒿⓀⓁ	6	[dis'rʌpt]	v. 使中断，扰乱，使分裂
boost	ⒶⒷⒸⒹⒺⒻⒼⒽⒾⒿⓀⓁ	6	[bu:st]	v. 提高，推动，宣扬 n. 增涨，激励
shed	ⒶⒷⒸⒹⒺⒻⒼⒽⒾⒿⓀⓁ	6	[ʃed]	v. 脱落，流出 n. 棚屋
excavate	ⒶⒷⒸⒹⒺⒻⒼⒽⒾⒿⓀⓁ	6	['ekskəveit]	v. 挖掘，发掘
thrive	ⒶⒷⒸⒹⒺⒻⒼⒽⒾⒿⓀⓁ	6	[θraiv]	v. 兴旺，繁荣，茁壮成长
allege	ⒶⒷⒸⒹⒺⒻⒼⒽⒾⒿⓀⓁ	6	[ə'ledʒ]	v. 宣称，主张，断言
prolong	ⒶⒷⒸⒹⒺⒻⒼⒽⒾⒿⓀⓁ	6	[prə'lɔŋ]	v. 延长，拉长
bisect	ⒶⒷⒸⒹⒺⒻⒼⒽⒾⒿⓀⓁ	6	[bai'sekt]	v. 一分为二，平分
emigrate	ⒶⒷⒸⒹⒺⒻⒼⒽⒾⒿⓀⓁ	6	['emigreit]	v. 移民
secrete	ⒶⒷⒸⒹⒺⒻⒼⒽⒾⒿⓀⓁ	6	[si'kri:t]	v. 隐藏，分泌
crook	ⒶⒷⒸⒹⒺⒻⒼⒽⒾⒿⓀⓁ	6	[kruk]	v. 诈骗，弯曲 n. 骗子，钩子，弯曲
substantiate	ⒶⒷⒸⒹⒺⒻⒼⒽⒾⒿⓀⓁ	6	[sʌbs'tænʃieit]	v. 证实，使实体化

单词	标记	频率	读音	词义
convert	ⒶⒷⒸⒹⒺⒻⒼⒽⒾⒿⓀⓁ	6	[kən'və:t]	v. 转变，皈依 n. 皈依者
stow	ⒶⒷⒸⒹⒺⒻⒼⒽⒾⒿⓀⓁ	6	[stəu]	v. 装载，装填，贮藏
obstruct	ⒶⒷⒸⒹⒺⒻⒼⒽⒾⒿⓀⓁ	6	[əb'strʌkt]	v. 阻塞，妨碍
inhibit	ⒶⒷⒸⒹⒺⒻⒼⒽⒾⒿⓀⓁ	6	[in'hibit]	v. 阻止，抑制
playful	ⒶⒷⒸⒹⒺⒻⒼⒽⒾⒿⓀⓁ	5	['pleiful]	a. 爱玩耍的，开玩笑的
arrogant	ⒶⒷⒸⒹⒺⒻⒼⒽⒾⒿⓀⓁ	5	['ærəgənt]	a. 傲慢的，自大的
indigenous	ⒶⒷⒸⒹⒺⒻⒼⒽⒾⒿⓀⓁ	5	[in'didʒinəs]	a. 本地的，天生的
proportional	ⒶⒷⒸⒹⒺⒻⒼⒽⒾⒿⓀⓁ	5	[prə'pɔ:ʃənl]	a. 比例的，成比例的
figurative	ⒶⒷⒸⒹⒺⒻⒼⒽⒾⒿⓀⓁ	5	['figjurətiv]	a. 比喻的，象征的
inflexible	ⒶⒷⒸⒹⒺⒻⒼⒽⒾⒿⓀⓁ	5	[in'fleksəbl]	a. 不可弯曲的，顽固的
incoherent	ⒶⒷⒸⒹⒺⒻⒼⒽⒾⒿⓀⓁ	5	[inkəu'hiərənt]	a. 不连贯的，语无伦次的
impatient	ⒶⒷⒸⒹⒺⒻⒼⒽⒾⒿⓀⓁ	5	[im'peiʃənt]	a. 不耐烦的，急躁的
unrealistic	ⒶⒷⒸⒹⒺⒻⒼⒽⒾⒿⓀⓁ	5	[ʌnriə'listik]	a. 不切实际的
insincere	ⒶⒷⒸⒹⒺⒻⒼⒽⒾⒿⓀⓁ	5	[insin'siə]	a. 不真诚的，伪善的
unreal	ⒶⒷⒸⒹⒺⒻⒼⒽⒾⒿⓀⓁ	5	['ʌn'ri(:)əl]	a. 不真实的，虚幻的
unaware	ⒶⒷⒸⒹⒺⒻⒼⒽⒾⒿⓀⓁ	5	['ʌnə'weə]	a. 不知道的，没觉察到的
inaccurate	ⒶⒷⒸⒹⒺⒻⒼⒽⒾⒿⓀⓁ	5	[in'ækjurit]	a. 不准确的，错误的
impulsive	ⒶⒷⒸⒹⒺⒻⒼⒽⒾⒿⓀⓁ	5	[im'pʌlsiv]	a. 冲动的，任性的
biographical	ⒶⒷⒸⒹⒺⒻⒼⒽⒾⒿⓀⓁ	5	[baiə'græfikəl]	a. 传记的
legendary	ⒶⒷⒸⒹⒺⒻⒼⒽⒾⒿⓀⓁ	5	['ledʒəndəri]	a. 传奇的，传说的
rhetorical	ⒶⒷⒸⒹⒺⒻⒼⒽⒾⒿⓀⓁ	5	[ri'tɔrikəl]	a. 辞藻华丽的，修辞学的
poignant	ⒶⒷⒸⒹⒺⒻⒼⒽⒾⒿⓀⓁ	5	['pɔinənt]	a. 刺激的，剧烈的，痛苦的
smart	ⒶⒷⒸⒹⒺⒻⒼⒽⒾⒿⓀⓁ	5	[sma:t]	a. 聪明的，时髦的 n. /v. 刺痛，烦恼
metropolitan	ⒶⒷⒸⒹⒺⒻⒼⒽⒾⒿⓀⓁ	5	[metrə'pɔlit(ə)n]	a. 大城市的，大都会的 n. 大主教
firsthand	ⒶⒷⒸⒹⒺⒻⒼⒽⒾⒿⓀⓁ	5	[fɜ:st'hænd]	a. 第一手的
versatile	ⒶⒷⒸⒹⒺⒻⒼⒽⒾⒿⓀⓁ	5	['və:sətail]	a. 多才多艺的，多功能的
prolific	ⒶⒷⒸⒹⒺⒻⒼⒽⒾⒿⓀⓁ	5	[prə'lifik]	a. 多产的，作品丰富的
whimsical	ⒶⒷⒸⒹⒺⒻⒼⒽⒾⒿⓀⓁ	5	['wimzikəl]	a. 反复无常的，异想天开的
defensive	ⒶⒷⒸⒹⒺⒻⒼⒽⒾⒿⓀⓁ	5	[di'fensiv]	a. 防卫的，防守的，辩护的
perceptual	ⒶⒷⒸⒹⒺⒻⒼⒽⒾⒿⓀⓁ	5	[pə'septjuəl]	a. 感性的，知觉的
eccentric	ⒶⒷⒸⒹⒺⒻⒼⒽⒾⒿⓀⓁ	5	[ik'sentrik]	a. 古怪的，偏离轨道的 n. 怪人
comical	ⒶⒷⒸⒹⒺⒻⒼⒽⒾⒿⓀⓁ	5	['kɔmikəl]	a. 好笑的，滑稽的
facetious	ⒶⒷⒸⒹⒺⒻⒼⒽⒾⒿⓀⓁ	5	[fə'si:ʃəs]	a. 滑稽的，幽默的
ludicrous	ⒶⒷⒸⒹⒺⒻⒼⒽⒾⒿⓀⓁ	5	['lu:dikrəs]	a. 荒谬的，可笑的
immense	ⒶⒷⒸⒹⒺⒻⒼⒽⒾⒿⓀⓁ	5	[i'mens]	a. 极大的，无边的，非常好的
collective	ⒶⒷⒸⒹⒺⒻⒼⒽⒾⒿⓀⓁ	5	[kə'lektiv]	a. 集体的，共同的 n. 集体
spiritual	ⒶⒷⒸⒹⒺⒻⒼⒽⒾⒿⓀⓁ	5	['spiritjuəl]	a. 精神上的，心灵的
competitive	ⒶⒷⒸⒹⒺⒻⒼⒽⒾⒿⓀⓁ	5	[kəm'petitiv]	a. 竞争的
outdated	ⒶⒷⒸⒹⒺⒻⒼⒽⒾⒿⓀⓁ	5	[ˌaut'deitid]	a. 旧式的，过时的
conclusive	ⒶⒷⒸⒹⒺⒻⒼⒽⒾⒿⓀⓁ	5	[kən'klu:siv]	a. 决定性的，结论性的，确实的

单词	标记	频率	读音	词义
obstinate	ⒶⒷⒸⒹⒺⒻⒼⒽⒾⒿⓀⓁ	5	['ɔbstinit]	a. 倔强的，顽固的，难治的
fearful	ⒶⒷⒸⒹⒺⒻⒼⒽⒾⒿⓀⓁ	5	['fiəful]	a. 可怕的，担忧的
bitter	ⒶⒷⒸⒹⒺⒻⒼⒽⒾⒿⓀⓁ	5	['bitə]	a. 苦的，痛苦的
dispassionate	ⒶⒷⒸⒹⒺⒻⒼⒽⒾⒿⓀⓁ	5	[dis'pæʃənit]	a. 冷静的，不带感情的
rational	ⒶⒷⒸⒹⒺⒻⒼⒽⒾⒿⓀⓁ	5	['ræʃənl]	a. 理性的，合理的 n. 有理数
delightful	ⒶⒷⒸⒹⒺⒻⒼⒽⒾⒿⓀⓁ	5	[di'laitfəl]	a. 令人愉快的，可喜的
epidemic	ⒶⒷⒸⒹⒺⒻⒼⒽⒾⒿⓀⓁ	5	[ˌepi'demik]	a. 流行的，传染性的 n. 传染病
inaccessible	ⒶⒷⒸⒹⒺⒻⒼⒽⒾⒿⓀⓁ	5	[inæk'sesəbl]	a. 难接近的，难达到的
adhesive	ⒶⒷⒸⒹⒺⒻⒼⒽⒾⒿⓀⓁ	5	[əd'hi:siv]	a. 黏着的，有黏性的 n. 黏剂
placid	ⒶⒷⒸⒹⒺⒻⒼⒽⒾⒿⓀⓁ	5	['plæsid]	a. 平静的，宁静的，温和的
peculiar	ⒶⒷⒸⒹⒺⒻⒼⒽⒾⒿⓀⓁ	5	[pi'kju:ljə]	a. 奇怪的，特殊的，独特的
apt	ⒶⒷⒸⒹⒺⒻⒼⒽⒾⒿⓀⓁ	5	[æpt]	a. 恰当的，聪明的，倾向于…的
adolescent	ⒶⒷⒸⒹⒺⒻⒼⒽⒾⒿⓀⓁ	5	[ˌædəu'lesnt]	a. 青春期的 n. 青少年
absent	ⒶⒷⒸⒹⒺⒻⒼⒽⒾⒿⓀⓁ	5	['æbsənt]	a. 缺席的，缺乏的 v. 缺席
triangular	ⒶⒷⒸⒹⒺⒻⒼⒽⒾⒿⓀⓁ	5	[trai'æŋgjulə]	a. 三角形的，三方的
societal	ⒶⒷⒸⒹⒺⒻⒼⒽⒾⒿⓀⓁ	5	[sə'saiətl]	a. 社会的
mystic	ⒶⒷⒸⒹⒺⒻⒼⒽⒾⒿⓀⓁ	5	['mistik]	a. 神秘的 n. 神秘主义者
worldly	ⒶⒷⒸⒹⒺⒻⒼⒽⒾⒿⓀⓁ	5	['wə:ldli]	a. 世俗的，世上的，老练的
adept	ⒶⒷⒸⒹⒺⒻⒼⒽⒾⒿⓀⓁ	5	['ædept;ə'dept]	a. 熟练的，老练的 n. 名手，专家
crude	ⒶⒷⒸⒹⒺⒻⒼⒽⒾⒿⓀⓁ	5	[kru:d]	a. 天然的，粗鲁的 n. 原油
emphatic	ⒶⒷⒸⒹⒺⒻⒼⒽⒾⒿⓀⓁ	5	[im'fætik]	a. 强调的
exotic	ⒶⒷⒸⒹⒺⒻⒼⒽⒾⒿⓀⓁ	5	[ig'zɔtik]	a. 外来的，异国的，奇异的
unforeseen	ⒶⒷⒸⒹⒺⒻⒼⒽⒾⒿⓀⓁ	5	['ʌnfɔ:'si:n]	a. 无法预料的
incapable	ⒶⒷⒸⒹⒺⒻⒼⒽⒾⒿⓀⓁ	5	[in'keipəbl]	a. 无能力的，不胜任的
nonliving	ⒶⒷⒸⒹⒺⒻⒼⒽⒾⒿⓀⓁ	5	[nɔn'liviŋ]	a. 无生命的，非活体的
myriad	ⒶⒷⒸⒹⒺⒻⒼⒽⒾⒿⓀⓁ	5	['miriəd]	a. 无数的 n. 极大数量
ignorant	ⒶⒷⒸⒹⒺⒻⒼⒽⒾⒿⓀⓁ	5	['ignərənt]	a. 无知的，消息不灵通的
mutual	ⒶⒷⒸⒹⒺⒻⒼⒽⒾⒿⓀⓁ	5	['mju:tjuəl;'mju:tʃuəl]	a. 相互的，共有的
eloquent	ⒶⒷⒸⒹⒺⒻⒼⒽⒾⒿⓀⓁ	5	['eləkwənt]	a. 雄辩的，富于表情的
fictional	ⒶⒷⒸⒹⒺⒻⒼⒽⒾⒿⓀⓁ	5	['fikʃənl]	a. 虚构的，小说的
empathetic	ⒶⒷⒸⒹⒺⒻⒼⒽⒾⒿⓀⓁ	5	[empə'θetik]	a. 移情作用的，感情移入的
reclusive	ⒶⒷⒸⒹⒺⒻⒼⒽⒾⒿⓀⓁ	5	[ri'klu:siv]	a. 隐居的，单独的
enjoyable	ⒶⒷⒸⒹⒺⒻⒼⒽⒾⒿⓀⓁ	5	[in'dʒɔiəbl]	a. 有趣的，愉快的
nutritional	ⒶⒷⒸⒹⒺⒻⒼⒽⒾⒿⓀⓁ	5	[nju:'triʃənəl]	a. 有营养的，滋养的
cheerful	ⒶⒷⒸⒹⒺⒻⒼⒽⒾⒿⓀⓁ	5	['tʃiəful]	a. 愉快的，高兴的
morose	ⒶⒷⒸⒹⒺⒻⒼⒽⒾⒿⓀⓁ	5	[mə'rəus]	a. 郁闷的，抑郁的
catastrophic	ⒶⒷⒸⒹⒺⒻⒼⒽⒾⒿⓀⓁ	5	[kætə'strɔfik]	a. 灾难的，灾难性的
disastrous	ⒶⒷⒸⒹⒺⒻⒼⒽⒾⒿⓀⓁ	5	[di'za:strəs]	a. 灾难性的
dominant	ⒶⒷⒸⒹⒺⒻⒼⒽⒾⒿⓀⓁ	5	['dɔminənt]	a. 占优势的，支配的，显性的
authentic	ⒶⒷⒸⒹⒺⒻⒼⒽⒾⒿⓀⓁ	5	[ɔ:'θentik]	a. 真实的，真正的

单词	标记	频率	读音	词义
knowledgeable	ⒶⒷⒸⒹⒺⒻⒼⒽⒾⒿⓀⓁ	5	['nɔlidʒəbl]	a. 知识渊博的，有见识的
worthwhile	ⒶⒷⒸⒹⒺⒻⒼⒽⒾⒿⓀⓁ	5	['wə:ð'(h)wail]	a. 值得的
respectable	ⒶⒷⒸⒹⒺⒻⒼⒽⒾⒿⓀⓁ	5	[ris'pektəbl]	a. 值得尊重的，体面的，可观的
ethnic	ⒶⒷⒸⒹⒺⒻⒼⒽⒾⒿⓀⓁ	5	['eθnik]	a. 种族的，民族的
autobiographical	ⒶⒷⒸⒹⒺⒻⒼⒽⒾⒿⓀⓁ	5	[ɔ:təbaiə'græfikəl]	a. 自传的，自传体的
indulgent	ⒶⒷⒸⒹⒺⒻⒼⒽⒾⒿⓀⓁ	5	[in'dʌldʒənt]	a. 纵容的，放纵的
supreme	ⒶⒷⒸⒹⒺⒻⒼⒽⒾⒿⓀⓁ	5	[sju:'pri:m]	a. 最高的，至上的，极度的
partially	ⒶⒷⒸⒹⒺⒻⒼⒽⒾⒿⓀⓁ	5	['pa:ʃəli]	ad. 部分地，不公平地
formerly	ⒶⒷⒸⒹⒺⒻⒼⒽⒾⒿⓀⓁ	5	['fɔ:məli]	ad. 从前，以前
solely	ⒶⒷⒸⒹⒺⒻⒼⒽⒾⒿⓀⓁ	5	['səu(l)li]	ad. 独自地，单独地，完全
radically	ⒶⒷⒸⒹⒺⒻⒼⒽⒾⒿⓀⓁ	5	['rædikəli]	ad. 根本地，完全地
mutually	ⒶⒷⒸⒹⒺⒻⒼⒽⒾⒿⓀⓁ	5	['mju:tʃuəli;-tjuəli]	ad. 互相地
mechanically	ⒶⒷⒸⒹⒺⒻⒼⒽⒾⒿⓀⓁ	5	[mi'kænikəli]	ad. 机械地，呆板地
passionately	ⒶⒷⒸⒹⒺⒻⒼⒽⒾⒿⓀⓁ	5	['pæʃənitli]	ad. 激昂地，热烈地
firmly	ⒶⒷⒸⒹⒺⒻⒼⒽⒾⒿⓀⓁ	5	['fɜ:mli]	ad. 坚固地，坚定地
busily	ⒶⒷⒸⒹⒺⒻⒼⒽⒾⒿⓀⓁ	5	['bizili]	ad. 忙碌地
practically	ⒶⒷⒸⒹⒺⒻⒼⒽⒾⒿⓀⓁ	5	['præktikəli]	ad. 实际上，几乎
altogether	ⒶⒷⒸⒹⒺⒻⒼⒽⒾⒿⓀⓁ	5	[ˌɔ:ltə'geðə]	ad. 完全，总而言之，总共
dramatically	ⒶⒷⒸⒹⒺⒻⒼⒽⒾⒿⓀⓁ	5	[drə'mætikli]	ad. 戏剧性地，引人注目地
genetically	ⒶⒷⒸⒹⒺⒻⒼⒽⒾⒿⓀⓁ	5	[dʒe'netikəli]	ad. 遗传上地，基因方面地
rage	ⒶⒷⒸⒹⒺⒻⒼⒽⒾⒿⓀⓁ	5	[reidʒ]	n./v. 狂怒，大怒
parade	ⒶⒷⒸⒹⒺⒻⒼⒽⒾⒿⓀⓁ	5	[pə'reid]	n./v. 游行，检阅，炫耀
hike	ⒶⒷⒸⒹⒺⒻⒼⒽⒾⒿⓀⓁ	5	[haik]	n./v. 远足，提高
cancer	ⒶⒷⒸⒹⒺⒻⒼⒽⒾⒿⓀⓁ	5	['kænsə]	n. 癌，毒瘤
semicircle	ⒶⒷⒸⒹⒺⒻⒼⒽⒾⒿⓀⓁ	5	['semi'sə:kl]	n. 半圆形
essence	ⒶⒷⒸⒹⒺⒻⒼⒽⒾⒿⓀⓁ	5	['esns]	n. 本质，精髓，香精
refuge	ⒶⒷⒸⒹⒺⒻⒼⒽⒾⒿⓀⓁ	5	['refju:dʒ]	n. 庇护，避难所 v. 庇护，避难
verge	ⒶⒷⒸⒹⒺⒻⒼⒽⒾⒿⓀⓁ	5	[və:dʒ]	n. 边缘 v. 接近，濒于
trapper	ⒶⒷⒸⒹⒺⒻⒼⒽⒾⒿⓀⓁ	5	['træpə]	n. 捕兽者
discomfort	ⒶⒷⒸⒹⒺⒻⒼⒽⒾⒿⓀⓁ	5	[dis'kʌmfət]	n. 不舒服，不便之处
inconsistency	ⒶⒷⒸⒹⒺⒻⒼⒽⒾⒿⓀⓁ	5	[ˌinkən'sistənsi]	n. 不一致，矛盾，不调和
inadequacy	ⒶⒷⒸⒹⒺⒻⒼⒽⒾⒿⓀⓁ	5	[in'ædikwəsi]	n. 不足，不完备，缺陷
album	ⒶⒷⒸⒹⒺⒻⒼⒽⒾⒿⓀⓁ	5	['ælbəm]	n. 唱片集，相册，纪念册
programmer	ⒶⒷⒸⒹⒺⒻⒼⒽⒾⒿⓀⓁ	5	['prəugræmə]	n. 程序员
impulse	ⒶⒷⒸⒹⒺⒻⒼⒽⒾⒿⓀⓁ	5	['impʌls]	n. 冲动，冲量，脉冲 v. 推动
abstraction	ⒶⒷⒸⒹⒺⒻⒼⒽⒾⒿⓀⓁ	5	[æb'strækʃən]	n. 抽象化，心不在焉，提炼
penalty	ⒶⒷⒸⒹⒺⒻⒼⒽⒾⒿⓀⓁ	5	['penlti]	n. 处罚，罚款，罚球
stimulus	ⒶⒷⒸⒹⒺⒻⒼⒽⒾⒿⓀⓁ	5	['stimjuləs]	n. 刺激，刺激物，激励
fragility	ⒶⒷⒸⒹⒺⒻⒼⒽⒾⒿⓀⓁ	5	[frə'dʒiliti]	n. 脆弱，虚弱，易碎
advertiser	ⒶⒷⒸⒹⒺⒻⒼⒽⒾⒿⓀⓁ	5	['ædvətaizə]	n. 登广告者，广告客户

单词	标记	频率	读音	词义
hierarchy	ⒶⒷⒸⒹⒺⒻⒼⒽⒾⒿⓀⓁ	5	['haiərа:ki]	n. 等级制度，阶层，统治集团
foe	ⒶⒷⒸⒹⒺⒻⒼⒽⒾⒿⓀⓁ	5	[fəu]	n. 敌人，仇敌
detractor	ⒶⒷⒸⒹⒺⒻⒼⒽⒾⒿⓀⓁ	5	[di'træktə(r)]	n. 诋毁者，贬低者
unrest	ⒶⒷⒸⒹⒺⒻⒼⒽⒾⒿⓀⓁ	5	['ʌn'rest]	n. 动荡的局面，动乱
comma	ⒶⒷⒸⒹⒺⒻⒼⒽⒾⒿⓀⓁ	5	['kɔmə]	n. 逗号
annoyance	ⒶⒷⒸⒹⒺⒻⒼⒽⒾⒿⓀⓁ	5	[ə'nɔiəns]	n. 烦恼，讨厌之事
repercussion	ⒶⒷⒸⒹⒺⒻⒼⒽⒾⒿⓀⓁ	5	[ˌri:pə(:)'kʌʃən]	n. 反响，弹回，反射
indignation	ⒶⒷⒸⒹⒺⒻⒼⒽⒾⒿⓀⓁ	5	[ˌindig'neiʃən]	n. 愤怒
wrath	ⒶⒷⒸⒹⒺⒻⒼⒽⒾⒿⓀⓁ	5	[rɔ:θ]	n. 愤怒，激怒
abundance	ⒶⒷⒸⒹⒺⒻⒼⒽⒾⒿⓀⓁ	5	[ə'bʌndəns]	n. 丰富，充足
sensation	ⒶⒷⒸⒹⒺⒻⒼⒽⒾⒿⓀⓁ	5	[sen'seiʃən]	n. 感觉，知觉，轰动
feat	ⒶⒷⒸⒹⒺⒻⒼⒽⒾⒿⓀⓁ	5	[fi:t]	n. 功绩，技艺
evaluation	ⒶⒷⒸⒹⒺⒻⒼⒽⒾⒿⓀⓁ	5	[iˌvælju'eiʃən]	n. 估价，评价
antiquity	ⒶⒷⒸⒹⒺⒻⒼⒽⒾⒿⓀⓁ	5	[æn'tikwiti]	n. 古代，古迹，古物
employment	ⒶⒷⒸⒹⒺⒻⒼⒽⒾⒿⓀⓁ	5	[im'plɔimənt]	n. 雇佣，职业
demeanor	ⒶⒷⒸⒹⒺⒻⒼⒽⒾⒿⓀⓁ	5	[di'mi:nə]	n. 行为，风度
reconciliation	ⒶⒷⒸⒹⒺⒻⒼⒽⒾⒿⓀⓁ	5	[ˌrekənsili'eiʃən]	n. 和解，调停
disorder	ⒶⒷⒸⒹⒺⒻⒼⒽⒾⒿⓀⓁ	5	[dis'ɔ:də]	n. 混乱，紊乱 v. 扰乱
accumulation	ⒶⒷⒸⒹⒺⒻⒼⒽⒾⒿⓀⓁ	5	[əkju:mju'leiʃ(ə)n]	n. 积聚，积累，堆积物
genome	ⒶⒷⒸⒹⒺⒻⒼⒽⒾⒿⓀⓁ	5	['dʒi:nəum]	n. 基因组，染色体组
concentration	ⒶⒷⒸⒹⒺⒻⒼⒽⒾⒿⓀⓁ	5	[ˌkɔnsen'treiʃən]	n. 集中，专心，浓度
livestock	ⒶⒷⒸⒹⒺⒻⒼⒽⒾⒿⓀⓁ	5	['laivstɔk]	n. 家畜，牲畜
beetle	ⒶⒷⒸⒹⒺⒻⒼⒽⒾⒿⓀⓁ	5	['bi:tl]	n. 甲虫
reception	ⒶⒷⒸⒹⒺⒻⒼⒽⒾⒿⓀⓁ	5	[ri'sepʃən]	n. 接受，接待，招待会
masterpiece	ⒶⒷⒸⒹⒺⒻⒼⒽⒾⒿⓀⓁ	5	['ma:stəpi:s]	n. 杰作，名著
texture	ⒶⒷⒸⒹⒺⒻⒼⒽⒾⒿⓀⓁ	5	['tekstʃə]	n. 结构，质地，组织
allowance	ⒶⒷⒸⒹⒺⒻⒼⒽⒾⒿⓀⓁ	5	[ə'lauəns]	n. 津贴，零用钱，允许
tension	ⒶⒷⒸⒹⒺⒻⒼⒽⒾⒿⓀⓁ	5	['tenʃən]	n. 紧张，拉力 v. 使拉紧，使绷紧
entry	ⒶⒷⒸⒹⒺⒻⒼⒽⒾⒿⓀⓁ	5	['entri]	n. 进入，入口，条目
astonishment	ⒶⒷⒸⒹⒺⒻⒼⒽⒾⒿⓀⓁ	5	[əs'tɔniʃmənt]	n. 惊愕
outlook	ⒶⒷⒸⒹⒺⒻⒼⒽⒾⒿⓀⓁ	5	['autluk]	n. 景色，展望，观点
donation	ⒶⒷⒸⒹⒺⒻⒼⒽⒾⒿⓀⓁ	5	[dəu'neiʃən]	n. 捐赠品，捐款
obstinacy	ⒶⒷⒸⒹⒺⒻⒼⒽⒾⒿⓀⓁ	5	['ɔbstinəsi]	n. 倔强，顽固
calorie	ⒶⒷⒸⒹⒺⒻⒼⒽⒾⒿⓀⓁ	5	['kæləri]	n. 卡路里（热量单位）
koala	ⒶⒷⒸⒹⒺⒻⒼⒽⒾⒿⓀⓁ	5	[kəu'a:lə]	n. 考拉，树袋熊
exaggeration	ⒶⒷⒸⒹⒺⒻⒼⒽⒾⒿⓀⓁ	5	[igˌzædʒə'reiʃən]	n. 夸张
entertainer	ⒶⒷⒸⒹⒺⒻⒼⒽⒾⒿⓀⓁ	5	[entə'teinə(r)]	n. 款待者，表演娱乐节目的人
departure	ⒶⒷⒸⒹⒺⒻⒼⒽⒾⒿⓀⓁ	5	[di'pa:tʃə]	n. 离开，启程，出发
landmark	ⒶⒷⒸⒹⒺⒻⒼⒽⒾⒿⓀⓁ	5	['lændma:k]	n. 里程碑，陆标，地界标
hound	ⒶⒷⒸⒹⒺⒻⒼⒽⒾⒿⓀⓁ	5	[haund]	n. 猎犬，追踪者 v. 紧追，烦扰

单词	标记	频率	读音	词义
flexibility	ⒶⒷⒸⒹⒺⒻⒼⒽⒾⒿⓀⓁ	5	[ˌfleksə'biliti]	n. 灵活性，弹性
offense	ⒶⒷⒸⒹⒺⒻⒼⒽⒾⒿⓀⓁ	5	[ə'fens]	n. 冒犯，进攻，犯规
reluctance	ⒶⒷⒸⒹⒺⒻⒼⒽⒾⒿⓀⓁ	5	[ri'lʌktəns]	n. 勉强，不情愿
patience	ⒶⒷⒸⒹⒺⒻⒼⒽⒾⒿⓀⓁ	5	['peiʃəns]	n. 耐性，忍耐
exasperation	ⒶⒷⒸⒹⒺⒻⒼⒽⒾⒿⓀⓁ	5	[igˌza:spə'reiʃən]	n. 恼怒
personification	ⒶⒷⒸⒹⒺⒻⒼⒽⒾⒿⓀⓁ	5	[pə(:)ˌsɔnifi'keiʃən]	n. 拟人化，化身
tray	ⒶⒷⒸⒹⒺⒻⒼⒽⒾⒿⓀⓁ	5	[trei]	n. 盘子，托盘
frequency	ⒶⒷⒸⒹⒺⒻⒼⒽⒾⒿⓀⓁ	5	['fri:kwənsi]	n. 频率，频繁性
prodigy	ⒶⒷⒸⒹⒺⒻⒼⒽⒾⒿⓀⓁ	5	['prɔdidʒi]	n. 奇迹，天才，神童
discrimination	ⒶⒷⒸⒹⒺⒻⒼⒽⒾⒿⓀⓁ	5	[disˌkrimi'neiʃən]	n. 歧视，辨别力
enterprise	ⒶⒷⒸⒹⒺⒻⒼⒽⒾⒿⓀⓁ	5	['entəpraiz]	n. 企业，事业，进取心
steamship	ⒶⒷⒸⒹⒺⒻⒼⒽⒾⒿⓀⓁ	5	['sti:mʃip]	n. 汽船，轮船
humility	ⒶⒷⒸⒹⒺⒻⒼⒽⒾⒿⓀⓁ	5	[hju(:)'militi]	n. 谦卑，谦逊
cleaner	ⒶⒷⒸⒹⒺⒻⒼⒽⒾⒿⓀⓁ	5	['kli:nə]	n. 清洁工
preoccupation	ⒶⒷⒸⒹⒺⒻⒼⒽⒾⒿⓀⓁ	5	[pri(:)ˌɔkju'peiʃən]	n. 全神贯注，抢先占据
shortcoming	ⒶⒷⒸⒹⒺⒻⒼⒽⒾⒿⓀⓁ	5	['ʃɔ:tkʌmiŋ]	n. 缺点，短处
authenticity	ⒶⒷⒸⒹⒺⒻⒼⒽⒾⒿⓀⓁ	5	[ˌɔ:θen'tisiti]	n. 确实性，真实性
concession	ⒶⒷⒸⒹⒺⒻⒼⒽⒾⒿⓀⓁ	5	[kən'seʃən]	n. 让步，妥协，特许权
artifact	ⒶⒷⒸⒹⒺⒻⒼⒽⒾⒿⓀⓁ	5	['a:tifækt]	n. 人工制品
kindness	ⒶⒷⒸⒹⒺⒻⒼⒽⒾⒿⓀⓁ	5	['kaindnis]	n. 仁慈，亲切，好意，善意
minority	ⒶⒷⒸⒹⒺⒻⒼⒽⒾⒿⓀⓁ	5	[mai'nɔriti;mi-]	n. 少数，少数民族，未成年
luxury	ⒶⒷⒸⒹⒺⒻⒼⒽⒾⒿⓀⓁ	5	['lʌkʃəri]	n. 奢侈，奢侈品
neurologist	ⒶⒷⒸⒹⒺⒻⒼⒽⒾⒿⓀⓁ	5	[njuə'rɔlədʒist]	n. 神经学者
productivity	ⒶⒷⒸⒹⒺⒻⒼⒽⒾⒿⓀⓁ	5	[ˌprɔdʌk'tiviti]	n. 生产力，生产率
vocalist	ⒶⒷⒸⒹⒺⒻⒼⒽⒾⒿⓀⓁ	5	['vəukəlist]	n. 声乐家，歌手
crisscross	ⒶⒷⒸⒹⒺⒻⒼⒽⒾⒿⓀⓁ	5	['kriskrɔs]	n. 十字形 a. 交叉的
realization	ⒶⒷⒸⒹⒺⒻⒼⒽⒾⒿⓀⓁ	5	[ˌriəlai'zeiʃən]	n. 实现
salesman	ⒶⒷⒸⒹⒺⒻⒼⒽⒾⒿⓀⓁ	5	['seilzmən]	n. 售货员，推销员
illustration	ⒶⒷⒸⒹⒺⒻⒼⒽⒾⒿⓀⓁ	5	[ˌiləs'treiʃən]	n. 说明，例证，图解
pacific	ⒶⒷⒸⒹⒺⒻⒼⒽⒾⒿⓀⓁ	5	[pə'sifik]	n. 太平洋 a. 温和的，和解的
pottery	ⒶⒷⒸⒹⒺⒻⒼⒽⒾⒿⓀⓁ	5	['pɔtəri]	n. 陶器，陶器厂
privilege	ⒶⒷⒸⒹⒺⒻⒼⒽⒾⒿⓀⓁ	5	['privilidʒ]	n. 特权，优惠 v. 给予特权
promotion	ⒶⒷⒸⒹⒺⒻⒼⒽⒾⒿⓀⓁ	5	[prə'məuʃən]	n. 提升，促进，晋升，促销
announcement	ⒶⒷⒸⒹⒺⒻⒼⒽⒾⒿⓀⓁ	5	[ə'naunsmənt]	n. 通告，宣布，声明
icon	ⒶⒷⒸⒹⒺⒻⒼⒽⒾⒿⓀⓁ	5	['aikɔn]	n. 图标，肖像，象征，偶像
hiker	ⒶⒷⒸⒹⒺⒻⒼⒽⒾⒿⓀⓁ	5	['haikə]	n. 徒步旅行者
bunny	ⒶⒷⒸⒹⒺⒻⒼⒽⒾⒿⓀⓁ	5	['bʌni]	n. 兔子
retirement	ⒶⒷⒸⒹⒺⒻⒼⒽⒾⒿⓀⓁ	5	[ri'taiəmənt]	n. 退休，退役，隐居
outsider	ⒶⒷⒸⒹⒺⒻⒼⒽⒾⒿⓀⓁ	5	['aut'saidə]	n. 外行，局外人
alien	ⒶⒷⒸⒹⒺⒻⒼⒽⒾⒿⓀⓁ	5	['eiljən]	n. 外星人，外国人 a. 陌生的

单词	标记	频率	读音	词义
calculus	ⒶⒷⒸⒹⒺⒻⒼⒽⒾⒿⓀⓁ	5	['kælkjuləs]	n. 微积分，结石
particle	ⒶⒷⒸⒹⒺⒻⒼⒽⒾⒿⓀⓁ	5	['pa:tikl]	n. 微粒，极小量，粒子
microbe	ⒶⒷⒸⒹⒺⒻⒼⒽⒾⒿⓀⓁ	5	['maikrəub]	n. 微生物，细菌
uniqueness	ⒶⒷⒸⒹⒺⒻⒼⒽⒾⒿⓀⓁ	5	[ju:'ni:knis]	n. 唯一性，独特性
grievance	ⒶⒷⒸⒹⒺⒻⒼⒽⒾⒿⓀⓁ	5	['gri:vəns]	n. 委屈，怨气
flavor	ⒶⒷⒸⒹⒺⒻⒼⒽⒾⒿⓀⓁ	5	['fleivə]	n. 味道，调味品 v. 添加情趣
inability	ⒶⒷⒸⒹⒺⒻⒼⒽⒾⒿⓀⓁ	5	[inə'biliti]	n. 无能
anarchy	ⒶⒷⒸⒹⒺⒻⒼⒽⒾⒿⓀⓁ	5	['ænəki]	n. 无政府状态，混乱
descent	ⒶⒷⒸⒹⒺⒻⒼⒽⒾⒿⓀⓁ	5	[di'sent]	n. 下降，血统
county	ⒶⒷⒸⒹⒺⒻⒼⒽⒾⒿⓀⓁ	5	['kaunti]	n. 县，郡
devotion	ⒶⒷⒸⒹⒺⒻⒼⒽⒾⒿⓀⓁ	5	[di'vəuʃən]	n. 献身，热爱，虔诚
pictogram	ⒶⒷⒸⒹⒺⒻⒼⒽⒾⒿⓀⓁ	5	['piktəgræm]	n. 象形文字
eraser	ⒶⒷⒸⒹⒺⒻⒼⒽⒾⒿⓀⓁ	5	[i'reizə]	n. 橡皮擦
firehouse	ⒶⒷⒸⒹⒺⒻⒼⒽⒾⒿⓀⓁ	5	['faiəhaus]	n. 消防队，消防站
loyalist	ⒶⒷⒸⒹⒺⒻⒼⒽⒾⒿⓀⓁ	5	['lɔiəlist]	n. 效忠者
option	ⒶⒷⒸⒹⒺⒻⒼⒽⒾⒿⓀⓁ	5	['ɔpʃən]	n. 选项，选择权
seriousness	ⒶⒷⒸⒹⒺⒻⒼⒽⒾⒿⓀⓁ	5	['siəriəsnis]	n. 严肃，认真，严重性
balcony	ⒶⒷⒸⒹⒺⒻⒼⒽⒾⒿⓀⓁ	5	['bælkəni]	n. 阳台，包厢
intent	ⒶⒷⒸⒹⒺⒻⒼⒽⒾⒿⓀⓁ	5	[in'tent]	n. 意图，目的 a. 专心的，急切的
privacy	ⒶⒷⒸⒹⒺⒻⒼⒽⒾⒿⓀⓁ	5	['praivəsi]	n. 隐私，隐居，私生活
carton	ⒶⒷⒸⒹⒺⒻⒼⒽⒾⒿⓀⓁ	5	['ka:tən]	n. 硬纸盒，纸板箱
anticipation	ⒶⒷⒸⒹⒺⒻⒼⒽⒾⒿⓀⓁ	5	[ˌæntisi'peiʃən]	n. 预期，预料
cirque	ⒶⒷⒸⒹⒺⒻⒼⒽⒾⒿⓀⓁ	5	[sə:k]	n. 圆形场地，竞技场
grocery	ⒶⒷⒸⒹⒺⒻⒼⒽⒾⒿⓀⓁ	5	['grəusəri]	n. 杂货店
philosopher	ⒶⒷⒸⒹⒺⒻⒼⒽⒾⒿⓀⓁ	5	[fi'lɔsəfə]	n. 哲学家
diagnosis	ⒶⒷⒸⒹⒺⒻⒼⒽⒾⒿⓀⓁ	5	[ˌdaiəg'nəusis]	n. 诊断
unity	ⒶⒷⒸⒹⒺⒻⒼⒽⒾⒿⓀⓁ	5	['ju:niti]	n. 整体，一致，统一，结合
supporter	ⒶⒷⒸⒹⒺⒻⒼⒽⒾⒿⓀⓁ	5	[sə'pɔ:tə]	n. 支持者，支撑物
principal	ⒶⒷⒸⒹⒺⒻⒼⒽⒾⒿⓀⓁ	5	['prinsəp(ə)l;-sip-]	n. 资本，校长，负责人 a. 主要的
autonomy	ⒶⒷⒸⒹⒺⒻⒼⒽⒾⒿⓀⓁ	5	[ɔ:'tɔnəmi]	n. 自治，自主
sin	ⒶⒷⒸⒹⒺⒻⒼⒽⒾⒿⓀⓁ	5	[sin]	n. 罪，罪孽
disjoint	ⒶⒷⒸⒹⒺⒻⒼⒽⒾⒿⓀⓁ	5	[dis'dʒɔint]	v.（使）脱节，（使）解体
polish	ⒶⒷⒸⒹⒺⒻⒼⒽⒾⒿⓀⓁ	5	['pəuliʃ] ['pɔliʃ]	v./n. 磨光，擦亮，润色 n. 波兰语
tease	ⒶⒷⒸⒹⒺⒻⒼⒽⒾⒿⓀⓁ	5	[ti:z]	v./n. 欺负，嘲弄
seep	ⒶⒷⒸⒹⒺⒻⒼⒽⒾⒿⓀⓁ	5	[si:p]	v./n. 渗漏
discharge	ⒶⒷⒸⒹⒺⒻⒼⒽⒾⒿⓀⓁ	5	[dis'tʃa:dʒ]	v./n. 释放，排出，放电，解雇
overturn	ⒶⒷⒸⒹⒺⒻⒼⒽⒾⒿⓀⓁ	5	[ˌəuvə'tə:n]	v./n. 推翻，颠覆，打翻
camouflage	ⒶⒷⒸⒹⒺⒻⒼⒽⒾⒿⓀⓁ	5	['kæmufla:ʒ]	v./n. 伪装，掩饰
crush	ⒶⒷⒸⒹⒺⒻⒼⒽⒾⒿⓀⓁ	5	[krʌʃ]	v./n. 压碎，压榨，挤压
encompass	ⒶⒷⒸⒹⒺⒻⒼⒽⒾⒿⓀⓁ	5	[in'kʌmpəs]	v. 包围，围绕

单词	标记	频率	读音	词义
encode	ⒶⒷⒸⒹⒺⒻⒼⒽⒾⒿⓀⓁ	5	[in'kəud]	v. 编码
discern	ⒶⒷⒸⒹⒺⒻⒼⒽⒾⒿⓀⓁ	5	[di'sə:n]	v. 辨别，察觉
deprive	ⒶⒷⒸⒹⒺⒻⒼⒽⒾⒿⓀⓁ	5	[di'praiv]	v. 剥夺，使丧失，免职
muse	ⒶⒷⒸⒹⒺⒻⒼⒽⒾⒿⓀⓁ	5	[mju:z]	v. 沉思 n. 缪斯女神
resign	ⒶⒷⒸⒹⒺⒻⒼⒽⒾⒿⓀⓁ	5	[ri'zain]	v. 辞职，放弃，顺从
stimulate	ⒶⒷⒸⒹⒺⒻⒼⒽⒾⒿⓀⓁ	5	['stimjuleit]	v. 刺激，激励，鼓舞
enroll	ⒶⒷⒸⒹⒺⒻⒼⒽⒾⒿⓀⓁ	5	[in'rəul]	v. 登记，招收，入伍
grunt	ⒶⒷⒸⒹⒺⒻⒼⒽⒾⒿⓀⓁ	5	[grʌnt]	v. 发出咕哝声 n. 咕哝声
offend	ⒶⒷⒸⒹⒺⒻⒼⒽⒾⒿⓀⓁ	5	[ə'fend]	v. 犯罪，冒犯，使不高兴
dispense	ⒶⒷⒸⒹⒺⒻⒼⒽⒾⒿⓀⓁ	5	[dis'pens]	v. 分发，分配
eradicate	ⒶⒷⒸⒹⒺⒻⒼⒽⒾⒿⓀⓁ	5	[i'rædikeit]	v. 根除，消灭
televise	ⒶⒷⒸⒹⒺⒻⒼⒽⒾⒿⓀⓁ	5	['telivaiz]	v. 广播，播映
interact	ⒶⒷⒸⒹⒺⒻⒼⒽⒾⒿⓀⓁ	5	[ˌintər'ækt]	v. 互相作用，互相影响
confound	ⒶⒷⒸⒹⒺⒻⒼⒽⒾⒿⓀⓁ	5	[kən'faund]	v. 混淆，使迷惑，挫败
commemorate	ⒶⒷⒸⒹⒺⒻⒼⒽⒾⒿⓀⓁ	5	[kə'meməreit]	v. 纪念
persist	ⒶⒷⒸⒹⒺⒻⒼⒽⒾⒿⓀⓁ	5	[pə(:)'sist]	v. 坚持不懈，持续
minimize	ⒶⒷⒸⒹⒺⒻⒼⒽⒾⒿⓀⓁ	5	['minimaiz]	v. 减到最少，极度轻视
uncover	ⒶⒷⒸⒹⒺⒻⒼⒽⒾⒿⓀⓁ	5	[ʌn'kʌvə]	v. 揭开，揭露
unleash	ⒶⒷⒸⒹⒺⒻⒼⒽⒾⒿⓀⓁ	5	['ʌn'li:ʃ]	v. 解开，释放
elevate	ⒶⒷⒸⒹⒺⒻⒼⒽⒾⒿⓀⓁ	5	['eliveit]	v. 举起，提拔，鼓舞
exemplify	ⒶⒷⒸⒹⒺⒻⒼⒽⒾⒿⓀⓁ	5	[ig'zemplifai]	v. 例证，示范
hack	ⒶⒷⒸⒹⒺⒻⒼⒽⒾⒿⓀⓁ	5	[hæk]	v. 乱砍 n. 雇佣文人 a. 平庸的
brew	ⒶⒷⒸⒹⒺⒻⒼⒽⒾⒿⓀⓁ	5	[bru:]	v. 酿酒，酿造，泡，策划
strive	ⒶⒷⒸⒹⒺⒻⒼⒽⒾⒿⓀⓁ	5	[straiv]	v. 努力，奋斗，斗争
destabilize	ⒶⒷⒸⒹⒺⒻⒼⒽⒾⒿⓀⓁ	5	[di:'steibilaiz]	v. 破坏…的稳定，使动摇
deceive	ⒶⒷⒸⒹⒺⒻⒼⒽⒾⒿⓀⓁ	5	[di'si:v]	v. 欺骗，行骗
enlighten	ⒶⒷⒸⒹⒺⒻⒼⒽⒾⒿⓀⓁ	5	[in'laitn]	v. 启发，教导
condescend	ⒶⒷⒸⒹⒺⒻⒼⒽⒾⒿⓀⓁ	5	[kɔndi'send]	v. 谦逊，屈尊
deplore	ⒶⒷⒸⒹⒺⒻⒼⒽⒾⒿⓀⓁ	5	[di'plɔ:]	v. 谴责，哀叹
permeate	ⒶⒷⒸⒹⒺⒻⒼⒽⒾⒿⓀⓁ	5	['pə:mieit]	v. 渗透，弥漫，普及
dissatisfy	ⒶⒷⒸⒹⒺⒻⒼⒽⒾⒿⓀⓁ	5	['dis'sætisfai]	v. 使不满
exacerbate	ⒶⒷⒸⒹⒺⒻⒼⒽⒾⒿⓀⓁ	5	[eks'æsə(:)beit]	v. 使恶化，使加重
subdue	ⒶⒷⒸⒹⒺⒻⒼⒽⒾⒿⓀⓁ	5	[sʌb'dju:]	v. 使服从，压制
revive	ⒶⒷⒸⒹⒺⒻⒼⒽⒾⒿⓀⓁ	5	[ri'vaiv]	v. 使复苏，唤醒
deflect	ⒶⒷⒸⒹⒺⒻⒼⒽⒾⒿⓀⓁ	5	[di'flekt]	v. 使偏离，转向
wield	ⒶⒷⒸⒹⒺⒻⒼⒽⒾⒿⓀⓁ	5	[wi:ld]	v. 使用，运用，挥舞
impair	ⒶⒷⒸⒹⒺⒻⒼⒽⒾⒿⓀⓁ	5	[im'peə]	v. 损害，削弱
coincide	ⒶⒷⒸⒹⒺⒻⒼⒽⒾⒿⓀⓁ	5	[ˌkəuin'said]	v. 同时发生，一致，符合
concur	ⒶⒷⒸⒹⒺⒻⒼⒽⒾⒿⓀⓁ	5	[kən'kə:]	v. 同意，同时发生
disorganize	ⒶⒷⒸⒹⒺⒻⒼⒽⒾⒿⓀⓁ	5	[dis'ɔ:gənaiz]	v. 瓦解，使混乱

单词	标记	频率	读音	词义
misguide	ⒶⒷⒸⒹⒺⒻⒼⒽⒾⒿⓀⓁ	5	['mis'gaid]	v. 误导，引入歧途
rotate	ⒶⒷⒸⒹⒺⒻⒼⒽⒾⒿⓀⓁ	5	[rəu'teit]	v. 旋转，轮流
formulate	ⒶⒷⒸⒹⒺⒻⒼⒽⒾⒿⓀⓁ	5	['fɔ:mjuleit]	v. 用公式表达，规划，制定
hesitate	ⒶⒷⒸⒹⒺⒻⒼⒽⒾⒿⓀⓁ	5	['heziteit]	v. 犹豫，踌躇
foreshadow	ⒶⒷⒸⒹⒺⒻⒼⒽⒾⒿⓀⓁ	5	[fɔ:'ʃædəu]	v. 预示，预兆
rehearse	ⒶⒷⒸⒹⒺⒻⒼⒽⒾⒿⓀⓁ	5	[ri'hə:s]	v. 预演，彩排，复述
enact	ⒶⒷⒸⒹⒺⒻⒼⒽⒾⒿⓀⓁ	5	[i'nækt]	v. 制定法律，扮演
dedicate	ⒶⒷⒸⒹⒺⒻⒼⒽⒾⒿⓀⓁ	5	['dedikeit]	v. 致力于，献身
rearrange	ⒶⒷⒸⒹⒺⒻⒼⒽⒾⒿⓀⓁ	5	['ri:ə'reindʒ]	v. 重新安排，重新布置
revere	ⒶⒷⒸⒹⒺⒻⒼⒽⒾⒿⓀⓁ	5	[ri'viə]	v. 尊敬，敬畏
serene	ⒶⒷⒸⒹⒺⒻⒼⒽⒾⒿⓀⓁ	4	[si'ri:n]	a. 安详的，宁静的
inclusive	ⒶⒷⒸⒹⒺⒻⒼⒽⒾⒿⓀⓁ	4	[in'klu:siv]	a. 包含在内的，包括端点的
protective	ⒶⒷⒸⒹⒺⒻⒼⒽⒾⒿⓀⓁ	4	[prə'tektiv]	a. 保护的，防护的
querulous	ⒶⒷⒸⒹⒺⒻⒼⒽⒾⒿⓀⓁ	4	['kweruləs]	a. 抱怨的，发牢骚的
inescapable	ⒶⒷⒸⒹⒺⒻⒼⒽⒾⒿⓀⓁ	4	[inis'keipəbl]	a. 不可避免的，逃不掉的
unpredictable	ⒶⒷⒸⒹⒺⒻⒼⒽⒾⒿⓀⓁ	4	['ʌnpri'diktəbl]	a. 不可预知的
undesirable	ⒶⒷⒸⒹⒺⒻⒼⒽⒾⒿⓀⓁ	4	['ʌndi'zaiərəbl]	a. 不受欢迎的，不良的，不合意的
immortal	ⒶⒷⒸⒹⒺⒻⒼⒽⒾⒿⓀⓁ	4	[i'mɔ:tl]	a. 不朽的，流芳百世的
pale	ⒶⒷⒸⒹⒺⒻⒼⒽⒾⒿⓀⓁ	4	[peil]	a. 苍白的，暗淡的
parenthetical	ⒶⒷⒸⒹⒺⒻⒼⒽⒾⒿⓀⓁ	4	[pærən'θetikl]	a. 插入的，附加说明的
sardonic	ⒶⒷⒸⒹⒺⒻⒼⒽⒾⒿⓀⓁ	4	[sa:'dɔnik]	a. 嘲笑的，讥讽的
thorough	ⒶⒷⒸⒹⒺⒻⒼⒽⒾⒿⓀⓁ	4	['θʌrə]	a. 彻底的，完全的
thoroughgoing	ⒶⒷⒸⒹⒺⒻⒼⒽⒾⒿⓀⓁ	4	['θʌrə'gəuiŋ]	a. 彻底的，完全的
reticent	ⒶⒷⒸⒹⒺⒻⒼⒽⒾⒿⓀⓁ	4	['retisənt]	a. 沉默寡言的，谨慎的
mature	ⒶⒷⒸⒹⒺⒻⒼⒽⒾⒿⓀⓁ	4	[mə'tjuə]	a. 成熟的 v. 使成熟
hesitant	ⒶⒷⒸⒹⒺⒻⒼⒽⒾⒿⓀⓁ	4	['hezitənt]	a. 迟疑的，犹豫的
impetuous	ⒶⒷⒸⒹⒺⒻⒼⒽⒾⒿⓀⓁ	4	[im'petjuəs]	a. 冲动的，鲁莽的，猛烈的
bold	ⒶⒷⒸⒹⒺⒻⒼⒽⒾⒿⓀⓁ	4	[bəuld]	a. 大胆的，粗体的
timid	ⒶⒷⒸⒹⒺⒻⒼⒽⒾⒿⓀⓁ	4	['timid]	a. 胆小的，羞怯的
partisan	ⒶⒷⒸⒹⒺⒻⒼⒽⒾⒿⓀⓁ	4	[pa:ti'zæn]	a. 党派的，偏袒的 n. 党徒，支持者
apologetic	ⒶⒷⒸⒹⒺⒻⒼⒽⒾⒿⓀⓁ	4	[əˌpɔlə'dʒetik]	a. 道歉的，认错的，辩护的
blunt	ⒶⒷⒸⒹⒺⒻⒼⒽⒾⒿⓀⓁ	4	[blʌnt]	a. 钝的，迟钝的，直率的 v. 使钝
superfluous	ⒶⒷⒸⒹⒺⒻⒼⒽⒾⒿⓀⓁ	4	[sju:'pə:fluəs]	a. 多余的，过剩的
vicious	ⒶⒷⒸⒹⒺⒻⒼⒽⒾⒿⓀⓁ	4	['viʃəs]	a. 恶毒的，邪恶的
quadratic	ⒶⒷⒸⒹⒺⒻⒼⒽⒾⒿⓀⓁ	4	[kwə'drætik]	a. 二次的 n. 二次方程式
reflective	ⒶⒷⒸⒹⒺⒻⒼⒽⒾⒿⓀⓁ	4	[ri'flektiv]	a. 反射的，沉思的
unconventional	ⒶⒷⒸⒹⒺⒻⒼⒽⒾⒿⓀⓁ	4	['ʌnkən'venʃənəl]	a. 非传统的
illicit	ⒶⒷⒸⒹⒺⒻⒼⒽⒾⒿⓀⓁ	4	[i'lisit]	a. 非法的，不正当的
informal	ⒶⒷⒸⒹⒺⒻⒼⒽⒾⒿⓀⓁ	4	[in'fɔ:məl]	a. 非正式的，不拘礼节的
incomprehensible	ⒶⒷⒸⒹⒺⒻⒼⒽⒾⒿⓀⓁ	4	[inkɔmpri'hensəbl]	a. 费解的，不可思议的

单词	标记	频率	读音	词义
sarcastic	ⒶⒷⒸⒹⒺⒻⒼⒽⒾⒿⓀⓁ	4	[sa:'kæstik]	a. 讽刺的
perfunctory	ⒶⒷⒸⒹⒺⒻⒼⒽⒾⒿⓀⓁ	4	[pə'fʌŋktəri]	a. 敷衍的
lofty	ⒶⒷⒸⒹⒺⒻⒼⒽⒾⒿⓀⓁ	4	['lɔ(:)fti]	a. 高的，崇高的，傲慢的
working	ⒶⒷⒸⒹⒺⒻⒼⒽⒾⒿⓀⓁ	4	['wə:kiŋ]	a. 工作的，劳动的
extensive	ⒶⒷⒸⒹⒺⒻⒼⒽⒾⒿⓀⓁ	4	[iks'tensiv]	a. 广泛的，广阔的，大规模的
fastidious	ⒶⒷⒸⒹⒺⒻⒼⒽⒾⒿⓀⓁ	4	[fæs'tidiəs]	a. 过分讲究的，挑剔的
garish	ⒶⒷⒸⒹⒺⒻⒼⒽⒾⒿⓀⓁ	4	['gæriʃ]	a. 过分装饰的，俗气的，炫耀的
excess	ⒶⒷⒸⒹⒺⒻⒼⒽⒾⒿⓀⓁ	4	[ik'ses;'ekses]	a. 过量的 n. 过度，过量
bygone	ⒶⒷⒸⒹⒺⒻⒼⒽⒾⒿⓀⓁ	4	['baigɔ(:)n]	a. 过去的 n. 过去的事
coastal	ⒶⒷⒸⒹⒺⒻⒼⒽⒾⒿⓀⓁ	4	['kəustl]	a. 海岸的，沿海的
bleak	ⒶⒷⒸⒹⒺⒻⒼⒽⒾⒿⓀⓁ	4	[bli:k]	a. 寒冷的，荒凉的，无希望的
planetary	ⒶⒷⒸⒹⒺⒻⒼⒽⒾⒿⓀⓁ	4	['plænitri]	a. 行星的
harmonious	ⒶⒷⒸⒹⒺⒻⒼⒽⒾⒿⓀⓁ	4	[ha:'məuniəs]	a. 和谐的，悦耳的
absurd	ⒶⒷⒸⒹⒺⒻⒼⒽⒾⒿⓀⓁ	4	[əb'sə:d]	a. 荒谬的，可笑的
hoar	ⒶⒷⒸⒹⒺⒻⒼⒽⒾⒿⓀⓁ	4	[hɔ:,hɔə]	a. 灰白的 n. 白霜
pictorial	ⒶⒷⒸⒹⒺⒻⒼⒽⒾⒿⓀⓁ	4	[pik'tɔ:riəl]	a. 绘画的，插图的 n. 画报
muscular	ⒶⒷⒸⒹⒺⒻⒼⒽⒾⒿⓀⓁ	4	['mʌskjulə]	a. 肌肉发达的，强壮的
jealous	ⒶⒷⒸⒹⒺⒻⒼⒽⒾⒿⓀⓁ	4	['dʒeləs]	a. 嫉妒的
succinct	ⒶⒷⒸⒹⒺⒻⒼⒽⒾⒿⓀⓁ	4	[sək'siŋkt]	a. 简洁的
constructive	ⒶⒷⒸⒹⒺⒻⒼⒽⒾⒿⓀⓁ	4	[kən'strʌktiv]	a. 建设性的，构造上的
loquacious	ⒶⒷⒸⒹⒺⒻⒼⒽⒾⒿⓀⓁ	4	[ləu'kweiʃəs]	a. 健谈的，话多的
economical	ⒶⒷⒸⒹⒺⒻⒼⒽⒾⒿⓀⓁ	4	[ˌi:kə'nɔmikəl]	a. 节俭的，经济的，合算的
prudent	ⒶⒷⒸⒹⒺⒻⒼⒽⒾⒿⓀⓁ	4	['pru:dənt]	a. 谨慎的，节俭的，精明的
robust	ⒶⒷⒸⒹⒺⒻⒼⒽⒾⒿⓀⓁ	4	[rə'bʌst]	a. 精力充沛的，强健的
vigorous	ⒶⒷⒸⒹⒺⒻⒼⒽⒾⒿⓀⓁ	4	['vigərəs]	a. 精力充沛的，有力的
shrewd	ⒶⒷⒸⒹⒺⒻⒼⒽⒾⒿⓀⓁ	4	[ʃru:d]	a. 精明的，机灵的
decisive	ⒶⒷⒸⒹⒺⒻⒼⒽⒾⒿⓀⓁ	4	[di'saisiv]	a. 决定性的，果断的
determinant	ⒶⒷⒸⒹⒺⒻⒼⒽⒾⒿⓀⓁ	4	[di'tə:minənt]	a. 决定性的 n. 决定因素，行列式
desperate	ⒶⒷⒸⒹⒺⒻⒼⒽⒾⒿⓀⓁ	4	['despərit]	a. 绝望的，极度渴望的
defensible	ⒶⒷⒸⒹⒺⒻⒼⒽⒾⒿⓀⓁ	4	[di'fensəbl]	a. 可防卫的，可辩护的
dire	ⒶⒷⒸⒹⒺⒻⒼⒽⒾⒿⓀⓁ	4	['daiə]	a. 可怕的，紧急的，急需的
believable	ⒶⒷⒸⒹⒺⒻⒼⒽⒾⒿⓀⓁ	4	[bi'li:vəbl]	a. 可信的
vacant	ⒶⒷⒸⒹⒺⒻⒼⒽⒾⒿⓀⓁ	4	['veikənt]	a. 空的，空虚的，空缺的
exceptional	ⒶⒷⒸⒹⒺⒻⒼⒽⒾⒿⓀⓁ	4	[ik'sepʃənl]	a. 例外的，异常的，杰出的
adjacent	ⒶⒷⒸⒹⒺⒻⒼⒽⒾⒿⓀⓁ	4	[ə'dʒeisnt]	a. 邻近的，毗连的
reckless	ⒶⒷⒸⒹⒺⒻⒼⒽⒾⒿⓀⓁ	4	['reklis]	a. 鲁莽的，不计后果的
insensitive	ⒶⒷⒸⒹⒺⒻⒼⒽⒾⒿⓀⓁ	4	[in'sensitiv]	a. 麻木的，不敏感的
callous	ⒶⒷⒸⒹⒺⒻⒼⒽⒾⒿⓀⓁ	4	['kæləs]	a. 麻木的，无情的，起老茧的
descriptive	ⒶⒷⒸⒹⒺⒻⒼⒽⒾⒿⓀⓁ	4	[di'skriptiv]	a. 描述的，叙述的
democratic	ⒶⒷⒸⒹⒺⒻⒼⒽⒾⒿⓀⓁ	4	[ˌdemə'krætik]	a. 民主的，民主党的

单词	标记	频率	读音	词义
impressionable	ⒶⒷⒸⒹⒺⒻⒼⒽⒾⒿⓀⓁ	4	[im'preʃənəbl]	a. 敏感的，易受影响的
explicit	ⒶⒷⒸⒹⒺⒻⒼⒽⒾⒿⓀⓁ	4	[iks'plisit]	a. 明确的，清楚的，直率的
nonchalant	ⒶⒷⒸⒹⒺⒻⒼⒽⒾⒿⓀⓁ	4	['nɔnʃələnt]	a. 漠不关心的，冷漠的
recessive	ⒶⒷⒸⒹⒺⒻⒼⒽⒾⒿⓀⓁ	4	[ri'sesiv]	a. 逆行的，后退的，隐性的
derivative	ⒶⒷⒸⒹⒺⒻⒼⒽⒾⒿⓀⓁ	4	[di'rivətiv]	a. 派生的，无创意的 n. 派生物
deceptive	ⒶⒷⒸⒹⒺⒻⒼⒽⒾⒿⓀⓁ	4	[di'septiv]	a. 骗人的，欺诈的
sterile	ⒶⒷⒸⒹⒺⒻⒼⒽⒾⒿⓀⓁ	4	['sterail]	a. 贫脊的，不孕的，无菌的
destructive	ⒶⒷⒸⒹⒺⒻⒼⒽⒾⒿⓀⓁ	4	[dis'trʌktiv]	a. 破坏性的，有害的
outlandish	ⒶⒷⒸⒹⒺⒻⒼⒽⒾⒿⓀⓁ	4	[aut'lændiʃ]	a. 奇异的，异国风格的
intimate	ⒶⒷⒸⒹⒺⒻⒼⒽⒾⒿⓀⓁ	4	['intimit]	a. 亲密的，私人的 n. 密友
amiable	ⒶⒷⒸⒹⒺⒻⒼⒽⒾⒿⓀⓁ	4	['eimjəbl]	a. 亲切的，和蔼可亲的
flippant	ⒶⒷⒸⒹⒺⒻⒼⒽⒾⒿⓀⓁ	4	['flipənt]	a. 轻率的，没礼貌的
authoritative	ⒶⒷⒸⒹⒺⒻⒼⒽⒾⒿⓀⓁ	4	[ə'θɔ:riˌteitiv]	a. 权威的，命令式的
congruent	ⒶⒷⒸⒹⒺⒻⒼⒽⒾⒿⓀⓁ	4	['kɔŋgruənt]	a. 全等的，一致的，适合的
worldwide	ⒶⒷⒸⒹⒺⒻⒼⒽⒾⒿⓀⓁ	4	['wɜ:ldwaid;-'waid]	a. 全世界的
cordial	ⒶⒷⒸⒹⒺⒻⒼⒽⒾⒿⓀⓁ	4	['kɔ:diəl;'kɔ:dʒəl]	a. 热情的，兴奋的 n. 兴奋剂
demographic	ⒶⒷⒸⒹⒺⒻⒼⒽⒾⒿⓀⓁ	4	[deme'græfik]	a. 人口统计学的
benevolent	ⒶⒷⒸⒹⒺⒻⒼⒽⒾⒿⓀⓁ	4	[bi'nevələnt]	a. 仁慈的
philanthropic	ⒶⒷⒸⒹⒺⒻⒼⒽⒾⒿⓀⓁ	4	[ˌfilən'θrɔpik]	a. 仁慈的，博爱的
cognitive	ⒶⒷⒸⒹⒺⒻⒼⒽⒾⒿⓀⓁ	4	['kɔgnitiv]	a. 认知的，认识的
fractional	ⒶⒷⒸⒹⒺⒻⒼⒽⒾⒿⓀⓁ	4	['frækʃənəl]	a. 少量的，部分的，分数的，小数的
luxurious	ⒶⒷⒸⒹⒺⒻⒼⒽⒾⒿⓀⓁ	4	[lʌg'ʒu:riəs]	a. 奢侈的，豪华的
bodily	ⒶⒷⒸⒹⒺⒻⒼⒽⒾⒿⓀⓁ	4	['bɔdili]	a. 身体的，肉体的 ad. 全体地
thoughtful	ⒶⒷⒸⒹⒺⒻⒼⒽⒾⒿⓀⓁ	4	['θɔ:tful]	a. 深思的，体贴的
mystical	ⒶⒷⒸⒹⒺⒻⒼⒽⒾⒿⓀⓁ	4	['mistikəl]	a. 神秘的，神秘主义的
physiological	ⒶⒷⒸⒹⒺⒻⒼⒽⒾⒿⓀⓁ	4	[fiziə'lɔdʒikəl]	a. 生理学的，生理的
notorious	ⒶⒷⒸⒹⒺⒻⒼⒽⒾⒿⓀⓁ	4	[nəu'tɔ:riəs]	a. 声名狼藉的
reputable	ⒶⒷⒸⒹⒺⒻⒼⒽⒾⒿⓀⓁ	4	['repjutəbl]	a. 声誉好的
carnivorous	ⒶⒷⒸⒹⒺⒻⒼⒽⒾⒿⓀⓁ	4	[ka:'nivərəs]	a. 食肉的，肉食性的
celestial	ⒶⒷⒸⒹⒺⒻⒼⒽⒾⒿⓀⓁ	4	[si'lestjəl;si'lestʃəl]	a. 天的，天国的，天空的
naive	ⒶⒷⒸⒹⒺⒻⒼⒽⒾⒿⓀⓁ	4	[na:'i:v]	a. 天真的，幼稚的
bald	ⒶⒷⒸⒹⒺⒻⒼⒽⒾⒿⓀⓁ	4	[bɔ:ld]	a. 秃头的，光秃的，单调的
speculative	ⒶⒷⒸⒹⒺⒻⒼⒽⒾⒿⓀⓁ	4	['spekjuˌlətiv]	a. 推测的，思索的，投机的
disparate	ⒶⒷⒸⒹⒺⒻⒼⒽⒾⒿⓀⓁ	4	['dispərit]	a. 完全不同的
hazardous	ⒶⒷⒸⒹⒺⒻⒼⒽⒾⒿⓀⓁ	4	['hæzədəs]	a. 危险的，冒险的
slight	ⒶⒷⒸⒹⒺⒻⒼⒽⒾⒿⓀⓁ	4	[slait]	a. 微小的，轻微的 n. /v. 轻视，怠慢
unidentified	ⒶⒷⒸⒹⒺⒻⒼⒽⒾⒿⓀⓁ	4	['ʌnai'dentifaid]	a. 未经确认的，无法辨识的
unfocused	ⒶⒷⒸⒹⒺⒻⒼⒽⒾⒿⓀⓁ	4	[ʌn'fəukəst]	a. 未聚焦的，不专心的
irrational	ⒶⒷⒸⒹⒺⒻⒼⒽⒾⒿⓀⓁ	4	[i'ræʃənəl]	a. 无理性的 n. 无理数
subordinate	ⒶⒷⒸⒹⒺⒻⒼⒽⒾⒿⓀⓁ	4	[sə'bɔ:dinit]	a. 下级的，次要的 n. 下级，附属

单词	标记	频率	读音	词义
conspicuous	ⒶⒷⒸⒹⒺⒻⒼⒽⒾⒿⓀⓁ	4	[kən'spikjuəs]	a. 显著的，显眼的
fanciful	ⒶⒷⒸⒹⒺⒻⒼⒽⒾⒿⓀⓁ	4	['fænsifəl]	a. 想象的，奇怪的
downward	ⒶⒷⒸⒹⒺⒻⒼⒽⒾⒿⓀⓁ	4	['daunwəd]	a. 向下的 ad. 向下
foul	ⒶⒷⒸⒹⒺⒻⒼⒽⒾⒿⓀⓁ	4	[faul]	a. 邪恶的，下流的，恶臭的 n. 犯规
compatible	ⒶⒷⒸⒹⒺⒻⒼⒽⒾⒿⓀⓁ	4	[kəm'pætəbl]	a. 协调的，兼容的
lucky	ⒶⒷⒸⒹⒺⒻⒼⒽⒾⒿⓀⓁ	4	['lʌki]	a. 幸运的
illusory	ⒶⒷⒸⒹⒺⒻⒼⒽⒾⒿⓀⓁ	4	[i'lu:səri]	a. 虚幻的，幻觉的
stringent	ⒶⒷⒸⒹⒺⒻⒼⒽⒾⒿⓀⓁ	4	['strindʒənt]	a. 严格的，银根紧缩的，迫切的
nocturnal	ⒶⒷⒸⒹⒺⒻⒼⒽⒾⒿⓀⓁ	4	[nɔk'tə:nl]	a. 夜间的，夜间活动的
shabby	ⒶⒷⒸⒹⒺⒻⒼⒽⒾⒿⓀⓁ	4	['ʃæbi]	a. 衣衫褴褛的，寒酸的，卑鄙的
explosive	ⒶⒷⒸⒹⒺⒻⒼⒽⒾⒿⓀⓁ	4	[iks'pləusiv]	a. 易爆炸的，爆炸性的 n. 炸药
variable	ⒶⒷⒸⒹⒺⒻⒼⒽⒾⒿⓀⓁ	4	['veəriəbl]	a. 易变的，不稳定的 n. 变量
perpetual	ⒶⒷⒸⒹⒺⒻⒼⒽⒾⒿⓀⓁ	4	[pə'petjuəl]	a. 永久的，长期的，不间断的
postal	ⒶⒷⒸⒹⒺⒻⒼⒽⒾⒿⓀⓁ	4	['pəustəl]	a. 邮政的，邮局的
moderate	ⒶⒷⒸⒹⒺⒻⒼⒽⒾⒿⓀⓁ	4	['mɔdərit]	a. 有节制的，适度的 v. 节制，缓和
profitable	ⒶⒷⒸⒹⒺⒻⒼⒽⒾⒿⓀⓁ	4	['prɔfitəbl]	a. 有利可图的
charismatic	ⒶⒷⒸⒹⒺⒻⒼⒽⒾⒿⓀⓁ	4	[ˌkæriz'mætik]	a. 有魅力的，神赐能力的
prestigious	ⒶⒷⒸⒹⒺⒻⒼⒽⒾⒿⓀⓁ	4	[ˌpres'ti:dʒəs]	a. 有声望的，有威望的
healthful	ⒶⒷⒸⒹⒺⒻⒼⒽⒾⒿⓀⓁ	4	['helθful]	a. 有益健康的
agreeable	ⒶⒷⒸⒹⒺⒻⒼⒽⒾⒿⓀⓁ	4	[ə'griəbl]	a. 愉快的，同意的，一致的
resentful	ⒶⒷⒸⒹⒺⒻⒼⒽⒾⒿⓀⓁ	4	[ri'zentfəl]	a. 怨恨的，不满的
precocious	ⒶⒷⒸⒹⒺⒻⒼⒽⒾⒿⓀⓁ	4	[pri'kəuʃəs]	a. 早熟的
vibrant	ⒶⒷⒸⒹⒺⒻⒼⒽⒾⒿⓀⓁ	4	['vaibrənt]	a. 振动的，生机勃勃的
sensory	ⒶⒷⒸⒹⒺⒻⒼⒽⒾⒿⓀⓁ	4	['sensəri]	a. 知觉的，感觉的
venerable	ⒶⒷⒸⒹⒺⒻⒼⒽⒾⒿⓀⓁ	4	['venərəbl]	a. 值得尊敬的，庄严的
fatal	ⒶⒷⒸⒹⒺⒻⒼⒽⒾⒿⓀⓁ	4	['feitl]	a. 致命的，灾难性的
unsolicited	ⒶⒷⒸⒹⒺⒻⒼⒽⒾⒿⓀⓁ	4	['ʌnsə'lisitid]	a. 主动提供的，未被请求的
notable	ⒶⒷⒸⒹⒺⒻⒼⒽⒾⒿⓀⓁ	4	['nəutəbl]	a. 著名的，显著的 n. 名人
solemn	ⒶⒷⒸⒹⒺⒻⒼⒽⒾⒿⓀⓁ	4	['sɔləm]	a. 庄严的，严肃的，隆重的
automatic	ⒶⒷⒸⒹⒺⒻⒼⒽⒾⒿⓀⓁ	4	[ˌɔ:tə'mætik]	a. 自动的，机械的 n. 自动机械
gross	ⒶⒷⒸⒹⒺⒻⒼⒽⒾⒿⓀⓁ	4	[grəus]	a. 总的，粗俗的 n. 总额
eventual	ⒶⒷⒸⒹⒺⒻⒼⒽⒾⒿⓀⓁ	4	[i'ventjuəl]	a. 最终的，可能的
dispassionately	ⒶⒷⒸⒹⒺⒻⒼⒽⒾⒿⓀⓁ	4	[dis'pæʃənətli]	ad. 不动感情地，冷静地
inevitably	ⒶⒷⒸⒹⒺⒻⒼⒽⒾⒿⓀⓁ	4	[in'evitəbli]	ad. 不可避免地，必然地
inconsistently	ⒶⒷⒸⒹⒺⒻⒼⒽⒾⒿⓀⓁ	4	[inkən'sistəntli]	ad. 不一致地
thereafter	ⒶⒷⒸⒹⒺⒻⒼⒽⒾⒿⓀⓁ	4	[ðeər'a:ftə]	ad. 此后，从那时起
hastily	ⒶⒷⒸⒹⒺⒻⒼⒽⒾⒿⓀⓁ	4	['heistili]	ad. 匆忙地，急速地
independently	ⒶⒷⒸⒹⒺⒻⒼⒽⒾⒿⓀⓁ	4	[indi'pendəntli]	ad. 独立地，自立地
separately	ⒶⒷⒸⒹⒺⒻⒼⒽⒾⒿⓀⓁ	4	['sepəritli]	ad. 分别地，分开地
persistently	ⒶⒷⒸⒹⒺⒻⒼⒽⒾⒿⓀⓁ	4	[pə'sistəntli]	ad. 固执地，坚持地

单词	标记	频率	读音	词义
deliberately	ⒶⒷⒸⒹⒺⒻⒼⒽⒾⒿⓀⓁ	4	[di'libərətli]	ad. 故意地，谨慎地，从容地
basically	ⒶⒷⒸⒹⒺⒻⒼⒽⒾⒿⓀⓁ	4	['beisikəli]	ad. 基本上，主要地
intensely	ⒶⒷⒸⒹⒺⒻⒼⒽⒾⒿⓀⓁ	4	[in'tensli]	ad. 激烈地，热切地
tightly	ⒶⒷⒸⒹⒺⒻⒼⒽⒾⒿⓀⓁ	4	['taitli]	ad. 紧紧地，坚固地
positively	ⒶⒷⒸⒹⒺⒻⒼⒽⒾⒿⓀⓁ	4	['pɔzətivli]	ad. 绝对地，肯定地
desperately	ⒶⒷⒸⒹⒺⒻⒼⒽⒾⒿⓀⓁ	4	['despəritli]	ad. 绝望地，拼命地
predictably	ⒶⒷⒸⒹⒺⒻⒼⒽⒾⒿⓀⓁ	4	[pri'diktəbli]	ad. 可预知地，不出所料地
definitely	ⒶⒷⒸⒹⒺⒻⒼⒽⒾⒿⓀⓁ	4	['definitli]	ad. 肯定地，确实地
narrowly	ⒶⒷⒸⒹⒺⒻⒼⒽⒾⒿⓀⓁ	4	['nærəuli]	ad. 勉强地，狭窄地
incidentally	ⒶⒷⒸⒹⒺⒻⒼⒽⒾⒿⓀⓁ	4	[insi'dentəli]	ad. 偶然，顺便地
intimately	ⒶⒷⒸⒹⒺⒻⒼⒽⒾⒿⓀⓁ	4	['intimitli]	ad. 亲密地，私下地
distinctly	ⒶⒷⒸⒹⒺⒻⒼⒽⒾⒿⓀⓁ	4	[di'stiŋktli]	ad. 清楚地，显然
enthusiastically	ⒶⒷⒸⒹⒺⒻⒼⒽⒾⒿⓀⓁ	4	[inθju:zi'æstikəli]	ad. 热心地，狂热地
profoundly	ⒶⒷⒸⒹⒺⒻⒼⒽⒾⒿⓀⓁ	4	[prə'faundli]	ad. 深深地，深刻地
vividly	ⒶⒷⒸⒹⒺⒻⒼⒽⒾⒿⓀⓁ	4	['vividli]	ad. 生动地
visually	ⒶⒷⒸⒹⒺⒻⒼⒽⒾⒿⓀⓁ	4	['vizjuəli]	ad. 视觉上地，直观地
utterly	ⒶⒷⒸⒹⒺⒻⒼⒽⒾⒿⓀⓁ	4	['ʌtəli]	ad. 完全地，绝对地
absolutely	ⒶⒷⒸⒹⒺⒻⒼⒽⒾⒿⓀⓁ	4	['æbsəlu:tli]	ad. 完全地，绝对地
indefinitely	ⒶⒷⒸⒹⒺⒻⒼⒽⒾⒿⓀⓁ	4	[in'definitli]	ad. 无限期地，不确定地，模糊地
artistically	ⒶⒷⒸⒹⒺⒻⒼⒽⒾⒿⓀⓁ	4	[a:'tistikəli]	ad. 艺术地，在艺术上
insightfully	ⒶⒷⒸⒹⒺⒻⒼⒽⒾⒿⓀⓁ	4	['in,saitfuli]	ad. 有见识地
intentionally	ⒶⒷⒸⒹⒺⒻⒼⒽⒾⒿⓀⓁ	4	[in'tenʃənli]	ad. 有意地，故意地
distrust	ⒶⒷⒸⒹⒺⒻⒼⒽⒾⒿⓀⓁ	4	[dis'trʌst]	n./v. 不信任，怀疑
endeavor	ⒶⒷⒸⒹⒺⒻⒼⒽⒾⒿⓀⓁ	4	[in'devə]	n./v. 尽力，努力
default	ⒶⒷⒸⒹⒺⒻⒼⒽⒾⒿⓀⓁ	4	[di'fɔ:lt]	n./v. 默认值，缺席，不履行
transfer	ⒶⒷⒸⒹⒺⒻⒼⒽⒾⒿⓀⓁ	4	[træns'fə:]	n./v. 迁移，转移，调动
scorn	ⒶⒷⒸⒹⒺⒻⒼⒽⒾⒿⓀⓁ	4	[skɔ:n]	n./v. 轻蔑，嘲笑
sacrifice	ⒶⒷⒸⒹⒺⒻⒼⒽⒾⒿⓀⓁ	4	['sækrifais]	n./v. 牺牲，献祭
download	ⒶⒷⒸⒹⒺⒻⒼⒽⒾⒿⓀⓁ	4	['daunləud]	n./v. 下载
reverence	ⒶⒷⒸⒹⒺⒻⒼⒽⒾⒿⓀⓁ	4	['revərəns]	n./v. 尊敬，敬重
menace	ⒶⒷⒸⒹⒺⒻⒼⒽⒾⒿⓀⓁ	4	['menəs]	n./v 威胁，恐吓
patriotism	ⒶⒷⒸⒹⒺⒻⒼⒽⒾⒿⓀⓁ	4	['pætriətizəm;'pei-]	n. 爱国心，爱国精神
penchant	ⒶⒷⒸⒹⒺⒻⒼⒽⒾⒿⓀⓁ	4	['pentʃənt]	n. 爱好，嗜好
popcorn	ⒶⒷⒸⒹⒺⒻⒼⒽⒾⒿⓀⓁ	4	['pɔpkɔ:n]	n. 爆米花
betrayal	ⒶⒷⒸⒹⒺⒻⒼⒽⒾⒿⓀⓁ	4	[bi'treiəl]	n. 背叛，叛国
rim	ⒶⒷⒸⒹⒺⒻⒼⒽⒾⒿⓀⓁ	4	[rim]	n. 边，框，轮缘 v. 镶边
variation	ⒶⒷⒸⒹⒺⒻⒼⒽⒾⒿⓀⓁ	4	[,veəri'eiʃən]	n. 变化，变种，变奏
specimen	ⒶⒷⒸⒹⒺⒻⒼⒽⒾⒿⓀⓁ	4	['spesimin;-mən]	n. 标本，样本
norm	ⒶⒷⒸⒹⒺⒻⒼⒽⒾⒿⓀⓁ	4	[nɔ:m]	n. 标准，规范，准则
dissatisfaction	ⒶⒷⒸⒹⒺⒻⒼⒽⒾⒿⓀⓁ	4	['dis,sætis'fækʃən]	n. 不满

单词	标记	频率	读音	词义
disbelief	ⒶⒷⒸⒹⒺⒻⒼⒽⒾⒿⓀⓁ	4	['disbi'li:f]	n. 不信，怀疑
unwillingness	ⒶⒷⒸⒹⒺⒻⒼⒽⒾⒿⓀⓁ	4	[ʌn'wiliŋnis]	n. 不愿意
suspicion	ⒶⒷⒸⒹⒺⒻⒼⒽⒾⒿⓀⓁ	4	[səs'piʃən]	n. 猜疑，怀疑
estate	ⒶⒷⒸⒹⒺⒻⒼⒽⒾⒿⓀⓁ	4	[i'steit]	n. 财产，地产，遗产
contestant	ⒶⒷⒸⒹⒺⒻⒼⒽⒾⒿⓀⓁ	4	[kən'testənt]	n. 参赛者，竞争者
operator	ⒶⒷⒸⒹⒺⒻⒼⒽⒾⒿⓀⓁ	4	['ɔpəreitə]	n. 操作员，技工，管理者
strawberry	ⒶⒷⒸⒹⒺⒻⒼⒽⒾⒿⓀⓁ	4	['strɔ:bəri]	n. 草莓
profile	ⒶⒷⒸⒹⒺⒻⒼⒽⒾⒿⓀⓁ	4	['prəufail]	n. 侧面，轮廓，简介
tribute	ⒶⒷⒸⒹⒺⒻⒼⒽⒾⒿⓀⓁ	4	['tribju:t]	n. 称赞，贡品，礼物
pond	ⒶⒷⒸⒹⒺⒻⒼⒽⒾⒿⓀⓁ	4	[pɔnd]	n. 池塘
animosity	ⒶⒷⒸⒹⒺⒻⒼⒽⒾⒿⓀⓁ	4	[ˌæni'mɔsiti]	n. 仇恨，憎恶，敌意
seafarer	ⒶⒷⒸⒹⒺⒻⒼⒽⒾⒿⓀⓁ	4	[si:ˌferər]	n. 船员，航海家
practitioner	ⒶⒷⒸⒹⒺⒻⒼⒽⒾⒿⓀⓁ	4	[præk'tiʃənə]	n. 从业者，开业者
intricacy	ⒶⒷⒸⒹⒺⒻⒼⒽⒾⒿⓀⓁ	4	['intrikəsi]	n. 错综复杂
lobby	ⒶⒷⒸⒹⒺⒻⒼⒽⒾⒿⓀⓁ	4	['lɔbi]	n. 大厅，休息室 v. 进行游说
sophomore	ⒶⒷⒸⒹⒺⒻⒼⒽⒾⒿⓀⓁ	4	['sɔfəmɔ:;-mɔr]	n. 大学二年级学生
agency	ⒶⒷⒸⒹⒺⒻⒼⒽⒾⒿⓀⓁ	4	['eidʒənsi]	n. 代理，代理处，政府机构
replacement	ⒶⒷⒸⒹⒺⒻⒼⒽⒾⒿⓀⓁ	4	[ri'pleismənt]	n. 代替，更换，接替者
burden	ⒶⒷⒸⒹⒺⒻⒼⒽⒾⒿⓀⓁ	4	['bə:dn]	n. 担子，负担 v. 使负重
morality	ⒶⒷⒸⒹⒺⒻⒼⒽⒾⒿⓀⓁ	4	[mɔ'ræliti]	n. 道德，品行
rating	ⒶⒷⒸⒹⒺⒻⒼⒽⒾⒿⓀⓁ	4	['reitiŋ]	n. 等级级别(尤指军阶)，评定，额定值
geography	ⒶⒷⒸⒹⒺⒻⒼⒽⒾⒿⓀⓁ	4	[dʒi'ɔgrəfi;'dʒiɔg-]	n. 地理，地理学
terrain	ⒶⒷⒸⒹⒺⒻⒼⒽⒾⒿⓀⓁ	4	['terein]	n. 地形，地带，区域
benefactor	ⒶⒷⒸⒹⒺⒻⒼⒽⒾⒿⓀⓁ	4	['benifæktə]	n. 恩人，捐助者
guideline	ⒶⒷⒸⒹⒺⒻⒼⒽⒾⒿⓀⓁ	4	['gaidlain]	n. 方针，准则
grave	ⒶⒷⒸⒹⒺⒻⒼⒽⒾⒿⓀⓁ	4	[greiv]	n. 坟墓 a. 严重的，严肃的，庄重的
obedience	ⒶⒷⒸⒹⒺⒻⒼⒽⒾⒿⓀⓁ	4	[ə'bi:djəns;-diəns]	n. 服从，顺从
replica	ⒶⒷⒸⒹⒺⒻⒼⒽⒾⒿⓀⓁ	4	['replikə;ri'pli:kə]	n. 复制品
coverage	ⒶⒷⒸⒹⒺⒻⒼⒽⒾⒿⓀⓁ	4	['kʌvəridʒ]	n. 覆盖范围，新闻报道
embarrassment	ⒶⒷⒸⒹⒺⒻⒼⒽⒾⒿⓀⓁ	4	[im'bærəsmənt]	n. 尴尬，困窘
thanksgiving	ⒶⒷⒸⒹⒺⒻⒼⒽⒾⒿⓀⓁ	4	[θæŋks'giviŋ]	n. 感恩节
fortitude	ⒶⒷⒸⒹⒺⒻⒼⒽⒾⒿⓀⓁ	4	['fɔ:titju:d]	n. 刚毅，坚毅
individuality	ⒶⒷⒸⒹⒺⒻⒼⒽⒾⒿⓀⓁ	4	[ˌindiˌvidju'æliti]	n. 个性，特征
implement	ⒶⒷⒸⒹⒺⒻⒼⒽⒾⒿⓀⓁ	4	['implimənt]	n. 工具，器具 v. 使生效，实施
industrialization	ⒶⒷⒸⒹⒺⒻⒼⒽⒾⒿⓀⓁ	4	[inˌdʌstriəlai'zeiʃn]	n. 工业化
wage	ⒶⒷⒸⒹⒺⒻⒼⒽⒾⒿⓀⓁ	4	[weidʒ]	n. 工资 v. 从事，开展
shopper	ⒶⒷⒸⒹⒺⒻⒼⒽⒾⒿⓀⓁ	4	['ʃɔpə]	n. 购物者，代购者
mall	ⒶⒷⒸⒹⒺⒻⒼⒽⒾⒿⓀⓁ	4	[mɔ:l]	n. 购物中心，商业街，林荫路
barn	ⒶⒷⒸⒹⒺⒻⒼⒽⒾⒿⓀⓁ	4	[ba:n]	n. 谷仓，畜棚
cereal	ⒶⒷⒸⒹⒺⒻⒼⒽⒾⒿⓀⓁ	4	['siəriəl]	n. 谷类，谷类食品

单词	标记	频率	读音	词义
infusion	ⒶⒷⒸⒹⒺⒻⒼⒽⒾⒿⓀⓁ	4	[in'fju:ʒən]	n. 灌输，注入
beam	ⒶⒷⒸⒹⒺⒻⒼⒽⒾⒿⓀⓁ	4	[bi:m]	n. 光束，横梁 v. 微笑，发光，发射
announcer	ⒶⒷⒸⒹⒺⒻⒼⒽⒾⒿⓀⓁ	4	[ə'naunsə]	n. 广播员，告知者
chess	ⒶⒷⒸⒹⒺⒻⒼⒽⒾⒿⓀⓁ	4	[tʃes]	n. 国际象棋
shroud	ⒶⒷⒸⒹⒺⒻⒼⒽⒾⒿⓀⓁ	4	[ʃraud]	n. 裹尸布，寿衣 v. 遮盖
millimeter	ⒶⒷⒸⒹⒺⒻⒼⒽⒾⒿⓀⓁ	4	['milimi:tə(r)]	n. 毫米
blossom	ⒶⒷⒸⒹⒺⒻⒼⒽⒾⒿⓀⓁ	4	['blɔsəm]	n. 花朵，全盛期 v. 开花，兴旺
environmentalism	ⒶⒷⒸⒹⒺⒻⒼⒽⒾⒿⓀⓁ	4	[in,vaiərən'mentlizm]	n. 环境保护论，环境论
royalty	ⒶⒷⒸⒹⒺⒻⒼⒽⒾⒿⓀⓁ	4	['rɔiəlti]	n. 皇室，王权，版税
restoration	ⒶⒷⒸⒹⒺⒻⒼⒽⒾⒿⓀⓁ	4	['restə'reiʃən]	n. 恢复，归还，复位
recovery	ⒶⒷⒸⒹⒺⒻⒼⒽⒾⒿⓀⓁ	4	[ri'kʌvəri]	n. 恢复，痊愈，重获
bane	ⒶⒷⒸⒹⒺⒻⒼⒽⒾⒿⓀⓁ	4	[bein]	n. 祸根，祸害
stroke	ⒶⒷⒸⒹⒺⒻⒼⒽⒾⒿⓀⓁ	4	[strəuk]	n. 击打，中风，划桨 v. 抚摸
activist	ⒶⒷⒸⒹⒺⒻⒼⒽⒾⒿⓀⓁ	4	['æktivist]	n. 激进主义分子，活跃分子
documentary	ⒶⒷⒸⒹⒺⒻⒼⒽⒾⒿⓀⓁ	4	[,dɔkju'mentəri]	n. 纪录片 a. 文件的，纪实的
commemoration	ⒶⒷⒸⒹⒺⒻⒼⒽⒾⒿⓀⓁ	4	[kə,memə'reiʃən]	n. 纪念，纪念仪式
artifice	ⒶⒷⒸⒹⒺⒻⒼⒽⒾⒿⓀⓁ	4	['a:tifis]	n. 技巧，诡计
rack	ⒶⒷⒸⒹⒺⒻⒼⒽⒾⒿⓀⓁ	4	[ræk]	n. 架子，行李架，折磨 v. 使痛苦
compartment	ⒶⒷⒸⒹⒺⒻⒼⒽⒾⒿⓀⓁ	4	[kəm'pa:tmənt]	n. 间隔，火车包厢 v. 划分
identification	ⒶⒷⒸⒹⒺⒻⒼⒽⒾⒿⓀⓁ	4	[ai,dentifi'keiʃən]	n. 鉴定，识别，身份证明
intersection	ⒶⒷⒸⒹⒺⒻⒼⒽⒾⒿⓀⓁ	4	[,intə(:)'sekʃən]	n. 交集，交叉点，十字路口
trainer	ⒶⒷⒸⒹⒺⒻⒼⒽⒾⒿⓀⓁ	4	['treinə]	n. 教练员，驯兽师
revelation	ⒶⒷⒸⒹⒺⒻⒼⒽⒾⒿⓀⓁ	4	[,revi'leiʃən]	n. 揭露，泄露，启示
urgency	ⒶⒷⒸⒹⒺⒻⒼⒽⒾⒿⓀⓁ	4	['ə:dʒənsi]	n. 紧急，紧急的事
inbreeding	ⒶⒷⒸⒹⒺⒻⒼⒽⒾⒿⓀⓁ	4	[in'bri:diŋ]	n. 近亲繁殖，同系繁殖
economist	ⒶⒷⒸⒹⒺⒻⒼⒽⒾⒿⓀⓁ	4	[i:'kɔnəmist]	n. 经济学家
precision	ⒶⒷⒸⒹⒺⒻⒼⒽⒾⒿⓀⓁ	4	[pri'siʒən]	n. 精确，精密度
elite	ⒶⒷⒸⒹⒺⒻⒼⒽⒾⒿⓀⓁ	4	[ei'li:t]	n. 精英，主力
hardcover	ⒶⒷⒸⒹⒺⒻⒼⒽⒾⒿⓀⓁ	4	['ha:dkʌvə]	n. 精装书，硬皮书
inauguration	ⒶⒷⒸⒹⒺⒻⒼⒽⒾⒿⓀⓁ	4	[i,nɔ:gju'reiʃən]	n. 就职典礼，开幕仪式
scenario	ⒶⒷⒸⒹⒺⒻⒼⒽⒾⒿⓀⓁ	4	[si'na:riəu]	n. 剧本，情节梗概
sovereign	ⒶⒷⒸⒹⒺⒻⒼⒽⒾⒿⓀⓁ	4	['sɔvrin]	n. 君主，元首 a. 至高无上的，主权的
keeper	ⒶⒷⒸⒹⒺⒻⒼⒽⒾⒿⓀⓁ	4	['ki:pə]	n. 看守人，监护人，管理者
defensibility	ⒶⒷⒸⒹⒺⒻⒼⒽⒾⒿⓀⓁ	4	[difensi'biliti]	n. 可防御性
pant	ⒶⒷⒸⒹⒺⒻⒼⒽⒾⒿⓀⓁ	4	[pænt]	n. 裤子，喘息 v. 喘息，渴望
snapshot	ⒶⒷⒸⒹⒺⒻⒼⒽⒾⒿⓀⓁ	4	['snæpʃɔt]	n. 快照，印象
framework	ⒶⒷⒸⒹⒺⒻⒼⒽⒾⒿⓀⓁ	4	['freimwə:k]	n. 框架，体系，结构
blueprint	ⒶⒷⒸⒹⒺⒻⒼⒽⒾⒿⓀⓁ	4	['blu:,print]	n. 蓝图
willingness	ⒶⒷⒸⒹⒺⒻⒼⒽⒾⒿⓀⓁ	4	['wiliŋnis]	n. 乐意，愿意
apprehension	ⒶⒷⒸⒹⒺⒻⒼⒽⒾⒿⓀⓁ	4	[,æpri'henʃən]	n. 理解，忧虑，逮捕

单词	标记	频率	读音	词义
exception	ⒶⒷⒸⒹⒺⒻⒼⒽⒾⒿⓀⓁ	4	[ik'sepʃən]	n. 例外，反对
continuity	ⒶⒷⒸⒹⒺⒻⒼⒽⒾⒿⓀⓁ	4	[ˌkɔnti'nju(:)iti]	n. 连续性
conjunction	ⒶⒷⒸⒹⒺⒻⒼⒽⒾⒿⓀⓁ	4	[kən'dʒʌŋkʃən]	n. 联合，关联，连词
avenue	ⒶⒷⒸⒹⒺⒻⒼⒽⒾⒿⓀⓁ	4	['ævinju:]	n. 林荫道，途径
primate	ⒶⒷⒸⒹⒺⒻⒼⒽⒾⒿⓀⓁ	4	['praimit]	n. 灵长目动物，大主教
axle	ⒶⒷⒸⒹⒺⒻⒼⒽⒾⒿⓀⓁ	4	['æksl]	n. 轮轴，车轴
pulse	ⒶⒷⒸⒹⒺⒻⒼⒽⒾⒿⓀⓁ	4	[pʌls]	n. 脉搏，脉冲
towel	ⒶⒷⒸⒹⒺⒻⒼⒽⒾⒿⓀⓁ	4	['tauəl;taul]	n. 毛巾
rug	ⒶⒷⒸⒹⒺⒻⒼⒽⒾⒿⓀⓁ	4	[rʌg]	n. 毛毯，地毯
hest	ⒶⒷⒸⒹⒺⒻⒼⒽⒾⒿⓀⓁ	4	[hest]	n. 命令，吩咐
simulation	ⒶⒷⒸⒹⒺⒻⒼⒽⒾⒿⓀⓁ	4	[ˌsimju'leiʃən]	n. 模拟，仿真，仿制品
distortion	ⒶⒷⒸⒹⒺⒻⒼⒽⒾⒿⓀⓁ	4	[dis'tɔ:ʃən]	n. 扭曲，变形，曲解
cowardice	ⒶⒷⒸⒹⒺⒻⒼⒽⒾⒿⓀⓁ	4	['kauədis]	n. 懦弱，胆小
jury	ⒶⒷⒸⒹⒺⒻⒼⒽⒾⒿⓀⓁ	4	['dʒuəri]	n. 陪审团，评判委员会
panelist	ⒶⒷⒸⒹⒺⒻⒼⒽⒾⒿⓀⓁ	4	['pænəlist]	n. 陪审团成员
mate	ⒶⒷⒸⒹⒺⒻⒼⒽⒾⒿⓀⓁ	4	[meit]	n. 配偶，伙伴 v. 交配
cuisine	ⒶⒷⒸⒹⒺⒻⒼⒽⒾⒿⓀⓁ	4	[kwi(:)'zi:n]	n. 烹饪
poverty	ⒶⒷⒸⒹⒺⒻⒼⒽⒾⒿⓀⓁ	4	['pɔvəti]	n. 贫穷，贫乏
mediocrity	ⒶⒷⒸⒹⒺⒻⒼⒽⒾⒿⓀⓁ	4	[ˌmi:di'ɔkriti]	n. 平常，平庸之才
grape	ⒶⒷⒸⒹⒺⒻⒼⒽⒾⒿⓀⓁ	4	[greip]	n. 葡萄，葡萄树
enlightenment	ⒶⒷⒸⒹⒺⒻⒼⒽⒾⒿⓀⓁ	4	[in'laitnmənt]	n. 启迪，启蒙，开悟
odor	ⒶⒷⒸⒹⒺⒻⒼⒽⒾⒿⓀⓁ	4	['əudə]	n. 气味，名声
temperament	ⒶⒷⒸⒹⒺⒻⒼⒽⒾⒿⓀⓁ	4	['tempərəmənt]	n. 气质，性情
premise	ⒶⒷⒸⒹⒺⒻⒼⒽⒾⒿⓀⓁ	4	['premis]	n. 前提 v. 假设
admirer	ⒶⒷⒸⒹⒺⒻⒼⒽⒾⒿⓀⓁ	4	[əd'maiərə(r)]	n. 钦佩者，仰慕者，求爱者
intimacy	ⒶⒷⒸⒹⒺⒻⒼⒽⒾⒿⓀⓁ	4	['intiməsi]	n. 亲密，隐私
bulb	ⒶⒷⒸⒹⒺⒻⒼⒽⒾⒿⓀⓁ	4	[bʌlb]	n. 球茎，电灯泡，球状物
endurance	ⒶⒷⒸⒹⒺⒻⒼⒽⒾⒿⓀⓁ	4	[in'djurəns]	n. 忍耐，忍耐力
pesticide	ⒶⒷⒸⒹⒺⒻⒼⒽⒾⒿⓀⓁ	4	['pestisaid]	n. 杀虫剂，农药
coral	ⒶⒷⒸⒹⒺⒻⒼⒽⒾⒿⓀⓁ	4	['kɔrəl]	n. 珊瑚，珊瑚色
livelihood	ⒶⒷⒸⒹⒺⒻⒼⒽⒾⒿⓀⓁ	4	['laivlihud]	n. 生计，谋生
cord	ⒶⒷⒸⒹⒺⒻⒼⒽⒾⒿⓀⓁ	4	[kɔ:d]	n. 绳索
sonnet	ⒶⒷⒸⒹⒺⒻⒼⒽⒾⒿⓀⓁ	4	['sɔnit]	n. 十四行诗
practicality	ⒶⒷⒸⒹⒺⒻⒼⒽⒾⒿⓀⓁ	4	[ˌprækti'kæliti]	n. 实用性，实际
demonstration	ⒶⒷⒸⒹⒺⒻⒼⒽⒾⒿⓀⓁ	4	[ˌdeməns'treiʃən]	n. 示范，实证，示威
plausibility	ⒶⒷⒸⒹⒺⒻⒼⒽⒾⒿⓀⓁ	4	[ˌplɔ:zə'biləti]	n. 似有道理，善辩
adaptability	ⒶⒷⒸⒹⒺⒻⒼⒽⒾⒿⓀⓁ	4	[ədæptə'biliti]	n. 适应性
manual	ⒶⒷⒸⒹⒺⒻⒼⒽⒾⒿⓀⓁ	4	['mænjuəl]	n. 手册，指南 a. 手工的
demise	ⒶⒷⒸⒹⒺⒻⒼⒽⒾⒿⓀⓁ	4	[di'maiz]	n. 死亡，让位，转让
ownership	ⒶⒷⒸⒹⒺⒻⒼⒽⒾⒿⓀⓁ	4	['əunəʃip]	n. 所有权，物主身份

单词	标记	频率	读音	词义
fugitive	ⒶⒷⒸⒹⒺⒻⒼⒽⒾⒿⓀⓁ	4	['fju:dʒitiv]	n. 逃亡者 a. 逃亡的，易逝的
forum	ⒶⒷⒸⒹⒺⒻⒼⒽⒾⒿⓀⓁ	4	['fɔ:rəm]	n. 讨论会，论坛
distaste	ⒶⒷⒸⒹⒺⒻⒼⒽⒾⒿⓀⓁ	4	['dis'teist]	n. 讨厌，不喜欢
chore	ⒶⒷⒸⒹⒺⒻⒼⒽⒾⒿⓀⓁ	4	[tʃɔ:]	n. 讨厌的工作，家务琐事
specialization	ⒶⒷⒸⒹⒺⒻⒼⒽⒾⒿⓀⓁ	4	[ˌspeʃəlai'zeiʃən]	n. 特殊化，专门化
inflation	ⒶⒷⒸⒹⒺⒻⒼⒽⒾⒿⓀⓁ	4	[in'fleiʃən]	n. 通货膨胀，膨胀
assimilation	ⒶⒷⒸⒹⒺⒻⒼⒽⒾⒿⓀⓁ	4	[əˌsimi'leiʃən]	n. 同化，同化作用
copper	ⒶⒷⒸⒹⒺⒻⒼⒽⒾⒿⓀⓁ	4	['kɔpə]	n. 铜
breakthrough	ⒶⒷⒸⒹⒺⒻⒼⒽⒾⒿⓀⓁ	4	['breik'θru:]	n. 突破
presumption	ⒶⒷⒸⒹⒺⒻⒼⒽⒾⒿⓀⓁ	4	[pri'zʌmpʃən]	n. 推测，可能性，冒昧，放肆
excavation	ⒶⒷⒸⒹⒺⒻⒼⒽⒾⒿⓀⓁ	4	[ˌekskə'veiʃən]	n. 挖掘，发掘
perfection	ⒶⒷⒸⒹⒺⒻⒼⒽⒾⒿⓀⓁ	4	[pə'fekʃən]	n. 完美
inflexibility	ⒶⒷⒸⒹⒺⒻⒼⒽⒾⒿⓀⓁ	4	[inˌfleksə'biliti]	n. 顽固，缺乏弹性，不变性
subtlety	ⒶⒷⒸⒹⒺⒻⒼⒽⒾⒿⓀⓁ	4	['sʌtlti]	n. 微妙，敏锐
miniature	ⒶⒷⒸⒹⒺⒻⒼⒽⒾⒿⓀⓁ	4	['minjətʃə]	n. 微缩模型，缩图 a. 微型的，小规模的
materialism	ⒶⒷⒸⒹⒺⒻⒼⒽⒾⒿⓀⓁ	4	[mə'tiəriəlizəm]	n. 唯物主义
contamination	ⒶⒷⒸⒹⒺⒻⒼⒽⒾⒿⓀⓁ	4	[kənˌtæmi'neiʃən]	n. 污染，污染物
attraction	ⒶⒷⒸⒹⒺⒻⒼⒽⒾⒿⓀⓁ	4	[ə'trækʃən]	n. 吸引力，有吸引力的物（或人）
actuality	ⒶⒷⒸⒹⒺⒻⒼⒽⒾⒿⓀⓁ	4	[ˌæktju'æliti]	n. 现实，现状
confinement	ⒶⒷⒸⒹⒺⒻⒼⒽⒾⒿⓀⓁ	4	[kən'fainmənt]	n. 限制，禁闭，分娩
necklace	ⒶⒷⒸⒹⒺⒻⒼⒽⒾⒿⓀⓁ	4	['neklis]	n. 项链
symbolism	ⒶⒷⒸⒹⒺⒻⒼⒽⒾⒿⓀⓁ	4	['simbəlizəm]	n. 象征主义，符号论
pastime	ⒶⒷⒸⒹⒺⒻⒼⒽⒾⒿⓀⓁ	4	['pa:staim]	n. 消遣，娱乐
shame	ⒶⒷⒸⒹⒺⒻⒼⒽⒾⒿⓀⓁ	4	[ʃeim]	n. 羞耻，羞愧，可耻的人或事
suspense	ⒶⒷⒸⒹⒺⒻⒼⒽⒾⒿⓀⓁ	4	[səs'pens]	n. 悬疑，悬念，焦虑
constituent	ⒶⒷⒸⒹⒺⒻⒼⒽⒾⒿⓀⓁ	4	[kən'stitjuənt]	n. 选民，成分 a. 组成的，构成的
academia	ⒶⒷⒸⒹⒺⒻⒼⒽⒾⒿⓀⓁ	4	[ˌækə'di:mjə]	n. 学术界，学术环境，学术生涯
circulation	ⒶⒷⒸⒹⒺⒻⒼⒽⒾⒿⓀⓁ	4	[ˌsə:kju'leiʃən]	n. 循环，流通，发行量
proverb	ⒶⒷⒸⒹⒺⒻⒼⒽⒾⒿⓀⓁ	4	['prɔvə(:)b]	n. 谚语，格言
oat	ⒶⒷⒸⒹⒺⒻⒼⒽⒾⒿⓀⓁ	4	[əut]	n. 燕麦，麦片粥
dilettante	ⒶⒷⒸⒹⒺⒻⒼⒽⒾⒿⓀⓁ	4	[ˌdili'tænti]	n. 业余爱好者 a. 业余的
legacy	ⒶⒷⒸⒹⒺⒻⒼⒽⒾⒿⓀⓁ	4	['legəsi]	n. 遗产，遗物
artistry	ⒶⒷⒸⒹⒺⒻⒼⒽⒾⒿⓀⓁ	4	['a:tistri]	n. 艺术性，艺术才能
restraint	ⒶⒷⒸⒹⒺⒻⒼⒽⒾⒿⓀⓁ	4	[ris'treint]	n. 抑制，制止，束缚
gullibility	ⒶⒷⒸⒹⒺⒻⒼⒽⒾⒿⓀⓁ	4	[gʌli'biliti]	n. 易受骗
perseverance	ⒶⒷⒸⒹⒺⒻⒼⒽⒾⒿⓀⓁ	4	[ˌpə:si'viərəns]	n. 毅力，不屈不挠
heroism	ⒶⒷⒸⒹⒺⒻⒼⒽⒾⒿⓀⓁ	4	['herəuizəm]	n. 英雄品质，英雄行为
fathom	ⒶⒷⒸⒹⒺⒻⒼⒽⒾⒿⓀⓁ	4	['fæðəm]	n. 英寻(长度单位) v. 彻底了解，测深
parrot	ⒶⒷⒸⒹⒺⒻⒼⒽⒾⒿⓀⓁ	4	['pærət]	n. 鹦鹉 v. 学舌
outfit	ⒶⒷⒸⒹⒺⒻⒼⒽⒾⒿⓀⓁ	4	['autfit]	n. 用具，全套装配 v. 配备

单词	标记	频率	读音	词义
priority	ⒶⒷⒸⒹⒺⒻⒼⒽⒾⒿⓀⓁ	4	[prai'ɔriti]	n. 优先，优先权
barb	ⒶⒷⒸⒹⒺⒻⒼⒽⒾⒿⓀⓁ	4	[ba:b]	n. 鱼钩，刻薄的话 v. 装倒钩
stupidity	ⒶⒷⒸⒹⒺⒻⒼⒽⒾⒿⓀⓁ	4	[stju(:)'piditi]	n. 愚蠢，愚蠢的行为
astronaut	ⒶⒷⒸⒹⒺⒻⒼⒽⒾⒿⓀⓁ	4	['æstrənɔ:t]	n. 宇航员
raindrop	ⒶⒷⒸⒹⒺⒻⒼⒽⒾⒿⓀⓁ	4	['reindrɔp]	n. 雨点
hunch	ⒶⒷⒸⒹⒺⒻⒼⒽⒾⒿⓀⓁ	4	[hʌntʃ]	n. 预感，直觉
prophecy	ⒶⒷⒸⒹⒺⒻⒼⒽⒾⒿⓀⓁ	4	['prɔfisi]	n. 预言
log	ⒶⒷⒸⒹⒺⒻⒼⒽⒾⒿⓀⓁ	4	[lɔg]	n. 原木，航海日志 v. 伐木，记日志
dome	ⒶⒷⒸⒹⒺⒻⒼⒽⒾⒿⓀⓁ	4	[dəum]	n. 圆屋顶，穹顶
sake	ⒶⒷⒸⒹⒺⒻⒼⒽⒾⒿⓀⓁ	4	[seik]	n. 缘故，理由，目的
carrier	ⒶⒷⒸⒹⒺⒻⒼⒽⒾⒿⓀⓁ	4	['kæriə]	n. 运送者，航空母舰
deliberation	ⒶⒷⒸⒹⒺⒻⒼⒽⒾⒿⓀⓁ	4	[di,libə'reiʃən]	n. 仔细考虑，商量，从容
censure	ⒶⒷⒸⒹⒺⒻⒼⒽⒾⒿⓀⓁ	4	['senʃə]	n. 责难 v. 非难，指责
stance	ⒶⒷⒸⒹⒺⒻⒼⒽⒾⒿⓀⓁ	4	[stæns]	n. 站姿，立场
bog	ⒶⒷⒸⒹⒺⒻⒼⒽⒾⒿⓀⓁ	4	[bɔg]	n. 沼泽 v. 使陷于泥淖 / 困境
pearl	ⒶⒷⒸⒹⒺⒻⒼⒽⒾⒿⓀⓁ	4	[pə:l]	n. 珍珠
expenditure	ⒶⒷⒸⒹⒺⒻⒼⒽⒾⒿⓀⓁ	4	[iks'penditʃə;eks-]	n. 支出，花费
spider	ⒶⒷⒸⒹⒺⒻⒼⒽⒾⒿⓀⓁ	4	['spaidə]	n. 蜘蛛，三脚架
vocation	ⒶⒷⒸⒹⒺⒻⒼⒽⒾⒿⓀⓁ	4	[vəu'keiʃən]	n. 职业，行业，使命
colonist	ⒶⒷⒸⒹⒺⒻⒼⒽⒾⒿⓀⓁ	4	['kɔlənist]	n. 殖民地居民，殖民者
indication	ⒶⒷⒸⒹⒺⒻⒼⒽⒾⒿⓀⓁ	4	[,indi'keiʃən]	n. 指示，表示，迹象
manufacturer	ⒶⒷⒸⒹⒺⒻⒼⒽⒾⒿⓀⓁ	4	[,mænju'fæktʃərə]	n. 制造商
therapy	ⒶⒷⒸⒹⒺⒻⒼⒽⒾⒿⓀⓁ	4	['θerəpi]	n. 治疗
intellect	ⒶⒷⒸⒹⒺⒻⒼⒽⒾⒿⓀⓁ	4	['intilekt]	n. 智力，思维能力，知识分子
allegiance	ⒶⒷⒸⒹⒺⒻⒼⒽⒾⒿⓀⓁ	4	[ə'li:dʒəns]	n. 忠诚，效忠
segregation	ⒶⒷⒸⒹⒺⒻⒼⒽⒾⒿⓀⓁ	4	[,segri'geiʃən]	n. 种族隔离，隔离
repetition	ⒶⒷⒸⒹⒺⒻⒼⒽⒾⒿⓀⓁ	4	[,repi'tiʃən]	n. 重复，背诵
jewelry	ⒶⒷⒸⒹⒺⒻⒼⒽⒾⒿⓀⓁ	4	['dʒu:əlri]	n. 珠宝
pillar	ⒶⒷⒸⒹⒺⒻⒼⒽⒾⒿⓀⓁ	4	['pilə]	n. 柱子，栋梁
specialist	ⒶⒷⒸⒹⒺⒻⒼⒽⒾⒿⓀⓁ	4	['speʃəlist]	n. 专家，专科医师
qualification	ⒶⒷⒸⒹⒺⒻⒼⒽⒾⒿⓀⓁ	4	[,kwɔlifi'keiʃən]	n. 资格，资格证明，限制
descendant	ⒶⒷⒸⒹⒺⒻⒼⒽⒾⒿⓀⓁ	4	[di'send(ə)nt]	n. 子孙，后裔
confession	ⒶⒷⒸⒹⒺⒻⒼⒽⒾⒿⓀⓁ	4	[kən'feʃən]	n. 自白，忏悔，招供
conservationist	ⒶⒷⒸⒹⒺⒻⒼⒽⒾⒿⓀⓁ	4	[,kənsə'veiʃənist]	n. 自然资源保护论者
whoever	ⒶⒷⒸⒹⒺⒻⒼⒽⒾⒿⓀⓁ	4	[hu:'evə(r)]	pron. 任何人，无论谁
twist	ⒶⒷⒸⒹⒺⒻⒼⒽⒾⒿⓀⓁ	4	[twist]	v./n. 缠绕，拧，扭曲
taunt	ⒶⒷⒸⒹⒺⒻⒼⒽⒾⒿⓀⓁ	4	[tɔ:nt]	v./n. 嘲弄，辱骂
underestimate	ⒶⒷⒸⒹⒺⒻⒼⒽⒾⒿⓀⓁ	4	['ʌndər'estimeit]	v./n. 低估
jolt	ⒶⒷⒸⒹⒺⒻⒼⒽⒾⒿⓀⓁ	4	[dʒəult]	v./n. 颠簸，震动，震惊
nod	ⒶⒷⒸⒹⒺⒻⒼⒽⒾⒿⓀⓁ	4	[nɔd]	v./n. 点头，同意

单词	标记	频率	读音	词义
surrender	ⒶⒷⒸⒹⒺⒻⒼⒽⒾⒿⓀⓁ	4	[sə'rendə]	v./n. 放弃，投降，屈服
retrospect	ⒶⒷⒸⒹⒺⒻⒼⒽⒾⒿⓀⓁ	4	['retrəuspekt]	v./n. 回顾，追溯，追忆
flout	ⒶⒷⒸⒹⒺⒻⒼⒽⒾⒿⓀⓁ	4	[flaut]	v./n. 轻视，嘲笑
tickle	ⒶⒷⒸⒹⒺⒻⒼⒽⒾⒿⓀⓁ	4	['tikl]	v./n. 使发痒，逗乐
shrink	ⒶⒷⒸⒹⒺⒻⒼⒽⒾⒿⓀⓁ	4	[ʃriŋk]	v./n. 收缩，畏缩
participate	ⒶⒷⒸⒹⒺⒻⒼⒽⒾⒿⓀⓁ	4	[pa:'tisipeit]	v. 参与，分享
detach	ⒶⒷⒸⒹⒺⒻⒼⒽⒾⒿⓀⓁ	4	[di'tætʃ]	v. 拆卸，使分开，分离
confess	ⒶⒷⒸⒹⒺⒻⒼⒽⒾⒿⓀⓁ	4	[kən'fes]	v. 承认，忏悔，招供
acknowledge	ⒶⒷⒸⒹⒺⒻⒼⒽⒾⒿⓀⓁ	4	[ək'nɔlidʒ]	v. 承认，答谢，公认
concede	ⒶⒷⒸⒹⒺⒻⒼⒽⒾⒿⓀⓁ	4	[kən'si:d]	v. 承认，让步，认输
betray	ⒶⒷⒸⒹⒺⒻⒼⒽⒾⒿⓀⓁ	4	[bi'trei]	v. 出卖，背叛
affirm	ⒶⒷⒸⒹⒺⒻⒼⒽⒾⒿⓀⓁ	4	[ə'fə:m]	v. 断言，确认，肯定
emit	ⒶⒷⒸⒹⒺⒻⒼⒽⒾⒿⓀⓁ	4	[i'mit]	v. 发出，放射，说出
rebel	ⒶⒷⒸⒹⒺⒻⒼⒽⒾⒿⓀⓁ	4	['rebəl]	v. 反叛，反对 n. 反叛者
satirize	ⒶⒷⒸⒹⒺⒻⒼⒽⒾⒿⓀⓁ	4	['sætiraiz]	v. 讽刺
seclude	ⒶⒷⒸⒹⒺⒻⒼⒽⒾⒿⓀⓁ	4	[si'klu:d]	v. 隔离，隔绝
populate	ⒶⒷⒸⒹⒺⒻⒼⒽⒾⒿⓀⓁ	4	['pɔpjuleit]	v. 构成人口，居住于
regulate	ⒶⒷⒸⒹⒺⒻⒼⒽⒾⒿⓀⓁ	4	['regjuleit]	v. 管理，控制，调整
incorporate	ⒶⒷⒸⒹⒺⒻⒼⒽⒾⒿⓀⓁ	4	[in'kɔ:pəreit]	v. 合并，组成公司 a. 合并的
ski	ⒶⒷⒸⒹⒺⒻⒼⒽⒾⒿⓀⓁ	4	[ski:,ʃi:]	v. 滑雪 n. 滑雪板
soothe	ⒶⒷⒸⒹⒺⒻⒼⒽⒾⒿⓀⓁ	4	[su:ð]	v. 缓和，减轻，安慰
assemble	ⒶⒷⒸⒹⒺⒻⒼⒽⒾⒿⓀⓁ	4	[ə'sembl]	v. 集合，装配
inherit	ⒶⒷⒸⒹⒺⒻⒼⒽⒾⒿⓀⓁ	4	[in'herit]	v. 继承，遗传
simulate	ⒶⒷⒸⒹⒺⒻⒼⒽⒾⒿⓀⓁ	4	['simjuleit]	v. 假装，模拟，模仿
agitate	ⒶⒷⒸⒹⒺⒻⒼⒽⒾⒿⓀⓁ	4	['ædʒiteit]	v. 搅动，煽动，鼓动
liberate	ⒶⒷⒸⒹⒺⒻⒼⒽⒾⒿⓀⓁ	4	['libəreit]	v. 解放，释放
prohibit	ⒶⒷⒸⒹⒺⒻⒼⒽⒾⒿⓀⓁ	4	[prə'hibit]	v. 禁止，阻止
donate	ⒶⒷⒸⒹⒺⒻⒼⒽⒾⒿⓀⓁ	4	[dəu'neit]	v. 捐赠
fulfill	ⒶⒷⒸⒹⒺⒻⒼⒽⒾⒿⓀⓁ	4	[ful'fil]	v. 履行，执行，满足
dash	ⒶⒷⒸⒹⒺⒻⒼⒽⒾⒿⓀⓁ	4	[dæʃ]	v. 猛冲 n. 冲撞，猛冲，破折号
mystify	ⒶⒷⒸⒹⒺⒻⒼⒽⒾⒿⓀⓁ	4	['mistifai]	v. 迷惑，使神秘化
delineate	ⒶⒷⒸⒹⒺⒻⒼⒽⒾⒿⓀⓁ	4	[di'linieit]	v. 描绘，描写，画…的轮廓
popularize	ⒶⒷⒸⒹⒺⒻⒼⒽⒾⒿⓀⓁ	4	['pɔpjuləraiz]	v. 普及，使流行，使通俗化
edify	ⒶⒷⒸⒹⒺⒻⒼⒽⒾⒿⓀⓁ	4	['edifai]	v. 启迪，熏陶，教导
negotiate	ⒶⒷⒸⒹⒺⒻⒼⒽⒾⒿⓀⓁ	4	[ni'gəuʃieit]	v. 商议，谈判，磋商
reassure	ⒶⒷⒸⒹⒺⒻⒼⒽⒾⒿⓀⓁ	4	[ri:ə'ʃuə]	v. 使安心，再保证
embolden	ⒶⒷⒸⒹⒺⒻⒼⒽⒾⒿⓀⓁ	4	[im'bəuldən]	v. 使大胆，鼓励
dignify	ⒶⒷⒸⒹⒺⒻⒼⒽⒾⒿⓀⓁ	4	['dignifai]	v. 使高贵，使增辉
mingle	ⒶⒷⒸⒹⒺⒻⒼⒽⒾⒿⓀⓁ	4	['miŋgl]	v. 使混合，使结合
gratify	ⒶⒷⒸⒹⒺⒻⒼⒽⒾⒿⓀⓁ	4	['grætifai]	v. 使满足，使高兴

单词	标记	频率	读音	词义
assure	ⒶⒷⒸⒹⒺⒻⒼⒽⒾⒿⓀⓁ	4	[ə'ʃuə]	v. 使确信，确保
orient	ⒶⒷⒸⒹⒺⒻⒼⒽⒾⒿⓀⓁ	4	['ɔ:riənt]	v. 使适应，使朝东 n. 东方
alienate	ⒶⒷⒸⒹⒺⒻⒼⒽⒾⒿⓀⓁ	4	['eiljəneit]	v. 使疏远，离间
debilitate	ⒶⒷⒸⒹⒺⒻⒼⒽⒾⒿⓀⓁ	4	[di'biliteit]	v. 使衰弱
paralyze	ⒶⒷⒸⒹⒺⒻⒼⒽⒾⒿⓀⓁ	4	['pærəlaiz]	v. 使瘫痪
perpetuate	ⒶⒷⒸⒹⒺⒻⒼⒽⒾⒿⓀⓁ	4	[pə(:)'petjueit]	v. 使永存，使不朽
stun	ⒶⒷⒸⒹⒺⒻⒼⒽⒾⒿⓀⓁ	4	[stʌn]	v. 使晕倒，使目瞪口呆 n. 震惊
terminate	ⒶⒷⒸⒹⒺⒻⒼⒽⒾⒿⓀⓁ	4	['tə:mineit]	v. 使终止，使结尾，解雇
wrinkle	ⒶⒷⒸⒹⒺⒻⒼⒽⒾⒿⓀⓁ	4	['riŋkl]	v. 使皱，起皱 n. 皱纹
attune	ⒶⒷⒸⒹⒺⒻⒼⒽⒾⒿⓀⓁ	4	[ə'tju:n]	v. 调音，使合调
cease	ⒶⒷⒸⒹⒺⒻⒼⒽⒾⒿⓀⓁ	4	[si:s]	v. 停止，终止
notify	ⒶⒷⒸⒹⒺⒻⒼⒽⒾⒿⓀⓁ	4	['nəutifai]	v. 通知，通报
tempt	ⒶⒷⒸⒹⒺⒻⒼⒽⒾⒿⓀⓁ	4	[tempt]	v. 吸引，诱惑，怂恿
fantasize	ⒶⒷⒸⒹⒺⒻⒼⒽⒾⒿⓀⓁ	4	['fæntəsaiz]	v. 想象，幻想
vanish	ⒶⒷⒸⒹⒺⒻⒼⒽⒾⒿⓀⓁ	4	['væniʃ]	v. 消失
harmonize	ⒶⒷⒸⒹⒺⒻⒼⒽⒾⒿⓀⓁ	4	['ha:mənaiz]	v. 协调，使和谐
belie	ⒶⒷⒸⒹⒺⒻⒼⒽⒾⒿⓀⓁ	4	[bi'lai]	vt. 掩饰；与…不符；使失望
restrain	ⒶⒷⒸⒹⒺⒻⒼⒽⒾⒿⓀⓁ	4	[ris'trein]	v. 抑制，阻止，束缚
embrace	ⒶⒷⒸⒹⒺⒻⒼⒽⒾⒿⓀⓁ	4	[im'breis]	v. 拥抱，包围，接受
foresee	ⒶⒷⒸⒹⒺⒻⒼⒽⒾⒿⓀⓁ	4	[fɔ:'si:]	v. 预见
scrutinize	ⒶⒷⒸⒹⒺⒻⒼⒽⒾⒿⓀⓁ	4	['skru:tinaiz]	v. 仔细检查
decry	ⒶⒷⒸⒹⒺⒻⒼⒽⒾⒿⓀⓁ	4	[di'krai]	v. 责难，诽谤
summon	ⒶⒷⒸⒹⒺⒻⒼⒽⒾⒿⓀⓁ	4	['sʌmən]	v. 召唤，召集，振奋
diagnose	ⒶⒷⒸⒹⒺⒻⒼⒽⒾⒿⓀⓁ	4	['daiəgnəuz]	v. 诊断
corroborate	ⒶⒷⒸⒹⒺⒻⒼⒽⒾⒿⓀⓁ	4	[kə'rɔbəreit]	v. 证实，确认
designate	ⒶⒷⒸⒹⒺⒻⒼⒽⒾⒿⓀⓁ	4	['dezigneit]	v. 指定，任命，委派
reiterate	ⒶⒷⒸⒹⒺⒻⒼⒽⒾⒿⓀⓁ	4	[ri:'itəreit]	v. 重申，反复地说
redesign	ⒶⒷⒸⒹⒺⒻⒼⒽⒾⒿⓀⓁ	4	[ˌri:di'zain]	v. 重新设计
contentious	ⒶⒷⒸⒹⒺⒻⒼⒽⒾⒿⓀⓁ	3	[kən'tenʃəs]	a. 爱争论的，有争议的
remorseful	ⒶⒷⒸⒹⒺⒻⒼⒽⒾⒿⓀⓁ	3	[ri'mɔ:sfəl]	a. 懊悔的
tyrannical	ⒶⒷⒸⒹⒺⒻⒼⒽⒾⒿⓀⓁ	3	[tai'rænikəl]	a. 暴政的，专制的，残暴的
pessimistic	ⒶⒷⒸⒹⒺⒻⒼⒽⒾⒿⓀⓁ	3	[ˌpesi'mistik]	a. 悲观的，悲观主义的
treacherous	ⒶⒷⒸⒹⒺⒻⒼⒽⒾⒿⓀⓁ	3	['tretʃərəs]	a. 背叛的，不可靠的，危险的
instinctive	ⒶⒷⒸⒹⒺⒻⒼⒽⒾⒿⓀⓁ	3	[in'stiŋktiv]	a. 本能的，直觉的，天生的
substantive	ⒶⒷⒸⒹⒺⒻⒼⒽⒾⒿⓀⓁ	3	['sʌbstəntiv]	a. 本质的，真实的，独立的
comparative	ⒶⒷⒸⒹⒺⒻⒼⒽⒾⒿⓀⓁ	3	[kəm'pærətiv]	a. 比较的，相当的
portable	ⒶⒷⒸⒹⒺⒻⒼⒽⒾⒿⓀⓁ	3	['pɔ:təbl]	a. 便携式的，轻便的
erudite	ⒶⒷⒸⒹⒺⒻⒼⒽⒾⒿⓀⓁ	3	['erudait]	a. 博学的
unsophisticated	ⒶⒷⒸⒹⒺⒻⒼⒽⒾⒿⓀⓁ	3	['ʌnsə'fistikeitid]	a. 不谙世故的，不复杂的
unconcerned	ⒶⒷⒸⒹⒺⒻⒼⒽⒾⒿⓀⓁ	3	['ʌnkən'sə:nd]	a. 不关心的，不感兴趣的

单词	标记	频率	读音	词义
improper	ⒶⒷⒸⒹⒺⒻⒼⒽⒾⒿⓀⓁ	3	[im'prɔpə]	a. 不合适的，错误的，不道德的
unavoidable	ⒶⒷⒸⒹⒺⒻⒼⒽⒾⒿⓀⓁ	3	[ˌʌnə'vɔidəbl]	a. 不可避免的
unreliable	ⒶⒷⒸⒹⒺⒻⒼⒽⒾⒿⓀⓁ	3	['ʌnri'laiəbl]	a. 不可靠的
indispensable	ⒶⒷⒸⒹⒺⒻⒼⒽⒾⒿⓀⓁ	3	[ˌindis'pensəbl]	a. 不可缺少的，必需的
inscrutable	ⒶⒷⒸⒹⒺⒻⒼⒽⒾⒿⓀⓁ	3	[in'skru:təbl]	a. 不可思议的，不能预测的
equivocal	ⒶⒷⒸⒹⒺⒻⒼⒽⒾⒿⓀⓁ	3	[i'kwivəkəl]	a. 不明确的，模棱两可的
unwise	ⒶⒷⒸⒹⒺⒻⒼⒽⒾⒿⓀⓁ	3	['ʌn'waiz]	a. 不明智的
impractical	ⒶⒷⒸⒹⒺⒻⒼⒽⒾⒿⓀⓁ	3	[im'præktikəl]	a. 不切实际的，不实用的
interracial	ⒶⒷⒸⒹⒺⒻⒼⒽⒾⒿⓀⓁ	3	[ˌintə'reiʃjəl]	a. 不同种族间的
incompatible	ⒶⒷⒸⒹⒺⒻⒼⒽⒾⒿⓀⓁ	3	[ˌinkəm'pætəbl]	a. 不相容的，矛盾的
inconsequential	ⒶⒷⒸⒹⒺⒻⒼⒽⒾⒿⓀⓁ	3	[inˌkɔnsi'kwenʃəl]	a. 不重要的，不合理的
partial	ⒶⒷⒸⒹⒺⒻⒼⒽⒾⒿⓀⓁ	3	['pa:ʃəl]	a. 部分的，偏袒的
brutal	ⒶⒷⒸⒹⒺⒻⒼⒽⒾⒿⓀⓁ	3	['bru:tl]	a. 残忍的，野蛮的
supernatural	ⒶⒷⒸⒹⒺⒻⒼⒽⒾⒿⓀⓁ	3	[ˌsju:pə'nætʃərəl]	a. 超自然的，神奇的
downright	ⒶⒷⒸⒹⒺⒻⒼⒽⒾⒿⓀⓁ	3	['daunrait]	a. 彻底的，直率的 ad. 完全地
tedious	ⒶⒷⒸⒹⒺⒻⒼⒽⒾⒿⓀⓁ	3	['ti:diəs]	a. 沉闷的，单调乏味的
hackneyed	ⒶⒷⒸⒹⒺⒻⒼⒽⒾⒿⓀⓁ	3	['hæknid]	a. 陈腐的，老生常谈的
infectious	ⒶⒷⒸⒹⒺⒻⒼⒽⒾⒿⓀⓁ	3	[in'fekʃəs]	a. 传染性的，有感染力的
groundbreaking	ⒶⒷⒸⒹⒺⒻⒼⒽⒾⒿⓀⓁ	3	['graudˌbreikiŋ]	a. 创新的
compassionate	ⒶⒷⒸⒹⒺⒻⒼⒽⒾⒿⓀⓁ	3	[kəm'pæʃənit]	a. 慈悲的，有同情心的
incentive	ⒶⒷⒸⒹⒺⒻⒼⒽⒾⒿⓀⓁ	3	[in'sentiv]	a. 刺激的，鼓励的 n. 刺激，动机
rambunctious	ⒶⒷⒸⒹⒺⒻⒼⒽⒾⒿⓀⓁ	3	[ræm'bʌŋkʃəs]	a. 粗暴的，喧闹的
frail	ⒶⒷⒸⒹⒺⒻⒼⒽⒾⒿⓀⓁ	3	[freil]	a. 脆弱的，虚弱的，意志薄弱的
continental	ⒶⒷⒸⒹⒺⒻⒼⒽⒾⒿⓀⓁ	3	[ˌkɔnti'nentl]	a. 大陆的，欧洲大陆的
humdrum	ⒶⒷⒸⒹⒺⒻⒼⒽⒾⒿⓀⓁ	3	['hʌmdrʌm]	a. 单调乏味的 n. 乏味的谈话
navigational	ⒶⒷⒸⒹⒺⒻⒼⒽⒾⒿⓀⓁ	3	[ˌnævə'geiʃnəl]	a. 导航的，航行的
antagonistic	ⒶⒷⒸⒹⒺⒻⒼⒽⒾⒿⓀⓁ	3	[ænˌtægə'nistik]	a. 敌对的，对抗性的
resistant	ⒶⒷⒸⒹⒺⒻⒼⒽⒾⒿⓀⓁ	3	[ri'zistənt]	a. 抵抗的，反抗的
dynamic	ⒶⒷⒸⒹⒺⒻⒼⒽⒾⒿⓀⓁ	3	[dai'næmik]	a. 动力的，动力学的，动态的，有活力的
ephemeral	ⒶⒷⒸⒹⒺⒻⒼⒽⒾⒿⓀⓁ	3	[i'femərəl]	a. 短暂的，朝生暮死的
malicious	ⒶⒷⒸⒹⒺⒻⒼⒽⒾⒿⓀⓁ	3	[mə'liʃəs]	a. 恶意的，恶毒的
ominous	ⒶⒷⒸⒹⒺⒻⒼⒽⒾⒿⓀⓁ	3	['ɔminəs]	a. 恶兆的，不吉利的
binary	ⒶⒷⒸⒹⒺⒻⒼⒽⒾⒿⓀⓁ	3	['bainəri]	a. 二进位的，二元的
rebellious	ⒶⒷⒸⒹⒺⒻⒼⒽⒾⒿⓀⓁ	3	[ri'beljəs]	a. 反抗的，叛逆的，难控制的
presumptuous	ⒶⒷⒸⒹⒺⒻⒼⒽⒾⒿⓀⓁ	3	[pri'zʌmptjuəs]	a. 放肆的，冒昧的
atypical	ⒶⒷⒸⒹⒺⒻⒼⒽⒾⒿⓀⓁ	3	[ei'tipikəl]	a. 非典型的
inconclusive	ⒶⒷⒸⒹⒺⒻⒼⒽⒾⒿⓀⓁ	3	[ˌinkən'klu:siv]	a. 非决定性的，不确定的
unorthodox	ⒶⒷⒸⒹⒺⒻⒼⒽⒾⒿⓀⓁ	3	['ʌn'ɔ:θədɔks]	a. 非正统的，异端的
arduous	ⒶⒷⒸⒹⒺⒻⒼⒽⒾⒿⓀⓁ	3	['a:djuəs]	a. 费力的，辛勤的，险峻的
respective	ⒶⒷⒸⒹⒺⒻⒼⒽⒾⒿⓀⓁ	3	[ri'spektiv]	a. 分别的，各自的

单词	标记	频率	读音	词义
ancillary	ⒶⒷⒸⒹⒺⒻⒼⒽⒾⒿⓀⓁ	3	[æn'siləri]	a. 辅助的，附属的 n. 助手
corrupt	ⒶⒷⒸⒹⒺⒻⒼⒽⒾⒿⓀⓁ	3	[kə'rʌpt]	a. 腐败的，堕落的 v. 使腐烂，贿赂
putrid	ⒶⒷⒸⒹⒺⒻⒼⒽⒾⒿⓀⓁ	3	['pju:trid]	a. 腐烂的，堕落的
minus	ⒶⒷⒸⒹⒺⒻⒼⒽⒾⒿⓀⓁ	3	['mainəs]	a. 负的，减的 n. 减号，负数
expressive	ⒶⒷⒸⒹⒺⒻⒼⒽⒾⒿⓀⓁ	3	[iks'presiv]	a. 富于表情的，表达的，意味深长的
appreciative	ⒶⒷⒸⒹⒺⒻⒼⒽⒾⒿⓀⓁ	3	[ə'pri:ʃiətiv]	a. 感激的，有鉴识力的
equitable	ⒶⒷⒸⒹⒺⒻⒼⒽⒾⒿⓀⓁ	3	['ekwitəbl]	a. 公平的，公正的
archaic	ⒶⒷⒸⒹⒺⒻⒼⒽⒾⒿⓀⓁ	3	[a:'keiik]	a. 古代的，陈旧的
adamant	ⒶⒷⒸⒹⒺⒻⒼⒽⒾⒿⓀⓁ	3	['ædəmənt]	a. 固执的，强硬的 n. 硬石
intentional	ⒶⒷⒸⒹⒺⒻⒼⒽⒾⒿⓀⓁ	3	[in'tenʃənəl]	a. 故意的，有意图的
glorious	ⒶⒷⒸⒹⒺⒻⒼⒽⒾⒿⓀⓁ	3	['glɔ:riəs]	a. 光荣的，显赫的
aristocratic	ⒶⒷⒸⒹⒺⒻⒼⒽⒾⒿⓀⓁ	3	[æristə'krætik]	a. 贵族的，贵族气派的
outrageous	ⒶⒷⒸⒹⒺⒻⒼⒽⒾⒿⓀⓁ	3	[aut'reidʒəs]	a. 过分的，骇人的，蛮横的
behavioral	ⒶⒷⒸⒹⒺⒻⒼⒽⒾⒿⓀⓁ	3	[bi'heivjərəl]	a. 行为的
belligerent	ⒶⒷⒸⒹⒺⒻⒼⒽⒾⒿⓀⓁ	3	[bi'lidʒərənt]	a. 好战的，交战的，交战国的
transatlantic	ⒶⒷⒸⒹⒺⒻⒼⒽⒾⒿⓀⓁ	3	[trænsət'læntik]	a. 横渡大西洋的
sensational	ⒶⒷⒸⒹⒺⒻⒼⒽⒾⒿⓀⓁ	3	[sen'seiʃənəl]	a. 轰动的，耸人听闻的，感觉的
ornate	ⒶⒷⒸⒹⒺⒻⒼⒽⒾⒿⓀⓁ	3	[ɔ:'neit;'ɔ:neit]	a. 华丽的，装饰的
incredulous	ⒶⒷⒸⒹⒺⒻⒼⒽⒾⒿⓀⓁ	3	[in'kredjuləs]	a. 怀疑的，不轻信的
visionary	ⒶⒷⒸⒹⒺⒻⒼⒽⒾⒿⓀⓁ	3	['viʒənəri]	a. 幻想的，预言性的 n. 空想家
conversational	ⒶⒷⒸⒹⒺⒻⒼⒽⒾⒿⓀⓁ	3	[ˌkɔnvə'seiʃənl]	a. 会话的，对话的，健谈的
monetary	ⒶⒷⒸⒹⒺⒻⒼⒽⒾⒿⓀⓁ	3	['mʌnitəri]	a. 货币的，金融的
witty	ⒶⒷⒸⒹⒺⒻⒼⒽⒾⒿⓀⓁ	3	['witi]	a. 机智的，诙谐的
rudimentary	ⒶⒷⒸⒹⒺⒻⒼⒽⒾⒿⓀⓁ	3	[ru:di'mentəri]	a. 基本的，初步的，未充分发展的
monumental	ⒶⒷⒸⒹⒺⒻⒼⒽⒾⒿⓀⓁ	3	[mɔnju'mentl]	a. 纪念碑的，不朽的
persistent	ⒶⒷⒸⒹⒺⒻⒼⒽⒾⒿⓀⓁ	3	[pə'sistənt]	a. 坚持不懈的，持续的
resolute	ⒶⒷⒸⒹⒺⒻⒼⒽⒾⒿⓀⓁ	3	['rezəlju:t]	a. 坚决的，果断的
laconic	ⒶⒷⒸⒹⒺⒻⒼⒽⒾⒿⓀⓁ	3	[lə'kɔnik]	a. 简洁的，简明的
austere	ⒶⒷⒸⒹⒺⒻⒼⒽⒾⒿⓀⓁ	3	[ɔs'tiə]	a. 简朴的，严厉的
voluble	ⒶⒷⒸⒹⒺⒻⒼⒽⒾⒿⓀⓁ	3	['vɔljub(ə)l]	a. 健谈的，流利的
cunning	ⒶⒷⒸⒹⒺⒻⒼⒽⒾⒿⓀⓁ	3	['kʌniŋ]	a. 狡猾的，精巧的 n. 诡计
didactic	ⒶⒷⒸⒹⒺⒻⒼⒽⒾⒿⓀⓁ	3	[di'dæktik(əl);dai-]	a. 教诲的，说教的
urgent	ⒶⒷⒸⒹⒺⒻⒼⒽⒾⒿⓀⓁ	3	['ə:dʒənt]	a. 紧急的
scrupulous	ⒶⒷⒸⒹⒺⒻⒼⒽⒾⒿⓀⓁ	3	['skru:pjuləs]	a. 谨慎的，细心的
approximate	ⒶⒷⒸⒹⒺⒻⒼⒽⒾⒿⓀⓁ	3	[ə'prɔksimeit]	a. 近似的，大约的 v. 近似，接近
exquisite	ⒶⒷⒸⒹⒺⒻⒼⒽⒾⒿⓀⓁ	3	['ekskwizit]	a. 精致的，完美的，强烈的
antiquate	ⒶⒷⒸⒹⒺⒻⒼⒽⒾⒿⓀⓁ	3	['æntikwit]	a. 旧式的，过时的 v. 废弃
massive	ⒶⒷⒸⒹⒺⒻⒼⒽⒾⒿⓀⓁ	3	['mæsiv]	a. 巨大的，大规模的，大量的
monarchical	ⒶⒷⒸⒹⒺⒻⒼⒽⒾⒿⓀⓁ	3	[mə'na:kikl]	a. 君主的
payable	ⒶⒷⒸⒹⒺⒻⒼⒽⒾⒿⓀⓁ	3	['peiəbl]	a. 可付的，应付的

单词	标记	频率	读音	词义
observable	ⒶⒷⒸⒹⒺⒻⒼⒽⒾⒿⓀⓁ	3	[əb'zə:vəbl]	a. 可观察的，值得注意的
feasible	ⒶⒷⒸⒹⒺⒻⒼⒽⒾⒿⓀⓁ	3	['fi:zəbl]	a. 可行的，可能的
comprehensible	ⒶⒷⒸⒹⒺⒻⒼⒽⒾⒿⓀⓁ	3	[kɔmpri'hensəbl]	a. 可理解的
pathetic	ⒶⒷⒸⒹⒺⒻⒼⒽⒾⒿⓀⓁ	3	[pə'θetik]	a. 可怜的，悲伤的
horrible	ⒶⒷⒸⒹⒺⒻⒼⒽⒾⒿⓀⓁ	3	['hɔrəbl]	a. 可怕的，令人讨厌的
testable	ⒶⒷⒸⒹⒺⒻⒼⒽⒾⒿⓀⓁ	3	['testəbl]	a. 可试验的
doubtful	ⒶⒷⒸⒹⒺⒻⒼⒽⒾⒿⓀⓁ	3	['dautful]	a. 可疑的，不确定的，怀疑的
suspicious	ⒶⒷⒸⒹⒺⒻⒼⒽⒾⒿⓀⓁ	3	[səs'piʃəs]	a. 可疑的，多疑的
permissible	ⒶⒷⒸⒹⒺⒻⒼⒽⒾⒿⓀⓁ	3	[pə'misəbl]	a. 可允许的，许可的
wistful	ⒶⒷⒸⒹⒺⒻⒼⒽⒾⒿⓀⓁ	3	['wistful]	a. 渴望的，惆怅的
bombastic	ⒶⒷⒸⒹⒺⒻⒼⒽⒾⒿⓀⓁ	3	[bɔm'bæstik]	a. 夸大的
interdisciplinary	ⒶⒷⒸⒹⒺⒻⒼⒽⒾⒿⓀⓁ	3	[ˌintə'disiplinəri]	a. 跨学科的
furious	ⒶⒷⒸⒹⒺⒻⒼⒽⒾⒿⓀⓁ	3	['fjuəriəs]	a. 狂怒的，猛烈的
phlegmatic	ⒶⒷⒸⒹⒺⒻⒼⒽⒾⒿⓀⓁ	3	[fleg'mætik]	a. 冷漠的，冷淡的
tangential	ⒶⒷⒸⒹⒺⒻⒼⒽⒾⒿⓀⓁ	3	[tæn'dʒenʃəl]	a. 离题的，肤浅的，切线的
facial	ⒶⒷⒸⒹⒺⒻⒼⒽⒾⒿⓀⓁ	3	['feiʃəl]	a. 脸部的 n. 美容
wondrous	ⒶⒷⒸⒹⒺⒻⒼⒽⒾⒿⓀⓁ	3	['wʌndrəs]	a. 令人惊奇的，非常的
mindful	ⒶⒷⒸⒹⒺⒻⒼⒽⒾⒿⓀⓁ	3	['maindful]	a. 留神的，警觉的
prevalent	ⒶⒷⒸⒹⒺⒻⒼⒽⒾⒿⓀⓁ	3	['prevələnt]	a. 流行的，普遍的
naked	ⒶⒷⒸⒹⒺⒻⒼⒽⒾⒿⓀⓁ	3	['neikid]	a. 裸体的，无遮盖的
offensive	ⒶⒷⒸⒹⒺⒻⒼⒽⒾⒿⓀⓁ	3	[ə'fensiv]	a. 冒犯的，无礼的，攻击性的
adventurous	ⒶⒷⒸⒹⒺⒻⒼⒽⒾⒿⓀⓁ	3	[əd'ventʃərəs]	a. 冒险的，惊险的
clandestine	ⒶⒷⒸⒹⒺⒻⒼⒽⒾⒿⓀⓁ	3	[klæn'destin]	a. 秘密的，暗中的
overt	ⒶⒷⒸⒹⒺⒻⒼⒽⒾⒿⓀⓁ	3	['əuvə:t]	a. 明显的，公然的
judicious	ⒶⒷⒸⒹⒺⒻⒼⒽⒾⒿⓀⓁ	3	[dʒu:'diʃəs]	a. 明智的，谨慎的
masculine	ⒶⒷⒸⒹⒺⒻⒼⒽⒾⒿⓀⓁ	3	['ma:skjulin]	a. 男子的，男子气的 n. 阳性，男性
intractable	ⒶⒷⒸⒹⒺⒻⒼⒽⒾⒿⓀⓁ	3	[in'træktəbl]	a. 难驾驭的，倔强的，难治愈的
incredible	ⒶⒷⒸⒹⒺⒻⒼⒽⒾⒿⓀⓁ	3	[in'kredəbl]	a. 难以置信的，不可思议的
implausible	ⒶⒷⒸⒹⒺⒻⒼⒽⒾⒿⓀⓁ	3	[im'plɔ:zəbl]	a. 难以置信的，似乎不合情理的
internal	ⒶⒷⒸⒹⒺⒻⒼⒽⒾⒿⓀⓁ	3	[in'tə:nl]	a. 内部的，国内的
intrinsic	ⒶⒷⒸⒹⒺⒻⒼⒽⒾⒿⓀⓁ	3	[in'trinsik]	a. 内在的，固有的，本质的
derelict	ⒶⒷⒸⒹⒺⒻⒼⒽⒾⒿⓀⓁ	3	['derilikt]	a. 抛弃的，玩忽职守的 n. 遗弃物
weary	ⒶⒷⒸⒹⒺⒻⒼⒽⒾⒿⓀⓁ	3	['wiəri]	a. 疲倦的，厌倦的 v. 疲倦，厌倦
disruptive	ⒶⒷⒸⒹⒺⒻⒼⒽⒾⒿⓀⓁ	3	[dis'rʌptiv]	a. 破坏性的，制造混乱的，分裂的
vehement	ⒶⒷⒸⒹⒺⒻⒼⒽⒾⒿⓀⓁ	3	['vi:imənt]	a. 强烈的，激烈的
contemptuous	ⒶⒷⒸⒹⒺⒻⒼⒽⒾⒿⓀⓁ	3	[kən'temptjuəs]	a. 轻蔑的，鄙视的
dismissive	ⒶⒷⒸⒹⒺⒻⒼⒽⒾⒿⓀⓁ	3	[dis'misiv]	a. 轻视的，表示拒绝的
lighthearted	ⒶⒷⒸⒹⒺⒻⒼⒽⒾⒿⓀⓁ	3	['lait'ha:tid]	a. 轻松愉快的，无忧无虑的
scarce	ⒶⒷⒸⒹⒺⒻⒼⒽⒾⒿⓀⓁ	3	[skeəs]	a. 缺乏的，稀有的 ad. 几乎不
shortsighted	ⒶⒷⒸⒹⒺⒻⒼⒽⒾⒿⓀⓁ	3	['ʃɔ:t'saitid]	a. 缺乏远见的，近视的

单词	标记	频率	读音	词义
thermal	ⒶⒷⒸⒹⒺⒻⒼⒽⒾⒿⓀⓁ	3	['θə:məl]	a. 热的，热量的，保暖的
ebullient	ⒶⒷⒸⒹⒺⒻⒼⒽⒾⒿⓀⓁ	3	[i'bʌljənt]	a. 热情洋溢的，沸腾的
humane	ⒶⒷⒸⒹⒺⒻⒼⒽⒾⒿⓀⓁ	3	[hju:'mein]	a. 人道的，仁慈的，文雅的
charitable	ⒶⒷⒸⒹⒺⒻⒼⒽⒾⒿⓀⓁ	3	['tʃæritəbl]	a. 仁慈的，慈善事业的
benign	ⒶⒷⒸⒹⒺⒻⒼⒽⒾⒿⓀⓁ	3	[bi'nain]	a. 仁慈的，温和的，良性的
lithe	ⒶⒷⒸⒹⒺⒻⒼⒽⒾⒿⓀⓁ	3	[laið]	a. 柔软的，轻盈的
esoteric	ⒶⒷⒸⒹⒺⒻⒼⒽⒾⒿⓀⓁ	3	[esəu'terik]	a. 神秘的，难懂的，秘传的
sacred	ⒶⒷⒸⒹⒺⒻⒼⒽⒾⒿⓀⓁ	3	['seikrid]	a. 神圣的，受尊重的
substantial	ⒶⒷⒸⒹⒺⒻⒼⒽⒾⒿⓀⓁ	3	[səb'stænʃəl]	a. 实质的，可观的，牢固的
resilient	ⒶⒷⒸⒹⒺⒻⒼⒽⒾⒿⓀⓁ	3	[ri'ziliənt]	a. 适应力强的，有弹力的
habitable	ⒶⒷⒸⒹⒺⒻⒼⒽⒾⒿⓀⓁ	3	['hæbitəbl]	a. 适于居住的
circumscribed	ⒶⒷⒸⒹⒺⒻⒼⒽⒾⒿⓀⓁ	3	['sɜːkəmskraibd]	a. 受限制的，外接的
redemptive	ⒶⒷⒸⒹⒺⒻⒼⒽⒾⒿⓀⓁ	3	[ri'demptiv]	a. 赎回的，赎身的，救赎的
quantitative	ⒶⒷⒸⒹⒺⒻⒼⒽⒾⒿⓀⓁ	3	['kwɔntitətiv]	a. 数量的，定量的
explanatory	ⒶⒷⒸⒹⒺⒻⒼⒽⒾⒿⓀⓁ	3	[iks'plænətəri]	a. 说明的，解释的
defunct	ⒶⒷⒸⒹⒺⒻⒼⒽⒾⒿⓀⓁ	3	[di'fʌŋkt]	a. 死的，失效的，非现存的
lax	ⒶⒷⒸⒹⒺⒻⒼⒽⒾⒿⓀⓁ	3	[læks]	a. 松弛的，松懈的
mischievous	ⒶⒷⒸⒹⒺⒻⒼⒽⒾⒿⓀⓁ	3	['mistʃivəs]	a. 淘气的，有害的
innate	ⒶⒷⒸⒹⒺⒻⒼⒽⒾⒿⓀⓁ	3	['ineit]	a. 天生的，固有的
inbred	ⒶⒷⒸⒹⒺⒻⒼⒽⒾⒿⓀⓁ	3	['in'bred]	a. 天生的，近亲繁殖的
synonymous	ⒶⒷⒸⒹⒺⒻⒼⒽⒾⒿⓀⓁ	3	[si'nɔniməs]	a. 同义的，内涵相同的
regressive	ⒶⒷⒸⒹⒺⒻⒼⒽⒾⒿⓀⓁ	3	[ri'gresiv]	a. 退化的，退步的，回归的
dilatory	ⒶⒷⒸⒹⒺⒻⒼⒽⒾⒿⓀⓁ	3	['diləˌtɔ:ri]	a. 拖延的，缓慢的
diplomatic	ⒶⒷⒸⒹⒺⒻⒼⒽⒾⒿⓀⓁ	3	[ˌdiplə'mætik]	a. 外交的，老练的
intact	ⒶⒷⒸⒹⒺⒻⒼⒽⒾⒿⓀⓁ	3	[in'tækt]	a. 完好的，原封不动的
unsubstantiated	ⒶⒷⒸⒹⒺⒻⒼⒽⒾⒿⓀⓁ	3	['ʌnsəb'stænʃieitid]	a. 未经证实的，无事实根据的
uncut	ⒶⒷⒸⒹⒺⒻⒼⒽⒾⒿⓀⓁ	3	['ʌn'kʌt]	a. 未切的，未雕琢的
unspoiled	ⒶⒷⒸⒹⒺⒻⒼⒽⒾⒿⓀⓁ	3	['ʌn'spɔild]	a. 未损坏的，未宠坏的
unsold	ⒶⒷⒸⒹⒺⒻⒼⒽⒾⒿⓀⓁ	3	[ˌʌn'səuld]	a. 未销售的
temperate	ⒶⒷⒸⒹⒺⒻⒼⒽⒾⒿⓀⓁ	3	['tempərit]	a. 温和的，有节制的
meek	ⒶⒷⒸⒹⒺⒻⒼⒽⒾⒿⓀⓁ	3	[mi:k]	a. 温顺的，谦恭的
unparalleled	ⒶⒷⒸⒹⒺⒻⒼⒽⒾⒿⓀⓁ	3	[ʌn'pærəleld]	a. 无比的，无双的，空前的
nondescript	ⒶⒷⒸⒹⒺⒻⒼⒽⒾⒿⓀⓁ	3	['nɔndis'kript]	a. 无法描述的，无特征的
lackluster	ⒶⒷⒸⒹⒺⒻⒼⒽⒾⒿⓀⓁ	3	['lækˌlʌstə]	a. 无光泽的，暗淡的
innocuous	ⒶⒷⒸⒹⒺⒻⒼⒽⒾⒿⓀⓁ	3	[i'nɔkjuəs]	a. 无害的，无毒的
incompetent	ⒶⒷⒸⒹⒺⒻⒼⒽⒾⒿⓀⓁ	3	[in'kɔmpitənt]	a. 无能力的，不胜任的
innumerable	ⒶⒷⒸⒹⒺⒻⒼⒽⒾⒿⓀⓁ	3	[i'nju:mərəbl]	a. 无数的，数不清的
countless	ⒶⒷⒸⒹⒺⒻⒼⒽⒾⒿⓀⓁ	3	['kautlis]	a. 无数的，数不清的
undaunted	ⒶⒷⒸⒹⒺⒻⒼⒽⒾⒿⓀⓁ	3	[ʌn'dɔ:ntid]	a. 无畏的，不屈不挠的
inefficient	ⒶⒷⒸⒹⒺⒻⒼⒽⒾⒿⓀⓁ	3	[ˌini'fiʃənt]	a. 无效率的，无能的，不称职的

单词	标记	频率	读音	词义
unconscious	ⒶⒷⒸⒹⒺⒻⒼⒽⒾⒿⓀⓁ	3	[ʌn'kɔnʃəs]	a. 无意识的，不省人事的
meaningless	ⒶⒷⒸⒹⒺⒻⒼⒽⒾⒿⓀⓁ	3	['mi:niŋlis]	a. 无意义的
diffident	ⒶⒷⒸⒹⒺⒻⒼⒽⒾⒿⓀⓁ	3	['difidənt]	a. 无自信的，羞怯的
rarified	ⒶⒷⒸⒹⒺⒻⒼⒽⒾⒿⓀⓁ	3	['reərifaid]	a. 稀薄的，纯净的
theatrical	ⒶⒷⒸⒹⒺⒻⒼⒽⒾⒿⓀⓁ	3	[θi'ætrikəl]	a. 戏剧的，矫揉造作的
tenuous	ⒶⒷⒸⒹⒺⒻⒼⒽⒾⒿⓀⓁ	3	['tenjuəs]	a. 纤细的，稀薄的，空洞的
symbolic	ⒶⒷⒸⒹⒺⒻⒼⒽⒾⒿⓀⓁ	3	[sim'bɔlik]	a. 象征的，符号的
lifelike	ⒶⒷⒸⒹⒺⒻⒼⒽⒾⒿⓀⓁ	3	['laiflaik]	a. 栩栩如生的，逼真的
blatant	ⒶⒷⒸⒹⒺⒻⒼⒽⒾⒿⓀⓁ	3	['bleitənt]	a. 喧嚣的，吵闹的，明目张胆的
faraway	ⒶⒷⒸⒹⒺⒻⒼⒽⒾⒿⓀⓁ	3	['fa:rəwei]	a. 遥远的
congressional	ⒶⒷⒸⒹⒺⒻⒼⒽⒾⒿⓀⓁ	3	[kən'greʃənl]	a. 议会的，国会的，会议的
irritable	ⒶⒷⒸⒹⒺⒻⒼⒽⒾⒿⓀⓁ	3	['iritəbl]	a. 易怒的，急躁的，过敏的
pliable	ⒶⒷⒸⒹⒺⒻⒼⒽⒾⒿⓀⓁ	3	['plaiəbl]	a. 易弯的，柔软的，易受影响的
congenial	ⒶⒷⒸⒹⒺⒻⒼⒽⒾⒿⓀⓁ	3	[kən'dʒi:niəl]	a. 意气相投的，友善的，适宜的
accidental	ⒶⒷⒸⒹⒺⒻⒼⒽⒾⒿⓀⓁ	3	[ˌæksi'dentl]	a. 意外的，偶然的
metaphorical	ⒶⒷⒸⒹⒺⒻⒼⒽⒾⒿⓀⓁ	3	[metə'fɔ:rikəl]	a. 隐喻性的，比喻性的
timeless	ⒶⒷⒸⒹⒺⒻⒼⒽⒾⒿⓀⓁ	3	['taimlis]	a. 永恒的，不受时间影响的
pertinent	ⒶⒷⒸⒹⒺⒻⒼⒽⒾⒿⓀⓁ	3	['pə:tinənt]	a. 有关的，相干的，切题的
rhythmic	ⒶⒷⒸⒹⒺⒻⒼⒽⒾⒿⓀⓁ	3	['riðmik]	a. 有节奏的，有韵律的
curative	ⒶⒷⒸⒹⒺⒻⒼⒽⒾⒿⓀⓁ	3	['kjuərətiv]	a. 有疗效的，治病的 n. 药物
persuasive	ⒶⒷⒸⒹⒺⒻⒼⒽⒾⒿⓀⓁ	3	[pə'sweisiv]	a. 有说服力的，令人信服的
methodical	ⒶⒷⒸⒹⒺⒻⒼⒽⒾⒿⓀⓁ	3	[mə'θɔdikəl]	a. 有条理的，有方法的
instructive	ⒶⒷⒸⒹⒺⒻⒼⒽⒾⒿⓀⓁ	3	[in'strʌktiv]	a. 有益的，教育性的，有启发的
shadowy	ⒶⒷⒸⒹⒺⒻⒼⒽⒾⒿⓀⓁ	3	['ʃædəui]	a. 有阴影的，朦胧的
pristine	ⒶⒷⒸⒹⒺⒻⒼⒽⒾⒿⓀⓁ	3	['pristain]	a. 原始的，纯洁的，新鲜的
cylindrical	ⒶⒷⒸⒹⒺⒻⒼⒽⒾⒿⓀⓁ	3	[si'lindrikl]	a. 圆柱形的
moonlit	ⒶⒷⒸⒹⒺⒻⒼⒽⒾⒿⓀⓁ	3	['mu:nlit]	a. 月光照耀的
prior	ⒶⒷⒸⒹⒺⒻⒼⒽⒾⒿⓀⓁ	3	['praiə]	a. 在前的，优先的，更重要的
momentary	ⒶⒷⒸⒹⒺⒻⒼⒽⒾⒿⓀⓁ	3	['məumənteri]	a. 暂时的，短暂的，瞬间的
holistic	ⒶⒷⒸⒹⒺⒻⒼⒽⒾⒿⓀⓁ	3	[həu'listik]	a. 整体的，全盘的
intuitive	ⒶⒷⒸⒹⒺⒻⒼⒽⒾⒿⓀⓁ	3	[in'tju:itiv]	a. 直觉的，本能的
outspoken	ⒶⒷⒸⒹⒺⒻⒼⒽⒾⒿⓀⓁ	3	[aut'spəukən]	a. 直言无讳的，坦率的
honorable	ⒶⒷⒸⒹⒺⒻⒼⒽⒾⒿⓀⓁ	3	['ɔnərəbl]	a. 值得尊敬的，高贵的
colonial	ⒶⒷⒸⒹⒺⒻⒼⒽⒾⒿⓀⓁ	3	[kə'ləunjəl]	a. 殖民的，殖民地的
subjective	ⒶⒷⒸⒹⒺⒻⒼⒽⒾⒿⓀⓁ	3	[sʌb'dʒektiv]	a. 主观的，个人的
thematic	ⒶⒷⒸⒹⒺⒻⒼⒽⒾⒿⓀⓁ	3	[θi:'mætik]	a. 主题的，主旋律的，词干的
attentive	ⒶⒷⒸⒹⒺⒻⒼⒽⒾⒿⓀⓁ	3	[ə'tentiv]	a. 注意的，留意的
tenacious	ⒶⒷⒸⒹⒺⒻⒼⒽⒾⒿⓀⓁ	3	[ti'neiʃəs]	a. 抓紧的，固执的，不屈不挠的
pretentious	ⒶⒷⒸⒹⒺⒻⒼⒽⒾⒿⓀⓁ	3	[pri'tenʃəs]	a. 自命不凡的，炫耀的，做作的
voluntary	ⒶⒷⒸⒹⒺⒻⒼⒽⒾⒿⓀⓁ	3	['vɔləntəri;-teri]	a. 自愿的，志愿的

单词	标记	频率	读音	词义
paramount	ⒶⒷⒸⒹⒺⒻⒼⒽⒾⒿⓀⓁ	3	['pærəmaunt]	a. 最重要的，至高无上的
inappropriately	ⒶⒷⒸⒹⒺⒻⒼⒽⒾⒿⓀⓁ	3	[inə'prəupriitli]	ad. 不适当地
loudly	ⒶⒷⒸⒹⒺⒻⒼⒽⒾⒿⓀⓁ	3	['laudli]	ad. 大声地，响亮地
delightfully	ⒶⒷⒸⒹⒺⒻⒼⒽⒾⒿⓀⓁ	3	[di'laitfəli]	ad. 大喜，欣然
abroad	ⒶⒷⒸⒹⒺⒻⒼⒽⒾⒿⓀⓁ	3	[ə'brɔ:d]	ad. 到国外，广为流传
uniquely	ⒶⒷⒸⒹⒺⒻⒼⒽⒾⒿⓀⓁ	3	[ju:'ni:kli]	ad. 独特地，唯一地
extraordinarily	ⒶⒷⒸⒹⒺⒻⒼⒽⒾⒿⓀⓁ	3	[iks'trɔ:dnrili]	ad. 非常，格外地
unutterably	ⒶⒷⒸⒹⒺⒻⒼⒽⒾⒿⓀⓁ	3	[ʌn'ʌtərəbli]	ad. 非言语所能表达地
sharply	ⒶⒷⒸⒹⒺⒻⒼⒽⒾⒿⓀⓁ	3	['ʃa:pli]	ad. 锋利地，严厉地
ironically	ⒶⒷⒸⒹⒺⒻⒼⒽⒾⒿⓀⓁ	3	[ai'rɔnikli]	ad. 讽刺地
intricately	ⒶⒷⒸⒹⒺⒻⒼⒽⒾⒿⓀⓁ	3	['intrəkitli]	ad. 复杂地
unduly	ⒶⒷⒸⒹⒺⒻⒼⒽⒾⒿⓀⓁ	3	['ʌn'dju:li]	ad. 过度地，不适当地
excessively	ⒶⒷⒸⒹⒺⒻⒼⒽⒾⒿⓀⓁ	3	[ik'sesivli]	ad. 过分地，过度地
legally	ⒶⒷⒸⒹⒺⒻⒼⒽⒾⒿⓀⓁ	3	['li:gəli]	ad. 合法地，法律上
harmoniously	ⒶⒷⒸⒹⒺⒻⒼⒽⒾⒿⓀⓁ	3	[ha:'məunjəsli]	ad. 和谐地，调和地
instantaneously	ⒶⒷⒸⒹⒺⒻⒼⒽⒾⒿⓀⓁ	3	[instən'teinjəsli]	ad. 即刻地
uniformly	ⒶⒷⒸⒹⒺⒻⒼⒽⒾⒿⓀⓁ	3	['ju:nifɔ:mli]	ad. 均匀地，一律地
objectively	ⒶⒷⒸⒹⒺⒻⒼⒽⒾⒿⓀⓁ	3	[əb'dʒektivli]	ad. 客观地
historically	ⒶⒷⒸⒹⒺⒻⒼⒽⒾⒿⓀⓁ	3	[his'tɔrikəli]	ad. 历史上地
secretly	ⒶⒷⒸⒹⒺⒻⒼⒽⒾⒿⓀⓁ	3	['si:kritli]	ad. 秘密地
explicitly	ⒶⒷⒸⒹⒺⒻⒼⒽⒾⒿⓀⓁ	3	[ik'splisitli]	ad. 明白地，明确地
incredibly	ⒶⒷⒸⒹⒺⒻⒼⒽⒾⒿⓀⓁ	3	[in'kredəbli]	ad. 难以置信地
ably	ⒶⒷⒸⒹⒺⒻⒼⒽⒾⒿⓀⓁ	3	['eibli]	ad. 能干地，巧妙地
casually	ⒶⒷⒸⒹⒺⒻⒼⒽⒾⒿⓀⓁ	3	['kæʒjuəli]	ad. 偶然地，随便地
accidentally	ⒶⒷⒸⒹⒺⒻⒼⒽⒾⒿⓀⓁ	3	[æksi'dentəli]	ad. 偶然地，意外地
critically	ⒶⒷⒸⒹⒺⒻⒼⒽⒾⒿⓀⓁ	3	['kritikəli]	ad. 批评性地，危急地，重要地
universally	ⒶⒷⒸⒹⒺⒻⒼⒽⒾⒿⓀⓁ	3	[ju:ni'və:səli]	ad. 普遍地
organically	ⒶⒷⒸⒹⒺⒻⒼⒽⒾⒿⓀⓁ	3	[ɔ:'gænikəli]	ad. 器官上地，有机地
collectively	ⒶⒷⒸⒹⒺⒻⒼⒽⒾⒿⓀⓁ	3	[kə'lektivli]	ad. 全体地，共同地
experimentally	ⒶⒷⒸⒹⒺⒻⒼⒽⒾⒿⓀⓁ	3	[iksˌperi'mentəli]	ad. 实验性地
likewise	ⒶⒷⒸⒹⒺⒻⒼⒽⒾⒿⓀⓁ	3	['laikwaiz]	ad. 同样地，此外
comparatively	ⒶⒷⒸⒹⒺⒻⒼⒽⒾⒿⓀⓁ	3	[kəm'pærətivli]	ad. 相对地，比较地
sternly	ⒶⒷⒸⒹⒺⒻⒼⒽⒾⒿⓀⓁ	3	['stə:nli]	ad. 严格地，严肃地，坚定地
consistently	ⒶⒷⒸⒹⒺⒻⒼⒽⒾⒿⓀⓁ	3	[kən'sistəntli]	ad. 一致地，连贯地
hence	ⒶⒷⒸⒹⒺⒻⒼⒽⒾⒿⓀⓁ	3	[hens]	ad. 因此，从此以后
efficiently	ⒶⒷⒸⒹⒺⒻⒼⒽⒾⒿⓀⓁ	3	[i'fiʃəntli]	ad. 有效地，效率高地
atop	ⒶⒷⒸⒹⒺⒻⒼⒽⒾⒿⓀⓁ	3	[ə'tɔp]	ad. 在顶上 prep. 在…的顶上
oversea	ⒶⒷⒸⒹⒺⒻⒼⒽⒾⒿⓀⓁ	3	['əuvə'si:]	ad. 在海外
underneath	ⒶⒷⒸⒹⒺⒻⒼⒽⒾⒿⓀⓁ	3	[ˌʌndə'ni:θ]	ad. 在下面
paradoxically	ⒶⒷⒸⒹⒺⒻⒼⒽⒾⒿⓀⓁ	3	[pærə'dɔksikəli]	ad. 自相矛盾地，似非而是地

单词	标记	频率	读音	词义
troupe	ⒶⒷⒸⒹⒺⒻⒼⒽⒾⒿⓀⓁ	3	[tru:p]	n.（巡演中的）剧团
solace	ⒶⒷⒸⒹⒺⒻⒼⒽⒾⒿⓀⓁ	3	['sɔləs]	n./v. 安慰，慰藉
scoff	ⒶⒷⒸⒹⒺⒻⒼⒽⒾⒿⓀⓁ	3	[skɔf]	n./v. 嘲笑
compliment	ⒶⒷⒸⒹⒺⒻⒼⒽⒾⒿⓀⓁ	3	['kɔmplimənt]	n./v. 称赞，恭维
worship	ⒶⒷⒸⒹⒺⒻⒼⒽⒾⒿⓀⓁ	3	['wə:ʃip]	n./v. 崇拜，爱慕
divorce	ⒶⒷⒸⒹⒺⒻⒼⒽⒾⒿⓀⓁ	3	[di'vɔ:s]	n./v. 离婚
array	ⒶⒷⒸⒹⒺⒻⒼⒽⒾⒿⓀⓁ	3	[ə'rei]	n./v. 排列，部署，打扮
pat	ⒶⒷⒸⒹⒺⒻⒼⒽⒾⒿⓀⓁ	3	[pæt]	n./v. 轻拍，爱抚
lean	ⒶⒷⒸⒹⒺⒻⒼⒽⒾⒿⓀⓁ	3	[li:n]	n./v. 倾斜，倚靠 a. 贫乏的，瘦的
scrap	ⒶⒷⒸⒹⒺⒻⒼⒽⒾⒿⓀⓁ	3	[skræp]	n./v. 碎片，废品，打架
quest	ⒶⒷⒸⒹⒺⒻⒼⒽⒾⒿⓀⓁ	3	[kwest]	n./v. 寻求，探索
thrill	ⒶⒷⒸⒹⒺⒻⒼⒽⒾⒿⓀⓁ	3	[θril]	n./v. 震颤，激动
jewel	ⒶⒷⒸⒹⒺⒻⒼⒽⒾⒿⓀⓁ	3	['dʒu:əl]	n. 宝石
insurance	ⒶⒷⒸⒹⒺⒻⒼⒽⒾⒿⓀⓁ	3	[in'ʃuərəns]	n. 保险，保险业，保险费
fuse	ⒶⒷⒸⒹⒺⒻⒼⒽⒾⒿⓀⓁ	3	[fju:z]	n. 保险丝，导火线 v. 装保险丝，熔化
leopard	ⒶⒷⒸⒹⒺⒻⒼⒽⒾⒿⓀⓁ	3	['lepəd]	n. 豹子
exposure	ⒶⒷⒸⒹⒺⒻⒼⒽⒾⒿⓀⓁ	3	[iks'pəuʒə]	n. 暴露，揭露
outbreak	ⒶⒷⒸⒹⒺⒻⒼⒽⒾⒿⓀⓁ	3	['autbreik]	n. 爆发，发作
outburst	ⒶⒷⒸⒹⒺⒻⒼⒽⒾⒿⓀⓁ	3	['autbə:st]	n. 爆发，突发
pessimism	ⒶⒷⒸⒹⒺⒻⒼⒽⒾⒿⓀⓁ	3	['pesimizm]	n. 悲观，悲观主义
backpack	ⒶⒷⒸⒹⒺⒻⒼⒽⒾⒿⓀⓁ	3	['bækpæk]	n. 背包
quilt	ⒶⒷⒸⒹⒺⒻⒼⒽⒾⒿⓀⓁ	3	[kwilt]	n. 被子 v. 缝制，用垫料填塞
pizza	ⒶⒷⒸⒹⒺⒻⒼⒽⒾⒿⓀⓁ	3	['pi:tsə]	n. 比萨饼
closet	ⒶⒷⒸⒹⒺⒻⒼⒽⒾⒿⓀⓁ	3	['klɔzit]	n. 壁橱 a. 私下的，隐藏的
braid	ⒶⒷⒸⒹⒺⒻⒼⒽⒾⒿⓀⓁ	3	[breid]	n. 辫子，穗带 v. 编成辫，编织
juxtaposition	ⒶⒷⒸⒹⒺⒻⒼⒽⒾⒿⓀⓁ	3	[ˌdʒʌkstəpə'ziʃən]	n. 并列，并置
naturalist	ⒶⒷⒸⒹⒺⒻⒼⒽⒾⒿⓀⓁ	3	['nætʃərəlist]	n. 博物学家，自然主义者
patch	ⒶⒷⒸⒹⒺⒻⒼⒽⒾⒿⓀⓁ	3	[pætʃ]	n. 补丁，小片 v. 修补，补救
impropriety	ⒶⒷⒸⒹⒺⒻⒼⒽⒾⒿⓀⓁ	3	[ˌimprə'praiəti]	n. 不当言辞或行为，不得体
ineptitude	ⒶⒷⒸⒹⒺⒻⒼⒽⒾⒿⓀⓁ	3	[i'neptitju:d]	n. 不合适，愚笨，愚昧的言行
discontent	ⒶⒷⒸⒹⒺⒻⒼⒽⒾⒿⓀⓁ	3	['diskən'tent]	n. 不满 a. 不满的
inaccuracy	ⒶⒷⒸⒹⒺⒻⒼⒽⒾⒿⓀⓁ	3	[in'ækjurəsi]	n. 不准确，错误
pedestrian	ⒶⒷⒸⒹⒺⒻⒼⒽⒾⒿⓀⓁ	3	[pe'destriən]	n. 步行者 a. 徒步的，缺乏想象的
guesswork	ⒶⒷⒸⒹⒺⒻⒼⒽⒾⒿⓀⓁ	3	['geswɜ:k]	n. 猜测，推断
forage	ⒶⒷⒸⒹⒺⒻⒼⒽⒾⒿⓀⓁ	3	['fɔridʒ]	n. 草料 v. 搜索草料，掠夺
discrepancy	ⒶⒷⒸⒹⒺⒻⒼⒽⒾⒿⓀⓁ	3	[dis'krepənsi]	n. 差异，分歧
carman	ⒶⒷⒸⒹⒺⒻⒼⒽⒾⒿⓀⓁ	3	['ka:mən]	n. 车夫，司机
sediment	ⒶⒷⒸⒹⒺⒻⒼⒽⒾⒿⓀⓁ	3	['sedimənt]	n. 沉淀物，沉积物
meditation	ⒶⒷⒸⒹⒺⒻⒼⒽⒾⒿⓀⓁ	3	[medi'teiʃən]	n. 沉思，冥想
component	ⒶⒷⒸⒹⒺⒻⒼⒽⒾⒿⓀⓁ	3	[kəm'pəunənt]	n. 成分，元件，组件

单词	标记	频率	读音	词义
adulthood	ⒶⒷⒸⒹⒺⒻⒼⒽⒾⒿⓀⓁ	3	['ædʌlt,hud]	n. 成年
kit	ⒶⒷⒸⒹⒺⒻⒼⒽⒾⒿⓀⓁ	3	[kit]	n. 成套工具，用具包，装备
membership	ⒶⒷⒸⒹⒺⒻⒼⒽⒾⒿⓀⓁ	3	['membəʃip]	n. 成员资格，全体会员
gear	ⒶⒷⒸⒹⒺⒻⒼⒽⒾⒿⓀⓁ	3	[giə]	n. 齿轮，设备 v. 连接，调整
disgrace	ⒶⒷⒸⒹⒺⒻⒼⒽⒾⒿⓀⓁ	3	[dis'greis]	n. 耻辱 v. 使丢脸
impulsiveness	ⒶⒷⒸⒹⒺⒻⒼⒽⒾⒿⓀⓁ	3	[im'pʌlsivnis]	n. 冲动
outlet	ⒶⒷⒸⒹⒺⒻⒼⒽⒾⒿⓀⓁ	3	['autlet;-lit]	n. 出口，发泄途径，商店
attendance	ⒶⒷⒸⒹⒺⒻⒼⒽⒾⒿⓀⓁ	3	[ə'tendəns]	n. 出席，照料
wearer	ⒶⒷⒸⒹⒺⒻⒼⒽⒾⒿⓀⓁ	3	['weərə]	n. 穿用者
missionary	ⒶⒷⒸⒹⒺⒻⒼⒽⒾⒿⓀⓁ	3	['miʃənəri]	n. 传教士
creator	ⒶⒷⒸⒹⒺⒻⒼⒽⒾⒿⓀⓁ	3	[kri:'eitə(r)]	n. 创建者，创作者，上帝
purity	ⒶⒷⒸⒹⒺⒻⒼⒽⒾⒿⓀⓁ	3	['pjuəriti]	n. 纯净，纯粹，清白
resignation	ⒶⒷⒸⒹⒺⒻⒼⒽⒾⒿⓀⓁ	3	[ˌrezig'neiʃən]	n. 辞职，放弃，顺从
jungle	ⒶⒷⒸⒹⒺⒻⒼⒽⒾⒿⓀⓁ	3	['dʒʌŋgl]	n. 丛林
diction	ⒶⒷⒸⒹⒺⒻⒼⒽⒾⒿⓀⓁ	3	['dikʃən]	n. 措辞，发音
cathedral	ⒶⒷⒸⒹⒺⒻⒼⒽⒾⒿⓀⓁ	3	[kə'θi:drəl]	n. 大教堂
multitude	ⒶⒷⒸⒹⒺⒻⒼⒽⒾⒿⓀⓁ	3	['mʌltitju:d]	n. 大量，民众
ambassador	ⒶⒷⒸⒹⒺⒻⒼⒽⒾⒿⓀⓁ	3	[æm'bæsədə]	n. 大使，代表
magnitude	ⒶⒷⒸⒹⒺⒻⒼⒽⒾⒿⓀⓁ	3	['mægnitju:d]	n. 大小，等级，重要，巨大
lieu	ⒶⒷⒸⒹⒺⒻⒼⒽⒾⒿⓀⓁ	3	['lju:]	n. 代替
singular	ⒶⒷⒸⒹⒺⒻⒼⒽⒾⒿⓀⓁ	3	['siŋgjulə]	n. 单数 a. 单数的，非凡的，奇特的
morale	ⒶⒷⒸⒹⒺⒻⒼⒽⒾⒿⓀⓁ	3	[mɔ'ra:l]	n. 道德，士气，斗志
climber	ⒶⒷⒸⒹⒺⒻⒼⒽⒾⒿⓀⓁ	3	['klaimə]	n. 登山者
cellar	ⒶⒷⒸⒹⒺⒻⒼⒽⒾⒿⓀⓁ	3	['selə]	n. 地窖，地下室
battery	ⒶⒷⒸⒹⒺⒻⒼⒽⒾⒿⓀⓁ	3	['bætəri]	n. 电池
miniseries	ⒶⒷⒸⒹⒺⒻⒼⒽⒾⒿⓀⓁ	3	['minisiri:z]	n. 电视连续短剧
staple	ⒶⒷⒸⒹⒺⒻⒼⒽⒾⒿⓀⓁ	3	['steipl]	n. 订书钉，主要产品 a. 主要的
momentum	ⒶⒷⒸⒹⒺⒻⒼⒽⒾⒿⓀⓁ	3	[məu'mentəm]	n. 动力，势头，动量
fauna	ⒶⒷⒸⒹⒺⒻⒼⒽⒾⒿⓀⓁ	3	['fɔ:nə]	n. 动物群
zoologist	ⒶⒷⒸⒹⒺⒻⒼⒽⒾⒿⓀⓁ	3	[zəu'ɔlədʒist]	n. 动物学家
dictator	ⒶⒷⒸⒹⒺⒻⒼⒽⒾⒿⓀⓁ	3	[dik'teitə]	n. 独裁者
vacationer	ⒶⒷⒸⒹⒺⒻⒼⒽⒾⒿⓀⓁ	3	[və'keiʃənə(r);vei-]	n. 度假者，休假者
endpoint	ⒶⒷⒸⒹⒺⒻⒼⒽⒾⒿⓀⓁ	3	['endpɔit]	n. 端点
brevity	ⒶⒷⒸⒹⒺⒻⒼⒽⒾⒿⓀⓁ	3	['breviti]	n. 短暂，简洁
symmetry	ⒶⒷⒸⒹⒺⒻⒼⒽⒾⒿⓀⓁ	3	['simitri]	n. 对称，对称性
confrontation	ⒶⒷⒸⒹⒺⒻⒼⒽⒾⒿⓀⓁ	3	[ˌkɔnfrʌn'teiʃən]	n. 对抗，冲突
antagonism	ⒶⒷⒸⒹⒺⒻⒼⒽⒾⒿⓀⓁ	3	[æn'tægənizəm]	n. 对抗，对立，对抗性
versatility	ⒶⒷⒸⒹⒺⒻⒼⒽⒾⒿⓀⓁ	3	[ˌvɜ:sə'tiləti]	n. 多功能性，多才多艺
tribunal	ⒶⒷⒸⒹⒺⒻⒼⒽⒾⒿⓀⓁ	3	[tri'bju:nl;trai-]	n. 法官席，法院，法庭
rebuttal	ⒶⒷⒸⒹⒺⒻⒼⒽⒾⒿⓀⓁ	3	[ri'bʌtəl]	n. 反驳，反证

单词	标记	频率	读音	词义
recrimination	ⒶⒷⒸⒹⒺⒻⒼⒽⒾⒿⓀⓁ	3	[rikrimi'neiʃ(ə)n]	n. 反控告，反过来责备
renunciation	ⒶⒷⒸⒹⒺⒻⒼⒽⒾⒿⓀⓁ	3	[ri,nʌnsi'eiʃən]	n. 放弃，弃权，自我克制
aircraft	ⒶⒷⒸⒹⒺⒻⒼⒽⒾⒿⓀⓁ	3	['eəkra:ft]	n. 飞机，航空器
nonfiction	ⒶⒷⒸⒹⒺⒻⒼⒽⒾⒿⓀⓁ	3	['nɔn'fikʃən]	n. 非小说的文学，写实文学
abolition	ⒶⒷⒸⒹⒺⒻⒼⒽⒾⒿⓀⓁ	3	[æbə'liʃən]	n. 废除，废止
classification	ⒶⒷⒸⒹⒺⒻⒼⒽⒾⒿⓀⓁ	3	[,klæsifi'keiʃən]	n. 分类，分级
distraction	ⒶⒷⒸⒹⒺⒻⒼⒽⒾⒿⓀⓁ	3	[dis'trækʃən]	n. 分心，娱乐，发狂
madness	ⒶⒷⒸⒹⒺⒻⒼⒽⒾⒿⓀⓁ	3	['mædnis]	n. 疯狂，愚蠢的行为
hive	ⒶⒷⒸⒹⒺⒻⒼⒽⒾⒿⓀⓁ	3	[haiv]	n. 蜂房，吵闹的场所
swarm	ⒶⒷⒸⒹⒺⒻⒼⒽⒾⒿⓀⓁ	3	[swɔ:m]	n. 蜂群，一大群 v. 云集，聚集
negation	ⒶⒷⒸⒹⒺⒻⒼⒽⒾⒿⓀⓁ	3	[ni'geiʃən]	n. 否定，拒绝
axe	ⒶⒷⒸⒹⒺⒻⒼⒽⒾⒿⓀⓁ	3	[æks]	n. 斧头 v. 削减，解雇
attachment	ⒶⒷⒸⒹⒺⒻⒼⒽⒾⒿⓀⓁ	3	[ə'tætʃmənt]	n. 附属物，爱慕
resurgence	ⒶⒷⒸⒹⒺⒻⒼⒽⒾⒿⓀⓁ	3	[ri'sɜ:dʒəns]	n. 复活，再现，重新开始
rehabilitation	ⒶⒷⒸⒹⒺⒻⒼⒽⒾⒿⓀⓁ	3	['ri:(h)ə,bili'teiʃən]	n. 复原，恢复名誉
duplicate	ⒶⒷⒸⒹⒺⒻⒼⒽⒾⒿⓀⓁ	3	['dju:plikeit]	n. 复制品，副本 v. 复制，复印
sensibility	ⒶⒷⒸⒹⒺⒻⒼⒽⒾⒿⓀⓁ	3	[,sensi'biliti]	n. 感性，敏感，感情
bombast	ⒶⒷⒸⒹⒺⒻⒼⒽⒾⒿⓀⓁ	3	['bɔmbæst]	n. 高调，浮夸的言语
Copernicus	ⒶⒷⒸⒹⒺⒻⒼⒽⒾⒿⓀⓁ	3	[kəu'pə:nikəs]	n. 哥白尼
eradication	ⒶⒷⒸⒹⒺⒻⒼⒽⒾⒿⓀⓁ	3	[i,rædi'keiʃən]	n. 根除，消灭
pronouncement	ⒶⒷⒸⒹⒺⒻⒼⒽⒾⒿⓀⓁ	3	[prə'naunsmənt]	n. 公告，声明，宣言
princess	ⒶⒷⒸⒹⒺⒻⒼⒽⒾⒿⓀⓁ	3	[prin'ses;'prinses]	n. 公主
onset	ⒶⒷⒸⒹⒺⒻⒼⒽⒾⒿⓀⓁ	3	['ɔnset]	n. 攻击，开始
dedication	ⒶⒷⒸⒹⒺⒻⒼⒽⒾⒿⓀⓁ	3	[,dedi'keiʃən]	n. 贡献，奉献
loneliness	ⒶⒷⒸⒹⒺⒻⒼⒽⒾⒿⓀⓁ	3	['ləunliniz]	n. 孤独，寂寞
eccentricity	ⒶⒷⒸⒹⒺⒻⒼⒽⒾⒿⓀⓁ	3	[eksen'trisiti]	n. 古怪，怪癖，离心率
drum	ⒶⒷⒸⒹⒺⒻⒼⒽⒾⒿⓀⓁ	3	[drʌm]	n. 鼓 v. 击鼓
encouragement	ⒶⒷⒸⒹⒺⒻⒼⒽⒾⒿⓀⓁ	3	[in'kʌridʒmənt]	n. 鼓励，激励
fixture	ⒶⒷⒸⒹⒺⒻⒼⒽⒾⒿⓀⓁ	3	['fikstʃə]	n. 固定物，固定装置，固定成员
client	ⒶⒷⒸⒹⒺⒻⒼⒽⒾⒿⓀⓁ	3	['klaiənt]	n. 顾客，委托人
imprisonment	ⒶⒷⒸⒹⒺⒻⒼⒽⒾⒿⓀⓁ	3	[im'prizənmənt]	n. 关押，监禁
bureaucrat	ⒶⒷⒸⒹⒺⒻⒼⒽⒾⒿⓀⓁ	3	['bjuərəukræt]	n. 官僚
plumber	ⒶⒷⒸⒹⒺⒻⒼⒽⒾⒿⓀⓁ	3	['plʌmbə]	n. 管道工
legitimacy	ⒶⒷⒸⒹⒺⒻⒼⒽⒾⒿⓀⓁ	3	[li'dʒitiməsi]	n. 合法性
collaboration	ⒶⒷⒸⒹⒺⒻⒼⒽⒾⒿⓀⓁ	3	[kə,læbə'reiʃən]	n. 合作，通敌
negro	ⒶⒷⒸⒹⒺⒻⒼⒽⒾⒿⓀⓁ	3	['ni:grəu]	n. 黑人
underworld	ⒶⒷⒸⒹⒺⒻⒼⒽⒾⒿⓀⓁ	3	['ʌndəwə:ld]	n. 黑社会，阴间
deluge	ⒶⒷⒸⒹⒺⒻⒼⒽⒾⒿⓀⓁ	3	['delju:dʒ]	n. 洪水，暴雨，泛滥
pollen	ⒶⒷⒸⒹⒺⒻⒼⒽⒾⒿⓀⓁ	3	['pɔlin]	n. 花粉
emperor	ⒶⒷⒸⒹⒺⒻⒼⒽⒾⒿⓀⓁ	3	['empərə]	n. 皇帝

单词	标记	频率	读音	词义
accountant	ⒶⒷⒸⒹⒺⒻⒼⒽⒾⒿⓀⓁ	3	[ə'kauntənt]	n. 会计人员，会计师
interviewer	ⒶⒷⒸⒹⒺⒻⒼⒽⒾⒿⓀⓁ	3	['intəvju:ə(r)]	n. 会见者，主考官，采访者
chaos	ⒶⒷⒸⒹⒺⒻⒼⒽⒾⒿⓀⓁ	3	['keiɔs]	n. 混乱，无秩序
vitality	ⒶⒷⒸⒹⒺⒻⒼⒽⒾⒿⓀⓁ	3	[vai'tæliti]	n. 活力，生命力
acquisition	ⒶⒷⒸⒹⒺⒻⒼⒽⒾⒿⓀⓁ	3	[ˌækwi'ziʃən]	n. 获得，获得物
locomotive	ⒶⒷⒸⒹⒺⒻⒼⒽⒾⒿⓀⓁ	3	[ˌləukə'məutiv]	n. 机车，火车头 a. 运动的
robot	ⒶⒷⒸⒹⒺⒻⒼⒽⒾⒿⓀⓁ	3	['rəubɔt;'rɔbət]	n. 机器人
torrent	ⒶⒷⒸⒹⒺⒻⒼⒽⒾⒿⓀⓁ	3	['tɔrənt]	n. 激流，山洪，爆发 a. 奔流的
guitar	ⒶⒷⒸⒹⒺⒻⒼⒽⒾⒿⓀⓁ	3	[gi'ta:]	n. 吉他
enumeration	ⒶⒷⒸⒹⒺⒻⒼⒽⒾⒿⓀⓁ	3	[iˌnju:mə'reiʃən]	n. 计算，列举
recollection	ⒶⒷⒸⒹⒺⒻⒼⒽⒾⒿⓀⓁ	3	[ˌrekə'lekʃən]	n. 记忆，回想，回忆
monument	ⒶⒷⒸⒹⒺⒻⒼⒽⒾⒿⓀⓁ	3	['mɔnjumənt]	n. 纪念碑
memorial	ⒶⒷⒸⒹⒺⒻⒼⒽⒾⒿⓀⓁ	3	[mi'mɔ:riəl]	n. 纪念物，纪念碑 a. 纪念的
knack	ⒶⒷⒸⒹⒺⒻⒼⒽⒾⒿⓀⓁ	3	[næk]	n. 技术，诀窍
poultry	ⒶⒷⒸⒹⒺⒻⒼⒽⒾⒿⓀⓁ	3	['pəultri]	n. 家禽
insistence	ⒶⒷⒸⒹⒺⒻⒼⒽⒾⒿⓀⓁ	3	[in'sistəns]	n. 坚持，坚决主张
guardian	ⒶⒷⒸⒹⒺⒻⒼⒽⒾⒿⓀⓁ	3	['ga:djən]	n. 监护人，保护人
reduction	ⒶⒷⒸⒹⒺⒻⒼⒽⒾⒿⓀⓁ	3	[ri'dʌkʃən]	n. 减少，降低，减价
diminution	ⒶⒷⒸⒹⒺⒻⒼⒽⒾⒿⓀⓁ	3	[ˌdimi'nju:ʃən]	n. 减少，缩小
simplicity	ⒶⒷⒸⒹⒺⒻⒼⒽⒾⒿⓀⓁ	3	[sim'plisiti]	n. 简单，朴素
doctrinaire	ⒶⒷⒸⒹⒺⒻⒼⒽⒾⒿⓀⓁ	3	[ˌdɔktri'neə]	n. 教条主义者 a. 教条的
fabric	ⒶⒷⒸⒹⒺⒻⒼⒽⒾⒿⓀⓁ	3	['fæbrik]	n. 结构，构造，纺织品
coaster	ⒶⒷⒸⒹⒺⒻⒼⒽⒾⒿⓀⓁ	3	['kaustə]	n. 近海贸易货船
approximation	ⒶⒷⒸⒹⒺⒻⒼⒽⒾⒿⓀⓁ	3	[əˌprɔksi'meiʃən]	n. 近似值
stalk	ⒶⒷⒸⒹⒺⒻⒼⒽⒾⒿⓀⓁ	3	[stɔ:k]	n. 茎，梗 v. 跟踪
admonition	ⒶⒷⒸⒹⒺⒻⒼⒽⒾⒿⓀⓁ	3	[ædmə'niʃən]	n. 警告，劝告，训诫
rivalry	ⒶⒷⒸⒹⒺⒻⒼⒽⒾⒿⓀⓁ	3	['raivəlri]	n. 竞争，敌对，对抗
competitor	ⒶⒷⒸⒹⒺⒻⒼⒽⒾⒿⓀⓁ	3	[kəm'petitə]	n. 竞争者，对手
rejection	ⒶⒷⒸⒹⒺⒻⒼⒽⒾⒿⓀⓁ	3	[ri'dʒekʃən]	n. 拒绝，抛弃物，排异反应
involvement	ⒶⒷⒸⒹⒺⒻⒼⒽⒾⒿⓀⓁ	3	[in'vɔlvmənt]	n. 卷入，牵连
cabbage	ⒶⒷⒸⒹⒺⒻⒼⒽⒾⒿⓀⓁ	3	['kæbidʒ]	n. 卷心菜，甘蓝
monarchy	ⒶⒷⒸⒹⒺⒻⒼⒽⒾⒿⓀⓁ	3	['mɔnəki]	n. 君主政体，君主国
inception	ⒶⒷⒸⒹⒺⒻⒼⒽⒾⒿⓀⓁ	3	[in'sepʃən]	n. 开端，获得学位
generosity	ⒶⒷⒸⒹⒺⒻⒼⒽⒾⒿⓀⓁ	3	[ˌdʒenə'rɔsiti]	n. 慷慨，大方
credibility	ⒶⒷⒸⒹⒺⒻⒼⒽⒾⒿⓀⓁ	3	[ˌkredi'biliti]	n. 可信，可靠，确实性
aspiration	ⒶⒷⒸⒹⒺⒻⒼⒽⒾⒿⓀⓁ	3	[ˌæspə'reiʃən]	n. 渴望，志向
pit	ⒶⒷⒸⒹⒺⒻⒼⒽⒾⒿⓀⓁ	3	[pit]	n. 坑，矿井，陷阱
terror	ⒶⒷⒸⒹⒺⒻⒼⒽⒾⒿⓀⓁ	3	['terə]	n. 恐怖，可怕的人或事
interpreter	ⒶⒷⒸⒹⒺⒻⒼⒽⒾⒿⓀⓁ	3	[in'tə:pritə]	n. 口译员，演绎的人，解释程序
quark	ⒶⒷⒸⒹⒺⒻⒼⒽⒾⒿⓀⓁ	3	[kwa:k]	n. 夸克（比原子小的粒子）

单词	标记	频率	读音	词义
forgiveness	ⒶⒷⒸⒹⒺⒻⒼⒽⒾⒿⓀⓁ	3	[fə'givnis]	n. 宽恕，宽仁之心
bewilderment	ⒶⒷⒸⒹⒺⒻⒼⒽⒾⒿⓀⓁ	3	[bi'wildəmənt]	n. 困惑，迷乱
trumpet	ⒶⒷⒸⒹⒺⒻⒼⒽⒾⒿⓀⓁ	3	['trʌmpit]	n. 喇叭，小号 v. 鼓吹
workforce	ⒶⒷⒸⒹⒺⒻⒼⒽⒾⒿⓀⓁ	3	['wə:kfɔ:s]	n. 劳动力，职工总数
laborer	ⒶⒷⒸⒹⒺⒻⒼⒽⒾⒿⓀⓁ	3	['leibərə]	n. 劳动者
veteran	ⒶⒷⒸⒹⒺⒻⒼⒽⒾⒿⓀⓁ	3	['vetərən]	n. 老兵，老手 a. 经验丰富的
sophistication	ⒶⒷⒸⒹⒺⒻⒼⒽⒾⒿⓀⓁ	3	[səˌfisti'keiʃən]	n. 老练，精明，复杂
ilk	ⒶⒷⒸⒹⒺⒻⒼⒽⒾⒿⓀⓁ	3	[ilk]	n. 类型，种类，家族 a. 相同的
coupon	ⒶⒷⒸⒹⒺⒻⒼⒽⒾⒿⓀⓁ	3	['ku:pɔn]	n. 礼券，优惠券，票证
barber	ⒶⒷⒸⒹⒺⒻⒼⒽⒾⒿⓀⓁ	3	['ba:bə]	n. 理发师
recorder	ⒶⒷⒸⒹⒺⒻⒼⒽⒾⒿⓀⓁ	3	[ri'kɔ:də]	n. 录音机，记录员，记录仪
guidebook	ⒶⒷⒸⒹⒺⒻⒼⒽⒾⒿⓀⓁ	3	['gaidbuk]	n. 旅行指南
sparrow	ⒶⒷⒸⒹⒺⒻⒼⒽⒾⒿⓀⓁ	3	['spærəu]	n. 麻雀
circus	ⒶⒷⒸⒹⒺⒻⒼⒽⒾⒿⓀⓁ	3	['sə:kəs]	n. 马戏团，马戏表演，竞技场
owl	ⒶⒷⒸⒹⒺⒻⒼⒽⒾⒿⓀⓁ	3	[əul]	n. 猫头鹰
threshold	ⒶⒷⒸⒹⒺⒻⒼⒽⒾⒿⓀⓁ	3	['θreʃhəuld]	n. 门槛，开端，入口
bolt	ⒶⒷⒸⒹⒺⒻⒼⒽⒾⒿⓀⓁ	3	[bəult]	n. 门栓，螺栓 v. 逃跑
mammoth	ⒶⒷⒸⒹⒺⒻⒼⒽⒾⒿⓀⓁ	3	['mæməθ]	n. 猛犸象，长毛象 a. 庞大的
superstition	ⒶⒷⒸⒹⒺⒻⒼⒽⒾⒿⓀⓁ	3	[ˌsju:pə'stiʃən]	n. 迷信，偶像崇拜
enigma	ⒶⒷⒸⒹⒺⒻⒼⒽⒾⒿⓀⓁ	3	[i'nigmə]	n. 谜，难以理解的事物
conundrum	ⒶⒷⒸⒹⒺⒻⒼⒽⒾⒿⓀⓁ	3	[kə'nʌndrəm]	n. 谜语，难题
nationalism	ⒶⒷⒸⒹⒺⒻⒼⒽⒾⒿⓀⓁ	3	['næʃənəlizəm]	n. 民族主义，国家主义
alacrity	ⒶⒷⒸⒹⒺⒻⒼⒽⒾⒿⓀⓁ	3	[ə'lækriti]	n. 敏捷，轻快，乐意
simile	ⒶⒷⒸⒹⒺⒻⒼⒽⒾⒿⓀⓁ	3	['simili]	n. 明喻，直喻
fallacy	ⒶⒷⒸⒹⒺⒻⒼⒽⒾⒿⓀⓁ	3	['fæləsi]	n. 谬误，谬论
evasiveness	ⒶⒷⒸⒹⒺⒻⒼⒽⒾⒿⓀⓁ	3	[ivei'sivnis]	n. 模棱两可，逃避
timber	ⒶⒷⒸⒹⒺⒻⒼⒽⒾⒿⓀⓁ	3	['timbə]	n. 木材，木料
pasture	ⒶⒷⒸⒹⒺⒻⒼⒽⒾⒿⓀⓁ	3	['pa:stʃə]	n. 牧场，草场 v. 放牧
shepherd	ⒶⒷⒸⒹⒺⒻⒼⒽⒾⒿⓀⓁ	3	['ʃepəd]	n. 牧羊人 v. 牧羊，引导
taxpayer	ⒶⒷⒸⒹⒺⒻⒼⒽⒾⒿⓀⓁ	3	['tæksˌpeiə]	n. 纳税人
irritation	ⒶⒷⒸⒹⒺⒻⒼⒽⒾⒿⓀⓁ	3	[ˌiri'teiʃən]	n. 恼火，发炎，刺激
competence	ⒶⒷⒸⒹⒺⒻⒼⒽⒾⒿⓀⓁ	3	['kɔmpətəns]	n. 能力，胜任
malaria	ⒶⒷⒸⒹⒺⒻⒼⒽⒾⒿⓀⓁ	3	[mə'leəriə]	n. 疟疾，瘴气
idol	ⒶⒷⒸⒹⒺⒻⒼⒽⒾⒿⓀⓁ	3	['aidl]	n. 偶像
rehearsal	ⒶⒷⒸⒹⒺⒻⒼⒽⒾⒿⓀⓁ	3	[ri'hə:səl]	n. 排练，彩排
crab	ⒶⒷⒸⒹⒺⒻⒼⒽⒾⒿⓀⓁ	3	[kræb]	n. 螃蟹 v. 抱怨
parabola	ⒶⒷⒸⒹⒺⒻⒼⒽⒾⒿⓀⓁ	3	[pə'ræbələ]	n. 抛物线
temper	ⒶⒷⒸⒹⒺⒻⒼⒽⒾⒿⓀⓁ	3	['tempə]	n. 脾气，情绪 v. 调和，缓和
terrace	ⒶⒷⒸⒹⒺⒻⒼⒽⒾⒿⓀⓁ	3	['terəs]	n. 平台，阳台，梯田的一层
bankruptcy	ⒶⒷⒸⒹⒺⒻⒼⒽⒾⒿⓀⓁ	3	['bæŋkrəp(t)si]	n. 破产

单词	标记	频率	读音	词义
servant	ⒶⒷⒸⒹⒺⒻⒼⒽⒾⒿⓀⓁ	3	['sə:vənt]	n. 仆人
raisin	ⒶⒷⒸⒹⒺⒻⒼⒽⒾⒿⓀⓁ	3	['reizn]	n. 葡萄干
deceit	ⒶⒷⒸⒹⒺⒻⒼⒽⒾⒿⓀⓁ	3	[di'si:t]	n. 欺骗，谎言
beggar	ⒶⒷⒸⒹⒺⒻⒼⒽⒾⒿⓀⓁ	3	['begə]	n. 乞丐
entrepreneur	ⒶⒷⒸⒹⒺⒻⒼⒽⒾⒿⓀⓁ	3	[ˌɔntrəprə'nə:]	n. 企业家
syndication	ⒶⒷⒸⒹⒺⒻⒼⒽⒾⒿⓀⓁ	3	[ˌsindi'keiʃən]	n. 企业联合，企业联合组织
apparatus	ⒶⒷⒸⒹⒺⒻⒼⒽⒾⒿⓀⓁ	3	[ˌæpə'reitəs]	n. 器械，设备，仪器，机构
submarine	ⒶⒷⒸⒹⒺⒻⒼⒽⒾⒿⓀⓁ	3	['sʌbməri:n;sʌbmə'ri:n]	n. 潜水艇 a. 海面下的
condemnation	ⒶⒷⒸⒹⒺⒻⒼⒽⒾⒿⓀⓁ	3	[ˌkɔndem'neiʃən]	n. 谴责，定罪
enforcement	ⒶⒷⒸⒹⒺⒻⒼⒽⒾⒿⓀⓁ	3	[in'fɔ:smənt]	n. 强制，执行
intrusion	ⒶⒷⒸⒹⒺⒻⒼⒽⒾⒿⓀⓁ	3	[in'tru:ʒən]	n. 侵入，打扰
inclination	ⒶⒷⒸⒹⒺⒻⒼⒽⒾⒿⓀⓁ	3	[ˌinkli'neiʃən]	n. 倾斜，倾向，意愿，斜坡
scavenger	ⒶⒷⒸⒹⒺⒻⒼⒽⒾⒿⓀⓁ	3	['skævindʒə]	n. 清道夫，食腐动物，拾荒者
petition	ⒶⒷⒸⒹⒺⒻⒼⒽⒾⒿⓀⓁ	3	[pi'tiʃən]	n. 请愿书，祈求，申请 v. 请愿
curriculum	ⒶⒷⒸⒹⒺⒻⒼⒽⒾⒿⓀⓁ	3	[kə'rikjuləm]	n. 全部课程
drawback	ⒶⒷⒸⒹⒺⒻⒼⒽⒾⒿⓀⓁ	3	['drɔ:ˌbæk]	n. 缺点，劣势，退税
zeal	ⒶⒷⒸⒹⒺⒻⒼⒽⒾⒿⓀⓁ	3	[zi:l]	n. 热心，热情
ardor	ⒶⒷⒸⒹⒺⒻⒼⒽⒾⒿⓀⓁ	3	['a:də]	n. 热心，热情
sidewalk	ⒶⒷⒸⒹⒺⒻⒼⒽⒾⒿⓀⓁ	3	['saidwɔ:k]	n. 人行道
anthropologist	ⒶⒷⒸⒹⒺⒻⒼⒽⒾⒿⓀⓁ	3	[ˌænθrə'pɔlədʒist]	n. 人类学家
sunset	ⒶⒷⒸⒹⒺⒻⒼⒽⒾⒿⓀⓁ	3	['sʌnset]	n. 日落，晚年
vulnerability	ⒶⒷⒸⒹⒺⒻⒼⒽⒾⒿⓀⓁ	3	[ˌvʌlnərə'biləti]	n. 弱点，漏洞，易受攻击
monk	ⒶⒷⒸⒹⒺⒻⒼⒽⒾⒿⓀⓁ	3	[mʌŋk]	n. 僧侣
sofa	ⒶⒷⒸⒹⒺⒻⒼⒽⒾⒿⓀⓁ	3	['səufə]	n. 沙发
modicum	ⒶⒷⒸⒹⒺⒻⒼⒽⒾⒿⓀⓁ	3	['mɔdikəm]	n. 少量
paucity	ⒶⒷⒸⒹⒺⒻⒼⒽⒾⒿⓀⓁ	3	['pɔ:siti]	n. 少数，少量，缺乏
extravagance	ⒶⒷⒸⒹⒺⒻⒼⒽⒾⒿⓀⓁ	3	[ik'strævəgəns]	n. 奢侈，浪费，挥霍无度
mythology	ⒶⒷⒸⒹⒺⒻⒼⒽⒾⒿⓀⓁ	3	[mi'θɔlədʒi]	n. 神话，神话学
nervousness	ⒶⒷⒸⒹⒺⒻⒼⒽⒾⒿⓀⓁ	3	['nə:vəsnis]	n. 神经紧张，情绪不安
prestige	ⒶⒷⒸⒹⒺⒻⒼⒽⒾⒿⓀⓁ	3	[pres'ti:ʒ;-'ti:dʒ]	n. 声望，威望
blindness	ⒶⒷⒸⒹⒺⒻⒼⒽⒾⒿⓀⓁ	3	['blaindnis]	n. 失明，盲目，愚昧
louse	ⒶⒷⒸⒹⒺⒻⒼⒽⒾⒿⓀⓁ	3	[laus]	n. 虱子，寄生虫
petroleum	ⒶⒷⒸⒹⒺⒻⒼⒽⒾⒿⓀⓁ	3	[pi'trəuliəm]	n. 石油
anachronism	ⒶⒷⒸⒹⒺⒻⒼⒽⒾⒿⓀⓁ	3	[ə'nækrənizm]	n. 时代错误，不合潮流的人（物）
fad	ⒶⒷⒸⒹⒺⒻⒼⒽⒾⒿⓀⓁ	3	[fæd]	n. 时尚，（一时流行的）狂热
pragmatist	ⒶⒷⒸⒹⒺⒻⒼⒽⒾⒿⓀⓁ	3	['prægmətist]	n. 实用主义者
carnivore	ⒶⒷⒸⒹⒺⒻⒼⒽⒾⒿⓀⓁ	3	['ka:nivɔ:]	n. 食肉动物
sustenance	ⒶⒷⒸⒹⒺⒻⒼⒽⒾⒿⓀⓁ	3	['sʌstinəns]	n. 食物，生计，营养
fait	ⒶⒷⒸⒹⒺⒻⒼⒽⒾⒿⓀⓁ	3	['feit]	n. 事实，行为
fitness	ⒶⒷⒸⒹⒺⒻⒼⒽⒾⒿⓀⓁ	3	['fitnis]	n. 适当，适切性

单词	标记	频率	读音	词义
scalpel	ⒶⒷⒸⒹⒺⒻⒼⒽⒾⒿⓀⓁ	3	['skælpəl]	n. 手术刀，解剖刀
cart	ⒶⒷⒸⒹⒺⒻⒼⒽⒾⒿⓀⓁ	3	[ka:t]	n. 手推车，马车 v. 运送，搬运
fraternity	ⒶⒷⒸⒹⒺⒻⒼⒽⒾⒿⓀⓁ	3	[frə'tə:niti]	n. 手足之情，友爱，兄弟会
respectability	ⒶⒷⒸⒹⒺⒻⒼⒽⒾⒿⓀⓁ	3	[rispektə'biləti]	n. 受尊重，体面
empowerment	ⒶⒷⒸⒹⒺⒻⒼⒽⒾⒿⓀⓁ	3	[im'pauəmənt]	n. 授权
sermon	ⒶⒷⒸⒹⒺⒻⒼⒽⒾⒿⓀⓁ	3	['sə:mən]	n. 说教，布道
treasurer	ⒶⒷⒸⒹⒺⒻⒼⒽⒾⒿⓀⓁ	3	['treʒərə]	n. 司库，出纳员，会计
mortality	ⒶⒷⒸⒹⒺⒻⒼⒽⒾⒿⓀⓁ	3	[mɔ:'tæliti]	n. 死亡率，死亡人数，必死性
tunnel	ⒶⒷⒸⒹⒺⒻⒼⒽⒾⒿⓀⓁ	3	['tʌnl]	n. 隧道，地道
mischief	ⒶⒷⒸⒹⒺⒻⒼⒽⒾⒿⓀⓁ	3	['mistʃif]	n. 淘气，恶作剧，损害
vine	ⒶⒷⒸⒹⒺⒻⒼⒽⒾⒿⓀⓁ	3	[vain]	n. 藤本植物，葡萄藤
proposition	ⒶⒷⒸⒹⒺⒻⒼⒽⒾⒿⓀⓁ	3	[ˌprɔpə'ziʃən]	n. 提议，命题，事业
ceiling	ⒶⒷⒸⒹⒺⒻⒼⒽⒾⒿⓀⓁ	3	['si:liŋ]	n. 天花板，上限
commuter	ⒶⒷⒸⒹⒺⒻⒼⒽⒾⒿⓀⓁ	3	[kə'mju:tə]	n. 通勤者，每日往返上班者
ruler	ⒶⒷⒸⒹⒺⒻⒼⒽⒾⒿⓀⓁ	3	['ru:lə]	n. 统治者，尺子
helmet	ⒶⒷⒸⒹⒺⒻⒼⒽⒾⒿⓀⓁ	3	['helmit]	n. 头盔，钢盔
investment	ⒶⒷⒸⒹⒺⒻⒼⒽⒾⒿⓀⓁ	3	[in'vestmənt]	n. 投资，投资额
transparency	ⒶⒷⒸⒹⒺⒻⒼⒽⒾⒿⓀⓁ	3	[træns'peərənsi]	n. 透明度，幻灯片
totem	ⒶⒷⒸⒹⒺⒻⒼⒽⒾⒿⓀⓁ	3	['təutəm]	n. 图腾，标识，徽章
recommendation	ⒶⒷⒸⒹⒺⒻⒼⒽⒾⒿⓀⓁ	3	[ˌrekəmen'deiʃən]	n. 推荐，建议
setback	ⒶⒷⒸⒹⒺⒻⒼⒽⒾⒿⓀⓁ	3	['setbæk]	n. 退步，挫折，失败
pantheon	ⒶⒷⒸⒹⒺⒻⒼⒽⒾⒿⓀⓁ	3	['pænθiən;'pænθiɔn]	n. 万神殿，众神，名流
infraction	ⒶⒷⒸⒹⒺⒻⒼⒽⒾⒿⓀⓁ	3	[in'frækʃən]	n. 违反，违法
scarf	ⒶⒷⒸⒹⒺⒻⒼⒽⒾⒿⓀⓁ	3	[ska:f]	n. 围巾
euphemism	ⒶⒷⒸⒹⒺⒻⒼⒽⒾⒿⓀⓁ	3	['ju:fimizəm]	n. 委婉的说法
insignificance	ⒶⒷⒸⒹⒺⒻⒼⒽⒾⒿⓀⓁ	3	[ˌinsig'nifikəns]	n. 无关紧要，无意义
nuance	ⒶⒷⒸⒹⒺⒻⒼⒽⒾⒿⓀⓁ	3	[nju:'a:ns;-'ɔ:ns]	n. 细微差别
prerequisite	ⒶⒷⒸⒹⒺⒻⒼⒽⒾⒿⓀⓁ	3	['pri:'rekwizit]	n. 先决条件，前提 a. 必备的
precedent	ⒶⒷⒸⒹⒺⒻⒼⒽⒾⒿⓀⓁ	3	[pri'si:dənt]	n. 先例，惯例 a. 在先的，在前的
fiber	ⒶⒷⒸⒹⒺⒻⒼⒽⒾⒿⓀⓁ	3	['faibə]	n. 纤维，质地
manifestation	ⒶⒷⒸⒹⒺⒻⒼⒽⒾⒿⓀⓁ	3	[ˌmænifes'teiʃən]	n. 显示，证明，示威运动
counterpart	ⒶⒷⒸⒹⒺⒻⒼⒽⒾⒿⓀⓁ	3	['kauntəpa:t]	n. 相对应的人或物，副本
spice	ⒶⒷⒸⒹⒺⒻⒼⒽⒾⒿⓀⓁ	3	[spais]	n. 香料，调味品，情趣
quadrant	ⒶⒷⒸⒹⒺⒻⒼⒽⒾⒿⓀⓁ	3	['kwɔdrənt]	n. 象限，四分之一圆
emblem	ⒶⒷⒸⒹⒺⒻⒼⒽⒾⒿⓀⓁ	3	['embləm]	n. 象征，徽章 v. 用象征表示
mite	ⒶⒷⒸⒹⒺⒻⒼⒽⒾⒿⓀⓁ	3	[mait]	n. 小虫，极小量，螨虫
faction	ⒶⒷⒸⒹⒺⒻⒼⒽⒾⒿⓀⓁ	3	['fækʃən]	n. 小集团，派系，内讧
grove	ⒶⒷⒸⒹⒺⒻⒼⒽⒾⒿⓀⓁ	3	[grəuv]	n. 小树林，果园
campus	ⒶⒷⒸⒹⒺⒻⒼⒽⒾⒿⓀⓁ	3	['kæmpəs]	n. 校园
psychoanalysis	ⒶⒷⒸⒹⒺⒻⒼⒽⒾⒿⓀⓁ	3	[ˌsaikəuə'næləsis]	n. 心理分析，精神分析

单词	标记	频率	读音	词义
whim	ⒶⒷⒸⒹⒺⒻⒼⒽⒾⒿⓀⓁ	3	[(h)wim]	n. 心血来潮，突发奇想
sanity	ⒶⒷⒸⒹⒺⒻⒼⒽⒾⒿⓀⓁ	3	['sæniti]	n. 心智健全，明智
epoch	ⒶⒷⒸⒹⒺⒻⒼⒽⒾⒿⓀⓁ	3	['i:pɔk;'epɔk]	n. 新纪元，时期
journalism	ⒶⒷⒸⒹⒺⒻⒼⒽⒾⒿⓀⓁ	3	['dʒə:nəlizəm]	n. 新闻业，新闻工作
believer	ⒶⒷⒸⒹⒺⒻⒼⒽⒾⒿⓀⓁ	3	[bi'li:və]	n. 信徒
panda	ⒶⒷⒸⒹⒺⒻⒼⒽⒾⒿⓀⓁ	3	['pændə]	n. 熊猫
preface	ⒶⒷⒸⒹⒺⒻⒼⒽⒾⒿⓀⓁ	3	['prefis]	n. 序言，前言
declaration	ⒶⒷⒸⒹⒺⒻⒼⒽⒾⒿⓀⓁ	3	[,deklə'reiʃən]	n. 宣布，声明，申报
kinship	ⒶⒷⒸⒹⒺⒻⒼⒽⒾⒿⓀⓁ	3	['kinʃip]	n. 血缘关系
toothpick	ⒶⒷⒸⒹⒺⒻⒼⒽⒾⒿⓀⓁ	3	['tu:θpik]	n. 牙签
linen	ⒶⒷⒸⒹⒺⒻⒼⒽⒾⒿⓀⓁ	3	['linin]	n. 亚麻布
lecturer	ⒶⒷⒸⒹⒺⒻⒼⒽⒾⒿⓀⓁ	3	['lektʃərə]	n. 演讲者，讲师
aversion	ⒶⒷⒸⒹⒺⒻⒼⒽⒾⒿⓀⓁ	3	[ə'və:ʃən]	n. 厌恶，讨厌的人或事
disgust	ⒶⒷⒸⒹⒺⒻⒼⒽⒾⒿⓀⓁ	3	[dis'gʌst]	n. 厌恶 v. 令人厌恶
oatmeal	ⒶⒷⒸⒹⒺⒻⒼⒽⒾⒿⓀⓁ	3	['əutmi:l]	n. 燕麦片，燕麦粥
fieldwork	ⒶⒷⒸⒹⒺⒻⒼⒽⒾⒿⓀⓁ	3	['fi:ldwɜ:k]	n. 野战工事，野外工作
consistency	ⒶⒷⒸⒹⒺⒻⒼⒽⒾⒿⓀⓁ	3	[kən'sistənsi]	n. 一致性，连贯性，浓度
agenda	ⒶⒷⒸⒹⒺⒻⒼⒽⒾⒿⓀⓁ	3	[ə'dʒendə]	n. 议程，应办事项
councillor	ⒶⒷⒸⒹⒺⒻⒼⒽⒾⒿⓀⓁ	3	['kaunsilə]	n. 议员，评议员
dissent	ⒶⒷⒸⒹⒺⒻⒼⒽⒾⒿⓀⓁ	3	[di'sent]	n. 异议 v. 持异议，不同意
beverage	ⒶⒷⒸⒹⒺⒻⒼⒽⒾⒿⓀⓁ	3	['bevəridʒ]	n. 饮料
mileage	ⒶⒷⒸⒹⒺⒻⒼⒽⒾⒿⓀⓁ	3	['mailidʒ]	n. 英里数，里程
infancy	ⒶⒷⒸⒹⒺⒻⒼⒽⒾⒿⓀⓁ	3	['infənsi]	n. 婴儿期，幼年，初期
hug	ⒶⒷⒸⒹⒺⒻⒼⒽⒾⒿⓀⓁ	3	[hʌg]	n. 拥抱
congestion	ⒶⒷⒸⒹⒺⒻⒼⒽⒾⒿⓀⓁ	3	[kən'dʒestʃən]	n. 拥塞，拥挤，充血
bravery	ⒶⒷⒸⒹⒺⒻⒼⒽⒾⒿⓀⓁ	3	['breivəri]	n. 勇敢
precedence	ⒶⒷⒸⒹⒺⒻⒼⒽⒾⒿⓀⓁ	3	['presidəns]	n. 优先，优先权
excellence	ⒶⒷⒸⒹⒺⒻⒼⒽⒾⒿⓀⓁ	3	['eksələns]	n. 优秀，卓越
postmark	ⒶⒷⒸⒹⒺⒻⒼⒽⒾⒿⓀⓁ	3	['pəustma:k]	n. 邮戳 v. 盖邮戳于
availability	ⒶⒷⒸⒹⒺⒻⒼⒽⒾⒿⓀⓁ	3	[ə,veilə'biliti]	n. 有效，可用性
inducement	ⒶⒷⒸⒹⒺⒻⒼⒽⒾⒿⓀⓁ	3	[in'dju:smənt]	n. 诱因，动机，刺激物
folly	ⒶⒷⒸⒹⒺⒻⒼⒽⒾⒿⓀⓁ	3	['fɔli]	n. 愚蠢，荒唐事
cosmos	ⒶⒷⒸⒹⒺⒻⒼⒽⒾⒿⓀⓁ	3	['kɔzmɔs]	n. 宇宙
spaceship	ⒶⒷⒸⒹⒺⒻⒼⒽⒾⒿⓀⓁ	3	['speisʃip]	n. 宇宙飞船
constraint	ⒶⒷⒸⒹⒺⒻⒼⒽⒾⒿⓀⓁ	3	[kən'streint]	n. 约束，强制
adversity	ⒶⒷⒸⒹⒺⒻⒼⒽⒾⒿⓀⓁ	3	[əd'və:siti]	n. 灾祸，逆境
calamity	ⒶⒷⒸⒹⒺⒻⒼⒽⒾⒿⓀⓁ	3	[kə'læmiti]	n. 灾难，灾祸
scrutiny	ⒶⒷⒸⒹⒺⒻⒼⒽⒾⒿⓀⓁ	3	['skru:tini]	n. 仔细检查，细看
reinforcement	ⒶⒷⒸⒹⒺⒻⒼⒽⒾⒿⓀⓁ	3	[,ri:in'fɔ:smənt]	n. 增援，加强，援军
proliferation	ⒶⒷⒸⒹⒺⒻⒼⒽⒾⒿⓀⓁ	3	[prəu,lifə'reiʃən]	n. 增殖，繁殖，扩散

单词	标记	频率	读音	词义
hatred	ⒶⒷⒸⒹⒺⒻⒼⒽⒾⒿⓀⓁ	3	['heitrid]	n. 憎恨，仇恨
giraffe	ⒶⒷⒸⒹⒺⒻⒼⒽⒾⒿⓀⓁ	3	[dʒi'ra:f]	n. 长颈鹿
longevity	ⒶⒷⒸⒹⒺⒻⒼⒽⒾⒿⓀⓁ	3	[lɔn'dʒeviti]	n. 长寿，寿命
swamp	ⒶⒷⒸⒹⒺⒻⒼⒽⒾⒿⓀⓁ	3	[swɔmp]	n. 沼泽，困境 v. 使陷入，淹没
mega	ⒶⒷⒸⒹⒺⒻⒼⒽⒾⒿⓀⓁ	3	['megə]	n. 兆 a. 巨大的
bloomer	ⒶⒷⒸⒹⒺⒻⒼⒽⒾⒿⓀⓁ	3	['blu:mə]	n. 正在开花的植物，成熟的人
proponent	ⒶⒷⒸⒹⒺⒻⒼⒽⒾⒿⓀⓁ	3	[prə'pəunənt]	n. 支持者，倡导者
affordability	ⒶⒷⒸⒹⒺⒻⒼⒽⒾⒿⓀⓁ	3	[əˌfɔ:də'biləti]	n. 支付能力
intelligentsia	ⒶⒷⒸⒹⒺⒻⒼⒽⒾⒿⓀⓁ	3	[inteli'dʒentsiə]	n. 知识分子
colony	ⒶⒷⒸⒹⒺⒻⒼⒽⒾⒿⓀⓁ	3	['kɔləni]	n. 殖民地，菌群
fingertip	ⒶⒷⒸⒹⒺⒻⒼⒽⒾⒿⓀⓁ	3	['fiŋgətip]	n. 指尖，指套
midst	ⒶⒷⒸⒹⒺⒻⒼⒽⒾⒿⓀⓁ	3	['midst]	n. 中部，中间
neutrality	ⒶⒷⒸⒹⒺⒻⒼⒽⒾⒿⓀⓁ	3	[nju:'træliti]	n. 中立
ethnicity	ⒶⒷⒸⒹⒺⒻⒼⒽⒾⒿⓀⓁ	3	[eθ'nisiti]	n. 种族划分
reevaluation	ⒶⒷⒸⒹⒺⒻⒼⒽⒾⒿⓀⓁ	3	['ri:ivælju'eiʃən]	n. 重估
mainstream	ⒶⒷⒸⒹⒺⒻⒼⒽⒾⒿⓀⓁ	3	['meinstri:m]	n. 主流
expertise	ⒶⒷⒸⒹⒺⒻⒼⒽⒾⒿⓀⓁ	3	[ˌekspə'ti:z]	n. 专家意见，专门知识，专长
diversion	ⒶⒷⒸⒹⒺⒻⒼⒽⒾⒿⓀⓁ	3	[dai'və:ʃən]	n. 转向，转移，娱乐活动
liberty	ⒶⒷⒸⒹⒺⒻⒼⒽⒾⒿⓀⓁ	3	['libəti]	n. 自由
corridor	ⒶⒷⒸⒹⒺⒻⒼⒽⒾⒿⓀⓁ	3	['kɔridɔ:]	n. 走廊
criminal	ⒶⒷⒸⒹⒺⒻⒼⒽⒾⒿⓀⓁ	3	['kriminl]	n. 罪犯 a. 犯罪的
alongside	ⒶⒷⒸⒹⒺⒻⒼⒽⒾⒿⓀⓁ	3	[ə'lɔŋ'said]	prep./ad. 在旁边
amid	ⒶⒷⒸⒹⒺⒻⒼⒽⒾⒿⓀⓁ	3	[ə'mid]	prep. 在其间，在其中
mimic	ⒶⒷⒸⒹⒺⒻⒼⒽⒾⒿⓀⓁ	3	['mimik]	v./a. 模仿，模拟 n. 模仿者，仿制品
soar	ⒶⒷⒸⒹⒺⒻⒼⒽⒾⒿⓀⓁ	3	[sɔ:,sɔə]	v./n. 翱翔，高飞
stumble	ⒶⒷⒸⒹⒺⒻⒼⒽⒾⒿⓀⓁ	3	['stʌmbl]	v./n. 绊倒，犯错误
sneer	ⒶⒷⒸⒹⒺⒻⒼⒽⒾⒿⓀⓁ	3	[sniə]	v./n. 嘲笑，冷笑
collapse	ⒶⒷⒸⒹⒺⒻⒼⒽⒾⒿⓀⓁ	3	[kə'læps]	v./n. 倒塌，崩溃
gamble	ⒶⒷⒸⒹⒺⒻⒼⒽⒾⒿⓀⓁ	3	['gæmbl]	v./n. 赌博，冒险
overestimate	ⒶⒷⒸⒹⒺⒻⒼⒽⒾⒿⓀⓁ	3	['əuvə'estimeit]	v./n. 过高估计
uprise	ⒶⒷⒸⒹⒺⒻⒼⒽⒾⒿⓀⓁ	3	[ʌp'raiz]	v./n. 上升，起床，起义
wade	ⒶⒷⒸⒹⒺⒻⒼⒽⒾⒿⓀⓁ	3	[weid]	v./n. 涉水，跋涉
decay	ⒶⒷⒸⒹⒺⒻⒼⒽⒾⒿⓀⓁ	3	[di'kei]	v./n. 衰退，腐败
warp	ⒶⒷⒸⒹⒺⒻⒼⒽⒾⒿⓀⓁ	3	[wɔ:p]	v./n. 弯曲，歪曲
misuse	ⒶⒷⒸⒹⒺⒻⒼⒽⒾⒿⓀⓁ	3	['mis'ju:z]	v./n. 误用，滥用
sniff	ⒶⒷⒸⒹⒺⒻⒼⒽⒾⒿⓀⓁ	3	[snif]	v./n. 嗅，吸入，鄙视
whirl	ⒶⒷⒸⒹⒺⒻⒼⒽⒾⒿⓀⓁ	3	[(h)wə:l]	v./n. 旋转，发晕，混乱
reprint	ⒶⒷⒸⒹⒺⒻⒼⒽⒾⒿⓀⓁ	3	['ri:'print]	v./n. 再版，重印
augment	ⒶⒷⒸⒹⒺⒻⒼⒽⒾⒿⓀⓁ	3	[ɔ:g'ment]	v./n. 增加，扩大
chirp	ⒶⒷⒸⒹⒺⒻⒼⒽⒾⒿⓀⓁ	3	[tʃə:p]	v./n. 喳喳叫

单词	标记	频率	读音	词义
tremble	ⒶⒷⒸⒹⒺⒻⒼⒽⒾⒿⓀⓁ	3	['trembl]	v./n. 战栗，颤抖
recapture	ⒶⒷⒸⒹⒺⒻⒼⒽⒾⒿⓀⓁ	3	['ri:'kæptʃə]	v./n. 重新获得，再俘虏
bungle	ⒶⒷⒸⒹⒺⒻⒼⒽⒾⒿⓀⓁ	3	['bʌŋgl]	v./n. 拙劣的工作，粗制滥造，搞坏
boast	ⒶⒷⒸⒹⒺⒻⒼⒽⒾⒿⓀⓁ	3	[bəust]	v./n. 自夸，吹牛
adore	ⒶⒷⒸⒹⒺⒻⒼⒽⒾⒿⓀⓁ	3	[ə'dɔ:]	v. 爱慕，崇拜
conserve	ⒶⒷⒸⒹⒺⒻⒼⒽⒾⒿⓀⓁ	3	[kən'sə:v]	v. 保存，保护 n. 蜜饯，果酱
shun	ⒶⒷⒸⒹⒺⒻⒼⒽⒾⒿⓀⓁ	3	[ʃʌn]	v. 避开，回避
conjure	ⒶⒷⒸⒹⒺⒻⒼⒽⒾⒿⓀⓁ	3	['kʌndʒə]	v. 变戏法，恳求，召唤
dial	ⒶⒷⒸⒹⒺⒻⒼⒽⒾⒿⓀⓁ	3	['daiəl]	v. 拨号，打电话 n. 拨号盘，刻度盘
transcend	ⒶⒷⒸⒹⒺⒻⒼⒽⒾⒿⓀⓁ	3	[træn'send]	v. 超越，胜过
withdraw	ⒶⒷⒸⒹⒺⒻⒼⒽⒾⒿⓀⓁ	3	[wið'drɔ:]	v. 撤销，撤回，撤退
brood	ⒶⒷⒸⒹⒺⒻⒼⒽⒾⒿⓀⓁ	3	[bru:d]	v. 沉思，孵蛋 n. 一窝，一伙
arrest	ⒶⒷⒸⒹⒺⒻⒼⒽⒾⒿⓀⓁ	3	[ə'rest]	v. 逮捕，拘留，吸引
downplay	ⒶⒷⒸⒹⒺⒻⒼⒽⒾⒿⓀⓁ	3	['daunplei]	v. 低估，不予重视
sculpt	ⒶⒷⒸⒹⒺⒻⒼⒽⒾⒿⓀⓁ	3	[skʌlpt]	v. 雕刻
swish	ⒶⒷⒸⒹⒺⒻⒼⒽⒾⒿⓀⓁ	3	[swiʃ]	v. 发出嗖嗖声，挥舞 n. 嗖嗖声
vow	ⒶⒷⒸⒹⒺⒻⒼⒽⒾⒿⓀⓁ	3	[vau]	v. 发誓 n. 誓言
proliferate	ⒶⒷⒸⒹⒺⒻⒼⒽⒾⒿⓀⓁ	3	[prəu'lifəreit]	v. 繁殖，激增，扩散
propagate	ⒶⒷⒸⒹⒺⒻⒼⒽⒾⒿⓀⓁ	3	['prɔpəgeit]	v. 繁殖，增殖，传播
radiate	ⒶⒷⒸⒹⒺⒻⒼⒽⒾⒿⓀⓁ	3	['reidieit]	v. 放射，辐射，流露，散发
split	ⒶⒷⒸⒹⒺⒻⒼⒽⒾⒿⓀⓁ	3	[split]	v. 分裂，撕裂 n. 裂口，劈开
imprint	ⒶⒷⒸⒹⒺⒻⒼⒽⒾⒿⓀⓁ	3	[im'print]	v. 盖印，使铭记于心
intervene	ⒶⒷⒸⒹⒺⒻⒼⒽⒾⒿⓀⓁ	3	[,intə'vi:n]	v. 干涉，插入，干扰
tamper	ⒶⒷⒸⒹⒺⒻⒼⒽⒾⒿⓀⓁ	3	['tæmpə]	v. 干预，玩弄，贿赂
renew	ⒶⒷⒸⒹⒺⒻⒼⒽⒾⒿⓀⓁ	3	[ri'nju:]	v. 更新，重新开始，使恢复
evade	ⒶⒷⒸⒹⒺⒻⒼⒽⒾⒿⓀⓁ	3	[i'veid]	v. 规避，逃避，躲避
collaborate	ⒶⒷⒸⒹⒺⒻⒼⒽⒾⒿⓀⓁ	3	[kə'læbəreit]	v. 合作，通敌
amass	ⒶⒷⒸⒹⒺⒻⒼⒽⒾⒿⓀⓁ	3	[ə'mæs]	v. 积累，积聚
begrudge	ⒶⒷⒸⒹⒺⒻⒼⒽⒾⒿⓀⓁ	3	[bi'grʌdʒ]	v. 嫉妒，羡慕
punctuate	ⒶⒷⒸⒹⒺⒻⒼⒽⒾⒿⓀⓁ	3	['pʌŋktjueit]	v. 加标点于，强调，不时打断
fortify	ⒶⒷⒸⒹⒺⒻⒼⒽⒾⒿⓀⓁ	3	['fɔ:tifai]	v. 加强，筑防御工事，支持
presume	ⒶⒷⒸⒹⒺⒻⒼⒽⒾⒿⓀⓁ	3	[pri'zju:m]	v. 假定，推测，滥用
relieve	ⒶⒷⒸⒹⒺⒻⒼⒽⒾⒿⓀⓁ	3	[ri'li:v]	v. 减轻，解除，救济
alleviate	ⒶⒷⒸⒹⒺⒻⒼⒽⒾⒿⓀⓁ	3	[ə'li:vieit]	v. 减轻，使缓和
dwindle	ⒶⒷⒸⒹⒺⒻⒼⒽⒾⒿⓀⓁ	3	['dwindl]	v. 减少，缩小
befall	ⒶⒷⒸⒹⒺⒻⒼⒽⒾⒿⓀⓁ	3	[bi'fɔ:l]	v. 降临，发生
tuck	ⒶⒷⒸⒹⒺⒻⒼⒽⒾⒿⓀⓁ	3	[tʌk]	v. 卷起，藏起，打摺
unearth	ⒶⒷⒸⒹⒺⒻⒼⒽⒾⒿⓀⓁ	3	['ʌn'ə:θ]	v. 掘出，揭露
yearn	ⒶⒷⒸⒹⒺⒻⒼⒽⒾⒿⓀⓁ	3	[jə:n]	v. 渴望，同情
condone	ⒶⒷⒸⒹⒺⒻⒼⒽⒾⒿⓀⓁ	3	[kən'dəun]	v. 宽恕，赦免

单词	标记	频率	读音	词义
digress	ⒶⒷⒸⒹⒺⒻⒼⒽⒾⒿⓀⓁ	3	[dai'gres]	v. 离题，跑题
boycott	ⒶⒷⒸⒹⒺⒻⒼⒽⒾⒿⓀⓁ	3	['bɔikət]	v. 联合抵制，拒绝参加
enumerate	ⒶⒷⒸⒹⒺⒻⒼⒽⒾⒿⓀⓁ	3	[i'nju:məreit]	v. 列举，枚举
grudge	ⒶⒷⒸⒹⒺⒻⒼⒽⒾⒿⓀⓁ	3	[grʌdʒ]	v. 吝惜，嫉妒 n. 怨恨，恶意
blur	ⒶⒷⒸⒹⒺⒻⒼⒽⒾⒿⓀⓁ	3	[blə:]	v. 弄脏 n. 污点，模糊
creep	ⒶⒷⒸⒹⒺⒻⒼⒽⒾⒿⓀⓁ	3	[kri:p]	v. 爬，蹑手蹑脚地走 n. 爬行
linger	ⒶⒷⒸⒹⒺⒻⒼⒽⒾⒿⓀⓁ	3	['liŋgə]	v. 徘徊，逗留，闲逛
bump	ⒶⒷⒸⒹⒺⒻⒼⒽⒾⒿⓀⓁ	3	[bʌmp]	v. 碰撞 n. 撞击，肿块
appraise	ⒶⒷⒸⒹⒺⒻⒼⒽⒾⒿⓀⓁ	3	[ə'preiz]	v. 评价，估价，鉴定
impend	ⒶⒷⒸⒹⒺⒻⒼⒽⒾⒿⓀⓁ	3	[im'pend]	v. 迫近，逼近，即将发生
delude	ⒶⒷⒸⒹⒺⒻⒼⒽⒾⒿⓀⓁ	3	[di'lu:d]	v. 欺骗，蛊惑
constrain	ⒶⒷⒸⒹⒺⒻⒼⒽⒾⒿⓀⓁ	3	[kən'strein]	v. 强迫，限制
accentuate	ⒶⒷⒸⒹⒺⒻⒼⒽⒾⒿⓀⓁ	3	[æk'sentjueit]	v. 强调，重读
despise	ⒶⒷⒸⒹⒺⒻⒼⒽⒾⒿⓀⓁ	3	[dis'paiz]	v. 轻视
dispel	ⒶⒷⒸⒹⒺⒻⒼⒽⒾⒿⓀⓁ	3	[dis'pel]	v. 驱散，消除
enclose	ⒶⒷⒸⒹⒺⒻⒼⒽⒾⒿⓀⓁ	3	[in'kləuz]	v. 圈起，围住，封入
ascertain	ⒶⒷⒸⒹⒺⒻⒼⒽⒾⒿⓀⓁ	3	[ˌæsə'tein]	v. 确定，查明
disseminate	ⒶⒷⒸⒹⒺⒻⒼⒽⒾⒿⓀⓁ	3	[di'semineit]	v. 散布，传播，宣传
implicate	ⒶⒷⒸⒹⒺⒻⒼⒽⒾⒿⓀⓁ	3	['implikeit]	v. 涉及，使牵连，暗示
enchant	ⒶⒷⒸⒹⒺⒻⒼⒽⒾⒿⓀⓁ	3	[in'tʃa:nt]	v. 施魔法，使迷惑
standardize	ⒶⒷⒸⒹⒺⒻⒼⒽⒾⒿⓀⓁ	3	['stændədaiz]	v. 使标准化
unsettle	ⒶⒷⒸⒹⒺⒻⒼⒽⒾⒿⓀⓁ	3	['ʌn'setl]	v. 使不安，扰乱，使动摇
marginalize	ⒶⒷⒸⒹⒺⒻⒼⒽⒾⒿⓀⓁ	3	['ma:dʒinəlaiz]	v. 使处于社会边缘
purify	ⒶⒷⒸⒹⒺⒻⒼⒽⒾⒿⓀⓁ	3	['pjuərifai]	v. 使纯净，提纯，净化
vex	ⒶⒷⒸⒹⒺⒻⒼⒽⒾⒿⓀⓁ	3	[veks]	v. 使烦恼，使困惑
rationalize	ⒶⒷⒸⒹⒺⒻⒼⒽⒾⒿⓀⓁ	3	['ræʃənəlaiz]	v. 使合理化，消根
congregate	ⒶⒷⒸⒹⒺⒻⒼⒽⒾⒿⓀⓁ	3	['kɔŋgrigeit]	v. 使集合，聚集
depress	ⒶⒷⒸⒹⒺⒻⒼⒽⒾⒿⓀⓁ	3	[di'pres]	v. 使沮丧，使萧条，按下
idealize	ⒶⒷⒸⒹⒺⒻⒼⒽⒾⒿⓀⓁ	3	[ai'diəlaiz]	v. 使理想化
trivialize	ⒶⒷⒸⒹⒺⒻⒼⒽⒾⒿⓀⓁ	3	['triviəlaiz]	v. 使琐碎，使显得不重要
habituate	ⒶⒷⒸⒹⒺⒻⒼⒽⒾⒿⓀⓁ	3	[hə'bitjueit]	v. 使习惯于
revitalize	ⒶⒷⒸⒹⒺⒻⒼⒽⒾⒿⓀⓁ	3	['ri:'vaitəlaiz]	v. 使新生，使复兴
astound	ⒶⒷⒸⒹⒺⒻⒼⒽⒾⒿⓀⓁ	3	[əs'taund]	v. 使震惊
normalize	ⒶⒷⒸⒹⒺⒻⒼⒽⒾⒿⓀⓁ	3	['nɔ:məlaiz]	v. 使正常，使标准化
divert	ⒶⒷⒸⒹⒺⒻⒼⒽⒾⒿⓀⓁ	3	[di'və:t]	v. 使转向，转移，娱乐
empower	ⒶⒷⒸⒹⒺⒻⒼⒽⒾⒿⓀⓁ	3	[im'pauə]	v. 授权
confer	ⒶⒷⒸⒹⒺⒻⒼⒽⒾⒿⓀⓁ	3	[kən'fə:]	v. 授予，协商
flirt	ⒶⒷⒸⒹⒺⒻⒼⒽⒾⒿⓀⓁ	3	[flə:t]	v. 调情，轻率对待，快速移动
assimilate	ⒶⒷⒸⒹⒺⒻⒼⒽⒾⒿⓀⓁ	3	[ə'simileit]	v. 同化，吸收，消化
override	ⒶⒷⒸⒹⒺⒻⒼⒽⒾⒿⓀⓁ	3	[ˌəuvə'raid]	v. 推翻，无视，凌驾

单词	标记	频率	读音	词义
situate	ⒶⒷⒸⒹⒺⒻⒼⒽⒾⒿⓀⓁ	3	['sitjueit]	v. 位于，坐落于
sterilize	ⒶⒷⒸⒹⒺⒻⒼⒽⒾⒿⓀⓁ	3	['sterilaiz]	v. 消毒，灭菌
visualize	ⒶⒷⒸⒹⒺⒻⒼⒽⒾⒿⓀⓁ	3	['vizjuəlaiz;'viʒ-]	v. 形象化，设想，使看得见
narrate	ⒶⒷⒸⒹⒺⒻⒼⒽⒾⒿⓀⓁ	3	[næ'reit]	v. 叙述，作解说
revolve	ⒶⒷⒸⒹⒺⒻⒼⒽⒾⒿⓀⓁ	3	[ri'vɔlv]	v. 旋转，考虑，围绕
flaunt	ⒶⒷⒸⒹⒺⒻⒼⒽⒾⒿⓀⓁ	3	[flɔ:nt]	v. 炫耀，张扬
circulate	ⒶⒷⒸⒹⒺⒻⒼⒽⒾⒿⓀⓁ	3	['sə:kjuleit]	v. 循环，传播，流通
swallow	ⒶⒷⒸⒹⒺⒻⒼⒽⒾⒿⓀⓁ	3	['swɔləu]	v. 咽下，忍受 n. 燕子
gush	ⒶⒷⒸⒹⒺⒻⒼⒽⒾⒿⓀⓁ	3	[gʌʃ]	v. 涌出，滔滔不绝地说 n. 涌出
apprehend	ⒶⒷⒸⒹⒺⒻⒼⒽⒾⒿⓀⓁ	3	[ˌæpri'hend]	v. 忧虑，理解，逮捕
recur	ⒶⒷⒸⒹⒺⒻⒼⒽⒾⒿⓀⓁ	3	[ri'kə:]	v. 再发生，重现
reintroduce	ⒶⒷⒸⒹⒺⒻⒼⒽⒾⒿⓀⓁ	3	[ri:intrə'dju:s]	v. 再介绍，再引进
relive	ⒶⒷⒸⒹⒺⒻⒼⒽⒾⒿⓀⓁ	3	['ri:'liv]	v. 再生，再体验
extol	ⒶⒷⒸⒹⒺⒻⒼⒽⒾⒿⓀⓁ	3	[iks'tɔl]	v. 赞美，吹捧
scold	ⒶⒷⒸⒹⒺⒻⒼⒽⒾⒿⓀⓁ	3	[skəuld]	v. 责骂，训斥
unfold	ⒶⒷⒸⒹⒺⒻⒼⒽⒾⒿⓀⓁ	3	[ʌn'fəuld]	v. 展开，显露
convene	ⒶⒷⒸⒹⒺⒻⒼⒽⒾⒿⓀⓁ	3	[kən'vi:n]	v. 召集，集合，传唤
attest	ⒶⒷⒸⒹⒺⒻⒼⒽⒾⒿⓀⓁ	3	[ə'test]	v. 证明，证实，为…作证
espouse	ⒶⒷⒸⒹⒺⒻⒼⒽⒾⒿⓀⓁ	3	[is'pauz] [iˈspauz]	v. 支持，赞成，嫁娶 v. 支持，拥护，订婚
heal	ⒶⒷⒸⒹⒺⒻⒼⒽⒾⒿⓀⓁ	3	[hi:l]	v. 治愈，医治
reshape	ⒶⒷⒸⒹⒺⒻⒼⒽⒾⒿⓀⓁ	3	['ri:'ʃeip]	v. 重新塑造，打开新局面
reelect	ⒶⒷⒸⒹⒺⒻⒼⒽⒾⒿⓀⓁ	3	[ˌri:i'lekt]	v. 重新选举
reenact	ⒶⒷⒸⒹⒺⒻⒼⒽⒾⒿⓀⓁ	3	[ri:'nækt]	v. 重新制定，再次演出
instill	ⒶⒷⒸⒹⒺⒻⒼⒽⒾⒿⓀⓁ	3	[in'stil]	v. 逐渐灌输，滴注
grab	ⒶⒷⒸⒹⒺⒻⒼⒽⒾⒿⓀⓁ	3	[græb]	v. 抓取，抓住
avert	ⒶⒷⒸⒹⒺⒻⒼⒽⒾⒿⓀⓁ	3	[ə'və:t]	v. 转移，避免，防止
clash	ⒶⒷⒸⒹⒺⒻⒼⒽⒾⒿⓀⓁ	3	[klæʃ]	v. 撞击，冲突，抵触
outstrip	ⒶⒷⒸⒹⒺⒻⒼⒽⒾⒿⓀⓁ	3	[aut'strip]	v. 追过，胜过
subsidize	ⒶⒷⒸⒹⒺⒻⒼⒽⒾⒿⓀⓁ	3	['sʌbsidaiz]	v. 资助，贿赂
curse	ⒶⒷⒸⒹⒺⒻⒼⒽⒾⒿⓀⓁ	3	[kə:s]	v. 诅咒，咒骂 n. 诅咒语
comply	ⒶⒷⒸⒹⒺⒻⒼⒽⒾⒿⓀⓁ	3	[kəm'plai]	v. 遵守，顺从
bohemian	ⒶⒷⒸⒹⒺⒻⒼⒽⒾⒿⓀⓁ	2	[bəu'hi:mjən]	a./n. 波希米亚的，放荡不羁的
menial	ⒶⒷⒸⒹⒺⒻⒼⒽⒾⒿⓀⓁ	2	['mi:njəl]	a./n. 仆人的，卑微的
condolatory	ⒶⒷⒸⒹⒺⒻⒼⒽⒾⒿⓀⓁ	2	[kən'dəulətəri]	a. 哀悼的，慰问的
patriotic	ⒶⒷⒸⒹⒺⒻⒼⒽⒾⒿⓀⓁ	2	[pætri'ɔtik]	a. 爱国的
grimy	ⒶⒷⒸⒹⒺⒻⒼⒽⒾⒿⓀⓁ	2	['graimi]	a. 肮脏的
squalid	ⒶⒷⒸⒹⒺⒻⒼⒽⒾⒿⓀⓁ	2	['skwɔlid]	a. 肮脏的，卑劣的
pompous	ⒶⒷⒸⒹⒺⒻⒼⒽⒾⒿⓀⓁ	2	['pɔmpəs]	a. 傲慢的，自大的，浮华的
vindictive	ⒶⒷⒸⒹⒺⒻⒼⒽⒾⒿⓀⓁ	2	[vin'diktiv]	a. 报复性的，有复仇心的，惩罚的
lugubrious	ⒶⒷⒸⒹⒺⒻⒼⒽⒾⒿⓀⓁ	2	[lu:'gju:briəs]	a. 悲哀的，消沉的

单词	标记	频率	读音	词义
clumsy	ⒶⒷⒸⒹⒺⒻⒼⒽⒾⒿⓀⓁ	2	['klʌmzi]	a. 笨拙的，笨重的
disdainful	ⒶⒷⒸⒹⒺⒻⒼⒽⒾⒿⓀⓁ	2	[dis'deinfəl]	a. 鄙视的，轻蔑的
marginal	ⒶⒷⒸⒹⒺⒻⒼⒽⒾⒿⓀⓁ	2	['ma:dʒinəl]	a. 边缘的，页边的，微弱的
lucid	ⒶⒷⒸⒹⒺⒻⒼⒽⒾⒿⓀⓁ	2	['lu:sid]	a. 表达清楚的，易懂的，透明的
courteous	ⒶⒷⒸⒹⒺⒻⒼⒽⒾⒿⓀⓁ	2	['kə:tjəs]	a. 彬彬有礼的，谦恭的
glacial	ⒶⒷⒸⒹⒺⒻⒼⒽⒾⒿⓀⓁ	2	['gleisjəl;'glæs-]	a. 冰川期的，非常冷的，缓慢的
precarious	ⒶⒷⒸⒹⒺⒻⒼⒽⒾⒿⓀⓁ	2	[pri'keəriəs]	a. 不安全的，不稳定的
unvarying	ⒶⒷⒸⒹⒺⒻⒼⒽⒾⒿⓀⓁ	2	[ʌn'veəriiŋ]	a. 不变的
immutable	ⒶⒷⒸⒹⒺⒻⒼⒽⒾⒿⓀⓁ	2	[i'mju:təbl]	a. 不变的，永恒的
disingenuous	ⒶⒷⒸⒹⒺⒻⒼⒽⒾⒿⓀⓁ	2	[disin'dʒenjuəs]	a. 不诚实的，虚伪的
immoral	ⒶⒷⒸⒹⒺⒻⒼⒽⒾⒿⓀⓁ	2	[i'mɔ:rəl]	a. 不道德的
unethical	ⒶⒷⒸⒹⒺⒻⒼⒽⒾⒿⓀⓁ	2	[ʌn'eθikl]	a. 不道德的
uncharacteristically	ⒶⒷⒸⒹⒺⒻⒼⒽⒾⒿⓀⓁ	2	[ˌʌnˌkæriktə'ristikli]	a. 不典型的
motionless	ⒶⒷⒸⒹⒺⒻⒼⒽⒾⒿⓀⓁ	2	['məuʃ(ə)nlis]	a. 不动的，静止的
incessant	ⒶⒷⒸⒹⒺⒻⒼⒽⒾⒿⓀⓁ	2	[in'sesnt]	a. 不断的，连续的
continual	ⒶⒷⒸⒹⒺⒻⒼⒽⒾⒿⓀⓁ	2	[kən'tinjuəl]	a. 不断的，频繁的，连续的
undeveloped	ⒶⒷⒸⒹⒺⒻⒼⒽⒾⒿⓀⓁ	2	['ʌndi'veləpt]	a. 不发达的，未开发的
infertile	ⒶⒷⒸⒹⒺⒻⒼⒽⒾⒿⓀⓁ	2	[in'fə:tail]	a. 不肥沃的，不能生育的
uncomplicated	ⒶⒷⒸⒹⒺⒻⒼⒽⒾⒿⓀⓁ	2	[ʌn'kɔmplikeitid]	a. 不复杂的
unjust	ⒶⒷⒸⒹⒺⒻⒼⒽⒾⒿⓀⓁ	2	['ʌn'dʒʌst]	a. 不公平的
anomalous	ⒶⒷⒸⒹⒺⒻⒼⒽⒾⒿⓀⓁ	2	[ə'nɔmələs]	a. 不规则的，反常的
unequivocal	ⒶⒷⒸⒹⒺⒻⒼⒽⒾⒿⓀⓁ	2	['ʌni'kwivəkəl]	a. 不含糊的，明确的
illogical	ⒶⒷⒸⒹⒺⒻⒼⒽⒾⒿⓀⓁ	2	[i'lɔdʒikəl]	a. 不合逻辑的，不合理的
inept	ⒶⒷⒸⒹⒺⒻⒼⒽⒾⒿⓀⓁ	2	[i'nept]	a. 不合适的，无能的，笨拙的
filthy	ⒶⒷⒸⒹⒺⒻⒼⒽⒾⒿⓀⓁ	2	['filθi]	a. 不洁的，污秽的，丑恶的
undeniable	ⒶⒷⒸⒹⒺⒻⒼⒽⒾⒿⓀⓁ	2	[ʌndi'naiəbl]	a. 不可否认的
indiscernible	ⒶⒷⒸⒹⒺⒻⒼⒽⒾⒿⓀⓁ	2	[indi'sə:nəbl]	a. 不可识别的，察觉不到的
adverse	ⒶⒷⒸⒹⒺⒻⒼⒽⒾⒿⓀⓁ	2	['ædvə:s]	a. 不利的，有害的，相反的
irreconcilable	ⒶⒷⒸⒹⒺⒻⒼⒽⒾⒿⓀⓁ	2	[i'rekənsailəbl]	a. 不能和解的，不能妥协的
quixotic	ⒶⒷⒸⒹⒺⒻⒼⒽⒾⒿⓀⓁ	2	[kwik'sɔtik]	a. 不切实际的，堂吉诃德式的
indomitable	ⒶⒷⒸⒹⒺⒻⒼⒽⒾⒿⓀⓁ	2	[in'dɔmitəbl]	a. 不屈不挠的
unyielding	ⒶⒷⒸⒹⒺⒻⒼⒽⒾⒿⓀⓁ	2	[ʌn'ji:ldiŋ]	a. 不屈的，坚强的
stuffy	ⒶⒷⒸⒹⒺⒻⒼⒽⒾⒿⓀⓁ	2	['stʌfi]	a. 不通气的，枯燥乏味的
sinister	ⒶⒷⒸⒹⒺⒻⒼⒽⒾⒿⓀⓁ	2	['sinistə]	a. 不祥的，邪恶的，灾难性的
incongruous	ⒶⒷⒸⒹⒺⒻⒼⒽⒾⒿⓀⓁ	2	[in'kɔŋgruəs]	a. 不协调的，不一致的，不适当的
unremitting	ⒶⒷⒸⒹⒺⒻⒼⒽⒾⒿⓀⓁ	2	[ʌnri'mitiŋ]	a. 不懈的，不间断的
involuntary	ⒶⒷⒸⒹⒺⒻⒼⒽⒾⒿⓀⓁ	2	[in'vɔləntəri]	a. 不由自主的，非自愿的，无意的
inauthentic	ⒶⒷⒸⒹⒺⒻⒼⒽⒾⒿⓀⓁ	2	[inɔ:'θentik]	a. 不真实的，不可靠的
unwitting	ⒶⒷⒸⒹⒺⒻⒼⒽⒾⒿⓀⓁ	2	[ʌn'witiŋ]	a. 不知情的，无意的
perfidious	ⒶⒷⒸⒹⒺⒻⒼⒽⒾⒿⓀⓁ	2	[pə'fidiəs]	a. 不忠的，背信弃义的

单词	标记	频率	读音	词义
inadvertent	ⒶⒷⒸⒹⒺⒻⒼⒽⒾⒿⓀⓁ	2	[inəd'və:tənt]	a. 不注意的，疏忽的
undignified	ⒶⒷⒸⒹⒺⒻⒼⒽⒾⒿⓀⓁ	2	[ʌn'dignifaid]	a. 不庄重的，无威严的
irreverent	ⒶⒷⒸⒹⒺⒻⒼⒽⒾⒿⓀⓁ	2	[i'revərənt]	a. 不尊敬的，无礼的
fiscal	ⒶⒷⒸⒹⒺⒻⒼⒽⒾⒿⓀⓁ	2	['fiskəl]	a. 财政的，国库的
ferocious	ⒶⒷⒸⒹⒺⒻⒼⒽⒾⒿⓀⓁ	2	[fə'rəuʃəs]	a. 残忍的，凶猛的，极度的
imperceptible	ⒶⒷⒸⒹⒺⒻⒼⒽⒾⒿⓀⓁ	2	[impə'septəbl]	a. 察觉不到的，不知不觉的
confessional	ⒶⒷⒸⒹⒺⒻⒼⒽⒾⒿⓀⓁ	2	[kən'feʃən(ə)l]	a. 忏悔的 n. 忏悔室
snide	ⒶⒷⒸⒹⒺⒻⒼⒽⒾⒿⓀⓁ	2	[snaid]	a. 嘲笑的，卑鄙的，险恶的
taciturn	ⒶⒷⒸⒹⒺⒻⒼⒽⒾⒿⓀⓁ	2	['tæsitə:n]	a. 沉默寡言的
pensive	ⒶⒷⒸⒹⒺⒻⒼⒽⒾⒿⓀⓁ	2	['pensiv]	a. 沉思的，愁眉苦脸的
complimentary	ⒶⒷⒸⒹⒺⒻⒼⒽⒾⒿⓀⓁ	2	[kɔmpli'mentəri]	a. 称赞的，免费赠送的
contagious	ⒶⒷⒸⒹⒺⒻⒼⒽⒾⒿⓀⓁ	2	[kən'teidʒəs]	a. 传染性的，有感染力的
secondary	ⒶⒷⒸⒹⒺⒻⒼⒽⒾⒿⓀⓁ	2	['sekəndəri]	a. 次要的，从属的，中等的
strident	ⒶⒷⒸⒹⒺⒻⒼⒽⒾⒿⓀⓁ	2	['straidnt]	a. 刺耳的，尖叫的，尖锐的
hasty	ⒶⒷⒸⒹⒺⒻⒼⒽⒾⒿⓀⓁ	2	['heisti]	a. 匆忙的，轻率的
coarse	ⒶⒷⒸⒹⒺⒻⒼⒽⒾⒿⓀⓁ	2	[kɔ:s]	a. 粗糙的，粗俗的
audacious	ⒶⒷⒸⒹⒺⒻⒼⒽⒾⒿⓀⓁ	2	[ɔ:'deiʃəs]	a. 大胆的，无礼的，无耻的
remiss	ⒶⒷⒸⒹⒺⒻⒼⒽⒾⒿⓀⓁ	2	[ri'mis]	a. 怠慢的，疏忽的
timorous	ⒶⒷⒸⒹⒺⒻⒼⒽⒾⒿⓀⓁ	2	['timərəs]	a. 胆怯的，羞怯的
inverse	ⒶⒷⒸⒹⒺⒻⒼⒽⒾⒿⓀⓁ	2	['in'və:s]	a. 倒转的，相反的 n. 倒数，负数
parochial	ⒶⒷⒸⒹⒺⒻⒼⒽⒾⒿⓀⓁ	2	[pə'rəukiəl]	a. 地方性的，狭隘的，教区的
regional	ⒶⒷⒸⒹⒺⒻⒼⒽⒾⒿⓀⓁ	2	['ri:dʒənəl]	a. 地区的，局部的，方言的
imperial	ⒶⒷⒸⒹⒺⒻⒼⒽⒾⒿⓀⓁ	2	[im'piəriəl]	a. 帝国的，帝王的，至尊的
northeastern	ⒶⒷⒸⒹⒺⒻⒼⒽⒾⒿⓀⓁ	2	[nɔ:θ'i:stən]	a. 东北方的，在东北的
wintry	ⒶⒷⒸⒹⒺⒻⒼⒽⒾⒿⓀⓁ	2	['wintri]	a. 冬天的，冷漠的
transient	ⒶⒷⒸⒹⒺⒻⒼⒽⒾⒿⓀⓁ	2	['trænziənt]	a. 短暂的，转瞬即逝的
confrontational	ⒶⒷⒸⒹⒺⒻⒼⒽⒾⒿⓀⓁ	2	[kɔnfrʌn'teiʃənl]	a. 对抗的，对抗性的
antithetical	ⒶⒷⒸⒹⒺⒻⒼⒽⒾⒿⓀⓁ	2	[ˌænti'θetikəl]	a. 对偶的，对立的
lumpy	ⒶⒷⒸⒹⒺⒻⒼⒽⒾⒿⓀⓁ	2	['lʌmpi]	a. 多瘤的，波浪起伏的，粗笨的
tremulous	ⒶⒷⒸⒹⒺⒻⒼⒽⒾⒿⓀⓁ	2	['tremjuləs]	a. 发抖的，胆小的，害怕的
shiny	ⒶⒷⒸⒹⒺⒻⒼⒽⒾⒿⓀⓁ	2	['ʃaini]	a. 发光的，闪亮的
irate	ⒶⒷⒸⒹⒺⒻⒼⒽⒾⒿⓀⓁ	2	[ai'reit]	a. 发怒的，生气的
underdeveloped	ⒶⒷⒸⒹⒺⒻⒼⒽⒾⒿⓀⓁ	2	[ʌndədi'veləpt]	a. 发育不全的，不发达的
prosaic	ⒶⒷⒸⒹⒺⒻⒼⒽⒾⒿⓀⓁ	2	[prəu'zeiik]	a. 乏味的，散文的
prosperous	ⒶⒷⒸⒹⒺⒻⒼⒽⒾⒿⓀⓁ	2	['prɔspərəs]	a. 繁荣的，兴旺的
burdensome	ⒶⒷⒸⒹⒺⒻⒼⒽⒾⒿⓀⓁ	2	['bə:dnsəm]	a. 繁重的，难以承担的
averse	ⒶⒷⒸⒹⒺⒻⒼⒽⒾⒿⓀⓁ	2	[ə'və:s]	a. 反对的，厌恶的
antisocial	ⒶⒷⒸⒹⒺⒻⒼⒽⒾⒿⓀⓁ	2	[ænti'səuʃəl]	a. 反社会的，不擅社交的
lawless	ⒶⒷⒸⒹⒺⒻⒼⒽⒾⒿⓀⓁ	2	['lɔ:lis]	a. 非法的，违法的
nonnegative	ⒶⒷⒸⒹⒺⒻⒼⒽⒾⒿⓀⓁ	2	['nɔn'negətiv]	a. 非负的，正的

单词	标记	频率	读音	词义
uncontroversial	ⒶⒷⒸⒹⒺⒻⒼⒽⒾⒿⓀⓁ	2	[ʌn,kantrə'vɜ:ʃəl]	a. 非争论性的，未引起争论的
inseparable	ⒶⒷⒸⒹⒺⒻⒼⒽⒾⒿⓀⓁ	2	[in'sepərəbl]	a. 分不开的，不可分离的
spectroscopic	ⒶⒷⒸⒹⒺⒻⒼⒽⒾⒿⓀⓁ	2	[spektrə'skɔpik]	a. 分光镜的
molecular	ⒶⒷⒸⒹⒺⒻⒼⒽⒾⒿⓀⓁ	2	[mə'lekjələ]	a. 分子的
strenuous	ⒶⒷⒸⒹⒺⒻⒼⒽⒾⒿⓀⓁ	2	['strenjuəs]	a. 奋发的，费力的，积极的
frantic	ⒶⒷⒸⒹⒺⒻⒼⒽⒾⒿⓀⓁ	2	['fræntik]	a. 疯狂的，狂乱的
satirical	ⒶⒷⒸⒹⒺⒻⒼⒽⒾⒿⓀⓁ	2	[sə'tirikəl]	a. 讽刺的，挖苦的
corrosive	ⒶⒷⒸⒹⒺⒻⒼⒽⒾⒿⓀⓁ	2	[kə'rəusiv]	a. 腐蚀的 n. 腐蚀物
arty	ⒶⒷⒸⒹⒺⒻⒼⒽⒾⒿⓀⓁ	2	['a:ti]	a. 附庸风雅的，假装爱好艺术的
opulent	ⒶⒷⒸⒹⒺⒻⒼⒽⒾⒿⓀⓁ	2	['ɔpjulənt]	a. 富裕的，充足的
culpable	ⒶⒷⒸⒹⒺⒻⒼⒽⒾⒿⓀⓁ	2	['kʌlpəbl]	a. 该受谴责的，有罪的
rigid	ⒶⒷⒸⒹⒺⒻⒼⒽⒾⒿⓀⓁ	2	['ridʒid]	a. 刚硬的，严格的，固执的
climactic	ⒶⒷⒸⒹⒺⒻⒼⒽⒾⒿⓀⓁ	2	[klai'mæktik]	a. 高潮的，顶点的
decorous	ⒶⒷⒸⒹⒺⒻⒼⒽⒾⒿⓀⓁ	2	['dekərəs]	a. 高雅的，得体的，端庄的
duplicitous	ⒶⒷⒸⒹⒺⒻⒼⒽⒾⒿⓀⓁ	2	[dju:'plisitəs]	a. 搞两面派的，奸诈的
individualistic	ⒶⒷⒸⒹⒺⒻⒼⒽⒾⒿⓀⓁ	2	['indi,vidjuə'listik]	a. 个人主义的
miscellaneous	ⒶⒷⒸⒹⒺⒻⒼⒽⒾⒿⓀⓁ	2	[misi'leinjəs]	a. 各种各样的，多方面的，混杂的
observational	ⒶⒷⒸⒹⒺⒻⒼⒽⒾⒿⓀⓁ	2	[ɔbzə'veiʃənl]	a. 根据观察的，监视的
communal	ⒶⒷⒸⒹⒺⒻⒼⒽⒾⒿⓀⓁ	2	['kɔmjunəl]	a. 公共的，共有的
evenhanded	ⒶⒷⒸⒹⒺⒻⒼⒽⒾⒿⓀⓁ	2	['i:vən'hændid]	a. 公平的，公正的
reverent	ⒶⒷⒸⒹⒺⒻⒼⒽⒾⒿⓀⓁ	2	['revərənt]	a. 恭敬的，虔诚的
deferential	ⒶⒷⒸⒹⒺⒻⒼⒽⒾⒿⓀⓁ	2	[defə'renʃəl]	a. 恭敬的，顺从的
contributory	ⒶⒷⒸⒹⒺⒻⒼⒽⒾⒿⓀⓁ	2	[kən'tribjutəri]	a. 贡献的，捐助的
lone	ⒶⒷⒸⒹⒺⒻⒼⒽⒾⒿⓀⓁ	2	[ləun]	a. 孤独的，寂寞的，单身的
forlorn	ⒶⒷⒸⒹⒺⒻⒼⒽⒾⒿⓀⓁ	2	[fə'lɔ:n]	a. 孤独的，凄凉的，希望渺茫的
erratic	ⒶⒷⒸⒹⒺⒻⒼⒽⒾⒿⓀⓁ	2	[i'rætik]	a. 古怪的，无规律的
quizzical	ⒶⒷⒸⒹⒺⒻⒼⒽⒾⒿⓀⓁ	2	['kwizikəl]	a. 古怪的，戏弄的，嘲弄的
curatorial	ⒶⒷⒸⒹⒺⒻⒼⒽⒾⒿⓀⓁ	2	[kjuərə'tɔ:riəl]	a. 馆长的，管理者的
sleek	ⒶⒷⒸⒹⒺⒻⒼⒽⒾⒿⓀⓁ	2	[sli:k]	a. 光滑的，圆滑的
surreptitious	ⒶⒷⒸⒹⒺⒻⒼⒽⒾⒿⓀⓁ	2	[sʌrəp'tiʃəs]	a. 鬼鬼祟祟的，秘密的
exorbitant	ⒶⒷⒸⒹⒺⒻⒼⒽⒾⒿⓀⓁ	2	[ig'zɔ:bitənt]	a. 过度的，（价格）过高的
nautical	ⒶⒷⒸⒹⒺⒻⒼⒽⒾⒿⓀⓁ	2	['nɔ:tikəl]	a. 海上的，航海的，船员的
pugnacious	ⒶⒷⒸⒹⒺⒻⒼⒽⒾⒿⓀⓁ	2	[pʌg'neiʃəs]	a. 好斗的
sociable	ⒶⒷⒸⒹⒺⒻⒼⒽⒾⒿⓀⓁ	2	['səuʃəbl]	a. 好交际的，社交的
militant	ⒶⒷⒸⒹⒺⒻⒼⒽⒾⒿⓀⓁ	2	['militənt]	a. 好战的 n. 好斗分子
synthetic	ⒶⒷⒸⒹⒺⒻⒼⒽⒾⒿⓀⓁ	2	[sin'θetic]	a. 合成的，综合的，人造的 n. 合成物
collaborative	ⒶⒷⒸⒹⒺⒻⒼⒽⒾⒿⓀⓁ	2	[kə'læbəreitiv]	a. 合作的，协作的
gloomy	ⒶⒷⒸⒹⒺⒻⒼⒽⒾⒿⓀⓁ	2	['glu:mi]	a. 黑暗的，阴沉的，暗淡的
probable	ⒶⒷⒸⒹⒺⒻⒼⒽⒾⒿⓀⓁ	2	['prɔbəbl]	a. 很可能的，大概的
hind	ⒶⒷⒸⒹⒺⒻⒼⒽⒾⒿⓀⓁ	2	[haind]	a. 后边的，后部的 n. 雌鹿

单词	标记	频率	读音	词义
postmodern	ⒶⒷⒸⒹⒺⒻⒼⒽⒾⒿⓀⓁ	2	[pəust'mɔdən]	a. 后现代主义的
gorgeous	ⒶⒷⒸⒹⒺⒻⒼⒽⒾⒿⓀⓁ	2	['gɔ:dʒəs]	a. 华丽的，灿烂的
painterly	ⒶⒷⒸⒹⒺⒻⒼⒽⒾⒿⓀⓁ	2	['peintərli]	a. 画家的，绘画艺术的
spiteful	ⒶⒷⒸⒹⒺⒻⒼⒽⒾⒿⓀⓁ	2	['spaitful]	a. 怀恨的，恶意的
reminiscent	ⒶⒷⒸⒹⒺⒻⒼⒽⒾⒿⓀⓁ	2	[remi'nisnt]	a. 怀旧的，回忆的，引起联想的
desolate	ⒶⒷⒸⒹⒺⒻⒼⒽⒾⒿⓀⓁ	2	['desəlit]	a. 荒凉的，孤单的
stark	ⒶⒷⒸⒹⒺⒻⒼⒽⒾⒿⓀⓁ	2	[sta:k]	a. 荒凉的，严酷的 ad. 完全
jocular	ⒶⒷⒸⒹⒺⒻⒼⒽⒾⒿⓀⓁ	2	['dʒɔkjulə]	a. 诙谐的，滑稽的
recuperative	ⒶⒷⒸⒹⒺⒻⒼⒽⒾⒿⓀⓁ	2	[ri'kju:pərətiv]	a. 恢复中的，有恢复力的
flamboyant	ⒶⒷⒸⒹⒺⒻⒼⒽⒾⒿⓀⓁ	2	[flæm'bɔiənt]	a. 辉煌的，华丽的，炫耀的
leery	ⒶⒷⒸⒹⒺⒻⒼⒽⒾⒿⓀⓁ	2	['liəri]	a. 机敏的，小心的，警惕的
tactful	ⒶⒷⒸⒹⒺⒻⒼⒽⒾⒿⓀⓁ	2	['tæktful]	a. 机智的，老练的
momentous	ⒶⒷⒸⒹⒺⒻⒼⒽⒾⒿⓀⓁ	2	[məu'mentəs]	a. 极重要的
envious	ⒶⒷⒸⒹⒺⒻⒼⒽⒾⒿⓀⓁ	2	['enviəs]	a. 嫉妒的，羡慕的
familial	ⒶⒷⒸⒹⒺⒻⒼⒽⒾⒿⓀⓁ	2	[fə'miljəl]	a. 家族的，家族遗传的
insistent	ⒶⒷⒸⒹⒺⒻⒼⒽⒾⒿⓀⓁ	2	[in'sistənt]	a. 坚持的，迫切的
terse	ⒶⒷⒸⒹⒺⒻⒼⒽⒾⒿⓀⓁ	2	[tə:s]	a. 简洁的，扼要的
communicative	ⒶⒷⒸⒹⒺⒻⒼⒽⒾⒿⓀⓁ	2	[kə'mju:nikətiv]	a. 健谈的，爱说话的
stiff	ⒶⒷⒸⒹⒺⒻⒼⒽⒾⒿⓀⓁ	2	[stif]	a. 僵硬的，艰难的，烈性的
interactive	ⒶⒷⒸⒹⒺⒻⒼⒽⒾⒿⓀⓁ	2	[intər'æktiv]	a. 交互式的，相互作用的
focal	ⒶⒷⒸⒹⒺⒻⒼⒽⒾⒿⓀⓁ	2	['fəukəl]	a. 焦点的，在焦点上的
tricky	ⒶⒷⒸⒹⒺⒻⒼⒽⒾⒿⓀⓁ	2	['triki]	a. 狡猾的，棘手的，巧妙的
sly	ⒶⒷⒸⒹⒺⒻⒼⒽⒾⒿⓀⓁ	2	[slai]	a. 狡猾的，虚伪的，淘气的
frugal	ⒶⒷⒸⒹⒺⒻⒼⒽⒾⒿⓀⓁ	2	['fru:gəl]	a. 节俭的，廉价的
golden	ⒶⒷⒸⒹⒺⒻⒼⒽⒾⒿⓀⓁ	2	['gəuldən]	a. 金色的，金的
stressful	ⒶⒷⒸⒹⒺⒻⒼⒽⒾⒿⓀⓁ	2	['stresfəl]	a. 紧张的，压力大的
overwrought	ⒶⒷⒸⒹⒺⒻⒼⒽⒾⒿⓀⓁ	2	['əuvə'rɔ:t]	a. 紧张过度的，劳累过度的
circumspect	ⒶⒷⒸⒹⒺⒻⒼⒽⒾⒿⓀⓁ	2	['sɜ:kəmspekt]	a. 谨慎的，周到的
myopic	ⒶⒷⒸⒹⒺⒻⒼⒽⒾⒿⓀⓁ	2	[mai'ɔpik]	a. 近视的，缺乏远见的
prohibitive	ⒶⒷⒸⒹⒺⒻⒼⒽⒾⒿⓀⓁ	2	[prə'hibitiv;prəu-]	a. 禁止的，价格过高的
psychic	ⒶⒷⒸⒹⒺⒻⒼⒽⒾⒿⓀⓁ	2	['saikik]	a. 精神的，心灵的 n. 通灵的人
vigilant	ⒶⒷⒸⒹⒺⒻⒼⒽⒾⒿⓀⓁ	2	['vidʒilənt]	a. 警戒的，警惕的
quiescent	ⒶⒷⒸⒹⒺⒻⒼⒽⒾⒿⓀⓁ	2	[kwai'esənt]	a. 静止的，寂静的，不活动的
gigantic	ⒶⒷⒸⒹⒺⒻⒼⒽⒾⒿⓀⓁ	2	[dʒai'gæntik]	a. 巨大的
prodigious	ⒶⒷⒸⒹⒺⒻⒼⒽⒾⒿⓀⓁ	2	[prə'didʒəs]	a. 巨大的，惊人的
colossal	ⒶⒷⒸⒹⒺⒻⒼⒽⒾⒿⓀⓁ	2	[kə'lɔsl]	a. 巨大的，庞大的
categorical	ⒶⒷⒸⒹⒺⒻⒼⒽⒾⒿⓀⓁ	2	[kæti'gɔrikəl]	a. 绝对的，分类的
munificent	ⒶⒷⒸⒹⒺⒻⒼⒽⒾⒿⓀⓁ	2	[mju:'nifisnt]	a. 慷慨的，大方的
considerate	ⒶⒷⒸⒹⒺⒻⒼⒽⒾⒿⓀⓁ	2	[kən'sidərit]	a. 考虑周到的，深思熟虑的
comparable	ⒶⒷⒸⒹⒺⒻⒼⒽⒾⒿⓀⓁ	2	['kɔmpərəbl]	a. 可比较的，比得上的

单词	标记	频率	读音	词义
contemptible	ⒶⒷⒸⒹⒺⒻⒼⒽⒾⒿⓀⓁ	2	[kən'temptəbl]	a. 可鄙的，可轻视的
avoidable	ⒶⒷⒸⒹⒺⒻⒼⒽⒾⒿⓀⓁ	2	[ə'vɔidəbl]	a. 可避免的
justifiable	ⒶⒷⒸⒹⒺⒻⒼⒽⒾⒿⓀⓁ	2	['dʒʌstifaiəbl]	a. 可辩解的，有理的
sensible	ⒶⒷⒸⒹⒺⒻⒼⒽⒾⒿⓀⓁ	2	['sensəbl]	a. 可察觉的，明智的
verifiable	ⒶⒷⒸⒹⒺⒻⒼⒽⒾⒿⓀⓁ	2	['veriˌfaiəbl]	a. 可核实的，可证实的
exchangeable	ⒶⒷⒸⒹⒺⒻⒼⒽⒾⒿⓀⓁ	2	[iks'tʃeindʒəbl]	a. 可交换的，可兑换的
flavorful	ⒶⒷⒸⒹⒺⒻⒼⒽⒾⒿⓀⓁ	2	['fleivəfəl]	a. 可口的
understandable	ⒶⒷⒸⒹⒺⒻⒼⒽⒾⒿⓀⓁ	2	[ʌndə'stændəbl]	a. 可理解的，能够懂的
salvageable	ⒶⒷⒸⒹⒺⒻⒼⒽⒾⒿⓀⓁ	2	['sælvidʒəbl]	a. 可抢救的，可打捞的
tolerable	ⒶⒷⒸⒹⒺⒻⒼⒽⒾⒿⓀⓁ	2	['tɔlərəbl]	a. 可容忍的，尚好的
suggestible	ⒶⒷⒸⒹⒺⒻⒼⒽⒾⒿⓀⓁ	2	[sə'dʒestibl]	a. 可提议的，易受影响的
downloadable	ⒶⒷⒸⒹⒺⒻⒼⒽⒾⒿⓀⓁ	2	[daun'ləudəbl]	a. 可下载的
credible	ⒶⒷⒸⒹⒺⒻⒼⒽⒾⒿⓀⓁ	2	['kredəbl;-ibl]	a. 可信的，可靠的
movable	ⒶⒷⒸⒹⒺⒻⒼⒽⒾⒿⓀⓁ	2	['mu:vəbl]	a. 可移动的，动产的 n. 家具，动产
mobile	ⒶⒷⒸⒹⒺⒻⒼⒽⒾⒿⓀⓁ	2	['məubail]	a. 可移动的，易变的
spatial	ⒶⒷⒸⒹⒺⒻⒼⒽⒾⒿⓀⓁ	2	['speiʃəl]	a. 空间的
aerodynamic	ⒶⒷⒸⒹⒺⒻⒼⒽⒾⒿⓀⓁ	2	[ˌeərəudai'næmik]	a. 空气动力学的
idle	ⒶⒷⒸⒹⒺⒻⒼⒽⒾⒿⓀⓁ	2	['aidl]	a. 空闲的，懒惰的 v. 虚度，闲散
unoccupied	ⒶⒷⒸⒹⒺⒻⒼⒽⒾⒿⓀⓁ	2	['ʌn'ɔkjupaid]	a. 空闲的，没人住的
oral	ⒶⒷⒸⒹⒺⒻⒼⒽⒾⒿⓀⓁ	2	['ɔ:rəl]	a. 口头的，口述的 n. 口试
colloquial	ⒶⒷⒸⒹⒺⒻⒼⒽⒾⒿⓀⓁ	2	[kə'ləukwiəl]	a. 口语的，通俗的
pleasurable	ⒶⒷⒸⒹⒺⒻⒼⒽⒾⒿⓀⓁ	2	['pleʒərəbl]	a. 快乐的，令人愉快的
spacious	ⒶⒷⒸⒹⒺⒻⒼⒽⒾⒿⓀⓁ	2	['speiʃəs]	a. 宽敞的，广阔的
loose	ⒶⒷⒸⒹⒺⒻⒼⒽⒾⒿⓀⓁ	2	[lu:s]	a. 宽松的 v. 弄松，释放
ecstatic	ⒶⒷⒸⒹⒺⒻⒼⒽⒾⒿⓀⓁ	2	[eks'tætik]	a. 狂喜的
voracious	ⒶⒷⒸⒹⒺⒻⒼⒽⒾⒿⓀⓁ	2	[və'reiʃəs]	a. 狼吞虎咽的，贪婪的
cumulative	ⒶⒷⒸⒹⒺⒻⒼⒽⒾⒿⓀⓁ	2	['kju:mjulətiv]	a. 累积的，渐增的
relentless	ⒶⒷⒸⒹⒺⒻⒼⒽⒾⒿⓀⓁ	2	[ri'lentlis]	a. 冷酷无情的，不间断的
slangy	ⒶⒷⒸⒹⒺⒻⒼⒽⒾⒿⓀⓁ	2	['slæŋi]	a. 俚语的
legislative	ⒶⒷⒸⒹⒺⒻⒼⒽⒾⒿⓀⓁ	2	['ledʒis,leitiv]	a. 立法的，立法机关的
altruistic	ⒶⒷⒸⒹⒺⒻⒼⒽⒾⒿⓀⓁ	2	[æltru'istik]	a. 利他的，无私心的
successive	ⒶⒷⒸⒹⒺⒻⒼⒽⒾⒿⓀⓁ	2	[sək'sesiv]	a. 连续的，接连的，继承的
troublesome	ⒶⒷⒸⒹⒺⒻⒼⒽⒾⒿⓀⓁ	2	['trʌblsəm]	a. 令人烦恼的，困难的
marvelous	ⒶⒷⒸⒹⒺⒻⒼⒽⒾⒿⓀⓁ	2	['ma:viləs]	a. 令人惊异的，奇迹般的
admirable	ⒶⒷⒸⒹⒺⒻⒼⒽⒾⒿⓀⓁ	2	['ædmərəbl]	a. 令人钦佩的，赞赏的
tiresome	ⒶⒷⒸⒹⒺⒻⒼⒽⒾⒿⓀⓁ	2	['taiəsəm]	a. 令人厌倦的，讨厌的
fluent	ⒶⒷⒸⒹⒺⒻⒼⒽⒾⒿⓀⓁ	2	['flu(:)ənt]	a. 流利的，流畅的
deaf	ⒶⒷⒸⒹⒺⒻⒼⒽⒾⒿⓀⓁ	2	[def]	a. 聋的
foolhardy	ⒶⒷⒸⒹⒺⒻⒼⒽⒾⒿⓀⓁ	2	['fu:lha:di]	a. 鲁莽的
predatory	ⒶⒷⒸⒹⒺⒻⒼⒽⒾⒿⓀⓁ	2	['predətəri]	a. 掠夺的，食肉的

单词	标记	频率	读音	词义
verbose	ⒶⒷⒸⒹⒺⒻⒼⒽⒾⒿⓀⓁ	2	[və:'bəus]	a. 啰嗦的，冗长的
mindless	ⒶⒷⒸⒹⒺⒻⒼⒽⒾⒿⓀⓁ	2	['maindlis]	a. 盲目的，不留神的，无知的
lush	ⒶⒷⒸⒹⒺⒻⒼⒽⒾⒿⓀⓁ	2	[lʌʃ]	a. 茂盛的，丰富的 n. 酒，酒鬼
unbiased	ⒶⒷⒸⒹⒺⒻⒼⒽⒾⒿⓀⓁ	2	['ʌn'baiəst]	a. 没有偏见的，公正的
oblivious	ⒶⒷⒸⒹⒺⒻⒼⒽⒾⒿⓀⓁ	2	[ə'bliviəs]	a. 没注意到，健忘的
minutely	ⒶⒷⒸⒹⒺⒻⒼⒽⒾⒿⓀⓁ	2	['minitli]	a. 每分钟的 ad. 微小地，缜密地
nebulous	ⒶⒷⒸⒹⒺⒻⒼⒽⒾⒿⓀⓁ	2	['nebjuləs]	a. 朦胧的，多云的，星云的
superstitious	ⒶⒷⒸⒹⒺⒻⒼⒽⒾⒿⓀⓁ	2	[sju:pə'stiʃəs]	a. 迷信的
enigmatic	ⒶⒷⒸⒹⒺⒻⒼⒽⒾⒿⓀⓁ	2	[enig'mætik]	a. 谜一样的，难以捉摸的
slender	ⒶⒷⒸⒹⒺⒻⒼⒽⒾⒿⓀⓁ	2	['slendə]	a. 苗条的，微薄的
deft	ⒶⒷⒸⒹⒺⒻⒼⒽⒾⒿⓀⓁ	2	[deft]	a. 敏捷的，灵巧的
nominal	ⒶⒷⒸⒹⒺⒻⒼⒽⒾⒿⓀⓁ	2	['nɔminl]	a. 名义上的，象征性的
definite	ⒶⒷⒸⒹⒺⒻⒼⒽⒾⒿⓀⓁ	2	['definit]	a. 明确的，一定的
ambiguous	ⒶⒷⒸⒹⒺⒻⒼⒽⒾⒿⓀⓁ	2	[ˌæm'bigjuəs]	a. 模棱两可的，含糊的
abrasive	ⒶⒷⒸⒹⒺⒻⒼⒽⒾⒿⓀⓁ	2	[ə'breisiv]	a. 磨损的，生硬粗暴的 n. 研磨剂
unattainable	ⒶⒷⒸⒹⒺⒻⒼⒽⒾⒿⓀⓁ	2	['ʌnə'teinəbl]	a. 难到达的，难获得的
unruly	ⒶⒷⒸⒹⒺⒻⒼⒽⒾⒿⓀⓁ	2	[ʌn'ru:li]	a. 难控制的，无法无天的
implacable	ⒶⒷⒸⒹⒺⒻⒼⒽⒾⒿⓀⓁ	2	[im'plækəbl]	a. 难宽恕的，难和解的，执拗的
adaptable	ⒶⒷⒸⒹⒺⒻⒼⒽⒾⒿⓀⓁ	2	[ə'dæptəbl]	a. 能适应的，可修改的
tranquil	ⒶⒷⒸⒹⒺⒻⒼⒽⒾⒿⓀⓁ	2	['træŋkwil]	a. 宁静的，安静的，稳定的
servile	ⒶⒷⒸⒹⒺⒻⒼⒽⒾⒿⓀⓁ	2	['sə:vail]	a. 奴隶的，奴性的，卑屈的
fortuitous	ⒶⒷⒸⒹⒺⒻⒼⒽⒾⒿⓀⓁ	2	[fɔ:'tju:itəs]	a. 偶然的，幸运的
languid	ⒶⒷⒸⒹⒺⒻⒼⒽⒾⒿⓀⓁ	2	['læŋgwid]	a. 疲倦的，无精打采的
cantankerous	ⒶⒷⒸⒹⒺⒻⒼⒽⒾⒿⓀⓁ	2	[kæn'tæŋk(ə)rəsniss]	a. 脾气坏的，爱争吵的
cantankerousness	ⒶⒷⒸⒹⒺⒻⒼⒽⒾⒿⓀⓁ	2	[kæn'tæŋkərəs]	a. 爱吵架，坏脾气
barren	ⒶⒷⒸⒹⒺⒻⒼⒽⒾⒿⓀⓁ	2	['bærən]	a. 贫瘠的，不孕的
penurious	ⒶⒷⒸⒹⒺⒻⒼⒽⒾⒿⓀⓁ	2	[pi'njuəriəs]	a. 贫困的，缺乏的，吝啬的
needy	ⒶⒷⒸⒹⒺⒻⒼⒽⒾⒿⓀⓁ	2	['ni:di]	a. 贫穷的
unruffled	ⒶⒷⒸⒹⒺⒻⒼⒽⒾⒿⓀⓁ	2	['ʌn'rʌfld]	a. 平静的，沉着的
empirical	ⒶⒷⒸⒹⒺⒻⒼⒽⒾⒿⓀⓁ	2	[em'pirikəl]	a. 凭经验的，经验主义的
bankrupt	ⒶⒷⒸⒹⒺⒻⒼⒽⒾⒿⓀⓁ	2	['bæŋkrʌpt]	a. 破产的 v./n. 破产
unremarkable	ⒶⒷⒸⒹⒺⒻⒼⒽⒾⒿⓀⓁ	2	['ʌnri'ma:kəbl]	a. 普通的，平凡的
fraudulent	ⒶⒷⒸⒹⒺⒻⒼⒽⒾⒿⓀⓁ	2	['frɔ:djulənt]	a. 欺诈的，不诚实的
deceitful	ⒶⒷⒸⒹⒺⒻⒼⒽⒾⒿⓀⓁ	2	[di'si:tfəl]	a. 欺诈的，欺骗的
miraculous	ⒶⒷⒸⒹⒺⒻⒼⒽⒾⒿⓀⓁ	2	[mi'rækjuləs]	a. 奇迹的，不可思议的
latent	ⒶⒷⒸⒹⒺⒻⒼⒽⒾⒿⓀⓁ	2	['leitənt]	a. 潜在的，潜伏的
sturdy	ⒶⒷⒸⒹⒺⒻⒼⒽⒾⒿⓀⓁ	2	['stə:di]	a. 强健的，坚固的
tough	ⒶⒷⒸⒹⒺⒻⒼⒽⒾⒿⓀⓁ	2	[tʌf]	a. 强硬的，棘手的，严厉的 n. 暴徒
mandatory	ⒶⒷⒸⒹⒺⒻⒼⒽⒾⒿⓀⓁ	2	['mændətəri]	a. 强制的，命令的
gracious	ⒶⒷⒸⒹⒺⒻⒼⒽⒾⒿⓀⓁ	2	['greiʃəs]	a. 亲切的，优雅的，有礼貌的

单词	标记	频率	读音	词义
sedulous	ⒶⒷⒸⒹⒺⒻⒼⒽⒾⒿⓀⓁ	2	['sedʒuləs]	a. 勤勉的，辛勤工作的
scornful	ⒶⒷⒸⒹⒺⒻⒼⒽⒾⒿⓀⓁ	2	['skɔ:nful]	a. 轻蔑的
affectionate	ⒶⒷⒸⒹⒺⒻⒼⒽⒾⒿⓀⓁ	2	[ə'fekʃənət]	a. 情深的，充满情爱的
hilly	ⒶⒷⒸⒹⒺⒻⒼⒽⒾⒿⓀⓁ	2	['hili]	a. 丘陵的，多小山的
unanimous	ⒶⒷⒸⒹⒺⒻⒼⒽⒾⒿⓀⓁ	2	[ju'nænimәs]	a. 全体一致的，一致同意的
definitive	ⒶⒷⒸⒹⒺⒻⒼⒽⒾⒿⓀⓁ	2	[di'finitiv]	a. 确定性的，权威性的 n. 限定词
gregarious	ⒶⒷⒸⒹⒺⒻⒼⒽⒾⒿⓀⓁ	2	[gri'geəriəs]	a. 群居的，爱社交的
fervent	ⒶⒷⒸⒹⒺⒻⒼⒽⒾⒿⓀⓁ	2	['fə:vənt]	a. 热情的，强烈的
zealous	ⒶⒷⒸⒹⒺⒻⒼⒽⒾⒿⓀⓁ	2	['zeləs]	a. 热心的，热衷的
earnest	ⒶⒷⒸⒹⒺⒻⒼⒽⒾⒿⓀⓁ	2	['ə:nist]	a. 认真的，热心的 n. 定金，诚挚
honorary	ⒶⒷⒸⒹⒺⒻⒼⒽⒾⒿⓀⓁ	2	['ɔnərəri]	a. 荣誉的，名誉的
raucous	ⒶⒷⒸⒹⒺⒻⒼⒽⒾⒿⓀⓁ	2	['rɔ:kəs]	a. 沙哑的
mercurial	ⒶⒷⒸⒹⒺⒻⒼⒽⒾⒿⓀⓁ	2	[mə:'kjuəriəl]	a. 善变的，活泼的，水银的
extravagant	ⒶⒷⒸⒹⒺⒻⒼⒽⒾⒿⓀⓁ	2	[iks'trævəgənt]	a. 奢侈的，挥霍无度的
socioeconomic	ⒶⒷⒸⒹⒺⒻⒼⒽⒾⒿⓀⓁ	2	[səusiəui:kə'nɔmik]	a. 社会经济的
abstruse	ⒶⒷⒸⒹⒺⒻⒼⒽⒾⒿⓀⓁ	2	[æb'stru:s]	a. 深奥的，难懂的
mythical	ⒶⒷⒸⒹⒺⒻⒼⒽⒾⒿⓀⓁ	2	['miθikəl]	a. 神话的，虚构的
neurological	ⒶⒷⒸⒹⒺⒻⒼⒽⒾⒿⓀⓁ	2	[njuərə'lɔdʒikəl]	a. 神经病学的
neural	ⒶⒷⒸⒹⒺⒻⒼⒽⒾⒿⓀⓁ	2	['njuərəl]	a. 神经系统的，背部的
arcane	ⒶⒷⒸⒹⒺⒻⒼⒽⒾⒿⓀⓁ	2	[a:'kein]	a. 神秘的，不可思议的
divine	ⒶⒷⒸⒹⒺⒻⒼⒽⒾⒿⓀⓁ	2	[di'vain]	a. 神圣的，非凡的 n. 牧师 v. 占卜
stilted	ⒶⒷⒸⒹⒺⒻⒼⒽⒾⒿⓀⓁ	2	['stiltid]	a. 生硬的，不自然的
provincial	ⒶⒷⒸⒹⒺⒻⒼⒽⒾⒿⓀⓁ	2	[prə'vinʃəl]	a. 省的，狭隘的 n. 乡下人，外省人
triumphant	ⒶⒷⒸⒹⒺⒻⒼⒽⒾⒿⓀⓁ	2	[trai'ʌmfənt]	a. 胜利的，得意洋洋的
despondent	ⒶⒷⒸⒹⒺⒻⒼⒽⒾⒿⓀⓁ	2	[di'spɔndənt]	a. 失望的，沮丧的
unemployed	ⒶⒷⒸⒹⒺⒻⒼⒽⒾⒿⓀⓁ	2	['ʌnim'plɔid]	a. 失业的
paradoxical	ⒶⒷⒸⒹⒺⒻⒼⒽⒾⒿⓀⓁ	2	[pærə'dɔksikəl]	a. 似是而非的，荒谬的
tentative	ⒶⒷⒸⒹⒺⒻⒼⒽⒾⒿⓀⓁ	2	['tentətiv]	a. 试验性的，不确定的，暂时的
handwritten	ⒶⒷⒸⒹⒺⒻⒼⒽⒾⒿⓀⓁ	2	['hænd,writn]	a. 手写的
skilled	ⒶⒷⒸⒹⒺⒻⒼⒽⒾⒿⓀⓁ	2	[skild]	a. 熟练的
wooded	ⒶⒷⒸⒹⒺⒻⒼⒽⒾⒿⓀⓁ	2	['wudid]	a. 树木繁茂的，森林多的
numeral	ⒶⒷⒸⒹⒺⒻⒼⒽⒾⒿⓀⓁ	2	['nju:mərəl]	a. 数字的 n. 数字
decrepit	ⒶⒷⒸⒹⒺⒻⒼⒽⒾⒿⓀⓁ	2	[di'krepit]	a. 衰老的，破旧的
aquatic	ⒶⒷⒸⒹⒺⒻⒼⒽⒾⒿⓀⓁ	2	[ə'kwætik]	a. 水的，水生的 n. 水生动物
underwater	ⒶⒷⒸⒹⒺⒻⒼⒽⒾⒿⓀⓁ	2	['ʌndə'wɔ:tə]	a. 水下的，在水中生长的
unscrupulous	ⒶⒷⒸⒹⒺⒻⒼⒽⒾⒿⓀⓁ	2	[ʌn'skru:pjuləs]	a. 肆无忌惮的，无道德的
fragmentary	ⒶⒷⒸⒹⒺⒻⒼⒽⒾⒿⓀⓁ	2	['frægməntəri]	a. 碎片的，不完整的
oversized	ⒶⒷⒸⒹⒺⒻⒼⒽⒾⒿⓀⓁ	2	['əuvəsaizd]	a. 特大的，比普通尺码大的
decent	ⒶⒷⒸⒹⒺⒻⒼⒽⒾⒿⓀⓁ	2	['di:snt]	a. 体面的，得体的，正派的
defiant	ⒶⒷⒸⒹⒺⒻⒼⒽⒾⒿⓀⓁ	2	[di'faiənt]	a. 挑衅的，目中无人的

单词	标记	频率	读音	词义
inaudible	ⒶⒷⒸⒹⒺⒻⒼⒽⒾⒿⓀⓁ	2	[in'ɔ:dəbl]	a. 听不见的
audible	ⒶⒷⒸⒹⒺⒻⒼⒽⒾⒿⓀⓁ	2	['ɔ:dəbl]	a. 听得见的
auditory	ⒶⒷⒸⒹⒺⒻⒼⒽⒾⒿⓀⓁ	2	['ɔ:ditəri]	a. 听觉的，耳的
vulgar	ⒶⒷⒸⒹⒺⒻⒼⒽⒾⒿⓀⓁ	2	['vʌlgə(r)]	a. 通俗的，粗俗的，平凡的
homogeneous	ⒶⒷⒸⒹⒺⒻⒼⒽⒾⒿⓀⓁ	2	[hɔmə'dʒi:niəs]	a. 同质的，相似的
statistical	ⒶⒷⒸⒹⒺⒻⒼⒽⒾⒿⓀⓁ	2	[stə'tistikəl]	a. 统计的，统计学的
obtrusive	ⒶⒷⒸⒹⒺⒻⒼⒽⒾⒿⓀⓁ	2	[əb'tru:siv]	a. 突出的，引人注意的，强迫的
exterior	ⒶⒷⒸⒹⒺⒻⒼⒽⒾⒿⓀⓁ	2	[eks'tiəriə]	a. 外部的，外来的，外用的 n. 外部
external	ⒶⒷⒸⒹⒺⒻⒼⒽⒾⒿⓀⓁ	2	[eks'tə:nl]	a. 外部的，外来的 n. 外部
headstrong	ⒶⒷⒸⒹⒺⒻⒼⒽⒾⒿⓀⓁ	2	['hedstrɔŋ;-strɔ:ŋ]	a. 顽固的，任性的
risky	ⒶⒷⒸⒹⒺⒻⒼⒽⒾⒿⓀⓁ	2	['riski]	a. 危险的，冒险的
perilous	ⒶⒷⒸⒹⒺⒻⒼⒽⒾⒿⓀⓁ	2	['periləs]	a. 危险的，冒险的
materialistic	ⒶⒷⒸⒹⒺⒻⒼⒽⒾⒿⓀⓁ	2	[mətiəriə'listik]	a. 唯物主义的，贪图享乐的
hypocritical	ⒶⒷⒸⒹⒺⒻⒼⒽⒾⒿⓀⓁ	2	[hipə'kritikl]	a. 伪善的，虚伪的
sanctimonious	ⒶⒷⒸⒹⒺⒻⒼⒽⒾⒿⓀⓁ	2	[sæŋkti'məuniəs]	a. 伪装虔诚的
unrecognized	ⒶⒷⒸⒹⒺⒻⒼⒽⒾⒿⓀⓁ	2	['ʌn'rekəgnaizd]	a. 未被承认的，未被认出的
uninformed	ⒶⒷⒸⒹⒺⒻⒼⒽⒾⒿⓀⓁ	2	['ʌnin'fɔ:md]	a. 未得到通知的，知识贫乏的
undocumented	ⒶⒷⒸⒹⒺⒻⒼⒽⒾⒿⓀⓁ	2	[ʌn'dɔkjumentid]	a. 未公开的，无事实证明的
unresolved	ⒶⒷⒸⒹⒺⒻⒼⒽⒾⒿⓀⓁ	2	['ʌnri'zɔlvd]	a. 未解决的
irresolute	ⒶⒷⒸⒹⒺⒻⒼⒽⒾⒿⓀⓁ	2	[i'rezəlu:t]	a. 未决定的，优柔寡断的
unexplored	ⒶⒷⒸⒹⒺⒻⒼⒽⒾⒿⓀⓁ	2	['ʌniks'plɔ:d]	a. 未勘查过的，未开拓的
unanticipated	ⒶⒷⒸⒹⒺⒻⒼⒽⒾⒿⓀⓁ	2	['ʌnæn'tisipeitid]	a. 未预料到的
docile	ⒶⒷⒸⒹⒺⒻⒼⒽⒾⒿⓀⓁ	2	['dəusail]	a. 温顺的，听话的，容易教的
infamous	ⒶⒷⒸⒹⒺⒻⒼⒽⒾⒿⓀⓁ	2	['infəməs]	a. 无耻的，声名狼藉的
ubiquitous	ⒶⒷⒸⒹⒺⒻⒼⒽⒾⒿⓀⓁ	2	[ju:'bikwitəs]	a. 无处不在的
unrecognizable	ⒶⒷⒸⒹⒺⒻⒼⒽⒾⒿⓀⓁ	2	['ʌn'rekəgnaizəbl]	a. 无法辨认的，无法识别的
ineffable	ⒶⒷⒸⒹⒺⒻⒼⒽⒾⒿⓀⓁ	2	[in'efəbl]	a. 无法形容的，说不出的，避讳的
unwarranted	ⒶⒷⒸⒹⒺⒻⒼⒽⒾⒿⓀⓁ	2	['ʌn'wɔrəntid]	a. 无根据的，无理的
indisputable	ⒶⒷⒸⒹⒺⒻⒼⒽⒾⒿⓀⓁ	2	[ˌindis'pju:təbl]	a. 无可争辩的，不容置疑的
unquestioned	ⒶⒷⒸⒹⒺⒻⒼⒽⒾⒿⓀⓁ	2	[ʌn'kwestʃənd]	a. 无可争议的
insolent	ⒶⒷⒸⒹⒺⒻⒼⒽⒾⒿⓀⓁ	2	['insələnt]	a. 无礼的，傲慢的
disrespectful	ⒶⒷⒸⒹⒺⒻⒼⒽⒾⒿⓀⓁ	2	[disri'spektfəl]	a. 无礼的，不尊敬的
lifeless	ⒶⒷⒸⒹⒺⒻⒼⒽⒾⒿⓀⓁ	2	['laiflis]	a. 无生命的，无生气的
unconditional	ⒶⒷⒸⒹⒺⒻⒼⒽⒾⒿⓀⓁ	2	['ʌnkən'diʃənəl]	a. 无条件的，无限制的，绝对的
undisguised	ⒶⒷⒸⒹⒺⒻⒼⒽⒾⒿⓀⓁ	2	[ʌndis'gaizd]	a. 无伪装的，公然的
infinite	ⒶⒷⒸⒹⒺⒻⒼⒽⒾⒿⓀⓁ	2	['infinit]	a. 无限的，无穷的
unstinting	ⒶⒷⒸⒹⒺⒻⒼⒽⒾⒿⓀⓁ	2	[ʌn'stintiŋ]	a. 无限制的，慷慨的
nonverbal	ⒶⒷⒸⒹⒺⒻⒼⒽⒾⒿⓀⓁ	2	[nɔn'və:bəl]	a. 无需语言的，不用语言的
nonsensical	ⒶⒷⒸⒹⒺⒻⒼⒽⒾⒿⓀⓁ	2	[nɔn'sensikəl]	a. 无意义的，荒谬的
pointless	ⒶⒷⒸⒹⒺⒻⒼⒽⒾⒿⓀⓁ	2	['pɔintlis]	a. 无意义的，徒劳的，不尖的

单词	标记	频率	读音	词义
futile	ⒶⒷⒸⒹⒺⒻⒼⒽⒾⒿⓀⓁ	2	['fju:tail;-til]	a. 无用的，无效的
anarchistic	ⒶⒷⒸⒹⒺⒻⒼⒽⒾⒿⓀⓁ	2	[ænə'kistik]	a. 无政府主义的
sparse	ⒶⒷⒸⒹⒺⒻⒼⒽⒾⒿⓀⓁ	2	[spa:s]	a. 稀少的，稀疏的
habitual	ⒶⒷⒸⒹⒺⒻⒼⒽⒾⒿⓀⓁ	2	[hə'bitjuəl]	a. 习惯的，惯常的
quarrelsome	ⒶⒷⒸⒹⒺⒻⒼⒽⒾⒿⓀⓁ	2	['kwɔ:rəlsəm]	a. 喜欢争吵的，好争论的
microscopic	ⒶⒷⒸⒹⒺⒻⒼⒽⒾⒿⓀⓁ	2	['maikrə'skɔpik]	a. 显微镜的，极小的
responsive	ⒶⒷⒸⒹⒺⒻⒼⒽⒾⒿⓀⓁ	2	[ri'spɔnsiv]	a. 响应的，易感应的，敏感的
villainous	ⒶⒷⒸⒹⒺⒻⒼⒽⒾⒿⓀⓁ	2	['vilənəs]	a. 邪恶的，恶毒的
painstaking	ⒶⒷⒸⒹⒺⒻⒼⒽⒾⒿⓀⓁ	2	['peinsteikiŋ]	a. 辛苦的 n. 辛苦
stellar	ⒶⒷⒸⒹⒺⒻⒼⒽⒾⒿⓀⓁ	2	['stelə]	a. 星球的，明星的，主要的，一流的
exuberant	ⒶⒷⒸⒹⒺⒻⒼⒽⒾⒿⓀⓁ	2	[ig'zju:bərənt]	a. 兴高采烈的，繁茂的，丰富的
blissful	ⒶⒷⒸⒹⒺⒻⒼⒽⒾⒿⓀⓁ	2	['blisful]	a. 幸福的
dormant	ⒶⒷⒸⒹⒺⒻⒼⒽⒾⒿⓀⓁ	2	['dɔ:mənt]	a. 休眠的，不活跃的，静止的
fictitious	ⒶⒷⒸⒹⒺⒻⒼⒽⒾⒿⓀⓁ	2	[fik'tiʃəs]	a. 虚构的，假的，虚伪的
tumultuous	ⒶⒷⒸⒹⒺⒻⒼⒽⒾⒿⓀⓁ	2	[tju:'mʌltʃuəs]	a. 喧嚣的，激烈的
suspenseful	ⒶⒷⒸⒹⒺⒻⒼⒽⒾⒿⓀⓁ	2	[səs'pensfəl]	a. 悬疑的，紧张的
selective	ⒶⒷⒸⒹⒺⒻⒼⒽⒾⒿⓀⓁ	2	[si'lektiv]	a. 选择的，选择性的
ostentatious	ⒶⒷⒸⒹⒺⒻⒼⒽⒾⒿⓀⓁ	2	[ɔsten'teiʃəs]	a. 炫耀的，卖弄的
mute	ⒶⒷⒸⒹⒺⒻⒼⒽⒾⒿⓀⓁ	2	[mju:t]	a. 哑的 v. 减弱声音 n. 哑巴
generic	ⒶⒷⒸⒹⒺⒻⒼⒽⒾⒿⓀⓁ	2	[dʒi'nerik]	a. 一般的，普通的，种属的
meticulous	ⒶⒷⒸⒹⒺⒻⒼⒽⒾⒿⓀⓁ	2	[mi'tikjuləs]	a. 一丝不苟的，过度重视细节的
incisive	ⒶⒷⒸⒹⒺⒻⒼⒽⒾⒿⓀⓁ	2	[in'saisiv]	a. 一针见血的，敏锐的
ceremonial	ⒶⒷⒸⒹⒺⒻⒼⒽⒾⒿⓀⓁ	2	[ˌseri'məuniəl]	a. 仪式的 n. 仪式
regretful	ⒶⒷⒸⒹⒺⒻⒼⒽⒾⒿⓀⓁ	2	[ri'gretfəl]	a. 遗憾的，后悔的
fickle	ⒶⒷⒸⒹⒺⒻⒼⒽⒾⒿⓀⓁ	2	['fikl]	a. 易变的，变幻无常的
palpable	ⒶⒷⒸⒹⒺⒻⒼⒽⒾⒿⓀⓁ	2	['pælpəbl]	a. 易察觉的，可摸到的，明显的
irascible	ⒶⒷⒸⒹⒺⒻⒼⒽⒾⒿⓀⓁ	2	[i'ræsibl]	a. 易怒的，暴躁的
expansive	ⒶⒷⒸⒹⒺⒻⒼⒽⒾⒿⓀⓁ	2	[iks'pænsiv]	a. 易膨胀的，健谈的，广阔的
pliant	ⒶⒷⒸⒹⒺⒻⒼⒽⒾⒿⓀⓁ	2	['plaiənt]	a. 易弯的，易受影响的
tractable	ⒶⒷⒸⒹⒺⒻⒼⒽⒾⒿⓀⓁ	2	['træktəbl]	a. 易于驾驭的
anecdotal	ⒶⒷⒸⒹⒺⒻⒼⒽⒾⒿⓀⓁ	2	[ænek'dəutl]	a. 轶事的，趣闻的
effusive	ⒶⒷⒸⒹⒺⒻⒼⒽⒾⒿⓀⓁ	2	[i'fju:siv]	a. 溢于言表的，溢出的
shady	ⒶⒷⒸⒹⒺⒻⒼⒽⒾⒿⓀⓁ	2	['ʃeidi]	a. 阴凉的，可疑的
insidious	ⒶⒷⒸⒹⒺⒻⒼⒽⒾⒿⓀⓁ	2	[in'sidiəs]	a. 阴险的，诱人上当的
extragalactic	ⒶⒷⒸⒹⒺⒻⒼⒽⒾⒿⓀⓁ	2	[ekstrəgə'læktik]	a. 银河系外的，星系外的
reprehensible	ⒶⒷⒸⒹⒺⒻⒼⒽⒾⒿⓀⓁ	2	[repri'hensəbl]	a. 应受谴责的
ghostly	ⒶⒷⒸⒹⒺⒻⒼⒽⒾⒿⓀⓁ	2	['gəustli]	a. 幽灵的，灵魂的，鬼魂的
indecisive	ⒶⒷⒸⒹⒺⒻⒼⒽⒾⒿⓀⓁ	2	[indi'saisiv]	a. 犹豫不决的，非决定性的
companionable	ⒶⒷⒸⒹⒺⒻⒼⒽⒾⒿⓀⓁ	2	[kəm'pænjənəbl]	a. 友善的，好交往的
detrimental	ⒶⒷⒸⒹⒺⒻⒼⒽⒾⒿⓀⓁ	2	[ˌdetri'mentl]	a. 有害的

单词	标记	频率	读音	词义
deleterious	ⒶⒷⒸⒹⒺⒻⒼⒽⒾⒿⓀⓁ	2	[ˌdeli'tiəriəs]	a. 有害于，有毒的
expedient	ⒶⒷⒸⒹⒺⒻⒼⒽⒾⒿⓀⓁ	2	[iks'pi:diənt]	a. 有利的 n. 权宜之计，对策
lucrative	ⒶⒷⒸⒹⒺⒻⒼⒽⒾⒿⓀⓁ	2	['lu:krətiv;lju:-]	a. 有利可图的，获利的
purposeful	ⒶⒷⒸⒹⒺⒻⒼⒽⒾⒿⓀⓁ	2	['pə:pəsfəl]	a. 有目的的，坚决的，果断的
salutary	ⒶⒷⒸⒹⒺⒻⒼⒽⒾⒿⓀⓁ	2	['sæljutəri]	a. 有益健康的，有益的
liable	ⒶⒷⒸⒹⒺⒻⒼⒽⒾⒿⓀⓁ	2	['laiəbl]	a. 有责任的，有倾向的，可能的
pedantic	ⒶⒷⒸⒹⒺⒻⒼⒽⒾⒿⓀⓁ	2	[pi'dæntik]	a. 迂腐的，学究式的
predictive	ⒶⒷⒸⒹⒺⒻⒼⒽⒾⒿⓀⓁ	2	[pri'diktiv]	a. 预言的，预兆的
aboriginal	ⒶⒷⒸⒹⒺⒻⒼⒽⒾⒿⓀⓁ	2	[ˌæbə'ridʒənəl]	a. 原始的，土著的 n. 土著居民
cataclysmic	ⒶⒷⒸⒹⒺⒻⒼⒽⒾⒿⓀⓁ	2	[kætə'klizmik]	a. 灾难性的，剧变的
impermanent	ⒶⒷⒸⒹⒺⒻⒼⒽⒾⒿⓀⓁ	2	[im'pə:mənənt]	a. 暂时的，非永久的
premature	ⒶⒷⒸⒹⒺⒻⒼⒽⒾⒿⓀⓁ	2	[ˌpremə'tjuə]	a. 早熟的，早产的，提前的
obsessive	ⒶⒷⒸⒹⒺⒻⒼⒽⒾⒿⓀⓁ	2	[əb'sesiv;ɔb-]	a. 着迷的，困扰的
governmental	ⒶⒷⒸⒹⒺⒻⒼⒽⒾⒿⓀⓁ	2	[ˌgʌvən'mentl]	a. 政府的
supportive	ⒶⒷⒸⒹⒺⒻⒼⒽⒾⒿⓀⓁ	2	[sə'pɔ:tiv]	a. 支持的
praiseworthy	ⒶⒷⒸⒹⒺⒻⒼⒽⒾⒿⓀⓁ	2	['preizˌwə:ði]	a. 值得称颂的
indicative	ⒶⒷⒸⒹⒺⒻⒼⒽⒾⒿⓀⓁ	2	[in'dikətiv]	a. 指示的，象征的 n. 陈述语气
therapeutic	ⒶⒷⒸⒹⒺⒻⒼⒽⒾⒿⓀⓁ	2	[θerə'pju:tik]	a. 治疗的
lifelong	ⒶⒷⒸⒹⒺⒻⒼⒽⒾⒿⓀⓁ	2	['laiflɔ:ŋ]	a. 终生的
repetitive	ⒶⒷⒸⒹⒺⒻⒼⒽⒾⒿⓀⓁ	2	[ri'petitiv]	a. 重复的
circadian	ⒶⒷⒸⒹⒺⒻⒼⒽⒾⒿⓀⓁ	2	[sə:'keidiən]	a. 昼夜节律的，生理节奏的
predominant	ⒶⒷⒸⒹⒺⒻⒼⒽⒾⒿⓀⓁ	2	[pri'dɔminənt]	a. 主要的，占优势的，显著的
decorative	ⒶⒷⒸⒹⒺⒻⒼⒽⒾⒿⓀⓁ	2	['dekərətiv]	a. 装饰的，装饰性的
spectacular	ⒶⒷⒸⒹⒺⒻⒼⒽⒾⒿⓀⓁ	2	[spek'tækjulə]	a. 壮观的，令人惊叹的
magnificent	ⒶⒷⒸⒹⒺⒻⒼⒽⒾⒿⓀⓁ	2	[mæg'nifisnt]	a. 壮丽的，宏伟的
conceited	ⒶⒷⒸⒹⒺⒻⒼⒽⒾⒿⓀⓁ	2	[kən'si:tid]	a. 自负的
overweening	ⒶⒷⒸⒹⒺⒻⒼⒽⒾⒿⓀⓁ	2	['əuvə'wi:niŋ]	a. 自负的，过于自信的
complacent	ⒶⒷⒸⒹⒺⒻⒼⒽⒾⒿⓀⓁ	2	[kəm'pleisnt]	a. 自满的，得意的
autonomous	ⒶⒷⒸⒹⒺⒻⒼⒽⒾⒿⓀⓁ	2	[ɔ:'tɔnəməs]	a. 自治的，自主的
consequential	ⒶⒷⒸⒹⒺⒻⒼⒽⒾⒿⓀⓁ	2	[kɔnsi'kwenʃəl]	a. 作为结果的，重要的
miserably	ⒶⒷⒸⒹⒺⒻⒼⒽⒾⒿⓀⓁ	2	['mizərəbli]	ad. 悲惨地
instinctively	ⒶⒷⒸⒹⒺⒻⒼⒽⒾⒿⓀⓁ	2	[in'stiŋktivli]	ad. 本能地
awkwardly	ⒶⒷⒸⒹⒺⒻⒼⒽⒾⒿⓀⓁ	2	['ɔ:kwə:dli]	ad. 笨拙地，无技巧地
figuratively	ⒶⒷⒸⒹⒺⒻⒼⒽⒾⒿⓀⓁ	2	['figjurətivli]	ad. 比喻地
ostensibly	ⒶⒷⒸⒹⒺⒻⒼⒽⒾⒿⓀⓁ	2	[ɔs'tensibli]	ad. 表面上
outwardly	ⒶⒷⒸⒹⒺⒻⒼⒽⒾⒿⓀⓁ	2	['autwədli]	ad. 表面上，向外面
invariably	ⒶⒷⒸⒹⒺⒻⒼⒽⒾⒿⓀⓁ	2	[in'veəriəbli]	ad. 不变地，一贯地
disproportionately	ⒶⒷⒸⒹⒺⒻⒼⒽⒾⒿⓀⓁ	2	[disprə'pɔ:ʃənitli]	ad. 不成比例地
unjustly	ⒶⒷⒸⒹⒺⒻⒼⒽⒾⒿⓀⓁ	2	[ʌn'dʒʌstli]	ad. 不公正地，不法地
erratically	ⒶⒷⒸⒹⒺⒻⒼⒽⒾⒿⓀⓁ	2	[i'rætikli]	ad. 不规律地，不定地

单词	标记	频率	读音	词义
singularly	ⒶⒷⒸⒹⒺⒻⒼⒽⒾⒿⓀⓁ	2	['siŋgjuləli]	ad. 不可思议地，少见地
ceaselessly	ⒶⒷⒸⒹⒺⒻⒼⒽⒾⒿⓀⓁ	2	['si:slisli]	ad. 不停地
ominously	ⒶⒷⒸⒹⒺⒻⒼⒽⒾⒿⓀⓁ	2	['ɔminəsli]	ad. 不祥地，有预兆地
financially	ⒶⒷⒸⒹⒺⒻⒼⒽⒾⒿⓀⓁ	2	[fai'nænʃəli]	ad. 财政上
adequately	ⒶⒷⒸⒹⒺⒻⒼⒽⒾⒿⓀⓁ	2	['ædikwitli]	ad. 充分地，足够地
creatively	ⒶⒷⒸⒹⒺⒻⒼⒽⒾⒿⓀⓁ	2	[kri'eitivli]	ad. 创造性地
intelligently	ⒶⒷⒸⒹⒺⒻⒼⒽⒾⒿⓀⓁ	2	[in'telidʒəntli]	ad. 聪明地，理智地
flatly	ⒶⒷⒸⒹⒺⒻⒼⒽⒾⒿⓀⓁ	2	['flætli]	ad. 断然地，平淡地
considerably	ⒶⒷⒸⒹⒺⒻⒼⒽⒾⒿⓀⓁ	2	[kən'sidərəbəli]	ad. 非常地，相当地，颇
painstakingly	ⒶⒷⒸⒹⒺⒻⒼⒽⒾⒿⓀⓁ	2	['peinsteikiŋli]	ad. 费力地，苦心地
wildly	ⒶⒷⒸⒹⒺⒻⒼⒽⒾⒿⓀⓁ	2	['waildli]	ad. 疯狂地，剧烈地
emotionally	ⒶⒷⒸⒹⒺⒻⒼⒽⒾⒿⓀⓁ	2	[i'məuʃənli]	ad. 感情上地，冲动地
tastefully	ⒶⒷⒸⒹⒺⒻⒼⒽⒾⒿⓀⓁ	2	['teistfəli]	ad. 高雅地，有品位地
exceptionally	ⒶⒷⒸⒹⒺⒻⒼⒽⒾⒿⓀⓁ	2	[ik'sepʃənəli]	ad. 格外地，特别地
jointly	ⒶⒷⒸⒹⒺⒻⒼⒽⒾⒿⓀⓁ	2	['dʒɔintli]	ad. 共同地，连带地
subsequently	ⒶⒷⒸⒹⒺⒻⒼⒽⒾⒿⓀⓁ	2	['sʌbsikwəntli]	ad. 后来，随后
garishly	ⒶⒷⒸⒹⒺⒻⒼⒽⒾⒿⓀⓁ	2	['ga:riʃli]	ad. 华丽地，过分装饰地
actively	ⒶⒷⒸⒹⒺⒻⒼⒽⒾⒿⓀⓁ	2	['æktivli]	ad. 活跃地，积极地
supremely	ⒶⒷⒸⒹⒺⒻⒼⒽⒾⒿⓀⓁ	2	[su'pri:mli]	ad. 极度地，至高无上地
namely	ⒶⒷⒸⒹⒺⒻⒼⒽⒾⒿⓀⓁ	2	['neimli]	ad. 即，也就是
scarcely	ⒶⒷⒸⒹⒺⒻⒼⒽⒾⒿⓀⓁ	2	['skeəsli]	ad. 几乎不，简直不
vigorously	ⒶⒷⒸⒹⒺⒻⒼⒽⒾⒿⓀⓁ	2	['vigərəsli]	ad. 精力旺盛地，有力地
psychologically	ⒶⒷⒸⒹⒺⒻⒼⒽⒾⒿⓀⓁ	2	[saikə'lɔdʒikli]	ad. 精神上地，心理上地
tenuously	ⒶⒷⒸⒹⒺⒻⒼⒽⒾⒿⓀⓁ	2	['tenjuəsli]	ad. 精细地，稀薄地
colloquially	ⒶⒷⒸⒹⒺⒻⒼⒽⒾⒿⓀⓁ	2	[kə'ləukwiəli]	ad. 口语地，俗语地
routinely	ⒶⒷⒸⒹⒺⒻⒼⒽⒾⒿⓀⓁ	2	[ru:'ti:nli]	ad. 例行公事地
convincingly	ⒶⒷⒸⒹⒺⒻⒼⒽⒾⒿⓀⓁ	2	[kən'vinsiŋli]	ad. 令人信服地，有说服力地
ethically	ⒶⒷⒸⒹⒺⒻⒼⒽⒾⒿⓀⓁ	2	['eθikli]	ad. 伦理上
rashly	ⒶⒷⒸⒹⒺⒻⒼⒽⒾⒿⓀⓁ	2	['ræʃli]	ad. 莽撞地，冒失地
apiece	ⒶⒷⒸⒹⒺⒻⒼⒽⒾⒿⓀⓁ	2	[ə'pi:s]	ad. 每个，每人，各
fiercely	ⒶⒷⒸⒹⒺⒻⒼⒽⒾⒿⓀⓁ	2	['fiəsli]	ad. 猛烈地，厉害地
keenly	ⒶⒷⒸⒹⒺⒻⒼⒽⒾⒿⓀⓁ	2	['ki:nli]	ad. 敏锐地，强烈地，热心地
visibly	ⒶⒷⒸⒹⒺⒻⒼⒽⒾⒿⓀⓁ	2	['vizib(ə)li]	ad. 明显地，看得见地
presently	ⒶⒷⒸⒹⒺⒻⒼⒽⒾⒿⓀⓁ	2	['prezəntli]	ad. 目前，不久，一会儿
languidly	ⒶⒷⒸⒹⒺⒻⒼⒽⒾⒿⓀⓁ	2	['læŋgwidli]	ad. 疲倦地，无力地
marvelously	ⒶⒷⒸⒹⒺⒻⒼⒽⒾⒿⓀⓁ	2	['ma:vləsli]	ad. 奇迹般地，奇异地
emphatically	ⒶⒷⒸⒹⒺⒻⒼⒽⒾⒿⓀⓁ	2	[im'fætikli]	ad. 强调地
aggressively	ⒶⒷⒸⒹⒺⒻⒼⒽⒾⒿⓀⓁ	2	[ə'gresivli]	ad. 侵略地，攻击地
scornfully	ⒶⒷⒸⒹⒺⒻⒼⒽⒾⒿⓀⓁ	2	['skɔ:nfəli]	ad. 轻蔑地，藐视地
commercially	ⒶⒷⒸⒹⒺⒻⒼⒽⒾⒿⓀⓁ	2	[kə'mə:ʃəli]	ad. 商业上

单词	标记	频率	读音	词义
dearly	ⒶⒷⒸⒹⒺⒻⒼⒽⒾⒿⓀⓁ	2	['diəli]	ad. 深深地，昂贵地
substantially	ⒶⒷⒸⒹⒺⒻⒼⒽⒾⒿⓀⓁ	2	[səb'stænʃ(ə)li]	ad. 实质上，大体上
tacitly	ⒶⒷⒸⒹⒺⒻⒼⒽⒾⒿⓀⓁ	2	['tæsitli]	ad. 肃静地，沉默地
frankly	ⒶⒷⒸⒹⒺⒻⒼⒽⒾⒿⓀⓁ	2	['fræŋkli]	ad. 坦白地，真诚地
specifically	ⒶⒷⒸⒹⒺⒻⒼⒽⒾⒿⓀⓁ	2	[spi'sifikəli]	ad. 特别地，明确地
hereby	ⒶⒷⒸⒹⒺⒻⒼⒽⒾⒿⓀⓁ	2	['hiə'bai]	ad. 特此，据此
supposedly	ⒶⒷⒸⒹⒺⒻⒼⒽⒾⒿⓀⓁ	2	[sə'pəuzdli]	ad. 推测地，大概
faintly	ⒶⒷⒸⒹⒺⒻⒼⒽⒾⒿⓀⓁ	2	['feintli]	ad. 微弱地，朦胧地
indiscriminately	ⒶⒷⒸⒹⒺⒻⒼⒽⒾⒿⓀⓁ	2	[indi'skriminətli]	ad. 无差别，任意地
anyhow	ⒶⒷⒸⒹⒺⒻⒼⒽⒾⒿⓀⓁ	2	['enihau]	ad. 无论如何，总之
unconsciously	ⒶⒷⒸⒹⒺⒻⒼⒽⒾⒿⓀⓁ	2	[ʌn'kɔnʃəsli]	ad. 无意识地，不知不觉地
prominently	ⒶⒷⒸⒹⒺⒻⒼⒽⒾⒿⓀⓁ	2	['prɔminəntli]	ad. 显著地
fortunately	ⒶⒷⒸⒹⒺⒻⒼⒽⒾⒿⓀⓁ	2	['fɔ:tʃənətli]	ad. 幸运地
swiftly	ⒶⒷⒸⒹⒺⒻⒼⒽⒾⒿⓀⓁ	2	['swiftli]	ad. 迅速地，敏捷地
harshly	ⒶⒷⒸⒹⒺⒻⒼⒽⒾⒿⓀⓁ	2	['ha:ʃli]	ad. 严厉地，苛刻地，粗糙地
accordingly	ⒶⒷⒸⒹⒺⒻⒼⒽⒾⒿⓀⓁ	2	[ə'kɔ:diŋli]	ad. 因此，相应地，于是
heroically	ⒶⒷⒸⒹⒺⒻⒼⒽⒾⒿⓀⓁ	2	[hi'rɔikli]	ad. 英勇地
metaphorically	ⒶⒷⒸⒹⒺⒻⒼⒽⒾⒿⓀⓁ	2	[metə'fɔrikəli]	ad. 用隐喻地
anxiously	ⒶⒷⒸⒹⒺⒻⒼⒽⒾⒿⓀⓁ	2	['æŋkʃəsli]	ad. 忧虑地，不安地
thereof	ⒶⒷⒸⒹⒺⒻⒼⒽⒾⒿⓀⓁ	2	[ðeər'ɔv;-'ɔf]	ad. 由此
aesthetically	ⒶⒷⒸⒹⒺⒻⒼⒽⒾⒿⓀⓁ	2	[i:s'θetikəli]	ad. 有审美能力地，美学上地
distinctively	ⒶⒷⒸⒹⒺⒻⒼⒽⒾⒿⓀⓁ	2	[dis'tiŋktivli]	ad. 有特色地，特殊地
consciously	ⒶⒷⒸⒹⒺⒻⒼⒽⒾⒿⓀⓁ	2	['kɔnʃəsli]	ad. 有意识地，自觉地
abed	ⒶⒷⒸⒹⒺⒻⒼⒽⒾⒿⓀⓁ	2	[ə'bed]	ad. 在床上，卧病在床
therein	ⒶⒷⒸⒹⒺⒻⒼⒽⒾⒿⓀⓁ	2	[ðeər'in]	ad. 在其中，在那里
favorably	ⒶⒷⒸⒹⒺⒻⒼⒽⒾⒿⓀⓁ	2	['feivərəbli]	ad. 赞同地，亲切地
genuinely	ⒶⒷⒸⒹⒺⒻⒼⒽⒾⒿⓀⓁ	2	['dʒenjuinli]	ad. 真正地，真诚地
neatly	ⒶⒷⒸⒹⒺⒻⒼⒽⒾⒿⓀⓁ	2	['ni:tli]	ad. 整洁地，熟练地
intuitively	ⒶⒷⒸⒹⒺⒻⒼⒽⒾⒿⓀⓁ	2	[in'tju:itivli]	ad. 直觉地，直观地
principally	ⒶⒷⒸⒹⒺⒻⒼⒽⒾⒿⓀⓁ	2	['prinsipli]	ad. 主要地
automatically	ⒶⒷⒸⒹⒺⒻⒼⒽⒾⒿⓀⓁ	2	[ɔ:tə'mætikəli]	ad. 自动地，机械地
brim	ⒶⒷⒸⒹⒺⒻⒼⒽⒾⒿⓀⓁ	2	[brim]	n.（杯，碗等）边，边缘 v. 装满
regiment	ⒶⒷⒸⒹⒺⒻⒼⒽⒾⒿⓀⓁ	2	['redʒimənt]	n.（军队的）一个团，大量 v. 管辖
driveway	ⒶⒷⒸⒹⒺⒻⒼⒽⒾⒿⓀⓁ	2	['draivwei]	n.（住宅前的）车道
rear	ⒶⒷⒸⒹⒺⒻⒼⒽⒾⒿⓀⓁ	2	[riə]	n./a. 后部，后面 v. 饲养，养育，举起
chagrin	ⒶⒷⒸⒹⒺⒻⒼⒽⒾⒿⓀⓁ	2	['ʃægrin]	n./v. 懊恼
revenge	ⒶⒷⒸⒹⒺⒻⒼⒽⒾⒿⓀⓁ	2	[ri'vendʒ]	n./v. 报仇，报复
whine	ⒶⒷⒸⒹⒺⒻⒼⒽⒾⒿⓀⓁ	2	[(h)wain]	n./v. 抱怨，牢骚，哀鸣
riot	ⒶⒷⒸⒹⒺⒻⒼⒽⒾⒿⓀⓁ	2	['raiət]	n./v. 暴乱，骚乱
spurn	ⒶⒷⒸⒹⒺⒻⒼⒽⒾⒿⓀⓁ	2	[spə:n]	n./v. 摒弃，拒绝

单词	标记	频率	读音	词义
offset	ⒶⒷⒸⒹⒺⒻⒼⒽⒾⒿⓀⓁ	2	['ɔ:fset]	n./v. 补偿，抵消
referee	ⒶⒷⒸⒹⒺⒻⒼⒽⒾⒿⓀⓁ	2	[ˌrefə'ri:]	n./v. 裁判员，仲裁者
fax	ⒶⒷⒸⒹⒺⒻⒼⒽⒾⒿⓀⓁ	2	[fæks]	n./v. 传真
gasp	ⒶⒷⒸⒹⒺⒻⒼⒽⒾⒿⓀⓁ	2	[ga:sp]	n./v. 喘气
swagger	ⒶⒷⒸⒹⒺⒻⒼⒽⒾⒿⓀⓁ	2	['swægə]	n./v. 大摇大摆地走，吹嘘
overflow	ⒶⒷⒸⒹⒺⒻⒼⒽⒾⒿⓀⓁ	2	['əuvə'fləu]	n./v. 泛滥，溢出
reprieve	ⒶⒷⒸⒹⒺⒻⒼⒽⒾⒿⓀⓁ	2	[ri'pri:v]	n./v. 缓刑，暂时缓解
triumph	ⒶⒷⒸⒹⒺⒻⒼⒽⒾⒿⓀⓁ	2	['traiəmf]	n./v. 获胜，凯旋
pretext	ⒶⒷⒸⒹⒺⒻⒼⒽⒾⒿⓀⓁ	2	['pri:tekst]	n./v. 借口
pep	ⒶⒷⒸⒹⒺⒻⒼⒽⒾⒿⓀⓁ	2	[pep]	n./v. 精力充沛，活力
poll	ⒶⒷⒸⒹⒺⒻⒼⒽⒾⒿⓀⓁ	2	[pəul]	n./v. 民意测验，投票，票数
scramble	ⒶⒷⒸⒹⒺⒻⒼⒽⒾⒿⓀⓁ	2	['skræmbl]	n./v. 攀爬，争抢，混乱
nibble	ⒶⒷⒸⒹⒺⒻⒼⒽⒾⒿⓀⓁ	2	['nibl]	n./v. 轻咬，少量
slumber	ⒶⒷⒸⒹⒺⒻⒼⒽⒾⒿⓀⓁ	2	['slʌmbə]	n./v. 睡眠，打盹
halt	ⒶⒷⒸⒹⒺⒻⒼⒽⒾⒿⓀⓁ	2	[hɔ:lt]	n./v. 停止，暂停
consent	ⒶⒷⒸⒹⒺⒻⒼⒽⒾⒿⓀⓁ	2	[kən'sent]	n./v. 同意，赞成
peril	ⒶⒷⒸⒹⒺⒻⒼⒽⒾⒿⓀⓁ	2	['peril]	n./v. 危险，冒险
maneuver	ⒶⒷⒸⒹⒺⒻⒼⒽⒾⒿⓀⓁ	2	[mə'nuvə]	n./v. 演习，调遣，策略，操作
tug	ⒶⒷⒸⒹⒺⒻⒼⒽⒾⒿⓀⓁ	2	[tʌg]	n./v. 用力拉，拖船
nudge	ⒶⒷⒸⒹⒺⒻⒼⒽⒾⒿⓀⓁ	2	[nʌdʒ]	n./v. 用肘轻推，轻触
waver	ⒶⒷⒸⒹⒺⒻⒼⒽⒾⒿⓀⓁ	2	['weivə]	n./v. 犹豫，动摇，踌躇
combat	ⒶⒷⒸⒹⒺⒻⒼⒽⒾⒿⓀⓁ	2	['kɔmbæt]	n./v. 战斗，搏斗
levy	ⒶⒷⒸⒹⒺⒻⒼⒽⒾⒿⓀⓁ	2	['levi]	n./v. 征税，征兵
adoration	ⒶⒷⒸⒹⒺⒻⒼⒽⒾⒿⓀⓁ	2	[ˌædɔ:'reiʃən]	n. 爱慕，崇拜
playfulness	ⒶⒷⒸⒹⒺⒻⒼⒽⒾⒿⓀⓁ	2	['pleifəlnis]	n. 爱玩，嬉戏，开玩笑
saddle	ⒶⒷⒸⒹⒺⒻⒼⒽⒾⒿⓀⓁ	2	['sædl]	n. 鞍，（自行车）座 v. 使负担
cue	ⒶⒷⒸⒹⒺⒻⒼⒽⒾⒿⓀⓁ	2	[kju:]	n. 暗示，提示，线索
insolence	ⒶⒷⒸⒹⒺⒻⒼⒽⒾⒿⓀⓁ	2	['insələns]	n. 傲慢，无礼
ballet	ⒶⒷⒸⒹⒺⒻⒼⒽⒾⒿⓀⓁ	2	['bælei;bæ'lei]	n. 芭蕾舞
whiteness	ⒶⒷⒸⒹⒺⒻⒼⒽⒾⒿⓀⓁ	2	['(h)waitnis]	n. 白，洁白
millionaire	ⒶⒷⒸⒹⒺⒻⒼⒽⒾⒿⓀⓁ	2	[ˌmiljə'neə]	n. 百万富翁，大富豪
midair	ⒶⒷⒸⒹⒺⒻⒼⒽⒾⒿⓀⓁ	2	[mid'eə]	n. 半空中
conservatism	ⒶⒷⒸⒹⒺⒻⒼⒽⒾⒿⓀⓁ	2	[kən'sə:vətizəm]	n. 保守主义
upstart	ⒶⒷⒸⒹⒺⒻⒼⒽⒾⒿⓀⓁ	2	['ʌpsta:t]	n. 暴发户，傲慢的人
tyranny	ⒶⒷⒸⒹⒺⒻⒼⒽⒾⒿⓀⓁ	2	['tirəni]	n. 暴政，专制
standby	ⒶⒷⒸⒹⒺⒻⒼⒽⒾⒿⓀⓁ	2	['stændbai]	n. 备用 a. 备用的，应急的
runner	ⒶⒷⒸⒹⒺⒻⒼⒽⒾⒿⓀⓁ	2	['rʌnə(r)]	n. 奔跑者，信使
inwardness	ⒶⒷⒸⒹⒺⒻⒼⒽⒾⒿⓀⓁ	2	['inwədnis]	n. 本性，实质，亲密
slug	ⒶⒷⒸⒹⒺⒻⒼⒽⒾⒿⓀⓁ	2	[slʌg]	n. 鼻涕虫，重击，懒汉，子弹
corollary	ⒶⒷⒸⒹⒺⒻⒼⒽⒾⒿⓀⓁ	2	[kə'rɔləri]	n. 必然的结果，推论

单词	标记	频率	读音	词义
brink	ⒶⒷⒸⒹⒺⒻⒼⒽⒾⒿⓀⓁ	2	[briŋk]	n. 边缘，边沿
fringe	ⒶⒷⒸⒹⒺⒻⒼⒽⒾⒿⓀⓁ	2	[frindʒ]	n. 边缘，次要事物，流苏 v. 加饰边于
vicissitude	ⒶⒷⒸⒹⒺⒻⒼⒽⒾⒿⓀⓁ	2	[vi'sisitju:d]	n. 变化，变迁，盛衰
inflection	ⒶⒷⒸⒹⒺⒻⒼⒽⒾⒿⓀⓁ	2	[in'flekʃən]	n. 变调，音调变化
slogan	ⒶⒷⒸⒹⒺⒻⒼⒽⒾⒿⓀⓁ	2	['sləugən]	n. 标语，口号
superficiality	ⒶⒷⒸⒹⒺⒻⒼⒽⒾⒿⓀⓁ	2	[ˌsju:pəfiʃi'æliti]	n. 表面性的事物，浅薄
deprivation	ⒶⒷⒸⒹⒺⒻⒼⒽⒾⒿⓀⓁ	2	[ˌdepri'veiʃən]	n. 剥夺，免职，丧失
auntie	ⒶⒷⒸⒹⒺⒻⒼⒽⒾⒿⓀⓁ	2	['a:nti]	n. 伯母，阿姨，姑妈
refutation	ⒶⒷⒸⒹⒺⒻⒼⒽⒾⒿⓀⓁ	2	[refju:'teiʃ(ə)n]	n. 驳斥
foil	ⒶⒷⒸⒹⒺⒻⒼⒽⒾⒿⓀⓁ	2	[fɔil]	n. 箔，箔纸，花剑 v. 挫败，击退，衬托
complement	ⒶⒷⒸⒹⒺⒻⒼⒽⒾⒿⓀⓁ	2	['kɔmplimənt]	n. 补足物，补语，余角 v. 补足
unease	ⒶⒷⒸⒹⒺⒻⒼⒽⒾⒿⓀⓁ	2	['ʌn'i:z]	n. 不安
unfairness	ⒶⒷⒸⒹⒺⒻⒼⒽⒾⒿⓀⓁ	2	[ʌn'feənis]	n. 不公平
incongruity	ⒶⒷⒸⒹⒺⒻⒼⒽⒾⒿⓀⓁ	2	[ˌinkɔŋ'gru(:)iti]	n. 不和谐，不相称，不一致
impossibility	ⒶⒷⒸⒹⒺⒻⒼⒽⒾⒿⓀⓁ	2	[imˌpɔsə'biləti]	n. 不可能之事，不可能
instability	ⒶⒷⒸⒹⒺⒻⒼⒽⒾⒿⓀⓁ	2	[ˌinstə'biliti]	n. 不稳定，不可靠
disparity	ⒶⒷⒸⒹⒺⒻⒼⒽⒾⒿⓀⓁ	2	[dis'pæriti]	n. 不一致，不同，差距
unpleasantness	ⒶⒷⒸⒹⒺⒻⒼⒽⒾⒿⓀⓁ	2	[ʌn'plezntnis]	n. 不愉快
displeasure	ⒶⒷⒸⒹⒺⒻⒼⒽⒾⒿⓀⓁ	2	[dis'pleʒə]	n. 不愉快，不满
disloyalty	ⒶⒷⒸⒹⒺⒻⒼⒽⒾⒿⓀⓁ	2	[ˌdis'lɔiəlti]	n. 不忠实
layout	ⒶⒷⒸⒹⒺⒻⒼⒽⒾⒿⓀⓁ	2	['leiˌaut]	n. 布局，安排，设计
sector	ⒶⒷⒸⒹⒺⒻⒼⒽⒾⒿⓀⓁ	2	['sektə]	n. 部分，部门，扇形
erasure	ⒶⒷⒸⒹⒺⒻⒼⒽⒾⒿⓀⓁ	2	[i'reiʒə]	n. 擦除，抹掉
treasure	ⒶⒷⒸⒹⒺⒻⒼⒽⒾⒿⓀⓁ	2	['treʒə]	n. 财宝，财富 v. 珍爱
remnant	ⒶⒷⒸⒹⒺⒻⒼⒽⒾⒿⓀⓁ	2	['remnənt]	n. 残余物，边角料 a. 剩余的
mow	ⒶⒷⒸⒹⒺⒻⒼⒽⒾⒿⓀⓁ	2	[mau]	n. 草堆 v. 割（草）
lawn	ⒶⒷⒸⒹⒺⒻⒼⒽⒾⒿⓀⓁ	2	[lɔ:n]	n. 草坪，草地
flank	ⒶⒷⒸⒹⒺⒻⒼⒽⒾⒿⓀⓁ	2	[flæŋk]	n. 侧面，侧翼 v. 位于侧面
silhouette	ⒶⒷⒸⒹⒺⒻⒼⒽⒾⒿⓀⓁ	2	[ˌsilu(:)'et]	n. 侧影，轮廓，影子
teapot	ⒶⒷⒸⒹⒺⒻⒼⒽⒾⒿⓀⓁ	2	['ti:pɔt]	n. 茶壶
adulation	ⒶⒷⒸⒹⒺⒻⒼⒽⒾⒿⓀⓁ	2	[ˌædju'leiʃən]	n. 谄媚，奉承
copyist	ⒶⒷⒸⒹⒺⒻⒼⒽⒾⒿⓀⓁ	2	['kəpiist]	n. 抄写员，模仿者
nickname	ⒶⒷⒸⒹⒺⒻⒼⒽⒾⒿⓀⓁ	2	['nikneim]	n. 绰号，昵称
mockery	ⒶⒷⒸⒹⒺⒻⒼⒽⒾⒿⓀⓁ	2	['mɔkəri]	n. 嘲弄，取笑
moisture	ⒶⒷⒸⒹⒺⒻⒼⒽⒾⒿⓀⓁ	2	['mɔistʃə]	n. 潮湿，湿气，水分
workshop	ⒶⒷⒸⒹⒺⒻⒼⒽⒾⒿⓀⓁ	2	['wə:kʃɔp]	n. 车间，研讨会，讲习班
thoroughness	ⒶⒷⒸⒹⒺⒻⒼⒽⒾⒿⓀⓁ	2	['θʌrənis;'θɜ:rəu-]	n. 彻底性
aplomb	ⒶⒷⒸⒹⒺⒻⒼⒽⒾⒿⓀⓁ	2	[ə'plɔm]	n. 沉着，镇静
desirability	ⒶⒷⒸⒹⒺⒻⒼⒽⒾⒿⓀⓁ	2	[diˌzaiərə'biləti]	n. 称心如意的人或物，有利条件
maturity	ⒶⒷⒸⒹⒺⒻⒼⒽⒾⒿⓀⓁ	2	[mə'tjuəriti]	n. 成熟，（票据）到期

单词	标记	频率	读音	词义
maturation	ⒶⒷⒸⒹⒺⒻⒼⒽⒾⒿⓀⓁ	2	[ˌmætju'reiʃən]	n. 成熟，化脓
caterer	ⒶⒷⒸⒹⒺⒻⒼⒽⒾⒿⓀⓁ	2	['keitərə(r)]	n. 承办宴席者
obtuseness	ⒶⒷⒸⒹⒺⒻⒼⒽⒾⒿⓀⓁ	2	[əb'tju:snis]	n. 迟钝，愚笨
duration	ⒶⒷⒸⒹⒺⒻⒼⒽⒾⒿⓀⓁ	2	[djuə'reiʃən]	n. 持续时间，为期
tine	ⒶⒷⒸⒹⒺⒻⒼⒽⒾⒿⓀⓁ	2	[tain]	n. 齿，叉，鹿角尖
humiliation	ⒶⒷⒸⒹⒺⒻⒼⒽⒾⒿⓀⓁ	2	[hju:ˌmili'eiʃən]	n. 耻辱，丢脸
deficit	ⒶⒷⒸⒹⒺⒻⒼⒽⒾⒿⓀⓁ	2	['defisit]	n. 赤字，亏空，逆差
worm	ⒶⒷⒸⒹⒺⒻⒼⒽⒾⒿⓀⓁ	2	[wə:m]	n. 虫，蠕虫
turnout	ⒶⒷⒸⒹⒺⒻⒼⒽⒾⒿⓀⓁ	2	['tə:naut]	n. 出席者，投票人数，产出
advent	ⒶⒷⒸⒹⒺⒻⒼⒽⒾⒿⓀⓁ	2	['ædvənt]	n. 出现，到来
emergence	ⒶⒷⒸⒹⒺⒻⒼⒽⒾⒿⓀⓁ	2	[i'mə:dʒəns]	n. 出现，浮现，露出
toddler	ⒶⒷⒸⒹⒺⒻⒼⒽⒾⒿⓀⓁ	2	['tɔdlə]	n. 初学走路的孩子
removal	ⒶⒷⒸⒹⒺⒻⒼⒽⒾⒿⓀⓁ	2	[ri'mu:vəl]	n. 除去，移动，开除
divisor	ⒶⒷⒸⒹⒺⒻⒼⒽⒾⒿⓀⓁ	2	[di'vaizə]	n. 除数，约数
execution	ⒶⒷⒸⒹⒺⒻⒼⒽⒾⒿⓀⓁ	2	[ˌeksi'kju:ʃən]	n. 处决，执行，死刑
prevalence	ⒶⒷⒸⒹⒺⒻⒼⒽⒾⒿⓀⓁ	2	['prevələns]	n. 传播，流行，普及
transmission	ⒶⒷⒸⒹⒺⒻⒼⒽⒾⒿⓀⓁ	2	[trænz'miʃən]	n. 传输，播送，变速器
cluster	ⒶⒷⒸⒹⒺⒻⒼⒽⒾⒿⓀⓁ	2	['klʌstə]	n. 串，丛，群 v. 使聚集，丛生
bunch	ⒶⒷⒸⒹⒺⒻⒼⒽⒾⒿⓀⓁ	2	[bʌntʃ]	n. 串，束 v. 使成串，使成束
fenster	ⒶⒷⒸⒹⒺⒻⒼⒽⒾⒿⓀⓁ	2	['fenstə]	n. 窗，窗构造
puffery	ⒶⒷⒸⒹⒺⒻⒼⒽⒾⒿⓀⓁ	2	['pʌfəri]	n. 吹捧
philanthropist	ⒶⒷⒸⒹⒺⒻⒼⒽⒾⒿⓀⓁ	2	[fi'lænθrəpist]	n. 慈善家，博爱主义者
poke	ⒶⒷⒸⒹⒺⒻⒼⒽⒾⒿⓀⓁ	2	[pəuk]	n. 刺，戳，钱袋 v. 戳，捅，拨开
cacophony	ⒶⒷⒸⒹⒺⒻⒼⒽⒾⒿⓀⓁ	2	[kə'kɔfəni]	n. 刺耳的声音，杂音
stimulation	ⒶⒷⒸⒹⒺⒻⒼⒽⒾⒿⓀⓁ	2	[ˌstimju'leiʃən]	n. 刺激，激励，鼓舞
thicket	ⒶⒷⒸⒹⒺⒻⒼⒽⒾⒿⓀⓁ	2	['θikit]	n. 丛林，草丛
promoter	ⒶⒷⒸⒹⒺⒻⒼⒽⒾⒿⓀⓁ	2	[prə'məutə]	n. 促进者，发起人，催化剂
catalyst	ⒶⒷⒸⒹⒺⒻⒼⒽⒾⒿⓀⓁ	2	['kætəlist]	n. 催化剂，刺激因素
delusion	ⒶⒷⒸⒹⒺⒻⒼⒽⒾⒿⓀⓁ	2	[di'lu:ʒən]	n. 错觉，幻觉，妄想
prairie	ⒶⒷⒸⒹⒺⒻⒼⒽⒾⒿⓀⓁ	2	['preəri]	n. 大草原
tycoon	ⒶⒷⒸⒹⒺⒻⒼⒽⒾⒿⓀⓁ	2	[tai'ku:n]	n. 大亨，巨头，将军
conflagration	ⒶⒷⒸⒹⒺⒻⒼⒽⒾⒿⓀⓁ	2	[ˌkɔnflə'greiʃən]	n. 大火，大火灾
ranch	ⒶⒷⒸⒹⒺⒻⒼⒽⒾⒿⓀⓁ	2	[ræntʃ;ra:ntʃ]	n. 大牧场 v. 经营牧场
rancher	ⒶⒷⒸⒹⒺⒻⒼⒽⒾⒿⓀⓁ	2	['ra:ntʃə]	n. 大农场主
edifice	ⒶⒷⒸⒹⒺⒻⒼⒽⒾⒿⓀⓁ	2	['edifis]	n. 大厦，大建筑物
garlic	ⒶⒷⒸⒹⒺⒻⒼⒽⒾⒿⓀⓁ	2	['ga:lik]	n. 大蒜
gorilla	ⒶⒷⒸⒹⒺⒻⒼⒽⒾⒿⓀⓁ	2	[gə'rilə]	n. 大猩猩
attorney	ⒶⒷⒸⒹⒺⒻⒼⒽⒾⒿⓀⓁ	2	[ə'tə:ni]	n. 代理人，律师
sack	ⒶⒷⒸⒹⒺⒻⒼⒽⒾⒿⓀⓁ	2	[sæk]	n. 袋子，解雇 v. 解雇，洗劫
resilience	ⒶⒷⒸⒹⒺⒻⒼⒽⒾⒿⓀⓁ	2	[ri'ziliəns]	n. 弹性，弹力，适应力

单词	标记	频率	读音	词义
conduit	ⒶⒷⒸⒹⒺⒻⒼⒽⒾⒿⓀⓁ	2	['kɔndit]	n. 导管，水管，沟渠
piracy	ⒶⒷⒸⒹⒺⒻⒼⒽⒾⒿⓀⓁ	2	['pairəsi]	n. 盗版，剽窃，海盗行为
stool	ⒶⒷⒸⒹⒺⒻⒼⒽⒾⒿⓀⓁ	2	[stu:l]	n. 凳子，大便 v. 引诱
undertone	ⒶⒷⒸⒹⒺⒻⒼⒽⒾⒿⓀⓁ	2	['ʌndə,təun]	n. 低音，浅色
enmity	ⒶⒷⒸⒹⒺⒻⒼⒽⒾⒿⓀⓁ	2	['enmiti]	n. 敌意，仇恨
horizon	ⒶⒷⒸⒹⒺⒻⒼⒽⒾⒿⓀⓁ	2	[hə'raizn]	n. 地平线，眼界，见识
basement	ⒶⒷⒸⒹⒺⒻⒼⒽⒾⒿⓀⓁ	2	['beismənt]	n. 地下室
telegram	ⒶⒷⒸⒹⒺⒻⒼⒽⒾⒿⓀⓁ	2	['teligræm]	n. 电报
electrician	ⒶⒷⒸⒹⒺⒻⒼⒽⒾⒿⓀⓁ	2	[ilek'triʃ(ə)n]	n. 电工，电气技师
circuitry	ⒶⒷⒸⒹⒺⒻⒼⒽⒾⒿⓀⓁ	2	['sə:kitri]	n. 电路
engraving	ⒶⒷⒸⒹⒺⒻⒼⒽⒾⒿⓀⓁ	2	[in'greiviŋ]	n. 雕刻术，雕版，版画
drawbridge	ⒶⒷⒸⒹⒺⒻⒼⒽⒾⒿⓀⓁ	2	['drɔ:bridʒ]	n. 吊桥
orientation	ⒶⒷⒸⒹⒺⒻⒼⒽⒾⒿⓀⓁ	2	[ˌɔ(:)rien'teiʃən]	n. 定向，定位，倾向
upheaval	ⒶⒷⒸⒹⒺⒻⒼⒽⒾⒿⓀⓁ	2	[ʌp'hi:vəl]	n. 动乱，剧变，举起
urbanization	ⒶⒷⒸⒹⒺⒻⒼⒽⒾⒿⓀⓁ	2	[ˌə:bənai'zeiʃən]	n. 都市化
toxin	ⒶⒷⒸⒹⒺⒻⒼⒽⒾⒿⓀⓁ	2	['tɔksin]	n. 毒素
dictatorship	ⒶⒷⒸⒹⒺⒻⒼⒽⒾⒿⓀⓁ	2	[dik'teitəʃip]	n. 独裁，专政
monopoly	ⒶⒷⒸⒹⒺⒻⒼⒽⒾⒿⓀⓁ	2	[mə'nɔpəli]	n. 独占，垄断，专利权
exclusiveness	ⒶⒷⒸⒹⒺⒻⒼⒽⒾⒿⓀⓁ	2	[ik'sklu:sivnis]	n. 独占，专有
readership	ⒶⒷⒸⒹⒺⒻⒼⒽⒾⒿⓀⓁ	2	['ri:dəʃip]	n. 读者群
heap	ⒶⒷⒸⒹⒺⒻⒼⒽⒾⒿⓀⓁ	2	[hi:p]	n. 堆，许多 v. 堆积
polygon	ⒶⒷⒸⒹⒺⒻⒼⒽⒾⒿⓀⓁ	2	['pɔligən]	n. 多边形
multiplicity	ⒶⒷⒸⒹⒺⒻⒼⒽⒾⒿⓀⓁ	2	[ˌmʌlti'plisiti]	n. 多种多样，大量
goose	ⒶⒷⒸⒹⒺⒻⒼⒽⒾⒿⓀⓁ	2	[gu:s]	n. 鹅
doom	ⒶⒷⒸⒹⒺⒻⒼⒽⒾⒿⓀⓁ	2	[du:m]	n. 厄运，毁灭，判决 v. 注定
boon	ⒶⒷⒸⒹⒺⒻⒼⒽⒾⒿⓀⓁ	2	[bu:n]	n. 恩惠
inventor	ⒶⒷⒸⒹⒺⒻⒼⒽⒾⒿⓀⓁ	2	[in'ventə(r)]	n. 发明家，创造者
projection	ⒶⒷⒸⒹⒺⒻⒼⒽⒾⒿⓀⓁ	2	[prə'dʒekʃən]	n. 发射，设计，投影，预测
feedback	ⒶⒷⒸⒹⒺⒻⒼⒽⒾⒿⓀⓁ	2	['fi:dbæk]	n. 反馈
countercultural	ⒶⒷⒸⒹⒺⒻⒼⒽⒾⒿⓀⓁ	2	[ˌkauntə'kʌltʃərəl]	a. 反主流文化的，反正统文化的
vernacular	ⒶⒷⒸⒹⒺⒻⒼⒽⒾⒿⓀⓁ	2	[və'nækjulə]	n. 方言，本地话
disclaimer	ⒶⒷⒸⒹⒺⒻⒼⒽⒾⒿⓀⓁ	2	[dis'kleimə(r)]	n. 放弃，免责声明
reassurance	ⒶⒷⒸⒹⒺⒻⒼⒽⒾⒿⓀⓁ	2	[ˌri:ə'ʃuərəns]	n. 放心，安慰的话
aspersion	ⒶⒷⒸⒹⒺⒻⒼⒽⒾⒿⓀⓁ	2	[əs'pə:ʃən]	n. 诽谤，中伤
fare	ⒶⒷⒸⒹⒺⒻⒼⒽⒾⒿⓀⓁ	2	[feə]	n. 费用，车费
assortment	ⒶⒷⒸⒹⒺⒻⒼⒽⒾⒿⓀⓁ	2	[ə'sɔ:tmənt]	n. 分类，混合搭配
profusion	ⒶⒷⒸⒹⒺⒻⒼⒽⒾⒿⓀⓁ	2	[prə'fju:ʒən]	n. 丰富，浪费
feudalism	ⒶⒷⒸⒹⒺⒻⒼⒽⒾⒿⓀⓁ	2	['fju:dəlizəm]	n. 封建制度
loon	ⒶⒷⒸⒹⒺⒻⒼⒽⒾⒿⓀⓁ	2	[lu:n]	n. 疯子，潜鸟
honey	ⒶⒷⒸⒹⒺⒻⒼⒽⒾⒿⓀⓁ	2	['hʌni]	n. 蜂蜜，宝贝 a. 甜美的

单词	标记	频率	读音	词义
satire	ⒶⒷⒸⒹⒺⒻⒼⒽⒾⒿⓀⓁ	2	['sætaiə]	n. 讽刺文学，讽刺
buddhist	ⒶⒷⒸⒹⒺⒻⒼⒽⒾⒿⓀⓁ	2	['budist]	n. 佛教徒
gospel	ⒶⒷⒸⒹⒺⒻⒼⒽⒾⒿⓀⓁ	2	['gɔspəl]	n. 福音，真理
corruption	ⒶⒷⒸⒹⒺⒻⒼⒽⒾⒿⓀⓁ	2	[kə'rʌpʃən]	n. 腐败，贪污，堕落
putrefaction	ⒶⒷⒸⒹⒺⒻⒼⒽⒾⒿⓀⓁ	2	[,pju:tri'fækʃən]	n. 腐烂，腐败物
erosion	ⒶⒷⒸⒹⒺⒻⒼⒽⒾⒿⓀⓁ	2	[i'rəuʒən]	n. 腐蚀，侵蚀
resuscitation	ⒶⒷⒸⒹⒺⒻⒼⒽⒾⒿⓀⓁ	2	[ri,sʌsi'teiʃən]	n. 复活，复苏
affluence	ⒶⒷⒸⒹⒺⒻⒼⒽⒾⒿⓀⓁ	2	['æfluəns]	n. 富裕，丰富，流入
belly	ⒶⒷⒸⒹⒺⒻⒼⒽⒾⒿⓀⓁ	2	['beli]	n. 腹部
amendment	ⒶⒷⒸⒹⒺⒻⒼⒽⒾⒿⓀⓁ	2	[ə'mendmənt]	n. 改善，改正，修正案
correction	ⒶⒷⒸⒹⒺⒻⒼⒽⒾⒿⓀⓁ	2	[kə'rekʃən]	n. 改正，修正
overview	ⒶⒷⒸⒹⒺⒻⒼⒽⒾⒿⓀⓁ	2	['əuvəvju:]	n. 概况，总结
liver	ⒶⒷⒸⒹⒺⒻⒼⒽⒾⒿⓀⓁ	2	['livə]	n. 肝脏，生活的人
gratitude	ⒶⒷⒸⒹⒺⒻⒼⒽⒾⒿⓀⓁ	2	['grætitju:d]	n. 感激，感恩
elegance	ⒶⒷⒸⒹⒺⒻⒼⒽⒾⒿⓀⓁ	2	['eligəns]	n. 高雅，典雅
elbow	ⒶⒷⒸⒹⒺⒻⒼⒽⒾⒿⓀⓁ	2	['elbəu]	n. 胳膊肘，急转弯 v. 用肘推挤
lyric	ⒶⒷⒸⒹⒺⒻⒼⒽⒾⒿⓀⓁ	2	['lirik]	n. 歌词，抒情诗 a. 抒情的
renovation	ⒶⒷⒸⒹⒺⒻⒼⒽⒾⒿⓀⓁ	2	[,renəu'veiʃən]	n. 革新
quarantine	ⒶⒷⒸⒹⒺⒻⒼⒽⒾⒿⓀⓁ	2	['kwɔrənti:n]	n. 隔离，隔离期 v. 检疫
craftsman	ⒶⒷⒸⒹⒺⒻⒼⒽⒾⒿⓀⓁ	2	['kra:ftsmən]	n. 工匠，技工，手艺人
bow	ⒶⒷⒸⒹⒺⒻⒼⒽⒾⒿⓀⓁ	2	[bau]	n. 弓，弓形 v. 鞠躬，弯腰
axiom	ⒶⒷⒸⒹⒺⒻⒼⒽⒾⒿⓀⓁ	2	['æksiəm]	n. 公理，定理
liter	ⒶⒷⒸⒹⒺⒻⒼⒽⒾⒿⓀⓁ	2	['li:tə]	n. 公升
formulation	ⒶⒷⒸⒹⒺⒻⒼⒽⒾⒿⓀⓁ	2	[,fɔ:mju'leiʃən]	n. 公式化，规划，构想
resonance	ⒶⒷⒸⒹⒺⒻⒼⒽⒾⒿⓀⓁ	2	['rezənəns]	n. 共鸣，反响，共振
complicity	ⒶⒷⒸⒹⒺⒻⒼⒽⒾⒿⓀⓁ	2	[kəm'plisiti]	n. 共谋，串通
purveyor	ⒶⒷⒸⒹⒺⒻⒼⒽⒾⒿⓀⓁ	2	[pə'veiə(r)]	n. 供应粮食者，承办者，传播者
solitude	ⒶⒷⒸⒹⒺⒻⒼⒽⒾⒿⓀⓁ	2	['sɔlitju:d]	n. 孤独，独居，隐居处，荒僻的地方
loner	ⒶⒷⒸⒹⒺⒻⒼⒽⒾⒿⓀⓁ	2	['ləunə(r)]	n. 孤独的人，不合群的人
hoop	ⒶⒷⒸⒹⒺⒻⒼⒽⒾⒿⓀⓁ	2	[hu:p]	n. 箍，铁环，呼呼声 v. 加箍于
holding	ⒶⒷⒸⒹⒺⒻⒼⒽⒾⒿⓀⓁ	2	['həuldiŋ]	n. 股份，裁决，租来的地
drummer	ⒶⒷⒸⒹⒺⒻⒼⒽⒾⒿⓀⓁ	2	['drʌmə]	n. 鼓手
applause	ⒶⒷⒸⒹⒺⒻⒼⒽⒾⒿⓀⓁ	2	[ə'plɔ:z]	n. 鼓掌，喝彩
tenacity	ⒶⒷⒸⒹⒺⒻⒼⒽⒾⒿⓀⓁ	2	[ti'næsiti]	n. 固执，不屈不挠
crux	ⒶⒷⒸⒹⒺⒻⒼⒽⒾⒿⓀⓁ	2	[krʌks]	n. 关键点，难题，十字架形
spectator	ⒶⒷⒸⒹⒺⒻⒼⒽⒾⒿⓀⓁ	2	[spek'teitə;'spekteitə]	n. 观众，目击者，旁观者
bureaucracy	ⒶⒷⒸⒹⒺⒻⒼⒽⒾⒿⓀⓁ	2	[bjuə'rɔkrəsi]	n. 官僚，官僚机构
widower	ⒶⒷⒸⒹⒺⒻⒼⒽⒾⒿⓀⓁ	2	['widəuə]	n. 鳏夫
billboard	ⒶⒷⒸⒹⒺⒻⒼⒽⒾⒿⓀⓁ	2	['bilbɔ:d]	n. 广告牌 v. 宣传
expanse	ⒶⒷⒸⒹⒺⒻⒼⒽⒾⒿⓀⓁ	2	[iks'pæns]	n. 广阔，宽阔的区域

单词	标记	频率	读音	词义
induction	ⒶⒷⒸⒹⒺⒻⒼⒽⒾⒿⓀⓁ	2	[in'dʌkʃən]	n. 归纳法，感应，就职
attribution	ⒶⒷⒸⒹⒺⒻⒼⒽⒾⒿⓀⓁ	2	[ˌætri'bju:ʃən]	n. 归属，归因
ghost	ⒶⒷⒸⒹⒺⒻⒼⒽⒾⒿⓀⓁ	2	[gəust]	n. 鬼，幽灵
aristocrat	ⒶⒷⒸⒹⒺⒻⒼⒽⒾⒿⓀⓁ	2	['æristəkræt]	n. 贵族
roller	ⒶⒷⒸⒹⒺⒻⒼⒽⒾⒿⓀⓁ	2	['rəulə]	n. 滚筒，滚轴，巨浪
congressman	ⒶⒷⒸⒹⒺⒻⒼⒽⒾⒿⓀⓁ	2	['kɔŋgresmən]	n. 国会议员，众议院议员
orchard	ⒶⒷⒸⒹⒺⒻⒼⒽⒾⒿⓀⓁ	2	['ɔ:tʃəd]	n. 果园
hallway	ⒶⒷⒸⒹⒺⒻⒼⒽⒾⒿⓀⓁ	2	['hɔ:lwei]	n. 过道，门厅
gulf	ⒶⒷⒸⒹⒺⒻⒼⒽⒾⒿⓀⓁ	2	[gʌlf]	n. 海湾，深渊
seaman	ⒶⒷⒸⒹⒺⒻⒼⒽⒾⒿⓀⓁ	2	['si:mən]	n. 海员，水手
vermin	ⒶⒷⒸⒹⒺⒻⒼⒽⒾⒿⓀⓁ	2	['və:min]	n. 害虫，害兽，害人虫
connotation	ⒶⒷⒸⒹⒺⒻⒼⒽⒾⒿⓀⓁ	2	[ˌkɔnəu'teiʃən]	n. 含义，言外之意
proceeding	ⒶⒷⒸⒹⒺⒻⒼⒽⒾⒿⓀⓁ	2	[prə'si:diŋ]	n. 行动，诉讼程序，会议记录
bribery	ⒶⒷⒸⒹⒺⒻⒼⒽⒾⒿⓀⓁ	2	['braibəri]	n. 行贿，受贿，贿赂
depletion	ⒶⒷⒸⒹⒺⒻⒼⒽⒾⒿⓀⓁ	2	[di'pli:ʃən]	n. 耗尽，消耗
rationalization	ⒶⒷⒸⒹⒺⒻⒼⒽⒾⒿⓀⓁ	2	[ˌræʃənəlai'zeiʃən]	n. 合理化
core	ⒶⒷⒸⒹⒺⒻⒼⒽⒾⒿⓀⓁ	2	[kɔ:]	n. 核心，要点
nonsense	ⒶⒷⒸⒹⒺⒻⒼⒽⒾⒿⓀⓁ	2	['nɔnsəns]	n. 胡说，废话
nectar	ⒶⒷⒸⒹⒺⒻⒼⒽⒾⒿⓀⓁ	2	['nektə]	n. 花蜜，众神饮的酒
peanut	ⒶⒷⒸⒹⒺⒻⒼⒽⒾⒿⓀⓁ	2	['pi:nʌt]	n. 花生，小人物
antic	ⒶⒷⒸⒹⒺⒻⒼⒽⒾⒿⓀⓁ	2	['æntik]	n. 滑稽动作，丑角 a. 滑稽的
skit	ⒶⒷⒸⒹⒺⒻⒼⒽⒾⒿⓀⓁ	2	[skit]	n. 滑稽短剧，讽刺短文
chemist	ⒶⒷⒸⒹⒺⒻⒼⒽⒾⒿⓀⓁ	2	['kemist]	n. 化学家，药剂师
dresser	ⒶⒷⒸⒹⒺⒻⒼⒽⒾⒿⓀⓁ	2	['dresə]	n. 化妆台，带镜衣柜，碗柜
masquerade	ⒶⒷⒸⒹⒺⒻⒼⒽⒾⒿⓀⓁ	2	[ˌmæskə'reid;ma:s-]	n. 化装舞会 v. 化装，伪装
jubilation	ⒶⒷⒸⒹⒺⒻⒼⒽⒾⒿⓀⓁ	2	[dʒu:bi'leiʃ(ə)n]	n. 欢呼，庆祝
merriment	ⒶⒷⒸⒹⒺⒻⒼⒽⒾⒿⓀⓁ	2	['merimənt]	n. 欢乐
fluster	ⒶⒷⒸⒹⒺⒻⒼⒽⒾⒿⓀⓁ	2	['flʌstə]	n. 慌乱，混乱 v. 使慌张
grasshopper	ⒶⒷⒸⒹⒺⒻⒼⒽⒾⒿⓀⓁ	2	['græshapər]	n. 蝗虫
reminiscence	ⒶⒷⒸⒹⒺⒻⒼⒽⒾⒿⓀⓁ	2	[ˌremi'nisns]	n. 回忆，怀旧
demolition	ⒶⒷⒸⒹⒺⒻⒼⒽⒾⒿⓀⓁ	2	[ˌdemə'liʃən]	n. 毁坏，破坏
session	ⒶⒷⒸⒹⒺⒻⒼⒽⒾⒿⓀⓁ	2	['seʃən]	n. 会议，会期，学期
lethargy	ⒶⒷⒸⒹⒺⒻⒼⒽⒾⒿⓀⓁ	2	['leθədʒi]	n. 昏睡，无精打采
amalgam	ⒶⒷⒸⒹⒺⒻⒼⒽⒾⒿⓀⓁ	2	[ə'mælgəm]	n. 混合剂，汞合金
flame	ⒶⒷⒸⒹⒺⒻⒼⒽⒾⒿⓀⓁ	2	[fleim]	n. 火焰，燃烧 v. 燃烧
currency	ⒶⒷⒸⒹⒺⒻⒼⒽⒾⒿⓀⓁ	2	['kʌrənsi]	n. 货币，流通
procurement	ⒶⒷⒸⒹⒺⒻⒼⒽⒾⒿⓀⓁ	2	[prə'kjuəmənt]	n. 获得，采购
machinery	ⒶⒷⒸⒹⒺⒻⒼⒽⒾⒿⓀⓁ	2	[mə'ʃi:nəri]	n. 机械，机器
mechanization	ⒶⒷⒸⒹⒺⒻⒼⒽⒾⒿⓀⓁ	2	[ˌmekənai'zeiʃən]	n. 机械化
manipulator	ⒶⒷⒸⒹⒺⒻⒼⒽⒾⒿⓀⓁ	2	[mə'nipjuleitə]	n. 机械手，操作者

单词	标记	频率	读音	词义
auspicious	ⒶⒷⒸⒹⒺⒻⒼⒽⒾⒿⓀⓁ	2	[ɔ:'spiʃəs]	a. 吉兆的，幸运的
minimalism	ⒶⒷⒸⒹⒺⒻⒼⒽⒾⒿⓀⓁ	2	['minimәlizәm]	n. 极简主义
improvisation	ⒶⒷⒸⒹⒺⒻⒼⒽⒾⒿⓀⓁ	2	[ˌimprəvai'zeiʃən]	n. 即席创作，即席演奏
assembly	ⒶⒷⒸⒹⒺⒻⒼⒽⒾⒿⓀⓁ	2	[ə'sembli]	n. 集会，集合，组装
convergence	ⒶⒷⒸⒹⒺⒻⒼⒽⒾⒿⓀⓁ	2	[kən'vɜ:dʒəns]	n. 集中，聚合
jealousy	ⒶⒷⒸⒹⒺⒻⒼⒽⒾⒿⓀⓁ	2	['dʒeləsi]	n. 嫉妒
vertebrate	ⒶⒷⒸⒹⒺⒻⒼⒽⒾⒿⓀⓁ	2	['və:tibrit]	n. 脊椎动物
technician	ⒶⒷⒸⒹⒺⒻⒼⒽⒾⒿⓀⓁ	2	[tek'niʃ(ə)n]	n. 技术员，技师
continuation	ⒶⒷⒸⒹⒺⒻⒼⒽⒾⒿⓀⓁ	2	[kənˌtinju'eiʃən]	n. 继续，续集
tutor	ⒶⒷⒸⒹⒺⒻⒼⒽⒾⒿⓀⓁ	2	['tju:tə]	n. 家庭教师，指导教师 v. 指导
clip	ⒶⒷⒸⒹⒺⒻⒼⒽⒾⒿⓀⓁ	2	[klip]	n. 夹子 v. 夹住，修剪
crustacean	ⒶⒷⒸⒹⒺⒻⒼⒽⒾⒿⓀⓁ	2	[krʌs'teiʃiən]	n. 甲壳类动物
supposition	ⒶⒷⒸⒹⒺⒻⒼⒽⒾⒿⓀⓁ	2	[ˌsʌpə'ziʃən]	n. 假设，推测，推想
shrillness	ⒶⒷⒸⒹⒺⒻⒼⒽⒾⒿⓀⓁ	2	['ʃrilnis]	n. 尖锐刺耳
profiteer	ⒶⒷⒸⒹⒺⒻⒼⒽⒾⒿⓀⓁ	2	[ˌprɔfi'tiə]	n. 奸商 v. 牟取暴利
persistence	ⒶⒷⒸⒹⒺⒻⒼⒽⒾⒿⓀⓁ	2	[pə'sistəns;-'zis-]	n. 坚持，毅力
stoic	ⒶⒷⒸⒹⒺⒻⒼⒽⒾⒿⓀⓁ	2	['stəuik]	n. 坚韧克己的人，禁欲主义者
penitentiary	ⒶⒷⒸⒹⒺⒻⒼⒽⒾⒿⓀⓁ	2	[peni'tenʃəri]	n. 监狱，感化院 a. 感化的
compatibility	ⒶⒷⒸⒹⒺⒻⒼⒽⒾⒿⓀⓁ	2	[kəmˌpæti'biliti]	n. 兼容性
censorship	ⒶⒷⒸⒹⒺⒻⒼⒽⒾⒿⓀⓁ	2	['sensəʃip]	n. 检查制度
simplification	ⒶⒷⒸⒹⒺⒻⒼⒽⒾⒿⓀⓁ	2	[ˌsimplifi'keiʃən]	n. 简化
zombie	ⒶⒷⒸⒹⒺⒻⒼⒽⒾⒿⓀⓁ	2	['zɔmbi]	n. 僵尸
bonus	ⒶⒷⒸⒹⒺⒻⒼⒽⒾⒿⓀⓁ	2	['bəunəs]	n. 奖金，红利
transaction	ⒶⒷⒸⒹⒺⒻⒼⒽⒾⒿⓀⓁ	2	[træn'zækʃən]	n. 交易，办理，业务
outing	ⒶⒷⒸⒹⒺⒻⒼⒽⒾⒿⓀⓁ	2	['autiŋ]	n. 郊游，远足
persona	ⒶⒷⒸⒹⒺⒻⒼⒽⒾⒿⓀⓁ	2	[pə:'səunə]	n. 角色，人格形象
footnote	ⒶⒷⒸⒹⒺⒻⒼⒽⒾⒿⓀⓁ	2	['futnəut]	n. 脚注
cultivation	ⒶⒷⒸⒹⒺⒻⒼⒽⒾⒿⓀⓁ	2	[ˌkʌlti'veiʃən]	n. 教化，培养，耕作
pedagogy	ⒶⒷⒸⒹⒺⒻⒼⒽⒾⒿⓀⓁ	2	['pedəgɔgi]	n. 教育学
yeast	ⒶⒷⒸⒹⒺⒻⒼⒽⒾⒿⓀⓁ	2	[ji:st]	n. 酵母，发酵粉
phase	ⒶⒷⒸⒹⒺⒻⒼⒽⒾⒿⓀⓁ	2	[feiz]	n. 阶段，方面，相位
successor	ⒶⒷⒸⒹⒺⒻⒼⒽⒾⒿⓀⓁ	2	[sək'sesə]	n. 接班人，继任者
antidote	ⒶⒷⒸⒹⒺⒻⒼⒽⒾⒿⓀⓁ	2	['æntidəut]	n. 解毒剂，解药
interface	ⒶⒷⒸⒹⒺⒻⒼⒽⒾⒿⓀⓁ	2	['intə(:)ˌfeis]	n. 界面，接口 v. 连接
pretense	ⒶⒷⒸⒹⒺⒻⒼⒽⒾⒿⓀⓁ	2	[pri'tens]	n. 借口，伪装，自吹
pyramid	ⒶⒷⒸⒹⒺⒻⒼⒽⒾⒿⓀⓁ	2	['pirəmid]	n. 金字塔，锥状物
championship	ⒶⒷⒸⒹⒺⒻⒼⒽⒾⒿⓀⓁ	2	['tʃæmpjənʃip]	n. 锦标赛，冠军
prohibition	ⒶⒷⒸⒹⒺⒻⒼⒽⒾⒿⓀⓁ	2	[prəuhi'biʃən;ˌprəui'biʃən]	n. 禁令，禁止
exclamation	ⒶⒷⒸⒹⒺⒻⒼⒽⒾⒿⓀⓁ	2	[ˌekskləˈmeiʃən]	n. 惊呼，惊叹词
vigor	ⒶⒷⒸⒹⒺⒻⒼⒽⒾⒿⓀⓁ	2	['vigə]	n. 精力，活力

单词	标记	频率	读音	词义
refinement	ⒶⒷⒸⒹⒺⒻⒼⒽⒾⒿⓀⓁ	2	[ri'fainmənt]	n. 精致，文雅，改良，提炼
spectacle	ⒶⒷⒸⒹⒺⒻⒼⒽⒾⒿⓀⓁ	2	['spektəkl]	n. 景象，场面，奇观，眼镜
arena	ⒶⒷⒸⒹⒺⒻⒼⒽⒾⒿⓀⓁ	2	[ə'ri:nə]	n. 竞技场，舞台
competitiveness	ⒶⒷⒸⒹⒺⒻⒼⒽⒾⒿⓀⓁ	2	[kəm'petitivnis]	n. 竞争力
bartender	ⒶⒷⒸⒹⒺⒻⒼⒽⒾⒿⓀⓁ	2	['ba:tendə(r)]	n. 酒保，酒吧侍者
savior	ⒶⒷⒸⒹⒺⒻⒼⒽⒾⒿⓀⓁ	2	['seivjə]	n. 救助者，救世主，救星
inhabitant	ⒶⒷⒸⒹⒺⒻⒼⒽⒾⒿⓀⓁ	2	[in'hæbitənt]	n. 居民，居住者
denizen	ⒶⒷⒸⒹⒺⒻⒼⒽⒾⒿⓀⓁ	2	['denizn]	n. 居住者，外籍居民，外来物种
depression	ⒶⒷⒸⒹⒺⒻⒼⒽⒾⒿⓀⓁ	2	[di'preʃən]	n. 沮丧，萧条
vastness	ⒶⒷⒸⒹⒺⒻⒼⒽⒾⒿⓀⓁ	2	['va:stnis]	n. 巨大，广阔
monstrosity	ⒶⒷⒸⒹⒺⒻⒼⒽⒾⒿⓀⓁ	2	[mɔns'trɔsiti]	n. 巨大丑陋的东西，可怕的人
dramatist	ⒶⒷⒸⒹⒺⒻⒼⒽⒾⒿⓀⓁ	2	['dræmətist]	n. 剧作家
lord	ⒶⒷⒸⒹⒺⒻⒼⒽⒾⒿⓀⓁ	2	[lɔ:d]	n. 君主，领主，上帝
cafe	ⒶⒷⒸⒹⒺⒻⒼⒽⒾⒿⓀⓁ	2	['kæfei;kæ'fei]	n. 咖啡馆，小餐馆
cartoon	ⒶⒷⒸⒹⒺⒻⒼⒽⒾⒿⓀⓁ	2	[ka:'tu:n]	n. 卡通画
anticoagulant	ⒶⒷⒸⒹⒺⒻⒼⒽⒾⒿⓀⓁ	2	['æntikəu'ægjulənt]	n. 抗凝血剂
barbecue	ⒶⒷⒸⒹⒺⒻⒼⒽⒾⒿⓀⓁ	2	['ba:bikju:]	n. 烤肉 v. 烤肉，烧烤
reliability	ⒶⒷⒸⒹⒺⒻⒼⒽⒾⒿⓀⓁ	2	[ri,laiə'biliti]	n. 可靠性
likelihood	ⒶⒷⒸⒹⒺⒻⒼⒽⒾⒿⓀⓁ	2	['laiklihud]	n. 可能性
predictability	ⒶⒷⒸⒹⒺⒻⒼⒽⒾⒿⓀⓁ	2	[pri,diktə'biliti]	n. 可预见性
rigidity	ⒶⒷⒸⒹⒺⒻⒼⒽⒾⒿⓀⓁ	2	[ri'dʒiditi]	n. 刻板，严格，坚硬
parlor	ⒶⒷⒸⒹⒺⒻⒼⒽⒾⒿⓀⓁ	2	['pa:lə]	n. 客厅，会客室
horror	ⒶⒷⒸⒹⒺⒻⒼⒽⒾⒿⓀⓁ	2	['hɔrə]	n. 恐惧，厌恶
deduction	ⒶⒷⒸⒹⒺⒻⒼⒽⒾⒿⓀⓁ	2	[di'dʌkʃən]	n. 扣除，推论
tribulation	ⒶⒷⒸⒹⒺⒻⒼⒽⒾⒿⓀⓁ	2	[,tribju'leiʃən]	n. 苦难，磨难
munificence	ⒶⒷⒸⒹⒺⒻⒼⒽⒾⒿⓀⓁ	2	[mju:'nifisəns]	n. 宽宏大量，慷慨给予
carnival	ⒶⒷⒸⒹⒺⒻⒼⒽⒾⒿⓀⓁ	2	['ka:nivəl]	n. 狂欢节，嘉年华
cult	ⒶⒷⒸⒹⒺⒻⒼⒽⒾⒿⓀⓁ	2	[kʌlt]	n. 狂热的崇拜，异教
bundle	ⒶⒷⒸⒹⒺⒻⒼⒽⒾⒿⓀⓁ	2	['bʌndl]	n. 捆，包，束
plight	ⒶⒷⒸⒹⒺⒻⒼⒽⒾⒿⓀⓁ	2	[plait]	n. 困境，苦境 v. 宣誓，保证
orchid	ⒶⒷⒸⒹⒺⒻⒼⒽⒾⒿⓀⓁ	2	['ɔ:kid]	n. 兰花，淡紫色
crest	ⒶⒷⒸⒹⒺⒻⒼⒽⒾⒿⓀⓁ	2	[krest]	n. 浪尖，顶峰，冠
romance	ⒶⒷⒸⒹⒺⒻⒼⒽⒾⒿⓀⓁ	2	[rə'mæns;rəu-]	n. 浪漫史，传奇
thunderstorm	ⒶⒷⒸⒹⒺⒻⒼⒽⒾⒿⓀⓁ	2	['θʌndəstɔ:m]	n. 雷暴雨
radar	ⒶⒷⒸⒹⒺⒻⒼⒽⒾⒿⓀⓁ	2	['reidə]	n. 雷达
nonchalance	ⒶⒷⒸⒹⒺⒻⒼⒽⒾⒿⓀⓁ	2	['nɔnʃələns]	n. 冷淡
apathy	ⒶⒷⒸⒹⒺⒻⒼⒽⒾⒿⓀⓁ	2	['æpəθi]	n. 冷漠，缺乏兴趣
digression	ⒶⒷⒸⒹⒺⒻⒼⒽⒾⒿⓀⓁ	2	[dai'greʃən]	n. 离题，跑题
formality	ⒶⒷⒸⒹⒺⒻⒼⒽⒾⒿⓀⓁ	2	[fɔ:'mæliti]	n. 礼节，拘泥形式，拘谨
decorum	ⒶⒷⒸⒹⒺⒻⒼⒽⒾⒿⓀⓁ	2	[di'kɔ:rəm]	n. 礼貌，得体

单词	标记	频率	读音	词义
idealist	ⒶⒷⒸⒹⒺⒻⒼⒽⒾⒿⓀⓁ	2	[ai'diəlist]	n. 理想主义者，唯心主义者
behalf	ⒶⒷⒸⒹⒺⒻⒼⒽⒾⒿⓀⓁ	2	[bi'ha:f]	n. 利益，代表
asphalt	ⒶⒷⒸⒹⒺⒻⒼⒽⒾⒿⓀⓁ	2	['æsfælt]	n. 沥青
chestnut	ⒶⒷⒸⒹⒺⒻⒼⒽⒾⒿⓀⓁ	2	['tʃestnʌt]	n. 栗子，栗树，栗色
alliance	ⒶⒷⒸⒹⒺⒻⒼⒽⒾⒿⓀⓁ	2	[ə'laiəns]	n. 联盟，联合
conscience	ⒶⒷⒸⒹⒺⒻⒼⒽⒾⒿⓀⓁ	2	['kɔnʃəns]	n. 良心，是非心
krill	ⒶⒷⒸⒹⒺⒻⒼⒽⒾⒿⓀⓁ	2	[kril]	n. 磷虾
charisma	ⒶⒷⒸⒹⒺⒻⒼⒽⒾⒿⓀⓁ	2	[kə'rizmə]	n. 领袖气质，魅力
marvel	ⒶⒷⒸⒹⒺⒻⒼⒽⒾⒿⓀⓁ	2	['ma:vəl]	n. 令人惊异的事或人 v. 惊异
skater	ⒶⒷⒸⒹⒺⒻⒼⒽⒾⒿⓀⓁ	2	['skeitə(r)]	n. 溜冰者
bum	ⒶⒷⒸⒹⒺⒻⒼⒽⒾⒿⓀⓁ	2	[bʌm]	n. 流浪汉 v. 流浪，乞讨
influx	ⒶⒷⒸⒹⒺⒻⒼⒽⒾⒿⓀⓁ	2	['inflʌks]	n. 流入，注入，汇集
stove	ⒶⒷⒸⒹⒺⒻⒼⒽⒾⒿⓀⓁ	2	[stəuv]	n. 炉子
recklessness	ⒶⒷⒸⒹⒺⒻⒼⒽⒾⒿⓀⓁ	2	['reklisnis]	n. 鲁莽
daredevil	ⒶⒷⒸⒹⒺⒻⒼⒽⒾⒿⓀⓁ	2	['deə,devl]	n. 鲁莽大胆的人，冒失鬼
spiral	ⒶⒷⒸⒹⒺⒻⒼⒽⒾⒿⓀⓁ	2	['spaiərəl]	n. 螺旋，螺旋线 a. 螺旋的
stupefaction	ⒶⒷⒸⒹⒺⒻⒼⒽⒾⒿⓀⓁ	2	[ˌstju:pi'fækʃən]	n. 麻醉，麻木状态
vest	ⒶⒷⒸⒹⒺⒻⒼⒽⒾⒿⓀⓁ	2	[vest]	n. 马甲，背心
marathon	ⒶⒷⒸⒹⒺⒻⒼⒽⒾⒿⓀⓁ	2	['mærəθən]	n. 马拉松赛跑
macdonald	ⒶⒷⒸⒹⒺⒻⒼⒽⒾⒿⓀⓁ	2	[mək'dɔnəld]	n. 麦当劳
caricature	ⒶⒷⒸⒹⒺⒻⒼⒽⒾⒿⓀⓁ	2	[ˌkærikə'tjuə]	n. 漫画，讽刺文章，讽刺手法
cartoonist	ⒶⒷⒸⒹⒺⒻⒼⒽⒾⒿⓀⓁ	2	[ka:'tu:nist]	n. 漫画家
porch	ⒶⒷⒸⒹⒺⒻⒼⒽⒾⒿⓀⓁ	2	[pɔ:tʃ]	n. 门廊，走廊
maze	ⒶⒷⒸⒹⒺⒻⒼⒽⒾⒿⓀⓁ	2	[meiz]	n. 迷宫，迷惘 v. 使迷惘
puzzlement	ⒶⒷⒸⒹⒺⒻⒼⒽⒾⒿⓀⓁ	2	['pʌzlmənt]	n. 迷惑，迷
riddle	ⒶⒷⒸⒹⒺⒻⒼⒽⒾⒿⓀⓁ	2	['ridl]	n. 谜，谜语 v. 解谜，出谜题
secrecy	ⒶⒷⒸⒹⒺⒻⒼⒽⒾⒿⓀⓁ	2	['si:krisi]	n. 秘密，保密
stealth	ⒶⒷⒸⒹⒺⒻⒼⒽⒾⒿⓀⓁ	2	[stelθ]	n. 秘密行动，秘密
immunity	ⒶⒷⒸⒹⒺⒻⒼⒽⒾⒿⓀⓁ	2	[i'mju:niti]	n. 免除，免疫力，豁免权
deadhead	ⒶⒷⒸⒹⒺⒻⒼⒽⒾⒿⓀⓁ	2	['dedhed]	n. 免费乘客，免费入场者
bakery	ⒶⒷⒸⒹⒺⒻⒼⒽⒾⒿⓀⓁ	2	['beikəri]	n. 面包店
ballad	ⒶⒷⒸⒹⒺⒻⒼⒽⒾⒿⓀⓁ	2	['bæləd]	n. 民歌，歌谣
folklore	ⒶⒷⒸⒹⒺⒻⒼⒽⒾⒿⓀⓁ	2	['fəuklɔ:(r)]	n. 民间传说，民俗学
folktale	ⒶⒷⒸⒹⒺⒻⒼⒽⒾⒿⓀⓁ	2	['fəukteil]	n. 民间故事
perceptiveness	ⒶⒷⒸⒹⒺⒻⒼⒽⒾⒿⓀⓁ	2	[pə'septivnis]	n. 敏感，洞察力
susceptibility	ⒶⒷⒸⒹⒺⒻⒼⒽⒾⒿⓀⓁ	2	[sə,septə'biliti]	n. 敏感性，易受感染性
agility	ⒶⒷⒸⒹⒺⒻⒼⒽⒾⒿⓀⓁ	2	[ə'dʒiliti]	n. 敏捷，灵活，机敏
acumen	ⒶⒷⒸⒹⒺⒻⒼⒽⒾⒿⓀⓁ	2	[ə'kju:mən]	n. 敏锐，聪明
mould	ⒶⒷⒸⒹⒺⒻⒼⒽⒾⒿⓀⓁ	2	[məuld]	n. 模子
friction	ⒶⒷⒸⒹⒺⒻⒼⒽⒾⒿⓀⓁ	2	['frikʃən]	n. 摩擦，矛盾，摩擦力

单词	标记	频率	读音	词义
thumb	ⒶⒷⒸⒹⒺⒻⒼⒽⒾⒿⓀⓁ	2	[θʌm]	n. 拇指
lumber	ⒶⒷⒸⒹⒺⒻⒼⒽⒾⒿⓀⓁ	2	['lʌmbə]	n. 木材，木料 v. 拖累，缓慢移动
destination	ⒶⒷⒸⒹⒺⒻⒼⒽⒾⒿⓀⓁ	2	[ˌdesti'neiʃən]	n. 目的地
eyewitness	ⒶⒷⒸⒹⒺⒻⒼⒽⒾⒿⓀⓁ	2	['aiwitnis]	n. 目击者，见证人
clergyman	ⒶⒷⒸⒹⒺⒻⒼⒽⒾⒿⓀⓁ	2	['klə:dʒimən]	n. 牧师，神职人员
cheese	ⒶⒷⒸⒹⒺⒻⒼⒽⒾⒿⓀⓁ	2	[tʃi:z]	n. 奶酪
alumnus	ⒶⒷⒸⒹⒺⒻⒼⒽⒾⒿⓀⓁ	2	[ə'lʌmnəs]	n. 男毕业生，男校友
antarctica	ⒶⒷⒸⒹⒺⒻⒼⒽⒾⒿⓀⓁ	2	[ænt'a:ktikə]	n. 南极洲
capability	ⒶⒷⒸⒹⒺⒻⒼⒽⒾⒿⓀⓁ	2	[ˌkeipə'biliti]	n. 能力，才能
tranquillity	ⒶⒷⒸⒹⒺⒻⒼⒽⒾⒿⓀⓁ	2	[træŋ'kwiliti]	n. 宁静，安静，稳定
bondage	ⒶⒷⒸⒹⒺⒻⒼⒽⒾⒿⓀⓁ	2	['bɔndidʒ]	n. 奴役，束缚
exertion	ⒶⒷⒸⒹⒺⒻⒼⒽⒾⒿⓀⓁ	2	[ig'zə:ʃən]	n. 努力，发挥，运用
appropriation	ⒶⒷⒸⒹⒺⒻⒼⒽⒾⒿⓀⓁ	2	[əˌprəupri'eiʃən]	n. 挪用，拨款
casualness	ⒶⒷⒸⒹⒺⒻⒼⒽⒾⒿⓀⓁ	2	['kæʒjuəlnis]	n. 偶然，无心
exclusion	ⒶⒷⒸⒹⒺⒻⒼⒽⒾⒿⓀⓁ	2	[iks'klu:ʒən]	n. 排除，逐出
traitor	ⒶⒷⒸⒹⒺⒻⒼⒽⒾⒿⓀⓁ	2	['treitə]	n. 叛国者，叛徒
foam	ⒶⒷⒸⒹⒺⒻⒼⒽⒾⒿⓀⓁ	2	[fəum]	n. 泡沫
juror	ⒶⒷⒸⒹⒺⒻⒼⒽⒾⒿⓀⓁ	2	['dʒuərə]	n. 陪审团成员
comrade	ⒶⒷⒸⒹⒺⒻⒼⒽⒾⒿⓀⓁ	2	['kɔmrid]	n. 朋友，同志，伙伴
pint	ⒶⒷⒸⒹⒺⒻⒼⒽⒾⒿⓀⓁ	2	[paint]	n. 品脱（容量单位）
parallelogram	ⒶⒷⒸⒹⒺⒻⒼⒽⒾⒿⓀⓁ	2	[ˌpærə'leləgræm]	n. 平行四边形
civilian	ⒶⒷⒸⒹⒺⒻⒼⒽⒾⒿⓀⓁ	2	[si'viljən]	n. 平民，百姓
triteness	ⒶⒷⒸⒹⒺⒻⒼⒽⒾⒿⓀⓁ	2	[traitnəs]	n. 平庸，陈腐
appraisal	ⒶⒷⒸⒹⒺⒻⒼⒽⒾⒿⓀⓁ	2	[ə'preizəl]	n. 评价，估价，鉴定
evaluator	ⒶⒷⒸⒹⒺⒻⒼⒽⒾⒿⓀⓁ	2	[i'væljueitə(r)]	n. 评价者
reviewer	ⒶⒷⒸⒹⒺⒻⒼⒽⒾⒿⓀⓁ	2	[ri'vju:ə(r)]	n. 评论家，书评人
credential	ⒶⒷⒸⒹⒺⒻⒼⒽⒾⒿⓀⓁ	2	[kri'denʃəl]	n. 凭证，凭据，证书
austerity	ⒶⒷⒸⒹⒺⒻⒼⒽⒾⒿⓀⓁ	2	[ɔs'teriti]	n. 朴素，节俭，严厉，紧缩
trickery	ⒶⒷⒸⒹⒺⒻⒼⒽⒾⒿⓀⓁ	2	['trikəri]	n. 欺骗，诡计
miracle	ⒶⒷⒸⒹⒺⒻⒼⒽⒾⒿⓀⓁ	2	['mirəkl]	n. 奇迹
flipper	ⒶⒷⒸⒹⒺⒻⒼⒽⒾⒿⓀⓁ	2	['flipə]	n. 鳍状肢，脚蹼
syndicate	ⒶⒷⒸⒹⒺⒻⒼⒽⒾⒿⓀⓁ	2	['sindikit]	n. 企业联合组织，财团
indictment	ⒶⒷⒸⒹⒺⒻⒼⒽⒾⒿⓀⓁ	2	[in'daitmənt]	n. 起诉，控告，起诉书
modesty	ⒶⒷⒸⒹⒺⒻⒼⒽⒾⒿⓀⓁ	2	['mɔdisti]	n. 谦逊，端庄，朴实
denunciation	ⒶⒷⒸⒹⒺⒻⒼⒽⒾⒿⓀⓁ	2	[dinʌnsi'eiʃ(ə)n]	n. 谴责，指控
fondness	ⒶⒷⒸⒹⒺⒻⒼⒽⒾⒿⓀⓁ	2	['fɒn(d)nəs]	n. 强烈喜爱
wordplay	ⒶⒷⒸⒹⒺⒻⒼⒽⒾⒿⓀⓁ	2	['wə:d'plei]	n. 俏皮话，双关语
incision	ⒶⒷⒸⒹⒺⒻⒼⒽⒾⒿⓀⓁ	2	[in'siʒən]	n. 切口，切割，切入
aggression	ⒶⒷⒸⒹⒺⒻⒼⒽⒾⒿⓀⓁ	2	[ə'greʃən]	n. 侵略
celery	ⒶⒷⒸⒹⒺⒻⒼⒽⒾⒿⓀⓁ	2	['seləri]	n. 芹菜

单词	标记	频率	读音	词义
chord	ⒶⒷⒸⒹⒺⒻⒼⒽⒾⒿⓀⓁ	2	[kɔ:d]	n. 琴弦，和音
diligence	ⒶⒷⒸⒹⒺⒻⒼⒽⒾⒿⓀⓁ	2	['dilidʒəns]	n. 勤奋
frivolity	ⒶⒷⒸⒹⒺⒻⒼⒽⒾⒿⓀⓁ	2	[fri'vɔliti]	n. 轻浮，无聊的事
credulity	ⒶⒷⒸⒹⒺⒻⒼⒽⒾⒿⓀⓁ	2	[kri'dju:liti]	n. 轻信
innocence	ⒶⒷⒸⒹⒺⒻⒼⒽⒾⒿⓀⓁ	2	['inəsns]	n. 清白，无罪，单纯
clarity	ⒶⒷⒸⒹⒺⒻⒼⒽⒾⒿⓀⓁ	2	['klæriti]	n. 清楚，透明
dragonfly	ⒶⒷⒸⒹⒺⒻⒼⒽⒾⒿⓀⓁ	2	['drægənflai]	n. 蜻蜓
crank	ⒶⒷⒸⒹⒺⒻⒼⒽⒾⒿⓀⓁ	2	[kræŋk]	n. 曲柄，怪人
pundit	ⒶⒷⒸⒹⒺⒻⒼⒽⒾⒿⓀⓁ	2	['pʌndit]	n. 权威人士，专家，批评家
cynicism	ⒶⒷⒸⒹⒺⒻⒼⒽⒾⒿⓀⓁ	2	['sinisizəm]	n. 犬儒主义，愤世嫉俗
vice	ⒶⒷⒸⒹⒺⒻⒼⒽⒾⒿⓀⓁ	2	[vais]	n. 缺点，恶习 a. 副的，代替的
scarcity	ⒶⒷⒸⒹⒺⒻⒼⒽⒾⒿⓀⓁ	2	['skeəsiti]	n. 缺乏，不足
deficiency	ⒶⒷⒸⒹⒺⒻⒼⒽⒾⒿⓀⓁ	2	[di'fiʃənsi]	n. 缺乏，不足，缺陷
detour	ⒶⒷⒸⒹⒺⒻⒼⒽⒾⒿⓀⓁ	2	['di:tuə(r);di'tuər]	n. 绕路，便道 v. 绕路而行
enthusiast	ⒶⒷⒸⒹⒺⒻⒼⒽⒾⒿⓀⓁ	2	[in'θju:ziæst]	n. 热心人，狂热者
humanitarianism	ⒶⒷⒸⒹⒺⒻⒼⒽⒾⒿⓀⓁ	2	[hju:mæni'teəriəniz(ə)m]	n. 人道主义，博爱主义
census	ⒶⒷⒸⒹⒺⒻⒼⒽⒾⒿⓀⓁ	2	['sensəs]	n. 人口普查
certification	ⒶⒷⒸⒹⒺⒻⒼⒽⒾⒿⓀⓁ	2	[ˌsə:tifi'keiʃən]	n. 认证，证书，证明
daylight	ⒶⒷⒸⒹⒺⒻⒼⒽⒾⒿⓀⓁ	2	['deilait]	n. 日光，白昼
glory	ⒶⒷⒸⒹⒺⒻⒼⒽⒾⒿⓀⓁ	2	['glɔ:ri]	n. 荣誉，光荣
intake	ⒶⒷⒸⒹⒺⒻⒼⒽⒾⒿⓀⓁ	2	['inteik]	n. 入口，输入物，招收
saxophone	ⒶⒷⒸⒹⒺⒻⒼⒽⒾⒿⓀⓁ	2	['sæksəfəun]	n. 萨克斯管
turmoil	ⒶⒷⒸⒹⒺⒻⒼⒽⒾⒿⓀⓁ	2	['tə:mɔil]	n. 骚动，混乱
disturbance	ⒶⒷⒸⒹⒺⒻⒼⒽⒾⒿⓀⓁ	2	[dis'tə:bəns]	n. 骚动，扰乱
goon	ⒶⒷⒸⒹⒺⒻⒼⒽⒾⒿⓀⓁ	2	[gu:n]	n. 傻瓜，打手
landslide	ⒶⒷⒸⒹⒺⒻⒼⒽⒾⒿⓀⓁ	2	['lændslaid]	n. 山崩，滑坡，压倒性胜利
commerce	ⒶⒷⒸⒹⒺⒻⒼⒽⒾⒿⓀⓁ	2	['kɔmə(:)s]	n. 商业，贸易
stylist	ⒶⒷⒸⒹⒺⒻⒼⒽⒾⒿⓀⓁ	2	['stailist]	n. 设计师，造型师
stature	ⒶⒷⒸⒹⒺⒻⒼⒽⒾⒿⓀⓁ	2	['stætʃə]	n. 身高，身材，名望
profundity	ⒶⒷⒸⒹⒺⒻⒼⒽⒾⒿⓀⓁ	2	[prə'fʌnditi]	n. 深，深奥
mystique	ⒶⒷⒸⒹⒺⒻⒼⒽⒾⒿⓀⓁ	2	[mis'ti:k]	n. 神秘性，奥秘
theology	ⒶⒷⒸⒹⒺⒻⒼⒽⒾⒿⓀⓁ	2	[θi'ɔlədʒi]	n. 神学
subsistence	ⒶⒷⒸⒹⒺⒻⒼⒽⒾⒿⓀⓁ	2	[sʌb'sistəns]	n. 生存，生计，存在
physiology	ⒶⒷⒸⒹⒺⒻⒼⒽⒾⒿⓀⓁ	2	[ˌfizi'ɔlədʒi]	n. 生理学
dough	ⒶⒷⒸⒹⒺⒻⒼⒽⒾⒿⓀⓁ	2	[dəu]	n. 生面团，钱
ecologist	ⒶⒷⒸⒹⒺⒻⒼⒽⒾⒿⓀⓁ	2	[i'kɔlədʒist]	n. 生态学家
biodiversity	ⒶⒷⒸⒹⒺⒻⒼⒽⒾⒿⓀⓁ	2	[baiəuˌdai'və:səti]	n. 生物多样性
omission	ⒶⒷⒸⒹⒺⒻⒼⒽⒾⒿⓀⓁ	2	[əu'miʃən]	n. 省略，遗漏，疏忽
altar	ⒶⒷⒸⒹⒺⒻⒼⒽⒾⒿⓀⓁ	2	['ɔ:ltə]	n. 圣坛，祭坛
pageant	ⒶⒷⒸⒹⒺⒻⒼⒽⒾⒿⓀⓁ	2	['pædʒənt]	n. 盛会，游行，露天表演

单词	标记	频率	读音	词义
verse	ⒶⒷⒸⒹⒺⒻⒼⒽⒾⒿⓀⓁ	2	[və:s]	n. 诗，韵文
anthology	ⒶⒷⒸⒹⒺⒻⒼⒽⒾⒿⓀⓁ	2	[æn'θɔlədʒi]	n. 诗选，文选
pragmatism	ⒶⒷⒸⒹⒺⒻⒼⒽⒾⒿⓀⓁ	2	['prægmətizəm]	n. 实用主义
eater	ⒶⒷⒸⒹⒺⒻⒼⒽⒾⒿⓀⓁ	2	['i:tə]	n. 食客，腐蚀剂
appetite	ⒶⒷⒸⒹⒺⒻⒼⒽⒾⒿⓀⓁ	2	['æpitait]	n. 食欲，欲望，嗜好
mitigator	ⒶⒷⒸⒹⒺⒻⒼⒽⒾⒿⓀⓁ	2	['mitigeitə(r)]	n. 使缓和的人
aptness	ⒶⒷⒸⒹⒺⒻⒼⒽⒾⒿⓀⓁ	2	['æptnis]	n. 适合性，倾向，才能
revenue	ⒶⒷⒸⒹⒺⒻⒼⒽⒾⒿⓀⓁ	2	['revinju:]	n. 收入，税收
trolley	ⒶⒷⒸⒹⒺⒻⒼⒽⒾⒿⓀⓁ	2	['trɔli]	n. 手推车，有轨电车
beneficiary	ⒶⒷⒸⒹⒺⒻⒼⒽⒾⒿⓀⓁ	2	[beni'fiʃəri]	n. 受益人
flock	ⒶⒷⒸⒹⒺⒻⒼⒽⒾⒿⓀⓁ	2	[flɔk]	n. 兽群，人群 v. 聚集
vet	ⒶⒷⒸⒹⒺⒻⒼⒽⒾⒿⓀⓁ	2	[vet]	n. 兽医，老兵 v. 审查，诊疗
negligence	ⒶⒷⒸⒹⒺⒻⒼⒽⒾⒿⓀⓁ	2	['neglidʒəns]	n. 疏忽，粗心大意，渎职
oversight	ⒶⒷⒸⒹⒺⒻⒼⒽⒾⒿⓀⓁ	2	['əuvəsait]	n. 疏忽，监管
estrangement	ⒶⒷⒸⒹⒺⒻⒼⒽⒾⒿⓀⓁ	2	[i'streindʒmənt]	n. 疏远
adeptness	ⒶⒷⒸⒹⒺⒻⒼⒽⒾⒿⓀⓁ	2	[ə'deptnis]	n. 熟练，老练，纯熟
terminology	ⒶⒷⒸⒹⒺⒻⒼⒽⒾⒿⓀⓁ	2	[ˌtə:mi'nɔlədʒi]	n. 术语，术语学
stump	ⒶⒷⒸⒹⒺⒻⒼⒽⒾⒿⓀⓁ	2	[stʌmp]	n. 树桩，烟蒂 v. 受窘，踏步，演讲
cement	ⒶⒷⒸⒹⒺⒻⒼⒽⒾⒿⓀⓁ	2	[si'ment]	n. 水泥 v. 接合，粘牢
mariner	ⒶⒷⒸⒹⒺⒻⒼⒽⒾⒿⓀⓁ	2	['mærinə]	n. 水手，海员
suasion	ⒶⒷⒸⒹⒺⒻⒼⒽⒾⒿⓀⓁ	2	['sweiʒən]	n. 说服，劝告
persuasion	ⒶⒷⒸⒹⒺⒻⒼⒽⒾⒿⓀⓁ	2	[pə(:)'sweiʒən]	n. 说服，说服力，信念
mendacity	ⒶⒷⒸⒹⒺⒻⒼⒽⒾⒿⓀⓁ	2	[men'dæsiti]	n. 说谎癖，虚假
lobbyist	ⒶⒷⒸⒹⒺⒻⒼⒽⒾⒿⓀⓁ	2	['lɔbiist]	n. 说客，游说者
backwater	ⒶⒷⒸⒹⒺⒻⒼⒽⒾⒿⓀⓁ	2	['bækwɔ:tə(r)]	n. 死水，停滞不进的状态或地方
feeder	ⒶⒷⒸⒹⒺⒻⒼⒽⒾⒿⓀⓁ	2	['fi:də]	n. 饲养员
pine	ⒶⒷⒸⒹⒺⒻⒼⒽⒾⒿⓀⓁ	2	[pain]	n. 松树 v. 消瘦
eulogy	ⒶⒷⒸⒹⒺⒻⒼⒽⒾⒿⓀⓁ	2	['ju:lədʒi]	n. 颂词，悼词，赞美
carol	ⒶⒷⒸⒹⒺⒻⒼⒽⒾⒿⓀⓁ	2	['kærəl]	n. 颂歌，赞美诗
velocity	ⒶⒷⒸⒹⒺⒻⒼⒽⒾⒿⓀⓁ	2	[vi'lɔsiti]	n. 速度，速率
shatter	ⒶⒷⒸⒹⒺⒻⒼⒽⒾⒿⓀⓁ	2	['ʃætə]	n. 碎片 v. 粉碎，毁坏
shuttle	ⒶⒷⒸⒹⒺⒻⒼⒽⒾⒿⓀⓁ	2	['ʃʌtl]	n. 梭子，航天飞机
proprietor	ⒶⒷⒸⒹⒺⒻⒼⒽⒾⒿⓀⓁ	2	[prə'praiətə]	n. 所有者，业主
greed	ⒶⒷⒸⒹⒺⒻⒼⒽⒾⒿⓀⓁ	2	[gri:d]	n. 贪婪
abruptness	ⒶⒷⒸⒹⒺⒻⒼⒽⒾⒿⓀⓁ	2	[ə'brʌptnis]	n. 唐突，粗鲁
deserter	ⒶⒷⒸⒹⒺⒻⒼⒽⒾⒿⓀⓁ	2	[di'zə:tə]	n. 逃兵，逃亡者，背弃者
outlaw	ⒶⒷⒸⒹⒺⒻⒼⒽⒾⒿⓀⓁ	2	['autlɔ:]	n. 逃犯，反叛者 v. 宣布为非法
ware	ⒶⒷⒸⒹⒺⒻⒼⒽⒾⒿⓀⓁ	2	[weə]	n. 陶器，器皿，货物
distinctiveness	ⒶⒷⒸⒹⒺⒻⒼⒽⒾⒿⓀⓁ	2	[di'stiŋktivnis]	n. 特殊性，显著性
specificity	ⒶⒷⒸⒹⒺⒻⒼⒽⒾⒿⓀⓁ	2	[ˌspesi'fisəti]	n. 特性，特征

单词	标记	频率	读音	词义
cane	ⒶⒷⒸⒹⒺⒻⒼⒽⒾⒿⓀⓁ	2	[kein]	n. 藤条，手杖
submission	ⒶⒷⒸⒹⒺⒻⒼⒽⒾⒿⓀⓁ	2	[səb'miʃən]	n. 提交，服从
bulk	ⒶⒷⒸⒹⒺⒻⒼⒽⒾⒿⓀⓁ	2	[bʌlk]	n. 体积，容积，大块，大批
scapegoat	ⒶⒷⒸⒹⒺⒻⒼⒽⒾⒿⓀⓁ	2	['skeipgəut]	n. 替罪羊
paradise	ⒶⒷⒸⒹⒺⒻⒼⒽⒾⒿⓀⓁ	2	['pærədaiz]	n. 天堂，乐园
planetarium	ⒶⒷⒸⒹⒺⒻⒼⒽⒾⒿⓀⓁ	2	[plæni'teəriəm]	n. 天文馆
observatory	ⒶⒷⒸⒹⒺⒻⒼⒽⒾⒿⓀⓁ	2	[əb'zə:vətəri]	n. 天文台，气象台，瞭望台
antenna	ⒶⒷⒸⒹⒺⒻⒼⒽⒾⒿⓀⓁ	2	[æn'tenə]	n. 天线，触须，触角
streak	ⒶⒷⒸⒹⒺⒻⒼⒽⒾⒿⓀⓁ	2	[stri:k]	n. 条纹，条痕 v. 加条纹
concordance	ⒶⒷⒸⒹⒺⒻⒼⒽⒾⒿⓀⓁ	2	[kən'kɔ:dəns]	n. 调和，一致
mediator	ⒶⒷⒸⒹⒺⒻⒼⒽⒾⒿⓀⓁ	2	['mi:dieitə]	n. 调停人
adjustment	ⒶⒷⒸⒹⒺⒻⒼⒽⒾⒿⓀⓁ	2	[ə'dʒʌstmənt]	n. 调整，调节
auditor	ⒶⒷⒸⒹⒺⒻⒼⒽⒾⒿⓀⓁ	2	['ɔ:ditə]	n. 听者，收听者，稽核员
channel	ⒶⒷⒸⒹⒺⒻⒼⒽⒾⒿⓀⓁ	2	['tʃænl]	n. 通道，渠道，海峡，频道
correspondence	ⒶⒷⒸⒹⒺⒻⒼⒽⒾⒿⓀⓁ	2	[ˌkɔris'pɔndəns]	n. 通信，信件，相符
correspondent	ⒶⒷⒸⒹⒺⒻⒼⒽⒾⒿⓀⓁ	2	[ˌkɔris'pɔndənt]	n. 通讯记者，通信者 a. 相应的
notification	ⒶⒷⒸⒹⒺⒻⒼⒽⒾⒿⓀⓁ	2	[ˌnəutifi'keiʃən]	n. 通知，通告，告示
homogeneity	ⒶⒷⒸⒹⒺⒻⒼⒽⒾⒿⓀⓁ	2	[ˌhɔməudʒe'ni:iti]	n. 同种，同质，同一性
affliction	ⒶⒷⒸⒹⒺⒻⒼⒽⒾⒿⓀⓁ	2	[ə'flikʃən]	n. 痛苦，苦恼
investor	ⒶⒷⒸⒹⒺⒻⒼⒽⒾⒿⓀⓁ	2	[in'vestə]	n. 投资者
lens	ⒶⒷⒸⒹⒺⒻⒼⒽⒾⒿⓀⓁ	2	[lenz]	n. 透镜，镜头，晶状体
vulture	ⒶⒷⒸⒹⒺⒻⒼⒽⒾⒿⓀⓁ	2	['vʌltʃə(r)]	n. 秃鹫，贪婪的人
prominence	ⒶⒷⒸⒹⒺⒻⒼⒽⒾⒿⓀⓁ	2	['prɔminəns]	n. 突出，声望，显著
rabbit	ⒶⒷⒸⒹⒺⒻⒼⒽⒾⒿⓀⓁ	2	['ræbit]	n. 兔子
solidarity	ⒶⒷⒸⒹⒺⒻⒼⒽⒾⒿⓀⓁ	2	[ˌsɔli'dæriti]	n. 团结
sarcasm	ⒶⒷⒸⒹⒺⒻⒼⒽⒾⒿⓀⓁ	2	['sa:kæzəm]	n. 挖苦，讽刺
disintegration	ⒶⒷⒸⒹⒺⒻⒼⒽⒾⒿⓀⓁ	2	[disˌinti'greiʃən]	n. 瓦解，衰变
tile	ⒶⒷⒸⒹⒺⒻⒼⒽⒾⒿⓀⓁ	2	[tail]	n. 瓦片，瓷砖
diplomacy	ⒶⒷⒸⒹⒺⒻⒼⒽⒾⒿⓀⓁ	2	[di'pləuməsi]	n. 外交
ingratitude	ⒶⒷⒸⒹⒺⒻⒼⒽⒾⒿⓀⓁ	2	[in'grætitju:d]	n. 忘恩负义
hazard	ⒶⒷⒸⒹⒺⒻⒼⒽⒾⒿⓀⓁ	2	['hæzəd]	n. 危险，机会 v. 冒险
transgression	ⒶⒷⒸⒹⒺⒻⒼⒽⒾⒿⓀⓁ	2	[træns'greʃən;trænz-]	n. 违反，犯罪
atrophy	ⒶⒷⒸⒹⒺⒻⒼⒽⒾⒿⓀⓁ	2	['ætrəfi]	n. 萎缩，萎缩症
pestilence	ⒶⒷⒸⒹⒺⒻⒼⒽⒾⒿⓀⓁ	2	['pestiləns]	n. 瘟疫
documentation	ⒶⒷⒸⒹⒺⒻⒼⒽⒾⒿⓀⓁ	2	[ˌdɔkjumen'teiʃən]	n. 文件
writ	ⒶⒷⒸⒹⒺⒻⒼⒽⒾⒿⓀⓁ	2	[rit]	n. 文书，正式文件，书面命令
stability	ⒶⒷⒸⒹⒺⒻⒼⒽⒾⒿⓀⓁ	2	[stə'biliti]	n. 稳定性，坚决
snail	ⒶⒷⒸⒹⒺⒻⒼⒽⒾⒿⓀⓁ	2	[sneil]	n. 蜗牛
sump	ⒶⒷⒸⒹⒺⒻⒼⒽⒾⒿⓀⓁ	2	[sʌmp]	n. 污水坑，水坑，机油箱
anarchism	ⒶⒷⒸⒹⒺⒻⒼⒽⒾⒿⓀⓁ	2	['ænəkiz(ə)m]	n. 无政府主义

单词	标记	频率	读音	词义
anarchist	ⒶⒷⒸⒹⒺⒻⒼⒽⒾⒿⓀⓁ	2	['ænəkist]	n. 无政府主义者
materiality	ⒶⒷⒸⒹⒺⒻⒼⒽⒾⒿⓀⓁ	2	[mə,tiəri'æliti]	n. 物质性，实体性
misnomer	ⒶⒷⒸⒹⒺⒻⒼⒽⒾⒿⓀⓁ	2	['mis'nəumə]	n. 误称，叫错名称，用词不当
victimization	ⒶⒷⒸⒹⒺⒻⒼⒽⒾⒿⓀⓁ	2	[ˌviktimai'zeiʃn]	n. 牺牲，欺骗
lap	ⒶⒷⒸⒹⒺⒻⒼⒽⒾⒿⓀⓁ	2	[læp]	n. 膝上，一圈 v. 舔，拍打
comedian	ⒶⒷⒸⒹⒺⒻⒼⒽⒾⒿⓀⓁ	2	[kə'mi:diən]	n. 喜剧演员
theatergoer	ⒶⒷⒸⒹⒺⒻⒼⒽⒾⒿⓀⓁ	2	[θiətə'gəuər]	n. 戏迷
harbinger	ⒶⒷⒸⒹⒺⒻⒼⒽⒾⒿⓀⓁ	2	['ha:bindʒə]	n. 先驱，预言者 v. 预示
precursor	ⒶⒷⒸⒹⒺⒻⒼⒽⒾⒿⓀⓁ	2	[pri(:)'kə:sə]	n. 先驱者，先兆
sinecure	ⒶⒷⒸⒹⒺⒻⒼⒽⒾⒿⓀⓁ	2	['sainikjuə]	n. 闲职
modernist	ⒶⒷⒸⒹⒺⒻⒼⒽⒾⒿⓀⓁ	2	['mɔdənist]	n. 现代主义者
chunk	ⒶⒷⒸⒹⒺⒻⒼⒽⒾⒿⓀⓁ	2	[tʃʌŋk]	n. 相当大的量，矮胖的人或物
correlation	ⒶⒷⒸⒹⒺⒻⒼⒽⒾⒿⓀⓁ	2	[ˌkɔri'leiʃən]	n. 相互关系，关联
reciprocity	ⒶⒷⒸⒹⒺⒻⒼⒽⒾⒿⓀⓁ	2	[ˌrisi'prɔsiti]	n. 相互性，互惠
credence	ⒶⒷⒸⒹⒺⒻⒼⒽⒾⒿⓀⓁ	2	['kri:dəns]	n. 相信，信任
snack	ⒶⒷⒸⒹⒺⒻⒼⒽⒾⒿⓀⓁ	2	[snæk]	n. 小吃，点心
peg	ⒶⒷⒸⒹⒺⒻⒼⒽⒾⒿⓀⓁ	2	[peg]	n. 小钉，借口
vendor	ⒶⒷⒸⒹⒺⒻⒼⒽⒾⒿⓀⓁ	2	['vendɔ:]	n. 小贩，卖主，自动售货机
rivulet	ⒶⒷⒸⒹⒺⒻⒼⒽⒾⒿⓀⓁ	2	['rivjulit]	n. 小河，小溪
alley	ⒶⒷⒸⒹⒺⒻⒼⒽⒾⒿⓀⓁ	2	['æli]	n. 小路，小巷
foible	ⒶⒷⒸⒹⒺⒻⒼⒽⒾⒿⓀⓁ	2	['fɔibl]	n. 小缺点，小毛病
dinghy	ⒶⒷⒸⒹⒺⒻⒼⒽⒾⒿⓀⓁ	2	['diŋgi;'diŋi]	n. 小舢板，小游艇
piggy	ⒶⒷⒸⒹⒺⒻⒼⒽⒾⒿⓀⓁ	2	['pigi]	n. 小猪
proofreader	ⒶⒷⒸⒹⒺⒻⒼⒽⒾⒿⓀⓁ	2	['pru:fˌri:də(r)]	n. 校对者
utility	ⒶⒷⒸⒹⒺⒻⒼⒽⒾⒿⓀⓁ	2	[ju:'tiliti]	n. 效用，功用，实用
coordination	ⒶⒷⒸⒹⒺⒻⒼⒽⒾⒿⓀⓁ	2	[kəu,ɔ:di'neiʃən]	n. 协调，同等
wickedness	ⒶⒷⒸⒹⒺⒻⒼⒽⒾⒿⓀⓁ	2	['wikidnis]	n. 邪恶，不道德
ramp	ⒶⒷⒸⒹⒺⒻⒼⒽⒾⒿⓀⓁ	2	[ræmp]	n. 斜面，坡道 v. 乱冲，加速
italic	ⒶⒷⒸⒹⒺⒻⒼⒽⒾⒿⓀⓁ	2	[i'tælik]	n. 斜体字 a. 斜体的
novice	ⒶⒷⒸⒹⒺⒻⒼⒽⒾⒿⓀⓁ	2	['nɔvis]	n. 新手，初学者
stimulant	ⒶⒷⒸⒹⒺⒻⒼⒽⒾⒿⓀⓁ	2	['stimjulənt]	n. 兴奋剂，刺激物 a. 刺激的
sexism	ⒶⒷⒸⒹⒺⒻⒼⒽⒾⒿⓀⓁ	2	['seksizm]	n. 性别歧视
buck	ⒶⒷⒸⒹⒺⒻⒼⒽⒾⒿⓀⓁ	2	[bʌk]	n. 雄鹿，一美元 v. 抵制
nihilism	ⒶⒷⒸⒹⒺⒻⒼⒽⒾⒿⓀⓁ	2	['naiilizəm]	n. 虚无主义，无政府主义
narration	ⒶⒷⒸⒹⒺⒻⒼⒽⒾⒿⓀⓁ	2	[næ'reiʃən]	n. 叙述
cliff	ⒶⒷⒸⒹⒺⒻⒼⒽⒾⒿⓀⓁ	2	[klif]	n. 悬崖
melody	ⒶⒷⒸⒹⒺⒻⒼⒽⒾⒿⓀⓁ	2	['melədi]	n. 旋律，曲调
tuition	ⒶⒷⒸⒹⒺⒻⒼⒽⒾⒿⓀⓁ	2	[tju:'iʃən]	n. 学费，指导，教诲
sleigh	ⒶⒷⒸⒹⒺⒻⒼⒽⒾⒿⓀⓁ	2	[slei]	n. 雪橇
sled	ⒶⒷⒸⒹⒺⒻⒼⒽⒾⒿⓀⓁ	2	[sled]	n. 雪橇 v. 乘雪橇

单词	标记	频率	读音	词义
handler	ⒶⒷⒸⒹⒺⒻⒼⒽⒾⒿⓀⓁ	2	['hændlə]	n. 训练者，处理者，处理器
oppression	ⒶⒷⒸⒹⒺⒻⒼⒽⒾⒿⓀⓁ	2	[ə'preʃən]	n. 压迫，压抑
oppressor	ⒶⒷⒸⒹⒺⒻⒼⒽⒾⒿⓀⓁ	2	[ə'presə(r)]	n. 压迫者，压制者
dentist	ⒶⒷⒸⒹⒺⒻⒼⒽⒾⒿⓀⓁ	2	['dentist]	n. 牙医
mime	ⒶⒷⒸⒹⒺⒻⒼⒽⒾⒿⓀⓁ	2	[maim]	n. 哑剧 v. 做哑剧表演，模仿
amazon	ⒶⒷⒸⒹⒺⒻⒼⒽⒾⒿⓀⓁ	2	['æməzən]	n. 亚马逊河
deferment	ⒶⒷⒸⒹⒺⒻⒼⒽⒾⒿⓀⓁ	2	[di'fɜ:mənt]	n. 延期，暂缓
ordeal	ⒶⒷⒸⒹⒺⒻⒼⒽⒾⒿⓀⓁ	2	[ɔ:'di:l;-'di:əl]	n. 严酷的考验，痛苦的经验
acrimony	ⒶⒷⒸⒹⒺⒻⒼⒽⒾⒿⓀⓁ	2	['ækriməni]	n. 严厉，辛辣，刻毒
boredom	ⒶⒷⒸⒹⒺⒻⒼⒽⒾⒿⓀⓁ	2	['bɔ:dəm]	n. 厌倦，无聊
sash	ⒶⒷⒸⒹⒺⒻⒼⒽⒾⒿⓀⓁ	2	[sæʃ]	n. 腰带，肩带，窗框
invitation	ⒶⒷⒸⒹⒺⒻⒼⒽⒾⒿⓀⓁ	2	[ˌinvi'teiʃən]	n. 邀请，招待
rumor	ⒶⒷⒸⒹⒺⒻⒼⒽⒾⒿⓀⓁ	2	['ru:mə]	n. 谣言 v. 谣传
personage	ⒶⒷⒸⒹⒺⒻⒼⒽⒾⒿⓀⓁ	2	['pə:sənidʒ]	n. 要人，人物，角色
hobby	ⒶⒷⒸⒹⒺⒻⒼⒽⒾⒿⓀⓁ	2	['hɔbi]	n. 业余爱好
handful	ⒶⒷⒸⒹⒺⒻⒼⒽⒾⒿⓀⓁ	2	['hændful]	n. 一把，少量
potion	ⒶⒷⒸⒹⒺⒻⒼⒽⒾⒿⓀⓁ	2	['pəuʃən]	n. 一服，一剂（药水）
millennium	ⒶⒷⒸⒹⒺⒻⒼⒽⒾⒿⓀⓁ	2	[mi'leniəm]	n. 一千年，太平盛世
concord	ⒶⒷⒸⒹⒺⒻⒼⒽⒾⒿⓀⓁ	2	['kɔŋkɔ:d]	n. 一致，和睦
collar	ⒶⒷⒸⒹⒺⒻⒼⒽⒾⒿⓀⓁ	2	['kɔlə]	n. 衣领，项圈
dependence	ⒶⒷⒸⒹⒺⒻⒼⒽⒾⒿⓀⓁ	2	[di'pendəns]	n. 依靠，信任
emigration	ⒶⒷⒸⒹⒺⒻⒼⒽⒾⒿⓀⓁ	2	[ˌemi'greiʃən]	n. 移民
relic	ⒶⒷⒸⒹⒺⒻⒼⒽⒾⒿⓀⓁ	2	['relik]	n. 遗物，遗迹，纪念物
misgiving	ⒶⒷⒸⒹⒺⒻⒼⒽⒾⒿⓀⓁ	2	[mis'giviŋ]	n. 疑虑，恐惧
anthill	ⒶⒷⒸⒹⒺⒻⒼⒽⒾⒿⓀⓁ	2	['ænthil]	n. 蚁丘，人群密集处
billionaire	ⒶⒷⒸⒹⒺⒻⒼⒽⒾⒿⓀⓁ	2	[biljə'neə]	n. 亿万富翁
virtuoso	ⒶⒷⒸⒹⒺⒻⒼⒽⒾⒿⓀⓁ	2	[və:tju'əuzəu;-səu]	n. 艺术大师，演奏能手
mutability	ⒶⒷⒸⒹⒺⒻⒼⒽⒾⒿⓀⓁ	2	[ˌmju:tə'biliti]	n. 易变性，性情不定
accessibility	ⒶⒷⒸⒹⒺⒻⒼⒽⒾⒿⓀⓁ	2	[ˌækəsesi'biliti]	n. 易接近，可得到
suggestibility	ⒶⒷⒸⒹⒺⒻⒼⒽⒾⒿⓀⓁ	2	[sədʒestə'biliti]	n. 易受暗示，易受影响
dupe	ⒶⒷⒸⒹⒺⒻⒼⒽⒾⒿⓀⓁ	2	[dju:p]	n. 易受骗的人 v. 欺骗
dissension	ⒶⒷⒸⒹⒺⒻⒼⒽⒾⒿⓀⓁ	2	[di'senʃən]	n. 意见不同，纠纷，争执
campsite	ⒶⒷⒸⒹⒺⒻⒼⒽⒾⒿⓀⓁ	2	[kæmp'sait]	n. 营地
nourishment	ⒶⒷⒸⒹⒺⒻⒼⒽⒾⒿⓀⓁ	2	['nʌriʃmənt]	n. 营养品，养料，营养
dietitian	ⒶⒷⒸⒹⒺⒻⒼⒽⒾⒿⓀⓁ	2	[ˌdaiə'tiʃən]	n. 营养学家，饮食学家
kitsch	ⒶⒷⒸⒹⒺⒻⒼⒽⒾⒿⓀⓁ	2	[kitʃ]	n. 庸俗艺术 a. 庸俗的
permanence	ⒶⒷⒸⒹⒺⒻⒼⒽⒾⒿⓀⓁ	2	['pə:mənəns]	n. 永久，持久
eon	ⒶⒷⒸⒹⒺⒻⒼⒽⒾⒿⓀⓁ	2	['i:ən;'i:ɔn]	n. 永世，千万年
pluck	ⒶⒷⒸⒹⒺⒻⒼⒽⒾⒿⓀⓁ	2	[plʌk]	n. 勇气 v. 拨弹，拔毛
diner	ⒶⒷⒸⒹⒺⒻⒼⒽⒾⒿⓀⓁ	2	['dainə(r)]	n. 用餐者

单词	标记	频率	读音	词义
dominance	ⒶⒷⒸⒹⒺⒻⒼⒽⒾⒿⓀⓁ	2	['dɔminəns]	n. 优势，支配
specter	ⒶⒷⒸⒹⒺⒻⒼⒽⒾⒿⓀⓁ	2	['spektə]	n. 幽灵，妖怪
squid	ⒶⒷⒸⒹⒺⒻⒼⒽⒾⒿⓀⓁ	2	[skwid]	n. 鱿鱼，乌贼
amicability	ⒶⒷⒸⒹⒺⒻⒼⒽⒾⒿⓀⓁ	2	[æmikə'biliti]	n. 友善，亲善
companionship	ⒶⒷⒸⒹⒺⒻⒼⒽⒾⒿⓀⓁ	2	[kəm'pænjənʃip]	n. 友谊
persuasiveness	ⒶⒷⒸⒹⒺⒻⒼⒽⒾⒿⓀⓁ	2	[pə'sweisivnis]	n. 有说服力，口才好
temptation	ⒶⒷⒸⒹⒺⒻⒼⒽⒾⒿⓀⓁ	2	[temp'teiʃən]	n. 诱惑，诱惑物
fishery	ⒶⒷⒸⒹⒺⒻⒼⒽⒾⒿⓀⓁ	2	['fiʃəri]	n. 渔业，水产业，渔场
grammarian	ⒶⒷⒸⒹⒺⒻⒼⒽⒾⒿⓀⓁ	2	[grə'meriən]	n. 语法学家
intonation	ⒶⒷⒸⒹⒺⒻⒼⒽⒾⒿⓀⓁ	2	[ˌintə'neiʃən]	n. 语调，声调，吟诵
linguist	ⒶⒷⒸⒹⒺⒻⒼⒽⒾⒿⓀⓁ	2	['liŋgwist]	n. 语言学家
prognosis	ⒶⒷⒸⒹⒺⒻⒼⒽⒾⒿⓀⓁ	2	[prɔg'nəusis]	n. 预断病情，预测
prophet	ⒶⒷⒸⒹⒺⒻⒼⒽⒾⒿⓀⓁ	2	['prɔfit]	n. 预言者，先知
allegory	ⒶⒷⒸⒹⒺⒻⒼⒽⒾⒿⓀⓁ	2	['æligəri]	n. 寓言
serendipity	ⒶⒷⒸⒹⒺⒻⒼⒽⒾⒿⓀⓁ	2	[ˌserən'dipiti]	n. 缘分，运气，意外收获
engagement	ⒶⒷⒸⒹⒺⒻⒼⒽⒾⒿⓀⓁ	2	[in'geidʒmənt]	n. 约会，婚约，订婚，雇佣
sweatshirt	ⒶⒷⒸⒹⒺⒻⒼⒽⒾⒿⓀⓁ	2	['swetˌʃə:t]	n. 运动衫
vaudeville	ⒶⒷⒸⒹⒺⒻⒼⒽⒾⒿⓀⓁ	2	['vəudəvil;-vi:l]	n. 杂耍，轻歌舞剧
respite	ⒶⒷⒸⒹⒺⒻⒼⒽⒾⒿⓀⓁ	2	['respait]	n. 暂缓，缓刑 v. 延期，推迟
bomb	ⒶⒷⒸⒹⒺⒻⒼⒽⒾⒿⓀⓁ	2	[bɔm]	n. 炸弹 v. 投弹于
couch	ⒶⒷⒸⒹⒺⒻⒼⒽⒾⒿⓀⓁ	2	[kautʃ]	n. 长沙发，睡椅
paw	ⒶⒷⒸⒹⒺⒻⒼⒽⒾⒿⓀⓁ	2	[pɔ:]	n. 爪子 v. 用爪子抓
quagmire	ⒶⒷⒸⒹⒺⒻⒼⒽⒾⒿⓀⓁ	2	['kwægmaiə]	n. 沼泽，困境
marsh	ⒶⒷⒸⒹⒺⒻⒼⒽⒾⒿⓀⓁ	2	[ma:ʃ]	n. 沼泽，湿地
scout	ⒶⒷⒸⒹⒺⒻⒼⒽⒾⒿⓀⓁ	2	[skaut]	n. 侦察员，童子军 v. 侦察
sincerity	ⒶⒷⒸⒹⒺⒻⒼⒽⒾⒿⓀⓁ	2	[sin'seriti]	n. 真诚
conquest	ⒶⒷⒸⒹⒺⒻⒼⒽⒾⒿⓀⓁ	2	['kɔŋkwest]	n. 征服，战利品
conqueror	ⒶⒷⒸⒹⒺⒻⒼⒽⒾⒿⓀⓁ	2	['kɔŋkərə]	n. 征服者，胜利者
confirmation	ⒶⒷⒸⒹⒺⒻⒼⒽⒾⒿⓀⓁ	2	[ˌkɔnfə'meiʃən]	n. 证实，确认，批准
corroboration	ⒶⒷⒸⒹⒺⒻⒼⒽⒾⒿⓀⓁ	2	[kərɔbə'reiʃ(ə)n]	n. 证实，确认，证据
caucus	ⒶⒷⒸⒹⒺⒻⒼⒽⒾⒿⓀⓁ	2	['kɔ:kəs]	n. 政党高层会议，秘密会议
statesman	ⒶⒷⒸⒹⒺⒻⒼⒽⒾⒿⓀⓁ	2	['steitsmən]	n. 政治家
endorsement	ⒶⒷⒸⒹⒺⒻⒼⒽⒾⒿⓀⓁ	2	[in'dɔ:smənt]	n. 支持，背书，批准
acronym	ⒶⒷⒸⒹⒺⒻⒼⒽⒾⒿⓀⓁ	2	['ækrənim]	n. 只取首字母的缩写词
loom	ⒶⒷⒸⒹⒺⒻⒼⒽⒾⒿⓀⓁ	2	[lu:m]	n. 织布机 v. 隐约出现，迫近
vegetation	ⒶⒷⒸⒹⒺⒻⒼⒽⒾⒿⓀⓁ	2	[ˌvedʒi'teiʃən]	n. 植物
fingerprint	ⒶⒷⒸⒹⒺⒻⒼⒽⒾⒿⓀⓁ	2	['fiŋgəprint]	n. 指纹
fabrication	ⒶⒷⒸⒹⒺⒻⒼⒽⒾⒿⓀⓁ	2	[ˌfæbri'keiʃən]	n. 制造，建造，虚构的谎言
mentality	ⒶⒷⒸⒹⒺⒻⒼⒽⒾⒿⓀⓁ	2	[men'tæliti]	n. 智力，心理状态
fidelity	ⒶⒷⒸⒹⒺⒻⒼⒽⒾⒿⓀⓁ	2	[fi'deliti]	n. 忠诚，忠实，逼真，保真度

单词	标记	频率	读音	词义
tenure	ⒶⒷⒸⒹⒺⒻⒼⒽⒾⒿⓀⓁ	2	['tenjuə]	n. 终身职位，任期，保有
grower	ⒶⒷⒸⒹⒺⒻⒼⒽⒾⒿⓀⓁ	2	['grəuə(r)]	n. 种植者，栽培者
rearrangement	ⒶⒷⒸⒹⒺⒻⒼⒽⒾⒿⓀⓁ	2	[ˌri:ə'reindʒmənt]	n. 重新布置，重新排列
incantation	ⒶⒷⒸⒹⒺⒻⒼⒽⒾⒿⓀⓁ	2	[ˌinkæn'teiʃən]	n. 咒语，口头禅
accommodation	ⒶⒷⒸⒹⒺⒻⒼⒽⒾⒿⓀⓁ	2	[əˌkɔmə'deiʃən]	n. 住处，膳宿，适应
storage	ⒶⒷⒸⒹⒺⒻⒼⒽⒾⒿⓀⓁ	2	['stɔridʒ]	n. 贮藏，仓库
wariness	ⒶⒷⒸⒹⒺⒻⒼⒽⒾⒿⓀⓁ	2	['weərinis]	n. 注意，小心
greeting	ⒶⒷⒸⒹⒺⒻⒼⒽⒾⒿⓀⓁ	2	['gri:tiŋ]	n. 祝贺，问候
absolutist	ⒶⒷⒸⒹⒺⒻⒼⒽⒾⒿⓀⓁ	2	['æbsəlu:tist]	n. 专制主义者，绝对论者
solemnity	ⒶⒷⒸⒹⒺⒻⒼⒽⒾⒿⓀⓁ	2	[sə'lemniti]	n. 庄严，庄重的仪式
smugness	ⒶⒷⒸⒹⒺⒻⒼⒽⒾⒿⓀⓁ	2	[smʌgnəs]	n. 装模作样
embellishment	ⒶⒷⒸⒹⒺⒻⒼⒽⒾⒿⓀⓁ	2	[im'beliʃmənt]	n. 装饰，修饰，润色
ornament	ⒶⒷⒸⒹⒺⒻⒼⒽⒾⒿⓀⓁ	2	['ɔ:nəmənt]	n. 装饰，装饰物 v. 美化
preeminence	ⒶⒷⒸⒹⒺⒻⒼⒽⒾⒿⓀⓁ	2	[pri(:)'eminəns]	n. 卓越
posture	ⒶⒷⒸⒹⒺⒻⒼⒽⒾⒿⓀⓁ	2	['pɔstʃə]	n. 姿势，态度 v. 装模作样
subfield	ⒶⒷⒸⒹⒺⒻⒼⒽⒾⒿⓀⓁ	2	['sʌbfi:ld]	n. 子域，分科
spontaneity	ⒶⒷⒸⒹⒺⒻⒼⒽⒾⒿⓀⓁ	2	[ˌspɔntə'ni:iti]	n. 自发，自发性
pretension	ⒶⒷⒸⒹⒺⒻⒼⒽⒾⒿⓀⓁ	2	[pri:'tenʃən]	n. 自负，炫耀，要求，声称
introspection	ⒶⒷⒸⒹⒺⒻⒼⒽⒾⒿⓀⓁ	2	[ˌintrəu'spekʃən]	n. 自省，反省
synthesis	ⒶⒷⒸⒹⒺⒻⒼⒽⒾⒿⓀⓁ	2	['sinθisis]	n. 综合，综合体，合成
mane	ⒶⒷⒸⒹⒺⒻⒼⒽⒾⒿⓀⓁ	2	[mein]	n. 鬃毛
hindrance	ⒶⒷⒸⒹⒺⒻⒼⒽⒾⒿⓀⓁ	2	['hindrəns]	n. 阻碍，阻碍物
forebear	ⒶⒷⒸⒹⒺⒻⒼⒽⒾⒿⓀⓁ	2	['fɔ:beə]	n. 祖先，祖宗
revolver	ⒶⒷⒸⒹⒺⒻⒼⒽⒾⒿⓀⓁ	2	[ri'vɔlvə]	n. 左轮手枪，旋转式装置
motto	ⒶⒷⒸⒹⒺⒻⒼⒽⒾⒿⓀⓁ	2	['mɔtəu]	n. 座右铭，题词
notwithstanding	ⒶⒷⒸⒹⒺⒻⒼⒽⒾⒿⓀⓁ	2	[ˌnɔtwiθ'stændiŋ]	prep./ad. 尽管，虽然
circa	ⒶⒷⒸⒹⒺⒻⒼⒽⒾⒿⓀⓁ	2	['sə:kə]	prep. 大约
cajole	ⒶⒷⒸⒹⒺⒻⒼⒽⒾⒿⓀⓁ	2	[kə'dʒəul]	v.（以甜言蜜语）哄骗
redress	ⒶⒷⒸⒹⒺⒻⒼⒽⒾⒿⓀⓁ	2	[ri'dres]	v./n. 补偿，改正，修正
disrespect	ⒶⒷⒸⒹⒺⒻⒼⒽⒾⒿⓀⓁ	2	['disris'pekt]	v./n. 不敬，无礼
sprint	ⒶⒷⒸⒹⒺⒻⒼⒽⒾⒿⓀⓁ	2	[sprint]	v./n. 短距离全力奔跑，冲刺
libel	ⒶⒷⒸⒹⒺⒻⒼⒽⒾⒿⓀⓁ	2	['laibəl]	v./n. 诽谤，中伤
repeal	ⒶⒷⒸⒹⒺⒻⒼⒽⒾⒿⓀⓁ	2	[ri'pi:l]	v./n. 废止，撤销
gallop	ⒶⒷⒸⒹⒺⒻⒼⒽⒾⒿⓀⓁ	2	['gæləp]	v./n. 疾驰，飞奔
scud	ⒶⒷⒸⒹⒺⒻⒼⒽⒾⒿⓀⓁ	2	[skʌd]	v./n. 疾行，掠过，飘过
import	ⒶⒷⒸⒹⒺⒻⒼⒽⒾⒿⓀⓁ	2	[im'pɔ:t]	v./n. 进口，输入，进口商品
salvage	ⒶⒷⒸⒹⒺⒻⒼⒽⒾⒿⓀⓁ	2	['sælvidʒ]	v./n. 救援，打捞，抢救
squander	ⒶⒷⒸⒹⒺⒻⒼⒽⒾⒿⓀⓁ	2	['skwɔndə]	v./n. 浪费
retail	ⒶⒷⒸⒹⒺⒻⒼⒽⒾⒿⓀⓁ	2	['ri:teil]	v./n. 零售
wander	ⒶⒷⒸⒹⒺⒻⒼⒽⒾⒿⓀⓁ	2	['wɔndə]	v./n. 漫步，徘徊，闲逛

单词	标记	频率	读音	词义
swindle	ⒶⒷⒸⒹⒺⒻⒼⒽⒾⒿⓀⓁ	2	['swindl]	v./n. 骗取，欺诈
hoax	ⒶⒷⒸⒹⒺⒻⒼⒽⒾⒿⓀⓁ	2	[həuks]	v./n. 欺骗，骗局
chatter	ⒶⒷⒸⒹⒺⒻⒼⒽⒾⒿⓀⓁ	2	['tʃætə]	v./n. 饶舌，喋喋不休
glitter	ⒶⒷⒸⒹⒺⒻⒼⒽⒾⒿⓀⓁ	2	['glitə]	v./n. 闪光，闪耀
wrestle	ⒶⒷⒸⒹⒺⒻⒼⒽⒾⒿⓀⓁ	2	['resl]	v./n. 摔跤，格斗
scour	ⒶⒷⒸⒹⒺⒻⒼⒽⒾⒿⓀⓁ	2	['skauə]	v./n. 搜索，擦洗，腹泻
resort	ⒶⒷⒸⒹⒺⒻⒼⒽⒾⒿⓀⓁ	2	[ri'zɔ:t]	v./n. 诉诸于，常去 n. 度假胜地
prance	ⒶⒷⒸⒹⒺⒻⒼⒽⒾⒿⓀⓁ	2	[pra:ns]	v./n. 腾跃，欢悦，昂首阔步
skip	ⒶⒷⒸⒹⒺⒻⒼⒽⒾⒿⓀⓁ	2	[skip]	v./n. 跳，略过，省略
toss	ⒶⒷⒸⒹⒺⒻⒼⒽⒾⒿⓀⓁ	2	[tɔs]	v./n. 投掷，辗转反侧
pounce	ⒶⒷⒸⒹⒺⒻⒼⒽⒾⒿⓀⓁ	2	[pauns]	v./n. 突袭，猛扑
shove	ⒶⒷⒸⒹⒺⒻⒼⒽⒾⒿⓀⓁ	2	[ʃʌv]	v./n. 推，挤
drawl	ⒶⒷⒸⒹⒺⒻⒼⒽⒾⒿⓀⓁ	2	[drɔ:l]	v./n. 拖长调子说话
squelch	ⒶⒷⒸⒹⒺⒻⒼⒽⒾⒿⓀⓁ	2	[skweltʃ]	v./n. 压扁，镇压，发出嘎吱声
sway	ⒶⒷⒸⒹⒺⒻⒼⒽⒾⒿⓀⓁ	2	[swei]	v./n. 摇摆，支配，影响
transplant	ⒶⒷⒸⒹⒺⒻⒼⒽⒾⒿⓀⓁ	2	[træns'pla:nt]	v./n. 移栽，移植，移居
trek	ⒶⒷⒸⒹⒺⒻⒼⒽⒾⒿⓀⓁ	2	[trek]	v./n. 长途跋涉
smack	ⒶⒷⒸⒹⒺⒻⒼⒽⒾⒿⓀⓁ	2	[smæk]	v./n. 掌击，劈啪声，风味，咂嘴
rebate	ⒶⒷⒸⒹⒺⒻⒼⒽⒾⒿⓀⓁ	2	['ri:beit;ri'beit]	v./n. 折扣，减少
overlap	ⒶⒷⒸⒹⒺⒻⒼⒽⒾⒿⓀⓁ	2	['əuvə'læp]	v./n. 重叠，重复
veer	ⒶⒷⒸⒹⒺⒻⒼⒽⒾⒿⓀⓁ	2	[viə]	v./n. 转向，改变
tow	ⒶⒷⒸⒹⒺⒻⒼⒽⒾⒿⓀⓁ	2	[təu]	v./n 拖，拉，牵引
appease	ⒶⒷⒸⒹⒺⒻⒼⒽⒾⒿⓀⓁ	2	[ə'pi:z]	v. 安抚，平息，满足
console	ⒶⒷⒸⒹⒺⒻⒼⒽⒾⒿⓀⓁ	2	[kən'səul]	v. 安慰，慰藉 n. 控制台
liken	ⒶⒷⒸⒹⒺⒻⒼⒽⒾⒿⓀⓁ	2	['laikən]	v. 把…比作
wrap	ⒶⒷⒸⒹⒺⒻⒼⒽⒾⒿⓀⓁ	2	[ræp]	v. 包，裹，覆盖 n. 披肩，围巾
comprise	ⒶⒷⒸⒹⒺⒻⒼⒽⒾⒿⓀⓁ	2	[kəm'praiz]	v. 包含，由…构成
envelop	ⒶⒷⒸⒹⒺⒻⒼⒽⒾⒿⓀⓁ	2	[in'veləp]	v. 包住，遮盖，包围
grump	ⒶⒷⒸⒹⒺⒻⒼⒽⒾⒿⓀⓁ	2	[grʌmp]	v. 抱怨，闹情绪
surfeit	ⒶⒷⒸⒹⒺⒻⒼⒽⒾⒿⓀⓁ	2	['sə:fit]	v. 暴食，过分沉溺 n. 过量
outweigh	ⒶⒷⒸⒹⒺⒻⒼⒽⒾⒿⓀⓁ	2	[aut'wei]	v. 比…重，比…重要，胜过
fabricate	ⒶⒷⒸⒹⒺⒻⒼⒽⒾⒿⓀⓁ	2	['fæbrikeit]	v. 编造，虚构，制造
whip	ⒶⒷⒸⒹⒺⒻⒼⒽⒾⒿⓀⓁ	2	[(h)wip]	v. 鞭打 n. 鞭子
devalue	ⒶⒷⒸⒹⒺⒻⒼⒽⒾⒿⓀⓁ	2	[di:'vælju:]	v. 贬值，降低价值
signify	ⒶⒷⒸⒹⒺⒻⒼⒽⒾⒿⓀⓁ	2	['signifai]	v. 表示，意味着，有重要性
pelt	ⒶⒷⒸⒹⒺⒻⒼⒽⒾⒿⓀⓁ	2	[pelt]	v. 剥皮，投掷 n. 投掷，毛皮，疾行
strip	ⒶⒷⒸⒹⒺⒻⒼⒽⒾⒿⓀⓁ	2	[strip]	v. 剥去，脱衣，剥夺 n. 脱衣舞，长条
disbelieve	ⒶⒷⒸⒹⒺⒻⒼⒽⒾⒿⓀⓁ	2	[ˌdisbi'li:v;dis-]	v. 不信，怀疑
disapprove	ⒶⒷⒸⒹⒺⒻⒼⒽⒾⒿⓀⓁ	2	[ˌdisə'pru:v]	v. 不赞成
efface	ⒶⒷⒸⒹⒺⒻⒼⒽⒾⒿⓀⓁ	2	[i'feis]	v. 擦掉，抹去，冲淡

单词	标记	频率	读音	词义
dismantle	ⒶⒷⒸⒹⒺⒻⒼⒽⒾⒿⓀⓁ	2	[dis'mæntl]	v. 拆除，拆开
spawn	ⒶⒷⒸⒹⒺⒻⒼⒽⒾⒿⓀⓁ	2	[spɔ:n]	v. 产卵，大量生产 n. 卵
elucidate	ⒶⒷⒸⒹⒺⒻⒼⒽⒾⒿⓀⓁ	2	[i'lju:sideit]	v. 阐明，说明
surpass	ⒶⒷⒸⒹⒺⒻⒼⒽⒾⒿⓀⓁ	2	[sə:'pa:s]	v. 超越，胜过
exceed	ⒶⒷⒸⒹⒺⒻⒼⒽⒾⒿⓀⓁ	2	[ik'si:d]	v. 超越，胜过
deride	ⒶⒷⒸⒹⒺⒻⒼⒽⒾⒿⓀⓁ	2	[di'raid]	v. 嘲笑
revolutionize	ⒶⒷⒸⒹⒺⒻⒼⒽⒾⒿⓀⓁ	2	[ˌrevə'l(j)u:ʃənaiz]	v. 彻底改革，使革命化
immerse	ⒶⒷⒸⒹⒺⒻⒼⒽⒾⒿⓀⓁ	2	[i'mə:s]	v. 沉浸，使陷入，沉迷于
underwrite	ⒶⒷⒸⒹⒺⒻⒼⒽⒾⒿⓀⓁ	2	['ʌndərait]	v. 承担费用，承保，写在下面
cloy	ⒶⒷⒸⒹⒺⒻⒼⒽⒾⒿⓀⓁ	2	[klɔi]	v. 吃腻
chide	ⒶⒷⒸⒹⒺⒻⒼⒽⒾⒿⓀⓁ	2	[tʃaid]	v. 斥责，责骂
derail	ⒶⒷⒸⒹⒺⒻⒼⒽⒾⒿⓀⓁ	2	[di'reil]	v. 出轨，阻碍
haunt	ⒶⒷⒸⒹⒺⒻⒼⒽⒾⒿⓀⓁ	2	[hɔ:nt]	v. 出没，常去，萦绕心头，使困惑
dispose	ⒶⒷⒸⒹⒺⒻⒼⒽⒾⒿⓀⓁ	2	[dis'pəuz]	v. 处理，解决，清除
spur	ⒶⒷⒸⒹⒺⒻⒼⒽⒾⒿⓀⓁ	2	[spə:]	v. 刺激，鞭策 n. 马刺，刺激物
induce	ⒶⒷⒸⒹⒺⒻⒼⒽⒾⒿⓀⓁ	2	[in'dju:s]	v. 促使，引诱
usurp	ⒶⒷⒸⒹⒺⒻⒼⒽⒾⒿⓀⓁ	2	[ju(:)'zə:p]	v. 篡夺，篡位
misjudge	ⒶⒷⒸⒹⒺⒻⒼⒽⒾⒿⓀⓁ	2	[ˌmis'dʒʌdʒ]	v. 错误判断
unwrap	ⒶⒷⒸⒹⒺⒻⒼⒽⒾⒿⓀⓁ	2	['ʌn'ræp]	v. 打开
bounce	ⒶⒷⒸⒹⒺⒻⒼⒽⒾⒿⓀⓁ	2	[bauns]	v. 弹起 n. 弹起，弹跳
recreate	ⒶⒷⒸⒹⒺⒻⒼⒽⒾⒿⓀⓁ	2	['ri:kri'eit]	v. 得到休养，得到消遣，再创造
undervalue	ⒶⒷⒸⒹⒺⒻⒼⒽⒾⒿⓀⓁ	2	[ˌʌndə'vælju:]	v. 低估价值，看轻
antagonize	ⒶⒷⒸⒹⒺⒻⒼⒽⒾⒿⓀⓁ	2	[æn'tægənaiz]	v. 敌对，对抗
withstand	ⒶⒷⒸⒹⒺⒻⒼⒽⒾⒿⓀⓁ	2	[wið'stænd]	v. 抵抗，对抗，经得起
ignite	ⒶⒷⒸⒹⒺⒻⒼⒽⒾⒿⓀⓁ	2	[ig'nait]	v. 点火，使燃烧
discard	ⒶⒷⒸⒹⒺⒻⒼⒽⒾⒿⓀⓁ	2	[dis'ka:d]	v. 丢弃，抛弃
domineer	ⒶⒷⒸⒹⒺⒻⒼⒽⒾⒿⓀⓁ	2	[ˌdɔmi'niə]	v. 独裁，作威作福
deteriorate	ⒶⒷⒸⒹⒺⒻⒼⒽⒾⒿⓀⓁ	2	[di'tiəriəreit]	v. 恶化，使变坏
worsen	ⒶⒷⒸⒹⒺⒻⒼⒽⒾⒿⓀⓁ	2	['wə:sn]	v. 恶化，使更坏
contrive	ⒶⒷⒸⒹⒺⒻⒼⒽⒾⒿⓀⓁ	2	[kən'traiv]	v. 发明，设计，图谋
prosper	ⒶⒷⒸⒹⒺⒻⒼⒽⒾⒿⓀⓁ	2	['prɔspə]	v. 繁荣，兴旺
rebut	ⒶⒷⒸⒹⒺⒻⒼⒽⒾⒿⓀⓁ	2	[ri'bʌt]	v. 反驳，举反证
impede	ⒶⒷⒸⒹⒺⒻⒼⒽⒾⒿⓀⓁ	2	[im'pi:d]	v. 妨碍，阻止
amplify	ⒶⒷⒸⒹⒺⒻⒼⒽⒾⒿⓀⓁ	2	['æmplifai]	v. 放大，增强
deflate	ⒶⒷⒸⒹⒺⒻⒼⒽⒾⒿⓀⓁ	2	[di'fleit]	v. 放气，泄气，通货紧缩
abolish	ⒶⒷⒸⒹⒺⒻⒼⒽⒾⒿⓀⓁ	2	[ə'bɔliʃ]	v. 废除，消灭
rattle	ⒶⒷⒸⒹⒺⒻⒼⒽⒾⒿⓀⓁ	2	['rætl]	v. 嘎嘎作响，喋喋不休，使恼火
meddle	ⒶⒷⒸⒹⒺⒻⒼⒽⒾⒿⓀⓁ	2	['medl]	v. 干涉，干预，乱动
botch	ⒶⒷⒸⒹⒺⒻⒼⒽⒾⒿⓀⓁ	2	[bɔtʃ]	v. 搞砸，弄糟，拙笨地修补
flatter	ⒶⒷⒸⒹⒺⒻⒼⒽⒾⒿⓀⓁ	2	['flætə]	v. 恭维，奉承

单词	标记	频率	读音	词义
ossify	ⒶⒷⒸⒹⒺⒻⒼⒽⒾⒿⓀⓁ	2	['ɔsifai]	v. 骨化，硬化，僵化
harness	ⒶⒷⒸⒹⒺⒻⒼⒽⒾⒿⓀⓁ	2	['ha:nis]	v. 管理，支配 n. 马具
imbue	ⒶⒷⒸⒹⒺⒻⒼⒽⒾⒿⓀⓁ	2	[im'bju:]	v. 灌输，感染
generalize	ⒶⒷⒸⒹⒺⒻⒼⒽⒾⒿⓀⓁ	2	['dʒenərəlaiz]	v. 归纳，概括，使一般化
impute	ⒶⒷⒸⒹⒺⒻⒼⒽⒾⒿⓀⓁ	2	[im'pju:t]	v. 归罪于，嫁祸于
equivocate	ⒶⒷⒸⒹⒺⒻⒼⒽⒾⒿⓀⓁ	2	[i'kwivəkeit]	v. 含糊其词，模棱两可地说
merge	ⒶⒷⒸⒹⒺⒻⒼⒽⒾⒿⓀⓁ	2	[mə:dʒ]	v. 合并，融合
encircle	ⒶⒷⒸⒹⒺⒻⒼⒽⒾⒿⓀⓁ	2	[in'sə:kl]	v. 环绕，包围
assuage	ⒶⒷⒸⒹⒺⒻⒼⒽⒾⒿⓀⓁ	2	[ə'sweidʒ]	v. 缓和，减轻，镇定
rejoin	ⒶⒷⒸⒹⒺⒻⒼⒽⒾⒿⓀⓁ	2	['ri:'dʒɔin]	v. 回答，反驳，再结合
barrage	ⒶⒷⒸⒹⒺⒻⒼⒽⒾⒿⓀⓁ	2	['bæra:ʒ;bæ'ra:ʒ]	v. 火力猛攻 n. 弹幕
activate	ⒶⒷⒸⒹⒺⒻⒼⒽⒾⒿⓀⓁ	2	['æktiveit]	v. 激活，使活动
inflame	ⒶⒷⒸⒹⒺⒻⒼⒽⒾⒿⓀⓁ	2	[in'fleim]	v. 激怒，加剧，使发炎，点火
exasperate	ⒶⒷⒸⒹⒺⒻⒼⒽⒾⒿⓀⓁ	2	[ig'za:spəreit]	v. 激怒，使加剧，恶化
improvise	ⒶⒷⒸⒹⒺⒻⒼⒽⒾⒿⓀⓁ	2	['imprəvaiz]	v. 即兴创作，即兴表演
memorize	ⒶⒷⒸⒹⒺⒻⒼⒽⒾⒿⓀⓁ	2	['meməraiz]	v. 记住，记忆
accelerate	ⒶⒷⒸⒹⒺⒻⒼⒽⒾⒿⓀⓁ	2	[æk'seləreit]	v. 加速，促进
expedite	ⒶⒷⒸⒹⒺⒻⒼⒽⒾⒿⓀⓁ	2	['ekspidait]	v. 加速进程，加快执行
feign	ⒶⒷⒸⒹⒺⒻⒼⒽⒾⒿⓀⓁ	2	[fein]	v. 假装，冒充，捏造
supervise	ⒶⒷⒸⒹⒺⒻⒼⒽⒾⒿⓀⓁ	2	['sju:pəvaiz]	v. 监督，管理，指导
inspect	ⒶⒷⒸⒹⒺⒻⒼⒽⒾⒿⓀⓁ	2	[in'spekt]	v. 检查，视察
mitigate	ⒶⒷⒸⒹⒺⒻⒼⒽⒾⒿⓀⓁ	2	['mitigeit]	v. 减轻，缓和
abate	ⒶⒷⒸⒹⒺⒻⒼⒽⒾⒿⓀⓁ	2	[ə'beit]	v. 减弱，缓和，打折，废除
theorize	ⒶⒷⒸⒹⒺⒻⒼⒽⒾⒿⓀⓁ	2	['θiəraiz]	v. 建立理论，理论化
consign	ⒶⒷⒸⒹⒺⒻⒼⒽⒾⒿⓀⓁ	2	[kən'sain]	v. 交付，委托，托运
converse	ⒶⒷⒸⒹⒺⒻⒼⒽⒾⒿⓀⓁ	2	[kən'və:s]	v. 交谈 n. 反面说法 a. 相反的
roil	ⒶⒷⒸⒹⒺⒻⒼⒽⒾⒿⓀⓁ	2	[rɔil]	v. 搅浑，激怒，动荡
undo	ⒶⒷⒸⒹⒺⒻⒼⒽⒾⒿⓀⓁ	2	['ʌn'du:]	v. 解开，松开，取消
unroll	ⒶⒷⒸⒹⒺⒻⒼⒽⒾⒿⓀⓁ	2	['ʌn'rəul]	v. 解开，展开，展现
dwell	ⒶⒷⒸⒹⒺⒻⒼⒽⒾⒿⓀⓁ	2	[dwel]	v. 居住，存在于
misbehave	ⒶⒷⒸⒹⒺⒻⒼⒽⒾⒿⓀⓁ	2	['misbi'heiv]	v. 举止不当，行为不端
repudiate	ⒶⒷⒸⒹⒺⒻⒼⒽⒾⒿⓀⓁ	2	[ri'pju:dieit]	v. 拒绝接受，拒付，断绝，否定
prescribe	ⒶⒷⒸⒹⒺⒻⒼⒽⒾⒿⓀⓁ	2	[pris'kraib]	v. 开处方，规定
reclaim	ⒶⒷⒸⒹⒺⒻⒼⒽⒾⒿⓀⓁ	2	[ri'kleim]	v. 开垦，回收利用，驯服
inaugurate	ⒶⒷⒸⒹⒺⒻⒼⒽⒾⒿⓀⓁ	2	[i'nɔ:gjureit]	v. 开始，开创，举行就职典礼
crave	ⒶⒷⒸⒹⒺⒻⒼⒽⒾⒿⓀⓁ	2	[kreiv]	v. 渴望，恳求
gnaw	ⒶⒷⒸⒹⒺⒻⒼⒽⒾⒿⓀⓁ	2	[nɔ:]	v. 啃，咬，侵蚀，折磨
blight	ⒶⒷⒸⒹⒺⒻⒼⒽⒾⒿⓀⓁ	2	[blait]	v. 枯萎，摧残 n. 枯萎病
overstate	ⒶⒷⒸⒹⒺⒻⒼⒽⒾⒿⓀⓁ	2	['əuvə'steit]	v. 夸大的叙述，夸张
trifle	ⒶⒷⒸⒹⒺⒻⒼⒽⒾⒿⓀⓁ	2	['traifl]	v. 浪费，玩弄 n. 琐事，少量

单词	标记	频率	读音	词义
fritter	ⒶⒷⒸⒹⒺⒻⒼⒽⒾⒿⓀⓁ	2	['fritə]	v. 浪费，消耗，弄碎
utilize	ⒶⒷⒸⒹⒺⒻⒼⒽⒾⒿⓀⓁ	2	['ju:tilaiz]	v. 利用
uproot	ⒶⒷⒸⒹⒺⒻⒼⒽⒾⒿⓀⓁ	2	[ʌp'ru:t]	v. 连根拔起，根除
forestall	ⒶⒷⒸⒹⒺⒻⒼⒽⒾⒿⓀⓁ	2	[fɔ:'stɔ:l]	v. 领先，先发制人，垄断
browse	ⒶⒷⒸⒹⒺⒻⒼⒽⒾⒿⓀⓁ	2	[brauz]	v. 浏览，吃草 n. 嫩叶，浏览
exempt	ⒶⒷⒸⒹⒺⒻⒼⒽⒾⒿⓀⓁ	2	[ig'zempt]	v. 免除 a. 被免除的
condense	ⒶⒷⒸⒹⒺⒻⒼⒽⒾⒿⓀⓁ	2	[kən'dens]	v. 浓缩，精简，冷凝
crumble	ⒶⒷⒸⒹⒺⒻⒼⒽⒾⒿⓀⓁ	2	['krʌmbl]	v. 弄碎，崩溃
crawl	ⒶⒷⒸⒹⒺⒻⒼⒽⒾⒿⓀⓁ	2	[krɔ:l]	v. 爬行 n. 爬行，自由泳
drain	ⒶⒷⒸⒹⒺⒻⒼⒽⒾⒿⓀⓁ	2	[drein]	v. 排出，喝光，耗尽 n. 下水道，消耗
preclude	ⒶⒷⒸⒹⒺⒻⒼⒽⒾⒿⓀⓁ	2	[pri'klu:d]	v. 排除，预防，阻止
supplant	ⒶⒷⒸⒹⒺⒻⒼⒽⒾⒿⓀⓁ	2	[sə'pla:nt]	v. 排挤，取代
align	ⒶⒷⒸⒹⒺⒻⒼⒽⒾⒿⓀⓁ	2	[ə'lain]	v. 排列，使结盟
authorize	ⒶⒷⒸⒹⒺⒻⒼⒽⒾⒿⓀⓁ	2	['ɔ:θəraiz]	v. 批准，认可，授权给
halve	ⒶⒷⒸⒹⒺⒻⒼⒽⒾⒿⓀⓁ	2	[ha:v]	v. 平分，减半
decipher	ⒶⒷⒸⒹⒺⒻⒼⒽⒾⒿⓀⓁ	2	[di'saifə]	v. 破译，破解，辨认
pave	ⒶⒷⒸⒹⒺⒻⒼⒽⒾⒿⓀⓁ	2	[peiv]	v. 铺路，安排
bully	ⒶⒷⒸⒹⒺⒻⒼⒽⒾⒿⓀⓁ	2	['buli]	v. 欺负，威胁 n. 欺负弱小者
incriminate	ⒶⒷⒸⒹⒺⒻⒼⒽⒾⒿⓀⓁ	2	[in'krimi,neit]	v. 牵连，控告，使负罪
foist	ⒶⒷⒸⒹⒺⒻⒼⒽⒾⒿⓀⓁ	2	[fɔist]	v. 强加于，骗卖给
erode	ⒶⒷⒸⒹⒺⒻⒼⒽⒾⒿⓀⓁ	2	[i'rəud]	v. 侵蚀，腐蚀
encroach	ⒶⒷⒸⒹⒺⒻⒼⒽⒾⒿⓀⓁ	2	[in'krəutʃ]	v. 侵占，侵犯，侵蚀
evict	ⒶⒷⒸⒹⒺⒻⒼⒽⒾⒿⓀⓁ	2	[i(:)'vikt]	v. 驱逐，赶出门
admonish	ⒶⒷⒸⒹⒺⒻⒼⒽⒾⒿⓀⓁ	2	[əd'mɔniʃ]	v. 劝告，训诫，告诫
circumvent	ⒶⒷⒸⒹⒺⒻⒼⒽⒾⒿⓀⓁ	2	[ˌsə:kəm'vent]	v. 绕行，设法避开，围住
appoint	ⒶⒷⒸⒹⒺⒻⒼⒽⒾⒿⓀⓁ	2	[ə'pɔint]	v. 任命，委派，指定
perish	ⒶⒷⒸⒹⒺⒻⒼⒽⒾⒿⓀⓁ	2	['periʃ]	v. 丧生，消亡，毁灭
sift	ⒶⒷⒸⒹⒺⒻⒼⒽⒾⒿⓀⓁ	2	[sift]	v. 筛，过滤，详查
abridge	ⒶⒷⒸⒹⒺⒻⒼⒽⒾⒿⓀⓁ	2	[ə'bridʒ]	v. 删节，缩短，限制
gleam	ⒶⒷⒸⒹⒺⒻⒼⒽⒾⒿⓀⓁ	2	[gli:m]	v. 闪烁，闪现 n. 微光
injure	ⒶⒷⒸⒹⒺⒻⒼⒽⒾⒿⓀⓁ	2	['indʒə]	v. 伤害，损害
char	ⒶⒷⒸⒹⒺⒻⒼⒽⒾⒿⓀⓁ	2	[tʃa:]	v. 烧焦 n. 碳
ail	ⒶⒷⒸⒹⒺⒻⒼⒽⒾⒿⓀⓁ	2	[eil]	v. 生病，使苦恼
profess	ⒶⒷⒸⒹⒺⒻⒼⒽⒾⒿⓀⓁ	2	[prə'fes]	v. 声称，冒称
lull	ⒶⒷⒸⒹⒺⒻⒼⒽⒾⒿⓀⓁ	2	[lʌl]	v. 使安静，使入睡，哄骗 n. 暂停
disaffect	ⒶⒷⒸⒹⒺⒻⒼⒽⒾⒿⓀⓁ	2	[ˌdisə'fekt]	v. 使不满，使不忠，使疏远
entwine	ⒶⒷⒸⒹⒺⒻⒼⒽⒾⒿⓀⓁ	2	[in'twain]	v. 使缠绕，纠缠
flabbergast	ⒶⒷⒸⒹⒺⒻⒼⒽⒾⒿⓀⓁ	2	['flæbəgæst]	v. 使大吃一惊
variegate	ⒶⒷⒸⒹⒺⒻⒼⒽⒾⒿⓀⓁ	2	['veərigeit]	v. 使多样化，使成杂色
exhilarate	ⒶⒷⒸⒹⒺⒻⒼⒽⒾⒿⓀⓁ	2	[ig'ziləreit]	v. 使高兴，鼓舞

单词	标记	频率	读音	词义
outmode	ⒶⒷⒸⒹⒺⒻⒼⒽⒾⒿⓀⓁ	2	[aut'məud]	v. 使过时
disillusion	ⒶⒷⒸⒹⒺⒻⒼⒽⒾⒿⓀⓁ	2	[ˌdisi'lu:ʒən]	v. 使幻想破灭 n. 幻灭，觉醒
energize	ⒶⒷⒸⒹⒺⒻⒼⒽⒾⒿⓀⓁ	2	['enədʒaiz]	v. 使活跃，精力充沛
mechanize	ⒶⒷⒸⒹⒺⒻⒼⒽⒾⒿⓀⓁ	2	['mekənaiz]	v. 使机械化
fray	ⒶⒷⒸⒹⒺⒻⒼⒽⒾⒿⓀⓁ	2	[frei]	v. 使惊恐，使磨损 n. 吵架，磨损
embody	ⒶⒷⒸⒹⒺⒻⒼⒽⒾⒿⓀⓁ	2	[im'bɔdi]	v. 使具体化，体现，包含
homogenize	ⒶⒷⒸⒹⒺⒻⒼⒽⒾⒿⓀⓁ	2	[hə'mɔdʒənaiz]	v. 使均匀，使均质
civilize	ⒶⒷⒸⒹⒺⒻⒼⒽⒾⒿⓀⓁ	2	['sivilaiz]	v. 使开化，使文明
perplex	ⒶⒷⒸⒹⒺⒻⒼⒽⒾⒿⓀⓁ	2	[pə'pleks]	v. 使困惑，使复杂化
baffle	ⒶⒷⒸⒹⒺⒻⒼⒽⒾⒿⓀⓁ	2	['bæfl]	v. 使困惑，阻碍 n. 挡板，困惑
miff	ⒶⒷⒸⒹⒺⒻⒼⒽⒾⒿⓀⓁ	2	[mif]	v. 使恼怒 n. 小争执，微怒
inflate	ⒶⒷⒸⒹⒺⒻⒼⒽⒾⒿⓀⓁ	2	[in'fleit]	v. 使膨胀，使得意，通货膨胀
cleanse	ⒶⒷⒸⒹⒺⒻⒼⒽⒾⒿⓀⓁ	2	[klenz]	v. 使清洁，清洗
dehumanize	ⒶⒷⒸⒹⒺⒻⒼⒽⒾⒿⓀⓁ	2	[di:'hju:mənaiz]	v. 使失去人性
embitter	ⒶⒷⒸⒹⒺⒻⒼⒽⒾⒿⓀⓁ	2	[im'bitə]	v. 使受苦，使难受，加苦味于
mortify	ⒶⒷⒸⒹⒺⒻⒼⒽⒾⒿⓀⓁ	2	['mɔ:tifai]	v. 使受辱，抑制
endear	ⒶⒷⒸⒹⒺⒻⒼⒽⒾⒿⓀⓁ	2	[in'diə]	v. 使受喜爱
estrange	ⒶⒷⒸⒹⒺⒻⒼⒽⒾⒿⓀⓁ	2	[is'treindʒ]	v. 使疏远，使分离
disembody	ⒶⒷⒸⒹⒺⒻⒼⒽⒾⒿⓀⓁ	2	['disim'bɔdi]	v. 使脱离肉体
consummate	ⒶⒷⒸⒹⒺⒻⒼⒽⒾⒿⓀⓁ	2	['kɒnsjumeit; -sə-]	v. 使完美，完成，完婚 a. 完美的
inure	ⒶⒷⒸⒹⒺⒻⒼⒽⒾⒿⓀⓁ	2	[i'njuə]	v. 使习惯
jeopardize	ⒶⒷⒸⒹⒺⒻⒼⒽⒾⒿⓀⓁ	2	['dʒepədaiz]	v. 使陷入危险
predispose	ⒶⒷⒸⒹⒺⒻⒼⒽⒾⒿⓀⓁ	2	['pri:dis'pəuz]	v. 使易患（疾病），预先倾向于
inflict	ⒶⒷⒸⒹⒺⒻⒼⒽⒾⒿⓀⓁ	2	[in'flikt]	v. 使遭受，折磨
obsess	ⒶⒷⒸⒹⒺⒻⒼⒽⒾⒿⓀⓁ	2	[əb'ses]	v. 使着迷，使困扰
stifle	ⒶⒷⒸⒹⒺⒻⒼⒽⒾⒿⓀⓁ	2	['staifl]	v. 使窒息，抑制，扼杀
pertain	ⒶⒷⒸⒹⒺⒻⒼⒽⒾⒿⓀⓁ	2	[pə(:)'tein]	v. 适合，属于，有关联
mandate	ⒶⒷⒸⒹⒺⒻⒼⒽⒾⒿⓀⓁ	2	['mændeit]	v. 授权，托管 n. 命令，指令，授权
babble	ⒶⒷⒸⒹⒺⒻⒼⒽⒾⒿⓀⓁ	2	['bæbl]	v. 说蠢话，含糊不清地说
elude	ⒶⒷⒸⒹⒺⒻⒼⒽⒾⒿⓀⓁ	2	[i'lju:d;i'lu:d]	v. 逃避，躲避，理解不了
incarnate	ⒶⒷⒸⒹⒺⒻⒼⒽⒾⒿⓀⓁ	2	['inka:neit]	v. 体现，使具体化 a. 化身的，人体化的
cull	ⒶⒷⒸⒹⒺⒻⒼⒽⒾⒿⓀⓁ	2	[kʌl]	v. 挑选，剔除 n. 杂质
mediate	ⒶⒷⒸⒹⒺⒻⒼⒽⒾⒿⓀⓁ	2	['mi:dieit]	v. 调停，斡旋 a. 间接的
propel	ⒶⒷⒸⒹⒺⒻⒼⒽⒾⒿⓀⓁ	2	[prə'pel]	v. 推进，驱使
weasel	ⒶⒷⒸⒹⒺⒻⒼⒽⒾⒿⓀⓁ	2	['wi:zl]	v. 推诿，逃避 n. 黄鼠狼
engulf	ⒶⒷⒸⒹⒺⒻⒼⒽⒾⒿⓀⓁ	2	[in'gʌlf]	v. 吞没，吞噬
drag	ⒶⒷⒸⒹⒺⒻⒼⒽⒾⒿⓀⓁ	2	[dræg]	v. 拖，拉 n. 累赘
covet	ⒶⒷⒸⒹⒺⒻⒼⒽⒾⒿⓀⓁ	2	['kʌvit]	v. 妄想，垂涎
falsify	ⒶⒷⒸⒹⒺⒻⒼⒽⒾⒿⓀⓁ	2	['fɔ:lsi,fai]	v. 伪造，歪曲，说谎
descend	ⒶⒷⒸⒹⒺⒻⒼⒽⒾⒿⓀⓁ	2	[di'send]	v. 下降，屈尊

单词	标记	频率	读音	词义
preoccupy	ⒶⒷⒸⒹⒺⒻⒼⒽⒾⒿⓀⓁ	2	[pri(:)'ɔkjupai]	v. 先占，使全神贯注
manifest	ⒶⒷⒸⒹⒺⒻⒼⒽⒾⒿⓀⓁ	2	['mænifest]	v. 显示，证明 a. 明显的 n. 清单
symbolize	ⒶⒷⒸⒹⒺⒻⒼⒽⒾⒿⓀⓁ	2	['simbəlaiz]	v. 象征，用符号代表
digest	ⒶⒷⒸⒹⒺⒻⒼⒽⒾⒿⓀⓁ	2	[di'dʒest;dai'dʒest]	v. 消化，理解 n. 文摘
embellish	ⒶⒷⒸⒹⒺⒻⒼⒽⒾⒿⓀⓁ	2	[im'beliʃ]	v. 修饰，装饰，美化
humiliate	ⒶⒷⒸⒹⒺⒻⒼⒽⒾⒿⓀⓁ	2	[hju(:)'milieit]	v. 羞辱，使丢脸
proclaim	ⒶⒷⒸⒹⒺⒻⒼⒽⒾⒿⓀⓁ	2	[prə'kleim]	v. 宣布，声明，赞扬
inquire	ⒶⒷⒸⒹⒺⒻⒼⒽⒾⒿⓀⓁ	2	[in'kwaiə]	v. 询问，调查
tame	ⒶⒷⒸⒹⒺⒻⒼⒽⒾⒿⓀⓁ	2	[teim]	v. 驯养，驯服 a. 驯服的，乏味的
overbear	ⒶⒷⒸⒹⒺⒻⒼⒽⒾⒿⓀⓁ	2	[ˌəuvə'beə]	v. 压倒，超过
quell	ⒶⒷⒸⒹⒺⒻⒼⒽⒾⒿⓀⓁ	2	[kwel]	v. 压制，平息
liquefy	ⒶⒷⒸⒹⒺⒻⒼⒽⒾⒿⓀⓁ	2	['likwifai]	v. 液化
raze	ⒶⒷⒸⒹⒺⒻⒼⒽⒾⒿⓀⓁ	2	[reiz]	v. 夷为平地，摧毁，抹去
entrench	ⒶⒷⒸⒹⒺⒻⒼⒽⒾⒿⓀⓁ	2	[in'trentʃ]	v. 以壕沟防护，保护，确立
repress	ⒶⒷⒸⒹⒺⒻⒼⒽⒾⒿⓀⓁ	2	[ri'pres]	v. 抑制，镇压
allure	ⒶⒷⒸⒹⒺⒻⒼⒽⒾⒿⓀⓁ	2	[ə'ljuə]	v. 引诱，吸引 n. 诱惑力
photocopy	ⒶⒷⒸⒹⒺⒻⒼⒽⒾⒿⓀⓁ	2	['fəutəuˌkɔpi]	v. 影印 n. 影印件
preempt	ⒶⒷⒸⒹⒺⒻⒼⒽⒾⒿⓀⓁ	2	[pri(:)'empt]	v. 优先占有，以先买权获得
detract	ⒶⒷⒸⒹⒺⒻⒼⒽⒾⒿⓀⓁ	2	[di'trækt]	v. 有损于，贬低
entice	ⒶⒷⒸⒹⒺⒻⒼⒽⒾⒿⓀⓁ	2	[in'tais]	v. 诱惑，引诱
beguile	ⒶⒷⒸⒹⒺⒻⒼⒽⒾⒿⓀⓁ	2	[bi'gail]	v. 诱骗，诱惑
exert	ⒶⒷⒸⒹⒺⒻⒼⒽⒾⒿⓀⓁ	2	[ig'zə:t]	v. 运用，施加
patronize	ⒶⒷⒸⒹⒺⒻⒼⒽⒾⒿⓀⓁ	2	['pætrənaiz]	v. 赞助，光顾，保护
bilk	ⒶⒷⒸⒹⒺⒻⒼⒽⒾⒿⓀⓁ	2	[bilk]	v. 诈骗，赖账 n. 骗子
adhere	ⒶⒷⒸⒹⒺⒻⒼⒽⒾⒿⓀⓁ	2	[əd'hiə]	v. 粘附，遵守，坚持
overshadow	ⒶⒷⒸⒹⒺⒻⒼⒽⒾⒿⓀⓁ	2	[ˌəuvə'ʃædəu]	v. 遮蔽，使阴暗
vibrate	ⒶⒷⒸⒹⒺⒻⒼⒽⒾⒿⓀⓁ	2	[vai'breit]	v. 振动，颤动
vanquish	ⒶⒷⒸⒹⒺⒻⒼⒽⒾⒿⓀⓁ	2	['væŋkwiʃ]	v. 征服，打败
evaporate	ⒶⒷⒸⒹⒺⒻⒼⒽⒾⒿⓀⓁ	2	[i'væpəreit]	v. 蒸发，消失
distill	ⒶⒷⒸⒹⒺⒻⒼⒽⒾⒿⓀⓁ	2	[di'stil]	v. 蒸馏，提炼，滴下
unscramble	ⒶⒷⒸⒹⒺⒻⒼⒽⒾⒿⓀⓁ	2	[ʌn'skræmbl]	v. 整理，解读
flounder	ⒶⒷⒸⒹⒺⒻⒼⒽⒾⒿⓀⓁ	2	['flaundə]	v. 挣扎，笨拙地移动 n. 比目鱼
prop	ⒶⒷⒸⒹⒺⒻⒼⒽⒾⒿⓀⓁ	2	[prɔp]	v. 支撑，维持 n. 支撑物，支持者
arbitrate	ⒶⒷⒸⒹⒺⒻⒼⒽⒾⒿⓀⓁ	2	['a:bitreit]	v. 仲裁，公断
redefine	ⒶⒷⒸⒹⒺⒻⒼⒽⒾⒿⓀⓁ	2	['ri:di'fain]	v. 重新定义
reconstitute	ⒶⒷⒸⒹⒺⒻⒼⒽⒾⒿⓀⓁ	2	['ri:'kɔnstitju:t]	v. 重新组成，使复原
preside	ⒶⒷⒸⒹⒺⒻⒼⒽⒾⒿⓀⓁ	2	[pri'zaid]	v. 主持，管理，统辖
contemplate	ⒶⒷⒸⒹⒺⒻⒼⒽⒾⒿⓀⓁ	2	['kɔntempleit]	v. 注视，沉思，打算
bless	ⒶⒷⒸⒹⒺⒻⒼⒽⒾⒿⓀⓁ	2	[bles]	v. 祝福，保佑
cling	ⒶⒷⒸⒹⒺⒻⒼⒽⒾⒿⓀⓁ	2	[kliŋ]	v. 抓紧，坚持

单词	标记	频率	读音	词义
adorn	ⒶⒷⒸⒹⒺⒻⒼⒽⒾⒿⓀⓁ	2	[ə'dɔ:n]	v. 装饰，佩戴
synthesize	ⒶⒷⒸⒹⒺⒻⒼⒽⒾⒿⓀⓁ	2	['sinθisaiz]	v. 综合，合成
pamper	ⒶⒷⒸⒹⒺⒻⒼⒽⒾⒿⓀⓁ	2	['pæmpə]	v. 纵容，溺爱，使吃得过饱
hinder	ⒶⒷⒸⒹⒺⒻⒼⒽⒾⒿⓀⓁ	2	['hində]	v. 阻碍，打扰 a. 后面的
hierarchical	ⒶⒷⒸⒹⒺⒻⒼⒽⒾⒿⓀⓁ	1	[ˌhaiə'ra:kikl]	a. 按等级划分的
alphabetical	ⒶⒷⒸⒹⒺⒻⒼⒽⒾⒿⓀⓁ	1	[ˌælfə'betikəl]	a. 按字母表顺序的
dingy	ⒶⒷⒸⒹⒺⒻⒼⒽⒾⒿⓀⓁ	1	['dindʒi]	a. 肮脏的，昏暗的
messy	ⒶⒷⒸⒹⒺⒻⒼⒽⒾⒿⓀⓁ	1	['mesi]	a. 肮脏的，凌乱的
haughty	ⒶⒷⒸⒹⒺⒻⒼⒽⒾⒿⓀⓁ	1	['hɔ:ti]	a. 傲慢的，骄傲的
masterful	ⒶⒷⒸⒹⒺⒻⒼⒽⒾⒿⓀⓁ	1	['mæstfəl]	a. 傲慢的，权威的，熟练的
semihuman	ⒶⒷⒸⒹⒺⒻⒼⒽⒾⒿⓀⓁ	1	[semi'hju:mən]	a. 半人类的
reactionary	ⒶⒷⒸⒹⒺⒻⒼⒽⒾⒿⓀⓁ	1	[ri(:)'ækʃənəri]	a. 保守的，反动的
stormy	ⒶⒷⒸⒹⒺⒻⒼⒽⒾⒿⓀⓁ	1	['stɔ:mi]	a. 暴风雨的，激烈的
gluttonous	ⒶⒷⒸⒹⒺⒻⒼⒽⒾⒿⓀⓁ	1	['glʌtnəs]	a. 暴食的，贪吃的，沉溺于
petulant	ⒶⒷⒸⒹⒺⒻⒼⒽⒾⒿⓀⓁ	1	['petjulənt]	a. 暴躁的，易怒的，任性的
tyrannous	ⒶⒷⒸⒹⒺⒻⒼⒽⒾⒿⓀⓁ	1	['tirənəs]	a. 暴政的，专制的
bereft	ⒶⒷⒸⒹⒺⒻⒼⒽⒾⒿⓀⓁ	1	[bi'reft]	a. 被剥夺的，丧失的，失去亲人的
instinctual	ⒶⒷⒸⒹⒺⒻⒼⒽⒾⒿⓀⓁ	1	[in'stiŋktʃuəl]	a. 本能的
ponderous	ⒶⒷⒸⒹⒺⒻⒼⒽⒾⒿⓀⓁ	1	['pɔndərəs]	a. 笨重的，沉闷的
ungainly	ⒶⒷⒸⒹⒺⒻⒼⒽⒾⒿⓀⓁ	1	[ʌn'geinli]	a. 笨拙的，不雅的
protean	ⒶⒷⒸⒹⒺⒻⒼⒽⒾⒿⓀⓁ	1	['prəuti:ən]	a. 变化多端的
normative	ⒶⒷⒸⒹⒺⒻⒼⒽⒾⒿⓀⓁ	1	['nɔ:mətiv]	a. 标准的，规范的，基准的
chic	ⒶⒷⒸⒹⒺⒻⒼⒽⒾⒿⓀⓁ	1	[ʃi(:)k]	a. 别致的，时髦的
pathological	ⒶⒷⒸⒹⒺⒻⒼⒽⒾⒿⓀⓁ	1	[pæθə'lɔdʒikəl]	a. 病理学的
morbid	ⒶⒷⒸⒹⒺⒻⒼⒽⒾⒿⓀⓁ	1	['mɔ:bid]	a. 病态的，不正常的
avuncular	ⒶⒷⒸⒹⒺⒻⒼⒽⒾⒿⓀⓁ	1	[ə'vʌŋkjulə]	a. 伯父的，伯父似的
lame	ⒶⒷⒸⒹⒺⒻⒼⒽⒾⒿⓀⓁ	1	[leim]	a. 跛足的 v. 使残疾
supplementary	ⒶⒷⒸⒹⒺⒻⒼⒽⒾⒿⓀⓁ	1	[ˌsʌpli'mentəri]	a. 补充的，附加的
insecure	ⒶⒷⒸⒹⒺⒻⒼⒽⒾⒿⓀⓁ	1	[insi'kjuə]	a. 不安全的，不稳固的，无保障的
unvaried	ⒶⒷⒸⒹⒺⒻⒼⒽⒾⒿⓀⓁ	1	[ʌn'verid]	a. 不变的
invariable	ⒶⒷⒸⒹⒺⒻⒼⒽⒾⒿⓀⓁ	1	[in'veəriəbl]	a. 不变的，永恒的
nonstandard	ⒶⒷⒸⒹⒺⒻⒼⒽⒾⒿⓀⓁ	1	[nɔn'stændəd]	a. 不标准的，非标准语的
immature	ⒶⒷⒸⒹⒺⒻⒼⒽⒾⒿⓀⓁ	1	[ˌimə'tjuə]	a. 不成熟的
callow	ⒶⒷⒸⒹⒺⒻⒼⒽⒾⒿⓀⓁ	1	['kæləu]	a. 不成熟的，羽翼未丰的
impure	ⒶⒷⒸⒹⒺⒻⒼⒽⒾⒿⓀⓁ	1	[im'pjuə]	a. 不纯的，肮脏的
nonexistent	ⒶⒷⒸⒹⒺⒻⒼⒽⒾⒿⓀⓁ	1	[nɔnig'zistənt]	a. 不存在的
improbable	ⒶⒷⒸⒹⒺⒻⒼⒽⒾⒿⓀⓁ	1	[im'prɔbəbl]	a. 不大可能的，未必发生的
inconvenient	ⒶⒷⒸⒹⒺⒻⒼⒽⒾⒿⓀⓁ	1	[inkən'vi:njənt]	a. 不方便的，打扰的
uncorrupt	ⒶⒷⒸⒹⒺⒻⒼⒽⒾⒿⓀⓁ	1	['ʌnkə'rʌpt]	a. 不腐败的，廉洁的
inordinate	ⒶⒷⒸⒹⒺⒻⒼⒽⒾⒿⓀⓁ	1	[i'nɔ:dinət]	a. 不规则的，紊乱的，过度的

单词	标记	频率	读音	词义
inhospitable	ⒶⒷⒸⒹⒺⒻⒼⒽⒾⒿⓀⓁ	1	[in'hɔspitəbl]	a. 不好客的，不适于居住的
unqualified	ⒶⒷⒸⒹⒺⒻⒼⒽⒾⒿⓀⓁ	1	['ʌn'kwɔlifaid]	a. 不合格的，无资格的
unjustifiable	ⒶⒷⒸⒹⒺⒻⒼⒽⒾⒿⓀⓁ	1	[ʌn'dʒʌstifaiəbl]	a. 不合理的，无法辩解的
indiscriminate	ⒶⒷⒸⒹⒺⒻⒼⒽⒾⒿⓀⓁ	1	[indis'kriminit]	a. 不加选择的，不加区分的
guileless	ⒶⒷⒸⒹⒺⒻⒼⒽⒾⒿⓀⓁ	1	['gaillis]	a. 不狡猾的，诚实的，单纯的
unaffected	ⒶⒷⒸⒹⒺⒻⒼⒽⒾⒿⓀⓁ	1	['ʌnə'fektid]	a. 不矫揉造作的，不受影响的
fruitless	ⒶⒷⒸⒹⒺⒻⒼⒽⒾⒿⓀⓁ	1	['fru:tlis]	a. 不结果实的，徒劳的
infrequent	ⒶⒷⒸⒹⒺⒻⒼⒽⒾⒿⓀⓁ	1	[in'fri:kwənt]	a. 不经常的，罕见的
inalienable	ⒶⒷⒸⒹⒺⒻⒼⒽⒾⒿⓀⓁ	1	[in'eiljənəbl]	a. 不可剥夺的
unshakable	ⒶⒷⒸⒹⒺⒻⒼⒽⒾⒿⓀⓁ	1	[ʌn'ʃeikəbl]	a. 不可动摇的
infallible	ⒶⒷⒸⒹⒺⒻⒼⒽⒾⒿⓀⓁ	1	[in'fæləbl]	a. 不可能犯错的，绝对可靠的
unimaginable	ⒶⒷⒸⒹⒺⒻⒼⒽⒾⒿⓀⓁ	1	[ʌni'mædʒinəbl]	a. 不可思议的
irreplaceable	ⒶⒷⒸⒹⒺⒻⒼⒽⒾⒿⓀⓁ	1	[iri'pleisəbl]	a. 不可替代的
inviolable	ⒶⒷⒸⒹⒺⒻⒼⒽⒾⒿⓀⓁ	1	[in'vaiələbl]	a. 不可亵渎的，不可侵犯的
unconvincing	ⒶⒷⒸⒹⒺⒻⒼⒽⒾⒿⓀⓁ	1	['ʌnkən'vinsiŋ]	a. 不可信的
unforgivable	ⒶⒷⒸⒹⒺⒻⒼⒽⒾⒿⓀⓁ	1	['ʌnfə'givəbl]	a. 不可原谅的
inexcusable	ⒶⒷⒸⒹⒺⒻⒼⒽⒾⒿⓀⓁ	1	[iniks'kju:zəbl]	a. 不可原谅的，不可宽赦的
irrefutable	ⒶⒷⒸⒹⒺⒻⒼⒽⒾⒿⓀⓁ	1	[i'refjutəbl]	a. 不可争辩的，不能反驳的
unconquerable	ⒶⒷⒸⒹⒺⒻⒼⒽⒾⒿⓀⓁ	1	[ʌn'kɔŋkərəbl]	a. 不可征服的，克服不了的
discrete	ⒶⒷⒸⒹⒺⒻⒼⒽⒾⒿⓀⓁ	1	[dis'kri:t]	a. 不连续的，离散的
malcontented	ⒶⒷⒸⒹⒺⒻⒼⒽⒾⒿⓀⓁ	1	[ˌmælkən'tentid]	ad. 不加鉴别地；不加批评地
indefinite	ⒶⒷⒸⒹⒺⒻⒼⒽⒾⒿⓀⓁ	1	[in'definit]	a. 不明确的，模糊的，无限期的
inadvisable	ⒶⒷⒸⒹⒺⒻⒼⒽⒾⒿⓀⓁ	1	[inəd'vaizəbl]	a. 不明智的，不可取的
impenetrable	ⒶⒷⒸⒹⒺⒻⒼⒽⒾⒿⓀⓁ	1	[im'penitrəbl]	a. 不能穿过的，不能理解的
indestructible	ⒶⒷⒸⒹⒺⒻⒼⒽⒾⒿⓀⓁ	1	[indi'strʌktəbl]	a. 不能破坏的，不易毁坏的
unknowable	ⒶⒷⒸⒹⒺⒻⒼⒽⒾⒿⓀⓁ	1	[ʌn'nəuəbl]	a. 不能知道的，不可知的
uncritically	ⒶⒷⒸⒹⒺⒻⒼⒽⒾⒿⓀⓁ	1	[ʌn'kritikli]	a. 不批评的，不加批评的
unflagging	ⒶⒷⒸⒹⒺⒻⒼⒽⒾⒿⓀⓁ	1	[ʌn'flægiŋ]	a. 不疲倦的，不松懈的
uneven	ⒶⒷⒸⒹⒺⒻⒼⒽⒾⒿⓀⓁ	1	['ʌni:vən]	a. 不平坦的，不均匀的
indistinct	ⒶⒷⒸⒹⒺⒻⒼⒽⒾⒿⓀⓁ	1	[indi'stiŋkt]	a. 不清楚的，模糊的，微弱的
indeterminate	ⒶⒷⒸⒹⒺⒻⒼⒽⒾⒿⓀⓁ	1	[indi'tə:minit]	a. 不确定的，含混的
uncompromising	ⒶⒷⒸⒹⒺⒻⒼⒽⒾⒿⓀⓁ	1	['ʌn'kɔmprəmaiziŋ]	a. 不让步的，强硬的
unproductive	ⒶⒷⒸⒹⒺⒻⒼⒽⒾⒿⓀⓁ	1	[ʌnprə'dʌktiv]	a. 不生产的，非生产性的，徒劳的
senseless	ⒶⒷⒸⒹⒺⒻⒼⒽⒾⒿⓀⓁ	1	['senslis]	a. 不省人事的，无感觉的，无意识的
inapt	ⒶⒷⒸⒹⒺⒻⒼⒽⒾⒿⓀⓁ	1	[in'æpt]	a. 不适当的，不合适的
unsuited	ⒶⒷⒸⒹⒺⒻⒼⒽⒾⒿⓀⓁ	1	['ʌn'sju:tid]	a. 不适宜的，不适合的
inapplicable	ⒶⒷⒸⒹⒺⒻⒼⒽⒾⒿⓀⓁ	1	[in'æplikəbl]	a. 不适用的
inconsonant	ⒶⒷⒸⒹⒺⒻⒼⒽⒾⒿⓀⓁ	1	[in'kɔnsənənt]	a. 不调和的，不和谐的，不一致的
ceaseless	ⒶⒷⒸⒹⒺⒻⒼⒽⒾⒿⓀⓁ	1	['si:slis]	a. 不停的，不断的
unrelated	ⒶⒷⒸⒹⒺⒻⒼⒽⒾⒿⓀⓁ	1	['ʌnri'leitid]	a. 不相关的

单词	标记	频率	读音	词义
unconvinced	ⒶⒷⒸⒹⒺⒻⒼⒽⒾⒿⓀⓁ	1	['ʌnkən'vinst]	a. 不相信的，怀疑的
abject	ⒶⒷⒸⒹⒺⒻⒼⒽⒾⒿⓀⓁ	1	['æbdʒekt]	a. 不幸的，悲惨的，卑鄙的
unpretentious	ⒶⒷⒸⒹⒺⒻⒼⒽⒾⒿⓀⓁ	1	['ʌnpri'tenʃəs]	a. 不炫耀的，自然的，谦逊的
stolid	ⒶⒷⒸⒹⒺⒻⒼⒽⒾⒿⓀⓁ	1	['stɔlid]	a. 不易激动的，冷淡的
unapproachable	ⒶⒷⒸⒹⒺⒻⒼⒽⒾⒿⓀⓁ	1	[ʌnə'prəutʃəbl]	a. 不易接近的，矜持的
unconcealed	ⒶⒷⒸⒹⒺⒻⒼⒽⒾⒿⓀⓁ	1	[ʌnkən'si:ld]	a. 不隐瞒的，公开的
graceless	ⒶⒷⒸⒹⒺⒻⒼⒽⒾⒿⓀⓁ	1	['greislis]	a. 不优雅的，粗鲁的
disagreeable	ⒶⒷⒸⒹⒺⒻⒼⒽⒾⒿⓀⓁ	1	[ˌdisə'griəbl]	a. 不愉快的，厌恶的
inadmissible	ⒶⒷⒸⒹⒺⒻⒼⒽⒾⒿⓀⓁ	1	[inəd'misəbl]	a. 不允许的，不承认的
untidy	ⒶⒷⒸⒹⒺⒻⒼⒽⒾⒿⓀⓁ	1	[ʌn'taidi]	a. 不整齐的，懒散的
unacquainted	ⒶⒷⒸⒹⒺⒻⒼⒽⒾⒿⓀⓁ	1	['ʌnə'kweintid]	a. 不知道的，不认识的，不熟悉的
uneasy	ⒶⒷⒸⒹⒺⒻⒼⒽⒾⒿⓀⓁ	1	[ʌn'i:zi]	a. 不自在的，不安的
undisciplined	ⒶⒷⒸⒹⒺⒻⒼⒽⒾⒿⓀⓁ	1	[ʌn'disiplind]	a. 不遵守纪律的，难控制的
senatorial	ⒶⒷⒸⒹⒺⒻⒼⒽⒾⒿⓀⓁ	1	[senə'tɔ:riəl]	a. 参议院的，参议员的
merciless	ⒶⒷⒸⒹⒺⒻⒼⒽⒾⒿⓀⓁ	1	['mə:silis]	a. 残忍的，无情的
pallid	ⒶⒷⒸⒹⒺⒻⒼⒽⒾⒿⓀⓁ	1	['pælid]	a. 苍白的，暗淡的，无生气的
manipulative	ⒶⒷⒸⒹⒺⒻⒼⒽⒾⒿⓀⓁ	1	[mə'nipjuleitiv]	a. 操纵的，用手控制的，巧妙处理的
operational	ⒶⒷⒸⒹⒺⒻⒼⒽⒾⒿⓀⓁ	1	[ˌɔpə'reiʃənl]	a. 操作的，运作的，可用的
penitent	ⒶⒷⒸⒹⒺⒻⒼⒽⒾⒿⓀⓁ	1	['penitənt]	a. 忏悔的 n. 悔罪者
super	ⒶⒷⒸⒹⒺⒻⒼⒽⒾⒿⓀⓁ	1	['sju:pə]	a. 超级的，极好的
preternatural	ⒶⒷⒸⒹⒺⒻⒼⒽⒾⒿⓀⓁ	1	[pri:tə'nætʃərəl]	a. 超自然的，异常的
derisive	ⒶⒷⒸⒹⒺⒻⒼⒽⒾⒿⓀⓁ	1	[di'raisiv]	a. 嘲笑的
humid	ⒶⒷⒸⒹⒺⒻⒼⒽⒾⒿⓀⓁ	1	['hju:mid]	a. 潮湿的
tidal	ⒶⒷⒸⒹⒺⒻⒼⒽⒾⒿⓀⓁ	1	['taidl]	a. 潮汐的，定时涨落的
obstreperous	ⒶⒷⒸⒹⒺⒻⒼⒽⒾⒿⓀⓁ	1	[əb'strepərəs]	a. 吵闹的，喧嚣的
sedimentary	ⒶⒷⒸⒹⒺⒻⒼⒽⒾⒿⓀⓁ	1	[sedi'mentəri]	a. 沉积的，沉淀性的
uncommunicative	ⒶⒷⒸⒹⒺⒻⒼⒽⒾⒿⓀⓁ	1	['ʌnkə'mju:nikeitiv]	a. 沉默寡言的，拘谨的
meditative	ⒶⒷⒸⒹⒺⒻⒼⒽⒾⒿⓀⓁ	1	['mediteitiv]	a. 沉思的，冥想的
contemplative	ⒶⒷⒸⒹⒺⒻⒼⒽⒾⒿⓀⓁ	1	['kɔntempleitiv]	a. 沉思的，冥想的
imperturbable	ⒶⒷⒸⒹⒺⒻⒼⒽⒾⒿⓀⓁ	1	[impə'tə:bəbl]	a. 沉着的，镇静的
timeworn	ⒶⒷⒸⒹⒺⒻⒼⒽⒾⒿⓀⓁ	1	['taimwɔ:n]	a. 陈旧的，老朽的
belated	ⒶⒷⒸⒹⒺⒻⒼⒽⒾⒿⓀⓁ	1	[bi'leitid]	a. 迟来的
durable	ⒶⒷⒸⒹⒺⒻⒼⒽⒾⒿⓀⓁ	1	['djuərəbl]	a. 持久的，耐用的
bare	ⒶⒷⒸⒹⒺⒻⒼⒽⒾⒿⓀⓁ	1	[beə]	a. 赤裸的，无遮蔽的 v. 露出
fraught	ⒶⒷⒸⒹⒺⒻⒼⒽⒾⒿⓀⓁ	1	[frɔ:t]	a. 充满的，伴随的，忧伤的 n. 货物
ample	ⒶⒷⒸⒹⒺⒻⒼⒽⒾⒿⓀⓁ	1	['æmpl]	a. 充足的，丰富的
hideous	ⒶⒷⒸⒹⒺⒻⒼⒽⒾⒿⓀⓁ	1	['hidiəs]	a. 丑陋的，令人讨厌的，可憎的
ugly	ⒶⒷⒸⒹⒺⒻⒼⒽⒾⒿⓀⓁ	1	['ʌgli]	a. 丑陋的，难看的
flagrant	ⒶⒷⒸⒹⒺⒻⒼⒽⒾⒿⓀⓁ	1	['fleigrənt]	a. 臭名昭著的
conductive	ⒶⒷⒸⒹⒺⒻⒼⒽⒾⒿⓀⓁ	1	[kən'dʌktiv]	a. 传导性的，有传导力的

单词	标记	频率	读音	词义
traumatic	ⒶⒷⒸⒹⒺⒻⒼⒽⒾⒿⓀⓁ	1	[trɔ:'mætik]	a. 创伤的，外伤的
moribund	ⒶⒷⒸⒹⒺⒻⒼⒽⒾⒿⓀⓁ	1	['mɔribʌnd]	a. 垂死的，即将结束的
subservient	ⒶⒷⒸⒹⒺⒻⒼⒽⒾⒿⓀⓁ	1	[sʌb'sə:viənt]	a. 次要的，从属的，奉承的
raspy	ⒶⒷⒸⒹⒺⒻⒼⒽⒾⒿⓀⓁ	1	['ra:spi;'ræs-]	a. 刺耳的，粗糙的
cursory	ⒶⒷⒸⒹⒺⒻⒼⒽⒾⒿⓀⓁ	1	['kə:səri]	a. 匆忙的，草率的，粗略的
ingenious	ⒶⒷⒸⒹⒺⒻⒼⒽⒾⒿⓀⓁ	1	[in'dʒi:njəs]	a. 聪明的，精巧的
keen	ⒶⒷⒸⒹⒺⒻⒼⒽⒾⒿⓀⓁ	1	[ki:n]	a. 聪明的，敏锐的，热心的，锋利的
crass	ⒶⒷⒸⒹⒺⒻⒼⒽⒾⒿⓀⓁ	1	[kræs]	a. 粗鲁的，愚钝的
churlish	ⒶⒷⒸⒹⒺⒻⒼⒽⒾⒿⓀⓁ	1	['tʃə:liʃ]	a. 粗野的
insubstantial	ⒶⒷⒸⒹⒺⒻⒼⒽⒾⒿⓀⓁ	1	[insəb'stænʃəl]	a. 脆弱的，无实体的，非实质的
thunderous	ⒶⒷⒸⒹⒺⒻⒼⒽⒾⒿⓀⓁ	1	['θʌndərəs]	a. 打雷的，雷鸣般的
iconoclastic	ⒶⒷⒸⒹⒺⒻⒼⒽⒾⒿⓀⓁ	1	[aikɔnə'klæstik]	a. 打破旧习的，打破常规的
intrusive	ⒶⒷⒸⒹⒺⒻⒼⒽⒾⒿⓀⓁ	1	[in'tru:siv]	a. 打扰的，侵入的
vicarious	ⒶⒷⒸⒹⒺⒻⒼⒽⒾⒿⓀⓁ	1	[vi'keəriəs]	a. 代理的，代替的
inspirational	ⒶⒷⒸⒹⒺⒻⒼⒽⒾⒿⓀⓁ	1	[inspə'reiʃənəl]	a. 带有灵感的，灵感的
apprehensive	ⒶⒷⒸⒹⒺⒻⒼⒽⒾⒿⓀⓁ	1	[æpri'hensiv]	a. 担心的，有理解力的，有知觉的
monochromatic	ⒶⒷⒸⒹⒺⒻⒼⒽⒾⒿⓀⓁ	1	[mɔnəkrə'mætik]	a. 单色的
hapless	ⒶⒷⒸⒹⒺⒻⒼⒽⒾⒿⓀⓁ	1	['hæplis]	a. 倒霉的，不幸的
inimical	ⒶⒷⒸⒹⒺⒻⒼⒽⒾⒿⓀⓁ	1	[i'nimikl]	a. 敌意的
endemic	ⒶⒷⒸⒹⒺⒻⒼⒽⒾⒿⓀⓁ	1	[en'demik]	a. 地方性的
earthly	ⒶⒷⒸⒹⒺⒻⒼⒽⒾⒿⓀⓁ	1	['ə:θli]	a. 地球的，俗世的，可能的
hellish	ⒶⒷⒸⒹⒺⒻⒼⒽⒾⒿⓀⓁ	1	['heliʃ]	a. 地狱般的
seismic	ⒶⒷⒸⒹⒺⒻⒼⒽⒾⒿⓀⓁ	1	['saizmik]	a. 地震的
regal	ⒶⒷⒸⒹⒺⒻⒼⒽⒾⒿⓀⓁ	1	['ri:gəl]	a. 帝王的，尊贵的
subversive	ⒶⒷⒸⒹⒺⒻⒼⒽⒾⒿⓀⓁ	1	[səb'və:siv]	a. 颠覆性的，破坏性的 n. 破坏分子
alight	ⒶⒷⒸⒹⒺⒻⒼⒽⒾⒿⓀⓁ	1	[ə'lait]	a. 点着的，燃烧的 v. 落下
telegraphic	ⒶⒷⒸⒹⒺⒻⒼⒽⒾⒿⓀⓁ	1	[teli'græfik]	a. 电报机的，简洁的
electromagnetic	ⒶⒷⒸⒹⒺⒻⒼⒽⒾⒿⓀⓁ	1	[ilektrəu'mægnitik]	a. 电磁的
volatile	ⒶⒷⒸⒹⒺⒻⒼⒽⒾⒿⓀⓁ	1	['vɔlətail]	a. 动荡的，反复无常的，易挥发的
precipitous	ⒶⒷⒸⒹⒺⒻⒼⒽⒾⒿⓀⓁ	1	[pri'sipitəs]	a. 陡峭的，急促的
sheer	ⒶⒷⒸⒹⒺⒻⒼⒽⒾⒿⓀⓁ	1	[ʃiə]	a. 陡峭的 v. 避开，偏离
authoritarian	ⒶⒷⒸⒹⒺⒻⒼⒽⒾⒿⓀⓁ	1	[ɔ:,θɔri'teəriən]	a. 独裁的，独裁主义的
freestanding	ⒶⒷⒸⒹⒺⒻⒼⒽⒾⒿⓀⓁ	1	['fri:'stændiŋ]	a. 独立式的
transitory	ⒶⒷⒸⒹⒺⒻⒼⒽⒾⒿⓀⓁ	1	['trænsitəri]	a. 短暂的，瞬息的
multifaceted	ⒶⒷⒸⒹⒺⒻⒼⒽⒾⒿⓀⓁ	1	[mʌlti'fæsətid]	a. 多层面的
officious	ⒶⒷⒸⒹⒺⒻⒼⒽⒾⒿⓀⓁ	1	[ə'fiʃəs]	a. 多管闲事的
multinational	ⒶⒷⒸⒹⒺⒻⒼⒽⒾⒿⓀⓁ	1	[mʌlti'næʃən(ə)l]	a. 多国的 n. 跨国公司
flowery	ⒶⒷⒸⒹⒺⒻⒼⒽⒾⒿⓀⓁ	1	['flauəri]	a. 多花的，辞藻华丽的
muddy	ⒶⒷⒸⒹⒺⒻⒼⒽⒾⒿⓀⓁ	1	['mʌdi]	a. 多泥的，泥泞的，模糊的
cloudy	ⒶⒷⒸⒹⒺⒻⒼⒽⒾⒿⓀⓁ	1	['klaudi]	a. 多云的，阴天的

单词	标记	频率	读音	词义
juicy	ⒶⒷⒸⒹⒺⒻⒼⒽⒾⒿⓀⓁ	1	['dʒu:si]	a. 多汁的，有趣的
multifarious	ⒶⒷⒸⒹⒺⒻⒼⒽⒾⒿⓀⓁ	1	[mʌlti'feəriəs]	a. 多种的，各种各样的
perverse	ⒶⒷⒸⒹⒺⒻⒼⒽⒾⒿⓀⓁ	1	[pə(:)'və:s]	a. 堕落的，固执的，故意作对的
malignant	ⒶⒷⒸⒹⒺⒻⒼⒽⒾⒿⓀⓁ	1	[mə'lignənt]	a. 恶意的，恶性的，有害的
radiant	ⒶⒷⒸⒹⒺⒻⒼⒽⒾⒿⓀⓁ	1	['reidjənt]	a. 发光的，辐射的
luminous	ⒶⒷⒸⒹⒺⒻⒼⒽⒾⒿⓀⓁ	1	['lu:minəs]	a. 发光的，清楚的，明白易懂的
developmental	ⒶⒷⒸⒹⒺⒻⒼⒽⒾⒿⓀⓁ	1	[di,veləp'mentəl]	a. 发展的，进化的，开发的
luxuriant	ⒶⒷⒸⒹⒺⒻⒼⒽⒾⒿⓀⓁ	1	[lʌg'ʒu:riənt]	a. 繁茂的，丰富的，奢华的
onerous	ⒶⒷⒸⒹⒺⒻⒼⒽⒾⒿⓀⓁ	1	['ɔnərəs]	a. 繁重的，麻烦的
abnormal	ⒶⒷⒸⒹⒺⒻⒼⒽⒾⒿⓀⓁ	1	[æb'nɔ:məl]	a. 反常的，变态的
recalcitrant	ⒶⒷⒸⒹⒺⒻⒼⒽⒾⒿⓀⓁ	1	[ri'kælsitrənt]	a. 反抗的，顽强的
introspective	ⒶⒷⒸⒹⒺⒻⒼⒽⒾⒿⓀⓁ	1	[intrəu'spektiv]	a. 反省的
fragrant	ⒶⒷⒸⒹⒺⒻⒼⒽⒾⒿⓀⓁ	1	['freigrənt]	a. 芳香的
redolent	ⒶⒷⒸⒹⒺⒻⒼⒽⒾⒿⓀⓁ	1	['redəulənt]	a. 芳香的，令人联想的
licentious	ⒶⒷⒸⒹⒺⒻⒼⒽⒾⒿⓀⓁ	1	[lai'senʃəs]	a. 放荡的，放肆的
dissolute	ⒶⒷⒸⒹⒺⒻⒼⒽⒾⒿⓀⓁ	1	['disəlju:t]	a. 放荡的，放纵的
nonviolent	ⒶⒷⒸⒹⒺⒻⒼⒽⒾⒿⓀⓁ	1	[nɔn'vaiələnt]	a. 非暴力的
accusatory	ⒶⒷⒸⒹⒺⒻⒼⒽⒾⒿⓀⓁ	1	[ə'kju:zətəri]	a. 非难的，问罪的，控诉的
immaterial	ⒶⒷⒸⒹⒺⒻⒼⒽⒾⒿⓀⓁ	1	[imə'tiəriəl]	a. 非物质的，无形的，不重要的
noncommercial	ⒶⒷⒸⒹⒺⒻⒼⒽⒾⒿⓀⓁ	1	[,nɔnkə'mə:ʃəl]	a. 非营利的
libelous	ⒶⒷⒸⒹⒺⒻⒼⒽⒾⒿⓀⓁ	1	['laibələs]	a. 诽谤的，损害名誉的
dispersive	ⒶⒷⒸⒹⒺⒻⒼⒽⒾⒿⓀⓁ	1	[dis'pə:siv]	a. 分散的
copious	ⒶⒷⒸⒹⒺⒻⒼⒽⒾⒿⓀⓁ	1	['kəupiəs]	a. 丰富的，大量的
affluent	ⒶⒷⒸⒹⒺⒻⒼⒽⒾⒿⓀⓁ	1	['æfluənt]	a. 丰富的，富裕的
weatherworn	ⒶⒷⒸⒹⒺⒻⒼⒽⒾⒿⓀⓁ	1	['weðəwɔ:n]	a. 风雨侵蚀的
feudal	ⒶⒷⒸⒹⒺⒻⒼⒽⒾⒿⓀⓁ	1	['fju:dl]	a. 封建的，封地的
loopy	ⒶⒷⒸⒹⒺⒻⒼⒽⒾⒿⓀⓁ	1	['lu:pi]	a. 疯狂的，失去理智的，多圈的
edgy	ⒶⒷⒸⒹⒺⒻⒼⒽⒾⒿⓀⓁ	1	['edʒi]	a. 锋利的，急躁的
submissive	ⒶⒷⒸⒹⒺⒻⒼⒽⒾⒿⓀⓁ	1	[səb'misiv]	a. 服从的，顺从的
accountable	ⒶⒷⒸⒹⒺⒻⒼⒽⒾⒿⓀⓁ	1	[ə'kauntəbl]	a. 负有责任的，可说明的
conscientious	ⒶⒷⒸⒹⒺⒻⒼⒽⒾⒿⓀⓁ	1	[kɔnʃi'enʃəs]	a. 负责的，谨慎的，有良心的
additive	ⒶⒷⒸⒹⒺⒻⒼⒽⒾⒿⓀⓁ	1	['æditiv]	a. 附加的 n. 添加剂
glamorous	ⒶⒷⒸⒹⒺⒻⒼⒽⒾⒿⓀⓁ	1	['glæmərəs]	a. 富有魅力的，迷人的
maudlin	ⒶⒷⒸⒹⒺⒻⒼⒽⒾⒿⓀⓁ	1	['mɔ:dlin]	a. 感情脆弱的，易伤感的
demonstrative	ⒶⒷⒸⒹⒺⒻⒼⒽⒾⒿⓀⓁ	1	[di'mɔnstrətiv]	a. 感情外露的，证明的，指示的
thankful	ⒶⒷⒸⒹⒺⒻⒼⒽⒾⒿⓀⓁ	1	['θæŋkfəl]	a. 感谢的，感激的
arid	ⒶⒷⒸⒹⒺⒻⒼⒽⒾⒿⓀⓁ	1	['ærid]	a. 干旱的，枯燥的
supercilious	ⒶⒷⒸⒹⒺⒻⒼⒽⒾⒿⓀⓁ	1	[sju:pə'siliəs]	a. 高傲的，目中无人的
sundry	ⒶⒷⒸⒹⒺⒻⒼⒽⒾⒿⓀⓁ	1	['sʌndri]	a. 各式各样的，杂七杂八的
unimpressive	ⒶⒷⒸⒹⒺⒻⒼⒽⒾⒿⓀⓁ	1	[ʌnim'presiv]	a. 给人印象不深的，不令人信服的

单词	标记	频率	读音	词义
preferable	ⒶⒷⒸⒹⒺⒻⒼⒽⒾⒿⓀⓁ	1	['prefərəbl]	a. 更好的，更合意的
institutional	ⒶⒷⒸⒹⒺⒻⒼⒽⒾⒿⓀⓁ	1	[ˌinsti'tju:ʃənəl]	a. 公共机构的，学会的，制度上的
impartial	ⒶⒷⒸⒹⒺⒻⒼⒽⒾⒿⓀⓁ	1	[im'pa:ʃəl]	a. 公平的，不偏不倚的
formulaic	ⒶⒷⒸⒹⒺⒻⒼⒽⒾⒿⓀⓁ	1	[fɔ:mju'leiik]	a. 公式的，俗套的，刻板的
rightful	ⒶⒷⒸⒹⒺⒻⒼⒽⒾⒿⓀⓁ	1	['raitful]	a. 公正的，合法的
judicial	ⒶⒷⒸⒹⒺⒻⒼⒽⒾⒿⓀⓁ	1	[dʒu:'diʃəl]	a. 公正的，司法的，法庭上的
disinterested	ⒶⒷⒸⒹⒺⒻⒼⒽⒾⒿⓀⓁ	1	[dis'intəristid]	a. 公正的，无私心的，不感兴趣的
righteous	ⒶⒷⒸⒹⒺⒻⒼⒽⒾⒿⓀⓁ	1	['raitʃəs]	a. 公正的，正义的，正直的
functional	ⒶⒷⒸⒹⒺⒻⒼⒽⒾⒿⓀⓁ	1	['fʌŋkʃənl]	a. 功能的，实用的，函数的
communistic	ⒶⒷⒸⒹⒺⒻⒼⒽⒾⒿⓀⓁ	1	[kɔmju'nistik]	a. 共产主义的
resonant	ⒶⒷⒸⒹⒺⒻⒼⒽⒾⒿⓀⓁ	1	['rezənənt]	a. 共鸣的，回响的 n. 共鸣声
staid	ⒶⒷⒸⒹⒺⒻⒼⒽⒾⒿⓀⓁ	1	[steid]	a. 古板的，固定的
invulnerable	ⒶⒷⒸⒹⒺⒻⒼⒽⒾⒿⓀⓁ	1	[in'vʌlnərəbl]	a. 固若金汤的，无法伤害的
bureaucratic	ⒶⒷⒸⒹⒺⒻⒼⒽⒾⒿⓀⓁ	1	[ˌbjuərəu'krætik]	a. 官僚的
scrubby	ⒶⒷⒸⒹⒺⒻⒼⒽⒾⒿⓀⓁ	1	['skrʌbi]	a. 灌木丛生的，矮小的，褴褛的
aboveboard	ⒶⒷⒸⒹⒺⒻⒼⒽⒾⒿⓀⓁ	1	[ə'bʌv'bɔ:d]	a. 光明正大的，诚实的
prescriptive	ⒶⒷⒸⒹⒺⒻⒼⒽⒾⒿⓀⓁ	1	[pris'kriptiv]	a. 规定的，约定俗成的
stealthy	ⒶⒷⒸⒹⒺⒻⒼⒽⒾⒿⓀⓁ	1	['stelθi]	a. 鬼鬼祟祟的，秘密的
undue	ⒶⒷⒸⒹⒺⒻⒼⒽⒾⒿⓀⓁ	1	['ʌn'dju:]	a. 过度的，不适当的，未到期的
finicky	ⒶⒷⒸⒹⒺⒻⒼⒽⒾⒿⓀⓁ	1	['finiki]	a. 过分挑剔的，苛求的
childlike	ⒶⒷⒸⒹⒺⒻⒼⒽⒾⒿⓀⓁ	1	['tʃaildlaik]	a. 孩子似的，天真烂漫的
maritime	ⒶⒷⒸⒹⒺⒻⒼⒽⒾⒿⓀⓁ	1	['mæritaim]	a. 海上的，海事的
oceanic	ⒶⒷⒸⒹⒺⒻⒼⒽⒾⒿⓀⓁ	1	[ˌəuʃi'ænik]	a. 海洋的，广阔无垠的
oceanographic	ⒶⒷⒸⒹⒺⒻⒼⒽⒾⒿⓀⓁ	1	[ˌəuʃiənəu'græfik]	a. 海洋学的
bashful	ⒶⒷⒸⒹⒺⒻⒼⒽⒾⒿⓀⓁ	1	['bæʃful]	a. 害羞的
saline	ⒶⒷⒸⒹⒺⒻⒼⒽⒾⒿⓀⓁ	1	['seilain;sə'lain]	a. 含盐的，咸的
frigid	ⒶⒷⒸⒹⒺⒻⒼⒽⒾⒿⓀⓁ	1	['fridʒid]	a. 寒冷的，冷淡的，生硬的
seafaring	ⒶⒷⒸⒹⒺⒻⒼⒽⒾⒿⓀⓁ	1	['si:feəriŋ]	a. 航海的 n. 航海业
aeronautic	ⒶⒷⒸⒹⒺⒻⒼⒽⒾⒿⓀⓁ	1	[ˌeərə'nɔ:tik]	a. 航空学的，飞行术的
unquestionable	ⒶⒷⒸⒹⒺⒻⒼⒽⒾⒿⓀⓁ	1	[ʌn'kwestʃənəbl]	a. 毫无疑问的
nosy	ⒶⒷⒸⒹⒺⒻⒼⒽⒾⒿⓀⓁ	1	['nəuzi]	a. 好管闲事的，好打听的
convivial	ⒶⒷⒸⒹⒺⒻⒼⒽⒾⒿⓀⓁ	1	[kən'viviəl]	a. 好交际的，欢乐的
hospitable	ⒶⒷⒸⒹⒺⒻⒼⒽⒾⒿⓀⓁ	1	['hɔspitəbl]	a. 好客的，宜人的，易接受的
inquisitive	ⒶⒷⒸⒹⒺⒻⒼⒽⒾⒿⓀⓁ	1	[in'kwizitiv]	a. 好奇的，爱打听的
litigious	ⒶⒷⒸⒹⒺⒻⒼⒽⒾⒿⓀⓁ	1	[li'tidʒəs]	a. 好诉讼的，好争论的
bookish	ⒶⒷⒸⒹⒺⒻⒼⒽⒾⒿⓀⓁ	1	['bukiʃ]	a. 好学的，书呆子的
bellicose	ⒶⒷⒸⒹⒺⒻⒼⒽⒾⒿⓀⓁ	1	['belikəus]	a. 好战的，好斗的
disputatious	ⒶⒷⒸⒹⒺⒻⒼⒽⒾⒿⓀⓁ	1	[ˌdispju'teiʃəs]	a. 好争辩的
affable	ⒶⒷⒸⒹⒺⒻⒼⒽⒾⒿⓀⓁ	1	['æfəbl]	a. 和蔼的，友善的，殷勤的
murky	ⒶⒷⒸⒹⒺⒻⒼⒽⒾⒿⓀⓁ	1	['mə:ki]	a. 黑暗的，阴沉的，模糊的

单词	标记	频率	读音	词义
grandiose	ⒶⒷⒸⒹⒺⒻⒼⒽⒾⒿⓀⓁ	1	['grændiəus]	a. 宏伟的，浮夸的
repentant	ⒶⒷⒸⒹⒺⒻⒼⒽⒾⒿⓀⓁ	1	[ri'pentənt]	a. 后悔的，悔悟的
retrograde	ⒶⒷⒸⒹⒺⒻⒼⒽⒾⒿⓀⓁ	1	['retrəugreid]	a. 后退的，倒退的 v. 倒退，退化
slippery	ⒶⒷⒸⒹⒺⒻⒼⒽⒾⒿⓀⓁ	1	['slipəri]	a. 滑的，滑落的，狡猾的
palliative	ⒶⒷⒸⒹⒺⒻⒼⒽⒾⒿⓀⓁ	1	['pæliətiv]	a. 缓和的，不治本的 n. 缓和剂
ridiculous	ⒶⒷⒸⒹⒺⒻⒼⒽⒾⒿⓀⓁ	1	[ri'dikjuləs]	a. 荒谬的，可笑的
preposterous	ⒶⒷⒸⒹⒺⒻⒼⒽⒾⒿⓀⓁ	1	[pri'pɔstərəs]	a. 荒谬的，可笑的
hoary	ⒶⒷⒸⒹⒺⒻⒼⒽⒾⒿⓀⓁ	1	['hɔ:ri;'hɔəri]	a. 灰白的，古老的
resplendent	ⒶⒷⒸⒹⒺⒻⒼⒽⒾⒿⓀⓁ	1	[ri'splendənt]	a. 辉煌的，灿烂的
convergent	ⒶⒷⒸⒹⒺⒻⒼⒽⒾⒿⓀⓁ	1	[kən'və:dʒənt]	a. 会集的，会聚性的，收敛的
somnolent	ⒶⒷⒸⒹⒺⒻⒼⒽⒾⒿⓀⓁ	1	['sɔmnələnt]	a. 昏昏欲睡的，催眠的
opportunistic	ⒶⒷⒸⒹⒺⒻⒼⒽⒾⒿⓀⓁ	1	[ˌɔpətju:'nistik]	a. 机会主义的，投机的
foundational	ⒶⒷⒸⒹⒺⒻⒼⒽⒾⒿⓀⓁ	1	[faun'deiʃənəl]	a. 基本的
inflammatory	ⒶⒷⒸⒹⒺⒻⒼⒽⒾⒿⓀⓁ	1	[in'flæmətəri]	a. 激动的，煽动的，炎症性的
timely	ⒶⒷⒸⒹⒺⒻⒼⒽⒾⒿⓀⓁ	1	['taimli]	a. 及时的，适时的
propitious	ⒶⒷⒸⒹⒺⒻⒼⒽⒾⒿⓀⓁ	1	[prə'piʃəs]	a. 吉利的，顺利的
groovy	ⒶⒷⒸⒹⒺⒻⒼⒽⒾⒿⓀⓁ	1	['gru:vi]	a. 极棒的，时髦的
utmost	ⒶⒷⒸⒹⒺⒻⒼⒽⒾⒿⓀⓁ	1	['ʌtməust]	a. 极度的，最大限度的 n. 极限
superb	ⒶⒷⒸⒹⒺⒻⒼⒽⒾⒿⓀⓁ	1	[sju:'pə:b]	a. 极好的，庄重的，华丽的
infinitesimal	ⒶⒷⒸⒹⒺⒻⒼⒽⒾⒿⓀⓁ	1	[inˌfinə'tesiməl]	a. 极小的，无限小的
improvisational	ⒶⒷⒸⒹⒺⒻⒼⒽⒾⒿⓀⓁ	1	[imprəvai'zeiʃənl]	a. 即兴的
extemporaneous	ⒶⒷⒸⒹⒺⒻⒼⒽⒾⒿⓀⓁ	1	[eks'tempə'reiniəs]	a. 即兴的，临时的
geometrical	ⒶⒷⒸⒹⒺⒻⒼⒽⒾⒿⓀⓁ	1	[dʒiə'metrikəl]	a. 几何学的，几何的
geometric	ⒶⒷⒸⒹⒺⒻⒼⒽⒾⒿⓀⓁ	1	[dʒiə'metrik]	a. 几何学的，几何的
patriarchal	ⒶⒷⒸⒹⒺⒻⒼⒽⒾⒿⓀⓁ	1	[ˌpeitri'a:kəl]	a. 家长的，族长的
spurious	ⒶⒷⒸⒹⒺⒻⒼⒽⒾⒿⓀⓁ	1	['spjuəriəs]	a. 假的，伪造的
fake	ⒶⒷⒸⒹⒺⒻⒼⒽⒾⒿⓀⓁ	1	[feik]	a. 假的 v. 假造，伪装 n. 假货，骗子
presumptive	ⒶⒷⒸⒹⒺⒻⒼⒽⒾⒿⓀⓁ	1	[pri'zʌmptiv]	a. 假定的，可能的
demure	ⒶⒷⒸⒹⒺⒻⒼⒽⒾⒿⓀⓁ	1	[di'mjuə]	a. 假装端庄的，假正经的，矜持的
trenchant	ⒶⒷⒸⒹⒺⒻⒼⒽⒾⒿⓀⓁ	1	['trentʃənt]	a. 尖刻的，清晰的，敏锐的
unswerving	ⒶⒷⒸⒹⒺⒻⒼⒽⒾⒿⓀⓁ	1	[ʌn'swə:viŋ]	a. 坚定的，始终不渝的
staunch	ⒶⒷⒸⒹⒺⒻⒼⒽⒾⒿⓀⓁ	1	[stɔ:n(t)ʃ]	a. 坚定的 v. 止住，止血
oblique	ⒶⒷⒸⒹⒺⒻⒼⒽⒾⒿⓀⓁ	1	[ə'bli:k]	a. 间接的，斜的，不坦率的
indirect	ⒶⒷⒸⒹⒺⒻⒼⒽⒾⒿⓀⓁ	1	[ˌindi'rekt;indai'rekt]	a. 间接的，迂回的
intermittent	ⒶⒷⒸⒹⒺⒻⒼⒽⒾⒿⓀⓁ	1	[intə'mitənt]	a. 间歇的，断断续续的
laborious	ⒶⒷⒸⒹⒺⒻⒼⒽⒾⒿⓀⓁ	1	[lə'bɔ:riəs]	a. 艰苦的，费劲的，勤劳的
spartan	ⒶⒷⒸⒹⒺⒻⒼⒽⒾⒿⓀⓁ	1	['spa:tən]	a. 简朴的，斯巴达式的
mannered	ⒶⒷⒸⒹⒺⒻⒼⒽⒾⒿⓀⓁ	1	['mænəd]	a. 矫揉造作的，装模作样的
cocky	ⒶⒷⒸⒹⒺⒻⒼⒽⒾⒿⓀⓁ	1	['kɔki]	a. 骄傲的，自大的，过于自信的
crafty	ⒶⒷⒸⒹⒺⒻⒼⒽⒾⒿⓀⓁ	1	['kra:fti]	a. 狡诈的，诡计多端的

单词	标记	频率	读音	词义
dogmatic	ⒶⒷⒸⒹⒺⒻⒼⒽⒾⒿⓀⓁ	1	[dɔg'mætik]	a. 教条的，武断的
pedagogical	ⒶⒷⒸⒹⒺⒻⒼⒽⒾⒿⓀⓁ	1	[pedə'gɔdʒikl]	a. 教学的，教学法的
structural	ⒶⒷⒸⒹⒺⒻⒼⒽⒾⒿⓀⓁ	1	['strʌktʃərəl]	a. 结构的，建筑的
emergent	ⒶⒷⒸⒹⒺⒻⒼⒽⒾⒿⓀⓁ	1	[i'mə:dʒənt]	a. 紧急的，出现的，新兴的
discreet	ⒶⒷⒸⒹⒺⒻⒼⒽⒾⒿⓀⓁ	1	[dis'kri:t]	a. 谨慎的，不引人注意的
punctilious	ⒶⒷⒸⒹⒺⒻⒼⒽⒾⒿⓀⓁ	1	[pʌŋk'tiliəs]	a. 谨小慎微的，一丝不苟的
dutiful	ⒶⒷⒸⒹⒺⒻⒼⒽⒾⒿⓀⓁ	1	['dju:tifəl]	a. 尽职的，责任感强的，顺从的
aghast	ⒶⒷⒸⒹⒺⒻⒼⒽⒾⒿⓀⓁ	1	[ə'ga:st]	a. 惊骇的，吓呆的
energetic	ⒶⒷⒸⒹⒺⒻⒼⒽⒾⒿⓀⓁ	1	[ˌenə'dʒetik]	a. 精力充沛的
delicate	ⒶⒷⒸⒹⒺⒻⒼⒽⒾⒿⓀⓁ	1	['delikit]	a. 精美的，微妙的，灵敏的，美味的
insane	ⒶⒷⒸⒹⒺⒻⒼⒽⒾⒿⓀⓁ	1	[in'sein]	a. 精神错乱的，疯狂的，愚蠢的
delirious	ⒶⒷⒸⒹⒺⒻⒼⒽⒾⒿⓀⓁ	1	[di'liriəs]	a. 精神错乱的，昏迷的
cautionary	ⒶⒷⒸⒹⒺⒻⒼⒽⒾⒿⓀⓁ	1	['kɔ:ʃənəri]	a. 警告的，警戒的
awestruck	ⒶⒷⒸⒹⒺⒻⒼⒽⒾⒿⓀⓁ	1	['ɔ:strʌk]	a. 敬畏的，充满敬畏的
sedentary	ⒶⒷⒸⒹⒺⒻⒼⒽⒾⒿⓀⓁ	1	['sednteri]	a. 久坐的，固定不动的
voluminous	ⒶⒷⒸⒹⒺⒻⒼⒽⒾⒿⓀⓁ	1	[və'lju:minəs]	a. 卷数多的，长篇的，大量的
martial	ⒶⒷⒸⒹⒺⒻⒼⒽⒾⒿⓀⓁ	1	['ma:ʃəl]	a. 军事的，战争的，好战的
sightly	ⒶⒷⒸⒹⒺⒻⒼⒽⒾⒿⓀⓁ	1	['saitli]	a. 看着舒服的，悦目的
impassioned	ⒶⒷⒸⒹⒺⒻⒼⒽⒾⒿⓀⓁ	1	[im'pæʃənd]	a. 慷慨激昂的，充满激情的
despicable	ⒶⒷⒸⒹⒺⒻⒼⒽⒾⒿⓀⓁ	1	['despikəbl]	a. 可鄙的，卑劣的
recognizable	ⒶⒷⒸⒹⒺⒻⒼⒽⒾⒿⓀⓁ	1	['rekəgnaizəbl]	a. 可辨认的，可认识的
tangible	ⒶⒷⒸⒹⒺⒻⒼⒽⒾⒿⓀⓁ	1	['tændʒəbl]	a. 可触摸的，有形的
attainable	ⒶⒷⒸⒹⒺⒻⒼⒽⒾⒿⓀⓁ	1	[ə'teinəbl]	a. 可到达的，可得到的
preventable	ⒶⒷⒸⒹⒺⒻⒼⒽⒾⒿⓀⓁ	1	[pri'ventəbl]	a. 可防止的，可预防的
separable	ⒶⒷⒸⒹⒺⒻⒼⒽⒾⒿⓀⓁ	1	['sepərəbl]	a. 可分离的
hateful	ⒶⒷⒸⒹⒺⒻⒼⒽⒾⒿⓀⓁ	1	['heitfəl]	a. 可恨的
interchangeable	ⒶⒷⒸⒹⒺⒻⒼⒽⒾⒿⓀⓁ	1	[intə'tʃeindʒəbl]	a. 可互换的
calculable	ⒶⒷⒸⒹⒺⒻⒼⒽⒾⒿⓀⓁ	1	['kælkjuləbl]	a. 可计算的，可信赖的
approachable	ⒶⒷⒸⒹⒺⒻⒼⒽⒾⒿⓀⓁ	1	[ə'prəutʃəbl]	a. 可接近的，随和的
wretched	ⒶⒷⒸⒹⒺⒻⒼⒽⒾⒿⓀⓁ	1	['retʃid]	a. 可怜的，卑鄙的，质量差的
awesome	ⒶⒷⒸⒹⒺⒻⒼⒽⒾⒿⓀⓁ	1	['ɔ:səm]	a. 可怕的，表示敬畏的
scary	ⒶⒷⒸⒹⒺⒻⒼⒽⒾⒿⓀⓁ	1	['skeəri]	a. 可怕的，胆小的
lurid	ⒶⒷⒸⒹⒺⒻⒼⒽⒾⒿⓀⓁ	1	['ljuərid]	a. 可怕的，骇人听闻的，耀眼的
awful	ⒶⒷⒸⒹⒺⒻⒼⒽⒾⒿⓀⓁ	1	['ɔ:ful]	a. 可怕的，威严的
advisable	ⒶⒷⒸⒹⒺⒻⒼⒽⒾⒿⓀⓁ	1	[əd'vaizəbl]	a. 可取的，适当的，明智的
bearable	ⒶⒷⒸⒹⒺⒻⒼⒽⒾⒿⓀⓁ	1	['beərəbl]	a. 可忍受的
disposable	ⒶⒷⒸⒹⒺⒻⒼⒽⒾⒿⓀⓁ	1	[dis'pəuzəbl]	a. 可任意处理的，一次性的
soluble	ⒶⒷⒸⒹⒺⒻⒼⒽⒾⒿⓀⓁ	1	['sɔljubl]	a. 可溶解的，可解决的
edible	ⒶⒷⒸⒹⒺⒻⒼⒽⒾⒿⓀⓁ	1	['edibl]	a. 可食用的 n. 食品
collectible	ⒶⒷⒸⒹⒺⒻⒼⒽⒾⒿⓀⓁ	1	[kə'lektəbl]	a. 可收集的

单词	标记	频率	读音	词义
imaginable	ⒶⒷⒸⒹⒺⒻⒼⒽⒾⒿⓀⓁ	1	[i'mædʒinəbl]	a. 可想象的
expendable	ⒶⒷⒸⒹⒺⒻⒼⒽⒾⒿⓀⓁ	1	[iks'pendəbl]	a. 可消耗的，可牺牲的 n. 消耗品
trustworthy	ⒶⒷⒸⒹⒺⒻⒼⒽⒾⒿⓀⓁ	1	['trʌst,wə:ði]	a. 可信赖的
negligible	ⒶⒷⒸⒹⒺⒻⒼⒽⒾⒿⓀⓁ	1	['neglidʒəbl]	a. 可以忽略的，微不足道的
quotable	ⒶⒷⒸⒹⒺⒻⒼⒽⒾⒿⓀⓁ	1	['kwəutəbl]	a. 可引用的
serviceable	ⒶⒷⒸⒹⒺⒻⒼⒽⒾⒿⓀⓁ	1	['sə:visəbl]	a. 可用的，耐用的
foreseeable	ⒶⒷⒸⒹⒺⒻⒼⒽⒾⒿⓀⓁ	1	[fɔ:'si:əbl]	a. 可预见的
heinous	ⒶⒷⒸⒹⒺⒻⒼⒽⒾⒿⓀⓁ	1	['heinəs]	a. 可憎的，十恶不赦的
retroactive	ⒶⒷⒸⒹⒺⒻⒼⒽⒾⒿⓀⓁ	1	[retrəu'æktiv]	a. 可追溯的，有追溯力的
traceable	ⒶⒷⒸⒹⒺⒻⒼⒽⒾⒿⓀⓁ	1	['treisəbl]	a. 可追踪的，起源于
avid	ⒶⒷⒸⒹⒺⒻⒼⒽⒾⒿⓀⓁ	1	['ævid]	a. 渴望的，贪婪的
desirous	ⒶⒷⒸⒹⒺⒻⒼⒽⒾⒿⓀⓁ	1	[di'zaiərəs]	a. 渴望的，想要的
vitriolic	ⒶⒷⒸⒹⒺⒻⒼⒽⒾⒿⓀⓁ	1	[vitri'ɔlik]	a. 刻薄的，硫酸的
affirmative	ⒶⒷⒸⒹⒺⒻⒼⒽⒾⒿⓀⓁ	1	[ə'fə:mətiv]	a. 肯定的，正面的 n. 肯定语
hollow	ⒶⒷⒸⒹⒺⒻⒼⒽⒾⒿⓀⓁ	1	['hɔləu]	a. 空的，空洞的 n. 洞 v. 挖空
vacuous	ⒶⒷⒸⒹⒺⒻⒼⒽⒾⒿⓀⓁ	1	['vækjuəs]	a. 空的，空虚的，空洞的
airy	ⒶⒷⒸⒹⒺⒻⒼⒽⒾⒿⓀⓁ	1	['eəri]	a. 空气的，幻想的，轻快的
airborne	ⒶⒷⒸⒹⒺⒻⒼⒽⒾⒿⓀⓁ	1	['eəbɔ:n]	a. 空运的，空气传播的
aerial	ⒶⒷⒸⒹⒺⒻⒼⒽⒾⒿⓀⓁ	1	['eəriəl]	a. 空中的，航空的 n. 天线
phobic	ⒶⒷⒸⒹⒺⒻⒼⒽⒾⒿⓀⓁ	1	['fəubik]	a. 恐惧症的
thirsty	ⒶⒷⒸⒹⒺⒻⒼⒽⒾⒿⓀⓁ	1	['θə:sti]	a. 口渴的，渴望的
torrid	ⒶⒷⒸⒹⒺⒻⒼⒽⒾⒿⓀⓁ	1	['tɔrid]	a. 酷热的，热情的，困难的
overblown	ⒶⒷⒸⒹⒺⒻⒼⒽⒾⒿⓀⓁ	1	['əuvə'bləun]	a. 夸张的，过分的，盛开过的
transnational	ⒶⒷⒸⒹⒺⒻⒼⒽⒾⒿⓀⓁ	1	[træns'næʃənl]	a. 跨国的，超越国界的
jovial	ⒶⒷⒸⒹⒺⒻⒼⒽⒾⒿⓀⓁ	1	['dʒəuvjəl;-viəl]	a. 快活的，愉快的
magnanimous	ⒶⒷⒸⒹⒺⒻⒼⒽⒾⒿⓀⓁ	1	[mæg'næniməs]	a. 宽宏大量的
tolerant	ⒶⒷⒸⒹⒺⒻⒼⒽⒾⒿⓀⓁ	1	['tɔlərənt]	a. 宽容的，容忍的
turbulent	ⒶⒷⒸⒹⒺⒻⒼⒽⒾⒿⓀⓁ	1	['tə:bjulənt]	a. 狂暴的，动荡的，汹涌的
rapturous	ⒶⒷⒸⒹⒺⒻⒼⒽⒾⒿⓀⓁ	1	[ræptʃərəs]	a. 狂喜的，着迷的
sleepy	ⒶⒷⒸⒹⒺⒻⒼⒽⒾⒿⓀⓁ	1	['sli:pi]	a. 困倦的，想睡的
slipshod	ⒶⒷⒸⒹⒺⒻⒼⒽⒾⒿⓀⓁ	1	['slipʃɔd]	a. 邋遢的，马虎的
slovenly	ⒶⒷⒸⒹⒺⒻⒼⒽⒾⒿⓀⓁ	1	['slʌvənli]	a. 懒散的，不修边幅的
wasteful	ⒶⒷⒸⒹⒺⒻⒼⒽⒾⒿⓀⓁ	1	['weistfəl]	a. 浪费的
lavish	ⒶⒷⒸⒹⒺⒻⒼⒽⒾⒿⓀⓁ	1	['læviʃ]	a. 浪费的，丰富的，慷慨的 v. 浪费
stereotypical	ⒶⒷⒸⒹⒺⒻⒼⒽⒾⒿⓀⓁ	1	[,steriə'tipikl]	a. 老一套的，模式化的，典型的
garrulous	ⒶⒷⒸⒹⒺⒻⒼⒽⒾⒿⓀⓁ	1	['gæruləs]	a. 唠叨的，喋喋不休的
sanguine	ⒶⒷⒸⒹⒺⒻⒼⒽⒾⒿⓀⓁ	1	['sæŋgwin]	a. 乐观的，脸上红润的
upbeat	ⒶⒷⒸⒹⒺⒻⒼⒽⒾⒿⓀⓁ	1	['ʌpbi:t]	a. 乐观的 n. 上升
redundant	ⒶⒷⒸⒹⒺⒻⒼⒽⒾⒿⓀⓁ	1	[ri'dʌndənt]	a. 累赘的，多余的
quirky	ⒶⒷⒸⒹⒺⒻⒼⒽⒾⒿⓀⓁ	1	['kwɜ:ki]	a. 离奇的，古怪的

单词	标记	频率	读音	词义
quaint	ⒶⒷⒸⒹⒺⒻⒼⒽⒾⒿⓀⓁ	1	[kweint]	a. 离奇有趣的，古怪的
tawdry	ⒶⒷⒸⒹⒺⒻⒼⒽⒾⒿⓀⓁ	1	['tɔ:dri]	a. 廉价而俗丽的
incorruptible	ⒶⒷⒸⒹⒺⒻⒼⒽⒾⒿⓀⓁ	1	[ˌinkə'rʌptəbl]	a. 廉洁的，不易被腐蚀的
scratchy	ⒶⒷⒸⒹⒺⒻⒼⒽⒾⒿⓀⓁ	1	['skrætʃi]	a. 潦草的，刺耳的，发痒的
clinical	ⒶⒷⒸⒹⒺⒻⒼⒽⒾⒿⓀⓁ	1	['klinikəl]	a. 临床的
stingy	ⒶⒷⒸⒹⒺⒻⒼⒽⒾⒿⓀⓁ	1	['stindʒi]	a. 吝啬的，小气的
miserly	ⒶⒷⒸⒹⒺⒻⒼⒽⒾⒿⓀⓁ	1	['maizəli]	a. 吝啬的，小气的
dexterous	ⒶⒷⒸⒹⒺⒻⒼⒽⒾⒿⓀⓁ	1	['dekstərəs]	a. 灵巧的，熟练的
repulsive	ⒶⒷⒸⒹⒺⒻⒼⒽⒾⒿⓀⓁ	1	[ri'pʌlsiv]	a. 令人讨厌的，排斥的
enviable	ⒶⒷⒸⒹⒺⒻⒼⒽⒾⒿⓀⓁ	1	['enviəbl]	a. 令人羡慕的
trendy	ⒶⒷⒸⒹⒺⒻⒼⒽⒾⒿⓀⓁ	1	['trendi]	a. 流行的，时髦的
meteoric	ⒶⒷⒸⒹⒺⒻⒼⒽⒾⒿⓀⓁ	1	[mi:ti'ɔrik]	a. 流星的，昙花一现的，大气的
sulfuric	ⒶⒷⒸⒹⒺⒻⒼⒽⒾⒿⓀⓁ	1	[sʌl'fju:rik]	a. 硫的，含硫的
hexagonal	ⒶⒷⒸⒹⒺⒻⒼⒽⒾⒿⓀⓁ	1	[hek'sægənəl]	a. 六角形的，六边的
pert	ⒶⒷⒸⒹⒺⒻⒼⒽⒾⒿⓀⓁ	1	[pə:t]	a. 鲁莽的，活泼的，别致的
terrestrial	ⒶⒷⒸⒹⒺⒻⒼⒽⒾⒿⓀⓁ	1	[tə'restriəl]	a. 陆地的，陆生的，地球的
logistical	ⒶⒷⒸⒹⒺⒻⒼⒽⒾⒿⓀⓁ	1	[lɔ'dʒistikəl]	a. 逻辑的，后勤的
nude	ⒶⒷⒸⒹⒺⒻⒼⒽⒾⒿⓀⓁ	1	[nju:d]	a. 裸体的 n. 裸体
unabashed	ⒶⒷⒸⒹⒺⒻⒼⒽⒾⒿⓀⓁ	1	['ʌnə'bæʃt]	a. 满不在乎的，不害臊的
chronic	ⒶⒷⒸⒹⒺⒻⒼⒽⒾⒿⓀⓁ	1	['krɔnik]	a. 慢性的，长期的
chauvinistic	ⒶⒷⒸⒹⒺⒻⒼⒽⒾⒿⓀⓁ	1	[ʃəuvi'nistik]	a. 盲目爱国的，沙文主义的
feline	ⒶⒷⒸⒹⒺⒻⒼⒽⒾⒿⓀⓁ	1	['fi:lain]	a. 猫科的 n. 猫科动物
furry	ⒶⒷⒸⒹⒺⒻⒼⒽⒾⒿⓀⓁ	1	['fə:ri]	a. 毛皮的，盖着毛皮的，似毛皮的
uneducated	ⒶⒷⒸⒹⒺⒻⒼⒽⒾⒿⓀⓁ	1	['ʌn'edʒukeitid]	a. 没受教育的
unescorted	ⒶⒷⒸⒹⒺⒻⒼⒽⒾⒿⓀⓁ	1	['ʌnis'kɔ:tid]	a. 没有护卫的
unconscionable	ⒶⒷⒸⒹⒺⒻⒼⒽⒾⒿⓀⓁ	1	[ʌn'kɔnʃənəbl]	a. 没有良心的，不合理的，过度的
unscathed	ⒶⒷⒸⒹⒺⒻⒼⒽⒾⒿⓀⓁ	1	['ʌn'skeiðd]	a. 没有受伤的
unimagined	ⒶⒷⒸⒹⒺⒻⒼⒽⒾⒿⓀⓁ	1	[ʌni'mædʒind]	a. 没有想到过的
unsuspecting	ⒶⒷⒸⒹⒺⒻⒼⒽⒾⒿⓀⓁ	1	['ʌnsə'spektiŋ]	a. 没有疑心的，信任的
unimpressed	ⒶⒷⒸⒹⒺⒻⒼⒽⒾⒿⓀⓁ	1	[ʌnim'prest]	a. 没有印象的，未受感动的
unencumbered	ⒶⒷⒸⒹⒺⒻⒼⒽⒾⒿⓀⓁ	1	['ʌnin'kʌmbəd]	a. 没有阻碍的，没有负担的
boisterous	ⒶⒷⒸⒹⒺⒻⒼⒽⒾⒿⓀⓁ	1	['bɔistərəs]	a. 猛烈的，喧闹的，狂暴的
agile	ⒶⒷⒸⒹⒺⒻⒼⒽⒾⒿⓀⓁ	1	['ædʒail]	a. 敏捷的，灵活的
titular	ⒶⒷⒸⒹⒺⒻⒼⒽⒾⒿⓀⓁ	1	['titjulə]	a. 名义上的，有名无实的
exemplary	ⒶⒷⒸⒹⒺⒻⒼⒽⒾⒿⓀⓁ	1	[ig'zempləri]	a. 模范的，典型的，值得效仿的
imitative	ⒶⒷⒸⒹⒺⒻⒼⒽⒾⒿⓀⓁ	1	['imitətiv]	a. 模仿的，仿制的
devilish	ⒶⒷⒸⒹⒺⒻⒼⒽⒾⒿⓀⓁ	1	['devliʃ]	a. 魔鬼似的，可怕的，过分的
hidebound	ⒶⒷⒸⒹⒺⒻⒼⒽⒾⒿⓀⓁ	1	['haidbaund]	a. 墨守成规的，皮包骨头的
acquiescent	ⒶⒷⒸⒹⒺⒻⒼⒽⒾⒿⓀⓁ	1	[ækwi'esənt]	a. 默许的
maternal	ⒶⒷⒸⒹⒺⒻⒼⒽⒾⒿⓀⓁ	1	[mə'tə:nl]	a. 母亲的，母系的，母性的

单词	标记	频率	读音	词义
illegible	ⒶⒷⒸⒹⒺⒻⒼⒽⒾⒿⓀⓁ	1	[i'ledʒəbl]	a. 难辨认的，字迹模糊的
untamed	ⒶⒷⒸⒹⒺⒻⒼⒽⒾⒿⓀⓁ	1	[ʌn'teimd]	a. 难驾驭的
unintelligible	ⒶⒷⒸⒹⒺⒻⒼⒽⒾⒿⓀⓁ	1	['ʌnin'telidʒəbl]	a. 难以理解的
unbelievable	ⒶⒷⒸⒹⒺⒻⒼⒽⒾⒿⓀⓁ	1	[ʌnbi'li:vəbl]	a. 难以置信的
innermost	ⒶⒷⒸⒹⒺⒻⒼⒽⒾⒿⓀⓁ	1	['inəməust]	a. 内心的，最深处的
visceral	ⒶⒷⒸⒹⒺⒻⒼⒽⒾⒿⓀⓁ	1	['visərəl]	a. 内脏的，发自肺腑的
obtainable	ⒶⒷⒸⒹⒺⒻⒼⒽⒾⒿⓀⓁ	1	[əb'teinəbl]	a. 能得到的，可获得的
reproducible	ⒶⒷⒸⒹⒺⒻⒼⒽⒾⒿⓀⓁ	1	[ˌri:prə'dju:səbl]	a. 能繁殖的，可再生的，可复写的
counterclockwise	ⒶⒷⒸⒹⒺⒻⒼⒽⒾⒿⓀⓁ	1	[kauntə'klɔkwaiz]	a. 逆时针的
youthful	ⒶⒷⒸⒹⒺⒻⒼⒽⒾⒿⓀⓁ	1	["ju:θful]	a. 年轻的，青年的
wry	ⒶⒷⒸⒹⒺⒻⒼⒽⒾⒿⓀⓁ	1	[rai]	a. 扭曲的，讽刺的
hardworking	ⒶⒷⒸⒹⒺⒻⒼⒽⒾⒿⓀⓁ	1	[ha:d'wə:kiŋ]	a. 努力工作的，勤奋的
sporadic	ⒶⒷⒸⒹⒺⒻⒼⒽⒾⒿⓀⓁ	1	[spə'rædik]	a. 偶尔发生的，零星的
incidental	ⒶⒷⒸⒹⒺⒻⒼⒽⒾⒿⓀⓁ	1	[ˌinsi'dentl]	a. 偶然的，附带的
haphazard	ⒶⒷⒸⒹⒺⒻⒼⒽⒾⒿⓀⓁ	1	['hæp'hæzəd]	a. 偶然的，随意的
insurgent	ⒶⒷⒸⒹⒺⒻⒼⒽⒾⒿⓀⓁ	1	[in'sə:dʒənt]	a. 叛乱的 n. 叛乱分子
bulky	ⒶⒷⒸⒹⒺⒻⒼⒽⒾⒿⓀⓁ	1	['bʌlki]	a. 庞大的，笨重的
compensatory	ⒶⒷⒸⒹⒺⒻⒼⒽⒾⒿⓀⓁ	1	[kəm'pensətəri]	a. 赔偿的，补偿的
surly	ⒶⒷⒸⒹⒺⒻⒼⒽⒾⒿⓀⓁ	1	['sə:li]	a. 脾气暴躁的，傲慢的
trig	ⒶⒷⒸⒹⒺⒻⒼⒽⒾⒿⓀⓁ	1	[trig]	a. 漂亮的，整洁的
meager	ⒶⒷⒸⒹⒺⒻⒼⒽⒾⒿⓀⓁ	1	['mi:gə(r)]	a. 贫乏的，不足的，瘦的
anemic	ⒶⒷⒸⒹⒺⒻⒼⒽⒾⒿⓀⓁ	1	[ə'ni:mik]	a. 贫血的，患贫血症的
egalitarian	ⒶⒷⒸⒹⒺⒻⒼⒽⒾⒿⓀⓁ	1	[igæli'teəriən]	a. 平等主义的 n. 平等主义
platitudinous	ⒶⒷⒸⒹⒺⒻⒼⒽⒾⒿⓀⓁ	1	[plæti'tju:dinəs]	a. 平凡的，陈腐的
banal	ⒶⒷⒸⒹⒺⒻⒼⒽⒾⒿⓀⓁ	1	[bə'na:l]	a. 平凡的，陈腐的，老一套的
trite	ⒶⒷⒸⒹⒺⒻⒼⒽⒾⒿⓀⓁ	1	[trait]	a. 平庸的，陈腐的
deplorable	ⒶⒷⒸⒹⒺⒻⒼⒽⒾⒿⓀⓁ	1	[di'plɔ:rəbl]	a. 凄惨的，应受谴责的，破旧的
expectant	ⒶⒷⒸⒹⒺⒻⒼⒽⒾⒿⓀⓁ	1	[iks'pektənt]	a. 期待的，怀孕的
grotesque	ⒶⒷⒸⒹⒺⒻⒼⒽⒾⒿⓀⓁ	1	[grəu'tesk]	a. 奇怪的，可笑的 n. 怪异图案
equestrian	ⒶⒷⒸⒹⒺⒻⒼⒽⒾⒿⓀⓁ	1	[i'kwestriən]	a. 骑马的 n. 骑手
chivalrous	ⒶⒷⒸⒹⒺⒻⒼⒽⒾⒿⓀⓁ	1	['ʃivəlrəs]	a. 骑士的，侠义的
entrepreneurial	ⒶⒷⒸⒹⒺⒻⒼⒽⒾⒿⓀⓁ	1	[ɔntrəprə'njuriəl]	a. 企业家的，企业性质的
downcast	ⒶⒷⒸⒹⒺⒻⒼⒽⒾⒿⓀⓁ	1	['daunka:st]	a. 气馁的，沮丧的
temperamental	ⒶⒷⒸⒹⒺⒻⒼⒽⒾⒿⓀⓁ	1	[tempərə'mentl]	a. 气质的，性情的，喜怒无常的
contractual	ⒶⒷⒸⒹⒺⒻⒼⒽⒾⒿⓀⓁ	1	[kən'træktʃuəl]	a. 契约的，合同的
unassuming	ⒶⒷⒸⒹⒺⒻⒼⒽⒾⒿⓀⓁ	1	['ʌnə'sju:miŋ]	a. 谦逊的，不装腔作势的
pious	ⒶⒷⒸⒹⒺⒻⒼⒽⒾⒿⓀⓁ	1	['paiəs]	a. 虔诚的
drab	ⒶⒷⒸⒹⒺⒻⒼⒽⒾⒿⓀⓁ	1	[dræb]	a. 浅褐色的，单调的
thoughtless	ⒶⒷⒸⒹⒺⒻⒼⒽⒾⒿⓀⓁ	1	['θɔ:tlis]	a. 欠考虑的，不体贴人的，粗心的
doughty	ⒶⒷⒸⒹⒺⒻⒼⒽⒾⒿⓀⓁ	1	['dauti]	a. 强的，勇敢的，刚强的

单词	标记	频率	读音	词义
coercive	ⒶⒷⒸⒹⒺⒻⒼⒽⒾⒿⓀⓁ	1	[kəu'ə:siv]	a. 强制的，强迫的
obligatory	ⒶⒷⒸⒹⒺⒻⒼⒽⒾⒿⓀⓁ	1	[ə'bligətəri]	a. 强制性的，义务的，必须的
artful	ⒶⒷⒸⒹⒺⒻⒼⒽⒾⒿⓀⓁ	1	['a:tful]	a. 巧妙的，狡猾的
felicitous	ⒶⒷⒸⒹⒺⒻⒼⒽⒾⒿⓀⓁ	1	[fi'lisitəs]	a. 巧妙的，适当的，可喜的
invasive	ⒶⒷⒸⒹⒺⒻⒼⒽⒾⒿⓀⓁ	1	[in'veisiv]	a. 侵入的，侵略性的，攻击性的
diligent	ⒶⒷⒸⒹⒺⒻⒼⒽⒾⒿⓀⓁ	1	['dilidʒənt]	a. 勤奋的
industrious	ⒶⒷⒸⒹⒺⒻⒼⒽⒾⒿⓀⓁ	1	[in'dʌstriəs]	a. 勤劳的，勤奋的
assiduous	ⒶⒷⒸⒹⒺⒻⒼⒽⒾⒿⓀⓁ	1	[ə'sidjuəs]	a. 勤勉的，刻苦的
verdant	ⒶⒷⒸⒹⒺⒻⒼⒽⒾⒿⓀⓁ	1	['və:dənt]	a. 青翠的，稚嫩的
livid	ⒶⒷⒸⒹⒺⒻⒼⒽⒾⒿⓀⓁ	1	['livid]	a. 青黑色的，苍白的，暴怒的
imprudent	ⒶⒷⒸⒹⒺⒻⒼⒽⒾⒿⓀⓁ	1	[im'pru:dənt]	a. 轻率的，不谨慎的
unambiguous	ⒶⒷⒸⒹⒺⒻⒼⒽⒾⒿⓀⓁ	1	['ʌnæm'bigjuəs]	a. 清楚的，不含糊的
sober	ⒶⒷⒸⒹⒺⒻⒼⒽⒾⒿⓀⓁ	1	['səubə]	a. 清醒的 v. 使清醒
celebratory	ⒶⒷⒸⒹⒺⒻⒼⒽⒾⒿⓀⓁ	1	[seləbretəri]	a. 庆祝的
spheric	ⒶⒷⒸⒹⒺⒻⒼⒽⒾⒿⓀⓁ	1	['sferik]	a. 球的，球状的
pandemic	ⒶⒷⒸⒹⒺⒻⒼⒽⒾⒿⓀⓁ	1	[pæn'demik]	a. 全国流行的 n. 流行病
nationwide	ⒶⒷⒸⒹⒺⒻⒼⒽⒾⒿⓀⓁ	1	['neiʃənwaid]	a. 全国性的
panoramic	ⒶⒷⒸⒹⒺⒻⒼⒽⒾⒿⓀⓁ	1	[ˌpænə'ræmik]	a. 全景的
omnipotent	ⒶⒷⒸⒹⒺⒻⒼⒽⒾⒿⓀⓁ	1	[ɔm'nipətənt]	a. 全能的，无所不能的
scanty	ⒶⒷⒸⒹⒺⒻⒼⒽⒾⒿⓀⓁ	1	['skænti]	a. 缺乏的，不足的
deficient	ⒶⒷⒸⒹⒺⒻⒼⒽⒾⒿⓀⓁ	1	[di'fiʃənt]	a. 缺乏的，不足的，有缺陷的
scant	ⒶⒷⒸⒹⒺⒻⒼⒽⒾⒿⓀⓁ	1	[skænt]	a. 缺乏的，不足的 v. 缩减
irresponsible	ⒶⒷⒸⒹⒺⒻⒼⒽⒾⒿⓀⓁ	1	[ˌiris'pɔnsəbl]	a. 缺乏责任心的，不可靠的
thermodynamic	ⒶⒷⒸⒹⒺⒻⒼⒽⒾⒿⓀⓁ	1	['θə:məudai'næmik]	a. 热力学的，热力的
topical	ⒶⒷⒸⒹⒺⒻⒼⒽⒾⒿⓀⓁ	1	['tɔpikəl]	a. 热门话题的，时事问题的
underpopulated	ⒶⒷⒸⒹⒺⒻⒼⒽⒾⒿⓀⓁ	1	[ʌndə'pɔpjuˌleitid]	a. 人口稀少的
humanistic	ⒶⒷⒸⒹⒺⒻⒼⒽⒾⒿⓀⓁ	1	[hju:mən'istik]	a. 人文主义的，人道主义的
interpersonal	ⒶⒷⒸⒹⒺⒻⒼⒽⒾⒿⓀⓁ	1	[intə'pə:sənl]	a. 人与人之间的
cognizant	ⒶⒷⒸⒹⒺⒻⒼⒽⒾⒿⓀⓁ	1	['kɔgnizənt]	a. 认知的，知晓的
workaday	ⒶⒷⒸⒹⒺⒻⒼⒽⒾⒿⓀⓁ	1	['wə:kədei]	a. 日常的，平凡的
effortless	ⒶⒷⒸⒹⒺⒻⒼⒽⒾⒿⓀⓁ	1	['efətlis]	a. 容易的，不费力气的
facile	ⒶⒷⒸⒹⒺⒻⒼⒽⒾⒿⓀⓁ	1	['fæsail;'fæsl]	a. 容易的，肤浅的，麻利的
supple	ⒶⒷⒸⒹⒺⒻⒼⒽⒾⒿⓀⓁ	1	['sʌpl]	a. 柔软的，逢迎的，顺从的 v. 使柔软
carnal	ⒶⒷⒸⒹⒺⒻⒼⒽⒾⒿⓀⓁ	1	['ka:nl]	a. 肉体的，肉欲的
sensual	ⒶⒷⒸⒹⒺⒻⒼⒽⒾⒿⓀⓁ	1	['sensjuəl]	a. 肉欲的，好色的，感觉的
treacly	ⒶⒷⒸⒹⒺⒻⒼⒽⒾⒿⓀⓁ	1	['tri:k(ə)li]	a. 如蜜糖的，甜腻的
beastly	ⒶⒷⒸⒹⒺⒻⒼⒽⒾⒿⓀⓁ	1	['bi:stli]	a. 如野兽的，残忍的，令人不快的
sagacious	ⒶⒷⒸⒹⒺⒻⒼⒽⒾⒿⓀⓁ	1	[sə'geiʃəs]	a. 睿智的，聪明的
iridescent	ⒶⒷⒸⒹⒺⒻⒼⒽⒾⒿⓀⓁ	1	['iri'desnt]	a. 色彩斑斓的
inventive	ⒶⒷⒸⒹⒺⒻⒼⒽⒾⒿⓀⓁ	1	[in'ventiv]	a. 善于创造的，发明的

单词	标记	频率	读音	词义
sociological	ⒶⒷⒸⒹⒺⒻⒼⒽⒾⒿⓀⓁ	1	[səusjə'lɔdʒikəl]	a. 社会学的，社会的
celsius	ⒶⒷⒸⒹⒺⒻⒼⒽⒾⒿⓀⓁ	1	['selsjəs]	a. 摄氏的
photographic	ⒶⒷⒸⒹⒺⒻⒼⒽⒾⒿⓀⓁ	1	[fəutə'græfik]	a. 摄影的，逼真的
abyssal	ⒶⒷⒸⒹⒺⒻⒼⒽⒾⒿⓀⓁ	1	[ə'bisəl]	a. 深渊的，深不可测的
mythological	ⒶⒷⒸⒹⒺⒻⒼⒽⒾⒿⓀⓁ	1	[miθə'lɔdʒikəl]	a. 神话的
uncanny	ⒶⒷⒸⒹⒺⒻⒼⒽⒾⒿⓀⓁ	1	[ʌn'kæni]	a. 神秘的，不可思议的
biotic	ⒶⒷⒸⒹⒺⒻⒼⒽⒾⒿⓀⓁ	1	[bai'ɔtik]	a. 生物的
feathery	ⒶⒷⒸⒹⒺⒻⒼⒽⒾⒿⓀⓁ	1	['feðəri]	a. 生有羽毛的，似羽毛的
reproductive	ⒶⒷⒸⒹⒺⒻⒼⒽⒾⒿⓀⓁ	1	['ri:prə'dʌktiv]	a. 生殖的，再生的，复制的
saintly	ⒶⒷⒸⒹⒺⒻⒼⒽⒾⒿⓀⓁ	1	['seintli]	a. 圣徒似的，圣洁的
victorious	ⒶⒷⒸⒹⒺⒻⒼⒽⒾⒿⓀⓁ	1	[vik'tɔ:riəs]	a. 胜利的
residual	ⒶⒷⒸⒹⒺⒻⒼⒽⒾⒿⓀⓁ	1	[ri'zidjuəl]	a. 剩余的，残留的 n. 剩余
indecorous	ⒶⒷⒸⒹⒺⒻⒼⒽⒾⒿⓀⓁ	1	[in'dekərəs]	a. 失礼的，不雅的
delinquent	ⒶⒷⒸⒹⒺⒻⒼⒽⒾⒿⓀⓁ	1	[di'liŋkwənt]	a. 失职的，拖欠的 n. 少年犯
teenage	ⒶⒷⒸⒹⒺⒻⒼⒽⒾⒿⓀⓁ	1	['tinedʒ]	a. 十几岁的
opportune	ⒶⒷⒸⒹⒺⒻⒼⒽⒾⒿⓀⓁ	1	['ɔpətju:n]	a. 时机适宜的，适当的
stylish	ⒶⒷⒸⒹⒺⒻⒼⒽⒾⒿⓀⓁ	1	['stailiʃ]	a. 时髦的，潇洒的，流行的
literate	ⒶⒷⒸⒹⒺⒻⒼⒽⒾⒿⓀⓁ	1	['litərit]	a. 识字的，有学问的
cosmopolitan	ⒶⒷⒸⒹⒺⒻⒼⒽⒾⒿⓀⓁ	1	[ˌkɔzmə'pɔlitən]	a. 世界性的，全球的
municipal	ⒶⒷⒸⒹⒺⒻⒼⒽⒾⒿⓀⓁ	1	[mju(:)'nisipəl]	a. 市政的，地方性的
serpentine	ⒶⒷⒸⒹⒺⒻⒼⒽⒾⒿⓀⓁ	1	['sə:pəntain]	a. 似蛇般蜿蜒的，阴险的 n. 蛇纹石
adaptive	ⒶⒷⒸⒹⒺⒻⒼⒽⒾⒿⓀⓁ	1	[ə'dæptiv]	a. 适合的，适应的
cozy	ⒶⒷⒸⒹⒺⒻⒼⒽⒾⒿⓀⓁ	1	['kəuzi]	a. 舒适的，安逸的
adroit	ⒶⒷⒸⒹⒺⒻⒼⒽⒾⒿⓀⓁ	1	[ə'drɔit]	a. 熟练的，敏捷的
arboreal	ⒶⒷⒸⒹⒺⒻⒼⒽⒾⒿⓀⓁ	1	[a:'bɔ:riəl]	a. 树木的，栖于树木的
mathematic	ⒶⒷⒸⒹⒺⒻⒼⒽⒾⒿⓀⓁ	1	[ˌmæθə'mætik]	a. 数学的，精确的
ambidextrous	ⒶⒷⒸⒹⒺⒻⒼⒽⒾⒿⓀⓁ	1	[æmbi'dekstrəs]	a. 双手都灵巧的，怀有二心的
instantaneous	ⒶⒷⒸⒹⒺⒻⒼⒽⒾⒿⓀⓁ	1	[instən'teiniəs]	a. 瞬间的，即刻的
mendacious	ⒶⒷⒸⒹⒺⒻⒼⒽⒾⒿⓀⓁ	1	[men'deiʃəs]	a. 说谎的，虚假的
moralistic	ⒶⒷⒸⒹⒺⒻⒼⒽⒾⒿⓀⓁ	1	[mɔrə'listik]	a. 说教的，道学气的
gaudy	ⒶⒷⒸⒹⒺⒻⒼⒽⒾⒿⓀⓁ	1	['gɔ:di]	a. 俗丽的，花哨的
sour	ⒶⒷⒸⒹⒺⒻⒼⒽⒾⒿⓀⓁ	1	['sauə]	a. 酸的，变质的，刻薄的
vapid	ⒶⒷⒸⒹⒺⒻⒼⒽⒾⒿⓀⓁ	1	['væpid]	a. 索然无味的
petty	ⒶⒷⒸⒹⒺⒻⒼⒽⒾⒿⓀⓁ	1	['peti]	a. 琐碎的，微不足道的，次要的
acquisitive	ⒶⒷⒸⒹⒺⒻⒼⒽⒾⒿⓀⓁ	1	[ə'kwizitiv]	a. 贪婪的，可学到的
greedy	ⒶⒷⒸⒹⒺⒻⒼⒽⒾⒿⓀⓁ	1	['gri:di]	a. 贪婪的，渴望的
brusque	ⒶⒷⒸⒹⒺⒻⒼⒽⒾⒿⓀⓁ	1	[brusk;brʌsk]	a. 唐突的，鲁莽的
evasive	ⒶⒷⒸⒹⒺⒻⒼⒽⒾⒿⓀⓁ	1	[i'veisiv]	a. 逃避的，难以捉摸的，闪烁其词的
propitiatory	ⒶⒷⒸⒹⒺⒻⒼⒽⒾⒿⓀⓁ	1	[prə'piʃiətəri]	a. 讨好的，调解的
irksome	ⒶⒷⒸⒹⒺⒻⒼⒽⒾⒿⓀⓁ	1	['ə:ksəm]	a. 讨厌的，枯燥乏味的

单词	标记	频率	读音	词义
suggestive	ⒶⒷⒸⒹⒺⒻⒼⒽⒾⒿⓀⓁ	1	[sə'dʒestiv]	a. 提示性的，影射的，暗示的
inborn	ⒶⒷⒸⒹⒺⒻⒼⒽⒾⒿⓀⓁ	1	['in'bɔ:n]	a. 天生的，遗传的
seraphic	ⒶⒷⒸⒹⒺⒻⒼⒽⒾⒿⓀⓁ	1	[sə'ræfik]	a. 天使般的，美丽的
pastoral	ⒶⒷⒸⒹⒺⒻⒼⒽⒾⒿⓀⓁ	1	['pa:stərəl]	a. 田园的，宁静的 n. 田园诗，牧歌
bucolic	ⒶⒷⒸⒹⒺⒻⒼⒽⒾⒿⓀⓁ	1	[bju:'kɔlik]	a. 田园的，乡村的，牧羊的
idyllic	ⒶⒷⒸⒹⒺⒻⒼⒽⒾⒿⓀⓁ	1	[ai'dilik;i'dilik]	a. 田园诗的，田园的
fussy	ⒶⒷⒸⒹⒺⒻⒼⒽⒾⒿⓀⓁ	1	['fʌsi]	a. 挑剔的，过分装饰的
investigative	ⒶⒷⒸⒹⒺⒻⒼⒽⒾⒿⓀⓁ	1	[in'vestigeitiv]	a. 调查的，好调查的
harmonic	ⒶⒷⒸⒹⒺⒻⒼⒽⒾⒿⓀⓁ	1	[ha:'mɔnik]	a. 调和的，和声的 n. 和音，调波
concentric	ⒶⒷⒸⒹⒺⒻⒼⒽⒾⒿⓀⓁ	1	[kən'sentrik]	a. 同中心的，同轴的
gubernatorial	ⒶⒷⒸⒹⒺⒻⒼⒽⒾⒿⓀⓁ	1	[gju:bə:nə'təuriəl]	a. 统治者的，州长的
furtive	ⒶⒷⒸⒹⒺⒻⒼⒽⒾⒿⓀⓁ	1	['fə:tiv]	a. 偷偷的，秘密的
diaphanous	ⒶⒷⒸⒹⒺⒻⒼⒽⒾⒿⓀⓁ	1	[dai'æfənəs]	a. 透明的，模糊的，柔软的
clairvoyant	ⒶⒷⒸⒹⒺⒻⒼⒽⒾⒿⓀⓁ	1	[kleə'vɔiənt]	a. 透视的，有洞察力的 n. 千里眼
abrupt	ⒶⒷⒸⒹⒺⒻⒼⒽⒾⒿⓀⓁ	1	[ə'brʌpt]	a. 突然的，陡峭的，生硬的，鲁莽的
conjectural	ⒶⒷⒸⒹⒺⒻⒼⒽⒾⒿⓀⓁ	1	[kən'dʒektʃərəl]	a. 推测的，爱推测的
decadent	ⒶⒷⒸⒹⒺⒻⒼⒽⒾⒿⓀⓁ	1	['dekədənt]	a. 颓废的，堕落的 n. 颓废者
vestigial	ⒶⒷⒸⒹⒺⒻⒼⒽⒾⒿⓀⓁ	1	[ves'tidʒiəl]	a. 退化的，遗迹的
elliptical	ⒶⒷⒸⒹⒺⒻⒼⒽⒾⒿⓀⓁ	1	[i'liptikəl]	a. 椭圆的
skew	ⒶⒷⒸⒹⒺⒻⒼⒽⒾⒿⓀⓁ	1	[skju:]	a. 歪斜的，斜交的 v. 走偏，斜视
outward	ⒶⒷⒸⒹⒺⒻⒼⒽⒾⒿⓀⓁ	1	['autwəd]	a. 外面的，外部的 ad. 向外
peripheral	ⒶⒷⒸⒹⒺⒻⒼⒽⒾⒿⓀⓁ	1	[pə'rifərəl]	a. 外围的，不重要的
wrongheaded	ⒶⒷⒸⒹⒺⒻⒼⒽⒾⒿⓀⓁ	1	['rɒŋhedid]	a. 顽固的，坚持错误的
obdurate	ⒶⒷⒸⒹⒺⒻⒼⒽⒾⒿⓀⓁ	1	['ɔbdjurit]	a. 顽固的，冷酷的
refractory	ⒶⒷⒸⒹⒺⒻⒼⒽⒾⒿⓀⓁ	1	[ri'fræktəri]	a. 顽固的，耐火的，难治愈的
unconstitutional	ⒶⒷⒸⒹⒺⒻⒼⒽⒾⒿⓀⓁ	1	['ʌnˌkɔnsti'tju:ʃənəl]	a. 违反宪法的
mercenary	ⒶⒷⒸⒹⒺⒻⒼⒽⒾⒿⓀⓁ	1	['mə:sinəri]	a. 唯利是图的 n. 雇佣兵
unaltered	ⒶⒷⒸⒹⒺⒻⒼⒽⒾⒿⓀⓁ	1	['ʌn'ɔ:ltəd]	a. 未被改变的，不变的
untroubled	ⒶⒷⒸⒹⒺⒻⒼⒽⒾⒿⓀⓁ	1	[ʌn'trʌbld]	a. 未被扰乱的，平静的
unappreciated	ⒶⒷⒸⒹⒺⒻⒼⒽⒾⒿⓀⓁ	1	['ʌnə'pri:ʃieitid]	a. 未被欣赏的，不被赏识的
unheeded	ⒶⒷⒸⒹⒺⒻⒼⒽⒾⒿⓀⓁ	1	['ʌn'hi:did]	a. 未被注意的，被忽视的
unshaped	ⒶⒷⒸⒹⒺⒻⒼⒽⒾⒿⓀⓁ	1	['ʌn'ʃeipt]	a. 未成形的
unmitigated	ⒶⒷⒸⒹⒺⒻⒼⒽⒾⒿⓀⓁ	1	[ʌn'mitigeitid]	a. 未缓和的，绝对的
unproven	ⒶⒷⒸⒹⒺⒻⒼⒽⒾⒿⓀⓁ	1	[ʌn'pru:vən]	a. 未经证明的，未经检验的
unverified	ⒶⒷⒸⒹⒺⒻⒼⒽⒾⒿⓀⓁ	1	[ˌʌn'verifaid]	a. 未经证实的
futuristic	ⒶⒷⒸⒹⒺⒻⒼⒽⒾⒿⓀⓁ	1	[fju:tʃə'ristik]	a. 未来的，未来派的
unpolished	ⒶⒷⒸⒹⒺⒻⒼⒽⒾⒿⓀⓁ	1	['ʌn'pɔliʃt]	a. 未磨光的，粗糙的，粗鲁的
undetermined	ⒶⒷⒸⒹⒺⒻⒼⒽⒾⒿⓀⓁ	1	['ʌndi'tə:mind]	a. 未确定的
unspecific	ⒶⒷⒸⒹⒺⒻⒼⒽⒾⒿⓀⓁ	1	['ʌnspi'sifik]	a. 未确定的
unheralded	ⒶⒷⒸⒹⒺⒻⒼⒽⒾⒿⓀⓁ	1	[ʌn'herɔldid]	a. 未事先通知的，未预告的

单词	标记	频率	读音	词义
undisturbed	ⒶⒷⒸⒹⒺⒻⒼⒽⒾⒿⓀⓁ	1	['ʌndis'tə:bd]	a. 未受干扰的，平静的
unmentioned	ⒶⒷⒸⒹⒺⒻⒼⒽⒾⒿⓀⓁ	1	[ʌn'menʃənd]	a. 未提到的
uninsured	ⒶⒷⒸⒹⒺⒻⒼⒽⒾⒿⓀⓁ	1	['ʌnin'ʃuəd]	a. 未投保险的
unpainted	ⒶⒷⒸⒹⒺⒻⒼⒽⒾⒿⓀⓁ	1	[ʌn'peintid]	a. 未涂漆的，未上色的
undisclosed	ⒶⒷⒸⒹⒺⒻⒼⒽⒾⒿⓀⓁ	1	['ʌndis'kləuzd]	a. 未泄露的，身份不明的
unadorned	ⒶⒷⒸⒹⒺⒻⒼⒽⒾⒿⓀⓁ	1	['ʌnə'dɔ:nd]	a. 未装饰的，朴素的
distasteful	ⒶⒷⒸⒹⒺⒻⒼⒽⒾⒿⓀⓁ	1	[dis'teistfəl]	a. 味道差的，反感的
palatable	ⒶⒷⒸⒹⒺⒻⒼⒽⒾⒿⓀⓁ	1	['pælətəbl]	a. 味美的，使人愉快的
gastric	ⒶⒷⒸⒹⒺⒻⒼⒽⒾⒿⓀⓁ	1	['gæstrik]	a. 胃的
bland	ⒶⒷⒸⒹⒺⒻⒼⒽⒾⒿⓀⓁ	1	[blænd]	a. 温和的，乏味的
tender	ⒶⒷⒸⒹⒺⒻⒼⒽⒾⒿⓀⓁ	1	['tendə]	a. 温柔的，嫩的 v./n. 投标，提出
bedridden	ⒶⒷⒸⒹⒺⒻⒼⒽⒾⒿⓀⓁ	1	['bedridn]	a. 卧床不起的
nasty	ⒶⒷⒸⒹⒺⒻⒼⒽⒾⒿⓀⓁ	1	['næsti]	a. 污秽的，下流的，讨厌的
unbounded	ⒶⒷⒸⒹⒺⒻⒼⒽⒾⒿⓀⓁ	1	[ʌn'baundid]	a. 无边的，无节制的
expressionless	ⒶⒷⒸⒹⒺⒻⒼⒽⒾⒿⓀⓁ	1	[ik'spreʃənlis]	a. 无表情的，呆板的
insolvent	ⒶⒷⒸⒹⒺⒻⒼⒽⒾⒿⓀⓁ	1	[in'sɔlvənt]	a. 无法偿还债务的，破产的
unsurpassed	ⒶⒷⒸⒹⒺⒻⒼⒽⒾⒿⓀⓁ	1	['ʌnsə'pa:st]	a. 无法超越的，无与伦比的
unobtainable	ⒶⒷⒸⒹⒺⒻⒼⒽⒾⒿⓀⓁ	1	['ʌnəb'teinəbl]	a. 无法得到的
inexplicable	ⒶⒷⒸⒹⒺⒻⒼⒽⒾⒿⓀⓁ	1	[in'eksplikəbl]	a. 无法解释的，费解的
imponderable	ⒶⒷⒸⒹⒺⒻⒼⒽⒾⒿⓀⓁ	1	[im'pɔndərəbl]	a. 无法精确估量的
irresistible	ⒶⒷⒸⒹⒺⒻⒼⒽⒾⒿⓀⓁ	1	[iri'zistəbl]	a. 无法抗拒的
irreparable	ⒶⒷⒸⒹⒺⒻⒼⒽⒾⒿⓀⓁ	1	[i'repərəbl]	a. 无法弥补的，不可挽回的
intolerable	ⒶⒷⒸⒹⒺⒻⒼⒽⒾⒿⓀⓁ	1	[in'tɔlərəbl]	a. 无法忍受的
indescribable	ⒶⒷⒸⒹⒺⒻⒼⒽⒾⒿⓀⓁ	1	[ˌindi'skraibəbl]	a. 无法形容的，模糊的
imperceptive	ⒶⒷⒸⒹⒺⒻⒼⒽⒾⒿⓀⓁ	1	[impə'septiv]	a. 无感觉的，无知觉能力的
impassive	ⒶⒷⒸⒹⒺⒻⒼⒽⒾⒿⓀⓁ	1	[im'pæsiv]	a. 无感情的，冷漠的，无知觉的
baseless	ⒶⒷⒸⒹⒺⒻⒼⒽⒾⒿⓀⓁ	1	['beislis]	a. 无根据的
gratuitous	ⒶⒷⒸⒹⒺⒻⒼⒽⒾⒿⓀⓁ	1	[grə'tju:itəs]	a. 无根据的，不必要的，免费的
irreproachable	ⒶⒷⒸⒹⒺⒻⒼⒽⒾⒿⓀⓁ	1	[iri'prəutʃəbl]	a. 无可指责的，无过失的
saucy	ⒶⒷⒸⒹⒺⒻⒼⒽⒾⒿⓀⓁ	1	['sɔ:si]	a. 无礼的，莽撞的，调皮的
ruthless	ⒶⒷⒸⒹⒺⒻⒼⒽⒾⒿⓀⓁ	1	['ru:θlis]	a. 无情的，残忍的
inhumane	ⒶⒷⒸⒹⒺⒻⒼⒽⒾⒿⓀⓁ	1	[inhju:'mein]	a. 无情的，残忍的，不人道的
illimitable	ⒶⒷⒸⒹⒺⒻⒼⒽⒾⒿⓀⓁ	1	[i'limitəbl]	a. 无穷的，无限的
noiseless	ⒶⒷⒸⒹⒺⒻⒼⒽⒾⒿⓀⓁ	1	['nɔislis]	a. 无声的，寂静的
unfounded	ⒶⒷⒸⒹⒺⒻⒼⒽⒾⒿⓀⓁ	1	['ʌn'faundid]	a. 无事实根据的
omnipresent	ⒶⒷⒸⒹⒺⒻⒼⒽⒾⒿⓀⓁ	1	[ɔmni'prezənt]	a. 无所不在的
impeccable	ⒶⒷⒸⒹⒺⒻⒼⒽⒾⒿⓀⓁ	1	[im'pekəbl]	a. 无瑕疵的，不犯罪的
cordless	ⒶⒷⒸⒹⒺⒻⒼⒽⒾⒿⓀⓁ	1	['kɔ:dlis]	a. 无线的
invalid	ⒶⒷⒸⒹⒺⒻⒼⒽⒾⒿⓀⓁ	1	[in'vælid]	a. 无效的，病弱的 n. 残疾者，病人
void	ⒶⒷⒸⒹⒺⒻⒼⒽⒾⒿⓀⓁ	1	[vɔid]	a. 无效的，空的 n. 空虚感，真空

单词	标记	频率	读音	词义
ineffectual	ⒶⒷⒸⒹⒺⒻⒼⒽⒾⒿⓀⓁ	1	[ini'fektjuəl]	a. 无效率的，无能的，无用的
unimpeachable	ⒶⒷⒸⒹⒺⒻⒼⒽⒾⒿⓀⓁ	1	[ʌnim'pi:tʃəbl]	a. 无懈可击的，无可指责的
interminable	ⒶⒷⒸⒹⒺⒻⒼⒽⒾⒿⓀⓁ	1	[in'tə:minəbl]	a. 无休止的，冗长的
incorrigible	ⒶⒷⒸⒹⒺⒻⒼⒽⒾⒿⓀⓁ	1	[in'kɔridʒəbl]	a. 无药可救的，积习难改的，固执的
unshaded	ⒶⒷⒸⒹⒺⒻⒼⒽⒾⒿⓀⓁ	1	[ʌn'ʃeidid]	a. 无阴影的，无遮蔽的
carefree	ⒶⒷⒸⒹⒺⒻⒼⒽⒾⒿⓀⓁ	1	['keəfri:]	a. 无忧无虑的，不负责任的
unprincipled	ⒶⒷⒸⒹⒺⒻⒼⒽⒾⒿⓀⓁ	1	[ʌn'prinsəpld]	a. 无原则的，不道德的
improvident	ⒶⒷⒸⒹⒺⒻⒼⒽⒾⒿⓀⓁ	1	[im'prɔvidənt]	a. 无远见的，不节约的
insensible	ⒶⒷⒸⒹⒺⒻⒼⒽⒾⒿⓀⓁ	1	[in'sensəbl]	a. 无知觉的，麻木的
weightless	ⒶⒷⒸⒹⒺⒻⒼⒽⒾⒿⓀⓁ	1	['weitlis]	a. 无重量的，无重力的
unprepared	ⒶⒷⒸⒹⒺⒻⒼⒽⒾⒿⓀⓁ	1	['ʌnpri'peəd]	a. 无准备的，即席的
unhindered	ⒶⒷⒸⒹⒺⒻⒼⒽⒾⒿⓀⓁ	1	[ʌn'hindəd]	a. 无阻碍的
unobstructed	ⒶⒷⒸⒹⒺⒻⒼⒽⒾⒿⓀⓁ	1	['ʌnəb'strʌktid]	a. 无阻碍的，没有阻挡的
sacrificial	ⒶⒷⒸⒹⒺⒻⒼⒽⒾⒿⓀⓁ	1	[sækri'fiʃəl]	a. 牺牲的，献祭的
customary	ⒶⒷⒸⒹⒺⒻⒼⒽⒾⒿⓀⓁ	1	['kʌstəməri]	a. 习惯的，惯例的
jubilant	ⒶⒷⒸⒹⒺⒻⒼⒽⒾⒿⓀⓁ	1	['dʒu:bilənt]	a. 喜悦的，喜气洋洋的
histrionic	ⒶⒷⒸⒹⒺⒻⒼⒽⒾⒿⓀⓁ	1	[ˌhistri'ɔnik]	a. 戏剧的，演戏似的，做作的
melodramatic	ⒶⒷⒸⒹⒺⒻⒼⒽⒾⒿⓀⓁ	1	[ˌmeləudrə'mætik]	a. 戏剧性的，情感夸张的
cellular	ⒶⒷⒸⒹⒺⒻⒼⒽⒾⒿⓀⓁ	1	['seljulə]	a. 细胞的，多孔的
inferior	ⒶⒷⒸⒹⒺⒻⒼⒽⒾⒿⓀⓁ	1	[in'fiəriə]	a. 下级的，次等的 n. 下级，下属
indecent	ⒶⒷⒸⒹⒺⒻⒼⒽⒾⒿⓀⓁ	1	[in'di:snt]	a. 下流的，不妥当的
rainy	ⒶⒷⒸⒹⒺⒻⒼⒽⒾⒿⓀⓁ	1	['reini]	a. 下雨的，多雨的
avant	ⒶⒷⒸⒹⒺⒻⒼⒽⒾⒿⓀⓁ	1	[ə'vant]	a. 先锋的，激进的
noticeable	ⒶⒷⒸⒹⒺⒻⒼⒽⒾⒿⓀⓁ	1	['nəutisəbl]	a. 显而易见的，值得注意的
showy	ⒶⒷⒸⒹⒺⒻⒼⒽⒾⒿⓀⓁ	1	['ʃəui]	a. 显眼的，卖弄的，艳丽的
salient	ⒶⒷⒸⒹⒺⒻⒼⒽⒾⒿⓀⓁ	1	['seiljənt]	a. 显著的，突出的
extant	ⒶⒷⒸⒹⒺⒻⒼⒽⒾⒿⓀⓁ	1	[eks'tænt]	a. 现存的，未毁的
phenomenal	ⒶⒷⒸⒹⒺⒻⒼⒽⒾⒿⓀⓁ	1	[fi'nɔminəl]	a. 现象的，非凡的
restrictive	ⒶⒷⒸⒹⒺⒻⒼⒽⒾⒿⓀⓁ	1	[ris'triktiv]	a. 限制的，约束的 n. 限定词
sizeable	ⒶⒷⒸⒹⒺⒻⒼⒽⒾⒿⓀⓁ	1	['saizəbl]	a. 相当大的，大的
homesick	ⒶⒷⒸⒹⒺⒻⒼⒽⒾⒿⓀⓁ	1	['həumsik]	a. 想家的，思乡病的
onward	ⒶⒷⒸⒹⒺⒻⒼⒽⒾⒿⓀⓁ	1	['ɔnwəd]	a. 向前的 ad. 向前，在前面
skyward	ⒶⒷⒸⒹⒺⒻⒼⒽⒾⒿⓀⓁ	1	['skaiwəd]	a. 向天空的，向上的
metaphoric	ⒶⒷⒸⒹⒺⒻⒼⒽⒾⒿⓀⓁ	1	['metəfərik]	a. 象征的，隐喻的
evanescent	ⒶⒷⒸⒹⒺⒻⒼⒽⒾⒿⓀⓁ	1	[i:və'nesnt]	a. 消失的，短暂的
diminutive	ⒶⒷⒸⒹⒺⒻⒼⒽⒾⒿⓀⓁ	1	[di'minjutiv]	a. 小的，小型的
minuscule	ⒶⒷⒸⒹⒺⒻⒼⒽⒾⒿⓀⓁ	1	[mi'nʌskju:l]	a. 小写字的，极小的 n. 小写字母
asthmatic	ⒶⒷⒸⒹⒺⒻⒼⒽⒾⒿⓀⓁ	1	[æs'mætik]	a. 哮喘的 n. 哮喘症患者
hysterical	ⒶⒷⒸⒹⒺⒻⒼⒽⒾⒿⓀⓁ	1	[his'terikəl]	a. 歇斯底里的，异常兴奋的
cardiopulmonary	ⒶⒷⒸⒹⒺⒻⒼⒽⒾⒿⓀⓁ	1	[ka:diəu'pʌlmənəri]	a. 心肺的，与心肺有关的

单词	标记	频率	读音	词义
sane	ⒶⒷⒸⒹⒺⒻⒼⒽⒾⒿⓀⓁ	1	[sein]	a. 心智健全的，明智的
euphoric	ⒶⒷⒸⒹⒺⒻⒼⒽⒾⒿⓀⓁ	1	[ju:'fɔrik]	a. 欣快的，心满意足的
nascent	ⒶⒷⒸⒹⒺⒻⒼⒽⒾⒿⓀⓁ	1	['næsnt]	a. 新生的，不成熟的
funky	ⒶⒷⒸⒹⒺⒻⒼⒽⒾⒿⓀⓁ	1	['fʌnki]	a. 新式的，惊恐的，恶臭的
journalistic	ⒶⒷⒸⒹⒺⒻⒼⒽⒾⒿⓀⓁ	1	[dʒə:nəl'istik]	a. 新闻业的
metaphysical	ⒶⒷⒸⒹⒺⒻⒼⒽⒾⒿⓀⓁ	1	[ˌmetə'fizikəl]	a. 形而上学的，纯粹哲学的
heady	ⒶⒷⒸⒹⒺⒻⒼⒽⒾⒿⓀⓁ	1	['hedi]	a. 兴奋的，鲁莽的，头晕的
qualitative	ⒶⒷⒸⒹⒺⒻⒼⒽⒾⒿⓀⓁ	1	['kwɔlitətiv]	a. 性质上的，品质的，定性的
portentous	ⒶⒷⒸⒹⒺⒻⒼⒽⒾⒿⓀⓁ	1	[pɔ:tentəs]	a. 凶兆的，怪异的
majestic	ⒶⒷⒸⒹⒺⒻⒼⒽⒾⒿⓀⓁ	1	[mə'dʒestik]	a. 雄伟的，壮丽的，高贵的
feeble	ⒶⒷⒸⒹⒺⒻⒼⒽⒾⒿⓀⓁ	1	['fi:bl]	a. 虚弱的
permissive	ⒶⒷⒸⒹⒺⒻⒼⒽⒾⒿⓀⓁ	1	[pə'misiv]	a. 许可的，获准的，纵容的
preschool	ⒶⒷⒸⒹⒺⒻⒼⒽⒾⒿⓀⓁ	1	['pri:sku:l]	a. 学龄前的 n. 幼儿园
collegial	ⒶⒷⒸⒹⒺⒻⒼⒽⒾⒿⓀⓁ	1	[kə'li:dʒiəl]	a. 学院的，学会的
gory	ⒶⒷⒸⒹⒺⒻⒼⒽⒾⒿⓀⓁ	1	['gɔ:ri]	a. 血淋淋的，血腥的
itinerant	ⒶⒷⒸⒹⒺⒻⒼⒽⒾⒿⓀⓁ	1	[i'tinərənt]	a. 巡回的 n. 巡回者
swift	ⒶⒷⒸⒹⒺⒻⒼⒽⒾⒿⓀⓁ	1	[swift]	a. 迅速的，敏捷的 n. 雨燕
expeditious	ⒶⒷⒸⒹⒺⒻⒼⒽⒾⒿⓀⓁ	1	[ekspi'diʃəs]	a. 迅速完成的，迅速而有效率的
scathing	ⒶⒷⒸⒹⒺⒻⒼⒽⒾⒿⓀⓁ	1	['skeiðiŋ]	a. 严厉的，尖刻的
acrimonious	ⒶⒷⒸⒹⒺⒻⒼⒽⒾⒿⓀⓁ	1	[ækri'məunjəs]	a. 严厉的，辛辣的，刻薄的
bleary	ⒶⒷⒸⒹⒺⒻⒼⒽⒾⒿⓀⓁ	1	['bliəri]	a. 眼睛模糊的，朦胧的
oratorical	ⒶⒷⒸⒹⒺⒻⒼⒽⒾⒿⓀⓁ	1	[ɔ:rə'tɔ:rikəl]	a. 演说的，雄辩的，演说家的
proverbial	ⒶⒷⒸⒹⒺⒻⒼⒽⒾⒿⓀⓁ	1	[prəvə:biəl]	a. 谚语的，闻名的
serendipitous	ⒶⒷⒸⒹⒺⒻⒼⒽⒾⒿⓀⓁ	1	[seren'dipitəs]	a. 侥幸得到的，偶然发现的
pharmaceutical	ⒶⒷⒸⒹⒺⒻⒼⒽⒾⒿⓀⓁ	1	[ˌfa:mə'sju:tikəl]	a. 药物的，医药的 n. 药品
medicinal	ⒶⒷⒸⒹⒺⒻⒼⒽⒾⒿⓀⓁ	1	[me'disinəl]	a. 药物的，治疗的，医学的
barbaric	ⒶⒷⒸⒹⒺⒻⒼⒽⒾⒿⓀⓁ	1	[ba:'bærik]	a. 野蛮的，粗野的
truculent	ⒶⒷⒸⒹⒺⒻⒼⒽⒾⒿⓀⓁ	1	['trʌkjulənt]	a. 野蛮的，好斗的
amateurish	ⒶⒷⒸⒹⒺⒻⒼⒽⒾⒿⓀⓁ	1	[æmə'tə:riʃ]	a. 业余爱好的，不熟练的
circumstantial	ⒶⒷⒸⒹⒺⒻⒼⒽⒾⒿⓀⓁ	1	[ˌsə:kəm'stænʃəl]	a. 依照情况的，详尽的
ritualistic	ⒶⒷⒸⒹⒺⒻⒼⒽⒾⒿⓀⓁ	1	[ˌritʃuə'listik]	a. 仪式的，遵守仪式的
regrettable	ⒶⒷⒸⒹⒺⒻⒼⒽⒾⒿⓀⓁ	1	[ri'gretəbl]	a. 遗憾的
heretical	ⒶⒷⒸⒹⒺⒻⒼⒽⒾⒿⓀⓁ	1	[hi'retikəl]	a. 异教的，异端邪说的
fractious	ⒶⒷⒸⒹⒺⒻⒼⒽⒾⒿⓀⓁ	1	['frækʃəs]	a. 易怒的，难驾驭的
flammable	ⒶⒷⒸⒹⒺⒻⒼⒽⒾⒿⓀⓁ	1	['flæməbl]	a. 易燃的，可燃的
skittish	ⒶⒷⒸⒹⒺⒻⒼⒽⒾⒿⓀⓁ	1	['skitiʃ]	a. 易受惊的，轻佻的，不可靠的
gullible	ⒶⒷⒸⒹⒺⒻⒼⒽⒾⒿⓀⓁ	1	['gʌlib(ə)l]	a. 易受骗的
susceptible	ⒶⒷⒸⒹⒺⒻⒼⒽⒾⒿⓀⓁ	1	[sə'septəbl]	a. 易受影响的，易感染的，容许的
prone	ⒶⒷⒸⒹⒺⒻⒼⒽⒾⒿⓀⓁ	1	[prəun]	a. 易于…的，有…倾向的，俯卧的
ideological	ⒶⒷⒸⒹⒺⒻⒼⒽⒾⒿⓀⓁ	1	[ˌaidiə'lɔdʒikəl]	a. 意识形态的，思想上的

单词	标记	频率	读音	词义
underhanded	ⒶⒷⒸⒹⒺⒻⒼⒽⒾⒿⓀⓁ	1	[ʌndə'hændid]	a. 阴险的，秘密的
tonal	ⒶⒷⒸⒹⒺⒻⒼⒽⒾⒿⓀⓁ	1	['təunəl]	a. 音调的，色调的，音色的
obscene	ⒶⒷⒸⒹⒺⒻⒼⒽⒾⒿⓀⓁ	1	[ɔb'si:n]	a. 淫秽的，猥亵的
smutty	ⒶⒷⒸⒹⒺⒻⒼⒽⒾⒿⓀⓁ	1	['smʌti]	a. 淫秽的，熏黑的
evocative	ⒶⒷⒸⒹⒺⒻⒼⒽⒾⒿⓀⓁ	1	[i'vɔkətiv]	a. 引起回忆的，唤起感情的
covert	ⒶⒷⒸⒹⒺⒻⒼⒽⒾⒿⓀⓁ	1	['kʌvət]	a. 隐蔽的，秘密的 n. 树丛，隐藏处
impressionistic	ⒶⒷⒸⒹⒺⒻⒼⒽⒾⒿⓀⓁ	1	[impreʃə'nistik]	a. 印象派的
undernourished	ⒶⒷⒸⒹⒺⒻⒼⒽⒾⒿⓀⓁ	1	['ʌndə'nʌriʃt]	a. 营养不良的
everlasting	ⒶⒷⒸⒹⒺⒻⒼⒽⒾⒿⓀⓁ	1	[ˌevə'la:stiŋ]	a. 永恒的，持久的
eternal	ⒶⒷⒸⒹⒺⒻⒼⒽⒾⒿⓀⓁ	1	[i(:)'tə:nl]	a. 永恒的，永久的
gritty	ⒶⒷⒸⒹⒺⒻⒼⒽⒾⒿⓀⓁ	1	['griti]	a. 勇敢的，含砂的
graceful	ⒶⒷⒸⒹⒺⒻⒼⒽⒾⒿⓀⓁ	1	['greisful]	a. 优雅的
claustrophobic	ⒶⒷⒸⒹⒺⒻⒼⒽⒾⒿⓀⓁ	1	[klɔ:strə'fəubik]	a. 幽闭恐惧症的
heterogeneous	ⒶⒷⒸⒹⒺⒻⒼⒽⒾⒿⓀⓁ	1	[hetərəu'dʒi:niəs]	a. 由不同成分组成的，异类的
oily	ⒶⒷⒸⒹⒺⒻⒼⒽⒾⒿⓀⓁ	1	['ɔili]	a. 油的，含油的，油嘴滑舌的
nomadic	ⒶⒷⒸⒹⒺⒻⒼⒽⒾⒿⓀⓁ	1	[nəu'mædik]	a. 游牧的，流浪的
remunerative	ⒶⒷⒸⒹⒺⒻⒼⒽⒾⒿⓀⓁ	1	[ri'mju:nəreitiv]	a. 有报酬的，有利益的
magnetic	ⒶⒷⒸⒹⒺⒻⒼⒽⒾⒿⓀⓁ	1	[mæg'netik]	a. 有磁性的，有吸引力的
elastic	ⒶⒷⒸⒹⒺⒻⒼⒽⒾⒿⓀⓁ	1	[i'læstik]	a. 有弹性的，灵活的
venomous	ⒶⒷⒸⒹⒺⒻⒼⒽⒾⒿⓀⓁ	1	['venəməs]	a. 有毒的，恶意的
buoyant	ⒶⒷⒸⒹⒺⒻⒼⒽⒾⒿⓀⓁ	1	['bɔiənt]	a. 有浮力的，快乐的
noxious	ⒶⒷⒸⒹⒺⒻⒼⒽⒾⒿⓀⓁ	1	['nɔkʃəs]	a. 有害的，有毒的
genteel	ⒶⒷⒸⒹⒺⒻⒼⒽⒾⒿⓀⓁ	1	[dʒen'ti:l]	a. 有教养的，优雅的
abstemious	ⒶⒷⒸⒹⒺⒻⒼⒽⒾⒿⓀⓁ	1	[æb'sti:miəs]	a. 有节制的，节省的
magisterial	ⒶⒷⒸⒹⒺⒻⒼⒽⒾⒿⓀⓁ	1	[mædʒis'tiəriəl]	a. 有权威的，威严的，专横的
mighty	ⒶⒷⒸⒹⒺⒻⒼⒽⒾⒿⓀⓁ	1	['maiti]	a. 有势力的，强大的
conditional	ⒶⒷⒸⒹⒺⒻⒼⒽⒾⒿⓀⓁ	1	[kən'diʃnəl]	a. 有条件的 n. 条件句
breezy	ⒶⒷⒸⒹⒺⒻⒼⒽⒾⒿⓀⓁ	1	['bri:zi]	a. 有微风的，轻松活泼的
problematic	ⒶⒷⒸⒹⒺⒻⒼⒽⒾⒿⓀⓁ	1	[prɔblə'mætik]	a. 有问题的，有疑问的
efficacious	ⒶⒷⒸⒹⒺⒻⒼⒽⒾⒿⓀⓁ	1	[efi'keiʃəs]	a. 有效的，灵验的
melodic	ⒶⒷⒸⒹⒺⒻⒼⒽⒾⒿⓀⓁ	1	[mi'lɔdik]	a. 有旋律的，旋律优美的
aerobic	ⒶⒷⒸⒹⒺⒻⒼⒽⒾⒿⓀⓁ	1	[ˌeiə'rəubik]	a. 有氧运动的，好氧的
objectionable	ⒶⒷⒸⒹⒺⒻⒼⒽⒾⒿⓀⓁ	1	[əb'dʒekʃənəbl]	a. 有异议的，该反对的，讨厌的
dissident	ⒶⒷⒸⒹⒺⒻⒼⒽⒾⒿⓀⓁ	1	['disidənt]	a. 有异议的 n. 持不同意见的人
conducive	ⒶⒷⒸⒹⒺⒻⒼⒽⒾⒿⓀⓁ	1	[kən'dju:siv]	a. 有益的，有助的
plicate	ⒶⒷⒸⒹⒺⒻⒼⒽⒾⒿⓀⓁ	1	['plaikit]	a. 有褶皱的，折扇状的
debatable	ⒶⒷⒸⒹⒺⒻⒼⒽⒾⒿⓀⓁ	1	[di'beitəbl]	a. 有争议的，有疑问的
bittersweet	ⒶⒷⒸⒹⒺⒻⒼⒽⒾⒿⓀⓁ	1	['bitəswi:t]	a. 又苦又甜的，苦乐参半的
infantile	ⒶⒷⒸⒹⒺⒻⒼⒽⒾⒿⓀⓁ	1	['infəntail]	a. 幼稚的，婴幼儿的
devious	ⒶⒷⒸⒹⒺⒻⒼⒽⒾⒿⓀⓁ	1	['di:vjəs]	a. 迂回的，不正直的，狡猾的

单词	标记	频率	读音	词义
circuitous	ⒶⒷⒸⒹⒺⒻⒼⒽⒾⒿⓀⓁ	1	[sə'kju:itəs]	a. 迂回的，绕行的
recreational	ⒶⒷⒸⒹⒺⒻⒼⒽⒾⒿⓀⓁ	1	[rekri'eiʃənəl]	a. 娱乐的，消遣的
joyful	ⒶⒷⒸⒹⒺⒻⒼⒽⒾⒿⓀⓁ	1	['dʒɔiful]	a. 愉快的，高兴的
cosmic	ⒶⒷⒸⒹⒺⒻⒼⒽⒾⒿⓀⓁ	1	['kɔzmik]	a. 宇宙的
preventive	ⒶⒷⒸⒹⒺⒻⒼⒽⒾⒿⓀⓁ	1	[pri'ventiv]	a. 预防性的 n. 预防性措施
apocalyptic	ⒶⒷⒸⒹⒺⒻⒼⒽⒾⒿⓀⓁ	1	[əpɔkə'liptik]	a. 预示世界末日的，天启的
prophetic	ⒶⒷⒸⒹⒺⒻⒼⒽⒾⒿⓀⓁ	1	[prə'fetik]	a. 预言的，预知的
prescient	ⒶⒷⒸⒹⒺⒻⒼⒽⒾⒿⓀⓁ	1	['presaiənt]	a. 预知的，预见的
archetypal	ⒶⒷⒸⒹⒺⒻⒼⒽⒾⒿⓀⓁ	1	[arkə'taipl]	a. 原型的
interatomic	ⒶⒷⒸⒹⒺⒻⒼⒽⒾⒿⓀⓁ	1	[intərə'tɔmik]	a. 原子间的
slick	ⒶⒷⒸⒹⒺⒻⒼⒽⒾⒿⓀⓁ	1	[slik]	a. 圆滑的，光滑的，精巧的
chubby	ⒶⒷⒸⒹⒺⒻⒼⒽⒾⒿⓀⓁ	1	['tʃʌbi]	a. 圆胖的，丰满的
rancorous	ⒶⒷⒸⒹⒺⒻⒼⒽⒾⒿⓀⓁ	1	['ræŋkərəs]	a. 怨恨的，憎恨的
lunar	ⒶⒷⒸⒹⒺⒻⒼⒽⒾⒿⓀⓁ	1	['lju:nə]	a. 月亮的，阴历的
euphonious	ⒶⒷⒸⒹⒺⒻⒼⒽⒾⒿⓀⓁ	1	[ju:'fəuniəs]	a. 悦耳的
kinetic	ⒶⒷⒸⒹⒺⒻⒼⒽⒾⒿⓀⓁ	1	[kai'netik]	a. 运动的
weedy	ⒶⒷⒸⒹⒺⒻⒼⒽⒾⒿⓀⓁ	1	['wi:di]	a. 杂草多的，似杂草的
motley	ⒶⒷⒸⒹⒺⒻⒼⒽⒾⒿⓀⓁ	1	['mɔtli]	a. 杂色的，混杂的 n. 杂色，小丑
recurrent	ⒶⒷⒸⒹⒺⒻⒼⒽⒾⒿⓀⓁ	1	[ri'kʌrənt]	a. 再发生的，周期性的
aboveground	ⒶⒷⒸⒹⒺⒻⒼⒽⒾⒿⓀⓁ	1	[ə'bʌvgraund]	a. 在地上，未被埋葬的，活着的
inchoate	ⒶⒷⒸⒹⒺⒻⒼⒽⒾⒿⓀⓁ	1	['inkəueit;-kəuit]	a. 早期的，不成熟的
strategic	ⒶⒷⒸⒹⒺⒻⒼⒽⒾⒿⓀⓁ	1	[strə'ti:dʒik]	a. 战略的，重要的
tenable	ⒶⒷⒸⒹⒺⒻⒼⒽⒾⒿⓀⓁ	1	['tenəbl]	a. 站得住脚的，守得住的
grueling	ⒶⒷⒸⒹⒺⒻⒼⒽⒾⒿⓀⓁ	1	['gruəliŋ]	a. 折磨人的，使精疲力尽的
sedate	ⒶⒷⒸⒹⒺⒻⒼⒽⒾⒿⓀⓁ	1	[si'deit]	a. 镇静的 v. 使镇静
polemical	ⒶⒷⒸⒹⒺⒻⒼⒽⒾⒿⓀⓁ	1	[pə'lemikəl]	a. 争论的，辩论的
fatty	ⒶⒷⒸⒹⒺⒻⒼⒽⒾⒿⓀⓁ	1	['fæti]	a. 脂肪的
erect	ⒶⒷⒸⒹⒺⒻⒼⒽⒾⒿⓀⓁ	1	[i'rekt]	a. 直立的，竖立的 v. 使竖立，建造
commendable	ⒶⒷⒸⒹⒺⒻⒼⒽⒾⒿⓀⓁ	1	[kə'mendəbl]	a. 值得赞美，可钦佩的
estimable	ⒶⒷⒸⒹⒺⒻⒼⒽⒾⒿⓀⓁ	1	[estiməbl]	a. 值得尊重的，可估计的
botanical	ⒶⒷⒸⒹⒺⒻⒼⒽⒾⒿⓀⓁ	1	[bə'tænik(ə)l]	a. 植物学的，植物的
remedial	ⒶⒷⒸⒹⒺⒻⒼⒽⒾⒿⓀⓁ	1	[ri'mi:djəl]	a. 治疗的，补习的
perennial	ⒶⒷⒸⒹⒺⒻⒼⒽⒾⒿⓀⓁ	1	[pə'renjəl]	a. 终年的，常绿的 n. 多年生植物
mortal	ⒶⒷⒸⒹⒺⒻⒼⒽⒾⒿⓀⓁ	1	['mɔ:tl]	a. 终有一死的，致命的 n. 凡人
repetitious	ⒶⒷⒸⒹⒺⒻⒼⒽⒾⒿⓀⓁ	1	[repi'tiʃəs]	a. 重复的，反复性的
pivotal	ⒶⒷⒸⒹⒺⒻⒼⒽⒾⒿⓀⓁ	1	['pivətl]	a. 重要的，中枢的，轴的
periodic	ⒶⒷⒸⒹⒺⒻⒼⒽⒾⒿⓀⓁ	1	[piəri'ɔdik]	a. 周期的，定期的，间歇的
incantatory	ⒶⒷⒸⒹⒺⒻⒼⒽⒾⒿⓀⓁ	1	[in'kæntətɔ:ri]	a. 咒语的，魔咒的
residential	ⒶⒷⒸⒹⒺⒻⒼⒽⒾⒿⓀⓁ	1	[rezi'denʃəl]	a. 住宅的，居住的
famed	ⒶⒷⒸⒹⒺⒻⒼⒽⒾⒿⓀⓁ	1	[feimd]	a. 著名的

单词	标记	频率	读音	词义
eminent	ⒶⒷⒸⒹⒺⒻⒼⒽⒾⒿⓀⓁ	1	['eminənt]	a. 著名的，卓越的
despotic	ⒶⒷⒸⒹⒺⒻⒼⒽⒾⒿⓀⓁ	1	[de'spɔtik]	a. 专横的，暴虐的
imperative	ⒶⒷⒸⒹⒺⒻⒼⒽⒾⒿⓀⓁ	1	[im'perətiv]	a. 专横的，强制的，紧急的 n. 命令
stately	ⒶⒷⒸⒹⒺⒻⒼⒽⒾⒿⓀⓁ	1	['steitli]	a. 庄严的，堂皇的
punctual	ⒶⒷⒸⒹⒺⒻⒼⒽⒾⒿⓀⓁ	1	['pʌŋktjuəl]	a. 准时的，如期的，精确的
postural	ⒶⒷⒸⒹⒺⒻⒼⒽⒾⒿⓀⓁ	1	['pɔstʃərəl]	a. 姿势的，体位的
resourceful	ⒶⒷⒸⒹⒺⒻⒼⒽⒾⒿⓀⓁ	1	[ri'sɔ:sfəl]	a. 资源丰富的，机敏的
filial	ⒶⒷⒸⒹⒺⒻⒼⒽⒾⒿⓀⓁ	1	['filjəl]	a. 子女的，孝顺的
purple	ⒶⒷⒸⒹⒺⒻⒼⒽⒾⒿⓀⓁ	1	['pə:pl]	a. 紫色的
boastful	ⒶⒷⒸⒹⒺⒻⒼⒽⒾⒿⓀⓁ	1	['bəustful]	a. 自负的，喜夸耀的，自夸的
suicidal	ⒶⒷⒸⒹⒺⒻⒼⒽⒾⒿⓀⓁ	1	[su:ə'saidl]	a. 自杀的，自我毁灭的
discretionary	ⒶⒷⒸⒹⒺⒻⒼⒽⒾⒿⓀⓁ	1	[dis'kreʃənəri]	a. 自由决定的，自由支配的
unbidden	ⒶⒷⒸⒹⒺⒻⒼⒽⒾⒿⓀⓁ	1	['ʌn'bidn]	a. 自愿的，未经邀请的
housebound	ⒶⒷⒸⒹⒺⒻⒼⒽⒾⒿⓀⓁ	1	['hausbaund]	a. 足不出户的，不能离家的
ancestral	ⒶⒷⒸⒹⒺⒻⒼⒽⒾⒿⓀⓁ	1	[æn'sestrəl]	a. 祖先的，祖传的
primal	ⒶⒷⒸⒹⒺⒻⒼⒽⒾⒿⓀⓁ	1	['praiməl]	a. 最初的，主要的，原始的
inmost	ⒶⒷⒸⒹⒺⒻⒼⒽⒾⒿⓀⓁ	1	['inməust]	a. 最内部的，最深处的
minimal	ⒶⒷⒸⒹⒺⒻⒼⒽⒾⒿⓀⓁ	1	['miniməl]	a. 最小的，最少的
foremost	ⒶⒷⒸⒹⒺⒻⒼⒽⒾⒿⓀⓁ	1	['fɔ:məust]	a. 最重要的，最前面的，最初的
heuristically	ⒶⒷⒸⒹⒺⒻⒼⒽⒾⒿⓀⓁ	1	[hjuə'ristikli]	ad.（教学）启发式地，探索地
hereafter	ⒶⒷⒸⒹⒺⒻⒼⒽⒾⒿⓀⓁ	1	[hiər'a:ftə]	ad./n. 此后，将来，来世
phonetically	ⒶⒷⒸⒹⒺⒻⒼⒽⒾⒿⓀⓁ	1	[fə'netikli]	ad. 按照发音地，语音学上
pompously	ⒶⒷⒸⒹⒺⒻⒼⒽⒾⒿⓀⓁ	1	['pɔmpəsli]	ad. 傲慢地，盛大壮观地
regrettably	ⒶⒷⒸⒹⒺⒻⒼⒽⒾⒿⓀⓁ	1	[ri'gretəbli]	ad. 抱歉地，遗憾地，可悲地
mournfully	ⒶⒷⒸⒹⒺⒻⒼⒽⒾⒿⓀⓁ	1	['mɔ:nfəli]	ad. 悲哀地
pathetically	ⒶⒷⒸⒹⒺⒻⒼⒽⒾⒿⓀⓁ	1	[pə'θetikəli]	ad. 悲哀地，哀伤地
dolefully	ⒶⒷⒸⒹⒺⒻⒼⒽⒾⒿⓀⓁ	1	['dəulfuli]	ad. 悲哀地，寂寞地
sorrowfully	ⒶⒷⒸⒹⒺⒻⒼⒽⒾⒿⓀⓁ	1	['sɔrəufəli]	ad. 悲哀地，忧愁地
abjectly	ⒶⒷⒸⒹⒺⒻⒼⒽⒾⒿⓀⓁ	1	['æbdʒektli]	ad. 悲惨地，卑鄙地
clumsily	ⒶⒷⒸⒹⒺⒻⒼⒽⒾⒿⓀⓁ	1	['klʌmzili]	ad. 笨拙地
ungracefully	ⒶⒷⒸⒹⒺⒻⒼⒽⒾⒿⓀⓁ	1	[ʌŋ'reisfəli]	ad. 笨拙地，不雅地
tautly	ⒶⒷⒸⒹⒺⒻⒼⒽⒾⒿⓀⓁ	1	['tɔ:tli]	ad. 绷紧地，紧张地，严格地
uneasily	ⒶⒷⒸⒹⒺⒻⒼⒽⒾⒿⓀⓁ	1	[ʌn'i:zili]	ad. 不安地，局促地
insufficiently	ⒶⒷⒸⒹⒺⒻⒼⒽⒾⒿⓀⓁ	1	[insə'fiʃəntli]	ad. 不充分地
painlessly	ⒶⒷⒸⒹⒺⒻⒼⒽⒾⒿⓀⓁ	1	['peinlisli]	ad. 不费力地，无痛苦地
inadequately	ⒶⒷⒸⒹⒺⒻⒼⒽⒾⒿⓀⓁ	1	[in'ædikwitli]	ad. 不够地，不够好地
irregularly	ⒶⒷⒸⒹⒺⒻⒼⒽⒾⒿⓀⓁ	1	[i'regjuləli]	ad. 不规则地，不合常规地
nonchalantly	ⒶⒷⒸⒹⒺⒻⒼⒽⒾⒿⓀⓁ	1	['nɔnʃələntli]	ad. 不激动地，冷淡地
incessantly	ⒶⒷⒸⒹⒺⒻⒼⒽⒾⒿⓀⓁ	1	[in'sesntli]	ad. 不间断地
informally	ⒶⒷⒸⒹⒺⒻⒼⒽⒾⒿⓀⓁ	1	[in'fɔ:məli]	ad. 不拘礼节地，非正式地

单词	标记	频率	读音	词义
unbearably	ⒶⒷⒸⒹⒺⒻⒼⒽⒾⒿⓀⓁ	1	[ʌn'beərəbli]	ad. 不堪忍受地
unshakably	ⒶⒷⒸⒹⒺⒻⒼⒽⒾⒿⓀⓁ	1	[ʌn'ʃeikəbli]	ad. 不可动摇地
undeniably	ⒶⒷⒸⒹⒺⒻⒼⒽⒾⒿⓀⓁ	1	[ˌʌndi'naiəbli]	ad. 不可否认地
unalterably	ⒶⒷⒸⒹⒺⒻⒼⒽⒾⒿⓀⓁ	1	[ʌ'nɔ:ltərəbli]	ad. 不可改变地
unfavorably	ⒶⒷⒸⒹⒺⒻⒼⒽⒾⒿⓀⓁ	1	[ʌn'feivərəbli]	ad. 不利地，不适宜地
adversely	ⒶⒷⒸⒹⒺⒻⒼⒽⒾⒿⓀⓁ	1	[æd'və:sli]	ad. 不利地，逆向地
ingloriously	ⒶⒷⒸⒹⒺⒻⒼⒽⒾⒿⓀⓁ	1	[in'glɔ:riəsli]	ad. 不名誉地
injudiciously	ⒶⒷⒸⒹⒺⒻⒼⒽⒾⒿⓀⓁ	1	[indʒu'diʃəsli]	ad. 不明智地
impatiently	ⒶⒷⒸⒹⒺⒻⒼⒽⒾⒿⓀⓁ	1	[im'peiʃənli]	ad. 不耐烦地，急躁地
inseparably	ⒶⒷⒸⒹⒺⒻⒼⒽⒾⒿⓀⓁ	1	[in'seprəbli]	ad. 不能分离地，不可分地
irreparably	ⒶⒷⒸⒹⒺⒻⒼⒽⒾⒿⓀⓁ	1	[i'repərəbli]	ad. 不能挽回地，不能恢复地
reluctantly	ⒶⒷⒸⒹⒺⒻⒼⒽⒾⒿⓀⓁ	1	[ri'lʌktəntli]	ad. 不情愿地，勉强地
inexpertly	ⒶⒷⒸⒹⒺⒻⒼⒽⒾⒿⓀⓁ	1	[iniks'pə:tli]	ad. 不熟练地，外行地
unrealistically	ⒶⒷⒸⒹⒺⒻⒼⒽⒾⒿⓀⓁ	1	[ʌnriə'listikli]	ad. 不现实地
improperly	ⒶⒷⒸⒹⒺⒻⒼⒽⒾⒿⓀⓁ	1	[im'prɔpəli]	ad. 不正确地，不适当地
suspiciously	ⒶⒷⒸⒹⒺⒻⒼⒽⒾⒿⓀⓁ	1	[sə'spiʃəsli]	ad. 猜疑地，可疑地
outrageously	ⒶⒷⒸⒹⒺⒻⒼⒽⒾⒿⓀⓁ	1	[aut'reidʒəsli]	ad. 残暴地，蛮横地
cruelly	ⒶⒷⒸⒹⒺⒻⒼⒽⒾⒿⓀⓁ	1	['kruəli]	ad. 残酷地，无情地
operationally	ⒶⒷⒸⒹⒺⒻⒼⒽⒾⒿⓀⓁ	1	[ɔpə'reiʃənəli]	ad. 操作上，可使用
drearily	ⒶⒷⒸⒹⒺⒻⒼⒽⒾⒿⓀⓁ	1	['driərəli]	ad. 沉寂地，可怕地，厌倦地
thoughtfully	ⒶⒷⒸⒹⒺⒻⒼⒽⒾⒿⓀⓁ	1	['θɔ:tfəli]	ad. 沉思地，体贴地
coolly	ⒶⒷⒸⒹⒺⒻⒼⒽⒾⒿⓀⓁ	1	['ku:lli]	ad. 沉着地，冷冷地
loftily	ⒶⒷⒸⒹⒺⒻⒼⒽⒾⒿⓀⓁ	1	['lɔftili;'lɔ:f-]	ad. 崇高地，傲慢地
erroneously	ⒶⒷⒸⒹⒺⒻⒼⒽⒾⒿⓀⓁ	1	[i'rəuniəsli]	ad. 错误地
falsely	ⒶⒷⒸⒹⒺⒻⒼⒽⒾⒿⓀⓁ	1	['fɔ:lsli]	ad. 错误地，虚伪地
boldly	ⒶⒷⒸⒹⒺⒻⒼⒽⒾⒿⓀⓁ	1	['bəuldli]	ad. 大胆地，显眼地
liberally	ⒶⒷⒸⒹⒺⒻⒼⒽⒾⒿⓀⓁ	1	['libərəli]	ad. 大方地，不受限制地
drastically	ⒶⒷⒸⒹⒺⒻⒼⒽⒾⒿⓀⓁ	1	['dræstikəli]	ad. 大幅度地，彻底地
presumably	ⒶⒷⒸⒹⒺⒻⒼⒽⒾⒿⓀⓁ	1	[pri'zju:məbəli]	ad. 大概，可能，据推测
cowardly	ⒶⒷⒸⒹⒺⒻⒼⒽⒾⒿⓀⓁ	1	['kauədli]	ad. 胆怯地
diffidently	ⒶⒷⒸⒹⒺⒻⒼⒽⒾⒿⓀⓁ	1	['difidəntli]	ad. 胆怯地，羞怯地，不自信地
insofar	ⒶⒷⒸⒹⒺⒻⒼⒽⒾⒿⓀⓁ	1	[insəu'fa:]	ad. 到这种程度，在这个范围内
morally	ⒶⒷⒸⒹⒺⒻⒼⒽⒾⒿⓀⓁ	1	['mɔrəli]	ad. 道德上地
viciously	ⒶⒷⒸⒹⒺⒻⒼⒽⒾⒿⓀⓁ	1	['viʃəsli]	ad. 恶毒地，恶意地
maliciously	ⒶⒷⒸⒹⒺⒻⒼⒽⒾⒿⓀⓁ	1	[mə'liʃəsli]	ad. 恶意地
furthermore	ⒶⒷⒸⒹⒺⒻⒼⒽⒾⒿⓀⓁ	1	['fə:ðə'mɔ:]	ad. 而且，此外
exceedingly	ⒶⒷⒸⒹⒺⒻⒼⒽⒾⒿⓀⓁ	1	[ik'si:diŋli]	ad. 非常，极度地
inadvertently	ⒶⒷⒸⒹⒺⒻⒼⒽⒾⒿⓀⓁ	1	[inəd'və:təntli]	ad. 非故意地，不注意地
strenuously	ⒶⒷⒸⒹⒺⒻⒼⒽⒾⒿⓀⓁ	1	['strenjuəsli]	ad. 奋发地，费力地
irefully	ⒶⒷⒸⒹⒺⒻⒼⒽⒾⒿⓀⓁ	1	['aiəfəli]	ad. 愤怒地

单词	标记	频率	读音	词义
sardonically	ⒶⒷⒸⒹⒺⒻⒼⒽⒾⒿⓀⓁ	1	[sa:'dɒnikli]	ad. 讽刺地
satirically	ⒶⒷⒸⒹⒺⒻⒼⒽⒾⒿⓀⓁ	1	[sə'tirikli]	ad. 讽刺地
negatively	ⒶⒷⒸⒹⒺⒻⒼⒽⒾⒿⓀⓁ	1	['negətivli]	ad. 否定地，消极地
broadly	ⒶⒷⒸⒹⒺⒻⒼⒽⒾⒿⓀⓁ	1	['brɔ:dli]	ad. 概括地，大体上地，宽广地
dryly	ⒶⒷⒸⒹⒺⒻⒼⒽⒾⒿⓀⓁ	1	['draili]	ad. 干燥地，枯燥无味地，冷淡地
cheerfully	ⒶⒷⒸⒹⒺⒻⒼⒽⒾⒿⓀⓁ	1	['tʃiəfəli]	ad. 高高兴兴地
delightedly	ⒶⒷⒸⒹⒺⒻⒼⒽⒾⒿⓀⓁ	1	[di'laitidli]	ad. 高兴地，快乐地
individually	ⒶⒷⒸⒹⒺⒻⒼⒽⒾⒿⓀⓁ	1	[indi'vidjuəli]	ad. 个别地，单独地
preferably	ⒶⒷⒸⒹⒺⒻⒼⒽⒾⒿⓀⓁ	1	['prefərəbli]	ad. 更好地，宁愿
weirdly	ⒶⒷⒸⒹⒺⒻⒼⒽⒾⒿⓀⓁ	1	['wiədli]	ad. 古怪地
peculiarly	ⒶⒷⒸⒹⒺⒻⒼⒽⒾⒿⓀⓁ	1	[pi'kju:ljəli]	ad. 古怪地，特有地
purposely	ⒶⒷⒸⒹⒺⒻⒼⒽⒾⒿⓀⓁ	1	['pə:pəsli]	ad. 故意地
decidedly	ⒶⒷⒸⒹⒺⒻⒼⒽⒾⒿⓀⓁ	1	[di'saididli]	ad. 果断地，明确地
implicitly	ⒶⒷⒸⒹⒺⒻⒼⒽⒾⒿⓀⓁ	1	[im'plisitli]	ad. 含蓄地
infrequently	ⒶⒷⒸⒹⒺⒻⒼⒽⒾⒿⓀⓁ	1	[in'fri:kwəntli]	ad. 罕见地，稀少的
vociferously	ⒶⒷⒸⒹⒺⒻⒼⒽⒾⒿⓀⓁ	1	[vəu'sifərəsli]	ad. 喊叫地，吵闹地
effortlessly	ⒶⒷⒸⒹⒺⒻⒼⒽⒾⒿⓀⓁ	1	['efətlisli]	ad. 毫不费力地，轻易地
unequivocally	ⒶⒷⒸⒹⒺⒻⒼⒽⒾⒿⓀⓁ	1	[ˌʌni'kwivəkəli]	ad. 毫不含糊地，明确地
curiously	ⒶⒷⒸⒹⒺⒻⒼⒽⒾⒿⓀⓁ	1	['kjuəriəsli]	ad. 好奇地，奇怪地
cooperatively	ⒶⒷⒸⒹⒺⒻⒼⒽⒾⒿⓀⓁ	1	[kəu'ɔpərətivli]	ad. 合作地
graciously	ⒶⒷⒸⒹⒺⒻⒼⒽⒾⒿⓀⓁ	1	['greiʃəsli]	ad. 和蔼地，仁慈的
grandly	ⒶⒷⒸⒹⒺⒻⒼⒽⒾⒿⓀⓁ	1	['grændli]	ad. 宏伟地
gaily	ⒶⒷⒸⒹⒺⒻⒼⒽⒾⒿⓀⓁ	1	['geili]	ad. 华丽地，欢乐地
comically	ⒶⒷⒸⒹⒺⒻⒼⒽⒾⒿⓀⓁ	1	['kɔmikli]	ad. 滑稽地
ludicrously	ⒶⒷⒸⒹⒺⒻⒼⒽⒾⒿⓀⓁ	1	['lu:dikrəsli]	ad. 荒谬地，可笑地
brilliantly	ⒶⒷⒸⒹⒺⒻⒼⒽⒾⒿⓀⓁ	1	['briljəntli]	ad. 辉煌地，灿烂地
briskly	ⒶⒷⒸⒹⒺⒻⒼⒽⒾⒿⓀⓁ	1	['briskli]	ad. 活泼地，精神勃勃地
insistently	ⒶⒷⒸⒹⒺⒻⒼⒽⒾⒿⓀⓁ	1	[in'sistəntli]	ad. 坚持地
staunchly	ⒶⒷⒸⒹⒺⒻⒼⒽⒾⒿⓀⓁ	1	[stɔ:ntʃli]	ad. 坚定地，忠实地
stoically	ⒶⒷⒸⒹⒺⒻⒼⒽⒾⒿⓀⓁ	1	['stəuikli]	ad. 坚忍克己地，禁欲地
tenaciously	ⒶⒷⒸⒹⒺⒻⒼⒽⒾⒿⓀⓁ	1	[ti'neiʃəsli]	ad. 坚韧不拔地，执着地
solidly	ⒶⒷⒸⒹⒺⒻⒼⒽⒾⒿⓀⓁ	1	['sɔlidli]	ad. 坚硬地，稳固地
rigidly	ⒶⒷⒸⒹⒺⒻⒼⒽⒾⒿⓀⓁ	1	['ridʒidli]	ad. 坚硬地，严格地
laboriously	ⒶⒷⒸⒹⒺⒻⒼⒽⒾⒿⓀⓁ	1	[lə'bɔ:riəsli]	ad. 艰难地，辛勤地
succinctly	ⒶⒷⒸⒹⒺⒻⒼⒽⒾⒿⓀⓁ	1	[sək'siŋktli]	ad. 简洁地，简便地
stiffly	ⒶⒷⒸⒹⒺⒻⒼⒽⒾⒿⓀⓁ	1	['stifli]	ad. 僵硬地，顽固地
alternately	ⒶⒷⒸⒹⒺⒻⒼⒽⒾⒿⓀⓁ	1	['ɔ:ltə:nitli]	ad. 交替地，轮流地
nervously	ⒶⒷⒸⒹⒺⒻⒼⒽⒾⒿⓀⓁ	1	['nə:vəsli]	ad. 焦急地，神经质地
cunningly	ⒶⒷⒸⒹⒺⒻⒼⒽⒾⒿⓀⓁ	1	['kʌniŋli]	ad. 狡猾地
cautiously	ⒶⒷⒸⒹⒺⒻⒼⒽⒾⒿⓀⓁ	1	['kɔ:ʃəsli]	ad. 谨慎地

单词	标记	频率	读音	词义
modestly	ⒶⒷⒸⒹⒺⒻⒼⒽⒾⒿⓀⓁ	1	['mɔdistli]	ad. 谨慎地，适当地，谦虚地
tremendously	ⒶⒷⒸⒹⒺⒻⒼⒽⒾⒿⓀⓁ	1	[tri'mendəsli]	ad. 惊人地，非常
insanely	ⒶⒷⒸⒹⒺⒻⒼⒽⒾⒿⓀⓁ	1	[in'seinli]	ad. 精神错乱地，疯狂地
spiritually	ⒶⒷⒸⒹⒺⒻⒼⒽⒾⒿⓀⓁ	1	['spiritʃuəli]	ad. 精神上
psychically	ⒶⒷⒸⒹⒺⒻⒼⒽⒾⒿⓀⓁ	1	['saikikəli]	ad. 精神上，心灵上
quintessentially	ⒶⒷⒸⒹⒺⒻⒼⒽⒾⒿⓀⓁ	1	[ˌkwinti'senʃli]	ad. 精髓地，典型地
finely	ⒶⒷⒸⒹⒺⒻⒼⒽⒾⒿⓀⓁ	1	['fainli]	ad. 精细地，细微地
vastly	ⒶⒷⒸⒹⒺⒻⒼⒽⒾⒿⓀⓁ	1	['va:stli]	ad. 巨大地，广阔地
purportedly	ⒶⒷⒸⒹⒺⒻⒼⒽⒾⒿⓀⓁ	1	[pɜ:'pɔ:tidli]	ad. 据称
determinedly	ⒶⒷⒸⒹⒺⒻⒼⒽⒾⒿⓀⓁ	1	[di'tɜ:mindli]	ad. 决然地，断然地
interchangeably	ⒶⒷⒸⒹⒺⒻⒼⒽⒾⒿⓀⓁ	1	[intə'tʃeindʒəbli]	ad. 可交换地
reliably	ⒶⒷⒸⒹⒺⒻⒼⒽⒾⒿⓀⓁ	1	[ri'laiəbli]	ad. 可靠地
audibly	ⒶⒷⒸⒹⒺⒻⒼⒽⒾⒿⓀⓁ	1	['ɔ:dəbli]	ad. 可听见地
orally	ⒶⒷⒸⒹⒺⒻⒼⒽⒾⒿⓀⓁ	1	['ɔ:rəli]	ad. 口头上地，口述地
pungently	ⒶⒷⒸⒹⒺⒻⒼⒽⒾⒿⓀⓁ	1	['pʌndʒəntli]	ad. 苦痛地，尖锐地
fanatically	ⒶⒷⒸⒹⒺⒻⒼⒽⒾⒿⓀⓁ	1	[fə'nætikli]	ad. 狂热地
idly	ⒶⒷⒸⒹⒺⒻⒼⒽⒾⒿⓀⓁ	1	['aidli]	ad. 懒惰地
sonorously	ⒶⒷⒸⒹⒺⒻⒼⒽⒾⒿⓀⓁ	1	['sɒnərəsli]	ad. 朗朗地，响亮地
romantically	ⒶⒷⒸⒹⒺⒻⒼⒽⒾⒿⓀⓁ	1	[rəu'mæntikli]	ad. 浪漫地
optimistically	ⒶⒷⒸⒹⒺⒻⒼⒽⒾⒿⓀⓁ	1	[ɔptə'mistikli]	ad. 乐观地
ruthlessly	ⒶⒷⒸⒹⒺⒻⒼⒽⒾⒿⓀⓁ	1	['ru:θlisli]	ad. 冷酷地，残忍地
instantly	ⒶⒷⒸⒹⒺⒻⒼⒽⒾⒿⓀⓁ	1	['instəntli]	ad. 立即地，即刻地
straightaway	ⒶⒷⒸⒹⒺⒻⒼⒽⒾⒿⓀⓁ	1	['streitəwei]	ad. 立刻，直接
sympathetically	ⒶⒷⒸⒹⒺⒻⒼⒽⒾⒿⓀⓁ	1	[ˌsimpə'θetikli]	ad. 怜悯地，同情地
pitifully	ⒶⒷⒸⒹⒺⒻⒼⒽⒾⒿⓀⓁ	1	['pitifuli]	ad. 怜悯地，同情地，可怜地
conscientiously	ⒶⒷⒸⒹⒺⒻⒼⒽⒾⒿⓀⓁ	1	[kɔnʃi'enʃəsli]	ad. 良心上地，认真地，谨慎地
embarrassingly	ⒶⒷⒸⒹⒺⒻⒼⒽⒾⒿⓀⓁ	1	[im'bærəsiŋli]	ad. 令人为难地
impressively	ⒶⒷⒸⒹⒺⒻⒼⒽⒾⒿⓀⓁ	1	[im'presivli]	ad. 令人印象深刻地
vacantly	ⒶⒷⒸⒹⒺⒻⒼⒽⒾⒿⓀⓁ	1	['veikəntli]	ad. 茫然地，迷茫地
annually	ⒶⒷⒸⒹⒺⒻⒼⒽⒾⒿⓀⓁ	1	['ænjuəli]	ad. 每年，按年计算
violently	ⒶⒷⒸⒹⒺⒻⒼⒽⒾⒿⓀⓁ	1	['vaiələntli]	ad. 猛烈地，暴力地
fancifully	ⒶⒷⒸⒹⒺⒻⒼⒽⒾⒿⓀⓁ	1	['fænsifəli]	ad. 梦想地，想象地
astray	ⒶⒷⒸⒹⒺⒻⒼⒽⒾⒿⓀⓁ	1	[əs'trei]	ad. 迷途地，误入歧途地
densely	ⒶⒷⒸⒹⒺⒻⒼⒽⒾⒿⓀⓁ	1	['densli]	ad. 密集地，浓厚地
subtly	ⒶⒷⒸⒹⒺⒻⒼⒽⒾⒿⓀⓁ	1	['sʌtli]	ad. 敏锐地，巧妙地，精细地
categorically	ⒶⒷⒸⒹⒺⒻⒼⒽⒾⒿⓀⓁ	1	[ˌkæti'gɔrikli]	ad. 明确地，断然地
unspeakably	ⒶⒷⒸⒹⒺⒻⒼⒽⒾⒿⓀⓁ	1	[ʌn'spi:kəbli]	ad. 难以形容地，说不出地
intrinsically	ⒶⒷⒸⒹⒺⒻⒼⒽⒾⒿⓀⓁ	1	[in'trinsikəli]	ad. 内在地，固有地
capably	ⒶⒷⒸⒹⒺⒻⒼⒽⒾⒿⓀⓁ	1	['keipəbli]	ad. 能干地
sporadically	ⒶⒷⒸⒹⒺⒻⒼⒽⒾⒿⓀⓁ	1	[spə'rædikəli]	ad. 偶发地，零星地

单词	标记	频率	读音	词义
evenly	ⒶⒷⒸⒹⒺⒻⒼⒽⒾⒿⓀⓁ	1	['i:vənli]	ad. 平衡地，平坦地，平等地
imminently	ⒶⒷⒸⒹⒺⒻⒼⒽⒾⒿⓀⓁ	1	['iminəntli]	ad. 迫切地，紧急地
strangely	ⒶⒷⒸⒹⒺⒻⒼⒽⒾⒿⓀⓁ	1	['streindʒli]	ad. 奇怪地，奇妙的
miraculously	ⒶⒷⒸⒹⒺⒻⒼⒽⒾⒿⓀⓁ	1	[mi'rækjuləsli]	ad. 奇迹般地
ingeniously	ⒶⒷⒸⒹⒺⒻⒼⒽⒾⒿⓀⓁ	1	[in'dʒi:njəsli]	ad. 巧妙地
assiduously	ⒶⒷⒸⒹⒺⒻⒼⒽⒾⒿⓀⓁ	1	[ə'sidʒuəsli]	ad. 勤勉的，刻苦的
contemptuously	ⒶⒷⒸⒹⒺⒻⒼⒽⒾⒿⓀⓁ	1	[kən'temptjuəsli]	ad. 轻蔑地，傲慢地
lightly	ⒶⒷⒸⒹⒺⒻⒼⒽⒾⒿⓀⓁ	1	['laitli]	ad. 轻轻地，轻松地
gently	ⒶⒷⒸⒹⒺⒻⒼⒽⒾⒿⓀⓁ	1	['dʒentli]	ad. 轻轻地，温柔地
marginally	ⒶⒷⒸⒹⒺⒻⒼⒽⒾⒿⓀⓁ	1	['ma:dʒinəli]	ad. 轻微地，少量地，在边上
facilely	ⒶⒷⒸⒹⒺⒻⒼⒽⒾⒿⓀⓁ	1	['fæsili]	ad. 轻易地，轻快地
condescendingly	ⒶⒷⒸⒹⒺⒻⒼⒽⒾⒿⓀⓁ	1	['kɔndisendiŋli]	ad. 屈尊地
conclusively	ⒶⒷⒸⒹⒺⒻⒼⒽⒾⒿⓀⓁ	1	[kən'klu:sivli]	ad. 确定地，决定性地，最后地
authentically	ⒶⒷⒸⒹⒺⒻⒼⒽⒾⒿⓀⓁ	1	[ɔ'θentikəli]	ad. 确实地，真正地
afterwards	ⒶⒷⒸⒹⒺⒻⒼⒽⒾⒿⓀⓁ	1	['a:ftəwədz]	ad. 然后，后来地
vehemently	ⒶⒷⒸⒹⒺⒻⒼⒽⒾⒿⓀⓁ	1	['vi:iməntli]	ad. 热烈地，激烈地
ardently	ⒶⒷⒸⒹⒺⒻⒼⒽⒾⒿⓀⓁ	1	['a:dəntli]	ad. 热心地，热烈地
earnestly	ⒶⒷⒸⒹⒺⒻⒼⒽⒾⒿⓀⓁ	1	['ə:nistli]	ad. 认真地，热心地
physiologically	ⒶⒷⒸⒹⒺⒻⒼⒽⒾⒿⓀⓁ	1	[fiziə'lɔdʒikəli]	ad. 生理上，在生理学上
vitally	ⒶⒷⒸⒹⒺⒻⒼⒽⒾⒿⓀⓁ	1	['vaitəli]	ad. 生死攸关地，极其，紧要地
notoriously	ⒶⒷⒸⒹⒺⒻⒼⒽⒾⒿⓀⓁ	1	[nəu'tɔ:riəsli]	ad. 声名狼藉地
triumphantly	ⒶⒷⒸⒹⒺⒻⒼⒽⒾⒿⓀⓁ	1	[trai'ʌmfəntli]	ad. 胜利地，得意洋洋地
competently	ⒶⒷⒸⒹⒺⒻⒼⒽⒾⒿⓀⓁ	1	['kɔmpitəntli]	ad. 胜任地，称职地
factually	ⒶⒷⒸⒹⒺⒻⒼⒽⒾⒿⓀⓁ	1	['fæktʃuəli]	ad. 事实地，真实地
tentatively	ⒶⒷⒸⒹⒺⒻⒼⒽⒾⒿⓀⓁ	1	['tentətivli]	ad. 试验性地，犹豫不决地
duly	ⒶⒷⒸⒹⒺⒻⒼⒽⒾⒿⓀⓁ	1	['dju:li]	ad. 适时地，恰当地
waterborne	ⒶⒷⒸⒹⒺⒻⒼⒽⒾⒿⓀⓁ	1	['wɔ:təbɔ:n]	ad. 水上地，水运地
unscrupulously	ⒶⒷⒸⒹⒺⒻⒼⒽⒾⒿⓀⓁ	1	[ʌn'skru:pjələsli]	ad. 肆无忌惮地，无道德地
bluntly	ⒶⒷⒸⒹⒺⒻⒼⒽⒾⒿⓀⓁ	1	['blʌntli]	ad. 坦率地，率直地
innately	ⒶⒷⒸⒹⒺⒻⒼⒽⒾⒿⓀⓁ	1	['i'neitli]	ad. 天赋地
astronomically	ⒶⒷⒸⒹⒺⒻⒼⒽⒾⒿⓀⓁ	1	[æstrə'nɔmikli]	ad. 天文学地，庞大地
defiantly	ⒶⒷⒸⒹⒺⒻⒼⒽⒾⒿⓀⓁ	1	[di'faiəntli]	ad. 挑战地，对抗地
ordinarily	ⒶⒷⒸⒹⒺⒻⒼⒽⒾⒿⓀⓁ	1	['ɔ:dnərili]	ad. 通常，一般地
statistically	ⒶⒷⒸⒹⒺⒻⒼⒽⒾⒿⓀⓁ	1	[stə'tistikli]	ad. 统计上地
headlong	ⒶⒷⒸⒹⒺⒻⒼⒽⒾⒿⓀⓁ	1	['hedlɔŋ]	ad. 头向前地，轻率地，飞快地
eminently	ⒶⒷⒸⒹⒺⒻⒼⒽⒾⒿⓀⓁ	1	['eminəntli]	ad. 突出地，显著地
abruptly	ⒶⒷⒸⒹⒺⒻⒼⒽⒾⒿⓀⓁ	1	[ə'brʌptli]	ad. 突然地，意外地
sinuously	ⒶⒷⒸⒹⒺⒻⒼⒽⒾⒿⓀⓁ	1	['sinjuəsli]	ad. 蜿蜒地
perilously	ⒶⒷⒸⒹⒺⒻⒼⒽⒾⒿⓀⓁ	1	['periləsli]	ad. 危险地，冒险地
materialistically	ⒶⒷⒸⒹⒺⒻⒼⒽⒾⒿⓀⓁ	1	[mətiəriəlis'tikli]	ad. 唯物论地

单词	标记	频率	读音	词义
mildly	ⒶⒷⒸⒹⒺⒻⒼⒽⒾⒿⓀⓁ	1	['maildli]	ad. 温和地，和善地
incomparably	ⒶⒷⒸⒹⒺⒻⒼⒽⒾⒿⓀⓁ	1	[in'kɔmpərəbli]	ad. 无比地，无敌地
inordinately	ⒶⒷⒸⒹⒺⒻⒼⒽⒾⒿⓀⓁ	1	[in'ɔ:dinitli]	ad. 无度地，非常地
inextricably	ⒶⒷⒸⒹⒺⒻⒼⒽⒾⒿⓀⓁ	1	[in'ekstrikəbli]	ad. 无法摆脱地，分不开地
inimitably	ⒶⒷⒸⒹⒺⒻⒼⒽⒾⒿⓀⓁ	1	[i'nimitəbli]	ad. 无法仿效地，独特地
uncontrollably	ⒶⒷⒸⒹⒺⒻⒼⒽⒾⒿⓀⓁ	1	[ˌʌnkən'trəuləbli]	ad. 无法控制地
unemotionally	ⒶⒷⒸⒹⒺⒻⒼⒽⒾⒿⓀⓁ	1	['ʌni'məuʃənəli]	ad. 无感情地，不易动感情地
incontrovertibly	ⒶⒷⒸⒹⒺⒻⒼⒽⒾⒿⓀⓁ	1	[inkɔntrə'və:təbli]	ad. 无可争辩地
disrespectfully	ⒶⒷⒸⒹⒺⒻⒼⒽⒾⒿⓀⓁ	1	[disri'spektfəli]	ad. 无礼地，失礼地
mercilessly	ⒶⒷⒸⒹⒺⒻⒼⒽⒾⒿⓀⓁ	1	['mə:silisli]	ad. 无情地，残忍地
inexorably	ⒶⒷⒸⒹⒺⒻⒼⒽⒾⒿⓀⓁ	1	[in'eksərəbli]	ad. 无情地，冷酷地
infinitely	ⒶⒷⒸⒹⒺⒻⒼⒽⒾⒿⓀⓁ	1	['infinitli]	ad. 无限地，无穷地
innocently	ⒶⒷⒸⒹⒺⒻⒼⒽⒾⒿⓀⓁ	1	['inəsəntli]	ad. 无罪地，纯洁地
downhill	ⒶⒷⒸⒹⒺⒻⒼⒽⒾⒿⓀⓁ	1	['daunhil]	ad. 下坡，向下
evidently	ⒶⒷⒸⒹⒺⒻⒼⒽⒾⒿⓀⓁ	1	['evidəntli]	ad. 显然，清楚地
patently	ⒶⒷⒸⒹⒺⒻⒼⒽⒾⒿⓀⓁ	1	['peitəntli]	ad. 显然地
noticeably	ⒶⒷⒸⒹⒺⒻⒼⒽⒾⒿⓀⓁ	1	['nəutisəbli]	ad. 显著地，明显地
markedly	ⒶⒷⒸⒹⒺⒻⒼⒽⒾⒿⓀⓁ	1	['ma:kidli]	ad. 显著地，明显地
saliently	ⒶⒷⒸⒹⒺⒻⒼⒽⒾⒿⓀⓁ	1	['seiljəntli]	ad. 显著地，突出地
conspicuously	ⒶⒷⒸⒹⒺⒻⒼⒽⒾⒿⓀⓁ	1	[kəns'pikjuəsli]	ad. 显著地，醒目地
notably	ⒶⒷⒸⒹⒺⒻⒼⒽⒾⒿⓀⓁ	1	['nəutbəli]	ad. 显著地，著名地
inward	ⒶⒷⒸⒹⒺⒻⒼⒽⒾⒿⓀⓁ	1	['inwəd]	ad. 向内，在内 a. 内在的
symbolically	ⒶⒷⒸⒹⒺⒻⒼⒽⒾⒿⓀⓁ	1	[sim'bɔlikəli]	ad. 象征性地
smartly	ⒶⒷⒸⒹⒺⒻⒼⒽⒾⒿⓀⓁ	1	['sma:tli]	ad. 潇洒地，聪明地
scrupulously	ⒶⒷⒸⒹⒺⒻⒼⒽⒾⒿⓀⓁ	1	['skru:pjuləsli]	ad. 小心翼翼地，严谨地
promptly	ⒶⒷⒸⒹⒺⒻⒼⒽⒾⒿⓀⓁ	1	['prɔmptli]	ad. 迅速地，敏捷地
overwhelmingly	ⒶⒷⒸⒹⒺⒻⒼⒽⒾⒿⓀⓁ	1	[ˌəvə'welmiŋli]	ad. 压倒性地，不可抵抗地
rigorously	ⒶⒷⒸⒹⒺⒻⒼⒽⒾⒿⓀⓁ	1	['rigərəsli]	ad. 严格地
justifiably	ⒶⒷⒸⒹⒺⒻⒼⒽⒾⒿⓀⓁ	1	['dʒʌstifaiəbli]	ad. 言之有理地
distantly	ⒶⒷⒸⒹⒺⒻⒼⒽⒾⒿⓀⓁ	1	['distəntli]	ad. 遥远地，疏远地
artfully	ⒶⒷⒸⒹⒺⒻⒼⒽⒾⒿⓀⓁ	1	['a:tfuli]	ad. 艺术地，熟练地
intelligibly	ⒶⒷⒸⒹⒺⒻⒼⒽⒾⒿⓀⓁ	1	[in'telidʒəbli]	ad. 易理解地，明了地
insidiously	ⒶⒷⒸⒹⒺⒻⒼⒽⒾⒿⓀⓁ	1	[in'sidiəsli]	ad. 阴险地，隐伏地
delicately	ⒶⒷⒸⒹⒺⒻⒼⒽⒾⒿⓀⓁ	1	['delikətli]	ad. 优美地，精致地，微妙地
elegantly	ⒶⒷⒸⒹⒺⒻⒼⒽⒾⒿⓀⓁ	1	['eləgəntli]	ad. 优美地，雅致地
decorously	ⒶⒷⒸⒹⒺⒻⒼⒽⒾⒿⓀⓁ	1	['dekərəsli]	ad. 有礼貌地，高雅地
seductively	ⒶⒷⒸⒹⒺⒻⒼⒽⒾⒿⓀⓁ	1	[si'dʌktivli]	ad. 诱惑地，勾引地
roundly	ⒶⒷⒸⒹⒺⒻⒼⒽⒾⒿⓀⓁ	1	['raundli]	ad. 圆圆地，严厉地，彻底地
ashore	ⒶⒷⒸⒹⒺⒻⒼⒽⒾⒿⓀⓁ	1	[ə'ʃɔ:]	ad. 在岸上地，向岸上地
locally	ⒶⒷⒸⒹⒺⒻⒼⒽⒾⒿⓀⓁ	1	['ləukəli]	ad. 在本地，地方性地，局部地

单词	标记	频率	读音	词义
astern	ⒶⒷⒸⒹⒺⒻⒼⒽⒾⒿⓀⓁ	1	[əs'tə:n]	ad. 在船尾，向船尾
wherein	ⒶⒷⒸⒹⒺⒻⒼⒽⒾⒿⓀⓁ	1	[(h)weər'in]	ad. 在那里，在何处
temperamentally	ⒶⒷⒸⒹⒺⒻⒼⒽⒾⒿⓀⓁ	1	[tempərə'mentəli]	ad. 在气质上，喜怒无常地
posthumously	ⒶⒷⒸⒹⒺⒻⒼⒽⒾⒿⓀⓁ	1	['pɒstjuməsli]	ad. 在死后
precociously	ⒶⒷⒸⒹⒺⒻⒼⒽⒾⒿⓀⓁ	1	[pri'kəuʃəsli]	ad. 早熟地
prematurely	ⒶⒷⒸⒹⒺⒻⒼⒽⒾⒿⓀⓁ	1	[pri:mə'tjuəli]	ad. 早熟地，过早地
philosophically	ⒶⒷⒸⒹⒺⒻⒼⒽⒾⒿⓀⓁ	1	[filə'sɔfikəli]	ad. 哲学上
formally	ⒶⒷⒸⒹⒺⒻⒼⒽⒾⒿⓀⓁ	1	['fɔ:məli]	ad. 正式地，形式上
officially	ⒶⒷⒸⒹⒺⒻⒼⒽⒾⒿⓀⓁ	1	[ə'fiʃəli;'ɔ:f-]	ad. 职务上，正式
fatally	ⒶⒷⒸⒹⒺⒻⒼⒽⒾⒿⓀⓁ	1	['feitəli]	ad. 致命地，宿命地，不幸地
intellectually	ⒶⒷⒸⒹⒺⒻⒼⒽⒾⒿⓀⓁ	1	[inti'lektʃuəli]	ad. 智力上，与智力有关地
anew	ⒶⒷⒸⒹⒺⒻⒼⒽⒾⒿⓀⓁ	1	[ə'nju:]	ad. 重新，再
periodically	ⒶⒷⒸⒹⒺⒻⒼⒽⒾⒿⓀⓁ	1	[ˌpiəri'ɔdikəli]	ad. 周期性地，定时性地
willingly	ⒶⒷⒸⒹⒺⒻⒼⒽⒾⒿⓀⓁ	1	['wiliŋli]	ad. 自愿地
curator	ⒶⒷⒸⒹⒺⒻⒼⒽⒾⒿⓀⓁ	1	[kjuə'reitə]	n.（博物馆、展览馆）馆长，管理者
preservationist	ⒶⒷⒸⒹⒺⒻⒼⒽⒾⒿⓀⓁ	1	[ˌprezə'veiʃənist]	n.（对野生动物 / 古迹等）保护主义者
pallor	ⒶⒷⒸⒹⒺⒻⒼⒽⒾⒿⓀⓁ	1	['pælə]	n.（脸色）苍白
phylum	ⒶⒷⒸⒹⒺⒻⒼⒽⒾⒿⓀⓁ	1	['failəm]	n.（生物分类学上的）门，语群
knot	ⒶⒷⒸⒹⒺⒻⒼⒽⒾⒿⓀⓁ	1	[nɔt]	n.（绳的）结 v. 打结
balm	ⒶⒷⒸⒹⒺⒻⒼⒽⒾⒿⓀⓁ	1	[ba:m]	n.（止痛或疗伤的）香膏，精油，安慰剂
subconscious	ⒶⒷⒸⒹⒺⒻⒼⒽⒾⒿⓀⓁ	1	['sʌb'kɔnʃəs]	n./a. 潜意识（的），下意识（的）
siege	ⒶⒷⒸⒹⒺⒻⒼⒽⒾⒿⓀⓁ	1	[si:dʒ]	n./v. 包围，围攻
bail	ⒶⒷⒸⒹⒺⒻⒼⒽⒾⒿⓀⓁ	1	[beil]	n./v. 保释，保释金
tumble	ⒶⒷⒸⒹⒺⒻⒼⒽⒾⒿⓀⓁ	1	['tʌmbl]	n./v. 暴跌，跌倒
mistrust	ⒶⒷⒸⒹⒺⒻⒼⒽⒾⒿⓀⓁ	1	['mis'trʌst]	n./v. 不信任，疑惑
jeer	ⒶⒷⒸⒹⒺⒻⒼⒽⒾⒿⓀⓁ	1	[dʒiə]	n./v. 嘲笑，讥讽
brag	ⒶⒷⒸⒹⒺⒻⒼⒽⒾⒿⓀⓁ	1	[bræg]	n./v. 吹牛
fuss	ⒶⒷⒸⒹⒺⒻⒼⒽⒾⒿⓀⓁ	1	[fʌs]	n./v. 大惊小怪，忙乱
dialogue	ⒶⒷⒸⒹⒺⒻⒼⒽⒾⒿⓀⓁ	1	['daiəlɔg]	n./v. 对话
disuse	ⒶⒷⒸⒹⒺⒻⒼⒽⒾⒿⓀⓁ	1	['dis'ju:s]	n./v. 废弃，废止
malfunction	ⒶⒷⒸⒹⒺⒻⒼⒽⒾⒿⓀⓁ	1	[mæl'fʌŋkʃən]	n./v. 故障，失灵
rue	ⒶⒷⒸⒹⒺⒻⒼⒽⒾⒿⓀⓁ	1	[ru:]	n./v. 后悔，懊悔
rebound	ⒶⒷⒸⒹⒺⒻⒼⒽⒾⒿⓀⓁ	1	[ri'baund]	n./v. 回弹，反作用于
scuffle	ⒶⒷⒸⒹⒺⒻⒼⒽⒾⒿⓀⓁ	1	['skʌfl]	n./v. 混战，扭打
scoot	ⒶⒷⒸⒹⒺⒻⒼⒽⒾⒿⓀⓁ	1	[sku:t]	n./v. 疾走，快速跑开
spoof	ⒶⒷⒸⒹⒺⒻⒼⒽⒾⒿⓀⓁ	1	[spu:f]	n./v. 诳骗，滑稽模仿
trespass	ⒶⒷⒸⒹⒺⒻⒼⒽⒾⒿⓀⓁ	1	['trespəs]	n./v. 冒犯，侵犯，非法侵入
venture	ⒶⒷⒸⒹⒺⒻⒼⒽⒾⒿⓀⓁ	1	['ventʃə]	n./v. 冒险，风险，投机
hitch	ⒶⒷⒸⒹⒺⒻⒼⒽⒾⒿⓀⓁ	1	[hitʃ]	n./v. 猛拉，搭便车
spray	ⒶⒷⒸⒹⒺⒻⒼⒽⒾⒿⓀⓁ	1	[sprei]	n./v. 喷雾，喷射

单词	标记	频率	读音	词义
bulge	ⒶⒷⒸⒹⒺⒻⒼⒽⒾⒿⓀⓁ	1	[bʌldʒ]	n./v. 膨胀，鼓起
sputter	ⒶⒷⒸⒹⒺⒻⒼⒽⒾⒿⓀⓁ	1	['spʌtə]	n./v. 劈啪声，飞溅，兴奋地说话
reproach	ⒶⒷⒸⒹⒺⒻⒼⒽⒾⒿⓀⓁ	1	[ri'prəutʃ]	n./v. 谴责，责骂
autograph	ⒶⒷⒸⒹⒺⒻⒼⒽⒾⒿⓀⓁ	1	['ɔ:təgra:f]	n./v. 亲笔签名，手稿
thaw	ⒶⒷⒸⒹⒺⒻⒼⒽⒾⒿⓀⓁ	1	[θɔ:]	n./v. 融化，解冻
sparkle	ⒶⒷⒸⒹⒺⒻⒼⒽⒾⒿⓀⓁ	1	['spa:kl]	n./v. 闪耀，火花
moan	ⒶⒷⒸⒹⒺⒻⒼⒽⒾⒿⓀⓁ	1	[məun]	n./v. 呻吟，抱怨
shrug	ⒶⒷⒸⒹⒺⒻⒼⒽⒾⒿⓀⓁ	1	[ʃrʌg]	n./v. 耸肩
sling	ⒶⒷⒸⒹⒺⒻⒼⒽⒾⒿⓀⓁ	1	[sliŋ]	n./v. 投掷，吊起，驱逐，吊索
frolic	ⒶⒷⒸⒹⒺⒻⒼⒽⒾⒿⓀⓁ	1	['frɔlik]	n./v. 嬉戏 a. 嬉戏的，欢乐的
stroll	ⒶⒷⒸⒹⒺⒻⒼⒽⒾⒿⓀⓁ	1	[strəul]	n./v. 闲逛，漫步
repose	ⒶⒷⒸⒹⒺⒻⒼⒽⒾⒿⓀⓁ	1	[ri'pəuz]	n./v. 休息，安睡
recess	ⒶⒷⒸⒹⒺⒻⒼⒽⒾⒿⓀⓁ	1	[ri'ses]	n./v. 休息，壁凹，壁龛
reprimand	ⒶⒷⒸⒹⒺⒻⒼⒽⒾⒿⓀⓁ	1	['reprima:nd]	n./v. 训斥，谴责
nurture	ⒶⒷⒸⒹⒺⒻⒼⒽⒾⒿⓀⓁ	1	['nə:tʃə]	n./v. 养育，培育
wobble	ⒶⒷⒸⒹⒺⒻⒼⒽⒾⒿⓀⓁ	1	['wɔbl]	n./v. 摇晃，摆动
encore	ⒶⒷⒸⒹⒺⒻⒼⒽⒾⒿⓀⓁ	1	['ɔŋkɔ:]	n./v. 再演，加演
laud	ⒶⒷⒸⒹⒺⒻⒼⒽⒾⒿⓀⓁ	1	[lɔ:d]	n./v. 赞美，称赞
torment	ⒶⒷⒸⒹⒺⒻⒼⒽⒾⒿⓀⓁ	1	['tɔ:ment]	n./v. 折磨，使痛苦
rebuke	ⒶⒷⒸⒹⒺⒻⒼⒽⒾⒿⓀⓁ	1	[ri'bju:k]	n./v. 指责，谴责
parody	ⒶⒷⒸⒹⒺⒻⒼⒽⒾⒿⓀⓁ	1	['pærədi]	n./v. 拙劣的模仿
zigzag	ⒶⒷⒸⒹⒺⒻⒼⒽⒾⒿⓀⓁ	1	['zigzæg]	n.Z 字形 a. 曲折的
scrub	ⒶⒷⒸⒹⒺⒻⒼⒽⒾⒿⓀⓁ	1	[skrʌb]	n. 矮树丛 v./n. 用力擦洗
patriot	ⒶⒷⒸⒹⒺⒻⒼⒽⒾⒿⓀⓁ	1	['peitriət;'pæt-]	n. 爱国者
devotee	ⒶⒷⒸⒹⒺⒻⒼⒽⒾⒿⓀⓁ	1	[,devəu'ti:]	n. 爱好者，献身者，皈依者
consolation	ⒶⒷⒸⒹⒺⒻⒼⒽⒾⒿⓀⓁ	1	[,kɔnsə'leiʃən]	n. 安慰，慰藉
assassination	ⒶⒷⒸⒹⒺⒻⒼⒽⒾⒿⓀⓁ	1	[ə,sæsi'neiʃən]	n. 暗杀
insinuation	ⒶⒷⒸⒹⒺⒻⒼⒽⒾⒿⓀⓁ	1	[in,sinju'eiʃən]	n. 暗示，暗讽，影射
inkling	ⒶⒷⒸⒹⒺⒻⒼⒽⒾⒿⓀⓁ	1	['iŋkliŋ]	n. 暗示，略微知道
hubris	ⒶⒷⒸⒹⒺⒻⒼⒽⒾⒿⓀⓁ	1	['hju:bris]	n. 傲慢，盛气凌人
remorse	ⒶⒷⒸⒹⒺⒻⒼⒽⒾⒿⓀⓁ	1	[ri'mɔ:s]	n. 懊悔，悔恨
pasteurization	ⒶⒷⒸⒹⒺⒻⒼⒽⒾⒿⓀⓁ	1	[,pæstərai'zeiʃən]	n. 巴氏消毒法，加热杀菌法
ballerina	ⒶⒷⒸⒹⒺⒻⒼⒽⒾⒿⓀⓁ	1	[,bælə'ri:nə]	n. 芭蕾舞女演员
idiocy	ⒶⒷⒸⒹⒺⒻⒼⒽⒾⒿⓀⓁ	1	['idiəsi]	n. 白痴，白痴的行为
idiot	ⒶⒷⒸⒹⒺⒻⒼⒽⒾⒿⓀⓁ	1	['idiət]	n. 白痴，傻瓜
platinum	ⒶⒷⒸⒹⒺⒻⒼⒽⒾⒿⓀⓁ	1	['plætinəm]	n. 白金，铂
beluga	ⒶⒷⒸⒹⒺⒻⒼⒽⒾⒿⓀⓁ	1	[bə'lu:gə]	n. 白鲸
daydream	ⒶⒷⒸⒹⒺⒻⒼⒽⒾⒿⓀⓁ	1	['deidri:m]	n. 白日梦 v. 做白日梦
daytime	ⒶⒷⒸⒹⒺⒻⒼⒽⒾⒿⓀⓁ	1	['deitaim]	n. 白天，日间
encyclopedia	ⒶⒷⒸⒹⒺⒻⒼⒽⒾⒿⓀⓁ	1	[en,saikləu'pi:diə]	n. 百科全书

单词	标记	频率	读音	词义
reveler	ⒶⒷⒸⒹⒺⒻⒼⒽⒾⒿⓀⓁ	1	['revlə]	n. 摆设酒宴者，饮酒狂欢者
squad	ⒶⒷⒸⒹⒺⒻⒼⒽⒾⒿⓀⓁ	1	[skwɔd]	n. 班，小队
speck	ⒶⒷⒸⒹⒺⒻⒼⒽⒾⒿⓀⓁ	1	[spek]	n. 斑点，灰尘，污点，少量
fleck	ⒶⒷⒸⒹⒺⒻⒼⒽⒾⒿⓀⓁ	1	[flek]	n. 斑点，微粒
slate	ⒶⒷⒸⒹⒺⒻⒼⒽⒾⒿⓀⓁ	1	[sleit]	n. 板岩，石板，候选人名单
woodblock	ⒶⒷⒸⒹⒺⒻⒼⒽⒾⒿⓀⓁ	1	['wudbla:k]	n. 版画，木板
peninsula	ⒶⒷⒸⒹⒺⒻⒼⒽⒾⒿⓀⓁ	1	[pi'ninsjulə]	n. 半岛
penumbra	ⒶⒷⒸⒹⒺⒻⒼⒽⒾⒿⓀⓁ	1	[pi'nʌmbrə]	n. 半明半暗之处，边缘部分
hemisphere	ⒶⒷⒸⒹⒺⒻⒼⒽⒾⒿⓀⓁ	1	['hemisfiə]	n. 半球
bust	ⒶⒷⒸⒹⒺⒻⒼⒽⒾⒿⓀⓁ	1	[bʌst]	n. 半身像，胸部 v. 打碎
accompaniment	ⒶⒷⒸⒹⒺⒻⒼⒽⒾⒿⓀⓁ	1	[ə'kʌmpənimənt]	n. 伴随物，伴奏（唱）
impersonation	ⒶⒷⒸⒹⒺⒻⒼⒽⒾⒿⓀⓁ	1	[im,pə:sə'neiʃən]	n. 扮演，装扮，模仿
facilitator	ⒶⒷⒸⒹⒺⒻⒼⒽⒾⒿⓀⓁ	1	[fə'siliteitə]	n. 帮助者，促进者
inclusiveness	ⒶⒷⒸⒹⒺⒻⒼⒽⒾⒿⓀⓁ	1	[in'klu:sivnis]	n. 包含
splint	ⒶⒷⒸⒹⒺⒻⒼⒽⒾⒿⓀⓁ	1	[splint]	n. 薄木片，托板，夹板
gossamer	ⒶⒷⒸⒹⒺⒻⒼⒽⒾⒿⓀⓁ	1	['gɔsəmə]	n. 薄纱，蜘蛛网 a. 轻而薄的
haze	ⒶⒷⒸⒹⒺⒻⒼⒽⒾⒿⓀⓁ	1	[heiz]	n. 薄雾，迷糊 v. 使变朦胧，戏弄
preserver	ⒶⒷⒸⒹⒺⒻⒼⒽⒾⒿⓀⓁ	1	[pri'zɜ:və(r)]	n. 保护者，保存者
upkeep	ⒶⒷⒸⒹⒺⒻⒼⒽⒾⒿⓀⓁ	1	['ʌpki:p]	n. 保养，保养费，维修费
assurance	ⒶⒷⒸⒹⒺⒻⒼⒽⒾⒿⓀⓁ	1	[ə'ʃuərəns]	n. 保证，确信，保险
remuneration	ⒶⒷⒸⒹⒺⒻⒼⒽⒾⒿⓀⓁ	1	[ri,mju:nə'reiʃən]	n. 报酬
retaliation	ⒶⒷⒸⒹⒺⒻⒼⒽⒾⒿⓀⓁ	1	[ri,tæli'eiʃən]	n. 报复，报仇
newsstand	ⒶⒷⒸⒹⒺⒻⒼⒽⒾⒿⓀⓁ	1	['nju:zstænd]	n. 报摊，杂志摊
messenger	ⒶⒷⒸⒹⒺⒻⒼⒽⒾⒿⓀⓁ	1	['mesindʒə]	n. 报信者，使者
enormity	ⒶⒷⒸⒹⒺⒻⒼⒽⒾⒿⓀⓁ	1	[i'nɔ:miti]	n. 暴行，穷凶极恶，巨大
explosion	ⒶⒷⒸⒹⒺⒻⒼⒽⒾⒿⓀⓁ	1	[iks'pləuʒən]	n. 爆炸，爆发，激增
blast	ⒶⒷⒸⒹⒺⒻⒼⒽⒾⒿⓀⓁ	1	[bla:st]	n. 爆炸，一阵（疾风）v. 炸掉
grief	ⒶⒷⒸⒹⒺⒻⒼⒽⒾⒿⓀⓁ	1	[gri:f]	n. 悲痛，忧伤
backdrop	ⒶⒷⒸⒹⒺⒻⒼⒽⒾⒿⓀⓁ	1	['bækdrɔp]	n. 背景幕布，背景
treachery	ⒶⒷⒸⒹⒺⒻⒼⒽⒾⒿⓀⓁ	1	['tretʃəri]	n. 背叛，叛变
windfall	ⒶⒷⒸⒹⒺⒻⒼⒽⒾⒿⓀⓁ	1	['windfɔ:l]	n. 被风吹落的果子，横财
nominee	ⒶⒷⒸⒹⒺⒻⒼⒽⒾⒿⓀⓁ	1	[nɔmi'ni:]	n. 被提名的人，被任命者
bungler	ⒶⒷⒸⒹⒺⒻⒼⒽⒾⒿⓀⓁ	1	['bʌŋglə]	n. 笨拙的人
debacle	ⒶⒷⒸⒹⒺⒻⒼⒽⒾⒿⓀⓁ	1	[dei'ba:kl]	n. 崩溃，溃败，灾难
breakdown	ⒶⒷⒸⒹⒺⒻⒼⒽⒾⒿⓀⓁ	1	['breikdaun]	n. 崩溃，衰弱
bandage	ⒶⒷⒸⒹⒺⒻⒼⒽⒾⒿⓀⓁ	1	['bændidʒ]	n. 绷带
nostril	ⒶⒷⒸⒹⒺⒻⒼⒽⒾⒿⓀⓁ	1	['nɔstril]	n. 鼻孔
proportion	ⒶⒷⒸⒹⒺⒻⒼⒽⒾⒿⓀⓁ	1	[prə'pɔ:ʃən]	n. 比例，部分，均衡
inevitability	ⒶⒷⒸⒹⒺⒻⒼⒽⒾⒿⓀⓁ	1	[in,evitə'biləti]	n. 必然性
occlusion	ⒶⒷⒸⒹⒺⒻⒼⒽⒾⒿⓀⓁ	1	[ə'klu:ʒən;ɔ-]	n. 闭塞，梗塞，咬合

单词	标记	频率	读音	词义
fireplace	ⒶⒷⒸⒹⒺⒻⒼⒽⒾⒿⓀⓁ	1	['faiəpleis]	n. 壁炉
sanctuary	ⒶⒷⒸⒹⒺⒻⒼⒽⒾⒿⓀⓁ	1	['sæŋktjuəri]	n. 避难所，圣殿
chronicler	ⒶⒷⒸⒹⒺⒻⒼⒽⒾⒿⓀⓁ	1	['krɔniklə(r)]	n. 编年史记录者
historiography	ⒶⒷⒸⒹⒺⒻⒼⒽⒾⒿⓀⓁ	1	[ˌhistɔ:ri'ɔgrəfi]	n. 编史工作，史料编纂法
metamorphosis	ⒶⒷⒸⒹⒺⒻⒼⒽⒾⒿⓀⓁ	1	[ˌmetə'mɔ:fəsis]	n. 变形
justification	ⒶⒷⒸⒹⒺⒻⒼⒽⒾⒿⓀⓁ	1	[dʒʌstifi'keiʃ(ə)n]	n. 辩护，正当理由
vindication	ⒶⒷⒸⒹⒺⒻⒼⒽⒾⒿⓀⓁ	1	[ˌvindi'keiʃən]	n. 辩护，证明
apologist	ⒶⒷⒸⒹⒺⒻⒼⒽⒾⒿⓀⓁ	1	[ə'pɔlədʒist]	n. 辩护者，辩证者，护教论者
tag	ⒶⒷⒸⒹⒺⒻⒼⒽⒾⒿⓀⓁ	1	[tæg]	n. 标签 v. 贴标签
heading	ⒶⒷⒸⒹⒺⒻⒼⒽⒾⒿⓀⓁ	1	['hediŋ]	n. 标题，航向
marker	ⒶⒷⒸⒹⒺⒻⒼⒽⒾⒿⓀⓁ	1	['ma:kə]	n. 标志，记号，记分员
hallmark	ⒶⒷⒸⒹⒺⒻⒼⒽⒾⒿⓀⓁ	1	['hɔ:lma:k]	n. 标志，特征，纯度标记 v. 标纯度
shaft	ⒶⒷⒸⒹⒺⒻⒼⒽⒾⒿⓀⓁ	1	[ʃa:ft]	n. 柄，杆，轴，（光）束
morbidity	ⒶⒷⒸⒹⒺⒻⒼⒽⒾⒿⓀⓁ	1	[mɔ:'biditi]	n. 病态，发病率
fluctuation	ⒶⒷⒸⒹⒺⒻⒼⒽⒾⒿⓀⓁ	1	[ˌflʌktju'eiʃən]	n. 波动，起伏
pineapple	ⒶⒷⒸⒹⒺⒻⒼⒽⒾⒿⓀⓁ	1	['painæpl]	n. 菠萝
philanthropy	ⒶⒷⒸⒹⒺⒻⒼⒽⒾⒿⓀⓁ	1	[fi'lænθrəpi]	n. 博爱，仁慈，慈善
erudition	ⒶⒷⒸⒹⒺⒻⒼⒽⒾⒿⓀⓁ	1	[ˌeru:'diʃən]	n. 博学
subsidy	ⒶⒷⒸⒹⒺⒻⒼⒽⒾⒿⓀⓁ	1	['sʌbsidi]	n. 补助金，津贴
insecurity	ⒶⒷⒸⒹⒺⒻⒼⒽⒾⒿⓀⓁ	1	[ˌinsi'kjuəriti]	n. 不安全，不稳固
unreliability	ⒶⒷⒸⒹⒺⒻⒼⒽⒾⒿⓀⓁ	1	[ˌʌnˌrilaiə'biliti]	n. 不安全性，不可靠性
perfidy	ⒶⒷⒸⒹⒺⒻⒼⒽⒾⒿⓀⓁ	1	['pə:fidi]	n. 不诚实，不忠，背信弃义
immobility	ⒶⒷⒸⒹⒺⒻⒼⒽⒾⒿⓀⓁ	1	[i'məubiliti]	n. 不动性，不动，固定
infertility	ⒶⒷⒸⒹⒺⒻⒼⒽⒾⒿⓀⓁ	1	[infə'tiliti]	n. 不肥沃，不育
injustice	ⒶⒷⒸⒹⒺⒻⒼⒽⒾⒿⓀⓁ	1	[in'dʒʌstis]	n. 不公平，不公正行为
deviousness	ⒶⒷⒸⒹⒺⒻⒼⒽⒾⒿⓀⓁ	1	[di:viəsnis]	n. 不光明正大，迂回
anomaly	ⒶⒷⒸⒹⒺⒻⒼⒽⒾⒿⓀⓁ	1	[ə'nɔməli]	n. 不规则，异常的人或物
irrationality	ⒶⒷⒸⒹⒺⒻⒼⒽⒾⒿⓀⓁ	1	[iˌræʃə'næləti]	n. 不合理，无条理，无理性
discord	ⒶⒷⒸⒹⒺⒻⒼⒽⒾⒿⓀⓁ	1	['diskɔ:d]	n. 不和谐，不一致
inactivity	ⒶⒷⒸⒹⒺⒻⒼⒽⒾⒿⓀⓁ	1	[inæk'tiviti]	n. 不活动，不活跃，迟钝
profanity	ⒶⒷⒸⒹⒺⒻⒼⒽⒾⒿⓀⓁ	1	[prə'fæniti]	n. 不敬，亵渎
illegibility	ⒶⒷⒸⒹⒺⒻⒼⒽⒾⒿⓀⓁ	1	[iledʒə'biliti]	n. 不可辨认，字迹模糊
inexorableness	ⒶⒷⒸⒹⒺⒻⒼⒽⒾⒿⓀⓁ	1	[in'eksərəblnis]	n. 不可说服
unpredictability	ⒶⒷⒸⒹⒺⒻⒼⒽⒾⒿⓀⓁ	1	[ʌnpridiktə'biliti]	n. 不可预测性
agnostic	ⒶⒷⒸⒹⒺⒻⒼⒽⒾⒿⓀⓁ	1	[æg'nɔstik]	n. 不可知论者 a. 不可知论的
misbehavior	ⒶⒷⒸⒹⒺⒻⒼⒽⒾⒿⓀⓁ	1	['misbi'heivjə]	n. 不礼貌，品行不端
imbalance	ⒶⒷⒸⒹⒺⒻⒼⒽⒾⒿⓀⓁ	1	[im'bæləns]	n. 不平衡，失调
impracticality	ⒶⒷⒸⒹⒺⒻⒼⒽⒾⒿⓀⓁ	1	[im,prækti'kæliti]	n. 不切实际，办不到
incompetence	ⒶⒷⒸⒹⒺⒻⒼⒽⒾⒿⓀⓁ	1	[in'kɔmpitəns]	n. 不胜任，无能力
misalliance	ⒶⒷⒸⒹⒺⒻⒼⒽⒾⒿⓀⓁ	1	['misə'laiəns]	n. 不适当的结合，不适当的婚姻

单词	标记	频率	读音	词义
malaise	ⒶⒷⒸⒹⒺⒻⒼⒽⒾⒿⓀⓁ	1	[mæ'leiz]	n. 不舒服，身体不适
irrelevance	ⒶⒷⒸⒹⒺⒻⒼⒽⒾⒿⓀⓁ	1	[i'reləvəns]	n. 不相关，不切题
infelicity	ⒶⒷⒸⒹⒺⒻⒼⒽⒾⒿⓀⓁ	1	[ˌinfi'lisiti]	n. 不幸，不适当
mishap	ⒶⒷⒸⒹⒺⒻⒼⒽⒾⒿⓀⓁ	1	['mishæp;mis'hæp]	n. 不幸，厄运
immortality	ⒶⒷⒸⒹⒺⒻⒼⒽⒾⒿⓀⓁ	1	[imɔ:'tæləti]	n. 不朽，不朽的声望
imprecision	ⒶⒷⒸⒹⒺⒻⒼⒽⒾⒿⓀⓁ	1	[ˌimpri'siʒən]	n. 不严密，不精确
disharmony	ⒶⒷⒸⒹⒺⒻⒼⒽⒾⒿⓀⓁ	1	['dis'ha:məni]	n. 不一致，不和谐
drape	ⒶⒷⒸⒹⒺⒻⒼⒽⒾⒿⓀⓁ	1	[dreip]	n. 布帘，褶皱 v. 用布帘覆盖，成褶皱状
gait	ⒶⒷⒸⒹⒺⒻⒼⒽⒾⒿⓀⓁ	1	[geit]	n. 步法，步态
lottery	ⒶⒷⒸⒹⒺⒻⒼⒽⒾⒿⓀⓁ	1	['lɔtəri]	n. 彩票
participation	ⒶⒷⒸⒹⒺⒻⒼⒽⒾⒿⓀⓁ	1	[pa:ˌtisi'peiʃən]	n. 参加，参与
bibliography	ⒶⒷⒸⒹⒺⒻⒼⒽⒾⒿⓀⓁ	1	[ˌbibli'ɔgrəfi]	n. 参考书目
senate	ⒶⒷⒸⒹⒺⒻⒼⒽⒾⒿⓀⓁ	1	['senit]	n. 参议院
cutlery	ⒶⒷⒸⒹⒺⒻⒼⒽⒾⒿⓀⓁ	1	['kʌtləri]	n. 餐具，刀具业
atrocity	ⒶⒷⒸⒹⒺⒻⒼⒽⒾⒿⓀⓁ	1	[ə'trɔsiti]	n. 残暴，暴行
wrack	ⒶⒷⒸⒹⒺⒻⒼⒽⒾⒿⓀⓁ	1	[ræk]	n. 残骸，破坏 v. 毁坏
deformity	ⒶⒷⒸⒹⒺⒻⒼⒽⒾⒿⓀⓁ	1	[di'fɔ:miti]	n. 残疾，畸形
disability	ⒶⒷⒸⒹⒺⒻⒼⒽⒾⒿⓀⓁ	1	[ˌdisə'biliti]	n. 残疾，无能，无力
cruelty	ⒶⒷⒸⒹⒺⒻⒼⒽⒾⒿⓀⓁ	1	['kru:əlti]	n. 残酷，残忍，残酷的行为
brutality	ⒶⒷⒸⒹⒺⒻⒼⒽⒾⒿⓀⓁ	1	[bru(:)'tæliti]	n. 残酷，野蛮
residue	ⒶⒷⒸⒹⒺⒻⒼⒽⒾⒿⓀⓁ	1	['rezidju:]	n. 残渣，剩余物
warehouse	ⒶⒷⒸⒹⒺⒻⒼⒽⒾⒿⓀⓁ	1	['weəhaus]	n. 仓库
polygraph	ⒶⒷⒸⒹⒺⒻⒼⒽⒾⒿⓀⓁ	1	['pɔligra:f]	n. 测谎器
surveyor	ⒶⒷⒸⒹⒺⒻⒼⒽⒾⒿⓀⓁ	1	[sə:'veiə]	n. 测量员，检查员
plug	ⒶⒷⒸⒹⒺⒻⒼⒽⒾⒿⓀⓁ	1	[plʌg]	n. 插头，塞子 v. 插上，塞，堵
illustrator	ⒶⒷⒸⒹⒺⒻⒼⒽⒾⒿⓀⓁ	1	['iləstreitə(r)]	n. 插图画家
derision	ⒶⒷⒸⒹⒺⒻⒼⒽⒾⒿⓀⓁ	1	[di'riʒən]	n. 嘲笑
garage	ⒶⒷⒸⒹⒺⒻⒼⒽⒾⒿⓀⓁ	1	['gæra:(d)ʒ]	n. 车库，汽车修理厂
linchpin	ⒶⒷⒸⒹⒺⒻⒼⒽⒾⒿⓀⓁ	1	['lintʃpin]	n. 车辖，关键
immersion	ⒶⒷⒸⒹⒺⒻⒼⒽⒾⒿⓀⓁ	1	[i'mə:ʃən]	n. 沉浸，专心
reticence	ⒶⒷⒸⒹⒺⒻⒼⒽⒾⒿⓀⓁ	1	['retisəns]	n. 沉默寡言
indulgence	ⒶⒷⒸⒹⒺⒻⒼⒽⒾⒿⓀⓁ	1	[in'dʌldʒ(ə)ns]	n. 沉溺，放纵，嗜好
addiction	ⒶⒷⒸⒹⒺⒻⒼⒽⒾⒿⓀⓁ	1	[ə'dikʃən]	n. 沉溺，上瘾
cliche	ⒶⒷⒸⒹⒺⒻⒼⒽⒾⒿⓀⓁ	1	['kli:ʃei;kli:'ʃei]	n. 陈词滥调
petticoat	ⒶⒷⒸⒹⒺⒻⒼⒽⒾⒿⓀⓁ	1	['petikəut]	n. 衬裙 a. 女性的
commendation	ⒶⒷⒸⒹⒺⒻⒼⒽⒾⒿⓀⓁ	1	[ˌkɔmen'deiʃən]	n. 称赞，奖状，奖品
acknowledgement	ⒶⒷⒸⒹⒺⒻⒼⒽⒾⒿⓀⓁ	1	[ək'nɔlidʒmənt]	n. 承认，确认，感谢
castigation	ⒶⒷⒸⒹⒺⒻⒼⒽⒾⒿⓀⓁ	1	[kæsti'geiʃən]	n. 惩罚，苛责
clarification	ⒶⒷⒸⒹⒺⒻⒼⒽⒾⒿⓀⓁ	1	[ˌklærifi'keiʃən]	n. 澄清，阐明，净化
opprobrium	ⒶⒷⒸⒹⒺⒻⒼⒽⒾⒿⓀⓁ	1	[ə'prəubriəm]	n. 耻辱，咒骂

单词	标记	频率	读音	词义
sublimity	ⒶⒷⒸⒹⒺⒻⒼⒽⒾⒿⓀⓁ	1	[sə'blimiti]	n. 崇高，庄严，气质高尚
scandal	ⒶⒷⒸⒹⒺⒻⒼⒽⒾⒿⓀⓁ	1	['skændl]	n. 丑闻，诽谤，耻辱
ozone	ⒶⒷⒸⒹⒺⒻⒼⒽⒾⒿⓀⓁ	1	['əuzəun;əu'z-]	n. 臭氧，新鲜空气
unexpectedness	ⒶⒷⒸⒹⒺⒻⒼⒽⒾⒿⓀⓁ	1	[ʌnik'spektidnəs]	n. 出乎意料
cab	ⒶⒷⒸⒹⒺⒻⒼⒽⒾⒿⓀⓁ	1	[kæb]	n. 出租汽车
rudiment	ⒶⒷⒸⒹⒺⒻⒼⒽⒾⒿⓀⓁ	1	['ru:dimənt]	n. 初步，初级阶段，发育不全的器官
chef	ⒶⒷⒸⒹⒺⒻⒼⒽⒾⒿⓀⓁ	1	[ʃef]	n. 厨师
cabinet	ⒶⒷⒸⒹⒺⒻⒼⒽⒾⒿⓀⓁ	1	['kæbinit]	n. 橱柜，内阁
prescription	ⒶⒷⒸⒹⒺⒻⒼⒽⒾⒿⓀⓁ	1	[pri'skripʃən]	n. 处方，法令
delivery	ⒶⒷⒸⒹⒺⒻⒼⒽⒾⒿⓀⓁ	1	[di'livəri]	n. 传递，递送，交付，分娩
sensor	ⒶⒷⒸⒹⒺⒻⒼⒽⒾⒿⓀⓁ	1	['sensə]	n. 传感器
biographer	ⒶⒷⒸⒹⒺⒻⒼⒽⒾⒿⓀⓁ	1	[bai'ɔgrəfə]	n. 传记作者
traditionalist	ⒶⒷⒸⒹⒺⒻⒼⒽⒾⒿⓀⓁ	1	[trə'diʃənlist]	n. 传统主义者，因循守旧者
hearsay	ⒶⒷⒸⒹⒺⒻⒼⒽⒾⒿⓀⓁ	1	['hiəsei]	n. 传闻，谣传
pane	ⒶⒷⒸⒹⒺⒻⒼⒽⒾⒿⓀⓁ	1	[pein]	n. 窗上的玻璃，方框，方格
wound	ⒶⒷⒸⒹⒺⒻⒼⒽⒾⒿⓀⓁ	1	[wu:nd]	n. 创伤，伤口 v. 伤害
inventiveness	ⒶⒷⒸⒹⒺⒻⒼⒽⒾⒿⓀⓁ	1	[in'ventivnis]	n. 创造力，发明
ingenuity	ⒶⒷⒸⒹⒺⒻⒼⒽⒾⒿⓀⓁ	1	[ˌindʒi'nju:iti]	n. 创造力，精巧
nitpicker	ⒶⒷⒸⒹⒺⒻⒼⒽⒾⒿⓀⓁ	1	['nitpikə]	n. 吹毛求疵的人
lexicon	ⒶⒷⒸⒹⒺⒻⒼⒽⒾⒿⓀⓁ	1	['leksikən]	n. 词典，词汇
glossary	ⒶⒷⒸⒹⒺⒻⒼⒽⒾⒿⓀⓁ	1	['glɔsəri]	n. 词汇表，术语表
charity	ⒶⒷⒸⒹⒺⒻⒼⒽⒾⒿⓀⓁ	1	['tʃæriti]	n. 慈善团体，慈善
embroidery	ⒶⒷⒸⒹⒺⒻⒼⒽⒾⒿⓀⓁ	1	[im'brɔidəri]	n. 刺绣，刺绣品
clause	ⒶⒷⒸⒹⒺⒻⒼⒽⒾⒿⓀⓁ	1	[klɔ:z]	n. 从句，条款
boorishness	ⒶⒷⒸⒹⒺⒻⒼⒽⒾⒿⓀⓁ	1	['buriʃnis]	n. 粗野
hypnosis	ⒶⒷⒸⒹⒺⒻⒼⒽⒾⒿⓀⓁ	1	[hip'nəusis]	n. 催眠状态，催眠术
frailty	ⒶⒷⒸⒹⒺⒻⒼⒽⒾⒿⓀⓁ	1	['freilti]	n. 脆弱，弱点
halcyon	ⒶⒷⒸⒹⒺⒻⒼⒽⒾⒿⓀⓁ	1	['hælsiən]	n. 翠鸟 a. 宁静的，平稳的
acne	ⒶⒷⒸⒹⒺⒻⒼⒽⒾⒿⓀⓁ	1	['ækni]	n. 痤疮，粉刺
attainment	ⒶⒷⒸⒹⒺⒻⒼⒽⒾⒿⓀⓁ	1	[ə'teinmənt]	n. 达到，获得
packer	ⒶⒷⒸⒹⒺⒻⒼⒽⒾⒿⓀⓁ	1	['pækə]	n. 打包者，打包机
printer	ⒶⒷⒸⒹⒺⒻⒼⒽⒾⒿⓀⓁ	1	['printə]	n. 打印机，印刷工
typewriter	ⒶⒷⒸⒹⒺⒻⒼⒽⒾⒿⓀⓁ	1	['taipraitə]	n. 打字机
steppe	ⒶⒷⒸⒹⒺⒻⒼⒽⒾⒿⓀⓁ	1	[step]	n. 大草原
boldness	ⒶⒷⒸⒹⒺⒻⒼⒽⒾⒿⓀⓁ	1	['bəuldnis]	n. 大胆，冒失
soybean	ⒶⒷⒸⒹⒺⒻⒼⒽⒾⒿⓀⓁ	1	['sɔibi:n]	n. 大豆
medallion	ⒶⒷⒸⒹⒺⒻⒼⒽⒾⒿⓀⓁ	1	[mi'dæljən]	n. 大奖章，圆形浮雕
alarmist	ⒶⒷⒸⒹⒺⒻⒼⒽⒾⒿⓀⓁ	1	[ə'la:mist]	n. 大惊小怪者，杞人忧天者
barley	ⒶⒷⒸⒹⒺⒻⒼⒽⒾⒿⓀⓁ	1	['ba:li]	n. 大麦
cannon	ⒶⒷⒸⒹⒺⒻⒼⒽⒾⒿⓀⓁ	1	['kænən]	n. 大炮，加农炮

单词	标记	频率	读音	词义
havoc	ⒶⒷⒸⒹⒺⒻⒼⒽⒾⒿⓀⓁ	1	['hævək]	n. 大破坏，混乱 v. 破坏
amnesty	ⒶⒷⒸⒹⒺⒻⒼⒽⒾⒿⓀⓁ	1	['æmnesti]	n. 大赦，特赦
concourse	ⒶⒷⒸⒹⒺⒻⒼⒽⒾⒿⓀⓁ	1	['kɔŋkɔ:s]	n. 大厅，广场，汇集
atlantic	ⒶⒷⒸⒹⒺⒻⒼⒽⒾⒿⓀⓁ	1	[ət'læntik]	n. 大西洋
undergraduate	ⒶⒷⒸⒹⒺⒻⒼⒽⒾⒿⓀⓁ	1	[ˌʌndə'grædjuit]	n. 大学生
medley	ⒶⒷⒸⒹⒺⒻⒼⒽⒾⒿⓀⓁ	1	['medli]	n. 大杂烩，混成曲 a. 混合的
hodgepodge	ⒶⒷⒸⒹⒺⒻⒼⒽⒾⒿⓀⓁ	1	['hɔdʒpɔdʒ]	n. 大杂烩，杂烩菜
archbishop	ⒶⒷⒸⒹⒺⒻⒼⒽⒾⒿⓀⓁ	1	['a:tʃ'biʃəp]	n. 大主教
substitution	ⒶⒷⒸⒹⒺⒻⒼⒽⒾⒿⓀⓁ	1	[ˌsʌbsti'tju:ʃən]	n. 代替，替换，交换
usher	ⒶⒷⒸⒹⒺⒻⒼⒽⒾⒿⓀⓁ	1	['ʌʃə]	n. 带位员，招待员 v. 引领
languor	ⒶⒷⒸⒹⒺⒻⒼⒽⒾⒿⓀⓁ	1	['læŋgə]	n. 怠惰，疲倦
kangaroo	ⒶⒷⒸⒹⒺⒻⒼⒽⒾⒿⓀⓁ	1	[ˌkæŋgə'ru:]	n. 袋鼠
tedium	ⒶⒷⒸⒹⒺⒻⒼⒽⒾⒿⓀⓁ	1	['ti:diəm;-djəm]	n. 单调乏味，沉闷
gall	ⒶⒷⒸⒹⒺⒻⒼⒽⒾⒿⓀⓁ	1	[gɔ:l]	n. 胆汁，恶毒 v. 磨伤，烦恼
elasticity	ⒶⒷⒸⒹⒺⒻⒼⒽⒾⒿⓀⓁ	1	[ilæs'tisiti]	n. 弹力，弹性
partisanship	ⒶⒷⒸⒹⒺⒻⒼⒽⒾⒿⓀⓁ	1	[ˌpa:ti'zænʃip;'pa:tizən-]	n. 党派性，党派偏见
mentor	ⒶⒷⒸⒹⒺⒻⒼⒽⒾⒿⓀⓁ	1	['mentɔ:]	n. 导师，指导者 v. 指导
pirate	ⒶⒷⒸⒹⒺⒻⒼⒽⒾⒿⓀⓁ	1	['paiərit]	n. 盗版者，海盗 v. 盗版，剽窃
moralist	ⒶⒷⒸⒹⒺⒻⒼⒽⒾⒿⓀⓁ	1	['mɔrəlist;'mɔ:rəlist]	n. 道德家，讲道德的人，说教者
straw	ⒶⒷⒸⒹⒺⒻⒼⒽⒾⒿⓀⓁ	1	[strɔ:]	n. 稻草，麦秆，吸管
decency	ⒶⒷⒸⒹⒺⒻⒼⒽⒾⒿⓀⓁ	1	['di:snsi]	n. 得体，体面，礼貌
lantern	ⒶⒷⒸⒹⒺⒻⒼⒽⒾⒿⓀⓁ	1	['læntən]	n. 灯笼
beacon	ⒶⒷⒸⒹⒺⒻⒼⒽⒾⒿⓀⓁ	1	['bi:kən]	n. 灯塔，烽火
enrollment	ⒶⒷⒸⒹⒺⒻⒼⒽⒾⒿⓀⓁ	1	[in'rəulmənt]	n. 登记，注册，入伍
mortgage	ⒶⒷⒸⒹⒺⒻⒼⒽⒾⒿⓀⓁ	1	['mɔ:gidʒ]	n. 抵押，抵押贷款 v. 抵押
terra	ⒶⒷⒸⒹⒺⒻⒼⒽⒾⒿⓀⓁ	1	['terə]	n. 地，土地
magistrate	ⒶⒷⒸⒹⒺⒻⒼⒽⒾⒿⓀⓁ	1	['mædʒistrit;-treit]	n. 地方法官，地方行政官
skyline	ⒶⒷⒸⒹⒺⒻⒼⒽⒾⒿⓀⓁ	1	['skailain]	n. 地平线
cartographer	ⒶⒷⒸⒹⒺⒻⒼⒽⒾⒿⓀⓁ	1	[ka:'tɔgrəfə]	n. 地图绘制者
groundwater	ⒶⒷⒸⒹⒺⒻⒼⒽⒾⒿⓀⓁ	1	['graundwɔ:tə]	n. 地下水
topography	ⒶⒷⒸⒹⒺⒻⒼⒽⒾⒿⓀⓁ	1	[tə'pɔgrəfi]	n. 地形学，地形，地势
inferno	ⒶⒷⒸⒹⒺⒻⒼⒽⒾⒿⓀⓁ	1	[in'fə:nəu]	n. 地狱，火海
quake	ⒶⒷⒸⒹⒺⒻⒼⒽⒾⒿⓀⓁ	1	[kweik]	n. 地震
seismograph	ⒶⒷⒸⒹⒺⒻⒼⒽⒾⒿⓀⓁ	1	['saizməgra:f]	n. 地震仪
landlord	ⒶⒷⒸⒹⒺⒻⒼⒽⒾⒿⓀⓁ	1	['lændlɔ:d]	n. 地主，房东
imperialism	ⒶⒷⒸⒹⒺⒻⒼⒽⒾⒿⓀⓁ	1	[im'piəriəlizəm]	n. 帝国主义，帝制
primacy	ⒶⒷⒸⒹⒺⒻⒼⒽⒾⒿⓀⓁ	1	['praiməsi]	n. 第一，首位，卓越
elevator	ⒶⒷⒸⒹⒺⒻⒼⒽⒾⒿⓀⓁ	1	['eliveitə]	n. 电梯，升降机
electron	ⒶⒷⒸⒹⒺⒻⒼⒽⒾⒿⓀⓁ	1	[i'lektrɔn]	n. 电子
carving	ⒶⒷⒸⒹⒺⒻⒼⒽⒾⒿⓀⓁ	1	['ka:viŋ]	n. 雕刻品

单词	标记	频率	读音	词义
hammock	ⒶⒷⒸⒹⒺⒻⒼⒽⒾⒿⓀⓁ	1	['hæmək]	n. 吊床
acme	ⒶⒷⒸⒹⒺⒻⒼⒽⒾⒿⓀⓁ	1	['ækmi]	n. 顶点，极致
garret	ⒶⒷⒸⒹⒺⒻⒼⒽⒾⒿⓀⓁ	1	['gærət;-rit]	n. 顶楼，阁楼
thimble	ⒶⒷⒸⒹⒺⒻⒼⒽⒾⒿⓀⓁ	1	['θimbl]	n. 顶针，嵌环，套管
theorem	ⒶⒷⒸⒹⒺⒻⒼⒽⒾⒿⓀⓁ	1	['θiərəm]	n. 定理
quantification	ⒶⒷⒸⒹⒺⒻⒼⒽⒾⒿⓀⓁ	1	[ˌkwɔntifi'keiʃ(ə)n]	n. 定量，量化
jettison	ⒶⒷⒸⒹⒺⒻⒼⒽⒾⒿⓀⓁ	1	['dʒetisn;-tizn]	n. 丢弃物 v. 丢弃，抛弃
boardroom	ⒶⒷⒸⒹⒺⒻⒼⒽⒾⒿⓀⓁ	1	['bɔ:dru:m]	n. 董事会的会议室
artery	ⒶⒷⒸⒹⒺⒻⒼⒽⒾⒿⓀⓁ	1	['a:təri]	n. 动脉，主流，干道
mobilization	ⒶⒷⒸⒹⒺⒻⒼⒽⒾⒿⓀⓁ	1	[ˌməubilai'zeiʃən]	n. 动员
cavern	ⒶⒷⒸⒹⒺⒻⒼⒽⒾⒿⓀⓁ	1	['kævən]	n. 洞穴
cloak	ⒶⒷⒸⒹⒺⒻⒼⒽⒾⒿⓀⓁ	1	[kləuk]	n. 斗篷，外衣 v. 遮掩
pusher	ⒶⒷⒸⒹⒺⒻⒼⒽⒾⒿⓀⓁ	1	['puʃə]	n. 毒贩，推杆，推进者
viper	ⒶⒷⒸⒹⒺⒻⒼⒽⒾⒿⓀⓁ	1	['vaipə]	n. 毒蛇，毒蛇般的人
toxicity	ⒶⒷⒸⒹⒺⒻⒼⒽⒾⒿⓀⓁ	1	[tɔk'sisiti]	n. 毒性
solo	ⒶⒷⒸⒹⒺⒻⒼⒽⒾⒿⓀⓁ	1	['səuləu]	n. 独奏曲，独唱 a. 单独的
gambler	ⒶⒷⒸⒹⒺⒻⒼⒽⒾⒿⓀⓁ	1	['gæmblə(r)]	n. 赌徒
guillotine	ⒶⒷⒸⒹⒺⒻⒼⒽⒾⒿⓀⓁ	1	['giləti:n;gilə'ti:n]	n. 断头台，切纸机
affirmation	ⒶⒷⒸⒹⒺⒻⒼⒽⒾⒿⓀⓁ	1	[æfə'meiʃ(ə)n]	n. 断言，主张，肯定
cavalcade	ⒶⒷⒸⒹⒺⒻⒼⒽⒾⒿⓀⓁ	1	[ˌkævəl'keid]	n. 队列，游行行列
antithesis	ⒶⒷⒸⒹⒺⒻⒼⒽⒾⒿⓀⓁ	1	[æn'tiθisis]	n. 对立面，对照
shield	ⒶⒷⒸⒹⒺⒻⒼⒽⒾⒿⓀⓁ	1	[ʃi:ld]	n. 盾 v. 防护，遮蔽
rudder	ⒶⒷⒸⒹⒺⒻⒼⒽⒾⒿⓀⓁ	1	['rʌdə]	n. 舵，方向舵，指导原则
depravity	ⒶⒷⒸⒹⒺⒻⒼⒽⒾⒿⓀⓁ	1	[di'præviti]	n. 堕落，腐败，邪恶
perquisite	ⒶⒷⒸⒹⒺⒻⒼⒽⒾⒿⓀⓁ	1	['pə:kwizit]	n. 额外补贴，临时津贴
vindictiveness	ⒶⒷⒸⒹⒺⒻⒼⒽⒾⒿⓀⓁ	1	[vin'diktivnis]	n. 恶毒，怀恨在心
malice	ⒶⒷⒸⒹⒺⒻⒼⒽⒾⒿⓀⓁ	1	['mælis]	n. 恶意，蓄谋
nightmare	ⒶⒷⒸⒹⒺⒻⒼⒽⒾⒿⓀⓁ	1	['naitmeə(r)]	n. 噩梦，梦魇
generator	ⒶⒷⒸⒹⒺⒻⒼⒽⒾⒿⓀⓁ	1	['dʒenəreitə]	n. 发电机，发生器
fermentation	ⒶⒷⒸⒹⒺⒻⒼⒽⒾⒿⓀⓁ	1	[ˌfə:men'teiʃən]	n. 发酵，骚动
tantrum	ⒶⒷⒸⒹⒺⒻⒼⒽⒾⒿⓀⓁ	1	['tæntrəm]	n. 发脾气，发怒
petulance	ⒶⒷⒸⒹⒺⒻⒼⒽⒾⒿⓀⓁ	1	['petjuləns;-tʃə-]	n. 发脾气，性急
sponsorship	ⒶⒷⒸⒹⒺⒻⒼⒽⒾⒿⓀⓁ	1	['spɔnsəʃip]	n. 发起，主办，赞助
projectile	ⒶⒷⒸⒹⒺⒻⒼⒽⒾⒿⓀⓁ	1	[prə'dʒektail;-tl]	n. 发射体，抛射物，炮弹
vocalization	ⒶⒷⒸⒹⒺⒻⒼⒽⒾⒿⓀⓁ	1	[ˌvəukəlai'zeiʃən;-li'z-]	n. 发声法，发声
detection	ⒶⒷⒸⒹⒺⒻⒼⒽⒾⒿⓀⓁ	1	[di'tekʃən]	n. 发现，察觉，探测
pronunciation	ⒶⒷⒸⒹⒺⒻⒼⒽⒾⒿⓀⓁ	1	[prəˌnʌnsi'eiʃən]	n. 发音，读法
drabness	ⒶⒷⒸⒹⒺⒻⒼⒽⒾⒿⓀⓁ	1	['dræbnis]	n. 乏味
statute	ⒶⒷⒸⒹⒺⒻⒼⒽⒾⒿⓀⓁ	1	['stætju:t]	n. 法令，法规，条例
ordinance	ⒶⒷⒸⒹⒺⒻⒼⒽⒾⒿⓀⓁ	1	['ɔ:dinəns]	n. 法令，条例

单词	标记	频率	读音	词义
canvas	ⒶⒷⒸⒹⒺⒻⒼⒽⒾⒿⓀⓁ	1	['kænvəs]	n. 帆布，油画
restlessness	ⒶⒷⒸⒹⒺⒻⒼⒽⒾⒿⓀⓁ	1	['restlisnis]	n. 烦躁不安
rumination	ⒶⒷⒸⒹⒺⒻⒼⒽⒾⒿⓀⓁ	1	[ru:mi'neiʃn]	n. 反刍，沉思
recalcitrance	ⒶⒷⒸⒹⒺⒻⒼⒽⒾⒿⓀⓁ	1	[ri'kælsitrəns]	n. 反抗，顽抗
antislavery	ⒶⒷⒸⒹⒺⒻⒼⒽⒾⒿⓀⓁ	1	['ænti'sleivəri]	n. 反奴隶制度
reflex	ⒶⒷⒸⒹⒺⒻⒼⒽⒾⒿⓀⓁ	1	['ri:fleks]	n. 反射作用，映像 a. 反射的
delinquency	ⒶⒷⒸⒹⒺⒻⒼⒽⒾⒿⓀⓁ	1	[di'liŋkwənsi]	n. 犯罪，失职，过失
spate	ⒶⒷⒸⒹⒺⒻⒼⒽⒾⒿⓀⓁ	1	[speit]	n. 泛滥，洪水，倾泻
expediency	ⒶⒷⒸⒹⒺⒻⒼⒽⒾⒿⓀⓁ	1	[ik'spi:diənsi]	n. 方便，私利，权宜
expedience	ⒶⒷⒸⒹⒺⒻⒼⒽⒾⒿⓀⓁ	1	[ik'spidiəns]	n. 方便，私利，权宜之计
ark	ⒶⒷⒸⒹⒺⒻⒼⒽⒾⒿⓀⓁ	1	[a:k]	n. 方舟，避难所
interference	ⒶⒷⒸⒹⒺⒻⒼⒽⒾⒿⓀⓁ	1	[ˌintə'fiərəns]	n. 妨碍，干扰，阻挡犯规
libertinism	ⒶⒷⒸⒹⒺⒻⒼⒽⒾⒿⓀⓁ	1	['libətinizəm]	n. 放荡，放荡行为
profligacy	ⒶⒷⒸⒹⒺⒻⒼⒽⒾⒿⓀⓁ	1	['prɔfligəsi]	n. 放荡，肆意挥霍
waiver	ⒶⒷⒸⒹⒺⒻⒼⒽⒾⒿⓀⓁ	1	['weivə]	n. 放弃，弃权，弃权证书
projector	ⒶⒷⒸⒹⒺⒻⒼⒽⒾⒿⓀⓁ	1	[prə'dʒektə]	n. 放映机，探照灯，投影仪
ostracism	ⒶⒷⒸⒹⒺⒻⒼⒽⒾⒿⓀⓁ	1	['ɔstrəsizəm]	n. 放逐，排斥
fertility	ⒶⒷⒸⒹⒺⒻⒼⒽⒾⒿⓀⓁ	1	[fə:'tiliti]	n. 肥沃，繁殖力
defamation	ⒶⒷⒸⒹⒺⒻⒼⒽⒾⒿⓀⓁ	1	[ˌdefə'meiʃən]	n. 诽谤
pneumonia	ⒶⒷⒸⒹⒺⒻⒼⒽⒾⒿⓀⓁ	1	[nju(:)'məunjə]	n. 肺炎
hokum	ⒶⒷⒸⒹⒺⒻⒼⒽⒾⒿⓀⓁ	1	['həukəm]	n. 废话，老套手法
hogwash	ⒶⒷⒸⒹⒺⒻⒼⒽⒾⒿⓀⓁ	1	['hɔgwɔʃ]	n. 废话，猪食
ebullience	ⒶⒷⒸⒹⒺⒻⒼⒽⒾⒿⓀⓁ	1	[i'bʌljəns]	n. 沸腾，热情洋溢，热情
semicolon	ⒶⒷⒸⒹⒺⒻⒼⒽⒾⒿⓀⓁ	1	['semi'kəulən]	n. 分号
decomposition	ⒶⒷⒸⒹⒺⒻⒼⒽⒾⒿⓀⓁ	1	[ˌdi:kɔmpə'ziʃən]	n. 分解，腐烂，变质
separation	ⒶⒷⒸⒹⒺⒻⒼⒽⒾⒿⓀⓁ	1	[sepə'reiʃən]	n. 分离，分开
disruption	ⒶⒷⒸⒹⒺⒻⒼⒽⒾⒿⓀⓁ	1	[dis'rʌpʃən]	n. 分裂，破裂，毁坏
denominator	ⒶⒷⒸⒹⒺⒻⒼⒽⒾⒿⓀⓁ	1	[di'nɔmineitə]	n. 分母，平均水平
apportionment	ⒶⒷⒸⒹⒺⒻⒼⒽⒾⒿⓀⓁ	1	[ə'pɔ:ʃənmənt]	n. 分配，分摊，分派
installment	ⒶⒷⒸⒹⒺⒻⒼⒽⒾⒿⓀⓁ	1	[in'stɔ:lmənt]	n. 分期付款，部分，分期连载
watershed	ⒶⒷⒸⒹⒺⒻⒼⒽⒾⒿⓀⓁ	1	['wɔ:təʃed]	n. 分水岭，转折点，流域
tomb	ⒶⒷⒸⒹⒺⒻⒼⒽⒾⒿⓀⓁ	1	[tu:m]	n. 坟墓
fury	ⒶⒷⒸⒹⒺⒻⒼⒽⒾⒿⓀⓁ	1	['fjuəri]	n. 愤怒，狂怒
maple	ⒶⒷⒸⒹⒺⒻⒼⒽⒾⒿⓀⓁ	1	['meipl]	n. 枫树
hummingbird	ⒶⒷⒸⒹⒺⒻⒼⒽⒾⒿⓀⓁ	1	['hʌmiŋbɜ:d]	n. 蜂鸟
caricaturist	ⒶⒷⒸⒹⒺⒻⒼⒽⒾⒿⓀⓁ	1	['kærikətʃuərist]	n. 讽刺画家，漫画家
flattery	ⒶⒷⒸⒹⒺⒻⒼⒽⒾⒿⓀⓁ	1	['flætəri]	n. 奉承，献媚
complexion	ⒶⒷⒸⒹⒺⒻⒼⒽⒾⒿⓀⓁ	1	[kəm'plekʃən]	n. 肤色，外观，情况
incubation	ⒶⒷⒸⒹⒺⒻⒼⒽⒾⒿⓀⓁ	1	[ˌinkju'beiʃən]	n. 孵化，潜伏期
buoy	ⒶⒷⒸⒹⒺⒻⒼⒽⒾⒿⓀⓁ	1	[bɔi]	n. 浮标，救生圈 v. 使浮起，鼓励

单词	标记	频率	读音	词义
buoyancy	ⒶⒷⒸⒹⒺⒻⒼⒽⒾⒿⓀⓁ	1	['bɔiənsi]	n. 浮力，弹性，心情愉快
chopper	ⒶⒷⒸⒹⒺⒻⒼⒽⒾⒿⓀⓁ	1	['tʃɔpə]	n. 斧头，砍刀，砍劈者
venality	ⒶⒷⒸⒹⒺⒻⒼⒽⒾⒿⓀⓁ	1	[vi:'næləti]	n. 腐败，唯利是图
accessory	ⒶⒷⒸⒹⒺⒻⒼⒽⒾⒿⓀⓁ	1	[æk'sesəri]	n. 附件，同谋 a. 附属的，同谋的
revival	ⒶⒷⒸⒹⒺⒻⒼⒽⒾⒿⓀⓁ	1	[ri'vaivəl]	n. 复兴，复活
duplication	ⒶⒷⒸⒹⒺⒻⒼⒽⒾⒿⓀⓁ	1	[ˌdju:pli'keiʃən]	n. 副本，复制
copilot	ⒶⒷⒸⒹⒺⒻⒼⒽⒾⒿⓀⓁ	1	['kəupailət]	n. 副驾驶员
bonanza	ⒶⒷⒸⒹⒺⒻⒼⒽⒾⒿⓀⓁ	1	[bə'nænzə]	n. 富矿带，幸运
expressiveness	ⒶⒷⒸⒹⒺⒻⒼⒽⒾⒿⓀⓁ	1	[ik'spresivnis]	n. 富于表现力
abdomen	ⒶⒷⒸⒹⒺⒻⒼⒽⒾⒿⓀⓁ	1	['æbdəmən;æb'dəumən]	n. 腹部
alteration	ⒶⒷⒸⒹⒺⒻⒼⒽⒾⒿⓀⓁ	1	[ˌɔ:ltə'reiʃən]	n. 改变，变更
reformist	ⒶⒷⒸⒹⒺⒻⒼⒽⒾⒿⓀⓁ	1	[ri'fɔ:mist]	n. 改革者
innovator	ⒶⒷⒸⒹⒺⒻⒼⒽⒾⒿⓀⓁ	1	['inəuveitə(r)]	n. 改革者，创新者
lid	ⒶⒷⒸⒹⒺⒻⒼⒽⒾⒿⓀⓁ	1	[lid]	n. 盖子，眼睑
mast	ⒶⒷⒸⒹⒺⒻⒼⒽⒾⒿⓀⓁ	1	[ma:st]	n. 杆，桅杆，天线杆
intervention	ⒶⒷⒸⒹⒺⒻⒼⒽⒾⒿⓀⓁ	1	[ˌintə(:)'venʃən]	n. 干涉，介入
interloper	ⒶⒷⒸⒹⒺⒻⒼⒽⒾⒿⓀⓁ	1	['intələupə(r)]	n. 干涉他人事务者，闯入者
fledgling	ⒶⒷⒸⒹⒺⒻⒼⒽⒾⒿⓀⓁ	1	['fledʒliŋ]	n. 刚会飞的幼鸟，无经验的人
loftiness	ⒶⒷⒸⒹⒺⒻⒼⒽⒾⒿⓀⓁ	1	['lɔftinis;'lɔ:f-]	n. 高傲，高深，崇高
climax	ⒶⒷⒸⒹⒺⒻⒼⒽⒾⒿⓀⓁ	1	['klaimæks]	n. 高潮，顶点
costliness	ⒶⒷⒸⒹⒺⒻⒼⒽⒾⒿⓀⓁ	1	['kɔstlinis]	n. 高价，奢侈，昂贵
freeway	ⒶⒷⒸⒹⒺⒻⒼⒽⒾⒿⓀⓁ	1	['fri:wei]	n. 高速公路，快车道
format	ⒶⒷⒸⒹⒺⒻⒼⒽⒾⒿⓀⓁ	1	['fɔ:mæt;-ma:t]	n. 格式，版式
adage	ⒶⒷⒸⒹⒺⒻⒼⒽⒾⒿⓀⓁ	1	['ædidʒ]	n. 格言，古训
precept	ⒶⒷⒸⒹⒺⒻⒼⒽⒾⒿⓀⓁ	1	['pri:sept]	n. 格言，规则，原则
dictum	ⒶⒷⒸⒹⒺⒻⒼⒽⒾⒿⓀⓁ	1	['diktəm]	n. 格言，名言
seclusion	ⒶⒷⒸⒹⒺⒻⒼⒽⒾⒿⓀⓁ	1	[si'klu:ʒən]	n. 隔离，隔绝，隐退
individualism	ⒶⒷⒸⒹⒺⒻⒼⒽⒾⒿⓀⓁ	1	[indi'vidjuəliz(ə)m]	n. 个人主义
modification	ⒶⒷⒸⒹⒺⒻⒼⒽⒾⒿⓀⓁ	1	[ˌmɔdifi'keiʃən]	n. 更改，修改
renewal	ⒶⒷⒸⒹⒺⒻⒼⒽⒾⒿⓀⓁ	1	[ri'nju(:)əl]	n. 更新，恢复
artisan	ⒶⒷⒸⒹⒺⒻⒼⒽⒾⒿⓀⓁ	1	['a:ti'zæn; 'a:tizæn]	n. 工匠，技工
industrialist	ⒶⒷⒸⒹⒺⒻⒼⒽⒾⒿⓀⓁ	1	[in'dʌstriəlist]	n. 工业家，实业家
workload	ⒶⒷⒸⒹⒺⒻⒼⒽⒾⒿⓀⓁ	1	['wə:kləud]	n. 工作量
bulletin	ⒶⒷⒸⒹⒺⒻⒼⒽⒾⒿⓀⓁ	1	['bulitin]	n. 公告，报告
tenement	ⒶⒷⒸⒹⒺⒻⒼⒽⒾⒿⓀⓁ	1	['tenimənt]	n. 公寓，住宅
equity	ⒶⒷⒸⒹⒺⒻⒼⒽⒾⒿⓀⓁ	1	['ekwiti]	n. 公正，公平，股权
arcade	ⒶⒷⒸⒹⒺⒻⒼⒽⒾⒿⓀⓁ	1	[a:'keid]	n. 拱廊
arch	ⒶⒷⒸⒹⒺⒻⒼⒽⒾⒿⓀⓁ	1	[a:tʃ]	n. 拱门，拱 v. 成拱形
provider	ⒶⒷⒸⒹⒺⒻⒼⒽⒾⒿⓀⓁ	1	[prə'vaidə]	n. 供应者，赡养者
groove	ⒶⒷⒸⒹⒺⒻⒼⒽⒾⒿⓀⓁ	1	[gru:v]	n. 沟，凹槽，习惯 v. 开槽于

单词	标记	频率	读音	词义
ravine	ⒶⒷⒸⒹⒺⒻⒼⒽⒾⒿⓀⓁ	1	[rə'vi:n]	n. 沟壑，峡谷
orphan	ⒶⒷⒸⒹⒺⒻⒼⒽⒾⒿⓀⓁ	1	['ɔ:fən]	n. 孤儿
antiquarian	ⒶⒷⒸⒹⒺⒻⒼⒽⒾⒿⓀⓁ	1	[ˌænti'kweəriən]	n. 古文物研究者，古玩收藏家
garner	ⒶⒷⒸⒹⒺⒻⒼⒽⒾⒿⓀⓁ	1	['ga:nə]	n. 谷仓，积蓄 v. 储存，贮藏
fixity	ⒶⒷⒸⒹⒺⒻⒼⒽⒾⒿⓀⓁ	1	['fiksiti]	n. 固定性，固定物
vandalism	ⒶⒷⒸⒹⒺⒻⒼⒽⒾⒿⓀⓁ	1	['vændəliz(ə)m]	n. 故意破坏的行为
consultant	ⒶⒷⒸⒹⒺⒻⒼⒽⒾⒿⓀⓁ	1	[kən'sʌltənt]	n. 顾问，商议者，咨询者
scraper	ⒶⒷⒸⒹⒺⒻⒼⒽⒾⒿⓀⓁ	1	['skreipə]	n. 刮刀
widow	ⒶⒷⒸⒹⒺⒻⒼⒽⒾⒿⓀⓁ	1	['widəu]	n. 寡妇
tapestry	ⒶⒷⒸⒹⒺⒻⒼⒽⒾⒿⓀⓁ	1	['tæpistri]	n. 挂毯 v. 饰以织锦画
jerk	ⒶⒷⒸⒹⒺⒻⒼⒽⒾⒿⓀⓁ	1	[dʒə:k]	n. 怪人，傻瓜，猛拉 v. 猛拉
joint	ⒶⒷⒸⒹⒺⒻⒼⒽⒾⒿⓀⓁ	1	[dʒɔint]	n. 关节，接头 a. 联合的
arthritis	ⒶⒷⒸⒹⒺⒻⒼⒽⒾⒿⓀⓁ	1	[a:'θraitis]	n. 关节炎
bureaucratization	ⒶⒷⒸⒹⒺⒻⒼⒽⒾⒿⓀⓁ	1	[bjuəˌrɔkrətai'zeiʃən]	n. 官僚化
inertia	ⒶⒷⒸⒹⒺⒻⒼⒽⒾⒿⓀⓁ	1	[i'nə:ʃə]	n. 惯性，惰性
irrigation	ⒶⒷⒸⒹⒺⒻⒼⒽⒾⒿⓀⓁ	1	[ˌiri'geiʃən]	n. 灌溉，冲洗
shrub	ⒶⒷⒸⒹⒺⒻⒼⒽⒾⒿⓀⓁ	1	[ʃrʌb]	n. 灌木
photosynthesis	ⒶⒷⒸⒹⒺⒻⒼⒽⒾⒿⓀⓁ	1	[ˌfəutəu'sinθəsis]	n. 光合作用
sheen	ⒶⒷⒸⒹⒺⒻⒼⒽⒾⒿⓀⓁ	1	[ʃi:n]	n. 光辉，光彩，光泽
splendor	ⒶⒷⒸⒹⒺⒻⒼⒽⒾⒿⓀⓁ	1	['splendə]	n. 光辉，壮丽，显赫
spectrum	ⒶⒷⒸⒹⒺⒻⒼⒽⒾⒿⓀⓁ	1	['spektrəm]	n. 光谱，范围，系列
gloss	ⒶⒷⒸⒹⒺⒻⒼⒽⒾⒿⓀⓁ	1	[glɔs]	n. 光泽，注解 v. 使有光泽
immensity	ⒶⒷⒸⒹⒺⒻⒼⒽⒾⒿⓀⓁ	1	[i'mənsiti]	n. 广大，巨大，无限
restitution	ⒶⒷⒸⒹⒺⒻⒼⒽⒾⒿⓀⓁ	1	[ˌresti'tju:ʃən]	n. 归还，偿还，恢复
tortoise	ⒶⒷⒸⒹⒺⒻⒼⒽⒾⒿⓀⓁ	1	['tɔ:təs]	n. 龟
trajectory	ⒶⒷⒸⒹⒺⒻⒼⒽⒾⒿⓀⓁ	1	['trædʒiktəri;trə'dʒekətəri]	n. 轨道，弹道，轨迹
parapsychology	ⒶⒷⒸⒹⒺⒻⒼⒽⒾⒿⓀⓁ	1	[ˌpærəsai'kɔlədʒi]	n. 诡异心理学，心理玄学
apparition	ⒶⒷⒸⒹⒺⒻⒼⒽⒾⒿⓀⓁ	1	[ˌæpə'riʃən]	n. 鬼，幽灵，幻影
aristocracy	ⒶⒷⒸⒹⒺⒻⒼⒽⒾⒿⓀⓁ	1	[ˌæris'tɔkrəsi]	n. 贵族，贵族阶级
plethora	ⒶⒷⒸⒹⒺⒻⒼⒽⒾⒿⓀⓁ	1	['pleθərə]	n. 过剩，过量，多血症
gaffe	ⒶⒷⒸⒹⒺⒻⒼⒽⒾⒿⓀⓁ	1	[gæf]	n. 过失，出丑，失态
beachfront	ⒶⒷⒸⒹⒺⒻⒼⒽⒾⒿⓀⓁ	1	['bi:tʃˌfrʌnt]	n. 海滨地区
admiral	ⒶⒷⒸⒹⒺⒻⒼⒽⒾⒿⓀⓁ	1	['ædmərəl]	n. 海军上将，舰队司令
dolphin	ⒶⒷⒸⒹⒺⒻⒼⒽⒾⒿⓀⓁ	1	['dɔlfin]	n. 海豚
bayou	ⒶⒷⒸⒹⒺⒻⒼⒽⒾⒿⓀⓁ	1	['baiju:]	n. 海湾，支流，河口
seafood	ⒶⒷⒸⒹⒺⒻⒼⒽⒾⒿⓀⓁ	1	['si:fu:d]	n. 海鲜，海味
pest	ⒶⒷⒸⒹⒺⒻⒼⒽⒾⒿⓀⓁ	1	[pest]	n. 害虫，讨厌的人或物
chilliness	ⒶⒷⒸⒹⒺⒻⒼⒽⒾⒿⓀⓁ	1	['tʃilinis]	n. 寒冷，寒意，严寒
perspiration	ⒶⒷⒸⒹⒺⒻⒼⒽⒾⒿⓀⓁ	1	[ˌpə:spə'reiʃən]	n. 汗水，流汗
libertine	ⒶⒷⒸⒹⒺⒻⒼⒽⒾⒿⓀⓁ	1	['libə(:)tain;-ti:n]	n. 行为放纵者 a. 放荡的，放纵的

单词	标记	频率	读音	词义
navigator	ⒶⒷⒸⒹⒺⒻⒼⒽⒾⒿⓀⓁ	1	['nævigeitə]	n. 航海家，领航员
aviation	ⒶⒷⒸⒹⒺⒻⒼⒽⒾⒿⓀⓁ	1	[ˌeivi'eiʃən]	n. 航空，飞行，飞机制造业
mansion	ⒶⒷⒸⒹⒺⒻⒼⒽⒾⒿⓀⓁ	1	['mænʃən]	n. 豪华大厦，官邸
limousine	ⒶⒷⒸⒹⒺⒻⒼⒽⒾⒿⓀⓁ	1	['liməzi:n; ˌlimə'zi:n]	n. 豪华轿车
hospitality	ⒶⒷⒸⒹⒺⒻⒼⒽⒾⒿⓀⓁ	1	[ˌhɔspi'tæliti]	n. 好客，亲切，殷勤
coalition	ⒶⒷⒸⒹⒺⒻⒼⒽⒾⒿⓀⓁ	1	[ˌkəuə'liʃən]	n. 合并，联合
merger	ⒶⒷⒸⒹⒺⒻⒼⒽⒾⒿⓀⓁ	1	['mə:dʒə]	n. 合并，联合体
chorus	ⒶⒷⒸⒹⒺⒻⒼⒽⒾⒿⓀⓁ	1	['kɔ:rəs]	n. 合唱，合唱队
rationality	ⒶⒷⒸⒹⒺⒻⒼⒽⒾⒿⓀⓁ	1	[ˌræʃə'næliti]	n. 合理性，理性观点
affability	ⒶⒷⒸⒹⒺⒻⒼⒽⒾⒿⓀⓁ	1	[ˌæfə'biləti]	n. 和蔼，殷勤，亲切
cassette	ⒶⒷⒸⒹⒺⒻⒼⒽⒾⒿⓀⓁ	1	[kə'set]	n. 盒式录音带
ruby	ⒶⒷⒸⒹⒺⒻⒼⒽⒾⒿⓀⓁ	1	['ru:bi]	n. 红宝石，红宝石色
redwood	ⒶⒷⒸⒹⒺⒻⒼⒽⒾⒿⓀⓁ	1	['redwud]	n. 红杉
cardinal	ⒶⒷⒸⒹⒺⒻⒼⒽⒾⒿⓀⓁ	1	['ka:dinəl]	n. 红衣主教 a. 最主要的
chicanery	ⒶⒷⒸⒹⒺⒻⒼⒽⒾⒿⓀⓁ	1	[ʃi'keinəri]	n. 哄骗，欺骗，强词夺理
throat	ⒶⒷⒸⒹⒺⒻⒼⒽⒾⒿⓀⓁ	1	[θrəut]	n. 喉咙
laryngitis	ⒶⒷⒸⒹⒺⒻⒼⒽⒾⒿⓀⓁ	1	[ˌlærin'dʒaitis]	n. 喉炎
backup	ⒶⒷⒸⒹⒺⒻⒼⒽⒾⒿⓀⓁ	1	['bækʌp]	n. 后备，支持 v. 备份
backlash	ⒶⒷⒸⒹⒺⒻⒼⒽⒾⒿⓀⓁ	1	['bæklæʃ]	n. 后冲，反撞，强烈反对
posterity	ⒶⒷⒸⒹⒺⒻⒼⒽⒾⒿⓀⓁ	1	[pɔs'teriti]	n. 后代，后裔
aftermath	ⒶⒷⒸⒹⒺⒻⒼⒽⒾⒿⓀⓁ	1	['a:ftəmæθ]	n. 后果，余波，灾后时期
slab	ⒶⒷⒸⒹⒺⒻⒼⒽⒾⒿⓀⓁ	1	[slæb]	n. 厚板，厚片，平板
mutualism	ⒶⒷⒸⒹⒺⒻⒼⒽⒾⒿⓀⓁ	1	['mju:tjuəlizəm]	n. 互助论，互利共生
moat	ⒶⒷⒸⒹⒺⒻⒼⒽⒾⒿⓀⓁ	1	[məut]	n. 护城河，壕沟
vase	ⒶⒷⒸⒹⒺⒻⒼⒽⒾⒿⓀⓁ	1	[va:z,veis]	n. 花瓶
waltz	ⒶⒷⒸⒹⒺⒻⒼⒽⒾⒿⓀⓁ	1	[wɔ:l(t)s]	n. 华尔兹舞
magnificence	ⒶⒷⒸⒹⒺⒻⒼⒽⒾⒿⓀⓁ	1	[mæg'nifisns]	n. 华丽，富丽堂皇
slippage	ⒶⒷⒸⒹⒺⒻⒼⒽⒾⒿⓀⓁ	1	['slipidʒ]	n. 滑移，滑动，下滑
easel	ⒶⒷⒸⒹⒺⒻⒼⒽⒾⒿⓀⓁ	1	['i:zl]	n. 画架
disrepute	ⒶⒷⒸⒹⒺⒻⒼⒽⒾⒿⓀⓁ	1	['disri'pju:t]	n. 坏名声，声名狼藉
villain	ⒶⒷⒸⒹⒺⒻⒼⒽⒾⒿⓀⓁ	1	['vilən]	n. 坏人，恶棍
loop	ⒶⒷⒸⒹⒺⒻⒼⒽⒾⒿⓀⓁ	1	[lu:p]	n. 环，圈，回路 v. 使成环
milieu	ⒶⒷⒸⒹⒺⒻⒼⒽⒾⒿⓀⓁ	1	['mi:ljə:]	n. 环境，背景
buffer	ⒶⒷⒸⒹⒺⒻⒼⒽⒾⒿⓀⓁ	1	['bʌfə]	n. 缓冲器，缓存区
mollification	ⒶⒷⒸⒹⒺⒻⒼⒽⒾⒿⓀⓁ	1	[ˌmɔlifi'keiʃən]	n. 缓和
moderation	ⒶⒷⒸⒹⒺⒻⒼⒽⒾⒿⓀⓁ	1	[ˌmɔdə'reiʃən]	n. 缓和，适度
raccoon	ⒶⒷⒸⒹⒺⒻⒼⒽⒾⒿⓀⓁ	1	[rə'ku:n]	n. 浣熊
absurdity	ⒶⒷⒸⒹⒺⒻⒼⒽⒾⒿⓀⓁ	1	[əb'sə:diti]	n. 荒谬，荒谬的事
empress	ⒶⒷⒸⒹⒺⒻⒼⒽⒾⒿⓀⓁ	1	['empris]	n. 皇后，女皇
mortar	ⒶⒷⒸⒹⒺⒻⒼⒽⒾⒿⓀⓁ	1	['mɔ:tə]	n. 灰泥，臼，迫击炮

单词	标记	频率	读音	词义
comeback	ⒶⒷⒸⒹⒺⒻⒼⒽⒾⒿⓀⓁ	1	['kʌmbæk]	n. 恢复，复原
resumption	ⒶⒷⒸⒹⒺⒻⒼⒽⒾⒿⓀⓁ	1	[ri'zʌmpʃən]	n. 恢复，重新开始
echo	ⒶⒷⒸⒹⒺⒻⒼⒽⒾⒿⓀⓁ	1	['ekəu]	n. 回声，共鸣 v. 回响，附和
remembrance	ⒶⒷⒸⒹⒺⒻⒼⒽⒾⒿⓀⓁ	1	[ri'membrəns]	n. 回想，记忆，纪念品
obscurity	ⒶⒷⒸⒹⒺⒻⒼⒽⒾⒿⓀⓁ	1	[əb'skjuəriti]	n. 昏暗，不清楚，不出名
gloom	ⒶⒷⒸⒹⒺⒻⒼⒽⒾⒿⓀⓁ	1	[glu:m]	n. 昏暗，黑暗，忧郁
obfuscation	ⒶⒷⒸⒹⒺⒻⒼⒽⒾⒿⓀⓁ	1	[ɔbfʌs'keiʃən]	n. 昏迷，困惑
hybrid	ⒶⒷⒸⒹⒺⒻⒼⒽⒾⒿⓀⓁ	1	['haibrid]	n. 混血儿，杂种 a. 混合的，杂种的
vividness	ⒶⒷⒸⒹⒺⒻⒼⒽⒾⒿⓀⓁ	1	['vividnis]	n. 活泼，生动
animation	ⒶⒷⒸⒹⒺⒻⒼⒽⒾⒿⓀⓁ	1	[ˌæni'meiʃən]	n. 活泼，兴奋，动画片
firebrand	ⒶⒷⒸⒹⒺⒻⒼⒽⒾⒿⓀⓁ	1	['faiəbrænd]	n. 火把，燃烧的木柴，煽动叛乱者
rocket	ⒶⒷⒸⒹⒺⒻⒼⒽⒾⒿⓀⓁ	1	['rɔkit]	n. 火箭 v. 猛涨
blaze	ⒶⒷⒸⒹⒺⒻⒼⒽⒾⒿⓀⓁ	1	[bleiz]	n. 火焰 v. 照耀，燃烧
famine	ⒶⒷⒸⒹⒺⒻⒼⒽⒾⒿⓀⓁ	1	['fæmin]	n. 饥荒，极度缺乏
opportunist	ⒶⒷⒸⒹⒺⒻⒼⒽⒾⒿⓀⓁ	1	['ɔpətju:nist;-tu:n]	n. 机会主义者，投机者
dysfunction	ⒶⒷⒸⒹⒺⒻⒼⒽⒾⒿⓀⓁ	1	[dis'fʌŋkʃən]	n. 机能不良，功能紊乱，官能障碍
thew	ⒶⒷⒸⒹⒺⒻⒼⒽⒾⒿⓀⓁ	1	[θju:]	n. 肌肉，体力，活力
musculature	ⒶⒷⒸⒹⒺⒻⒼⒽⒾⒿⓀⓁ	1	['mʌskjulətʃə]	n. 肌肉组织
integral	ⒶⒷⒸⒹⒺⒻⒼⒽⒾⒿⓀⓁ	1	['intigrəl]	n. 积分，整数 a. 完整的
rationale	ⒶⒷⒸⒹⒺⒻⒼⒽⒾⒿⓀⓁ	1	[ˌræʃə'na:l]	n. 基本原理，基础理论
infrastructure	ⒶⒷⒸⒹⒺⒻⒼⒽⒾⒿⓀⓁ	1	['infrə'strʌktʃə]	n. 基础，基础设施
activism	ⒶⒷⒸⒹⒺⒻⒼⒽⒾⒿⓀⓁ	1	['æktivizəm]	n. 激进主义，行动主义
impetuosity	ⒶⒷⒸⒹⒺⒻⒼⒽⒾⒿⓀⓁ	1	[imˌpetju'ɔsiti]	n. 激烈，冲动，性急
extremity	ⒶⒷⒸⒹⒺⒻⒼⒽⒾⒿⓀⓁ	1	[iks'tremiti]	n. 极端，绝境，末端
totalitarian	ⒶⒷⒸⒹⒺⒻⒼⒽⒾⒿⓀⓁ	1	[ˌtəutæli'teəriən]	n. 极权主义者 a. 极权主义的
polarity	ⒶⒷⒸⒹⒺⒻⒼⒽⒾⒿⓀⓁ	1	[pəu'læriti]	n. 极性，两极，磁性引力
flashback	ⒶⒷⒸⒹⒺⒻⒼⒽⒾⒿⓀⓁ	1	['flæʃbæk]	n. 急转，闪回，倒叙
malady	ⒶⒷⒸⒹⒺⒻⒼⒽⒾⒿⓀⓁ	1	['mælədi]	n. 疾病，弊病，混乱
aggregation	ⒶⒷⒸⒹⒺⒻⒼⒽⒾⒿⓀⓁ	1	[ægri'geiʃən]	n. 集合，集合体，聚集，聚集体
rally	ⒶⒷⒸⒹⒺⒻⒼⒽⒾⒿⓀⓁ	1	['ræli]	n. 集会 v. 集合，召集
spine	ⒶⒷⒸⒹⒺⒻⒼⒽⒾⒿⓀⓁ	1	[spain]	n. 脊柱，刺
scorer	ⒶⒷⒸⒹⒺⒻⒼⒽⒾⒿⓀⓁ	1	['skɔ:rə]	n. 记录员，刻划痕迹的人
registrar	ⒶⒷⒸⒹⒺⒻⒼⒽⒾⒿⓀⓁ	1	[ˌredʒis'tra:]	n. 记录者，注册主任
souvenir	ⒶⒷⒸⒹⒺⒻⒼⒽⒾⒿⓀⓁ	1	['su:vəniə]	n. 纪念品
memento	ⒶⒷⒸⒹⒺⒻⒼⒽⒾⒿⓀⓁ	1	[me'mentəu]	n. 纪念品，遗物
finesse	ⒶⒷⒸⒹⒺⒻⒼⒽⒾⒿⓀⓁ	1	[fi'nes]	n. 技巧，手段，策略
sleight	ⒶⒷⒸⒹⒺⒻⒼⒽⒾⒿⓀⓁ	1	[slait]	n. 技巧，手法，诡计
craftsmanship	ⒶⒷⒸⒹⒺⒻⒼⒽⒾⒿⓀⓁ	1	['kræftsmənʃip]	n. 技术，技能
playoff	ⒶⒷⒸⒹⒺⒻⒼⒽⒾⒿⓀⓁ	1	['pleiˌɔf]	n. 季后赛，夺标决赛，延长赛
dosage	ⒶⒷⒸⒹⒺⒻⒼⒽⒾⒿⓀⓁ	1	['dəusidʒ]	n. 剂量，配药，用量

单词	标记	频率	读音	词义
inheritor	ⒶⒷⒸⒹⒺⒻⒼⒽⒾⒿⓀⓁ	1	[in'heritə(r)]	n. 继承人
dowager	ⒶⒷⒸⒹⒺⒻⒼⒽⒾⒿⓀⓁ	1	['dauədʒə]	n. 继承亡夫遗产的寡妇，贵妇人
heater	ⒶⒷⒸⒹⒺⒻⒼⒽⒾⒿⓀⓁ	1	['hi:tə]	n. 加热器
affiliation	ⒶⒷⒸⒹⒺⒻⒼⒽⒾⒿⓀⓁ	1	[ə,fili'eiʃən]	n. 加入，入会，联合
cate	ⒶⒷⒸⒹⒺⒻⒼⒽⒾⒿⓀⓁ	1	[keit]	n. 佳肴，美食
patriarchy	ⒶⒷⒸⒹⒺⒻⒼⒽⒾⒿⓀⓁ	1	['peitria:ki]	n. 家长统治，父权社会
accolade	ⒶⒷⒸⒹⒺⒻⒼⒽⒾⒿⓀⓁ	1	['ækəleid]	n. 嘉奖，表扬，封爵
pseudonym	ⒶⒷⒸⒹⒺⒻⒼⒽⒾⒿⓀⓁ	1	['(p)sju:dənim]	n. 假名，笔名
shrill	ⒶⒷⒸⒹⒺⒻⒼⒽⒾⒿⓀⓁ	1	[ʃril]	n. 尖锐的声音 a. 尖锐的，刺耳的
annihilation	ⒶⒷⒸⒹⒺⒻⒼⒽⒾⒿⓀⓁ	1	[ə,naiə'leiʃən]	n. 歼灭，灭绝，湮灭
steadfastness	ⒶⒷⒸⒹⒺⒻⒼⒽⒾⒿⓀⓁ	1	['stedfəstnis]	n. 坚定不移
decisiveness	ⒶⒷⒸⒹⒺⒻⒼⒽⒾⒿⓀⓁ	1	[di'saisivnis]	n. 坚决，果断
interlude	ⒶⒷⒸⒹⒺⒻⒼⒽⒾⒿⓀⓁ	1	['intə(:),lu:d;-lju:d]	n. 间歇，幕间休息，幕间喜剧
surveillance	ⒶⒷⒸⒹⒺⒻⒼⒽⒾⒿⓀⓁ	1	[sə:'veiləns]	n. 监视，监督
inspection	ⒶⒷⒸⒹⒺⒻⒼⒽⒾⒿⓀⓁ	1	[in'spekʃən]	n. 检查，视察
prosecutor	ⒶⒷⒸⒹⒺⒻⒼⒽⒾⒿⓀⓁ	1	['prɔsikju:tə]	n. 检举人
subtraction	ⒶⒷⒸⒹⒺⒻⒼⒽⒾⒿⓀⓁ	1	[səb'trækʃən]	n. 减少，减法
retrenchment	ⒶⒷⒸⒹⒺⒻⒼⒽⒾⒿⓀⓁ	1	[ri'trentʃmənt;ri:-]	n. 减少，删除
establishment	ⒶⒷⒸⒹⒺⒻⒼⒽⒾⒿⓀⓁ	1	[is'tæbliʃmənt]	n. 建立，确立
amnesia	ⒶⒷⒸⒹⒺⒻⒼⒽⒾⒿⓀⓁ	1	[æm'ni:zjə]	n. 健忘症，记忆缺失
fleet	ⒶⒷⒸⒹⒺⒻⒼⒽⒾⒿⓀⓁ	1	[fli:t]	n. 舰队 v. 疾驰，掠过 a. 快速的
gradation	ⒶⒷⒸⒹⒺⒻⒼⒽⒾⒿⓀⓁ	1	[grə'deiʃən]	n. 渐变，等级
connoisseur	ⒶⒷⒸⒹⒺⒻⒼⒽⒾⒿⓀⓁ	1	[,kɔni'sə:]	n. 鉴赏家，行家
connoisseurship	ⒶⒷⒸⒹⒺⒻⒼⒽⒾⒿⓀⓁ	1	[,kɔnə'sɜ:ʃip]	n. 鉴赏能力
paste	ⒶⒷⒸⒹⒺⒻⒼⒽⒾⒿⓀⓁ	1	[peist]	n. 浆糊，面团 v. 粘贴，张贴
impasse	ⒶⒷⒸⒹⒺⒻⒼⒽⒾⒿⓀⓁ	1	[æm'pa:s;im-]	n. 僵局，死路
stalemate	ⒶⒷⒸⒹⒺⒻⒼⒽⒾⒿⓀⓁ	1	['steil'meit]	n. 僵局 v. 使陷入僵局
podium	ⒶⒷⒸⒹⒺⒻⒼⒽⒾⒿⓀⓁ	1	['pəudiəm]	n. 讲台，指挥台，矮墙
medal	ⒶⒷⒸⒹⒺⒻⒼⒽⒾⒿⓀⓁ	1	['medl]	n. 奖牌，奖章
trophy	ⒶⒷⒸⒹⒺⒻⒼⒽⒾⒿⓀⓁ	1	['trəufi]	n. 奖品，战利品
oar	ⒶⒷⒸⒹⒺⒻⒼⒽⒾⒿⓀⓁ	1	[ɔ:,ɔə]	n. 桨，橹
precipitation	ⒶⒷⒸⒹⒺⒻⒼⒽⒾⒿⓀⓁ	1	[pri,sipi'teiʃən]	n. 降水量，沉淀，仓促
alternation	ⒶⒷⒸⒹⒺⒻⒼⒽⒾⒿⓀⓁ	1	[,ɔ:ltə:'neiʃən]	n. 交替，轮流
dealing	ⒶⒷⒸⒹⒺⒻⒼⒽⒾⒿⓀⓁ	1	['di:liŋ]	n. 交易，行为举止
belligerence	ⒶⒷⒸⒹⒺⒻⒼⒽⒾⒿⓀⓁ	1	[bi'lidʒərəns]	n. 交战，好战
snit	ⒶⒷⒸⒹⒺⒻⒼⒽⒾⒿⓀⓁ	1	[snit]	n. 焦急，不安，恼火
guile	ⒶⒷⒸⒹⒺⒻⒼⒽⒾⒿⓀⓁ	1	[gail]	n. 狡诈，诡计
hinge	ⒶⒷⒸⒹⒺⒻⒼⒽⒾⒿⓀⓁ	1	[hindʒ]	n. 铰链，关键 v. 用铰链连接
ankle	ⒶⒷⒸⒹⒺⒻⒼⒽⒾⒿⓀⓁ	1	['æŋkl]	n. 脚踝
huckster	ⒶⒷⒸⒹⒺⒻⒼⒽⒾⒿⓀⓁ	1	['hʌkstə]	n. 叫卖的小贩 v. 兜售，强行推销

单词	标记	频率	读音	词义
dogma	ⒶⒷⒸⒹⒺⒻⒼⒽⒾⒿⓀⓁ	1	['dɔgmə]	n. 教条，教义，信仰
doctrine	ⒶⒷⒸⒹⒺⒻⒼⒽⒾⒿⓀⓁ	1	['dɔktrin]	n. 教条，教义，学说，官方声明
relay	ⒶⒷⒸⒹⒺⒻⒼⒽⒾⒿⓀⓁ	1	['ri:lei]	n. 接力赛，继电器 v. 转播
receptivity	ⒶⒷⒸⒹⒺⒻⒼⒽⒾⒿⓀⓁ	1	[risep'tiviti]	n. 接受能力
gala	ⒶⒷⒸⒹⒺⒻⒼⒽⒾⒿⓀⓁ	1	['ga:lə]	n. 节日，盛会
festival	ⒶⒷⒸⒹⒺⒻⒼⒽⒾⒿⓀⓁ	1	['festəvəl]	n. 节日，喜庆日 a. 节日的，喜庆的
fiesta	ⒶⒷⒸⒹⒺⒻⒼⒽⒾⒿⓀⓁ	1	['fi:esta:;fi'estə]	n. 节日，宗教节日
cadence	ⒶⒷⒸⒹⒺⒻⒼⒽⒾⒿⓀⓁ	1	['keidəns]	n. 节奏，韵律，抑扬顿挫
configuration	ⒶⒷⒸⒹⒺⒻⒼⒽⒾⒿⓀⓁ	1	[kən,figju'reiʃən]	n. 结构，布局，配置
deliverance	ⒶⒷⒸⒹⒺⒻⒼⒽⒾⒿⓀⓁ	1	[di'livərəns]	n. 解救，救助，释放
anatomy	ⒶⒷⒸⒹⒺⒻⒼⒽⒾⒿⓀⓁ	1	[ə'nætəmi]	n. 解剖学，剖析
explication	ⒶⒷⒸⒹⒺⒻⒼⒽⒾⒿⓀⓁ	1	[ˌekspli'keʃən]	n. 解说，说明，解释
goldsmith	ⒶⒷⒸⒹⒺⒻⒼⒽⒾⒿⓀⓁ	1	['gəuldsmiθ]	n. 金匠
nugget	ⒶⒷⒸⒹⒺⒻⒼⒽⒾⒿⓀⓁ	1	['nʌgit]	n. 金块，贵金属块，硬块
prudence	ⒶⒷⒸⒹⒺⒻⒼⒽⒾⒿⓀⓁ	1	['pru:dəns]	n. 谨慎，节俭
discretion	ⒶⒷⒸⒹⒺⒻⒼⒽⒾⒿⓀⓁ	1	[dis'kreʃən]	n. 谨慎，慎重，自行决定
myopia	ⒶⒷⒸⒹⒺⒻⒼⒽⒾⒿⓀⓁ	1	[mai'əupiə]	n. 近视，缺乏远见
infighting	ⒶⒷⒸⒹⒺⒻⒼⒽⒾⒿⓀⓁ	1	['infaitiŋ]	n. 近战，混战，暗战，内讧
celibacy	ⒶⒷⒸⒹⒺⒻⒼⒽⒾⒿⓀⓁ	1	['selibəsi]	n. 禁欲，独身
ascetic	ⒶⒷⒸⒹⒺⒻⒼⒽⒾⒿⓀⓁ	1	[ə'setik]	n. 禁欲者，修道者 a. 修道的，禁欲的
asceticism	ⒶⒷⒸⒹⒺⒻⒼⒽⒾⒿⓀⓁ	1	[ə'setisizəm]	n. 禁欲主义，苦行
canon	ⒶⒷⒸⒹⒺⒻⒼⒽⒾⒿⓀⓁ	1	['kænən]	n. 经典，教规，准则
broker	ⒶⒷⒸⒹⒺⒻⒼⒽⒾⒿⓀⓁ	1	['brəukə]	n. 经纪人
empiric	ⒶⒷⒸⒹⒺⒻⒼⒽⒾⒿⓀⓁ	1	[em'pirik]	n. 经验主义者
consternation	ⒶⒷⒸⒹⒺⒻⒼⒽⒾⒿⓀⓁ	1	[ˌkɔnstə(:)'neiʃən]	n. 惊愕，惊惶失措
thriller	ⒶⒷⒸⒹⒺⒻⒼⒽⒾⒿⓀⓁ	1	['θrilə]	n. 惊悚片，惊悚小说
exhaustion	ⒶⒷⒸⒹⒺⒻⒼⒽⒾⒿⓀⓁ	1	[ig'zɔ:stʃən]	n. 精疲力尽，疲惫
psychiatry	ⒶⒷⒸⒹⒺⒻⒼⒽⒾⒿⓀⓁ	1	[sai'kaiətri]	n. 精神病学
insanity	ⒶⒷⒸⒹⒺⒻⒼⒽⒾⒿⓀⓁ	1	[in'sæniti]	n. 精神错乱，疯狂，愚蠢
schizophrenia	ⒶⒷⒸⒹⒺⒻⒼⒽⒾⒿⓀⓁ	1	[ˌskizəu'fri:niə]	n. 精神分裂症
elitism	ⒶⒷⒸⒹⒺⒻⒼⒽⒾⒿⓀⓁ	1	[ei'li:tizm;i'li:tizm]	n. 精英主义，精英统治
cramp	ⒶⒷⒸⒹⒺⒻⒼⒽⒾⒿⓀⓁ	1	[kræmp]	n. 痉挛，抽筋 v. 限制，束缚
vein	ⒶⒷⒸⒹⒺⒻⒼⒽⒾⒿⓀⓁ	1	[vein]	n. 静脉，叶脉
alcohol	ⒶⒷⒸⒹⒺⒻⒼⒽⒾⒿⓀⓁ	1	['ælkəhɔl]	n. 酒，酒精
dining	ⒶⒷⒸⒹⒺⒻⒼⒽⒾⒿⓀⓁ	1	['dainiŋ]	n. 就餐
dweller	ⒶⒷⒸⒹⒺⒻⒼⒽⒾⒿⓀⓁ	1	['dwelə(r)]	n. 居民
magnate	ⒶⒷⒸⒹⒺⒻⒼⒽⒾⒿⓀⓁ	1	['mægneit]	n. 巨头，富豪
repudiation	ⒶⒷⒸⒹⒺⒻⒼⒽⒾⒿⓀⓁ	1	[ri,pju:di'eiʃən]	n. 拒绝，否认
naysayer	ⒶⒷⒸⒹⒺⒻⒼⒽⒾⒿⓀⓁ	1	['neiseiə]	n. 拒绝者
embodiment	ⒶⒷⒸⒹⒺⒻⒼⒽⒾⒿⓀⓁ	1	[im'bɔdimənt]	n. 具体化，化身

单词	标记	频率	读音	词义
concreteness	ⒶⒷⒸⒹⒺⒻⒼⒽⒾⒿⓀⓁ	1	['kɔnkri:tnis]	n. 具体性
revulsion	ⒶⒷⒸⒹⒺⒻⒼⒽⒾⒿⓀⓁ	1	[ri'vʌlʃən]	n. 剧变，非常厌恶
curl	ⒶⒷⒸⒹⒺⒻⒼⒽⒾⒿⓀⓁ	1	[kə:l]	n. 卷曲，卷发 v. 卷曲，弯曲
tendril	ⒶⒷⒸⒹⒺⒻⒼⒽⒾⒿⓀⓁ	1	['tendril]	n. 卷须，蔓，卷须状之物
scroll	ⒶⒷⒸⒹⒺⒻⒼⒽⒾⒿⓀⓁ	1	[skrəul]	n. 卷轴，画卷
desperation	ⒶⒷⒸⒹⒺⒻⒼⒽⒾⒿⓀⓁ	1	[,despə'reiʃən]	n. 绝望
insulation	ⒶⒷⒸⒹⒺⒻⒼⒽⒾⒿⓀⓁ	1	[,insju'leiʃən]	n. 绝缘，隔离
fern	ⒶⒷⒸⒹⒺⒻⒼⒽⒾⒿⓀⓁ	1	[fə:n]	n. 蕨类植物
stubbornness	ⒶⒷⒸⒹⒺⒻⒼⒽⒾⒿⓀⓁ	1	['stʌbənnis]	n. 倔强，顽强
stickler	ⒶⒷⒸⒹⒺⒻⒼⒽⒾⒿⓀⓁ	1	['stiklə]	n. 倔强的人，难题
exploitation	ⒶⒷⒸⒹⒺⒻⒼⒽⒾⒿⓀⓁ	1	[,eksplɔi'teiʃən]	n. 开发，开采，剥削
developer	ⒶⒷⒸⒹⒺⒻⒼⒽⒾⒿⓀⓁ	1	[di'veləpə]	n. 开发者
opening	ⒶⒷⒸⒹⒺⒻⒼⒽⒾⒿⓀⓁ	1	['əupniŋ]	n. 开始，开幕
prank	ⒶⒷⒸⒹⒺⒻⒼⒽⒾⒿⓀⓁ	1	[præŋk]	n. 开玩笑，恶作剧 v. 盛装
desertion	ⒶⒷⒸⒹⒺⒻⒼⒽⒾⒿⓀⓁ	1	[di'zə:ʃən]	n. 开小差，遗弃，逃亡
remonstrance	ⒶⒷⒸⒹⒺⒻⒼⒽⒾⒿⓀⓁ	1	[ri'mɔnstrəns]	n. 抗议
toaster	ⒶⒷⒸⒹⒺⒻⒼⒽⒾⒿⓀⓁ	1	['təustə(r)]	n. 烤面包器
tadpole	ⒶⒷⒸⒹⒺⒻⒼⒽⒾⒿⓀⓁ	1	['tædpəul]	n. 蝌蚪
feasibility	ⒶⒷⒸⒹⒺⒻⒼⒽⒾⒿⓀⓁ	1	[,fi:zə'biləti]	n. 可行性，可能性
bogeyman	ⒶⒷⒸⒹⒺⒻⒼⒽⒾⒿⓀⓁ	1	['bəugimæn]	n. 可怕的人，妖怪
plasticity	ⒶⒷⒸⒹⒺⒻⒼⒽⒾⒿⓀⓁ	1	[plæs'tisiti]	n. 可塑性，适应性
forbearance	ⒶⒷⒸⒹⒺⒻⒼⒽⒾⒿⓀⓁ	1	[fɔ:'beərəns]	n. 克制，忍耐，宽容
inn	ⒶⒷⒸⒹⒺⒻⒼⒽⒾⒿⓀⓁ	1	[in]	n. 客栈，小旅馆
vacuity	ⒶⒷⒸⒹⒺⒻⒼⒽⒾⒿⓀⓁ	1	[væ'kju(:)iti;və-]	n. 空虚，空白，无聊
peafowl	ⒶⒷⒸⒹⒺⒻⒼⒽⒾⒿⓀⓁ	1	['pi:faul]	n. 孔雀
terrorism	ⒶⒷⒸⒹⒺⒻⒼⒽⒾⒿⓀⓁ	1	['terəriz(ə)m]	n. 恐怖主义
dread	ⒶⒷⒸⒹⒺⒻⒼⒽⒾⒿⓀⓁ	1	[dred]	n. 恐惧，可怕的人（或物）v. 惧怕
phobia	ⒶⒷⒸⒹⒺⒻⒼⒽⒾⒿⓀⓁ	1	['fəubjə]	n. 恐惧症
domination	ⒶⒷⒸⒹⒺⒻⒼⒽⒾⒿⓀⓁ	1	[dɔmi'neiʃən]	n. 控制，统治，支配
buckle	ⒶⒷⒸⒹⒺⒻⒼⒽⒾⒿⓀⓁ	1	['bʌkl]	n. 扣子，皮带扣 v. 扣住
fag	ⒶⒷⒸⒹⒺⒻⒼⒽⒾⒿⓀⓁ	1	[fæg]	n. 苦工 v. 做苦工，使劳累
hyperbole	ⒶⒷⒸⒹⒺⒻⒼⒽⒾⒿⓀⓁ	1	[hai'pə:bəli]	n. 夸张法
leniency	ⒶⒷⒸⒹⒺⒻⒼⒽⒾⒿⓀⓁ	1	['li:njənsi]	n. 宽大，仁慈
tolerance	ⒶⒷⒸⒹⒺⒻⒼⒽⒾⒿⓀⓁ	1	['tɔlərəns]	n. 宽容，容忍，公差
frenzy	ⒶⒷⒸⒹⒺⒻⒼⒽⒾⒿⓀⓁ	1	['frenzi]	n. 狂乱，狂暴，狂怒
zealotry	ⒶⒷⒸⒹⒺⒻⒼⒽⒾⒿⓀⓁ	1	['zelətri]	n. 狂热行为
zealot	ⒶⒷⒸⒹⒺⒻⒼⒽⒾⒿⓀⓁ	1	['zelət]	n. 狂热者
exultation	ⒶⒷⒸⒹⒺⒻⒼⒽⒾⒿⓀⓁ	1	[,egzʌl'teiʃən]	n. 狂喜，欢悦
ore	ⒶⒷⒸⒹⒺⒻⒼⒽⒾⒿⓀⓁ	1	[ɔ:(r)]	n. 矿石
entomologist	ⒶⒷⒸⒹⒺⒻⒼⒽⒾⒿⓀⓁ	1	[entəu'mɔlədʒist]	n. 昆虫学家

单词	标记	频率	读音	词义
perplexity	ⒶⒷⒸⒹⒺⒻⒼⒽⒾⒿⓀⓁ	1	[pə'pleksiti]	n. 困惑，使人困惑的事物
predicament	ⒶⒷⒸⒹⒺⒻⒼⒽⒾⒿⓀⓁ	1	[pri'dikəmənt]	n. 困境，窘状
recital	ⒶⒷⒸⒹⒺⒻⒼⒽⒾⒿⓀⓁ	1	[ri'saitl]	n. 朗诵，背诵，独奏会
lavishness	ⒶⒷⒸⒹⒺⒻⒼⒽⒾⒿⓀⓁ	1	['læviʃnis]	n. 浪费，挥霍，过度
gest	ⒶⒷⒸⒹⒺⒻⒼⒽⒾⒿⓀⓁ	1	[dʒest]	n. 浪漫传说，壮举，传奇
instrumentalist	ⒶⒷⒸⒹⒺⒻⒼⒽⒾⒿⓀⓁ	1	[instrə'mentəlist]	n. 乐器演奏家，工具主义者
coda	ⒶⒷⒸⒹⒺⒻⒼⒽⒾⒿⓀⓁ	1	['kəudə]	n. 乐章结尾部，结局部分
ion	ⒶⒷⒸⒹⒺⒻⒼⒽⒾⒿⓀⓁ	1	['aiən]	n. 离子
daybreak	ⒶⒷⒸⒹⒺⒻⒼⒽⒾⒿⓀⓁ	1	['deibreik]	n. 黎明，拂晓
hedge	ⒶⒷⒸⒹⒺⒻⒼⒽⒾⒿⓀⓁ	1	[hedʒ]	n. 篱笆，障碍物 v. 用篱笆围
civility	ⒶⒷⒸⒹⒺⒻⒼⒽⒾⒿⓀⓁ	1	[si'viliti]	n. 礼貌，谦恭
milestone	ⒶⒷⒸⒹⒺⒻⒼⒽⒾⒿⓀⓁ	1	['mailstəun]	n. 里程碑，转折点
ideologue	ⒶⒷⒸⒹⒺⒻⒼⒽⒾⒿⓀⓁ	1	['aidi:əulɔg]	n. 理论家，思想家
idealization	ⒶⒷⒸⒹⒺⒻⒼⒽⒾⒿⓀⓁ	1	[aiˌdiəlai'zeiʃən]	n. 理想化，理想化的事物
perfectionist	ⒶⒷⒸⒹⒺⒻⒼⒽⒾⒿⓀⓁ	1	[pə'fekʃənist]	n. 力求完美者，吹毛求疵者
standpoint	ⒶⒷⒸⒹⒺⒻⒼⒽⒾⒿⓀⓁ	1	['stændpɔint]	n. 立场，观点
legislature	ⒶⒷⒸⒹⒺⒻⒼⒽⒾⒿⓀⓁ	1	['ledʒis;leitʃə]	n. 立法机关
altruism	ⒶⒷⒸⒹⒺⒻⒼⒽⒾⒿⓀⓁ	1	['æltruizəm]	n. 利他主义
subordination	ⒶⒷⒸⒹⒺⒻⒼⒽⒾⒿⓀⓁ	1	[sə,bɔ:di'neiʃən]	n. 隶属，次等
nexus	ⒶⒷⒸⒹⒺⒻⒼⒽⒾⒿⓀⓁ	1	['neksəs]	n. 连结，关系，联系
succession	ⒶⒷⒸⒹⒺⒻⒼⒽⒾⒿⓀⓁ	1	[sək'seʃən]	n. 连续，继承权，继位
commiseration	ⒶⒷⒸⒹⒺⒻⒼⒽⒾⒿⓀⓁ	1	[kə,mizə'reiʃən]	n. 怜悯，同情
alchemist	ⒶⒷⒸⒹⒺⒻⒼⒽⒾⒿⓀⓁ	1	['ælkimist]	n. 炼丹术士，炼金术士
sandal	ⒶⒷⒸⒹⒺⒻⒼⒽⒾⒿⓀⓁ	1	['sændl]	n. 凉鞋，檀香木
lookout	ⒶⒷⒸⒹⒺⒻⒼⒽⒾⒿⓀⓁ	1	['luk'aut]	n. 瞭望台，监视哨，看守
crevice	ⒶⒷⒸⒹⒺⒻⒼⒽⒾⒿⓀⓁ	1	['krevis]	n. 裂缝
fissure	ⒶⒷⒸⒹⒺⒻⒼⒽⒾⒿⓀⓁ	1	['fiʃə]	n. 裂缝，分裂 v. 裂开
boulevard	ⒶⒷⒸⒹⒺⒻⒼⒽⒾⒿⓀⓁ	1	['bu:liva:d]	n. 林荫大道
ream	ⒶⒷⒸⒹⒺⒻⒼⒽⒾⒿⓀⓁ	1	[ri:m]	n. 令，大量的纸 v. 榨取（果汁），扩展
lien	ⒶⒷⒸⒹⒺⒻⒼⒽⒾⒿⓀⓁ	1	['li(:)ən]	n. 留置权，扣押权
epidemiologist	ⒶⒷⒸⒹⒺⒻⒼⒽⒾⒿⓀⓁ	1	['epi,di:mi'ɔlədʒist]	n. 流行病学家
vagrant	ⒶⒷⒸⒹⒺⒻⒼⒽⒾⒿⓀⓁ	1	['veigrənt]	n. 流浪汉 a. 流浪的
ruffian	ⒶⒷⒸⒹⒺⒻⒼⒽⒾⒿⓀⓁ	1	['rʌfjən;-fiən]	n. 流氓，恶棍 a. 残暴的
hexagon	ⒶⒷⒸⒹⒺⒻⒼⒽⒾⒿⓀⓁ	1	['heksəgən]	n. 六角形，六边形
lobster	ⒶⒷⒸⒹⒺⒻⒼⒽⒾⒿⓀⓁ	1	['lɔbstə]	n. 龙虾
hearth	ⒶⒷⒸⒹⒺⒻⒼⒽⒾⒿⓀⓁ	1	[ha:θ]	n. 炉边，灶台，家庭
brashness	ⒶⒷⒸⒹⒺⒻⒼⒽⒾⒿⓀⓁ	1	[ˈbræʃnis]	n. 鲁莽，轻率
videocassette	ⒶⒷⒸⒹⒺⒻⒼⒽⒾⒿⓀⓁ	1	[ˌvidiəukə'set]	n. 录像带
dew	ⒶⒷⒸⒹⒺⒻⒼⒽⒾⒿⓀⓁ	1	[dju:]	n. 露水
encampment	ⒶⒷⒸⒹⒺⒻⒼⒽⒾⒿⓀⓁ	1	[in'kæmpmənt]	n. 露营，野营，营地

单词	标记	频率	读音	词义
despoiler	ⒶⒷⒸⒹⒺⒻⒼⒽⒾⒿⓀⓁ	1	[di'spɔilə]	n. 掠夺者
marauder	ⒶⒷⒸⒹⒺⒻⒼⒽⒾⒿⓀⓁ	1	[mə'rɔ:də]	n. 掠夺者
plunderer	ⒶⒷⒸⒹⒺⒻⒼⒽⒾⒿⓀⓁ	1	['plʌndərə]	n. 掠夺者，盗贼
contour	ⒶⒷⒸⒹⒺⒻⒼⒽⒾⒿⓀⓁ	1	['kɔntuə]	n. 轮廓，等高线
screw	ⒶⒷⒸⒹⒺⒻⒼⒽⒾⒿⓀⓁ	1	[skru:]	n. 螺丝钉 v. 拧紧
ass	ⒶⒷⒸⒹⒺⒻⒼⒽⒾⒿⓀⓁ	1	[æs]	n. 驴，笨人，臀部
sojourner	ⒶⒷⒸⒹⒺⒻⒼⒽⒾⒿⓀⓁ	1	['sɔdʒɜ:nə(r)]	n. 旅居者，寄居者
tourism	ⒶⒷⒸⒹⒺⒻⒼⒽⒾⒿⓀⓁ	1	['tuəriz(ə)m]	n. 旅游业，观光
implementation	ⒶⒷⒸⒹⒺⒻⒼⒽⒾⒿⓀⓁ	1	[ˌimplimen'teiʃən]	n. 履行，落实，装置
counsel	ⒶⒷⒸⒹⒺⒻⒼⒽⒾⒿⓀⓁ	1	['kaunsəl]	n. 律师，忠告 v. 劝告，建议
oasis	ⒶⒷⒸⒹⒺⒻⒼⒽⒾⒿⓀⓁ	1	[əu'eisis]	n. 绿洲，舒适的地方
pier	ⒶⒷⒸⒹⒺⒻⒼⒽⒾⒿⓀⓁ	1	[piə]	n. 码头，（桥）墩
contentment	ⒶⒷⒸⒹⒺⒻⒼⒽⒾⒿⓀⓁ	1	[kən'tentmənt]	n. 满足，令人满足的事物
gratification	ⒶⒷⒸⒹⒺⒻⒼⒽⒾⒿⓀⓁ	1	[ˌgrætifi'keiʃən]	n. 满足，喜悦
unconcern	ⒶⒷⒸⒹⒺⒻⒼⒽⒾⒿⓀⓁ	1	['ʌnkən'sə:n]	n. 漫不经心，不关心
mango	ⒶⒷⒸⒹⒺⒻⒼⒽⒾⒿⓀⓁ	1	['mæŋgəu]	n. 芒果
spear	ⒶⒷⒸⒹⒺⒻⒼⒽⒾⒿⓀⓁ	1	[spiə]	n. 矛，标枪
yak	ⒶⒷⒸⒹⒺⒻⒼⒽⒾⒿⓀⓁ	1	[jæk]	n. 牦牛 v. 喋喋不休
exuberance	ⒶⒷⒸⒹⒺⒻⒼⒽⒾⒿⓀⓁ	1	[ig'zju:bərəns]	n. 茂盛，丰富，健康
impostor	ⒶⒷⒸⒹⒺⒻⒼⒽⒾⒿⓀⓁ	1	[im'pɔstə]	n. 冒名顶替者，骗子
imposter	ⒶⒷⒸⒹⒺⒻⒼⒽⒾⒿⓀⓁ	1	[im'pastə]	n. 冒名顶替者，骗子
adventurer	ⒶⒷⒸⒹⒺⒻⒼⒽⒾⒿⓀⓁ	1	[əd'ventʃərə(r)]	n. 冒险家，投机者
eyebrow	ⒶⒷⒸⒹⒺⒻⒼⒽⒾⒿⓀⓁ	1	['aibrau]	n. 眉毛
brow	ⒶⒷⒸⒹⒺⒻⒼⒽⒾⒿⓀⓁ	1	[brau]	n. 眉毛
decimation	ⒶⒷⒸⒹⒺⒻⒼⒽⒾⒿⓀⓁ	1	[ˌdesi'meiʃən]	n. 每十人杀一人，大批杀害
mermaid	ⒶⒷⒸⒹⒺⒻⒼⒽⒾⒿⓀⓁ	1	['mə:meid]	n. 美人鱼
gourmand	ⒶⒷⒸⒹⒺⒻⒼⒽⒾⒿⓀⓁ	1	['guəmənd]	n. 美食家，贪吃者
sweetness	ⒶⒷⒸⒹⒺⒻⒼⒽⒾⒿⓀⓁ	1	['swi:tnəs]	n. 美味，芳香，甜美
aesthetician	ⒶⒷⒸⒹⒺⒻⒼⒽⒾⒿⓀⓁ	1	[ˌi:sθi'tiʃən]	n. 美学家，美容师
protege	ⒶⒷⒸⒹⒺⒻⒼⒽⒾⒿⓀⓁ	1	['prɔ'tiʒei]	n. 门徒，被保护者
infatuation	ⒶⒷⒸⒹⒺⒻⒼⒽⒾⒿⓀⓁ	1	[inˌfætju'eiʃən]	n. 迷恋，迷恋之物
closeness	ⒶⒷⒸⒹⒺⒻⒼⒽⒾⒿⓀⓁ	1	['kləusnis]	n. 密闭，接近，严密
affinity	ⒶⒷⒸⒹⒺⒻⒼⒽⒾⒿⓀⓁ	1	[ə'finiti]	n. 密切关系，吸引力
immunology	ⒶⒷⒸⒹⒺⒻⒼⒽⒾⒿⓀⓁ	1	[ˌimju'nɔlədʒi]	n. 免疫学
noodle	ⒶⒷⒸⒹⒺⒻⒼⒽⒾⒿⓀⓁ	1	['nu:dl]	n. 面条，笨蛋，傻瓜
sterilization	ⒶⒷⒸⒹⒺⒻⒼⒽⒾⒿⓀⓁ	1	[sterilai'zeiʃən]	n. 灭菌，消毒
repute	ⒶⒷⒸⒹⒺⒻⒼⒽⒾⒿⓀⓁ	1	[ri'pju:t]	n. 名誉，名声 v. 认为，以为
stardom	ⒶⒷⒸⒹⒺⒻⒼⒽⒾⒿⓀⓁ	1	['sta:dəm]	n. 明星地位，演员身份
exemplar	ⒶⒷⒸⒹⒺⒻⒼⒽⒾⒿⓀⓁ	1	[ig'zemplə]	n. 模范，榜样
paragon	ⒶⒷⒸⒹⒺⒻⒼⒽⒾⒿⓀⓁ	1	['pærəgən]	n. 模范，典型

单词	标记	频率	读音	词义
imitator	ⒶⒷⒸⒹⒺⒻⒼⒽⒾⒿⓀⓁ	1	['imi,teitə]	n. 模仿者
magician	ⒶⒷⒸⒹⒺⒻⒼⒽⒾⒿⓀⓁ	1	[mə'dʒiʃən]	n. 魔术师
illusionist	ⒶⒷⒸⒹⒺⒻⒼⒽⒾⒿⓀⓁ	1	[i'lu:ʒ(ə)nist]	n. 魔术师，幻觉论者
acquiescence	ⒶⒷⒸⒹⒺⒻⒼⒽⒾⒿⓀⓁ	1	[,ækwi'esns]	n. 默许
oyster	ⒶⒷⒸⒹⒺⒻⒼⒽⒾⒿⓀⓁ	1	['ɔistə]	n. 牡蛎，蚝
catalogue	ⒶⒷⒸⒹⒺⒻⒼⒽⒾⒿⓀⓁ	1	['kætəlɔg]	n. 目录
priest	ⒶⒷⒸⒹⒺⒻⒼⒽⒾⒿⓀⓁ	1	[pri:st]	n. 牧师，神父
cemetery	ⒶⒷⒸⒹⒺⒻⒼⒽⒾⒿⓀⓁ	1	['semitri]	n. 墓地，公墓
neighborliness	ⒶⒷⒸⒹⒺⒻⒼⒽⒾⒿⓀⓁ	1	['neibɔ:lainəs]	n. 睦邻友好
twilight	ⒶⒷⒸⒹⒺⒻⒼⒽⒾⒿⓀⓁ	1	['twailait]	n. 暮光，黄昏，暮年
wizard	ⒶⒷⒸⒹⒺⒻⒼⒽⒾⒿⓀⓁ	1	['wizəd]	n. 男巫，天才
masculinity	ⒶⒷⒸⒹⒺⒻⒼⒽⒾⒿⓀⓁ	1	[,mæskju'liniti]	n. 男性，阳性，雄性
inaccessibility	ⒶⒷⒸⒹⒺⒻⒼⒽⒾⒿⓀⓁ	1	['inæk,sesə'biliti]	n. 难接近，难达到
refugee	ⒶⒷⒸⒹⒺⒻⒼⒽⒾⒿⓀⓁ	1	[,refju(:)'dʒi:]	n. 难民，流亡者
implausibility	ⒶⒷⒸⒹⒺⒻⒼⒽⒾⒿⓀⓁ	1	[implɔ:zi'biliti]	n. 难信的，不真实的
farce	ⒶⒷⒸⒹⒺⒻⒼⒽⒾⒿⓀⓁ	1	[fa:s]	n. 闹剧，轻喜剧
compunction	ⒶⒷⒸⒹⒺⒻⒼⒽⒾⒿⓀⓁ	1	[kəm'pʌŋkʃ(ə)n]	n. 内疚，后悔
gut	ⒶⒷⒸⒹⒺⒻⒼⒽⒾⒿⓀⓁ	1	[gʌt]	n. 内脏，胆量
visibility	ⒶⒷⒸⒹⒺⒻⒼⒽⒾⒿⓀⓁ	1	[,vizi'biliti]	n. 能见度，可见度
nylon	ⒶⒷⒸⒹⒺⒻⒼⒽⒾⒿⓀⓁ	1	['nailən]	n. 尼龙，尼龙长袜
mire	ⒶⒷⒸⒹⒺⒻⒼⒽⒾⒿⓀⓁ	1	['maiə]	n. 泥沼，困境 v. 陷入困境
beak	ⒶⒷⒸⒹⒺⒻⒼⒽⒾⒿⓀⓁ	1	[bi:k]	n. 鸟嘴，喙
tranquility	ⒶⒷⒸⒹⒺⒻⒼⒽⒾⒿⓀⓁ	1	[træn'kwləti]	n. 宁静，安静，稳定
calf	ⒶⒷⒸⒹⒺⒻⒼⒽⒾⒿⓀⓁ	1	[ka:f]	n. 牛犊，幼仔
serf	ⒶⒷⒸⒹⒺⒻⒼⒽⒾⒿⓀⓁ	1	[sə:f]	n. 农奴，奴隶
serfdom	ⒶⒷⒸⒹⒺⒻⒼⒽⒾⒿⓀⓁ	1	['sə:fdəm]	n. 农奴身份，农奴制度
compression	ⒶⒷⒸⒹⒺⒻⒼⒽⒾⒿⓀⓁ	1	[kəm'preʃ(ə)n]	n. 浓缩，压缩
thrall	ⒶⒷⒸⒹⒺⒻⒼⒽⒾⒿⓀⓁ	1	['θrɔ:l]	n. 奴隶，束缚
servility	ⒶⒷⒸⒹⒺⒻⒼⒽⒾⒿⓀⓁ	1	[sə:'viliti]	n. 奴性，卑躬屈膝
ague	ⒶⒷⒸⒹⒺⒻⒼⒽⒾⒿⓀⓁ	1	['eigju:]	n. 疟疾，打冷颤，发冷
waitress	ⒶⒷⒸⒹⒺⒻⒼⒽⒾⒿⓀⓁ	1	['weitris]	n. 女服务生
heroine	ⒶⒷⒸⒹⒺⒻⒼⒽⒾⒿⓀⓁ	1	['herəuin]	n. 女英雄，女主角
happenstance	ⒶⒷⒸⒹⒺⒻⒼⒽⒾⒿⓀⓁ	1	['hæpənstæns]	n. 偶然事件，意外事件
iconoclast	ⒶⒷⒸⒹⒺⒻⒼⒽⒾⒿⓀⓁ	1	[ai'kɔnəklæst]	n. 偶像破坏者，提倡打破旧习的人
auctioneer	ⒶⒷⒸⒹⒺⒻⒼⒽⒾⒿⓀⓁ	1	[,ɔ:kʃə'niə]	n. 拍卖人
platoon	ⒶⒷⒸⒹⒺⒻⒼⒽⒾⒿⓀⓁ	1	[plə'tu:n]	n. 排，一组，一群人
sewer	ⒶⒷⒸⒹⒺⒻⒼⒽⒾⒿⓀⓁ	1	['sjuə]	n. 排水沟，下水道，缝纫工
treason	ⒶⒷⒸⒹⒺⒻⒼⒽⒾⒿⓀⓁ	1	['tri:zn]	n. 叛国罪，背信弃义
onlooker	ⒶⒷⒸⒹⒺⒻⒼⒽⒾⒿⓀⓁ	1	['ɔnlukə(r)]	n. 旁观者
beholder	ⒶⒷⒸⒹⒺⒻⒼⒽⒾⒿⓀⓁ	1	[b'həuldə(r)]	n. 旁观者

单词	标记	频率	读音	词义
yelp	ⒶⒷⒸⒹⒺⒻⒼⒽⒾⒿⓀⓁ	1	[jelp]	n. 咆哮，犬吠
froth	ⒶⒷⒸⒹⒺⒻⒼⒽⒾⒿⓀⓁ	1	[frɔθ;frɔ:θ]	n. 泡，泡沫，废物 v. 吐泡沫
reparation	ⒶⒷⒸⒹⒺⒻⒼⒽⒾⒿⓀⓁ	1	[ˌrepə'reiʃən]	n. 赔偿，恢复，修理
collision	ⒶⒷⒸⒹⒺⒻⒼⒽⒾⒿⓀⓁ	1	[kə'liʒən]	n. 碰撞，冲突
ratification	ⒶⒷⒸⒹⒺⒻⒼⒽⒾⒿⓀⓁ	1	[ˌrætifi'keiʃən]	n. 批准，认可
crackle	ⒶⒷⒸⒹⒺⒻⒼⒽⒾⒿⓀⓁ	1	['krækl]	n. 劈啪响，裂纹 v. 发劈啪声
rind	ⒶⒷⒸⒹⒺⒻⒼⒽⒾⒿⓀⓁ	1	[raind]	n. 皮，壳
leather	ⒶⒷⒸⒹⒺⒻⒼⒽⒾⒿⓀⓁ	1	['leðə]	n. 皮革，皮革制品
lassitude	ⒶⒷⒸⒹⒺⒻⒼⒽⒾⒿⓀⓁ	1	['læsitju:d]	n. 疲倦，无精打采
fatigue	ⒶⒷⒸⒹⒺⒻⒼⒽⒾⒿⓀⓁ	1	[fə'ti:g]	n. 疲劳，劳累
favoritism	ⒶⒷⒸⒹⒺⒻⒼⒽⒾⒿⓀⓁ	1	['feivəritizəm]	n. 偏爱，偏袒
predilection	ⒶⒷⒸⒹⒺⒻⒼⒽⒾⒿⓀⓁ	1	[ˌpri:di'lekʃən]	n. 偏好，偏袒
deviation	ⒶⒷⒸⒹⒺⒻⒼⒽⒾⒿⓀⓁ	1	[ˌdi:vi'eiʃən]	n. 偏离，出轨，偏差
aberration	ⒶⒷⒸⒹⒺⒻⒼⒽⒾⒿⓀⓁ	1	[ˌæbə'reiʃən]	n. 偏离，心理失常，色差
charlatan	ⒶⒷⒸⒹⒺⒻⒼⒽⒾⒿⓀⓁ	1	['ʃa:lətən]	n. 骗子，冒充内行者
deceiver	ⒶⒷⒸⒹⒺⒻⒼⒽⒾⒿⓀⓁ	1	[di'si:və(r)]	n. 骗子，欺诈者
flotsam	ⒶⒷⒸⒹⒺⒻⒼⒽⒾⒿⓀⓁ	1	['flɔtsəm]	n. 漂浮的残骸，漂浮物
patchwork	ⒶⒷⒸⒹⒺⒻⒼⒽⒾⒿⓀⓁ	1	['pætʃwə:k]	n. 拼凑的东西
jigsaw	ⒶⒷⒸⒹⒺⒻⒼⒽⒾⒿⓀⓁ	1	['dʒigsɔ:]	n. 拼图游戏，竖锯
pauper	ⒶⒷⒸⒹⒺⒻⒼⒽⒾⒿⓀⓁ	1	['pɔ:pə]	n. 贫民，被救济者
indigence	ⒶⒷⒸⒹⒺⒻⒼⒽⒾⒿⓀⓁ	1	['indidʒəns]	n. 贫穷
destitution	ⒶⒷⒸⒹⒺⒻⒼⒽⒾⒿⓀⓁ	1	[ˌdesti'tju:ʃən]	n. 贫穷，缺乏
banality	ⒶⒷⒸⒹⒺⒻⒼⒽⒾⒿⓀⓁ	1	[bə'næliti]	n. 平凡，陈腐
equilibrium	ⒶⒷⒸⒹⒺⒻⒼⒽⒾⒿⓀⓁ	1	[ˌi:kwi'libriəm]	n. 平衡，平静
equanimity	ⒶⒷⒸⒹⒺⒻⒼⒽⒾⒿⓀⓁ	1	[ˌi:kwə'nimiti;ˌekwə-]	n. 平静，镇定
deuce	ⒶⒷⒸⒹⒺⒻⒼⒽⒾⒿⓀⓁ	1	[dju:s]	n. 平局，倒霉，两点
stratosphere	ⒶⒷⒸⒹⒺⒻⒼⒽⒾⒿⓀⓁ	1	['strætəusfiə]	n. 平流层，高层，最高阶段
populace	ⒶⒷⒸⒹⒺⒻⒼⒽⒾⒿⓀⓁ	1	['pɔpjuləs]	n. 平民，大众，人口
flatness	ⒶⒷⒸⒹⒺⒻⒼⒽⒾⒿⓀⓁ	1	['flætnis]	n. 平坦，平淡
appeasement	ⒶⒷⒸⒹⒺⒻⒼⒽⒾⒿⓀⓁ	1	[ə'pi:zmənt]	n. 平息，缓和
estimation	ⒶⒷⒸⒹⒺⒻⒼⒽⒾⒿⓀⓁ	1	[esti'meiʃən]	n. 评估，判断，尊重
shrew	ⒶⒷⒸⒹⒺⒻⒼⒽⒾⒿⓀⓁ	1	[ʃru:]	n. 泼妇
persecution	ⒶⒷⒸⒹⒺⒻⒼⒽⒾⒿⓀⓁ	1	[ˌpə:si'kju:ʃən]	n. 迫害，虐待
fragmentation	ⒶⒷⒸⒹⒺⒻⒼⒽⒾⒿⓀⓁ	1	[ˌfrægmen'teiʃən]	n. 破碎，分裂
vineyard	ⒶⒷⒸⒹⒺⒻⒼⒽⒾⒿⓀⓁ	1	['vinja:d]	n. 葡萄园
charlatanism	ⒶⒷⒸⒹⒺⒻⒼⒽⒾⒿⓀⓁ	1	['ʃa:lətənizəm]	n. 欺骗，江湖骗术，庸医术
duplicity	ⒶⒷⒸⒹⒺⒻⒼⒽⒾⒿⓀⓁ	1	[dju(:)'plisiti]	n. 欺骗，口是心非，二重性
lacquer	ⒶⒷⒸⒹⒺⒻⒼⒽⒾⒿⓀⓁ	1	['lækə]	n. 漆
salvo	ⒶⒷⒸⒹⒺⒻⒼⒽⒾⒿⓀⓁ	1	['sælvəu]	n. 齐射，突然爆发，猛烈攻击
oddity	ⒶⒷⒸⒹⒺⒻⒼⒽⒾⒿⓀⓁ	1	['ɔditi]	n. 奇异，怪人，怪事

单词	标记	频率	读音	词义
invocation	ⒶⒷⒸⒹⒺⒻⒼⒽⒾⒿⓀⓁ	1	[ˌinvəu'keiʃən]	n. 祈祷，调用
cavalier	ⒶⒷⒸⒹⒺⒻⒼⒽⒾⒿⓀⓁ	1	[ˌkævə'liə]	n. 骑士，绅士
fin	ⒶⒷⒸⒹⒺⒻⒼⒽⒾⒿⓀⓁ	1	[fin]	n. 鳍，鱼翅
mendicancy	ⒶⒷⒸⒹⒺⒻⒼⒽⒾⒿⓀⓁ	1	['mendikənsi]	n. 乞丐生活，乞讨
edification	ⒶⒷⒸⒹⒺⒻⒼⒽⒾⒿⓀⓁ	1	[ˌedifi'keiʃən]	n. 启迪，熏陶
prosecution	ⒶⒷⒸⒹⒺⒻⒼⒽⒾⒿⓀⓁ	1	[ˌprɔsi'kju:ʃən]	n. 起诉，告发
genesis	ⒶⒷⒸⒹⒺⒻⒼⒽⒾⒿⓀⓁ	1	['dʒenisis]	n. 起源，开端
origination	ⒶⒷⒸⒹⒺⒻⒼⒽⒾⒿⓀⓁ	1	[əˌridʒə'neiʃən]	n. 起源，开始
meteorologist	ⒶⒷⒸⒹⒺⒻⒼⒽⒾⒿⓀⓁ	1	[ˌmi:tjə'rɔlədʒist]	n. 气象学家
covenant	ⒶⒷⒸⒹⒺⒻⒼⒽⒾⒿⓀⓁ	1	['kʌvinənt]	n. 契约，盟约 v. 缔结盟约
appliance	ⒶⒷⒸⒹⒺⒻⒼⒽⒾⒿⓀⓁ	1	[ə'plaiəns]	n. 器具，用具，应用
plummet	ⒶⒷⒸⒹⒺⒻⒼⒽⒾⒿⓀⓁ	1	['plʌmit]	n. 铅锤 v. 垂直落下，暴跌
courtesy	ⒶⒷⒸⒹⒺⒻⒼⒽⒾⒿⓀⓁ	1	['kə:tisi;'kɔ:-]	n. 谦恭，礼貌，好意
condescension	ⒶⒷⒸⒹⒺⒻⒼⒽⒾⒿⓀⓁ	1	[ˌkɔndi'senʃən]	n. 谦虚，屈尊
vestibule	ⒶⒷⒸⒹⒺⒻⒼⒽⒾⒿⓀⓁ	1	['vestibju:l]	n. 前厅，门廊，通廊
piety	ⒶⒷⒸⒹⒺⒻⒼⒽⒾⒿⓀⓁ	1	['paiəti]	n. 虔诚，孝顺
potency	ⒶⒷⒸⒹⒺⒻⒼⒽⒾⒿⓀⓁ	1	['pəutənsi]	n. 潜力，权力，效力
ruggedness	ⒶⒷⒸⒹⒺⒻⒼⒽⒾⒿⓀⓁ	1	['rʌgidnis]	n. 强度，崎岖
coercion	ⒶⒷⒸⒹⒺⒻⒼⒽⒾⒿⓀⓁ	1	[kəu'ə:ʃən]	n. 强迫，威压，高压政治
compulsion	ⒶⒷⒸⒹⒺⒻⒼⒽⒾⒿⓀⓁ	1	[kəm'pʌlʃ(ə)n]	n. 强迫，欲望，冲动
robbery	ⒶⒷⒸⒹⒺⒻⒼⒽⒾⒿⓀⓁ	1	['rɔbəri]	n. 抢劫
logger	ⒶⒷⒸⒹⒺⒻⒼⒽⒾⒿⓀⓁ	1	['lɔgə]	n. 樵夫，伐木工
repartee	ⒶⒷⒸⒹⒺⒻⒼⒽⒾⒿⓀⓁ	1	[ˌrepa:'ti:]	n. 巧妙的回答，巧辩
crag	ⒶⒷⒸⒹⒺⒻⒼⒽⒾⒿⓀⓁ	1	[kræg]	n. 峭壁，危岩
encroachment	ⒶⒷⒸⒹⒺⒻⒼⒽⒾⒿⓀⓁ	1	[in'krəutʃmənt]	n. 侵犯，侵蚀
aggressiveness	ⒶⒷⒸⒹⒺⒻⒼⒽⒾⒿⓀⓁ	1	[ə'gresivnis]	n. 侵略，进取精神
invasion	ⒶⒷⒸⒹⒺⒻⒼⒽⒾⒿⓀⓁ	1	[in'veiʒən]	n. 侵略，入侵
juvenile	ⒶⒷⒸⒹⒺⒻⒼⒽⒾⒿⓀⓁ	1	['dʒu:vinail]	n. 青少年 a. 不成熟的
propensity	ⒶⒷⒸⒹⒺⒻⒼⒽⒾⒿⓀⓁ	1	[prə'pensiti]	n. 倾向，癖好
tilt	ⒶⒷⒸⒹⒺⒻⒼⒽⒾⒿⓀⓁ	1	[tilt]	n. 倾斜，帐篷 v. 倾斜，抨击
outpouring	ⒶⒷⒸⒹⒺⒻⒼⒽⒾⒿⓀⓁ	1	['autpɔ:riŋ]	n. 倾泻，流露
mosque	ⒶⒷⒸⒹⒺⒻⒼⒽⒾⒿⓀⓁ	1	[mɔsk]	n. 清真寺
melodrama	ⒶⒷⒸⒹⒺⒻⒼⒽⒾⒿⓀⓁ	1	['melədra:mə]	n. 情节剧，戏剧似的事件
emotionality	ⒶⒷⒸⒹⒺⒻⒼⒽⒾⒿⓀⓁ	1	[iˌməuʃə'næliti]	n. 情绪性
consultation	ⒶⒷⒸⒹⒺⒻⒼⒽⒾⒿⓀⓁ	1	[ˌkɔnsəl'teiʃən]	n. 请教，咨询，专家会诊
courtship	ⒶⒷⒸⒹⒺⒻⒼⒽⒾⒿⓀⓁ	1	['kɔ:tʃip]	n. 求爱，求婚
sachem	ⒶⒷⒸⒹⒺⒻⒼⒽⒾⒿⓀⓁ	1	['seitʃəm]	n. 酋长，政党领袖
dissipation	ⒶⒷⒸⒹⒺⒻⒼⒽⒾⒿⓀⓁ	1	[ˌdisi'peiʃən]	n. 驱散，挥霍，放荡
entirety	ⒶⒷⒸⒹⒺⒻⒼⒽⒾⒿⓀⓁ	1	[in'taiəti]	n. 全部，整体
totality	ⒶⒷⒸⒹⒺⒻⒼⒽⒾⒿⓀⓁ	1	[təu'tæliti]	n. 全部，总数

单词	标记	频率	读音	词义
repertoire	ⒶⒷⒸⒹⒺⒻⒼⒽⒾⒿⓀⓁ	1	['repətwa:]	n. 全部节目，全部技能
repertory	ⒶⒷⒸⒹⒺⒻⒼⒽⒾⒿⓀⓁ	1	['repətəri]	n. 全部剧目，仓库，库存
panorama	ⒶⒷⒸⒹⒺⒻⒼⒽⒾⒿⓀⓁ	1	[ˌpænə'ra:mə]	n. 全景，概论
ensemble	ⒶⒷⒸⒹⒺⒻⒼⒽⒾⒿⓀⓁ	1	[ə:n'sa:mbl]	n. 全体，剧团，大合唱
canine	ⒶⒷⒸⒹⒺⒻⒼⒽⒾⒿⓀⓁ	1	['keinain]	n. 犬，犬科动物
defect	ⒶⒷⒸⒹⒺⒻⒼⒽⒾⒿⓀⓁ	1	[di'fekt]	n. 缺点，缺陷
irresponsibility	ⒶⒷⒸⒹⒺⒻⒼⒽⒾⒿⓀⓁ	1	['iriˌspɔnsə'biləti]	n. 缺乏责任心
diffidence	ⒶⒷⒸⒹⒺⒻⒼⒽⒾⒿⓀⓁ	1	['difidəns]	n. 缺乏自信，羞怯
pitfall	ⒶⒷⒸⒹⒺⒻⒼⒽⒾⒿⓀⓁ	1	['pitfɔ:l]	n. 缺陷
certitude	ⒶⒷⒸⒹⒺⒻⒼⒽⒾⒿⓀⓁ	1	['sə:titju:d]	n. 确实，确信
archipelago	ⒶⒷⒸⒹⒺⒻⒼⒽⒾⒿⓀⓁ	1	[ˌa:ki'peligəu]	n. 群岛
chromosome	ⒶⒷⒸⒹⒺⒻⒼⒽⒾⒿⓀⓁ	1	['krəuməsəum]	n. 染色体
fervor	ⒶⒷⒸⒹⒺⒻⒼⒽⒾⒿⓀⓁ	1	['fə:və]	n. 热情，热诚
zealousness	ⒶⒷⒸⒹⒺⒻⒼⒽⒾⒿⓀⓁ	1	['zeləsnis]	n. 热心，热忱
humanist	ⒶⒷⒸⒹⒺⒻⒼⒽⒾⒿⓀⓁ	1	['hju:mənist]	n. 人道主义者，人文主义者
pavement	ⒶⒷⒸⒹⒺⒻⒼⒽⒾⒿⓀⓁ	1	['peivmənt]	n. 人行道，路面
demographer	ⒶⒷⒸⒹⒺⒻⒼⒽⒾⒿⓀⓁ	1	[di:'mɔgrəfə(r)]	n. 人口统计学家
anthropology	ⒶⒷⒸⒹⒺⒻⒼⒽⒾⒿⓀⓁ	1	[ˌænθrə'pɔlədʒi]	n. 人类学
throng	ⒶⒷⒸⒹⒺⒻⒼⒽⒾⒿⓀⓁ	1	[θrɔŋ]	n. 人群，一大群 v. 挤满
goodness	ⒶⒷⒸⒹⒺⒻⒼⒽⒾⒿⓀⓁ	1	['gudnis]	n. 仁慈，善良
cognition	ⒶⒷⒸⒹⒺⒻⒼⒽⒾⒿⓀⓁ	1	[kɔg'niʃən]	n. 认识，认知
commodity	ⒶⒷⒸⒹⒺⒻⒼⒽⒾⒿⓀⓁ	1	[kə'mɔditi]	n. 日用品，商品
receptacle	ⒶⒷⒸⒹⒺⒻⒼⒽⒾⒿⓀⓁ	1	[ri'septəkl]	n. 容器，插座，花托
toleration	ⒶⒷⒸⒹⒺⒻⒼⒽⒾⒿⓀⓁ	1	[tɔlə'reiʃən]	n. 容忍，宽容
dissolution	ⒶⒷⒸⒹⒺⒻⒼⒽⒾⒿⓀⓁ	1	[disə'lju:ʃən]	n. 溶解，瓦解，解体
amalgamation	ⒶⒷⒸⒹⒺⒻⒼⒽⒾⒿⓀⓁ	1	[əˌmælgə'meiʃən]	n. 融合，合并
litany	ⒶⒷⒸⒹⒺⒻⒼⒽⒾⒿⓀⓁ	1	['litəni]	n. 冗长的陈述，祷文
emulsion	ⒶⒷⒸⒹⒺⒻⒼⒽⒾⒿⓀⓁ	1	[i'mʌlʃən]	n. 乳状液，感光乳剂
gateway	ⒶⒷⒸⒹⒺⒻⒼⒽⒾⒿⓀⓁ	1	['geitwei]	n. 入口，通道
intruder	ⒶⒷⒸⒹⒺⒻⒼⒽⒾⒿⓀⓁ	1	[in'tru:də]	n. 入侵者，干扰者
sagacity	ⒶⒷⒸⒹⒺⒻⒼⒽⒾⒿⓀⓁ	1	[sə'gæsiti]	n. 睿智，聪敏
imbecile	ⒶⒷⒸⒹⒺⒻⒼⒽⒾⒿⓀⓁ	1	['imbisail;-si:l]	n. 弱智，低能者 a. 愚蠢的，傻的
tricycle	ⒶⒷⒸⒹⒺⒻⒼⒽⒾⒿⓀⓁ	1	['traisikl]	n. 三轮车
dissemination	ⒶⒷⒸⒹⒺⒻⒼⒽⒾⒿⓀⓁ	1	[diˌsemi'neiʃən]	n. 散布，传播，普及
bereavement	ⒶⒷⒸⒹⒺⒻⒼⒽⒾⒿⓀⓁ	1	[bi'ri:vmənt]	n. 丧亲，丧友
turbulence	ⒶⒷⒸⒹⒺⒻⒼⒽⒾⒿⓀⓁ	1	['tɜ:bjuləns]	n. 骚乱，动荡，湍流
salad	ⒶⒷⒸⒹⒺⒻⒼⒽⒾⒿⓀⓁ	1	['sæləd]	n. 沙拉，蔬菜沙拉
saloon	ⒶⒷⒸⒹⒺⒻⒼⒽⒾⒿⓀⓁ	1	[sə'lu:n]	n. 沙龙，大厅，酒吧
jingoism	ⒶⒷⒸⒹⒺⒻⒼⒽⒾⒿⓀⓁ	1	['dʒiŋgəuiz(ə)m]	n. 沙文主义，侵略主义
shark	ⒶⒷⒸⒹⒺⒻⒼⒽⒾⒿⓀⓁ	1	[ʃa:k]	n. 鲨鱼，贪婪的人 v. 诈骗

单词	标记	频率	读音	词义
booby	ⒶⒷⒸⒹⒺⒻⒼⒽⒾⒿⓀⓁ	1	['bu:bi]	n. 傻瓜，饵雷
abridgment	ⒶⒷⒸⒹⒺⒻⒼⒽⒾⒿⓀⓁ	1	[ə'bridʒmənt]	n. 删节，缩写
instigation	ⒶⒷⒸⒹⒺⒻⒼⒽⒾⒿⓀⓁ	1	[insti'geiʃən]	n. 煽动，教唆，刺激
raconteur	ⒶⒷⒸⒹⒺⒻⒼⒽⒾⒿⓀⓁ	1	[rækɔn'tə:]	n. 善于讲故事的人
scar	ⒶⒷⒸⒹⒺⒻⒼⒽⒾⒿⓀⓁ	1	[ska:]	n. 伤痕，疤痕
emporium	ⒶⒷⒸⒹⒺⒻⒼⒽⒾⒿⓀⓁ	1	[im'pɔ:riəm]	n. 商场，商业中心
entropy	ⒶⒷⒸⒹⒺⒻⒼⒽⒾⒿⓀⓁ	1	['entrəpi]	n. 熵
uphill	ⒶⒷⒸⒹⒺⒻⒼⒽⒾⒿⓀⓁ	1	['ʌp'hil]	n. 上坡 a. 上坡的
scoop	ⒶⒷⒸⒹⒺⒻⒼⒽⒾⒿⓀⓁ	1	[sku:p]	n. 勺子，铲子，独家新闻 v. 舀取
pittance	ⒶⒷⒸⒹⒺⒻⒼⒽⒾⒿⓀⓁ	1	['pitəns]	n. 少量，微薄的工资
lad	ⒶⒷⒸⒹⒺⒻⒼⒽⒾⒿⓀⓁ	1	[læd]	n. 少年，小伙子
serpent	ⒶⒷⒸⒹⒺⒻⒼⒽⒾⒿⓀⓁ	1	['sə:pənt]	n. 蛇，狡猾的人
sociology	ⒶⒷⒸⒹⒺⒻⒼⒽⒾⒿⓀⓁ	1	[ˌsəusi'ɔlədʒi]	n. 社会学
sociologist	ⒶⒷⒸⒹⒺⒻⒼⒽⒾⒿⓀⓁ	1	[səusiə'lɒdʒist]	n. 社会学家
archery	ⒶⒷⒸⒹⒺⒻⒼⒽⒾⒿⓀⓁ	1	['a:tʃəri]	n. 射箭，箭术
rancor	ⒶⒷⒸⒹⒺⒻⒼⒽⒾⒿⓀⓁ	1	['ræŋkə(r)]	n. 深仇，敌意
abyss	ⒶⒷⒸⒹⒺⒻⒼⒽⒾⒿⓀⓁ	1	[ə'bis]	n. 深渊，无底洞，地狱
neuroscience	ⒶⒷⒸⒹⒺⒻⒼⒽⒾⒿⓀⓁ	1	[ˌnjuərəu'saiəns]	n. 神经科学
neurology	ⒶⒷⒸⒹⒺⒻⒼⒽⒾⒿⓀⓁ	1	[njuə'rɔlədʒi]	n. 神经学，神经病学
mysticism	ⒶⒷⒸⒹⒺⒻⒼⒽⒾⒿⓀⓁ	1	['mistisizəm]	n. 神秘，神秘论
aesthete	ⒶⒷⒸⒹⒺⒻⒼⒽⒾⒿⓀⓁ	1	['i:sθi:t;'esθi:t]	n. 审美家，唯美主义者
venue	ⒶⒷⒸⒹⒺⒻⒼⒽⒾⒿⓀⓁ	1	['venju:]	n. 审判地，集合地，会场
interrogation	ⒶⒷⒸⒹⒺⒻⒼⒽⒾⒿⓀⓁ	1	[inˌterə'geiʃən]	n. 审问
percolator	ⒶⒷⒸⒹⒺⒻⒼⒽⒾⒿⓀⓁ	1	['pə:kəleitə]	n. 渗滤器，咖啡渗滤壶
preferment	ⒶⒷⒸⒹⒺⒻⒼⒽⒾⒿⓀⓁ	1	[pri'fə:mənt]	n. 升职，提升
ginger	ⒶⒷⒸⒹⒺⒻⒼⒽⒾⒿⓀⓁ	1	['dʒindʒə]	n. 生姜，精力，深棕色
physiologist	ⒶⒷⒸⒹⒺⒻⒼⒽⒾⒿⓀⓁ	1	[ˌfizi'ɔlədʒist]	n. 生理学者
hackle	ⒶⒷⒸⒹⒺⒻⒼⒽⒾⒿⓀⓁ	1	['hækl]	n. 生气 v. 乱砍
protestation	ⒶⒷⒸⒹⒺⒻⒼⒽⒾⒿⓀⓁ	1	[ˌprəutes'teiʃən]	n. 声明，断言，抗议
crescendo	ⒶⒷⒸⒹⒺⒻⒼⒽⒾⒿⓀⓁ	1	[kri'ʃendəu]	n. 声音渐强，高潮
ellipsis	ⒶⒷⒸⒹⒺⒻⒼⒽⒾⒿⓀⓁ	1	[i'lipsis]	n. 省略，省略符号
anthem	ⒶⒷⒸⒹⒺⒻⒼⒽⒾⒿⓀⓁ	1	['ænθəm]	n. 圣歌，赞美诗
testament	ⒶⒷⒸⒹⒺⒻⒼⒽⒾⒿⓀⓁ	1	['testəmənt]	n. 圣经约书，遗嘱，证明
corpse	ⒶⒷⒸⒹⒺⒻⒼⒽⒾⒿⓀⓁ	1	[kɔ:ps]	n. 尸体
failing	ⒶⒷⒸⒹⒺⒻⒼⒽⒾⒿⓀⓁ	1	['feiliŋ]	n. 失败，缺点
defeatist	ⒶⒷⒸⒹⒺⒻⒼⒽⒾⒿⓀⓁ	1	[di'fi:tist]	n. 失败主义者
plaster	ⒶⒷⒸⒹⒺⒻⒼⒽⒾⒿⓀⓁ	1	['pla:stə]	n. 石膏，膏药 v. 敷以膏药
pomegranate	ⒶⒷⒸⒹⒺⒻⒼⒽⒾⒿⓀⓁ	1	['pɔmgrænit]	n. 石榴
timeline	ⒶⒷⒸⒹⒺⒻⒼⒽⒾⒿⓀⓁ	1	['taimlain]	n. 时间表，年表
substantiation	ⒶⒷⒸⒹⒺⒻⒼⒽⒾⒿⓀⓁ	1	[səbˌstænʃi'eiʃən]	n. 实体化，证实，证明

单词	标记	频率	读音	词义
pickup	ⒶⒷⒸⒹⒺⒻⒼⒽⒾⒿⓀⓁ	1	['pikʌp]	n. 拾起，获得 a. 临时的，凑合的
foodstuff	ⒶⒷⒸⒹⒺⒻⒼⒽⒾⒿⓀⓁ	1	['fu:dstʌf]	n. 食料，食材
forefinger	ⒶⒷⒸⒹⒺⒻⒼⒽⒾⒿⓀⓁ	1	['fɔ:,fiŋgə]	n. 食指
historicity	ⒶⒷⒸⒹⒺⒻⒼⒽⒾⒿⓀⓁ	1	[ˌhistə'risiti]	n. 史实性，确有其事
demonstrator	ⒶⒷⒸⒹⒺⒻⒼⒽⒾⒿⓀⓁ	1	['demənstreitə]	n. 示威者，示范者
suburb	ⒶⒷⒸⒹⒺⒻⒼⒽⒾⒿⓀⓁ	1	['sʌbə:b]	n. 市郊，郊区
municipality	ⒶⒷⒸⒹⒺⒻⒼⒽⒾⒿⓀⓁ	1	[mju:,nisi'pæliti]	n. 市政当局，自治市
snob	ⒶⒷⒸⒹⒺⒻⒼⒽⒾⒿⓀⓁ	1	[snɔb]	n. 势利小人，自命不凡者
afterthought	ⒶⒷⒸⒹⒺⒻⒼⒽⒾⒿⓀⓁ	1	['a:ftəθɔ:t]	n. 事后产生的想法，回想
hindsight	ⒶⒷⒸⒹⒺⒻⒼⒽⒾⒿⓀⓁ	1	['haindsait]	n. 事后聪明，后知之明
appropriateness	ⒶⒷⒸⒹⒺⒻⒼⒽⒾⒿⓀⓁ	1	[ə'prəupriətnis]	n. 适当，合适
emancipation	ⒶⒷⒸⒹⒺⒻⒼⒽⒾⒿⓀⓁ	1	[i,mænsi'peiʃən]	n. 释放，解放
withdrawal	ⒶⒷⒸⒹⒺⒻⒼⒽⒾⒿⓀⓁ	1	[wið'drɔ:əl]	n. 收回，撤退，取消
retraction	ⒶⒷⒸⒹⒺⒻⒼⒽⒾⒿⓀⓁ	1	[ri'trækʃən]	n. 收回，撤销，缩回
profitability	ⒶⒷⒸⒹⒺⒻⒼⒽⒾⒿⓀⓁ	1	[ˌprɔfitə'biliti]	n. 收益性，获利能力
flashlight	ⒶⒷⒸⒹⒺⒻⒼⒽⒾⒿⓀⓁ	1	['flæʃlait]	n. 手电筒，闪光灯
ploy	ⒶⒷⒸⒹⒺⒻⒼⒽⒾⒿⓀⓁ	1	[plɔi]	n. 手段，策略
script	ⒶⒷⒸⒹⒺⒻⒼⒽⒾⒿⓀⓁ	1	[skript]	n. 手稿，剧本
pantomime	ⒶⒷⒸⒹⒺⒻⒼⒽⒾⒿⓀⓁ	1	['pæntəmaim]	n. 手势，哑剧 v. 打手势，演哑剧
brotherhood	ⒶⒷⒸⒹⒺⒻⒼⒽⒾⒿⓀⓁ	1	['brʌðəhud]	n. 手足情谊，兄弟关系
miser	ⒶⒷⒸⒹⒺⒻⒼⒽⒾⒿⓀⓁ	1	['maizə]	n. 守财奴，吝啬鬼
ranger	ⒶⒷⒸⒹⒺⒻⒼⒽⒾⒿⓀⓁ	1	['reindʒə]	n. 守林人，巡逻队队员，漫游者
initiative	ⒶⒷⒸⒹⒺⒻⒼⒽⒾⒿⓀⓁ	1	[i'niʃiətiv]	n. 首创精神，开端 a. 开始的，初步的
debut	ⒶⒷⒸⒹⒺⒻⒼⒽⒾⒿⓀⓁ	1	['debju;'deibju:]	n. 首次演出，初次露面
metropolis	ⒶⒷⒸⒹⒺⒻⒼⒽⒾⒿⓀⓁ	1	[mi'trɔpəlis]	n. 首都，大城市
sufferer	ⒶⒷⒸⒹⒺⒻⒼⒽⒾⒿⓀⓁ	1	['sʌfərə(r)]	n. 受难者，被害者，患者
lair	ⒶⒷⒸⒹⒺⒻⒼⒽⒾⒿⓀⓁ	1	[leə]	n. 兽穴，藏身处
veterinarian	ⒶⒷⒸⒹⒺⒻⒼⒽⒾⒿⓀⓁ	1	[ˌvetəri'neəriən]	n. 兽医
calligraphy	ⒶⒷⒸⒹⒺⒻⒼⒽⒾⒿⓀⓁ	1	[kə'ligrəfi]	n. 书法
bookcase	ⒶⒷⒸⒹⒺⒻⒼⒽⒾⒿⓀⓁ	1	['bukkeis]	n. 书架，书柜
bibliographer	ⒶⒷⒸⒹⒺⒻⒼⒽⒾⒿⓀⓁ	1	[ˌbibli'ɔgrəfə]	n. 书目编制者
lyricist	ⒶⒷⒸⒹⒺⒻⒼⒽⒾⒿⓀⓁ	1	['lirisist]	n. 抒情诗人，歌词作者
foliage	ⒶⒷⒸⒹⒺⒻⒼⒽⒾⒿⓀⓁ	1	['fəuliidʒ]	n. 树叶
stake	ⒶⒷⒸⒹⒺⒻⒼⒽⒾⒿⓀⓁ	1	[steik]	n. 树桩，赌注，利害关系
reservoir	ⒶⒷⒸⒹⒺⒻⒼⒽⒾⒿⓀⓁ	1	['rezəvwa:]	n. 水库，蓄水池，积蓄
jellyfish	ⒶⒷⒸⒹⒺⒻⒼⒽⒾⒿⓀⓁ	1	['dʒelifiʃ]	n. 水母，海蜇
leech	ⒶⒷⒸⒹⒺⒻⒼⒽⒾⒿⓀⓁ	1	[li:tʃ]	n. 水蛭
scuba	ⒶⒷⒸⒹⒺⒻⒼⒽⒾⒿⓀⓁ	1	['sku:bə]	n. 水中呼吸器，水肺
aquarium	ⒶⒷⒸⒹⒺⒻⒼⒽⒾⒿⓀⓁ	1	[ə'kweəriəm]	n. 水族馆，养鱼池
submissiveness	ⒶⒷⒸⒹⒺⒻⒼⒽⒾⒿⓀⓁ	1	['sʌbmisivnis]	n. 顺从，服从

单词	标记	频率	读音	词义
compliance	ⒶⒷⒸⒹⒺⒻⒼⒽⒾⒿⓀⓁ	1	[kəm'plaiəns]	n. 顺从，屈从
prevaricator	ⒶⒷⒸⒹⒺⒻⒼⒽⒾⒿⓀⓁ	1	[pri'værikeitə(r)]	n. 说话支吾的人
motorist	ⒶⒷⒸⒹⒺⒻⒼⒽⒾⒿⓀⓁ	1	['məutərist]	n. 司机，乘坐汽车的人
homesickness	ⒶⒷⒸⒹⒺⒻⒼⒽⒾⒿⓀⓁ	1	['həumsiknis]	n. 思乡病
rote	ⒶⒷⒸⒹⒺⒻⒼⒽⒾⒿⓀⓁ	1	[rəut]	n. 死记硬背
fodder	ⒶⒷⒸⒹⒺⒻⒼⒽⒾⒿⓀⓁ	1	['fɔdə]	n. 饲料，草料，素材
ode	ⒶⒷⒸⒹⒺⒻⒼⒽⒾⒿⓀⓁ	1	[əud]	n. 颂诗，颂歌
seeker	ⒶⒷⒸⒹⒺⒻⒼⒽⒾⒿⓀⓁ	1	['si:kə]	n. 搜索者，探求者
laity	ⒶⒷⒸⒹⒺⒻⒼⒽⒾⒿⓀⓁ	1	['leiiti]	n. 俗人，外行
lawsuit	ⒶⒷⒸⒹⒺⒻⒼⒽⒾⒿⓀⓁ	1	['lɔ:su:t;'lɔ:sju:t]	n. 诉讼，控诉
litigant	ⒶⒷⒸⒹⒺⒻⒼⒽⒾⒿⓀⓁ	1	['litigənt]	n. 诉讼当事人 a. 诉讼的
entourage	ⒶⒷⒸⒹⒺⒻⒼⒽⒾⒿⓀⓁ	1	[,ɔntu'ra:ʒ]	n. 随行人员，周围的环境
debris	ⒶⒷⒸⒹⒺⒻⒼⒽⒾⒿⓀⓁ	1	['debri:;'deib-]	n. 碎片，残骸
shred	ⒶⒷⒸⒹⒺⒻⒼⒽⒾⒿⓀⓁ	1	['ʃred]	n. 碎片，碎布 v. 撕成碎片
shard	ⒶⒷⒸⒹⒺⒻⒼⒽⒾⒿⓀⓁ	1	[ʃa:d]	n. 碎片，碎陶片，昆虫翅鞘
detritus	ⒶⒷⒸⒹⒺⒻⒼⒽⒾⒿⓀⓁ	1	[di'traitəs]	n. 碎石，碎屑
avarice	ⒶⒷⒸⒹⒺⒻⒼⒽⒾⒿⓀⓁ	1	['ævəris]	n. 贪财，贪婪
paralysis	ⒶⒷⒸⒹⒺⒻⒼⒽⒾⒿⓀⓁ	1	[pə'rælisis]	n. 瘫痪，麻痹
detector	ⒶⒷⒸⒹⒺⒻⒼⒽⒾⒿⓀⓁ	1	[di'tektə]	n. 探测器
carbonate	ⒶⒷⒸⒹⒺⒻⒼⒽⒾⒿⓀⓁ	1	['ka:bəneit]	n. 碳酸盐
runaway	ⒶⒷⒸⒹⒺⒻⒼⒽⒾⒿⓀⓁ	1	['rʌnəwei]	n. 逃亡，逃跑者 a. 失控的
peach	ⒶⒷⒸⒹⒺⒻⒼⒽⒾⒿⓀⓁ	1	[pi:tʃ]	n. 桃子，桃树
earthenware	ⒶⒷⒸⒹⒺⒻⒼⒽⒾⒿⓀⓁ	1	['ə:θənweə]	n. 陶器
nuisance	ⒶⒷⒸⒹⒺⒻⒼⒽⒾⒿⓀⓁ	1	['nju:sns]	n. 讨厌的人或物，损害
prerogative	ⒶⒷⒸⒹⒺⒻⒼⒽⒾⒿⓀⓁ	1	[pri'rɔgətiv]	n. 特权
elevation	ⒶⒷⒸⒹⒺⒻⒼⒽⒾⒿⓀⓁ	1	[,eli'veiʃən]	n. 提高，升高，高度
offering	ⒶⒷⒸⒹⒺⒻⒼⒽⒾⒿⓀⓁ	1	['ɔfəriŋ]	n. 提供，供奉，供品
hoof	ⒶⒷⒸⒹⒺⒻⒼⒽⒾⒿⓀⓁ	1	[hu:f]	n. 蹄 v. 踢
scuttle	ⒶⒷⒸⒹⒺⒻⒼⒽⒾⒿⓀⓁ	1	['skʌtl]	n. 天窗 v. 急促奔跑，凿沉
flair	ⒶⒷⒸⒹⒺⒻⒼⒽⒾⒿⓀⓁ	1	[fleə]	n. 天赋，才华，辨别力
apocalypse	ⒶⒷⒸⒹⒺⒻⒼⒽⒾⒿⓀⓁ	1	[ə'pɔkəlips]	n. 天启，大灾难
naivete	ⒶⒷⒸⒹⒺⒻⒼⒽⒾⒿⓀⓁ	1	[na:'i:vtei]	n. 天真，幼稚
ingenue	ⒶⒷⒸⒹⒺⒻⒼⒽⒾⒿⓀⓁ	1	[ænʒei'nju:]	n. 天真无邪的少女
cajolery	ⒶⒷⒸⒹⒺⒻⒼⒽⒾⒿⓀⓁ	1	[kə'dʒəuləri]	n. 甜言蜜语，诱骗，谄媚
wad	ⒶⒷⒸⒹⒺⒻⒼⒽⒾⒿⓀⓁ	1	[wɔd]	n. 填充物，填料 v. 填塞
treaty	ⒶⒷⒸⒹⒺⒻⒼⒽⒾⒿⓀⓁ	1	['tri:ti]	n. 条约，谈判
investigator	ⒶⒷⒸⒹⒺⒻⒼⒽⒾⒿⓀⓁ	1	[in'vestigeitə(r)]	n. 调查人，研究者
flirtation	ⒶⒷⒸⒹⒺⒻⒼⒽⒾⒿⓀⓁ	1	[flɜ:'teiʃ(ə)n]	n. 调情，调戏，挑逗
palette	ⒶⒷⒸⒹⒺⒻⒼⒽⒾⒿⓀⓁ	1	['pælit]	n. 调色板
dalliance	ⒶⒷⒸⒹⒺⒻⒼⒽⒾⒿⓀⓁ	1	['dæliəns]	n. 调戏，嬉戏

单词	标记	频率	读音	词义
rust	ⒶⒷⒸⒹⒺⒻⒼⒽⒾⒿⓀⓁ	1	[rʌst]	n. 铁锈 v. 生锈
discontinuance	ⒶⒷⒸⒹⒺⒻⒼⒽⒾⒿⓀⓁ	1	[ˌdiskən'tinjuəns]	n. 停止，废止，中断
passageway	ⒶⒷⒸⒹⒺⒻⒼⒽⒾⒿⓀⓁ	1	['pæsidʒwei]	n. 通道，走廊
informant	ⒶⒷⒸⒹⒺⒻⒼⒽⒾⒿⓀⓁ	1	[in'fɔ:mənt]	n. 通知者，告密者
compatriot	ⒶⒷⒸⒹⒺⒻⒼⒽⒾⒿⓀⓁ	1	[kəm'pætriət]	n. 同胞，同事
confederation	ⒶⒷⒸⒹⒺⒻⒼⒽⒾⒿⓀⓁ	1	[kənˌfedə'reiʃən]	n. 同盟，联盟
confederate	ⒶⒷⒸⒹⒺⒻⒼⒽⒾⒿⓀⓁ	1	[kən'fedərit]	n. 同盟者，同盟国 v. 联盟，联合
conspirator	ⒶⒷⒸⒹⒺⒻⒼⒽⒾⒿⓀⓁ	1	[kən'spirətə]	n. 同谋者，阴谋者，反叛者
roommate	ⒶⒷⒸⒹⒺⒻⒼⒽⒾⒿⓀⓁ	1	['ru:mmeit]	n. 同屋者，室友
regimen	ⒶⒷⒸⒹⒺⒻⒼⒽⒾⒿⓀⓁ	1	['redʒimen]	n. 统治，养生法，训练课程
reign	ⒶⒷⒸⒹⒺⒻⒼⒽⒾⒿⓀⓁ	1	[rein]	n. 统治时期 v. 统治，支配
barrel	ⒶⒷⒸⒹⒺⒻⒼⒽⒾⒿⓀⓁ	1	['bærəl]	n. 桶 v. 装入桶内
misery	ⒶⒷⒸⒹⒺⒻⒼⒽⒾⒿⓀⓁ	1	['mizəri]	n. 痛苦，悲惨的境遇
poacher	ⒶⒷⒸⒹⒺⒻⒼⒽⒾⒿⓀⓁ	1	['pəutʃə]	n. 偷猎者，蒸锅
theft	ⒶⒷⒸⒹⒺⒻⒼⒽⒾⒿⓀⓁ	1	[θeft]	n. 偷窃
thievery	ⒶⒷⒸⒹⒺⒻⒼⒽⒾⒿⓀⓁ	1	['θi:vəri]	n. 偷窃
speculator	ⒶⒷⒸⒹⒺⒻⒼⒽⒾⒿⓀⓁ	1	['spekjuleitə]	n. 投机者，沉思者
ballot	ⒶⒷⒸⒹⒺⒻⒼⒽⒾⒿⓀⓁ	1	['bælət]	n. 投票，抽签 v. 抽签，拉选票
condor	ⒶⒷⒸⒹⒺⒻⒼⒽⒾⒿⓀⓁ	1	['kɔndɔ:;'kɔndə]	n. 秃鹫
emergency	ⒶⒷⒸⒹⒺⒻⒼⒽⒾⒿⓀⓁ	1	[i'mə:dʒənsi]	n. 突发事件，紧急状况
graffito	ⒶⒷⒸⒹⒺⒻⒼⒽⒾⒿⓀⓁ	1	[grə'fi:təu]	n. 涂鸦，乱画
mound	ⒶⒷⒸⒹⒺⒻⒼⒽⒾⒿⓀⓁ	1	[maund]	n. 土墩，土丘 v. 筑堤
hyena	ⒶⒷⒸⒹⒺⒻⒼⒽⒾⒿⓀⓁ	1	[hai'i:nə]	n. 土狼，鬣狗
reunion	ⒶⒷⒸⒹⒺⒻⒼⒽⒾⒿⓀⓁ	1	[ri:'ju:njən]	n. 团聚，联合
referral	ⒶⒷⒸⒹⒺⒻⒼⒽⒾⒿⓀⓁ	1	[ri'fə:rəl]	n. 推荐，转诊
degradation	ⒶⒷⒸⒹⒺⒻⒼⒽⒾⒿⓀⓁ	1	[ˌdegrə'deiʃən]	n. 退化，降级，堕落，降解
mop	ⒶⒷⒸⒹⒺⒻⒼⒽⒾⒿⓀⓁ	1	[mɔp]	n. 拖把 v. 用拖把拖
procrastinator	ⒶⒷⒸⒹⒺⒻⒼⒽⒾⒿⓀⓁ	1	[prəu'kræstineitə(r)]	n. 拖延者
ostrich	ⒶⒷⒸⒹⒺⒻⒼⒽⒾⒿⓀⓁ	1	['ɔstritʃ]	n. 鸵鸟
layperson	ⒶⒷⒸⒹⒺⒻⒼⒽⒾⒿⓀⓁ	1	['leipɜ:sən]	n. 外行
protocol	ⒶⒷⒸⒹⒺⒻⒼⒽⒾⒿⓀⓁ	1	['prəutəkɔl]	n. 外交礼仪，草案，协议
curvature	ⒶⒷⒸⒹⒺⒻⒼⒽⒾⒿⓀⓁ	1	['kə:vətʃə]	n. 弯曲，曲率
pea	ⒶⒷⒸⒹⒺⒻⒼⒽⒾⒿⓀⓁ	1	[pi:]	n. 豌豆
perfectionism	ⒶⒷⒸⒹⒺⒻⒼⒽⒾⒿⓀⓁ	1	[pə'fekʃəniz(ə)m]	n. 完美主义，至善论
diehard	ⒶⒷⒸⒹⒺⒻⒼⒽⒾⒿⓀⓁ	1	['daiha:d]	n. 顽固分子
dirge	ⒶⒷⒸⒹⒺⒻⒼⒽⒾⒿⓀⓁ	1	['də:dʒ]	n. 挽歌，哀乐
afterglow	ⒶⒷⒸⒹⒺⒻⒼⒽⒾⒿⓀⓁ	1	['a:ftəgləu]	n. 晚霞，夕照
elixir	ⒶⒷⒸⒹⒺⒻⒼⒽⒾⒿⓀⓁ	1	[i'liksə]	n. 万灵药，长生不老药
trillion	ⒶⒷⒸⒹⒺⒻⒼⒽⒾⒿⓀⓁ	1	['triljən]	n. 万亿，兆
crown	ⒶⒷⒸⒹⒺⒻⒼⒽⒾⒿⓀⓁ	1	[kraun]	n. 王冠，王权

单词	标记	频率	读音	词义
regalia	ⒶⒷⒸⒹⒺⒻⒼⒽⒾⒿⓀⓁ	1	[ri'geiljə]	n. 王权，王位标志
deterrence	ⒶⒷⒸⒹⒺⒻⒼⒽⒾⒿⓀⓁ	1	[di'tə:rəns]	n. 威慑，制止，妨碍物
microcosm	ⒶⒷⒸⒹⒺⒻⒼⒽⒾⒿⓀⓁ	1	['maikrəkɔz(ə)m]	n. 微观世界，缩影
glimmer	ⒶⒷⒸⒹⒺⒻⒼⒽⒾⒿⓀⓁ	1	['glimə]	n. 微光，迹象 v. 发微光
germ	ⒶⒷⒸⒹⒺⒻⒼⒽⒾⒿⓀⓁ	1	[dʒə:m]	n. 微生物，细菌，萌芽
infringement	ⒶⒷⒸⒹⒺⒻⒼⒽⒾⒿⓀⓁ	1	[in'frindʒmənt]	n. 违反，侵害
enclosure	ⒶⒷⒸⒹⒺⒻⒼⒽⒾⒿⓀⓁ	1	[in'kləuʒə]	n. 围住，围栏，附件
materialist	ⒶⒷⒸⒹⒺⒻⒼⒽⒾⒿⓀⓁ	1	[mə'tiəriəlist]	n. 唯物主义者
hypocrite	ⒶⒷⒸⒹⒺⒻⒼⒽⒾⒿⓀⓁ	1	['hipəkrit]	n. 伪君子，伪善者
hypocrisy	ⒶⒷⒸⒹⒺⒻⒼⒽⒾⒿⓀⓁ	1	[hi'pɔkrəsi]	n. 伪善
falsification	ⒶⒷⒸⒹⒺⒻⒼⒽⒾⒿⓀⓁ	1	[ˌfɔ:lsifi'keiʃən]	n. 伪造，歪曲
forger	ⒶⒷⒸⒹⒺⒻⒼⒽⒾⒿⓀⓁ	1	['fɔ:dʒə(r)]	n. 伪造者，铁匠
clientele	ⒶⒷⒸⒹⒺⒻⒼⒽⒾⒿⓀⓁ	1	[ˌkli:a:n'teil]	n. 委托人，客户
commissioner	ⒶⒷⒸⒹⒺⒻⒼⒽⒾⒿⓀⓁ	1	[kə'miʃənə]	n. 委员，专员
hygiene	ⒶⒷⒸⒹⒺⒻⒼⒽⒾⒿⓀⓁ	1	['haidʒi:n]	n. 卫生，卫生学，保健法
underachiever	ⒶⒷⒸⒹⒺⒻⒼⒽⒾⒿⓀⓁ	1	[ʌndərəˈtʃi:və]	n. 未发挥潜力的人
tummy	ⒶⒷⒸⒹⒺⒻⒼⒽⒾⒿⓀⓁ	1	['tʌmi]	n. 胃，肚子
tenderness	ⒶⒷⒸⒹⒺⒻⒼⒽⒾⒿⓀⓁ	1	['tendənis]	n. 温柔，娇嫩，柔软
conservatory	ⒶⒷⒸⒹⒺⒻⒼⒽⒾⒿⓀⓁ	1	[kən'sə:vətri]	n. 温室，音乐学院
illiteracy	ⒶⒷⒸⒹⒺⒻⒼⒽⒾⒿⓀⓁ	1	[i'litərəsi]	n. 文盲
paperwork	ⒶⒷⒸⒹⒺⒻⒼⒽⒾⒿⓀⓁ	1	['peipəwɜ:k]	n. 文书工作
gentility	ⒶⒷⒸⒹⒺⒻⒼⒽⒾⒿⓀⓁ	1	[dʒen'tiliti]	n. 文雅，出身高贵，有教养
taint	ⒶⒷⒸⒹⒺⒻⒼⒽⒾⒿⓀⓁ	1	[teint;tent]	n. 污点，耻辱 v. 污染，中毒
pollutant	ⒶⒷⒸⒹⒺⒻⒼⒽⒾⒿⓀⓁ	1	[pə'lu:tənt]	n. 污染性物质
polluter	ⒶⒷⒸⒹⒺⒻⒼⒽⒾⒿⓀⓁ	1	[pə'lju:tə]	n. 污染者，污染源
sewage	ⒶⒷⒸⒹⒺⒻⒼⒽⒾⒿⓀⓁ	1	['sju(:)idʒ]	n. 污水，污物
ubiquity	ⒶⒷⒸⒹⒺⒻⒼⒽⒾⒿⓀⓁ	1	[ju:'bikwəti]	n. 无处不在
immodesty	ⒶⒷⒸⒹⒺⒻⒼⒽⒾⒿⓀⓁ	1	[i'mɔdisti]	n. 无礼
incapacity	ⒶⒷⒸⒹⒺⒻⒼⒽⒾⒿⓀⓁ	1	[ˌinkə'pæsiti]	n. 无能力，无能，残疾
ruthlessness	ⒶⒷⒸⒹⒺⒻⒼⒽⒾⒿⓀⓁ	1	['ru:θlisnis]	n. 无情，冷酷
impassivity	ⒶⒷⒸⒹⒺⒻⒼⒽⒾⒿⓀⓁ	1	[impæ'siviti]	n. 无知觉，平静，冷淡
centipede	ⒶⒷⒸⒹⒺⒻⒼⒽⒾⒿⓀⓁ	1	['sentipi:d]	n. 蜈蚣
choreography	ⒶⒷⒸⒹⒺⒻⒼⒽⒾⒿⓀⓁ	1	[ˌkɔ(:)ri'ɔgrəfi]	n. 舞蹈，舞蹈编排
misinterpretation	ⒶⒷⒸⒹⒺⒻⒼⒽⒾⒿⓀⓁ	1	['misinˌtə:pri'teiʃən]	n. 误译，曲解
misapplication	ⒶⒷⒸⒹⒺⒻⒼⒽⒾⒿⓀⓁ	1	['misˌæpli'keiʃən]	n. 误用
watermelon	ⒶⒷⒸⒹⒺⒻⒼⒽⒾⒿⓀⓁ	1	['wɔ:təmelən]	n. 西瓜
lizard	ⒶⒷⒸⒹⒺⒻⒼⒽⒾⒿⓀⓁ	1	['lizəd]	n. 蜥蜴
knee	ⒶⒷⒸⒹⒺⒻⒼⒽⒾⒿⓀⓁ	1	[ni:]	n. 膝，膝盖
cricket	ⒶⒷⒸⒹⒺⒻⒼⒽⒾⒿⓀⓁ	1	['krikit]	n. 蟋蟀，板球
lotion	ⒶⒷⒸⒹⒺⒻⒼⒽⒾⒿⓀⓁ	1	['ləuʃən]	n. 洗液，洗剂

单词	标记	频率	读音	词义
laundry	ⒶⒷⒸⒹⒺⒻⒼⒽⒾⒿⓀⓁ	1	['lɔ:ndri]	n. 洗衣店，要洗的衣服
dramatization	ⒶⒷⒸⒹⒺⒻⒼⒽⒾⒿⓀⓁ	1	[ˌdræmətai'zeiʃən]	n. 戏剧化，改编成戏剧
hone	ⒶⒷⒸⒹⒺⒻⒼⒽⒾⒿⓀⓁ	1	[həun]	n. 细磨刀石 v. 磨刀，磨练
filament	ⒶⒷⒸⒹⒺⒻⒼⒽⒾⒿⓀⓁ	1	['filəmənt]	n. 细丝，灯丝，花丝
circumspection	ⒶⒷⒸⒹⒺⒻⒼⒽⒾⒿⓀⓁ	1	[ˌsə:kəm'spekʃən]	n. 细心，慎重
shrimp	ⒶⒷⒸⒹⒺⒻⒼⒽⒾⒿⓀⓁ	1	[ʃrimp]	n. 虾，瘦小的人
canyon	ⒶⒷⒸⒹⒺⒻⒼⒽⒾⒿⓀⓁ	1	['kænjən]	n. 峡谷
slot	ⒶⒷⒸⒹⒺⒻⒼⒽⒾⒿⓀⓁ	1	[slɔt]	n. 狭缝，投币口 v. 放置，插入
forerunner	ⒶⒷⒸⒹⒺⒻⒼⒽⒾⒿⓀⓁ	1	['fɔ:ˌrʌnə]	n. 先驱，祖先，预兆
gossip	ⒶⒷⒸⒹⒺⒻⒼⒽⒾⒿⓀⓁ	1	['gɔsip]	n. 闲话，流言 v. 散播流言
chitchat	ⒶⒷⒸⒹⒺⒻⒼⒽⒾⒿⓀⓁ	1	['tʃittʃæt]	n. 闲谈，聊天
conspicuousness	ⒶⒷⒸⒹⒺⒻⒼⒽⒾⒿⓀⓁ	1	[kən'spikjuəsnəs]	n. 显著，显而易见
locale	ⒶⒷⒸⒹⒺⒻⒼⒽⒾⒿⓀⓁ	1	[ləu'ka:l]	n. 现场，场所
charter	ⒶⒷⒸⒹⒺⒻⒼⒽⒾⒿⓀⓁ	1	['tʃa:tə]	n. 宪章，执照 v. 租（船，车等）
provincialism	ⒶⒷⒸⒹⒺⒻⒼⒽⒾⒿⓀⓁ	1	[prə'vinʃəlizəm]	n. 乡下习气，地方主义，方言
interdependency	ⒶⒷⒸⒹⒺⒻⒼⒽⒾⒿⓀⓁ	1	[in'tədipendənsi]	n. 相互依赖，相关性
resemblance	ⒶⒷⒸⒹⒺⒻⒼⒽⒾⒿⓀⓁ	1	[ri'zembləns]	n. 相似，形似
comparability	ⒶⒷⒸⒹⒺⒻⒼⒽⒾⒿⓀⓁ	1	[ˌkɔmpərə'biliti]	n. 相似性，可比较性
hedonist	ⒶⒷⒸⒹⒺⒻⒼⒽⒾⒿⓀⓁ	1	['hi:dənist]	n. 享乐主义者
rattler	ⒶⒷⒸⒹⒺⒻⒼⒽⒾⒿⓀⓁ	1	['rætlə]	n. 响尾蛇，咯咯作响者
vector	ⒶⒷⒸⒹⒺⒻⒼⒽⒾⒿⓀⓁ	1	['vektə]	n. 向量，矢量，带菌者
pictograph	ⒶⒷⒸⒹⒺⒻⒼⒽⒾⒿⓀⓁ	1	['piktəgra:f]	n. 象形文字
consumerism	ⒶⒷⒸⒹⒺⒻⒼⒽⒾⒿⓀⓁ	1	[kən'sju:məriz(ə)m]	n. 消费主义，用户至上主义
digestion	ⒶⒷⒸⒹⒺⒻⒼⒽⒾⒿⓀⓁ	1	[di'dʒestʃən;dai'dʒestʃən]	n. 消化，领悟
recreation	ⒶⒷⒸⒹⒺⒻⒼⒽⒾⒿⓀⓁ	1	[rekri'eiʃ(ə)n]	n. 消遣，娱乐
disappearance	ⒶⒷⒸⒹⒺⒻⒼⒽⒾⒿⓀⓁ	1	[ˌdisə'piərəns]	n. 消失，失踪，绝迹
curfew	ⒶⒷⒸⒹⒺⒻⒼⒽⒾⒿⓀⓁ	1	['kə:fju:]	n. 宵禁
pouch	ⒶⒷⒸⒹⒺⒻⒼⒽⒾⒿⓀⓁ	1	[pautʃ]	n. 小袋，小包 v. 装入袋中
isle	ⒶⒷⒸⒹⒺⒻⒼⒽⒾⒿⓀⓁ	1	[ail]	n. 小岛
figurine	ⒶⒷⒸⒹⒺⒻⒼⒽⒾⒿⓀⓁ	1	['figjuri:n]	n. 小雕像
gratuity	ⒶⒷⒸⒹⒺⒻⒼⒽⒾⒿⓀⓁ	1	[grə'tju(:)iti]	n. 小费，赏钱
marina	ⒶⒷⒸⒹⒺⒻⒼⒽⒾⒿⓀⓁ	1	[mə'ri:nə]	n. 小码头
twig	ⒶⒷⒸⒹⒺⒻⒼⒽⒾⒿⓀⓁ	1	[twig]	n. 小嫩枝 v. 理解
pellet	ⒶⒷⒸⒹⒺⒻⒼⒽⒾⒿⓀⓁ	1	['pelit]	n. 小球，小子弹
brook	ⒶⒷⒸⒹⒺⒻⒼⒽⒾⒿⓀⓁ	1	[bruk]	n. 小溪 v. 容忍
meticulousness	ⒶⒷⒸⒹⒺⒻⒼⒽⒾⒿⓀⓁ	1	[mi'tikjuləsnis]	n. 小心，谨小慎微
pebble	ⒶⒷⒸⒹⒺⒻⒼⒽⒾⒿⓀⓁ	1	['pebl]	n. 小圆石，小鹅卵石
subcommittee	ⒶⒷⒸⒹⒺⒻⒼⒽⒾⒿⓀⓁ	1	['sʌbkə'miti]	n. 小组委员会，附属委员会
hysteria	ⒶⒷⒸⒹⒺⒻⒼⒽⒾⒿⓀⓁ	1	[his'tiəriə]	n. 歇斯底里症，过度兴奋
scorpion	ⒶⒷⒸⒹⒺⒻⒼⒽⒾⒿⓀⓁ	1	['skɔ:piən]	n. 蝎子，心黑的人，天蝎座

单词	标记	频率	读音	词义
assistance	ⒶⒷⒸⒹⒺⒻⒼⒽⒾⒿⓀⓁ	1	[ə'sistəns]	n. 协助，援助
concerto	ⒶⒷⒸⒹⒺⒻⒼⒽⒾⒿⓀⓁ	1	[kən'tʃə:təu]	n. 协奏曲
villainy	ⒶⒷⒸⒹⒺⒻⒼⒽⒾⒿⓀⓁ	1	['viləni]	n. 邪恶，恶行，坏事
cathartic	ⒶⒷⒸⒹⒺⒻⒼⒽⒾⒿⓀⓁ	1	[kə'θa:tik]	n. 泻药 a. 宣泄的
sacrilege	ⒶⒷⒸⒹⒺⒻⒼⒽⒾⒿⓀⓁ	1	['sækrilidʒ]	n. 亵渎圣物
confidant	ⒶⒷⒸⒹⒺⒻⒼⒽⒾⒿⓀⓁ	1	[ˌkɔnfi'dænt]	n. 心腹朋友，知己
groom	ⒶⒷⒸⒹⒺⒻⒼⒽⒾⒿⓀⓁ	1	[grum;gru:m]	n. 新郎，马夫 v. 打扮，梳洗
crescent	ⒶⒷⒸⒹⒺⒻⒼⒽⒾⒿⓀⓁ	1	['kresnt]	n. 新月，月牙
creed	ⒶⒷⒸⒹⒺⒻⒼⒽⒾⒿⓀⓁ	1	[kri:d]	n. 信仰，信念，教义
morphology	ⒶⒷⒸⒹⒺⒻⒼⒽⒾⒿⓀⓁ	1	[mɔ:'fɔlədʒi]	n. 形态生物学
euphoria	ⒶⒷⒸⒹⒺⒻⒼⒽⒾⒿⓀⓁ	1	[ju:'fɔ:riə]	n. 幸福愉快感，欣快症
sexist	ⒶⒷⒸⒹⒺⒻⒼⒽⒾⒿⓀⓁ	1	['seksist]	n. 性别歧视者
surname	ⒶⒷⒸⒹⒺⒻⒼⒽⒾⒿⓀⓁ	1	['sə:neim]	n. 姓，绰号
ferocity	ⒶⒷⒸⒹⒺⒻⒼⒽⒾⒿⓀⓁ	1	[fə'rɔsiti]	n. 凶猛，残忍，暴行
truculence	ⒶⒷⒸⒹⒺⒻⒼⒽⒾⒿⓀⓁ	1	['trʌkjuləns;'tru:-]	n. 凶猛，好斗，残暴
chest	ⒶⒷⒸⒹⒺⒻⒼⒽⒾⒿⓀⓁ	1	[tʃest]	n. 胸腔，胸部，箱子
elocutionist	ⒶⒷⒸⒹⒺⒻⒼⒽⒾⒿⓀⓁ	1	[ˌelə'kju:ʃənist]	n. 雄辩家，演说家
truce	ⒶⒷⒸⒹⒺⒻⒼⒽⒾⒿⓀⓁ	1	[tru:s]	n. 休战
rhetorician	ⒶⒷⒸⒹⒺⒻⒼⒽⒾⒿⓀⓁ	1	[ˌretə'riʃən]	n. 修辞学者，雄辩家，夸大其词的人
abbey	ⒶⒷⒸⒹⒺⒻⒼⒽⒾⒿⓀⓁ	1	['æbi]	n. 修道院，修道院教堂
revisionist	ⒶⒷⒸⒹⒺⒻⒼⒽⒾⒿⓀⓁ	1	[ri'viʒənist]	n. 修正主义者
cuff	ⒶⒷⒸⒹⒺⒻⒼⒽⒾⒿⓀⓁ	1	['kʌf]	n. 袖口，手铐，巴掌
vanity	ⒶⒷⒸⒹⒺⒻⒼⒽⒾⒿⓀⓁ	1	['væniti]	n. 虚荣心，自负，浮华
feebleness	ⒶⒷⒸⒹⒺⒻⒼⒽⒾⒿⓀⓁ	1	['fi:blnis]	n. 虚弱
infirmity	ⒶⒷⒸⒹⒺⒻⒼⒽⒾⒿⓀⓁ	1	[in'fə:miti]	n. 虚弱，疾病，弱点
nihilistic	ⒶⒷⒸⒹⒺⒻⒼⒽⒾⒿⓀⓁ	1	[ˌni'listik]	n. 虚无主义者，无政府主义者
license	ⒶⒷⒸⒹⒺⒻⒼⒽⒾⒿⓀⓁ	1	['laisəns]	n. 许可证，执照
preamble	ⒶⒷⒸⒹⒺⒻⒼⒽⒾⒿⓀⓁ	1	[pri:'æmbl]	n. 序言，前言，开端
alcoholic	ⒶⒷⒸⒹⒺⒻⒼⒽⒾⒿⓀⓁ	1	[ˌælkə'hɔlik]	n. 酗酒者 a. 含酒精的
propaganda	ⒶⒷⒸⒹⒺⒻⒼⒽⒾⒿⓀⓁ	1	[ˌprɔpə'gændə]	n. 宣传，宣传资料
proclamation	ⒶⒷⒸⒹⒺⒻⒼⒽⒾⒿⓀⓁ	1	[prɔklə'meiʃ(ə)n]	n. 宣言，公布，公告
uproar	ⒶⒷⒸⒹⒺⒻⒼⒽⒾⒿⓀⓁ	1	['ʌprɔ:]	n. 喧嚣，骚动
cliffside	ⒶⒷⒸⒹⒺⒻⒼⒽⒾⒿⓀⓁ	1	[klif'said]	n. 悬崖边上
franchise	ⒶⒷⒸⒹⒺⒻⒼⒽⒾⒿⓀⓁ	1	['fræntʃaiz]	n. 选举权，特权，特许经营权
electorate	ⒶⒷⒸⒹⒺⒻⒼⒽⒾⒿⓀⓁ	1	[i'lektərət]	n. 选民
constituency	ⒶⒷⒸⒹⒺⒻⒼⒽⒾⒿⓀⓁ	1	[kən'stitjuənsi]	n. 选民，支持者，顾客
precinct	ⒶⒷⒸⒹⒺⒻⒼⒽⒾⒿⓀⓁ	1	['pri:siŋkt]	n. 选区，管辖区域，范围
panache	ⒶⒷⒸⒹⒺⒻⒼⒽⒾⒿⓀⓁ	1	[pə'næʃ]	n. 炫耀，虚饰，羽饰
preschooler	ⒶⒷⒸⒹⒺⒻⒼⒽⒾⒿⓀⓁ	1	[ˌpri:'sku:lə]	n. 学龄前儿童
apprentice	ⒶⒷⒸⒹⒺⒻⒼⒽⒾⒿⓀⓁ	1	[ə'prentis]	n. 学徒 v. 当学徒

单词	标记	频率	读音	词义
apprenticeship	ⒶⒷⒸⒹⒺⒻⒼⒽⒾⒿⓀⓁ	1	[ə'prentis,ʃip]	n. 学徒的身份，学徒的年限
snowdrift	ⒶⒷⒸⒹⒺⒻⒼⒽⒾⒿⓀⓁ	1	['snəudrift]	n. 雪堆
vas	ⒶⒷⒸⒹⒺⒻⒼⒽⒾⒿⓀⓁ	1	[væs]	n. 血管，脉管
lineage	ⒶⒷⒸⒹⒺⒻⒼⒽⒾⒿⓀⓁ	1	['liniidʒ]	n. 血统，后代
lavender	ⒶⒷⒸⒹⒺⒻⒼⒽⒾⒿⓀⓁ	1	['lævəndə]	n. 薰衣草
circuit	ⒶⒷⒸⒹⒺⒻⒼⒽⒾⒿⓀⓁ	1	['sə:kit]	n. 巡回，电路
enquiry	ⒶⒷⒸⒹⒺⒻⒼⒽⒾⒿⓀⓁ	1	[in'kwaiəri]	n. 询问
swiftness	ⒶⒷⒸⒹⒺⒻⒼⒽⒾⒿⓀⓁ	1	['swiftnis]	n. 迅速，敏捷
bud	ⒶⒷⒸⒹⒺⒻⒼⒽⒾⒿⓀⓁ	1	[bʌd]	n. 芽 v. 发芽
athens	ⒶⒷⒸⒹⒺⒻⒼⒽⒾⒿⓀⓁ	1	['æθinz]	n. 雅典
tobacco	ⒶⒷⒸⒹⒺⒻⒼⒽⒾⒿⓀⓁ	1	[tə'bækəu]	n. 烟草
smog	ⒶⒷⒸⒹⒺⒻⒼⒽⒾⒿⓀⓁ	1	[smɔg]	n. 烟雾
starkness	ⒶⒷⒸⒹⒺⒻⒼⒽⒾⒿⓀⓁ	1	[sta:knis]	n. 严酷，严厉，明显
bedrock	ⒶⒷⒸⒹⒺⒻⒼⒽⒾⒿⓀⓁ	1	['bed'rɔk]	n. 岩床，基础
pestle	ⒶⒷⒸⒹⒺⒻⒼⒽⒾⒿⓀⓁ	1	['pestl]	n. 研磨棒，杵
discernment	ⒶⒷⒸⒹⒺⒻⒼⒽⒾⒿⓀⓁ	1	[di'sə:nmənt]	n. 眼力，洞察力
oratory	ⒶⒷⒸⒹⒺⒻⒼⒽⒾⒿⓀⓁ	1	['ɔrətəri]	n. 演讲术，演说，祈祷室
oration	ⒶⒷⒸⒹⒺⒻⒼⒽⒾⒿⓀⓁ	1	[ə'reiʃən]	n. 演说
orator	ⒶⒷⒸⒹⒺⒻⒼⒽⒾⒿⓀⓁ	1	['ɔrətə]	n. 演说者，雄辩家
misanthrope	ⒶⒷⒸⒹⒺⒻⒼⒽⒾⒿⓀⓁ	1	['misənθrəup]	n. 厌恶人类的人，愤世嫉俗者
feast	ⒶⒷⒸⒹⒺⒻⒼⒽⒾⒿⓀⓁ	1	[fi:st]	n. 宴会，酒会 v. 款待，请客
verandah	ⒶⒷⒸⒹⒺⒻⒼⒽⒾⒿⓀⓁ	1	[və'rændə]	n. 阳台，走廊
lullaby	ⒶⒷⒸⒹⒺⒻⒼⒽⒾⒿⓀⓁ	1	['lʌləbai]	n. 摇篮曲 v. 使安静
ointment	ⒶⒷⒸⒹⒺⒻⒼⒽⒾⒿⓀⓁ	1	['ɔintmənt]	n. 药膏，油膏
tablet	ⒶⒷⒸⒹⒺⒻⒼⒽⒾⒿⓀⓁ	1	['tæblit]	n. 药片，匾牌
pill	ⒶⒷⒸⒹⒺⒻⒼⒽⒾⒿⓀⓁ	1	[pil]	n. 药丸，药片
pith	ⒶⒷⒸⒹⒺⒻⒼⒽⒾⒿⓀⓁ	1	[piθ]	n. 要旨，精髓，木髓
metallurgy	ⒶⒷⒸⒹⒺⒻⒼⒽⒾⒿⓀⓁ	1	[me'tælədʒi]	n. 冶金，冶金学
weed	ⒶⒷⒸⒹⒺⒻⒼⒽⒾⒿⓀⓁ	1	[wi:d]	n. 野草，杂草
tuft	ⒶⒷⒸⒹⒺⒻⒼⒽⒾⒿⓀⓁ	1	[tʌft]	n. 一簇，一绺
bout	ⒶⒷⒸⒹⒺⒻⒼⒽⒾⒿⓀⓁ	1	[baut]	n. 一回合，较量
dime	ⒶⒷⒸⒹⒺⒻⒼⒽⒾⒿⓀⓁ	1	[daim]	n. 一角硬币
batch	ⒶⒷⒸⒹⒺⒻⒼⒽⒾⒿⓀⓁ	1	[bætʃ]	n. 一批（组，群），一批生产量
flurry	ⒶⒷⒸⒹⒺⒻⒼⒽⒾⒿⓀⓁ	1	['flʌri]	n. 一阵风（雪），骚动 v. 发慌，焦躁
accordance	ⒶⒷⒸⒹⒺⒻⒼⒽⒾⒿⓀⓁ	1	[ə'kɔ:dəns]	n. 一致，和谐
unison	ⒶⒷⒸⒹⒺⒻⒼⒽⒾⒿⓀⓁ	1	['ju:nizn;-sn]	n. 一致行动，齐唱
raiment	ⒶⒷⒸⒹⒺⒻⒼⒽⒾⒿⓀⓁ	1	['reimənt]	n. 衣服
apparel	ⒶⒷⒸⒹⒺⒻⒼⒽⒾⒿⓀⓁ	1	[ə'pærəl]	n. 衣服，装具 v. 使穿衣，装饰
adherence	ⒶⒷⒸⒹⒺⒻⒼⒽⒾⒿⓀⓁ	1	[əd'hiərəns]	n. 依附，固执
bequest	ⒶⒷⒸⒹⒺⒻⒼⒽⒾⒿⓀⓁ	1	[bi'kwest]	n. 遗产，遗赠

单词	标记	频率	读音	词义
inheritance	ⒶⒷⒸⒹⒺⒻⒼⒽⒾⒿⓀⓁ	1	[in'heritəns]	n. 遗传，遗产，继承
heredity	ⒶⒷⒸⒹⒺⒻⒼⒽⒾⒿⓀⓁ	1	[hi'rediti]	n. 遗传，遗传特征
geneticist	ⒶⒷⒸⒹⒺⒻⒼⒽⒾⒿⓀⓁ	1	[dʒi'netisist]	n. 遗传学家
vestige	ⒶⒷⒸⒹⒺⒻⒼⒽⒾⒿⓀⓁ	1	['vestidʒ]	n. 遗迹，退化的器官
oblivion	ⒶⒷⒸⒹⒺⒻⒼⒽⒾⒿⓀⓁ	1	[ə'bliviən]	n. 遗忘，忘却，赦免
qualm	ⒶⒷⒸⒹⒺⒻⒼⒽⒾⒿⓀⓁ	1	[kwa:m;kwɔ:m]	n. 疑虑
heretic	ⒶⒷⒸⒹⒺⒻⒼⒽⒾⒿⓀⓁ	1	['herətik]	n. 异教徒
demurral	ⒶⒷⒸⒹⒺⒻⒼⒽⒾⒿⓀⓁ	1	[di'mə:rəl]	n. 异议，反对
irascibility	ⒶⒷⒸⒹⒺⒻⒼⒽⒾⒿⓀⓁ	1	[iræsə'biləti]	n. 易怒，脾气暴躁
ideology	ⒶⒷⒸⒹⒺⒻⒼⒽⒾⒿⓀⓁ	1	[ˌaidi'ɔlədʒi;id-]	n. 意识形态，思想意识
coup	ⒶⒷⒸⒹⒺⒻⒼⒽⒾⒿⓀⓁ	1	[ku:]	n. 意外而成功的行动，政变
machination	ⒶⒷⒸⒹⒺⒻⒼⒽⒾⒿⓀⓁ	1	[mæki'neiʃ(ə)n]	n. 阴谋，图谋
syllable	ⒶⒷⒸⒹⒺⒻⒼⒽⒾⒿⓀⓁ	1	['siləbl]	n. 音节
timbre	ⒶⒷⒸⒹⒺⒻⒼⒽⒾⒿⓀⓁ	1	['timbə]	n. 音色，音质
obscenity	ⒶⒷⒸⒹⒺⒻⒼⒽⒾⒿⓀⓁ	1	[ɔb'si:niti]	n. 淫秽，猥亵
secretiveness	ⒶⒷⒸⒹⒺⒻⒼⒽⒾⒿⓀⓁ	1	['si:krətivnis]	n. 隐匿，分泌
hermit	ⒶⒷⒸⒹⒺⒻⒼⒽⒾⒿⓀⓁ	1	['hə:mit]	n. 隐士，隐居者
prowess	ⒶⒷⒸⒹⒺⒻⒼⒽⒾⒿⓀⓁ	1	['prauis]	n. 英勇，非凡的能力
valor	ⒶⒷⒸⒹⒺⒻⒼⒽⒾⒿⓀⓁ	1	['vælə]	n. 英勇，勇猛
cherry	ⒶⒷⒸⒹⒺⒻⒼⒽⒾⒿⓀⓁ	1	['tʃeri]	n. 樱桃
hardware	ⒶⒷⒸⒹⒺⒻⒼⒽⒾⒿⓀⓁ	1	['ha:dweə]	n. 硬件，五金器具
advocacy	ⒶⒷⒸⒹⒺⒻⒼⒽⒾⒿⓀⓁ	1	['ædvəkəsi]	n. 拥护，支持，鼓吹
permafrost	ⒶⒷⒸⒹⒺⒻⒼⒽⒾⒿⓀⓁ	1	['pə:məfrɔ(:)st]	n. 永久冻土层
aria	ⒶⒷⒸⒹⒺⒻⒼⒽⒾⒿⓀⓁ	1	['a:riə]	n. 咏叹调，独唱曲
indecision	ⒶⒷⒸⒹⒺⒻⒼⒽⒾⒿⓀⓁ	1	[ˌindi'siʒən]	n. 优柔寡断
vantage	ⒶⒷⒸⒹⒺⒻⒼⒽⒾⒿⓀⓁ	1	['va:ntidʒ]	n. 优势
postage	ⒶⒷⒸⒹⒺⒻⒼⒽⒾⒿⓀⓁ	1	['pəustidʒ]	n. 邮费
hesitation	ⒶⒷⒸⒹⒺⒻⒼⒽⒾⒿⓀⓁ	1	[ˌhezi'teiʃən]	n. 犹豫，踌躇
indecisiveness	ⒶⒷⒸⒹⒺⒻⒼⒽⒾⒿⓀⓁ	1	[in'disaisivnis]	n. 犹豫不定，非决定性，未清楚标明
troubadour	ⒶⒷⒸⒹⒺⒻⒼⒽⒾⒿⓀⓁ	1	['tru:bəduə]	n. 游吟诗人，抒情诗人
camaraderie	ⒶⒷⒸⒹⒺⒻⒼⒽⒾⒿⓀⓁ	1	[ka:mə'ra:dəri:]	n. 友情，同志之爱
fellowship	ⒶⒷⒸⒹⒺⒻⒼⒽⒾⒿⓀⓁ	1	['feləuʃip]	n. 友谊，团体，奖学金
marsupial	ⒶⒷⒸⒹⒺⒻⒼⒽⒾⒿⓀⓁ	1	[ma:'sju:pjəl]	n. 有袋动物 a. 有袋动物的
marketability	ⒶⒷⒸⒹⒺⒻⒼⒽⒾⒿⓀⓁ	1	[ma:kitə'biliti]	n. 有销路，市场性
accountability	ⒶⒷⒸⒹⒺⒻⒼⒽⒾⒿⓀⓁ	1	[əˌkauntə'biliti]	n. 有责任，有义务
glaze	ⒶⒷⒸⒹⒺⒻⒼⒽⒾⒿⓀⓁ	1	[gleiz]	n. 釉，光滑表面 v. 上釉，变呆滞
circumlocution	ⒶⒷⒸⒹⒺⒻⒼⒽⒾⒿⓀⓁ	1	[ˌsə:kəmlə'kju:ʃən]	n. 迂回累赘的陈述，遁词
silt	ⒶⒷⒸⒹⒺⒻⒼⒽⒾⒿⓀⓁ	1	[silt]	n. 淤泥 v. 使淤塞
bruise	ⒶⒷⒸⒹⒺⒻⒼⒽⒾⒿⓀⓁ	1	[bru:z]	n. 瘀伤，擦伤 v. 受伤，擦伤
gaiety	ⒶⒷⒸⒹⒺⒻⒼⒽⒾⒿⓀⓁ	1	['geiəti]	n. 愉快，喜庆，华丽

单词	标记	频率	读音	词义
plumage	ⒶⒷⒸⒹⒺⒻⒼⒽⒾⒿⓀⓁ	1	['plu:midʒ]	n. 羽毛，翅膀，华丽的衣服
quill	ⒶⒷⒸⒹⒺⒻⒼⒽⒾⒿⓀⓁ	1	[kwil]	n. 羽毛，羽毛笔，豪猪的刺
maize	ⒶⒷⒸⒹⒺⒻⒼⒽⒾⒿⓀⓁ	1	[meiz]	n. 玉米，玉米色
presentiment	ⒶⒷⒸⒹⒺⒻⒼⒽⒾⒿⓀⓁ	1	[pri'zentimənt]	n. 预感
preconception	ⒶⒷⒸⒹⒺⒻⒼⒽⒾⒿⓀⓁ	1	['pri:kən'sepʃən]	n. 预想，偏见
omen	ⒶⒷⒸⒹⒺⒻⒼⒽⒾⒿⓀⓁ	1	['əumen]	n. 预兆，征兆 v. 预示
prescience	ⒶⒷⒸⒹⒺⒻⒼⒽⒾⒿⓀⓁ	1	['pre'saiəns]	n. 预知，先见
overtone	ⒶⒷⒸⒹⒺⒻⒼⒽⒾⒿⓀⓁ	1	['əuvətəun]	n. 寓意，弦外音，暗示
gardener	ⒶⒷⒸⒹⒺⒻⒼⒽⒾⒿⓀⓁ	1	['ga:dnə(r)]	n. 园丁
archetype	ⒶⒷⒸⒹⒺⒻⒼⒽⒾⒿⓀⓁ	1	['a:kitaip]	n. 原型
prototype	ⒶⒷⒸⒹⒺⒻⒼⒽⒾⒿⓀⓁ	1	['prəutətaip]	n. 原型，范例
tenet	ⒶⒷⒸⒹⒺⒻⒼⒽⒾⒿⓀⓁ	1	['ti:net;'tenit]	n. 原则，教义，信条
cone	ⒶⒷⒸⒹⒺⒻⒼⒽⒾⒿⓀⓁ	1	[kəun]	n. 圆锥体，松果
foresight	ⒶⒷⒸⒹⒺⒻⒼⒽⒾⒿⓀⓁ	1	['fɔ:sait]	n. 远见，深谋远虑
aloofness	ⒶⒷⒸⒹⒺⒻⒼⒽⒾⒿⓀⓁ	1	[ə'lu:fnis]	n. 远离，高傲
excursion	ⒶⒷⒸⒹⒺⒻⒼⒽⒾⒿⓀⓁ	1	[iks'kə:ʃən]	n. 远足，短途旅行
escapade	ⒶⒷⒸⒹⒺⒻⒼⒽⒾⒿⓀⓁ	1	['eskəpeid]	n. 越轨行为
lark	ⒶⒷⒸⒹⒺⒻⒼⒽⒾⒿⓀⓁ	1	[la:k]	n. 云雀，百灵鸟 v. 嬉戏
spruce	ⒶⒷⒸⒹⒺⒻⒼⒽⒾⒿⓀⓁ	1	[spru:s]	n. 云杉 a. 整洁漂亮的
transit	ⒶⒷⒸⒹⒺⒻⒼⒽⒾⒿⓀⓁ	1	['trænsit]	n. 运输，经过 v. 越过
crossbreed	ⒶⒷⒸⒹⒺⒻⒼⒽⒾⒿⓀⓁ	1	['krɔsbri:d]	n. 杂交动物 v. 杂交
clutter	ⒶⒷⒸⒹⒺⒻⒼⒽⒾⒿⓀⓁ	1	['klʌtə]	n. 杂乱 v. 弄乱
mottle	ⒶⒷⒸⒹⒺⒻⒼⒽⒾⒿⓀⓁ	1	['mɔtl]	n. 杂色，斑点 v. 使有斑点
impurity	ⒶⒷⒸⒹⒺⒻⒼⒽⒾⒿⓀⓁ	1	[im'pjuəriti]	n. 杂质，不纯，罪恶
reenactment	ⒶⒷⒸⒹⒺⒻⒼⒽⒾⒿⓀⓁ	1	[ri:i'næktmənt]	n. 再制定，再扮演
suspension	ⒶⒷⒸⒹⒺⒻⒼⒽⒾⒿⓀⓁ	1	[səs'penʃən]	n. 暂停，中止，悬挂
patronage	ⒶⒷⒸⒹⒺⒻⒼⒽⒾⒿⓀⓁ	1	['pætrənidʒ]	n. 赞助，光顾，任免权
funeral	ⒶⒷⒸⒹⒺⒻⒼⒽⒾⒿⓀⓁ	1	['fju:nərəl]	n. 葬礼
stricture	ⒶⒷⒸⒹⒺⒻⒼⒽⒾⒿⓀⓁ	1	['striktʃə]	n. 责难，限制
multiplication	ⒶⒷⒸⒹⒺⒻⒼⒽⒾⒿⓀⓁ	1	[ˌmʌltipli'keiʃən]	n. 增加，繁殖，乘法运算
antipathy	ⒶⒷⒸⒹⒺⒻⒼⒽⒾⒿⓀⓁ	1	[æn'tipəθi]	n. 憎恶，反感
debtor	ⒶⒷⒸⒹⒺⒻⒼⒽⒾⒿⓀⓁ	1	['detə]	n. 债务人，借方
cohesiveness	ⒶⒷⒸⒹⒺⒻⒼⒽⒾⒿⓀⓁ	1	[kəu'hi:sivnis]	n. 粘合，凝聚性
augur	ⒶⒷⒸⒹⒺⒻⒼⒽⒾⒿⓀⓁ	1	['ɔ:gə]	n. 占卜师 v. 占卜，预言
stratagem	ⒶⒷⒸⒹⒺⒻⒼⒽⒾⒿⓀⓁ	1	['strætədʒəm]	n. 战略，计谋
strategist	ⒶⒷⒸⒹⒺⒻⒼⒽⒾⒿⓀⓁ	1	['strætədʒist]	n. 战略家
roach	ⒶⒷⒸⒹⒺⒻⒼⒽⒾⒿⓀⓁ	1	[rəutʃ]	n. 蟑螂
cockroach	ⒶⒷⒸⒹⒺⒻⒼⒽⒾⒿⓀⓁ	1	['kɔkrəutʃ]	n. 蟑螂
oblong	ⒶⒷⒸⒹⒺⒻⒼⒽⒾⒿⓀⓁ	1	['ɔblɔŋ]	n. 长方形
stocking	ⒶⒷⒸⒹⒺⒻⒼⒽⒾⒿⓀⓁ	1	['stɔkiŋ]	n. 长袜

单词	标记	频率	读音	词义
tusk	ⒶⒷⒸⒹⒺⒻⒼⒽⒾⒿⓀⓁ	1	[tʌsk]	n. 长牙，獠牙
receptionist	ⒶⒷⒸⒹⒺⒻⒼⒽⒾⒿⓀⓁ	1	[ri'sepʃənist]	n. 招待员，传达员
claw	ⒶⒷⒸⒹⒺⒻⒼⒽⒾⒿⓀⓁ	1	[klɔ:]	n. 爪，爪子
illumination	ⒶⒷⒸⒹⒺⒻⒼⒽⒾⒿⓀⓁ	1	[i,lju:mi'neiʃən]	n. 照明，阐明，说明
conifer	ⒶⒷⒸⒹⒺⒻⒼⒽⒾⒿⓀⓁ	1	['kəunifə]	n. 针叶树，松类植物
reconnaissance	ⒶⒷⒸⒹⒺⒻⒼⒽⒾⒿⓀⓁ	1	[ri'kɔnisəns]	n. 侦察，勘察
veracity	ⒶⒷⒸⒹⒺⒻⒼⒽⒾⒿⓀⓁ	1	[və'ræsiti]	n. 真实性，诚实
repression	ⒶⒷⒸⒹⒺⒻⒼⒽⒾⒿⓀⓁ	1	[ri'preʃən]	n. 镇压，抑制
suppression	ⒶⒷⒸⒹⒺⒻⒼⒽⒾⒿⓀⓁ	1	[sə'preʃən]	n. 镇压，抑制
disputation	ⒶⒷⒸⒹⒺⒻⒼⒽⒾⒿⓀⓁ	1	[,dispju(:)'teiʃən]	n. 争论，辩论
contention	ⒶⒷⒸⒹⒺⒻⒼⒽⒾⒿⓀⓁ	1	[kən'tenʃən]	n. 争论，论点，竞争
disputant	ⒶⒷⒸⒹⒺⒻⒼⒽⒾⒿⓀⓁ	1	[dis'pju:tənt]	n. 争论者 a. 争论的
expropriation	ⒶⒷⒸⒹⒺⒻⒼⒽⒾⒿⓀⓁ	1	[ekspræupri'eiʃn]	n. 征用，征收
distillation	ⒶⒷⒸⒹⒺⒻⒼⒽⒾⒿⓀⓁ	1	[,disti'leiʃən]	n. 蒸馏，精华
salvation	ⒶⒷⒸⒹⒺⒻⒼⒽⒾⒿⓀⓁ	1	[sæl'veiʃən]	n. 拯救，救助
rightness	ⒶⒷⒸⒹⒺⒻⒼⒽⒾⒿⓀⓁ	1	['raitnis]	n. 正直，公正，贴切
testimonial	ⒶⒷⒸⒹⒺⒻⒼⒽⒾⒿⓀⓁ	1	[,testi'məunjəl;-niəl]	n. 证明书，奖品 a. 证明书的，表扬的
prevarication	ⒶⒷⒸⒹⒺⒻⒼⒽⒾⒿⓀⓁ	1	[priværi'keiʃən]	n. 支吾，搪塞
mainstay	ⒶⒷⒸⒹⒺⒻⒼⒽⒾⒿⓀⓁ	1	['meinstei]	n. 支柱，骨干
certificate	ⒶⒷⒸⒹⒺⒻⒼⒽⒾⒿⓀⓁ	1	[sə'tifikit]	n. 执照，证书 v. 批准，认可
immediacy	ⒶⒷⒸⒹⒺⒻⒼⒽⒾⒿⓀⓁ	1	[i'mi:diəsi]	n. 直接，直观性，迫切性
helicopter	ⒶⒷⒸⒹⒺⒻⒼⒽⒾⒿⓀⓁ	1	['helikɔptə]	n. 直升飞机
flora	ⒶⒷⒸⒹⒺⒻⒼⒽⒾⒿⓀⓁ	1	['flɔ:rə]	n. 植物群落，花神
botanist	ⒶⒷⒸⒹⒺⒻⒼⒽⒾⒿⓀⓁ	1	['bɔtənist]	n. 植物学家
tourniquet	ⒶⒷⒸⒹⒺⒻⒼⒽⒾⒿⓀⓁ	1	['tuəniket]	n. 止血带
designation	ⒶⒷⒸⒹⒺⒻⒼⒽⒾⒿⓀⓁ	1	[,dezig'neiʃən]	n. 指定，任命
indicator	ⒶⒷⒸⒹⒺⒻⒼⒽⒾⒿⓀⓁ	1	['indikeitə]	n. 指示器，指示者
supremacy	ⒶⒷⒸⒹⒺⒻⒼⒽⒾⒿⓀⓁ	1	[sju'preməsi]	n. 至高无上，主权，最高权力
enactment	ⒶⒷⒸⒹⒺⒻⒼⒽⒾⒿⓀⓁ	1	[i'næktm(ə)nt]	n. 制定法律，法规
bourgeois	ⒶⒷⒸⒹⒺⒻⒼⒽⒾⒿⓀⓁ	1	[bə'dʒɔis]	n. 中产阶级
discontinuity	ⒶⒷⒸⒹⒺⒻⒼⒽⒾⒿⓀⓁ	1	['dis,kɔnti'nju(:)iti]	n. 中断，不连续
lieutenant	ⒶⒷⒸⒹⒺⒻⒼⒽⒾⒿⓀⓁ	1	[lef'tenənt]	n. 中尉，副官
abeyance	ⒶⒷⒸⒹⒺⒻⒼⒽⒾⒿⓀⓁ	1	[ə'beiəns]	n. 中止，搁置
intermission	ⒶⒷⒸⒹⒺⒻⒼⒽⒾⒿⓀⓁ	1	[,intə(:)'miʃən]	n. 中止，停顿，幕间休息
terminal	ⒶⒷⒸⒹⒺⒻⒼⒽⒾⒿⓀⓁ	1	['tə:minl]	n. 终点，终端 a. 末端的，终点的
timepiece	ⒶⒷⒸⒹⒺⒻⒼⒽⒾⒿⓀⓁ	1	['taimpi:s]	n. 钟，表，计时器
plantation	ⒶⒷⒸⒹⒺⒻⒼⒽⒾⒿⓀⓁ	1	[plæn'teiʃən]	n. 种植园，人工林
segregationist	ⒶⒷⒸⒹⒺⒻⒼⒽⒾⒿⓀⓁ	1	[,segri'geiʃənist]	n. 种族隔离主义者
racist	ⒶⒷⒸⒹⒺⒻⒼⒽⒾⒿⓀⓁ	1	['reisist]	n. 种族主义者
arbiter	ⒶⒷⒸⒹⒺⒻⒼⒽⒾⒿⓀⓁ	1	['a:bitə]	n. 仲裁人，裁决者

单词	标记	频率	读音	词义
reiteration	ⒶⒷⒸⒹⒺⒻⒼⒽⒾⒿⓀⓁ	1	[ri:,itə'reiʃən]	n. 重复，反复
rehash	ⒶⒷⒸⒹⒺⒻⒼⒽⒾⒿⓀⓁ	1	['ri:'hæʃ]	n. 重复 v. 重复，重新讨论
felony	ⒶⒷⒸⒹⒺⒻⒼⒽⒾⒿⓀⓁ	1	['feləni]	n. 重罪
anniversary	ⒶⒷⒸⒹⒺⒻⒼⒽⒾⒿⓀⓁ	1	[,æni'və:səri]	n. 周年纪念
frill	ⒶⒷⒸⒹⒺⒻⒼⒽⒾⒿⓀⓁ	1	[fril]	n. 皱边，褶皱
jurassic	ⒶⒷⒸⒹⒺⒻⒼⒽⒾⒿⓀⓁ	1	[dʒuə'ræsik]	n. 侏罗纪
subjectivity	ⒶⒷⒸⒹⒺⒻⒼⒽⒾⒿⓀⓁ	1	[,sʌbdʒek'tivəti]	n. 主观性，主观主义
motif	ⒶⒷⒸⒹⒺⒻⒼⒽⒾⒿⓀⓁ	1	[məu'ti:f]	n. 主题，主旨
dwelling	ⒶⒷⒸⒹⒺⒻⒼⒽⒾⒿⓀⓁ	1	['dweliŋ]	n. 住处
housemate	ⒶⒷⒸⒹⒺⒻⒼⒽⒾⒿⓀⓁ	1	['hausmeit]	n. 住在同一房屋的人，同居者
repository	ⒶⒷⒸⒹⒺⒻⒼⒽⒾⒿⓀⓁ	1	[ri'pɔzitəri]	n. 贮藏室，仓库
contemplation	ⒶⒷⒸⒹⒺⒻⒼⒽⒾⒿⓀⓁ	1	[,kɔntem'pleiʃən]	n. 注视，沉思，打算
columnist	ⒶⒷⒸⒹⒺⒻⒼⒽⒾⒿⓀⓁ	1	['kɔləmnist]	n. 专栏作家
speciality	ⒶⒷⒸⒹⒺⒻⒼⒽⒾⒿⓀⓁ	1	[,speʃi'æliti]	n. 专长，特性
transmitter	ⒶⒷⒸⒹⒺⒻⒼⒽⒾⒿⓀⓁ	1	[trænz'mitə]	n. 转送者，传导物，发报机
shipment	ⒶⒷⒸⒹⒺⒻⒼⒽⒾⒿⓀⓁ	1	['ʃipmənt]	n. 装船，装运
ornamentation	ⒶⒷⒸⒹⒺⒻⒼⒽⒾⒿⓀⓁ	1	[,ɔ:nəmen'teiʃən]	n. 装饰
adornment	ⒶⒷⒸⒹⒺⒻⒼⒽⒾⒿⓀⓁ	1	[ə'dɔ:nmənt]	n. 装饰，装饰品
garnish	ⒶⒷⒸⒹⒺⒻⒼⒽⒾⒿⓀⓁ	1	['ga:niʃ]	n. 装饰，装饰品 v. 装饰
grandeur	ⒶⒷⒸⒹⒺⒻⒼⒽⒾⒿⓀⓁ	1	['grændʒə]	n. 壮丽，庄严，伟大
panoply	ⒶⒷⒸⒹⒺⒻⒼⒽⒾⒿⓀⓁ	1	['pænəpli]	n. 壮丽的展示，盛装，全副盔甲
sensationalism	ⒶⒷⒸⒹⒺⒻⒼⒽⒾⒿⓀⓁ	1	[sen'seiʃənəliz(ə)m]	n. 追求轰动效应，煽情主义
awl	ⒶⒷⒸⒹⒺⒻⒼⒽⒾⒿⓀⓁ	1	[ɔ:l]	n. 锥子，尖钻
eminence	ⒶⒷⒸⒹⒺⒻⒼⒽⒾⒿⓀⓁ	1	['eminəns]	n. 卓越，显赫
woodpecker	ⒶⒷⒸⒹⒺⒻⒼⒽⒾⒿⓀⓁ	1	['wudpekə]	n. 啄木鸟
capitalism	ⒶⒷⒸⒹⒺⒻⒼⒽⒾⒿⓀⓁ	1	['kæpitəlizəm]	n. 资本主义
violet	ⒶⒷⒸⒹⒺⒻⒼⒽⒾⒿⓀⓁ	1	['vaiələt]	n. 紫罗兰，紫色 a. 紫色的
ultraviolet	ⒶⒷⒸⒹⒺⒻⒼⒽⒾⒿⓀⓁ	1	[ʌltrə'vaiələt]	n. 紫外线
inferiority	ⒶⒷⒸⒹⒺⒻⒼⒽⒾⒿⓀⓁ	1	[in,fiəri'ɔriti]	n. 自卑，低劣
egotist	ⒶⒷⒸⒹⒺⒻⒼⒽⒾⒿⓀⓁ	1	['egəutist]	n. 自大者，自我中心的人
conceit	ⒶⒷⒸⒹⒺⒻⒼⒽⒾⒿⓀⓁ	1	[kən'si:t]	n. 自负，幻想
complacency	ⒶⒷⒸⒹⒺⒻⒼⒽⒾⒿⓀⓁ	1	[kəm'pleisənsi]	n. 自满
suicide	ⒶⒷⒸⒹⒺⒻⒼⒽⒾⒿⓀⓁ	1	['sjuisaid]	n. 自杀，自杀者
egoist	ⒶⒷⒸⒹⒺⒻⒼⒽⒾⒿⓀⓁ	1	['i:gəuist;'eg-]	n. 自私自利的人，自我中心的人
ego	ⒶⒷⒸⒹⒺⒻⒼⒽⒾⒿⓀⓁ	1	['i:gəu]	n. 自我，自负，自尊心
narcissist	ⒶⒷⒸⒹⒺⒻⒼⒽⒾⒿⓀⓁ	1	['na:sisist]	n. 自我陶醉者
soliloquy	ⒶⒷⒸⒹⒺⒻⒼⒽⒾⒿⓀⓁ	1	[sə'liləkwi]	n. 自言自语，独白
alphabet	ⒶⒷⒸⒹⒺⒻⒼⒽⒾⒿⓀⓁ	1	['ælfəbet]	n. 字母表
subtitle	ⒶⒷⒸⒹⒺⒻⒼⒽⒾⒿⓀⓁ	1	['sʌbtaitl]	n. 字幕，副标题 v. 加字幕
crossword	ⒶⒷⒸⒹⒺⒻⒼⒽⒾⒿⓀⓁ	1	['krɔswə:d]	n. 纵横填字字谜

单词	标记	频率	读音	词义
aisle	ⒶⒷⒸⒹⒺⒻⒼⒽⒾⒿⓀⓁ	1	[ail]	n. 走廊，侧廊
sonata	ⒶⒷⒸⒹⒺⒻⒼⒽⒾⒿⓀⓁ	1	[sə'na:tə]	n. 奏鸣曲
lease	ⒶⒷⒸⒹⒺⒻⒼⒽⒾⒿⓀⓁ	1	[li:s]	n. 租约，租期 v. 出租
bafflement	ⒶⒷⒸⒹⒺⒻⒼⒽⒾⒿⓀⓁ	1	['bæfəlmənt]	n. 阻碍，迷惑
antecedent	ⒶⒷⒸⒹⒺⒻⒼⒽⒾⒿⓀⓁ	1	[,ænti'si:dənt]	n. 祖先，先辈 a. 先行的
progenitor	ⒶⒷⒸⒹⒺⒻⒼⒽⒾⒿⓀⓁ	1	[prə'dʒenitə]	n. 祖先，先驱
culprit	ⒶⒷⒸⒹⒺⒻⒼⒽⒾⒿⓀⓁ	1	['kʌlprit]	n. 罪犯
misdeed	ⒶⒷⒸⒹⒺⒻⒼⒽⒾⒿⓀⓁ	1	['mis'di:d]	n. 罪行，犯罪
sinner	ⒶⒷⒸⒹⒺⒻⒼⒽⒾⒿⓀⓁ	1	['sinə]	n. 罪人，流氓
venerability	ⒶⒷⒸⒹⒺⒻⒼⒽⒾⒿⓀⓁ	1	[venərə'biliti]	n. 尊敬，崇敬
veneration	ⒶⒷⒸⒹⒺⒻⒼⒽⒾⒿⓀⓁ	1	[,venə'reiʃən]	n. 尊敬，崇敬，崇拜
dignity	ⒶⒷⒸⒹⒺⒻⒼⒽⒾⒿⓀⓁ	1	['digniti]	n. 尊严，高贵
plumb	ⒶⒷⒸⒹⒺⒻⒼⒽⒾⒿⓀⓁ	1	[plʌm]	v.（用铅锤）测量，探测 a. 垂直的
chortle	ⒶⒷⒸⒹⒺⒻⒼⒽⒾⒿⓀⓁ	1	['tʃɔ:tl]	v./ n. 哈哈大笑
slump	ⒶⒷⒸⒹⒺⒻⒼⒽⒾⒿⓀⓁ	1	[slʌmp]	v./n. 暴跌，猛然落下
underplay	ⒶⒷⒸⒹⒺⒻⒼⒽⒾⒿⓀⓁ	1	['ʌndə'plei]	v./n. 表演不充分，轻描淡写
refund	ⒶⒷⒸⒹⒺⒻⒼⒽⒾⒿⓀⓁ	1	[ri:'fʌnd]	v./n. 偿还，退款
gibe	ⒶⒷⒸⒹⒺⒻⒼⒽⒾⒿⓀⓁ	1	[dʒaib]	v./n. 嘲笑
overhaul	ⒶⒷⒸⒹⒺⒻⒼⒽⒾⒿⓀⓁ	1	[,əuvə'hɔ:l]	v./n. 彻底检查，大修
retreat	ⒶⒷⒸⒹⒺⒻⒼⒽⒾⒿⓀⓁ	1	[ri'tri:t]	v./n. 撤退，隐居
vaunt	ⒶⒷⒸⒹⒺⒻⒼⒽⒾⒿⓀⓁ	1	[vɔ:nt]	v./n. 吹嘘，炫耀
prod	ⒶⒷⒸⒹⒺⒻⒼⒽⒾⒿⓀⓁ	1	[prɔd]	v./n. 刺，戳，刺激
puncture	ⒶⒷⒸⒹⒺⒻⒼⒽⒾⒿⓀⓁ	1	['pʌŋktʃə]	v./n. 刺穿，刺孔
snore	ⒶⒷⒸⒹⒺⒻⒼⒽⒾⒿⓀⓁ	1	[snɔ:;snɔə]	v./n. 打鼾
yell	ⒶⒷⒸⒹⒺⒻⒼⒽⒾⒿⓀⓁ	1	[jel]	v./n. 大喊
murmur	ⒶⒷⒸⒹⒺⒻⒼⒽⒾⒿⓀⓁ	1	['mə:mə]	v./n. 低声抱怨，喃喃低语
rebuff	ⒶⒷⒸⒹⒺⒻⒼⒽⒾⒿⓀⓁ	1	[ri'bʌf]	v./n. 断然拒绝
stew	ⒶⒷⒸⒹⒺⒻⒼⒽⒾⒿⓀⓁ	1	[stju:]	v./n. 炖汤，焖
shiver	ⒶⒷⒸⒹⒺⒻⒼⒽⒾⒿⓀⓁ	1	['ʃivə]	v./n. 发抖，哆嗦，击碎
pledge	ⒶⒷⒸⒹⒺⒻⒼⒽⒾⒿⓀⓁ	1	[pledʒ]	v./n. 发誓，保证，抵押
fret	ⒶⒷⒸⒹⒺⒻⒼⒽⒾⒿⓀⓁ	1	[fret]	v./n. 烦躁，焦虑，担心
blockade	ⒶⒷⒸⒹⒺⒻⒼⒽⒾⒿⓀⓁ	1	[blɔ'keid]	v./n. 封锁
rot	ⒶⒷⒸⒹⒺⒻⒼⒽⒾⒿⓀⓁ	1	[rɔt]	v./n. 腐烂，腐败
giggle	ⒶⒷⒸⒹⒺⒻⒼⒽⒾⒿⓀⓁ	1	['gigl]	v./n. 咯咯笑
mutter	ⒶⒷⒸⒹⒺⒻⒼⒽⒾⒿⓀⓁ	1	['mʌtə]	v./n. 咕哝，低语，抱怨
traverse	ⒶⒷⒸⒹⒺⒻⒼⒽⒾⒿⓀⓁ	1	['trævə(:)s]	v./n. 横渡，横越
snarl	ⒶⒷⒸⒹⒺⒻⒼⒽⒾⒿⓀⓁ	1	[sna:l]	v./n. 吼叫，咆哮，混乱，纠缠
shriek	ⒶⒷⒸⒹⒺⒻⒼⒽⒾⒿⓀⓁ	1	[ʃri:k]	v./n. 尖叫
splash	ⒶⒷⒸⒹⒺⒻⒼⒽⒾⒿⓀⓁ	1	[splæʃ]	v./n. 溅，飞溅
stampede	ⒶⒷⒸⒹⒺⒻⒼⒽⒾⒿⓀⓁ	1	[stæm'pi:d]	v./n. 惊逃，蜂拥

单词	标记	频率	读音	词义
relapse	ⒶⒷⒸⒹⒺⒻⒼⒽⒾⒿⓀⓁ	1	[ri'læps]	v./n. 旧病复发，再陷入
duel	ⒶⒷⒸⒹⒺⒻⒼⒽⒾⒿⓀⓁ	1	['dju(:)əl]	v./n. 决斗
wilt	ⒶⒷⒸⒹⒺⒻⒼⒽⒾⒿⓀⓁ	1	[wilt]	v./n. 枯萎，萎靡不振
regale	ⒶⒷⒸⒹⒺⒻⒼⒽⒾⒿⓀⓁ	1	[ri'geil]	v./n. 款待，宴请
peep	ⒶⒷⒸⒹⒺⒻⒼⒽⒾⒿⓀⓁ	1	[pi:p]	v./n. 窥视，偷看，初现
plow	ⒶⒷⒸⒹⒺⒻⒼⒽⒾⒿⓀⓁ	1	[plau]	v./n. 犁，耕地，费力通过
grin	ⒶⒷⒸⒹⒺⒻⒼⒽⒾⒿⓀⓁ	1	[grin]	v./n. 露齿笑
rape	ⒶⒷⒸⒹⒺⒻⒼⒽⒾⒿⓀⓁ	1	[reip]	v./n. 掠夺，强奸
ramble	ⒶⒷⒸⒹⒺⒻⒼⒽⒾⒿⓀⓁ	1	['ræmbl]	v./n. 漫步，闲逛，漫谈
slash	ⒶⒷⒸⒹⒺⒻⒼⒽⒾⒿⓀⓁ	1	[slæʃ]	v./n. 猛砍，割开 n. 斜线，沼泽
writhe	ⒶⒷⒸⒹⒺⒻⒼⒽⒾⒿⓀⓁ	1	[raið]	v./n. 扭动，挣扎，受苦
clamber	ⒶⒷⒸⒹⒺⒻⒼⒽⒾⒿⓀⓁ	1	['klæmbə]	v./n. 攀登，爬上
sanction	ⒶⒷⒸⒹⒺⒻⒼⒽⒾⒿⓀⓁ	1	['sæŋkʃən]	v./n. 批准，支持
fracture	ⒶⒷⒸⒹⒺⒻⒼⒽⒾⒿⓀⓁ	1	['fræktʃə]	v./n. 破碎，骨折
lurk	ⒶⒷⒸⒹⒺⒻⒼⒽⒾⒿⓀⓁ	1	[lə:k]	v./n. 潜伏，隐藏
snicker	ⒶⒷⒸⒹⒺⒻⒼⒽⒾⒿⓀⓁ	1	['snikə]	v./n. 窃笑
glisten	ⒶⒷⒸⒹⒺⒻⒼⒽⒾⒿⓀⓁ	1	[glisn]	v./n. 闪光，闪耀
glint	ⒶⒷⒸⒹⒺⒻⒼⒽⒾⒿⓀⓁ	1	[glint]	v./n. 闪耀
scorch	ⒶⒷⒸⒹⒺⒻⒼⒽⒾⒿⓀⓁ	1	[skɔ:tʃ]	v./n. 烧焦
tarnish	ⒶⒷⒸⒹⒺⒻⒼⒽⒾⒿⓀⓁ	1	['ta:niʃ]	v./n. 使失去光泽，玷污
sneak	ⒶⒷⒸⒹⒺⒻⒼⒽⒾⒿⓀⓁ	1	[sni:k]	v./n. 偷偷地做，溜走
plunge	ⒶⒷⒸⒹⒺⒻⒼⒽⒾⒿⓀⓁ	1	[plʌndʒ]	v./n. 投入，跳入，全神贯注
swerve	ⒶⒷⒸⒹⒺⒻⒼⒽⒾⒿⓀⓁ	1	[swə:v]	v./n. 突然转向，转弯
jostle	ⒶⒷⒸⒹⒺⒻⒼⒽⒾⒿⓀⓁ	1	['dʒɔsl]	v./n. 推，推挤，争夺
ebb	ⒶⒷⒸⒹⒺⒻⒼⒽⒾⒿⓀⓁ	1	[eb]	v./n. 退潮，衰落
grip	ⒶⒷⒸⒹⒺⒻⒼⒽⒾⒿⓀⓁ	1	[grip]	v./n. 握紧，抓牢
sag	ⒶⒷⒸⒹⒺⒻⒼⒽⒾⒿⓀⓁ	1	[sæg]	v./n. 下垂，消沉，下跌
swear	ⒶⒷⒸⒹⒺⒻⒼⒽⒾⒿⓀⓁ	1	[sweə]	v./n. 宣誓，发誓，咒骂
retard	ⒶⒷⒸⒹⒺⒻⒼⒽⒾⒿⓀⓁ	1	[ri'ta:d]	v./n. 延迟，妨碍，减速
wag	ⒶⒷⒸⒹⒺⒻⒼⒽⒾⒿⓀⓁ	1	[wæg]	v./n. 摇摆，幽默的人
dangle	ⒶⒷⒸⒹⒺⒻⒼⒽⒾⒿⓀⓁ	1	['dæŋgl]	v./n. 摇晃，摇摆，悬挂
cuddle	ⒶⒷⒸⒹⒺⒻⒼⒽⒾⒿⓀⓁ	1	['kʌdl]	v./n. 拥抱，搂抱
haul	ⒶⒷⒸⒹⒺⒻⒼⒽⒾⒿⓀⓁ	1	[hɔ:l]	v./n. 用力拖，搬运
tryst	ⒶⒷⒸⒹⒺⒻⒼⒽⒾⒿⓀⓁ	1	[traist;trist]	v./n. 幽会，约会
wink	ⒶⒷⒸⒹⒺⒻⒼⒽⒾⒿⓀⓁ	1	[wiŋk]	v./n. 眨眼，闪烁，使眼色
shudder	ⒶⒷⒸⒹⒺⒻⒼⒽⒾⒿⓀⓁ	1	['ʃʌdə]	v./n. 战栗，发抖
balk	ⒶⒷⒸⒹⒺⒻⒼⒽⒾⒿⓀⓁ	1	[bɔ:lk]	v./n. 障碍，阻止，拒绝前进
query	ⒶⒷⒸⒹⒺⒻⒼⒽⒾⒿⓀⓁ	1	['kwiəri]	v./n. 质问，疑问
choke	ⒶⒷⒸⒹⒺⒻⒼⒽⒾⒿⓀⓁ	1	[tʃəuk]	v./n. 窒息，阻塞
recast	ⒶⒷⒸⒹⒺⒻⒼⒽⒾⒿⓀⓁ	1	['ri:'ka:st]	v./n. 重铸，改变角色，改写

单词	标记	频率	读音	词义
peck	ⒶⒷⒸⒹⒺⒻⒼⒽⒾⒿⓀⓁ	1	[pek]	v./n. 啄，小口地吃
stunt	ⒶⒷⒸⒹⒺⒻⒼⒽⒾⒿⓀⓁ	1	[stʌnt]	v./n. 阻碍成长，表演特技
mourn	ⒶⒷⒸⒹⒺⒻⒼⒽⒾⒿⓀⓁ	1	[mɔ:n]	v. 哀悼，忧伤，服丧
mollify	ⒶⒷⒸⒹⒺⒻⒼⒽⒾⒿⓀⓁ	1	['mɔlifai]	v. 安慰，平息
posit	ⒶⒷⒸⒹⒺⒻⒼⒽⒾⒿⓀⓁ	1	['pɔzit]	v. 安置，假定，断定
insinuate	ⒶⒷⒸⒹⒺⒻⒼⒽⒾⒿⓀⓁ	1	[in'sinjueit]	v. 暗示，旁敲侧击地说
allude	ⒶⒷⒸⒹⒺⒻⒼⒽⒾⒿⓀⓁ	1	[ə'lju:d]	v. 暗指，间接提到
depose	ⒶⒷⒸⒹⒺⒻⒼⒽⒾⒿⓀⓁ	1	[di'pəuz]	v. 罢免，作证
clown	ⒶⒷⒸⒹⒺⒻⒼⒽⒾⒿⓀⓁ	1	[klaun]	v. 扮小丑，胡闹 n. 小丑
recite	ⒶⒷⒸⒹⒺⒻⒼⒽⒾⒿⓀⓁ	1	[ri'sait]	v. 背诵，朗读，叙述
bustle	ⒶⒷⒸⒹⒺⒻⒼⒽⒾⒿⓀⓁ	1	['bʌsl]	v. 奔忙，催促 n. 喧嚣，匆忙
outshine	ⒶⒷⒸⒹⒺⒻⒼⒽⒾⒿⓀⓁ	1	[aut'ʃain]	v. 比…亮，优于
eschew	ⒶⒷⒸⒹⒺⒻⒼⒽⒾⒿⓀⓁ	1	[is'tʃu:]	v. 避开，回避
demean	ⒶⒷⒸⒹⒺⒻⒼⒽⒾⒿⓀⓁ	1	[di'mi:n]	v. 贬低（身份），降低
degrade	ⒶⒷⒸⒹⒺⒻⒼⒽⒾⒿⓀⓁ	1	[di'greid]	v. 贬低，降级，降解
depreciate	ⒶⒷⒸⒹⒺⒻⒼⒽⒾⒿⓀⓁ	1	[di'pri:ʃieit]	v. 贬值，降价，轻视
relent	ⒶⒷⒸⒹⒺⒻⒼⒽⒾⒿⓀⓁ	1	[ri'lent]	v. 变温和，发慈悲，缓和
suffuse	ⒶⒷⒸⒹⒺⒻⒼⒽⒾⒿⓀⓁ	1	[sə'fju:z]	v. 遍布，弥漫，充满
playact	ⒶⒷⒸⒹⒺⒻⒼⒽⒾⒿⓀⓁ	1	['pleiækt]	v. 表演
juxtapose	ⒶⒷⒸⒹⒺⒻⒼⒽⒾⒿⓀⓁ	1	['dʒʌkstəpəuz]	v. 并置，并列
dispossess	ⒶⒷⒸⒹⒺⒻⒼⒽⒾⒿⓀⓁ	1	[ˌdispə'zes]	v. 剥夺，逐出
denude	ⒶⒷⒸⒹⒺⒻⒼⒽⒾⒿⓀⓁ	1	[di'nju:d]	v. 剥光，剥蚀
replenish	ⒶⒷⒸⒹⒺⒻⒼⒽⒾⒿⓀⓁ	1	[ri'pleniʃ]	v. 补充，再装满
preach	ⒶⒷⒸⒹⒺⒻⒼⒽⒾⒿⓀⓁ	1	[pri:tʃ]	v. 布道，宣扬
furnish	ⒶⒷⒸⒹⒺⒻⒼⒽⒾⒿⓀⓁ	1	['fə:niʃ]	v. 布置，装备，提供
tread	ⒶⒷⒸⒹⒺⒻⒼⒽⒾⒿⓀⓁ	1	[tred]	v. 踩，践踏，行走 n. 脚步声
embed	ⒶⒷⒸⒹⒺⒻⒼⒽⒾⒿⓀⓁ	1	[im'bed]	v. 插入，嵌入
brake	ⒶⒷⒸⒹⒺⒻⒼⒽⒾⒿⓀⓁ	1	[breik]	v. 刹车，减速 n. 刹车，制动器
jibe	ⒶⒷⒸⒹⒺⒻⒼⒽⒾⒿⓀⓁ	1	[dʒaib]	v. 嘲笑，使一致
twit	ⒶⒷⒸⒹⒺⒻⒼⒽⒾⒿⓀⓁ	1	[twit]	v. 嘲笑 n. 傻瓜
rip	ⒶⒷⒸⒹⒺⒻⒼⒽⒾⒿⓀⓁ	1	[rip]	v. 扯破，撕坏 n. 裂口，裂缝
meditate	ⒶⒷⒸⒹⒺⒻⒼⒽⒾⒿⓀⓁ	1	['mediteit]	v. 沉思，打算，考虑
ponder	ⒶⒷⒸⒹⒺⒻⒼⒽⒾⒿⓀⓁ	1	['pɔndə]	v. 沉思，考虑
eulogize	ⒶⒷⒸⒹⒺⒻⒼⒽⒾⒿⓀⓁ	1	['ju:lədʒaiz]	v. 称赞，颂扬
commend	ⒶⒷⒸⒹⒺⒻⒼⒽⒾⒿⓀⓁ	1	[kə'mend]	v. 称赞，推荐
embark	ⒶⒷⒸⒹⒺⒻⒼⒽⒾⒿⓀⓁ	1	[im'ba:k]	v. 乘船，上飞机，从事
bid	ⒶⒷⒸⒹⒺⒻⒼⒽⒾⒿⓀⓁ	1	[bid]	v. 出价，投标 n. 投标，企图
tackle	ⒶⒷⒸⒹⒺⒻⒼⒽⒾⒿⓀⓁ	1	['tækl]	v. 处理，对付，阻截 n. 索具，滑车
infect	ⒶⒷⒸⒹⒺⒻⒼⒽⒾⒿⓀⓁ	1	[in'fekt]	v. 传染，感染，使受影响
whistle	ⒶⒷⒸⒹⒺⒻⒼⒽⒾⒿⓀⓁ	1	[(h)wisl]	v. 吹口哨，鸣笛 n. 哨子

单词	标记	频率	读音	词义
winnow	ⒶⒷⒸⒹⒺⒻⒼⒽⒾⒿⓀⓁ	1	['winəu]	v. 吹去糠皮，扬谷，精选
vouchsafe	ⒶⒷⒸⒹⒺⒻⒼⒽⒾⒿⓀⓁ	1	[vautʃ'seif]	v. 赐予
hasten	ⒶⒷⒸⒹⒺⒻⒼⒽⒾⒿⓀⓁ	1	['heisn]	v. 催促，加速，促进
mug	ⒶⒷⒸⒹⒺⒻⒼⒽⒾⒿⓀⓁ	1	[mʌg]	v. 打劫 n. 杯子
chomp	ⒶⒷⒸⒹⒺⒻⒼⒽⒾⒿⓀⓁ	1	[tʃɔmp]	v. 大声地咀嚼，反复咀嚼
supercede	ⒶⒷⒸⒹⒺⒻⒼⒽⒾⒿⓀⓁ	1	[ˌsju:pə'si:d]	v. 代替，取代
supersede	ⒶⒷⒸⒹⒺⒻⒼⒽⒾⒿⓀⓁ	1	[ˌsju:pə'si:d]	v. 代替，取代，淘汰
pilfer	ⒶⒷⒸⒹⒺⒻⒼⒽⒾⒿⓀⓁ	1	['pilfə]	v. 盗窃
kindle	ⒶⒷⒸⒹⒺⒻⒼⒽⒾⒿⓀⓁ	1	['kindl]	v. 点燃，照亮
blemish	ⒶⒷⒸⒹⒺⒻⒼⒽⒾⒿⓀⓁ	1	['blemiʃ]	v. 玷污，损害 n. 瑕疵，污点
wither	ⒶⒷⒸⒹⒺⒻⒼⒽⒾⒿⓀⓁ	1	['wiðə]	v. 凋谢，枯萎
wean	ⒶⒷⒸⒹⒺⒻⒼⒽⒾⒿⓀⓁ	1	[wi:n]	v. 断奶，戒掉，放弃
despoil	ⒶⒷⒸⒹⒺⒻⒼⒽⒾⒿⓀⓁ	1	[dis'pɔil]	v. 夺取，掠夺
vocalize	ⒶⒷⒸⒹⒺⒻⒼⒽⒾⒿⓀⓁ	1	['vəukəlaiz]	v. 发声
wreak	ⒶⒷⒸⒹⒺⒻⒼⒽⒾⒿⓀⓁ	1	[ri:k]	v. 发泄怒火，报仇
germinate	ⒶⒷⒸⒹⒺⒻⒼⒽⒾⒿⓀⓁ	1	['dʒə:mineit]	v. 发芽，使生长
goof	ⒶⒷⒸⒹⒺⒻⒼⒽⒾⒿⓀⓁ	1	[gu:f]	v. 犯错误，做蠢事 n. 傻瓜，失误
blunder	ⒶⒷⒸⒹⒺⒻⒼⒽⒾⒿⓀⓁ	1	['blʌndə]	v. 犯大错，绊倒 n. 大错
stymie	ⒶⒷⒸⒹⒺⒻⒼⒽⒾⒿⓀⓁ	1	['staimi]	v. 妨碍，阻挠
hamper	ⒶⒷⒸⒹⒺⒻⒼⒽⒾⒿⓀⓁ	1	['hæmpə]	v. 妨碍，阻止 n. 大篮子
misplace	ⒶⒷⒸⒹⒺⒻⒼⒽⒾⒿⓀⓁ	1	['mis'pleis]	v. 放错地方，错放
magnify	ⒶⒷⒸⒹⒺⒻⒼⒽⒾⒿⓀⓁ	1	['mægnifai]	v. 放大，夸大，赞美
broaden	ⒶⒷⒸⒹⒺⒻⒼⒽⒾⒿⓀⓁ	1	['brɔ:dn]	v. 放宽，扩大
graze	ⒶⒷⒸⒹⒺⒻⒼⒽⒾⒿⓀⓁ	1	[greiz]	v. 放牧，吃草，擦伤
relinquish	ⒶⒷⒸⒹⒺⒻⒼⒽⒾⒿⓀⓁ	1	[ri'liŋkwiʃ]	v. 放弃，放手
forego	ⒶⒷⒸⒹⒺⒻⒼⒽⒾⒿⓀⓁ	1	[fɔ:'gəu]	v. 放弃，在…之前，领先
recant	ⒶⒷⒸⒹⒺⒻⒼⒽⒾⒿⓀⓁ	1	[ri'kænt]	v. 放弃信仰，撤回声明
defame	ⒶⒷⒸⒹⒺⒻⒼⒽⒾⒿⓀⓁ	1	[di'feim]	v. 诽谤，中伤
seethe	ⒶⒷⒸⒹⒺⒻⒼⒽⒾⒿⓀⓁ	1	[si:ð]	v. 沸腾，起泡，大怒
categorize	ⒶⒷⒸⒹⒺⒻⒼⒽⒾⒿⓀⓁ	1	['kætigəraiz]	v. 分类
allot	ⒶⒷⒸⒹⒺⒻⒼⒽⒾⒿⓀⓁ	1	[ə'lɔt]	v. 分配，分发
diverge	ⒶⒷⒸⒹⒺⒻⒼⒽⒾⒿⓀⓁ	1	[dai'və:dʒ]	v. 分歧，分叉，离题
enjoin	ⒶⒷⒸⒹⒺⒻⒼⒽⒾⒿⓀⓁ	1	[in'dʒɔin]	v. 吩咐，命令，禁止
fawn	ⒶⒷⒸⒹⒺⒻⒼⒽⒾⒿⓀⓁ	1	[fɔ:n]	v. 奉承，讨好
consecrate	ⒶⒷⒸⒹⒺⒻⒼⒽⒾⒿⓀⓁ	1	['kɔnsikreit]	v. 奉献，使神圣，视为神圣
incubate	ⒶⒷⒸⒹⒺⒻⒼⒽⒾⒿⓀⓁ	1	['inkjubeit]	v. 孵卵，逐渐发展，酝酿
decompose	ⒶⒷⒸⒹⒺⒻⒼⒽⒾⒿⓀⓁ	1	[ˌdi:kəm'pəuz]	v. 腐烂，分解
avenge	ⒶⒷⒸⒹⒺⒻⒼⒽⒾⒿⓀⓁ	1	[ə'vendʒ]	v. 复仇
ameliorate	ⒶⒷⒸⒹⒺⒻⒼⒽⒾⒿⓀⓁ	1	[ə'mi:ljəreit]	v. 改善，改进
segregate	ⒶⒷⒸⒹⒺⒻⒼⒽⒾⒿⓀⓁ	1	['segrigeit]	v. 隔离，分离

单词	标记	频率	读音	词义
tog	ⒶⒷⒸⒹⒺⒻⒼⒽⒾⒿⓀⓁ	1	[tɔg]	v. 给穿上 n. 衣服
bestow	ⒶⒷⒸⒹⒺⒻⒼⒽⒾⒿⓀⓁ	1	[bi'stəu]	v. 给予，赠送，利用
assail	ⒶⒷⒸⒹⒺⒻⒼⒽⒾⒿⓀⓁ	1	[ə'seil]	v. 攻击，责骂，使苦恼
resonate	ⒶⒷⒸⒹⒺⒻⒼⒽⒾⒿⓀⓁ	1	['rezəneit]	v. 共鸣，共振
cabal	ⒶⒷⒸⒹⒺⒻⒼⒽⒾⒿⓀⓁ	1	[kə'bæl]	v. 共谋 n. 徒党，阴谋
pander	ⒶⒷⒸⒹⒺⒻⒼⒽⒾⒿⓀⓁ	1	['pændə]	v. 勾引，拉皮条，迎合 n. 拉皮条者
seduce	ⒶⒷⒸⒹⒺⒻⒼⒽⒾⒿⓀⓁ	1	[si'dju:s]	v. 勾引，引诱，怂恿
immobilize	ⒶⒷⒸⒹⒺⒻⒼⒽⒾⒿⓀⓁ	1	[i'məubilaiz]	v. 固定，使固定
rivet	ⒶⒷⒸⒹⒺⒻⒼⒽⒾⒿⓀⓁ	1	['rivit]	v. 固定，吸引 n. 铆钉
outgrow	ⒶⒷⒸⒹⒺⒻⒼⒽⒾⒿⓀⓁ	1	[aut'grəu]	v. 过度成长，长得比…快
overcrowd	ⒶⒷⒸⒹⒺⒻⒼⒽⒾⒿⓀⓁ	1	[ˌəuvə'kraud]	v. 过度拥挤
navigate	ⒶⒷⒸⒹⒺⒻⒼⒽⒾⒿⓀⓁ	1	['nævigeit]	v. 航行，航海，驾驶
deplete	ⒶⒷⒸⒹⒺⒻⒼⒽⒾⒿⓀⓁ	1	[di'pli:t]	v. 耗尽，用光
consolidate	ⒶⒷⒸⒹⒺⒻⒼⒽⒾⒿⓀⓁ	1	[kən'sɔlideit]	v. 合并，统一，巩固
cooperate	ⒶⒷⒸⒹⒺⒻⒼⒽⒾⒿⓀⓁ	1	[kəu'ɔpəreit]	v. 合作，协作
parch	ⒶⒷⒸⒹⒺⒻⒼⒽⒾⒿⓀⓁ	1	[pa:tʃ]	v. 烘干，烘烤，烤焦
recede	ⒶⒷⒸⒹⒺⒻⒼⒽⒾⒿⓀⓁ	1	[ri'si:d]	v. 后退，收回
snort	ⒶⒷⒸⒹⒺⒻⒼⒽⒾⒿⓀⓁ	1	[snɔ:t]	v. 呼哧声，哼了一声
exclaim	ⒶⒷⒸⒹⒺⒻⒼⒽⒾⒿⓀⓁ	1	[iks'kleim]	v. 呼喊，惊叫，大叫
blather	ⒶⒷⒸⒹⒺⒻⒼⒽⒾⒿⓀⓁ	1	['blæðə]	v. 胡说 n. 废话，胡说
reciprocate	ⒶⒷⒸⒹⒺⒻⒼⒽⒾⒿⓀⓁ	1	[ri'siprəkeit]	v. 互换，报答，往复运动
grandstand	ⒶⒷⒸⒹⒺⒻⒼⒽⒾⒿⓀⓁ	1	['grændstænd]	v. 哗众取宠 n. 正面看台
slither	ⒶⒷⒸⒹⒺⒻⒼⒽⒾⒿⓀⓁ	1	['sliðə]	v. 滑行，滑动
awaken	ⒶⒷⒸⒹⒺⒻⒼⒽⒾⒿⓀⓁ	1	[ə'weikən]	v. 唤醒，醒来
dilapidate	ⒶⒷⒸⒹⒺⒻⒼⒽⒾⒿⓀⓁ	1	[di'læpi,deit]	v. 荒废，毁坏
refresh	ⒶⒷⒸⒹⒺⒻⒼⒽⒾⒿⓀⓁ	1	[ri'freʃ]	v. 恢复精神
revert	ⒶⒷⒸⒹⒺⒻⒼⒽⒾⒿⓀⓁ	1	[ri'və:t]	v. 回复，恢复，归还
recollect	ⒶⒷⒸⒹⒺⒻⒼⒽⒾⒿⓀⓁ	1	[ˌrekə'lekt]	v. 回忆，回想，忆起
unmake	ⒶⒷⒸⒹⒺⒻⒼⒽⒾⒿⓀⓁ	1	['ʌn'meik]	v. 毁坏，废除，使变质
demolish	ⒶⒷⒸⒹⒺⒻⒼⒽⒾⒿⓀⓁ	1	[di'mɔliʃ]	v. 毁坏，推翻，拆除
laze	ⒶⒷⒸⒹⒺⒻⒼⒽⒾⒿⓀⓁ	1	[leiz]	v. 混日子，懒散
jumble	ⒶⒷⒸⒹⒺⒻⒼⒽⒾⒿⓀⓁ	1	['dʒʌmbl]	v. 混杂，搞乱 n. 混乱
extemporize	ⒶⒷⒸⒹⒺⒻⒼⒽⒾⒿⓀⓁ	1	[ik'stempəraiz]	v. 即兴演讲
centralize	ⒶⒷⒸⒹⒺⒻⒼⒽⒾⒿⓀⓁ	1	['sentrəlaiz]	v. 集聚，集中
reckon	ⒶⒷⒸⒹⒺⒻⒼⒽⒾⒿⓀⓁ	1	['rekən]	v. 计算，估计，认为
redouble	ⒶⒷⒸⒹⒺⒻⒼⒽⒾⒿⓀⓁ	1	[ri'dʌbl]	v. 加倍，重复
underpin	ⒶⒷⒸⒹⒺⒻⒼⒽⒾⒿⓀⓁ	1	[ˌʌndə'pin]	v. 加固，支撑，支持
postulate	ⒶⒷⒸⒹⒺⒻⒼⒽⒾⒿⓀⓁ	1	['pɔstjuleit]	v. 假定，要求 n. 假定，基本条件
oversee	ⒶⒷⒸⒹⒺⒻⒼⒽⒾⒿⓀⓁ	1	['əuvə'si:]	v. 监督，监管
lessen	ⒶⒷⒸⒹⒺⒻⒼⒽⒾⒿⓀⓁ	1	['lesn]	v. 减少，缩小

单词	标记	频率	读音	词义
sidetrack	ⒶⒷⒸⒹⒺⒻⒼⒽⒾⒿⓀⓁ	1	['saidtræk]	v. 降到次要位置，转换话题 n.（铁路）侧线
alternate	ⒶⒷⒸⒹⒺⒻⒼⒽⒾⒿⓀⓁ	1	[ɔ:l'tə:nit]	v. 交替，轮流 a. 交替的，间隔的
coddle	ⒶⒷⒸⒹⒺⒻⒼⒽⒾⒿⓀⓁ	1	['kɔd(ə)l]	v. 娇养，溺爱
hoot	ⒶⒷⒸⒹⒺⒻⒼⒽⒾⒿⓀⓁ	1	[hu:t;hut]	v. 叫嚣，起哄 n. 鸣笛声
unveil	ⒶⒷⒸⒹⒺⒻⒼⒽⒾⒿⓀⓁ	1	[ʌn'veil]	v. 揭开，揭开面纱
economize	ⒶⒷⒸⒹⒺⒻⒼⒽⒾⒿⓀⓁ	1	[i(:)'kɔnəmaiz]	v. 节省，有效地利用
maraud	ⒶⒷⒸⒹⒺⒻⒼⒽⒾⒿⓀⓁ	1	[mə'rɔ:d]	v. 劫掠，掠夺
disarm	ⒶⒷⒸⒹⒺⒻⒼⒽⒾⒿⓀⓁ	1	[dis'a:m;diz-]	v. 解除武装，缓和
unravel	ⒶⒷⒸⒹⒺⒻⒼⒽⒾⒿⓀⓁ	1	[ʌn'rævəl]	v. 解开，阐明
loosen	ⒶⒷⒸⒹⒺⒻⒼⒽⒾⒿⓀⓁ	1	['lu:sn]	v. 解开，放松，松开
disengage	ⒶⒷⒸⒹⒺⒻⒼⒽⒾⒿⓀⓁ	1	['disin'geidʒ]	v. 解开，解除，使脱离
untie	ⒶⒷⒸⒹⒺⒻⒼⒽⒾⒿⓀⓁ	1	['ʌn'tai]	v. 解开，松开
unfetter	ⒶⒷⒸⒹⒺⒻⒼⒽⒾⒿⓀⓁ	1	['ʌn'fetə]	v. 解开脚链，释放，使自由
unbutton	ⒶⒷⒸⒹⒺⒻⒼⒽⒾⒿⓀⓁ	1	['ʌn'bʌtn]	v. 解开纽扣
decode	ⒶⒷⒸⒹⒺⒻⒼⒽⒾⒿⓀⓁ	1	[ˌdi:'kəud]	v. 解码，破解
exalt	ⒶⒷⒸⒹⒺⒻⒼⒽⒾⒿⓀⓁ	1	[ig'zɔ:lt;eg-]	v. 晋升，赞扬
submerge	ⒶⒷⒸⒹⒺⒻⒼⒽⒾⒿⓀⓁ	1	[səb'mə:dʒ]	v. 浸没，淹没，潜入水中
souse	ⒶⒷⒸⒹⒺⒻⒼⒽⒾⒿⓀⓁ	1	[saus]	v. 浸泡，腌制
undergo	ⒶⒷⒸⒹⒺⒻⒼⒽⒾⒿⓀⓁ	1	[ˌʌndə'gəu]	v. 经历，遭受
converge	ⒶⒷⒸⒹⒺⒻⒼⒽⒾⒿⓀⓁ	1	[kən'və:dʒ]	v. 聚合，集中
endow	ⒶⒷⒸⒹⒺⒻⒼⒽⒾⒿⓀⓁ	1	[in'dau]	v. 捐赠，赋予
chop	ⒶⒷⒸⒹⒺⒻⒼⒽⒾⒿⓀⓁ	1	[tʃɔp]	v. 砍，劈，斩
remonstrate	ⒶⒷⒸⒹⒺⒻⒼⒽⒾⒿⓀⓁ	1	[riˈmɔnstreit]	v. 抗议
sear	ⒶⒷⒸⒹⒺⒻⒼⒽⒾⒿⓀⓁ	1	[siə]	v. 烤焦，使枯萎 a. 烤焦的，枯萎的
recline	ⒶⒷⒸⒹⒺⒻⒼⒽⒾⒿⓀⓁ	1	[ri'klain]	v. 靠在，斜倚，依赖
aspire	ⒶⒷⒸⒹⒺⒻⒼⒽⒾⒿⓀⓁ	1	[əs'paiə]	v. 渴望，有志于
surmount	ⒶⒷⒸⒹⒺⒻⒼⒽⒾⒿⓀⓁ	1	[sə:'maunt]	v. 克服，越过，登上最高点
beseech	ⒶⒷⒸⒹⒺⒻⒼⒽⒾⒿⓀⓁ	1	[bi'si:tʃ]	v. 恳求，祈求
entreat	ⒶⒷⒸⒹⒺⒻⒼⒽⒾⒿⓀⓁ	1	[in'tri:t]	v. 恳求，乞求
solicit	ⒶⒷⒸⒹⒺⒻⒼⒽⒾⒿⓀⓁ	1	[sə'lisit]	v. 恳求，征求，诱惑
dictate	ⒶⒷⒸⒹⒺⒻⒼⒽⒾⒿⓀⓁ	1	[dik'teit]	v. 口述，听写，命令
detain	ⒶⒷⒸⒹⒺⒻⒼⒽⒾⒿⓀⓁ	1	[di'tein]	v. 扣留，耽搁
rhapsodize	ⒶⒷⒸⒹⒺⒻⒼⒽⒾⒿⓀⓁ	1	['ræpsədaiz]	v. 狂热地说，过分赞美
pry	ⒶⒷⒸⒹⒺⒻⒼⒽⒾⒿⓀⓁ	1	[prai]	v. 窥探，打听，撬动 n. 杠杆
bind	ⒶⒷⒸⒹⒺⒻⒼⒽⒾⒿⓀⓁ	1	[baind]	v. 捆绑，约束
distend	ⒶⒷⒸⒹⒺⒻⒼⒽⒾⒿⓀⓁ	1	[dis'tend]	v. 扩大，扩张，膨胀
dilate	ⒶⒷⒸⒹⒺⒻⒼⒽⒾⒿⓀⓁ	1	[dai'leit]	v. 扩大，膨胀，详述
intercept	ⒶⒷⒸⒹⒺⒻⒼⒽⒾⒿⓀⓁ	1	[ˌintə'sept]	v. 拦截，阻止 n. 截距
gorge	ⒶⒷⒸⒹⒺⒻⒼⒽⒾⒿⓀⓁ	1	[gɔ:dʒ]	v. 狼吞虎咽 n. 峡谷，咽喉
romanticize	ⒶⒷⒸⒹⒺⒻⒼⒽⒾⒿⓀⓁ	1	[rə'mæntisaiz]	v. 浪漫化

单词	标记	频率	读音	词义
behoove	ⒶⒷⒸⒹⒺⒻⒼⒽⒾⒿⓀⓁ	1	[bi'həuv]	v. 理应，有必要
legislate	ⒶⒷⒸⒹⒺⒻⒼⒽⒾⒿⓀⓁ	1	['ledʒis,leit]	v. 立法，以法律程序创立
blush	ⒶⒷⒸⒹⒺⒻⒼⒽⒾⒿⓀⓁ	1	[blʌʃ]	v. 脸红，羞愧 n. 脸红
abort	ⒶⒷⒸⒹⒺⒻⒼⒽⒾⒿⓀⓁ	1	[ə'bɔ:t]	v. 流产，堕胎，中止
rove	ⒶⒷⒸⒹⒺⒻⒼⒽⒾⒿⓀⓁ	1	[rəuv]	v. 流浪，漂泊，环顾
solemnize	ⒶⒷⒸⒹⒺⒻⒼⒽⒾⒿⓀⓁ	1	['sɔləmnaiz]	v. 隆重地庆祝，使庄严
leak	ⒶⒷⒸⒹⒺⒻⒼⒽⒾⒿⓀⓁ	1	[li:k]	v. 漏，泄露 n. 漏洞，裂缝
skim	ⒶⒷⒸⒹⒺⒻⒼⒽⒾⒿⓀⓁ	1	[skim]	v. 略读，掠过，撇去
inter	ⒶⒷⒸⒹⒺⒻⒼⒽⒾⒿⓀⓁ	1	[in'tə:]	v. 埋葬
decimate	ⒶⒷⒸⒹⒺⒻⒼⒽⒾⒿⓀⓁ	1	['desimeit]	v. 每十人杀一人，大量杀死
sprout	ⒶⒷⒸⒹⒺⒻⒼⒽⒾⒿⓀⓁ	1	[spraut]	v. 萌芽，迅速成长 n. 芽
pervade	ⒶⒷⒸⒹⒺⒻⒼⒽⒾⒿⓀⓁ	1	[pə(:)'veid]	v. 弥漫，遍及，漫延
enthrall	ⒶⒷⒸⒹⒺⒻⒼⒽⒾⒿⓀⓁ	1	[in'θrɔ:l]	v. 迷住，奴役
exonerate	ⒶⒷⒸⒹⒺⒻⒼⒽⒾⒿⓀⓁ	1	[ig'zɔnəreit]	v. 免除责任，证明无罪
limn	ⒶⒷⒸⒹⒺⒻⒼⒽⒾⒿⓀⓁ	1	[lim]	v. 描写，描绘
canvass	ⒶⒷⒸⒹⒺⒻⒼⒽⒾⒿⓀⓁ	1	['kænvəs]	v. 民意调查，拉选票，仔细检查
whet	ⒶⒷⒸⒹⒺⒻⒼⒽⒾⒿⓀⓁ	1	[(h)wet]	v. 磨（刀），刺激 n. 磨，开胃物
chasten	ⒶⒷⒸⒹⒺⒻⒼⒽⒾⒿⓀⓁ	1	['tʃeisn]	v. 磨炼，改正，斥责
grate	ⒶⒷⒸⒹⒺⒻⒼⒽⒾⒿⓀⓁ	1	[greit]	v. 磨碎，使气恼 n. 栅栏，壁炉
acquiesce	ⒶⒷⒸⒹⒺⒻⒼⒽⒾⒿⓀⓁ	1	[,ækwi'es]	v. 默许，勉强同意
personify	ⒶⒷⒸⒹⒺⒻⒼⒽⒾⒿⓀⓁ	1	[pə(:)'sɔnifai]	v. 拟人化，使人格化，表现
scrunch	ⒶⒷⒸⒹⒺⒻⒼⒽⒾⒿⓀⓁ	1	[skrʌntʃ]	v. 碾碎，蜷缩，嘎吱嘎吱作响
solidify	ⒶⒷⒸⒹⒺⒻⒼⒽⒾⒿⓀⓁ	1	[sə'lidifai]	v. 凝固，牢固，团结
contort	ⒶⒷⒸⒹⒺⒻⒼⒽⒾⒿⓀⓁ	1	[kən'tɔ:t]	v. 扭曲，曲解
defile	ⒶⒷⒸⒹⒺⒻⒼⒽⒾⒿⓀⓁ	1	[di'fail]	v. 弄脏，污损，败坏 n. 狭谷
ruffle	ⒶⒷⒸⒹⒺⒻⒼⒽⒾⒿⓀⓁ	1	['rʌfl]	v. 弄皱，激怒，扰乱 n. 皱边
mishandle	ⒶⒷⒸⒹⒺⒻⒼⒽⒾⒿⓀⓁ	1	['mis'hændl]	v. 虐待，马虎对待，管理不善
typeset	ⒶⒷⒸⒹⒺⒻⒼⒽⒾⒿⓀⓁ	1	['taipset]	v. 排版
ascend	ⒶⒷⒸⒹⒺⒻⒼⒽⒾⒿⓀⓁ	1	[ə'send]	v. 攀登，上升
adjudicate	ⒶⒷⒸⒹⒺⒻⒼⒽⒾⒿⓀⓁ	1	[ə'dʒu:dikeit]	v. 判决，宣判，裁定
bombard	ⒶⒷⒸⒹⒺⒻⒼⒽⒾⒿⓀⓁ	1	['bɔmba:d]	v. 炮轰，轰击
dub	ⒶⒷⒸⒹⒺⒻⒼⒽⒾⒿⓀⓁ	1	[dʌb]	v. 配音，命名
erupt	ⒶⒷⒸⒹⒺⒻⒼⒽⒾⒿⓀⓁ	1	[i'rʌpt]	v. 喷出，爆发
ratify	ⒶⒷⒸⒹⒺⒻⒼⒽⒾⒿⓀⓁ	1	['rætifai]	v. 批准，认可
plagiarize	ⒶⒷⒸⒹⒺⒻⒼⒽⒾⒿⓀⓁ	1	['pleidʒiəraiz]	v. 剽窃，抄袭
blanch	ⒶⒷⒸⒹⒺⒻⒼⒽⒾⒿⓀⓁ	1	[bla:ntʃ]	v. 漂白，使变白
waft	ⒶⒷⒸⒹⒺⒻⒼⒽⒾⒿⓀⓁ	1	[wa:ft;wɔft]	v. 飘浮，飘荡 n. 一股，一阵微风
misspell	ⒶⒷⒸⒹⒺⒻⒼⒽⒾⒿⓀⓁ	1	['mis'spel]	v. 拼错
roost	ⒶⒷⒸⒹⒺⒻⒼⒽⒾⒿⓀⓁ	1	[ru:st]	v. 栖息 n. 鸟巢，栖息处
finagle	ⒶⒷⒸⒹⒺⒻⒼⒽⒾⒿⓀⓁ	1	[fi'neigl]	v. 欺骗

单词	标记	频率	读音	词义
peeve	ⒶⒷⒸⒹⒺⒻⒼⒽⒾⒿⓀⓁ	1	[pi:v]	v. 气恼，恼怒
coerce	ⒶⒷⒸⒹⒺⒻⒼⒽⒾⒿⓀⓁ	1	[kəu'ə:s]	v. 强制，威胁
sever	ⒶⒷⒸⒹⒺⒻⒼⒽⒾⒿⓀⓁ	1	['sevə]	v. 切断，脱离，分开
violate	ⒶⒷⒸⒹⒺⒻⒼⒽⒾⒿⓀⓁ	1	['vaiəleit]	v. 侵犯，违反，扰乱，亵渎
invade	ⒶⒷⒸⒹⒺⒻⒼⒽⒾⒿⓀⓁ	1	[in'veid]	v. 侵略，侵扰
intrude	ⒶⒷⒸⒹⒺⒻⒼⒽⒾⒿⓀⓁ	1	[in'tru:d]	v. 侵入，闯入，打扰
understate	ⒶⒷⒸⒹⒺⒻⒼⒽⒾⒿⓀⓁ	1	['ʌndə'steit]	v. 轻描淡写地说，少说
flip	ⒶⒷⒸⒹⒺⒻⒼⒽⒾⒿⓀⓁ	1	[flip]	v. 轻抛，掷，翻转，浏览 a. 鲁莽的
belittle	ⒶⒷⒸⒹⒺⒻⒼⒽⒾⒿⓀⓁ	1	[bi'litl]	v. 轻视
careen	ⒶⒷⒸⒹⒺⒻⒼⒽⒾⒿⓀⓁ	1	[kə'ri:n]	v. 倾斜，猛冲
slant	ⒶⒷⒸⒹⒺⒻⒼⒽⒾⒿⓀⓁ	1	[sla:nt]	v. 倾斜 n. 斜面，偏见
enunciate	ⒶⒷⒸⒹⒺⒻⒼⒽⒾⒿⓀⓁ	1	[i'nʌnsieit;-ʃi-]	v. 清楚地表达，发音
dissipate	ⒶⒷⒸⒹⒺⒻⒼⒽⒾⒿⓀⓁ	1	['disipeit]	v. 驱散，消散，挥霍
dislodge	ⒶⒷⒸⒹⒺⒻⒼⒽⒾⒿⓀⓁ	1	[dis'lɔdʒ]	v. 驱逐，移走，离开原位
succumb	ⒶⒷⒸⒹⒺⒻⒼⒽⒾⒿⓀⓁ	1	[sə'kʌm]	v. 屈从，屈服，死忘
displace	ⒶⒷⒸⒹⒺⒻⒼⒽⒾⒿⓀⓁ	1	[dis'pleis]	v. 取代，替换，使离开原位
retake	ⒶⒷⒸⒹⒺⒻⒼⒽⒾⒿⓀⓁ	1	['ri:'teik]	v. 取回，夺回，重拍
insure	ⒶⒷⒸⒹⒺⒻⒼⒽⒾⒿⓀⓁ	1	[in'ʃuə]	v. 确保，买保险
derange	ⒶⒷⒸⒹⒺⒻⒼⒽⒾⒿⓀⓁ	1	[di'reindʒ]	v. 扰乱，使发狂
deem	ⒶⒷⒸⒹⒺⒻⒼⒽⒾⒿⓀⓁ	1	[di:m]	v. 认为，视作
cram	ⒶⒷⒸⒹⒺⒻⒼⒽⒾⒿⓀⓁ	1	[kræm]	v. 塞满，填满，猛吃
diffuse	ⒶⒷⒸⒹⒺⒻⒼⒽⒾⒿⓀⓁ	1	[di'fju:z]	v. 散开，扩散 a. 散开的，冗长的
bask	ⒶⒷⒸⒹⒺⒻⒼⒽⒾⒿⓀⓁ	1	[ba:sk]	v. 晒太阳，感到舒适
expurgate	ⒶⒷⒸⒹⒺⒻⒼⒽⒾⒿⓀⓁ	1	['ekspə:geit]	v. 删除，净化，使纯洁
instigate	ⒶⒷⒸⒹⒺⒻⒼⒽⒾⒿⓀⓁ	1	['instigeit]	v. 煽动，怂恿，教唆
underpay	ⒶⒷⒸⒹⒺⒻⒼⒽⒾⒿⓀⓁ	1	['ʌndə'pei]	v. 少付工资
deify	ⒶⒷⒸⒹⒺⒻⒼⒽⒾⒿⓀⓁ	1	['di:ifai]	v. 神话，奉为神，崇拜
censor	ⒶⒷⒸⒹⒺⒻⒼⒽⒾⒿⓀⓁ	1	['sensə]	v. 审查 n. 监察官，审查员
ooze	ⒶⒷⒸⒹⒺⒻⒼⒽⒾⒿⓀⓁ	1	[u:z]	v. 渗出，泄漏 n. 软泥
hoist	ⒶⒷⒸⒹⒺⒻⒼⒽⒾⒿⓀⓁ	1	[hɔist]	v. 升起，提高 n. 起重机，升高
subsist	ⒶⒷⒸⒹⒺⒻⒼⒽⒾⒿⓀⓁ	1	[səb'sist]	v. 生存，供养，维持生活
calve	ⒶⒷⒸⒹⒺⒻⒼⒽⒾⒿⓀⓁ	1	[ka:v]	v. 生小牛，(使)冰山崩解
mesmerize	ⒶⒷⒸⒹⒺⒻⒼⒽⒾⒿⓀⓁ	1	['mezməraiz]	v. 施催眠术，迷住，迷惑
fertilize	ⒶⒷⒸⒹⒺⒻⒼⒽⒾⒿⓀⓁ	1	['fɜ:tilaiz]	v. 施肥，使受精
actualize	ⒶⒷⒸⒹⒺⒻⒼⒽⒾⒿⓀⓁ	1	['æktjuəlaiz]	v. 实现，实行，实施
glean	ⒶⒷⒸⒹⒺⒻⒼⒽⒾⒿⓀⓁ	1	[gli:n]	v. 拾落穗，收集
etch	ⒶⒷⒸⒹⒺⒻⒼⒽⒾⒿⓀⓁ	1	[etʃ]	v. 蚀刻，铭记
famish	ⒶⒷⒸⒹⒺⒻⒼⒽⒾⒿⓀⓁ	1	['fæmiʃ]	v. 使挨饿，使饿死
obfuscate	ⒶⒷⒸⒹⒺⒻⒼⒽⒾⒿⓀⓁ	1	['ɔbfʌskeit]	v. 使暗淡，使混乱，使困惑
detonate	ⒶⒷⒸⒹⒺⒻⒼⒽⒾⒿⓀⓁ	1	['detəuneit]	v. 使爆炸，发爆炸声

单词	标记	频率	读音	词义
sadden	ⒶⒷⒸⒹⒺⒻⒼⒽⒾⒿⓀⓁ	1	['sædn]	v. 使悲伤，使忧愁
flatten	ⒶⒷⒸⒹⒺⒻⒼⒽⒾⒿⓀⓁ	1	['flætn]	v. 使变平，击倒
metamorphose	ⒶⒷⒸⒹⒺⒻⒼⒽⒾⒿⓀⓁ	1	[ˌmetə'mɔ:fəuz]	v. 使变形，变质
stiffen	ⒶⒷⒸⒹⒺⒻⒼⒽⒾⒿⓀⓁ	1	['stifn]	v. 使变硬，使坚定
perturb	ⒶⒷⒸⒹⒺⒻⒼⒽⒾⒿⓀⓁ	1	[pə'tə:b]	v. 使不安
disgruntle	ⒶⒷⒸⒹⒺⒻⒼⒽⒾⒿⓀⓁ	1	[dis'grʌntl]	v. 使不高兴
overload	ⒶⒷⒸⒹⒺⒻⒼⒽⒾⒿⓀⓁ	1	['əuvə'ləud]	v. 使超载 n. 超载
fossilize	ⒶⒷⒸⒹⒺⒻⒼⒽⒾⒿⓀⓁ	1	['fɔsilaiz]	v. 使成化石，使陈腐
streamline	ⒶⒷⒸⒹⒺⒻⒼⒽⒾⒿⓀⓁ	1	['stri:mlain]	v. 使成流线型，简化 n. 流线型
overjoy	ⒶⒷⒸⒹⒺⒻⒼⒽⒾⒿⓀⓁ	1	[ˌəuvə'dʒɔi]	v. 使大喜
appall	ⒶⒷⒸⒹⒺⒻⒼⒽⒾⒿⓀⓁ	1	[ə'pɔ:l]	v. 使胆寒，使惊骇
invert	ⒶⒷⒸⒹⒺⒻⒼⒽⒾⒿⓀⓁ	1	[in'və:t]	v. 使倒转，使颠倒
diversify	ⒶⒷⒸⒹⒺⒻⒼⒽⒾⒿⓀⓁ	1	[dai'və:sifai]	v. 使多元化，使多样化
unhinge	ⒶⒷⒸⒹⒺⒻⒼⒽⒾⒿⓀⓁ	1	[ʌn'hindʒ]	v. 使发狂，使错乱，使动摇
stylize	ⒶⒷⒸⒹⒺⒻⒼⒽⒾⒿⓀⓁ	1	['stailaiz]	v. 使风格化
ingrain	ⒶⒷⒸⒹⒺⒻⒼⒽⒾⒿⓀⓁ	1	[in'grein]	v. 使根深蒂固，牢记 a. 根深蒂固的
legitimize	ⒶⒷⒸⒹⒺⒻⒼⒽⒾⒿⓀⓁ	1	[li'dʒitiˌmaiz]	v. 使合法
faze	ⒶⒷⒸⒹⒺⒻⒼⒽⒾⒿⓀⓁ	1	[feiz]	v. 使慌乱，使担忧
reinvigorate	ⒶⒷⒸⒹⒺⒻⒼⒽⒾⒿⓀⓁ	1	['ri:in'vigəreit]	v. 使恢复元气，使振作
resound	ⒶⒷⒸⒹⒺⒻⒼⒽⒾⒿⓀⓁ	1	[ri'zaund]	v. 使回响，鸣响
agonize	ⒶⒷⒸⒹⒺⒻⒼⒽⒾⒿⓀⓁ	1	['ægənaiz]	v. 使极度痛苦，折磨
polarize	ⒶⒷⒸⒹⒺⒻⒼⒽⒾⒿⓀⓁ	1	['pəuləraiz]	v. 使极化，使偏振
saturate	ⒶⒷⒸⒹⒺⒻⒼⒽⒾⒿⓀⓁ	1	['sætʃəreit]	v. 使浸透，使充满，使饱和
entangle	ⒶⒷⒸⒹⒺⒻⒼⒽⒾⒿⓀⓁ	1	[in'tæŋgl]	v. 使纠缠，牵连，使混乱
deject	ⒶⒷⒸⒹⒺⒻⒼⒽⒾⒿⓀⓁ	1	[di'dʒekt]	v. 使沮丧，使灰心
dishearten	ⒶⒷⒸⒹⒺⒻⒼⒽⒾⒿⓀⓁ	1	[dis'ha:tən]	v. 使沮丧，使泄气
terrorize	ⒶⒷⒸⒹⒺⒻⒼⒽⒾⒿⓀⓁ	1	['terəraiz]	v. 使恐怖，恐吓
horrify	ⒶⒷⒸⒹⒺⒻⒼⒽⒾⒿⓀⓁ	1	['hɔrifai]	v. 使恐惧，使反感
pester	ⒶⒷⒸⒹⒺⒻⒼⒽⒾⒿⓀⓁ	1	['pestə]	v. 使苦恼，纠缠
bedazzle	ⒶⒷⒸⒹⒺⒻⒼⒽⒾⒿⓀⓁ	1	[bi'dæzl]	v. 使困惑
disconcert	ⒶⒷⒸⒹⒺⒻⒼⒽⒾⒿⓀⓁ	1	[ˌdiskən'sə:t]	v. 使困惑，使尴尬
nonplus	ⒶⒷⒸⒹⒺⒻⒼⒽⒾⒿⓀⓁ	1	['nɔn'plʌs]	v. 使困惑 n. 迷惑，困惑
chlorinate	ⒶⒷⒸⒹⒺⒻⒼⒽⒾⒿⓀⓁ	1	['klɔ:rineit]	v. 使氯化，用氯消毒
sate	ⒶⒷⒸⒹⒺⒻⒼⒽⒾⒿⓀⓁ	1	[seit]	v. 使满足，过分地给予
infatuate	ⒶⒷⒸⒹⒺⒻⒼⒽⒾⒿⓀⓁ	1	[in'fætjueit]	v. 使迷恋，使糊涂 a. 着迷的
immunize	ⒶⒷⒸⒹⒺⒻⒼⒽⒾⒿⓀⓁ	1	['imju(:)naiz]	v. 使免疫，使免除
dumbfound	ⒶⒷⒸⒹⒺⒻⒼⒽⒾⒿⓀⓁ	1	[dʌm'faund]	v. 使目瞪口呆
rejuvenate	ⒶⒷⒸⒹⒺⒻⒼⒽⒾⒿⓀⓁ	1	[ri'dʒu:vineit]	v. 使年轻，使复原，使恢复精神
dishevel	ⒶⒷⒸⒹⒺⒻⒼⒽⒾⒿⓀⓁ	1	[di'ʃevəl]	v. 使蓬乱，使头发凌乱
impoverish	ⒶⒷⒸⒹⒺⒻⒼⒽⒾⒿⓀⓁ	1	[im'pɔvəriʃ]	v. 使贫穷，使贫瘠

单词	标记	频率	读音	词义
counterbalance	ⒶⒷⒸⒹⒺⒻⒼⒽⒾⒿⓀⓁ	1	[ˌkauntə'bæləns]	v. 使平衡，抵消 n. 平衡力
poise	ⒶⒷⒸⒹⒺⒻⒼⒽⒾⒿⓀⓁ	1	[pɔiz]	v. 使平衡 n. 平衡，镇静
unnerve	ⒶⒷⒸⒹⒺⒻⒼⒽⒾⒿⓀⓁ	1	['ʌn'nə:v]	v. 使气馁，使丧失勇气
disenchant	ⒶⒷⒸⒹⒺⒻⒼⒽⒾⒿⓀⓁ	1	[ˌdisin'tʃa:nt]	v. 使清醒，使不再着迷
disincline	ⒶⒷⒸⒹⒺⒻⒼⒽⒾⒿⓀⓁ	1	['disin'klain]	v. 使人不愿意
facilitate	ⒶⒷⒸⒹⒺⒻⒼⒽⒾⒿⓀⓁ	1	[fə'siliteit]	v. 使容易，促进，帮助
socialize	ⒶⒷⒸⒹⒺⒻⒼⒽⒾⒿⓀⓁ	1	['səuʃəlaiz]	v. 使社会化，使适应社会生活
invigorate	ⒶⒷⒸⒹⒺⒻⒼⒽⒾⒿⓀⓁ	1	[in'vigəreit]	v. 使生机勃勃，鼓舞
validate	ⒶⒷⒸⒹⒺⒻⒼⒽⒾⒿⓀⓁ	1	['vælideit]	v. 使生效，证实，确认
depersonalize	ⒶⒷⒸⒹⒺⒻⒼⒽⒾⒿⓀⓁ	1	[di:'pə:sənəˌlaiz]	v. 使失去个性，使客观
stupefy	ⒶⒷⒸⒹⒺⒻⒼⒽⒾⒿⓀⓁ	1	['stju:pifai]	v. 使失去知觉，使惊讶
drench	ⒶⒷⒸⒹⒺⒻⒼⒽⒾⒿⓀⓁ	1	[drentʃ]	v. 使湿透，沉溺
demoralize	ⒶⒷⒸⒹⒺⒻⒼⒽⒾⒿⓀⓁ	1	[di'mɔ:rəlaiz]	v. 使士气低落，使失去斗志
acclimate	ⒶⒷⒸⒹⒺⒻⒼⒽⒾⒿⓀⓁ	1	['æklimeit; ə'klaimət]	v. 使适应新环境，使服水土
constrict	ⒶⒷⒸⒹⒺⒻⒼⒽⒾⒿⓀⓁ	1	[kən'strikt]	v. 使收缩，压缩
acquaint	ⒶⒷⒸⒹⒺⒻⒼⒽⒾⒿⓀⓁ	1	[ə'kweint]	v. 使熟悉，通知
enervate	ⒶⒷⒸⒹⒺⒻⒼⒽⒾⒿⓀⓁ	1	['enə:veit]	v. 使衰弱，使无力
excruciate	ⒶⒷⒸⒹⒺⒻⒼⒽⒾⒿⓀⓁ	1	[iks'kru:ʃieit]	v. 使痛苦，拷问，折磨
discolor	ⒶⒷⒸⒹⒺⒻⒼⒽⒾⒿⓀⓁ	1	[dis'kʌlə(r)]	v. 使褪色，变色
invalidate	ⒶⒷⒸⒹⒺⒻⒼⒽⒾⒿⓀⓁ	1	[in'vælideit]	v. 使无效，使作废
victimize	ⒶⒷⒸⒹⒺⒻⒼⒽⒾⒿⓀⓁ	1	['viktimaiz]	v. 使牺牲，使受骗
fictionalize	ⒶⒷⒸⒹⒺⒻⒼⒽⒾⒿⓀⓁ	1	[fikʃənəlaiz]	v. 使小说化，编成小说
glamorize	ⒶⒷⒸⒹⒺⒻⒼⒽⒾⒿⓀⓁ	1	['glæməraiz]	v. 使有魅力，美化
pucker	ⒶⒷⒸⒹⒺⒻⒼⒽⒾⒿⓀⓁ	1	['pʌkə]	v. 使有褶皱 n. 褶皱
vaporize	ⒶⒷⒸⒹⒺⒻⒼⒽⒾⒿⓀⓁ	1	['veipəraiz]	v. 使蒸发
politicize	ⒶⒷⒸⒹⒺⒻⒼⒽⒾⒿⓀⓁ	1	[pə'litisaiz]	v. 使政治化，搞政治
fetter	ⒶⒷⒸⒹⒺⒻⒼⒽⒾⒿⓀⓁ	1	['fetə]	v. 束缚 n. 脚镣，束缚
sermonize	ⒶⒷⒸⒹⒺⒻⒼⒽⒾⒿⓀⓁ	1	['sə:mənaiz]	v. 说教，布道
intercede	ⒶⒷⒸⒹⒺⒻⒼⒽⒾⒿⓀⓁ	1	[ˌintə(:)'si:d]	v. 说情，调解
rive	ⒶⒷⒸⒹⒺⒻⒼⒽⒾⒿⓀⓁ	1	[raiv]	v. 撕开，使沮丧
deface	ⒶⒷⒸⒹⒺⒻⒼⒽⒾⒿⓀⓁ	1	[di'feis]	v. 损伤外观，丑化
curtail	ⒶⒷⒸⒹⒺⒻⒼⒽⒾⒿⓀⓁ	1	[kə:'teil]	v. 缩减，消减，剥夺
abbreviate	ⒶⒷⒸⒹⒺⒻⒼⒽⒾⒿⓀⓁ	1	[ə'bri:vieit]	v. 缩写，简化，缩短
nominate	ⒶⒷⒸⒹⒺⒻⒼⒽⒾⒿⓀⓁ	1	['nɔmineit]	v. 提名，任命
modulate	ⒶⒷⒸⒹⒺⒻⒼⒽⒾⒿⓀⓁ	1	['mɔdjuleit]	v. 调整，调节，调制
desist	ⒶⒷⒸⒹⒺⒻⒼⒽⒾⒿⓀⓁ	1	[di'zist]	v. 停止，忍住，打消念头
commute	ⒶⒷⒸⒹⒺⒻⒼⒽⒾⒿⓀⓁ	1	[kə'mju:t]	v. 通勤，交换，乘车上下班
sympathize	ⒶⒷⒸⒹⒺⒻⒼⒽⒾⒿⓀⓁ	1	['simpəθaiz]	v. 同情，同感，赞同
empathize	ⒶⒷⒸⒹⒺⒻⒼⒽⒾⒿⓀⓁ	1	['empəθaiz]	v. 同情，有同感，共鸣
unify	ⒶⒷⒸⒹⒺⒻⒼⒽⒾⒿⓀⓁ	1	['ju:nifai]	v. 统一，使成一体

单词	标记	频率	读音	词义
berate	ⒶⒷⒸⒹⒺⒻⒼⒽⒾⒿⓀⓁ	1	[bi'reit]	v. 痛斥，严厉批评
belabor	ⒶⒷⒸⒹⒺⒻⒼⒽⒾⒿⓀⓁ	1	[bi'leibə]	v. 痛打，过分冗长地讨论
bash	ⒶⒷⒸⒹⒺⒻⒼⒽⒾⒿⓀⓁ	1	[bæʃ]	v. 痛击，怒击 n. 怒殴，猛击
capitulate	ⒶⒷⒸⒹⒺⒻⒼⒽⒾⒿⓀⓁ	1	[kə'pitjuleit]	v. 投降
fling	ⒶⒷⒸⒹⒺⒻⒼⒽⒾⒿⓀⓁ	1	[fliŋ]	v. 投掷，全身心投入 n. 一时的行乐
invest	ⒶⒷⒸⒹⒺⒻⒼⒽⒾⒿⓀⓁ	1	[in'vest]	v. 投资，投入
confide	ⒶⒷⒸⒹⒺⒻⒼⒽⒾⒿⓀⓁ	1	[kən'faid]	v. 吐露，信赖，委托
postpone	ⒶⒷⒸⒹⒺⒻⒼⒽⒾⒿⓀⓁ	1	[pəust'pəun]	v. 推迟，延期
topple	ⒶⒷⒸⒹⒺⒻⒼⒽⒾⒿⓀⓁ	1	['tɔpl]	v. 推翻，倒塌
temporize	ⒶⒷⒸⒹⒺⒻⒼⒽⒾⒿⓀⓁ	1	['tempəraiz]	v. 拖延，敷衍
daunt	ⒶⒷⒸⒹⒺⒻⒼⒽⒾⒿⓀⓁ	1	[dɔ:nt]	v. 威吓，使畏缩
beleaguer	ⒶⒷⒸⒹⒺⒻⒼⒽⒾⒿⓀⓁ	1	[bi'li:gə]	v. 围攻，使苦恼
mob	ⒶⒷⒸⒹⒺⒻⒼⒽⒾⒿⓀⓁ	1	[mɔb]	v. 围住 n. 暴民，民众
entrust	ⒶⒷⒸⒹⒺⒻⒼⒽⒾⒿⓀⓁ	1	[in'trʌst]	v. 委托，托付
misrepresent	ⒶⒷⒸⒹⒺⒻⒼⒽⒾⒿⓀⓁ	1	['mis,repri'zent]	v. 误传，歪曲，不称职地代表
misinterpret	ⒶⒷⒸⒹⒺⒻⒼⒽⒾⒿⓀⓁ	1	['misin'tə:prit]	v. 误解，错误地解释
relish	ⒶⒷⒸⒹⒺⒻⒼⒽⒾⒿⓀⓁ	1	['reliʃ]	v. 喜欢，品尝 n. 滋味，爱好
banter	ⒶⒷⒸⒹⒺⒻⒼⒽⒾⒿⓀⓁ	1	['bæntə]	v. 戏弄 n. 戏谑，嘲弄
kneel	ⒶⒷⒸⒹⒺⒻⒼⒽⒾⒿⓀⓁ	1	[ni:l]	v. 下跪
ensue	ⒶⒷⒸⒹⒺⒻⒼⒽⒾⒿⓀⓁ	1	[in'sju:]	v. 相继发生，接踵而来
expound	ⒶⒷⒸⒹⒺⒻⒼⒽⒾⒿⓀⓁ	1	[iks'paund]	v. 详细说明，解释
proofread	ⒶⒷⒸⒹⒺⒻⒼⒽⒾⒿⓀⓁ	1	['pru:fri:d]	v. 校对
calibrate	ⒶⒷⒸⒹⒺⒻⒼⒽⒾⒿⓀⓁ	1	['kælibreit]	v. 校准
emulate	ⒶⒷⒸⒹⒺⒻⒼⒽⒾⒿⓀⓁ	1	['emjuleit]	v. 效法，尽力赶上
amend	ⒶⒷⒸⒹⒺⒻⒼⒽⒾⒿⓀⓁ	1	[ə'mend]	v. 修订，改进
emend	ⒶⒷⒸⒹⒺⒻⒼⒽⒾⒿⓀⓁ	1	[i(:)'mend]	v. 修订，校订
renovate	ⒶⒷⒸⒹⒺⒻⒼⒽⒾⒿⓀⓁ	1	['renəuveit]	v. 修复，恢复，整修，革新
prune	ⒶⒷⒸⒹⒺⒻⒼⒽⒾⒿⓀⓁ	1	[pru:n]	v. 修剪，削减 n. 梅干
renounce	ⒶⒷⒸⒹⒺⒻⒼⒽⒾⒿⓀⓁ	1	[ri'nauns]	v. 宣布放弃，断绝关系
pare	ⒶⒷⒸⒹⒺⒻⒼⒽⒾⒿⓀⓁ	1	[peə]	v. 削减，削皮
undercut	ⒶⒷⒸⒹⒺⒻⒼⒽⒾⒿⓀⓁ	1	['ʌndəkʌt]	v. 削弱
enquire	ⒶⒷⒸⒹⒺⒻⒼⒽⒾⒿⓀⓁ	1	[in'kwaiə]	v. 询问
oppress	ⒶⒷⒸⒹⒺⒻⒼⒽⒾⒿⓀⓁ	1	[ə'pres]	v. 压迫，压制
compress	ⒶⒷⒸⒹⒺⒻⒼⒽⒾⒿⓀⓁ	1	[kəm'pres]	v. 压缩，浓缩
inundate	ⒶⒷⒸⒹⒺⒻⒼⒽⒾⒿⓀⓁ	1	['inəndeit]	v. 淹没
loathe	ⒶⒷⒸⒹⒺⒻⒼⒽⒾⒿⓀⓁ	1	[ləuð]	v. 厌恶，憎恶
detest	ⒶⒷⒸⒹⒺⒻⒼⒽⒾⒿⓀⓁ	1	[di'test]	v. 厌恶，憎恨
bequeath	ⒶⒷⒸⒹⒺⒻⒼⒽⒾⒿⓀⓁ	1	[bi'kwi:ð]	v. 遗赠，把…传下去
outwit	ⒶⒷⒸⒹⒺⒻⒼⒽⒾⒿⓀⓁ	1	[aut'wit]	v. 以智取胜
refrain	ⒶⒷⒸⒹⒺⒻⒼⒽⒾⒿⓀⓁ	1	[ri'frein]	v. 抑制，避免 n. 叠句，副歌

单词	标记	频率	读音	词义
conspire	ⒶⒷⒸⒹⒺⒻⒼⒽⒾⒿⓀⓁ	1	[kən'spaiə]	v. 阴谋，共谋
lure	ⒶⒷⒸⒹⒺⒻⒼⒽⒾⒿⓀⓁ	1	[ljuə]	v. 引诱，诱惑 n. 饵
cope	ⒶⒷⒸⒹⒺⒻⒼⒽⒾⒿⓀⓁ	1	[kəup]	v. 应付，处理
heave	ⒶⒷⒸⒹⒺⒻⒼⒽⒾⒿⓀⓁ	1	[hi:v]	v. 用力举起，抛出 n. 举，抛出
excel	ⒶⒷⒸⒹⒺⒻⒼⒽⒾⒿⓀⓁ	1	[ik'sel]	v. 优于，胜过 n. 电子表格
vacillate	ⒶⒷⒸⒹⒺⒻⒼⒽⒾⒿⓀⓁ	1	['væsileit]	v. 犹豫不决，踌躇
avail	ⒶⒷⒸⒹⒺⒻⒼⒽⒾⒿⓀⓁ	1	[ə'veil]	v. 有益于 n. 效用，利益
prefigure	ⒶⒷⒸⒹⒺⒻⒼⒽⒾⒿⓀⓁ	1	['pri:'figə]	v. 预示，预想
preconcert	ⒶⒷⒸⒹⒺⒻⒼⒽⒾⒿⓀⓁ	1	['pri:kən'sə:t]	v. 预先协定
forebode	ⒶⒷⒸⒹⒺⒻⒼⒽⒾⒿⓀⓁ	1	[fɔ:'bəud]	v. 预兆，预感
reincorporate	ⒶⒷⒸⒹⒺⒻⒼⒽⒾⒿⓀⓁ	1	[ˌri:in'kɔ:pəreit]	v. 再并入，再合并
regenerate	ⒶⒷⒸⒹⒺⒻⒼⒽⒾⒿⓀⓁ	1	[ri'dʒenərit]	v. 再生 a. 再生的，改过自新的
circumscribe	ⒶⒷⒸⒹⒺⒻⒼⒽⒾⒿⓀⓁ	1	['sə:kəmskraib]	v. 在周围画线，限制
suspend	ⒶⒷⒸⒹⒺⒻⒼⒽⒾⒿⓀⓁ	1	[səs'pend]	v. 暂停，中止，吊
impugn	ⒶⒷⒸⒹⒺⒻⒼⒽⒾⒿⓀⓁ	1	[im'pju:n]	v. 责难，提出异议，攻击
intensify	ⒶⒷⒸⒹⒺⒻⒼⒽⒾⒿⓀⓁ	1	[in'tensifai]	v. 增强，加剧
blink	ⒶⒷⒸⒹⒺⒻⒼⒽⒾⒿⓀⓁ	1	[bliŋk]	v. 眨眼，闪烁
extract	ⒶⒷⒸⒹⒺⒻⒼⒽⒾⒿⓀⓁ	1	[iks'trækt]	v. 榨出，拔出，提取 n. 摘录，精华
epitomize	ⒶⒷⒸⒹⒺⒻⒼⒽⒾⒿⓀⓁ	1	[i'pitəmaiz]	v. 摘要，概括，成为缩影
gloat	ⒶⒷⒸⒹⒺⒻⒼⒽⒾⒿⓀⓁ	1	[gləut]	v. 沾沾自喜，幸灾乐祸
unreel	ⒶⒷⒸⒹⒺⒻⒼⒽⒾⒿⓀⓁ	1	[ʌn'ri:l]	v. 展开，解开
outspread	ⒶⒷⒸⒹⒺⒻⒼⒽⒾⒿⓀⓁ	1	[aut'spred]	v. 展开，扩张
predominate	ⒶⒷⒸⒹⒺⒻⒼⒽⒾⒿⓀⓁ	1	[pri'dɔmineit]	v. 占优势，支配
tout	ⒶⒷⒸⒹⒺⒻⒼⒽⒾⒿⓀⓁ	1	[taut]	v. 招徕顾客，极力吹捧，兜售
harass	ⒶⒷⒸⒹⒺⒻⒼⒽⒾⒿⓀⓁ	1	['hærəs]	v. 折磨，骚扰，使疲乏
subjugate	ⒶⒷⒸⒹⒺⒻⒼⒽⒾⒿⓀⓁ	1	['sʌbdʒugeit]	v. 征服，镇压
excise	ⒶⒷⒸⒹⒺⒻⒼⒽⒾⒿⓀⓁ	1	[ek'saiz]	v. 征税，切除 n. 货物税，消费税
commandeer	ⒶⒷⒸⒹⒺⒻⒼⒽⒾⒿⓀⓁ	1	[ˌkɔmən'diə]	v. 征用，强占
enlist	ⒶⒷⒸⒹⒺⒻⒼⒽⒾⒿⓀⓁ	1	[in'list]	v. 征召，入伍，参与
testify	ⒶⒷⒸⒹⒺⒻⒼⒽⒾⒿⓀⓁ	1	['testifai]	v. 证明，证实，作证
uphold	ⒶⒷⒸⒹⒺⒻⒼⒽⒾⒿⓀⓁ	1	[ʌp'həuld]	v. 支持，维护，举起
falter	ⒶⒷⒸⒹⒺⒻⒼⒽⒾⒿⓀⓁ	1	['fɔ:ltə]	v. 支支吾吾地说，蹒跚地走
pinpoint	ⒶⒷⒸⒹⒺⒻⒼⒽⒾⒿⓀⓁ	1	['pin,pɔint]	v. 指出，精确地定位 a. 精确的
overpower	ⒶⒷⒸⒹⒺⒻⒼⒽⒾⒿⓀⓁ	1	[ˌəuvə'pauə]	v. 制服，压倒
heckle	ⒶⒷⒸⒹⒺⒻⒼⒽⒾⒿⓀⓁ	1	['hekl]	v. 质问，刁难
asphyxiate	ⒶⒷⒸⒹⒺⒻⒼⒽⒾⒿⓀⓁ	1	[əs'fiksieit]	v. 窒息，使窒息
neutralize	ⒶⒷⒸⒹⒺⒻⒼⒽⒾⒿⓀⓁ	1	['nju:trəlaiz;nu:-]	v. 中和，使无效，使中立
restate	ⒶⒷⒸⒹⒺⒻⒼⒽⒾⒿⓀⓁ	1	['ri:'steit]	v. 重申，重新叙述
relocate	ⒶⒷⒸⒹⒺⒻⒼⒽⒾⒿⓀⓁ	1	['ri:ləu'keit]	v. 重新部署，迁移
rekindle	ⒶⒷⒸⒹⒺⒻⒼⒽⒾⒿⓀⓁ	1	['ri:'kindl]	v. 重新点燃

单词	标记	频率	读音	词义
regain	ⒶⒷⒸⒹⒺⒻⒼⒽⒾⒿⓀⓁ	1	[ri'gein]	v. 重新获得，重回，恢复
reinterpret	ⒶⒷⒸⒹⒺⒻⒼⒽⒾⒿⓀⓁ	1	[ˌriin'tə:prit]	v. 重新解释
resume	ⒶⒷⒸⒹⒺⒻⒼⒽⒾⒿⓀⓁ	1	[ri'zju:m]	v. 重新开始，继续 n. 摘要，简历
reconsider	ⒶⒷⒸⒹⒺⒻⒼⒽⒾⒿⓀⓁ	1	['ri:kən'sidə]	v. 重新考虑
resurface	ⒶⒷⒸⒹⒺⒻⒼⒽⒾⒿⓀⓁ	1	[ri'sə:fis]	v. 重新露面，再次暴露
readapt	ⒶⒷⒸⒹⒺⒻⒼⒽⒾⒿⓀⓁ	1	[ˌri:ə'dæpt]	v. 重新适应
escalate	ⒶⒷⒸⒹⒺⒻⒼⒽⒾⒿⓀⓁ	1	['eskəleit]	v. 逐步扩大，增强，升级
itemize	ⒶⒷⒸⒹⒺⒻⒼⒽⒾⒿⓀⓁ	1	['aitəmaiz]	v. 逐条记录，详细列出
destine	ⒶⒷⒸⒹⒺⒻⒼⒽⒾⒿⓀⓁ	1	['destin]	v. 注定
clutch	ⒶⒷⒸⒹⒺⒻⒼⒽⒾⒿⓀⓁ	1	[klʌtʃ]	v. 抓住 n. 爪子，离合器
malinger	ⒶⒷⒸⒹⒺⒻⒼⒽⒾⒿⓀⓁ	1	[mə'liŋgə]	v. 装病以逃避职责
connive	ⒶⒷⒸⒹⒺⒻⒼⒽⒾⒿⓀⓁ	1	[kə'naiv]	v. 纵容，默许，共谋
thwart	ⒶⒷⒸⒹⒺⒻⒼⒽⒾⒿⓀⓁ	1	[θwɔ:t]	v. 阻挠，反对 a. 横向的
venerate	ⒶⒷⒸⒹⒺⒻⒼⒽⒾⒿⓀⓁ	1	['venəreit]	v. 尊敬，崇拜
abide	ⒶⒷⒸⒹⒺⒻⒼⒽⒾⒿⓀⓁ	1	[ə'baid]	v. 遵守，忍受，坚持
fidget	ⒶⒷⒸⒹⒺⒻⒼⒽⒾⒿⓀⓁ	1	['fidʒit]	v. 坐立不安 n. 烦躁
overdo	ⒶⒷⒸⒹⒺⒻⒼⒽⒾⒿⓀⓁ	1	['əuvə'du:]	v. 做得过分，过度，过火

第六章

猴哥 SAT 填空词频 3100

单词	标记	频率	读音	词义
undermine	ⒶⒷⒸⒹⒺⒻⒼⒽⒾⒿⓀⓁ	11	[ˌʌndə'main]	v. 破坏，暗中损害，在下面挖
capricious	ⒶⒷⒸⒹⒺⒻⒼⒽⒾⒿⓀⓁ	10	[kə'priʃəs]	a. 任性的，反复无常的
disregard	ⒶⒷⒸⒹⒺⒻⒼⒽⒾⒿⓀⓁ	10	[ˌdisri'ga:d]	n. 漠视 v. 忽视，不顾
convolute	ⒶⒷⒸⒹⒺⒻⒼⒽⒾⒿⓀⓁ	10	['kɔnvəlju:t]	v. 回旋，盘旋 a. 回旋状的
debilitate	ⒶⒷⒸⒹⒺⒻⒼⒽⒾⒿⓀⓁ	10	[di'biliteit]	v. 使衰弱
predictable	ⒶⒷⒸⒹⒺⒻⒼⒽⒾⒿⓀⓁ	9	[pri'diktəb(ə)l]	a. 可预知的
mundane	ⒶⒷⒸⒹⒺⒻⒼⒽⒾⒿⓀⓁ	9	['mʌndein]	a. 平凡的，世俗的
comprehensive	ⒶⒷⒸⒹⒺⒻⒼⒽⒾⒿⓀⓁ	9	[ˌkɔmpri'hensiv]	a. 全面的，综合的，理解的
benign	ⒶⒷⒸⒹⒺⒻⒼⒽⒾⒿⓀⓁ	9	[bi'nain]	a. 仁慈的，温和的，良性的
neglect	ⒶⒷⒸⒹⒺⒻⒼⒽⒾⒿⓀⓁ	9	[ni'glekt]	v./n. 忽视，疏忽
eliminate	ⒶⒷⒸⒹⒺⒻⒼⒽⒾⒿⓀⓁ	9	[i'limineit]	v. 排除，剔除，淘汰
anticipate	ⒶⒷⒸⒹⒺⒻⒼⒽⒾⒿⓀⓁ	9	[æn'tisipeit]	v. 预料，预期
prosaic	ⒶⒷⒸⒹⒺⒻⒼⒽⒾⒿⓀⓁ	8	[prəu'zeiik]	a. 乏味的，散文的
pragmatic	ⒶⒷⒸⒹⒺⒻⒼⒽⒾⒿⓀⓁ	8	[præg'mætik]	a. 重实效的，实用主义的
prosperity	ⒶⒷⒸⒹⒺⒻⒼⒽⒾⒿⓀⓁ	8	[prɔs'periti]	n. 繁荣，兴旺
dearth	ⒶⒷⒸⒹⒺⒻⒼⒽⒾⒿⓀⓁ	8	[də:θ]	n. 缺乏，粮食不足
promote	ⒶⒷⒸⒹⒺⒻⒼⒽⒾⒿⓀⓁ	8	[prə'məut]	v. 促进，提升
supplant	ⒶⒷⒸⒹⒺⒻⒼⒽⒾⒿⓀⓁ	8	[sə'pla:nt]	v. 排挤，取代
suppress	ⒶⒷⒸⒹⒺⒻⒼⒽⒾⒿⓀⓁ	8	[sə'pres]	v. 镇压，抑制，禁止
substantiate	ⒶⒷⒸⒹⒺⒻⒼⒽⒾⒿⓀⓁ	8	[sʌbs'tænʃieit]	v. 证实，使实体化
reticent	ⒶⒷⒸⒹⒺⒻⒼⒽⒾⒿⓀⓁ	7	['retisənt]	a. 沉默寡言的，谨慎的
innovative	ⒶⒷⒸⒹⒺⒻⒼⒽⒾⒿⓀⓁ	7	['inəuveitiv]	a. 创新的，革新的
intricate	ⒶⒷⒸⒹⒺⒻⒼⒽⒾⒿⓀⓁ	7	['intrikit]	a. 错综复杂的，难懂的
partisan	ⒶⒷⒸⒹⒺⒻⒼⒽⒾⒿⓀⓁ	7	[pa:ti'zæn]	a. 党派的，偏袒的 n. 党徒，支持者
prolific	ⒶⒷⒸⒹⒺⒻⒼⒽⒾⒿⓀⓁ	7	[prə'lifik]	a. 多产的，作品丰富的
cynical	ⒶⒷⒸⒹⒺⒻⒼⒽⒾⒿⓀⓁ	7	['sinikəl]	a. 愤世嫉俗的，恶意的
astute	ⒶⒷⒸⒹⒺⒻⒼⒽⒾⒿⓀⓁ	7	[ə'stju:t;ə'stu:t]	a. 机敏的，狡猾的
loquacious	ⒶⒷⒸⒹⒺⒻⒼⒽⒾⒿⓀⓁ	7	[ləu'kweiʃəs]	a. 健谈的，话多的
dubious	ⒶⒷⒸⒹⒺⒻⒼⒽⒾⒿⓀⓁ	7	['dju:bjəs]	a. 可疑的，不确定的
negligible	ⒶⒷⒸⒹⒺⒻⒼⒽⒾⒿⓀⓁ	7	['neglidʒəbl]	a. 可以忽略的，微不足道的
ambiguous	ⒶⒷⒸⒹⒺⒻⒼⒽⒾⒿⓀⓁ	7	[ˌæm'bigjuəs]	a. 模棱两可的，含糊的
benevolent	ⒶⒷⒸⒹⒺⒻⒼⒽⒾⒿⓀⓁ	7	[bi'nevələnt]	a. 仁慈的

单词	标记	频率	读音	词义
anachronistic	ⒶⒷⒸⒹⒺⒻⒼⒽⒾⒿⓀⓁ	7	[əˌnækrə'nistik]	a. 时代错误的
influential	ⒶⒷⒸⒹⒺⒻⒼⒽⒾⒿⓀⓁ	7	[ˌinflu'enʃəl]	a. 有影响的，有权势的
indifference	ⒶⒷⒸⒹⒺⒻⒼⒽⒾⒿⓀⓁ	7	[in'difrəns]	n. 漠不关心，无兴趣
augment	ⒶⒷⒸⒹⒺⒻⒼⒽⒾⒿⓀⓁ	7	[ɔ:g'ment]	v./n. 增加，扩大
reinforce	ⒶⒷⒸⒹⒺⒻⒼⒽⒾⒿⓀⓁ	7	[ˌri:in'fɔ:s]	v. 加强，增援
mitigate	ⒶⒷⒸⒹⒺⒻⒼⒽⒾⒿⓀⓁ	7	['mitigeit]	v. 减轻，缓和
forestall	ⒶⒷⒸⒹⒺⒻⒼⒽⒾⒿⓀⓁ	7	[fɔ:'stɔ:l]	v. 领先，先发制人，垄断
disparage	ⒶⒷⒸⒹⒺⒻⒼⒽⒾⒿⓀⓁ	7	[dis'pæridʒ]	v. 蔑视，贬低
conciliatory	ⒶⒷⒸⒹⒺⒻⒼⒽⒾⒿⓀⓁ	6	[kən'siliətəri]	a. 安抚的，调和的
inscrutable	ⒶⒷⒸⒹⒺⒻⒼⒽⒾⒿⓀⓁ	6	[in'skru:təbl]	a. 不可思议的，不能预测的
irrelevant	ⒶⒷⒸⒹⒺⒻⒼⒽⒾⒿⓀⓁ	6	[i'relivənt]	a. 不相干的，离题的
perfunctory	ⒶⒷⒸⒹⒺⒻⒼⒽⒾⒿⓀⓁ	6	[pə'fʌŋktəri]	a. 敷衍的
insightful	ⒶⒷⒸⒹⒺⒻⒼⒽⒾⒿⓀⓁ	6	['insaitfəl]	a. 富有洞察力的
demonstrative	ⒶⒷⒸⒹⒺⒻⒼⒽⒾⒿⓀⓁ	6	[di'mɔnstrətiv]	a. 感情外露的，证明的，指示的
momentous	ⒶⒷⒸⒹⒺⒻⒼⒽⒾⒿⓀⓁ	6	[məu'mentəs]	a. 极重要的
circumspect	ⒶⒷⒸⒹⒺⒻⒼⒽⒾⒿⓀⓁ	6	['sə:kəmspekt]	a. 谨慎的，周到的
aesthetic	ⒶⒷⒸⒹⒺⒻⒼⒽⒾⒿⓀⓁ	6	[i:s'θetik]	a. 美学的，审美的
derivative	ⒶⒷⒸⒹⒺⒻⒼⒽⒾⒿⓀⓁ	6	[di'rivətiv]	a. 派生的，无创意的 n. 派生物
cosmopolitan	ⒶⒷⒸⒹⒺⒻⒼⒽⒾⒿⓀⓁ	6	[ˌkɔzmə'pɔlitən]	a. 世界性的，全球的
trivial	ⒶⒷⒸⒹⒺⒻⒼⒽⒾⒿⓀⓁ	6	['triviəl]	a. 琐碎的，不重要的
dilatory	ⒶⒷⒸⒹⒺⒻⒼⒽⒾⒿⓀⓁ	6	['diləˌtɔ:ri]	a. 拖延的，缓慢的
innocuous	ⒶⒷⒸⒹⒺⒻⒼⒽⒾⒿⓀⓁ	6	[i'nɔkjuəs]	a. 无害的，无毒的
ostentatious	ⒶⒷⒸⒹⒺⒻⒼⒽⒾⒿⓀⓁ	6	[ˌɔsten'teiʃəs]	a. 炫耀的，卖弄的
moderate	ⒶⒷⒸⒹⒺⒻⒼⒽⒾⒿⓀⓁ	6	['mɔdərit]	a. 有节制的，适度的 v. 节制，缓和
pedantic	ⒶⒷⒸⒹⒺⒻⒼⒽⒾⒿⓀⓁ	6	[pi'dæntik]	a. 迂腐的，学究式的
munificence	ⒶⒷⒸⒹⒺⒻⒼⒽⒾⒿⓀⓁ	6	[mju:'nifisəns]	n. 宽宏大量，慷慨给予
equanimity	ⒶⒷⒸⒹⒺⒻⒼⒽⒾⒿⓀⓁ	6	[ˌi:kwə'nimiti]	n. 平静，镇定
autonomy	ⒶⒷⒸⒹⒺⒻⒼⒽⒾⒿⓀⓁ	6	[ɔ:'tɔnəmi]	n. 自治，自主
deride	ⒶⒷⒸⒹⒺⒻⒼⒽⒾⒿⓀⓁ	6	[di'raid]	v. 嘲笑
analyze	ⒶⒷⒸⒹⒺⒻⒼⒽⒾⒿⓀⓁ	6	['ænəlaiz]	v. 分析，分解
diminish	ⒶⒷⒸⒹⒺⒻⒼⒽⒾⒿⓀⓁ	6	[di'miniʃ]	v. 减少，变小，贬低
establish	ⒶⒷⒸⒹⒺⒻⒼⒽⒾⒿⓀⓁ	6	[is'tæbliʃ]	v. 建立，确立，创办
condone	ⒶⒷⒸⒹⒺⒻⒼⒽⒾⒿⓀⓁ	6	[kən'dəun]	v. 宽恕，赦免
circumvent	ⒶⒷⒸⒹⒺⒻⒼⒽⒾⒿⓀⓁ	6	[ˌsə:kəm'vent]	v. 绕行，设法避开，围住
exacerbate	ⒶⒷⒸⒹⒺⒻⒼⒽⒾⒿⓀⓁ	6	[eks'æsə(:)beit]	v. 使恶化，使加重
enervate	ⒶⒷⒸⒹⒺⒻⒼⒽⒾⒿⓀⓁ	6	['enə:veit]	v. 使衰弱，使无力
belie	ⒶⒷⒸⒹⒺⒻⒼⒽⒾⒿⓀⓁ	6	[bi'lai]	v. 掩饰，证明为假
embrace	ⒶⒷⒸⒹⒺⒻⒼⒽⒾⒿⓀⓁ	6	[im'breis]	v. 拥抱，包围，接受
endorse	ⒶⒷⒸⒹⒺⒻⒼⒽⒾⒿⓀⓁ	6	[in'dɔ:s]	v. 支持，背书于，批准
synthesize	ⒶⒷⒸⒹⒺⒻⒼⒽⒾⒿⓀⓁ	6	['sinθisaiz]	v. 综合，合成

单词	标记	频率	读音	词义
remorseful	ⒶⒷⒸⒹⒺⒻⒼⒽⒾⒿⓀⓁ	5	[ri'mɔ:sfəl]	a. 懊悔的
superficial	ⒶⒷⒸⒹⒺⒻⒼⒽⒾⒿⓀⓁ	5	[sju:pə'fiʃəl]	a. 表面的，肤浅的
disingenuous	ⒶⒷⒸⒹⒺⒻⒼⒽⒾⒿⓀⓁ	5	[ˌdisin'dʒenjuəs]	a. 不诚实的，虚伪的
unequivocal	ⒶⒷⒸⒹⒺⒻⒼⒽⒾⒿⓀⓁ	5	['ʌni'kwivəkəl]	a. 不含糊的，明确的
legendary	ⒶⒷⒸⒹⒺⒻⒼⒽⒾⒿⓀⓁ	5	['ledʒəndəri]	a. 传奇的，传说的
superfluous	ⒶⒷⒸⒹⒺⒻⒼⒽⒾⒿⓀⓁ	5	[sju:'pə:fluəs]	a. 多余的，过剩的
articulate	ⒶⒷⒸⒹⒺⒻⒼⒽⒾⒿⓀⓁ	5	[a:'tikjulit]	a. 发音清晰的 v. 发音清晰，连接
eccentric	ⒶⒷⒸⒹⒺⒻⒼⒽⒾⒿⓀⓁ	5	[ik'sentrik]	a. 古怪的，偏离轨道的 n. 怪人
surreptitious	ⒶⒷⒸⒹⒺⒻⒼⒽⒾⒿⓀⓁ	5	[ˌsʌrəp'tiʃəs]	a. 鬼鬼祟祟的，秘密的
simplistic	ⒶⒷⒸⒹⒺⒻⒼⒽⒾⒿⓀⓁ	5	[sim'plistik]	a. 过分简单化的
resolute	ⒶⒷⒸⒹⒺⒻⒼⒽⒾⒿⓀⓁ	5	['rezəlju:t]	a. 坚决的，果断的
acceptable	ⒶⒷⒸⒹⒺⒻⒼⒽⒾⒿⓀⓁ	5	[ək'septəbl]	a. 可接受的，合意的
questionable	ⒶⒷⒸⒹⒺⒻⒼⒽⒾⒿⓀⓁ	5	['kwestʃənəbəl]	a. 可疑的，有问题的
lavish	ⒶⒷⒸⒹⒺⒻⒼⒽⒾⒿⓀⓁ	5	['læviʃ]	a. 浪费的，丰富的，慷慨的 v. 浪费
redundant	ⒶⒷⒸⒹⒺⒻⒼⒽⒾⒿⓀⓁ	5	[ri'dʌndənt]	a. 累赘的，多余的
candid	ⒶⒷⒸⒹⒺⒻⒼⒽⒾⒿⓀⓁ	5	['kændid]	a. 率直的，坦诚的，公正的
ambivalent	ⒶⒷⒸⒹⒺⒻⒼⒽⒾⒿⓀⓁ	5	[æm'bivələnt]	a. 矛盾的，摇摆不定的
substantial	ⒶⒷⒸⒹⒺⒻⒼⒽⒾⒿⓀⓁ	5	[səb'stænʃəl]	a. 实质的，可观的，牢固的
resilient	ⒶⒷⒸⒹⒺⒻⒼⒽⒾⒿⓀⓁ	5	[ri'ziliənt]	a. 适应力强的，有弹力的
diplomatic	ⒶⒷⒸⒹⒺⒻⒼⒽⒾⒿⓀⓁ	5	[ˌdiplə'mætik]	a. 外交的，老练的
ubiquitous	ⒶⒷⒸⒹⒺⒻⒼⒽⒾⒿⓀⓁ	5	[ju:'bikwitəs]	a. 无处不在的
eloquent	ⒶⒷⒸⒹⒺⒻⒼⒽⒾⒿⓀⓁ	5	['eləkwənt]	a. 雄辩的，富于表情的
meticulous	ⒶⒷⒸⒹⒺⒻⒼⒽⒾⒿⓀⓁ	5	[mi'tikjuləs]	a. 一丝不苟的，过度重视细节的
dependent	ⒶⒷⒸⒹⒺⒻⒼⒽⒾⒿⓀⓁ	5	[di'pendənt]	a. 依靠的，依赖的
vulnerable	ⒶⒷⒸⒹⒺⒻⒼⒽⒾⒿⓀⓁ	5	['vʌlnərəbl]	a. 易受伤害的，脆弱的
effusive	ⒶⒷⒸⒹⒺⒻⒼⒽⒾⒿⓀⓁ	5	[i'fju:siv]	a. 溢于言表的，溢出的
advantageous	ⒶⒷⒸⒹⒺⒻⒼⒽⒾⒿⓀⓁ	5	[ˌædvən'teidʒəs]	a. 有利的，有益的，方便的
catastrophic	ⒶⒷⒸⒹⒺⒻⒼⒽⒾⒿⓀⓁ	5	[ˌkætə'strɔfik]	a. 灾难的，灾难性的
eclectic	ⒶⒷⒸⒹⒺⒻⒼⒽⒾⒿⓀⓁ	5	[ek'lektik]	a. 折中的，选择的 n. 折中主义者
laud	ⒶⒷⒸⒹⒺⒻⒼⒽⒾⒿⓀⓁ	5	[lɔ:d]	n./v. 赞美，称赞
penchant	ⒶⒷⒸⒹⒺⒻⒼⒽⒾⒿⓀⓁ	5	['pentʃənt]	n. 爱好，嗜好
vindication	ⒶⒷⒸⒹⒺⒻⒼⒽⒾⒿⓀⓁ	5	[ˌvindi'keiʃən]	n. 辩护，证明
connoisseur	ⒶⒷⒸⒹⒺⒻⒼⒽⒾⒿⓀⓁ	5	[ˌkɔni'sə:]	n. 鉴赏家，行家
proximity	ⒶⒷⒸⒹⒺⒻⒼⒽⒾⒿⓀⓁ	5	[prɔk'simiti]	n. 接近，亲近
generosity	ⒶⒷⒸⒹⒺⒻⒼⒽⒾⒿⓀⓁ	5	[ˌdʒenə'rɔsiti]	n. 慷慨，大方
rigidity	ⒶⒷⒸⒹⒺⒻⒼⒽⒾⒿⓀⓁ	5	[ri'dʒiditi]	n. 刻板，严格，坚硬
digression	ⒶⒷⒸⒹⒺⒻⒼⒽⒾⒿⓀⓁ	5	[dai'greʃən]	n. 离题，跑题
enigma	ⒶⒷⒸⒹⒺⒻⒼⒽⒾⒿⓀⓁ	5	[i'nigmə]	n. 谜，难以理解的事物
dilettante	ⒶⒷⒸⒹⒺⒻⒼⒽⒾⒿⓀⓁ	5	[ˌdili'tænti]	n. 业余爱好者 a. 业余的
consensus	ⒶⒷⒸⒹⒺⒻⒼⒽⒾⒿⓀⓁ	5	[kən'sensəs]	n. 一致，同意，共识

单词	标记	频率	读音	词义
integrity	ⒶⒷⒸⒹⒺⒻⒼⒽⒾⒿⓀⓁ	5	[in'tegriti]	n. 正直，完整
intuition	ⒶⒷⒸⒹⒺⒻⒼⒽⒾⒿⓀⓁ	5	[ˌintju(:)'iʃən]	n. 直觉
conjecture	ⒶⒷⒸⒹⒺⒻⒼⒽⒾⒿⓀⓁ	5	[kən'dʒektʃə]	v./n. 推测，臆测
mollify	ⒶⒷⒸⒹⒺⒻⒼⒽⒾⒿⓀⓁ	5	['mɔlifai]	v. 安慰，平息
encompass	ⒶⒷⒸⒹⒺⒻⒼⒽⒾⒿⓀⓁ	5	[in'kʌmpəs]	v. 包围，围绕
denounce	ⒶⒷⒸⒹⒺⒻⒼⒽⒾⒿⓀⓁ	5	[di'nauns]	v. 公开谴责，控告，通告废除
soothe	ⒶⒷⒸⒹⒺⒻⒼⒽⒾⒿⓀⓁ	5	[su:ð]	v. 缓和，减轻，安慰
minimize	ⒶⒷⒸⒹⒺⒻⒼⒽⒾⒿⓀⓁ	5	['minimaiz]	v. 减到最少，极度轻视
elevate	ⒶⒷⒸⒹⒺⒻⒼⒽⒾⒿⓀⓁ	5	['eliveit]	v. 举起，提拔，鼓舞
repudiate	ⒶⒷⒸⒹⒺⒻⒼⒽⒾⒿⓀⓁ	5	[ri'pju:dieit]	v. 拒绝接受，拒付，断绝，否定
criticize	ⒶⒷⒸⒹⒺⒻⒼⒽⒾⒿⓀⓁ	5	['kritisaìz]	v. 批评，挑剔，评价
endure	ⒶⒷⒸⒹⒺⒻⒼⒽⒾⒿⓀⓁ	5	[in'djuə]	v. 忍受，容忍，持久
legitimate	ⒶⒷⒸⒹⒺⒻⒼⒽⒾⒿⓀⓁ	5	[li'dʒitimit]	v. 使合法，授权 a. 合法的
distort	ⒶⒷⒸⒹⒺⒻⒼⒽⒾⒿⓀⓁ	5	[dis'tɔ:t]	v. 歪曲，扭曲，变形
embellish	ⒶⒷⒸⒹⒺⒻⒼⒽⒾⒿⓀⓁ	5	[im'beliʃ]	v. 修饰，装饰，美化
extend	ⒶⒷⒸⒹⒺⒻⒼⒽⒾⒿⓀⓁ	5	[iks'tend]	v. 延伸，扩展
extol	ⒶⒷⒸⒹⒺⒻⒼⒽⒾⒿⓀⓁ	5	[iks'tɔl]	v. 赞美，吹捧
corroborate	ⒶⒷⒸⒹⒺⒻⒼⒽⒾⒿⓀⓁ	5	[kə'rɔbəreit]	v. 证实，确认
sustain	ⒶⒷⒸⒹⒺⒻⒼⒽⒾⒿⓀⓁ	5	[səs'tein]	v. 支撑，维持
bolster	ⒶⒷⒸⒹⒺⒻⒼⒽⒾⒿⓀⓁ	5	['bəulstə]	v. 支持 n. 靠垫，长枕
inhibit	ⒶⒷⒸⒹⒺⒻⒼⒽⒾⒿⓀⓁ	5	[in'hibit]	v. 阻止，抑制
contentious	ⒶⒷⒸⒹⒺⒻⒼⒽⒾⒿⓀⓁ	4	[kən'tenʃəs]	a. 爱争论的，有争议的
pervasive	ⒶⒷⒸⒹⒺⒻⒼⒽⒾⒿⓀⓁ	4	[pə:'veisiv]	a. 遍布的，弥漫的，渗透的
lucid	ⒶⒷⒸⒹⒺⒻⒼⒽⒾⒿⓀⓁ	4	['lu:sid]	a. 表达清楚的，易懂的，透明的
erudite	ⒶⒷⒸⒹⒺⒻⒼⒽⒾⒿⓀⓁ	4	['erudait]	a. 博学的
unaffected	ⒶⒷⒸⒹⒺⒻⒼⒽⒾⒿⓀⓁ	4	['ʌnə'fektid]	a. 不矫揉造作的，不受影响的
unavoidable	ⒶⒷⒸⒹⒺⒻⒼⒽⒾⒿⓀⓁ	4	[ˌʌnə'vɔidəbl]	a. 不可避免的
equivocal	ⒶⒷⒸⒹⒺⒻⒼⒽⒾⒿⓀⓁ	4	[i'kwivəkəl]	a. 不明确的，模棱两可的
inconsistent	ⒶⒷⒸⒹⒺⒻⒼⒽⒾⒿⓀⓁ	4	[ˌinkən'sistənt]	a. 不一致的，矛盾的，不稳定的
indefatigable	ⒶⒷⒸⒹⒺⒻⒼⒽⒾⒿⓀⓁ	4	[ˌindi'fætigəbl]	a. 不知疲倦的，不懈怠的
hackneyed	ⒶⒷⒸⒹⒺⒻⒼⒽⒾⒿⓀⓁ	4	['hæknid]	a. 陈腐的，老生常谈的
hesitant	ⒶⒷⒸⒹⒺⒻⒼⒽⒾⒿⓀⓁ	4	['hezitənt]	a. 迟疑的，犹豫的
contagious	ⒶⒷⒸⒹⒺⒻⒼⒽⒾⒿⓀⓁ	4	[kən'teidʒəs]	a. 传染性的，有感染力的
strident	ⒶⒷⒸⒹⒺⒻⒼⒽⒾⒿⓀⓁ	4	['straidnt]	a. 刺耳的，尖叫的，尖锐的
erroneous	ⒶⒷⒸⒹⒺⒻⒼⒽⒾⒿⓀⓁ	4	[i'rəuniəs]	a. 错误的，不正确的
cerebral	ⒶⒷⒸⒹⒺⒻⒼⒽⒾⒿⓀⓁ	4	['seribrəl]	a. 大脑的，理智的
timid	ⒶⒷⒸⒹⒺⒻⒼⒽⒾⒿⓀⓁ	4	['timid]	a. 胆小的，羞怯的
transient	ⒶⒷⒸⒹⒺⒻⒼⒽⒾⒿⓀⓁ	4	['trænziənt]	a. 短暂的，转瞬即逝的
divisive	ⒶⒷⒸⒹⒺⒻⒼⒽⒾⒿⓀⓁ	4	[di'vaisiv]	a. 分裂的，不和的
decorous	ⒶⒷⒸⒹⒺⒻⒼⒽⒾⒿⓀⓁ	4	['dekərəs]	a. 高雅的，得体的，端庄的

单词	标记	频率	读音	词义
duplicitous	ⒶⒷⒸⒹⒺⒻⒼⒽⒾⒿⓀⓁ	4	[du'plisitəs]	a. 搞两面派的，奸诈的
deferential	ⒶⒷⒸⒹⒺⒻⒼⒽⒾⒿⓀⓁ	4	[ˌdefə'renʃəl]	a. 恭敬的，顺从的
solitary	ⒶⒷⒸⒹⒺⒻⒼⒽⒾⒿⓀⓁ	4	['sɔlitəri]	a. 孤独的，独居的 n. 隐士
archaic	ⒶⒷⒸⒹⒺⒻⒼⒽⒾⒿⓀⓁ	4	[a:'keiik]	a. 古代的，陈旧的
fastidious	ⒶⒷⒸⒹⒺⒻⒼⒽⒾⒿⓀⓁ	4	[fæ'stidiəs]	a. 过分讲究的，挑剔的
collaborative	ⒶⒷⒸⒹⒺⒻⒼⒽⒾⒿⓀⓁ	4	[kə'læbəreitiv]	a. 合作的，协作的
ornate	ⒶⒷⒸⒹⒺⒻⒼⒽⒾⒿⓀⓁ	4	[ɔ:'neit; 'ɔ:neit]	a. 华丽的，装饰的
steadfast	ⒶⒷⒸⒹⒺⒻⒼⒽⒾⒿⓀⓁ	4	['stedfəst]	a. 坚定的，毫不动摇的
laconic	ⒶⒷⒸⒹⒺⒻⒼⒽⒾⒿⓀⓁ	4	[lə'kɔnik]	a. 简洁的，简明的
constructive	ⒶⒷⒸⒹⒺⒻⒼⒽⒾⒿⓀⓁ	4	[kən'strʌktiv]	a. 建设性的，构造上的
cunning	ⒶⒷⒸⒹⒺⒻⒼⒽⒾⒿⓀⓁ	4	['kʌniŋ]	a. 狡猾的，精巧的 n. 诡计
didactic	ⒶⒷⒸⒹⒺⒻⒼⒽⒾⒿⓀⓁ	4	[di'dæktik(əl);dai-]	a. 教诲的，说教的
prohibitive	ⒶⒷⒸⒹⒺⒻⒼⒽⒾⒿⓀⓁ	4	[prə'hibitiv]	a. 禁止的，价格过高的
robust	ⒶⒷⒸⒹⒺⒻⒼⒽⒾⒿⓀⓁ	4	[rə'bʌst]	a. 精力充沛的，强健的
decisive	ⒶⒷⒸⒹⒺⒻⒼⒽⒾⒿⓀⓁ	4	[di'saisiv]	a. 决定性的，果断的
munificent	ⒶⒷⒸⒹⒺⒻⒼⒽⒾⒿⓀⓁ	4	[mju:'nifisnt]	a. 慷慨的，大方的
impassioned	ⒶⒷⒸⒹⒺⒻⒼⒽⒾⒿⓀⓁ	4	[im'pæʃənd]	a. 慷慨激昂的，充满激情的
altruistic	ⒶⒷⒸⒹⒺⒻⒼⒽⒾⒿⓀⓁ	4	[ˌæltru'istik]	a. 利他的，无私心的
coherent	ⒶⒷⒸⒹⒺⒻⒼⒽⒾⒿⓀⓁ	4	[kəu'hiərənt]	a. 连贯的，一致的，粘着的
callous	ⒶⒷⒸⒹⒺⒻⒼⒽⒾⒿⓀⓁ	4	['kæləs]	a. 麻木的，无情的，起老茧的
nominal	ⒶⒷⒸⒹⒺⒻⒼⒽⒾⒿⓀⓁ	4	['nɔminl]	a. 名义上的，象征性的
judicious	ⒶⒷⒸⒹⒺⒻⒼⒽⒾⒿⓀⓁ	4	[dʒu:'diʃəs]	a. 明智的，谨慎的
exemplary	ⒶⒷⒸⒹⒺⒻⒼⒽⒾⒿⓀⓁ	4	[ig'zempləri]	a. 模范的，典型的，值得效仿的
obscure	ⒶⒷⒸⒹⒺⒻⒼⒽⒾⒿⓀⓁ	4	[əb'skjuə]	a. 模糊的，昏暗的 v. 使模糊
tranquil	ⒶⒷⒸⒹⒺⒻⒼⒽⒾⒿⓀⓁ	4	['træŋkwil]	a. 宁静的，安静的，稳定的
cantankerous	ⒶⒷⒸⒹⒺⒻⒼⒽⒾⒿⓀⓁ	4	[kæn'tæŋkərəs]	a. 脾气坏的，爱争吵的
placid	ⒶⒷⒸⒹⒺⒻⒼⒽⒾⒿⓀⓁ	4	['plæsid]	a. 平静的，宁静的，温和的
amiable	ⒶⒷⒸⒹⒺⒻⒼⒽⒾⒿⓀⓁ	4	['eimjəbl]	a. 亲切的，和蔼可亲的
extravagant	ⒶⒷⒸⒹⒺⒻⒼⒽⒾⒿⓀⓁ	4	[iks'trævəgənt]	a. 奢侈的，挥霍无度的
abstruse	ⒶⒷⒸⒹⒺⒻⒼⒽⒾⒿⓀⓁ	4	[æb'stru:s]	a. 深奥的，难懂的
productive	ⒶⒷⒸⒹⒺⒻⒼⒽⒾⒿⓀⓁ	4	[prə'dʌktiv]	a. 生产的，多产的，有成效的
adept	ⒶⒷⒸⒹⒺⒻⒼⒽⒾⒿⓀⓁ	4	['ædept;ə'dept]	a. 熟练的，老练的 n. 名手，专家
compliant	ⒶⒷⒸⒹⒺⒻⒼⒽⒾⒿⓀⓁ	4	[kəm'plaiənt]	a. 顺从的，适应的
straightforward	ⒶⒷⒸⒹⒺⒻⒼⒽⒾⒿⓀⓁ	4	[streit'fɔ:wəd]	a. 坦诚的，直率的，成直线前进的
elusive	ⒶⒷⒸⒹⒺⒻⒼⒽⒾⒿⓀⓁ	4	[i'lu:siv]	a. 逃避的，难懂的，难捉摸的
provocative	ⒶⒷⒸⒹⒺⒻⒼⒽⒾⒿⓀⓁ	4	[prə'vɔkətiv]	a. 挑衅的，刺激的
sympathetic	ⒶⒷⒸⒹⒺⒻⒼⒽⒾⒿⓀⓁ	4	[ˌsimpə'θetik]	a. 同情的，共鸣的
irresolute	ⒶⒷⒸⒹⒺⒻⒼⒽⒾⒿⓀⓁ	4	[i'rezəlu:t]	a. 未决定的，优柔寡断的
docile	ⒶⒷⒸⒹⒺⒻⒼⒽⒾⒿⓀⓁ	4	['dəusail]	a. 温顺的，听话的，容易教的
amorphous	ⒶⒷⒸⒹⒺⒻⒼⒽⒾⒿⓀⓁ	4	[ə'mɔ:fəs]	a. 无定形的，无组织的

单词	标记	频率	读音	词义
ineffable	ⒶⒷⒸⒹⒺⒻⒼⒽⒾⒿⓀⓁ	4	[in'efəbl]	a. 无法形容的，说不出的，避讳的
incompetent	ⒶⒷⒸⒹⒺⒻⒼⒽⒾⒿⓀⓁ	4	[in'kɔmpitənt]	a. 无能力的，不胜任的
interminable	ⒶⒷⒸⒹⒺⒻⒼⒽⒾⒿⓀⓁ	4	[in'tə:minəbl]	a. 无休止的，冗长的
diminutive	ⒶⒷⒸⒹⒺⒻⒼⒽⒾⒿⓀⓁ	4	[di'minjutiv]	a. 小的，小型的
illusory	ⒶⒷⒸⒹⒺⒻⒼⒽⒾⒿⓀⓁ	4	[i'lu:səri]	a. 虚幻的，幻觉的
scholarly	ⒶⒷⒸⒹⒺⒻⒼⒽⒾⒿⓀⓁ	4	['skɔləli]	a. 学术性的，学究气的
incisive	ⒶⒷⒸⒹⒺⒻⒼⒽⒾⒿⓀⓁ	4	[in'saisiv]	a. 一针见血的，敏锐的
tractable	ⒶⒷⒸⒹⒺⒻⒼⒽⒾⒿⓀⓁ	4	['træktəbl]	a. 易于驾驭的
pertinent	ⒶⒷⒸⒹⒺⒻⒼⒽⒾⒿⓀⓁ	4	['pə:tinənt]	a. 有关的，相干的，切题的
deleterious	ⒶⒷⒸⒹⒺⒻⒼⒽⒾⒿⓀⓁ	4	[ˌdeli'tiəriəs]	a. 有害于，有毒的
curative	ⒶⒷⒸⒹⒺⒻⒼⒽⒾⒿⓀⓁ	4	['kjuərətiv]	a. 有疗效的，治病的 n. 药物
charismatic	ⒶⒷⒸⒹⒺⒻⒼⒽⒾⒿⓀⓁ	4	[ˌkæriz'mætik]	a. 有魅力的，神赐能力的
discriminating	ⒶⒷⒸⒹⒺⒻⒼⒽⒾⒿⓀⓁ	4	[diˈskrimineitiŋ]	a. 有识别力的，敏锐的，有差别的
salutary	ⒶⒷⒸⒹⒺⒻⒼⒽⒾⒿⓀⓁ	4	['sæljutəri]	a. 有益健康的，有益的
prescient	ⒶⒷⒸⒹⒺⒻⒼⒽⒾⒿⓀⓁ	4	['presaiənt]	a. 预知的，预见的
precocious	ⒶⒷⒸⒹⒺⒻⒼⒽⒾⒿⓀⓁ	4	[pri'kəuʃəs]	a. 早熟的
repetitive	ⒶⒷⒸⒹⒺⒻⒼⒽⒾⒿⓀⓁ	4	[ri'petitiv]	a. 重复的
tenacious	ⒶⒷⒸⒹⒺⒻⒼⒽⒾⒿⓀⓁ	4	[ti'neiʃəs]	a. 抓紧的，固执的，不屈不挠的
complacent	ⒶⒷⒸⒹⒺⒻⒼⒽⒾⒿⓀⓁ	4	[kəm'pleisnt]	a. 自满的，得意的
egotistical	ⒶⒷⒸⒹⒺⒻⒼⒽⒾⒿⓀⓁ	4	[ˌi:gə'tistik]	a. 自我主义的，自我本位的
insolence	ⒶⒷⒸⒹⒺⒻⒼⒽⒾⒿⓀⓁ	4	['insələns]	n. 傲慢，无礼
debacle	ⒶⒷⒸⒹⒺⒻⒼⒽⒾⒿⓀⓁ	4	[dei'ba:kl]	n. 崩溃，溃败，灾难
originality	ⒶⒷⒸⒹⒺⒻⒼⒽⒾⒿⓀⓁ	4	[ˌəridʒi'næliti]	n. 独创性，原创性
opposition	ⒶⒷⒸⒹⒺⒻⒼⒽⒾⒿⓀⓁ	4	[ɔpə'ziʃən]	n. 反对，敌对
recrimination	ⒶⒷⒸⒹⒺⒻⒼⒽⒾⒿⓀⓁ	4	[rikrimi'neiʃ(ə)n]	n. 反控告，反过来责备
eradication	ⒶⒷⒸⒹⒺⒻⒼⒽⒾⒿⓀⓁ	4	[iˌrædi'keiʃən]	n. 根除，消灭
tenacity	ⒶⒷⒸⒹⒺⒻⒼⒽⒾⒿⓀⓁ	4	[ti'næsiti]	n. 固执，不屈不挠
reconciliation	ⒶⒷⒸⒹⒺⒻⒼⒽⒾⒿⓀⓁ	4	[ˌrekənsili'eiʃən]	n. 和解，调停
bane	ⒶⒷⒸⒹⒺⒻⒼⒽⒾⒿⓀⓁ	4	[bein]	n. 祸根，祸害
stoic	ⒶⒷⒸⒹⒺⒻⒼⒽⒾⒿⓀⓁ	4	['stəuik]	n. 坚韧克己的人，禁欲主义者
bias	ⒶⒷⒸⒹⒺⒻⒼⒽⒾⒿⓀⓁ	4	['baiəs]	n. 偏见 v. 抱有偏见
commonplace	ⒶⒷⒸⒹⒺⒻⒼⒽⒾⒿⓀⓁ	4	['kɔmənpleis]	n. 平常的事 a. 平凡的
humility	ⒶⒷⒸⒹⒺⒻⒼⒽⒾⒿⓀⓁ	4	[hju(:)'militi]	n. 谦卑，谦逊
condemnation	ⒶⒷⒸⒹⒺⒻⒼⒽⒾⒿⓀⓁ	4	[ˌkɔndem'neiʃən]	n. 谴责，定罪
pundit	ⒶⒷⒸⒹⒺⒻⒼⒽⒾⒿⓀⓁ	4	['pʌndit]	n. 权威人士，专家，批评家
paucity	ⒶⒷⒸⒹⒺⒻⒼⒽⒾⒿⓀⓁ	4	['pɔ:siti]	n. 少数，少量，缺乏
profundity	ⒶⒷⒸⒹⒺⒻⒼⒽⒾⒿⓀⓁ	4	[prə'fʌnditi]	n. 深，深奥
paradox	ⒶⒷⒸⒹⒺⒻⒼⒽⒾⒿⓀⓁ	4	['pærədɔks]	n. 似非而是的论点，自相矛盾的话
retraction	ⒶⒷⒸⒹⒺⒻⒼⒽⒾⒿⓀⓁ	4	[ri'trækʃən]	n. 收回，撤销，缩回
inflexibility	ⒶⒷⒸⒹⒺⒻⒼⒽⒾⒿⓀⓁ	4	[inˌfleksə'biliti]	n. 顽固，缺乏弹性，不变性

单词	标记	频率	读音	词义
precursor	ⒶⒷⒸⒹⒺⒻⒼⒽⒾⒿⓀⓁ	4	[pri(:)'kə:sə]	n. 先驱者，先兆
cathartic	ⒶⒷⒸⒹⒺⒻⒼⒽⒾⒿⓀⓁ	4	[kə'θa:tik]	n. 泻药 a. 宣泄的
serendipity	ⒶⒷⒸⒹⒺⒻⒼⒽⒾⒿⓀⓁ	4	[ˌserən'dipiti]	n. 缘分，运气，意外收获
censure	ⒶⒷⒸⒹⒺⒻⒼⒽⒾⒿⓀⓁ	4	['senʃə]	n. 责难 v. 非难，指责
longevity	ⒶⒷⒸⒹⒺⒻⒼⒽⒾⒿⓀⓁ	4	[lɔn'dʒeviti]	n. 长寿，寿命
disputation	ⒶⒷⒸⒹⒺⒻⒼⒽⒾⒿⓀⓁ	4	[ˌdispju(:)'teiʃən]	n. 争论，辩论
mimic	ⒶⒷⒸⒹⒺⒻⒼⒽⒾⒿⓀⓁ	4	['mimik]	v./a. 模仿，模拟 n. 模仿者，仿制品
rouse	ⒶⒷⒸⒹⒺⒻⒼⒽⒾⒿⓀⓁ	4	[rauz]	v./n. 唤醒，奋起，激起
decline	ⒶⒷⒸⒹⒺⒻⒼⒽⒾⒿⓀⓁ	4	[di'klain]	v./n. 下降，衰退，婉拒
discern	ⒶⒷⒸⒹⒺⒻⒼⒽⒾⒿⓀⓁ	4	[di'sə:n]	v. 辨别，察觉
eulogize	ⒶⒷⒸⒹⒺⒻⒼⒽⒾⒿⓀⓁ	4	['ju:lədʒaiz]	v. 称赞，颂扬
relinquish	ⒶⒷⒸⒹⒺⒻⒼⒽⒾⒿⓀⓁ	4	[ri'liŋkwiʃ]	v. 放弃，放手
disavow	ⒶⒷⒸⒹⒺⒻⒼⒽⒾⒿⓀⓁ	4	['disə'vau]	v. 否认，不赞成
accommodate	ⒶⒷⒸⒹⒺⒻⒼⒽⒾⒿⓀⓁ	4	[ə'kɔmədeit]	v. 供应，提供住宿，使适应
alleviate	ⒶⒷⒸⒹⒺⒻⒼⒽⒾⒿⓀⓁ	4	[ə'li:vieit]	v. 减轻，使缓和
reveal	ⒶⒷⒸⒹⒺⒻⒼⒽⒾⒿⓀⓁ	4	[ri'vi:l]	v. 揭露，显示，展示
exaggerate	ⒶⒷⒸⒹⒺⒻⒼⒽⒾⒿⓀⓁ	4	[ig'zædʒəreit]	v. 夸大，夸张
exonerate	ⒶⒷⒸⒹⒺⒻⒼⒽⒾⒿⓀⓁ	4	[ig'zɔnəreit]	v. 免除责任，证明无罪
delineate	ⒶⒷⒸⒹⒺⒻⒼⒽⒾⒿⓀⓁ	4	[di'linieit]	v. 描绘，描写，画…的轮廓
edify	ⒶⒷⒸⒹⒺⒻⒼⒽⒾⒿⓀⓁ	4	['edifai]	v. 启迪，熏陶，教导
enlighten	ⒶⒷⒸⒹⒺⒻⒼⒽⒾⒿⓀⓁ	4	[in'laitn]	v. 启发，教导
ascertain	ⒶⒷⒸⒹⒺⒻⒼⒽⒾⒿⓀⓁ	4	[ˌæsə'tein]	v. 确定，查明
revive	ⒶⒷⒸⒹⒺⒻⒼⒽⒾⒿⓀⓁ	4	[ri'vaiv]	v. 使复苏，唤醒
isolate	ⒶⒷⒸⒹⒺⒻⒼⒽⒾⒿⓀⓁ	4	['aisəleit]	v. 使隔离，使孤立 a. 孤立的
entangle	ⒶⒷⒸⒹⒺⒻⒼⒽⒾⒿⓀⓁ	4	[in'tæŋgl]	v. 使纠缠，牵连，使混乱
reconcile	ⒶⒷⒸⒹⒺⒻⒼⒽⒾⒿⓀⓁ	4	['rekənsail]	v. 调和，和解，一致
daunt	ⒶⒷⒸⒹⒺⒻⒼⒽⒾⒿⓀⓁ	4	[dɔ:nt]	v. 威吓，使畏缩
restrict	ⒶⒷⒸⒹⒺⒻⒼⒽⒾⒿⓀⓁ	4	[ris'trikt]	v. 限制，约束
beguile	ⒶⒷⒸⒹⒺⒻⒼⒽⒾⒿⓀⓁ	4	[bi'gail]	v. 诱骗，诱惑
scrutinize	ⒶⒷⒸⒹⒺⒻⒼⒽⒾⒿⓀⓁ	4	['skru:tinaiz]	v. 仔细检查
glorify	ⒶⒷⒸⒹⒺⒻⒼⒽⒾⒿⓀⓁ	4	['glɔ:rifai]	v. 赞美，美化
impugn	ⒶⒷⒸⒹⒺⒻⒼⒽⒾⒿⓀⓁ	4	[im'pju:n]	v. 责难，提出异议，攻击
illuminate	ⒶⒷⒸⒹⒺⒻⒼⒽⒾⒿⓀⓁ	4	[i'lju:mineit]	v. 照明，阐释，说明
verify	ⒶⒷⒸⒹⒺⒻⒼⒽⒾⒿⓀⓁ	4	['verifai]	v. 证明，核实
pursue	ⒶⒷⒸⒹⒺⒻⒼⒽⒾⒿⓀⓁ	4	[pə'sju:]	v. 追求，追踪，从事
thwart	ⒶⒷⒸⒹⒺⒻⒼⒽⒾⒿⓀⓁ	4	[θwɔ:t]	v. 阻挠，反对 a. 横向的
maverick	ⒶⒷⒸⒹⒺⒻⒼⒽⒾⒿⓀⓁ	3	['mævərik]	a./n. 特立独行的，标新立异的
querulous	ⒶⒷⒸⒹⒺⒻⒼⒽⒾⒿⓀⓁ	3	['kweruləs]	a. 抱怨的，发牢骚的
tyrannical	ⒶⒷⒸⒹⒺⒻⒼⒽⒾⒿⓀⓁ	3	[tai'rænikəl]	a. 暴政的，专制的，残暴的
marginal	ⒶⒷⒸⒹⒺⒻⒼⒽⒾⒿⓀⓁ	3	['ma:dʒinəl]	a. 边缘的，页边的，微弱的

单词	标记	频率	读音	词义
precarious	ⒶⒷⒸⒹⒺⒻⒼⒽⒾⒿⓀⓁ	3	[pri'keəriəs]	a. 不安全的，不稳定的
immutable	ⒶⒷⒸⒹⒺⒻⒼⒽⒾⒿⓀⓁ	3	[i'mju:təbl]	a. 不变的，永恒的
unjust	ⒶⒷⒸⒹⒺⒻⒼⒽⒾⒿⓀⓁ	3	['ʌn'dʒʌst]	a. 不公平的
intemperate	ⒶⒷⒸⒹⒺⒻⒼⒽⒾⒿⓀⓁ	3	[in'tempərit]	a. 不节制的，饮酒过度的
inevitable	ⒶⒷⒸⒹⒺⒻⒼⒽⒾⒿⓀⓁ	3	[in'evitəbl]	a. 不可避免的，必然的
indeterminate	ⒶⒷⒸⒹⒺⒻⒼⒽⒾⒿⓀⓁ	3	[ˌindi'tə:minit]	a. 不确定的，含混的
inconsequential	ⒶⒷⒸⒹⒺⒻⒼⒽⒾⒿⓀⓁ	3	[inˌkɔnsi'kwenʃəl]	a. 不重要的，不合理的
imperceptible	ⒶⒷⒸⒹⒺⒻⒼⒽⒾⒿⓀⓁ	3	[ˌimpə'septəbl]	a. 察觉不到的，不知不觉的
derisive	ⒶⒷⒸⒹⒺⒻⒼⒽⒾⒿⓀⓁ	3	[di'raisiv]	a. 嘲笑的
obstreperous	ⒶⒷⒸⒹⒺⒻⒼⒽⒾⒿⓀⓁ	3	[əb'strepərəs]	a. 吵闹的，喧嚣的
belated	ⒶⒷⒸⒹⒺⒻⒼⒽⒾⒿⓀⓁ	3	[bi'leitid]	a. 迟来的
impulsive	ⒶⒷⒸⒹⒺⒻⒼⒽⒾⒿⓀⓁ	3	[im'pʌlsiv]	a. 冲动的，任性的
soporific	ⒶⒷⒸⒹⒺⒻⒼⒽⒾⒿⓀⓁ	3	[ˌsəupə'rifik]	a. 催眠的，想睡的 n. 催眠药
audacious	ⒶⒷⒸⒹⒺⒻⒼⒽⒾⒿⓀⓁ	3	[ɔ:'deiʃəs]	a. 大胆的，无礼的，无耻的
vicarious	ⒶⒷⒸⒹⒺⒻⒼⒽⒾⒿⓀⓁ	3	[vi'keəriəs]	a. 代理的，代替的
timorous	ⒶⒷⒸⒹⒺⒻⒼⒽⒾⒿⓀⓁ	3	['timərəs]	a. 胆怯的，羞怯的
ephemeral	ⒶⒷⒸⒹⒺⒻⒼⒽⒾⒿⓀⓁ	3	[i'femərəl]	a. 短暂的，朝生暮死的
transitory	ⒶⒷⒸⒹⒺⒻⒼⒽⒾⒿⓀⓁ	3	['trænsitəri]	a. 短暂的，瞬息的
onerous	ⒶⒷⒸⒹⒺⒻⒼⒽⒾⒿⓀⓁ	3	['ɔnərəs]	a. 繁重的，麻烦的
redolent	ⒶⒷⒸⒹⒺⒻⒼⒽⒾⒿⓀⓁ	3	['redəulənt]	a. 芳香的，令人联想的
presumptuous	ⒶⒷⒸⒹⒺⒻⒼⒽⒾⒿⓀⓁ	3	[pri'zʌmptjuəs]	a. 放肆的，冒昧的
illicit	ⒶⒷⒸⒹⒺⒻⒼⒽⒾⒿⓀⓁ	3	[i'lisit]	a. 非法的，不正当的
unorthodox	ⒶⒷⒸⒹⒺⒻⒼⒽⒾⒿⓀⓁ	3	['ʌn'ɔ:θədɔks]	a. 非正统的，异端的
libelous	ⒶⒷⒸⒹⒺⒻⒼⒽⒾⒿⓀⓁ	3	['laibələs]	a. 诽谤的，损害名誉的
conscientious	ⒶⒷⒸⒹⒺⒻⒼⒽⒾⒿⓀⓁ	3	[ˌkɔnʃi'enʃəs]	a. 负责的，谨慎的，有良心的
imaginative	ⒶⒷⒸⒹⒺⒻⒼⒽⒾⒿⓀⓁ	3	[i'mædʒinətiv]	a. 富有想象力的
supercilious	ⒶⒷⒸⒹⒺⒻⒼⒽⒾⒿⓀⓁ	3	[ˌsju:pə'siliəs]	a. 高傲的，目中无人的
erratic	ⒶⒷⒸⒹⒺⒻⒼⒽⒾⒿⓀⓁ	3	[i'rætik]	a. 古怪的，无规律的
deliberate	ⒶⒷⒸⒹⒺⒻⒼⒽⒾⒿⓀⓁ	3	[di'libəreit]	a. 故意的，深思熟虑的 v. 慎重考虑
extensive	ⒶⒷⒸⒹⒺⒻⒼⒽⒾⒿⓀⓁ	3	[iks'tensiv]	a. 广泛的，广阔的，大规模的
pugnacious	ⒶⒷⒸⒹⒺⒻⒼⒽⒾⒿⓀⓁ	3	[pʌg'neiʃəs]	a. 好斗的
convivial	ⒶⒷⒸⒹⒺⒻⒼⒽⒾⒿⓀⓁ	3	[kən'viviəl]	a. 好交际的，欢乐的
litigious	ⒶⒷⒸⒹⒺⒻⒼⒽⒾⒿⓀⓁ	3	[li'tidʒəs]	a. 好诉讼的，好争论的
affable	ⒶⒷⒸⒹⒺⒻⒼⒽⒾⒿⓀⓁ	3	['æfəbl]	a. 和蔼的，友善的，殷勤的
facetious	ⒶⒷⒸⒹⒺⒻⒼⒽⒾⒿⓀⓁ	3	[fə'si:ʃəs]	a. 滑稽的，幽默的
visionary	ⒶⒷⒸⒹⒺⒻⒼⒽⒾⒿⓀⓁ	3	['viʒənəri]	a. 幻想的，预言性的 n. 空想家
somber	ⒶⒷⒸⒹⒺⒻⒼⒽⒾⒿⓀⓁ	3	['sɔmbə(r)]	a. 昏暗的，忧郁的，严肃的
trenchant	ⒶⒷⒸⒹⒺⒻⒼⒽⒾⒿⓀⓁ	3	['trentʃənt]	a. 尖刻的，清晰的，敏锐的
intermittent	ⒶⒷⒸⒹⒺⒻⒼⒽⒾⒿⓀⓁ	3	[ˌintə'mitənt]	a. 间歇的，断断续续的
succinct	ⒶⒷⒸⒹⒺⒻⒼⒽⒾⒿⓀⓁ	3	[sək'siŋkt]	a. 简洁的

单词	标记	频率	读音	词义
terse	ⒶⒷⒸⒹⒺⒻⒼⒽⒾⒿⓀⓁ	3	[tə:s]	a. 简洁的，扼要的
austere	ⒶⒷⒸⒹⒺⒻⒼⒽⒾⒿⓀⓁ	3	[ɔs'tiə]	a. 简朴的，严厉的
voluble	ⒶⒷⒸⒹⒺⒻⒼⒽⒾⒿⓀⓁ	3	['vɔljub(ə)l]	a. 健谈的，流利的
dogmatic	ⒶⒷⒸⒹⒺⒻⒼⒽⒾⒿⓀⓁ	3	[dɔg'mætik]	a. 教条的，武断的
temperance	ⒶⒷⒸⒹⒺⒻⒼⒽⒾⒿⓀⓁ	3	['tempərəns]	a. 节欲，禁酒，节制
discreet	ⒶⒷⒸⒹⒺⒻⒼⒽⒾⒿⓀⓁ	3	[dis'kri:t]	a. 谨慎的，不引人注意的
myopic	ⒶⒷⒸⒹⒺⒻⒼⒽⒾⒿⓀⓁ	3	[mai'ɔpik]	a. 近视的，缺乏远见的
conclusive	ⒶⒷⒸⒹⒺⒻⒼⒽⒾⒿⓀⓁ	3	[kən'klu:siv]	a. 决定性的，结论性的，确实的
formidable	ⒶⒷⒸⒹⒺⒻⒼⒽⒾⒿⓀⓁ	3	['fɔ:midəbl]	a. 可怕的，难对付的
suspicious	ⒶⒷⒸⒹⒺⒻⒼⒽⒾⒿⓀⓁ	3	[səs'piʃəs]	a. 可疑的，多疑的
vacuous	ⒶⒷⒸⒹⒺⒻⒼⒽⒾⒿⓀⓁ	3	['vækjuəs]	a. 空的，空虚的，空洞的
inane	ⒶⒷⒸⒹⒺⒻⒼⒽⒾⒿⓀⓁ	3	[i'nein]	a. 空洞的，无意义的，空虚的
bombastic	ⒶⒷⒸⒹⒺⒻⒼⒽⒾⒿⓀⓁ	3	[bɔm'bæstik]	a. 夸大的
voracious	ⒶⒷⒸⒹⒺⒻⒼⒽⒾⒿⓀⓁ	3	[və'reiʃəs]	a. 狼吞虎咽的，贪婪的
dispassionate	ⒶⒷⒸⒹⒺⒻⒼⒽⒾⒿⓀⓁ	3	[dis'pæʃənit]	a. 冷静的，不带感情的
phlegmatic	ⒶⒷⒸⒹⒺⒻⒼⒽⒾⒿⓀⓁ	3	[fleg'mætik]	a. 冷漠的，冷淡的
tangential	ⒶⒷⒸⒹⒺⒻⒼⒽⒾⒿⓀⓁ	3	[tæn'dʒenʃəl]	a. 离题的，肤浅的，切线的
rational	ⒶⒷⒸⒹⒺⒻⒼⒽⒾⒿⓀⓁ	3	['ræʃənl]	a. 理性的，合理的 n. 有理数
admirable	ⒶⒷⒸⒹⒺⒻⒼⒽⒾⒿⓀⓁ	3	['ædmərəbl]	a. 令人钦佩的，赞赏的
verbose	ⒶⒷⒸⒹⒺⒻⒼⒽⒾⒿⓀⓁ	3	[və:'bəus]	a. 啰嗦的，冗长的
offensive	ⒶⒷⒸⒹⒺⒻⒼⒽⒾⒿⓀⓁ	3	[ə'fensiv]	a. 冒犯的，无礼的，攻击性的
insipid	ⒶⒷⒸⒹⒺⒻⒼⒽⒾⒿⓀⓁ	3	[in'sipid]	a. 没有味道的，枯燥无味的
oblivious	ⒶⒷⒸⒹⒺⒻⒼⒽⒾⒿⓀⓁ	3	[ə'bliviəs]	a. 没注意到，健忘的
enigmatic	ⒶⒷⒸⒹⒺⒻⒼⒽⒾⒿⓀⓁ	3	[ˌenig'mætik]	a. 谜一样的，难以捉摸的
clandestine	ⒶⒷⒸⒹⒺⒻⒼⒽⒾⒿⓀⓁ	3	[klæn'destin]	a. 秘密的，暗中的
cryptic	ⒶⒷⒸⒹⒺⒻⒼⒽⒾⒿⓀⓁ	3	['kriptik]	a. 秘密的，神秘的
nonchalant	ⒶⒷⒸⒹⒺⒻⒼⒽⒾⒿⓀⓁ	3	['nɔnʃələnt]	a. 漠不关心的，冷漠的
inaccessible	ⒶⒷⒸⒹⒺⒻⒼⒽⒾⒿⓀⓁ	3	[ˌinæk'sesəbl]	a. 难接近的，难达到的
egalitarian	ⒶⒷⒸⒹⒺⒻⒼⒽⒾⒿⓀⓁ	3	[igæli'teəriən]	a. 平等主义的 n. 平等主义
banal	ⒶⒷⒸⒹⒺⒻⒼⒽⒾⒿⓀⓁ	3	[bə'na:l]	a. 平凡的，陈腐的，老一套的
fraudulent	ⒶⒷⒸⒹⒺⒻⒼⒽⒾⒿⓀⓁ	3	['frɔ:djulənt]	a. 欺诈的，不诚实的
felicitous	ⒶⒷⒸⒹⒺⒻⒼⒽⒾⒿⓀⓁ	3	[fi'lisitəs]	a. 巧妙的，适当的，可喜的
contemptuous	ⒶⒷⒸⒹⒺⒻⒼⒽⒾⒿⓀⓁ	3	[kən'temptjuəs]	a. 轻蔑的，鄙视的
dismissive	ⒶⒷⒸⒹⒺⒻⒼⒽⒾⒿⓀⓁ	3	[dis'misiv]	a. 轻视的，表示拒绝的
gregarious	ⒶⒷⒸⒹⒺⒻⒼⒽⒾⒿⓀⓁ	3	[gre'geəriəs]	a. 群居的，爱社交的
solicitous	ⒶⒷⒸⒹⒺⒻⒼⒽⒾⒿⓀⓁ	3	[sə'lisitəs]	a. 热切的，挂念的，焦虑的
fervent	ⒶⒷⒸⒹⒺⒻⒼⒽⒾⒿⓀⓁ	3	['fə:vənt]	a. 热情的，强烈的
cordial	ⒶⒷⒸⒹⒺⒻⒼⒽⒾⒿⓀⓁ	3	['kɔ:diəl;'kɔ:dʒəl]	a. 热情的，兴奋的 n. 兴奋剂
ebullient	ⒶⒷⒸⒹⒺⒻⒼⒽⒾⒿⓀⓁ	3	[i'bʌljənt]	a. 热情洋溢的，沸腾的
cognizant	ⒶⒷⒸⒹⒺⒻⒼⒽⒾⒿⓀⓁ	3	['kɔgnizənt]	a. 认知的，知晓的

单词	标记	频率	读音	词义
facile	ⒶⒷⒸⒹⒺⒻⒼⒽⒾⒿⓀⓁ	3	['fæsail;'fæsl]	a. 容易的，肤浅的，麻利的
mysterious	ⒶⒷⒸⒹⒺⒻⒼⒽⒾⒿⓀⓁ	3	[mis'tiəriəs]	a. 神秘的，不可思议的
esoteric	ⒶⒷⒸⒹⒺⒻⒼⒽⒾⒿⓀⓁ	3	[ˌesəu'terik]	a. 神秘的，难懂的，秘传的
vivid	ⒶⒷⒸⒹⒺⒻⒼⒽⒾⒿⓀⓁ	3	['vivid]	a. 生动的，栩栩如生的，鲜艳的
opportune	ⒶⒷⒸⒹⒺⒻⒼⒽⒾⒿⓀⓁ	3	['ɔpətju:n]	a. 时机适宜的，适当的
adroit	ⒶⒷⒸⒹⒺⒻⒼⒽⒾⒿⓀⓁ	3	[ə'drɔit]	a. 熟练的，敏捷的
obsequious	ⒶⒷⒸⒹⒺⒻⒼⒽⒾⒿⓀⓁ	3	[əb'si:kwiəs]	a. 顺从的，谄媚的
idiosyncratic	ⒶⒷⒸⒹⒺⒻⒼⒽⒾⒿⓀⓁ	3	[ˌidiəsiŋ'krætik]	a. 特质的，与众不同的
inaudible	ⒶⒷⒸⒹⒺⒻⒼⒽⒾⒿⓀⓁ	3	[in'ɔ:dəbl]	a. 听不见的
obtrusive	ⒶⒷⒸⒹⒺⒻⒼⒽⒾⒿⓀⓁ	3	[əb'tru:siv]	a. 突出的，引人注意的，强迫的
regressive	ⒶⒷⒸⒹⒺⒻⒼⒽⒾⒿⓀⓁ	3	[ri'gresiv]	a. 退化的，退步的，回归的
obdurate	ⒶⒷⒸⒹⒺⒻⒼⒽⒾⒿⓀⓁ	3	['ɔbdjurit]	a. 顽固的，冷酷的
inexplicable	ⒶⒷⒸⒹⒺⒻⒼⒽⒾⒿⓀⓁ	3	[in'eksplikəbl]	a. 无法解释的，费解的
lackluster	ⒶⒷⒸⒹⒺⒻⒼⒽⒾⒿⓀⓁ	3	['læk;lʌstə]	a. 无光泽的，暗淡的
lackadaisical	ⒶⒷⒸⒹⒺⒻⒼⒽⒾⒿⓀⓁ	3	[ˌlækə'deizikl]	a. 无精打采的，懒散的
futile	ⒶⒷⒸⒹⒺⒻⒼⒽⒾⒿⓀⓁ	3	['fju:tail;-til]	a. 无用的，无效的
diffident	ⒶⒷⒸⒹⒺⒻⒼⒽⒾⒿⓀⓁ	3	['difidənt]	a. 无自信的，羞怯的
progressive	ⒶⒷⒸⒹⒺⒻⒼⒽⒾⒿⓀⓁ	3	[prə'gresiv]	a. 先进的，前进的
conspicuous	ⒶⒷⒸⒹⒺⒻⒼⒽⒾⒿⓀⓁ	3	[kən'spikjuəs]	a. 显著的，显眼的
adulatory	ⒶⒷⒸⒹⒺⒻⒼⒽⒾⒿⓀⓁ	3	['ædjuleitəri]	a. 献媚的，奉承的
elaborate	ⒶⒷⒸⒹⒺⒻⒼⒽⒾⒿⓀⓁ	3	[i'læbərət]	a. 详尽的，精细的，复杂的 v. 详细阐述
dormant	ⒶⒷⒸⒹⒺⒻⒼⒽⒾⒿⓀⓁ	3	['dɔ:mənt]	a. 休眠的，不活跃的，静止的
accidental	ⒶⒷⒸⒹⒺⒻⒼⒽⒾⒿⓀⓁ	3	[ˌæksi'dentl]	a. 意外的，偶然的
insidious	ⒶⒷⒸⒹⒺⒻⒼⒽⒾⒿⓀⓁ	3	[in'sidiəs]	a. 阴险的，诱人上当的
reprehensible	ⒶⒷⒸⒹⒺⒻⒼⒽⒾⒿⓀⓁ	3	[ˌrepri'hensəbl]	a. 应受谴责的
toxic	ⒶⒷⒸⒹⒺⒻⒼⒽⒾⒿⓀⓁ	3	['tɔksik]	a. 有毒的，中毒的
pernicious	ⒶⒷⒸⒹⒺⒻⒼⒽⒾⒿⓀⓁ	3	[pə'niʃəs]	a. 有害的，致命的
abstemious	ⒶⒷⒸⒹⒺⒻⒼⒽⒾⒿⓀⓁ	3	[æb'sti:miəs]	a. 有节制的，节省的
expedient	ⒶⒷⒸⒹⒺⒻⒼⒽⒾⒿⓀⓁ	3	[iks'pi:diənt]	a. 有利的 n. 权宜之计，对策
profitable	ⒶⒷⒸⒹⒺⒻⒼⒽⒾⒿⓀⓁ	3	['prɔfitəbl]	a. 有利可图的
lucrative	ⒶⒷⒸⒹⒺⒻⒼⒽⒾⒿⓀⓁ	3	['lu:krətiv;lju:-]	a. 有利可图的，获利的
conditional	ⒶⒷⒸⒹⒺⒻⒼⒽⒾⒿⓀⓁ	3	[kən'diʃnəl]	a. 有条件的 n. 条件句
efficacious	ⒶⒷⒸⒹⒺⒻⒼⒽⒾⒿⓀⓁ	3	[ˌefi'keiʃəs]	a. 有效的，灵验的
morose	ⒶⒷⒸⒹⒺⒻⒼⒽⒾⒿⓀⓁ	3	[mə'rəus]	a. 郁闷的，抑郁的
rancorous	ⒶⒷⒸⒹⒺⒻⒼⒽⒾⒿⓀⓁ	3	['ræŋkərəs]	a. 怨恨的，憎恨的
polemical	ⒶⒷⒸⒹⒺⒻⒼⒽⒾⒿⓀⓁ	3	[pə'lemikəl]	a. 争论的，辩论的
holistic	ⒶⒷⒸⒹⒺⒻⒼⒽⒾⒿⓀⓁ	3	[həu'listik]	a. 整体的，全盘的
noteworthy	ⒶⒷⒸⒹⒺⒻⒼⒽⒾⒿⓀⓁ	3	['nəutwə:ði]	a. 值得注意的
venerable	ⒶⒷⒸⒹⒺⒻⒼⒽⒾⒿⓀⓁ	3	['venərəbl]	a. 值得尊敬的，庄严的
neutral	ⒶⒷⒸⒹⒺⒻⒼⒽⒾⒿⓀⓁ	3	['nju:trəl]	a. 中立的，中性的

单词	标记	频率	读音	词义
imperious	ⒶⒷⒸⒹⒺⒻⒼⒽⒾⒿⓀⓁ	3	[im'piəriəs]	a. 专横的，傲慢的，迫切的
spontaneous	ⒶⒷⒸⒹⒺⒻⒼⒽⒾⒿⓀⓁ	3	[spɔn'teiniəs]	a. 自发的，自然产生的
pretentious	ⒶⒷⒸⒹⒺⒻⒼⒽⒾⒿⓀⓁ	3	[pri'tenʃəs]	a. 自命不凡的，炫耀的，做作的
indulgent	ⒶⒷⒸⒹⒺⒻⒼⒽⒾⒿⓀⓁ	3	[in'dʌldʒənt]	a. 纵容的，放纵的
protest	ⒶⒷⒸⒹⒺⒻⒼⒽⒾⒿⓀⓁ	3	[prə'test]	n./v. 抗议，反对
waver	ⒶⒷⒸⒹⒺⒻⒼⒽⒾⒿⓀⓁ	3	['weivə]	n./v. 犹豫，动摇，踌躇
arrogance	ⒶⒷⒸⒹⒺⒻⒼⒽⒾⒿⓀⓁ	3	['ærəgəns]	n. 傲慢，自大
avoidance	ⒶⒷⒸⒹⒺⒻⒼⒽⒾⒿⓀⓁ	3	[ə'vɔidəns]	n. 避免，避开，逃避
erudition	ⒶⒷⒸⒹⒺⒻⒼⒽⒾⒿⓀⓁ	3	[ˌeru:'diʃən]	n. 博学
complement	ⒶⒷⒸⒹⒺⒻⒼⒽⒾⒿⓀⓁ	3	['kɔmplimənt]	n. 补足物，补语，余角 v. 补足
inconsistency	ⒶⒷⒸⒹⒺⒻⒼⒽⒾⒿⓀⓁ	3	[ˌinkən'sistənsi]	n. 不一致，矛盾，不调和
reticence	ⒶⒷⒸⒹⒺⒻⒼⒽⒾⒿⓀⓁ	3	['retisəns]	n. 沉默寡言
speculation	ⒶⒷⒸⒹⒺⒻⒼⒽⒾⒿⓀⓁ	3	[ˌspekju'leiʃən]	n. 沉思，推测，投机
rectitude	ⒶⒷⒸⒹⒺⒻⒼⒽⒾⒿⓀⓁ	3	['rektitju:d]	n. 诚实，正直
magnitude	ⒶⒷⒸⒹⒺⒻⒼⒽⒾⒿⓀⓁ	3	['mægnitju:d]	n. 大小，等级，重要，巨大
enmity	ⒶⒷⒸⒹⒺⒻⒼⒽⒾⒿⓀⓁ	3	['enmiti]	n. 敌意，仇恨
hostility	ⒶⒷⒸⒹⒺⒻⒼⒽⒾⒿⓀⓁ	3	[hɔs'tiliti]	n. 敌意，敌对状态
conviction	ⒶⒷⒸⒹⒺⒻⒼⒽⒾⒿⓀⓁ	3	[kən'vikʃən]	n. 定罪，信服，坚信
development	ⒶⒷⒸⒹⒺⒻⒼⒽⒾⒿⓀⓁ	3	[di'veləpmənt]	n. 发展，开发，进展
irony	ⒶⒷⒸⒹⒺⒻⒼⒽⒾⒿⓀⓁ	3	['aiərəni]	n. 反语，讽刺
spate	ⒶⒷⒸⒹⒺⒻⒼⒽⒾⒿⓀⓁ	3	[speit]	n. 泛滥，洪水，倾泻
buoyancy	ⒶⒷⒸⒹⒺⒻⒼⒽⒾⒿⓀⓁ	3	['bɔiənsi]	n. 浮力，弹性，心情愉快
duplicate	ⒶⒷⒸⒹⒺⒻⒼⒽⒾⒿⓀⓁ	3	['dju:plikeit]	n. 复制品，副本 v. 复制，复印
opulence	ⒶⒷⒸⒹⒺⒻⒼⒽⒾⒿⓀⓁ	3	['ɔpjuləns]	n. 富裕
pathos	ⒶⒷⒸⒹⒺⒻⒼⒽⒾⒿⓀⓁ	3	['peiθɔs]	n. 感伤，悲情
bombast	ⒶⒷⒸⒹⒺⒻⒼⒽⒾⒿⓀⓁ	3	['bɔmbæst]	n. 高调，浮夸的言语
shroud	ⒶⒷⒸⒹⒺⒻⒼⒽⒾⒿⓀⓁ	3	[ʃraud]	n. 裹尸布，寿衣 v. 遮盖
chicanery	ⒶⒷⒸⒹⒺⒻⒼⒽⒾⒿⓀⓁ	3	[ʃi'keinəri]	n. 哄骗，欺骗，强词夺理
illusion	ⒶⒷⒸⒹⒺⒻⒼⒽⒾⒿⓀⓁ	3	[i'lu:ʒən;i'lju:-]	n. 幻想，错觉，错误观念
lethargy	ⒶⒷⒸⒹⒺⒻⒼⒽⒾⒿⓀⓁ	3	['leθədʒi]	n. 昏睡，无精打采
finesse	ⒶⒷⒸⒹⒺⒻⒼⒽⒾⒿⓀⓁ	3	[fi'nes]	n. 技巧，手段，策略
simplicity	ⒶⒷⒸⒹⒺⒻⒼⒽⒾⒿⓀⓁ	3	[sim'plisiti]	n. 简单，朴素
elitist	ⒶⒷⒸⒹⒺⒻⒼⒽⒾⒿⓀⓁ	3	[ei'li:tist]	n. 杰出人物
interpretation	ⒶⒷⒸⒹⒺⒻⒼⒽⒾⒿⓀⓁ	3	[inˌtə:pri'teiʃən]	n. 解释，阐明
prohibition	ⒶⒷⒸⒹⒺⒻⒼⒽⒾⒿⓀⓁ	3	[prəuhi'biʃən]	n. 禁令，禁止
probability	ⒶⒷⒸⒹⒺⒻⒼⒽⒾⒿⓀⓁ	3	[ˌprɔbə'biliti]	n. 可能性，概率
forbearance	ⒶⒷⒸⒹⒺⒻⒼⒽⒾⒿⓀⓁ	3	[fɔ:'beərəns]	n. 克制，忍耐，宽容
magnanimity	ⒶⒷⒸⒹⒺⒻⒼⒽⒾⒿⓀⓁ	3	[ˌmægnə'nimiti]	n. 宽宏大量
nonchalance	ⒶⒷⒸⒹⒺⒻⒼⒽⒾⒿⓀⓁ	3	['nɔnʃələns]	n. 冷淡
apathy	ⒶⒷⒸⒹⒺⒻⒼⒽⒾⒿⓀⓁ	3	['æpəθi]	n. 冷漠，缺乏兴趣

单词	标记	频率	读音	词义
decorum	ⒶⒷⒸⒹⒺⒻⒼⒽⒾⒿⓀⓁ	3	[di'kɔ:rəm]	n. 礼貌，得体
conundrum	ⒶⒷⒸⒹⒺⒻⒼⒽⒾⒿⓀⓁ	3	[kə'nʌndrəm]	n. 谜语，难题
paragon	ⒶⒷⒸⒹⒺⒻⒼⒽⒾⒿⓀⓁ	3	['pærəgən]	n. 模范，典型
compunction	ⒶⒷⒸⒹⒺⒻⒼⒽⒾⒿⓀⓁ	3	[kəm'pʌŋkʃ(ə)n]	n. 内疚，后悔
banality	ⒶⒷⒸⒹⒺⒻⒼⒽⒾⒿⓀⓁ	3	[bə'næliti]	n. 平凡，陈腐
duplicity	ⒶⒷⒸⒹⒺⒻⒼⒽⒾⒿⓀⓁ	3	[dju(:)'plisiti]	n. 欺骗，口是心非，二重性
prodigy	ⒶⒷⒸⒹⒺⒻⒼⒽⒾⒿⓀⓁ	3	['prɔdidʒi]	n. 奇迹，天才，神童
discrimination	ⒶⒷⒸⒹⒺⒻⒼⒽⒾⒿⓀⓁ	3	[disˌkrimi'neiʃən]	n. 歧视，辨别力
contempt	ⒶⒷⒸⒹⒺⒻⒼⒽⒾⒿⓀⓁ	3	[kən'tempt]	n. 轻视，轻蔑
propensity	ⒶⒷⒸⒹⒺⒻⒼⒽⒾⒿⓀⓁ	3	[prə'pensiti]	n. 倾向，癖好
enthusiasm	ⒶⒷⒸⒹⒺⒻⒼⒽⒾⒿⓀⓁ	3	[in'θju:ziæzəm]	n. 热情，狂热
dissemination	ⒶⒷⒸⒹⒺⒻⒼⒽⒾⒿⓀⓁ	3	[diˌsemi'neiʃən]	n. 散布，传播，普及
modicum	ⒶⒷⒸⒹⒺⒻⒼⒽⒾⒿⓀⓁ	3	['mɔdikəm]	n. 少量
despondency	ⒶⒷⒸⒹⒺⒻⒼⒽⒾⒿⓀⓁ	3	[di'spɔndənsi]	n. 失去勇气，失望，泄气
experimentation	ⒶⒷⒸⒹⒺⒻⒼⒽⒾⒿⓀⓁ	3	[eksˌperimen'teiʃən]	n. 实验
beneficiary	ⒶⒷⒸⒹⒺⒻⒼⒽⒾⒿⓀⓁ	3	[beni'fiʃəri]	n. 受益人
negligence	ⒶⒷⒸⒹⒺⒻⒼⒽⒾⒿⓀⓁ	3	['neglidʒəns]	n. 疏忽，粗心大意，渎职
mendacity	ⒶⒷⒸⒹⒺⒻⒼⒽⒾⒿⓀⓁ	3	[men'dæsiti]	n. 说谎癖，虚假
mortality	ⒶⒷⒸⒹⒺⒻⒼⒽⒾⒿⓀⓁ	3	[mɔ:'tæliti]	n. 死亡率，死亡人数，必死性
stagnation	ⒶⒷⒸⒹⒺⒻⒼⒽⒾⒿⓀⓁ	3	[stæg'neiʃən]	n. 停滞
setback	ⒶⒷⒸⒹⒺⒻⒼⒽⒾⒿⓀⓁ	3	['setbæk]	n. 退步，挫折，失败
sarcasm	ⒶⒷⒸⒹⒺⒻⒼⒽⒾⒿⓀⓁ	3	['sa:kæzəm]	n. 挖苦，讽刺
plague	ⒶⒷⒸⒹⒺⒻⒼⒽⒾⒿⓀⓁ	3	[pleig]	n. 瘟疫，灾祸 v. 折磨
misnomer	ⒶⒷⒸⒹⒺⒻⒼⒽⒾⒿⓀⓁ	3	['mis'nəumə]	n. 误称，叫错名称，用词不当
misconception	ⒶⒷⒸⒹⒺⒻⒼⒽⒾⒿⓀⓁ	3	['miskən'sepʃən]	n. 误解
harbinger	ⒶⒷⒸⒹⒺⒻⒼⒽⒾⒿⓀⓁ	3	['ha:bindʒə]	n. 先驱，预言者 v. 预示
reciprocity	ⒶⒷⒸⒹⒺⒻⒼⒽⒾⒿⓀⓁ	3	[ˌrisi'prɔsiti]	n. 相互性，互惠
consumption	ⒶⒷⒸⒹⒺⒻⒼⒽⒾⒿⓀⓁ	3	[kən'sʌmpʃən]	n. 消费，消耗
novelty	ⒶⒷⒸⒹⒺⒻⒼⒽⒾⒿⓀⓁ	3	['nɔvəlti]	n. 新颖，新奇事物，小装饰
discernment	ⒶⒷⒸⒹⒺⒻⒼⒽⒾⒿⓀⓁ	3	[di'sə:nmənt]	n. 眼力，洞察力
amateur	ⒶⒷⒸⒹⒺⒻⒼⒽⒾⒿⓀⓁ	3	['æmətjuə]	n. 业余爱好者 a. 外行的
conformity	ⒶⒷⒸⒹⒺⒻⒼⒽⒾⒿⓀⓁ	3	[kən'fɔ:miti]	n. 一致，符合，遵守
concord	ⒶⒷⒸⒹⒺⒻⒼⒽⒾⒿⓀⓁ	3	['kɔŋkɔ:d]	n. 一致，和睦
uniformity	ⒶⒷⒸⒹⒺⒻⒼⒽⒾⒿⓀⓁ	3	[ˌju:ni'fɔ:miti]	n. 一致，一致性
machination	ⒶⒷⒸⒹⒺⒻⒼⒽⒾⒿⓀⓁ	3	[mæki'neiʃ(ə)n]	n. 阴谋，图谋
amicability	ⒶⒷⒸⒹⒺⒻⒼⒽⒾⒿⓀⓁ	3	[æmikə'biliti]	n. 友善，亲善
adversity	ⒶⒷⒸⒹⒺⒻⒼⒽⒾⒿⓀⓁ	3	[əd'və:siti]	n. 灾祸，逆境
deliberation	ⒶⒷⒸⒹⒺⒻⒼⒽⒾⒿⓀⓁ	3	[diˌlibə'reiʃən]	n. 仔细考虑，商量，从容
rebellion	ⒶⒷⒸⒹⒺⒻⒼⒽⒾⒿⓀⓁ	3	[ri'beljən]	n. 造反，叛乱
proliferation	ⒶⒷⒸⒹⒺⒻⒼⒽⒾⒿⓀⓁ	3	[prəuˌlifə'reiʃən]	n. 增殖，繁殖，扩散

单词	标记	频率	读音	词义
veracity	ⒶⒷⒸⒹⒺⒻⒼⒽⒾⒿⓀⓁ	3	[və'ræsiti]	n. 真实性，诚实
fabrication	ⒶⒷⒸⒹⒺⒻⒼⒽⒾⒿⓀⓁ	3	[ˌfæbri'keiʃən]	n. 制造，建造，虚构的谎言
smugness	ⒶⒷⒸⒹⒺⒻⒼⒽⒾⒿⓀⓁ	3	[smʌgnəs]	n. 装模作样
spontaneity	ⒶⒷⒸⒹⒺⒻⒼⒽⒾⒿⓀⓁ	3	[ˌspɔntə'ni:iti]	n. 自发，自发性
surrender	ⒶⒷⒸⒹⒺⒻⒼⒽⒾⒿⓀⓁ	3	[sə'rendə]	v./n. 放弃，投降，屈服
repeal	ⒶⒷⒸⒹⒺⒻⒼⒽⒾⒿⓀⓁ	3	[ri'pi:l]	v./n. 废止，撤销
squander	ⒶⒷⒸⒹⒺⒻⒼⒽⒾⒿⓀⓁ	3	['skwɔndə]	v./n. 浪费
bungle	ⒶⒷⒸⒹⒺⒻⒼⒽⒾⒿⓀⓁ	3	['bʌŋgl]	v./n. 拙劣的工作，粗制滥造，搞坏
console	ⒶⒷⒸⒹⒺⒻⒼⒽⒾⒿⓀⓁ	3	[kən'səul]	v. 安慰，慰藉 n. 控制台
ensure	ⒶⒷⒸⒹⒺⒻⒼⒽⒾⒿⓀⓁ	3	[in'ʃuə]	v. 保证，担保
eschew	ⒶⒷⒸⒹⒺⒻⒼⒽⒾⒿⓀⓁ	3	[is'tʃu:]	v. 避开，回避
acknowledge	ⒶⒷⒸⒹⒺⒻⒼⒽⒾⒿⓀⓁ	3	[ək'nɔlidʒ]	v. 承认，答谢，公认
cloy	ⒶⒷⒸⒹⒺⒻⒼⒽⒾⒿⓀⓁ	3	[klɔi]	v. 吃腻
stimulate	ⒶⒷⒸⒹⒺⒻⒼⒽⒾⒿⓀⓁ	3	['stimjuleit]	v. 刺激，激励，鼓舞
precipitate	ⒶⒷⒸⒹⒺⒻⒼⒽⒾⒿⓀⓁ	3	[pri'sipiteit]	v. 促成，使沉淀 n. 沉淀物 a. 仓促的
induce	ⒶⒷⒸⒹⒺⒻⒼⒽⒾⒿⓀⓁ	3	[in'dju:s]	v. 促使，引诱
downplay	ⒶⒷⒸⒹⒺⒻⒼⒽⒾⒿⓀⓁ	3	['daunplei]	v. 低估，不予重视
stymie	ⒶⒷⒸⒹⒺⒻⒼⒽⒾⒿⓀⓁ	3	['staimi]	v. 妨碍，阻挠
hamper	ⒶⒷⒸⒹⒺⒻⒼⒽⒾⒿⓀⓁ	3	['hæmpə]	v. 妨碍，阻止 n. 大篮子
forgo	ⒶⒷⒸⒹⒺⒻⒼⒽⒾⒿⓀⓁ	3	[fɔ:'gəu]	v. 放弃
dispense	ⒶⒷⒸⒹⒺⒻⒼⒽⒾⒿⓀⓁ	3	[dis'pens]	v. 分发，分配
distract	ⒶⒷⒸⒹⒺⒻⒼⒽⒾⒿⓀⓁ	3	[dis'trækt]	v. 分散，转移，分心
negate	ⒶⒷⒸⒹⒺⒻⒼⒽⒾⒿⓀⓁ	3	[ni'geit]	v. 否定，否认，使无效
eradicate	ⒶⒷⒸⒹⒺⒻⒼⒽⒾⒿⓀⓁ	3	[i'rædikeit]	v. 根除，消灭
engage	ⒶⒷⒸⒹⒺⒻⒼⒽⒾⒿⓀⓁ	3	[in'geidʒ]	v. 雇佣，从事，订婚
evade	ⒶⒷⒸⒹⒺⒻⒼⒽⒾⒿⓀⓁ	3	[i'veid]	v. 规避，逃避，躲避
discredit	ⒶⒷⒸⒹⒺⒻⒼⒽⒾⒿⓀⓁ	3	[dis'kredit]	v. 怀疑，破坏名声，使丢脸
assuage	ⒶⒷⒸⒹⒺⒻⒼⒽⒾⒿⓀⓁ	3	[ə'sweidʒ]	v. 缓和，减轻，镇定
confound	ⒶⒷⒸⒹⒺⒻⒼⒽⒾⒿⓀⓁ	3	[kən'faund]	v. 混淆，使迷惑，挫败
irritate	ⒶⒷⒸⒹⒺⒻⒼⒽⒾⒿⓀⓁ	3	['iriteit]	v. 激怒，使发炎或疼痛
relieve	ⒶⒷⒸⒹⒺⒻⒼⒽⒾⒿⓀⓁ	3	[ri'li:v]	v. 减轻，解除，救济
digress	ⒶⒷⒸⒹⒺⒻⒼⒽⒾⒿⓀⓁ	3	[dai'gres]	v. 离题，跑题
captivate	ⒶⒷⒸⒹⒺⒻⒼⒽⒾⒿⓀⓁ	3	['kæptiveit]	v. 迷住，迷惑
enthrall	ⒶⒷⒸⒹⒺⒻⒼⒽⒾⒿⓀⓁ	3	[in'θrɔ:l]	v. 迷住，奴役
condense	ⒶⒷⒸⒹⒺⒻⒼⒽⒾⒿⓀⓁ	3	[kən'dens]	v. 浓缩，精简，冷凝
preclude	ⒶⒷⒸⒹⒺⒻⒼⒽⒾⒿⓀⓁ	3	[pri'klu:d]	v. 排除，预防，阻止
exclude	ⒶⒷⒸⒹⒺⒻⒼⒽⒾⒿⓀⓁ	3	[iks'klu:d]	v. 排除在外，排斥，拒绝
emphasize	ⒶⒷⒸⒹⒺⒻⒼⒽⒾⒿⓀⓁ	3	['emfəsaiz]	v. 强调，加强语气
dispel	ⒶⒷⒸⒹⒺⒻⒼⒽⒾⒿⓀⓁ	3	[dis'pel]	v. 驱散，消除
disseminate	ⒶⒷⒸⒹⒺⒻⒼⒽⒾⒿⓀⓁ	3	[di'semineit]	v. 散布，传播，宣传

单词	标记	频率	读音	词义
diffuse	ⒶⒷⒸⒹⒺⒻⒼⒽⒾⒿⓀⓁ	3	[di'fju:z]	v. 散开，扩散 a. 散开的，冗长的
integrate	ⒶⒷⒸⒹⒺⒻⒼⒽⒾⒿⓀⓁ	3	['intigreit]	v. 使成整体，合并，求积分
appall	ⒶⒷⒸⒹⒺⒻⒼⒽⒾⒿⓀⓁ	3	[ə'pɔ:l]	v. 使胆寒，使惊骇
vex	ⒶⒷⒸⒹⒺⒻⒼⒽⒾⒿⓀⓁ	3	[veks]	v. 使烦恼，使困惑
subdue	ⒶⒷⒸⒹⒺⒻⒼⒽⒾⒿⓀⓁ	3	[sʌb'dju:]	v. 使服从，压制
perplex	ⒶⒷⒸⒹⒺⒻⒼⒽⒾⒿⓀⓁ	3	[pə'pleks]	v. 使困惑，使复杂化
gratify	ⒶⒷⒸⒹⒺⒻⒼⒽⒾⒿⓀⓁ	3	['grætifai]	v. 使满足，使高兴
jade	ⒶⒷⒸⒹⒺⒻⒼⒽⒾⒿⓀⓁ	3	[dʒeid]	v. 使疲倦 n. 玉石，翡翠，老马
consummate	ⒶⒷⒸⒹⒺⒻⒼⒽⒾⒿⓀⓁ	3	['kɔnsʌmeit]	v. 使完美，完成，完婚 a. 完美的
jeopardize	ⒶⒷⒸⒹⒺⒻⒼⒽⒾⒿⓀⓁ	3	['dʒepədaiz]	v. 使陷入危险
perpetuate	ⒶⒷⒸⒹⒺⒻⒼⒽⒾⒿⓀⓁ	3	[pə(:)'petjueit]	v. 使永存，使不朽
disrupt	ⒶⒷⒸⒹⒺⒻⒼⒽⒾⒿⓀⓁ	3	[dis'rʌpt]	v. 使中断，扰乱，使分裂
mandate	ⒶⒷⒸⒹⒺⒻⒼⒽⒾⒿⓀⓁ	3	['mændeit]	v. 授权，托管 n. 命令，指令，授权
curtail	ⒶⒷⒸⒹⒺⒻⒼⒽⒾⒿⓀⓁ	3	[kə:'teil]	v. 缩减，消减，剥夺
uplift	ⒶⒷⒸⒹⒺⒻⒼⒽⒾⒿⓀⓁ	3	[ʌp'lift]	v. 提高，振奋 n. 振作，隆起
investigate	ⒶⒷⒸⒹⒺⒻⒼⒽⒾⒿⓀⓁ	3	[in'vestigeit]	v. 调查，研究
mediate	ⒶⒷⒸⒹⒺⒻⒼⒽⒾⒿⓀⓁ	3	['mi:diit;-djət]	v. 调停，斡旋 a. 间接的
concur	ⒶⒷⒸⒹⒺⒻⒼⒽⒾⒿⓀⓁ	3	[kən'kə:]	v. 同意，同时发生
subvert	ⒶⒷⒸⒹⒺⒻⒼⒽⒾⒿⓀⓁ	3	[səb'və:t]	v. 推翻，暗中破坏
thrive	ⒶⒷⒸⒹⒺⒻⒼⒽⒾⒿⓀⓁ	3	[θraiv]	v. 兴旺，繁荣，茁壮成长
publicize	ⒶⒷⒸⒹⒺⒻⒼⒽⒾⒿⓀⓁ	3	['pʌblisaiz]	v. 宣传，引起公众注意
prolong	ⒶⒷⒸⒹⒺⒻⒼⒽⒾⒿⓀⓁ	3	[prə'lɔŋ]	v. 延长，拉长
conceal	ⒶⒷⒸⒹⒺⒻⒼⒽⒾⒿⓀⓁ	3	[kən'si:l]	v. 隐藏，掩盖
formulate	ⒶⒷⒸⒹⒺⒻⒼⒽⒾⒿⓀⓁ	3	['fɔ:mjuleit]	v. 用公式表达，规划，制定
apprehend	ⒶⒷⒸⒹⒺⒻⒼⒽⒾⒿⓀⓁ	3	[ˌæpri'hend]	v. 忧虑，理解，逮捕
foresee	ⒶⒷⒸⒹⒺⒻⒼⒽⒾⒿⓀⓁ	3	[fɔ:'si:]	v. 预见
foreshadow	ⒶⒷⒸⒹⒺⒻⒼⒽⒾⒿⓀⓁ	3	[fɔ:'ʃædəu]	v. 预示，预兆
decry	ⒶⒷⒸⒹⒺⒻⒼⒽⒾⒿⓀⓁ	3	[di'krai]	v. 责难，诽谤
demonstrate	ⒶⒷⒸⒹⒺⒻⒼⒽⒾⒿⓀⓁ	3	['demənstreit]	v. 证明，示范，示威
melancholy	ⒶⒷⒸⒹⒺⒻⒼⒽⒾⒿⓀⓁ	2	['melənkəli]	a./n. 忧郁的，悲伤的
playful	ⒶⒷⒸⒹⒺⒻⒼⒽⒾⒿⓀⓁ	2	['pleiful]	a. 爱玩耍的，开玩笑的
serene	ⒶⒷⒸⒹⒺⒻⒼⒽⒾⒿⓀⓁ	2	[si'ri:n]	a. 安详的，宁静的
squalid	ⒶⒷⒸⒹⒺⒻⒼⒽⒾⒿⓀⓁ	2	['skwɔlid]	a. 肮脏的，卑劣的
arrogant	ⒶⒷⒸⒹⒺⒻⒼⒽⒾⒿⓀⓁ	2	['ærəgənt]	a. 傲慢的，自大的
inclusive	ⒶⒷⒸⒹⒺⒻⒼⒽⒾⒿⓀⓁ	2	[in'klu:siv]	a. 包含在内的，包括端点的
lugubrious	ⒶⒷⒸⒹⒺⒻⒼⒽⒾⒿⓀⓁ	2	[lu:'gju:briəs]	a. 悲哀的，消沉的
pessimistic	ⒶⒷⒸⒹⒺⒻⒼⒽⒾⒿⓀⓁ	2	[ˌpesi'mistik]	a. 悲观的，悲观主义的
substantive	ⒶⒷⒸⒹⒺⒻⒼⒽⒾⒿⓀⓁ	2	['sʌbstəntiv]	a. 本质的，真实的，独立的
unwieldy	ⒶⒷⒸⒹⒺⒻⒼⒽⒾⒿⓀⓁ	2	[ʌn'wi:ldi]	a. 笨重的，难操作的，庞大的
ungainly	ⒶⒷⒸⒹⒺⒻⒼⒽⒾⒿⓀⓁ	2	[ʌn'geinli]	a. 笨拙的，不雅的

单词	标记	频率	读音	词义
figurative	ⒶⒷⒸⒹⒺⒻⒼⒽⒾⒿⓀⓁ	2	['figjurətiv]	a. 比喻的，象征的
protean	ⒶⒷⒸⒹⒺⒻⒼⒽⒾⒿⓀⓁ	2	['prəuti:ən]	a. 变化多端的
urbane	ⒶⒷⒸⒹⒺⒻⒼⒽⒾⒿⓀⓁ	2	[ɜ:'bein]	a. 彬彬有礼的
avuncular	ⒶⒷⒸⒹⒺⒻⒼⒽⒾⒿⓀⓁ	2	[ə'vʌŋkjulə]	a. 伯父的，伯父似的
anomalous	ⒶⒷⒸⒹⒺⒻⒼⒽⒾⒿⓀⓁ	2	[ə'nɔmələs]	a. 不规则的，反常的
inescapable	ⒶⒷⒸⒹⒺⒻⒼⒽⒾⒿⓀⓁ	2	[ˌinis'keipəbl]	a. 不可避免的，逃不掉的
indispensable	ⒶⒷⒸⒹⒺⒻⒼⒽⒾⒿⓀⓁ	2	[ˌindis'pensəbl]	a. 不可缺少的，必需的
indiscernible	ⒶⒷⒸⒹⒺⒻⒼⒽⒾⒿⓀⓁ	2	[ˌindi'sə:nəbl]	a. 不可识别的，察觉不到的
unpredictable	ⒶⒷⒸⒹⒺⒻⒼⒽⒾⒿⓀⓁ	2	['ʌnpri'diktəbl]	a. 不可预知的
discrete	ⒶⒷⒸⒹⒺⒻⒼⒽⒾⒿⓀⓁ	2	[dis'kri:t]	a. 不连续的，离散的
indistinguishable	ⒶⒷⒸⒹⒺⒻⒼⒽⒾⒿⓀⓁ	2	['indis'tiŋgwiʃəbl]	a. 不能区别的，不易察觉的
impractical	ⒶⒷⒸⒹⒺⒻⒼⒽⒾⒿⓀⓁ	2	[im'præktikəl]	a. 不切实际的，不实用的
quixotic	ⒶⒷⒸⒹⒺⒻⒼⒽⒾⒿⓀⓁ	2	[kwik'sɔtik]	a. 不切实际的，堂吉诃德式的
reluctant	ⒶⒷⒸⒹⒺⒻⒼⒽⒾⒿⓀⓁ	2	[ri'lʌktənt]	a. 不情愿的，勉强的
unproductive	ⒶⒷⒸⒹⒺⒻⒼⒽⒾⒿⓀⓁ	2	[ʌnprə'dʌktiv]	a. 不生产的，非生产性的，徒劳的
inapt	ⒶⒷⒸⒹⒺⒻⒼⒽⒾⒿⓀⓁ	2	[in'æpt]	a. 不适当的，不合适的
intransigent	ⒶⒷⒸⒹⒺⒻⒼⒽⒾⒿⓀⓁ	2	[in'trænsidʒənt]	a. 不妥协的
inconspicuous	ⒶⒷⒸⒹⒺⒻⒼⒽⒾⒿⓀⓁ	2	[ˌinkən'spikjuəs]	a. 不显眼的，不引人注意的
incompatible	ⒶⒷⒸⒹⒺⒻⒼⒽⒾⒿⓀⓁ	2	[ˌinkəm'pætəbl]	a. 不相容的，矛盾的
incongruous	ⒶⒷⒸⒹⒺⒻⒼⒽⒾⒿⓀⓁ	2	[in'kɔŋgruəs]	a. 不协调的，不一致的，不适当的
stolid	ⒶⒷⒸⒹⒺⒻⒼⒽⒾⒿⓀⓁ	2	['stɔlid]	a. 不易激动的，冷淡的
unacquainted	ⒶⒷⒸⒹⒺⒻⒼⒽⒾⒿⓀⓁ	2	['ʌnə'kweintid]	a. 不知道的，不认识的，不熟悉的
insufficient	ⒶⒷⒸⒹⒺⒻⒼⒽⒾⒿⓀⓁ	2	[ˌinsə'fiʃənt]	a. 不足的，不充分的
indelible	ⒶⒷⒸⒹⒺⒻⒼⒽⒾⒿⓀⓁ	2	[inˈdeləbəl]	a. 擦拭不掉的，难忘的
penitent	ⒶⒷⒸⒹⒺⒻⒼⒽⒾⒿⓀⓁ	2	['penitənt]	a. 忏悔的 n. 悔罪者
preternatural	ⒶⒷⒸⒹⒺⒻⒼⒽⒾⒿⓀⓁ	2	[ˌpri:tə'nætʃərəl]	a. 超自然的，异常的
exhaustive	ⒶⒷⒸⒹⒺⒻⒼⒽⒾⒿⓀⓁ	2	[ig'zɔ:stiv]	a. 彻底的，详尽的，耗尽的
tedious	ⒶⒷⒸⒹⒺⒻⒼⒽⒾⒿⓀⓁ	2	['ti:diəs]	a. 沉闷的，单调乏味的
taciturn	ⒶⒷⒸⒹⒺⒻⒼⒽⒾⒿⓀⓁ	2	['tæsitə:n]	a. 沉默寡言的
imperturbable	ⒶⒷⒸⒹⒺⒻⒼⒽⒾⒿⓀⓁ	2	[ˌimpə'tə:bəbl]	a. 沉着的，镇静的
complimentary	ⒶⒷⒸⒹⒺⒻⒼⒽⒾⒿⓀⓁ	2	[ˌkɔmpli'mentəri]	a. 称赞的，免费赠送的
impetuous	ⒶⒷⒸⒹⒺⒻⒼⒽⒾⒿⓀⓁ	2	[im'petjuəs]	a. 冲动的，鲁莽的，猛烈的
flagrant	ⒶⒷⒸⒹⒺⒻⒼⒽⒾⒿⓀⓁ	2	['fleigrənt]	a. 臭名昭著的
moribund	ⒶⒷⒸⒹⒺⒻⒼⒽⒾⒿⓀⓁ	2	['mɔribʌnd]	a. 垂死的，即将结束的
compassionate	ⒶⒷⒸⒹⒺⒻⒼⒽⒾⒿⓀⓁ	2	[kəm'pæʃənit]	a. 慈悲的，有同情心的
poignant	ⒶⒷⒸⒹⒺⒻⒼⒽⒾⒿⓀⓁ	2	['pɔinənt]	a. 刺激的，剧烈的，痛苦的
perspicacious	ⒶⒷⒸⒹⒺⒻⒼⒽⒾⒿⓀⓁ	2	[ˌpə:spi'keiʃəs]	a. 聪颖的，有洞察力的
harsh	ⒶⒷⒸⒹⒺⒻⒼⒽⒾⒿⓀⓁ	2	[ha:ʃ]	a. 粗糙的，刺耳的，严厉的
churlish	ⒶⒷⒸⒹⒺⒻⒼⒽⒾⒿⓀⓁ	2	['tʃə:liʃ]	a. 粗野的
remiss	ⒶⒷⒸⒹⒺⒻⒼⒽⒾⒿⓀⓁ	2	[ri'mis]	a. 怠慢的，疏忽的

单词	标记	频率	读音	词义
monotonous	ⒶⒷⒸⒹⒺⒻⒼⒽⒾⒿⓀⓁ	2	[mə'nɔtənəs]	a. 单调的，无变化的
hostile	ⒶⒷⒸⒹⒺⒻⒼⒽⒾⒿⓀⓁ	2	['hɔstail]	a. 敌对的，怀敌意的
subversive	ⒶⒷⒸⒹⒺⒻⒼⒽⒾⒿⓀⓁ	2	[sʌb'və:siv]	a. 颠覆性的，破坏性的 n. 破坏分子
volatile	ⒶⒷⒸⒹⒺⒻⒼⒽⒾⒿⓀⓁ	2	['vɔlətail]	a. 动荡的，反复无常的，易挥发的
versatile	ⒶⒷⒸⒹⒺⒻⒼⒽⒾⒿⓀⓁ	2	['və:sətail]	a. 多才多艺的，多功能的
officious	ⒶⒷⒸⒹⒺⒻⒼⒽⒾⒿⓀⓁ	2	[ə'fiʃəs]	a. 多管闲事的
succulent	ⒶⒷⒸⒹⒺⒻⒼⒽⒾⒿⓀⓁ	2	['sʌkjulənt]	a. 多汁的，肉质的
averse	ⒶⒷⒸⒹⒺⒻⒼⒽⒾⒿⓀⓁ	2	[ə'və:s]	a. 反对的，厌恶的
rebellious	ⒶⒷⒸⒹⒺⒻⒼⒽⒾⒿⓀⓁ	2	[ri'beljəs]	a. 反抗的，叛逆的，难控制的
defensive	ⒶⒷⒸⒹⒺⒻⒼⒽⒾⒿⓀⓁ	2	[di'fensiv]	a. 防卫的，防守的，辩护的
dissolute	ⒶⒷⒸⒹⒺⒻⒼⒽⒾⒿⓀⓁ	2	['disəlju:t]	a. 放荡的，放纵的
inconclusive	ⒶⒷⒸⒹⒺⒻⒼⒽⒾⒿⓀⓁ	2	[ˌinkən'klu:siv]	a. 非决定性的，不确定的
immaterial	ⒶⒷⒸⒹⒺⒻⒼⒽⒾⒿⓀⓁ	2	[ˌimə'tiəriəl]	a. 非物质的，无形的，不重要的
arduous	ⒶⒷⒸⒹⒺⒻⒼⒽⒾⒿⓀⓁ	2	['a:djuəs]	a. 费力的，辛勤的，险峻的
strenuous	ⒶⒷⒸⒹⒺⒻⒼⒽⒾⒿⓀⓁ	2	['strenjuəs]	a. 奋发的，费力的，积极的
corrosive	ⒶⒷⒸⒹⒺⒻⒼⒽⒾⒿⓀⓁ	2	[kə'rəusiv]	a. 腐蚀的 n. 腐蚀物
affordable	ⒶⒷⒸⒹⒺⒻⒼⒽⒾⒿⓀⓁ	2	[ə'fɔ:dəbl]	a. 负担得起的
culpable	ⒶⒷⒸⒹⒺⒻⒼⒽⒾⒿⓀⓁ	2	['kʌlpəbl]	a. 该受谴责的，有罪的
corrective	ⒶⒷⒸⒹⒺⒻⒼⒽⒾⒿⓀⓁ	2	[kə'rektiv]	a. 改正的，矫正的
maudlin	ⒶⒷⒸⒹⒺⒻⒼⒽⒾⒿⓀⓁ	2	['mɔ:dlin]	a. 感情脆弱的，易伤感的
perceptive	ⒶⒷⒸⒹⒺⒻⒼⒽⒾⒿⓀⓁ	2	[pə'septiv]	a. 感知的，敏感的，有洞察力的
radical	ⒶⒷⒸⒹⒺⒻⒼⒽⒾⒿⓀⓁ	2	['rædikəl]	a. 根本的，激进的 n. 激进分子
evenhanded	ⒶⒷⒸⒹⒺⒻⒼⒽⒾⒿⓀⓁ	2	['i:vən'hændid]	a. 公平的，公正的
equitable	ⒶⒷⒸⒹⒺⒻⒼⒽⒾⒿⓀⓁ	2	['ekwitəbl]	a. 公平的，公正的
utilitarian	ⒶⒷⒸⒹⒺⒻⒼⒽⒾⒿⓀⓁ	2	[ˌju:tili'teəriən]	a. 功利的 n. 功利主义者
symbiotic	ⒶⒷⒸⒹⒺⒻⒼⒽⒾⒿⓀⓁ	2	[ˌsimbai'ɔtik]	a. 共生的
quizzical	ⒶⒷⒸⒹⒺⒻⒼⒽⒾⒿⓀⓁ	2	['kwizikəl]	a. 古怪的，戏弄的，嘲弄的
adamant	ⒶⒷⒸⒹⒺⒻⒼⒽⒾⒿⓀⓁ	2	['ædəmənt]	a. 固执的，强硬的 n. 硬石
prescriptive	ⒶⒷⒸⒹⒺⒻⒼⒽⒾⒿⓀⓁ	2	[pris'kriptiv]	a. 规定的，约定俗成的
inquisitive	ⒶⒷⒸⒹⒺⒻⒼⒽⒾⒿⓀⓁ	2	[in'kwizitiv]	a. 好奇的，爱打听的
comical	ⒶⒷⒸⒹⒺⒻⒼⒽⒾⒿⓀⓁ	2	['kɔmikəl]	a. 好笑的，滑稽的
bellicose	ⒶⒷⒸⒹⒺⒻⒼⒽⒾⒿⓀⓁ	2	['belikəus]	a. 好战的，好斗的
belligerent	ⒶⒷⒸⒹⒺⒻⒼⒽⒾⒿⓀⓁ	2	[bi'lidʒərənt]	a. 好战的，交战的，交战国的
harmonious	ⒶⒷⒸⒹⒺⒻⒼⒽⒾⒿⓀⓁ	2	[ha:'məuniəs]	a. 和谐的，悦耳的
sensational	ⒶⒷⒸⒹⒺⒻⒼⒽⒾⒿⓀⓁ	2	[sen'seiʃənəl]	a. 轰动的，耸人听闻的，感觉的
florid	ⒶⒷⒸⒹⒺⒻⒼⒽⒾⒿⓀⓁ	2	['flɔrid]	a. 华丽的，红润的
incredulous	ⒶⒷⒸⒹⒺⒻⒼⒽⒾⒿⓀⓁ	2	[in'kredjuləs]	a. 怀疑的，不轻信的
palliative	ⒶⒷⒸⒹⒺⒻⒼⒽⒾⒿⓀⓁ	2	['pæliətiv]	a. 缓和的，不治本的 n. 缓和剂
desolate	ⒶⒷⒸⒹⒺⒻⒼⒽⒾⒿⓀⓁ	2	['desəlit]	a. 荒凉的，孤单的
jocular	ⒶⒷⒸⒹⒺⒻⒼⒽⒾⒿⓀⓁ	2	['dʒɔkjulə]	a. 诙谐的，滑稽的

单词	标记	频率	读音	词义
vivacious	ⒶⒷⒸⒹⒺⒻⒼⒽⒾⒿⓀⓁ	2	[vi'veiʃəs]	a. 活泼的
wary	ⒶⒷⒸⒹⒺⒻⒼⒽⒾⒿⓀⓁ	2	['weəri]	a. 机警的，小心的
witty	ⒶⒷⒸⒹⒺⒻⒼⒽⒾⒿⓀⓁ	2	['witi]	a. 机智的，诙谐的
tactful	ⒶⒷⒸⒹⒺⒻⒼⒽⒾⒿⓀⓁ	2	['tæktful]	a. 机智的，老练的
rudimentary	ⒶⒷⒸⒹⒺⒻⒼⒽⒾⒿⓀⓁ	2	[ru:di'mentəri]	a. 基本的，初步的，未充分发展的
infinitesimal	ⒶⒷⒸⒹⒺⒻⒼⒽⒾⒿⓀⓁ	2	[inˌfinə'tesiməl]	a. 极小的，无限小的
extemporaneous	ⒶⒷⒸⒹⒺⒻⒼⒽⒾⒿⓀⓁ	2	[eks'tempə'reiniəs]	a. 即兴的，临时的
jealous	ⒶⒷⒸⒹⒺⒻⒼⒽⒾⒿⓀⓁ	2	['dʒeləs]	a. 嫉妒的
monumental	ⒶⒷⒸⒹⒺⒻⒼⒽⒾⒿⓀⓁ	2	[ˌmɔnju'mentl]	a. 纪念碑的，不朽的
spurious	ⒶⒷⒸⒹⒺⒻⒼⒽⒾⒿⓀⓁ	2	['spjuəriəs]	a. 假的，伪造的
presumptive	ⒶⒷⒸⒹⒺⒻⒼⒽⒾⒿⓀⓁ	2	[pri'zʌmptiv]	a. 假定的，可能的
hypothetical	ⒶⒷⒸⒹⒺⒻⒼⒽⒾⒿⓀⓁ	2	['haipəu'θetikəl]	a. 假设的，假定的
scrupulous	ⒶⒷⒸⒹⒺⒻⒼⒽⒾⒿⓀⓁ	2	['skru:pjuləs]	a. 谨慎的，细心的
cautious	ⒶⒷⒸⒹⒺⒻⒼⒽⒾⒿⓀⓁ	2	['kɔ:ʃəs]	a. 谨慎的，小心的
punctilious	ⒶⒷⒸⒹⒺⒻⒼⒽⒾⒿⓀⓁ	2	[pʌŋk'tiliəs]	a. 谨小慎微的，一丝不苟的
vigilant	ⒶⒷⒸⒹⒺⒻⒼⒽⒾⒿⓀⓁ	2	['vidʒilənt]	a. 警戒的，警惕的
sedentary	ⒶⒷⒸⒹⒺⒻⒼⒽⒾⒿⓀⓁ	2	['sednteri]	a. 久坐的，固定不动的
prodigious	ⒶⒷⒸⒹⒺⒻⒼⒽⒾⒿⓀⓁ	2	[prə'didʒəs]	a. 巨大的，惊人的
obstinate	ⒶⒷⒸⒹⒺⒻⒼⒽⒾⒿⓀⓁ	2	['ɔbstinit]	a. 倔强的，顽固的，难治的
tangible	ⒶⒷⒸⒹⒺⒻⒼⒽⒾⒿⓀⓁ	2	['tændʒəbl]	a. 可触摸的，有形的
intelligible	ⒶⒷⒸⒹⒺⒻⒼⒽⒾⒿⓀⓁ	2	[in'telidʒəbl]	a. 可理解的，清楚的
lurid	ⒶⒷⒸⒹⒺⒻⒼⒽⒾⒿⓀⓁ	2	['ljuərid]	a. 可怕的，骇人听闻的，耀眼的
dire	ⒶⒷⒸⒹⒺⒻⒼⒽⒾⒿⓀⓁ	2	['daiə]	a. 可怕的，紧急的，急需的
disposable	ⒶⒷⒸⒹⒺⒻⒼⒽⒾⒿⓀⓁ	2	[dis'pəuzəbl]	a. 可任意处理的，一次性的
tolerable	ⒶⒷⒸⒹⒺⒻⒼⒽⒾⒿⓀⓁ	2	['tɔlərəbl]	a. 可容忍的，尚好的
edible	ⒶⒷⒸⒹⒺⒻⒼⒽⒾⒿⓀⓁ	2	['edibl]	a. 可食用的 n. 食品
retroactive	ⒶⒷⒸⒹⒺⒻⒼⒽⒾⒿⓀⓁ	2	[ˌretrəu'æktiv]	a. 可追溯的，有追溯力的
unprecedented	ⒶⒷⒸⒹⒺⒻⒼⒽⒾⒿⓀⓁ	2	[ʌn'presidəntid]	a. 空前的
joyous	ⒶⒷⒸⒹⒺⒻⒼⒽⒾⒿⓀⓁ	2	['dʒɔiəs]	a. 快乐的，高兴的
magnanimous	ⒶⒷⒸⒹⒺⒻⒼⒽⒾⒿⓀⓁ	2	[mæg'næniməs]	a. 宽宏大量的
furious	ⒶⒷⒸⒹⒺⒻⒼⒽⒾⒿⓀⓁ	2	['fjuəriəs]	a. 狂怒的，猛烈的
slovenly	ⒶⒷⒸⒹⒺⒻⒼⒽⒾⒿⓀⓁ	2	['slʌvənli]	a. 懒散的，不修边幅的
cumulative	ⒶⒷⒸⒹⒺⒻⒼⒽⒾⒿⓀⓁ	2	['kju:mjulətiv]	a. 累积的，渐增的
impersonal	ⒶⒷⒸⒹⒺⒻⒼⒽⒾⒿⓀⓁ	2	[im'pə:sənəl]	a. 客观的，与个人无关的
tawdry	ⒶⒷⒸⒹⒺⒻⒼⒽⒾⒿⓀⓁ	2	['tɔ:dri]	a. 廉价而俗丽的
troublesome	ⒶⒷⒸⒹⒺⒻⒼⒽⒾⒿⓀⓁ	2	['trʌblsəm]	a. 令人烦恼，困难的
ethical	ⒶⒷⒸⒹⒺⒻⒼⒽⒾⒿⓀⓁ	2	['eθikəl]	a. 伦理的，道德的
insensitive	ⒶⒷⒸⒹⒺⒻⒼⒽⒾⒿⓀⓁ	2	[in'sensitiv]	a. 麻木的，不敏感的
nebulous	ⒶⒷⒸⒹⒺⒻⒼⒽⒾⒿⓀⓁ	2	['nebjuləs]	a. 朦胧的，多云的，星云的
superstitious	ⒶⒷⒸⒹⒺⒻⒼⒽⒾⒿⓀⓁ	2	[ˌsju:pə'stiʃəs]	a. 迷信的

单词	标记	频率	读音	词义
secretive	ⒶⒷⒸⒹⒺⒻⒼⒽⒾⒿⓀⓁ	2	[si'kri:tiv]	a. 秘密的，偷偷摸摸的
dense	ⒶⒷⒸⒹⒺⒻⒼⒽⒾⒿⓀⓁ	2	[dens]	a. 密集的，稠密的
descriptive	ⒶⒷⒸⒹⒺⒻⒼⒽⒾⒿⓀⓁ	2	[di'skriptiv]	a. 描述的，叙述的
fallacious	ⒶⒷⒸⒹⒺⒻⒼⒽⒾⒿⓀⓁ	2	[fə'leiʃəs]	a. 谬误的，误导的，欺骗的
unpalatable	ⒶⒷⒸⒹⒺⒻⒼⒽⒾⒿⓀⓁ	2	[ʌn'pælətəbl]	a. 难吃的，令人讨厌的
intractable	ⒶⒷⒸⒹⒺⒻⒼⒽⒾⒿⓀⓁ	2	[in'træktəbl]	a. 难驾驭的，倔强的，难治愈的
implacable	ⒶⒷⒸⒹⒺⒻⒼⒽⒾⒿⓀⓁ	2	[im'plækəbl]	a. 难宽恕的，难和解的，执拗的
implausible	ⒶⒷⒸⒹⒺⒻⒼⒽⒾⒿⓀⓁ	2	[im'plɔ:zəbl]	a. 难以置信的，似乎不合情理的
recessive	ⒶⒷⒸⒹⒺⒻⒼⒽⒾⒿⓀⓁ	2	[ri'sesiv]	a. 逆行的，后退的，隐性的
sporadic	ⒶⒷⒸⒹⒺⒻⒼⒽⒾⒿⓀⓁ	2	[spə'rædik]	a. 偶尔发生的，零星的
incidental	ⒶⒷⒸⒹⒺⒻⒼⒽⒾⒿⓀⓁ	2	[ˌinsi'dentl]	a. 偶然的，附带的
occasional	ⒶⒷⒸⒹⒺⒻⒼⒽⒾⒿⓀⓁ	2	[ə'keiʒnəl]	a. 偶然的，临时的
fortuitous	ⒶⒷⒸⒹⒺⒻⒼⒽⒾⒿⓀⓁ	2	[fɔ:'tju:itəs]	a. 偶然的，幸运的
deceptive	ⒶⒷⒸⒹⒺⒻⒼⒽⒾⒿⓀⓁ	2	[di'septiv]	a. 骗人的，欺诈的
meager	ⒶⒷⒸⒹⒺⒻⒼⒽⒾⒿⓀⓁ	2	['mi:gə(r)]	a. 贫乏的，不足的，瘦的
mediocre	ⒶⒷⒸⒹⒺⒻⒼⒽⒾⒿⓀⓁ	2	[ˌmi:di'əukə]	a. 平庸的，平凡的
destructive	ⒶⒷⒸⒹⒺⒻⒼⒽⒾⒿⓀⓁ	2	[dis'trʌktiv]	a. 破坏性的，有害的
miraculous	ⒶⒷⒸⒹⒺⒻⒼⒽⒾⒿⓀⓁ	2	[mi'rækjuləs]	a. 奇迹的，不可思议的
unassuming	ⒶⒷⒸⒹⒺⒻⒼⒽⒾⒿⓀⓁ	2	['ʌnə'sju:miŋ]	a. 谦逊的，不装腔作势的
intimate	ⒶⒷⒸⒹⒺⒻⒼⒽⒾⒿⓀⓁ	2	['intimit]	a. 亲密的，私人的 n. 密友
gracious	ⒶⒷⒸⒹⒺⒻⒼⒽⒾⒿⓀⓁ	2	['greiʃəs]	a. 亲切的，优雅的，有礼貌的
sedulous	ⒶⒷⒸⒹⒺⒻⒼⒽⒾⒿⓀⓁ	2	['sedʒuləs]	a. 勤勉的，辛勤工作的
verdant	ⒶⒷⒸⒹⒺⒻⒼⒽⒾⒿⓀⓁ	2	['və:dənt]	a. 青翠的，稚嫩的
flippant	ⒶⒷⒸⒹⒺⒻⒼⒽⒾⒿⓀⓁ	2	['flipənt]	a. 轻率的，没礼貌的
emotional	ⒶⒷⒸⒹⒺⒻⒼⒽⒾⒿⓀⓁ	2	[i'məuʃənl]	a. 情绪的，情感的
deficient	ⒶⒷⒸⒹⒺⒻⒼⒽⒾⒿⓀⓁ	2	[di'fiʃənt]	a. 缺乏的，不足的，有缺陷的
apathetic	ⒶⒷⒸⒹⒺⒻⒼⒽⒾⒿⓀⓁ	2	[ˌæpə'θetik]	a. 缺乏兴趣的，冷漠的
definitive	ⒶⒷⒸⒹⒺⒻⒼⒽⒾⒿⓀⓁ	2	[di'finitiv]	a. 确定性的，权威性的 n. 限定词
humane	ⒶⒷⒸⒹⒺⒻⒼⒽⒾⒿⓀⓁ	2	[hju:'mein]	a. 人道的，仁慈的，文雅的
willful	ⒶⒷⒸⒹⒺⒻⒼⒽⒾⒿⓀⓁ	2	['wilful]	a. 任性的，故意的
supple	ⒶⒷⒸⒹⒺⒻⒼⒽⒾⒿⓀⓁ	2	['sʌpl]	a. 柔软的，逢迎的，顺从的 v. 使柔软
lithe	ⒶⒷⒸⒹⒺⒻⒼⒽⒾⒿⓀⓁ	2	[laið]	a. 柔软的，轻盈的
sagacious	ⒶⒷⒸⒹⒺⒻⒼⒽⒾⒿⓀⓁ	2	[sə'geiʃəs]	a. 睿智的，聪明的
mercurial	ⒶⒷⒸⒹⒺⒻⒼⒽⒾⒿⓀⓁ	2	[mə:'kjuəriəl]	a. 善变的，活泼的，水银的
profound	ⒶⒷⒸⒹⒺⒻⒼⒽⒾⒿⓀⓁ	2	[prə'faund]	a. 深奥的，意义深远的
mythical	ⒶⒷⒸⒹⒺⒻⒼⒽⒾⒿⓀⓁ	2	['miθikəl]	a. 神话的，虚构的
arcane	ⒶⒷⒸⒹⒺⒻⒼⒽⒾⒿⓀⓁ	2	[a:'kein]	a. 神秘的，不可思议的
mystical	ⒶⒷⒸⒹⒺⒻⒼⒽⒾⒿⓀⓁ	2	['mistikəl]	a. 神秘的，神秘主义的
notorious	ⒶⒷⒸⒹⒺⒻⒼⒽⒾⒿⓀⓁ	2	[nəu'tɔ:riəs]	a. 声名狼藉的
vocal	ⒶⒷⒸⒹⒺⒻⒼⒽⒾⒿⓀⓁ	2	['vəukl]	a. 声音的，发声的，声乐的

单词	标记	频率	读音	词义
reputable	ⒶⒷⒸⒹⒺⒻⒼⒽⒾⒿⓀⓁ	2	['repjutəbl]	a. 声誉好的
provincial	ⒶⒷⒸⒹⒺⒻⒼⒽⒾⒿⓀⓁ	2	[prə'vinʃəl]	a. 省的，狭隘的 n. 乡下人，外省人
nefarious	ⒶⒷⒸⒹⒺⒻⒼⒽⒾⒿⓀⓁ	2	[ni'feəriəs]	a. 十恶不赦的，恶毒的
carnivorous	ⒶⒷⒸⒹⒺⒻⒼⒽⒾⒿⓀⓁ	2	[ka:'nivərəs]	a. 食肉的，肉食性的
plausible	ⒶⒷⒸⒹⒺⒻⒼⒽⒾⒿⓀⓁ	2	['plɔ:zəbl]	a. 似乎合理的，花言巧语的
specious	ⒶⒷⒸⒹⒺⒻⒼⒽⒾⒿⓀⓁ	2	['spi:ʃəs]	a. 似是而非的，华而不实的
counterproductive	ⒶⒷⒸⒹⒺⒻⒼⒽⒾⒿⓀⓁ	2	[ˈkauntəprəˌdʌktiv]	a. 事与愿违的，起反作用的
appropriate	ⒶⒷⒸⒹⒺⒻⒼⒽⒾⒿⓀⓁ	2	[ə'prəupriit]	a. 适当的，恰当的 v. 拨款，挪用
circumscribed	ⒶⒷⒸⒹⒺⒻⒼⒽⒾⒿⓀⓁ	2	['sɜ:kəmskraibd]	a. 受限制的，外接的
instantaneous	ⒶⒷⒸⒹⒺⒻⒼⒽⒾⒿⓀⓁ	2	[ˌinstən'teiniəs]	a. 瞬间的，即刻的
defunct	ⒶⒷⒸⒹⒺⒻⒼⒽⒾⒿⓀⓁ	2	[di'fʌŋkt]	a. 死的，失效的，非现存的
vapid	ⒶⒷⒸⒹⒺⒻⒼⒽⒾⒿⓀⓁ	2	['væpid]	a. 索然无味的
ingenuous	ⒶⒷⒸⒹⒺⒻⒼⒽⒾⒿⓀⓁ	2	[in'dʒenjuəs]	a. 天真的，坦白的
defiant	ⒶⒷⒸⒹⒺⒻⒼⒽⒾⒿⓀⓁ	2	[di'faiənt]	a. 挑衅的，目中无人的
transparent	ⒶⒷⒸⒹⒺⒻⒼⒽⒾⒿⓀⓁ	2	[træns'peərənt]	a. 透明的，显然的
conjectural	ⒶⒷⒸⒹⒺⒻⒼⒽⒾⒿⓀⓁ	2	[kən'dʒektʃərəl]	a. 推测的，爱推测的
exotic	ⒶⒷⒸⒹⒺⒻⒼⒽⒾⒿⓀⓁ	2	[ig'zɔtik]	a. 外来的，异国的，奇异的
peripheral	ⒶⒷⒸⒹⒺⒻⒼⒽⒾⒿⓀⓁ	2	[pə'rifərəl]	a. 外围的，不重要的
hazardous	ⒶⒷⒸⒹⒺⒻⒼⒽⒾⒿⓀⓁ	2	['hæzədəs]	a. 危险的，冒险的
perilous	ⒶⒷⒸⒹⒺⒻⒼⒽⒾⒿⓀⓁ	2	['periləs]	a. 危险的，冒险的
sanctimonious	ⒶⒷⒸⒹⒺⒻⒼⒽⒾⒿⓀⓁ	2	[ˌsæŋkti'məuniəs]	a. 伪装虔诚的
unsubstantiated	ⒶⒷⒸⒹⒺⒻⒼⒽⒾⒿⓀⓁ	2	['ʌnsəb'stænʃieitid]	a. 未经证实的，无事实根据的
unanticipated	ⒶⒷⒸⒹⒺⒻⒼⒽⒾⒿⓀⓁ	2	['ʌnæn'tisipeitid]	a. 未预料到的
unparalleled	ⒶⒷⒸⒹⒺⒻⒼⒽⒾⒿⓀⓁ	2	[ʌn'pærəleld]	a. 无比的，无双的，空前的
imperceptive	ⒶⒷⒸⒹⒺⒻⒼⒽⒾⒿⓀⓁ	2	[ˌimpə'septiv]	a. 无感觉的，无知觉能力的
impassive	ⒶⒷⒸⒹⒺⒻⒼⒽⒾⒿⓀⓁ	2	[im'pæsiv]	a. 无感情的，冷漠的，无知觉的
gratuitous	ⒶⒷⒸⒹⒺⒻⒼⒽⒾⒿⓀⓁ	2	[grə'tju:itəs]	a. 无根据的，不必要的，免费的
insignificant	ⒶⒷⒸⒹⒺⒻⒼⒽⒾⒿⓀⓁ	2	[ˌinsig'nifikənt]	a. 无关紧要的，无意义的
immoderate	ⒶⒷⒸⒹⒺⒻⒼⒽⒾⒿⓀⓁ	2	[iˈmɔdərit]	a. 无节制的，过度的
insolent	ⒶⒷⒸⒹⒺⒻⒼⒽⒾⒿⓀⓁ	2	['insələnt]	a. 无礼的，傲慢的
irrational	ⒶⒷⒸⒹⒺⒻⒼⒽⒾⒿⓀⓁ	2	[i'ræʃənəl]	a. 无理性的 n. 无理数
undaunted	ⒶⒷⒸⒹⒺⒻⒼⒽⒾⒿⓀⓁ	2	[ʌn'dɔ:ntid]	a. 无畏的，不屈不挠的
unstinting	ⒶⒷⒸⒹⒺⒻⒼⒽⒾⒿⓀⓁ	2	[ʌn'stintiŋ]	a. 无限制的，慷慨的
ineffectual	ⒶⒷⒸⒹⒺⒻⒼⒽⒾⒿⓀⓁ	2	[ˌini'fektjuəl]	a. 无效率的，无能的，无用的
histrionic	ⒶⒷⒸⒹⒺⒻⒼⒽⒾⒿⓀⓁ	2	[ˌhistri'ɔnik]	a. 戏剧的，演戏似的，做作的
inferior	ⒶⒷⒸⒹⒺⒻⒼⒽⒾⒿⓀⓁ	2	[in'fiəriə]	a.下级的，次等的 n.下级，下属
tenuous	ⒶⒷⒸⒹⒺⒻⒼⒽⒾⒿⓀⓁ	2	['tenjuəs]	a. 纤细的，稀薄的，空洞的
prominent	ⒶⒷⒸⒹⒺⒻⒼⒽⒾⒿⓀⓁ	2	['prɔminənt]	a. 显著的，突出的
extant	ⒶⒷⒸⒹⒺⒻⒼⒽⒾⒿⓀⓁ	2	[eks'tænt]	a. 现存的，未毁的
hedonistic	ⒶⒷⒸⒹⒺⒻⒼⒽⒾⒿⓀⓁ	2	[ˌhi:də'nistik]	a. 享乐主义的

单词	标记	频率	读音	词义
villainous	ⒶⒷⒸⒹⒺⒻⒼⒽⒾⒿⓀⓁ	2	['vilənəs]	a. 邪恶的，恶毒的
tacit	ⒶⒷⒸⒹⒺⒻⒼⒽⒾⒿⓀⓁ	2	['tæsit]	a. 心照不宣的，隐含的，缄默的
exuberant	ⒶⒷⒸⒹⒺⒻⒼⒽⒾⒿⓀⓁ	2	[ig'zju:bərənt]	a. 兴高采烈的，繁茂的，丰富的
qualitative	ⒶⒷⒸⒹⒺⒻⒼⒽⒾⒿⓀⓁ	2	['kwɔlitətiv]	a. 性质上的，品质的，定性的
fulsome	ⒶⒷⒸⒹⒺⒻⒼⒽⒾⒿⓀⓁ	2	['fulsəm]	a. 虚伪的，令人生厌的
permissive	ⒶⒷⒸⒹⒺⒻⒼⒽⒾⒿⓀⓁ	2	[pə'misiv]	a. 许可的，获准的，纵容的
melodious	ⒶⒷⒸⒹⒺⒻⒼⒽⒾⒿⓀⓁ	2	[mi'ləudiəs]	a. 旋律优美的，悦耳的
itinerant	ⒶⒷⒸⒹⒺⒻⒼⒽⒾⒿⓀⓁ	2	[i'tinərənt]	a. 巡回的 n. 巡回者
expeditious	ⒶⒷⒸⒹⒺⒻⒼⒽⒾⒿⓀⓁ	2	[ˌekspi'diʃəs]	a. 迅速完成的，迅速而有效率的
acrimonious	ⒶⒷⒸⒹⒺⒻⒼⒽⒾⒿⓀⓁ	2	[ˌækri'məunjəs]	a. 严厉的，辛辣的，刻薄的
generic	ⒶⒷⒸⒹⒺⒻⒼⒽⒾⒿⓀⓁ	2	[dʒi'nerik]	a. 一般的，普通的，种属的
ritualistic	ⒶⒷⒸⒹⒺⒻⒼⒽⒾⒿⓀⓁ	2	[ˌritʃuə'listik]	a. 仪式的，遵守仪式的
empathetic	ⒶⒷⒸⒹⒺⒻⒼⒽⒾⒿⓀⓁ	2	[empə'θetik]	a. 移情作用的，感情移入的
artistic	ⒶⒷⒸⒹⒺⒻⒼⒽⒾⒿⓀⓁ	2	[a:'tistik]	a. 艺术的
irrepressible	ⒶⒷⒸⒹⒺⒻⒼⒽⒾⒿⓀⓁ	2	[ˌiri'presəbl]	a. 抑制不住的
explosive	ⒶⒷⒸⒹⒺⒻⒼⒽⒾⒿⓀⓁ	2	[iks'pləusiv]	a. 易爆炸的，爆炸性的 n. 炸药
expansive	ⒶⒷⒸⒹⒺⒻⒼⒽⒾⒿⓀⓁ	2	[iks'pænsiv]	a. 易膨胀的，健谈的，广阔的
skittish	ⒶⒷⒸⒹⒺⒻⒼⒽⒾⒿⓀⓁ	2	['skitiʃ]	a. 易受惊的，轻佻的，不可靠的
gullible	ⒶⒷⒸⒹⒺⒻⒼⒽⒾⒿⓀⓁ	2	['gʌlib(ə)l]	a. 易受骗的
susceptible	ⒶⒷⒸⒹⒺⒻⒼⒽⒾⒿⓀⓁ	2	[sə'septəbl]	a. 易受影响的，易感染的，容许的
pliant	ⒶⒷⒸⒹⒺⒻⒼⒽⒾⒿⓀⓁ	2	['plaiənt]	a. 易弯的，易受影响的
anecdotal	ⒶⒷⒸⒹⒺⒻⒼⒽⒾⒿⓀⓁ	2	[ˌænek'dəutl]	a. 轶事的，趣闻的
congenial	ⒶⒷⒸⒹⒺⒻⒼⒽⒾⒿⓀⓁ	2	[kən'dʒi:niəl]	a. 意气相投的，友善的，适宜的
covert	ⒶⒷⒸⒹⒺⒻⒼⒽⒾⒿⓀⓁ	2	['kʌvət]	a. 隐蔽的，秘密的 n. 树丛，隐藏处
reclusive	ⒶⒷⒸⒹⒺⒻⒼⒽⒾⒿⓀⓁ	2	[ri'klu:siv]	a. 隐居的，单独的
everlasting	ⒶⒷⒸⒹⒺⒻⒼⒽⒾⒿⓀⓁ	2	[ˌevə'la:stiŋ]	a. 永恒的，持久的
prestigious	ⒶⒷⒸⒹⒺⒻⒼⒽⒾⒿⓀⓁ	2	[ˌpres'ti:dʒəs]	a. 有声望的，有威望的
persuasive	ⒶⒷⒸⒹⒺⒻⒼⒽⒾⒿⓀⓁ	2	[pə'sweisiv]	a. 有说服力的，令人信服的
methodical	ⒶⒷⒸⒹⒺⒻⒼⒽⒾⒿⓀⓁ	2	[mə'θɔdikəl]	a. 有条理的，有方法的
ambitious	ⒶⒷⒸⒹⒺⒻⒼⒽⒾⒿⓀⓁ	2	[æm'biʃəs]	a. 有雄心的，野心勃勃的
instructive	ⒶⒷⒸⒹⒺⒻⒼⒽⒾⒿⓀⓁ	2	[in'strʌktiv]	a. 有益的，教育性的，有启发的
predictive	ⒶⒷⒸⒹⒺⒻⒼⒽⒾⒿⓀⓁ	2	[pri'diktiv]	a. 预言的，预兆的
prophetic	ⒶⒷⒸⒹⒺⒻⒼⒽⒾⒿⓀⓁ	2	[prə'fetik]	a. 预言的，预知的
cataclysmic	ⒶⒷⒸⒹⒺⒻⒼⒽⒾⒿⓀⓁ	2	[ˌkætə'klizmik]	a. 灾难性的，剧变的
cohesive	ⒶⒷⒸⒹⒺⒻⒼⒽⒾⒿⓀⓁ	2	[kəu'hi:siv]	a. 粘合性的，有结合力的
dominant	ⒶⒷⒸⒹⒺⒻⒼⒽⒾⒿⓀⓁ	2	['dɔminənt]	a. 占优势的，支配的，显性的
authentic	ⒶⒷⒸⒹⒺⒻⒼⒽⒾⒿⓀⓁ	2	[ɔ:'θentik]	a. 真实的，真正的
vibrant	ⒶⒷⒸⒹⒺⒻⒼⒽⒾⒿⓀⓁ	2	['vaibrənt]	a. 振动的，生机勃勃的
unflappable	ⒶⒷⒸⒹⒺⒻⒼⒽⒾⒿⓀⓁ	2	[ʌnˈflæpəbəl]	a. 镇定的，从容不迫的
formal	ⒶⒷⒸⒹⒺⒻⒼⒽⒾⒿⓀⓁ	2	['fɔ:məl]	a. 正式的，正规的

单词	标记	频率	读音	词义
orthodox	ⒶⒷⒸⒹⒺⒻⒼⒽⒾⒿⓀⓁ	2	['ɔ:θədɔks]	a. 正统的，传统的，东正教的
governmental	ⒶⒷⒸⒹⒺⒻⒼⒽⒾⒿⓀⓁ	2	[ˌgʌvən'mentl]	a. 政府的
supportive	ⒶⒷⒸⒹⒺⒻⒼⒽⒾⒿⓀⓁ	2	[sə'pɔ:tiv]	a. 支持的
intuitive	ⒶⒷⒸⒹⒺⒻⒼⒽⒾⒿⓀⓁ	2	[in'tju:itiv]	a. 直觉的，本能的
memorable	ⒶⒷⒸⒹⒺⒻⒼⒽⒾⒿⓀⓁ	2	['memərəbl]	a. 值得纪念的，难忘的
commendable	ⒶⒷⒸⒹⒺⒻⒼⒽⒾⒿⓀⓁ	2	[kə'mendəbl]	a. 值得赞美，可钦佩的
therapeutic	ⒶⒷⒸⒹⒺⒻⒼⒽⒾⒿⓀⓁ	2	[θerə'pju:tik]	a. 治疗的
remedial	ⒶⒷⒸⒹⒺⒻⒼⒽⒾⒿⓀⓁ	2	[ri'mi:djəl]	a. 治疗的，补习的
intellectual	ⒶⒷⒸⒹⒺⒻⒼⒽⒾⒿⓀⓁ	2	[ˌinti'lektjuəl]	a. 智力的，理性的 n. 知识分子
considerable	ⒶⒷⒸⒹⒺⒻⒼⒽⒾⒿⓀⓁ	2	[kən'sidərəbl]	a. 重要的，相当大的，可观的
subjective	ⒶⒷⒸⒹⒺⒻⒼⒽⒾⒿⓀⓁ	2	[sʌb'dʒektiv]	a. 主观的，个人的
predominant	ⒶⒷⒸⒹⒺⒻⒼⒽⒾⒿⓀⓁ	2	[pri'dɔminənt]	a. 主要的，占优势的，显著的
decorative	ⒶⒷⒸⒹⒺⒻⒼⒽⒾⒿⓀⓁ	2	['dekərətiv]	a. 装饰的，装饰性的
autonomous	ⒶⒷⒸⒹⒺⒻⒼⒽⒾⒿⓀⓁ	2	[ɔ:'tɔnəməs]	a. 自治的，自主的
pompously	ⒶⒷⒸⒹⒺⒻⒼⒽⒾⒿⓀⓁ	2	['pɔmpəsli]	ad. 傲慢地，盛大壮观地
clumsily	ⒶⒷⒸⒹⒺⒻⒼⒽⒾⒿⓀⓁ	2	['klʌmzili]	ad. 笨拙地
nonchalantly	ⒶⒷⒸⒹⒺⒻⒼⒽⒾⒿⓀⓁ	2	['nɔnʃələntli]	ad. 不激动地，冷淡地
diffidently	ⒶⒷⒸⒹⒺⒻⒼⒽⒾⒿⓀⓁ	2	['difidəntli]	ad. 胆怯地，羞怯地，不自信地
cunningly	ⒶⒷⒸⒹⒺⒻⒼⒽⒾⒿⓀⓁ	2	['kʌniŋli]	ad. 狡猾地
colloquially	ⒶⒷⒸⒹⒺⒻⒼⒽⒾⒿⓀⓁ	2	[kə'ləukwiəli]	ad. 口语地，俗语地
languidly	ⒶⒷⒸⒹⒺⒻⒼⒽⒾⒿⓀⓁ	2	['læŋgwidli]	ad. 疲倦地，无力地
assiduously	ⒶⒷⒸⒹⒺⒻⒼⒽⒾⒿⓀⓁ	2	[ə'sidʒuəsli]	ad. 勤勉地，刻苦地
profoundly	ⒶⒷⒸⒹⒺⒻⒼⒽⒾⒿⓀⓁ	2	[prə'faundli]	ad. 深深地，深刻地
tentatively	ⒶⒷⒸⒹⒺⒻⒼⒽⒾⒿⓀⓁ	2	['tentətivli]	ad. 试验性地，犹豫不决地
sternly	ⒶⒷⒸⒹⒺⒻⒼⒽⒾⒿⓀⓁ	2	['stə:nli]	ad. 严格地，严肃地，坚定地
philosophically	ⒶⒷⒸⒹⒺⒻⒼⒽⒾⒿⓀⓁ	2	[ˌfilə'sɔfikəli]	ad. 哲学上
solace	ⒶⒷⒸⒹⒺⒻⒼⒽⒾⒿⓀⓁ	2	['sɔləs]	n./v. 安慰，慰藉
triumph	ⒶⒷⒸⒹⒺⒻⒼⒽⒾⒿⓀⓁ	2	['traiəmf]	n./v. 获胜，凯旋
halt	ⒶⒷⒸⒹⒺⒻⒼⒽⒾⒿⓀⓁ	2	[hɔ:lt]	n./v. 停止，暂停
reprimand	ⒶⒷⒸⒹⒺⒻⒼⒽⒾⒿⓀⓁ	2	['reprima:nd]	n./v. 训斥，谴责
spar	ⒶⒷⒸⒹⒺⒻⒼⒽⒾⒿⓀⓁ	2	[spa:]	n./v. 争吵，拳击
levy	ⒶⒷⒸⒹⒺⒻⒼⒽⒾⒿⓀⓁ	2	['levi]	n./v. 征税，征兵
esteem	ⒶⒷⒸⒹⒺⒻⒼⒽⒾⒿⓀⓁ	2	[is'ti:m]	n./v. 尊敬，尊重
nemesis	ⒶⒷⒸⒹⒺⒻⒼⒽⒾⒿⓀⓁ	2	[ni'misis]	n. 报应，天罚，复仇女神
corollary	ⒶⒷⒸⒹⒺⒻⒼⒽⒾⒿⓀⓁ	2	[kə'rɔləri]	n. 必然的结果，推论
chronicle	ⒶⒷⒸⒹⒺⒻⒼⒽⒾⒿⓀⓁ	2	['krɔnikl]	n. 编年史，记录
polymath	ⒶⒷⒸⒹⒺⒻⒼⒽⒾⒿⓀⓁ	2	['pɔlimæθ]	n. 博学者
ineptitude	ⒶⒷⒸⒹⒺⒻⒼⒽⒾⒿⓀⓁ	2	[i'neptitju:d]	n. 不合适，愚笨，愚昧的言行
discord	ⒶⒷⒸⒹⒺⒻⒼⒽⒾⒿⓀⓁ	2	['diskɔ:d]	n. 不和谐，不一致
inexorableness	ⒶⒷⒸⒹⒺⒻⒼⒽⒾⒿⓀⓁ	2	[inˈeksərəblnis]	n. 不可说服

单词	标记	频率	读音	词义
disparity	ⒶⒷⒸⒹⒺⒻⒼⒽⒾⒿⓀⓁ	2	[dis'pæriti]	n. 不一致，不同，差距
inadequacy	ⒶⒷⒸⒹⒺⒻⒼⒽⒾⒿⓀⓁ	2	[in'ædikwəsi]	n. 不足，不完备，缺陷
irreverence	ⒶⒷⒸⒹⒺⒻⒼⒽⒾⒿⓀⓁ	2	[i'revərəns]	n. 不尊敬，无礼
pedestrian	ⒶⒷⒸⒹⒺⒻⒼⒽⒾⒿⓀⓁ	2	[pe'destriən]	n. 步行者 a. 徒步的，缺乏想象的
suspicion	ⒶⒷⒸⒹⒺⒻⒼⒽⒾⒿⓀⓁ	2	[səs'piʃən]	n. 猜疑，怀疑
flank	ⒶⒷⒸⒹⒺⒻⒼⒽⒾⒿⓀⓁ	2	[flæŋk]	n. 侧面，侧翼 v. 位于侧面
discrepancy	ⒶⒷⒸⒹⒺⒻⒼⒽⒾⒿⓀⓁ	2	[dis'krepənsi]	n. 差异，分歧
adulation	ⒶⒷⒸⒹⒺⒻⒼⒽⒾⒿⓀⓁ	2	[ˌædju'leiʃən]	n. 谄媚，奉承
linchpin	ⒶⒷⒸⒹⒺⒻⒼⒽⒾⒿⓀⓁ	2	['lintʃpin]	n. 车辖，关键
meditation	ⒶⒷⒸⒹⒺⒻⒼⒽⒾⒿⓀⓁ	2	[medi'teiʃən]	n. 沉思，冥想
aplomb	ⒶⒷⒸⒹⒺⒻⒼⒽⒾⒿⓀⓁ	2	['æplɔ:ŋ]	n. 沉着，镇静
platitude	ⒶⒷⒸⒹⒺⒻⒼⒽⒾⒿⓀⓁ	2	['plætitju:d]	n. 陈词滥调，陈腐
accomplishment	ⒶⒷⒸⒹⒺⒻⒼⒽⒾⒿⓀⓁ	2	[ə'kɔmpliʃmənt]	n. 成就，完成
deficit	ⒶⒷⒸⒹⒺⒻⒼⒽⒾⒿⓀⓁ	2	['defisit]	n. 赤字，亏空，逆差
animosity	ⒶⒷⒸⒹⒺⒻⒼⒽⒾⒿⓀⓁ	2	[ˌæni'mɔsiti]	n. 仇恨，憎恶，敌意
penalty	ⒶⒷⒸⒹⒺⒻⒼⒽⒾⒿⓀⓁ	2	['penlti]	n. 处罚，罚款，罚球
prospectus	ⒶⒷⒸⒹⒺⒻⒼⒽⒾⒿⓀⓁ	2	[prəs'pektəs]	n. 创业计划书，内容说明书
stimulus	ⒶⒷⒸⒹⒺⒻⒼⒽⒾⒿⓀⓁ	2	['stimjuləs]	n. 刺激，刺激物，激励
catalyst	ⒶⒷⒸⒹⒺⒻⒼⒽⒾⒿⓀⓁ	2	['kætəlist]	n. 催化剂，刺激因素
fragility	ⒶⒷⒸⒹⒺⒻⒼⒽⒾⒿⓀⓁ	2	[frə'dʒiliti]	n. 脆弱，虚弱，易碎
delusion	ⒶⒷⒸⒹⒺⒻⒼⒽⒾⒿⓀⓁ	2	[di'lu:ʒən]	n. 错觉，幻觉，妄想
conflagration	ⒶⒷⒸⒹⒺⒻⒼⒽⒾⒿⓀⓁ	2	[ˌkɔnflə'greiʃən]	n. 大火，大火灾
lobby	ⒶⒷⒸⒹⒺⒻⒼⒽⒾⒿⓀⓁ	2	['lɔbi]	n. 大厅，休息室 v. 进行游说
resilience	ⒶⒷⒸⒹⒺⒻⒼⒽⒾⒿⓀⓁ	2	[ri'ziliəns]	n. 弹性，弹力，适应力
partisanship	ⒶⒷⒸⒹⒺⒻⒼⒽⒾⒿⓀⓁ	2	[ˌpa:ti'zænʃip]	n. 党派性，党派偏见
adversary	ⒶⒷⒸⒹⒺⒻⒼⒽⒾⒿⓀⓁ	2	['ædvəsəri]	n. 敌手，对手
detractor	ⒶⒷⒸⒹⒺⒻⒼⒽⒾⒿⓀⓁ	2	[di'træktə(r)]	n. 诋毁者，贬低者
brevity	ⒶⒷⒸⒹⒺⒻⒼⒽⒾⒿⓀⓁ	2	['breviti]	n. 短暂，简洁
assertion	ⒶⒷⒸⒹⒺⒻⒼⒽⒾⒿⓀⓁ	2	[ə'sə:ʃən]	n. 断言，主张
symmetry	ⒶⒷⒸⒹⒺⒻⒼⒽⒾⒿⓀⓁ	2	['simitri]	n. 对称，对称性
opponent	ⒶⒷⒸⒹⒺⒻⒼⒽⒾⒿⓀⓁ	2	[ə'pəunənt]	n. 对手，敌手 a. 对立的
versatility	ⒶⒷⒸⒹⒺⒻⒼⒽⒾⒿⓀⓁ	2	[ˌvɜ:sə'tiləti]	n. 多功能性，多才多艺
boon	ⒶⒷⒸⒹⒺⒻⒼⒽⒾⒿⓀⓁ	2	[bu:n]	n. 恩惠
benefactor	ⒶⒷⒸⒹⒺⒻⒼⒽⒾⒿⓀⓁ	2	['benifæktə]	n. 恩人，捐助者
reversal	ⒶⒷⒸⒹⒺⒻⒼⒽⒾⒿⓀⓁ	2	[ri'və:səl]	n. 翻转，倒转，反转
scope	ⒶⒷⒸⒹⒺⒻⒼⒽⒾⒿⓀⓁ	2	[skəup]	n. 范围，眼界，机会 v. 仔细研究
impediment	ⒶⒷⒸⒹⒺⒻⒼⒽⒾⒿⓀⓁ	2	[im'pedimənt]	n. 妨碍，口吃，障碍物
profligacy	ⒶⒷⒸⒹⒺⒻⒼⒽⒾⒿⓀⓁ	2	['prɔfligəsi]	n. 放荡，肆意挥霍
renunciation	ⒶⒷⒸⒹⒺⒻⒼⒽⒾⒿⓀⓁ	2	[riˌnʌnsi'eiʃən]	n. 放弃，弃权，自我克制
aspersion	ⒶⒷⒸⒹⒺⒻⒼⒽⒾⒿⓀⓁ	2	[əs'pə:ʃən]	n. 诽谤，中伤

单词	标记	频率	读音	词义
resentment	ⒶⒷⒸⒹⒺⒻⒼⒽⒾⒿⓀⓁ	2	[ri'zentmənt]	n. 愤恨，怨恨
profusion	ⒶⒷⒸⒹⒺⒻⒼⒽⒾⒿⓀⓁ	2	[prə'fju:ʒən]	n. 丰富，浪费
innuendo	ⒶⒷⒸⒹⒺⒻⒼⒽⒾⒿⓀⓁ	2	[ˌinju'endəu]	n. 讽刺，暗讽
buoy	ⒶⒷⒸⒹⒺⒻⒼⒽⒾⒿⓀⓁ	2	[bɔi]	n. 浮标，救生圈 v. 使浮起，鼓励
corruption	ⒶⒷⒸⒹⒺⒻⒼⒽⒾⒿⓀⓁ	2	[kə'rʌpʃən]	n. 腐败，贪污，堕落
erosion	ⒶⒷⒸⒹⒺⒻⒼⒽⒾⒿⓀⓁ	2	[i'rəuʒən]	n. 腐蚀，侵蚀
resurgence	ⒶⒷⒸⒹⒺⒻⒼⒽⒾⒿⓀⓁ	2	[ri'sɜ:dʒəns]	n. 复活，再现，重新开始
affluence	ⒶⒷⒸⒹⒺⒻⒼⒽⒾⒿⓀⓁ	2	['æfluəns]	n. 富裕，丰富，流入
embarrassment	ⒶⒷⒸⒹⒺⒻⒼⒽⒾⒿⓀⓁ	2	[im'bærəsmənt]	n. 尴尬，困窘
interloper	ⒶⒷⒸⒹⒺⒻⒼⒽⒾⒿⓀⓁ	2	['intələupə(r)]	n. 干涉他人事务者，闯入者
seclusion	ⒶⒷⒸⒹⒺⒻⒼⒽⒾⒿⓀⓁ	2	[si'klu:ʒən]	n. 隔离，隔绝，隐退
quarantine	ⒶⒷⒸⒹⒺⒻⒼⒽⒾⒿⓀⓁ	2	['kwɔrənti:n]	n. 隔离，隔离期 v. 检疫
isolation	ⒶⒷⒸⒹⒺⒻⒼⒽⒾⒿⓀⓁ	2	[ˌaisəu'leiʃən]	n. 隔离，孤立
implement	ⒶⒷⒸⒹⒺⒻⒼⒽⒾⒿⓀⓁ	2	['implimənt]	n. 工具，器具 v. 使生效，实施
missive	ⒶⒷⒸⒹⒺⒻⒼⒽⒾⒿⓀⓁ	2	['misiv]	n. 公文，书信
purveyor	ⒶⒷⒸⒹⒺⒻⒼⒽⒾⒿⓀⓁ	2	[pə'veiə(r)]	n. 供应粮食者，承办者，传播者
relevance	ⒶⒷⒸⒹⒺⒻⒼⒽⒾⒿⓀⓁ	2	['relivəns]	n. 关联，相关性
restitution	ⒶⒷⒸⒹⒺⒻⒼⒽⒾⒿⓀⓁ	2	[ˌresti'tju:ʃən]	n. 归还，偿还，恢复
induction	ⒶⒷⒸⒹⒺⒻⒼⒽⒾⒿⓀⓁ	2	[in'dʌkʃən]	n. 归纳法，感应，就职
sophistry	ⒶⒷⒸⒹⒺⒻⒼⒽⒾⒿⓀⓁ	2	['sɔfistri]	n. 诡辩，谬论
plethora	ⒶⒷⒸⒹⒺⒻⒼⒽⒾⒿⓀⓁ	2	['pleθərə]	n. 过剩，过量，多血症
plaudit	ⒶⒷⒸⒹⒺⒻⒼⒽⒾⒿⓀⓁ	2	['plɔ:dit]	n. 喝彩，赞美
rationality	ⒶⒷⒸⒹⒺⒻⒼⒽⒾⒿⓀⓁ	2	[ˌræʃə'næliti]	n. 合理性，理性观点
affability	ⒶⒷⒸⒹⒺⒻⒼⒽⒾⒿⓀⓁ	2	[ˌæfə'bility]	n. 和蔼，殷勤，亲切
backlash	ⒶⒷⒸⒹⒺⒻⒼⒽⒾⒿⓀⓁ	2	['bæklæʃ]	n. 后冲，反撞，强烈反对
effrontery	ⒶⒷⒸⒹⒺⒻⒼⒽⒾⒿⓀⓁ	2	[e'frʌntəri]	n. 厚颜无耻
flamboyance	ⒶⒷⒸⒹⒺⒻⒼⒽⒾⒿⓀⓁ	2	[flæm'bɔiəns]	n. 华丽，辉煌
cosmetic	ⒶⒷⒸⒹⒺⒻⒼⒽⒾⒿⓀⓁ	2	[kɔz'metik]	n. 化妆品 a. 化妆用的
skeptic	ⒶⒷⒸⒹⒺⒻⒼⒽⒾⒿⓀⓁ	2	['skeptik]	n. 怀疑者，怀疑论者，无神论者
acclamation	ⒶⒷⒸⒹⒺⒻⒼⒽⒾⒿⓀⓁ	2	[ˌæklə'meiʃən]	n. 欢呼， 喝彩， 赞成
merriment	ⒶⒷⒸⒹⒺⒻⒼⒽⒾⒿⓀⓁ	2	['merimənt]	n. 欢乐
buffer	ⒶⒷⒸⒹⒺⒻⒼⒽⒾⒿⓀⓁ	2	['bʌfə]	n. 缓冲器，缓存区
fluster	ⒶⒷⒸⒹⒺⒻⒼⒽⒾⒿⓀⓁ	2	['flʌstə]	n. 慌乱，混乱 v. 使慌张
demolition	ⒶⒷⒸⒹⒺⒻⒼⒽⒾⒿⓀⓁ	2	[ˌdemə'liʃən]	n. 毁坏，破坏
compound	ⒶⒷⒸⒹⒺⒻⒼⒽⒾⒿⓀⓁ	2	['kɔmpaund]	n. 混合物 v. 混合 a. 复合的
confusion	ⒶⒷⒸⒹⒺⒻⒼⒽⒾⒿⓀⓁ	2	[kən'fju:ʒən]	n. 混乱，混淆
opportunism	ⒶⒷⒸⒹⒺⒻⒼⒽⒾⒿⓀⓁ	2	['ɔpətju:nizm]	n. 机会主义，投机主义
auspicious	ⒶⒷⒸⒹⒺⒻⒼⒽⒾⒿⓀⓁ	2	[ɔ:'spiʃəs]	a. 吉兆的，幸运的
extremity	ⒶⒷⒸⒹⒺⒻⒼⒽⒾⒿⓀⓁ	2	[iks'tremiti]	n. 极端，绝境，末端
convergence	ⒶⒷⒸⒹⒺⒻⒼⒽⒾⒿⓀⓁ	2	[kən'vɜ:dʒəns]	n. 集中，聚合

单词	标记	频率	读音	词义
knack	ⒶⒷⒸⒹⒺⒻⒼⒽⒾⒿⓀⓁ	2	[næk]	n. 技术, 诀窍
consecration	ⒶⒷⒸⒹⒺⒻⒼⒽⒾⒿⓀⓁ	2	[ˌkɔnsi'kreiʃən]	n. 祭祀， 献祭仪式，神圣化
persistence	ⒶⒷⒸⒹⒺⒻⒼⒽⒾⒿⓀⓁ	2	[pə'sistəns]	n. 坚持, 毅力
steadfastness	ⒶⒷⒸⒹⒺⒻⒼⒽⒾⒿⓀⓁ	2	['stedfəstnis]	n. 坚定不移
diminution	ⒶⒷⒸⒹⒺⒻⒼⒽⒾⒿⓀⓁ	2	[ˌdimi'nju:ʃən]	n. 减少, 缩小
impasse	ⒶⒷⒸⒹⒺⒻⒼⒽⒾⒿⓀⓁ	2	[æm'pa:s;im-]	n. 僵局, 死路
dogmatist	ⒶⒷⒸⒹⒺⒻⒼⒽⒾⒿⓀⓁ	2	['dɔgmətist]	n. 教条主义者, 武断的人
acceptance	ⒶⒷⒸⒹⒺⒻⒼⒽⒾⒿⓀⓁ	2	[ək'septəns]	n. 接受, 认可
revelation	ⒶⒷⒸⒹⒺⒻⒼⒽⒾⒿⓀⓁ	2	[ˌrevi'leiʃən]	n. 揭露, 泄露, 启示
debunker	ⒶⒷⒸⒹⒺⒻⒼⒽⒾⒿⓀⓁ	2	[ˌdi'bʌŋkə]	n. 揭露真相者
tension	ⒶⒷⒸⒹⒺⒻⒼⒽⒾⒿⓀⓁ	2	['tenʃən]	n. 紧张, 拉力 v. 使拉紧, 使绷紧
ascetic	ⒶⒷⒸⒹⒺⒻⒼⒽⒾⒿⓀⓁ	2	[ə'setik]	n. 禁欲者,修道者 a. 修道的,禁欲的
durability	ⒶⒷⒸⒹⒺⒻⒼⒽⒾⒿⓀⓁ	2	[ˌdjuərə'biliti]	n. 经久性, 耐久力
empiricism	ⒶⒷⒸⒹⒺⒻⒼⒽⒾⒿⓀⓁ	2	[em'pirisizəm]	n. 经验主义
rivalry	ⒶⒷⒸⒹⒺⒻⒼⒽⒾⒿⓀⓁ	2	['raivəlri]	n. 竞争, 敌对, 对抗
rejection	ⒶⒷⒸⒹⒺⒻⒼⒽⒾⒿⓀⓁ	2	[ri'dʒekʃən]	n. 拒绝, 抛弃物, 排异反应 ✔
embodiment	ⒶⒷⒸⒹⒺⒻⒼⒽⒾⒿⓀⓁ	2	[im'bɔdimənt]	n. 具体化, 化身
sovereign	ⒶⒷⒸⒹⒺⒻⒼⒽⒾⒿⓀⓁ	2	['sɔvrin]	n. 君主,元首 a.至高无上的, 主权的
plasticity	ⒶⒷⒸⒹⒺⒻⒼⒽⒾⒿⓀⓁ	2	[plæs'tisiti]	n. 可塑性, 适应性
dilemma	ⒶⒷⒸⒹⒺⒻⒼⒽⒾⒿⓀⓁ	2	[di'lemə;dai-]	n. 困境, 进退两难
ideologue	ⒶⒷⒸⒹⒺⒻⒼⒽⒾⒿⓀⓁ	2	['aidi:əulɔg]	n. 理论家, 思想家
rationalism	ⒶⒷⒸⒹⒺⒻⒼⒽⒾⒿⓀⓁ	2	['ræʃənəlizəm]	n. 理性主义, 唯理论
legislation	ⒶⒷⒸⒹⒺⒻⒼⒽⒾⒿⓀⓁ	2	[ˌledʒis'leiʃən]	n. 立法, 法律, 法规
altruism	ⒶⒷⒸⒹⒺⒻⒼⒽⒾⒿⓀⓁ	2	['æltruizəm]	n. 利他主义
commiseration	ⒶⒷⒸⒹⒺⒻⒼⒽⒾⒿⓀⓁ	2	[kəˌmizə'reiʃən]	n. 怜悯, 同情
counsel	ⒶⒷⒸⒹⒺⒻⒼⒽⒾⒿⓀⓁ	2	['kaunsəl]	n. 律师, 忠告 v. 劝告, 建议
sycophant	ⒶⒷⒸⒹⒺⒻⒼⒽⒾⒿⓀⓁ	2	['sikəfənt]	n. 马屁精
ambivalence	ⒶⒷⒸⒹⒺⒻⒼⒽⒾⒿⓀⓁ	2	[æm'bivələns]	n. 矛盾情绪, 犹豫不决
ally	ⒶⒷⒸⒹⒺⒻⒼⒽⒾⒿⓀⓁ	2	[ə'lai;æ'lai]	n. 盟友, 同盟国 v. 联盟, 结盟
dismissal	ⒶⒷⒸⒹⒺⒻⒼⒽⒾⒿⓀⓁ	2	[dis'misəl]	n. 免职, 解雇
alacrity	ⒶⒷⒸⒹⒺⒻⒼⒽⒾⒿⓀⓁ	2	[ə'lækriti]	n. 敏捷, 轻快, 乐意
acumen	ⒶⒷⒸⒹⒺⒻⒼⒽⒾⒿⓀⓁ	2	[ə'kju:mən]	n. 敏锐, 聪明
evasiveness	ⒶⒷⒸⒹⒺⒻⒼⒽⒾⒿⓀⓁ	2	[ivei'sivnis]	n. 模棱两可, 逃避
objective	ⒶⒷⒸⒹⒺⒻⒼⒽⒾⒿⓀⓁ	2	[əb'dʒektiv]	n. 目标, 宾语 a. 客观的, 真实的
patience	ⒶⒷⒸⒹⒺⒻⒼⒽⒾⒿⓀⓁ	2	['peiʃəns]	n. 耐性, 忍耐
exasperation	ⒶⒷⒸⒹⒺⒻⒼⒽⒾⒿⓀⓁ	2	[igˌza:spə'reiʃən]	n. 恼怒
anonymity	ⒶⒷⒸⒹⒺⒻⒼⒽⒾⒿⓀⓁ	2	[ˌænə'nimiti]	n. 匿名
contingency	ⒶⒷⒸⒹⒺⒻⒼⒽⒾⒿⓀⓁ	2	[kən'tindʒənsi]	n. 偶然, 偶发事件
iconoclast	ⒶⒷⒸⒹⒺⒻⒼⒽⒾⒿⓀⓁ	2	[ai'kɔnəklæst]	n. 偶像破坏者, 提倡打破旧习的人
diatribe	ⒶⒷⒸⒹⒺⒻⒼⒽⒾⒿⓀⓁ	2	['daiətraib]	n. 抨击, 谩骂

单词	标记	频率	读音	词义
expansion	ⒶⒷⒸⒹⒺⒻⒼⒽⒾⒿⓀⓁ	2	[iks'pænʃən]	n. 膨胀，扩展，扩张
temper	ⒶⒷⒸⒹⒺⒻⒼⒽⒾⒿⓀⓁ	2	['tempə]	n. 脾气，情绪 v. 调和，缓和
predilection	ⒶⒷⒸⒹⒺⒻⒼⒽⒾⒿⓀⓁ	2	[ˌpri:di'lekʃən]	n. 偏好，偏袒
charlatan	ⒶⒷⒸⒹⒺⒻⒼⒽⒾⒿⓀⓁ	2	['ʃa:lətən]	n. 骗子，冒充内行者
indigence	ⒶⒷⒸⒹⒺⒻⒼⒽⒾⒿⓀⓁ	2	['indidʒəns]	n. 贫穷
destruction	ⒶⒷⒸⒹⒺⒻⒼⒽⒾⒿⓀⓁ	2	[dis'trʌkʃən]	n. 破坏，毁灭
austerity	ⒶⒷⒸⒹⒺⒻⒼⒽⒾⒿⓀⓁ	2	[ɔs'teriti]	n. 朴素，节俭，严厉，紧缩
entrepreneur	ⒶⒷⒸⒹⒺⒻⒼⒽⒾⒿⓀⓁ	2	[ˌɔntrəprə'nə:]	n. 企业家
modesty	ⒶⒷⒸⒹⒺⒻⒼⒽⒾⒿⓀⓁ	2	['mɔdisti]	n. 谦逊，端庄，朴实
prospect	ⒶⒷⒸⒹⒺⒻⒼⒽⒾⒿⓀⓁ	2	['prɔspekt]	n. 前景，景象，希望 v. 勘探
denunciation	ⒶⒷⒸⒹⒺⒻⒼⒽⒾⒿⓀⓁ	2	[dinʌnsi'eiʃ(ə)n]	n. 谴责，指控
diligence	ⒶⒷⒸⒹⒺⒻⒼⒽⒾⒿⓀⓁ	2	['dilidʒəns]	n. 勤奋
frivolity	ⒶⒷⒸⒹⒺⒻⒼⒽⒾⒿⓀⓁ	2	[fri'vɔliti]	n. 轻浮，无聊的事
innocence	ⒶⒷⒸⒹⒺⒻⒼⒽⒾⒿⓀⓁ	2	['inəsns]	n. 清白，无罪，单纯
diffidence	ⒶⒷⒸⒹⒺⒻⒼⒽⒾⒿⓀⓁ	2	['difidəns]	n. 缺乏自信，羞怯
concession	ⒶⒷⒸⒹⒺⒻⒼⒽⒾⒿⓀⓁ	2	[kən'seʃən]	n. 让步，妥协，特许权
ardor	ⒶⒷⒸⒹⒺⒻⒼⒽⒾⒿⓀⓁ	2	['a:də]	n. 热心，热情
amalgamation	ⒶⒷⒸⒹⒺⒻⒼⒽⒾⒿⓀⓁ	2	[əˌmælgə'meiʃən]	n. 融合，合并
turmoil	ⒶⒷⒸⒹⒺⒻⒼⒽⒾⒿⓀⓁ	2	['tə:mɔil]	n. 骚动，混乱
extravagance	ⒶⒷⒸⒹⒺⒻⒼⒽⒾⒿⓀⓁ	2	[ik'strævəgəns]	n. 奢侈，浪费，挥霍无度
luxury	ⒶⒷⒸⒹⒺⒻⒼⒽⒾⒿⓀⓁ	2	['lʌkʃəri]	n. 奢侈，奢侈品
stature	ⒶⒷⒸⒹⒺⒻⒼⒽⒾⒿⓀⓁ	2	['stætʃə]	n. 身高，身材，名望
rancor	ⒶⒷⒸⒹⒺⒻⒼⒽⒾⒿⓀⓁ	2	['ræŋkə(r)]	n. 深仇，敌意
prestige	ⒶⒷⒸⒹⒺⒻⒼⒽⒾⒿⓀⓁ	2	[pres'ti:ʒ]	n. 声望，威望
demonstration	ⒶⒷⒸⒹⒺⒻⒼⒽⒾⒿⓀⓁ	2	[ˌdeməns'treiʃən]	n. 示范，实证，示威
plausibility	ⒶⒷⒸⒹⒺⒻⒼⒽⒾⒿⓀⓁ	2	[ˌplɔ:zə'biləti]	n. 似有道理，善辩
vet	ⒶⒷⒸⒹⒺⒻⒼⒽⒾⒿⓀⓁ	2	[vet]	n. 兽医，老兵 v. 审查，诊疗
oversight	ⒶⒷⒸⒹⒺⒻⒼⒽⒾⒿⓀⓁ	2	['əuvəsait]	n. 疏忽，监管
eulogy	ⒶⒷⒸⒹⒺⒻⒼⒽⒾⒿⓀⓁ	2	['ju:lədʒi]	n. 颂词，悼词，赞美
privilege	ⒶⒷⒸⒹⒺⒻⒼⒽⒾⒿⓀⓁ	2	['privilidʒ]	n. 特权，优惠 v. 给予特权
scapegoat	ⒶⒷⒸⒹⒺⒻⒼⒽⒾⒿⓀⓁ	2	['skeipgəut]	n. 替罪羊
genius	ⒶⒷⒸⒹⒺⒻⒼⒽⒾⒿⓀⓁ	2	['dʒi:njəs]	n. 天才，天赋
concordance	ⒶⒷⒸⒹⒺⒻⒼⒽⒾⒿⓀⓁ	2	[kən'kɔ:dəns]	n. 调和，一致
suffrage	ⒶⒷⒸⒹⒺⒻⒼⒽⒾⒿⓀⓁ	2	['sʌfridʒ]	n. 投票，选举权，参政权
prominence	ⒶⒷⒸⒹⒺⒻⒼⒽⒾⒿⓀⓁ	2	['prɔminəns]	n. 突出，声望，显著
presumption	ⒶⒷⒸⒹⒺⒻⒼⒽⒾⒿⓀⓁ	2	[pri'zʌmpʃən]	n. 推测，可能性，冒昧，放肆
transgression	ⒶⒷⒸⒹⒺⒻⒼⒽⒾⒿⓀⓁ	2	[træns'greʃən]	n. 违反，犯罪
uniqueness	ⒶⒷⒸⒹⒺⒻⒼⒽⒾⒿⓀⓁ	2	[ju:'ni:knis]	n. 唯一性，独特性
euphemism	ⒶⒷⒸⒹⒺⒻⒼⒽⒾⒿⓀⓁ	2	['ju:fimizəm]	n. 委婉的说法
flavor	ⒶⒷⒸⒹⒺⒻⒼⒽⒾⒿⓀⓁ	2	['fleivə]	n. 味道，调味品 v. 添加情趣

单词	标记	频率	读音	词义
futility	ⒶⒷⒸⒹⒺⒻⒼⒽⒾⒿⓀⓁ	2	[fju:'tiləti]	n. 无用，无价值
avant-garde	ⒶⒷⒸⒹⒺⒻⒼⒽⒾⒿⓀⓁ	2	[əv:ŋ'ga:d]	n. 先锋派，前卫
sinecure	ⒶⒷⒸⒹⒺⒻⒼⒽⒾⒿⓀⓁ	2	['sainikjuə]	n. 闲职
correlation	ⒶⒷⒸⒹⒺⒻⒼⒽⒾⒿⓀⓁ	2	[ˌkɔri'leiʃən]	n. 相互关系，关联
foible	ⒶⒷⒸⒹⒺⒻⒼⒽⒾⒿⓀⓁ	2	['fɔibl]	n. 小缺点，小毛病
meticulousness	ⒶⒷⒸⒹⒺⒻⒼⒽⒾⒿⓀⓁ	2	[mi'tikjuləsnis]	n. 小心，谨小慎微
synergy	ⒶⒷⒸⒹⒺⒻⒼⒽⒾⒿⓀⓁ	2	['sinədʒi]	n. 协同作用，协力
disposition	ⒶⒷⒸⒹⒺⒻⒼⒽⒾⒿⓀⓁ	2	[dispə'ziʃən]	n. 性情，处置，布置
elocution	ⒶⒷⒸⒹⒺⒻⒼⒽⒾⒿⓀⓁ	2	[ˌelə'kju:ʃən]	n. 雄辩术，演说法
truce	ⒶⒷⒸⒹⒺⒻⒼⒽⒾⒿⓀⓁ	2	[tru:s]	n. 休战
rhetoric	ⒶⒷⒸⒹⒺⒻⒼⒽⒾⒿⓀⓁ	2	['retərik]	n. 修辞，修辞学，花言巧语
pedant	ⒶⒷⒸⒹⒺⒻⒼⒽⒾⒿⓀⓁ	2	['pedənt]	n. 学究，卖弄学问者，书呆子
inquiry	ⒶⒷⒸⒹⒺⒻⒼⒽⒾⒿⓀⓁ	2	[in'kwaiəri]	n. 询问，调查
rigor	ⒶⒷⒸⒹⒺⒻⒼⒽⒾⒿⓀⓁ	2	['rigə]	n. 严格，艰苦，严酷
starkness	ⒶⒷⒸⒹⒺⒻⒼⒽⒾⒿⓀⓁ	2	[sta:knis]	n. 严酷，严厉，明显
acrimony	ⒶⒷⒸⒹⒺⒻⒼⒽⒾⒿⓀⓁ	2	['ækriməni]	n. 严厉，辛辣，刻毒
aversion	ⒶⒷⒸⒹⒺⒻⒼⒽⒾⒿⓀⓁ	2	[ə'və:ʃən]	n. 厌恶，讨厌的人或事
misanthrope	ⒶⒷⒸⒹⒺⒻⒼⒽⒾⒿⓀⓁ	2	['misənθrəup]	n. 厌恶人类的人，愤世嫉俗者
consistency	ⒶⒷⒸⒹⒺⒻⒼⒽⒾⒿⓀⓁ	2	[kən'sistənsi]	n. 一致性，连贯性，浓度
empathy	ⒶⒷⒸⒹⒺⒻⒼⒽⒾⒿⓀⓁ	2	['empəθi]	n. 移情作用，共鸣，心意相通
vestige	ⒶⒷⒸⒹⒺⒻⒼⒽⒾⒿⓀⓁ	2	['vestidʒ]	n. 遗迹，退化的器官
artistry	ⒶⒷⒸⒹⒺⒻⒼⒽⒾⒿⓀⓁ	2	['a:tistri]	n. 艺术性，艺术才能
restraint	ⒶⒷⒸⒹⒺⒻⒼⒽⒾⒿⓀⓁ	2	[ris'treint]	n. 抑制，制止，束缚
secretiveness	ⒶⒷⒸⒹⒺⒻⒼⒽⒾⒿⓀⓁ	2	['si:krətivnis]	n. 隐匿，分泌
dominance	ⒶⒷⒸⒹⒺⒻⒼⒽⒾⒿⓀⓁ	2	['dɔminəns]	n. 优势，支配
hesitation	ⒶⒷⒸⒹⒺⒻⒼⒽⒾⒿⓀⓁ	2	[ˌhezi'teiʃən]	n. 犹豫，踌躇
inducement	ⒶⒷⒸⒹⒺⒻⒼⒽⒾⒿⓀⓁ	2	[in'dju:smənt]	n. 诱因，动机，刺激物
foresight	ⒶⒷⒸⒹⒺⒻⒼⒽⒾⒿⓀⓁ	2	['fɔ:sait]	n. 远见，深谋远虑
aloofness	ⒶⒷⒸⒹⒺⒻⒼⒽⒾⒿⓀⓁ	2	[ə'lu:fnis]	n. 远离，高傲
calamity	ⒶⒷⒸⒹⒺⒻⒼⒽⒾⒿⓀⓁ	2	[kə'læmiti]	n. 灾难，灾祸
scrutiny	ⒶⒷⒸⒹⒺⒻⒼⒽⒾⒿⓀⓁ	2	['skru:tini]	n. 仔细检查，细看
respite	ⒶⒷⒸⒹⒺⒻⒼⒽⒾⒿⓀⓁ	2	['respait]	n. 暂缓，缓刑 v. 延期，推迟
liability	ⒶⒷⒸⒹⒺⒻⒼⒽⒾⒿⓀⓁ	2	[ˌlaiə'biliti]	n. 责任，债务，倾向
antipathy	ⒶⒷⒸⒹⒺⒻⒼⒽⒾⒿⓀⓁ	2	[æn'tipəθi]	n. 憎恶，反感
harangue	ⒶⒷⒸⒹⒺⒻⒼⒽⒾⒿⓀⓁ	2	[hə'ræŋ]	n. 长篇演说，慷慨激昂的演说
controversy	ⒶⒷⒸⒹⒺⒻⒼⒽⒾⒿⓀⓁ	2	['kɔntrəvə:si]	n. 争议，争论
proof	ⒶⒷⒸⒹⒺⒻⒼⒽⒾⒿⓀⓁ	2	[pru:f]	n. 证据，证明 a. 防…的，耐…的
proponent	ⒶⒷⒸⒹⒺⒻⒼⒽⒾⒿⓀⓁ	2	[prə'pəunənt]	n. 支持者，倡导者
fidelity	ⒶⒷⒸⒹⒺⒻⒼⒽⒾⒿⓀⓁ	2	[fi'deliti]	n. 忠诚，忠实，逼真，保真度
arbitration	ⒶⒷⒸⒹⒺⒻⒼⒽⒾⒿⓀⓁ	2	[ˌa:bi'treiʃən]	n. 仲裁，公断

单词	标记	频率	读音	词义
rehash	ⒶⒷⒸⒹⒺⒻⒼⒽⒾⒿⓀⓁ	2	['ri:'hæʃ]	n. 重复 v. 重复，重新讨论
absolutist	ⒶⒷⒸⒹⒺⒻⒼⒽⒾⒿⓀⓁ	2	['æbsəlu:tist]	n. 专制主义者，绝对论者
solemnity	ⒶⒷⒸⒹⒺⒻⒼⒽⒾⒿⓀⓁ	2	[sə'lemniti]	n. 庄严，庄重的仪式
embellishment	ⒶⒷⒸⒹⒺⒻⒼⒽⒾⒿⓀⓁ	2	[im'beliʃmənt]	n. 装饰，修饰，润色
garnish	ⒶⒷⒸⒹⒺⒻⒼⒽⒾⒿⓀⓁ	2	['ga:niʃ]	n. 装饰，装饰品 v. 装饰
introspection	ⒶⒷⒸⒹⒺⒻⒼⒽⒾⒿⓀⓁ	2	[ˌintrəu'spekʃən]	n. 自省，反省
narcissist	ⒶⒷⒸⒹⒺⒻⒼⒽⒾⒿⓀⓁ	2	['na:sisist]	n. 自我陶醉者
egotism	ⒶⒷⒸⒹⒺⒻⒼⒽⒾⒿⓀⓁ	2	['i:gətiz(ə)m]	n. 自我中心，自负
egoism	ⒶⒷⒸⒹⒺⒻⒼⒽⒾⒿⓀⓁ	2	['i:gəuiz(ə)m]	n. 自我主义，利己主义
encumbrance	ⒶⒷⒸⒹⒺⒻⒼⒽⒾⒿⓀⓁ	2	[in'kʌmbrəns]	n. 阻碍， 累赘， 妨害物
progenitor	ⒶⒷⒸⒹⒺⒻⒼⒽⒾⒿⓀⓁ	2	[prə'dʒenitə]	n. 祖先，先驱
venerability	ⒶⒷⒸⒹⒺⒻⒼⒽⒾⒿⓀⓁ	2	[venərə'biliti]	n. 尊敬，崇敬
cajole	ⒶⒷⒸⒹⒺⒻⒼⒽⒾⒿⓀⓁ	2	[kə'dʒəul]	v.（以甜言蜜语）哄骗
soar	ⒶⒷⒸⒹⒺⒻⒼⒽⒾⒿⓀⓁ	2	[sɔ:ˌsɔə]	v./n. 翱翔，高飞
taunt	ⒶⒷⒸⒹⒺⒻⒼⒽⒾⒿⓀⓁ	2	[tɔ:nt]	v./n. 嘲弄，辱骂
startle	ⒶⒷⒸⒹⒺⒻⒼⒽⒾⒿⓀⓁ	2	['sta:tl]	v./n. 吃惊，惊恐
recall	ⒶⒷⒸⒹⒺⒻⒼⒽⒾⒿⓀⓁ	2	[ri'kɔ:l]	v./n. 回忆，召回，收回
salvage	ⒶⒷⒸⒹⒺⒻⒼⒽⒾⒿⓀⓁ	2	['sælvidʒ]	v./n. 救援，打捞，抢救
disdain	ⒶⒷⒸⒹⒺⒻⒼⒽⒾⒿⓀⓁ	2	[dis'dein]	v./n. 蔑视，轻视
scour	ⒶⒷⒸⒹⒺⒻⒼⒽⒾⒿⓀⓁ	2	['skauə]	v./n. 搜索，擦洗，腹泻
surmise	ⒶⒷⒸⒹⒺⒻⒼⒽⒾⒿⓀⓁ	2	['sə:maiz]	v./n. 推测，猜测
remedy	ⒶⒷⒸⒹⒺⒻⒼⒽⒾⒿⓀⓁ	2	['remidi]	v./n. 治疗，补救，药物
stunt	ⒶⒷⒸⒹⒺⒻⒼⒽⒾⒿⓀⓁ	2	[stʌnt]	v./n. 阻碍成长，表演特技
appease	ⒶⒷⒸⒹⒺⒻⒼⒽⒾⒿⓀⓁ	2	[ə'pi:z]	v. 安抚，平息，满足
shun	ⒶⒷⒸⒹⒺⒻⒼⒽⒾⒿⓀⓁ	2	[ʃʌn]	v. 避开，回避
fabricate	ⒶⒷⒸⒹⒺⒻⒼⒽⒾⒿⓀⓁ	2	['fæbrikeit]	v. 编造，虚构，制造
justify	ⒶⒷⒸⒹⒺⒻⒼⒽⒾⒿⓀⓁ	2	['dʒʌstifai]	v. 辩护，证明是正当的
denude	ⒶⒷⒸⒹⒺⒻⒼⒽⒾⒿⓀⓁ	2	[di'nju:d]	v. 剥光，剥蚀
refute	ⒶⒷⒸⒹⒺⒻⒼⒽⒾⒿⓀⓁ	2	[ri'fju:t]	v. 驳斥，反驳
capture	ⒶⒷⒸⒹⒺⒻⒼⒽⒾⒿⓀⓁ	2	['kæptʃə]	v. 捕获，俘获，夺取
obliterate	ⒶⒷⒸⒹⒺⒻⒼⒽⒾⒿⓀⓁ	2	[ə'blitəreit]	v. 擦掉，删除，切除
dismantle	ⒶⒷⒸⒹⒺⒻⒼⒽⒾⒿⓀⓁ	2	[dis'mæntl]	v. 拆除，拆开
disconnect	ⒶⒷⒸⒹⒺⒻⒼⒽⒾⒿⓀⓁ	2	[ˌdiskə'nekt]	v. 拆开，分离，断开
transcribe	ⒶⒷⒸⒹⒺⒻⒼⒽⒾⒿⓀⓁ	2	[træns'kraib]	v. 抄写，改编，转录
immerse	ⒶⒷⒸⒹⒺⒻⒼⒽⒾⒿⓀⓁ	2	[i'mə:s]	v. 沉浸，使陷入，沉迷于
concede	ⒶⒷⒸⒹⒺⒻⒼⒽⒾⒿⓀⓁ	2	[kən'si:d]	v. 承认，让步，认输
derail	ⒶⒷⒸⒹⒺⒻⒼⒽⒾⒿⓀⓁ	2	[di'reil]	v. 出轨，阻碍
resign	ⒶⒷⒸⒹⒺⒻⒼⒽⒾⒿⓀⓁ	2	[ri'zain]	v. 辞职，放弃，顺从
overwhelm	ⒶⒷⒸⒹⒺⒻⒼⒽⒾⒿⓀⓁ	2	['əuvə'welm]	v. 打击，压倒
arrest	ⒶⒷⒸⒹⒺⒻⒼⒽⒾⒿⓀⓁ	2	[ə'rest]	v. 逮捕，拘留，吸引

单词	标记	频率	读音	词义
antagonize	ⒶⒷⒸⒹⒺⒻⒼⒽⒾⒿⓀⓁ	2	[æn'tægənaiz]	v. 敌对，对抗
locate	ⒶⒷⒸⒹⒺⒻⒼⒽⒾⒿⓀⓁ	2	[ləu'keit]	v. 定位，使坐落于，设置在
define	ⒶⒷⒸⒹⒺⒻⒼⒽⒾⒿⓀⓁ	2	[di'fain]	v. 定义，规定
detect	ⒶⒷⒸⒹⒺⒻⒼⒽⒾⒿⓀⓁ	2	[di'tekt]	v. 发现，察觉，探测
burgeon	ⒶⒷⒸⒹⒺⒻⒼⒽⒾⒿⓀⓁ	2	['bɜ:dʒ(ə)n]	v. 发芽，快速发展 n. 芽，嫩枝
flourish	ⒶⒷⒸⒹⒺⒻⒼⒽⒾⒿⓀⓁ	2	['flʌriʃ]	v. 繁荣，挥舞 n. 华丽辞藻
proliferate	ⒶⒷⒸⒹⒺⒻⒼⒽⒾⒿⓀⓁ	2	[prəu'lifəreit]	v. 繁殖，激增，扩散
disprove	ⒶⒷⒸⒹⒺⒻⒼⒽⒾⒿⓀⓁ	2	[dis'pru:v]	v. 反驳，证明…有误
deprecate	ⒶⒷⒸⒹⒺⒻⒼⒽⒾⒿⓀⓁ	2	['deprikeit]	v. 反对，轻视
reverse	ⒶⒷⒸⒹⒺⒻⒼⒽⒾⒿⓀⓁ	2	[ri'və:s]	v. 反转，逆行 a. 相反的，反面的
magnify	ⒶⒷⒸⒹⒺⒻⒼⒽⒾⒿⓀⓁ	2	['mægnifai]	v. 放大，夸大，赞美
recant	ⒶⒷⒸⒹⒺⒻⒼⒽⒾⒿⓀⓁ	2	[ri'kænt]	v. 放弃信仰，撤回声明
rescind	ⒶⒷⒸⒹⒺⒻⒼⒽⒾⒿⓀⓁ	2	[ri'sind]	v. 废止，取消
satirize	ⒶⒷⒸⒹⒺⒻⒼⒽⒾⒿⓀⓁ	2	['sætiraiz]	v. 讽刺
replicate	ⒶⒷⒸⒹⒺⒻⒼⒽⒾⒿⓀⓁ	2	['replikit]	v. 复制
alter	ⒶⒷⒸⒹⒺⒻⒼⒽⒾⒿⓀⓁ	2	['ɔ:ltə]	v. 改变，修改，阉割
meddle	ⒶⒷⒸⒹⒺⒻⒼⒽⒾⒿⓀⓁ	2	['medl]	v. 干涉，干预，乱动
ossify	ⒶⒷⒸⒹⒺⒻⒼⒽⒾⒿⓀⓁ	2	['ɔsifai]	v. 骨化，硬化，僵化
applaud	ⒶⒷⒸⒹⒺⒻⒼⒽⒾⒿⓀⓁ	2	[ə'plɔ:d]	v. 鼓掌，称赞
administer	ⒶⒷⒸⒹⒺⒻⒼⒽⒾⒿⓀⓁ	2	[əd'ministə]	v. 管理，给予，执行
stipulate	ⒶⒷⒸⒹⒺⒻⒼⒽⒾⒿⓀⓁ	2	['stipjuleit]	v. 规定，保证
equivocate	ⒶⒷⒸⒹⒺⒻⒼⒽⒾⒿⓀⓁ	2	[i'kwivəkeit]	v. 含糊其词，模棱两可地说
parch	ⒶⒷⒸⒹⒺⒻⒼⒽⒾⒿⓀⓁ	2	[pa:tʃ]	v. 烘干，烘烤，烤焦
awaken	ⒶⒷⒸⒹⒺⒻⒼⒽⒾⒿⓀⓁ	2	[ə'weikən]	v. 唤醒，醒来
recollect	ⒶⒷⒸⒹⒺⒻⒼⒽⒾⒿⓀⓁ	2	[ˌrekə'lekt]	v. 回忆，回想，忆起
derive	ⒶⒷⒸⒹⒺⒻⒼⒽⒾⒿⓀⓁ	2	[di'raiv]	v. 获取，起源
amass	ⒶⒷⒸⒹⒺⒻⒼⒽⒾⒿⓀⓁ	2	[ə'mæs]	v. 积累，积聚
motivate	ⒶⒷⒸⒹⒺⒻⒼⒽⒾⒿⓀⓁ	2	['məutiveit]	v. 激发，给予动机
provoke	ⒶⒷⒸⒹⒺⒻⒼⒽⒾⒿⓀⓁ	2	[prə'vəuk]	v. 激怒，煽动，招致
incense	ⒶⒷⒸⒹⒺⒻⒼⒽⒾⒿⓀⓁ	2	[in'sens]	v. 激怒 n. 香味，薰香，奉承
improvise	ⒶⒷⒸⒹⒺⒻⒼⒽⒾⒿⓀⓁ	2	['imprəvaiz]	v. 即兴创作，即兴表演
extemporize	ⒶⒷⒸⒹⒺⒻⒼⒽⒾⒿⓀⓁ	2	[ikˈstempəraiz]	v. 即兴演说，即兴表演
memorize	ⒶⒷⒸⒹⒺⒻⒼⒽⒾⒿⓀⓁ	2	['meməraiz]	v. 记住，记忆
commemorate	ⒶⒷⒸⒹⒺⒻⒼⒽⒾⒿⓀⓁ	2	[kə'meməreit]	v. 纪念
fortify	ⒶⒷⒸⒹⒺⒻⒼⒽⒾⒿⓀⓁ	2	['fɔ:tifai]	v. 加强，筑防御工事，支持
expedite	ⒶⒷⒸⒹⒺⒻⒼⒽⒾⒿⓀⓁ	2	['ekspidait]	v. 加速进程，加快执行
persevere	ⒶⒷⒸⒹⒺⒻⒼⒽⒾⒿⓀⓁ	2	[ˌpə:si'viə]	v. 坚持，不屈不挠
agitate	ⒶⒷⒸⒹⒺⒻⒼⒽⒾⒿⓀⓁ	2	['ædʒiteit]	v. 搅动，煽动，鼓动
disclose	ⒶⒷⒸⒹⒺⒻⒼⒽⒾⒿⓀⓁ	2	[dis'kləuz]	v. 揭露，透露，泄露
truncate	ⒶⒷⒸⒹⒺⒻⒼⒽⒾⒿⓀⓁ	2	['trʌŋkeit]	v. 截短，切去一端

单词	标记	频率	读音	词义
liberate	ⒶⒷⒸⒹⒺⒻⒼⒽⒾⒿⓀⓁ	2	['libəreit]	v. 解放，释放
unleash	ⒶⒷⒸⒹⒺⒻⒼⒽⒾⒿⓀⓁ	2	['ʌn'li:ʃ]	v. 解开，释放
interpret	ⒶⒷⒸⒹⒺⒻⒼⒽⒾⒿⓀⓁ	2	[in'tə:prit]	v. 解释，说明，口译
exalt	ⒶⒷⒸⒹⒺⒻⒼⒽⒾⒿⓀⓁ	2	[ig'zɔ:lt;eg-]	v. 晋升，赞扬
prohibit	ⒶⒷⒸⒹⒺⒻⒼⒽⒾⒿⓀⓁ	2	[prə'hibit]	v. 禁止，阻止
prescribe	ⒶⒷⒸⒹⒺⒻⒼⒽⒾⒿⓀⓁ	2	[pris'kraib]	v. 开处方，规定
invoke	ⒶⒷⒸⒹⒺⒻⒼⒽⒾⒿⓀⓁ	2	[in'vəuk]	v. 恳求，祈求，调用
comprehend	ⒶⒷⒸⒹⒺⒻⒼⒽⒾⒿⓀⓁ	2	[ˌkɔmpri'hend]	v. 理解，包括
beautify	ⒶⒷⒸⒹⒺⒻⒼⒽⒾⒿⓀⓁ	2	['bju:tifai]	v. 美化
mystify	ⒶⒷⒸⒹⒺⒻⒼⒽⒾⒿⓀⓁ	2	['mistifai]	v. 迷惑，使神秘化
depict	ⒶⒷⒸⒹⒺⒻⒼⒽⒾⒿⓀⓁ	2	[di'pikt]	v. 描述，描写，描画
defy	ⒶⒷⒸⒹⒺⒻⒼⒽⒾⒿⓀⓁ	2	[di'fai]	v. 藐视，挑衅，反抗
solidify	ⒶⒷⒸⒹⒺⒻⒼⒽⒾⒿⓀⓁ	2	[sə'lidifai]	v. 凝固，牢固，团结
ruffle	ⒶⒷⒸⒹⒺⒻⒼⒽⒾⒿⓀⓁ	2	['rʌfl]	v. 弄皱，激怒，扰乱 n. 皱边
cultivate	ⒶⒷⒸⒹⒺⒻⒼⒽⒾⒿⓀⓁ	2	['kʌltiveit]	v. 培养，耕作
delude	ⒶⒷⒸⒹⒺⒻⒼⒽⒾⒿⓀⓁ	2	[di'lu:d]	v. 欺骗，蛊惑
originate	ⒶⒷⒸⒹⒺⒻⒼⒽⒾⒿⓀⓁ	2	[ə'ridʒineit]	v. 起源于，发起
incriminate	ⒶⒷⒸⒹⒺⒻⒼⒽⒾⒿⓀⓁ	2	[in'krimiˌneit]	v. 牵连，控告，使负罪
impose	ⒶⒷⒸⒹⒺⒻⒼⒽⒾⒿⓀⓁ	2	[im'pəuz]	v. 强加，征收，强制实行
accentuate	ⒶⒷⒸⒹⒺⒻⒼⒽⒾⒿⓀⓁ	2	[æk'sentjueit]	v. 强调，重读
belittle	ⒶⒷⒸⒹⒺⒻⒼⒽⒾⒿⓀⓁ	2	[bi'litl]	v. 轻视
dislodge	ⒶⒷⒸⒹⒺⒻⒼⒽⒾⒿⓀⓁ	2	[dis'lɔdʒ]	v. 驱逐，移走，离开原位
displace	ⒶⒷⒸⒹⒺⒻⒼⒽⒾⒿⓀⓁ	2	[dis'pleis]	v. 取代，替换，使离开原位
expurgate	ⒶⒷⒸⒹⒺⒻⒼⒽⒾⒿⓀⓁ	2	['ekspə:geit]	v. 删除，净化，使纯洁
instigate	ⒶⒷⒸⒹⒺⒻⒼⒽⒾⒿⓀⓁ	2	['instigeit]	v. 煽动，怂恿，教唆
permeate	ⒶⒷⒸⒹⒺⒻⒼⒽⒾⒿⓀⓁ	2	['pə:mieit]	v. 渗透，弥漫，普及
marginalize	ⒶⒷⒸⒹⒺⒻⒼⒽⒾⒿⓀⓁ	2	['ma:dʒinəlaiz]	v. 使边缘化，排斥
disaffect	ⒶⒷⒸⒹⒺⒻⒼⒽⒾⒿⓀⓁ	2	[ˌdisə'fekt]	v. 使不满，使不忠，使疏远
streamline	ⒶⒷⒸⒹⒺⒻⒼⒽⒾⒿⓀⓁ	2	['stri:mlain]	v. 使成流线型，简化 n. 流线型
purify	ⒶⒷⒸⒹⒺⒻⒼⒽⒾⒿⓀⓁ	2	['pjuərifai]	v. 使纯净，提纯，净化
embolden	ⒶⒷⒸⒹⒺⒻⒼⒽⒾⒿⓀⓁ	2	[im'bəuldən]	v. 使大胆，鼓励
variegate	ⒶⒷⒸⒹⒺⒻⒼⒽⒾⒿⓀⓁ	2	['veərigeit]	v. 使多样化，使成杂色
exhilarate	ⒶⒷⒸⒹⒺⒻⒼⒽⒾⒿⓀⓁ	2	[ig'ziləreit]	v. 使高兴，鼓舞
muddle	ⒶⒷⒸⒹⒺⒻⒼⒽⒾⒿⓀⓁ	2	['mʌdl]	v. 使浑浊，使糊涂 n. 混乱，糊涂
polarize	ⒶⒷⒸⒹⒺⒻⒼⒽⒾⒿⓀⓁ	2	['pəuləraiz]	v. 使极化，使偏振
embroil	ⒶⒷⒸⒹⒺⒻⒼⒽⒾⒿⓀⓁ	2	[im'brɔil]	v. 使卷入，牵连
nonplus	ⒶⒷⒸⒹⒺⒻⒼⒽⒾⒿⓀⓁ	2	['nɔn'plʌs]	v. 使困惑 n. 迷惑，困惑
rejuvenate	ⒶⒷⒸⒹⒺⒻⒼⒽⒾⒿⓀⓁ	2	[ri'dʒu:vineit]	v. 使年轻，使复原，使恢复精神
discourage	ⒶⒷⒸⒹⒺⒻⒼⒽⒾⒿⓀⓁ	2	[dis'kʌridʒ]	v. 使气馁，阻碍
facilitate	ⒶⒷⒸⒹⒺⒻⒼⒽⒾⒿⓀⓁ	2	[fə'siliteit]	v. 使容易，促进，帮助

单词	标记	频率	读音	词义
invigorate	ⒶⒷⒸⒹⒺⒻⒼⒽⒾⒿⓀⓁ	2	[in'vigəreit]	v. 使生机勃勃，鼓舞
disorient	ⒶⒷⒸⒹⒺⒻⒼⒽⒾⒿⓀⓁ	2	[dis'ɔ:rient]	v. 使失去方向感，使迷惑
trivialize	ⒶⒷⒸⒹⒺⒻⒼⒽⒾⒿⓀⓁ	2	['triviəlaiz]	v. 使琐碎，使显得不重要
nullify	ⒶⒷⒸⒹⒺⒻⒼⒽⒾⒿⓀⓁ	2	['nʌlifai]	v. 使无效，废弃，取消
invalidate	ⒶⒷⒸⒹⒺⒻⒼⒽⒾⒿⓀⓁ	2	[in'vælideit]	v. 使无效，使作废
revitalize	ⒶⒷⒸⒹⒺⒻⒼⒽⒾⒿⓀⓁ	2	['ri:'vaitəlaiz]	v. 使新生，使复兴
terminate	ⒶⒷⒸⒹⒺⒻⒼⒽⒾⒿⓀⓁ	2	['tə:mineit]	v. 使终止，使结尾，解雇
divert	ⒶⒷⒸⒹⒺⒻⒼⒽⒾⒿⓀⓁ	2	[di'və:t]	v. 使转向，转移，娱乐
retract	ⒶⒷⒸⒹⒺⒻⒼⒽⒾⒿⓀⓁ	2	[ri'trækt]	v. 收回，撤销，缩回
redeem	ⒶⒷⒸⒹⒺⒻⒼⒽⒾⒿⓀⓁ	2	[ri'di:m]	v. 赎回，救赎，偿还
intrigue	ⒶⒷⒸⒹⒺⒻⒼⒽⒾⒿⓀⓁ	2	[in'tri:g]	v. 耍阴谋，激起兴趣 n. 密谋
sermonize	ⒶⒷⒸⒹⒺⒻⒼⒽⒾⒿⓀⓁ	2	['sə:mənaiz]	v. 说教，布道
elude	ⒶⒷⒸⒹⒺⒻⒼⒽⒾⒿⓀⓁ	2	[i'lju:d;i'lu:d]	v. 逃避，躲避，理解不了
belabor	ⒶⒷⒸⒹⒺⒻⒼⒽⒾⒿⓀⓁ	2	[bi'leibə]	v. 痛打，过分冗长地讨论
postpone	ⒶⒷⒸⒹⒺⒻⒼⒽⒾⒿⓀⓁ	2	[pəust'pəun]	v. 推迟，延期
defer	ⒶⒷⒸⒹⒺⒻⒼⒽⒾⒿⓀⓁ	2	[di'fə:]	v. 推迟，延期，顺从
excavate	ⒶⒷⒸⒹⒺⒻⒼⒽⒾⒿⓀⓁ	2	['ekskəveit]	v. 挖掘，发掘
covet	ⒶⒷⒸⒹⒺⒻⒼⒽⒾⒿⓀⓁ	2	['kʌvit]	v. 妄想，垂涎
beleaguer	ⒶⒷⒸⒹⒺⒻⒼⒽⒾⒿⓀⓁ	2	[bi'li:gə]	v. 围攻，使苦恼
stabilize	ⒶⒷⒸⒹⒺⒻⒼⒽⒾⒿⓀⓁ	2	['steibilaiz]	v. 稳定，安定，使坚固
misguide	ⒶⒷⒸⒹⒺⒻⒼⒽⒾⒿⓀⓁ	2	['mis'gaid]	v. 误导，引入歧途
misinterpret	ⒶⒷⒸⒹⒺⒻⒼⒽⒾⒿⓀⓁ	2	['misin'tə:prit]	v. 误解，错误地解释
relish	ⒶⒷⒸⒹⒺⒻⒼⒽⒾⒿⓀⓁ	2	['reliʃ]	v. 喜欢，品尝 n. 滋味，爱好
manifest	ⒶⒷⒸⒹⒺⒻⒼⒽⒾⒿⓀⓁ	2	['mænifest]	v. 显示，证明 a. 明显的 n. 清单
envision	ⒶⒷⒸⒹⒺⒻⒼⒽⒾⒿⓀⓁ	2	[in'viʒən]	v. 想象，设想
divulge	ⒶⒷⒸⒹⒺⒻⒼⒽⒾⒿⓀⓁ	2	[dai'vʌldʒ]	v. 泄露，暴露
renounce	ⒶⒷⒸⒹⒺⒻⒼⒽⒾⒿⓀⓁ	2	[ri'nauns]	v. 宣布放弃，断绝关系
allege	ⒶⒷⒸⒹⒺⒻⒼⒽⒾⒿⓀⓁ	2	[ə'ledʒ]	v. 宣称，主张，断言
flaunt	ⒶⒷⒸⒹⒺⒻⒼⒽⒾⒿⓀⓁ	2	[flɔ:nt]	v. 炫耀，张扬
overbear	ⒶⒷⒸⒹⒺⒻⒼⒽⒾⒿⓀⓁ	2	[ˌəuvə'beə]	v. 压倒，超过
quell	ⒶⒷⒸⒹⒺⒻⒼⒽⒾⒿⓀⓁ	2	[kwel]	v. 压制，平息
inundate	ⒶⒷⒸⒹⒺⒻⒼⒽⒾⒿⓀⓁ	2	['inəndeit]	v. 淹没
loathe	ⒶⒷⒸⒹⒺⒻⒼⒽⒾⒿⓀⓁ	2	[ləuð]	v. 厌恶，憎恶
bequeath	ⒶⒷⒸⒹⒺⒻⒼⒽⒾⒿⓀⓁ	2	[bi'kwi:ð]	v. 遗赠，把…传下去
repress	ⒶⒷⒸⒹⒺⒻⒼⒽⒾⒿⓀⓁ	2	[ri'pres]	v. 抑制，镇压
restrain	ⒶⒷⒸⒹⒺⒻⒼⒽⒾⒿⓀⓁ	2	[ris'trein]	v. 抑制，阻止，束缚
vacillate	ⒶⒷⒸⒹⒺⒻⒼⒽⒾⒿⓀⓁ	2	['væsileit]	v. 犹豫不决，踌躇
suspend	ⒶⒷⒸⒹⒺⒻⒼⒽⒾⒿⓀⓁ	2	[səs'pend]	v. 暂停，中止，吊
extract	ⒶⒷⒸⒹⒺⒻⒼⒽⒾⒿⓀⓁ	2	[iks'trækt]	v. 榨出，拔出，提取 n. 摘录，精华
tout	ⒶⒷⒸⒹⒺⒻⒼⒽⒾⒿⓀⓁ	2	[taut]	v. 招徕顾客，极力吹捧，兜售

单词	标记	频率	读音	词义
vanquish	ⒶⒷⒸⒹⒺⒻⒼⒽⒾⒿⓀⓁ	2	['væŋkwiʃ]	v. 征服，打败
dominate	ⒶⒷⒸⒹⒺⒻⒼⒽⒾⒿⓀⓁ	2	['dɔmineit]	v. 支配，占优势，控制
enact	ⒶⒷⒸⒹⒺⒻⒼⒽⒾⒿⓀⓁ	2	[i'nækt]	v. 制定法律，扮演
overpower	ⒶⒷⒸⒹⒺⒻⒼⒽⒾⒿⓀⓁ	2	[ˌəuvə'pauə]	v. 制服，压倒
neutralize	ⒶⒷⒸⒹⒺⒻⒼⒽⒾⒿⓀⓁ	2	['nju:trəlaiz;nu:-]	v. 中和，使无效，使中立
rearrange	ⒶⒷⒸⒹⒺⒻⒼⒽⒾⒿⓀⓁ	2	['ri:ə'reindʒ]	v. 重新安排，重新布置
avert	ⒶⒷⒸⒹⒺⒻⒼⒽⒾⒿⓀⓁ	2	[ə'və:t]	v. 转移，避免，防止
indulge	ⒶⒷⒸⒹⒺⒻⒼⒽⒾⒿⓀⓁ	2	[in'dʌldʒ]	v. 纵容，沉溺于
deter	ⒶⒷⒸⒹⒺⒻⒼⒽⒾⒿⓀⓁ	2	[di'tə:]	v. 阻止，威慑
compose	ⒶⒷⒸⒹⒺⒻⒼⒽⒾⒿⓀⓁ	2	[kəm'pəuz]	v. 作曲，写作，组成，使平静
untimely	ⒶⒷⒸⒹⒺⒻⒼⒽⒾⒿⓀⓁ	1	[ʌn'taimli]	a./ad. 不合时宜的，过早的
sprightly	ⒶⒷⒸⒹⒺⒻⒼⒽⒾⒿⓀⓁ	1	['spraitli]	a./ad. 精力充沛的，轻快的
bohemian	ⒶⒷⒸⒹⒺⒻⒼⒽⒾⒿⓀⓁ	1	[bəu'hi:mjən]	a./n. 波希米亚的，放荡不羁的
musing	ⒶⒷⒸⒹⒺⒻⒼⒽⒾⒿⓀⓁ	1	['mju:ziŋ]	a./n. 沉思的，冥想的
censorious	ⒶⒷⒸⒹⒺⒻⒼⒽⒾⒿⓀⓁ	1	[sen'sɔ:riəs]	a. 爱挑剔的，吹毛求疵的
placatory	ⒶⒷⒸⒹⒺⒻⒼⒽⒾⒿⓀⓁ	1	['pleikətəri]	a. 安抚的，和解的
grimy	ⒶⒷⒸⒹⒺⒻⒼⒽⒾⒿⓀⓁ	1	['graimi]	a. 肮脏的
sordid	ⒶⒷⒸⒹⒺⒻⒼⒽⒾⒿⓀⓁ	1	['sɔ:did]	a. 肮脏的，卑鄙的
haughty	ⒶⒷⒸⒹⒺⒻⒼⒽⒾⒿⓀⓁ	1	['hɔ:ti]	a. 傲慢的，骄傲的
masterful	ⒶⒷⒸⒹⒺⒻⒼⒽⒾⒿⓀⓁ	1	['mæstfəl]	a. 傲慢的，权威的，熟练的
byzantine	ⒶⒷⒸⒹⒺⒻⒼⒽⒾⒿⓀⓁ	1	[bi'zæntain]	a. 拜占庭式的，错综复杂的，诡计多端的
reactionary	ⒶⒷⒸⒹⒺⒻⒼⒽⒾⒿⓀⓁ	1	[ri(:)'ækʃənəri]	a. 保守的，反动的
vindictive	ⒶⒷⒸⒹⒺⒻⒼⒽⒾⒿⓀⓁ	1	[vin'diktiv]	a. 报复性的，有复仇心的
gluttonous	ⒶⒷⒸⒹⒺⒻⒼⒽⒾⒿⓀⓁ	1	['glʌtnəs]	a. 暴食的，贪吃的，沉溺于
petulant	ⒶⒷⒸⒹⒺⒻⒼⒽⒾⒿⓀⓁ	1	['petjulənt]	a. 暴躁的，易怒的，任性的
bereft	ⒶⒷⒸⒹⒺⒻⒼⒽⒾⒿⓀⓁ	1	[bi'reft]	a. 被剥夺的，丧失的，失去亲人的
indigenous	ⒶⒷⒸⒹⒺⒻⒼⒽⒾⒿⓀⓁ	1	[in'didʒinəs]	a. 本地的，天生的
instinctive	ⒶⒷⒸⒹⒺⒻⒼⒽⒾⒿⓀⓁ	1	[in'stiŋktiv]	a. 本能的，直觉的，天生的
taut	ⒶⒷⒸⒹⒺⒻⒼⒽⒾⒿⓀⓁ	1	[tɔ:t]	a. 绷紧的，拉紧的，紧张的
imminent	ⒶⒷⒸⒹⒺⒻⒼⒽⒾⒿⓀⓁ	1	['iminənt]	a. 逼近的，即将发生的
depreciatory	ⒶⒷⒸⒹⒺⒻⒼⒽⒾⒿⓀⓁ	1	[di'pri:ʃieitəri]	a. 贬值的，轻视的
ostensible	ⒶⒷⒸⒹⒺⒻⒼⒽⒾⒿⓀⓁ	1	[ɔs'tensəbl]	a. 表面的，假装的
courteous	ⒶⒷⒸⒹⒺⒻⒼⒽⒾⒿⓀⓁ	1	['kə:tjəs]	a. 彬彬有礼的，谦恭的
glacial	ⒶⒷⒸⒹⒺⒻⒼⒽⒾⒿⓀⓁ	1	['gleisjəl;'glæs-]	a. 冰川期的，非常冷的，缓慢的
morbid	ⒶⒷⒸⒹⒺⒻⒼⒽⒾⒿⓀⓁ	1	['mɔ:bid]	a. 病态的，不正常的
supplementary	ⒶⒷⒸⒹⒺⒻⒼⒽⒾⒿⓀⓁ	1	[ˌsʌpli'mentəri]	a. 补充的，附加的
unvaried	ⒶⒷⒸⒹⒺⒻⒼⒽⒾⒿⓀⓁ	1	[ʌn'verid]	a. 不变的
invariable	ⒶⒷⒸⒹⒺⒻⒼⒽⒾⒿⓀⓁ	1	[in'veəriəbl]	a. 不变的，永恒的
disproportionate	ⒶⒷⒸⒹⒺⒻⒼⒽⒾⒿⓀⓁ	1	[ˌysprə'pɔ:ʃənit]	a. 不成比例的，不相称的
callow	ⒶⒷⒸⒹⒺⒻⒼⒽⒾⒿⓀⓁ	1	['kæləu]	a. 不成熟的，羽翼未丰的

单词	标记	频率	读音	词义
inadequate	ⒶⒷⒸⒹⒺⒻⒼⒽⒾⒿⓀⓁ	1	[in'ædikwit]	a. 不充分的，不适当的
nonexistent	ⒶⒷⒸⒹⒺⒻⒼⒽⒾⒿⓀⓁ	1	[ˌnɔnig'zistənt]	a. 不存在的
improbable	ⒶⒷⒸⒹⒺⒻⒼⒽⒾⒿⓀⓁ	1	[im'prɔbəbl]	a. 不大可能的，未必发生的
immoral	ⒶⒷⒸⒹⒺⒻⒼⒽⒾⒿⓀⓁ	1	[i'mɔ:rəl]	a. 不道德的
immobile	ⒶⒷⒸⒹⒺⒻⒼⒽⒾⒿⓀⓁ	1	[im'məubail]	a. 不动的，静止的
continual	ⒶⒷⒸⒹⒺⒻⒼⒽⒾⒿⓀⓁ	1	[kən'tinjuəl]	a. 不断的，频繁的，连续的
unerring	ⒶⒷⒸⒹⒺⒻⒼⒽⒾⒿⓀⓁ	1	[ˌʌn'ə:riŋ]	a. 不犯错误的，正确的
apolitical	ⒶⒷⒸⒹⒺⒻⒼⒽⒾⒿⓀⓁ	1	[ˌeipə'litikəl]	a. 不关心政治的
inordinate	ⒶⒷⒸⒹⒺⒻⒼⒽⒾⒿⓀⓁ	1	[i'nɔ:dinit]	a. 不规则的，紊乱的，过度的
irregular	ⒶⒷⒸⒹⒺⒻⒼⒽⒾⒿⓀⓁ	1	[i'regjulə]	a. 不规则的，无规律的，不合法的
inhospitable	ⒶⒷⒸⒹⒺⒻⒼⒽⒾⒿⓀⓁ	1	[in'hɔspitəbl]	a. 不好客的，不适于居住的
unqualified	ⒶⒷⒸⒹⒺⒻⒼⒽⒾⒿⓀⓁ	1	['ʌn'kwɔlifaid]	a. 不合格的，无资格的
inept	ⒶⒷⒸⒹⒺⒻⒼⒽⒾⒿⓀⓁ	1	[i'nept]	a. 不合适的，无能的，笨拙的
inauspicious	ⒶⒷⒸⒹⒺⒻⒼⒽⒾⒿⓀⓁ	1	[ˌinɔ:s'piʃəs]	a. 不吉利的，凶兆的
indiscriminate	ⒶⒷⒸⒹⒺⒻⒼⒽⒾⒿⓀⓁ	1	[ˌindis'kriminit]	a. 不加选择的，不加区分的
guileless	ⒶⒷⒸⒹⒺⒻⒼⒽⒾⒿⓀⓁ	1	['gaillis]	a. 不狡猾的，诚实的，单纯的
infrequent	ⒶⒷⒸⒹⒺⒻⒼⒽⒾⒿⓀⓁ	1	[in'fri:kwənt]	a. 不经常的，罕见的
infallible	ⒶⒷⒸⒹⒺⒻⒼⒽⒾⒿⓀⓁ	1	[in'fæləbl]	a. 不可能犯错的，绝对可靠的
inflexible	ⒶⒷⒸⒹⒺⒻⒼⒽⒾⒿⓀⓁ	1	[in'fleksəbl]	a. 不可弯曲的，顽固的
inviolable	ⒶⒷⒸⒹⒺⒻⒼⒽⒾⒿⓀⓁ	1	[in'vaiələbl]	a. 不可亵渎的，不可侵犯的
unforgivable	ⒶⒷⒸⒹⒺⒻⒼⒽⒾⒿⓀⓁ	1	['ʌnfə'givəbl]	a. 不可原谅的
indefensible	ⒶⒷⒸⒹⒺⒻⒼⒽⒾⒿⓀⓁ	1	[ˌindiˈfensəbl]	a. 不能防守的，无辩护余地的
irrefutable	ⒶⒷⒸⒹⒺⒻⒼⒽⒾⒿⓀⓁ	1	[i'refjutəbl]	a. 不可争辩的，不能反驳的
incoherent	ⒶⒷⒸⒹⒺⒻⒼⒽⒾⒿⓀⓁ	1	[ˌinkəu'hiərənt]	a. 不连贯的，语无伦次的
indefinite	ⒶⒷⒸⒹⒺⒻⒼⒽⒾⒿⓀⓁ	1	[in'definit]	a. 不明确的，模糊的，无限期的
impatient	ⒶⒷⒸⒹⒺⒻⒼⒽⒾⒿⓀⓁ	1	[im'peiʃnt]	a. 不耐烦的，急躁的
impenetrable	ⒶⒷⒸⒹⒺⒻⒼⒽⒾⒿⓀⓁ	1	[im'penitrəbl]	a. 不能穿过的，不能理解的
indivisible	ⒶⒷⒸⒹⒺⒻⒼⒽⒾⒿⓀⓁ	1	[ˌindi'vizəbl]	a. 不能分割的，除不尽的
irreconcilable	ⒶⒷⒸⒹⒺⒻⒼⒽⒾⒿⓀⓁ	1	[i'rekənsailəbl]	a. 不能和解的，不能妥协的
insuperable	ⒶⒷⒸⒹⒺⒻⒼⒽⒾⒿⓀⓁ	1	[inˈsju:pərəbəl]	a. 不能克服的，难以超越的
impervious	ⒶⒷⒸⒹⒺⒻⒼⒽⒾⒿⓀⓁ	1	[im'pə:viəs]	a. 不能渗透的，不受影响的
ineluctable	ⒶⒷⒸⒹⒺⒻⒼⒽⒾⒿⓀⓁ	1	[ˌiniˈlʌktəbl]	a. 不能逃避的，不可避免的
uneven	ⒶⒷⒸⒹⒺⒻⒼⒽⒾⒿⓀⓁ	1	['ʌni:vən]	a. 不平坦的，不均匀的
immodest	ⒶⒷⒸⒹⒺⒻⒼⒽⒾⒿⓀⓁ	1	[iˈmɔdist]	a. 不谦虚的，傲慢的
unrealistic	ⒶⒷⒸⒹⒺⒻⒼⒽⒾⒿⓀⓁ	1	[ˌʌnriə'listik]	a. 不切实际的
indistinct	ⒶⒷⒸⒹⒺⒻⒼⒽⒾⒿⓀⓁ	1	[ˌindi'stiŋkt]	a. 不清楚的，模糊的，微弱的
unrelenting	ⒶⒷⒸⒹⒺⒻⒼⒽⒾⒿⓀⓁ	1	['ʌnri'lentiŋ]	a. 不屈不挠的
indomitable	ⒶⒷⒸⒹⒺⒻⒼⒽⒾⒿⓀⓁ	1	[inˈdɔmitəbl]	a. 不屈不挠的，不可征服的
unyielding	ⒶⒷⒸⒹⒺⒻⒼⒽⒾⒿⓀⓁ	1	[ʌn'ji:ldiŋ]	a. 不屈的，坚强的
undesirable	ⒶⒷⒸⒹⒺⒻⒼⒽⒾⒿⓀⓁ	1	['ʌndi'zaiərəbl]	a. 不受欢迎的，不良的，不合意的

单词	标记	频率	读音	词义
unfamiliar	ⒶⒷⒸⒹⒺⒻⒼⒽⒾⒿⓀⓁ	1	['ʌnfə'miljə]	a. 不熟悉的
sinister	ⒶⒷⒸⒹⒺⒻⒼⒽⒾⒿⓀⓁ	1	['sinistə]	a. 不祥的，邪恶的，灾难性的
unremitting	ⒶⒷⒸⒹⒺⒻⒼⒽⒾⒿⓀⓁ	1	[ˌʌnri'mitiŋ]	a. 不懈的，不间断的
infelicitous	ⒶⒷⒸⒹⒺⒻⒼⒽⒾⒿⓀⓁ	1	[ˌinfi'lisitəs]	a. 不幸的，不愉快的，不恰当的
unpretentious	ⒶⒷⒸⒹⒺⒻⒼⒽⒾⒿⓀⓁ	1	['ʌnpri'tenʃəs]	a. 不炫耀的，自然的，谦逊的
graceless	ⒶⒷⒸⒹⒺⒻⒼⒽⒾⒿⓀⓁ	1	['greislis]	a. 不优雅的，粗鲁的
disagreeable	ⒶⒷⒸⒹⒺⒻⒼⒽⒾⒿⓀⓁ	1	[ˌdisə'griəbl]	a. 不愉快的，厌恶的
unaware	ⒶⒷⒸⒹⒺⒻⒼⒽⒾⒿⓀⓁ	1	['ʌnə'weə]	a. 不知道的，没觉察到的
impenitent	ⒶⒷⒸⒹⒺⒻⒼⒽⒾⒿⓀⓁ	1	[im'penitənt]	a. 不知悔改的，顽固的
unwitting	ⒶⒷⒸⒹⒺⒻⒼⒽⒾⒿⓀⓁ	1	[ʌn'witiŋ]	a. 不知情的，无意的
insatiable	ⒶⒷⒸⒹⒺⒻⒼⒽⒾⒿⓀⓁ	1	[in'seiʃiəbl]	a. 不知足的，贪得无厌的
perfidious	ⒶⒷⒸⒹⒺⒻⒼⒽⒾⒿⓀⓁ	1	[pə'fidiəs]	a. 不忠的，背信弃义的
inaccurate	ⒶⒷⒸⒹⒺⒻⒼⒽⒾⒿⓀⓁ	1	[in'ækjurit]	a. 不准确的，错误的
irreverent	ⒶⒷⒸⒹⒺⒻⒼⒽⒾⒿⓀⓁ	1	[i'revərənt]	a. 不尊敬的，无礼的
partial	ⒶⒷⒸⒹⒺⒻⒼⒽⒾⒿⓀⓁ	1	['pa:ʃəl]	a. 部分的，偏袒的
fiscal	ⒶⒷⒸⒹⒺⒻⒼⒽⒾⒿⓀⓁ	1	['fiskəl]	a. 财政的，国库的
manipulative	ⒶⒷⒸⒹⒺⒻⒼⒽⒾⒿⓀⓁ	1	[mə'nipjuleitiv]	a. 操纵的，用手控制的，巧妙处理的
thorough	ⒶⒷⒸⒹⒺⒻⒼⒽⒾⒿⓀⓁ	1	['θʌrə]	a. 彻底的，完全的
dreary	ⒶⒷⒸⒹⒺⒻⒼⒽⒾⒿⓀⓁ	1	['driəri]	a. 沉闷的
contemplative	ⒶⒷⒸⒹⒺⒻⒼⒽⒾⒿⓀⓁ	1	['kɔntempleitiv]	a. 沉思的，冥想的
timeworn	ⒶⒷⒸⒹⒺⒻⒼⒽⒾⒿⓀⓁ	1	['taimwɔ:n]	a. 陈旧的，老朽的
shopworn	ⒶⒷⒸⒹⒺⒻⒼⒽⒾⒿⓀⓁ	1	['ʃɔpwɔ:n]	a. 陈旧的，失去光泽的
torpid	ⒶⒷⒸⒹⒺⒻⒼⒽⒾⒿⓀⓁ	1	['tɔ:pid]	a. 迟钝的，无精打采的，冬眠的
elementary	ⒶⒷⒸⒹⒺⒻⒼⒽⒾⒿⓀⓁ	1	[ˌelə'mentəri]	a. 初级的，基本的
tactile	ⒶⒷⒸⒹⒺⒻⒼⒽⒾⒿⓀⓁ	1	['tæktail]	a. 触觉的，有触觉的
infectious	ⒶⒷⒸⒹⒺⒻⒼⒽⒾⒿⓀⓁ	1	[in'fekʃəs]	a. 传染性的，有感染力的
groundbreaking	ⒶⒷⒸⒹⒺⒻⒼⒽⒾⒿⓀⓁ	1	['graudˌbreikiŋ]	a. 创新的
rhetorical	ⒶⒷⒸⒹⒺⒻⒼⒽⒾⒿⓀⓁ	1	[ri'tɔrikəl]	a. 辞藻华丽的，修辞学的
subservient	ⒶⒷⒸⒹⒺⒻⒼⒽⒾⒿⓀⓁ	1	[sʌb'sə:viənt]	a. 次要的，从属的，奉承的
cacophonous	ⒶⒷⒸⒹⒺⒻⒼⒽⒾⒿⓀⓁ	1	[kæ'kafənəs]	a. 刺耳的，令人不快的
cursory	ⒶⒷⒸⒹⒺⒻⒼⒽⒾⒿⓀⓁ	1	['kə:səri]	a. 匆忙的，草率的，粗略的
ingenious	ⒶⒷⒸⒹⒺⒻⒼⒽⒾⒿⓀⓁ	1	[in'dʒi:njəs]	a. 聪明的，精巧的
leisurely	ⒶⒷⒸⒹⒺⒻⒼⒽⒾⒿⓀⓁ	1	['li:ʒəli]	a. 从容的，悠闲的
rambunctious	ⒶⒷⒸⒹⒺⒻⒼⒽⒾⒿⓀⓁ	1	[ræm'bʌŋkʃəs]	a. 粗暴的，喧闹的
insubstantial	ⒶⒷⒸⒹⒺⒻⒼⒽⒾⒿⓀⓁ	1	[ˌinsəb'stænʃəl]	a. 脆弱的，无实体的，非实质的
thunderous	ⒶⒷⒸⒹⒺⒻⒼⒽⒾⒿⓀⓁ	1	['θʌndərəs]	a. 打雷的，雷鸣般的
iconoclastic	ⒶⒷⒸⒹⒺⒻⒼⒽⒾⒿⓀⓁ	1	[aiˌkɔnə'klæstik]	a. 打破旧习的，打破常规的
intrusive	ⒶⒷⒸⒹⒺⒻⒼⒽⒾⒿⓀⓁ	1	[in'tru:siv]	a. 打扰的，侵入的
apprehensive	ⒶⒷⒸⒹⒺⒻⒼⒽⒾⒿⓀⓁ	1	[ˌæpri'hensiv]	a. 担心的，有理解力的，有知觉的
bilious	ⒶⒷⒸⒹⒺⒻⒼⒽⒾⒿⓀⓁ	1	['biljəs]	a. 胆汁质的，坏脾气的

单词	标记	频率	读音	词义
hapless	ⒶⒷⒸⒹⒺⒻⒼⒽⒾⒿⓀⓁ	1	['hæplis]	a. 倒霉的，不幸的
inverse	ⒶⒷⒸⒹⒺⒻⒼⒽⒾⒿⓀⓁ	1	['in'və:s]	a. 倒转的，相反的 n. 倒数，负数
apologetic	ⒶⒷⒸⒹⒺⒻⒼⒽⒾⒿⓀⓁ	1	[əˌpɔlə'dʒetik]	a. 道歉的，认错的，辩护的
restless	ⒶⒷⒸⒹⒺⒻⒼⒽⒾⒿⓀⓁ	1	['restlis]	a. 得不到休息的，好动的
antagonistic	ⒶⒷⒸⒹⒺⒻⒼⒽⒾⒿⓀⓁ	1	[ænˌtægə'nistik]	a. 敌对的，对抗性的
inimical	ⒶⒷⒸⒹⒺⒻⒼⒽⒾⒿⓀⓁ	1	[i'nimikl]	a. 敌意的
endemic	ⒶⒷⒸⒹⒺⒻⒼⒽⒾⒿⓀⓁ	1	[en'demik]	a. 地方性的
parochial	ⒶⒷⒸⒹⒺⒻⒼⒽⒾⒿⓀⓁ	1	[pə'rəukiəl]	a. 地方性的，狭隘的，教区的
imperial	ⒶⒷⒸⒹⒺⒻⒼⒽⒾⒿⓀⓁ	1	[im'piəriəl]	a. 帝国的，帝王的，至尊的
regal	ⒶⒷⒸⒹⒺⒻⒼⒽⒾⒿⓀⓁ	1	['ri:gəl]	a. 帝王的，尊贵的
dynamic	ⒶⒷⒸⒹⒺⒻⒼⒽⒾⒿⓀⓁ	1	[dai'næmik]	a. 动力的，动力学的，动态的，有活力的
precipitous	ⒶⒷⒸⒹⒺⒻⒼⒽⒾⒿⓀⓁ	1	[pri'sipitəs]	a. 陡峭的，急促的
authoritarian	ⒶⒷⒸⒹⒺⒻⒼⒽⒾⒿⓀⓁ	1	[ɔ:ˌθɔri'teəriən]	a. 独裁的，独裁主义的
autocratic	ⒶⒷⒸⒹⒺⒻⒼⒽⒾⒿⓀⓁ	1	[ɔ:təˈkrætik]	a. 独裁的，专制的
assertive	ⒶⒷⒸⒹⒺⒻⒼⒽⒾⒿⓀⓁ	1	[ə'sə:tiv]	a. 断定的，过分自信的
confrontational	ⒶⒷⒸⒹⒺⒻⒼⒽⒾⒿⓀⓁ	1	[ˌkɔnfrʌn'teiʃənl]	a. 对抗的，对抗性的
obtuse	ⒶⒷⒸⒹⒺⒻⒼⒽⒾⒿⓀⓁ	1	[əb'tju:s]	a. 钝的，迟钝的
fecund	ⒶⒷⒸⒹⒺⒻⒼⒽⒾⒿⓀⓁ	1	['fi:kənd]	a. 多产的
pluralistic	ⒶⒷⒸⒹⒺⒻⒼⒽⒾⒿⓀⓁ	1	[ˌpluərə'listik]	a. 多元论的，兼职的
multifarious	ⒶⒷⒸⒹⒺⒻⒼⒽⒾⒿⓀⓁ	1	[ˌmʌlti'feəriəs]	a. 多种的，各种各样的
compendious	ⒶⒷⒸⒹⒺⒻⒼⒽⒾⒿⓀⓁ	1	[kəm'pendiəs]	a. 扼要的，简明的
vicious	ⒶⒷⒸⒹⒺⒻⒼⒽⒾⒿⓀⓁ	1	['viʃəs]	a. 恶毒的，邪恶的
malicious	ⒶⒷⒸⒹⒺⒻⒼⒽⒾⒿⓀⓁ	1	[mə'liʃəs]	a. 恶意的，恶毒的
malignant	ⒶⒷⒸⒹⒺⒻⒼⒽⒾⒿⓀⓁ	1	[mə'lignənt]	a. 恶意的，恶性的，有害的
ominous	ⒶⒷⒸⒹⒺⒻⒼⒽⒾⒿⓀⓁ	1	['ɔminəs]	a. 恶兆的，不吉利的
aural	ⒶⒷⒸⒹⒺⒻⒼⒽⒾⒿⓀⓁ	1	['ɔ:rəl]	a. 耳的，听觉的
incandescent	ⒶⒷⒸⒹⒺⒻⒼⒽⒾⒿⓀⓁ	1	[ˌinkæn'desnt]	a. 发白热光的，光亮的，白热化的
tremulous	ⒶⒷⒸⒹⒺⒻⒼⒽⒾⒿⓀⓁ	1	['tremjuləs]	a. 发抖的，胆小的，害怕的
feverish	ⒶⒷⒸⒹⒺⒻⒼⒽⒾⒿⓀⓁ	1	[ˈfi:vəriʃ]	a. 发烧的，狂热的，兴奋的
inarticulate	ⒶⒷⒸⒹⒺⒻⒼⒽⒾⒿⓀⓁ	1	[ˌina:'tikjulit]	a. 发音不清的，不善言辞的，无言的
whimsical	ⒶⒷⒸⒹⒺⒻⒼⒽⒾⒿⓀⓁ	1	['wimzikəl]	a. 反复无常的，异想天开的
recalcitrant	ⒶⒷⒸⒹⒺⒻⒼⒽⒾⒿⓀⓁ	1	[ri'kælsitrənt]	a. 反抗的，顽强的
antisocial	ⒶⒷⒸⒹⒺⒻⒼⒽⒾⒿⓀⓁ	1	[ˌænti'səuʃəl]	a. 反社会的，不擅社交的
reflective	ⒶⒷⒸⒹⒺⒻⒼⒽⒾⒿⓀⓁ	1	[ri'flektiv]	a. 反射的，沉思的
reactive	ⒶⒷⒸⒹⒺⒻⒼⒽⒾⒿⓀⓁ	1	[ri(:)'æktiv]	a. 反应的，反作用的
licentious	ⒶⒷⒸⒹⒺⒻⒼⒽⒾⒿⓀⓁ	1	[lai'senʃəs]	a. 放荡的，放肆的
atypical	ⒶⒷⒸⒹⒺⒻⒼⒽⒾⒿⓀⓁ	1	[ei'tipikəl]	a. 非典型的
unpremeditated	ⒶⒷⒸⒹⒺⒻⒼⒽⒾⒿⓀⓁ	1	[ˈʌnpriˈmediteitid]	a. 非预谋的
informal	ⒶⒷⒸⒹⒺⒻⒼⒽⒾⒿⓀⓁ	1	[in'fɔ:məl]	a. 非正式的，不拘礼节的
scandalous	ⒶⒷⒸⒹⒺⒻⒼⒽⒾⒿⓀⓁ	1	[ˈskændələs]	a. 诽谤的，可耻的

单词	标记	频率	读音	词义
incomprehensible	ⒶⒷⒸⒹⒺⒻⒼⒽⒾⒿⓀⓁ	1	[inˌkɔmpri'hensəbl]	a. 费解的，不可思议的
inseparable	ⒶⒷⒸⒹⒺⒻⒼⒽⒾⒿⓀⓁ	1	[in'sepərəbl]	a. 分不开的，不可分离的
divergent	ⒶⒷⒸⒹⒺⒻⒼⒽⒾⒿⓀⓁ	1	[dai'və:dʒənt]	a. 分歧的，分开的，偏离的
dispersive	ⒶⒷⒸⒹⒺⒻⒼⒽⒾⒿⓀⓁ	1	[dis'pə:siv]	a. 分散的
aromatic	ⒶⒷⒸⒹⒺⒻⒼⒽⒾⒿⓀⓁ	1	[ˌærəu'mætik]	a. 芬芳的，芳香的
indignant	ⒶⒷⒸⒹⒺⒻⒼⒽⒾⒿⓀⓁ	1	[in'dignənt]	a. 愤慨的，愤愤不平的
copious	ⒶⒷⒸⒹⒺⒻⒼⒽⒾⒿⓀⓁ	1	['kəupjəs]	a. 丰富的，大量的
grandiloquent	ⒶⒷⒸⒹⒺⒻⒼⒽⒾⒿⓀⓁ	1	[græn'diləkwənt]	a. 浮夸的，夸大的
coincidental	ⒶⒷⒸⒹⒺⒻⒼⒽⒾⒿⓀⓁ	1	[kəuinsiˈdentl]	a. 符合的，同时发生的
corrupt	ⒶⒷⒸⒹⒺⒻⒼⒽⒾⒿⓀⓁ	1	[kə'rʌpt]	a. 腐败的，堕落的 v. 使腐烂，贿赂
caustic	ⒶⒷⒸⒹⒺⒻⒼⒽⒾⒿⓀⓁ	1	['kɔ:stik]	a. 腐蚀性的，刻薄的
vengeful	ⒶⒷⒸⒹⒺⒻⒼⒽⒾⒿⓀⓁ	1	['vendʒfəl]	a. 复仇心重的，报复的
opulent	ⒶⒷⒸⒹⒺⒻⒼⒽⒾⒿⓀⓁ	1	['ɔpjulənt]	a. 富裕的，充足的
grateful	ⒶⒷⒸⒹⒺⒻⒼⒽⒾⒿⓀⓁ	1	['greitful]	a. 感激的，感谢的
appreciative	ⒶⒷⒸⒹⒺⒻⒼⒽⒾⒿⓀⓁ	1	[ə'pri:ʃətiv]	a. 感激的，有鉴识力的
sentimental	ⒶⒷⒸⒹⒺⒻⒼⒽⒾⒿⓀⓁ	1	[ˌsenti'mentl]	a. 感伤的，多愁善感的
baroque	ⒶⒷⒸⒹⒺⒻⒼⒽⒾⒿⓀⓁ	1	[bə'rəuk]	a. 高度装饰的，过分雕琢的
sundry	ⒶⒷⒸⒹⒺⒻⒼⒽⒾⒿⓀⓁ	1	['sʌndri]	a. 各式各样的，杂七杂八的
unimpressive	ⒶⒷⒸⒹⒺⒻⒼⒽⒾⒿⓀⓁ	1	[ˈʌnimˈpresiv]	a. 给人印象不深的，不令人信服的
communal	ⒶⒷⒸⒹⒺⒻⒼⒽⒾⒿⓀⓁ	1	['kɔmjunəl]	a. 公共的，共有的
impartial	ⒶⒷⒸⒹⒺⒻⒼⒽⒾⒿⓀⓁ	1	[im'pa:ʃəl]	a. 公平的，不偏不倚的
formulaic	ⒶⒷⒸⒹⒺⒻⒼⒽⒾⒿⓀⓁ	1	[fɔ:mju'leiik]	a. 公式的，俗套的，刻板的
lone	ⒶⒷⒸⒹⒺⒻⒼⒽⒾⒿⓀⓁ	1	[ləun]	a. 孤独的，寂寞的，单身的
invulnerable	ⒶⒷⒸⒹⒺⒻⒼⒽⒾⒿⓀⓁ	1	[in'vʌlnərəbl]	a. 固若金汤的，无法伤害的
opinionated	ⒶⒷⒸⒹⒺⒻⒼⒽⒾⒿⓀⓁ	1	[ə'pinjəneitid]	a. 固执己见的
crucial	ⒶⒷⒸⒹⒺⒻⒼⒽⒾⒿⓀⓁ	1	['kru:ʃiəl;'kru:ʃəl]	a. 关键的，决定性的
exorbitant	ⒶⒷⒸⒹⒺⒻⒼⒽⒾⒿⓀⓁ	1	[ig'zɔ:bitənt]	a. 过度的，（价格）过高的
excessive	ⒶⒷⒸⒹⒺⒻⒼⒽⒾⒿⓀⓁ	1	[ik'sesiv]	a. 过多的，过分的
finicky	ⒶⒷⒸⒹⒺⒻⒼⒽⒾⒿⓀⓁ	1	['finiki]	a. 过分挑剔的，苛求的
outrageous	ⒶⒷⒸⒹⒺⒻⒼⒽⒾⒿⓀⓁ	1	[aut'reidʒəs]	a. 过分的，骇人的，蛮横的
insular	ⒶⒷⒸⒹⒺⒻⒼⒽⒾⒿⓀⓁ	1	['insjulə]	a. 海岛的，与世隔绝的，思想狭隘的
argumentative	ⒶⒷⒸⒹⒺⒻⒼⒽⒾⒿⓀⓁ	1	[ˌa:gju'mentətiv]	a. 好辩论的，争辩的
combative	ⒶⒷⒸⒹⒺⒻⒼⒽⒾⒿⓀⓁ	1	['ka:mbətiv]	a. 好斗的
hospitable	ⒶⒷⒸⒹⒺⒻⒼⒽⒾⒿⓀⓁ	1	['hɔspitəbl]	a. 好客的，宜人的，易接受的
droll	ⒶⒷⒸⒹⒺⒻⒼⒽⒾⒿⓀⓁ	1	[drəul]	a. 好笑的，滑稽的
militant	ⒶⒷⒸⒹⒺⒻⒼⒽⒾⒿⓀⓁ	1	['militənt]	a. 好战的 n. 好斗分子
disputatious	ⒶⒷⒸⒹⒺⒻⒼⒽⒾⒿⓀⓁ	1	[ˌdispju'teiʃəs]	a. 好争辩的
concordant	ⒶⒷⒸⒹⒺⒻⒼⒽⒾⒿⓀⓁ	1	[kən'kɔ:dənt]	a. 和谐的， 一致的
probable	ⒶⒷⒸⒹⒺⒻⒼⒽⒾⒿⓀⓁ	1	['prɔbəbl]	a. 很可能的，大概的
plangent	ⒶⒷⒸⒹⒺⒻⒼⒽⒾⒿⓀⓁ	1	['plændʒənt]	a. 轰鸣的，忧伤的

单词	标记	频率	读音	词义
grandiose	ⒶⒷⒸⒹⒺⒻⒼⒽⒾⒿⓀⓁ	1	['grændiəus]	a. 宏伟的, 浮夸的
repentant	ⒶⒷⒸⒹⒺⒻⒼⒽⒾⒿⓀⓁ	1	[ri'pentənt]	a. 后悔的, 悔悟的
retrograde	ⒶⒷⒸⒹⒺⒻⒼⒽⒾⒿⓀⓁ	1	['retrəugreid]	a. 后退的, 倒退的 v. 倒退, 退化
reciprocal	ⒶⒷⒸⒹⒺⒻⒼⒽⒾⒿⓀⓁ	1	[ri'siprəkəl]	a. 互惠的, 相互的 n. 倒数, 互惠, 相互
reminiscent	ⒶⒷⒸⒹⒺⒻⒼⒽⒾⒿⓀⓁ	1	[ˌremi'nisnt]	a. 怀旧的, 回忆的, 引起联想的
absurd	ⒶⒷⒸⒹⒺⒻⒼⒽⒾⒿⓀⓁ	1	[əb'sə:d]	a. 荒谬的, 可笑的
ludicrous	ⒶⒷⒸⒹⒺⒻⒼⒽⒾⒿⓀⓁ	1	['lu:dikrəs]	a. 荒谬的, 可笑的
prodigal	ⒶⒷⒸⒹⒺⒻⒼⒽⒾⒿⓀⓁ	1	['prɔdigəl]	a. 挥霍的 n. 挥霍者
resplendent	ⒶⒷⒸⒹⒺⒻⒼⒽⒾⒿⓀⓁ	1	[ri'splendənt]	a. 辉煌的, 灿烂的
convergent	ⒶⒷⒸⒹⒺⒻⒼⒽⒾⒿⓀⓁ	1	[kən'və:dʒənt]	a. 会集的, 会聚性的, 收敛的
somnolent	ⒶⒷⒸⒹⒺⒻⒼⒽⒾⒿⓀⓁ	1	['sɔmnələnt]	a. 昏昏欲睡的, 催眠的
lethargic	ⒶⒷⒸⒹⒺⒻⒼⒽⒾⒿⓀⓁ	1	[le'θa:dʒik]	a. 昏睡的, 无精打采的
chaotic	ⒶⒷⒸⒹⒺⒻⒼⒽⒾⒿⓀⓁ	1	[kei'ɔtik]	a. 混乱的, 无秩序的
frisky	ⒶⒷⒸⒹⒺⒻⒼⒽⒾⒿⓀⓁ	1	['friski]	a. 活泼的, 好动的
spry	ⒶⒷⒸⒹⒺⒻⒼⒽⒾⒿⓀⓁ	1	[sprai]	a. 活泼的, 敏捷的
ironic	ⒶⒷⒸⒹⒺⒻⒼⒽⒾⒿⓀⓁ	1	[ai'rɔnik]	a. 讥讽的, 说反话的
opportunistic	ⒶⒷⒸⒹⒺⒻⒼⒽⒾⒿⓀⓁ	1	[ˌɔpətju:'nistik]	a. 机会主义的, 投机的
leery	ⒶⒷⒸⒹⒺⒻⒼⒽⒾⒿⓀⓁ	1	['liəri]	a. 机敏的, 小心的, 警惕的
inflammatory	ⒶⒷⒸⒹⒺⒻⒼⒽⒾⒿⓀⓁ	1	[in'flæmətəri]	a. 激动的, 煽动的, 炎症性的
timely	ⒶⒷⒸⒹⒺⒻⒼⒽⒾⒿⓀⓁ	1	['taimli]	a. 及时的, 适时的
propitious	ⒶⒷⒸⒹⒺⒻⒼⒽⒾⒿⓀⓁ	1	[prə'piʃəs]	a. 吉利的, 顺利的
immense	ⒶⒷⒸⒹⒺⒻⒼⒽⒾⒿⓀⓁ	1	[i'mens]	a. 极大的, 无边的, 非常好的
egregious	ⒶⒷⒸⒹⒺⒻⒼⒽⒾⒿⓀⓁ	1	[i'gri:dʒəs]	a. 极端恶劣的
execrable	ⒶⒷⒸⒹⒺⒻⒼⒽⒾⒿⓀⓁ	1	['eksikrəbl]	a. 极坏的, 该咒骂的
improvisational	ⒶⒷⒸⒹⒺⒻⒼⒽⒾⒿⓀⓁ	1	[imprəvai'zeiʃənl]	a. 即兴的
impromptu	ⒶⒷⒸⒹⒺⒻⒼⒽⒾⒿⓀⓁ	1	[im'prɔmptju:]	a. 即兴的, 即席的 n. 即席演出
collective	ⒶⒷⒸⒹⒺⒻⒼⒽⒾⒿⓀⓁ	1	[kə'lektiv]	a. 集体的, 共同的 n. 集体
retentive	ⒶⒷⒸⒹⒺⒻⒼⒽⒾⒿⓀⓁ	1	[ri'tentiv]	a. 记性好的, 保持的
mordant	ⒶⒷⒸⒹⒺⒻⒼⒽⒾⒿⓀⓁ	1	['mɔ:dənt]	a. 尖酸的, 讽刺的 n. 腐蚀剂
acerbic	ⒶⒷⒸⒹⒺⒻⒼⒽⒾⒿⓀⓁ	1	[ə'sə:bik]	a. 尖酸的, 刻薄的
persistent	ⒶⒷⒸⒹⒺⒻⒼⒽⒾⒿⓀⓁ	1	[pə'sistənt]	a. 坚持不懈的, 持续的
insistent	ⒶⒷⒸⒹⒺⒻⒼⒽⒾⒿⓀⓁ	1	[in'sistənt]	a. 坚持的, 迫切的
unfaltering	ⒶⒷⒸⒹⒺⒻⒼⒽⒾⒿⓀⓁ	1	[ˌʌn'fɔ:ltəriŋ]	a. 坚定的, 不动摇的
unswerving	ⒶⒷⒸⒹⒺⒻⒼⒽⒾⒿⓀⓁ	1	[ʌn'swə:viŋ]	a. 坚定的, 始终不渝的
fitful	ⒶⒷⒸⒹⒺⒻⒼⒽⒾⒿⓀⓁ	1	['fitful]	a. 间歇的, 断断续续的
spartan	ⒶⒷⒸⒹⒺⒻⒼⒽⒾⒿⓀⓁ	1	['spa:tən]	a. 简朴的, 斯巴达式的
mannered	ⒶⒷⒸⒹⒺⒻⒼⒽⒾⒿⓀⓁ	1	['mænəd]	a. 矫揉造作的, 装模作样的
frugal	ⒶⒷⒸⒹⒺⒻⒼⒽⒾⒿⓀⓁ	1	['fru:gəl]	a. 节俭的, 廉价的
thrifty	ⒶⒷⒸⒹⒺⒻⒼⒽⒾⒿⓀⓁ	1	['θrifti]	a. 节约的, 兴旺的
overwrought	ⒶⒷⒸⒹⒺⒻⒼⒽⒾⒿⓀⓁ	1	['əuvə'rɔ:t]	a. 紧张过度的, 劳累过度的

单词	标记	频率	读音	词义
prudent	ⒶⒷⒸⒹⒺⒻⒼⒽⒾⒿⓀⓁ	1	['pru:dənt]	a. 谨慎的，节俭的，精明的
approximate	ⒶⒷⒸⒹⒺⒻⒼⒽⒾⒿⓀⓁ	1	[ə'prɔksimeit]	a. 近似的，大约的 v. 近似，接近
energetic	ⒶⒷⒸⒹⒺⒻⒼⒽⒾⒿⓀⓁ	1	[ˌenə'dʒetik]	a. 精力充沛的
shrewd	ⒶⒷⒸⒹⒺⒻⒼⒽⒾⒿⓀⓁ	1	[ʃru:d]	a. 精明的，机灵的
alert	ⒶⒷⒸⒹⒺⒻⒼⒽⒾⒿⓀⓁ	1	[ə'lə:t]	a. 警觉的，灵敏的 n. 警报 v. 使警觉
competitive	ⒶⒷⒸⒹⒺⒻⒼⒽⒾⒿⓀⓁ	1	[kəm'petitiv]	a. 竞争的
quiescent	ⒶⒷⒸⒹⒺⒻⒼⒽⒾⒿⓀⓁ	1	[kwai'esənt]	a. 静止的，寂静的，不活动的
antiquate	ⒶⒷⒸⒹⒺⒻⒼⒽⒾⒿⓀⓁ	1	['æntikwit]	a. 旧式的，过时的 v. 废弃
gargantuan	ⒶⒷⒸⒹⒺⒻⒼⒽⒾⒿⓀⓁ	1	[ga:ˈgæntʃuən]	a. 巨大的，庞大的
voluminous	ⒶⒷⒸⒹⒺⒻⒼⒽⒾⒿⓀⓁ	1	[və'lju:minəs]	a. 卷数多的，长篇的，大量的
languorous	ⒶⒷⒸⒹⒺⒻⒼⒽⒾⒿⓀⓁ	1	['læŋgərəs]	a. 倦怠的，无力的
monarchical	ⒶⒷⒸⒹⒺⒻⒼⒽⒾⒿⓀⓁ	1	[mə'na:kikl]	a. 君主的
bountiful	ⒶⒷⒸⒹⒺⒻⒼⒽⒾⒿⓀⓁ	1	['bauntiful]	a. 慷慨的，宽大的
considerate	ⒶⒷⒸⒹⒺⒻⒼⒽⒾⒿⓀⓁ	1	[kən'sidərit]	a. 考虑周到的，深思熟虑的
comparable	ⒶⒷⒸⒹⒺⒻⒼⒽⒾⒿⓀⓁ	1	['kɔmpərəbl]	a. 可比较的，比得上的
contemptible	ⒶⒷⒸⒹⒺⒻⒼⒽⒾⒿⓀⓁ	1	[kən'temptəbl]	a. 可鄙的，可轻视的
justifiable	ⒶⒷⒸⒹⒺⒻⒼⒽⒾⒿⓀⓁ	1	['dʒʌstifaiəbl]	a. 可辩解的，有理的
sensible	ⒶⒷⒸⒹⒺⒻⒼⒽⒾⒿⓀⓁ	1	['sensəbl]	a. 可察觉的，明智的
perceptible	ⒶⒷⒸⒹⒺⒻⒼⒽⒾⒿⓀⓁ	1	[pə'septəbl]	a. 可察觉的，能感觉得到的，看得见的
preventable	ⒶⒷⒸⒹⒺⒻⒼⒽⒾⒿⓀⓁ	1	[pri'ventəbl]	a. 可防止的，可预防的
arable	ⒶⒷⒸⒹⒺⒻⒼⒽⒾⒿⓀⓁ	1	['ærəbl]	a. 可耕的，适于种植的
feasible	ⒶⒷⒸⒹⒺⒻⒼⒽⒾⒿⓀⓁ	1	['fi:zəbl]	a. 可行的，可能的
calculable	ⒶⒷⒸⒹⒺⒻⒼⒽⒾⒿⓀⓁ	1	['kælkjuləbl]	a. 可计算的，可信赖的
approachable	ⒶⒷⒸⒹⒺⒻⒼⒽⒾⒿⓀⓁ	1	[ə'prəutʃəbl]	a. 可接近的，随和的
comprehensible	ⒶⒷⒸⒹⒺⒻⒼⒽⒾⒿⓀⓁ	1	[ˌkɔmpri'hensəbl]	a. 可理解的
conceivable	ⒶⒷⒸⒹⒺⒻⒼⒽⒾⒿⓀⓁ	1	[kən'si:vəbl]	a. 可能的，想得到的
salvageable	ⒶⒷⒸⒹⒺⒻⒼⒽⒾⒿⓀⓁ	1	['sælvidʒəbl]	a. 可抢救的，可打捞的
bearable	ⒶⒷⒸⒹⒺⒻⒼⒽⒾⒿⓀⓁ	1	['beərəbl]	a. 可忍受的
malleable	ⒶⒷⒸⒹⒺⒻⒼⒽⒾⒿⓀⓁ	1	['mæliəbl]	a. 可塑的，有延展性的，顺从的
expendable	ⒶⒷⒸⒹⒺⒻⒼⒽⒾⒿⓀⓁ	1	[iks'pendəbl]	a. 可消耗的，可牺牲的 n. 消耗品
credible	ⒶⒷⒸⒹⒺⒻⒼⒽⒾⒿⓀⓁ	1	['kredəbl;-ibl]	a. 可信的，可靠的
curable	ⒶⒷⒸⒹⒺⒻⒼⒽⒾⒿⓀⓁ	1	['kjuərəb(ə)l]	a. 可医治的，能治愈的
permissible	ⒶⒷⒸⒹⒺⒻⒼⒽⒾⒿⓀⓁ	1	[pə'misəbl]	a. 可允许的，许可的
obnoxious	ⒶⒷⒸⒹⒺⒻⒼⒽⒾⒿⓀⓁ	1	[əb'nɔkʃəs]	a. 可憎的，不愉快的，损害的
heinous	ⒶⒷⒸⒹⒺⒻⒼⒽⒾⒿⓀⓁ	1	['heinəs]	a. 可憎的，十恶不赦的
wistful	ⒶⒷⒸⒹⒺⒻⒼⒽⒾⒿⓀⓁ	1	['wistful]	a. 渴望的，惆怅的
avid	ⒶⒷⒸⒹⒺⒻⒼⒽⒾⒿⓀⓁ	1	['ævid]	a. 渴望的，贪婪的
vitriolic	ⒶⒷⒸⒹⒺⒻⒼⒽⒾⒿⓀⓁ	1	[ˌvitri'ɔlik]	a. 刻薄的，硫酸的
phobic	ⒶⒷⒸⒹⒺⒻⒼⒽⒾⒿⓀⓁ	1	['fəubik]	a. 恐惧症的
interdisciplinary	ⒶⒷⒸⒹⒺⒻⒼⒽⒾⒿⓀⓁ	1	[ˌintə'disəpli'neri]	a. 跨学科的

单词	标记	频率	读音	词义
spacious	ⒶⒷⒸⒹⒺⒻⒼⒽⒾⒿⓀⓁ	1	['speiʃəs]	a. 宽敞的，广阔的
lenient	ⒶⒷⒸⒹⒺⒻⒼⒽⒾⒿⓀⓁ	1	['li:njənt]	a. 宽大的，仁慈的，慈悲为怀的
fanatical	ⒶⒷⒸⒹⒺⒻⒼⒽⒾⒿⓀⓁ	1	[fə'nætikəl]	a. 狂热的，入迷的
exultant	ⒶⒷⒸⒹⒺⒻⒼⒽⒾⒿⓀⓁ	1	[igˈzʌltənt]	a. 狂喜的，兴高采烈的
rapturous	ⒶⒷⒸⒹⒺⒻⒼⒽⒾⒿⓀⓁ	1	[ˈræptʃərəs]	a. 狂喜的，着迷的
slipshod	ⒶⒷⒸⒹⒺⒻⒼⒽⒾⒿⓀⓁ	1	['slipʃɔd]	a. 邋遢的，马虎的
indolent	ⒶⒷⒸⒹⒺⒻⒼⒽⒾⒿⓀⓁ	1	['indələnt]	a. 懒惰的，慢性的
garrulous	ⒶⒷⒸⒹⒺⒻⒼⒽⒾⒿⓀⓁ	1	['gæruləs]	a. 唠叨的，喋喋不休的
sanguine	ⒶⒷⒸⒹⒺⒻⒼⒽⒾⒿⓀⓁ	1	['sæŋgwin]	a. 乐观的，脸上红润的
upbeat	ⒶⒷⒸⒹⒺⒻⒼⒽⒾⒿⓀⓁ	1	['ʌpbi:t]	a. 乐观的 n. 上升
analogous	ⒶⒷⒸⒹⒺⒻⒼⒽⒾⒿⓀⓁ	1	[ə'næləgəs]	a. 类似的
quaint	ⒶⒷⒸⒹⒺⒻⒼⒽⒾⒿⓀⓁ	1	[kweint]	a. 离奇有趣的，古怪的
digressive	ⒶⒷⒸⒹⒺⒻⒼⒽⒾⒿⓀⓁ	1	[daiˈgresiv]	a. 离题的，枝节的
incorruptible	ⒶⒷⒸⒹⒺⒻⒼⒽⒾⒿⓀⓁ	1	[ˌinkə'rʌptəbl]	a. 廉洁的，不易被腐蚀的
contiguous	ⒶⒷⒸⒹⒺⒻⒼⒽⒾⒿⓀⓁ	1	[kən'tigjuəs]	a. 邻近的，接近的，毗边的
clinical	ⒶⒷⒸⒹⒺⒻⒼⒽⒾⒿⓀⓁ	1	['klinikəl]	a. 临床的
provisional	ⒶⒷⒸⒹⒺⒻⒼⒽⒾⒿⓀⓁ	1	[prə'viʒənl]	a. 临时的 n. 临时人员
miserly	ⒶⒷⒸⒹⒺⒻⒼⒽⒾⒿⓀⓁ	1	['maizəli]	a. 吝啬的，小气的
dexterous	ⒶⒷⒸⒹⒺⒻⒼⒽⒾⒿⓀⓁ	1	['dekstərəs]	a. 灵巧的，熟练的
piecemeal	ⒶⒷⒸⒹⒺⒻⒼⒽⒾⒿⓀⓁ	1	[ˈpi:smi:l]	a. 零碎的，一件一件的
mindful	ⒶⒷⒸⒹⒺⒻⒼⒽⒾⒿⓀⓁ	1	['maindful]	a. 留神的，警觉的
mellifluous	ⒶⒷⒸⒹⒺⒻⒼⒽⒾⒿⓀⓁ	1	[mə'lifluəs]	a. 流畅的，甜美的
prevalent	ⒶⒷⒸⒹⒺⒻⒼⒽⒾⒿⓀⓁ	1	['prevələnt]	a. 流行的，普遍的
meteoric	ⒶⒷⒸⒹⒺⒻⒼⒽⒾⒿⓀⓁ	1	[mi:ti'ɔrik]	a. 流星的，昙花一现的，大气的
desirable	ⒶⒷⒸⒹⒺⒻⒼⒽⒾⒿⓀⓁ	1	[di'zaiərəbl]	a. 满意的，值得要的，吸引人的
lush	ⒶⒷⒸⒹⒺⒻⒼⒽⒾⒿⓀⓁ	1	[lʌʃ]	a. 茂盛的，丰富的 n. 酒，酒鬼
unconscionable	ⒶⒷⒸⒹⒺⒻⒼⒽⒾⒿⓀⓁ	1	[ʌn'kɔnʃənəbl]	a. 没有良心的，不合理的，过度的
quotidian	ⒶⒷⒸⒹⒺⒻⒼⒽⒾⒿⓀⓁ	1	[kwəu'tidiən]	a. 每日的，平凡的
boisterous	ⒶⒷⒸⒹⒺⒻⒼⒽⒾⒿⓀⓁ	1	['bɔistərəs]	a. 猛烈的，喧闹的，狂暴的
labyrinthine	ⒶⒷⒸⒹⒺⒻⒼⒽⒾⒿⓀⓁ	1	[læbə'rinθin]	a. 迷宫式的，错综复杂的
coy	ⒶⒷⒸⒹⒺⒻⒼⒽⒾⒿⓀⓁ	1	[kɔi]	a. 腼腆的，怕羞的，卖弄风情的
slender	ⒶⒷⒸⒹⒺⒻⒼⒽⒾⒿⓀⓁ	1	['slendə]	a. 苗条的，微薄的
impressionable	ⒶⒷⒸⒹⒺⒻⒼⒽⒾⒿⓀⓁ	1	[im'preʃənəbl]	a. 敏感的，易受影响的
nimble	ⒶⒷⒸⒹⒺⒻⒼⒽⒾⒿⓀⓁ	1	['nimbl]	a. 敏捷的
agile	ⒶⒷⒸⒹⒺⒻⒼⒽⒾⒿⓀⓁ	1	['ædʒail]	a. 敏捷的，灵活的
explicit	ⒶⒷⒸⒹⒺⒻⒼⒽⒾⒿⓀⓁ	1	[iks'plisit]	a. 明确的，清楚的，直率的
membranous	ⒶⒷⒸⒹⒺⒻⒼⒽⒾⒿⓀⓁ	1	[ˈmembreinəs]	a. 膜的，膜状的
abrasive	ⒶⒷⒸⒹⒺⒻⒼⒽⒾⒿⓀⓁ	1	[ə'breisiv]	a. 磨损的，生硬粗暴的 n. 研磨剂
indifferent	ⒶⒷⒸⒹⒺⒻⒼⒽⒾⒿⓀⓁ	1	[in'difrənt]	a. 漠不关心的，中立的
acquiescent	ⒶⒷⒸⒹⒺⒻⒼⒽⒾⒿⓀⓁ	1	[ˌækwi'esənt]	a. 默许的

单词	标记	频率	读音	词义
maternal	ⒶⒷⒸⒹⒺⒻⒼⒽⒾⒿⓀⓁ	1	[mə'tə:nl]	a. 母亲的, 母系的, 母性的
flabbergasted	ⒶⒷⒸⒹⒺⒻⒼⒽⒾⒿⓀⓁ	1	['flæbəgæstid]	a. 目瞪口呆的
illegible	ⒶⒷⒸⒹⒺⒻⒼⒽⒾⒿⓀⓁ	1	[i'ledʒəbl]	a. 难辨认的, 字迹模糊的
unmanageable	ⒶⒷⒸⒹⒺⒻⒼⒽⒾⒿⓀⓁ	1	[ʌn'mænidʒəbl]	a. 难处理的, 难控制的
unattainable	ⒶⒷⒸⒹⒺⒻⒼⒽⒾⒿⓀⓁ	1	['ʌnə'teinəbl]	a. 难到达的, 难获得的
unruly	ⒶⒷⒸⒹⒺⒻⒼⒽⒾⒿⓀⓁ	1	[ʌn'ru:li]	a. 难控制的, 无法无天的
insurmountable	ⒶⒷⒸⒹⒺⒻⒼⒽⒾⒿⓀⓁ	1	[ˌinsə'mauntəbl]	a. 难以克服的, 不能逾越的
unintelligible	ⒶⒷⒸⒹⒺⒻⒼⒽⒾⒿⓀⓁ	1	['ʌnin'telidʒəbl]	a. 难以理解的
viable	ⒶⒷⒸⒹⒺⒻⒼⒽⒾⒿⓀⓁ	1	['vaiəbl]	a. 能生存的, 可行的
adaptable	ⒶⒷⒸⒹⒺⒻⒼⒽⒾⒿⓀⓁ	1	[ə'dæptəbl]	a. 能适应的, 可修改的
servile	ⒶⒷⒸⒹⒺⒻⒼⒽⒾⒿⓀⓁ	1	['sə:vail]	a. 奴隶的, 奴性的, 卑屈的
sheepish	ⒶⒷⒸⒹⒺⒻⒼⒽⒾⒿⓀⓁ	1	['ʃi:piʃ]	a. 懦弱的, 羞怯的
matriarchal	ⒶⒷⒸⒹⒺⒻⒼⒽⒾⒿⓀⓁ	1	['meitria:kl]	a. 女家长的, 母系氏族的
haphazard	ⒶⒷⒸⒹⒺⒻⒼⒽⒾⒿⓀⓁ	1	['hæp'hæzəd]	a. 偶然的, 随意的
sycophantic	ⒶⒷⒸⒹⒺⒻⒼⒽⒾⒿⓀⓁ	1	[ˌsikəˈfæntik]	a. 拍马屁的, 阿谀奉承的
exclusive	ⒶⒷⒸⒹⒺⒻⒼⒽⒾⒿⓀⓁ	1	[iks'klu:siv]	a. 排他的, 独占的, 独家的
insurgent	ⒶⒷⒸⒹⒺⒻⒼⒽⒾⒿⓀⓁ	1	[in'sə:dʒənt]	a. 叛乱的 n. 叛乱分子
derelict	ⒶⒷⒸⒹⒺⒻⒼⒽⒾⒿⓀⓁ	1	['derilikt]	a. 抛弃的, 玩忽职守的 n. 遗弃物
embryonic	ⒶⒷⒸⒹⒺⒻⒼⒽⒾⒿⓀⓁ	1	[ˌembri'ɔnik]	a. 胚胎的, 萌芽期的
critical	ⒶⒷⒸⒹⒺⒻⒼⒽⒾⒿⓀⓁ	1	['kritikəl]	a. 批评的, 挑剔的, 决定性的
languid	ⒶⒷⒸⒹⒺⒻⒼⒽⒾⒿⓀⓁ	1	['læŋgwid]	a. 疲倦的, 无精打采的
weary	ⒶⒷⒸⒹⒺⒻⒼⒽⒾⒿⓀⓁ	1	['wiəri]	a. 疲倦的, 厌倦的 v. 疲倦, 厌倦
surly	ⒶⒷⒸⒹⒺⒻⒼⒽⒾⒿⓀⓁ	1	['sə:li]	a. 脾气暴躁的, 傲慢的
penurious	ⒶⒷⒸⒹⒺⒻⒼⒽⒾⒿⓀⓁ	1	[pi'njuəriəs]	a. 贫困的, 缺乏的, 吝啬的
platitudinous	ⒶⒷⒸⒹⒺⒻⒼⒽⒾⒿⓀⓁ	1	[ˌplæti'tju:dinəs]	a. 平凡的, 陈腐的
empirical	ⒶⒷⒸⒹⒺⒻⒼⒽⒾⒿⓀⓁ	1	[em'pirikəl]	a. 凭经验的, 经验主义的
unremarkable	ⒶⒷⒸⒹⒺⒻⒼⒽⒾⒿⓀⓁ	1	['ʌnri'ma:kəbl]	a. 普通的, 平凡的
deceitful	ⒶⒷⒸⒹⒺⒻⒼⒽⒾⒿⓀⓁ	1	[di'si:tfəl]	a. 欺诈的, 欺骗的
bizarre	ⒶⒷⒸⒹⒺⒻⒼⒽⒾⒿⓀⓁ	1	[bi'za:]	a. 奇异的, 怪诞的
equestrian	ⒶⒷⒸⒹⒺⒻⒼⒽⒾⒿⓀⓁ	1	[i'kwestriən]	a. 骑马的 n. 骑手
temperamental	ⒶⒷⒸⒹⒺⒻⒼⒽⒾⒿⓀⓁ	1	[ˌtempərə'mentl]	a. 气质的, 性情的, 喜怒无常的
apt	ⒶⒷⒸⒹⒺⒻⒼⒽⒾⒿⓀⓁ	1	[æpt]	a. 恰当的, 聪明的, 倾向于…的
humble	ⒶⒷⒸⒹⒺⒻⒼⒽⒾⒿⓀⓁ	1	['hʌmbl]	a. 谦逊的, 卑下的 v. 使谦卑, 贬低
reverential	ⒶⒷⒸⒹⒺⒻⒼⒽⒾⒿⓀⓁ	1	[ˌrevə'renʃəl]	a. 虔诚的, 充满敬意的
subliminal	ⒶⒷⒸⒹⒺⒻⒼⒽⒾⒿⓀⓁ	1	[sʌbˈliminəl]	a. 潜意识的, 下意识的
latent	ⒶⒷⒸⒹⒺⒻⒼⒽⒾⒿⓀⓁ	1	['leitənt]	a. 潜在的, 潜伏的
condemnatory	ⒶⒷⒸⒹⒺⒻⒼⒽⒾⒿⓀⓁ	1	[kənˈdemnətəri]	a. 谴责的, 处罚的
captious	ⒶⒷⒸⒹⒺⒻⒼⒽⒾⒿⓀⓁ	1	['kæpʃəs]	a. 强词夺理的, 吹毛求疵的
sturdy	ⒶⒷⒸⒹⒺⒻⒼⒽⒾⒿⓀⓁ	1	['stə:di]	a. 强健的, 坚固的
intense	ⒶⒷⒸⒹⒺⒻⒼⒽⒾⒿⓀⓁ	1	[in'tens]	a. 强烈的, 紧张的

单词	标记	频率	读音	词义
compulsive	ⒶⒷⒸⒹⒺⒻⒼⒽⒾⒿⓀⓁ	1	[kəm'pʌlsiv]	a. 强迫的，上瘾的
jingoistic	ⒶⒷⒸⒹⒺⒻⒼⒽⒾⒿⓀⓁ	1	[ˌdʒiŋgəu'istik]	a. 强硬外交的，侵略主义的
mandatory	ⒶⒷⒸⒹⒺⒻⒼⒽⒾⒿⓀⓁ	1	['mændətəri]	a. 强制的，命令的
obligatory	ⒶⒷⒸⒹⒺⒻⒼⒽⒾⒿⓀⓁ	1	[ə'bligətəri]	a. 强制性的，义务的，必需的
invasive	ⒶⒷⒸⒹⒺⒻⒼⒽⒾⒿⓀⓁ	1	[in'veisiv]	a. 侵入的，侵略性的，攻击性的
diligent	ⒶⒷⒸⒹⒺⒻⒼⒽⒾⒿⓀⓁ	1	['dilidʒənt]	a. 勤奋的
industrious	ⒶⒷⒸⒹⒺⒻⒼⒽⒾⒿⓀⓁ	1	[in'dʌstriəs]	a. 勤劳的，勤奋的
assiduous	ⒶⒷⒸⒹⒺⒻⒼⒽⒾⒿⓀⓁ	1	[ə'sidjuəs]	a. 勤勉的，刻苦的
flighty	ⒶⒷⒸⒹⒺⒻⒼⒽⒾⒿⓀⓁ	1	['flaiti]	a. 轻浮的，不负责任的
frivolous	ⒶⒷⒸⒹⒺⒻⒼⒽⒾⒿⓀⓁ	1	['frivələs]	a. 轻浮的，无关紧要的
imprudent	ⒶⒷⒸⒹⒺⒻⒼⒽⒾⒿⓀⓁ	1	[im'pru:dənt]	a. 轻率的，不谨慎的
pejorative	ⒶⒷⒸⒹⒺⒻⒼⒽⒾⒿⓀⓁ	1	['pi:dʒərətiv]	a. 轻蔑的，贬低的 n. 轻蔑语
credulous	ⒶⒷⒸⒹⒺⒻⒼⒽⒾⒿⓀⓁ	1	[ˈkredjuləs]	a. 轻信的，易受骗的
celebratory	ⒶⒷⒸⒹⒺⒻⒼⒽⒾⒿⓀⓁ	1	[seləbretəri]	a. 庆祝的
unanimous	ⒶⒷⒸⒹⒺⒻⒼⒽⒾⒿⓀⓁ	1	[ju'nænimәs]	a. 全体一致的，一致同意的
scant	ⒶⒷⒸⒹⒺⒻⒼⒽⒾⒿⓀⓁ	1	[skænt]	a. 缺乏的，不足的 v. 缩减
devoid	ⒶⒷⒸⒹⒺⒻⒼⒽⒾⒿⓀⓁ	1	[di'vɔid]	a. 缺乏的，贫乏的
scarce	ⒶⒷⒸⒹⒺⒻⒼⒽⒾⒿⓀⓁ	1	[skeəs]	a. 缺乏的，稀有的 ad. 几乎不
tropical	ⒶⒷⒸⒹⒺⒻⒼⒽⒾⒿⓀⓁ	1	['trɔpikl]	a. 热带的，炎热的
fervid	ⒶⒷⒸⒹⒺⒻⒼⒽⒾⒿⓀⓁ	1	['fə:vid]	a. 热的，热心的
demographic	ⒶⒷⒸⒹⒺⒻⒼⒽⒾⒿⓀⓁ	1	[demə'græfik]	a. 人口统计学的
philanthropic	ⒶⒷⒸⒹⒺⒻⒼⒽⒾⒿⓀⓁ	1	[ˌfilən'θrɔpik]	a. 仁慈的，博爱的
arbitrary	ⒶⒷⒸⒹⒺⒻⒼⒽⒾⒿⓀⓁ	1	['a:bitrəri]	a. 任意的，武断的，专制的
treacly	ⒶⒷⒸⒹⒺⒻⒼⒽⒾⒿⓀⓁ	1	['tri:k(ə)li]	a. 如蜜糖的，甜腻的
vituperative	ⒶⒷⒸⒹⒺⒻⒼⒽⒾⒿⓀⓁ	1	[vi'tju:pəreitiv]	a. 辱骂的，责骂的
iridescent	ⒶⒷⒸⒹⒺⒻⒼⒽⒾⒿⓀⓁ	1	['iri'desnt]	a. 色彩斑斓的
seditious	ⒶⒷⒸⒹⒺⒻⒼⒽⒾⒿⓀⓁ	1	[siˈdiʃəs]	a. 煽动性的
luxurious	ⒶⒷⒸⒹⒺⒻⒼⒽⒾⒿⓀⓁ	1	[lʌk'zjuəriəs]	a. 奢侈的，豪华的
recondite	ⒶⒷⒸⒹⒺⒻⒼⒽⒾⒿⓀⓁ	1	[riˈkɔndait]	a. 深奥的，难懂的
mythic	ⒶⒷⒸⒹⒺⒻⒼⒽⒾⒿⓀⓁ	1	['miθik]	a. 神话的，虚构的
theological	ⒶⒷⒸⒹⒺⒻⒼⒽⒾⒿⓀⓁ	1	[ˌθi:ə'lɔdʒikəl]	a. 神学的
stilted	ⒶⒷⒸⒹⒺⒻⒼⒽⒾⒿⓀⓁ	1	['stiltid]	a. 生硬的，不自然的
residual	ⒶⒷⒸⒹⒺⒻⒼⒽⒾⒿⓀⓁ	1	[ri'zidjuəl]	a. 剩余的，残留的 n. 剩余
poetic	ⒶⒷⒸⒹⒺⒻⒼⒽⒾⒿⓀⓁ	1	[pəu'etik]	a. 诗歌的
experimental	ⒶⒷⒸⒹⒺⒻⒼⒽⒾⒿⓀⓁ	1	[eksˌperi'mentl]	a. 实验的，实验性的
concrete	ⒶⒷⒸⒹⒺⒻⒼⒽⒾⒿⓀⓁ	1	['kɔnkri:t]	a. 实在的，具体的 n. 混凝土
cannibalistic	ⒶⒷⒸⒹⒺⒻⒼⒽⒾⒿⓀⓁ	1	[ˌkænibə'listik]	a. 食人肉的，同类相食的
unpleasant	ⒶⒷⒸⒹⒺⒻⒼⒽⒾⒿⓀⓁ	1	[ʌn'pleznt]	a. 使人不愉快的
worldly	ⒶⒷⒸⒹⒺⒻⒼⒽⒾⒿⓀⓁ	1	['wə:ldli]	a. 世俗的，世上的，老练的
temporal	ⒶⒷⒸⒹⒺⒻⒼⒽⒾⒿⓀⓁ	1	['tempərəl]	a. 世俗的，暂时的，当时的

单词	标记	频率	读音	词义
factual	ⒶⒷⒸⒹⒺⒻⒼⒽⒾⒿⓀⓁ	1	['fæktjuəl]	a. 事实的，真实的
primary	ⒶⒷⒸⒹⒺⒻⒼⒽⒾⒿⓀⓁ	1	['praiməri]	a. 首要的，主要的，最初的，基本的
epistolary	ⒶⒷⒸⒹⒺⒻⒼⒽⒾⒿⓀⓁ	1	[i'pistələri]	a. 书信的，书信体的
negligent	ⒶⒷⒸⒹⒺⒻⒼⒽⒾⒿⓀⓁ	1	['neglidʒənt]	a. 疏忽的，粗心的
aloof	ⒶⒷⒸⒹⒺⒻⒼⒽⒾⒿⓀⓁ	1	[ə'lu:f]	a. 疏远的，冷淡的 ad. 远离，离开
redemptive	ⒶⒷⒸⒹⒺⒻⒼⒽⒾⒿⓀⓁ	1	[ri'demptiv]	a. 赎回的，赎身的，救赎的
arboreal	ⒶⒷⒸⒹⒺⒻⒼⒽⒾⒿⓀⓁ	1	[a:'bɔ:riəl]	a. 树木的，栖于树木的
dual	ⒶⒷⒸⒹⒺⒻⒼⒽⒾⒿⓀⓁ	1	['dju(:)əl]	a. 双的，二重的
mendacious	ⒶⒷⒸⒹⒺⒻⒼⒽⒾⒿⓀⓁ	1	[men'deiʃəs]	a. 说谎的，虚假的
preachy	ⒶⒷⒸⒹⒺⒻⒼⒽⒾⒿⓀⓁ	1	['pri:tʃi]	a. 说教的
explanatory	ⒶⒷⒸⒹⒺⒻⒼⒽⒾⒿⓀⓁ	1	[iks'plænətəri]	a. 说明的，解释的
posthumous	ⒶⒷⒸⒹⒺⒻⒼⒽⒾⒿⓀⓁ	1	[ˈpɔstjuməs]	a. 死后的，遗腹的
lax	ⒶⒷⒸⒹⒺⒻⒼⒽⒾⒿⓀⓁ	1	[læks]	a. 松弛的，松懈的
gaudy	ⒶⒷⒸⒹⒺⒻⒼⒽⒾⒿⓀⓁ	1	['gɔ:di]	a. 俗丽的，花哨的
acquisitive	ⒶⒷⒸⒹⒺⒻⒼⒽⒾⒿⓀⓁ	1	[ə'kwizitiv]	a. 贪婪的，可学到的
greedy	ⒶⒷⒸⒹⒺⒻⒼⒽⒾⒿⓀⓁ	1	['gri:di]	a. 贪婪的，渴望的
rapacious	ⒶⒷⒸⒹⒺⒻⒼⒽⒾⒿⓀⓁ	1	[rə'peiʃəs]	a. 贪婪的，强夺的
brusque	ⒶⒷⒸⒹⒺⒻⒼⒽⒾⒿⓀⓁ	1	[brusk;brʌsk]	a. 唐突的，鲁莽的
mischievous	ⒶⒷⒸⒹⒺⒻⒼⒽⒾⒿⓀⓁ	1	['mistʃivəs]	a. 淘气的，有害的
propitiatory	ⒶⒷⒸⒹⒺⒻⒼⒽⒾⒿⓀⓁ	1	[prə'piʃiətəri]	a. 讨好的，调解的
abominable	ⒶⒷⒸⒹⒺⒻⒼⒽⒾⒿⓀⓁ	1	[əˈbɔminəbl]	a. 讨厌的，令人憎恶的
suggestive	ⒶⒷⒸⒹⒺⒻⒼⒽⒾⒿⓀⓁ	1	[sə'dʒestiv]	a. 提示性的，影射的，暗示的
crude	ⒶⒷⒸⒹⒺⒻⒼⒽⒾⒿⓀⓁ	1	[kru:d]	a. 天然的，粗鲁的 n. 原油
astronomical	ⒶⒷⒸⒹⒺⒻⒼⒽⒾⒿⓀⓁ	1	[ˌæstrə'nɔmikəl]	a. 天文学的，巨大的
bucolic	ⒶⒷⒸⒹⒺⒻⒼⒽⒾⒿⓀⓁ	1	[bju:'kɔlik]	a. 田园的，乡村的，牧羊的
voluptuous	ⒶⒷⒸⒹⒺⒻⒼⒽⒾⒿⓀⓁ	1	[və'lʌptjuəs]	a. 挑逗的，激起性欲的
harmonic	ⒶⒷⒸⒹⒺⒻⒼⒽⒾⒿⓀⓁ	1	[ha:'mɔnik]	a. 调和的，和声的 n. 和音，调波
emphatic	ⒶⒷⒸⒹⒺⒻⒼⒽⒾⒿⓀⓁ	1	[im'fætik]	a. 调强的
stagnant	ⒶⒷⒸⒹⒺⒻⒼⒽⒾⒿⓀⓁ	1	['stægnənt]	a. 停滞的，萧条的
vulgar	ⒶⒷⒸⒹⒺⒻⒼⒽⒾⒿⓀⓁ	1	['vʌlgə(r)]	a. 通俗的，粗俗的，平凡的
simultaneous	ⒶⒷⒸⒹⒺⒻⒼⒽⒾⒿⓀⓁ	1	[ˌsiməl'teinjəs]	a. 同时发生的，同步的
homogeneous	ⒶⒷⒸⒹⒺⒻⒼⒽⒾⒿⓀⓁ	1	[ˌhɔmə'dʒi:niəs]	a. 同质的，相似的
diaphanous	ⒶⒷⒸⒹⒺⒻⒼⒽⒾⒿⓀⓁ	1	[dai'æfənəs]	a. 透明的，模糊的，柔软的
clairvoyant	ⒶⒷⒸⒹⒺⒻⒼⒽⒾⒿⓀⓁ	1	[kleə'vɔiənt]	a. 透视的，有洞察力的 n.千里眼
earthy	ⒶⒷⒸⒹⒺⒻⒼⒽⒾⒿⓀⓁ	1	['ə:θi]	a. 土的，粗陋的，朴实的，现实的
speculative	ⒶⒷⒸⒹⒺⒻⒼⒽⒾⒿⓀⓁ	1	['spekjuˌlətiv]	a. 推测的，思索的，投机的
vestigial	ⒶⒷⒸⒹⒺⒻⒼⒽⒾⒿⓀⓁ	1	[ves'tidʒiəl]	a. 退化的，遗迹的
elliptical	ⒶⒷⒸⒹⒺⒻⒼⒽⒾⒿⓀⓁ	1	[i'liptikəl]	a. 椭圆的
skew	ⒶⒷⒸⒹⒺⒻⒼⒽⒾⒿⓀⓁ	1	[skju:]	a. 歪斜的，斜交的 v. 走偏，斜视
external	ⒶⒷⒸⒹⒺⒻⒼⒽⒾⒿⓀⓁ	1	[eks'tə:nl]	a. 外部的，外来的 n. 外部

单词	标记	频率	读音	词义
unprofessional	ⒶⒷⒸⒹⒺⒻⒼⒽⒾⒿⓀⓁ	1	['ʌnprə'feʃənl]	a. 外行的，非职业性的
disparate	ⒶⒷⒸⒹⒺⒻⒼⒽⒾⒿⓀⓁ	1	['dispərit]	a. 完全不同的
wrongheaded	ⒶⒷⒸⒹⒺⒻⒼⒽⒾⒿⓀⓁ	1	['rɒŋhedid]	a. 顽固的，坚持错误的
refractory	ⒶⒷⒸⒹⒺⒻⒼⒽⒾⒿⓀⓁ	1	[ri'fræktəri]	a. 顽固的，耐火的，难治愈的
mercenary	ⒶⒷⒸⒹⒺⒻⒼⒽⒾⒿⓀⓁ	1	['mə:sinəri]	a. 唯利是图的 n. 雇佣兵
unsung	ⒶⒷⒸⒹⒺⒻⒼⒽⒾⒿⓀⓁ	1	['ʌn'sʌŋ]	a. 未被唱的，未被赞颂的
unappreciated	ⒶⒷⒸⒹⒺⒻⒼⒽⒾⒿⓀⓁ	1	['ʌnə'pri:ʃieitid]	a. 未被欣赏的，不被赏识的
uninformed	ⒶⒷⒸⒹⒺⒻⒼⒽⒾⒿⓀⓁ	1	['ʌnin'fɔ:md]	a. 未得到通知的，知识贫乏的
uncensored	ⒶⒷⒸⒹⒺⒻⒼⒽⒾⒿⓀⓁ	1	[ˈʌnˈsensəd]	a. 未经审查的，无保留的
unadorned	ⒶⒷⒸⒹⒺⒻⒼⒽⒾⒿⓀⓁ	1	['ʌnə'dɔ:nd]	a. 未装饰的，朴素的
bland	ⒶⒷⒸⒹⒺⒻⒼⒽⒾⒿⓀⓁ	1	[blænd]	a. 温和的，乏味的
temperate	ⒶⒷⒸⒹⒺⒻⒼⒽⒾⒿⓀⓁ	1	['tempərit]	a. 温和的，有节制的
literary	ⒶⒷⒸⒹⒺⒻⒼⒽⒾⒿⓀⓁ	1	['litərəri]	a. 文学的
unbounded	ⒶⒷⒸⒹⒺⒻⒼⒽⒾⒿⓀⓁ	1	[ʌn'baundid]	a. 无边的，无节制的
infamous	ⒶⒷⒸⒹⒺⒻⒼⒽⒾⒿⓀⓁ	1	['infəməs]	a. 无耻的，声名狼藉的
nonpartisan	ⒶⒷⒸⒹⒺⒻⒼⒽⒾⒿⓀⓁ	1	[nɔn'pa:tizən]	a. 无党派的，超乎党派的
unsurpassed	ⒶⒷⒸⒹⒺⒻⒼⒽⒾⒿⓀⓁ	1	['ʌnsə'pa:st]	a. 无法超越的，无与伦比的
unobtainable	ⒶⒷⒸⒹⒺⒻⒼⒽⒾⒿⓀⓁ	1	['ʌnəb'teinəbl]	a. 无法得到的
inimitable	ⒶⒷⒸⒹⒺⒻⒼⒽⒾⒿⓀⓁ	1	[i'nimitəbl]	a. 无法仿效的，不可比拟的
nondescript	ⒶⒷⒸⒹⒺⒻⒼⒽⒾⒿⓀⓁ	1	['nɔndis'kript]	a. 无法描述的，无特征的
insufferable	ⒶⒷⒸⒹⒺⒻⒼⒽⒾⒿⓀⓁ	1	[in'sʌfərəbl]	a. 无法忍受的
unforeseen	ⒶⒷⒸⒹⒺⒻⒼⒽⒾⒿⓀⓁ	1	['ʌnfɔ:'si:n]	a. 无法预料的
extraneous	ⒶⒷⒸⒹⒺⒻⒼⒽⒾⒿⓀⓁ	1	[eks'treiniəs]	a. 无关的，外来的
invaluable	ⒶⒷⒸⒹⒺⒻⒼⒽⒾⒿⓀⓁ	1	[in'væljuəbl]	a. 无价的，非常珍贵的
listless	ⒶⒷⒸⒹⒺⒻⒼⒽⒾⒿⓀⓁ	1	['listlis]	a. 无精打采的
incontrovertible	ⒶⒷⒸⒹⒺⒻⒼⒽⒾⒿⓀⓁ	1	[ˌinkɔntrə'və:təbl]	a. 无可辩驳的，不容置疑的
indisputable	ⒶⒷⒸⒹⒺⒻⒼⒽⒾⒿⓀⓁ	1	[ˌindis'pju:təbl]	a. 无可争辩的，不容置疑的
irreproachable	ⒶⒷⒸⒹⒺⒻⒼⒽⒾⒿⓀⓁ	1	[ˌiri'prəutʃəbl]	a. 无可指责的，无过失的
discourteous	ⒶⒷⒸⒹⒺⒻⒼⒽⒾⒿⓀⓁ	1	[disˈkə:tiəs]	a. 无礼的，粗鲁的
impudent	ⒶⒷⒸⒹⒺⒻⒼⒽⒾⒿⓀⓁ	1	['impjudənt]	a. 无礼的，鲁莽的
anonymous	ⒶⒷⒸⒹⒺⒻⒼⒽⒾⒿⓀⓁ	1	[ə'nɔniməs]	a. 无名的，匿名的
incapable	ⒶⒷⒸⒹⒺⒻⒼⒽⒾⒿⓀⓁ	1	[in'keipəbl]	a. 无能力的，不胜任的
inexorable	ⒶⒷⒸⒹⒺⒻⒼⒽⒾⒿⓀⓁ	1	[in'eksərəbl]	a. 无情的，无动于衷的
heartless	ⒶⒷⒸⒹⒺⒻⒼⒽⒾⒿⓀⓁ	1	['ha:tlis]	a. 无情的，无勇气的
myriad	ⒶⒷⒸⒹⒺⒻⒼⒽⒾⒿⓀⓁ	1	['miriəd]	a. 无数的 n. 极大数量
nonporous	ⒶⒷⒸⒹⒺⒻⒼⒽⒾⒿⓀⓁ	1	['nɔn'pɔ:rəs]	a. 无细孔的
impeccable	ⒶⒷⒸⒹⒺⒻⒼⒽⒾⒿⓀⓁ	1	[im'pekəbl]	a. 无瑕疵的，不犯罪的
inefficacious	ⒶⒷⒸⒹⒺⒻⒼⒽⒾⒿⓀⓁ	1	[ˌinefi'keiʃəs]	a. 无效的，无用的
inefficient	ⒶⒷⒸⒹⒺⒻⒼⒽⒾⒿⓀⓁ	1	[ˌini'fiʃənt]	a. 无效率的，无能的，不称职的
unimpeachable	ⒶⒷⒸⒹⒺⒻⒼⒽⒾⒿⓀⓁ	1	[ˌʌnim'pi:tʃəbl]	a. 无懈可击的，无可指责的

单词	标记	频率	读音	词义
incorrigible	ⒶⒷⒸⒹⒺⒻⒼⒽⒾⒿⓀⓁ	1	[in'kɔridʒəbl]	a. 无药可救的，积习难改的，固执的
meaningless	ⒶⒷⒸⒹⒺⒻⒼⒽⒾⒿⓀⓁ	1	['mi:niŋlis]	a. 无意义的
nonsensical	ⒶⒷⒸⒹⒺⒻⒼⒽⒾⒿⓀⓁ	1	[nɔn'sensikəl]	a. 无意义的，荒谬的
pointless	ⒶⒷⒸⒹⒺⒻⒼⒽⒾⒿⓀⓁ	1	['pɔintlis]	a. 无意义的，徒劳的，不尖的
unprincipled	ⒶⒷⒸⒹⒺⒻⒼⒽⒾⒿⓀⓁ	1	[ʌn'prinsəpld]	a. 无原则的，不道德的
improvident	ⒶⒷⒸⒹⒺⒻⒼⒽⒾⒿⓀⓁ	1	[im'prɔvidənt]	a. 无远见的，不节约的
ignorant	ⒶⒷⒸⒹⒺⒻⒼⒽⒾⒿⓀⓁ	1	['ignərənt]	a. 无知的，消息不灵通的
rarified	ⒶⒷⒸⒹⒺⒻⒼⒽⒾⒿⓀⓁ	1	['reərifaid]	a. 稀薄的，纯净的
sparse	ⒶⒷⒸⒹⒺⒻⒼⒽⒾⒿⓀⓁ	1	[spa:s]	a. 稀少的，稀疏的
frolicsome	ⒶⒷⒸⒹⒺⒻⒼⒽⒾⒿⓀⓁ	1	['frɔliksəm]	a. 嬉戏的，爱玩闹的
habitual	ⒶⒷⒸⒹⒺⒻⒼⒽⒾⒿⓀⓁ	1	[hə'bitjuəl]	a. 习惯的，惯常的
quarrelsome	ⒶⒷⒸⒹⒺⒻⒼⒽⒾⒿⓀⓁ	1	['kwɔ:rəlsəm]	a. 喜欢争吵的，好争论的
jubilant	ⒶⒷⒸⒹⒺⒻⒼⒽⒾⒿⓀⓁ	1	['dʒu:bilənt]	a. 喜悦的，喜气洋洋的
indecent	ⒶⒷⒸⒹⒺⒻⒼⒽⒾⒿⓀⓁ	1	[in'di:snt]	a.下流的，不妥当的
salient	ⒶⒷⒸⒹⒺⒻⒼⒽⒾⒿⓀⓁ	1	['seiljənt]	a. 显著的，突出的
restrictive	ⒶⒷⒸⒹⒺⒻⒼⒽⒾⒿⓀⓁ	1	[ris'triktiv]	a. 限制的，约束的 n. 限定词
nostalgic	ⒶⒷⒸⒹⒺⒻⒼⒽⒾⒿⓀⓁ	1	[nɔ'stældʒik;nə-]	a. 乡愁的，怀旧的
rustic	ⒶⒷⒸⒹⒺⒻⒼⒽⒾⒿⓀⓁ	1	['rʌstik]	a. 乡村的，粗野的 n. 乡下人
commensurate	ⒶⒷⒸⒹⒺⒻⒼⒽⒾⒿⓀⓁ	1	[kə'menʃərit]	a. 相称的，相当的
equivalent	ⒶⒷⒸⒹⒺⒻⒼⒽⒾⒿⓀⓁ	1	[i'kwivələnt]	a. 相等的，等价的 n. 等价物
contradictory	ⒶⒷⒸⒹⒺⒻⒼⒽⒾⒿⓀⓁ	1	[ˌkɔntrə'diktəri]	a. 相矛盾的
fanciful	ⒶⒷⒸⒹⒺⒻⒼⒽⒾⒿⓀⓁ	1	['fænsifəl]	a. 想象的，奇怪的
metaphoric	ⒶⒷⒸⒹⒺⒻⒼⒽⒾⒿⓀⓁ	1	['metəfərik]	a. 象征的，隐喻的
evanescent	ⒶⒷⒸⒹⒺⒻⒼⒽⒾⒿⓀⓁ	1	[ˌi:və'nesnt]	a. 消失的，短暂的
minuscule	ⒶⒷⒸⒹⒺⒻⒼⒽⒾⒿⓀⓁ	1	[mi'nʌskju:l]	a. 小写字的，极小的 n. 小写字母
hysterical	ⒶⒷⒸⒹⒺⒻⒼⒽⒾⒿⓀⓁ	1	[his'terikəl]	a. 歇斯底里的，异常兴奋的
wicked	ⒶⒷⒸⒹⒺⒻⒼⒽⒾⒿⓀⓁ	1	['wikid]	a. 邪恶的，恶劣的，缺德的
compatible	ⒶⒷⒸⒹⒺⒻⒼⒽⒾⒿⓀⓁ	1	[kəm'pætəbl]	a. 谐调的，兼容的
painstaking	ⒶⒷⒸⒹⒺⒻⒼⒽⒾⒿⓀⓁ	1	['peinsteikiŋ]	a. 辛苦的 n. 辛苦
acrid	ⒶⒷⒸⒹⒺⒻⒼⒽⒾⒿⓀⓁ	1	['ækrid]	a. 辛辣的，（言语或语调）刻薄的
euphoric	ⒶⒷⒸⒹⒺⒻⒼⒽⒾⒿⓀⓁ	1	[ju:'fɔrik]	a. 欣快的，心满意足的
metaphysical	ⒶⒷⒸⒹⒺⒻⒼⒽⒾⒿⓀⓁ	1	[ˌmetə'fizikəl]	a. 形而上学的，纯粹哲学的
extroverted	ⒶⒷⒸⒹⒺⒻⒼⒽⒾⒿⓀⓁ	1	['ekstrəuvə:tid]	a. 性格外向的
portentous	ⒶⒷⒸⒹⒺⒻⒼⒽⒾⒿⓀⓁ	1	[pɔ:'tentəs]	a. 凶兆的，怪异的
fictional	ⒶⒷⒸⒹⒺⒻⒼⒽⒾⒿⓀⓁ	1	['fikʃənl]	a. 虚构的，小说的
vainglorious	ⒶⒷⒸⒹⒺⒻⒼⒽⒾⒿⓀⓁ	1	[vein'glɔ:riəs]	a. 虚荣的
lifelike	ⒶⒷⒸⒹⒺⒻⒼⒽⒾⒿⓀⓁ	1	['laiflaik]	a. 栩栩如生的，逼真的
blatant	ⒶⒷⒸⒹⒺⒻⒼⒽⒾⒿⓀⓁ	1	['bleitənt]	a. 喧嚣的，吵闹的，明目张胆的
tumultuous	ⒶⒷⒸⒹⒺⒻⒼⒽⒾⒿⓀⓁ	1	[tju:'mʌltʃuəs]	a. 喧嚣的，激烈的
vertiginous	ⒶⒷⒸⒹⒺⒻⒼⒽⒾⒿⓀⓁ	1	[və:'tidʒinəs]	a. 旋转的，令人眩晕的

单词	标记	频率	读音	词义
selective	ⒶⒷⒸⒹⒺⒻⒼⒽⒾⒿⓀⓁ	1	[si'lektiv]	a. 选择的，选择性的
prompt	ⒶⒷⒸⒹⒺⒻⒼⒽⒾⒿⓀⓁ	1	[prɔmpt]	a. 迅速的，敏捷的 v. 推动，提示
straitlaced	ⒶⒷⒸⒹⒺⒻⒼⒽⒾⒿⓀⓁ	1	['streit'leist]	a. 严格的，固执的，刻板的
stringent	ⒶⒷⒸⒹⒺⒻⒼⒽⒾⒿⓀⓁ	1	['strindʒənt]	a. 严格的，银根紧缩的，迫切的
scathing	ⒶⒷⒸⒹⒺⒻⒼⒽⒾⒿⓀⓁ	1	['skeiðiŋ]	a. 严厉的，尖刻的
rigorous	ⒶⒷⒸⒹⒺⒻⒼⒽⒾⒿⓀⓁ	1	['rigərəs]	a. 严密的，严格的，严峻的
proverbial	ⒶⒷⒸⒹⒺⒻⒼⒽⒾⒿⓀⓁ	1	[prəˈvə:biəl]	a. 谚语的，闻名的
ramshackle	ⒶⒷⒸⒹⒺⒻⒼⒽⒾⒿⓀⓁ	1	['ræmˌʃækl]	a. 摇摇欲坠的
feral	ⒶⒷⒸⒹⒺⒻⒼⒽⒾⒿⓀⓁ	1	['fiərəl]	a. 野生的，凶猛的
amateurish	ⒶⒷⒸⒹⒺⒻⒼⒽⒾⒿⓀⓁ	1	[ˌæmə'tə:riʃ]	a. 业余爱好的，不熟练的
circumstantial	ⒶⒷⒸⒹⒺⒻⒼⒽⒾⒿⓀⓁ	1	[ˌsə:kəm'stænʃəl]	a. 依照情况的，详尽的
instrumental	ⒶⒷⒸⒹⒺⒻⒼⒽⒾⒿⓀⓁ	1	[ˌinstru'mentl]	a. 仪器的，乐器的，作为手段的
obsolete	ⒶⒷⒸⒹⒺⒻⒼⒽⒾⒿⓀⓁ	1	['ɔbsəli:t]	a. 已废弃的，过时的
aberrant	ⒶⒷⒸⒹⒺⒻⒼⒽⒾⒿⓀⓁ	1	[æ'berənt]	a. 异常的
repressive	ⒶⒷⒸⒹⒺⒻⒼⒽⒾⒿⓀⓁ	1	[riˈpresiv]	a. 抑制的，镇压的
fickle	ⒶⒷⒸⒹⒺⒻⒼⒽⒾⒿⓀⓁ	1	['fikl]	a. 易变的，变幻无常的
variable	ⒶⒷⒸⒹⒺⒻⒼⒽⒾⒿⓀⓁ	1	['veəriəbl]	a. 易变的，不稳定的 n. 变量
palpable	ⒶⒷⒸⒹⒺⒻⒼⒽⒾⒿⓀⓁ	1	['pælpəbl]	a. 易察觉的，可摸到的，明显的
perishable	ⒶⒷⒸⒹⒺⒻⒼⒽⒾⒿⓀⓁ	1	['periʃəbl]	a. 易腐烂的，会枯萎的
flimsy	ⒶⒷⒸⒹⒺⒻⒼⒽⒾⒿⓀⓁ	1	['flimzi]	a. 易坏的，轻而薄的，不足信的
receptive	ⒶⒷⒸⒹⒺⒻⒼⒽⒾⒿⓀⓁ	1	[ri'septiv]	a. 易接受的，能容纳的
irascible	ⒶⒷⒸⒹⒺⒻⒼⒽⒾⒿⓀⓁ	1	[i'ræsibl]	a. 易怒的，暴躁的
irritable	ⒶⒷⒸⒹⒺⒻⒼⒽⒾⒿⓀⓁ	1	['iritəbl]	a. 易怒的，急躁的，过敏的
fractious	ⒶⒷⒸⒹⒺⒻⒼⒽⒾⒿⓀⓁ	1	['frækʃəs]	a. 易怒的，难驾驭的
meaningful	ⒶⒷⒸⒹⒺⒻⒼⒽⒾⒿⓀⓁ	1	['mi:niŋful]	a. 意味深长的
metaphorical	ⒶⒷⒸⒹⒺⒻⒼⒽⒾⒿⓀⓁ	1	[ˌmetə'fɔ:rikəl]	a. 隐喻性的，比喻性的
impressionistic	ⒶⒷⒸⒹⒺⒻⒼⒽⒾⒿⓀⓁ	1	[imˌpreʃə'nistik]	a. 印象派的
timeless	ⒶⒷⒸⒹⒺⒻⒼⒽⒾⒿⓀⓁ	1	['taimlis]	a. 永恒的，不受时间影响的
perpetual	ⒶⒷⒸⒹⒺⒻⒼⒽⒾⒿⓀⓁ	1	[pə'petjuəl]	a. 永久的，长期的，不间断的
courageous	ⒶⒷⒸⒹⒺⒻⒼⒽⒾⒿⓀⓁ	1	[kə'reidʒəs]	a. 勇敢的
intrepid	ⒶⒷⒸⒹⒺⒻⒼⒽⒾⒿⓀⓁ	1	[in'trepid]	a. 勇猛的，无畏的
easygoing	ⒶⒷⒸⒹⒺⒻⒼⒽⒾⒿⓀⓁ	1	['i:zigəuiŋ]	a. 悠闲的，懒散的
indecisive	ⒶⒷⒸⒹⒺⒻⒼⒽⒾⒿⓀⓁ	1	[ˌindi'saisiv]	a. 犹豫不决的，非决定性的
nomadic	ⒶⒷⒸⒹⒺⒻⒼⒽⒾⒿⓀⓁ	1	[nəu'mædik]	a. 游牧的，流浪的
genial	ⒶⒷⒸⒹⒺⒻⒼⒽⒾⒿⓀⓁ	1	[dʒi'naiəl]	a. 友好的，温暖的
companionable	ⒶⒷⒸⒹⒺⒻⒼⒽⒾⒿⓀⓁ	1	[kəm'pænjənəbl]	a. 友善的，好交往的
amicable	ⒶⒷⒸⒹⒺⒻⒼⒽⒾⒿⓀⓁ	1	['æmikəbl]	a. 友善的，和睦的
remunerative	ⒶⒷⒸⒹⒺⒻⒼⒽⒾⒿⓀⓁ	1	[ri'mju:nə;reitiv]	a. 有报酬的，有利益的
solvent	ⒶⒷⒸⒹⒺⒻⒼⒽⒾⒿⓀⓁ	1	['sɔlvənt]	a. 有偿债能力的 n. 溶剂，解决者
virulent	ⒶⒷⒸⒹⒺⒻⒼⒽⒾⒿⓀⓁ	1	['virələnt]	a. 有毒的，恶毒的

单词	标记	频率	读音	词义
buoyant	ⒶⒷⒸⒹⒺⒻⒼⒽⒾⒿⓀⓁ	1	['bɔiənt]	a. 有浮力的，快乐的
detrimental	ⒶⒷⒸⒹⒺⒻⒼⒽⒾⒿⓀⓁ	1	[ˌdetri'mentl]	a. 有害的
baneful	ⒶⒷⒸⒹⒺⒻⒼⒽⒾⒿⓀⓁ	1	['beinful]	a. 有害的，致命的
cadent	ⒶⒷⒸⒹⒺⒻⒼⒽⒾⒿⓀⓁ	1	['keidnt]	a. 有节奏的，下降的
forceful	ⒶⒷⒸⒹⒺⒻⒼⒽⒾⒿⓀⓁ	1	['fɔ:sfəl]	a. 有力的，强烈的
favorable	ⒶⒷⒸⒹⒺⒻⒼⒽⒾⒿⓀⓁ	1	['feivərəbl]	a. 有利的，赞同的，良好的
renowned	ⒶⒷⒸⒹⒺⒻⒼⒽⒾⒿⓀⓁ	1	[ri'naund]	a. 有名的，有声誉的
odoriferous	ⒶⒷⒸⒹⒺⒻⒼⒽⒾⒿⓀⓁ	1	[ˌəudəˈrifərəs]	a. 有气味的，散发气味的
enjoyable	ⒶⒷⒸⒹⒺⒻⒼⒽⒾⒿⓀⓁ	1	[in'dʒɔiəbl]	a. 有趣的，愉快的
magisterial	ⒶⒷⒸⒹⒺⒻⒼⒽⒾⒿⓀⓁ	1	[ˌmædʒis'tiəriəl]	a. 有权威的，威严的，专横的
defective	ⒶⒷⒸⒹⒺⒻⒼⒽⒾⒿⓀⓁ	1	[di'fektiv]	a. 有缺陷的
melodic	ⒶⒷⒸⒹⒺⒻⒼⒽⒾⒿⓀⓁ	1	[mi'lɔdik]	a. 有旋律的，旋律优美的
indebted	ⒶⒷⒸⒹⒺⒻⒼⒽⒾⒿⓀⓁ	1	[in'detid]	a. 有义务的，感恩的
conducive	ⒶⒷⒸⒹⒺⒻⒼⒽⒾⒿⓀⓁ	1	[kən'dju:siv]	a. 有益的，有助的
nutritious	ⒶⒷⒸⒹⒺⒻⒼⒽⒾⒿⓀⓁ	1	[nju:'triʃəs]	a. 有营养的，滋养的
ascendant	ⒶⒷⒸⒹⒺⒻⒼⒽⒾⒿⓀⓁ	1	[ə'sendənt]	a. 有优势的，上升的
debatable	ⒶⒷⒸⒹⒺⒻⒼⒽⒾⒿⓀⓁ	1	[di'beitəbl]	a. 有争议的，有疑问的
puerile	ⒶⒷⒸⒹⒺⒻⒼⒽⒾⒿⓀⓁ	1	['pjuərail]	a. 幼稚的，孩子气的
sophomoric	ⒶⒷⒸⒹⒺⒻⒼⒽⒾⒿⓀⓁ	1	[ˌsɔfə'mɔrik]	a. 幼稚的，一知半解的，二年级的
devious	ⒶⒷⒸⒹⒺⒻⒼⒽⒾⒿⓀⓁ	1	['di:vjəs]	a. 迂回的，不正直的，狡猾的
circuitous	ⒶⒷⒸⒹⒺⒻⒼⒽⒾⒿⓀⓁ	1	[sə'kju:itəs]	a. 迂回的，绕行的
agreeable	ⒶⒷⒸⒹⒺⒻⒼⒽⒾⒿⓀⓁ	1	[ə'griəbl]	a. 愉快的，同意的，一致的
semantic	ⒶⒷⒸⒹⒺⒻⒼⒽⒾⒿⓀⓁ	1	[si'mæntik]	a. 语义的
preliminary	ⒶⒷⒸⒹⒺⒻⒼⒽⒾⒿⓀⓁ	1	[pri'liminəri]	a. 预备的，初步的 n. 开端，预赛
preventative	ⒶⒷⒸⒹⒺⒻⒼⒽⒾⒿⓀⓁ	1	[pri'ventətiv]	a. 预防性的
preventive	ⒶⒷⒸⒹⒺⒻⒼⒽⒾⒿⓀⓁ	1	[pri'ventiv]	a. 预防性的 n. 预防性措施
apocalyptic	ⒶⒷⒸⒹⒺⒻⒼⒽⒾⒿⓀⓁ	1	[əˌpɔkə'liptik]	a. 预示世界末日的，天启的
pristine	ⒶⒷⒸⒹⒺⒻⒼⒽⒾⒿⓀⓁ	1	['pristain]	a. 原始的，纯洁的，新鲜的
archetypal	ⒶⒷⒸⒹⒺⒻⒼⒽⒾⒿⓀⓁ	1	[ˌarkə'taipl]	a. 原型的
resentful	ⒶⒷⒸⒹⒺⒻⒼⒽⒾⒿⓀⓁ	1	[ri'zentfəl]	a. 怨恨的，不满的
euphonious	ⒶⒷⒸⒹⒺⒻⒼⒽⒾⒿⓀⓁ	1	[ju:'fəuniəs]	a. 悦耳的
kinetic	ⒶⒷⒸⒹⒺⒻⒼⒽⒾⒿⓀⓁ	1	[kai'netik]	a. 运动的
motley	ⒶⒷⒸⒹⒺⒻⒼⒽⒾⒿⓀⓁ	1	['mɔtli]	a. 杂色的，混杂的 n. 杂色，小丑
momentary	ⒶⒷⒸⒹⒺⒻⒼⒽⒾⒿⓀⓁ	1	['məumənteri]	a. 暂时的，短暂的，瞬间的
laudatory	ⒶⒷⒸⒹⒺⒻⒼⒽⒾⒿⓀⓁ	1	['lɔ:dətəri]	a. 赞美的，赞扬的
funerary	ⒶⒷⒸⒹⒺⒻⒼⒽⒾⒿⓀⓁ	1	['fju:nərəri]	a. 葬礼的
inchoate	ⒶⒷⒸⒹⒺⒻⒼⒽⒾⒿⓀⓁ	1	['inkəueit;-kəuit]	a. 早期的，不成熟的
premature	ⒶⒷⒸⒹⒺⒻⒼⒽⒾⒿⓀⓁ	1	[ˌpremə'tjuə]	a. 早熟的，早产的，提前的
viscous	ⒶⒷⒸⒹⒺⒻⒼⒽⒾⒿⓀⓁ	1	['viskəs]	a. 粘的，粘性的
tenable	ⒶⒷⒸⒹⒺⒻⒼⒽⒾⒿⓀⓁ	1	['tenəbl]	a. 站得住脚的，守得住的

单词	标记	频率	读音	词义
literal	ⒶⒷⒸⒹⒺⒻⒼⒽⒾⒿⓀⓁ	1	['litərəl]	a. 照字面的，原义的，逐字的
sincere	ⒶⒷⒸⒹⒺⒻⒼⒽⒾⒿⓀⓁ	1	[sin'siə]	a. 真诚的
diagnostic	ⒶⒷⒸⒹⒺⒻⒼⒽⒾⒿⓀⓁ	1	[ˌdaiəg'nɔstik]	a. 诊断的
sedate	ⒶⒷⒸⒹⒺⒻⒼⒽⒾⒿⓀⓁ	1	[si'deit]	a. 镇静的 v. 使镇静
suppressive	ⒶⒷⒸⒹⒺⒻⒼⒽⒾⒿⓀⓁ	1	[səˈpresiv]	a. 镇压的，抑制的
symptomatic	ⒶⒷⒸⒹⒺⒻⒼⒽⒾⒿⓀⓁ	1	[ˌsimptə'mætik]	a. 症状的
knowledgeable	ⒶⒷⒸⒹⒺⒻⒼⒽⒾⒿⓀⓁ	1	['nɔlidʒəbl]	a. 知识渊博的，有见识的
forthright	ⒶⒷⒸⒹⒺⒻⒼⒽⒾⒿⓀⓁ	1	['fɔ:θ'rait]	a. 直率的，直截了当的
outspoken	ⒶⒷⒸⒹⒺⒻⒼⒽⒾⒿⓀⓁ	1	[aut'spəukən]	a. 直言无讳的，坦率的
worthwhile	ⒶⒷⒸⒹⒺⒻⒼⒽⒾⒿⓀⓁ	1	['wə:ð'(h)wail]	a. 值得的
estimable	ⒶⒷⒸⒹⒺⒻⒼⒽⒾⒿⓀⓁ	1	[ˈestiməbl]	a. 值得尊重的，可估计的
indicative	ⒶⒷⒸⒹⒺⒻⒼⒽⒾⒿⓀⓁ	1	[in'dikətiv]	a. 指示的，象征的 n. 陈述语气
deadly	ⒶⒷⒸⒹⒺⒻⒼⒽⒾⒿⓀⓁ	1	['dedli]	a. 致命的
fatal	ⒶⒷⒸⒹⒺⒻⒼⒽⒾⒿⓀⓁ	1	['feitl]	a. 致命的，灾难性的
perennial	ⒶⒷⒸⒹⒺⒻⒼⒽⒾⒿⓀⓁ	1	[pə'renjəl]	a. 终年的，常绿的 n. 多年生植物
numerous	ⒶⒷⒸⒹⒺⒻⒼⒽⒾⒿⓀⓁ	1	['nju:mərəs]	a. 众多的，许多的
significant	ⒶⒷⒸⒹⒺⒻⒼⒽⒾⒿⓀⓁ	1	[sig'nifikənt]	a. 重要的，意义重大的
pivotal	ⒶⒷⒸⒹⒺⒻⒼⒽⒾⒿⓀⓁ	1	['pivətl]	a. 重要的，中枢的，轴的
periodic	ⒶⒷⒸⒹⒺⒻⒼⒽⒾⒿⓀⓁ	1	[piəri'ɔdik]	a. 周期的，定期的，间歇的
incantatory	ⒶⒷⒸⒹⒺⒻⒼⒽⒾⒿⓀⓁ	1	[in'kæntətɔ:ri]	a. 咒语的，魔咒的
attentive	ⒶⒷⒸⒹⒺⒻⒼⒽⒾⒿⓀⓁ	1	[ə'tentiv]	a. 注意的，留意的
notable	ⒶⒷⒸⒹⒺⒻⒼⒽⒾⒿⓀⓁ	1	['nəutəbl]	a. 著名的，显著的 n. 名人
eminent	ⒶⒷⒸⒹⒺⒻⒼⒽⒾⒿⓀⓁ	1	['eminənt]	a. 著名的，卓越的
imperative	ⒶⒷⒸⒹⒺⒻⒼⒽⒾⒿⓀⓁ	1	[im'perətiv]	a. 专横的，强制的，紧急的 n. 命令
devotional	ⒶⒷⒸⒹⒺⒻⒼⒽⒾⒿⓀⓁ	1	[di'vəuʃənəl]	a. 专心的，献身的，虔诚的
dictatorial	ⒶⒷⒸⒹⒺⒻⒼⒽⒾⒿⓀⓁ	1	[ˌdiktəˈtɔ:riəl]	a. 专政的，独裁的
solemn	ⒶⒷⒸⒹⒺⒻⒼⒽⒾⒿⓀⓁ	1	['sɔləm]	a. 庄严的，严肃的，隆重的
preeminent	ⒶⒷⒸⒹⒺⒻⒼⒽⒾⒿⓀⓁ	1	[pri(:)'eminənt]	a. 卓越的，优秀的
resourceful	ⒶⒷⒸⒹⒺⒻⒼⒽⒾⒿⓀⓁ	1	[ri'sɔ:sfəl]	a. 资源丰富的，机敏的
filial	ⒶⒷⒸⒹⒺⒻⒼⒽⒾⒿⓀⓁ	1	['filjəl]	a. 子女的，孝顺的
overweening	ⒶⒷⒸⒹⒺⒻⒼⒽⒾⒿⓀⓁ	1	['əuvə'wi:niŋ]	a. 自负的，过于自信的
boastful	ⒶⒷⒸⒹⒺⒻⒼⒽⒾⒿⓀⓁ	1	['bəustful]	a. 自负的，喜夸耀的，自夸的
naturalistic	ⒶⒷⒸⒹⒺⒻⒼⒽⒾⒿⓀⓁ	1	[ˌnætʃrə'listik]	a. 自然主义的，博学的
discretionary	ⒶⒷⒸⒹⒺⒻⒼⒽⒾⒿⓀⓁ	1	[dis'kreʃənəri]	a. 自由决定的，自由支配的
voluntary	ⒶⒷⒸⒹⒺⒻⒼⒽⒾⒿⓀⓁ	1	['vɔləntəri;-teri]	a. 自愿的，志愿的
sufficient	ⒶⒷⒸⒹⒺⒻⒼⒽⒾⒿⓀⓁ	1	[sə'fiʃənt]	a. 足够的，充分的
minimal	ⒶⒷⒸⒹⒺⒻⒼⒽⒾⒿⓀⓁ	1	['miniməl]	a. 最小的，最少的
paramount	ⒶⒷⒸⒹⒺⒻⒼⒽⒾⒿⓀⓁ	1	['pærəmaunt]	a. 最重要的，至高无上的
consequential	ⒶⒷⒸⒹⒺⒻⒼⒽⒾⒿⓀⓁ	1	[ˌkɔnsi'kwenʃəl]	a. 作为结果的，重要的
ostensibly	ⒶⒷⒸⒹⒺⒻⒼⒽⒾⒿⓀⓁ	1	[ɔs'tensəbli]	ad. 表面上

单词	标记	频率	读音	词义
continuously	ⒶⒷⒸⒹⒺⒻⒼⒽⒾⒿⓀⓁ	1	[kən'tinjuəsli]	ad. 不断地，连续地
erratically	ⒶⒷⒸⒹⒺⒻⒼⒽⒾⒿⓀⓁ	1	[i'rætikli]	ad. 不规律地，不定地
incessantly	ⒶⒷⒸⒹⒺⒻⒼⒽⒾⒿⓀⓁ	1	[in'sesntli]	ad. 不间断地
inevitably	ⒶⒷⒸⒹⒺⒻⒼⒽⒾⒿⓀⓁ	1	[in'evitəbli]	ad. 不可避免地，必然地
singularly	ⒶⒷⒸⒹⒺⒻⒼⒽⒾⒿⓀⓁ	1	['siŋgjuləli]	ad. 不可思议地，少见地
inappropriately	ⒶⒷⒸⒹⒺⒻⒼⒽⒾⒿⓀⓁ	1	[ˌinə'prəupriitli]	ad. 不适当地
vicariously	ⒶⒷⒸⒹⒺⒻⒼⒽⒾⒿⓀⓁ	1	[vi'keəriəsli]	ad. 代理地，间接感受到地
cowardly	ⒶⒷⒸⒹⒺⒻⒼⒽⒾⒿⓀⓁ	1	['kauədli]	ad. 胆怯地
cheerfully	ⒶⒷⒸⒹⒺⒻⒼⒽⒾⒿⓀⓁ	1	['tʃiəfəli]	ad. 高高兴兴地
ludicrously	ⒶⒷⒸⒹⒺⒻⒼⒽⒾⒿⓀⓁ	1	['lu:dikrəsli]	ad. 荒谬地，可笑地
instantaneously	ⒶⒷⒸⒹⒺⒻⒼⒽⒾⒿⓀⓁ	1	[ˌinstən'teinjəsli]	ad. 即刻地
staunchly	ⒶⒷⒸⒹⒺⒻⒼⒽⒾⒿⓀⓁ	1	[stɔ:ntʃli]	ad. 坚定地，忠实地
tenaciously	ⒶⒷⒸⒹⒺⒻⒼⒽⒾⒿⓀⓁ	1	[ti'neiʃəsli]	ad. 坚韧不拔地，执着地
succinctly	ⒶⒷⒸⒹⒺⒻⒼⒽⒾⒿⓀⓁ	1	[sək'siŋktli]	ad. 简洁地，简便地
tenuously	ⒶⒷⒸⒹⒺⒻⒼⒽⒾⒿⓀⓁ	1	['tenjuəsli]	ad. 精细地，稀薄地
lavishly	ⒶⒷⒸⒹⒺⒻⒼⒽⒾⒿⓀⓁ	1	['læviʃli]	ad. 浪费地，丰富地
temporarily	ⒶⒷⒸⒹⒺⒻⒼⒽⒾⒿⓀⓁ	1	['tempərerili]	ad. 临时地，暂时地
rashly	ⒶⒷⒸⒹⒺⒻⒼⒽⒾⒿⓀⓁ	1	['ræʃli]	ad. 莽撞地，冒失地
violently	ⒶⒷⒸⒹⒺⒻⒼⒽⒾⒿⓀⓁ	1	['vaiələntli]	ad. 猛烈地，暴力地
conclusively	ⒶⒷⒸⒹⒺⒻⒼⒽⒾⒿⓀⓁ	1	[kən'klu:sivli]	ad. 确定地，决定性地，最后地
enthusiastically	ⒶⒷⒸⒹⒺⒻⒼⒽⒾⒿⓀⓁ	1	[inˌθju:zi'æstikəli]	ad. 热心地，狂热地
unscrupulously	ⒶⒷⒸⒹⒺⒻⒼⒽⒾⒿⓀⓁ	1	[ʌn'skru:pjələsli]	ad. 肆无忌惮地，无道德地
sinuously	ⒶⒷⒸⒹⒺⒻⒼⒽⒾⒿⓀⓁ	1	['sinjuəsli]	ad. 蜿蜒地
faintly	ⒶⒷⒸⒹⒺⒻⒼⒽⒾⒿⓀⓁ	1	['feintli]	ad. 微弱地，朦胧地
indiscriminately	ⒶⒷⒸⒹⒺⒻⒼⒽⒾⒿⓀⓁ	1	[indi'skriminitli]	ad. 无差别，任意地
inimitably	ⒶⒷⒸⒹⒺⒻⒼⒽⒾⒿⓀⓁ	1	[i'nimitəbli]	ad. 无法仿效地，独特地
incontrovertibly	ⒶⒷⒸⒹⒺⒻⒼⒽⒾⒿⓀⓁ	1	[ˌinkɔntrə'və:təbli]	ad. 无可争辩地
mercilessly	ⒶⒷⒸⒹⒺⒻⒼⒽⒾⒿⓀⓁ	1	['mə:silisli]	ad. 无情地，残忍地
indefinitely	ⒶⒷⒸⒹⒺⒻⒼⒽⒾⒿⓀⓁ	1	[in'definitli]	ad. 无限期地，不确定地，模糊地
saliently	ⒶⒷⒸⒹⒺⒻⒼⒽⒾⒿⓀⓁ	1	['seiljəntli]	ad. 显著地，突出地
harshly	ⒶⒷⒸⒹⒺⒻⒼⒽⒾⒿⓀⓁ	1	['ha:ʃli]	ad. 严厉地，苛刻地，粗糙地
intelligibly	ⒶⒷⒸⒹⒺⒻⒼⒽⒾⒿⓀⓁ	1	[in'telidʒəbli]	ad. 易理解地，明了地
decorously	ⒶⒷⒸⒹⒺⒻⒼⒽⒾⒿⓀⓁ	1	['dekərəsli]	ad. 有礼貌地，高雅地
distinctively	ⒶⒷⒸⒹⒺⒻⒼⒽⒾⒿⓀⓁ	1	[dis'tiŋktivli]	ad. 有特色地，特殊地
precociously	ⒶⒷⒸⒹⒺⒻⒼⒽⒾⒿⓀⓁ	1	[pri'kəuʃəsli]	ad. 早熟地
prematurely	ⒶⒷⒸⒹⒺⒻⒼⒽⒾⒿⓀⓁ	1	[ˌpri:mə'tjuəli]	ad. 早熟地，过早地
periodically	ⒶⒷⒸⒹⒺⒻⒼⒽⒾⒿⓀⓁ	1	[ˌpiəri'ɔdikəli]	ad. 周期性地，定时性地
spontaneously	ⒶⒷⒸⒹⒺⒻⒼⒽⒾⒿⓀⓁ	1	[spɔn'teiniəsli]	ad. 自发地，自然地
customization	ⒶⒷⒸⒹⒺⒻⒼⒽⒾⒿⓀⓁ	1	['kʌstmaizeiʃən]	n.（按用户需求）定制
balm	ⒶⒷⒸⒹⒺⒻⒼⒽⒾⒿⓀⓁ	1	[ba:m]	n.（止痛或疗伤的）香膏，精油，安慰剂

单词	标记	频率	读音	词义
chagrin	ⒶⒷⒸⒹⒺⒻⒼⒽⒾⒿⓀⓁ	1	['ʃægrin]	n./v. 懊恼
spurn	ⒶⒷⒸⒹⒺⒻⒼⒽⒾⒿⓀⓁ	1	[spə:n]	n./v. 摒弃，拒绝
offset	ⒶⒷⒸⒹⒺⒻⒼⒽⒾⒿⓀⓁ	1	['ɔ:fset]	n./v. 补偿，抵消
scoff	ⒶⒷⒸⒹⒺⒻⒼⒽⒾⒿⓀⓁ	1	[skɔf]	n./v. 嘲笑
ridicule	ⒶⒷⒸⒹⒺⒻⒼⒽⒾⒿⓀⓁ	1	['ridikju:l]	n./v. 嘲笑，愚弄
brag	ⒶⒷⒸⒹⒺⒻⒼⒽⒾⒿⓀⓁ	1	[bræg]	n./v. 吹牛
register	ⒶⒷⒸⒹⒺⒻⒼⒽⒾⒿⓀⓁ	1	['redʒistə]	n./v. 登记，注册，挂号
overflow	ⒶⒷⒸⒹⒺⒻⒼⒽⒾⒿⓀⓁ	1	['əuvə'fləu]	n./v. 泛滥，溢出
howl	ⒶⒷⒸⒹⒺⒻⒼⒽⒾⒿⓀⓁ	1	[haul]	n./v. 嚎叫，咆哮
acclaim	ⒶⒷⒸⒹⒺⒻⒼⒽⒾⒿⓀⓁ	1	[ə'kleim]	n./v. 喝彩，欢呼，称赞
travesty	ⒶⒷⒸⒹⒺⒻⒼⒽⒾⒿⓀⓁ	1	['trævisti]	n./v. 滑稽模仿，歪曲
reprieve	ⒶⒷⒸⒹⒺⒻⒼⒽⒾⒿⓀⓁ	1	[ri'pri:v]	n./v. 缓刑，暂时缓解
pretext	ⒶⒷⒸⒹⒺⒻⒼⒽⒾⒿⓀⓁ	1	['pri:tekst]	n./v. 借口
dismay	ⒶⒷⒸⒹⒺⒻⒼⒽⒾⒿⓀⓁ	1	[dis'mei]	n./v. 沮丧，惊愕
spoof	ⒶⒷⒸⒹⒺⒻⒼⒽⒾⒿⓀⓁ	1	[spu:f]	n./v. 诓骗，滑稽模仿
venture	ⒶⒷⒸⒹⒺⒻⒼⒽⒾⒿⓀⓁ	1	['ventʃə]	n./v. 冒险，风险，投机
scorn	ⒶⒷⒸⒹⒺⒻⒼⒽⒾⒿⓀⓁ	1	[skɔ:n]	n./v. 轻蔑，嘲笑
raid	ⒶⒷⒸⒹⒺⒻⒼⒽⒾⒿⓀⓁ	1	[reid]	n./v. 突然袭击，搜捕，劫掠
disguise	ⒶⒷⒸⒹⒺⒻⒼⒽⒾⒿⓀⓁ	1	[dis'gaiz]	n./v. 伪装，掩饰
sacrifice	ⒶⒷⒸⒹⒺⒻⒼⒽⒾⒿⓀⓁ	1	['sækrifais]	n./v. 牺牲，献祭
quest	ⒶⒷⒸⒹⒺⒻⒼⒽⒾⒿⓀⓁ	1	[kwest]	n./v. 寻求，探索
nurture	ⒶⒷⒸⒹⒺⒻⒼⒽⒾⒿⓀⓁ	1	['nə:tʃə]	n./v. 养育，培育
nudge	ⒶⒷⒸⒹⒺⒻⒼⒽⒾⒿⓀⓁ	1	[nʌdʒ]	n./v. 用肘轻推，轻触
encore	ⒶⒷⒸⒹⒺⒻⒼⒽⒾⒿⓀⓁ	1	[ɔŋ'kɔ:]	n./v. 再演，加演
combat	ⒶⒷⒸⒹⒺⒻⒼⒽⒾⒿⓀⓁ	1	['kɔmbət]	n./v. 战斗，搏斗
dispute	ⒶⒷⒸⒹⒺⒻⒼⒽⒾⒿⓀⓁ	1	[dis'pju:t]	n./v. 争论，争端
requisition	ⒶⒷⒸⒹⒺⒻⒼⒽⒾⒿⓀⓁ	1	[ˌrekwi'ziʃən]	n./v. 征用，要求
rebuke	ⒶⒷⒸⒹⒺⒻⒼⒽⒾⒿⓀⓁ	1	[ri'bju:k]	n./v. 指责，谴责
parody	ⒶⒷⒸⒹⒺⒻⒼⒽⒾⒿⓀⓁ	1	['pærədi]	n./v. 拙劣的模仿
reverence	ⒶⒷⒸⒹⒺⒻⒼⒽⒾⒿⓀⓁ	1	['revərəns]	n./v. 尊敬，敬重
dwarf	ⒶⒷⒸⒹⒺⒻⒼⒽⒾⒿⓀⓁ	1	[dwɔ:f]	n. 矮子，侏儒 v. 使矮小
meddler	ⒶⒷⒸⒹⒺⒻⒼⒽⒾⒿⓀⓁ	1	['medlə]	n. 爱管闲事的人，干涉者
patriot	ⒶⒷⒸⒹⒺⒻⒼⒽⒾⒿⓀⓁ	1	['peitriət;'pæt-]	n. 爱国者
devotee	ⒶⒷⒸⒹⒺⒻⒼⒽⒾⒿⓀⓁ	1	[ˌdevəu'ti:]	n. 爱好者，献身者，皈依者
adoration	ⒶⒷⒸⒹⒺⒻⒼⒽⒾⒿⓀⓁ	1	[ˌædɔ:'reiʃən]	n. 爱慕，崇拜
sedateness	ⒶⒷⒸⒹⒺⒻⒼⒽⒾⒿⓀⓁ	1	[si'deitnis]	n. 安详，镇静
insinuation	ⒶⒷⒸⒹⒺⒻⒼⒽⒾⒿⓀⓁ	1	[inˌsinju'eiʃən]	n. 暗示，暗讽，影射
cue	ⒶⒷⒸⒹⒺⒻⒼⒽⒾⒿⓀⓁ	1	[kju:]	n. 暗示，提示，线索
pomposity	ⒶⒷⒸⒹⒺⒻⒼⒽⒾⒿⓀⓁ	1	[pɔm'pɔsiti]	n. 傲慢，自大，炫耀
trigger	ⒶⒷⒸⒹⒺⒻⒼⒽⒾⒿⓀⓁ	1	['trigə]	n. 扳机，触发器 v. 触发，引起

单词	标记	频率	读音	词义
inclusiveness	ⒶⒷⒸⒹⒺⒻⒼⒽⒾⒿⓀⓁ	1	[in'klu:sivnis]	n. 包含
preservation	ⒶⒷⒸⒹⒺⒻⒼⒽⒾⒿⓀⓁ	1	[ˌprezə(:)'veiʃən]	n. 保存，防腐
protectionist	ⒶⒷⒸⒹⒺⒻⒼⒽⒾⒿⓀⓁ	1	[prəu'tekʃənist]	n. 保护贸易论者
conservatism	ⒶⒷⒸⒹⒺⒻⒼⒽⒾⒿⓀⓁ	1	[kən'sə:vətizəm]	n. 保守主义
remuneration	ⒶⒷⒸⒹⒺⒻⒼⒽⒾⒿⓀⓁ	1	[riˌmju:nə'reiʃən]	n. 报酬
upstart	ⒶⒷⒸⒹⒺⒻⒼⒽⒾⒿⓀⓁ	1	['ʌpsta:t]	n. 暴发户，傲慢的人
tyrant	ⒶⒷⒸⒹⒺⒻⒼⒽⒾⒿⓀⓁ	1	['taiərənt]	n. 暴君，专制君主
tyranny	ⒶⒷⒸⒹⒺⒻⒼⒽⒾⒿⓀⓁ	1	['tirəni]	n. 暴政，专制
explosion	ⒶⒷⒸⒹⒺⒻⒼⒽⒾⒿⓀⓁ	1	[iks'pləuʒən]	n. 爆炸，爆发，激增
pessimism	ⒶⒷⒸⒹⒺⒻⒼⒽⒾⒿⓀⓁ	1	['pesimizm]	n. 悲观，悲观主义
lament	ⒶⒷⒸⒹⒺⒻⒼⒽⒾⒿⓀⓁ	1	[lə'ment]	n. 悲伤 v. 哀悼，惋惜
treachery	ⒶⒷⒸⒹⒺⒻⒼⒽⒾⒿⓀⓁ	1	['tretʃəri]	n. 背叛，叛变
passivity	ⒶⒷⒸⒹⒺⒻⒼⒽⒾⒿⓀⓁ	1	[pæ'siviti]	n. 被动，被动性
windfall	ⒶⒷⒸⒹⒺⒻⒼⒽⒾⒿⓀⓁ	1	['windfɔ:l]	n. 被风吹落的果子，横财
instinct	ⒶⒷⒸⒹⒺⒻⒼⒽⒾⒿⓀⓁ	1	['instiŋkt]	n. 本能，直觉，天性
essence	ⒶⒷⒸⒹⒺⒻⒼⒽⒾⒿⓀⓁ	1	['esns]	n. 本质，精髓，香精
bungler	ⒶⒷⒸⒹⒺⒻⒼⒽⒾⒿⓀⓁ	1	['bʌŋglə]	n. 笨拙的人
verisimilitude	ⒶⒷⒸⒹⒺⒻⒼⒽⒾⒿⓀⓁ	1	[ˌverisi'militju:d]	n. 逼真，逼真的事物
comparison	ⒶⒷⒸⒹⒺⒻⒼⒽⒾⒿⓀⓁ	1	[kəm'pærisn]	n. 比较，对照，比喻
inevitability	ⒶⒷⒸⒹⒺⒻⒼⒽⒾⒿⓀⓁ	1	[inˌevitə'biləti]	n. 必然性
occlusion	ⒶⒷⒸⒹⒺⒻⒼⒽⒾⒿⓀⓁ	1	[ə'klu:ʒən;ɔ-]	n. 闭塞，梗塞，咬合
chronicler	ⒶⒷⒸⒹⒺⒻⒼⒽⒾⒿⓀⓁ	1	['krɔniklə(r)]	n. 编年史记录者
compilation	ⒶⒷⒸⒹⒺⒻⒼⒽⒾⒿⓀⓁ	1	[ˌkɔmpi'leiʃən]	n. 编制，编写，汇编
apologist	ⒶⒷⒸⒹⒺⒻⒼⒽⒾⒿⓀⓁ	1	[ə'pɔlədʒist]	n. 辩护者，辩证者，护教论者
hallmark	ⒶⒷⒸⒹⒺⒻⒼⒽⒾⒿⓀⓁ	1	['hɔ:lma:k]	n. 标志，特征，纯度标记 v. 标纯度
superficiality	ⒶⒷⒸⒹⒺⒻⒼⒽⒾⒿⓀⓁ	1	[ˌsju:pəfiʃi'æliti]	n. 表面性的事物，浅薄
juxtaposition	ⒶⒷⒸⒹⒺⒻⒼⒽⒾⒿⓀⓁ	1	[ˌdʒʌkstəpə'ziʃən]	n. 并列，并置
ward	ⒶⒷⒸⒹⒺⒻⒼⒽⒾⒿⓀⓁ	1	[wɔ:d]	n. 病房，监护，行政区 v. 守护
fluctuation	ⒶⒷⒸⒹⒺⒻⒼⒽⒾⒿⓀⓁ	1	[ˌflʌktju'eiʃən]	n. 波动，起伏
refutation	ⒶⒷⒸⒹⒺⒻⒼⒽⒾⒿⓀⓁ	1	[refju:'teiʃ(ə)n]	n. 驳斥
philanthropy	ⒶⒷⒸⒹⒺⒻⒼⒽⒾⒿⓀⓁ	1	[fi'lænθrəpi]	n. 博爱，仁慈，慈善
foil	ⒶⒷⒸⒹⒺⒻⒼⒽⒾⒿⓀⓁ	1	[fɔil]	n. 箔，箔纸，花剑 v. 挫败，击退，衬托
tonic	ⒶⒷⒸⒹⒺⒻⒼⒽⒾⒿⓀⓁ	1	['tɔnik]	n. 补品 a. 滋补的，声调的
perfidy	ⒶⒷⒸⒹⒺⒻⒼⒽⒾⒿⓀⓁ	1	['pə:fidi]	n. 不诚实，不忠，背信弃义
immorality	ⒶⒷⒸⒹⒺⒻⒼⒽⒾⒿⓀⓁ	1	[ˌimə'ræliti]	n. 不道德，无道义
immobility	ⒶⒷⒸⒹⒺⒻⒼⒽⒾⒿⓀⓁ	1	[i'məubiliti]	n. 不动性，不动，固定
sullenness	ⒶⒷⒸⒹⒺⒻⒼⒽⒾⒿⓀⓁ	1	['sʌlənis]	n. 不高兴，阴沉
deviousness	ⒶⒷⒸⒹⒺⒻⒼⒽⒾⒿⓀⓁ	1	['di:viəsnis]	n. 不光明正大，迂回
anomaly	ⒶⒷⒸⒹⒺⒻⒼⒽⒾⒿⓀⓁ	1	[ə'nɔməli]	n. 不规则，异常的人或物
irrationality	ⒶⒷⒸⒹⒺⒻⒼⒽⒾⒿⓀⓁ	1	[iˌræʃə'næləti]	n. 不合理，无条理，无理性

单词	标记	频率	读音	词义
incongruity	ⒶⒷⒸⒹⒺⒻⒼⒽⒾⒿⓀⓁ	1	[ˌinkɔŋ'gru(:)iti]	n. 不和谐，不相称，不一致
illegibility	ⒶⒷⒸⒹⒺⒻⒼⒽⒾⒿⓀⓁ	1	[iledʒə'biliti]	n. 不可辨认，字迹模糊
impossibility	ⒶⒷⒸⒹⒺⒻⒼⒽⒾⒿⓀⓁ	1	[imˌpɔsə'biləti]	n. 不可能之事，不可能
agnostic	ⒶⒷⒸⒹⒺⒻⒼⒽⒾⒿⓀⓁ	1	[æg'nɔstik]	n. 不可知论者 a. 不可知论的
misbehavior	ⒶⒷⒸⒹⒺⒻⒼⒽⒾⒿⓀⓁ	1	['misbi'heivjə]	n. 不礼貌，品行不端
incoherence	ⒶⒷⒸⒹⒺⒻⒼⒽⒾⒿⓀⓁ	1	[ˌinkəu'hiərəns]	n. 不连贯，松散
impatience	ⒶⒷⒸⒹⒺⒻⒼⒽⒾⒿⓀⓁ	1	[im'peiʃəns]	n. 不耐烦
impermeability	ⒶⒷⒸⒹⒺⒻⒼⒽⒾⒿⓀⓁ	1	[impə:mjə'biliti]	n. 不渗透性，不透过性
incompetence	ⒶⒷⒸⒹⒺⒻⒼⒽⒾⒿⓀⓁ	1	[in'kɔmpitəns]	n. 不胜任，无能力
impunity	ⒶⒷⒸⒹⒺⒻⒼⒽⒾⒿⓀⓁ	1	[im'pju:niti]	n. 不受惩罚，免罚，无患
opacity	ⒶⒷⒸⒹⒺⒻⒼⒽⒾⒿⓀⓁ	1	[əu'pæsiti]	n. 不透明性，暧昧
intransigence	ⒶⒷⒸⒹⒺⒻⒼⒽⒾⒿⓀⓁ	1	[in'trænsidʒəns]	n. 不妥协，不让步
instability	ⒶⒷⒸⒹⒺⒻⒼⒽⒾⒿⓀⓁ	1	[ˌinstə'biliti]	n. 不稳定，不可靠
unsuitability	ⒶⒷⒸⒹⒺⒻⒼⒽⒾⒿⓀⓁ	1	['ʌnˌsju:tə'biliti]	n. 不相称，不适合
disbelief	ⒶⒷⒸⒹⒺⒻⒼⒽⒾⒿⓀⓁ	1	['disbi'li:f]	n. 不信，怀疑
infelicity	ⒶⒷⒸⒹⒺⒻⒼⒽⒾⒿⓀⓁ	1	[ˌinfi'lisiti]	n. 不幸，不适当
mishap	ⒶⒷⒸⒹⒺⒻⒼⒽⒾⒿⓀⓁ	1	['mishæp;mis'hæp]	n. 不幸，厄运
misfortune	ⒶⒷⒸⒹⒺⒻⒼⒽⒾⒿⓀⓁ	1	[mis'fɔ:tʃən]	n. 不幸，灾祸
mischance	ⒶⒷⒸⒹⒺⒻⒼⒽⒾⒿⓀⓁ	1	[mis'tʃa:ns]	n. 不幸，灾难
picayune	ⒶⒷⒸⒹⒺⒻⒼⒽⒾⒿⓀⓁ	1	[ˌpikə'ju:n]	n. 不值钱的东西 a. 不值钱的，无聊的
guesswork	ⒶⒷⒸⒹⒺⒻⒼⒽⒾⒿⓀⓁ	1	['gesw3:k]	n. 猜测，推断
participation	ⒶⒷⒸⒹⒺⒻⒼⒽⒾⒿⓀⓁ	1	[pa:ˌtisi'peiʃən]	n. 参加，参与
brutality	ⒶⒷⒸⒹⒺⒻⒼⒽⒾⒿⓀⓁ	1	[bru(:)'tæliti]	n. 残酷，野蛮
remnant	ⒶⒷⒸⒹⒺⒻⒼⒽⒾⒿⓀⓁ	1	['remnənt]	n. 残余物，边角料 a. 剩余的
forage	ⒶⒷⒸⒹⒺⒻⒼⒽⒾⒿⓀⓁ	1	['fɔridʒ]	n. 草料 v. 搜索草料，掠夺
plug	ⒶⒷⒸⒹⒺⒻⒼⒽⒾⒿⓀⓁ	1	[plʌg]	n. 插头，塞子 v. 插上，塞，堵
mockery	ⒶⒷⒸⒹⒺⒻⒼⒽⒾⒿⓀⓁ	1	['mɔkəri]	n. 嘲弄，取笑
immersion	ⒶⒷⒸⒹⒺⒻⒼⒽⒾⒿⓀⓁ	1	[i'mə:ʃən]	n. 沉浸，专心
indulgence	ⒶⒷⒸⒹⒺⒻⒼⒽⒾⒿⓀⓁ	1	[in'dʌldʒ(ə)ns]	n. 沉溺，放纵，嗜好
bromide	ⒶⒷⒸⒹⒺⒻⒼⒽⒾⒿⓀⓁ	1	['brəumaid]	n. 陈词滥调，溴化物
desirability	ⒶⒷⒸⒹⒺⒻⒼⒽⒾⒿⓀⓁ	1	[diˌzaiərə'biləti]	n. 称心如意的人或物，有利条件
tribute	ⒶⒷⒸⒹⒺⒻⒼⒽⒾⒿⓀⓁ	1	['tribju:t]	n. 称赞，贡品，礼物
commendation	ⒶⒷⒸⒹⒺⒻⒼⒽⒾⒿⓀⓁ	1	[ˌkɔmen'deiʃən]	n. 称赞，奖状，奖品
sierra	ⒶⒷⒸⒹⒺⒻⒼⒽⒾⒿⓀⓁ	1	['siərə;si'erə]	n. 呈齿状起伏的山脉
castigation	ⒶⒷⒸⒹⒺⒻⒼⒽⒾⒿⓀⓁ	1	[ˌkæsti'geiʃən]	n. 惩罚，苛责
obtuseness	ⒶⒷⒸⒹⒺⒻⒼⒽⒾⒿⓀⓁ	1	[əb'tju:snəs]	n. 迟钝，愚笨
duration	ⒶⒷⒸⒹⒺⒻⒼⒽⒾⒿⓀⓁ	1	[djuə'reiʃən]	n. 持续时间，为期
humiliation	ⒶⒷⒸⒹⒺⒻⒼⒽⒾⒿⓀⓁ	1	[hju:ˌmili'eiʃən]	n. 耻辱，丢脸
plenitude	ⒶⒷⒸⒹⒺⒻⒼⒽⒾⒿⓀⓁ	1	['plenitju:d]	n. 充分
abstraction	ⒶⒷⒸⒹⒺⒻⒼⒽⒾⒿⓀⓁ	1	[æb'strækʃən]	n. 抽象化，心不在焉，提炼

单词	标记	频率	读音	词义
unexpectedness	ⒶⒷⒸⒹⒺⒻⒼⒽⒾⒿⓀⓁ	1	[ˌʌnik'spektidnəs]	n. 出乎意料
execution	ⒶⒷⒸⒹⒺⒻⒼⒽⒾⒿⓀⓁ	1	[ˌeksi'kjuːʃən]	n. 处决，执行，死刑
disposal	ⒶⒷⒸⒹⒺⒻⒼⒽⒾⒿⓀⓁ	1	[dis'pəuzəl]	n. 处理，处置，布置
groundbreaker	ⒶⒷⒸⒹⒺⒻⒼⒽⒾⒿⓀⓁ	1	['graundˌbreikə]	n. 创始者
creativity	ⒶⒷⒸⒹⒺⒻⒼⒽⒾⒿⓀⓁ	1	[ˌkriːei'tivəti]	n. 创造力，创造
nitpicker	ⒶⒷⒸⒹⒺⒻⒼⒽⒾⒿⓀⓁ	1	['nitpikə]	n. 吹毛求疵的人
purity	ⒶⒷⒸⒹⒺⒻⒼⒽⒾⒿⓀⓁ	1	['pjuəriti]	n. 纯净，纯粹，清白
lexicon	ⒶⒷⒸⒹⒺⒻⒼⒽⒾⒿⓀⓁ	1	['leksikən]	n. 词典，词汇
philanthropist	ⒶⒷⒸⒹⒺⒻⒼⒽⒾⒿⓀⓁ	1	[fi'lænθrəpist]	n. 慈善家，博爱主义者
charity	ⒶⒷⒸⒹⒺⒻⒼⒽⒾⒿⓀⓁ	1	['tʃæriti]	n. 慈善团体，慈善
cacophony	ⒶⒷⒸⒹⒺⒻⒼⒽⒾⒿⓀⓁ	1	[kæ'kɔfəni]	n. 刺耳的声音，杂音
stimulation	ⒶⒷⒸⒹⒺⒻⒼⒽⒾⒿⓀⓁ	1	[ˌstimju'leiʃən]	n. 刺激，激励，鼓舞
practitioner	ⒶⒷⒸⒹⒺⒻⒼⒽⒾⒿⓀⓁ	1	[præk'tiʃənə]	n. 从业者，开业者
jungle	ⒶⒷⒸⒹⒺⒻⒼⒽⒾⒿⓀⓁ	1	['dʒʌŋgl]	n. 丛林
boorishness	ⒶⒷⒸⒹⒺⒻⒼⒽⒾⒿⓀⓁ	1	['buəriʃnis]	n. 粗野
usurper	ⒶⒷⒸⒹⒺⒻⒼⒽⒾⒿⓀⓁ	1	[juː'zəːpə]	n. 篡夺者，篡位者
halcyon	ⒶⒷⒸⒹⒺⒻⒼⒽⒾⒿⓀⓁ	1	['hælsiən]	n. 翠鸟 a. 宁静的，平稳的
frustration	ⒶⒷⒸⒹⒺⒻⒼⒽⒾⒿⓀⓁ	1	[frʌs'treiʃən]	n. 挫败，挫折
diction	ⒶⒷⒸⒹⒺⒻⒼⒽⒾⒿⓀⓁ	1	['dikʃən]	n. 措辞，发音
slapstick	ⒶⒷⒸⒹⒺⒻⒼⒽⒾⒿⓀⓁ	1	['slæpstik]	n. 打闹剧
intrepidity	ⒶⒷⒸⒹⒺⒻⒼⒽⒾⒿⓀⓁ	1	[ˌintri'piditi]	n. 大胆，无畏
tycoon	ⒶⒷⒸⒹⒺⒻⒼⒽⒾⒿⓀⓁ	1	[tai'kuːn]	n. 大亨，巨头，将军
convention	ⒶⒷⒸⒹⒺⒻⒼⒽⒾⒿⓀⓁ	1	[kən'venʃən]	n. 大会，习俗，惯例
multitude	ⒶⒷⒸⒹⒺⒻⒼⒽⒾⒿⓀⓁ	1	['mʌltitjuːd]	n. 大量，民众
ire	ⒶⒷⒸⒹⒺⒻⒼⒽⒾⒿⓀⓁ	1	['aiə]	n. 大怒
hodgepodge	ⒶⒷⒸⒹⒺⒻⒼⒽⒾⒿⓀⓁ	1	['hɔdʒpɔdʒ]	n. 大杂烩，杂烩菜
delegate	ⒶⒷⒸⒹⒺⒻⒼⒽⒾⒿⓀⓁ	1	['deligit]	n. 代表 v. 委派为代表
surrogate	ⒶⒷⒸⒹⒺⒻⒼⒽⒾⒿⓀⓁ	1	['sʌrəgit]	n. 代替品，代理人 a. 代替的
languor	ⒶⒷⒸⒹⒺⒻⒼⒽⒾⒿⓀⓁ	1	['læŋgə]	n. 怠惰，疲倦
tedium	ⒶⒷⒸⒹⒺⒻⒼⒽⒾⒿⓀⓁ	1	['tiːdiəm;-djəm]	n. 单调乏味，沉闷
timidity	ⒶⒷⒸⒹⒺⒻⒼⒽⒾⒿⓀⓁ	1	[ti'miditi]	n. 胆怯，羞怯
gall	ⒶⒷⒸⒹⒺⒻⒼⒽⒾⒿⓀⓁ	1	[gɔːl]	n. 胆汁，恶毒 v. 磨伤，烦恼
archive	ⒶⒷⒸⒹⒺⒻⒼⒽⒾⒿⓀⓁ	1	['aːkaiv]	n. 档案 v. 存档
mentor	ⒶⒷⒸⒹⒺⒻⒼⒽⒾⒿⓀⓁ	1	['mentɔː]	n. 导师，指导者 v. 指导
insularity	ⒶⒷⒸⒹⒺⒻⒼⒽⒾⒿⓀⓁ	1	[ˌinsju'lærəti]	n. 岛国性质，狭隘
morality	ⒶⒷⒸⒹⒺⒻⒼⒽⒾⒿⓀⓁ	1	[mɔ'ræliti]	n. 道德，品行
tick	ⒶⒷⒸⒹⒺⒻⒼⒽⒾⒿⓀⓁ	1	[tik]	n. 滴答声 v. 滴答地响
antagonist	ⒶⒷⒸⒹⒺⒻⒼⒽⒾⒿⓀⓁ	1	[æn'tægənist]	n. 敌手，对手
culmination	ⒶⒷⒸⒹⒺⒻⒼⒽⒾⒿⓀⓁ	1	[kʌlmi'neiʃ(ə)n]	n. 顶点
jettison	ⒶⒷⒸⒹⒺⒻⒼⒽⒾⒿⓀⓁ	1	['dʒetisn;-tizn]	n. 丢弃物 v. 丢弃，抛弃

单词	标记	频率	读音	词义
momentum	ⒶⒷⒸⒹⒺⒻⒼⒽⒾⒿⓀⓁ	1	[məu'mentəm]	n. 动力，势头，动量
virulence	ⒶⒷⒸⒹⒺⒻⒼⒽⒾⒿⓀⓁ	1	['viruləns]	n. 毒力，毒性，恶意
toxin	ⒶⒷⒸⒹⒺⒻⒼⒽⒾⒿⓀⓁ	1	['tɔksin]	n. 毒素
toxicity	ⒶⒷⒸⒹⒺⒻⒼⒽⒾⒿⓀⓁ	1	[tɔk'sisiti]	n. 毒性
dictator	ⒶⒷⒸⒹⒺⒻⒼⒽⒾⒿⓀⓁ	1	[dik'teitə]	n. 独裁者
autocrat	ⒶⒷⒸⒹⒺⒻⒼⒽⒾⒿⓀⓁ	1	['ɔ:təukræt]	n. 独裁者
monopoly	ⒶⒷⒸⒹⒺⒻⒼⒽⒾⒿⓀⓁ	1	[mə'nɔpəli]	n. 独占，垄断，专利权
readership	ⒶⒷⒸⒹⒺⒻⒼⒽⒾⒿⓀⓁ	1	['ri:dəʃip]	n. 读者群
malfeasance	ⒶⒷⒸⒹⒺⒻⒼⒽⒾⒿⓀⓁ	1	[mæl'fi:zəns]	n. 渎职，不法行为
interlocutor	ⒶⒷⒸⒹⒺⒻⒼⒽⒾⒿⓀⓁ	1	[ˌintə(:)'lɔkjutə]	n. 对话者
mawkishness	ⒶⒷⒸⒹⒺⒻⒼⒽⒾⒿⓀⓁ	1	['mɔ:kiʃnis]	n. 多愁善感，无病呻吟
sentimentalist	ⒶⒷⒸⒹⒺⒻⒼⒽⒾⒿⓀⓁ	1	[senti'mentəlist]	n. 多愁善感者，感伤主义者
inertness	ⒶⒷⒸⒹⒺⒻⒼⒽⒾⒿⓀⓁ	1	[i'nə:tnis]	n. 惰性
perquisite	ⒶⒷⒸⒹⒺⒻⒼⒽⒾⒿⓀⓁ	1	['pə:kwizit]	n. 额外补贴，临时津贴
miscreant	ⒶⒷⒸⒹⒺⒻⒼⒽⒾⒿⓀⓁ	1	['miskriənt]	n. 恶棍，歹徒
malevolence	ⒶⒷⒸⒹⒺⒻⒼⒽⒾⒿⓀⓁ	1	[mə'levələns]	n. 恶意，恶意行为
malice	ⒶⒷⒸⒹⒺⒻⒼⒽⒾⒿⓀⓁ	1	['mælis]	n. 恶意，蓄谋
dichotomy	ⒶⒷⒸⒹⒺⒻⒼⒽⒾⒿⓀⓁ	1	[dai'kɔtəmi]	n. 二分法，两分
sponsorship	ⒶⒷⒸⒹⒺⒻⒼⒽⒾⒿⓀⓁ	1	['spɔnsəʃip]	n. 发起，主办，赞助
rebuttal	ⒶⒷⒸⒹⒺⒻⒼⒽⒾⒿⓀⓁ	1	[ri'bʌtəl]	n. 反驳，反证
recalcitrance	ⒶⒷⒸⒹⒺⒻⒼⒽⒾⒿⓀⓁ	1	[ri'kælsitrəns]	n. 反抗，顽抗
reflection	ⒶⒷⒸⒹⒺⒻⒼⒽⒾⒿⓀⓁ	1	[ri'flekʃən]	n. 反射，考虑，沉思
paradigm	ⒶⒷⒸⒹⒺⒻⒼⒽⒾⒿⓀⓁ	1	['pærədaim;-dim]	n. 范例，示范
expediency	ⒶⒷⒸⒹⒺⒻⒼⒽⒾⒿⓀⓁ	1	[ik'spi:diənsi]	n. 方便，私利，权宜
expedience	ⒶⒷⒸⒹⒺⒻⒼⒽⒾⒿⓀⓁ	1	[ik'spidiəns]	n. 方便，私利，权宜之计
methodology	ⒶⒷⒸⒹⒺⒻⒼⒽⒾⒿⓀⓁ	1	[meθə'dɔlədʒi]	n. 方法论，一套方法
aroma	ⒶⒷⒸⒹⒺⒻⒼⒽⒾⒿⓀⓁ	1	[ə'rəumə]	n. 芳香，香气
debauchery	ⒶⒷⒸⒹⒺⒻⒼⒽⒾⒿⓀⓁ	1	[di'bɔ:tʃəri]	n. 放荡，游荡
deflation	ⒶⒷⒸⒹⒺⒻⒼⒽⒾⒿⓀⓁ	1	[di'fleiʃ(ə)n]	n. 放气，通货紧缩
disclaimer	ⒶⒷⒸⒹⒺⒻⒼⒽⒾⒿⓀⓁ	1	[dis'kleimə(r)]	n. 放弃，免责声明
waiver	ⒶⒷⒸⒹⒺⒻⒼⒽⒾⒿⓀⓁ	1	['weivə]	n. 放弃，弃权，弃权证书
intemperance	ⒶⒷⒸⒹⒺⒻⒼⒽⒾⒿⓀⓁ	1	[in'tempərəns]	n. 放纵，饮酒过度
corpulence	ⒶⒷⒸⒹⒺⒻⒼⒽⒾⒿⓀⓁ	1	['kɔ:pjuləns]	n. 肥胖
calumny	ⒶⒷⒸⒹⒺⒻⒼⒽⒾⒿⓀⓁ	1	['kæləmni]	n. 诽谤，中伤
disparager	ⒶⒷⒸⒹⒺⒻⒼⒽⒾⒿⓀⓁ	1	[diˈspæridʒə]	n. 诽谤者，诋毁者
ebullience	ⒶⒷⒸⒹⒺⒻⒼⒽⒾⒿⓀⓁ	1	[i'bʌljəns]	n. 沸腾，热情洋溢，热情
detachment	ⒶⒷⒸⒹⒺⒻⒼⒽⒾⒿⓀⓁ	1	[di'tætʃmənt]	n. 分开，冷漠，脱离，分队
disruption	ⒶⒷⒸⒹⒺⒻⒼⒽⒾⒿⓀⓁ	1	[dis'rʌpʃən]	n. 分裂，破裂，毁坏
apportionment	ⒶⒷⒸⒹⒺⒻⒼⒽⒾⒿⓀⓁ	1	[ə'pɔ:ʃənmənt]	n. 分配，分摊，分派
divergence	ⒶⒷⒸⒹⒺⒻⒼⒽⒾⒿⓀⓁ	1	[dai'vɜ:dʒəns;di-]	n. 分歧，背离，发散度

单词	标记	频率	读音	词义
bifurcation	ⒶⒷⒸⒹⒺⒻⒼⒽⒾⒿⓀⓁ	1	[ˌbaifə'keiʃən]	n. 分歧，分叉
distraction	ⒶⒷⒸⒹⒺⒻⒼⒽⒾⒿⓀⓁ	1	[dis'trækʃən]	n. 分心，娱乐，发狂
indignation	ⒶⒷⒸⒹⒺⒻⒼⒽⒾⒿⓀⓁ	1	[ˌindig'neiʃən]	n. 愤怒
outrage	ⒶⒷⒸⒹⒺⒻⒼⒽⒾⒿⓀⓁ	1	['autreidʒ]	n. 愤怒，暴行 v. 激怒，凌辱
wrath	ⒶⒷⒸⒹⒺⒻⒼⒽⒾⒿⓀⓁ	1	[rɔ:θ]	n. 愤怒，激怒
flattery	ⒶⒷⒸⒹⒺⒻⒼⒽⒾⒿⓀⓁ	1	['flætəri]	n. 奉承，献媚
denial	ⒶⒷⒸⒹⒺⒻⒼⒽⒾⒿⓀⓁ	1	[di'naiəl]	n. 否认，拒绝
symbol	ⒶⒷⒸⒹⒺⒻⒼⒽⒾⒿⓀⓁ	1	['simbəl]	n. 符号，象征，标志
venality	ⒶⒷⒸⒹⒺⒻⒼⒽⒾⒿⓀⓁ	1	[vi(:)'næliti]	n. 腐败，唯利是图
neighborhood	ⒶⒷⒸⒹⒺⒻⒼⒽⒾⒿⓀⓁ	1	['neibəhud]	n. 附近，邻近，邻居
avenger	ⒶⒷⒸⒹⒺⒻⒼⒽⒾⒿⓀⓁ	1	[ə'vendʒə]	n. 复仇者
resuscitation	ⒶⒷⒸⒹⒺⒻⒼⒽⒾⒿⓀⓁ	1	[riˌsʌsi'teiʃən]	n. 复活，复苏
rehabilitation	ⒶⒷⒸⒹⒺⒻⒼⒽⒾⒿⓀⓁ	1	['ri:(h)əˌbili'teiʃən]	n. 复原，恢复名誉
complexity	ⒶⒷⒸⒹⒺⒻⒼⒽⒾⒿⓀⓁ	1	[kəm'pleksiti]	n. 复杂，复杂性
replication	ⒶⒷⒸⒹⒺⒻⒼⒽⒾⒿⓀⓁ	1	[ˌrepli'keiʃən]	n. 复制
replica	ⒶⒷⒸⒹⒺⒻⒼⒽⒾⒿⓀⓁ	1	['replikə;ri'pli:kə]	n. 复制品
duplication	ⒶⒷⒸⒹⒺⒻⒼⒽⒾⒿⓀⓁ	1	[ˌdju:pli'keiʃən]	n. 副本，复制
avocation	ⒶⒷⒸⒹⒺⒻⒼⒽⒾⒿⓀⓁ	1	[ævə'keiʃ(ə)n]	n. 副业，嗜好
alteration	ⒶⒷⒸⒹⒺⒻⒼⒽⒾⒿⓀⓁ	1	[ˌɔ:ltə'reiʃən]	n. 改变，变更
innovator	ⒶⒷⒸⒹⒺⒻⒼⒽⒾⒿⓀⓁ	1	['inəuveitə(r)]	n. 改革者，创新者
improvement	ⒶⒷⒸⒹⒺⒻⒼⒽⒾⒿⓀⓁ	1	[im'pru:vmənt]	n. 改进，改善
notion	ⒶⒷⒸⒹⒺⒻⒼⒽⒾⒿⓀⓁ	1	['nəuʃən]	n. 概念，观念，想法
gratitude	ⒶⒷⒸⒹⒺⒻⒼⒽⒾⒿⓀⓁ	1	['grætitju:d]	n. 感激，感恩
sensation	ⒶⒷⒸⒹⒺⒻⒼⒽⒾⒿⓀⓁ	1	[sen'seiʃən]	n. 感觉，知觉，轰动
fortitude	ⒶⒷⒸⒹⒺⒻⒼⒽⒾⒿⓀⓁ	1	['fɔ:titju:d]	n. 刚毅，坚毅
loftiness	ⒶⒷⒸⒹⒺⒻⒼⒽⒾⒿⓀⓁ	1	['lɔftinis;'lɔ:f-]	n. 高傲，高深，崇高
elegance	ⒶⒷⒸⒹⒺⒻⒼⒽⒾⒿⓀⓁ	1	['eligəns]	n. 高雅，典雅
renovation	ⒶⒷⒸⒹⒺⒻⒼⒽⒾⒿⓀⓁ	1	[ˌrenəu'veiʃən]	n. 革新
innovation	ⒶⒷⒸⒹⒺⒻⒼⒽⒾⒿⓀⓁ	1	[ˌinəu'veiʃən]	n. 革新，创新
aphorism	ⒶⒷⒸⒹⒺⒻⒼⒽⒾⒿⓀⓁ	1	['æfərizm]	n. 格言，警语
dictum	ⒶⒷⒸⒹⒺⒻⒼⒽⒾⒿⓀⓁ	1	['diktəm]	n. 格言，名言
individualism	ⒶⒷⒸⒹⒺⒻⒼⒽⒾⒿⓀⓁ	1	[indi'vidjuəliz(ə)m]	n. 个人主义
individuality	ⒶⒷⒸⒹⒺⒻⒼⒽⒾⒿⓀⓁ	1	[ˌindiˌvidju'æliti]	n. 个性，特征
axiom	ⒶⒷⒸⒹⒺⒻⒼⒽⒾⒿⓀⓁ	1	['æksiəm]	n. 公理，定理
equity	ⒶⒷⒸⒹⒺⒻⒼⒽⒾⒿⓀⓁ	1	['ekwiti]	n. 公正，公平，股权
candor	ⒶⒷⒸⒹⒺⒻⒼⒽⒾⒿⓀⓁ	1	['kændə]	n. 公正，坦率，正直
publicity	ⒶⒷⒸⒹⒺⒻⒼⒽⒾⒿⓀⓁ	1	[pʌb'lisiti]	n. 公众的注意，宣传
onset	ⒶⒷⒸⒹⒺⒻⒼⒽⒾⒿⓀⓁ	1	['ɔnset]	n. 攻击，开始
resonance	ⒶⒷⒸⒹⒺⒻⒼⒽⒾⒿⓀⓁ	1	['rezənəns]	n. 共鸣，反响，共振
complicity	ⒶⒷⒸⒹⒺⒻⒼⒽⒾⒿⓀⓁ	1	[kəm'plisiti]	n. 共谋，串通

单词	标记	频率	读音	词义
collusion	ⒶⒷⒸⒹⒺⒻⒼⒽⒾⒿⓀⓁ	1	[kə'l(j)u:ʒən]	n. 共谋，勾结
loner	ⒶⒷⒸⒹⒺⒻⒼⒽⒾⒿⓀⓁ	1	['ləunə(r)]	n. 孤独的人，不合群的人
antiquarian	ⒶⒷⒸⒹⒺⒻⒼⒽⒾⒿⓀⓁ	1	[ˌænti'kweəriən]	n. 古文物研究者，古玩收藏家
garner	ⒶⒷⒸⒹⒺⒻⒼⒽⒾⒿⓀⓁ	1	['ga:nə]	n. 谷仓，积蓄 v. 储存，贮藏
agitation	ⒶⒷⒸⒹⒺⒻⒼⒽⒾⒿⓀⓁ	1	[ædʒi'teiʃən]	n. 鼓动，搅动，激动
consultant	ⒶⒷⒸⒹⒺⒻⒼⒽⒾⒿⓀⓁ	1	[kən'sʌltənt]	n. 顾问，商议者，咨询者
whimsy	ⒶⒷⒸⒹⒺⒻⒼⒽⒾⒿⓀⓁ	1	['(h)wimzi]	n. 怪念头，离奇古怪的事物
solicitude	ⒶⒷⒸⒹⒺⒻⒼⒽⒾⒿⓀⓁ	1	[sə'lisitju:d]	n. 关怀，牵挂
crux	ⒶⒷⒸⒹⒺⒻⒼⒽⒾⒿⓀⓁ	1	[krʌks]	n. 关键点，难题，十字架形
spectator	ⒶⒷⒸⒹⒺⒻⒼⒽⒾⒿⓀⓁ	1	[spek'teitə]	n. 观众，目击者，旁观者
bureaucrat	ⒶⒷⒸⒹⒺⒻⒼⒽⒾⒿⓀⓁ	1	['bjuərəukræt]	n. 官僚
administrator	ⒶⒷⒸⒹⒺⒻⒼⒽⒾⒿⓀⓁ	1	[əd'ministreitə]	n. 管理人，行政人员
conventionality	ⒶⒷⒸⒹⒺⒻⒼⒽⒾⒿⓀⓁ	1	[kənˌvenʃə'næliti]	n. 惯例，因循守旧，俗套
locution	ⒶⒷⒸⒹⒺⒻⒼⒽⒾⒿⓀⓁ	1	[ləu'kju:ʃən]	n. 惯用语，说话风格
infusion	ⒶⒷⒸⒹⒺⒻⒼⒽⒾⒿⓀⓁ	1	[in'fju:ʒən]	n. 灌输，注入
attribution	ⒶⒷⒸⒹⒺⒻⒼⒽⒾⒿⓀⓁ	1	[ˌætri'bju:ʃən]	n. 归属，归因
regularity	ⒶⒷⒸⒹⒺⒻⒼⒽⒾⒿⓀⓁ	1	[ˌregju'læriti]	n. 规律性，定期
apparition	ⒶⒷⒸⒹⒺⒻⒼⒽⒾⒿⓀⓁ	1	[ˌæpə'riʃən]	n. 鬼，幽灵，幻影
cocksureness	ⒶⒷⒸⒹⒺⒻⒼⒽⒾⒿⓀⓁ	1	[kɔk'ʃuənis]	n. 过分自信，确信
overabundance	ⒶⒷⒸⒹⒺⒻⒼⒽⒾⒿⓀⓁ	1	['əuvərə'bʌndəns]	n. 过剩，过多
redundancy	ⒶⒷⒸⒹⒺⒻⒼⒽⒾⒿⓀⓁ	1	[ri'dʌndənsi]	n. 过剩，冗余，裁员
heterogeneity	ⒶⒷⒸⒹⒺⒻⒼⒽⒾⒿⓀⓁ	1	[ˌhetərəudʒi'ni:iti]	n. 含有不同成分，异质性
libertine	ⒶⒷⒸⒹⒺⒻⒼⒽⒾⒿⓀⓁ	1	['libə(:)tain]	n. 行为放纵者 a. 放荡的，放纵的
hospitality	ⒶⒷⒸⒹⒺⒻⒼⒽⒾⒿⓀⓁ	1	[ˌhɔspi'tæliti]	n. 好客，亲切，殷勤
depletion	ⒶⒷⒸⒹⒺⒻⒼⒽⒾⒿⓀⓁ	1	[di'pli:ʃən]	n. 耗尽，消耗
coalition	ⒶⒷⒸⒹⒺⒻⒼⒽⒾⒿⓀⓁ	1	[ˌkəuə'liʃən]	n. 合并，联合
legitimacy	ⒶⒷⒸⒹⒺⒻⒼⒽⒾⒿⓀⓁ	1	[li'dʒitiməsi]	n. 合法性
rationalization	ⒶⒷⒸⒹⒺⒻⒼⒽⒾⒿⓀⓁ	1	[ˌræʃənəlai'zeiʃən]	n. 合理化
contract	ⒶⒷⒸⒹⒺⒻⒼⒽⒾⒿⓀⓁ	1	['kɔntrækt]	n. 合同 v. 缩短，感染
collaborator	ⒶⒷⒸⒹⒺⒻⒼⒽⒾⒿⓀⓁ	1	[kə'læbəreitə(r)]	n. 合作者，通敌者
pacifist	ⒶⒷⒸⒹⒺⒻⒼⒽⒾⒿⓀⓁ	1	['pæsifist]	n. 和平主义者
harmony	ⒶⒷⒸⒹⒺⒻⒼⒽⒾⒿⓀⓁ	1	['ha:məni]	n. 和谐，协调
rapport	ⒶⒷⒸⒹⒺⒻⒼⒽⒾⒿⓀⓁ	1	[ræ'pɔ:t]	n. 和谐，友好关系
sonorous	ⒶⒷⒸⒹⒺⒻⒼⒽⒾⒿⓀⓁ	1	[sə'nɔ:rəs]	n. 洪亮的，响亮的
repentance	ⒶⒷⒸⒹⒺⒻⒼⒽⒾⒿⓀⓁ	1	[ri'pentəns]	n. 后悔，悔悟
balderdash	ⒶⒷⒸⒹⒺⒻⒼⒽⒾⒿⓀⓁ	1	['bɔ:ldədæʃ]	n. 胡言乱语，梦呓
jocularity	ⒶⒷⒸⒹⒺⒻⒼⒽⒾⒿⓀⓁ	1	[ˌdʒɔkju'læriti]	n. 滑稽，诙谐
incredulity	ⒶⒷⒸⒹⒺⒻⒼⒽⒾⒿⓀⓁ	1	[ˌinkri'dju:liti]	n. 怀疑
skepticism	ⒶⒷⒸⒹⒺⒻⒼⒽⒾⒿⓀⓁ	1	['skeptisizəm]	n. 怀疑论
negativism	ⒶⒷⒸⒹⒺⒻⒼⒽⒾⒿⓀⓁ	1	['negətivizəm]	n. 怀疑主义，抗拒性

单词	标记	频率	读音	词义
disrepute	ⒶⒷⒸⒹⒺⒻⒼⒽⒾⒿⓀⓁ	1	['disri'pju:t]	n. 坏名声，声名狼藉
mirth	ⒶⒷⒸⒹⒺⒻⒼⒽⒾⒿⓀⓁ	1	[mə:θ]	n. 欢笑，欢乐
conviviality	ⒶⒷⒸⒹⒺⒻⒼⒽⒾⒿⓀⓁ	1	[kən͵vivi'æliti]	n. 欢宴，高兴，欢乐
mollification	ⒶⒷⒸⒹⒺⒻⒼⒽⒾⒿⓀⓁ	1	[͵mɔlifi'keiʃən]	n. 缓和
moderation	ⒶⒷⒸⒹⒺⒻⒼⒽⒾⒿⓀⓁ	1	[͵mɔdə'reiʃən]	n. 缓和，适度
absurdity	ⒶⒷⒸⒹⒺⒻⒼⒽⒾⒿⓀⓁ	1	[əb'sə:diti]	n. 荒谬，荒谬的事
restoration	ⒶⒷⒸⒹⒺⒻⒼⒽⒾⒿⓀⓁ	1	['restə'reiʃən]	n. 恢复，归还，复位
reminiscence	ⒶⒷⒸⒹⒺⒻⒼⒽⒾⒿⓀⓁ	1	[͵remi'nisns]	n. 回忆，怀旧
accountant	ⒶⒷⒸⒹⒺⒻⒼⒽⒾⒿⓀⓁ	1	[ə'kauntənt]	n. 会计人员，会计师
obfuscation	ⒶⒷⒸⒹⒺⒻⒼⒽⒾⒿⓀⓁ	1	[͵abfʌs'keʃən]	n. 昏迷，困惑
amalgam	ⒶⒷⒸⒹⒺⒻⒼⒽⒾⒿⓀⓁ	1	[ə'mælgəm]	n. 混合剂，汞合金
hybrid	ⒶⒷⒸⒹⒺⒻⒼⒽⒾⒿⓀⓁ	1	['haibrid]	n. 混血儿，杂种 a. 混合的，杂种的
melee	ⒶⒷⒸⒹⒺⒻⒼⒽⒾⒿⓀⓁ	1	['melei]	n. 混战，搏斗
currency	ⒶⒷⒸⒹⒺⒻⒼⒽⒾⒿⓀⓁ	1	['kʌrənsi]	n. 货币，流通
procurement	ⒶⒷⒸⒹⒺⒻⒼⒽⒾⒿⓀⓁ	1	[prə'kjuəmənt]	n. 获得，采购
mechanism	ⒶⒷⒸⒹⒺⒻⒼⒽⒾⒿⓀⓁ	1	['mekənizəm]	n. 机械装置，机理，办法
tact	ⒶⒷⒸⒹⒺⒻⒼⒽⒾⒿⓀⓁ	1	[tækt]	n. 机智，手法，老练
integral	ⒶⒷⒸⒹⒺⒻⒼⒽⒾⒿⓀⓁ	1	['intigrəl]	n. 积分，整数 a. 完整的
stockpile	ⒶⒷⒸⒹⒺⒻⒼⒽⒾⒿⓀⓁ	1	['stɔkpail]	n. 积蓄，库存 v. 储蓄，贮存
provocation	ⒶⒷⒸⒹⒺⒻⒼⒽⒾⒿⓀⓁ	1	[prɔvə'keiʃən]	n. 激怒，刺激，挑衅，挑拨
polarization	ⒶⒷⒸⒹⒺⒻⒼⒽⒾⒿⓀⓁ	1	[͵pəulərai'zeiʃən]	n. 极化（作用），两极化，分化
totalitarian	ⒶⒷⒸⒹⒺⒻⒼⒽⒾⒿⓀⓁ	1	[͵təutæli'teəriən]	n. 极权主义者 a. 极权主义的
improvisation	ⒶⒷⒸⒹⒺⒻⒼⒽⒾⒿⓀⓁ	1	[͵imprəvai'zeiʃən]	n. 即席创作，即席演奏
aggregation	ⒶⒷⒸⒹⒺⒻⒼⒽⒾⒿⓀⓁ	1	[ægri'geiʃən]	n. 集合，集合体，聚集，聚集体
convocation	ⒶⒷⒸⒹⒺⒻⒼⒽⒾⒿⓀⓁ	1	[͵kɔnvə'keiʃən]	n. 集会，召集，教士会议
concentration	ⒶⒷⒸⒹⒺⒻⒼⒽⒾⒿⓀⓁ	1	[͵kɔnsen'treiʃən]	n. 集中，专心，浓度
enumeration	ⒶⒷⒸⒹⒺⒻⒼⒽⒾⒿⓀⓁ	1	[i͵nju:mə'reiʃən]	n. 计算，列举
discipline	ⒶⒷⒸⒹⒺⒻⒼⒽⒾⒿⓀⓁ	1	['disiplin]	n. 纪律，训练 v. 训练，惩罚
commemoration	ⒶⒷⒸⒹⒺⒻⒼⒽⒾⒿⓀⓁ	1	[kə͵memə'reiʃən]	n. 纪念，纪念仪式
memento	ⒶⒷⒸⒹⒺⒻⒼⒽⒾⒿⓀⓁ	1	[me'mentəu]	n. 纪念品，遗物
artifice	ⒶⒷⒸⒹⒺⒻⒼⒽⒾⒿⓀⓁ	1	['a:tifis]	n. 技巧，诡计
dowager	ⒶⒷⒸⒹⒺⒻⒼⒽⒾⒿⓀⓁ	1	['dauədʒə]	n. 继承亡夫遗产的寡妇，贵妇人
affiliation	ⒶⒷⒸⒹⒺⒻⒼⒽⒾⒿⓀⓁ	1	[ə͵fili'eiʃən]	n. 加入，入会，联合
hypothesis	ⒶⒷⒸⒹⒺⒻⒼⒽⒾⒿⓀⓁ	1	[hai'pɔθisis]	n. 假设，假说，前提
rack	ⒶⒷⒸⒹⒺⒻⒼⒽⒾⒿⓀⓁ	1	[ræk]	n. 架子，行李架，折磨 v. 使痛苦
turpitude	ⒶⒷⒸⒹⒺⒻⒼⒽⒾⒿⓀⓁ	1	['tə:pitju:d]	n. 奸恶，卑鄙
profiteer	ⒶⒷⒸⒹⒺⒻⒼⒽⒾⒿⓀⓁ	1	[͵prɔfi'tiə]	n. 奸商 v. 牟取暴利
insistence	ⒶⒷⒸⒹⒺⒻⒼⒽⒾⒿⓀⓁ	1	[in'sistəns]	n. 坚持，坚决主张
compatibility	ⒶⒷⒸⒹⒺⒻⒼⒽⒾⒿⓀⓁ	1	[kəm͵pæti'biliti]	n. 兼容性
inspection	ⒶⒷⒸⒹⒺⒻⒼⒽⒾⒿⓀⓁ	1	[in'spekʃən]	n. 检查，视察

单词	标记	频率	读音	词义
reduction	ⒶⒷⒸⒹⒺⒻⒼⒽⒾⒿⓀⓁ	1	[ri'dʌkʃən]	n. 减少, 降低, 减价
retrenchment	ⒶⒷⒸⒹⒺⒻⒼⒽⒾⒿⓀⓁ	1	[ri'trentʃmənt;ri:-]	n. 减少, 删除
simplification	ⒶⒷⒸⒹⒺⒻⒼⒽⒾⒿⓀⓁ	1	[ˌsimplifi'keiʃən]	n. 简化
terseness	ⒶⒷⒸⒹⒺⒻⒼⒽⒾⒿⓀⓁ	1	[tə:snis]	n. 简洁, 精练
fleet	ⒶⒷⒸⒹⒺⒻⒼⒽⒾⒿⓀⓁ	1	[fli:t]	n. 舰队 v. 疾驰, 掠过 a. 快速的
connoisseurship	ⒶⒷⒸⒹⒺⒻⒼⒽⒾⒿⓀⓁ	1	[ˌkɔnə'sɜ:ʃip]	n. 鉴赏能力
stalemate	ⒶⒷⒸⒹⒺⒻⒼⒽⒾⒿⓀⓁ	1	['steil'meit]	n. 僵局 v. 使陷入僵局
bonus	ⒶⒷⒸⒹⒺⒻⒼⒽⒾⒿⓀⓁ	1	['bəunəs]	n. 奖金, 红利
communication	ⒶⒷⒸⒹⒺⒻⒼⒽⒾⒿⓀⓁ	1	[kəˌmju:ni'keiʃn]	n. 交流, 通讯
belligerence	ⒶⒷⒸⒹⒺⒻⒼⒽⒾⒿⓀⓁ	1	[bi'lidʒərəns]	n. 交战, 好战
indoctrination	ⒶⒷⒸⒹⒺⒻⒼⒽⒾⒿⓀⓁ	1	[inˌdɔktri'neiʃən]	n. 教导, 教化
instructor	ⒶⒷⒸⒹⒺⒻⒼⒽⒾⒿⓀⓁ	1	[in'strʌktə]	n. 教师, 讲师
doctrinaire	ⒶⒷⒸⒹⒺⒻⒼⒽⒾⒿⓀⓁ	1	[ˌdɔktri'neə]	n. 教条主义者 a. 教条的
successor	ⒶⒷⒸⒹⒺⒻⒼⒽⒾⒿⓀⓁ	1	[sək'sesə]	n. 接班人, 继任者
reception	ⒶⒷⒸⒹⒺⒻⒼⒽⒾⒿⓀⓁ	1	[ri'sepʃən]	n. 接受, 接待, 招待会
receptivity	ⒶⒷⒸⒹⒺⒻⒼⒽⒾⒿⓀⓁ	1	[risep'tiviti]	n. 接受能力
disclosure	ⒶⒷⒸⒹⒺⒻⒼⒽⒾⒿⓀⓁ	1	[dis'kləuʒə]	n. 揭发, 败露
mudslinging	ⒶⒷⒸⒹⒺⒻⒼⒽⒾⒿⓀⓁ	1	['mʌdˌsliŋiŋ]	n. 揭发隐私
abstinence	ⒶⒷⒸⒹⒺⒻⒼⒽⒾⒿⓀⓁ	1	['æbstinəns]	n. 节制, 节欲, 戒酒
configuration	ⒶⒷⒸⒹⒺⒻⒼⒽⒾⒿⓀⓁ	1	[kənˌfigju'reiʃən]	n. 结构, 布局, 配置
texture	ⒶⒷⒸⒹⒺⒻⒼⒽⒾⒿⓀⓁ	1	['tekstʃə]	n. 结构, 质地, 组织
outcome	ⒶⒷⒸⒹⒺⒻⒼⒽⒾⒿⓀⓁ	1	['autkʌm]	n. 结果, 后果
liberation	ⒶⒷⒸⒹⒺⒻⒼⒽⒾⒿⓀⓁ	1	[ˌlibə'reiʃən]	n. 解放
emancipator	ⒶⒷⒸⒹⒺⒻⒼⒽⒾⒿⓀⓁ	1	[i'mænsipeitə]	n. 解放者
anatomy	ⒶⒷⒸⒹⒺⒻⒼⒽⒾⒿⓀⓁ	1	[ə'nætəmi]	n. 解剖学, 剖析
subterfuge	ⒶⒷⒸⒹⒺⒻⒼⒽⒾⒿⓀⓁ	1	['sʌbtəfju:dʒ]	n. 借口, 托辞
pretense	ⒶⒷⒸⒹⒺⒻⒼⒽⒾⒿⓀⓁ	1	[pri'tens]	n. 借口, 伪装, 自吹
urgency	ⒶⒷⒸⒹⒺⒻⒼⒽⒾⒿⓀⓁ	1	['ə:dʒənsi]	n. 紧急, 紧急的事
prudence	ⒶⒷⒸⒹⒺⒻⒼⒽⒾⒿⓀⓁ	1	['pru:dəns]	n. 谨慎, 节俭
discretion	ⒶⒷⒸⒹⒺⒻⒼⒽⒾⒿⓀⓁ	1	[dis'kreʃən]	n. 谨慎, 慎重, 自行决定
infighting	ⒶⒷⒸⒹⒺⒻⒼⒽⒾⒿⓀⓁ	1	['infaitiŋ]	n. 近战, 混战, 暗战, 内讧
stoicism	ⒶⒷⒸⒹⒺⒻⒼⒽⒾⒿⓀⓁ	1	['stəuisizəm]	n. 禁欲主义, 淡泊
asceticism	ⒶⒷⒸⒹⒺⒻⒼⒽⒾⒿⓀⓁ	1	[ə'setisizəm]	n. 禁欲主义, 苦行
inhibition	ⒶⒷⒸⒹⒺⒻⒼⒽⒾⒿⓀⓁ	1	[ˌinhi'biʃən]	n. 禁止, 阻止, 抑制
consternation	ⒶⒷⒸⒹⒺⒻⒼⒽⒾⒿⓀⓁ	1	[ˌkɔnstə(:)'neiʃən]	n. 惊愕, 惊惶失措
virtuosity	ⒶⒷⒸⒹⒺⒻⒼⒽⒾⒿⓀⓁ	1	[ˌvə:tju'ɔsiti]	n. 精湛技艺, 鉴赏力
outlook	ⒶⒷⒸⒹⒺⒻⒼⒽⒾⒿⓀⓁ	1	['autluk]	n. 景色, 展望, 观点
spectacle	ⒶⒷⒸⒹⒺⒻⒼⒽⒾⒿⓀⓁ	1	['spektəkl]	n. 景象, 场面, 奇观, 眼镜
admonition	ⒶⒷⒸⒹⒺⒻⒼⒽⒾⒿⓀⓁ	1	[ædmə'niʃən]	n. 警告, 劝告, 训诫
epigram	ⒶⒷⒸⒹⒺⒻⒼⒽⒾⒿⓀⓁ	1	['epigræm]	n. 警句, 讽刺短诗

单词	标记	频率	读音	词义
competition	ⒶⒷⒸⒹⒺⒻⒼⒽⒾⒿⓀⓁ	1	[kɔmpi'tiʃən]	n. 竞争，竞赛
denizen	ⒶⒷⒸⒹⒺⒻⒼⒽⒾⒿⓀⓁ	1	['denizn]	n. 居住者，外籍居民，外来物种
depression	ⒶⒷⒸⒹⒺⒻⒼⒽⒾⒿⓀⓁ	1	[di'preʃən]	n. 沮丧，萧条
magnate	ⒶⒷⒸⒹⒺⒻⒼⒽⒾⒿⓀⓁ	1	['mægneit]	n. 巨头，富豪
colossus	ⒶⒷⒸⒹⒺⒻⒼⒽⒾⒿⓀⓁ	1	[kə'lɔsəs]	n. 巨型雕像，巨人
repudiation	ⒶⒷⒸⒹⒺⒻⒼⒽⒾⒿⓀⓁ	1	[riˌpju:di'eiʃən]	n. 拒绝，否认
naysayer	ⒶⒷⒸⒹⒺⒻⒼⒽⒾⒿⓀⓁ	1	['neiseiə]	n. 拒绝者
concreteness	ⒶⒷⒸⒹⒺⒻⒼⒽⒾⒿⓀⓁ	1	['kɔnkri:tnis]	n. 具体性
obstinacy	ⒶⒷⒸⒹⒺⒻⒼⒽⒾⒿⓀⓁ	1	['ɔbstinəsi]	n. 倔强，顽固
stickler	ⒶⒷⒸⒹⒺⒻⒼⒽⒾⒿⓀⓁ	1	['stiklə]	n. 倔强的人，难题
inception	ⒶⒷⒸⒹⒺⒻⒼⒽⒾⒿⓀⓁ	1	[in'sepʃən]	n. 开端，获得学位
exploitation	ⒶⒷⒸⒹⒺⒻⒼⒽⒾⒿⓀⓁ	1	[ˌeksplɔi'teiʃən]	n. 开发，开采，剥削
prank	ⒶⒷⒸⒹⒺⒻⒼⒽⒾⒿⓀⓁ	1	[præŋk]	n. 开玩笑，恶作剧 v. 盛装
liberality	ⒶⒷⒸⒹⒺⒻⒼⒽⒾⒿⓀⓁ	1	[ˌlibə'ræliti]	n. 慷慨，大方
bounty	ⒶⒷⒸⒹⒺⒻⒼⒽⒾⒿⓀⓁ	1	['baunti]	n. 慷慨，宽大，奖金
remonstrance	ⒶⒷⒸⒹⒺⒻⒼⒽⒾⒿⓀⓁ	1	[ri'mɔnstrəns]	n. 抗议
likelihood	ⒶⒷⒸⒹⒺⒻⒼⒽⒾⒿⓀⓁ	1	['laiklihud]	n. 可能性
eventuality	ⒶⒷⒸⒹⒺⒻⒼⒽⒾⒿⓀⓁ	1	[iˌventju'æliti]	n. 可能性，可能发生的事
credibility	ⒶⒷⒸⒹⒺⒻⒼⒽⒾⒿⓀⓁ	1	[ˌkredi'biliti]	n. 可信，可靠，确实性
predictability	ⒶⒷⒸⒹⒺⒻⒼⒽⒾⒿⓀⓁ	1	[priˌdiktə'biliti]	n. 可预见性
objectivity	ⒶⒷⒸⒹⒺⒻⒼⒽⒾⒿⓀⓁ	1	[ˌɔbdʒek'tivəti]	n. 客观性，客观现实
supplication	ⒶⒷⒸⒹⒺⒻⒼⒽⒾⒿⓀⓁ	1	[ˌsʌpli'keiʃən]	n. 恳求，哀求，祈祷
entreaty	ⒶⒷⒸⒹⒺⒻⒼⒽⒾⒿⓀⓁ	1	[in'tri:ti]	n. 恳求，乞求
vacancy	ⒶⒷⒸⒹⒺⒻⒼⒽⒾⒿⓀⓁ	1	['veikənsi]	n. 空白，空缺
interpreter	ⒶⒷⒸⒹⒺⒻⒼⒽⒾⒿⓀⓁ	1	[in'tə:pritə]	n. 口译员，演绎的人，解释程序
drudgery	ⒶⒷⒸⒹⒺⒻⒼⒽⒾⒿⓀⓁ	1	['drʌdʒəri]	n. 苦差事，苦工
tribulation	ⒶⒷⒸⒹⒺⒻⒼⒽⒾⒿⓀⓁ	1	[ˌtribju'leiʃən]	n. 苦难，磨难
distress	ⒶⒷⒸⒹⒺⒻⒼⒽⒾⒿⓀⓁ	1	[dis'tres]	n. 苦恼，痛苦 v. 使苦恼，使痛苦
fanfare	ⒶⒷⒸⒹⒺⒻⒼⒽⒾⒿⓀⓁ	1	['fænfeə]	n. 夸耀，嘹亮的喇叭声
exaggeration	ⒶⒷⒸⒹⒺⒻⒼⒽⒾⒿⓀⓁ	1	[igˌzædʒə'reiʃən]	n. 夸张
downfall	ⒶⒷⒸⒹⒺⒻⒼⒽⒾⒿⓀⓁ	1	['daunfɔ:l]	n. 垮台，大雨
leniency	ⒶⒷⒸⒹⒺⒻⒼⒽⒾⒿⓀⓁ	1	['li:njənsi]	n. 宽大，仁慈
zealot	ⒶⒷⒸⒹⒺⒻⒼⒽⒾⒿⓀⓁ	1	['zelət]	n. 狂热者
exultation	ⒶⒷⒸⒹⒺⒻⒼⒽⒾⒿⓀⓁ	1	[ˌegzʌl'teiʃən]	n. 狂喜，欢悦
quandary	ⒶⒷⒸⒹⒺⒻⒼⒽⒾⒿⓀⓁ	1	['kwɔndəri]	n. 困惑，窘境，进退两难
plight	ⒶⒷⒸⒹⒺⒻⒼⒽⒾⒿⓀⓁ	1	[plait]	n. 困境，苦境 v. 宣誓，保证
indolence	ⒶⒷⒸⒹⒺⒻⒼⒽⒾⒿⓀⓁ	1	['indələns]	n. 懒惰，懒散
sophistication	ⒶⒷⒸⒹⒺⒻⒼⒽⒾⒿⓀⓁ	1	[səˌfisti'keiʃən]	n. 老练，精明，复杂
stereotype	ⒶⒷⒸⒹⒺⒻⒼⒽⒾⒿⓀⓁ	1	['stiəriəutaip]	n. 老套，典型，铅板 v. 使陈规化
optimism	ⒶⒷⒸⒹⒺⒻⒼⒽⒾⒿⓀⓁ	1	['ɔptimizəm]	n. 乐观主义，乐观

单词	标记	频率	读音	词义
genre	ⒶⒷⒸⒹⒺⒻⒼⒽⒾⒿⓀⓁ	1	[ʒa:ŋr]	n. 类型，流派
formality	ⒶⒷⒸⒹⒺⒻⒼⒽⒾⒿⓀⓁ	1	[fɔ:'mæliti]	n. 礼节，拘泥形式，拘谨
perfectionist	ⒶⒷⒸⒹⒺⒻⒼⒽⒾⒿⓀⓁ	1	[pə'fekʃənist]	n. 力求完美者，吹毛求疵者
instance	ⒶⒷⒸⒹⒺⒻⒼⒽⒾⒿⓀⓁ	1	['instəns]	n. 例子，实例 v. 举例说明
subordination	ⒶⒷⒸⒹⒺⒻⒼⒽⒾⒿⓀⓁ	1	[səˌbɔ:di'neiʃən]	n. 隶属，次等
incrimination	ⒶⒷⒸⒹⒺⒻⒼⒽⒾⒿⓀⓁ	1	[inˈkrimi;neiʃən]	n. 连累，控告
conjunction	ⒶⒷⒸⒹⒺⒻⒼⒽⒾⒿⓀⓁ	1	[kən'dʒʌŋkʃən]	n. 联合，关联，连词
linkage	ⒶⒷⒸⒹⒺⒻⒼⒽⒾⒿⓀⓁ	1	['liŋkidʒ]	n. 联接，连锁，联合
alliance	ⒶⒷⒸⒹⒺⒻⒼⒽⒾⒿⓀⓁ	1	[ə'laiəns]	n. 联盟，联合
prey	ⒶⒷⒸⒹⒺⒻⒼⒽⒾⒿⓀⓁ	1	[prei]	n. 猎物，牺牲者 v. 捕食，掠夺
flexibility	ⒶⒷⒸⒹⒺⒻⒼⒽⒾⒿⓀⓁ	1	[ˌfleksə'biliti]	n. 灵活性，弹性
deftness	ⒶⒷⒸⒹⒺⒻⒼⒽⒾⒿⓀⓁ	1	[deftnis]	n. 灵巧，熟练
spirituality	ⒶⒷⒸⒹⒺⒻⒼⒽⒾⒿⓀⓁ	1	[ˌspiritju'æliti]	n. 灵性，神圣
charisma	ⒶⒷⒸⒹⒺⒻⒼⒽⒾⒿⓀⓁ	1	[kə'rizmə]	n. 领袖气质，魅力
ruffian	ⒶⒷⒸⒹⒺⒻⒼⒽⒾⒿⓀⓁ	1	['rʌfjən;-fiən]	n. 流氓，恶棍 a. 残暴的
influx	ⒶⒷⒸⒹⒺⒻⒼⒽⒾⒿⓀⓁ	1	['inflʌks]	n. 流入，注入，汇集
meteor	ⒶⒷⒸⒹⒺⒻⒼⒽⒾⒿⓀⓁ	1	['mi:tjə]	n. 流星
temerity	ⒶⒷⒸⒹⒺⒻⒼⒽⒾⒿⓀⓁ	1	[ti'meriti]	n. 鲁莽
recklessness	ⒶⒷⒸⒹⒺⒻⒼⒽⒾⒿⓀⓁ	1	['reklisnis]	n. 鲁莽
brashness	ⒶⒷⒸⒹⒺⒻⒼⒽⒾⒿⓀⓁ	1	[ˈbræʃnis]	n. 鲁莽，轻率
indiscretion	ⒶⒷⒸⒹⒺⒻⒼⒽⒾⒿⓀⓁ	1	[ˌindis'kreʃən]	n. 鲁莽，轻率
daredevil	ⒶⒷⒸⒹⒺⒻⒼⒽⒾⒿⓀⓁ	1	['deə;devl]	n. 鲁莽大胆的人，冒失鬼
contour	ⒶⒷⒸⒹⒺⒻⒼⒽⒾⒿⓀⓁ	1	['kɔntuə]	n. 轮廓，等高线
treatise	ⒶⒷⒸⒹⒺⒻⒼⒽⒾⒿⓀⓁ	1	['tri:tiz]	n. 论文，论述
sojourner	ⒶⒷⒸⒹⒺⒻⒼⒽⒾⒿⓀⓁ	1	['sɔdʒɜ:nə(r)]	n. 旅居者，寄居者
gratification	ⒶⒷⒸⒹⒺⒻⒼⒽⒾⒿⓀⓁ	1	[ˌgrætifi'keiʃən]	n. 满足，喜悦
exuberance	ⒶⒷⒸⒹⒺⒻⒼⒽⒾⒿⓀⓁ	1	[ig'zju:bərəns]	n. 茂盛，丰富，健康
impostor	ⒶⒷⒸⒹⒺⒻⒼⒽⒾⒿⓀⓁ	1	[im'pɔstə]	n. 冒名顶替者，骗子
decimation	ⒶⒷⒸⒹⒺⒻⒼⒽⒾⒿⓀⓁ	1	[ˌdesi'meiʃən]	n. 每十人杀一人，大批杀害
virtue	ⒶⒷⒸⒹⒺⒻⒼⒽⒾⒿⓀⓁ	1	['və:tju:]	n. 美德，优点
protege	ⒶⒷⒸⒹⒺⒻⒼⒽⒾⒿⓀⓁ	1	['prɔ'tiʒei]	n. 门徒，被保护者
puzzlement	ⒶⒷⒸⒹⒺⒻⒼⒽⒾⒿⓀⓁ	1	['pʌzlmənt]	n. 迷惑，谜
infatuation	ⒶⒷⒸⒹⒺⒻⒼⒽⒾⒿⓀⓁ	1	[inˌfætju'eiʃən]	n. 迷恋，迷恋之物
secrecy	ⒶⒷⒸⒹⒺⒻⒼⒽⒾⒿⓀⓁ	1	['si:krisi]	n. 秘密，保密
stealth	ⒶⒷⒸⒹⒺⒻⒼⒽⒾⒿⓀⓁ	1	[stelθ]	n. 秘密行动，秘密
emissary	ⒶⒷⒸⒹⒺⒻⒼⒽⒾⒿⓀⓁ	1	['emisəri]	n. 密使，特使
reluctance	ⒶⒷⒸⒹⒺⒻⒼⒽⒾⒿⓀⓁ	1	[ri'lʌktəns]	n. 勉强，不情愿
delineation	ⒶⒷⒸⒹⒺⒻⒼⒽⒾⒿⓀⓁ	1	[diˌlini'eiʃən]	n. 描绘，画轮廓
defiance	ⒶⒷⒸⒹⒺⒻⒼⒽⒾⒿⓀⓁ	1	[di'faiəns]	n. 蔑视，挑衅，反抗
ballad	ⒶⒷⒸⒹⒺⒻⒼⒽⒾⒿⓀⓁ	1	['bæləd]	n. 民歌，歌谣

单词	标记	频率	读音	词义
democracy	ⒶⒷⒸⒹⒺⒻⒼⒽⒾⒿⓀⓁ	1	[di'mɔkrəsi]	n. 民主政治，民主制
perceptiveness	ⒶⒷⒸⒹⒺⒻⒼⒽⒾⒿⓀⓁ	1	[pə'septivnis]	n. 敏感，洞察力
celerity	ⒶⒷⒸⒹⒺⒻⒼⒽⒾⒿⓀⓁ	1	[si'leriti]	n. 敏捷，快速
celebrity	ⒶⒷⒸⒹⒺⒻⒼⒽⒾⒿⓀⓁ	1	[si'lebriti]	n. 名人，声望
exemplar	ⒶⒷⒸⒹⒺⒻⒼⒽⒾⒿⓀⓁ	1	[ig'zemplə]	n. 模范，榜样
imitation	ⒶⒷⒸⒹⒺⒻⒼⒽⒾⒿⓀⓁ	1	[imi'teiʃən]	n. 模仿，仿造品
vagueness	ⒶⒷⒸⒹⒺⒻⒼⒽⒾⒿⓀⓁ	1	['veignis]	n. 模糊，含糊
ambiguity	ⒶⒷⒸⒹⒺⒻⒼⒽⒾⒿⓀⓁ	1	[ˌæmbi'gju:iti]	n. 模棱两可，含糊
fascination	ⒶⒷⒸⒹⒺⒻⒼⒽⒾⒿⓀⓁ	1	[fæsi'neiʃ(ə)n]	n. 魔力，魅力，迷恋
illusionist	ⒶⒷⒸⒹⒺⒻⒼⒽⒾⒿⓀⓁ	1	[i'lu:ʒ(ə)nist]	n. 魔术师，幻觉论者
effacement	ⒶⒷⒸⒹⒺⒻⒼⒽⒾⒿⓀⓁ	1	[iˈfeismənt]	n. 抹去，擦掉
destination	ⒶⒷⒸⒹⒺⒻⒼⒽⒾⒿⓀⓁ	1	[ˌdesti'neiʃən]	n. 目的地
catalogue	ⒶⒷⒸⒹⒺⒻⒼⒽⒾⒿⓀⓁ	1	['kætəlɔg]	n. 目录
inaccessibility	ⒶⒷⒸⒹⒺⒻⒼⒽⒾⒿⓀⓁ	1	['inækˌsesə'biliti]	n. 难接近，难达到
implausibility	ⒶⒷⒸⒹⒺⒻⒼⒽⒾⒿⓀⓁ	1	[implɔ:zi'biliti]	n. 难信的，不真实的
competence	ⒶⒷⒸⒹⒺⒻⒼⒽⒾⒿⓀⓁ	1	['kɔmpətəns]	n. 能力，胜任
tranquillity	ⒶⒷⒸⒹⒺⒻⒼⒽⒾⒿⓀⓁ	1	[træŋ'kwiliti]	n. 宁静，安静，稳定
serenity	ⒶⒷⒸⒹⒺⒻⒼⒽⒾⒿⓀⓁ	1	[si'reniti]	n. 宁静，平静
distortion	ⒶⒷⒸⒹⒺⒻⒼⒽⒾⒿⓀⓁ	1	[dis'tɔ:ʃən]	n. 扭曲，变形，曲解
husbandry	ⒶⒷⒸⒹⒺⒻⒼⒽⒾⒿⓀⓁ	1	['hʌzbəndri]	n. 农业，家禽业，节约
compression	ⒶⒷⒸⒹⒺⒻⒼⒽⒾⒿⓀⓁ	1	[kəm'preʃ(ə)n]	n. 浓缩，压缩
servility	ⒶⒷⒸⒹⒺⒻⒼⒽⒾⒿⓀⓁ	1	[sə:'viliti]	n. 奴性，卑躬屈膝
appropriation	ⒶⒷⒸⒹⒺⒻⒼⒽⒾⒿⓀⓁ	1	[əˌprəupri'eiʃən]	n. 挪用，拨款
cowardice	ⒶⒷⒸⒹⒺⒻⒼⒽⒾⒿⓀⓁ	1	['kauədis]	n. 懦弱，胆小
casualness	ⒶⒷⒸⒹⒺⒻⒼⒽⒾⒿⓀⓁ	1	['kæʒjuəlnis]	n. 偶然，无心
happenstance	ⒶⒷⒸⒹⒺⒻⒼⒽⒾⒿⓀⓁ	1	['hæpənstæns]	n. 偶然事件，意外事件
rehearsal	ⒶⒷⒸⒹⒺⒻⒼⒽⒾⒿⓀⓁ	1	[ri'hə:səl]	n. 排练，彩排
permutation	ⒶⒷⒸⒹⒺⒻⒼⒽⒾⒿⓀⓁ	1	[ˌpə:mju(:)'teiʃən]	n. 排列，交换，彻底改变
judgment	ⒶⒷⒸⒹⒺⒻⒼⒽⒾⒿⓀⓁ	1	['dʒʌdʒmənt]	n. 判断，判决
traitor	ⒶⒷⒸⒹⒺⒻⒼⒽⒾⒿⓀⓁ	1	['treitə]	n. 叛国者，叛徒
reparation	ⒶⒷⒸⒹⒺⒻⒼⒽⒾⒿⓀⓁ	1	[ˌrepə'reiʃən]	n. 赔偿，恢复，修理
distension	ⒶⒷⒸⒹⒺⒻⒼⒽⒾⒿⓀⓁ	1	[dis'tenʃən]	n. 膨胀，延伸
criticism	ⒶⒷⒸⒹⒺⒻⒼⒽⒾⒿⓀⓁ	1	['kritisiz(ə)m]	n. 批评，评论
critique	ⒶⒷⒸⒹⒺⒻⒼⒽⒾⒿⓀⓁ	1	[kri'ti:k]	n. 批评，评论，评论文章
ratification	ⒶⒷⒸⒹⒺⒻⒼⒽⒾⒿⓀⓁ	1	[ˌrætifi'keiʃən]	n. 批准，认可
lassitude	ⒶⒷⒸⒹⒺⒻⒼⒽⒾⒿⓀⓁ	1	['læsitju:d]	n. 疲倦，无精打采
peevishness	ⒶⒷⒸⒹⒺⒻⒼⒽⒾⒿⓀⓁ	1	['pi:viʃnis]	n. 脾气不好
favoritism	ⒶⒷⒸⒹⒺⒻⒼⒽⒾⒿⓀⓁ	1	['feivəritizəm]	n. 偏爱，偏袒
aberration	ⒶⒷⒸⒹⒺⒻⒼⒽⒾⒿⓀⓁ	1	[ˌæbə'reiʃən]	n. 偏离，心理失常，色差
flotsam	ⒶⒷⒸⒹⒺⒻⒼⒽⒾⒿⓀⓁ	1	['flɔtsəm]	n. 漂浮的残骸，漂浮物

单词	标记	频率	读音	词义
collage	ⒶⒷⒸⒹⒺⒻⒼⒽⒾⒿⓀⓁ	1	[kə'la:ʒ]	n. 拼贴画，大杂烩
spareness	ⒶⒷⒸⒹⒺⒻⒼⒽⒾⒿⓀⓁ	1	['spɛənis]	n. 贫乏，缺乏，瘦弱
mediocrity	ⒶⒷⒸⒹⒺⒻⒼⒽⒾⒿⓀⓁ	1	[ˌmi:di'ɔkriti]	n. 平常，平庸之才
appeasement	ⒶⒷⒸⒹⒺⒻⒼⒽⒾⒿⓀⓁ	1	[ə'pi:zmənt]	n. 平息，缓和
appraisal	ⒶⒷⒸⒹⒺⒻⒼⒽⒾⒿⓀⓁ	1	[ə'preizəl]	n. 评价，估价，鉴定
persecution	ⒶⒷⒸⒹⒺⒻⒼⒽⒾⒿⓀⓁ	1	[ˌpə:si'kju:ʃən]	n. 迫害，虐待
commonness	ⒶⒷⒸⒹⒺⒻⒼⒽⒾⒿⓀⓁ	1	['kɔmənis]	n. 普通，平凡，共性
deceit	ⒶⒷⒸⒹⒺⒻⒼⒽⒾⒿⓀⓁ	1	[di'si:t]	n. 欺骗，谎言
fraud	ⒶⒷⒸⒹⒺⒻⒼⒽⒾⒿⓀⓁ	1	[frɔ:d]	n. 欺骗，欺诈，骗子
humbuggery	ⒶⒷⒸⒹⒺⒻⒼⒽⒾⒿⓀⓁ	1	['hʌmbʌgəri]	n. 欺骗行为
salvo	ⒶⒷⒸⒹⒺⒻⒼⒽⒾⒿⓀⓁ	1	['sælvəu]	n. 齐射，突然爆发，猛烈攻击
invocation	ⒶⒷⒸⒹⒺⒻⒼⒽⒾⒿⓀⓁ	1	[ˌinvəu'keiʃən]	n. 祈祷，调用
cavalier	ⒶⒷⒸⒹⒺⒻⒼⒽⒾⒿⓀⓁ	1	[ˌkævə'liə]	n. 骑士，绅士
indictment	ⒶⒷⒸⒹⒺⒻⒼⒽⒾⒿⓀⓁ	1	[in'daitmənt]	n. 起诉，控告，起诉书
insurrectionist	ⒶⒷⒸⒹⒺⒻⒼⒽⒾⒿⓀⓁ	1	[ˌinsəˈrekʃənist]	n. 起义者，造反者
genesis	ⒶⒷⒸⒹⒺⒻⒼⒽⒾⒿⓀⓁ	1	['dʒenisis]	n. 起源，开端
scent	ⒶⒷⒸⒹⒺⒻⒼⒽⒾⒿⓀⓁ	1	[sent]	n. 气味，线索，香水 v. 嗅到
plummet	ⒶⒷⒸⒹⒺⒻⒼⒽⒾⒿⓀⓁ	1	['plʌmit]	n. 铅锤 v. 垂直落下，暴跌
condescension	ⒶⒷⒸⒹⒺⒻⒼⒽⒾⒿⓀⓁ	1	[ˌkɔndi'senʃən]	n. 谦虚，屈尊
advancement	ⒶⒷⒸⒹⒺⒻⒼⒽⒾⒿⓀⓁ	1	[əd'va:nsmənt]	n. 前进，进步
portent	ⒶⒷⒸⒹⒺⒻⒼⒽⒾⒿⓀⓁ	1	['pɔ:tənt]	n. 前兆，恶兆，异常之物
piety	ⒶⒷⒸⒹⒺⒻⒼⒽⒾⒿⓀⓁ	1	['paiəti]	n. 虔诚，孝顺
accusation	ⒶⒷⒸⒹⒺⒻⒼⒽⒾⒿⓀⓁ	1	[ækju(:)'zeiʃən]	n. 谴责，指控
ruggedness	ⒶⒷⒸⒹⒺⒻⒼⒽⒾⒿⓀⓁ	1	['rʌgidnis]	n. 强度，崎岖
intensity	ⒶⒷⒸⒹⒺⒻⒼⒽⒾⒿⓀⓁ	1	[in'tensiti]	n. 强度，强烈
fondness	ⒶⒷⒸⒹⒺⒻⒼⒽⒾⒿⓀⓁ	1	['fɔndnis]	n. 强烈喜爱
coercion	ⒶⒷⒸⒹⒺⒻⒼⒽⒾⒿⓀⓁ	1	[kəu'ə:ʃən]	n. 强迫，威压，高压政治
encroachment	ⒶⒷⒸⒹⒺⒻⒼⒽⒾⒿⓀⓁ	1	[in'krəutʃmənt]	n. 侵犯，侵蚀
levity	ⒶⒷⒸⒹⒺⒻⒼⒽⒾⒿⓀⓁ	1	['leviti]	n. 轻率，轻浮，易变
understatement	ⒶⒷⒸⒹⒺⒻⒼⒽⒾⒿⓀⓁ	1	[ʌndə'steitmənt]	n. 轻描淡写的陈述
credulity	ⒶⒷⒸⒹⒺⒻⒼⒽⒾⒿⓀⓁ	1	[kri'dju:liti]	n. 轻信
inclination	ⒶⒷⒸⒹⒺⒻⒼⒽⒾⒿⓀⓁ	1	[ˌinkli'neiʃən]	n. 倾斜，倾向，意愿，斜坡
perspicuity	ⒶⒷⒸⒹⒺⒻⒼⒽⒾⒿⓀⓁ	1	[ˌpə:spi'kju(:)iti]	n. 清楚，明晰
clarity	ⒶⒷⒸⒹⒺⒻⒼⒽⒾⒿⓀⓁ	1	['klæriti]	n. 清楚，透明
articulation	ⒶⒷⒸⒹⒺⒻⒼⒽⒾⒿⓀⓁ	1	[a:ˌtikju'leiʃən]	n. 清晰度，发音，关节
melodrama	ⒶⒷⒸⒹⒺⒻⒼⒽⒾⒿⓀⓁ	1	['melədra:mə]	n. 情节剧，戏剧似的事件
sentiment	ⒶⒷⒸⒹⒺⒻⒼⒽⒾⒿⓀⓁ	1	['sentimənt]	n. 情绪，感伤，感情
consultation	ⒶⒷⒸⒹⒺⒻⒼⒽⒾⒿⓀⓁ	1	[ˌkɔnsəl'teiʃən]	n. 请教，咨询，专家会诊
recourse	ⒶⒷⒸⒹⒺⒻⒼⒽⒾⒿⓀⓁ	1	[ri'kɔ:s]	n. 求助，依赖
dissipation	ⒶⒷⒸⒹⒺⒻⒼⒽⒾⒿⓀⓁ	1	[ˌdisi'peiʃən]	n. 驱散，挥霍，放荡

单词	标记	频率	读音	词义
totality	ⒶⒷⒸⒹⒺⒻⒼⒽⒾⒿⓀⓁ	1	[təu'tæliti]	n. 全部，总数
repertory	ⒶⒷⒸⒹⒺⒻⒼⒽⒾⒿⓀⓁ	1	['repətəri]	n. 全部剧目，仓库，库存
ensemble	ⒶⒷⒸⒹⒺⒻⒼⒽⒾⒿⓀⓁ	1	[ɔn'sɔmbl]	n. 全体，剧团，大合唱
cynicism	ⒶⒷⒸⒹⒺⒻⒼⒽⒾⒿⓀⓁ	1	['sinisizəm]	n. 犬儒主义，愤世嫉俗
scarcity	ⒶⒷⒸⒹⒺⒻⒼⒽⒾⒿⓀⓁ	1	['skeəsiti]	n. 缺乏，不足
pitfall	ⒶⒷⒸⒹⒺⒻⒼⒽⒾⒿⓀⓁ	1	['pitfɔ:l]	n. 缺陷
certitude	ⒶⒷⒸⒹⒺⒻⒼⒽⒾⒿⓀⓁ	1	['sə:titju:d]	n. 确实，确信
archipelago	ⒶⒷⒸⒹⒺⒻⒼⒽⒾⒿⓀⓁ	1	[ˌa:ki'peligəu]	n. 群岛
savanna	ⒶⒷⒸⒹⒺⒻⒼⒽⒾⒿⓀⓁ	1	[sə'vænə]	n. 热带稀树大草原
vehemence	ⒶⒷⒸⒹⒺⒻⒼⒽⒾⒿⓀⓁ	1	['vi:iməns]	n. 热烈，激烈
fervor	ⒶⒷⒸⒹⒺⒻⒼⒽⒾⒿⓀⓁ	1	['fə:və]	n. 热情，热诚
humanitarian	ⒶⒷⒸⒹⒺⒻⒼⒽⒾⒿⓀⓁ	1	[hju(:)ˌmæni'teəriən]	n. 人道主义者
census	ⒶⒷⒸⒹⒺⒻⒼⒽⒾⒿⓀⓁ	1	['sensəs]	n. 人口普查
anthropocentrism	ⒶⒷⒸⒹⒺⒻⒼⒽⒾⒿⓀⓁ	1	[ˌænθrəupəu'sentrizəm]	n. 人类中心论
humanity	ⒶⒷⒸⒹⒺⒻⒼⒽⒾⒿⓀⓁ	1	[hju(:)'mæniti]	n. 人性，人类，（复）人文学科
goodness	ⒶⒷⒸⒹⒺⒻⒼⒽⒾⒿⓀⓁ	1	['gudnis]	n. 仁慈，善良
cognition	ⒶⒷⒸⒹⒺⒻⒼⒽⒾⒿⓀⓁ	1	[kɔg'niʃən]	n. 认识，认知
verbosity	ⒶⒷⒸⒹⒺⒻⒼⒽⒾⒿⓀⓁ	1	[və:'bɔsiti]	n. 冗长
intruder	ⒶⒷⒸⒹⒺⒻⒼⒽⒾⒿⓀⓁ	1	[in'tru:də]	n. 入侵者，干扰者
sagacity	ⒶⒷⒸⒹⒺⒻⒼⒽⒾⒿⓀⓁ	1	[sə'gæsiti]	n. 睿智，聪敏
vulnerability	ⒶⒷⒸⒹⒺⒻⒼⒽⒾⒿⓀⓁ	1	[ˌvʌlnərə'biləti]	n. 弱点，漏洞，易受攻击
imbecile	ⒶⒷⒸⒹⒺⒻⒼⒽⒾⒿⓀⓁ	1	['imbisail;-si:l]	n. 弱智，低能者 a. 愚蠢的，傻的
syllogism	ⒶⒷⒸⒹⒺⒻⒼⒽⒾⒿⓀⓁ	1	['silədʒizəm]	n. 三段论法，演绎推理，诡辩
triumvirate	ⒶⒷⒸⒹⒺⒻⒼⒽⒾⒿⓀⓁ	1	[trai'ʌmvirit]	n. 三人执政
dispersal	ⒶⒷⒸⒹⒺⒻⒼⒽⒾⒿⓀⓁ	1	[dis'pə:səl]	n. 散布，传播，分散
dispersion	ⒶⒷⒸⒹⒺⒻⒼⒽⒾⒿⓀⓁ	1	[dis'pə:ʃən]	n. 散布，分散，差量
bereavement	ⒶⒷⒸⒹⒺⒻⒼⒽⒾⒿⓀⓁ	1	[bi'ri:vmənt]	n. 丧亲，丧友
commotion	ⒶⒷⒸⒹⒺⒻⒼⒽⒾⒿⓀⓁ	1	[kə'məuʃən]	n. 骚动，暴乱
jingoism	ⒶⒷⒸⒹⒺⒻⒼⒽⒾⒿⓀⓁ	1	['dʒiŋgəuiz(ə)m]	n. 沙文主义，侵略主义
deletion	ⒶⒷⒸⒹⒺⒻⒼⒽⒾⒿⓀⓁ	1	[di'li:ʃən]	n. 删除
instigation	ⒶⒷⒸⒹⒺⒻⒼⒽⒾⒿⓀⓁ	1	[ˌinsti'geiʃən]	n. 煽动，教唆，刺激
demagogue	ⒶⒷⒸⒹⒺⒻⒼⒽⒾⒿⓀⓁ	1	['deməgɔg]	n. 煽动者，蛊惑群众的政客
capriciousness	ⒶⒷⒸⒹⒺⒻⒼⒽⒾⒿⓀⓁ	1	[kə'priʃəsnis]	n. 善变，任性
beneficence	ⒶⒷⒸⒹⒺⒻⒼⒽⒾⒿⓀⓁ	1	[bi'nefisəns]	n. 善行，仁慈，救济品
raconteur	ⒶⒷⒸⒹⒺⒻⒼⒽⒾⒿⓀⓁ	1	[rækɔn'tə:]	n. 善于讲故事的人
triage	ⒶⒷⒸⒹⒺⒻⒼⒽⒾⒿⓀⓁ	1	[triˈa:ʒ]	n. 伤员鉴别分类，优先分配
emporium	ⒶⒷⒸⒹⒺⒻⒼⒽⒾⒿⓀⓁ	1	[im'pɔ:riəm]	n. 商场，商业中心
entropy	ⒶⒷⒸⒹⒺⒻⒼⒽⒾⒿⓀⓁ	1	['entrəpi]	n. 熵
sacrosanctity	ⒶⒷⒸⒹⒺⒻⒼⒽⒾⒿⓀⓁ	1	[sækrəu'sæŋktiti]	n. 神圣不可侵犯
interrogation	ⒶⒷⒸⒹⒺⒻⒼⒽⒾⒿⓀⓁ	1	[inˌterə'geiʃən]	n. 审问

单词	标记	频率	读音	词义
subsistence	ⒶⒷⒸⒹⒺⒻⒼⒽⒾⒿⓀⓁ	1	[sʌb'sistəns]	n. 生存，生计，存在
notoriety	ⒶⒷⒸⒹⒺⒻⒼⒽⒾⒿⓀⓁ	1	[ˌnətə'raiəti]	n. 声名狼藉，臭名昭著
omission	ⒶⒷⒸⒹⒺⒻⒼⒽⒾⒿⓀⓁ	1	[əu'miʃən]	n. 省略，遗漏，疏忽
sanctum	ⒶⒷⒸⒹⒺⒻⒼⒽⒾⒿⓀⓁ	1	['sæŋktəm]	n. 圣地，密室
letdown	ⒶⒷⒸⒹⒺⒻⒼⒽⒾⒿⓀⓁ	1	['letdaun]	n. 失望，放松
fad	ⒶⒷⒸⒹⒺⒻⒼⒽⒾⒿⓀⓁ	1	[fæd]	n. 时尚，(一时流行的)狂热
substantiation	ⒶⒷⒸⒹⒺⒻⒼⒽⒾⒿⓀⓁ	1	[səbˌstænʃi'eiʃən]	n. 实体化，证实，证明
realization	ⒶⒷⒸⒹⒺⒻⒼⒽⒾⒿⓀⓁ	1	[ˌriəlai'zeiʃən]	n. 实现
practicality	ⒶⒷⒸⒹⒺⒻⒼⒽⒾⒿⓀⓁ	1	[ˌprækti'kæliti]	n. 实用性，实际
pragmatism	ⒶⒷⒸⒹⒺⒻⒼⒽⒾⒿⓀⓁ	1	['prægmətizəm]	n. 实用主义
pragmatist	ⒶⒷⒸⒹⒺⒻⒼⒽⒾⒿⓀⓁ	1	['prægmətist]	n. 实用主义者
sustenance	ⒶⒷⒸⒹⒺⒻⒼⒽⒾⒿⓀⓁ	1	['sʌstinəns]	n. 食物，生计，营养
mitigator	ⒶⒷⒸⒹⒺⒻⒼⒽⒾⒿⓀⓁ	1	['mitigeitə(r)]	n. 使缓和的人
worldliness	ⒶⒷⒸⒹⒺⒻⒼⒽⒾⒿⓀⓁ	1	['wə:ldlinis]	n. 世俗心，俗气
snob	ⒶⒷⒸⒹⒺⒻⒼⒽⒾⒿⓀⓁ	1	[snɔb]	n. 势利小人，自命不凡者
hindsight	ⒶⒷⒸⒹⒺⒻⒼⒽⒾⒿⓀⓁ	1	['haindsait]	n. 事后聪明，后知之明
vision	ⒶⒷⒸⒹⒺⒻⒼⒽⒾⒿⓀⓁ	1	['viʒən]	n. 视力，想象力，眼光 v. 幻想
propriety	ⒶⒷⒸⒹⒺⒻⒼⒽⒾⒿⓀⓁ	1	[prə'praiəti]	n. 适当，得体，礼节
ploy	ⒶⒷⒸⒹⒺⒻⒼⒽⒾⒿⓀⓁ	1	[plɔi]	n. 手段，策略
pantomime	ⒶⒷⒸⒹⒺⒻⒼⒽⒾⒿⓀⓁ	1	['pæntəmaim]	n. 手势，哑剧 v. 打手势，演哑剧
miser	ⒶⒷⒸⒹⒺⒻⒼⒽⒾⒿⓀⓁ	1	['maizə]	n. 守财奴，吝啬鬼
initiative	ⒶⒷⒸⒹⒺⒻⒼⒽⒾⒿⓀⓁ	1	[i'niʃiətiv]	n. 首创精神，开端 a. 开始的，初步的
metropolis	ⒶⒷⒸⒹⒺⒻⒼⒽⒾⒿⓀⓁ	1	[mi'trɔpəlis]	n. 首都，大城市
epistle	ⒶⒷⒸⒹⒺⒻⒼⒽⒾⒿⓀⓁ	1	[i'pisl]	n. 书信
inattention	ⒶⒷⒸⒹⒺⒻⒼⒽⒾⒿⓀⓁ	1	[ˌinə'tenʃən]	n. 疏忽，不注意
estrangement	ⒶⒷⒸⒹⒺⒻⒼⒽⒾⒿⓀⓁ	1	[i'streindʒmənt]	n. 疏远
adroitness	ⒶⒷⒸⒹⒺⒻⒼⒽⒾⒿⓀⓁ	1	[ə'drɔitnis]	n. 熟练
sequence	ⒶⒷⒸⒹⒺⒻⒼⒽⒾⒿⓀⓁ	1	['si:kwəns]	n. 顺序，次序，连续
prevaricator	ⒶⒷⒸⒹⒺⒻⒼⒽⒾⒿⓀⓁ	1	[pri'værikeitə(r)]	n. 说话支吾的人
lobbyist	ⒶⒷⒸⒹⒺⒻⒼⒽⒾⒿⓀⓁ	1	['lɔbiist]	n. 说客，游说者
demise	ⒶⒷⒸⒹⒺⒻⒼⒽⒾⒿⓀⓁ	1	[di'maiz]	n. 死亡，让位，转让
entourage	ⒶⒷⒸⒹⒺⒻⒼⒽⒾⒿⓀⓁ	1	[ˌɔntu'ra:ʒ]	n. 随行人员，周围的环境
fragment	ⒶⒷⒸⒹⒺⒻⒼⒽⒾⒿⓀⓁ	1	['frægmənt]	n. 碎片，片段 v. 使破碎
shatter	ⒶⒷⒸⒹⒺⒻⒼⒽⒾⒿⓀⓁ	1	['ʃætə]	n. 碎片 v. 粉碎，毁坏
splinter	ⒶⒷⒸⒹⒺⒻⒼⒽⒾⒿⓀⓁ	1	['splintə]	n. 碎片 v. 破裂，分裂
pettiness	ⒶⒷⒸⒹⒺⒻⒼⒽⒾⒿⓀⓁ	1	['petinis]	n. 琐碎，小气，卑鄙
pacific	ⒶⒷⒸⒹⒺⒻⒼⒽⒾⒿⓀⓁ	1	[pə'sifik]	n. 太平洋 a. 温和的，和解的
avarice	ⒶⒷⒸⒹⒺⒻⒼⒽⒾⒿⓀⓁ	1	['ævəris]	n. 贪财，贪婪
greed	ⒶⒷⒸⒹⒺⒻⒼⒽⒾⒿⓀⓁ	1	[gri:d]	n. 贪婪
abruptness	ⒶⒷⒸⒹⒺⒻⒼⒽⒾⒿⓀⓁ	1	[ə'brʌptnis]	n. 唐突，粗鲁

单词	标记	频率	读音	词义
deserter	ⒶⒷⒸⒹⒺⒻⒼⒽⒾⒿⓀⓁ	1	[di'zə:tə]	n. 逃兵，逃亡者，背弃者
mischief	ⒶⒷⒸⒹⒺⒻⒼⒽⒾⒿⓀⓁ	1	['mistʃif]	n. 淘气，恶作剧，损害
distaste	ⒶⒷⒸⒹⒺⒻⒼⒽⒾⒿⓀⓁ	1	['dis'teist]	n. 讨厌，不喜欢
prerogative	ⒶⒷⒸⒹⒺⒻⒼⒽⒾⒿⓀⓁ	1	[pri'rɔgətiv]	n. 特权
specificity	ⒶⒷⒸⒹⒺⒻⒼⒽⒾⒿⓀⓁ	1	[ˌspesi'fisəti]	n. 特性，特征
particularity	ⒶⒷⒸⒹⒺⒻⒼⒽⒾⒿⓀⓁ	1	[pəˌtikju'læriti]	n. 特性，特质
trait	ⒶⒷⒸⒹⒺⒻⒼⒽⒾⒿⓀⓁ	1	[treit]	n. 特征，少许
exaltation	ⒶⒷⒸⒹⒺⒻⒼⒽⒾⒿⓀⓁ	1	[ˌegzɔ:l'teiʃən]	n. 提升，兴奋，得意洋洋
proposal	ⒶⒷⒸⒹⒺⒻⒼⒽⒾⒿⓀⓁ	1	[prə'pəuzəl]	n. 提议，建议，求婚
ingenue	ⒶⒷⒸⒹⒺⒻⒼⒽⒾⒿⓀⓁ	1	[ænʒei'nju:]	n. 天真无邪的少女
cajolery	ⒶⒷⒸⒹⒺⒻⒼⒽⒾⒿⓀⓁ	1	[kə'dʒəuləri]	n. 甜言蜜语，诱骗，谄媚
mediator	ⒶⒷⒸⒹⒺⒻⒼⒽⒾⒿⓀⓁ	1	['mi:dieitə]	n. 调停人
dalliance	ⒶⒷⒸⒹⒺⒻⒼⒽⒾⒿⓀⓁ	1	['dæliəns]	n. 调戏，嬉戏
discontinuance	ⒶⒷⒸⒹⒺⒻⒼⒽⒾⒿⓀⓁ	1	[ˌdiskən'tinjuəns]	n. 停止，废止，中断
peer	ⒶⒷⒸⒹⒺⒻⒼⒽⒾⒿⓀⓁ	1	[piə]	n. 同等的人，同辈，贵族 v. 凝视
assimilation	ⒶⒷⒸⒹⒺⒻⒼⒽⒾⒿⓀⓁ	1	[əˌsimi'leiʃən]	n. 同化，同化作用
conspirator	ⒶⒷⒸⒹⒺⒻⒼⒽⒾⒿⓀⓁ	1	[kən'spirətə]	n. 同谋者，阴谋者，反叛者
compassion	ⒶⒷⒸⒹⒺⒻⒼⒽⒾⒿⓀⓁ	1	[kəm'pæʃən]	n. 同情，怜悯
misery	ⒶⒷⒸⒹⒺⒻⒼⒽⒾⒿⓀⓁ	1	['mizəri]	n. 痛苦，悲惨的境遇
affliction	ⒶⒷⒸⒹⒺⒻⒼⒽⒾⒿⓀⓁ	1	[ə'flikʃən]	n. 痛苦，苦恼
furtiveness	ⒶⒷⒸⒹⒺⒻⒼⒽⒾⒿⓀⓁ	1	['fə:tivnis]	n. 偷偷摸摸，鬼鬼祟祟
investment	ⒶⒷⒸⒹⒺⒻⒼⒽⒾⒿⓀⓁ	1	[in'vestmənt]	n. 投资，投资额
breakthrough	ⒶⒷⒸⒹⒺⒻⒼⒽⒾⒿⓀⓁ	1	['breik'θru:]	n. 突破
icon	ⒶⒷⒸⒹⒺⒻⒼⒽⒾⒿⓀⓁ	1	['aikɔn]	n. 图标，肖像，象征，偶像
recommendation	ⒶⒷⒸⒹⒺⒻⒼⒽⒾⒿⓀⓁ	1	[ˌrekəmen'deiʃən]	n. 推荐，建议
degradation	ⒶⒷⒸⒹⒺⒻⒼⒽⒾⒿⓀⓁ	1	[ˌdegrə'deiʃən]	n. 退化，降级，堕落，降解
procrastinator	ⒶⒷⒸⒹⒺⒻⒼⒽⒾⒿⓀⓁ	1	[prəu'kræstineitə(r)]	n. 拖延者
dehydration	ⒶⒷⒸⒹⒺⒻⒼⒽⒾⒿⓀⓁ	1	[ˌdi:hai'dreiʃən]	n. 脱水
disintegration	ⒶⒷⒸⒹⒺⒻⒼⒽⒾⒿⓀⓁ	1	[disˌinti'greiʃən]	n. 瓦解，衰变
perfectionism	ⒶⒷⒸⒹⒺⒻⒼⒽⒾⒿⓀⓁ	1	[pə'fekʃəniz(ə)m]	n. 完美主义，至善论
dirge	ⒶⒷⒸⒹⒺⒻⒼⒽⒾⒿⓀⓁ	1	['də:dʒ]	n. 挽歌，哀乐
panacea	ⒶⒷⒸⒹⒺⒻⒼⒽⒾⒿⓀⓁ	1	[ˌpænə'siə]	n. 万灵药
elixir	ⒶⒷⒸⒹⒺⒻⒼⒽⒾⒿⓀⓁ	1	[i'liksə]	n. 万灵药，长生不老药
crisis	ⒶⒷⒸⒹⒺⒻⒼⒽⒾⒿⓀⓁ	1	['kraisis]	n. 危机，紧要关头
deterrent	ⒶⒷⒸⒹⒺⒻⒼⒽⒾⒿⓀⓁ	1	[di'tə:rənt]	n. 威慑物 a. 威慑的
subtlety	ⒶⒷⒸⒹⒺⒻⒼⒽⒾⒿⓀⓁ	1	['sʌtlti]	n. 微妙，敏锐
materialist	ⒶⒷⒸⒹⒺⒻⒼⒽⒾⒿⓀⓁ	1	[mə'tiərialist]	n. 唯物主义者
spiritualism	ⒶⒷⒸⒹⒺⒻⒼⒽⒾⒿⓀⓁ	1	['spiritjuəlizəm]	n. 唯心论，招魂说，灵性
idealism	ⒶⒷⒸⒹⒺⒻⒼⒽⒾⒿⓀⓁ	1	[ai'diəlizm]	n. 唯心主义，理想主义
dissembler	ⒶⒷⒸⒹⒺⒻⒼⒽⒾⒿⓀⓁ	1	[di'semblə]	n. 伪君子，伪善者

单词	标记	频率	读音	词义
counterfeiter	ⒶⒷⒸⒹⒺⒻⒼⒽⒾⒿⓀⓁ	1	['kauntəˌfitə(r)]	n. 伪造者，造伪币者，假造者
clientele	ⒶⒷⒸⒹⒺⒻⒼⒽⒾⒿⓀⓁ	1	[ˌkli:a:n'teil]	n. 委托人，客户
underachiever	ⒶⒷⒸⒹⒺⒻⒼⒽⒾⒿⓀⓁ	1	[ʌndərəˈtʃi:və]	n. 未发挥潜力的人
pestilence	ⒶⒷⒸⒹⒺⒻⒼⒽⒾⒿⓀⓁ	1	['pestiləns]	n. 瘟疫
stabilization	ⒶⒷⒸⒹⒺⒻⒼⒽⒾⒿⓀⓁ	1	[ˌsteibilai'zeiʃən]	n. 稳定，稳定性
salutation	ⒶⒷⒸⒹⒺⒻⒼⒽⒾⒿⓀⓁ	1	[sælju(:)'teiʃən]	n. 问候，致敬，招呼
ubiquity	ⒶⒷⒸⒹⒺⒻⒼⒽⒾⒿⓀⓁ	1	[ju:'bikwəti]	n. 无处不在
anarchist	ⒶⒷⒸⒹⒺⒻⒼⒽⒾⒿⓀⓁ	1	['ænəkist]	n. 无政府主义者
ignominy	ⒶⒷⒸⒹⒺⒻⒼⒽⒾⒿⓀⓁ	1	['ignəmini]	n. 侮辱，无耻行为
substance	ⒶⒷⒸⒹⒺⒻⒼⒽⒾⒿⓀⓁ	1	['sʌbstəns]	n. 物质，实质，资产，重要性
miscalculation	ⒶⒷⒸⒹⒺⒻⒼⒽⒾⒿⓀⓁ	1	['miskælkjə'leʃən]	n. 误算，估错
misapplication	ⒶⒷⒸⒹⒺⒻⒼⒽⒾⒿⓀⓁ	1	['misˌæpli'keiʃən]	n. 误用
absorption	ⒶⒷⒸⒹⒺⒻⒼⒽⒾⒿⓀⓁ	1	[əb'sɔ:pʃən]	n. 吸收，全神贯注
theatricality	ⒶⒷⒸⒹⒺⒻⒼⒽⒾⒿⓀⓁ	1	[θiˌætri'kæliti]	n. 戏剧风格，不自然
hone	ⒶⒷⒸⒹⒺⒻⒼⒽⒾⒿⓀⓁ	1	[həun]	n. 细磨刀石 v. 磨刀，磨练
nuance	ⒶⒷⒸⒹⒺⒻⒼⒽⒾⒿⓀⓁ	1	[nju:'a:ns;-'ɔ:ns]	n. 细微差别
circumspection	ⒶⒷⒸⒹⒺⒻⒼⒽⒾⒿⓀⓁ	1	[ˌsə:kəm'spekʃən]	n. 细心，慎重
prerequisite	ⒶⒷⒸⒹⒺⒻⒼⒽⒾⒿⓀⓁ	1	['pri:'rekwizit]	n. 先决条件，前提 a. 必备的
precedent	ⒶⒷⒸⒹⒺⒻⒼⒽⒾⒿⓀⓁ	1	[pri'si:dənt]	n. 先例，惯例 a. 在先的，在前的
forerunner	ⒶⒷⒸⒹⒺⒻⒼⒽⒾⒿⓀⓁ	1	['fɔ:ˌrʌnə]	n. 先驱，祖先，预兆
manifestation	ⒶⒷⒸⒹⒺⒻⒼⒽⒾⒿⓀⓁ	1	[ˌmænifes'teiʃən]	n. 显示，证明，示威运动
conspicuousness	ⒶⒷⒸⒹⒺⒻⒼⒽⒾⒿⓀⓁ	1	[kən'spikjuəsnəs]	n. 显著，显而易见
realism	ⒶⒷⒸⒹⒺⒻⒼⒽⒾⒿⓀⓁ	1	['riəlizəm;'ri:-]	n. 现实主义，唯实论
restriction	ⒶⒷⒸⒹⒺⒻⒼⒽⒾⒿⓀⓁ	1	[ris'trikʃən]	n. 限制，约束
devotion	ⒶⒷⒸⒹⒺⒻⒼⒽⒾⒿⓀⓁ	1	[di'vəuʃən]	n. 献身，热爱，虔诚
nostalgia	ⒶⒷⒸⒹⒺⒻⒼⒽⒾⒿⓀⓁ	1	[nɔs'tældʒiə]	n. 乡愁，怀旧，思乡病
comparability	ⒶⒷⒸⒹⒺⒻⒼⒽⒾⒿⓀⓁ	1	[ˌkɔmpərə'biliti]	n. 相似性，可比较性
credence	ⒶⒷⒸⒹⒺⒻⒼⒽⒾⒿⓀⓁ	1	['kri:dəns]	n. 相信，信任
vector	ⒶⒷⒸⒹⒺⒻⒼⒽⒾⒿⓀⓁ	1	['vektə]	n. 向量，矢量，带菌者
emblem	ⒶⒷⒸⒹⒺⒻⒼⒽⒾⒿⓀⓁ	1	['embləm]	n. 象征，徽章 v. 用象征表示
abatement	ⒶⒷⒸⒹⒺⒻⒼⒽⒾⒿⓀⓁ	1	[ə'beitmənt]	n. 消除
extirpation	ⒶⒷⒸⒹⒺⒻⒼⒽⒾⒿⓀⓁ	1	[ˌekstə:'peiʃən]	n. 消灭，根除，毁灭
vignette	ⒶⒷⒸⒹⒺⒻⒼⒽⒾⒿⓀⓁ	1	[vi'njet]	n. 小插图，小品文，小插曲
faction	ⒶⒷⒸⒹⒺⒻⒼⒽⒾⒿⓀⓁ	1	['fækʃən]	n. 小集团，派系，内讧
flotilla	ⒶⒷⒸⒹⒺⒻⒼⒽⒾⒿⓀⓁ	1	[fləu'tilə]	n. 小舰队，小型船队
loyalist	ⒶⒷⒸⒹⒺⒻⒼⒽⒾⒿⓀⓁ	1	['lɔiəlist]	n. 效忠者
desecration	ⒶⒷⒸⒹⒺⒻⒼⒽⒾⒿⓀⓁ	1	[ˌdesi'kreiʃən]	n. 亵渎神圣，污辱
novice	ⒶⒷⒸⒹⒺⒻⒼⒽⒾⒿⓀⓁ	1	['nɔvis]	n. 新手，初学者
reliance	ⒶⒷⒸⒹⒺⒻⒼⒽⒾⒿⓀⓁ	1	[ri'laiəns]	n. 信赖，信赖的人或事
credo	ⒶⒷⒸⒹⒺⒻⒼⒽⒾⒿⓀⓁ	1	['kri:dəu]	n. 信条

单词	标记	频率	读音	词义
revivalist	ⒶⒷⒸⒹⒺⒻⒼⒽⒾⒿⓀⓁ	1	[ri'vaivəlist]	n. 信仰复兴运动者，复古主义者
constellation	ⒶⒷⒸⒹⒺⒻⒼⒽⒾⒿⓀⓁ	1	[kɔnstə'leiʃən]	n. 星座，星群
hilarity	ⒶⒷⒸⒹⒺⒻⒼⒽⒾⒿⓀⓁ	1	[hi'læriti]	n. 兴高采烈
ferocity	ⒶⒷⒸⒹⒺⒻⒼⒽⒾⒿⓀⓁ	1	[fə'rɔsiti]	n. 凶猛，残忍，暴行
truculence	ⒶⒷⒸⒹⒺⒻⒼⒽⒾⒿⓀⓁ	1	['trʌkjuləns;'tru:-]	n. 凶猛，好斗，残暴
revisionist	ⒶⒷⒸⒹⒺⒻⒼⒽⒾⒿⓀⓁ	1	[ri'viʒənist]	n. 修正主义者
nihilistic	ⒶⒷⒸⒹⒺⒻⒼⒽⒾⒿⓀⓁ	1	[ˌnaii'listik]	n. 虚无主义者，无政府主义者
bravado	ⒶⒷⒸⒹⒺⒻⒼⒽⒾⒿⓀⓁ	1	[brə'va:dəu]	n. 虚张声势
license	ⒶⒷⒸⒹⒺⒻⒼⒽⒾⒿⓀⓁ	1	['laisəns]	n. 许可证，执照
propagandist	ⒶⒷⒸⒹⒺⒻⒼⒽⒾⒿⓀⓁ	1	[ˌprɔpə'gændist]	n. 宣传者，传道者
manifesto	ⒶⒷⒸⒹⒺⒻⒼⒽⒾⒿⓀⓁ	1	[ˌmæni'festəu]	n. 宣言，声明
suspense	ⒶⒷⒸⒹⒺⒻⒼⒽⒾⒿⓀⓁ	1	[səs'pens]	n. 悬疑，悬念，焦虑
panache	ⒶⒷⒸⒹⒺⒻⒼⒽⒾⒿⓀⓁ	1	[pə'næʃ]	n. 炫耀，虚饰，羽饰
apprentice	ⒶⒷⒸⒹⒺⒻⒼⒽⒾⒿⓀⓁ	1	[ə'prentis]	n. 学徒 v. 当学徒
circulation	ⒶⒷⒸⒹⒺⒻⒼⒽⒾⒿⓀⓁ	1	[ˌsə:kju'leiʃən]	n. 循环，流通，发行量
moratorium	ⒶⒷⒸⒹⒺⒻⒼⒽⒾⒿⓀⓁ	1	[ˌmɔrə'tɔ:riəm]	n. 延缓补偿，延缓活动
deferment	ⒶⒷⒸⒹⒺⒻⒼⒽⒾⒿⓀⓁ	1	[di'fɜ:mənt]	n. 延期，暂缓
extension	ⒶⒷⒸⒹⒺⒻⒼⒽⒾⒿⓀⓁ	1	[iks'tenʃən]	n. 延长，扩充
pigment	ⒶⒷⒸⒹⒺⒻⒼⒽⒾⒿⓀⓁ	1	['pigmənt]	n. 颜料，色素
floridity	ⒶⒷⒸⒹⒺⒻⒼⒽⒾⒿⓀⓁ	1	[flɔ:'riditi]	n. 颜色鲜丽，脸色好
proverb	ⒶⒷⒸⒹⒺⒻⒼⒽⒾⒿⓀⓁ	1	['prɔvə(:)b]	n. 谚语，格言
counterfeit	ⒶⒷⒸⒹⒺⒻⒼⒽⒾⒿⓀⓁ	1	['kauntəfit]	n. 赝品 a. 伪造的 v. 伪造
lullaby	ⒶⒷⒸⒹⒺⒻⒼⒽⒾⒿⓀⓁ	1	['lʌləbai]	n. 摇篮曲 v. 使安静
potion	ⒶⒷⒸⒹⒺⒻⒼⒽⒾⒿⓀⓁ	1	['pəuʃən]	n. 一服，一剂（药水）
flurry	ⒶⒷⒸⒹⒺⒻⒼⒽⒾⒿⓀⓁ	1	['flʌri]	n. 一阵风（雪），骚动 v. 发慌，焦躁
coherence	ⒶⒷⒸⒹⒺⒻⒼⒽⒾⒿⓀⓁ	1	[kəu'hiərəns]	n. 一致，连贯
consonance	ⒶⒷⒸⒹⒺⒻⒼⒽⒾⒿⓀⓁ	1	['kɔnsənəns]	n. 一致，调和，和音
raiment	ⒶⒷⒸⒹⒺⒻⒼⒽⒾⒿⓀⓁ	1	['reimənt]	n. 衣服
dependence	ⒶⒷⒸⒹⒺⒻⒼⒽⒾⒿⓀⓁ	1	[di'pendəns]	n. 依靠，信任
oblivion	ⒶⒷⒸⒹⒺⒻⒼⒽⒾⒿⓀⓁ	1	[ə'bliviən]	n. 遗忘，忘却，赦免
executor	ⒶⒷⒸⒹⒺⒻⒼⒽⒾⒿⓀⓁ	1	[ig'zekjutə]	n. 遗嘱执行者，执行者
misgiving	ⒶⒷⒸⒹⒺⒻⒼⒽⒾⒿⓀⓁ	1	[mis'giviŋ]	n. 疑虑，恐惧
verbalization	ⒶⒷⒸⒹⒺⒻⒼⒽⒾⒿⓀⓁ	1	[ˌvə:bəlai'zeiʃən]	n. 以言语表现，冗长
obligation	ⒶⒷⒸⒹⒺⒻⒼⒽⒾⒿⓀⓁ	1	[ˌɔbli'geiʃən]	n. 义务，职责，债务，束缚
virtuoso	ⒶⒷⒸⒹⒺⒻⒼⒽⒾⒿⓀⓁ	1	[və:tju'əuzəu]	n. 艺术大师，演奏能手
whimsicality	ⒶⒷⒸⒹⒺⒻⒼⒽⒾⒿⓀⓁ	1	[ˌhwimzi'kæləti]	n. 异想天开，随心所欲
demurral	ⒶⒷⒸⒹⒺⒻⒼⒽⒾⒿⓀⓁ	1	[di'mə:rəl]	n. 异议，反对
irascibility	ⒶⒷⒸⒹⒺⒻⒼⒽⒾⒿⓀⓁ	1	[iˌræsə'biləti]	n. 易怒，脾气暴躁
dupe	ⒶⒷⒸⒹⒺⒻⒼⒽⒾⒿⓀⓁ	1	[dju:p]	n. 易受骗的人 v. 欺骗
dissension	ⒶⒷⒸⒹⒺⒻⒼⒽⒾⒿⓀⓁ	1	[di'senʃən]	n. 意见不同，纠纷，争执

单词	标记	频率	读音	词义
perseverance	ⒶⒷⒸⒹⒺⒻⒼⒽⒾⒿⓀⓁ	1	[ˌpə:si'viərəns]	n. 毅力，不屈不挠
figment	ⒶⒷⒸⒹⒺⒻⒼⒽⒾⒿⓀⓁ	1	['figmənt]	n. 臆造的事物，虚构的事
concealment	ⒶⒷⒸⒹⒺⒻⒼⒽⒾⒿⓀⓁ	1	[kən'si:lmənt]	n. 隐蔽，躲藏
privacy	ⒶⒷⒸⒹⒺⒻⒼⒽⒾⒿⓀⓁ	1	['praivəsi]	n. 隐私，隐居，私生活
fathom	ⒶⒷⒸⒹⒺⒻⒼⒽⒾⒿⓀⓁ	1	['fæðəm]	n. 英寻（长度单位） v. 彻底了解，测深
nourishment	ⒶⒷⒸⒹⒺⒻⒼⒽⒾⒿⓀⓁ	1	['nʌriʃmənt]	n. 营养品，养料，营养
quackery	ⒶⒷⒸⒹⒺⒻⒼⒽⒾⒿⓀⓁ	1	['kwækəri]	n. 庸医的医术，骗子的行为
gallantry	ⒶⒷⒸⒹⒺⒻⒼⒽⒾⒿⓀⓁ	1	['gæləntri]	n. 勇敢，殷勤
indecision	ⒶⒷⒸⒹⒺⒻⒼⒽⒾⒿⓀⓁ	1	[ˌindi'siʒən]	n. 优柔寡断
superiority	ⒶⒷⒸⒹⒺⒻⒼⒽⒾⒿⓀⓁ	1	[sju(:)piəri'ɔriti]	n. 优越性，优势
indecisiveness	ⒶⒷⒸⒹⒺⒻⒼⒽⒾⒿⓀⓁ	1	[in'disaisivnis]	n. 犹豫不定，非决定性，未清楚标明
vacillation	ⒶⒷⒸⒹⒺⒻⒼⒽⒾⒿⓀⓁ	1	[ˌvæsi'leiʃən]	n. 犹豫不决，踌躇
troubadour	ⒶⒷⒸⒹⒺⒻⒼⒽⒾⒿⓀⓁ	1	['tru:bədua]	n. 游吟诗人，抒情诗人
potentate	ⒶⒷⒸⒹⒺⒻⒼⒽⒾⒿⓀⓁ	1	['pəutənteit]	n. 有权势的人，统治者
marketability	ⒶⒷⒸⒹⒺⒻⒼⒽⒾⒿⓀⓁ	1	[ˌma:kitə'biliti]	n. 有销路，市场性
validity	ⒶⒷⒸⒹⒺⒻⒼⒽⒾⒿⓀⓁ	1	[və'liditi]	n. 有效性，合法性，正确性
pedantry	ⒶⒷⒸⒹⒺⒻⒼⒽⒾⒿⓀⓁ	1	['pedəntri]	n. 迂腐，卖弄学问
circumlocution	ⒶⒷⒸⒹⒺⒻⒼⒽⒾⒿⓀⓁ	1	[ˌsə:kəmlə'kju:ʃən]	n. 迂回累赘的陈述，遁词
barb	ⒶⒷⒸⒹⒺⒻⒼⒽⒾⒿⓀⓁ	1	[ba:b]	n. 鱼钩，刻薄的话 v. 装倒钩
gaiety	ⒶⒷⒸⒹⒺⒻⒼⒽⒾⒿⓀⓁ	1	['geiəti]	n. 愉快，喜庆，华丽
folly	ⒶⒷⒸⒹⒺⒻⒼⒽⒾⒿⓀⓁ	1	['fɔli]	n. 愚蠢，荒唐事
intonation	ⒶⒷⒸⒹⒺⒻⒼⒽⒾⒿⓀⓁ	1	[ˌintə'neiʃən]	n. 语调，声调，吟诵
prognosis	ⒶⒷⒸⒹⒺⒻⒼⒽⒾⒿⓀⓁ	1	[prɔg'nəusis]	n. 预断病情，预测
anticipation	ⒶⒷⒸⒹⒺⒻⒼⒽⒾⒿⓀⓁ	1	[ˌæntisi'peiʃən]	n. 预期，预料
prophet	ⒶⒷⒸⒹⒺⒻⒼⒽⒾⒿⓀⓁ	1	['prɔfit]	n. 预言者，先知
prescience	ⒶⒷⒸⒹⒺⒻⒼⒽⒾⒿⓀⓁ	1	['pre'saiəns]	n. 预知，先见
tenet	ⒶⒷⒸⒹⒺⒻⒼⒽⒾⒿⓀⓁ	1	['ti:net;'tenit]	n. 原则，教义，信条
excursion	ⒶⒷⒸⒹⒺⒻⒼⒽⒾⒿⓀⓁ	1	[iks'kə:ʃən]	n. 远足，短途旅行
faculty	ⒶⒷⒸⒹⒺⒻⒼⒽⒾⒿⓀⓁ	1	['fækəlti]	n. 院系，全体教员，能力
clutter	ⒶⒷⒸⒹⒺⒻⒼⒽⒾⒿⓀⓁ	1	['klʌtə]	n. 杂乱 v. 弄乱
reproduction	ⒶⒷⒸⒹⒺⒻⒼⒽⒾⒿⓀⓁ	1	[ˌri:prə'dʌkʃən]	n. 再现，复制品，生殖
patronage	ⒶⒷⒸⒹⒺⒻⒼⒽⒾⒿⓀⓁ	1	['pætrənidʒ]	n. 赞助，光顾，任免权
patron	ⒶⒷⒸⒹⒺⒻⒼⒽⒾⒿⓀⓁ	1	['peitrən;'pæ-]	n. 赞助人，老顾客，守护神
epitome	ⒶⒷⒸⒹⒺⒻⒼⒽⒾⒿⓀⓁ	1	[i'pitəmi]	n. 摘要，缩影
stratagem	ⒶⒷⒸⒹⒺⒻⒼⒽⒾⒿⓀⓁ	1	['strætidʒəm]	n. 战略，计谋
strategist	ⒶⒷⒸⒹⒺⒻⒼⒽⒾⒿⓀⓁ	1	['strætidʒist]	n. 战略家
swamp	ⒶⒷⒸⒹⒺⒻⒼⒽⒾⒿⓀⓁ	1	[swɔmp]	n. 沼泽，困境 v. 使陷入，淹没
marsh	ⒶⒷⒸⒹⒺⒻⒼⒽⒾⒿⓀⓁ	1	[ma:ʃ]	n. 沼泽，湿地
obsession	ⒶⒷⒸⒹⒺⒻⒼⒽⒾⒿⓀⓁ	1	[əb'seʃən]	n. 着迷，困扰
reconnaissance	ⒶⒷⒸⒹⒺⒻⒼⒽⒾⒿⓀⓁ	1	[ri'kɔnisəns]	n. 侦察，勘察

单词	标记	频率	读音	词义
trove	ⒶⒷⒸⒹⒺⒻⒼⒽⒾⒿⓀⓁ	1	[trəuv]	n. 珍藏品，被发现的物品
sincerity	ⒶⒷⒸⒹⒺⒻⒼⒽⒾⒿⓀⓁ	1	[sin'seriti]	n. 真诚
expropriation	ⒶⒷⒸⒹⒺⒻⒼⒽⒾⒿⓀⓁ	1	[ˌeksˌprəupri'eiʃn]	n. 征用，征收
distillation	ⒶⒷⒸⒹⒺⒻⒼⒽⒾⒿⓀⓁ	1	[ˌdisti'leiʃən]	n. 蒸馏，精华
unity	ⒶⒷⒸⒹⒺⒻⒼⒽⒾⒿⓀⓁ	1	['ju:niti]	n. 整体，一致，统一，结合
antipode	ⒶⒷⒸⒹⒺⒻⒼⒽⒾⒿⓀⓁ	1	['æntipəud]	n. 正相反的事物
testimony	ⒶⒷⒸⒹⒺⒻⒼⒽⒾⒿⓀⓁ	1	['testiməni]	n. 证词，证明，证据
authentication	ⒶⒷⒸⒹⒺⒻⒼⒽⒾⒿⓀⓁ	1	[ɔ:ˈθentikeiʃən]	n. 证明，鉴定
testimonial	ⒶⒷⒸⒹⒺⒻⒼⒽⒾⒿⓀⓁ	1	[ˌtesti'məunjəl]	n. 证明书，奖品 a. 证明书的，表扬的
corroboration	ⒶⒷⒸⒹⒺⒻⒼⒽⒾⒿⓀⓁ	1	[kərɔbə'reiʃ(ə)n]	n. 证实，确认，证据
policy	ⒶⒷⒸⒹⒺⒻⒼⒽⒾⒿⓀⓁ	1	['pɔlisi]	n. 政策，方针
endorsement	ⒶⒷⒸⒹⒺⒻⒼⒽⒾⒿⓀⓁ	1	[in'dɔ:smənt]	n. 支持，背书，批准
acronym	ⒶⒷⒸⒹⒺⒻⒼⒽⒾⒿⓀⓁ	1	['ækrənim]	n. 只取首字母的缩写词
awareness	ⒶⒷⒸⒹⒺⒻⒼⒽⒾⒿⓀⓁ	1	[ə'weənis]	n. 知道，晓得
intellectualism	ⒶⒷⒸⒹⒺⒻⒼⒽⒾⒿⓀⓁ	1	[ˌintə'lektjuəlizəm]	n. 知性主义，智力活动
outspokenness	ⒶⒷⒸⒹⒺⒻⒼⒽⒾⒿⓀⓁ	1	[ˌaut'spəukənnis]	n. 直言相告，坦白
vocation	ⒶⒷⒸⒹⒺⒻⒼⒽⒾⒿⓀⓁ	1	[vəu'keiʃən]	n. 职业，行业，使命
flora	ⒶⒷⒸⒹⒺⒻⒼⒽⒾⒿⓀⓁ	1	['flɔ:rə]	n. 植物群落，花神
indication	ⒶⒷⒸⒹⒺⒻⒼⒽⒾⒿⓀⓁ	1	[ˌindi'keiʃən]	n. 指示，表示，迹象
denotation	ⒶⒷⒸⒹⒺⒻⒼⒽⒾⒿⓀⓁ	1	[ˌdi:nəu'teiʃən]	n. 指示，意义，符号
vigilante	ⒶⒷⒸⒹⒺⒻⒼⒽⒾⒿⓀⓁ	1	[ˌvidʒi'lænti]	n. 治安团体成员
discontinuity	ⒶⒷⒸⒹⒺⒻⒼⒽⒾⒿⓀⓁ	1	['disˌkɔnti'nju(:)iti]	n. 中断，不连续
abeyance	ⒶⒷⒸⒹⒺⒻⒼⒽⒾⒿⓀⓁ	1	[ə'beiəns]	n. 中止，搁置
loyalty	ⒶⒷⒸⒹⒺⒻⒼⒽⒾⒿⓀⓁ	1	['lɔiəlti]	n. 忠诚，忠心
tenure	ⒶⒷⒸⒹⒺⒻⒼⒽⒾⒿⓀⓁ	1	['tenjuə]	n. 终身职位，任期，保有
incantation	ⒶⒷⒸⒹⒺⒻⒼⒽⒾⒿⓀⓁ	1	[ˌinkæn'teiʃən]	n. 咒语，口头禅
specialist	ⒶⒷⒸⒹⒺⒻⒼⒽⒾⒿⓀⓁ	1	['speʃəlist]	n. 专家，专科医师
expertise	ⒶⒷⒸⒹⒺⒻⒼⒽⒾⒿⓀⓁ	1	[ˌekspə'ti:z]	n. 专家意见，专门知识，专长
technicality	ⒶⒷⒸⒹⒺⒻⒼⒽⒾⒿⓀⓁ	1	[tekni'kæliti]	n. 专门性，学术性，技术性
transformation	ⒶⒷⒸⒹⒺⒻⒼⒽⒾⒿⓀⓁ	1	[ˌtrænsfə'meiʃən]	n. 转变，改造
diversion	ⒶⒷⒸⒹⒺⒻⒼⒽⒾⒿⓀⓁ	1	[dai'və:ʃən]	n. 转向，转移，娱乐活动
ornamentation	ⒶⒷⒸⒹⒺⒻⒼⒽⒾⒿⓀⓁ	1	[ˌɔ:nəmen'teiʃən]	n. 装饰
pomp	ⒶⒷⒸⒹⒺⒻⒼⒽⒾⒿⓀⓁ	1	[pɔmp]	n. 壮丽，夸耀
panoply	ⒶⒷⒸⒹⒺⒻⒼⒽⒾⒿⓀⓁ	1	['pænəpli]	n. 壮丽的展示，盛装，全副盔甲
sensationalism	ⒶⒷⒸⒹⒺⒻⒼⒽⒾⒿⓀⓁ	1	[sen'seiʃənəliz(ə)m]	n. 追求轰动效应，煽情主义
preeminence	ⒶⒷⒸⒹⒺⒻⒼⒽⒾⒿⓀⓁ	1	[pri(:)'eminəns]	n. 卓越
eminence	ⒶⒷⒸⒹⒺⒻⒼⒽⒾⒿⓀⓁ	1	['eminəns]	n. 卓越，显赫
principal	ⒶⒷⒸⒹⒺⒻⒼⒽⒾⒿⓀⓁ	1	['prinsəp(ə)l;-sip-]	n. 资本，校长，负责人 a. 主要的
qualification	ⒶⒷⒸⒹⒺⒻⒼⒽⒾⒿⓀⓁ	1	[ˌkwɔlifi'keiʃən]	n. 资格，资格证明，限制
resource	ⒶⒷⒸⒹⒺⒻⒼⒽⒾⒿⓀⓁ	1	[ri'sɔ:s]	n. 资源，机敏

单词	标记	频率	读音	词义
aptitude	ⒶⒷⒸⒹⒺⒻⒼⒽⒾⒿⓀⓁ	1	['æptitju:d]	n. 资质，才能，倾向
confession	ⒶⒷⒸⒹⒺⒻⒼⒽⒾⒿⓀⓁ	1	[kən'feʃən]	n. 自白，忏悔，招供
inferiority	ⒶⒷⒸⒹⒺⒻⒼⒽⒾⒿⓀⓁ	1	[inˌfiəri'ɔriti]	n. 自卑，低劣
selfishness	ⒶⒷⒸⒹⒺⒻⒼⒽⒾⒿⓀⓁ	1	['selfiʃnis]	n. 自私
narcissism	ⒶⒷⒸⒹⒺⒻⒼⒽⒾⒿⓀⓁ	1	['na:sisizəm]	n. 自我陶醉，自恋
hindrance	ⒶⒷⒸⒹⒺⒻⒼⒽⒾⒿⓀⓁ	1	['hindrəns]	n. 阻碍，阻碍物
obstruction	ⒶⒷⒸⒹⒺⒻⒼⒽⒾⒿⓀⓁ	1	[əb'strʌkʃən]	n. 阻塞，妨碍，妨碍物
antecedent	ⒶⒷⒸⒹⒺⒻⒼⒽⒾⒿⓀⓁ	1	[ˌænti'si:dənt]	n. 祖先，先辈 a. 先行的
forebear	ⒶⒷⒸⒹⒺⒻⒼⒽⒾⒿⓀⓁ	1	['fɔ:beə]	n. 祖先，祖宗
ultimatum	ⒶⒷⒸⒹⒺⒻⒼⒽⒾⒿⓀⓁ	1	[ˌʌlti'meitəm]	n. 最后通牒，威胁
veneration	ⒶⒷⒸⒹⒺⒻⒼⒽⒾⒿⓀⓁ	1	[ˌvenə'reiʃən]	n. 尊敬，崇敬，崇拜
dignity	ⒶⒷⒸⒹⒺⒻⒼⒽⒾⒿⓀⓁ	1	['digniti]	n. 尊严，高贵
conformist	ⒶⒷⒸⒹⒺⒻⒼⒽⒾⒿⓀⓁ	1	[kɔn'fɔ:mist]	n. 遵奉者，墨守陈规者
conjoin	ⒶⒷⒸⒹⒺⒻⒼⒽⒾⒿⓀⓁ	1	[kən'dʒɔin]	v.（使）连结，（使）联合
regurgitate	ⒶⒷⒸⒹⒺⒻⒼⒽⒾⒿⓀⓁ	1	[ri(:)'gə:dʒiteit]	v.（使）流回，（使）反刍
disjoint	ⒶⒷⒸⒹⒺⒻⒼⒽⒾⒿⓀⓁ	1	[dis'dʒɔint]	v.（使）脱节，（使）解体
recommence	ⒶⒷⒸⒹⒺⒻⒼⒽⒾⒿⓀⓁ	1	['ri:kə'mens]	v.（使）重新开始
slump	ⒶⒷⒸⒹⒺⒻⒼⒽⒾⒿⓀⓁ	1	[slʌmp]	v./n. 暴跌，猛然落下
redress	ⒶⒷⒸⒹⒺⒻⒼⒽⒾⒿⓀⓁ	1	[ri'dres]	v./n. 补偿，改正，修正
recompense	ⒶⒷⒸⒹⒺⒻⒼⒽⒾⒿⓀⓁ	1	['rekəmpəns]	v./n. 补偿，赔偿
sneer	ⒶⒷⒸⒹⒺⒻⒼⒽⒾⒿⓀⓁ	1	[sniə]	v./n. 嘲笑，冷笑
mock	ⒶⒷⒸⒹⒺⒻⒼⒽⒾⒿⓀⓁ	1	[mɔk]	v./n. 嘲笑，模仿 a. 模拟的，假装的
overhaul	ⒶⒷⒸⒹⒺⒻⒼⒽⒾⒿⓀⓁ	1	[ˌəuvə'hɔ:l]	v./n. 彻底检查，大修
plod	ⒶⒷⒸⒹⒺⒻⒼⒽⒾⒿⓀⓁ	1	[plɔd]	v./n. 吃力地移动，埋头苦干
misconduct	ⒶⒷⒸⒹⒺⒻⒼⒽⒾⒿⓀⓁ	1	[mis'kɔndʌkt]	v./n. 处理不当，行为不当
quibble	ⒶⒷⒸⒹⒺⒻⒼⒽⒾⒿⓀⓁ	1	['kwibl]	v./n. 吹毛求疵，诡辩
prod	ⒶⒷⒸⒹⒺⒻⒼⒽⒾⒿⓀⓁ	1	[prɔd]	v./n. 刺，戳，刺激
regress	ⒶⒷⒸⒹⒺⒻⒼⒽⒾⒿⓀⓁ	1	['ri:gres]	v./n. 倒退，回归
sojourn	ⒶⒷⒸⒹⒺⒻⒼⒽⒾⒿⓀⓁ	1	['sɔdʒə(:)n]	v./n. 逗留，旅居
contrast	ⒶⒷⒸⒹⒺⒻⒼⒽⒾⒿⓀⓁ	1	['kɔntræst]	v./n. 对比，对照
launch	ⒶⒷⒸⒹⒺⒻⒼⒽⒾⒿⓀⓁ	1	[lɔ:ntʃ;la:ntʃ]	v./n. 发射，推出（新产品）
fizzle	ⒶⒷⒸⒹⒺⒻⒼⒽⒾⒿⓀⓁ	1	['fizl]	v./n. 发嘶嘶声，失败
revolt	ⒶⒷⒸⒹⒺⒻⒼⒽⒾⒿⓀⓁ	1	[ri'vəult]	v./n. 反叛，反感
libel	ⒶⒷⒸⒹⒺⒻⒼⒽⒾⒿⓀⓁ	1	['laibəl]	v./n. 诽谤，中伤
update	ⒶⒷⒸⒹⒺⒻⒼⒽⒾⒿⓀⓁ	1	[ʌp'deit]	v./n. 更新，升级
hail	ⒶⒷⒸⒹⒺⒻⒼⒽⒾⒿⓀⓁ	1	[heil]	v./n. 喝彩，欢呼，下冰雹
traverse	ⒶⒷⒸⒹⒺⒻⒼⒽⒾⒿⓀⓁ	1	['trævə(:)s]	v./n. 横渡，横越
retrieve	ⒶⒷⒸⒹⒺⒻⒼⒽⒾⒿⓀⓁ	1	[ri'tri:v]	v./n. 恢复，挽回
stir	ⒶⒷⒸⒹⒺⒻⒼⒽⒾⒿⓀⓁ	1	[stə:]	v./n. 搅拌，激起，骚乱
sprawl	ⒶⒷⒸⒹⒺⒻⒼⒽⒾⒿⓀⓁ	1	[sprɔ:l]	v./n. 蔓延，躺卧

单词	标记	频率	读音	词义
ramble	ⒶⒷⒸⒹⒺⒻⒼⒽⒾⒿⓀⓁ	1	['ræmbl]	v./n. 漫步，闲逛，漫谈
polish	ⒶⒷⒸⒹⒺⒻⒼⒽⒾⒿⓀⓁ	1	['pəuliʃ] ['pɔliʃ]	v./n. 磨光，擦亮，润色 n. 波兰语
hobble	ⒶⒷⒸⒹⒺⒻⒼⒽⒾⒿⓀⓁ	1	['hɔbl]	v./n. 蹒跚，跛行，阻碍
sanction	ⒶⒷⒸⒹⒺⒻⒼⒽⒾⒿⓀⓁ	1	['sæŋkʃən]	v./n. 批准，支持
flout	ⒶⒷⒸⒹⒺⒻⒼⒽⒾⒿⓀⓁ	1	[flaut]	v./n. 轻视，嘲笑
garble	ⒶⒷⒸⒹⒺⒻⒼⒽⒾⒿⓀⓁ	1	['ga:bl]	v./n. 曲解，篡改，混淆
uprise	ⒶⒷⒸⒹⒺⒻⒼⒽⒾⒿⓀⓁ	1	[ʌp'raiz]	v./n. 上升，起床，起义
seep	ⒶⒷⒸⒹⒺⒻⒼⒽⒾⒿⓀⓁ	1	[si:p]	v./n. 渗漏
tarnish	ⒶⒷⒸⒹⒺⒻⒼⒽⒾⒿⓀⓁ	1	['ta:niʃ]	v./n. 使失去光泽，玷污
discharge	ⒶⒷⒸⒹⒺⒻⒼⒽⒾⒿⓀⓁ	1	[dis'tʃa:dʒ]	v./n. 释放，排出，放电，解雇
probe	ⒶⒷⒸⒹⒺⒻⒼⒽⒾⒿⓀⓁ	1	[prəub]	v./n. 探查，探测，探索
ebb	ⒶⒷⒸⒹⒺⒻⒼⒽⒾⒿⓀⓁ	1	[eb]	v./n. 退潮，衰落
compromise	ⒶⒷⒸⒹⒺⒻⒼⒽⒾⒿⓀⓁ	1	['kɔmprəmaiz]	v./n. 妥协，让步，折中
camouflage	ⒶⒷⒸⒹⒺⒻⒼⒽⒾⒿⓀⓁ	1	['kæmufla:ʒ]	v./n. 伪装，掩饰
affront	ⒶⒷⒸⒹⒺⒻⒼⒽⒾⒿⓀⓁ	1	[ə'frʌnt]	v./n. 侮辱，冒犯
squelch	ⒶⒷⒸⒹⒺⒻⒼⒽⒾⒿⓀⓁ	1	[skweltʃ]	v./n. 压扁，镇压，发出嘎吱声
encounter	ⒶⒷⒸⒹⒺⒻⒼⒽⒾⒿⓀⓁ	1	[in'kauntə]	v./n. 遭遇，遇到，邂逅
rebate	ⒶⒷⒸⒹⒺⒻⒼⒽⒾⒿⓀⓁ	1	['ri:beit;ri'beit]	v./n. 折扣，减少
outgo	ⒶⒷⒸⒹⒺⒻⒼⒽⒾⒿⓀⓁ	1	[aut'gəu]	v./n. 支出，超过
query	ⒶⒷⒸⒹⒺⒻⒼⒽⒾⒿⓀⓁ	1	['kwiəri]	v./n. 质问，疑问
veer	ⒶⒷⒸⒹⒺⒻⒼⒽⒾⒿⓀⓁ	1	[viə]	v./n. 转向，改变
imply	ⒶⒷⒸⒹⒺⒻⒼⒽⒾⒿⓀⓁ	1	[im'plai]	v. 暗示，暗指，包含有
insinuate	ⒶⒷⒸⒹⒺⒻⒼⒽⒾⒿⓀⓁ	1	[in'sinjueit]	v. 暗示，旁敲侧击地说
promulgate	ⒶⒷⒸⒹⒺⒻⒼⒽⒾⒿⓀⓁ	1	['prɔməlgeit]	v. 颁布，公布
envelop	ⒶⒷⒸⒹⒺⒻⒼⒽⒾⒿⓀⓁ	1	[in'veləp]	v. 包住，遮盖，包围
retain	ⒶⒷⒸⒹⒺⒻⒼⒽⒾⒿⓀⓁ	1	[ri'tein]	v. 保持，保留，记住
conserve	ⒶⒷⒸⒹⒺⒻⒼⒽⒾⒿⓀⓁ	1	[kən'sə:v]	v. 保存，保护 n. 蜜饯，果酱
retaliate	ⒶⒷⒸⒹⒺⒻⒼⒽⒾⒿⓀⓁ	1	[ri'tælieit]	v. 报复
complain	ⒶⒷⒸⒹⒺⒻⒼⒽⒾⒿⓀⓁ	1	[kəm'plein]	v. 抱怨，控诉
surfeit	ⒶⒷⒸⒹⒺⒻⒼⒽⒾⒿⓀⓁ	1	['sə:fit]	v. 暴食，过分沉溺 n. 过量
recite	ⒶⒷⒸⒹⒺⒻⒼⒽⒾⒿⓀⓁ	1	[ri'sait]	v. 背诵，朗读，叙述
dramatize	ⒶⒷⒸⒹⒺⒻⒼⒽⒾⒿⓀⓁ	1	['dræmətaiz]	v. 编写剧本，夸张，戏剧化
demean	ⒶⒷⒸⒹⒺⒻⒼⒽⒾⒿⓀⓁ	1	[di'mi:n]	v. 贬低（身份），降低
derogate	ⒶⒷⒸⒹⒺⒻⒼⒽⒾⒿⓀⓁ	1	['derəgeit]	v. 贬低，诽谤
depreciate	ⒶⒷⒸⒹⒺⒻⒼⒽⒾⒿⓀⓁ	1	[di'pri:ʃieit]	v. 贬值，降价，轻视
attenuate	ⒶⒷⒸⒹⒺⒻⒼⒽⒾⒿⓀⓁ	1	[ə'tenjueit]	v. 变薄，稀释，变弱
juxtapose	ⒶⒷⒸⒹⒺⒻⒼⒽⒾⒿⓀⓁ	1	['dʒʌkstəpəuz]	v. 并置，并列
fluctuate	ⒶⒷⒸⒹⒺⒻⒼⒽⒾⒿⓀⓁ	1	['flʌktjueit]	v. 波动，起伏
deprive	ⒶⒷⒸⒹⒺⒻⒼⒽⒾⒿⓀⓁ	1	[di'praiv]	v. 剥夺，使丧失，免职
deploy	ⒶⒷⒸⒹⒺⒻⒼⒽⒾⒿⓀⓁ	1	[di'plɔi]	v. 部署，展开

单词	标记	频率	读音	词义
refurbish	ⒶⒷⒸⒹⒺⒻⒼⒽⒾⒿⓀⓁ	1	[ri:'fə:biʃ]	v. 擦亮，刷新
manipulate	ⒶⒷⒸⒹⒺⒻⒼⒽⒾⒿⓀⓁ	1	[mə'nipjuleit]	v. 操纵，控制
interleave	ⒶⒷⒸⒹⒺⒻⒼⒽⒾⒿⓀⓁ	1	[ˌintə(:)'li:v]	v. 插入（纸）
embed	ⒶⒷⒸⒹⒺⒻⒼⒽⒾⒿⓀⓁ	1	[im'bed]	v. 插入，嵌入
perceive	ⒶⒷⒸⒹⒺⒻⒼⒽⒾⒿⓀⓁ	1	[pə'si:v]	v. 察觉，意识到，理解
defuse	ⒶⒷⒸⒹⒺⒻⒼⒽⒾⒿⓀⓁ	1	[di:'fju:z]	v. 拆掉…的雷管，缓和
spawn	ⒶⒷⒸⒹⒺⒻⒼⒽⒾⒿⓀⓁ	1	[spɔ:n]	v. 产卵，大量生产 n. 卵
generate	ⒶⒷⒸⒹⒺⒻⒼⒽⒾⒿⓀⓁ	1	['dʒenəˌreit]	v. 产生，发生，引起
toady	ⒶⒷⒸⒹⒺⒻⒼⒽⒾⒿⓀⓁ	1	['təudi]	v. 谄媚，拍马屁 n. 谄媚者
elucidate	ⒶⒷⒸⒹⒺⒻⒼⒽⒾⒿⓀⓁ	1	[i'lju:sideit]	v. 阐明，说明
compensate	ⒶⒷⒸⒹⒺⒻⒼⒽⒾⒿⓀⓁ	1	['kɔmpənseit]	v. 偿还，补偿
revolutionize	ⒶⒷⒸⒹⒺⒻⒼⒽⒾⒿⓀⓁ	1	[ˌrevə'l(j)u:ʃənaiz]	v. 彻底改革，使革命化
withdraw	ⒶⒷⒸⒹⒺⒻⒼⒽⒾⒿⓀⓁ	1	[wið'drɔ:]	v. 撤销，撤回，撤退
founder	ⒶⒷⒸⒹⒺⒻⒼⒽⒾⒿⓀⓁ	1	['faundə]	v. 沉没，失败 n. 创立者，建立者
ponder	ⒶⒷⒸⒹⒺⒻⒼⒽⒾⒿⓀⓁ	1	['pɔndə]	v. 沉思，考虑
commend	ⒶⒷⒸⒹⒺⒻⒼⒽⒾⒿⓀⓁ	1	[kə'mend]	v. 称赞，推荐
chide	ⒶⒷⒸⒹⒺⒻⒼⒽⒾⒿⓀⓁ	1	[tʃaid]	v. 斥责，责骂
teem	ⒶⒷⒸⒹⒺⒻⒼⒽⒾⒿⓀⓁ	1	[ti:m]	v. 充满，富于，倾泻
lionize	ⒶⒷⒸⒹⒺⒻⒼⒽⒾⒿⓀⓁ	1	['laiənaiz]	v. 崇拜，捧为名人
transmit	ⒶⒷⒸⒹⒺⒻⒼⒽⒾⒿⓀⓁ	1	[trænz'mit]	v. 传送，传染
carp	ⒶⒷⒸⒹⒺⒻⒼⒽⒾⒿⓀⓁ	1	[ka:p]	v. 吹毛求疵 n. 鲤鱼
winnow	ⒶⒷⒸⒹⒺⒻⒼⒽⒾⒿⓀⓁ	1	['winəu]	v. 吹去糠皮，扬谷，精选
inculcate	ⒶⒷⒸⒹⒺⒻⒼⒽⒾⒿⓀⓁ	1	[in'kʌlkeit]	v. 谆谆教诲，反复灌输
syncopate	ⒶⒷⒸⒹⒺⒻⒼⒽⒾⒿⓀⓁ	1	['siŋkəpeit]	v. 词中间省略，切分
penetrate	ⒶⒷⒸⒹⒺⒻⒼⒽⒾⒿⓀⓁ	1	['penitreit]	v. 刺穿，渗透，看穿
spur	ⒶⒷⒸⒹⒺⒻⒼⒽⒾⒿⓀⓁ	1	[spə:]	v. 刺激，鞭策 n. 马刺，刺激物
usurp	ⒶⒷⒸⒹⒺⒻⒼⒽⒾⒿⓀⓁ	1	[ju(:)'zə:p]	v. 篡夺，篡位
hasten	ⒶⒷⒸⒹⒺⒻⒼⒽⒾⒿⓀⓁ	1	['heisn]	v. 催促，加速，促进
frustrate	ⒶⒷⒸⒹⒺⒻⒼⒽⒾⒿⓀⓁ	1	[frʌs'treit]	v. 挫败，使沮丧
accost	ⒶⒷⒸⒹⒺⒻⒼⒽⒾⒿⓀⓁ	1	[ə'kɔst]	v. 搭讪，勾引
propose	ⒶⒷⒸⒹⒺⒻⒼⒽⒾⒿⓀⓁ	1	[prə'pəuz]	v. 打算，提议，求婚
supercede	ⒶⒷⒸⒹⒺⒻⒼⒽⒾⒿⓀⓁ	1	[ˌsju:pə'si:d]	v. 代替，取代
pilfer	ⒶⒷⒸⒹⒺⒻⒼⒽⒾⒿⓀⓁ	1	['pilfə]	v. 盗窃
withstand	ⒶⒷⒸⒹⒺⒻⒼⒽⒾⒿⓀⓁ	1	[wið'stænd]	v. 抵抗，对抗，经得起
discard	ⒶⒷⒸⒹⒺⒻⒼⒽⒾⒿⓀⓁ	1	[dis'ka:d]	v. 丢弃，抛弃
mobilize	ⒶⒷⒸⒹⒺⒻⒼⒽⒾⒿⓀⓁ	1	['məubilaiz]	v. 动员，调动，使移动
contend	ⒶⒷⒸⒹⒺⒻⒼⒽⒾⒿⓀⓁ	1	[kən'tend]	v. 斗争，竞争，主张
assert	ⒶⒷⒸⒹⒺⒻⒼⒽⒾⒿⓀⓁ	1	[ə'sə:t]	v. 断言，声称，维护
confront	ⒶⒷⒸⒹⒺⒻⒼⒽⒾⒿⓀⓁ	1	[kən'frʌnt]	v. 对抗，面对，遭遇
despoil	ⒶⒷⒸⒹⒺⒻⒼⒽⒾⒿⓀⓁ	1	[dis'pɔil]	v. 夺取，掠夺

单词	标记	频率	读音	词义
degenerate	ⒶⒷⒸⒹⒺⒻⒼⒽⒾⒿⓀⓁ	1	[di'dʒenəreit]	v. 堕落，退化 a. 堕落的，退化的
scintillate	ⒶⒷⒸⒹⒺⒻⒼⒽⒾⒿⓀⓁ	1	[ˈsintileit]	v. 发出火花，闪烁，有活力
contrive	ⒶⒷⒸⒹⒺⒻⒼⒽⒾⒿⓀⓁ	1	[kən'traiv]	v. 发明，设计，图谋
initiate	ⒶⒷⒸⒹⒺⒻⒼⒽⒾⒿⓀⓁ	1	[i'niʃieit]	v. 发起，创始，接纳
vocalize	ⒶⒷⒸⒹⒺⒻⒼⒽⒾⒿⓀⓁ	1	['vəukəlˌaiz]	v. 发声
germinate	ⒶⒷⒸⒹⒺⒻⒼⒽⒾⒿⓀⓁ	1	['dʒə:mineit]	v. 发芽，使生长
prosper	ⒶⒷⒸⒹⒺⒻⒼⒽⒾⒿⓀⓁ	1	['prɔspə]	v. 繁荣，兴旺
propagate	ⒶⒷⒸⒹⒺⒻⒼⒽⒾⒿⓀⓁ	1	['prɔpəgeit]	v. 繁殖，增值，传播
ruminate	ⒶⒷⒸⒹⒺⒻⒼⒽⒾⒿⓀⓁ	1	['ru:mineit]	v. 反刍，沉思
iterate	ⒶⒷⒸⒹⒺⒻⒼⒽⒾⒿⓀⓁ	1	['itəreit]	v. 反复说，重申
rebel	ⒶⒷⒸⒹⒺⒻⒼⒽⒾⒿⓀⓁ	1	['rebəl]	v. 反叛，反对 n. 反叛者
blunder	ⒶⒷⒸⒹⒺⒻⒼⒽⒾⒿⓀⓁ	1	['blʌndə]	v. 犯大错，绊倒 n. 大错
commit	ⒶⒷⒸⒹⒺⒻⒼⒽⒾⒿⓀⓁ	1	[kə'mit]	v. 犯罪，承诺，委托
amplify	ⒶⒷⒸⒹⒺⒻⒼⒽⒾⒿⓀⓁ	1	['æmplifai]	v. 放大，增强
forsake	ⒶⒷⒸⒹⒺⒻⒼⒽⒾⒿⓀⓁ	1	[fə'seik]	v. 放弃，抛弃
forego	ⒶⒷⒸⒹⒺⒻⒼⒽⒾⒿⓀⓁ	1	[fɔ:'gəu]	v. 放弃，在…之前，领先
vilify	ⒶⒷⒸⒹⒺⒻⒼⒽⒾⒿⓀⓁ	1	['vilifai]	v. 诽谤，中伤
abolish	ⒶⒷⒸⒹⒺⒻⒼⒽⒾⒿⓀⓁ	1	[ə'bɔliʃ]	v. 废除，消灭
stratify	ⒶⒷⒸⒹⒺⒻⒼⒽⒾⒿⓀⓁ	1	['strætifai]	v. 分层，使层化
categorize	ⒶⒷⒸⒹⒺⒻⒼⒽⒾⒿⓀⓁ	1	['kætigəraiz]	v. 分类
disperse	ⒶⒷⒸⒹⒺⒻⒼⒽⒾⒿⓀⓁ	1	[dis'pə:s]	v. 分散，散开，驱散
enjoin	ⒶⒷⒸⒹⒺⒻⒼⒽⒾⒿⓀⓁ	1	[in'dʒɔin]	v. 吩咐，命令，禁止
abound	ⒶⒷⒸⒹⒺⒻⒼⒽⒾⒿⓀⓁ	1	[ə'baund]	v. 丰富，富于，充满
enshrine	ⒶⒷⒸⒹⒺⒻⒼⒽⒾⒿⓀⓁ	1	[in'ʃrain]	v. 奉为神圣， 铭记
consecrate	ⒶⒷⒸⒹⒺⒻⒼⒽⒾⒿⓀⓁ	1	['kɔnsikreit]	v. 奉献，使神圣，视为神圣
incubate	ⒶⒷⒸⒹⒺⒻⒼⒽⒾⒿⓀⓁ	1	['inkjubeit]	v. 孵卵，逐渐发展，酝酿
correspond	ⒶⒷⒸⒹⒺⒻⒼⒽⒾⒿⓀⓁ	1	[kɔris'pɔnd]	v. 符合，对应，通信
placate	ⒶⒷⒸⒹⒺⒻⒼⒽⒾⒿⓀⓁ	1	[plə'keit]	v. 抚慰，使和解，平息
resuscitate	ⒶⒷⒸⒹⒺⒻⒼⒽⒾⒿⓀⓁ	1	[riˈsʌsiteit]	v. 复活，复苏
animate	ⒶⒷⒸⒹⒺⒻⒼⒽⒾⒿⓀⓁ	1	['ænimeit]	v. 赋予生命 a. 有生命的，有活力的
enfranchise	ⒶⒷⒸⒹⒺⒻⒼⒽⒾⒿⓀⓁ	1	[in'fræntʃaiz;en-]	v. 赋予选举权，解放
ameliorate	ⒶⒷⒸⒹⒺⒻⒼⒽⒾⒿⓀⓁ	1	[ə'mi:ljəreit]	v. 改善，改进
interfere	ⒶⒷⒸⒹⒺⒻⒼⒽⒾⒿⓀⓁ	1	[ˌintə'fiə]	v. 干涉，妨碍
botch	ⒶⒷⒸⒹⒺⒻⒼⒽⒾⒿⓀⓁ	1	[bɔtʃ]	v. 搞砸，弄糟，拙笨地修补
expostulate	ⒶⒷⒸⒹⒺⒻⒼⒽⒾⒿⓀⓁ	1	[iksˈpɔstjuleit]	v. 告诫，抗议
seclude	ⒶⒷⒸⒹⒺⒻⒼⒽⒾⒿⓀⓁ	1	[si'klu:d]	v. 隔离，隔绝
exterminate	ⒶⒷⒸⒹⒺⒻⒼⒽⒾⒿⓀⓁ	1	[ikˈstə:mineit]	v. 根除，消灭
modify	ⒶⒷⒸⒹⒺⒻⒼⒽⒾⒿⓀⓁ	1	['mɔdifai]	v. 更改，缓和，修饰
renew	ⒶⒷⒸⒹⒺⒻⒼⒽⒾⒿⓀⓁ	1	[ri'nju:]	v. 更新，重新开始，使恢复
assail	ⒶⒷⒸⒹⒺⒻⒼⒽⒾⒿⓀⓁ	1	[ə'seil]	v. 攻击，责骂，使苦恼

单词	标记	频率	读音	词义
flatter	ⒶⒷⒸⒹⒺⒻⒼⒽⒾⒿⓀⓁ	1	['flætə]	v. 恭维，奉承
constitute	ⒶⒷⒸⒹⒺⒻⒼⒽⒾⒿⓀⓁ	1	['kɔnstitju:t]	v. 构成，建立，任命
conceive	ⒶⒷⒸⒹⒺⒻⒼⒽⒾⒿⓀⓁ	1	[kən'si:v]	v. 构想，设想，怀孕
regulate	ⒶⒷⒸⒹⒺⒻⒼⒽⒾⒿⓀⓁ	1	['regjuleit]	v. 管理，控制，调整
imbue	ⒶⒷⒸⒹⒺⒻⒼⒽⒾⒿⓀⓁ	1	[im'bju:]	v. 灌输，感染
generalize	ⒶⒷⒸⒹⒺⒻⒼⒽⒾⒿⓀⓁ	1	['dʒenərəlaiz]	v. 归纳，概括，使一般化
impute	ⒶⒷⒸⒹⒺⒻⒼⒽⒾⒿⓀⓁ	1	[im'pju:t]	v. 归罪于，嫁祸于
deplete	ⒶⒷⒸⒹⒺⒻⒼⒽⒾⒿⓀⓁ	1	[di'pli:t]	v. 耗尽，用光
amalgamate	ⒶⒷⒸⒹⒺⒻⒼⒽⒾⒿⓀⓁ	1	[ə'mælgəmeit]	v. 合并，混合
conflate	ⒶⒷⒸⒹⒺⒻⒼⒽⒾⒿⓀⓁ	1	[kən'fleit]	v. 合并，混合
coalesce	ⒶⒷⒸⒹⒺⒻⒼⒽⒾⒿⓀⓁ	1	[ˌkəuə'les]	v. 合并，联合
merge	ⒶⒷⒸⒹⒺⒻⒼⒽⒾⒿⓀⓁ	1	[mə:dʒ]	v. 合并，融合
consolidate	ⒶⒷⒸⒹⒺⒻⒼⒽⒾⒿⓀⓁ	1	[kən'sɔlideit]	v. 合并，统一，巩固
exclaim	ⒶⒷⒸⒹⒺⒻⒼⒽⒾⒿⓀⓁ	1	[iks'kleim]	v. 呼喊，惊叫，大叫
blather	ⒶⒷⒸⒹⒺⒻⒼⒽⒾⒿⓀⓁ	1	['blæðə]	v. 胡说 n. 废话，胡说
interact	ⒶⒷⒸⒹⒺⒻⒼⒽⒾⒿⓀⓁ	1	[ˌintər'ækt]	v. 互相作用，互相影响
grandstand	ⒶⒷⒸⒹⒺⒻⒼⒽⒾⒿⓀⓁ	1	['grændstænd]	v. 哗众取宠 n. 正面看台
evoke	ⒶⒷⒸⒹⒺⒻⒼⒽⒾⒿⓀⓁ	1	[i'vəuk]	v. 唤起，引起
arouse	ⒶⒷⒸⒹⒺⒻⒼⒽⒾⒿⓀⓁ	1	[ə'rauz]	v. 唤醒，鼓励，激起
brandish	ⒶⒷⒸⒹⒺⒻⒼⒽⒾⒿⓀⓁ	1	['brændiʃ]	v. 挥舞(刀剑等)
devastate	ⒶⒷⒸⒹⒺⒻⒼⒽⒾⒿⓀⓁ	1	['devəsteit]	v. 毁坏
demolish	ⒶⒷⒸⒹⒺⒻⒼⒽⒾⒿⓀⓁ	1	[di'mɔliʃ]	v. 毁坏，推翻，拆除
blend	ⒶⒷⒸⒹⒺⒻⒼⒽⒾⒿⓀⓁ	1	[blend]	v. 混合 n. 混合物
jumble	ⒶⒷⒸⒹⒺⒻⒼⒽⒾⒿⓀⓁ	1	['dʒʌmbl]	v. 混杂，搞乱 n. 混乱
barrage	ⒶⒷⒸⒹⒺⒻⒼⒽⒾⒿⓀⓁ	1	['bæra:ʒ;bæ'ra:ʒ]	v. 火力猛攻 n. 弹幕
enrage	ⒶⒷⒸⒹⒺⒻⒼⒽⒾⒿⓀⓁ	1	[in'reidʒ]	v. 激怒，使暴怒
gibber	ⒶⒷⒸⒹⒺⒻⒼⒽⒾⒿⓀⓁ	1	['dʒibə]	v. 急促不清地说话
reckon	ⒶⒷⒸⒹⒺⒻⒼⒽⒾⒿⓀⓁ	1	['rekən]	v. 计算，估计，认为
redouble	ⒶⒷⒸⒹⒺⒻⒼⒽⒾⒿⓀⓁ	1	[ri'dʌbl]	v. 加倍，重复
punctuate	ⒶⒷⒸⒹⒺⒻⒼⒽⒾⒿⓀⓁ	1	['pʌŋktjueit]	v. 加标点于，强调，不时打断
simulate	ⒶⒷⒸⒹⒺⒻⒼⒽⒾⒿⓀⓁ	1	['simjuleit]	v. 假装，模拟，模仿
palliate	ⒶⒷⒸⒹⒺⒻⒼⒽⒾⒿⓀⓁ	1	['pælieit]	v. 减轻，掩饰
subtract	ⒶⒷⒸⒹⒺⒻⒼⒽⒾⒿⓀⓁ	1	[səb'trækt]	v. 减去，减少
abate	ⒶⒷⒸⒹⒺⒻⒼⒽⒾⒿⓀⓁ	1	[ə'beit]	v. 减弱，缓和，打折，废除
dwindle	ⒶⒷⒸⒹⒺⒻⒼⒽⒾⒿⓀⓁ	1	['dwindl]	v. 减少，缩小
relegate	ⒶⒷⒸⒹⒺⒻⒼⒽⒾⒿⓀⓁ	1	['religeit]	v. 降级，流放，移交
consign	ⒶⒷⒸⒹⒺⒻⒼⒽⒾⒿⓀⓁ	1	[kən'sain]	v. 交付，委托，托运
coddle	ⒶⒷⒸⒹⒺⒻⒼⒽⒾⒿⓀⓁ	1	['kɔd(ə)l]	v. 娇养，溺爱
debunk	ⒶⒷⒸⒹⒺⒻⒼⒽⒾⒿⓀⓁ	1	[di:'bʌŋk]	v. 揭穿，暴露
economize	ⒶⒷⒸⒹⒺⒻⒼⒽⒾⒿⓀⓁ	1	[i(:)'kɔnəmaiz]	v. 节省，有效地利用

单词	标记	频率	读音	词义
consort	ⒶⒷⒸⒹⒺⒻⒼⒽⒾⒿⓀⓁ	1	['kɔnsɔ:t]	v. 结交，符合 n. 配偶
disarm	ⒶⒷⒸⒹⒺⒻⒼⒽⒾⒿⓀⓁ	1	[dis'a:m;diz-]	v. 解除武装，缓和
undo	ⒶⒷⒸⒹⒺⒻⒼⒽⒾⒿⓀⓁ	1	['ʌn'du:]	v. 解开，松开，取消
decode	ⒶⒷⒸⒹⒺⒻⒼⒽⒾⒿⓀⓁ	1	[ˌdi:'kəud]	v. 解码，破解
dissect	ⒶⒷⒸⒹⒺⒻⒼⒽⒾⒿⓀⓁ	1	[di'sekt]	v. 解剖，仔细分析
interpose	ⒶⒷⒸⒹⒺⒻⒼⒽⒾⒿⓀⓁ	1	[ˌintə(:)'pəuz]	v. 介入，插入，干涉
abstain	ⒶⒷⒸⒹⒺⒻⒼⒽⒾⒿⓀⓁ	1	[əb'stein]	v. 戒除（烟酒等），弃权，避免
peruse	ⒶⒷⒸⒹⒺⒻⒼⒽⒾⒿⓀⓁ	1	[pə'ru:z]	v. 精读，细读
refine	ⒶⒷⒸⒹⒺⒻⒼⒽⒾⒿⓀⓁ	1	[ri'fain]	v. 精炼，提纯，使高雅
rival	ⒶⒷⒸⒹⒺⒻⒼⒽⒾⒿⓀⓁ	1	['raivəl]	v. 竞争，相匹敌 n. 竞争者
misbehave	ⒶⒷⒸⒹⒺⒻⒼⒽⒾⒿⓀⓁ	1	['misbi'heiv]	v. 举止不当，行为不端
reclaim	ⒶⒷⒸⒹⒺⒻⒼⒽⒾⒿⓀⓁ	1	[ri'kleim]	v. 开垦，回收利用，驯服
remonstrate	ⒶⒷⒸⒹⒺⒻⒼⒽⒾⒿⓀⓁ	1	[riˈmɔnstreit]	v. 抗议，规劝
intimidate	ⒶⒷⒸⒹⒺⒻⒼⒽⒾⒿⓀⓁ	1	[in'timideit]	v. 恐吓，威胁
blight	ⒶⒷⒸⒹⒺⒻⒼⒽⒾⒿⓀⓁ	1	[blait]	v. 枯萎，摧残 n. 枯萎病
rhapsodize	ⒶⒷⒸⒹⒺⒻⒼⒽⒾⒿⓀⓁ	1	['ræpsədaiz]	v. 狂热地说，过分赞美
enlarge	ⒶⒷⒸⒹⒺⒻⒼⒽⒾⒿⓀⓁ	1	[in'la:dʒ]	v. 扩大，扩展
distend	ⒶⒷⒸⒹⒺⒻⒼⒽⒾⒿⓀⓁ	1	[dis'tend]	v. 扩大，扩张，膨胀
intercept	ⒶⒷⒸⒹⒺⒻⒼⒽⒾⒿⓀⓁ	1	[ˌintə'sept]	v. 拦截，阻止 n. 截距
romanticize	ⒶⒷⒸⒹⒺⒻⒼⒽⒾⒿⓀⓁ	1	[rə'mæntisaiz]	v. 浪漫化
precede	ⒶⒷⒸⒹⒺⒻⒼⒽⒾⒿⓀⓁ	1	[pri(:)'si:d]	v. 领先于，在…之前
solemnize	ⒶⒷⒸⒹⒺⒻⒼⒽⒾⒿⓀⓁ	1	['sɔləmnaiz]	v. 隆重地庆祝，使庄严
fulfill	ⒶⒷⒸⒹⒺⒻⒼⒽⒾⒿⓀⓁ	1	[ful'fil]	v. 履行，执行，满足
roam	ⒶⒷⒸⒹⒺⒻⒼⒽⒾⒿⓀⓁ	1	[rəum]	v. 漫游，闲逛
expropriate	ⒶⒷⒸⒹⒺⒻⒼⒽⒾⒿⓀⓁ	1	[eks'prəuprieit]	v. 没收，充公，剥夺
forfeit	ⒶⒷⒸⒹⒺⒻⒼⒽⒾⒿⓀⓁ	1	['fɔ:fit]	v. 没收，丧失 n. 没收物，罚金，丧失
flop	ⒶⒷⒸⒹⒺⒻⒼⒽⒾⒿⓀⓁ	1	[flɔp]	v. 猛落，笨重地摔，惨败
exempt	ⒶⒷⒸⒹⒺⒻⒼⒽⒾⒿⓀⓁ	1	[ig'zempt]	v. 免除 a. 被免除的
portray	ⒶⒷⒸⒹⒺⒻⒼⒽⒾⒿⓀⓁ	1	[pɔ:'trei]	v. 描绘，饰演
canvass	ⒶⒷⒸⒹⒺⒻⒼⒽⒾⒿⓀⓁ	1	['kænvəs]	v. 民意调查，拉选票，仔细检查
grate	ⒶⒷⒸⒹⒺⒻⒼⒽⒾⒿⓀⓁ	1	[greit]	v. 磨碎，使气恼 n. 栅栏，壁炉
acquiesce	ⒶⒷⒸⒹⒺⒻⒼⒽⒾⒿⓀⓁ	1	[ˌækwi'es]	v. 默许，勉强同意
defile	ⒶⒷⒸⒹⒺⒻⒼⒽⒾⒿⓀⓁ	1	[di'fail]	v. 弄脏，污损，败坏 n. 狭谷
mishandle	ⒶⒷⒸⒹⒺⒻⒼⒽⒾⒿⓀⓁ	1	['mis'hændl]	v. 虐待，马虎对待，管理不善
repel	ⒶⒷⒸⒹⒺⒻⒼⒽⒾⒿⓀⓁ	1	[ri'pel]	v. 排斥，击退，使反感
drain	ⒶⒷⒸⒹⒺⒻⒼⒽⒾⒿⓀⓁ	1	[drein]	v. 排出，喝光，耗尽 n. 下水道，消耗
linger	ⒶⒷⒸⒹⒺⒻⒼⒽⒾⒿⓀⓁ	1	['liŋgə]	v. 徘徊，逗留，闲逛
dispatch	ⒶⒷⒸⒹⒺⒻⒼⒽⒾⒿⓀⓁ	1	[dis'pætʃ]	v. 派遣，迅速处理，处死 n. 急件
indemnify	ⒶⒷⒸⒹⒺⒻⒼⒽⒾⒿⓀⓁ	1	[in'demnifai]	v. 赔偿，保障
ratify	ⒶⒷⒸⒹⒺⒻⒼⒽⒾⒿⓀⓁ	1	['rætifai]	v. 批准，认可

单词	标记	频率	读音	词义
cleave	ⒶⒷⒸⒹⒺⒻⒼⒽⒾⒿⓀⓁ	1	[kli:v]	v. 劈开，分开，忠实
deviate	ⒶⒷⒸⒹⒺⒻⒼⒽⒾⒿⓀⓁ	1	['di:vieit]	v. 偏离，脱离，出轨
plagiarize	ⒶⒷⒸⒹⒺⒻⒼⒽⒾⒿⓀⓁ	1	['pleidʒiəraiz]	v. 剽窃，抄袭
waft	ⒶⒷⒸⒹⒺⒻⒼⒽⒾⒿⓀⓁ	1	[wa:ft;wɔft]	v. 飘浮，飘荡 n. 一股，一阵微风
decipher	ⒶⒷⒸⒹⒺⒻⒼⒽⒾⒿⓀⓁ	1	[di'saifə]	v. 破译，破解，辨认
bully	ⒶⒷⒸⒹⒺⒻⒼⒽⒾⒿⓀⓁ	1	['buli]	v. 欺负，威胁 n. 欺负弱小者
finagle	ⒶⒷⒸⒹⒺⒻⒼⒽⒾⒿⓀⓁ	1	[fi'neigl]	v. 欺骗
deceive	ⒶⒷⒸⒹⒺⒻⒼⒽⒾⒿⓀⓁ	1	[di'si:v]	v. 欺骗，行骗
peeve	ⒶⒷⒸⒹⒺⒻⒼⒽⒾⒿⓀⓁ	1	[pi:v]	v. 气恼，恼怒
migrate	ⒶⒷⒸⒹⒺⒻⒼⒽⒾⒿⓀⓁ	1	[mai'greit]	v. 迁移，迁徙，移动
condescend	ⒶⒷⒸⒹⒺⒻⒼⒽⒾⒿⓀⓁ	1	[kɔndi'send]	v. 谦逊，屈尊
compel	ⒶⒷⒸⒹⒺⒻⒼⒽⒾⒿⓀⓁ	1	[kəm'pel]	v. 强迫，迫使
importune	ⒶⒷⒸⒹⒺⒻⒼⒽⒾⒿⓀⓁ	1	[im'pɔ:tju:n]	v. 强求，胡搅蛮缠
highlight	ⒶⒷⒸⒹⒺⒻⒼⒽⒾⒿⓀⓁ	1	['hailait]	v. 强调，突出 n. 精彩的部分
coerce	ⒶⒷⒸⒹⒺⒻⒼⒽⒾⒿⓀⓁ	1	[kəu'ə:s]	v. 强制，威胁
violate	ⒶⒷⒸⒹⒺⒻⒼⒽⒾⒿⓀⓁ	1	['vaiəleit]	v. 侵犯，违反，扰乱，亵渎
invade	ⒶⒷⒸⒹⒺⒻⒼⒽⒾⒿⓀⓁ	1	[in'veid]	v. 侵略，侵扰
intrude	ⒶⒷⒸⒹⒺⒻⒼⒽⒾⒿⓀⓁ	1	[in'tru:d]	v. 侵入，闯入，打扰
erode	ⒶⒷⒸⒹⒺⒻⒼⒽⒾⒿⓀⓁ	1	[i'rəud]	v. 侵蚀，腐蚀
encroach	ⒶⒷⒸⒹⒺⒻⒼⒽⒾⒿⓀⓁ	1	[in'krəutʃ]	v. 侵占，侵犯，侵蚀
despise	ⒶⒷⒸⒹⒺⒻⒼⒽⒾⒿⓀⓁ	1	[dis'paiz]	v. 轻视
dissipate	ⒶⒷⒸⒹⒺⒻⒼⒽⒾⒿⓀⓁ	1	['disipeit]	v. 驱散，消散，挥霍
oust	ⒶⒷⒸⒹⒺⒻⒼⒽⒾⒿⓀⓁ	1	[aust]	v. 驱逐，剥夺，取代
repulse	ⒶⒷⒸⒹⒺⒻⒼⒽⒾⒿⓀⓁ	1	[ri'pʌls]	v. 驱逐，击退，使反感
succumb	ⒶⒷⒸⒹⒺⒻⒼⒽⒾⒿⓀⓁ	1	[sə'kʌm]	v. 屈从，屈服，死亡
revoke	ⒶⒷⒸⒹⒺⒻⒼⒽⒾⒿⓀⓁ	1	[ri'vəuk]	v. 取消，废除，撤回
quash	ⒶⒷⒸⒹⒺⒻⒼⒽⒾⒿⓀⓁ	1	[kwɔʃ]	v. 取消，废止，镇压
bypass	ⒶⒷⒸⒹⒺⒻⒼⒽⒾⒿⓀⓁ	1	['baipa:s;'baipæs]	v. 绕开，忽视 n. 旁道，支路
appoint	ⒶⒷⒸⒹⒺⒻⒼⒽⒾⒿⓀⓁ	1	[ə'pɔint]	v. 任命，委派，指定
intersperse	ⒶⒷⒸⒹⒺⒻⒼⒽⒾⒿⓀⓁ	1	[ˌintə'spə:s]	v. 散布，点缀
scatter	ⒶⒷⒸⒹⒺⒻⒼⒽⒾⒿⓀⓁ	1	['skætə]	v. 散开，散播，驱散
abridge	ⒶⒷⒸⒹⒺⒻⒼⒽⒾⒿⓀⓁ	1	[ə'bridʒ]	v. 删节，缩短，限制
incite	ⒶⒷⒸⒹⒺⒻⒼⒽⒾⒿⓀⓁ	1	[in'sait]	v. 煽动，刺激
negotiate	ⒶⒷⒸⒹⒺⒻⒼⒽⒾⒿⓀⓁ	1	[ni'gəuʃieit]	v. 商议，谈判，磋商
yield	ⒶⒷⒸⒹⒺⒻⒼⒽⒾⒿⓀⓁ	1	[ji:ld]	v. 生产，获利，屈服 n. 产量
subsist	ⒶⒷⒸⒹⒺⒻⒼⒽⒾⒿⓀⓁ	1	[səb'sist]	v. 生存，供养，维持生活
fertilize	ⒶⒷⒸⒹⒺⒻⒼⒽⒾⒿⓀⓁ	1	['fɜ:tilaiz]	v. 施肥，使受精
enchant	ⒶⒷⒸⒹⒺⒻⒼⒽⒾⒿⓀⓁ	1	[in'tʃa:nt]	v. 施魔法，使迷惑
famish	ⒶⒷⒸⒹⒺⒻⒼⒽⒾⒿⓀⓁ	1	['fæmiʃ]	v. 使挨饿，使饿死
becalm	ⒶⒷⒸⒹⒺⒻⒼⒽⒾⒿⓀⓁ	1	[bi'ka:m]	v. 使安静， 因无风而使停航

单词	标记	频率	读音	词义
reassure	ⒶⒷⒸⒹⒺⒻⒼⒽⒾⒿⓀⓁ	1	[riːə'ʃuə]	v. 使安心，再保证
obfuscate	ⒶⒷⒸⒹⒺⒻⒼⒽⒾⒿⓀⓁ	1	['ɔbfʌskeit]	v. 使暗淡，使混乱，使困惑
discomfit	ⒶⒷⒸⒹⒺⒻⒼⒽⒾⒿⓀⓁ	1	[dis'kʌmfit]	v. 使懊恼，挫败
aerate	ⒶⒷⒸⒹⒺⒻⒼⒽⒾⒿⓀⓁ	1	['eiəreit]	v. 使暴露于空气中，使充满气体
standardize	ⒶⒷⒸⒹⒺⒻⒼⒽⒾⒿⓀⓁ	1	['stændədaiz]	v. 使标准化
perturb	ⒶⒷⒸⒹⒺⒻⒼⒽⒾⒿⓀⓁ	1	[pə'təːb]	v. 使不安
unsettle	ⒶⒷⒸⒹⒺⒻⒼⒽⒾⒿⓀⓁ	1	['ʌn'setl]	v. 使不安，扰乱，使动摇
disgruntle	ⒶⒷⒸⒹⒺⒻⒼⒽⒾⒿⓀⓁ	1	[dis'grʌntl]	v. 使不高兴
electrify	ⒶⒷⒸⒹⒺⒻⒼⒽⒾⒿⓀⓁ	1	[i'lektrifai]	v. 使充电，使通电
overjoy	ⒶⒷⒸⒹⒺⒻⒼⒽⒾⒿⓀⓁ	1	[ˌəuvə'dʒɔi]	v. 使大喜
diversify	ⒶⒷⒸⒹⒺⒻⒼⒽⒾⒿⓀⓁ	1	[dai'vəːsifai]	v. 使多元化，使多样化
unhinge	ⒶⒷⒸⒹⒺⒻⒼⒽⒾⒿⓀⓁ	1	[ʌn'hindʒ]	v. 使发狂，使错乱，使动摇
obligate	ⒶⒷⒸⒹⒺⒻⒼⒽⒾⒿⓀⓁ	1	['ɔbligeit]	v. 使负义务，强制 a. 有义务的
dignify	ⒶⒷⒸⒹⒺⒻⒼⒽⒾⒿⓀⓁ	1	['dignifai]	v. 使高贵，使增辉
outmode	ⒶⒷⒸⒹⒺⒻⒼⒽⒾⒿⓀⓁ	1	[aut'məud]	v. 使过时
legitimize	ⒶⒷⒸⒹⒺⒻⒼⒽⒾⒿⓀⓁ	1	[li'dʒitiˌmaiz]	v. 使合法
rationalize	ⒶⒷⒸⒹⒺⒻⒼⒽⒾⒿⓀⓁ	1	['ræʃənəlaiz]	v. 使合理化，消根
disillusion	ⒶⒷⒸⒹⒺⒻⒼⒽⒾⒿⓀⓁ	1	[ˌdisi'luːʒən]	v. 使幻想破灭 n. 幻灭，觉醒
congregate	ⒶⒷⒸⒹⒺⒻⒼⒽⒾⒿⓀⓁ	1	['kɔŋgrigeit]	v. 使集合，聚集
crystallize	ⒶⒷⒸⒹⒺⒻⒼⒽⒾⒿⓀⓁ	1	['kristəlaiz]	v. 使结晶，使具体化
deject	ⒶⒷⒸⒹⒺⒻⒼⒽⒾⒿⓀⓁ	1	[di'dʒekt]	v. 使沮丧，使灰心
dishearten	ⒶⒷⒸⒹⒺⒻⒼⒽⒾⒿⓀⓁ	1	[dis'haːtən]	v. 使沮丧，使泄气
embody	ⒶⒷⒸⒹⒺⒻⒼⒽⒾⒿⓀⓁ	1	[im'bɔdi]	v. 使具体化，体现，包含
homogenize	ⒶⒷⒸⒹⒺⒻⒼⒽⒾⒿⓀⓁ	1	[hə'mɔdʒənaiz]	v. 使均匀，使均质
bedazzle	ⒶⒷⒸⒹⒺⒻⒼⒽⒾⒿⓀⓁ	1	[bi'dæzl]	v. 使困惑
disconcert	ⒶⒷⒸⒹⒺⒻⒼⒽⒾⒿⓀⓁ	1	[ˌdiskən'səːt]	v. 使困惑，使尴尬
baffle	ⒶⒷⒸⒹⒺⒻⒼⒽⒾⒿⓀⓁ	1	['bæfl]	v. 使困惑，阻碍 n. 挡板，困惑
exude	ⒶⒷⒸⒹⒺⒻⒼⒽⒾⒿⓀⓁ	1	[ig'zjuːd]	v. 使流出，渗出
sate	ⒶⒷⒸⒹⒺⒻⒼⒽⒾⒿⓀⓁ	1	[seit]	v. 使满足，过分地给予
bewilder	ⒶⒷⒸⒹⒺⒻⒼⒽⒾⒿⓀⓁ	1	[bi'wildə]	v. 使迷惑
befuddle	ⒶⒷⒸⒹⒺⒻⒼⒽⒾⒿⓀⓁ	1	[bi'fʌdl]	v. 使迷惑，使烂醉
dumbfound	ⒶⒷⒸⒹⒺⒻⒼⒽⒾⒿⓀⓁ	1	[dʌm'faund]	v. 使目瞪口呆
miff	ⒶⒷⒸⒹⒺⒻⒼⒽⒾⒿⓀⓁ	1	[mif]	v. 使恼怒 n. 小争执，微怒
enable	ⒶⒷⒸⒹⒺⒻⒼⒽⒾⒿⓀⓁ	1	[i'neibl]	v. 使能够，使可能
dishevel	ⒶⒷⒸⒹⒺⒻⒼⒽⒾⒿⓀⓁ	1	[di'ʃevəl]	v. 使蓬乱，使头发凌乱
inflate	ⒶⒷⒸⒹⒺⒻⒼⒽⒾⒿⓀⓁ	1	[in'fleit]	v. 使膨胀，使得意，通货膨胀
deflect	ⒶⒷⒸⒹⒺⒻⒼⒽⒾⒿⓀⓁ	1	[di'flekt]	v. 使偏离，转向
impoverish	ⒶⒷⒸⒹⒺⒻⒼⒽⒾⒿⓀⓁ	1	[im'pɔvəriʃ]	v. 使贫穷，使贫瘠
unnerve	ⒶⒷⒸⒹⒺⒻⒼⒽⒾⒿⓀⓁ	1	['ʌn'nəːv]	v. 使气馁，使丧失勇气
disenchant	ⒶⒷⒸⒹⒺⒻⒼⒽⒾⒿⓀⓁ	1	[ˌdisin'tʃaːnt]	v. 使清醒，使不再着迷

单词	标记	频率	读音	词义
disincline	ⒶⒷⒸⒹⒺⒻⒼⒽⒾⒿⓀⓁ	1	['disin'klain]	v. 使人不愿意
socialize	ⒶⒷⒸⒹⒺⒻⒼⒽⒾⒿⓀⓁ	1	['səuʃəlaiz]	v. 使社会化，使适应社会生活
sanctify	ⒶⒷⒸⒹⒺⒻⒼⒽⒾⒿⓀⓁ	1	['sæŋktifai]	v. 使神圣化
validate	ⒶⒷⒸⒹⒺⒻⒼⒽⒾⒿⓀⓁ	1	['vælideit]	v. 使生效，证实，确认
depersonalize	ⒶⒷⒸⒹⒺⒻⒼⒽⒾⒿⓀⓁ	1	[di:'pə:sənə͵laiz]	v. 使失去个性，使客观
stupefy	ⒶⒷⒸⒹⒺⒻⒼⒽⒾⒿⓀⓁ	1	['stju:pifai]	v. 使失去知觉，使惊讶
demoralize	ⒶⒷⒸⒹⒺⒻⒼⒽⒾⒿⓀⓁ	1	[di'mɔ:rəlaiz]	v. 使士气低落，使失去斗志
embitter	ⒶⒷⒸⒹⒺⒻⒼⒽⒾⒿⓀⓁ	1	[im'bitə]	v. 使受苦，使难受，加苦味于
endear	ⒶⒷⒸⒹⒺⒻⒼⒽⒾⒿⓀⓁ	1	[in'diə]	v. 使受喜爱
alienate	ⒶⒷⒸⒹⒺⒻⒼⒽⒾⒿⓀⓁ	1	['eiljəneit]	v. 使疏远，离间
withhold	ⒶⒷⒸⒹⒺⒻⒼⒽⒾⒿⓀⓁ	1	[wið'həuld]	v. 使停止，扣留，保留，抑制
inure	ⒶⒷⒸⒹⒺⒻⒼⒽⒾⒿⓀⓁ	1	[i'njuə]	v. 使习惯
prepossess	ⒶⒷⒸⒹⒺⒻⒼⒽⒾⒿⓀⓁ	1	[͵pri:pə'zes]	v. 使先具有，使获得好感
elate	ⒶⒷⒸⒹⒺⒻⒼⒽⒾⒿⓀⓁ	1	[i'leit]	v. 使兴高采烈，使得意
dazzle	ⒶⒷⒸⒹⒺⒻⒼⒽⒾⒿⓀⓁ	1	['dæzl]	v. 使眼花，使眩晕 n. 耀眼
conform	ⒶⒷⒸⒹⒺⒻⒼⒽⒾⒿⓀⓁ	1	[kən'fɔ:m]	v. 使一致，遵从，符合
relate	ⒶⒷⒸⒹⒺⒻⒼⒽⒾⒿⓀⓁ	1	[ri'leit]	v. 使有联系，有关联，叙述
refract	ⒶⒷⒸⒹⒺⒻⒼⒽⒾⒿⓀⓁ	1	[ri'frækt]	v. 使折射
astound	ⒶⒷⒸⒹⒺⒻⒼⒽⒾⒿⓀⓁ	1	[əs'taund]	v. 使震惊
politicize	ⒶⒷⒸⒹⒺⒻⒼⒽⒾⒿⓀⓁ	1	[pə'litisaiz]	v. 使政治化，搞政治
stifle	ⒶⒷⒸⒹⒺⒻⒼⒽⒾⒿⓀⓁ	1	['staifl]	v. 使窒息，抑制，扼杀
pertain	ⒶⒷⒸⒹⒺⒻⒼⒽⒾⒿⓀⓁ	1	[pə(:)'tein]	v. 适合，属于，有关联
reap	ⒶⒷⒸⒹⒺⒻⒼⒽⒾⒿⓀⓁ	1	[ri:p]	v. 收割，收获，获得
confer	ⒶⒷⒸⒹⒺⒻⒼⒽⒾⒿⓀⓁ	1	[kən'fə:]	v. 授予，协商
intercede	ⒶⒷⒸⒹⒺⒻⒼⒽⒾⒿⓀⓁ	1	[͵intə(:)'si:d]	v. 说情，调解
vitiate	ⒶⒷⒸⒹⒺⒻⒼⒽⒾⒿⓀⓁ	1	['viʃieit]	v. 损害，使堕落
shirk	ⒶⒷⒸⒹⒺⒻⒼⒽⒾⒿⓀⓁ	1	[ʃə:k]	v. 逃避
propound	ⒶⒷⒸⒹⒺⒻⒼⒽⒾⒿⓀⓁ	1	[prə'paund]	v. 提出，提议
render	ⒶⒷⒸⒹⒺⒻⒼⒽⒾⒿⓀⓁ	1	['rendə]	v. 提供，表现，宣布，翻译
concoct	ⒶⒷⒸⒹⒺⒻⒼⒽⒾⒿⓀⓁ	1	[kən'kɔkt]	v. 调制，捏造
galvanize	ⒶⒷⒸⒹⒺⒻⒼⒽⒾⒿⓀⓁ	1	['gælvənaiz]	v. 通电，电镀，刺激，激励
assimilate	ⒶⒷⒸⒹⒺⒻⒼⒽⒾⒿⓀⓁ	1	[ə'simileit]	v. 同化，吸收，消化
berate	ⒶⒷⒸⒹⒺⒻⒼⒽⒾⒿⓀⓁ	1	[bi'reit]	v. 痛斥，严厉批评
capitulate	ⒶⒷⒸⒹⒺⒻⒼⒽⒾⒿⓀⓁ	1	[kə'pitjuleit]	v. 投降
extrapolate	ⒶⒷⒸⒹⒺⒻⒼⒽⒾⒿⓀⓁ	1	[eks'træpəleit]	v. 推断，外推
propel	ⒶⒷⒸⒹⒺⒻⒼⒽⒾⒿⓀⓁ	1	[prə'pel]	v. 推进，驱使
temporize	ⒶⒷⒸⒹⒺⒻⒼⒽⒾⒿⓀⓁ	1	['tempəraiz]	v. 拖延，敷衍
dehydrate	ⒶⒷⒸⒹⒺⒻⒼⒽⒾⒿⓀⓁ	1	[di:'haidreit]	v. 脱水
falsify	ⒶⒷⒸⒹⒺⒻⒼⒽⒾⒿⓀⓁ	1	['fɔ:lsi͵fai]	v. 伪造，歪曲，说谎
entrust	ⒶⒷⒸⒹⒺⒻⒼⒽⒾⒿⓀⓁ	1	[in'trʌst]	v. 委托，托付

单词	标记	频率	读音	词义
situate	ⒶⒷⒸⒹⒺⒻⒼⒽⒾⒿⓀⓁ	1	['sitjueit]	v. 位于，坐落于
barter	ⒶⒷⒸⒹⒺⒻⒼⒽⒾⒿⓀⓁ	1	['ba:tə]	v. 物物交换，以货易货
misrepresent	ⒶⒷⒸⒹⒺⒻⒼⒽⒾⒿⓀⓁ	1	['mis,repri'zent]	v. 误传，歪曲，不称职地代表
mislead	ⒶⒷⒸⒹⒺⒻⒼⒽⒾⒿⓀⓁ	1	[mis'li:d]	v. 误导，引入歧途
tempt	ⒶⒷⒸⒹⒺⒻⒼⒽⒾⒿⓀⓁ	1	[tempt]	v. 吸引，诱惑，怂恿
extinguish	ⒶⒷⒸⒹⒺⒻⒼⒽⒾⒿⓀⓁ	1	[iks'tiŋgwiʃ]	v. 熄灭，扑灭
banter	ⒶⒷⒸⒹⒺⒻⒼⒽⒾⒿⓀⓁ	1	['bæntə]	v. 戏弄 n. 戏谑，嘲弄
descend	ⒶⒷⒸⒹⒺⒻⒼⒽⒾⒿⓀⓁ	1	[di'send]	v. 下降，屈尊
confine	ⒶⒷⒸⒹⒺⒻⒼⒽⒾⒿⓀⓁ	1	['kɔnfain]	v. 限制，禁闭 n. 界限，范围
resemble	ⒶⒷⒸⒹⒺⒻⒼⒽⒾⒿⓀⓁ	1	[ri'zembl]	v. 相似，类似，像
expound	ⒶⒷⒸⒹⒺⒻⒼⒽⒾⒿⓀⓁ	1	[iks'paund]	v. 详细说明，解释
recount	ⒶⒷⒸⒹⒺⒻⒼⒽⒾⒿⓀⓁ	1	[ri'kaunt]	v. 详细叙述，重新计算
symbolize	ⒶⒷⒸⒹⒺⒻⒼⒽⒾⒿⓀⓁ	1	['simbəlaiz]	v. 象征，用符号代表
digest	ⒶⒷⒸⒹⒺⒻⒼⒽⒾⒿⓀⓁ	1	[di'dʒest;dai'dʒest]	v. 消化，理解 n. 文摘
disappear	ⒶⒷⒸⒹⒺⒻⒼⒽⒾⒿⓀⓁ	1	[,disə'piə]	v. 消失，不见
rectify	ⒶⒷⒸⒹⒺⒻⒼⒽⒾⒿⓀⓁ	1	['rektifai]	v. 校正，调整，整流
emulate	ⒶⒷⒸⒹⒺⒻⒼⒽⒾⒿⓀⓁ	1	['emjuleit]	v. 效法，尽力赶上
harmonize	ⒶⒷⒸⒹⒺⒻⒼⒽⒾⒿⓀⓁ	1	['ha:mənaiz]	v. 协调，使和谐
amend	ⒶⒷⒸⒹⒺⒻⒼⒽⒾⒿⓀⓁ	1	[ə'mend]	v. 修订，改进
proclaim	ⒶⒷⒸⒹⒺⒻⒼⒽⒾⒿⓀⓁ	1	[prə'kleim]	v. 宣布，声明，赞扬
absolve	ⒶⒷⒸⒹⒺⒻⒼⒽⒾⒿⓀⓁ	1	[əb'zɔlv]	v. 宣告无罪，赦免，免除
convict	ⒶⒷⒸⒹⒺⒻⒼⒽⒾⒿⓀⓁ	1	['kɔnvikt]	v. 宣判有罪，谴责 n. 罪犯
undercut	ⒶⒷⒸⒹⒺⒻⒼⒽⒾⒿⓀⓁ	1	['ʌndəkʌt]	v. 廉价出售；较便宜的工资工作
circulate	ⒶⒷⒸⒹⒺⒻⒼⒽⒾⒿⓀⓁ	1	['sə:kjuleit]	v. 循环，传播，流通
domesticate	ⒶⒷⒸⒹⒺⒻⒼⒽⒾⒿⓀⓁ	1	[də'mestikeit]	v. 驯养，教化
protract	ⒶⒷⒸⒹⒺⒻⒼⒽⒾⒿⓀⓁ	1	['prɔtrækt]	v. 延长，拖长，伸出
castigate	ⒶⒷⒸⒹⒺⒻⒼⒽⒾⒿⓀⓁ	1	['kæstigeit]	v. 严惩，谴责
evolve	ⒶⒷⒸⒹⒺⒻⒼⒽⒾⒿⓀⓁ	1	[i'vɔlv]	v. 演变，进化，逐渐发展
detest	ⒶⒷⒸⒹⒺⒻⒼⒽⒾⒿⓀⓁ	1	[di'test]	v. 厌恶，憎恨
raze	ⒶⒷⒸⒹⒺⒻⒼⒽⒾⒿⓀⓁ	1	[reiz]	v. 夷为平地，摧毁，抹去
entrench	ⒶⒷⒸⒹⒺⒻⒼⒽⒾⒿⓀⓁ	1	[in'trentʃ]	v. 以壕沟防护，保护，确立
elicit	ⒶⒷⒸⒹⒺⒻⒼⒽⒾⒿⓀⓁ	1	[i'lisit]	v. 引出，诱出，通过推理得出
ingratiate	ⒶⒷⒸⒹⒺⒻⒼⒽⒾⒿⓀⓁ	1	[in'greiʃieit]	v. 迎合，讨好
drub	ⒶⒷⒸⒹⒺⒻⒼⒽⒾⒿⓀⓁ	1	[drʌb]	v. 用棒打，击败
quantify	ⒶⒷⒸⒹⒺⒻⒼⒽⒾⒿⓀⓁ	1	['kwɔntifai]	v. 用数量表示，量化
hesitate	ⒶⒷⒸⒹⒺⒻⒼⒽⒾⒿⓀⓁ	1	['heziteit]	v. 犹豫，踌躇
entice	ⒶⒷⒸⒹⒺⒻⒼⒽⒾⒿⓀⓁ	1	[in'tais]	v. 诱惑，引诱
premeditate	ⒶⒷⒸⒹⒺⒻⒼⒽⒾⒿⓀⓁ	1	[pri(:)'mediteit]	v. 预谋，预先思考
predetermine	ⒶⒷⒸⒹⒺⒻⒼⒽⒾⒿⓀⓁ	1	['pri:di'tə:min]	v. 预先决定
prophesy	ⒶⒷⒸⒹⒺⒻⒼⒽⒾⒿⓀⓁ	1	['prɔfisi]	v. 预言， 预报

单词	标记	频率	读音	词义
foretell	ⒶⒷⒸⒹⒺⒻⒼⒽⒾⒿⓀⓁ	1	[fɔ:'tel]	v. 预言，预示，预测
rehearse	ⒶⒷⒸⒹⒺⒻⒼⒽⒾⒿⓀⓁ	1	[ri'hə:s]	v. 预演，彩排，复述
revisit	ⒶⒷⒸⒹⒺⒻⒼⒽⒾⒿⓀⓁ	1	['ri:'vizit]	v. 再访，重游
regenerate	ⒶⒷⒸⒹⒺⒻⒼⒽⒾⒿⓀⓁ	1	[ri'dʒenərit]	v. 再生 a. 再生的，改过自新的
patronize	ⒶⒷⒸⒹⒺⒻⒼⒽⒾⒿⓀⓁ	1	['pætrənaiz]	v. 赞助，光顾，保护
lambast	ⒶⒷⒸⒹⒺⒻⒼⒽⒾⒿⓀⓁ	1	[læm'bæst]	v. 责骂，鞭打
aggrandize	ⒶⒷⒸⒹⒺⒻⒼⒽⒾⒿⓀⓁ	1	[ə'grændaiz]	v. 增加，夸大
intensify	ⒶⒷⒸⒹⒺⒻⒼⒽⒾⒿⓀⓁ	1	[in'tensifai]	v. 增强，加剧
abhor	ⒶⒷⒸⒹⒺⒻⒼⒽⒾⒿⓀⓁ	1	[əb'hɔ:]	v. 憎恶，痛恨
bilk	ⒶⒷⒸⒹⒺⒻⒼⒽⒾⒿⓀⓁ	1	[bilk]	v. 诈骗，赖账 n. 骗子
epitomize	ⒶⒷⒸⒹⒺⒻⒼⒽⒾⒿⓀⓁ	1	[i'pitəmaiz]	v. 摘要，概括，成为缩影
gloat	ⒶⒷⒸⒹⒺⒻⒼⒽⒾⒿⓀⓁ	1	[gləut]	v. 沾沾自喜，幸灾乐祸
adhere	ⒶⒷⒸⒹⒺⒻⒼⒽⒾⒿⓀⓁ	1	[əd'hiə]	v. 粘附，遵守，坚持
exhibit	ⒶⒷⒸⒹⒺⒻⒼⒽⒾⒿⓀⓁ	1	[ig'zibit]	v. 展览，展示 n. 陈列，展品
recruit	ⒶⒷⒸⒹⒺⒻⒼⒽⒾⒿⓀⓁ	1	[ri'kru:t]	v. 招募 n. 新成员，新兵
overshadow	ⒶⒷⒸⒹⒺⒻⒼⒽⒾⒿⓀⓁ	1	[ˌəuvə'ʃædəu]	v. 遮蔽，使阴暗
harass	ⒶⒷⒸⒹⒺⒻⒼⒽⒾⒿⓀⓁ	1	['hærəs]	v. 折磨，骚扰，使疲乏
cherish	ⒶⒷⒸⒹⒺⒻⒼⒽⒾⒿⓀⓁ	1	['tʃeriʃ]	v. 珍爱，怀有，抚育
diagnose	ⒶⒷⒸⒹⒺⒻⒼⒽⒾⒿⓀⓁ	1	['daiəgnəuz]	v. 诊断
conscript	ⒶⒷⒸⒹⒺⒻⒼⒽⒾⒿⓀⓁ	1	['kɔnskript]	v. 征募，强行征兵
excise	ⒶⒷⒸⒹⒺⒻⒼⒽⒾⒿⓀⓁ	1	[ek'saiz]	v. 征税，切除 n. 货物税，消费税
commandeer	ⒶⒷⒸⒹⒺⒻⒼⒽⒾⒿⓀⓁ	1	[ˌkɔmən'diə]	v. 征用，强占
evaporate	ⒶⒷⒸⒹⒺⒻⒼⒽⒾⒿⓀⓁ	1	[i'væpəreit]	v. 蒸发，消失
distill	ⒶⒷⒸⒹⒺⒻⒼⒽⒾⒿⓀⓁ	1	[di'stil]	v. 蒸馏，提炼，滴下
authenticate	ⒶⒷⒸⒹⒺⒻⒼⒽⒾⒿⓀⓁ	1	[ɔ:'θentikeit]	v. 证明，证实，鉴定
testify	ⒶⒷⒸⒹⒺⒻⒼⒽⒾⒿⓀⓁ	1	['testifai]	v. 证明，证实，作证
vindicate	ⒶⒷⒸⒹⒺⒻⒼⒽⒾⒿⓀⓁ	1	['vindikeit]	v. 证明无辜，证明正确，维护
uphold	ⒶⒷⒸⒹⒺⒻⒼⒽⒾⒿⓀⓁ	1	[ʌp'həuld]	v. 支持，维护，举起
espouse	ⒶⒷⒸⒹⒺⒻⒼⒽⒾⒿⓀⓁ	1	[iˈspauz]	v. 支持，拥护，订婚
buttress	ⒶⒷⒸⒹⒺⒻⒼⒽⒾⒿⓀⓁ	1	['bʌtris]	v. 支持 n. 扶墙，支撑物
designate	ⒶⒷⒸⒹⒺⒻⒼⒽⒾⒿⓀⓁ	1	['dezigneit]	v. 指定，任命，委派
reiterate	ⒶⒷⒸⒹⒺⒻⒼⒽⒾⒿⓀⓁ	1	[ri:'itəreit]	v. 重申，反复地说
relocate	ⒶⒷⒸⒹⒺⒻⒼⒽⒾⒿⓀⓁ	1	['ri:ləu'keit]	v. 重新部署，迁移
rekindle	ⒶⒷⒸⒹⒺⒻⒼⒽⒾⒿⓀⓁ	1	['ri:'kindl]	v. 重新点燃
realign	ⒶⒷⒸⒹⒺⒻⒼⒽⒾⒿⓀⓁ	1	[ˌriə'lain]	v. 重新排列，重新校正，重新结盟
reappraise	ⒶⒷⒸⒹⒺⒻⒼⒽⒾⒿⓀⓁ	1	[ˌri:ə'preiz]	v. 重新评估
escalate	ⒶⒷⒸⒹⒺⒻⒼⒽⒾⒿⓀⓁ	1	['eskəleit]	v. 逐步扩大，增强，升级
instill	ⒶⒷⒸⒹⒺⒻⒼⒽⒾⒿⓀⓁ	1	[in'stil]	v. 逐渐灌输，滴注
annotate	ⒶⒷⒸⒹⒺⒻⒼⒽⒾⒿⓀⓁ	1	['ænəuteit]	v. 注解，注释
contemplate	ⒶⒷⒸⒹⒺⒻⒼⒽⒾⒿⓀⓁ	1	['kɔntempleit]	v. 注视，沉思，打算

单词	标记	频率	读音	词义
adorn	ⒶⒷⒸⒹⒺⒻⒼⒽⒾⒿⓀⓁ	1	[ə'dɔːn]	v. 装饰，佩戴
trace	ⒶⒷⒸⒹⒺⒻⒼⒽⒾⒿⓀⓁ	1	[treis]	v. 追踪，探索 n. 痕迹，踪迹
subsidize	ⒶⒷⒸⒹⒺⒻⒼⒽⒾⒿⓀⓁ	1	['sʌbsidaiz]	v. 资助，贿赂
suffice	ⒶⒷⒸⒹⒺⒻⒼⒽⒾⒿⓀⓁ	1	[sə'fais]	v. 足够，使满足
venerate	ⒶⒷⒸⒹⒺⒻⒼⒽⒾⒿⓀⓁ	1	['venəreit]	v. 尊敬，崇拜
revere	ⒶⒷⒸⒹⒺⒻⒼⒽⒾⒿⓀⓁ	1	[ri'viə]	v. 尊敬，敬畏
comply	ⒶⒷⒸⒹⒺⒻⒼⒽⒾⒿⓀⓁ	1	[kəm'plai]	v. 遵守，顺从

第七章
猴哥巴朗 SAT 词频

单词	标记	频率	读音	词义
material	ⒶⒷⒸⒹⒺⒻⒼⒽⒾⒿⓀⓁ	149	[mə'tiəriəl]	n. 材料，原料 a. 物质的，重要的
imply	ⒶⒷⒸⒹⒺⒻⒼⒽⒾⒿⓀⓁ	101	[im'plai]	v. 暗示，暗指，包含有
excerpt	ⒶⒷⒸⒹⒺⒻⒼⒽⒾⒿⓀⓁ	93	['eksə:pt]	n. 摘录，节选 v. 摘选
adapt	ⒶⒷⒸⒹⒺⒻⒼⒽⒾⒿⓀⓁ	82	[ə'dæpt]	v. 改编，适应
compromise	ⒶⒷⒸⒹⒺⒻⒼⒽⒾⒿⓀⓁ	74	['kɔmprəmaiz]	v./n. 妥协，让步，折中
resolve	ⒶⒷⒸⒹⒺⒻⒼⒽⒾⒿⓀⓁ	66	[ri'zɔlv]	v. 解决，决定，分解 n. 决心
precise	ⒶⒷⒸⒹⒺⒻⒼⒽⒾⒿⓀⓁ	47	[pri'sais]	a. 精确的，准确的
prompt	ⒶⒷⒸⒹⒺⒻⒼⒽⒾⒿⓀⓁ	44	[prɔmpt]	a. 迅速的，敏捷的 v. 推动，提示
unique	ⒶⒷⒸⒹⒺⒻⒼⒽⒾⒿⓀⓁ	43	[ju:'ni:k]	a. 独特的，独一无二的
academic	ⒶⒷⒸⒹⒺⒻⒼⒽⒾⒿⓀⓁ	43	[ˌækə'demik]	a. 学院的，理论的 n. 学者
perimeter	ⒶⒷⒸⒹⒺⒻⒼⒽⒾⒿⓀⓁ	40	[pə'rimitə]	n. 周长
potential	ⒶⒷⒸⒹⒺⒻⒼⒽⒾⒿⓀⓁ	34	[pə'tenʃ(ə)l]	a. 潜在的，可能的 n. 潜能，电位
assumption	ⒶⒷⒸⒹⒺⒻⒼⒽⒾⒿⓀⓁ	34	[ə'sʌmpʃən]	n. 假定，设想，担任
appreciate	ⒶⒷⒸⒹⒺⒻⒼⒽⒾⒿⓀⓁ	34	[ə'pri:ʃieit]	v. 欣赏，赏识，感激
appropriate	ⒶⒷⒸⒹⒺⒻⒼⒽⒾⒿⓀⓁ	33	[ə'prəupriit]	a. 适当的，恰当的 v. 拨款，挪用
address	ⒶⒷⒸⒹⒺⒻⒼⒽⒾⒿⓀⓁ	33	[ə'dres]	n. 地址，演说 v. 写地址，演说
document	ⒶⒷⒸⒹⒺⒻⒼⒽⒾⒿⓀⓁ	33	['dɔkjumənt]	n. 公文，文件 v. 记载，证明
purchase	ⒶⒷⒸⒹⒺⒻⒼⒽⒾⒿⓀⓁ	33	['pə:tʃəs]	v. 购买 n. 购买，支点
conventional	ⒶⒷⒸⒹⒺⒻⒼⒽⒾⒿⓀⓁ	31	[kən'venʃənl]	a. 传统的，惯例的
cite	ⒶⒷⒸⒹⒺⒻⒼⒽⒾⒿⓀⓁ	30	[sait]	v. 引用，引证，传唤
narrative	ⒶⒷⒸⒹⒺⒻⒼⒽⒾⒿⓀⓁ	29	['nærətiv]	n. 故事，叙述 a. 叙述的
husband	ⒶⒷⒸⒹⒺⒻⒼⒽⒾⒿⓀⓁ	29	['hʌzbənd]	n. 丈夫，节俭
promote	ⒶⒷⒸⒹⒺⒻⒼⒽⒾⒿⓀⓁ	28	[prə'məut]	v. 促进，提升
acquire	ⒶⒷⒸⒹⒺⒻⒼⒽⒾⒿⓀⓁ	28	[ə'kwaiə]	v. 获得，学到
capacity	ⒶⒷⒸⒹⒺⒻⒼⒽⒾⒿⓀⓁ	27	[kə'pæsiti]	n. 容量，能力
advocate	ⒶⒷⒸⒹⒺⒻⒼⒽⒾⒿⓀⓁ	27	['ædvəkit]	v. 主张，提倡 n. 提倡者，拥护者
neutral	ⒶⒷⒸⒹⒺⒻⒼⒽⒾⒿⓀⓁ	26	['nju:trəl]	a. 中立的，中性的
accommodate	ⒶⒷⒸⒹⒺⒻⒼⒽⒾⒿⓀⓁ	25	[ə'kɔmədeit]	v. 供应，提供住宿，使适应
sublime	ⒶⒷⒸⒹⒺⒻⒼⒽⒾⒿⓀⓁ	23	[sə'blaim]	a. 崇高的，高尚的 v. 变高尚
random	ⒶⒷⒸⒹⒺⒻⒼⒽⒾⒿⓀⓁ	23	['rændəm]	n./a. 任意的，随机的
innovation	ⒶⒷⒸⒹⒺⒻⒼⒽⒾⒿⓀⓁ	23	[inəu'veiʃən]	n. 革新，创新
predator	ⒶⒷⒸⒹⒺⒻⒼⒽⒾⒿⓀⓁ	23	['predətə]	n. 食肉动物，掠夺者

单词	标记	频率	读音	词义
reserve	ⒶⒷⒸⒹⒺⒻⒼⒽⒾⒿⓀⓁ	23	[ri'zə:v]	v. 保留，预订 n. 储备，克制
engage	ⒶⒷⒸⒹⒺⒻⒼⒽⒾⒿⓀⓁ	23	[in'geidʒ]	v. 雇佣，从事，订婚
theoretical	ⒶⒷⒸⒹⒺⒻⒼⒽⒾⒿⓀⓁ	22	[θiə'retikəl]	a. 理论的，理论上的
resolution	ⒶⒷⒸⒹⒺⒻⒼⒽⒾⒿⓀⓁ	22	[rezə'lu:ʃ(ə)n]	n. 决心，决议，解决，分辨率
depict	ⒶⒷⒸⒹⒺⒻⒼⒽⒾⒿⓀⓁ	22	[di'pikt]	v. 描述，描写，描画
infer	ⒶⒷⒸⒹⒺⒻⒼⒽⒾⒿⓀⓁ	22	[in'fə:]	v. 推断，推论
fundamental	ⒶⒷⒸⒹⒺⒻⒼⒽⒾⒿⓀⓁ	21	[ˌfʌndə'mentl]	a. 基础的，基本的，重要的
acknowledge	ⒶⒷⒸⒹⒺⒻⒼⒽⒾⒿⓀⓁ	21	[ək'nɔlidʒ]	v. 承认，答谢，公认
sophisticated	ⒶⒷⒸⒹⒺⒻⒼⒽⒾⒿⓀⓁ	20	[sə'fistikeitid]	a. 老练的，精密的，世故的
profound	ⒶⒷⒸⒹⒺⒻⒼⒽⒾⒿⓀⓁ	20	[prə'faund]	a. 深奥的，意义深远的
anecdote	ⒶⒷⒸⒹⒺⒻⒼⒽⒾⒿⓀⓁ	20	['ænikdəut]	n. 轶事，奇闻
obscure	ⒶⒷⒸⒹⒺⒻⒼⒽⒾⒿⓀⓁ	19	[əb'skjuə]	a. 模糊的，昏暗的 v. 使模糊
practical	ⒶⒷⒸⒹⒺⒻⒼⒽⒾⒿⓀⓁ	19	['præktikəl]	a. 实际的，实践的，实用的
distinction	ⒶⒷⒸⒹⒺⒻⒼⒽⒾⒿⓀⓁ	19	[dis'tiŋkʃən]	n. 差别，区分，优秀，荣誉
mode	ⒶⒷⒸⒹⒺⒻⒼⒽⒾⒿⓀⓁ	19	[məud]	n. 方式，模式
truncate	ⒶⒷⒸⒹⒺⒻⒼⒽⒾⒿⓀⓁ	19	['trʌŋkeit]	v. 截短，切去一端
dismiss	ⒶⒷⒸⒹⒺⒻⒼⒽⒾⒿⓀⓁ	19	[dis'mis]	v. 解散，下课，开除
recount	ⒶⒷⒸⒹⒺⒻⒼⒽⒾⒿⓀⓁ	19	[ri'kaunt]	v. 详细叙述，重新计算
civil	ⒶⒷⒸⒹⒺⒻⒼⒽⒾⒿⓀⓁ	18	['sivl]	a. 公民的，文明的
title	ⒶⒷⒸⒹⒺⒻⒼⒽⒾⒿⓀⓁ	18	['taitl]	n. 标题 v. 加标题于
convention	ⒶⒷⒸⒹⒺⒻⒼⒽⒾⒿⓀⓁ	18	[kən'venʃən]	n. 大会，习俗，惯例
diversity	ⒶⒷⒸⒹⒺⒻⒼⒽⒾⒿⓀⓁ	18	[dai'və:siti]	n. 多样性，差异
extent	ⒶⒷⒸⒹⒺⒻⒼⒽⒾⒿⓀⓁ	18	[iks'tent]	n. 范围，程度，广度
devise	ⒶⒷⒸⒹⒺⒻⒼⒽⒾⒿⓀⓁ	18	[di'vaiz]	v. 设计，发明，遗赠 n. 遗赠
diverse	ⒶⒷⒸⒹⒺⒻⒼⒽⒾⒿⓀⓁ	17	[dai'və:s]	a. 不同的，多种多样的
vital	ⒶⒷⒸⒹⒺⒻⒼⒽⒾⒿⓀⓁ	17	['vaitl]	a. 生死攸关的，有活力的
objective	ⒶⒷⒸⒹⒺⒻⒼⒽⒾⒿⓀⓁ	17	[əb'dʒektiv]	n. 目标，宾语 a. 客观的，真实的
misconception	ⒶⒷⒸⒹⒺⒻⒼⒽⒾⒿⓀⓁ	17	['miskən'sepʃən]	n. 误解
foster	ⒶⒷⒸⒹⒺⒻⒼⒽⒾⒿⓀⓁ	17	['fɔstə]	v. 领养，培养，促进
endorse	ⒶⒷⒸⒹⒺⒻⒼⒽⒾⒿⓀⓁ	17	[in'dɔ:s]	v. 支持，背书于，批准
inevitable	ⒶⒷⒸⒹⒺⒻⒼⒽⒾⒿⓀⓁ	16	[in'evitəbl]	a. 不可避免的，必然的
abstract*	ⒶⒷⒸⒹⒺⒻⒼⒽⒾⒿⓀⓁ	16	['æbstrækt]	n./v. 摘要，抽象 a. 抽象的，深奥的
determination	ⒶⒷⒸⒹⒺⒻⒼⒽⒾⒿⓀⓁ	16	[ditə:mi'neiʃən]	n. 决心，决定
genre	ⒶⒷⒸⒹⒺⒻⒼⒽⒾⒿⓀⓁ	16	['ʒɒnrə]	n. 类型，流派
pan	ⒶⒷⒸⒹⒺⒻⒼⒽⒾⒿⓀⓁ	16	[pæn]	v. 严厉批评 n. 平底锅
static	ⒶⒷⒸⒹⒺⒻⒼⒽⒾⒿⓀⓁ	15	['stætik]	a. 静态的，静止的 n. 静电
lament	ⒶⒷⒸⒹⒺⒻⒼⒽⒾⒿⓀⓁ	15	[lə'ment]	n. 悲伤 v. 哀悼，惋惜
mammal	ⒶⒷⒸⒹⒺⒻⒼⒽⒾⒿⓀⓁ	15	['mæməl]	n. 哺乳动物
legend	ⒶⒷⒸⒹⒺⒻⒼⒽⒾⒿⓀⓁ	15	['ledʒənd]	n. 传说，传奇，图例
irony	ⒶⒷⒸⒹⒺⒻⒼⒽⒾⒿⓀⓁ	15	['airəni]	n. 反语，讽刺

单词	标记	频率	读音	词义
attribute	ⒶⒷⒸⒹⒺⒻⒼⒽⒾⒿⓀⓁ	15	[ə'tribju(:)t]	v. 把…归因于 n. 属性，特征
enhance	ⒶⒷⒸⒹⒺⒻⒼⒽⒾⒿⓀⓁ	15	[in'ha:ns]	v. 提高，增强
pervasive	ⒶⒷⒸⒹⒺⒻⒼⒽⒾⒿⓀⓁ	14	[pə:'veisiv]	a. 遍布的，弥漫的，渗透的
intricate	ⒶⒷⒸⒹⒺⒻⒼⒽⒾⒿⓀⓁ	14	['intrikit]	a. 错综复杂的，难懂的
cynical	ⒶⒷⒸⒹⒺⒻⒼⒽⒾⒿⓀⓁ	14	['sinikəl]	a. 愤世嫉俗的，恶意的
wary	ⒶⒷⒸⒹⒺⒻⒼⒽⒾⒿⓀⓁ	14	['weəri]	a. 机警的，小心的
universal	ⒶⒷⒸⒹⒺⒻⒼⒽⒾⒿⓀⓁ	14	[ˌju:ni'və:səl]	a. 普遍的，全体的，宇宙的
mock	ⒶⒷⒸⒹⒺⒻⒼⒽⒾⒿⓀⓁ	14	[mɔk]	v./n. 嘲笑，模仿 a. 模拟的，假装的
assert	ⒶⒷⒸⒹⒺⒻⒼⒽⒾⒿⓀⓁ	14	[ə'sə:t]	v. 断言，声称，维护
captivate	ⒶⒷⒸⒹⒺⒻⒼⒽⒾⒿⓀⓁ	14	['kæptiveit]	v. 迷住，迷惑
undermine	ⒶⒷⒸⒹⒺⒻⒼⒽⒾⒿⓀⓁ	14	[ˌʌndə'main]	v. 破坏，暗中损害，在下面挖
delete	ⒶⒷⒸⒹⒺⒻⒼⒽⒾⒿⓀⓁ	14	[di'li:t]	v. 删除
absorb	ⒶⒷⒸⒹⒺⒻⒼⒽⒾⒿⓀⓁ	14	[əb'sɔ:b]	v. 吸收，吸引…的注意
innovative	ⒶⒷⒸⒹⒺⒻⒼⒽⒾⒿⓀⓁ	13	['inəuveitiv]	a. 创新的，革新的
mural	ⒶⒷⒸⒹⒺⒻⒼⒽⒾⒿⓀⓁ	13	['mjuərəl]	a. 墙壁的 n. 壁画
compound	ⒶⒷⒸⒹⒺⒻⒼⒽⒾⒿⓀⓁ	13	['kɔmpaund]	n. 混合物 v. 混合 a. 复合的
awe	ⒶⒷⒸⒹⒺⒻⒼⒽⒾⒿⓀⓁ	13	[ɔ:]	n. 敬畏 v. 使敬畏
weather	ⒶⒷⒸⒹⒺⒻⒼⒽⒾⒿⓀⓁ	13	['weðə]	n. 天气，气象
rhetoric	ⒶⒷⒸⒹⒺⒻⒼⒽⒾⒿⓀⓁ	13	['retərik]	n. 修辞，修辞学，花言巧语
coin	ⒶⒷⒸⒹⒺⒻⒼⒽⒾⒿⓀⓁ	13	[kɔin]	n. 硬币 v. 铸造（硬币）
ape	ⒶⒷⒸⒹⒺⒻⒼⒽⒾⒿⓀⓁ	13	[eip]	n. 猿
render	ⒶⒷⒸⒹⒺⒻⒼⒽⒾⒿⓀⓁ	13	['rendə]	v. 提供，表现，宣布，翻译
sustain	ⒶⒷⒸⒹⒺⒻⒼⒽⒾⒿⓀⓁ	13	[səs'tein]	v. 支撑，维持
aesthetic	ⒶⒷⒸⒹⒺⒻⒼⒽⒾⒿⓀⓁ	12	[i:s'θetik]	a. 美学的，审美的
frivolous	ⒶⒷⒸⒹⒺⒻⒼⒽⒾⒿⓀⓁ	12	['frivələs]	a. 轻浮的，无关紧要的
distant	ⒶⒷⒸⒹⒺⒻⒼⒽⒾⒿⓀⓁ	12	['distənt]	a. 遥远的，疏远的
beneficial	ⒶⒷⒸⒹⒺⒻⒼⒽⒾⒿⓀⓁ	12	[beni'fiʃəl]	a. 有益的，有利的
sage	ⒶⒷⒸⒹⒺⒻⒼⒽⒾⒿⓀⓁ	12	[seidʒ]	a. 智慧的 n. 智者，圣人
illusion	ⒶⒷⒸⒹⒺⒻⒼⒽⒾⒿⓀⓁ	12	[i'lu:ʒən;i'lju:-]	n. 幻想，错觉，错误观念
entrance	ⒶⒷⒸⒹⒺⒻⒼⒽⒾⒿⓀⓁ	12	['entr(ə)ns]	n. 入口，进入
metaphor	ⒶⒷⒸⒹⒺⒻⒼⒽⒾⒿⓀⓁ	12	['metəfə]	n. 隐喻，暗喻，象征
discount	ⒶⒷⒸⒹⒺⒻⒼⒽⒾⒿⓀⓁ	12	['diskaunt]	n. 折扣 v. 打折
reconcile	ⒶⒷⒸⒹⒺⒻⒼⒽⒾⒿⓀⓁ	12	['rekənsail]	v. 调和，和解，一致
immune	ⒶⒷⒸⒹⒺⒻⒼⒽⒾⒿⓀⓁ	11	[i'mju:n]	a. 免疫的，免除的
mundane	ⒶⒷⒸⒹⒺⒻⒼⒽⒾⒿⓀⓁ	11	['mʌndein]	a. 平凡的，世俗的
provocative	ⒶⒷⒸⒹⒺⒻⒼⒽⒾⒿⓀⓁ	11	[prə'vɔkətiv]	a. 挑衅的，刺激的
resentment	ⒶⒷⒸⒹⒺⒻⒼⒽⒾⒿⓀⓁ	11	[ri'zentmənt]	n. 愤恨，怨恨
conception	ⒶⒷⒸⒹⒺⒻⒼⒽⒾⒿⓀⓁ	11	[kən'sepʃən]	n. 观念，概念，怀孕
ambivalence	ⒶⒷⒸⒹⒺⒻⒼⒽⒾⒿⓀⓁ	11	[æm'bivələns]	n. 矛盾情绪，犹豫不决
predecessor	ⒶⒷⒸⒹⒺⒻⒼⒽⒾⒿⓀⓁ	11	['pri:disesə]	n. 前辈，前任

单词	标记	频率	读音	词义
vampire	ⒶⒷⒸⒹⒺⒻⒼⒽⒾⒿⓀⓁ	11	['væmpaiə]	n. 吸血鬼
disdain	ⒶⒷⒸⒹⒺⒻⒼⒽⒾⒿⓀⓁ	11	[dis'dein]	v./n. 蔑视，轻视
retain	ⒶⒷⒸⒹⒺⒻⒼⒽⒾⒿⓀⓁ	11	[ri'tein]	v. 保持，保留，记住
superficial	ⒶⒷⒸⒹⒺⒻⒼⒽⒾⒿⓀⓁ	10	[sju:pə'fiʃəl]	a. 表面的，肤浅的
irrelevant	ⒶⒷⒸⒹⒺⒻⒼⒽⒾⒿⓀⓁ	10	[i'relivənt]	a. 不相干的，离题的
deliberate	ⒶⒷⒸⒹⒺⒻⒼⒽⒾⒿⓀⓁ	10	[di'libəreit]	a. 故意的，深思熟虑的 v. 慎重考虑
relevant	ⒶⒷⒸⒹⒺⒻⒼⒽⒾⒿⓀⓁ	10	['relivənt]	a. 相关的，切题的
accessible	ⒶⒷⒸⒹⒺⒻⒼⒽⒾⒿⓀⓁ	10	[æk'sesəbl]	a. 易接近的，可进入的，可理解的
acclaim	ⒶⒷⒸⒹⒺⒻⒼⒽⒾⒿⓀⓁ	10	[ə'kleim]	n./v. 喝彩，欢呼，称赞
dismay	ⒶⒷⒸⒹⒺⒻⒼⒽⒾⒿⓀⓁ	10	[dis'mei]	n./v. 沮丧，惊愕
allusion	ⒶⒷⒸⒹⒺⒻⒼⒽⒾⒿⓀⓁ	10	[ə'l(j)u:ʒən]	n. 暗指，暗示
august	ⒶⒷⒸⒹⒺⒻⒼⒽⒾⒿⓀⓁ	10	['ɔ:gəst] [ɔ:'gʌst]	n. 八月
conviction	ⒶⒷⒸⒹⒺⒻⒼⒽⒾⒿⓀⓁ	10	[kən'vikʃən]	n. 定罪，信服，坚信
molecule	ⒶⒷⒸⒹⒺⒻⒼⒽⒾⒿⓀⓁ	10	['mɔlikju:l;'məu-]	n. 分子，微粒
skeptic	ⒶⒷⒸⒹⒺⒻⒼⒽⒾⒿⓀⓁ	10	['skeptik]	n. 怀疑者，怀疑论者，无神论者
prey	ⒶⒷⒸⒹⒺⒻⒼⒽⒾⒿⓀⓁ	10	[prei]	n. 猎物，牺牲者 v. 捕食，掠夺
satellite	ⒶⒷⒸⒹⒺⒻⒼⒽⒾⒿⓀⓁ	10	['sætəlait]	n. 卫星
sibling	ⒶⒷⒸⒹⒺⒻⒼⒽⒾⒿⓀⓁ	10	['sibliŋ]	n. 兄弟姐妹
application	ⒶⒷⒸⒹⒺⒻⒼⒽⒾⒿⓀⓁ	10	[ˌæpli'keiʃən]	n. 应用，申请
faculty	ⒶⒷⒸⒹⒺⒻⒼⒽⒾⒿⓀⓁ	10	['fækəlti]	n. 院系，全体教员，能力
integrity	ⒶⒷⒸⒹⒺⒻⒼⒽⒾⒿⓀⓁ	10	[in'tegriti]	n. 正直，完整
discredit	ⒶⒷⒸⒹⒺⒻⒼⒽⒾⒿⓀⓁ	10	[dis'kredit]	v. 怀疑，破坏名声，使丢脸
provoke	ⒶⒷⒸⒹⒺⒻⒼⒽⒾⒿⓀⓁ	10	[prə'vəuk]	v. 激怒，煽动，招致
execute	ⒶⒷⒸⒹⒺⒻⒼⒽⒾⒿⓀⓁ	10	['eksikju:t]	v. 执行，处死
erroneous	ⒶⒷⒸⒹⒺⒻⒼⒽⒾⒿⓀⓁ	9	[i'rəuniəs]	a. 错误的，不正确的
articulate	ⒶⒷⒸⒹⒺⒻⒼⒽⒾⒿⓀⓁ	9	[a:'tikjulit]	a. 发音清晰的 v. 发音清晰，连接
ironic	ⒶⒷⒸⒹⒺⒻⒼⒽⒾⒿⓀⓁ	9	[ai'rɔnik]	a. 讥讽的，说反话的
formidable	ⒶⒷⒸⒹⒺⒻⒼⒽⒾⒿⓀⓁ	9	['fɔ:midəbl]	a. 可怕的，难对付的
mediocre	ⒶⒷⒸⒹⒺⒻⒼⒽⒾⒿⓀⓁ	9	['mi:diəukə]	a. 平庸的，平凡的
prominent	ⒶⒷⒸⒹⒺⒻⒼⒽⒾⒿⓀⓁ	9	['prɔminənt]	a. 显著的，突出的
rigorous	ⒶⒷⒸⒹⒺⒻⒼⒽⒾⒿⓀⓁ	9	['rigərəs]	a. 严密的，严格的，严峻的
obsolete	ⒶⒷⒸⒹⒺⒻⒼⒽⒾⒿⓀⓁ	9	['ɔbsəli:t]	a. 已废弃的，过时的
linguistic	ⒶⒷⒸⒹⒺⒻⒼⒽⒾⒿⓀⓁ	9	[liŋ'gwistik]	a. 语言学的，语言的
pragmatic	ⒶⒷⒸⒹⒺⒻⒼⒽⒾⒿⓀⓁ	9	[præg'mætik]	a. 重实效的，实用主义的
ultimate	ⒶⒷⒸⒹⒺⒻⒼⒽⒾⒿⓀⓁ	9	['ʌltimit]	a. 最终的，根本的，极限的 n. 极品
discourse	ⒶⒷⒸⒹⒺⒻⒼⒽⒾⒿⓀⓁ	9	[dis'kɔ:s;'diskɔ:s]	n./v. 谈话，演讲
pendant	ⒶⒷⒸⒹⒺⒻⒼⒽⒾⒿⓀⓁ	9	['pendənt]	n. 垂饰，悬挂物
proxy	ⒶⒷⒸⒹⒺⒻⒼⒽⒾⒿⓀⓁ	9	['prɔksi]	n. 代理人，代理权
vertex	ⒶⒷⒸⒹⒺⒻⒼⒽⒾⒿⓀⓁ	9	['və:teks]	n. 顶点，最高点，头顶
summit	ⒶⒷⒸⒹⒺⒻⒼⒽⒾⒿⓀⓁ	9	['sʌmit]	n. 顶点，最高阶层

单词	标记	频率	读音	词义
prosperity	ⒶⒷⒸⒹⒺⒻⒼⒽⒾⒿⓀⓁ	9	[prɔs'periti]	n. 繁荣，兴旺
defiance	ⒶⒷⒸⒹⒺⒻⒼⒽⒾⒿⓀⓁ	9	[di'faiəns]	n. 蔑视，挑衅，反抗
plagiarism	ⒶⒷⒸⒹⒺⒻⒼⒽⒾⒿⓀⓁ	9	['pleidʒiərizəm]	n. 剽窃，剽窃物
dearth	ⒶⒷⒸⒹⒺⒻⒼⒽⒾⒿⓀⓁ	9	[də:θ]	n. 缺乏，粮食不足
epic	ⒶⒷⒸⒹⒺⒻⒼⒽⒾⒿⓀⓁ	9	['epik]	n. 史诗，叙事诗 a. 壮丽的，史诗的
galaxy	ⒶⒷⒸⒹⒺⒻⒼⒽⒾⒿⓀⓁ	9	['gæləksi]	n. 银河系，星系，一群显赫的人
transition	ⒶⒷⒸⒹⒺⒻⒼⒽⒾⒿⓀⓁ	9	[træn'ziʒən;-'siʃən]	n. 转变，过渡，转向
manipulate	ⒶⒷⒸⒹⒺⒻⒼⒽⒾⒿⓀⓁ	9	[mə'nipjuleit]	v. 操纵，控制
generate	ⒶⒷⒸⒹⒺⒻⒼⒽⒾⒿⓀⓁ	9	['dʒenə,reit]	v. 产生，发生，引起
flourish	ⒶⒷⒸⒹⒺⒻⒼⒽⒾⒿⓀⓁ	9	['flʌriʃ]	v. 繁荣，挥舞 n. 华丽辞藻
incline	ⒶⒷⒸⒹⒺⒻⒼⒽⒾⒿⓀⓁ	9	[in'klain]	v. 倾斜，倾向于 n. 斜面，斜坡
distort	ⒶⒷⒸⒹⒺⒻⒼⒽⒾⒿⓀⓁ	9	[dis'tɔ:t]	v. 歪曲，扭曲，变形
suppress	ⒶⒷⒸⒹⒺⒻⒼⒽⒾⒿⓀⓁ	9	[sə'pres]	v. 镇压，抑制，禁止
insightful	ⒶⒷⒸⒹⒺⒻⒼⒽⒾⒿⓀⓁ	8	['insaitfəl]	a. 富有洞察力的
hypothetical	ⒶⒷⒸⒹⒺⒻⒼⒽⒾⒿⓀⓁ	8	[haipəu'θetikəl]	a. 假设的，假定的
unprecedented	ⒶⒷⒸⒹⒺⒻⒼⒽⒾⒿⓀⓁ	8	[ʌn'presidəntid]	a. 空前的
bizarre	ⒶⒷⒸⒹⒺⒻⒼⒽⒾⒿⓀⓁ	8	[bi'za:]	a. 奇异的，怪诞的
comprehensive	ⒶⒷⒸⒹⒺⒻⒼⒽⒾⒿⓀⓁ	8	[ˌkɔmpri'hensiv]	a. 全面的，综合的，理解的
arbitrary	ⒶⒷⒸⒹⒺⒻⒼⒽⒾⒿⓀⓁ	8	['a:bitrəri]	a. 任意的，武断的，专制的
plausible	ⒶⒷⒸⒹⒺⒻⒼⒽⒾⒿⓀⓁ	8	['plɔ:zəbl]	a. 似乎合理的，花言巧语的
toxic	ⒶⒷⒸⒹⒺⒻⒼⒽⒾⒿⓀⓁ	8	['tɔksik]	a. 有毒的，中毒的
valid	ⒶⒷⒸⒹⒺⒻⒼⒽⒾⒿⓀⓁ	8	['vælid]	a. 有效的，合法的
agent	ⒶⒷⒸⒹⒺⒻⒼⒽⒾⒿⓀⓁ	8	['eidʒənt]	n. 代理商，代理人
assessment	ⒶⒷⒸⒹⒺⒻⒼⒽⒾⒿⓀⓁ	8	[ə'sesmənt]	n. 估计，评估
harbor	ⒶⒷⒸⒹⒺⒻⒼⒽⒾⒿⓀⓁ	8	['ha:bə]	n. 海港，避难所
proximity	ⒶⒷⒸⒹⒺⒻⒼⒽⒾⒿⓀⓁ	8	[prɔk'simiti]	n. 接近，亲近
renown	ⒶⒷⒸⒹⒺⒻⒼⒽⒾⒿⓀⓁ	8	[ri'naun]	n. 名声，声誉
implication	ⒶⒷⒸⒹⒺⒻⒼⒽⒾⒿⓀⓁ	8	[ˌimpli'keiʃən]	n. 牵连，含意，暗示
asteroid	ⒶⒷⒸⒹⒺⒻⒼⒽⒾⒿⓀⓁ	8	['æstərɔid]	n. 小行星 a. 星状的
novelty	ⒶⒷⒸⒹⒺⒻⒼⒽⒾⒿⓀⓁ	8	['nɔvəlti]	n. 新颖，新奇事物，小装饰
pigment	ⒶⒷⒸⒹⒺⒻⒼⒽⒾⒿⓀⓁ	8	['pigmənt]	n. 颜料，色素
intuition	ⒶⒷⒸⒹⒺⒻⒼⒽⒾⒿⓀⓁ	8	[ˌintju(:)'iʃən]	n. 直觉
patent	ⒶⒷⒸⒹⒺⒻⒼⒽⒾⒿⓀⓁ	8	['peitənt;'pætənt]	n. 专利 a. 专利的，显著的
compile	ⒶⒷⒸⒹⒺⒻⒼⒽⒾⒿⓀⓁ	8	[kəm'pail]	v. 编制，编写，汇编
frustrate	ⒶⒷⒸⒹⒺⒻⒼⒽⒾⒿⓀⓁ	8	[frʌs'treit]	v. 挫败，使沮丧
forgo	ⒶⒷⒸⒹⒺⒻⒼⒽⒾⒿⓀⓁ	8	[fɔ:'gəu]	v. 放弃
negate	ⒶⒷⒸⒹⒺⒻⒼⒽⒾⒿⓀⓁ	8	[ni'geit]	v. 否定，否认，使无效
prevail	ⒶⒷⒸⒹⒺⒻⒼⒽⒾⒿⓀⓁ	8	[pri'veil]	v. 获胜，流行，说服
disparage	ⒶⒷⒸⒹⒺⒻⒼⒽⒾⒿⓀⓁ	8	[dis'pæridʒ]	v. 蔑视，贬低
dispatch	ⒶⒷⒸⒹⒺⒻⒼⒽⒾⒿⓀⓁ	8	[dis'pætʃ]	v. 派遣，迅速处理，处死 n. 急件

单词	标记	频率	读音	词义
hover	ⒶⒷⒸⒹⒺⒻⒼⒽⒾⒿⓀⓁ	8	['hɔvə]	v. 盘旋，翱翔，犹豫不决
underscore	ⒶⒷⒸⒹⒺⒻⒼⒽⒾⒿⓀⓁ	8	[ˌʌndə'skɔ:]	v. 在下面画线，强调 n. 下画线
melancholy	ⒶⒷⒸⒹⒺⒻⒼⒽⒾⒿⓀⓁ	7	['melənkəli]	a./n. 忧郁的，悲伤的
imminent	ⒶⒷⒸⒹⒺⒻⒼⒽⒾⒿⓀⓁ	7	['iminənt]	a. 逼近的，即将发生的
perceptive	ⒶⒷⒸⒹⒺⒻⒼⒽⒾⒿⓀⓁ	7	[pə'septiv]	a. 感知的，敏感的，有洞察力的
inherent	ⒶⒷⒸⒹⒺⒻⒼⒽⒾⒿⓀⓁ	7	[in'hiərənt]	a. 固有的，内在的
eerie	ⒶⒷⒸⒹⒺⒻⒼⒽⒾⒿⓀⓁ	7	['iəri]	a. 怪诞的，可怕的
implicit	ⒶⒷⒸⒹⒺⒻⒼⒽⒾⒿⓀⓁ	7	[im'plisit]	a. 含蓄的，固有的，无疑问的
astute	ⒶⒷⒸⒹⒺⒻⒼⒽⒾⒿⓀⓁ	7	[ə'stju:t;ə'stu:t]	a. 机敏的，狡猾的
compact	ⒶⒷⒸⒹⒺⒻⒼⒽⒾⒿⓀⓁ	7	['kɔmpækt]	a. 紧凑的，简洁的 n. 合约
absolute	ⒶⒷⒸⒹⒺⒻⒼⒽⒾⒿⓀⓁ	7	['æbsəlu:t]	a. 绝对的，专制的
acute	ⒶⒷⒸⒹⒺⒻⒼⒽⒾⒿⓀⓁ	7	[ə'kju:t]	a. 敏锐的，急性的，严重的
graphic	ⒶⒷⒸⒹⒺⒻⒼⒽⒾⒿⓀⓁ	7	['græfik]	a. 生动的，图解的
astronomical	ⒶⒷⒸⒹⒺⒻⒼⒽⒾⒿⓀⓁ	7	[æstrə'nɔmikəl]	a. 天文学的，巨大的
transparent	ⒶⒷⒸⒹⒺⒻⒼⒽⒾⒿⓀⓁ	7	[træns'peərənt]	a. 透明的，显然的
anonymous	ⒶⒷⒸⒹⒺⒻⒼⒽⒾⒿⓀⓁ	7	[ə'nɔniməs]	a. 无名的，匿名的
accord	ⒶⒷⒸⒹⒺⒻⒼⒽⒾⒿⓀⓁ	7	[ə'kɔ:d]	n./v. 一致，协定，调和
heed	ⒶⒷⒸⒹⒺⒻⒼⒽⒾⒿⓀⓁ	7	[hi:d]	n./v. 注意，留意
chronicle	ⒶⒷⒸⒹⒺⒻⒼⒽⒾⒿⓀⓁ	7	['krɔnikl]	n. 编年史，记录
adversary	ⒶⒷⒸⒹⒺⒻⒼⒽⒾⒿⓀⓁ	7	['ædvəsəri]	n. 敌手，对手
hostility	ⒶⒷⒸⒹⒺⒻⒼⒽⒾⒿⓀⓁ	7	[hɔs'tiliti]	n. 敌意，敌对状态
virtue	ⒶⒷⒸⒹⒺⒻⒼⒽⒾⒿⓀⓁ	7	['və:tju:]	n. 美德，优点
warrant	ⒶⒷⒸⒹⒺⒻⒼⒽⒾⒿⓀⓁ	7	['wɔrənt]	n. 凭证，委任状，根据 v. 担保
demagogue	ⒶⒷⒸⒹⒺⒻⒼⒽⒾⒿⓀⓁ	7	['deməgɔg]	n. 煽动者，蛊惑群众的政客
realm	ⒶⒷⒸⒹⒺⒻⒼⒽⒾⒿⓀⓁ	7	[relm]	n. 王国，领域，范围
latitude	ⒶⒷⒸⒹⒺⒻⒼⒽⒾⒿⓀⓁ	7	['lætitju:d]	n. 纬度，自由
nostalgia	ⒶⒷⒸⒹⒺⒻⒼⒽⒾⒿⓀⓁ	7	[nɔs'tældʒiə]	n. 乡愁，怀旧，思乡病
analogy	ⒶⒷⒸⒹⒺⒻⒼⒽⒾⒿⓀⓁ	7	[ə'nælədʒi]	n. 相似，类比
uniformity	ⒶⒷⒸⒹⒺⒻⒼⒽⒾⒿⓀⓁ	7	[ˌju:ni'fɔ:miti]	n. 一致，一致性
empathy	ⒶⒷⒸⒹⒺⒻⒼⒽⒾⒿⓀⓁ	7	['empəθi]	n. 移情作用，共鸣，心意相通
nutrient	ⒶⒷⒸⒹⒺⒻⒼⒽⒾⒿⓀⓁ	7	['nju:triənt]	n. 营养品 a. 营养的
regime	ⒶⒷⒸⒹⒺⒻⒼⒽⒾⒿⓀⓁ	7	[rei'ʒi:m]	n. 政权制度，政权，政体
defuse	ⒶⒷⒸⒹⒺⒻⒼⒽⒾⒿⓀⓁ	7	[di:'fju:z]	v. 拆掉…的雷管，缓和
don	ⒶⒷⒸⒹⒺⒻⒼⒽⒾⒿⓀⓁ	7	[dɔn]	v. 穿上 n. 先生，阁下
replicate	ⒶⒷⒸⒹⒺⒻⒼⒽⒾⒿⓀⓁ	7	['replikeit]	v. 复制
intimidate	ⒶⒷⒸⒹⒺⒻⒼⒽⒾⒿⓀⓁ	7	[in'timideit]	v. 恐吓，威胁
yield	ⒶⒷⒸⒹⒺⒻⒼⒽⒾⒿⓀⓁ	7	[ji:ld]	v. 生产，获利，屈服 n. 产量
withhold	ⒶⒷⒸⒹⒺⒻⒼⒽⒾⒿⓀⓁ	7	[wið'həuld]	v. 使停止，扣留，保留，抑制
elicit	ⒶⒷⒸⒹⒺⒻⒼⒽⒾⒿⓀⓁ	7	[i'lisit]	v. 引出，诱出，通过推理得出
illuminate	ⒶⒷⒸⒹⒺⒻⒼⒽⒾⒿⓀⓁ	7	[i'lju:mineit]	v. 照明，阐释，说明

单词	标记	频率	读音	词义
bolster	ⒶⒷⒸⒹⒺⒻⒼⒽⒾⒿⓀⓁ	7	['bəulstə]	v. 支持 n. 靠垫，长枕
cache	ⒶⒷⒸⒹⒺⒻⒼⒽⒾⒿⓀⓁ	7	[kæʃ]	v. 贮藏，隐藏，缓存 n. 藏物处
rent	ⒶⒷⒸⒹⒺⒻⒼⒽⒾⒿⓀⓁ	7	[rent]	v. 租用，出租 n. 租金，裂缝
maverick	ⒶⒷⒸⒹⒺⒻⒼⒽⒾⒿⓀⓁ	6	['mævərik]	a./n. 特立独行的，标新立异的
conciliatory	ⒶⒷⒸⒹⒺⒻⒼⒽⒾⒿⓀⓁ	6	[kən'siliətəri]	a. 安抚的，调和的
wan	ⒶⒷⒸⒹⒺⒻⒼⒽⒾⒿⓀⓁ	6	[wɔn]	a. 苍白的，病态的 v. 使苍白
simplistic	ⒶⒷⒸⒹⒺⒻⒼⒽⒾⒿⓀⓁ	6	[sim'plistik]	a. 过分简单化的
somber	ⒶⒷⒸⒹⒺⒻⒼⒽⒾⒿⓀⓁ	6	['sɔmbə(r)]	a. 昏暗的，忧郁的，严肃的
chaotic	ⒶⒷⒸⒹⒺⒻⒼⒽⒾⒿⓀⓁ	6	[kei'ɔtik]	a. 混乱的，无秩序的
steadfast	ⒶⒷⒸⒹⒺⒻⒼⒽⒾⒿⓀⓁ	6	['stedfəst]	a. 坚定的，毫不动摇的
dubious	ⒶⒷⒸⒹⒺⒻⒼⒽⒾⒿⓀⓁ	6	['dju:bjəs]	a. 可疑的，不确定的
analogous	ⒶⒷⒸⒹⒺⒻⒼⒽⒾⒿⓀⓁ	6	[ə'næləgəs]	a. 类似的
venturesome	ⒶⒷⒸⒹⒺⒻⒼⒽⒾⒿⓀⓁ	6	['ventʃəsəm]	a. 冒险的
indifferent	ⒶⒷⒸⒹⒺⒻⒼⒽⒾⒿⓀⓁ	6	[in'difrənt]	a. 漠不关心的，中立的
viable	ⒶⒷⒸⒹⒺⒻⒼⒽⒾⒿⓀⓁ	6	['vaiəbl]	a. 能生存的，可行的
devoid	ⒶⒷⒸⒹⒺⒻⒼⒽⒾⒿⓀⓁ	6	[di'vɔid]	a. 缺乏的，贫乏的
capricious	ⒶⒷⒸⒹⒺⒻⒼⒽⒾⒿⓀⓁ	6	[kə'priʃəs]	a. 任性的，反复无常的
subsequent	ⒶⒷⒸⒹⒺⒻⒼⒽⒾⒿⓀⓁ	6	['sʌbsikwənt]	a. 随后的，后来的
trivial	ⒶⒷⒸⒹⒺⒻⒼⒽⒾⒿⓀⓁ	6	['triviəl]	a. 琐碎的，不重要的
elusive	ⒶⒷⒸⒹⒺⒻⒼⒽⒾⒿⓀⓁ	6	[i'lu:siv]	a. 逃避的，难懂的，难捉摸的
vulnerable	ⒶⒷⒸⒹⒺⒻⒼⒽⒾⒿⓀⓁ	6	['vʌlnərəbl]	a. 易受伤害的，脆弱的
eclectic	ⒶⒷⒸⒹⒺⒻⒼⒽⒾⒿⓀⓁ	6	[i'lektrik]	a. 折中的，选择的 n. 折中主义者
transport	ⒶⒷⒸⒹⒺⒻⒼⒽⒾⒿⓀⓁ	6	[træns'pɔ:t]	n./v. 运输
esteem	ⒶⒷⒸⒹⒺⒻⒼⒽⒾⒿⓀⓁ	6	[is'ti:m]	n./v. 尊敬，尊重
arrogance	ⒶⒷⒸⒹⒺⒻⒼⒽⒾⒿⓀⓁ	6	['ærəgəns]	n. 傲慢，自大
tome	ⒶⒷⒸⒹⒺⒻⒼⒽⒾⒿⓀⓁ	6	[təum]	n. 册，卷，本，大本书
pathos	ⒶⒷⒸⒹⒺⒻⒼⒽⒾⒿⓀⓁ	6	['peiθɔs]	n. 感伤，悲情
alloy	ⒶⒷⒸⒹⒺⒻⒼⒽⒾⒿⓀⓁ	6	['ælɔi]	n. 合金 v. 使成合金，使降低
economy	ⒶⒷⒸⒹⒺⒻⒼⒽⒾⒿⓀⓁ	6	[i(:)'kɔnəmi]	n. 经济，节约
stereotype	ⒶⒷⒸⒹⒺⒻⒼⒽⒾⒿⓀⓁ	6	['stiəriəutaip]	n. 老套，典型，铅板 v. 使陈规化
amphibian	ⒶⒷⒸⒹⒺⒻⒼⒽⒾⒿⓀⓁ	6	[æm'fibiən]	n. 两栖动物，水陆两用飞机
entity	ⒶⒷⒸⒹⒺⒻⒼⒽⒾⒿⓀⓁ	6	['entiti]	n. 实体，存在，本质
paradox	ⒶⒷⒸⒹⒺⒻⒼⒽⒾⒿⓀⓁ	6	['pærədɔks]	n. 似非而是的论点，自相矛盾的话
rigor	ⒶⒷⒸⒹⒺⒻⒼⒽⒾⒿⓀⓁ	6	['rigə]	n. 严格，艰苦，严酷
probe	ⒶⒷⒸⒹⒺⒻⒼⒽⒾⒿⓀⓁ	6	[prəub]	v./n. 探查，探测，探索
bemoan	ⒶⒷⒸⒹⒺⒻⒼⒽⒾⒿⓀⓁ	6	[bi'məun]	v. 哀叹，惋惜
refute	ⒶⒷⒸⒹⒺⒻⒼⒽⒾⒿⓀⓁ	6	[ri'fju:t]	v. 驳斥，反驳
founder	ⒶⒷⒸⒹⒺⒻⒼⒽⒾⒿⓀⓁ	6	['faundə]	v. 沉没，失败 n. 创立者，建立者
denounce	ⒶⒷⒸⒹⒺⒻⒼⒽⒾⒿⓀⓁ	6	[di'nauns]	v. 公开谴责，控告，通告废除
exploit	ⒶⒷⒸⒹⒺⒻⒼⒽⒾⒿⓀⓁ	6	[iks'plɔit]	v. 开发，剥削，利用 n. 功绩

单词	标记	频率	读音	词义
invoke	ⒶⒷⒸⒹⒺⒻⒼⒽⒾⒿⓀⓁ	6	[in'vəuk]	v. 恳求，祈求，调用
integrate	ⒶⒷⒸⒹⒺⒻⒼⒽⒾⒿⓀⓁ	6	['intigreit]	v. 使成整体，合并，求积分
thrive	ⒶⒷⒸⒹⒺⒻⒼⒽⒾⒿⓀⓁ	6	[θraiv]	v. 兴旺，繁荣，茁壮成长
allege	ⒶⒷⒸⒹⒺⒻⒼⒽⒾⒿⓀⓁ	6	[ə'ledʒ]	v. 宣称，主张，断言
prolong	ⒶⒷⒸⒹⒺⒻⒼⒽⒾⒿⓀⓁ	6	[prə'lɔŋ]	v. 延长，拉长
secrete	ⒶⒷⒸⒹⒺⒻⒼⒽⒾⒿⓀⓁ	6	[si'kri:t]	v. 隐藏，分泌
convert	ⒶⒷⒸⒹⒺⒻⒼⒽⒾⒿⓀⓁ	6	[kən'və:t]	v. 转变，皈依 n. 皈依者
inhibit	ⒶⒷⒸⒹⒺⒻⒼⒽⒾⒿⓀⓁ	6	[in'hibit]	v. 阻止，抑制
passive	ⒶⒷⒸⒹⒺⒻⒼⒽⒾⒿⓀⓁ	5	['pæsiv]	a. 被动的，消极的
indigenous	ⒶⒷⒸⒹⒺⒻⒼⒽⒾⒿⓀⓁ	5	[in'didʒinəs]	a. 本地的，天生的
figurative	ⒶⒷⒸⒹⒺⒻⒼⒽⒾⒿⓀⓁ	5	['figjurətiv]	a. 比喻的，象征的
incoherent	ⒶⒷⒸⒹⒺⒻⒼⒽⒾⒿⓀⓁ	5	[ˌinkəu'hiərənt]	a. 不连贯的，语无伦次的
rhetorical	ⒶⒷⒸⒹⒺⒻⒼⒽⒾⒿⓀⓁ	5	[ri'tɔrikəl]	a. 辞藻华丽的，修辞学的
versatile	ⒶⒷⒸⒹⒺⒻⒼⒽⒾⒿⓀⓁ	5	['və:sətail]	a. 多才多艺的，多功能的
prolific	ⒶⒷⒸⒹⒺⒻⒼⒽⒾⒿⓀⓁ	5	[prə'lifik]	a. 多产的，作品丰富的
whimsical	ⒶⒷⒸⒹⒺⒻⒼⒽⒾⒿⓀⓁ	5	['wimzikəl]	a. 反复无常的，异想天开的
eccentric	ⒶⒷⒸⒹⒺⒻⒼⒽⒾⒿⓀⓁ	5	[ik'sentrik]	a. 古怪的，偏离轨道的 n. 怪人
facetious	ⒶⒷⒸⒹⒺⒻⒼⒽⒾⒿⓀⓁ	5	[fə'si:ʃəs]	a. 滑稽的，幽默的
ludicrous	ⒶⒷⒸⒹⒺⒻⒼⒽⒾⒿⓀⓁ	5	['lu:dikrəs]	a. 荒谬的，可笑的
obstinate	ⒶⒷⒸⒹⒺⒻⒼⒽⒾⒿⓀⓁ	5	['ɔbstinit]	a. 倔强的，顽固的，难治的
dispassionate	ⒶⒷⒸⒹⒺⒻⒼⒽⒾⒿⓀⓁ	5	[dis'pæʃənit]	a. 冷静的，不带感情的
placid	ⒶⒷⒸⒹⒺⒻⒼⒽⒾⒿⓀⓁ	5	['plæsid]	a. 平静的，宁静的，温和的
worldly	ⒶⒷⒸⒹⒺⒻⒼⒽⒾⒿⓀⓁ	5	['wə:ldli]	a. 世俗的，世上的，老练的
adept	ⒶⒷⒸⒹⒺⒻⒼⒽⒾⒿⓀⓁ	5	['ædept;ə'dept]	a. 熟练的，老练的 n. 名手，专家
exotic	ⒶⒷⒸⒹⒺⒻⒼⒽⒾⒿⓀⓁ	5	[ig'zɔtik]	a. 外来的，异国的，奇异的
myriad	ⒶⒷⒸⒹⒺⒻⒼⒽⒾⒿⓀⓁ	5	['miriəd]	a. 无数的 n. 极大数量
morose	ⒶⒷⒸⒹⒺⒻⒼⒽⒾⒿⓀⓁ	5	[mə'rəus]	a. 郁闷的，抑郁的
ethnic	ⒶⒷⒸⒹⒺⒻⒼⒽⒾⒿⓀⓁ	5	['eθnik]	a. 种族的，民族的
indulgent	ⒶⒷⒸⒹⒺⒻⒼⒽⒾⒿⓀⓁ	5	[in'dʌldʒənt]	a. 纵容的，放纵的
verge	ⒶⒷⒸⒹⒺⒻⒼⒽⒾⒿⓀⓁ	5	[və:dʒ]	n. 边缘 v. 接近，濒于
inconsistency	ⒶⒷⒸⒹⒺⒻⒼⒽⒾⒿⓀⓁ	5	[ˌinkən'sistənsi]	n. 不一致，矛盾，不调和
hierarchy	ⒶⒷⒸⒹⒺⒻⒼⒽⒾⒿⓀⓁ	5	['haiəra:ki]	n. 等级制度，阶层，统治集团
repercussion	ⒶⒷⒸⒹⒺⒻⒼⒽⒾⒿⓀⓁ	5	[ˌri:pə(:)'kʌʃən]	n. 反响，弹回，反射
indignation	ⒶⒷⒸⒹⒺⒻⒼⒽⒾⒿⓀⓁ	5	[ˌindig'neiʃən]	n. 愤怒
wrath	ⒶⒷⒸⒹⒺⒻⒼⒽⒾⒿⓀⓁ	5	[rɔ:θ]	n. 愤怒，激怒
demeanor	ⒶⒷⒸⒹⒺⒻⒼⒽⒾⒿⓀⓁ	5	[di'mi:nə]	n. 行为，风度
prodigy	ⒶⒷⒸⒹⒺⒻⒼⒽⒾⒿⓀⓁ	5	['prɔdidʒi]	n. 奇迹，天才，神童
flag	ⒶⒷⒸⒹⒺⒻⒼⒽⒾⒿⓀⓁ	5	[flæg]	n. 旗子 v. 无力地垂下，疲乏
humility	ⒶⒷⒸⒹⒺⒻⒼⒽⒾⒿⓀⓁ	5	[hju(:)'militi]	n. 谦卑，谦逊
concession	ⒶⒷⒸⒹⒺⒻⒼⒽⒾⒿⓀⓁ	5	[kən'seʃən]	n. 让步，妥协，特许权

单词	标记	频率	读音	词义
artifact	ⒶⒷⒸⒹⒺⒻⒼⒽⒾⒿⓀⓁ	5	['a:tifækt]	n. 人工制品
icon	ⒶⒷⒸⒹⒺⒻⒼⒽⒾⒿⓀⓁ	5	['aikɔn]	n. 图标，肖像，象征，偶像
grievance	ⒶⒷⒸⒹⒺⒻⒼⒽⒾⒿⓀⓁ	5	['gri:vəns]	n. 委屈，怨气
anarchy	ⒶⒷⒸⒹⒺⒻⒼⒽⒾⒿⓀⓁ	5	['ænəki]	n. 无政府状态，混乱
diagnosis	ⒶⒷⒸⒹⒺⒻⒼⒽⒾⒿⓀⓁ	5	[ˌdaiəg'nəusis]	n. 诊断
seep	ⒶⒷⒸⒹⒺⒻⒼⒽⒾⒿⓀⓁ	5	[si:p]	v./n. 渗漏
camouflage	ⒶⒷⒸⒹⒺⒻⒼⒽⒾⒿⓀⓁ	5	['kæmufla:ʒ]	v./n. 伪装，掩饰
encompass	ⒶⒷⒸⒹⒺⒻⒼⒽⒾⒿⓀⓁ	5	[in'kʌmpəs]	v. 包围，围绕
muse	ⒶⒷⒸⒹⒺⒻⒼⒽⒾⒿⓀⓁ	5	[mju:z]	v. 沉思 n. 缪斯女神
attain	ⒶⒷⒸⒹⒺⒻⒼⒽⒾⒿⓀⓁ	5	[ə'tein]	v. 达到，获得，实现
exemplify	ⒶⒷⒸⒹⒺⒻⒼⒽⒾⒿⓀⓁ	5	[ig'zemplifai]	v. 例证，示范
deplore	ⒶⒷⒸⒹⒺⒻⒼⒽⒾⒿⓀⓁ	5	[di'plɔ:]	v. 谴责，哀叹
permeate	ⒶⒷⒸⒹⒺⒻⒼⒽⒾⒿⓀⓁ	5	['pə:mieit]	v. 渗透，弥漫，普及
exacerbate	ⒶⒷⒸⒹⒺⒻⒼⒽⒾⒿⓀⓁ	5	[eks'æsə(:)beit]	v. 使恶化，使加重
deflect	ⒶⒷⒸⒹⒺⒻⒼⒽⒾⒿⓀⓁ	5	[di'flekt]	v. 使偏离，转向
impair	ⒶⒷⒸⒹⒺⒻⒼⒽⒾⒿⓀⓁ	5	[im'peə]	v. 损害，削弱
foreshadow	ⒶⒷⒸⒹⒺⒻⒼⒽⒾⒿⓀⓁ	5	[fɔ:'ʃædəu]	v. 预示，预兆
inclusive	ⒶⒷⒸⒹⒺⒻⒼⒽⒾⒿⓀⓁ	4	[in'klu:siv]	a. 包含在内的，包括端点的
querulous	ⒶⒷⒸⒹⒺⒻⒼⒽⒾⒿⓀⓁ	4	['kweruləs]	a. 抱怨的，发牢骚的
sardonic	ⒶⒷⒸⒹⒺⒻⒼⒽⒾⒿⓀⓁ	4	[sa:'dɔnik]	a. 嘲笑的，讥讽的
impetuous	ⒶⒷⒸⒹⒺⒻⒼⒽⒾⒿⓀⓁ	4	[im'petjuəs]	a. 冲动的，鲁莽的，猛烈的
partisan	ⒶⒷⒸⒹⒺⒻⒼⒽⒾⒿⓀⓁ	4	[pa:ti'zæn]	a. 党派的，偏袒的 n. 党徒，支持者
superfluous	ⒶⒷⒸⒹⒺⒻⒼⒽⒾⒿⓀⓁ	4	[sju:'pə:fluəs]	a. 多余的，过剩的
illicit	ⒶⒷⒸⒹⒺⒻⒼⒽⒾⒿⓀⓁ	4	[i'lisit]	a. 非法的，不正当的
informal	ⒶⒷⒸⒹⒺⒻⒼⒽⒾⒿⓀⓁ	4	[in'fɔ:məl]	a. 非正式的，不拘礼节的
perfunctory	ⒶⒷⒸⒹⒺⒻⒼⒽⒾⒿⓀⓁ	4	[pə'fʌŋktəri]	a. 敷衍的
lofty	ⒶⒷⒸⒹⒺⒻⒼⒽⒾⒿⓀⓁ	4	['lɔ(:)fti]	a. 高的，崇高的，傲慢的
fastidious	ⒶⒷⒸⒹⒺⒻⒼⒽⒾⒿⓀⓁ	4	[fæs'tidiəs]	a. 过分讲究的，挑剔的
garish	ⒶⒷⒸⒹⒺⒻⒼⒽⒾⒿⓀⓁ	4	['gæriʃ]	a. 过分装饰的，俗气的，炫耀的
bleak	ⒶⒷⒸⒹⒺⒻⒼⒽⒾⒿⓀⓁ	4	[bli:k]	a. 寒冷的，荒凉的，无希望的
succinct	ⒶⒷⒸⒹⒺⒻⒼⒽⒾⒿⓀⓁ	4	[sək'siŋkt]	a. 简洁的
prudent	ⒶⒷⒸⒹⒺⒻⒼⒽⒾⒿⓀⓁ	4	['pru:dənt]	a. 谨慎的，节俭的，精明的
robust	ⒶⒷⒸⒹⒺⒻⒼⒽⒾⒿⓀⓁ	4	[rə'bʌst]	a. 精力充沛的，强健的
shrewd	ⒶⒷⒸⒹⒺⒻⒼⒽⒾⒿⓀⓁ	4	[ʃru:d]	a. 精明的，机灵的
adjacent	ⒶⒷⒸⒹⒺⒻⒼⒽⒾⒿⓀⓁ	4	[ə'dʒeisnt]	a. 邻近的，毗连的
callous	ⒶⒷⒸⒹⒺⒻⒼⒽⒾⒿⓀⓁ	4	['kæləs]	a. 麻木的，无情的，起老茧的
explicit	ⒶⒷⒸⒹⒺⒻⒼⒽⒾⒿⓀⓁ	4	[iks'plisit]	a. 明确的，清楚的，直率的
derivative	ⒶⒷⒸⒹⒺⒻⒼⒽⒾⒿⓀⓁ	4	[di'rivətiv]	a. 派生的，无创意的 n. 派生物
outlandish	ⒶⒷⒸⒹⒺⒻⒼⒽⒾⒿⓀⓁ	4	[aut'lændiʃ]	a. 奇异的，异国风格的
intimate	ⒶⒷⒸⒹⒺⒻⒼⒽⒾⒿⓀⓁ	4	['intimit]	a. 亲密的，私人的 n. 密友

单词	标记	频率	读音	词义
amiable	ⒶⒷⒸⒹⒺⒻⒼⒽⒾⒿⓀⓁ	4	['eimjəbl]	a. 亲切的，和蔼可亲的
flippant	ⒶⒷⒸⒹⒺⒻⒼⒽⒾⒿⓀⓁ	4	['flipənt]	a. 轻率的，没礼貌的
authoritative	ⒶⒷⒸⒹⒺⒻⒼⒽⒾⒿⓀⓁ	4	[ə'θɔ:riˌteitiv]	a. 权威的，命令式的
cordial	ⒶⒷⒸⒹⒺⒻⒼⒽⒾⒿⓀⓁ	4	['kɔ:diəl;'kɔ:dʒəl]	a. 热情的，兴奋的 n. 兴奋剂
benevolent	ⒶⒷⒸⒹⒺⒻⒼⒽⒾⒿⓀⓁ	4	[bi'nevələnt]	a. 仁慈的
cognitive	ⒶⒷⒸⒹⒺⒻⒼⒽⒾⒿⓀⓁ	4	['kɔgnitiv]	a. 认知的，认识的
physiological	ⒶⒷⒸⒹⒺⒻⒼⒽⒾⒿⓀⓁ	4	[ˌfiziə'lɔdʒikəl]	a. 生理学的，生理的
reputable	ⒶⒷⒸⒹⒺⒻⒼⒽⒾⒿⓀⓁ	4	['repjutəbl]	a. 声誉好的
carnivorous	ⒶⒷⒸⒹⒺⒻⒼⒽⒾⒿⓀⓁ	4	[ka:'nivərəs]	a. 食肉的，肉食性的
celestial	ⒶⒷⒸⒹⒺⒻⒼⒽⒾⒿⓀⓁ	4	[si'lestjəl;si'lestʃəl]	a. 天的，天国的，天空的
disparate	ⒶⒷⒸⒹⒺⒻⒼⒽⒾⒿⓀⓁ	4	['dispərit]	a. 完全不同的
hazardous	ⒶⒷⒸⒹⒺⒻⒼⒽⒾⒿⓀⓁ	4	['hæzədəs]	a. 危险的，冒险的
slight	ⒶⒷⒸⒹⒺⒻⒼⒽⒾⒿⓀⓁ	4	[slait]	a. 微小的，轻微的 n/v. 轻视，怠慢
irrational	ⒶⒷⒸⒹⒺⒻⒼⒽⒾⒿⓀⓁ	4	[i'ræʃənəl]	a. 无理性的 n. 无理数
subordinate	ⒶⒷⒸⒹⒺⒻⒼⒽⒾⒿⓀⓁ	4	[sə'bɔ:dinit]	a. 下级的，次要的 n. 下级，附属
compatible	ⒶⒷⒸⒹⒺⒻⒼⒽⒾⒿⓀⓁ	4	[kəm'pætəbl]	a. 谐调的，兼容的
illusory	ⒶⒷⒸⒹⒺⒻⒼⒽⒾⒿⓀⓁ	4	[i'lu:səri]	a. 虚幻的，幻觉的
stringent	ⒶⒷⒸⒹⒺⒻⒼⒽⒾⒿⓀⓁ	4	['strindʒənt]	a. 严格的，银根紧缩的，迫切的
nocturnal	ⒶⒷⒸⒹⒺⒻⒼⒽⒾⒿⓀⓁ	4	[nɔk'tə:nl]	a. 夜间的，夜间活动的
perpetual	ⒶⒷⒸⒹⒺⒻⒼⒽⒾⒿⓀⓁ	4	[pə'petjuəl]	a. 永久的，长期的，不间断的
precocious	ⒶⒷⒸⒹⒺⒻⒼⒽⒾⒿⓀⓁ	4	[pri'kəuʃəs]	a. 早熟的
venerable	ⒶⒷⒸⒹⒺⒻⒼⒽⒾⒿⓀⓁ	4	['venərəbl]	a. 值得尊敬的，庄严的
notable	ⒶⒷⒸⒹⒺⒻⒼⒽⒾⒿⓀⓁ	4	['nəutəbl]	a. 著名的，显著的 n. 名人
default	ⒶⒷⒸⒹⒺⒻⒼⒽⒾⒿⓀⓁ	4	[di'fɔ:lt]	n./v. 默认值，缺席，不履行
penchant	ⒶⒷⒸⒹⒺⒻⒼⒽⒾⒿⓀⓁ	4	['pentʃənt]	n. 爱好，嗜好
tribute	ⒶⒷⒸⒹⒺⒻⒼⒽⒾⒿⓀⓁ	4	['tribju:t]	n. 称赞，贡品，礼物
animosity	ⒶⒷⒸⒹⒺⒻⒼⒽⒾⒿⓀⓁ	4	[ˌæni'mɔsiti]	n. 仇恨，憎恶，敌意
practitioner	ⒶⒷⒸⒹⒺⒻⒼⒽⒾⒿⓀⓁ	4	[præk'tiʃənə]	n. 从业者，开业者
benefactor	ⒶⒷⒸⒹⒺⒻⒼⒽⒾⒿⓀⓁ	4	['benifæktə]	n. 恩人，捐助者
replica	ⒶⒷⒸⒹⒺⒻⒼⒽⒾⒿⓀⓁ	4	['replikə;ri'pli:kə]	n. 复制品
fortitude	ⒶⒷⒸⒹⒺⒻⒼⒽⒾⒿⓀⓁ	4	['fɔ:titju:d]	n. 刚毅，坚毅
implement	ⒶⒷⒸⒹⒺⒻⒼⒽⒾⒿⓀⓁ	4	['implimənt]	n. 工具，器具 v. 使生效，实施
infusion	ⒶⒷⒸⒹⒺⒻⒼⒽⒾⒿⓀⓁ	4	[in'fju:ʒən]	n. 灌输，注入
beam	ⒶⒷⒸⒹⒺⒻⒼⒽⒾⒿⓀⓁ	4	[bi:m]	n. 光束，横梁 v. 微笑，发光，发射
shroud	ⒶⒷⒸⒹⒺⒻⒼⒽⒾⒿⓀⓁ	4	[ʃraud]	n. 裹尸布，寿衣 v. 遮盖
bane	ⒶⒷⒸⒹⒺⒻⒼⒽⒾⒿⓀⓁ	4	[bein]	n. 祸根，祸害
artifice	ⒶⒷⒸⒹⒺⒻⒼⒽⒾⒿⓀⓁ	4	['a:tifis]	n. 技巧，诡计
scenario	ⒶⒷⒸⒹⒺⒻⒼⒽⒾⒿⓀⓁ	4	[si'na:riəu]	n. 剧本，情节梗概
sovereign	ⒶⒷⒸⒹⒺⒻⒼⒽⒾⒿⓀⓁ	4	['sɔvrin]	n. 君主，元首 a. 至高无上的，主权的
rail	ⒶⒷⒸⒹⒺⒻⒼⒽⒾⒿⓀⓁ	4	[reil]	n. 栏杆，铁轨 v. 抱怨，责骂

单词	标记	频率	读音	词义
apprehension	ⒶⒷⒸⒹⒺⒻⒼⒽⒾⒿⓀⓁ	4	[ˌæpri'henʃən]	n. 理解，忧虑，逮捕
temperament	ⒶⒷⒸⒹⒺⒻⒼⒽⒾⒿⓀⓁ	4	['tempərəmənt]	n. 气质，性情
premise	ⒶⒷⒸⒹⒺⒻⒼⒽⒾⒿⓀⓁ	4	['premis]	n. 前提 v. 假设
intimacy	ⒶⒷⒸⒹⒺⒻⒼⒽⒾⒿⓀⓁ	4	['intiməsi]	n. 亲密，隐私
papyrus	ⒶⒷⒸⒹⒺⒻⒼⒽⒾⒿⓀⓁ	4	[pə'paiərəs]	n. 莎草纸
demise	ⒶⒷⒸⒹⒺⒻⒼⒽⒾⒿⓀⓁ	4	[di'maiz]	n. 死亡，让位，转让
fugitive	ⒶⒷⒸⒹⒺⒻⒼⒽⒾⒿⓀⓁ	4	['fju:dʒitiv]	n. 逃亡者 a. 逃亡的，易逝的
forum	ⒶⒷⒸⒹⒺⒻⒼⒽⒾⒿⓀⓁ	4	['fɔ:rəm]	n. 讨论会，论坛
subtlety	ⒶⒷⒸⒹⒺⒻⒼⒽⒾⒿⓀⓁ	4	['sʌtlti]	n. 微妙，敏锐
materialism	ⒶⒷⒸⒹⒺⒻⒼⒽⒾⒿⓀⓁ	4	[mə'tiəriəlizəm]	n. 唯物主义
legacy	ⒶⒷⒸⒹⒺⒻⒼⒽⒾⒿⓀⓁ	4	['legəsi]	n. 遗产，遗物
restraint	ⒶⒷⒸⒹⒺⒻⒼⒽⒾⒿⓀⓁ	4	[ris'treint]	n. 抑制，制止，束缚
fathom	ⒶⒷⒸⒹⒺⒻⒼⒽⒾⒿⓀⓁ	4	['fæðəm]	n. 英寻（长度单位）v. 彻底了解，测深
barb	ⒶⒷⒸⒹⒺⒻⒼⒽⒾⒿⓀⓁ	4	[ba:b]	n. 鱼钩，刻薄的话 v. 装倒钩
log	ⒶⒷⒸⒹⒺⒻⒼⒽⒾⒿⓀⓁ	4	[lɔg]	n. 原木，航海日志 v. 伐木，记日志
censure	ⒶⒷⒸⒹⒺⒻⒼⒽⒾⒿⓀⓁ	4	['senʃə]	n. 责难 v. 非难，指责
expenditure	ⒶⒷⒸⒹⒺⒻⒼⒽⒾⒿⓀⓁ	4	[iks'penditʃə;eks-]	n. 支出，花费
intellect	ⒶⒷⒸⒹⒺⒻⒼⒽⒾⒿⓀⓁ	4	['intilekt]	n. 智力，思维能力，知识分子
allegiance	ⒶⒷⒸⒹⒺⒻⒼⒽⒾⒿⓀⓁ	4	[ə'li:dʒəns]	n. 忠诚，效忠
host	ⒶⒷⒸⒹⒺⒻⒼⒽⒾⒿⓀⓁ	4	[həust]	n. 主人，主持人 v. 主办，主持
flout	ⒶⒷⒸⒹⒺⒻⒼⒽⒾⒿⓀⓁ	4	[flaut]	v./n. 轻视，嘲笑
concede	ⒶⒷⒸⒹⒺⒻⒼⒽⒾⒿⓀⓁ	4	[kən'si:d]	v. 承认，让步，认输
betray	ⒶⒷⒸⒹⒺⒻⒼⒽⒾⒿⓀⓁ	4	[bi'trei]	v. 出卖，背叛
sully	ⒶⒷⒸⒹⒺⒻⒼⒽⒾⒿⓀⓁ	4	['sʌli]	v. 玷污，弄脏 n. 污点
pall	ⒶⒷⒸⒹⒺⒻⒼⒽⒾⒿⓀⓁ	4	[pɔ:l]	v. 覆盖 n. 裹尸布
simulate	ⒶⒷⒸⒹⒺⒻⒼⒽⒾⒿⓀⓁ	4	['simjuleit]	v. 假装，模拟，模仿
agitate	ⒶⒷⒸⒹⒺⒻⒼⒽⒾⒿⓀⓁ	4	['ædʒiteit]	v. 搅动，煽动，鼓动
mystify	ⒶⒷⒸⒹⒺⒻⒼⒽⒾⒿⓀⓁ	4	['mistifai]	v. 迷惑，使神秘化
delineate	ⒶⒷⒸⒹⒺⒻⒼⒽⒾⒿⓀⓁ	4	[di'linieit]	v. 描绘，描写，画…的轮廓
edify	ⒶⒷⒸⒹⒺⒻⒼⒽⒾⒿⓀⓁ	4	['edifai]	v. 启迪，熏陶，教导
gratify	ⒶⒷⒸⒹⒺⒻⒼⒽⒾⒿⓀⓁ	4	['grætifai]	v. 使满足，使高兴
orient	ⒶⒷⒸⒹⒺⒻⒼⒽⒾⒿⓀⓁ	4	['ɔ:riənt]	v. 使适应，使朝东 n. 东方
alienate	ⒶⒷⒸⒹⒺⒻⒼⒽⒾⒿⓀⓁ	4	['eiljəneit]	v. 使疏远，离间
debilitate	ⒶⒷⒸⒹⒺⒻⒼⒽⒾⒿⓀⓁ	4	[di'biliteit]	v. 使衰弱
perpetuate	ⒶⒷⒸⒹⒺⒻⒼⒽⒾⒿⓀⓁ	4	[pə(:)'petjueit]	v. 使永存，使不朽
belie	ⒶⒷⒸⒹⒺⒻⒼⒽⒾⒿⓀⓁ	4	[bi'lai]	v. 掩饰，证明为假
embrace	ⒶⒷⒸⒹⒺⒻⒼⒽⒾⒿⓀⓁ	4	[im'breis]	v. 拥抱，包围，接受
scrutinize	ⒶⒷⒸⒹⒺⒻⒼⒽⒾⒿⓀⓁ	4	['skru:tinaiz]	v. 仔细检查
decry	ⒶⒷⒸⒹⒺⒻⒼⒽⒾⒿⓀⓁ	4	[di'krai]	v. 责难，诽谤
reiterate	ⒶⒷⒸⒹⒺⒻⒼⒽⒾⒿⓀⓁ	4	[ri:'itəreit]	v. 重申，反复地说

单词	标记	频率	读音	词义
substantive	ⒶⒷⒸⒹⒺⒻⒼⒽⒾⒿⓀⓁ	3	['sʌbstəntiv]	a. 本质的，真实的，独立的
erudite	ⒶⒷⒸⒹⒺⒻⒼⒽⒾⒿⓀⓁ	3	['erudait]	a. 博学的
inscrutable	ⒶⒷⒸⒹⒺⒻⒼⒽⒾⒿⓀⓁ	3	[in'skru:təbl]	a. 不可思议的，不能预测的
equivocal	ⒶⒷⒸⒹⒺⒻⒼⒽⒾⒿⓀⓁ	3	[i'kwivəkəl]	a. 不明确的，模棱两可的
incompatible	ⒶⒷⒸⒹⒺⒻⒼⒽⒾⒿⓀⓁ	3	[ˌinkəm'pætəbl]	a. 不相容的，矛盾的
inconsequential	ⒶⒷⒸⒹⒺⒻⒼⒽⒾⒿⓀⓁ	3	[inˌkɔnsi'kwenʃəl]	a. 不重要的，不合理的
partial	ⒶⒷⒸⒹⒺⒻⒼⒽⒾⒿⓀⓁ	3	['pa:ʃəl]	a. 部分的，偏袒的
tedious	ⒶⒷⒸⒹⒺⒻⒼⒽⒾⒿⓀⓁ	3	['ti:diəs]	a. 沉闷的，单调乏味的
hackneyed	ⒶⒷⒸⒹⒺⒻⒼⒽⒾⒿⓀⓁ	3	['hæknid]	a. 陈腐的，老生常谈的
incentive	ⒶⒷⒸⒹⒺⒻⒼⒽⒾⒿⓀⓁ	3	[in'sentiv]	a. 刺激的，鼓励的 n. 刺激，动机
frail	ⒶⒷⒸⒹⒺⒻⒼⒽⒾⒿⓀⓁ	3	[freil]	a. 脆弱的，虚弱的，意志薄弱的
humdrum	ⒶⒷⒸⒹⒺⒻⒼⒽⒾⒿⓀⓁ	3	['hʌmdrʌm]	a. 单调乏味的 n. 乏味的谈话
dynamic	ⒶⒷⒸⒹⒺⒻⒼⒽⒾⒿⓀⓁ	3	[dai'næmik]	a. 动力的，动力学的，动态的，有活力的
ephemeral	ⒶⒷⒸⒹⒺⒻⒼⒽⒾⒿⓀⓁ	3	[i'femərəl]	a. 短暂的，朝生暮死的
malicious	ⒶⒷⒸⒹⒺⒻⒼⒽⒾⒿⓀⓁ	3	[mə'liʃəs]	a. 恶意的，恶毒的
ominous	ⒶⒷⒸⒹⒺⒻⒼⒽⒾⒿⓀⓁ	3	['ɔminəs]	a. 恶兆的，不吉利的
presumptuous	ⒶⒷⒸⒹⒺⒻⒼⒽⒾⒿⓀⓁ	3	[pri'zʌmptjuəs]	a. 放肆的，冒昧的
atypical	ⒶⒷⒸⒹⒺⒻⒼⒽⒾⒿⓀⓁ	3	[ei'tipikəl]	a. 非典型的
arduous	ⒶⒷⒸⒹⒺⒻⒼⒽⒾⒿⓀⓁ	3	['a:djuəs]	a. 费力的，辛勤的，险峻的
abundant	ⒶⒷⒸⒹⒺⒻⒼⒽⒾⒿⓀⓁ	3	[ə'bʌndənt]	a. 丰富的，充足的
ancillary	ⒶⒷⒸⒹⒺⒻⒼⒽⒾⒿⓀⓁ	3	[æn'siləri]	a. 辅助的，附属的 n. 助手
putrid	ⒶⒷⒸⒹⒺⒻⒼⒽⒾⒿⓀⓁ	3	['pju:trid]	a. 腐烂的，堕落的
equitable	ⒶⒷⒸⒹⒺⒻⒼⒽⒾⒿⓀⓁ	3	['ekwitəbl]	a. 公平的，公正的
archaic	ⒶⒷⒸⒹⒺⒻⒼⒽⒾⒿⓀⓁ	3	[a:'keiik]	a. 古代的，陈旧的
adamant	ⒶⒷⒸⒹⒺⒻⒼⒽⒾⒿⓀⓁ	3	['ædəmənt]	a. 固执的，强硬的 n. 硬石
belligerent	ⒶⒷⒸⒹⒺⒻⒼⒽⒾⒿⓀⓁ	3	[bi'lidʒərənt]	a. 好战的，交战的，交战国的
ornate	ⒶⒷⒸⒹⒺⒻⒼⒽⒾⒿⓀⓁ	3	[ɔ:'neit;'ɔ:neit]	a. 华丽的，装饰的
incredulous	ⒶⒷⒸⒹⒺⒻⒼⒽⒾⒿⓀⓁ	3	[in'kredjuləs]	a. 怀疑的，不轻信的
visionary	ⒶⒷⒸⒹⒺⒻⒼⒽⒾⒿⓀⓁ	3	['viʒənəri]	a. 幻想的，预言性的 n. 空想家
monetary	ⒶⒷⒸⒹⒺⒻⒼⒽⒾⒿⓀⓁ	3	['mʌnitəri]	a. 货币的，金融的
rudimentary	ⒶⒷⒸⒹⒺⒻⒼⒽⒾⒿⓀⓁ	3	[ru:di'mentəri]	a. 基本的，初步的，未充分发展的
monumental	ⒶⒷⒸⒹⒺⒻⒼⒽⒾⒿⓀⓁ	3	[mɔnju'mentl]	a. 纪念碑的，不朽的
laconic	ⒶⒷⒸⒹⒺⒻⒼⒽⒾⒿⓀⓁ	3	[lə'kɔnik]	a. 简洁的，简明的
concise	ⒶⒷⒸⒹⒺⒻⒼⒽⒾⒿⓀⓁ	3	[kən'sais]	a. 简明的，简洁的
austere	ⒶⒷⒸⒹⒺⒻⒼⒽⒾⒿⓀⓁ	3	[ɔs'tiə]	a. 简朴的，严厉的
voluble	ⒶⒷⒸⒹⒺⒻⒼⒽⒾⒿⓀⓁ	3	['vɔljub(ə)l]	a. 健谈的，流利的
scrupulous	ⒶⒷⒸⒹⒺⒻⒼⒽⒾⒿⓀⓁ	3	['skru:pjuləs]	a. 谨慎的，细心的
feasible	ⒶⒷⒸⒹⒺⒻⒼⒽⒾⒿⓀⓁ	3	['fi:zəbl]	a. 可行的，可能的
pathetic	ⒶⒷⒸⒹⒺⒻⒼⒽⒾⒿⓀⓁ	3	[pə'θetik]	a. 可怜的，悲伤的
wistful	ⒶⒷⒸⒹⒺⒻⒼⒽⒾⒿⓀⓁ	3	['wistful]	a. 渴望的，惆怅的

单词	标记	频率	读音	词义
bombastic	ⒶⒷⒸⒹⒺⒻⒼⒽⒾⒿⓀⓁ	3	[bɔm'bæstik]	a. 夸大的
phlegmatic	ⒶⒷⒸⒹⒺⒻⒼⒽⒾⒿⓀⓁ	3	[fleg'mætik]	a. 冷漠的，冷淡的
tangential	ⒶⒷⒸⒹⒺⒻⒼⒽⒾⒿⓀⓁ	3	[tæn'dʒenʃəl]	a. 离题的，肤浅的，切线的
prevalent	ⒶⒷⒸⒹⒺⒻⒼⒽⒾⒿⓀⓁ	3	['prevələnt]	a. 流行的，普遍的
offensive	ⒶⒷⒸⒹⒺⒻⒼⒽⒾⒿⓀⓁ	3	[ə'fensiv]	a. 冒犯的，无礼的，攻击性的
clandestine	ⒶⒷⒸⒹⒺⒻⒼⒽⒾⒿⓀⓁ	3	[klæn'destin]	a. 秘密的，暗中的
overt	ⒶⒷⒸⒹⒺⒻⒼⒽⒾⒿⓀⓁ	3	['əuvə:t]	a. 明显的，公然的
judicious	ⒶⒷⒸⒹⒺⒻⒼⒽⒾⒿⓀⓁ	3	[dʒu:'diʃəs]	a. 明智的，谨慎的
intractable	ⒶⒷⒸⒹⒺⒻⒼⒽⒾⒿⓀⓁ	3	[in'træktəbl]	a. 难驾驭的，倔强的，难治愈的
implausible	ⒶⒷⒸⒹⒺⒻⒼⒽⒾⒿⓀⓁ	3	[im'plɔ:zəbl]	a. 难以置信的，似乎不合情理的
intrinsic	ⒶⒷⒸⒹⒺⒻⒼⒽⒾⒿⓀⓁ	3	[in'trinsik]	a. 内在的，固有的，本质的
derelict	ⒶⒷⒸⒹⒺⒻⒼⒽⒾⒿⓀⓁ	3	['derilikt]	a. 抛弃的，玩忽职守的 n. 遗弃物
vehement	ⒶⒷⒸⒹⒺⒻⒼⒽⒾⒿⓀⓁ	3	['vi:imənt]	a. 强烈的，激烈的
thermal	ⒶⒷⒸⒹⒺⒻⒼⒽⒾⒿⓀⓁ	3	['θə:məl]	a. 热的，热量的，保暖的
ebullient	ⒶⒷⒸⒹⒺⒻⒼⒽⒾⒿⓀⓁ	3	[i'bʌljənt]	a. 热情洋溢的，沸腾的
humane	ⒶⒷⒸⒹⒺⒻⒼⒽⒾⒿⓀⓁ	3	[hju:'mein]	a. 人道的，仁慈的，文雅的
benign	ⒶⒷⒸⒹⒺⒻⒼⒽⒾⒿⓀⓁ	3	[bi'nain]	a. 仁慈的，温和的，良性的
lithe	ⒶⒷⒸⒹⒺⒻⒼⒽⒾⒿⓀⓁ	3	[laið]	a. 柔软的，轻盈的
esoteric	ⒶⒷⒸⒹⒺⒻⒼⒽⒾⒿⓀⓁ	3	[esəu'terik]	a. 神秘的，难懂的，秘传的
substantial	ⒶⒷⒸⒹⒺⒻⒼⒽⒾⒿⓀⓁ	3	[səb'stænʃəl]	a. 实质的，可观的，牢固的
resilient	ⒶⒷⒸⒹⒺⒻⒼⒽⒾⒿⓀⓁ	3	[ri'ziliənt]	a. 适应力强的，有弹力的
defunct	ⒶⒷⒸⒹⒺⒻⒼⒽⒾⒿⓀⓁ	3	[di'fʌŋkt]	a. 死的，失效的，非现存的
innate	ⒶⒷⒸⒹⒺⒻⒼⒽⒾⒿⓀⓁ	3	['ineit]	a. 天生的，固有的
bent	ⒶⒷⒸⒹⒺⒻⒼⒽⒾⒿⓀⓁ	3	[bent]	a. 弯曲的 n. 爱好
temperate	ⒶⒷⒸⒹⒺⒻⒼⒽⒾⒿⓀⓁ	3	['tempərit]	a. 温和的，有节制的
meek	ⒶⒷⒸⒹⒺⒻⒼⒽⒾⒿⓀⓁ	3	[mi:k]	a. 温顺的，谦恭的
nondescript	ⒶⒷⒸⒹⒺⒻⒼⒽⒾⒿⓀⓁ	3	['nɔndis'kript]	a. 无法描述的，无特征的
lackluster	ⒶⒷⒸⒹⒺⒻⒼⒽⒾⒿⓀⓁ	3	['læk͵lʌstə]	a. 无光泽的，暗淡的
innocuous	ⒶⒷⒸⒹⒺⒻⒼⒽⒾⒿⓀⓁ	3	[i'nɔkjuəs]	a. 无害的，无毒的
tenuous	ⒶⒷⒸⒹⒺⒻⒼⒽⒾⒿⓀⓁ	3	['tenjuəs]	a. 纤细的，稀薄的，空洞的
blatant	ⒶⒷⒸⒹⒺⒻⒼⒽⒾⒿⓀⓁ	3	['bleitənt]	a. 喧嚣的，吵闹的，明目张胆的
pliable	ⒶⒷⒸⒹⒺⒻⒼⒽⒾⒿⓀⓁ	3	['plaiəbl]	a. 易弯的，柔软的，易受影响的
pertinent	ⒶⒷⒸⒹⒺⒻⒼⒽⒾⒿⓀⓁ	3	['pə:tinənt]	a. 有关的，相干的，切题的
methodical	ⒶⒷⒸⒹⒺⒻⒼⒽⒾⒿⓀⓁ	3	[mə'θɔdikəl]	a. 有条理的，有方法的
pristine	ⒶⒷⒸⒹⒺⒻⒼⒽⒾⒿⓀⓁ	3	['pristain]	a. 原始的，纯洁的，新鲜的
outspoken	ⒶⒷⒸⒹⒺⒻⒼⒽⒾⒿⓀⓁ	3	[aut'spəukən]	a. 直言无讳的，坦率的
subjective	ⒶⒷⒸⒹⒺⒻⒼⒽⒾⒿⓀⓁ	3	[sʌb'dʒektiv]	a. 主观的，个人的
thematic	ⒶⒷⒸⒹⒺⒻⒼⒽⒾⒿⓀⓁ	3	[θi:'mætik]	a. 主题的，主旋律的，词干的
attentive	ⒶⒷⒸⒹⒺⒻⒼⒽⒾⒿⓀⓁ	3	[ə'tentiv]	a. 注意的，留意的
tenacious	ⒶⒷⒸⒹⒺⒻⒼⒽⒾⒿⓀⓁ	3	[ti'neiʃəs]	a. 抓紧的，固执的，不屈不挠的

单词	标记	频率	读音	词义
pretentious	ⒶⒷⒸⒹⒺⒻⒼⒽⒾⒿⓀⓁ	3	[pri'tenʃəs]	a. 自命不凡的，炫耀的，做作的
paramount	ⒶⒷⒸⒹⒺⒻⒼⒽⒾⒿⓀⓁ	3	['pærəmaunt]	a. 最重要的，至高无上的
solace	ⒶⒷⒸⒹⒺⒻⒼⒽⒾⒿⓀⓁ	3	['sɔləs]	n./v. 安慰，慰藉
scoff	ⒶⒷⒸⒹⒺⒻⒼⒽⒾⒿⓀⓁ	3	[skɔf]	n./v. 嘲笑
array	ⒶⒷⒸⒹⒺⒻⒼⒽⒾⒿⓀⓁ	3	[ə'rei]	n./v. 排列，部署，打扮
exposure	ⒶⒷⒸⒹⒺⒻⒼⒽⒾⒿⓀⓁ	3	[iks'pəuʒə]	n. 暴露，揭露
pessimism	ⒶⒷⒸⒹⒺⒻⒼⒽⒾⒿⓀⓁ	3	['pesimizm]	n. 悲观，悲观主义
impropriety	ⒶⒷⒸⒹⒺⒻⒼⒽⒾⒿⓀⓁ	3	[,imprə'praiəti]	n. 不当言辞或行为，不得体
pedestrian	ⒶⒷⒸⒹⒺⒻⒼⒽⒾⒿⓀⓁ	3	[pe'destriən]	n. 步行者 a. 徒步的，缺乏想象的
discrepancy	ⒶⒷⒸⒹⒺⒻⒼⒽⒾⒿⓀⓁ	3	[dis'krepənsi]	n. 差异，分歧
meditation	ⒶⒷⒸⒹⒺⒻⒼⒽⒾⒿⓀⓁ	3	[medi'teiʃən]	n. 沉思，冥想
component	ⒶⒷⒸⒹⒺⒻⒼⒽⒾⒿⓀⓁ	3	[kəm'pəunənt]	n. 成分，元件，组件
magnitude	ⒶⒷⒸⒹⒺⒻⒼⒽⒾⒿⓀⓁ	3	['mægnitju:d]	n. 大小，等级，重要，巨大
singular	ⒶⒷⒸⒹⒺⒻⒼⒽⒾⒿⓀⓁ	3	['siŋgjulə]	n. 单数 a. 单数的，非凡的，奇特的
momentum	ⒶⒷⒸⒹⒺⒻⒼⒽⒾⒿⓀⓁ	3	[məu'mentəm]	n. 动力，势头，动量
fauna	ⒶⒷⒸⒹⒺⒻⒼⒽⒾⒿⓀⓁ	3	['fɔ:nə]	n. 动物群
brevity	ⒶⒷⒸⒹⒺⒻⒼⒽⒾⒿⓀⓁ	3	['breviti]	n. 短暂，简洁
symmetry	ⒶⒷⒸⒹⒺⒻⒼⒽⒾⒿⓀⓁ	3	['simitri]	n. 对称，对称性
antagonism	ⒶⒷⒸⒹⒺⒻⒼⒽⒾⒿⓀⓁ	3	[æn'tægənizəm]	n. 对抗，对立，对抗性
rebuttal	ⒶⒷⒸⒹⒺⒻⒼⒽⒾⒿⓀⓁ	3	[ri'bʌtəl]	n. 反驳，反证
recrimination	ⒶⒷⒸⒹⒺⒻⒼⒽⒾⒿⓀⓁ	3	[rikrimi'neiʃ(ə)n]	n. 反控告，反过来责备
swarm	ⒶⒷⒸⒹⒺⒻⒼⒽⒾⒿⓀⓁ	3	[swɔ:m]	n. 蜂群，一大群 v. 云集，聚集
onset	ⒶⒷⒸⒹⒺⒻⒼⒽⒾⒿⓀⓁ	3	['ɔnset]	n. 攻击，开始
eccentricity	ⒶⒷⒸⒹⒺⒻⒼⒽⒾⒿⓀⓁ	3	[eksen'trisiti]	n. 古怪，怪癖，离心率
deluge	ⒶⒷⒸⒹⒺⒻⒼⒽⒾⒿⓀⓁ	3	['delju:dʒ]	n. 洪水，暴雨，泛滥
torrent	ⒶⒷⒸⒹⒺⒻⒼⒽⒾⒿⓀⓁ	3	['tɔrənt]	n. 激流，山洪，爆发 a. 奔流的
doctrinaire	ⒶⒷⒸⒹⒺⒻⒼⒽⒾⒿⓀⓁ	3	[,dɔktri'neə]	n. 教条主义者 a. 教条的
admonition	ⒶⒷⒸⒹⒺⒻⒼⒽⒾⒿⓀⓁ	3	[ædmə'niʃən]	n. 警告，劝告，训诫
monarchy	ⒶⒷⒸⒹⒺⒻⒼⒽⒾⒿⓀⓁ	3	['mɔnəki]	n. 君主政体，君主国
inception	ⒶⒷⒸⒹⒺⒻⒼⒽⒾⒿⓀⓁ	3	[in'sepʃən]	n. 开端，获得学位
bolt	ⒶⒷⒸⒹⒺⒻⒼⒽⒾⒿⓀⓁ	3	[bəult]	n. 门栓，螺栓 v. 逃跑
mammoth	ⒶⒷⒸⒹⒺⒻⒼⒽⒾⒿⓀⓁ	3	['mæməθ]	n. 猛犸象，长毛象 a. 庞大的
enigma	ⒶⒷⒸⒹⒺⒻⒼⒽⒾⒿⓀⓁ	3	[i'nigmə]	n. 谜，难以理解的事物
conundrum	ⒶⒷⒸⒹⒺⒻⒼⒽⒾⒿⓀⓁ	3	[kə'nʌndrəm]	n. 谜语，难题
alacrity	ⒶⒷⒸⒹⒺⒻⒼⒽⒾⒿⓀⓁ	3	[ə'lækriti]	n. 敏捷，轻快，乐意
simile	ⒶⒷⒸⒹⒺⒻⒼⒽⒾⒿⓀⓁ	3	['simili]	n. 明喻，直喻
temper	ⒶⒷⒸⒹⒺⒻⒼⒽⒾⒿⓀⓁ	3	['tempə]	n. 脾气，情绪 v. 调和，缓和
entrepreneur	ⒶⒷⒸⒹⒺⒻⒼⒽⒾⒿⓀⓁ	3	[,ɔntrəprə'nə:]	n. 企业家
apparatus	ⒶⒷⒸⒹⒺⒻⒼⒽⒾⒿⓀⓁ	3	[,æpə'reitəs]	n. 器械，设备，仪器，机构
zeal	ⒶⒷⒸⒹⒺⒻⒼⒽⒾⒿⓀⓁ	3	[zi:l]	n. 热心，热情

单词	标记	频率	读音	词义
anthropologist	ⒶⒷⒸⒹⒺⒻⒼⒽⒾⒿⓀⓁ	3	[ˌænθrəˈpɔlədʒist]	n. 人类学家
hue	ⒶⒷⒸⒹⒺⒻⒼⒽⒾⒿⓀⓁ	3	[hju:]	n. 色彩，色调
modicum	ⒶⒷⒸⒹⒺⒻⒼⒽⒾⒿⓀⓁ	3	[ˈmɔdikəm]	n. 少量
paucity	ⒶⒷⒸⒹⒺⒻⒼⒽⒾⒿⓀⓁ	3	[ˈpɔ:siti]	n. 少数，少量，缺乏
prestige	ⒶⒷⒸⒹⒺⒻⒼⒽⒾⒿⓀⓁ	3	[presˈti:ʒ;-ˈti:dʒ]	n. 声望，威望
pragmatist	ⒶⒷⒸⒹⒺⒻⒼⒽⒾⒿⓀⓁ	3	[ˈprægmətist]	n. 实用主义者
sustenance	ⒶⒷⒸⒹⒺⒻⒼⒽⒾⒿⓀⓁ	3	[ˈsʌstinəns]	n. 食物，生计，营养
infraction	ⒶⒷⒸⒹⒺⒻⒼⒽⒾⒿⓀⓁ	3	[inˈfrækʃən]	n. 违反，违法
euphemism	ⒶⒷⒸⒹⒺⒻⒼⒽⒾⒿⓀⓁ	3	[ˈju:fimizəm]	n. 委婉的说法
nuance	ⒶⒷⒸⒹⒺⒻⒼⒽⒾⒿⓀⓁ	3	[nju:ˈa:ns;-ˈɔ:ns]	n. 细微差别
precedent	ⒶⒷⒸⒹⒺⒻⒼⒽⒾⒿⓀⓁ	3	[priˈsi:dənt]	n. 先例，惯例 a. 在先的，在前的
mite	ⒶⒷⒸⒹⒺⒻⒼⒽⒾⒿⓀⓁ	3	[mait]	n. 小虫，极小量，螨虫
faction	ⒶⒷⒸⒹⒺⒻⒼⒽⒾⒿⓀⓁ	3	[ˈfækʃən]	n. 小集团，派系，内讧
grove	ⒶⒷⒸⒹⒺⒻⒼⒽⒾⒿⓀⓁ	3	[grəuv]	n. 小树林，果园
epoch	ⒶⒷⒸⒹⒺⒻⒼⒽⒾⒿⓀⓁ	3	[ˈi:pɔk;ˈepɔk]	n. 新纪元，时期
aversion	ⒶⒷⒸⒹⒺⒻⒼⒽⒾⒿⓀⓁ	3	[əˈvə:ʃən]	n. 厌恶，讨厌的人或事
agenda	ⒶⒷⒸⒹⒺⒻⒼⒽⒾⒿⓀⓁ	3	[əˈdʒendə]	n. 议程，应办事项
dissent	ⒶⒷⒸⒹⒺⒻⒼⒽⒾⒿⓀⓁ	3	[diˈsent]	n. 异议 v. 持异议，不同意
adversity	ⒶⒷⒸⒹⒺⒻⒼⒽⒾⒿⓀⓁ	3	[ədˈvə:siti]	n. 灾祸，逆境
calamity	ⒶⒷⒸⒹⒺⒻⒼⒽⒾⒿⓀⓁ	3	[kəˈlæmiti]	n. 灾难，灾祸
proliferation	ⒶⒷⒸⒹⒺⒻⒼⒽⒾⒿⓀⓁ	3	[prəuˌlifəˈreiʃən]	n. 增殖，繁殖，扩散
longevity	ⒶⒷⒸⒹⒺⒻⒼⒽⒾⒿⓀⓁ	3	[lɔnˈdʒeviti]	n. 长寿，寿命
proponent	ⒶⒷⒸⒹⒺⒻⒼⒽⒾⒿⓀⓁ	3	[prəˈpəunənt]	n. 支持者，倡导者
intelligentsia	ⒶⒷⒸⒹⒺⒻⒼⒽⒾⒿⓀⓁ	3	[inteliˈdʒentsiə]	n. 知识分子
gravity	ⒶⒷⒸⒹⒺⒻⒼⒽⒾⒿⓀⓁ	3	[ˈgræviti]	n. 重力，庄重
expertise	ⒶⒷⒸⒹⒺⒻⒼⒽⒾⒿⓀⓁ	3	[ˌekspəˈti:z]	n. 专家意见，专门知识，专长
diversion	ⒶⒷⒸⒹⒺⒻⒼⒽⒾⒿⓀⓁ	3	[daiˈvə:ʃən]	n. 转向，转移，娱乐活动
augment	ⒶⒷⒸⒹⒺⒻⒼⒽⒾⒿⓀⓁ	3	[ɔ:gˈment]	v./n. 增加，扩大
bungle	ⒶⒷⒸⒹⒺⒻⒼⒽⒾⒿⓀⓁ	3	[ˈbʌŋgl]	v./n. 拙劣的工作，粗制滥造，搞坏
shun	ⒶⒷⒸⒹⒺⒻⒼⒽⒾⒿⓀⓁ	3	[ʃʌn]	v. 避开，回避
arrest	ⒶⒷⒸⒹⒺⒻⒼⒽⒾⒿⓀⓁ	3	[əˈrest]	v. 逮捕，拘留，吸引
propagate	ⒶⒷⒸⒹⒺⒻⒼⒽⒾⒿⓀⓁ	3	[ˈprɔpəgeit]	v. 繁殖，增值，传播
intervene	ⒶⒷⒸⒹⒺⒻⒼⒽⒾⒿⓀⓁ	3	[ˌintəˈvi:n]	v. 干涉，插入，干扰
collaborate	ⒶⒷⒸⒹⒺⒻⒼⒽⒾⒿⓀⓁ	3	[kəˈlæbəreit]	v. 合作，通敌
amass	ⒶⒷⒸⒹⒺⒻⒼⒽⒾⒿⓀⓁ	3	[əˈmæs]	v. 积累，积聚
begrudge	ⒶⒷⒸⒹⒺⒻⒼⒽⒾⒿⓀⓁ	3	[biˈgrʌdʒ]	v. 嫉妒，羡慕
alleviate	ⒶⒷⒸⒹⒺⒻⒼⒽⒾⒿⓀⓁ	3	[əˈli:vieit]	v. 减轻，使缓和
dwindle	ⒶⒷⒸⒹⒺⒻⒼⒽⒾⒿⓀⓁ	3	[ˈdwindl]	v. 减少，缩小
unearth	ⒶⒷⒸⒹⒺⒻⒼⒽⒾⒿⓀⓁ	3	[ˈʌnˈə:θ]	v. 掘出，揭露
boycott	ⒶⒷⒸⒹⒺⒻⒼⒽⒾⒿⓀⓁ	3	[ˈbɔikət]	v. 联合抵制，拒绝参加

单词	标记	频率	读音	词义
enumerate	ⒶⒷⒸⒹⒺⒻⒼⒽⒾⒿⓀⓁ	3	[i'nju:məreit]	v. 列举，枚举
linger	ⒶⒷⒸⒹⒺⒻⒼⒽⒾⒿⓀⓁ	3	['liŋgə]	v. 徘徊，逗留，闲逛
appraise	ⒶⒷⒸⒹⒺⒻⒼⒽⒾⒿⓀⓁ	3	[ə'preiz]	v. 评价，估价，鉴定
delude	ⒶⒷⒸⒹⒺⒻⒼⒽⒾⒿⓀⓁ	3	[di'lu:d]	v. 欺骗，蛊惑
accentuate	ⒶⒷⒸⒹⒺⒻⒼⒽⒾⒿⓀⓁ	3	[æk'sentjueit]	v. 强调，重读
despise	ⒶⒷⒸⒹⒺⒻⒼⒽⒾⒿⓀⓁ	3	[dis'paiz]	v. 轻视
dispel	ⒶⒷⒸⒹⒺⒻⒼⒽⒾⒿⓀⓁ	3	[dis'pel]	v. 驱散，消除
ascertain	ⒶⒷⒸⒹⒺⒻⒼⒽⒾⒿⓀⓁ	3	[ˌæsə'tein]	v. 确定，查明
implicate	ⒶⒷⒸⒹⒺⒻⒼⒽⒾⒿⓀⓁ	3	['implikeit]	v. 涉及，使牵连，暗示
vex	ⒶⒷⒸⒹⒺⒻⒼⒽⒾⒿⓀⓁ	3	[veks]	v. 使烦恼，使困惑
rationalize	ⒶⒷⒸⒹⒺⒻⒼⒽⒾⒿⓀⓁ	3	['ræʃənəlaiz]	v. 使合理化，消根
assimilate	ⒶⒷⒸⒹⒺⒻⒼⒽⒾⒿⓀⓁ	3	[ə'simileit]	v. 同化，吸收，消化
wake	ⒶⒷⒸⒹⒺⒻⒼⒽⒾⒿⓀⓁ	3	[weik]	v. 醒来，唤醒
flaunt	ⒶⒷⒸⒹⒺⒻⒼⒽⒾⒿⓀⓁ	3	[flɔ:nt]	v. 炫耀，张扬
apprehend	ⒶⒷⒸⒹⒺⒻⒼⒽⒾⒿⓀⓁ	3	[ˌæpri'hend]	v. 忧虑，理解，逮捕
extol	ⒶⒷⒸⒹⒺⒻⒼⒽⒾⒿⓀⓁ	3	[iks'tɔl]	v. 赞美，吹捧
convene	ⒶⒷⒸⒹⒺⒻⒼⒽⒾⒿⓀⓁ	3	[kən'vi:n]	v. 召集，集合，传唤
attest	ⒶⒷⒸⒹⒺⒻⒼⒽⒾⒿⓀⓁ	3	[ə'test]	v. 证明，证实，为…作证
substantiate	ⒶⒷⒸⒹⒺⒻⒼⒽⒾⒿⓀⓁ	3	[sʌbs'tænʃieit]	v. 证实，使实体化
espouse	ⒶⒷⒸⒹⒺⒻⒼⒽⒾⒿⓀⓁ	3	[is'pauz]	v. 支持，赞成，嫁娶
avert	ⒶⒷⒸⒹⒺⒻⒼⒽⒾⒿⓀⓁ	3	[ə'və:t]	v. 转移，避免，防止
outstrip	ⒶⒷⒸⒹⒺⒻⒼⒽⒾⒿⓀⓁ	3	[aut'strip]	v. 追过，胜过
bohemian	ⒶⒷⒸⒹⒺⒻⒼⒽⒾⒿⓀⓁ	2	[bəu'hi:mjən]	a./n. 波希米亚的，放荡不羁的
menial	ⒶⒷⒸⒹⒺⒻⒼⒽⒾⒿⓀⓁ	2	['mi:njəl]	a./n. 仆人的，卑微的
vindictive	ⒶⒷⒸⒹⒺⒻⒼⒽⒾⒿⓀⓁ	2	[vin'diktiv]	a. 报复性的，有复仇心的
lugubrious	ⒶⒷⒸⒹⒺⒻⒼⒽⒾⒿⓀⓁ	2	[lu:'gju:briəs]	a. 悲哀的，消沉的
lucid	ⒶⒷⒸⒹⒺⒻⒼⒽⒾⒿⓀⓁ	2	['lu:sid]	a. 表达清楚的，易懂的，透明的
glacial	ⒶⒷⒸⒹⒺⒻⒼⒽⒾⒿⓀⓁ	2	['gleisjəl;'glæs-]	a. 冰川期的，非常冷的，缓慢的
precarious	ⒶⒷⒸⒹⒺⒻⒼⒽⒾⒿⓀⓁ	2	[pri'keəriəs]	a. 不安全的，不稳定的
immutable	ⒶⒷⒸⒹⒺⒻⒼⒽⒾⒿⓀⓁ	2	[i'mju:təbl]	a. 不变的，永恒的
disingenuous	ⒶⒷⒸⒹⒺⒻⒼⒽⒾⒿⓀⓁ	2	[ˌdisin'dʒenjuəs]	a. 不诚实的，虚伪的
incessant	ⒶⒷⒸⒹⒺⒻⒼⒽⒾⒿⓀⓁ	2	[in'sesnt]	a. 不断的，连续的
anomalous	ⒶⒷⒸⒹⒺⒻⒼⒽⒾⒿⓀⓁ	2	[ə'nɔmələs]	a. 不规则的，反常的
unequivocal	ⒶⒷⒸⒹⒺⒻⒼⒽⒾⒿⓀⓁ	2	['ʌni'kwivəkəl]	a. 不含糊的，明确的
inept	ⒶⒷⒸⒹⒺⒻⒼⒽⒾⒿⓀⓁ	2	[i'nept]	a. 不合适的，无能的，笨拙的
adverse	ⒶⒷⒸⒹⒺⒻⒼⒽⒾⒿⓀⓁ	2	['ædvə:s]	a. 不利的，有害的，相反的
irreconcilable	ⒶⒷⒸⒹⒺⒻⒼⒽⒾⒿⓀⓁ	2	[i'rekənsailəbl]	a. 不能和解的，不能妥协的
quixotic	ⒶⒷⒸⒹⒺⒻⒼⒽⒾⒿⓀⓁ	2	[kwik'sɔtik]	a. 不切实际的，堂吉诃德式的
indomitable	ⒶⒷⒸⒹⒺⒻⒼⒽⒾⒿⓀⓁ	2	[in'dɔmitəbl]	a. 不屈不挠的
sinister	ⒶⒷⒸⒹⒺⒻⒼⒽⒾⒿⓀⓁ	2	['sinistə]	a. 不祥的，邪恶的，灾难性的

单词	标记	频率	读音	词义
incongruous	ⒶⒷⒸⒹⒺⒻⒼⒽⒾⒿⓀⓁ	2	[in'kɔŋgruəs]	a. 不协调的，不一致的，不适当的
unwitting	ⒶⒷⒸⒹⒺⒻⒼⒽⒾⒿⓀⓁ	2	[ʌn'witiŋ]	a. 不知情的，无意的
perfidious	ⒶⒷⒸⒹⒺⒻⒼⒽⒾⒿⓀⓁ	2	[pə'fidiəs]	a. 不忠的，背信弃义的
imperceptible	ⒶⒷⒸⒹⒺⒻⒼⒽⒾⒿⓀⓁ	2	[impə'septəbl]	a. 察觉不到的，不知不觉的
taciturn	ⒶⒷⒸⒹⒺⒻⒼⒽⒾⒿⓀⓁ	2	['tæsitə:n]	a. 沉默寡言的
pensive	ⒶⒷⒸⒹⒺⒻⒼⒽⒾⒿⓀⓁ	2	['pensiv]	a. 沉思的，愁眉苦脸的
strident	ⒶⒷⒸⒹⒺⒻⒼⒽⒾⒿⓀⓁ	2	['straidnt]	a. 刺耳的，尖叫的，尖锐的
audacious	ⒶⒷⒸⒹⒺⒻⒼⒽⒾⒿⓀⓁ	2	[ɔ:'deiʃəs]	a. 大胆的，无礼的，无耻的
remiss	ⒶⒷⒸⒹⒺⒻⒼⒽⒾⒿⓀⓁ	2	[ri'mis]	a. 怠慢的，疏忽的
timorous	ⒶⒷⒸⒹⒺⒻⒼⒽⒾⒿⓀⓁ	2	['timərəs]	a. 胆怯的，羞怯的
inverse	ⒶⒷⒸⒹⒺⒻⒼⒽⒾⒿⓀⓁ	2	['in'və:s]	a. 倒转的，相反的 n. 倒数，负数
parochial	ⒶⒷⒸⒹⒺⒻⒼⒽⒾⒿⓀⓁ	2	[pə'rəukiəl]	a. 地方性的，狭隘的，教区的
imperial	ⒶⒷⒸⒹⒺⒻⒼⒽⒾⒿⓀⓁ	2	[im'piəriəl]	a. 帝国的，帝王的，至尊的
transient	ⒶⒷⒸⒹⒺⒻⒼⒽⒾⒿⓀⓁ	2	['trænziənt]	a. 短暂的，转瞬即逝的
tremulous	ⒶⒷⒸⒹⒺⒻⒼⒽⒾⒿⓀⓁ	2	['tremjuləs]	a. 发抖的，胆小的，害怕的
irate	ⒶⒷⒸⒹⒺⒻⒼⒽⒾⒿⓀⓁ	2	[ai'reit]	a. 发怒的，生气的
prosaic	ⒶⒷⒸⒹⒺⒻⒼⒽⒾⒿⓀⓁ	2	[prəu'zeiik]	a. 乏味的，散文的
averse	ⒶⒷⒸⒹⒺⒻⒼⒽⒾⒿⓀⓁ	2	[ə'və:s]	a. 反对的，厌恶的
frantic	ⒶⒷⒸⒹⒺⒻⒼⒽⒾⒿⓀⓁ	2	['fræntik]	a. 疯狂的，狂乱的
satirical	ⒶⒷⒸⒹⒺⒻⒼⒽⒾⒿⓀⓁ	2	[sə'tirikəl]	a. 讽刺的，挖苦的
corrosive	ⒶⒷⒸⒹⒺⒻⒼⒽⒾⒿⓀⓁ	2	[kə'rəusiv]	a. 腐蚀的 n. 腐蚀物
rigid	ⒶⒷⒸⒹⒺⒻⒼⒽⒾⒿⓀⓁ	2	['ridʒid]	a. 刚硬的，严格的，固执的
climactic	ⒶⒷⒸⒹⒺⒻⒼⒽⒾⒿⓀⓁ	2	[klai'mæktik]	a. 高潮的，顶点的
communal	ⒶⒷⒸⒹⒺⒻⒼⒽⒾⒿⓀⓁ	2	['kɔmjunəl]	a. 公共的，共有的
evenhanded	ⒶⒷⒸⒹⒺⒻⒼⒽⒾⒿⓀⓁ	2	['i:vən'hændid]	a. 公平的，公正的
reverent	ⒶⒷⒸⒹⒺⒻⒼⒽⒾⒿⓀⓁ	2	['revərənt]	a. 恭敬的，虔诚的
forlorn	ⒶⒷⒸⒹⒺⒻⒼⒽⒾⒿⓀⓁ	2	[fə'lɔ:n]	a. 孤独的，凄凉的，希望渺茫的
erratic	ⒶⒷⒸⒹⒺⒻⒼⒽⒾⒿⓀⓁ	2	[i'rætik]	a. 古怪的，无规律的
quizzical	ⒶⒷⒸⒹⒺⒻⒼⒽⒾⒿⓀⓁ	2	['kwizikəl]	a. 古怪的，戏弄的，嘲弄的
surreptitious	ⒶⒷⒸⒹⒺⒻⒼⒽⒾⒿⓀⓁ	2	[sʌrəp'tiʃəs]	a. 鬼鬼祟祟的，秘密的
exorbitant	ⒶⒷⒸⒹⒺⒻⒼⒽⒾⒿⓀⓁ	2	[ig'zɔ:bitənt]	a. 过度的，（价格）过高的
nautical	ⒶⒷⒸⒹⒺⒻⒼⒽⒾⒿⓀⓁ	2	['nɔ:tikəl]	a. 海上的，航海的，船员的
militant	ⒶⒷⒸⒹⒺⒻⒼⒽⒾⒿⓀⓁ	2	['militənt]	a. 好战的 n. 好斗分子
desolate	ⒶⒷⒸⒹⒺⒻⒼⒽⒾⒿⓀⓁ	2	['desəlit]	a. 荒凉的，孤单的
jocular	ⒶⒷⒸⒹⒺⒻⒼⒽⒾⒿⓀⓁ	2	['dʒɔkjulə]	a. 诙谐的，滑稽的
flamboyant	ⒶⒷⒸⒹⒺⒻⒼⒽⒾⒿⓀⓁ	2	[flæm'bɔiənt]	a. 辉煌的，华丽的，炫耀的
leery	ⒶⒷⒸⒹⒺⒻⒼⒽⒾⒿⓀⓁ	2	['liəri]	a. 机敏的，小心的，警惕的
momentous	ⒶⒷⒸⒹⒺⒻⒼⒽⒾⒿⓀⓁ	2	[məu'mentəs]	a. 极重要的
terse	ⒶⒷⒸⒹⒺⒻⒼⒽⒾⒿⓀⓁ	2	[tə:s]	a. 简洁的，扼要的
overwrought	ⒶⒷⒸⒹⒺⒻⒼⒽⒾⒿⓀⓁ	2	['əuvə'rɔ:t]	a. 紧张过度的，劳累过度的

单词	标记	频率	读音	词义
circumspect	ⒶⒷⒸⒹⒺⒻⒼⒽⒾⒿⓀⓁ	2	['sə:kəmspekt]	a. 谨慎的，周到的
myopic	ⒶⒷⒸⒹⒺⒻⒼⒽⒾⒿⓀⓁ	2	[mai'ɔpik]	a. 近视的，缺乏远见的
quiescent	ⒶⒷⒸⒹⒺⒻⒼⒽⒾⒿⓀⓁ	2	[kwai'esənt]	a. 静止的，寂静的，不活动的
prodigious	ⒶⒷⒸⒹⒺⒻⒼⒽⒾⒿⓀⓁ	2	[prə'didʒəs]	a. 巨大的，惊人的
colossal	ⒶⒷⒸⒹⒺⒻⒼⒽⒾⒿⓀⓁ	2	[kə'lɔsl]	a. 巨大的，庞大的
categorical	ⒶⒷⒸⒹⒺⒻⒼⒽⒾⒿⓀⓁ	2	[kæti'gɔrikəl]	a. 绝对的，分类的
munificent	ⒶⒷⒸⒹⒺⒻⒼⒽⒾⒿⓀⓁ	2	[mju:'nifisnt]	a. 慷慨的，大方的
comparable	ⒶⒷⒸⒹⒺⒻⒼⒽⒾⒿⓀⓁ	2	['kɔmpərəbl]	a. 可比较的，比得上的
mobile	ⒶⒷⒸⒹⒺⒻⒼⒽⒾⒿⓀⓁ	2	['məubail]	a. 可移动的，易变的
spatial	ⒶⒷⒸⒹⒺⒻⒼⒽⒾⒿⓀⓁ	2	['speiʃəl]	a. 空间的
colloquial	ⒶⒷⒸⒹⒺⒻⒼⒽⒾⒿⓀⓁ	2	[kə'ləukwiəl]	a. 口语的，通俗的
voracious	ⒶⒷⒸⒹⒺⒻⒼⒽⒾⒿⓀⓁ	2	[və'reiʃəs]	a. 狼吞虎咽的，贪婪的
cumulative	ⒶⒷⒸⒹⒺⒻⒼⒽⒾⒿⓀⓁ	2	['kju:mjulətiv]	a. 累积的，渐增的
altruistic	ⒶⒷⒸⒹⒺⒻⒼⒽⒾⒿⓀⓁ	2	[æltru'istik]	a. 利他的，无私心的
foolhardy	ⒶⒷⒸⒹⒺⒻⒼⒽⒾⒿⓀⓁ	2	['fu:lha:di]	a. 鲁莽的
verbose	ⒶⒷⒸⒹⒺⒻⒼⒽⒾⒿⓀⓁ	2	[və:'bəus]	a. 啰嗦的，冗长的
oblivious	ⒶⒷⒸⒹⒺⒻⒼⒽⒾⒿⓀⓁ	2	[ə'bliviəs]	a. 没注意到，健忘的
nebulous	ⒶⒷⒸⒹⒺⒻⒼⒽⒾⒿⓀⓁ	2	['nebjuləs]	a. 朦胧的，多云的，星云的
enigmatic	ⒶⒷⒸⒹⒺⒻⒼⒽⒾⒿⓀⓁ	2	[enig'mætik]	a. 谜一样的，难以捉摸的
deft	ⒶⒷⒸⒹⒺⒻⒼⒽⒾⒿⓀⓁ	2	[deft]	a. 敏捷的，灵巧的
nominal	ⒶⒷⒸⒹⒺⒻⒼⒽⒾⒿⓀⓁ	2	['nɔminl]	a. 名义上的，象征性的
ambiguous	ⒶⒷⒸⒹⒺⒻⒼⒽⒾⒿⓀⓁ	2	[ˌæm'bigjuəs]	a. 模棱两可的，含糊的
abrasive	ⒶⒷⒸⒹⒺⒻⒼⒽⒾⒿⓀⓁ	2	[ə'breisiv]	a. 磨损的，生硬粗暴的 n. 研磨剂
flabbergasted	ⒶⒷⒸⒹⒺⒻⒼⒽⒾⒿⓀⓁ	2	['flæbəgæstid]	a. 目瞪口呆的，惊愕的
unruly	ⒶⒷⒸⒹⒺⒻⒼⒽⒾⒿⓀⓁ	2	[ʌn'ru:li]	a. 难控制的，无法无天的
implacable	ⒶⒷⒸⒹⒺⒻⒼⒽⒾⒿⓀⓁ	2	[im'plækəbl]	a. 难宽恕的，难和解的，执拗的
servile	ⒶⒷⒸⒹⒺⒻⒼⒽⒾⒿⓀⓁ	2	['sə:vail]	a. 奴隶的，奴性的，卑屈的
fortuitous	ⒶⒷⒸⒹⒺⒻⒼⒽⒾⒿⓀⓁ	2	[fɔ:'tju:itəs]	a. 偶然的，幸运的
languid	ⒶⒷⒸⒹⒺⒻⒼⒽⒾⒿⓀⓁ	2	['læŋgwid]	a. 疲倦的，无精打采的
cantankerous	ⒶⒷⒸⒹⒺⒻⒼⒽⒾⒿⓀⓁ	2	[kæn'tæŋkərəs]	a. 脾气坏的，爱争吵的
barren	ⒶⒷⒸⒹⒺⒻⒼⒽⒾⒿⓀⓁ	2	['bærən]	a. 贫瘠的，不孕的
empirical	ⒶⒷⒸⒹⒺⒻⒼⒽⒾⒿⓀⓁ	2	[em'pirikəl]	a. 凭经验的，经验主义的
fraudulent	ⒶⒷⒸⒹⒺⒻⒼⒽⒾⒿⓀⓁ	2	['frɔ:djulənt]	a. 欺诈的，不诚实的
latent	ⒶⒷⒸⒹⒺⒻⒼⒽⒾⒿⓀⓁ	2	['leitənt]	a. 潜在的，潜伏的
mandatory	ⒶⒷⒸⒹⒺⒻⒼⒽⒾⒿⓀⓁ	2	['mændətəri]	a. 强制的，命令的
hardy	ⒶⒷⒸⒹⒺⒻⒼⒽⒾⒿⓀⓁ	2	['ha:di]	a. 强壮的，勇敢的，耐寒的
sedulous	ⒶⒷⒸⒹⒺⒻⒼⒽⒾⒿⓀⓁ	2	['sedʒuləs]	a. 勤勉的，辛勤工作的
definitive	ⒶⒷⒸⒹⒺⒻⒼⒽⒾⒿⓀⓁ	2	[di'finitiv]	a. 确定性的，权威性的 n. 限定词
gregarious	ⒶⒷⒸⒹⒺⒻⒼⒽⒾⒿⓀⓁ	2	[gre'geəriəs]	a. 群居的，爱社交的
fervent	ⒶⒷⒸⒹⒺⒻⒼⒽⒾⒿⓀⓁ	2	['fə:vənt]	a. 热情的，强烈的

单词	标记	频率	读音	词义
raucous	ⒶⒷⒸⒹⒺⒻⒼⒽⒾⒿⓀⓁ	2	['rɔ:kəs]	a. 沙哑的
mercurial	ⒶⒷⒸⒹⒺⒻⒼⒽⒾⒿⓀⓁ	2	[mə:'kjuəriəl]	a. 善变的，活泼的，水银的
abstruse	ⒶⒷⒸⒹⒺⒻⒼⒽⒾⒿⓀⓁ	2	[æb'stru:s]	a. 深奥的，难懂的
arcane	ⒶⒷⒸⒹⒺⒻⒼⒽⒾⒿⓀⓁ	2	[a:'kein]	a. 神秘的，不可思议的
divine	ⒶⒷⒸⒹⒺⒻⒼⒽⒾⒿⓀⓁ	2	[di'vain]	a. 神圣的，非凡的 n. 牧师 v. 占卜
stilted	ⒶⒷⒸⒹⒺⒻⒼⒽⒾⒿⓀⓁ	2	['stiltid]	a. 生硬的，不自然的
provincial	ⒶⒷⒸⒹⒺⒻⒼⒽⒾⒿⓀⓁ	2	[prə'vinʃəl]	a. 省的，狭隘的 n. 乡下人，外省人
despondent	ⒶⒷⒸⒹⒺⒻⒼⒽⒾⒿⓀⓁ	2	[di'spɔndənt]	a. 失望的，沮丧的
decrepit	ⒶⒷⒸⒹⒺⒻⒼⒽⒾⒿⓀⓁ	2	[di'krepit]	a. 衰老的，破旧的
aquatic	ⒶⒷⒸⒹⒺⒻⒼⒽⒾⒿⓀⓁ	2	[ə'kwætik]	a. 水的，水生的 n. 水生动物
homogeneous	ⒶⒷⒸⒹⒺⒻⒼⒽⒾⒿⓀⓁ	2	[hɔmə'dʒi:niəs]	a. 同质的，相似的
headstrong	ⒶⒷⒸⒹⒺⒻⒼⒽⒾⒿⓀⓁ	2	['hedstrɔŋ;-strɔ:ŋ]	a. 顽固的，任性的
hypocritical	ⒶⒷⒸⒹⒺⒻⒼⒽⒾⒿⓀⓁ	2	[hipə'kritikəl]	a. 伪善的，虚伪的
sanctimonious	ⒶⒷⒸⒹⒺⒻⒼⒽⒾⒿⓀⓁ	2	[sæŋkti'məuniəs]	a. 伪装虔诚的
irresolute	ⒶⒷⒸⒹⒺⒻⒼⒽⒾⒿⓀⓁ	2	[i'rezəlu:t]	a. 未决定的，优柔寡断的
docile	ⒶⒷⒸⒹⒺⒻⒼⒽⒾⒿⓀⓁ	2	['dəusail]	a. 温顺的，听话的，容易教的
infamous	ⒶⒷⒸⒹⒺⒻⒼⒽⒾⒿⓀⓁ	2	['infəməs]	a. 无耻的，声名狼藉的
ubiquitous	ⒶⒷⒸⒹⒺⒻⒼⒽⒾⒿⓀⓁ	2	[ju:'bikwitəs]	a. 无处不在的
ineffable	ⒶⒷⒸⒹⒺⒻⒼⒽⒾⒿⓀⓁ	2	[in'efəbl]	a. 无法形容的，说不出的，避讳的
unwarranted	ⒶⒷⒸⒹⒺⒻⒼⒽⒾⒿⓀⓁ	2	['ʌn'wɔrəntid]	a. 无根据的，无理的
indisputable	ⒶⒷⒸⒹⒺⒻⒼⒽⒾⒿⓀⓁ	2	[ˌindis'pju:təbl]	a. 无可争辩的，不容置疑的
unstinting	ⒶⒷⒸⒹⒺⒻⒼⒽⒾⒿⓀⓁ	2	[ʌn'stintiŋ]	a. 无限制的，慷慨的
futile	ⒶⒷⒸⒹⒺⒻⒼⒽⒾⒿⓀⓁ	2	['fju:tail;-til]	a. 无用的，无效的
sparse	ⒶⒷⒸⒹⒺⒻⒼⒽⒾⒿⓀⓁ	2	[spa:s]	a. 稀少的，稀疏的
painstaking	ⒶⒷⒸⒹⒺⒻⒼⒽⒾⒿⓀⓁ	2	['peinsteikiŋ]	a. 辛苦的 n. 辛苦
stellar	ⒶⒷⒸⒹⒺⒻⒼⒽⒾⒿⓀⓁ	2	['stelə]	a. 星球的，明星的，主要的，一流的
dormant	ⒶⒷⒸⒹⒺⒻⒼⒽⒾⒿⓀⓁ	2	['dɔ:mənt]	a. 休眠的，不活跃的，静止的
fictitious	ⒶⒷⒸⒹⒺⒻⒼⒽⒾⒿⓀⓁ	2	[fik'tiʃəs]	a. 虚构的，假的，虚伪的
ostentatious	ⒶⒷⒸⒹⒺⒻⒼⒽⒾⒿⓀⓁ	2	[ɔsten'teiʃəs]	a. 炫耀的，卖弄的
generic	ⒶⒷⒸⒹⒺⒻⒼⒽⒾⒿⓀⓁ	2	[dʒi'nerik]	a. 一般的，普通的，种属的
meticulous	ⒶⒷⒸⒹⒺⒻⒼⒽⒾⒿⓀⓁ	2	[mi'tikjuləs]	a. 一丝不苟的，过度重视细节的
incisive	ⒶⒷⒸⒹⒺⒻⒼⒽⒾⒿⓀⓁ	2	[in'saisiv]	a. 一针见血的，敏锐的
fickle	ⒶⒷⒸⒹⒺⒻⒼⒽⒾⒿⓀⓁ	2	['fikl]	a. 易变的，变幻无常的
palpable	ⒶⒷⒸⒹⒺⒻⒼⒽⒾⒿⓀⓁ	2	['pælpəbl]	a. 易察觉的，可摸到的，明显的
irascible	ⒶⒷⒸⒹⒺⒻⒼⒽⒾⒿⓀⓁ	2	[i'ræsibl]	a. 易怒的，暴躁的
expansive	ⒶⒷⒸⒹⒺⒻⒼⒽⒾⒿⓀⓁ	2	[iks'pænsiv]	a. 易膨胀的，健谈的，广阔的
pliant	ⒶⒷⒸⒹⒺⒻⒼⒽⒾⒿⓀⓁ	2	['plaiənt]	a. 易弯的，易受影响的
tractable	ⒶⒷⒸⒹⒺⒻⒼⒽⒾⒿⓀⓁ	2	['træktəbl]	a. 易于驾驭的
effusive	ⒶⒷⒸⒹⒺⒻⒼⒽⒾⒿⓀⓁ	2	[i'fju:siv]	a. 溢于言表的，溢出的
insidious	ⒶⒷⒸⒹⒺⒻⒼⒽⒾⒿⓀⓁ	2	[in'sidiəs]	a. 阴险的，诱人上当的

单词	标记	频率	读音	词义
reprehensible	ⒶⒷⒸⒹⒺⒻⒼⒽⒾⒿⓀⓁ	2	[repri'hensəbl]	a. 应受谴责的
discriminating	ⒶⒷⒸⒹⒺⒻⒼⒽⒾⒿⓀⓁ	2	[dis'krimineitiŋ]	a. 有辨别力的，有差别的
detrimental	ⒶⒷⒸⒹⒺⒻⒼⒽⒾⒿⓀⓁ	2	[ˌdetri'mentl]	a. 有害的
deleterious	ⒶⒷⒸⒹⒺⒻⒼⒽⒾⒿⓀⓁ	2	[ˌdeli'tiəriəs]	a. 有害于，有毒的
expedient	ⒶⒷⒸⒹⒺⒻⒼⒽⒾⒿⓀⓁ	2	[iks'pi:diənt]	a. 有利的 n. 权宜之计，对策
lucrative	ⒶⒷⒸⒹⒺⒻⒼⒽⒾⒿⓀⓁ	2	['lu:krətiv;lju:-]	a. 有利可图的，获利的
salutary	ⒶⒷⒸⒹⒺⒻⒼⒽⒾⒿⓀⓁ	2	['sæljutəri]	a. 有益健康的，有益的
pedantic	ⒶⒷⒸⒹⒺⒻⒼⒽⒾⒿⓀⓁ	2	[pi'dæntik]	a. 迂腐的，学究式的
aboriginal	ⒶⒷⒸⒹⒺⒻⒼⒽⒾⒿⓀⓁ	2	[ˌæbə'ridʒənəl]	a. 原始的，土著的 n. 土著居民
obsessive	ⒶⒷⒸⒹⒺⒻⒼⒽⒾⒿⓀⓁ	2	[əb'sesiv;ɔb-]	a. 着迷的，困扰的
indicative	ⒶⒷⒸⒹⒺⒻⒼⒽⒾⒿⓀⓁ	2	[in'dikətiv]	a. 指示的，象征的 n. 陈述语气
therapeutic	ⒶⒷⒸⒹⒺⒻⒼⒽⒾⒿⓀⓁ	2	[θerə'pju:tik]	a. 治疗的
autonomous	ⒶⒷⒸⒹⒺⒻⒼⒽⒾⒿⓀⓁ	2	[ɔ:'tɔnəməs]	a. 自治的，自主的
chagrin	ⒶⒷⒸⒹⒺⒻⒼⒽⒾⒿⓀⓁ	2	['ʃægrin]	n./v. 懊恼
spurn	ⒶⒷⒸⒹⒺⒻⒼⒽⒾⒿⓀⓁ	2	[spə:n]	n./v. 摒弃，拒绝
swagger	ⒶⒷⒸⒹⒺⒻⒼⒽⒾⒿⓀⓁ	2	['swægə]	n./v. 大摇大摆地走，吹嘘
reprieve	ⒶⒷⒸⒹⒺⒻⒼⒽⒾⒿⓀⓁ	2	[ri'pri:v]	n./v. 缓刑，暂时缓解
pretext	ⒶⒷⒸⒹⒺⒻⒼⒽⒾⒿⓀⓁ	2	['pri:tekst]	n./v. 借口
levy	ⒶⒷⒸⒹⒺⒻⒼⒽⒾⒿⓀⓁ	2	['levi]	n./v. 征税，征兵
insolence	ⒶⒷⒸⒹⒺⒻⒼⒽⒾⒿⓀⓁ	2	['insələns]	n. 傲慢，无礼
tyranny	ⒶⒷⒸⒹⒺⒻⒼⒽⒾⒿⓀⓁ	2	['tirəni]	n. 暴政，专制
corollary	ⒶⒷⒸⒹⒺⒻⒼⒽⒾⒿⓀⓁ	2	[kə'rɔləri]	n. 必然的结果，推论
vicissitude	ⒶⒷⒸⒹⒺⒻⒼⒽⒾⒿⓀⓁ	2	[vi'sisitju:d]	n. 变化，变迁，盛衰
virus	ⒶⒷⒸⒹⒺⒻⒼⒽⒾⒿⓀⓁ	2	['vaiərəs]	n. 病毒
foil	ⒶⒷⒸⒹⒺⒻⒼⒽⒾⒿⓀⓁ	2	[fɔil]	n. 箔，箔纸，花剑 v. 挫败，击退，衬托
complement	ⒶⒷⒸⒹⒺⒻⒼⒽⒾⒿⓀⓁ	2	['kɔmplimənt]	n. 补足物，补语，余角 v. 补足
disparity	ⒶⒷⒸⒹⒺⒻⒼⒽⒾⒿⓀⓁ	2	[dis'pæriti]	n. 不一致，不同，差距
remnant	ⒶⒷⒸⒹⒺⒻⒼⒽⒾⒿⓀⓁ	2	['remnənt]	n. 残余物，边角料 a. 剩余的
adulation	ⒶⒷⒸⒹⒺⒻⒼⒽⒾⒿⓀⓁ	2	[ˌædju'leiʃən]	n. 谄媚，奉承
aplomb	ⒶⒷⒸⒹⒺⒻⒼⒽⒾⒿⓀⓁ	2	['æplɔ:ŋ]	n. 沉着，镇静
duration	ⒶⒷⒸⒹⒺⒻⒼⒽⒾⒿⓀⓁ	2	[djuə'reiʃən]	n. 持续时间，为期
advent	ⒶⒷⒸⒹⒺⒻⒼⒽⒾⒿⓀⓁ	2	['ædvənt]	n. 出现，到来
philanthropist	ⒶⒷⒸⒹⒺⒻⒼⒽⒾⒿⓀⓁ	2	[fi'lænθrəpist]	n. 慈善家，博爱主义者
catalyst	ⒶⒷⒸⒹⒺⒻⒼⒽⒾⒿⓀⓁ	2	['kætəlist]	n. 催化剂，刺激因素
delusion	ⒶⒷⒸⒹⒺⒻⒼⒽⒾⒿⓀⓁ	2	[di'lu:ʒən]	n. 错觉，幻觉，妄想
tycoon	ⒶⒷⒸⒹⒺⒻⒼⒽⒾⒿⓀⓁ	2	[tai'ku:n]	n. 大亨，巨头，将军
enmity	ⒶⒷⒸⒹⒺⒻⒼⒽⒾⒿⓀⓁ	2	['enmiti]	n. 敌意，仇恨
orientation	ⒶⒷⒸⒹⒺⒻⒼⒽⒾⒿⓀⓁ	2	[ˌɔ(:)rien'teiʃən]	n. 定向，定位，倾向
multiplicity	ⒶⒷⒸⒹⒺⒻⒼⒽⒾⒿⓀⓁ	2	[ˌmʌlti'plisiti]	n. 多种多样，大量
boon	ⒶⒷⒸⒹⒺⒻⒼⒽⒾⒿⓀⓁ	2	[bu:n]	n. 恩惠

单词	标记	频率	读音	词义
vernacular	ⒶⒷⒸⒹⒺⒻⒼⒽⒾⒿⓀⓁ	2	[və'nækjulə]	n. 方言，本地话
profusion	ⒶⒷⒸⒹⒺⒻⒼⒽⒾⒿⓀⓁ	2	[prə'fju:ʒən]	n. 丰富，浪费
satire	ⒶⒷⒸⒹⒺⒻⒼⒽⒾⒿⓀⓁ	2	['sætaiə]	n. 讽刺文学，讽刺
affluence	ⒶⒷⒸⒹⒺⒻⒼⒽⒾⒿⓀⓁ	2	['æfluəns]	n. 富裕，丰富，流入
quarantine	ⒶⒷⒸⒹⒺⒻⒼⒽⒾⒿⓀⓁ	2	['kwɔrənti:n]	n. 隔离，隔离期 v. 检疫
axiom	ⒶⒷⒸⒹⒺⒻⒼⒽⒾⒿⓀⓁ	2	['æksiəm]	n. 公理，定理
complicity	ⒶⒷⒸⒹⒺⒻⒼⒽⒾⒿⓀⓁ	2	[kəm'plisiti]	n. 共谋，串通
purveyor	ⒶⒷⒸⒹⒺⒻⒼⒽⒾⒿⓀⓁ	2	[pə'veiə(r)]	n. 供应粮食者，承办者，传播者
solitude	ⒶⒷⒸⒹⒺⒻⒼⒽⒾⒿⓀⓁ	2	['sɔlitju:d]	n. 孤独，独居，隐居处，荒僻的地方
tenacity	ⒶⒷⒸⒹⒺⒻⒼⒽⒾⒿⓀⓁ	2	[ti'næsiti]	n. 固执，不屈不挠
bureaucracy	ⒶⒷⒸⒹⒺⒻⒼⒽⒾⒿⓀⓁ	2	[bjuə'rɔkrəsi]	n. 官僚，官僚机构
jubilation	ⒶⒷⒸⒹⒺⒻⒼⒽⒾⒿⓀⓁ	2	[dʒu:bi'leiʃ(ə)n]	n. 欢呼，庆祝
fluster	ⒶⒷⒸⒹⒺⒻⒼⒽⒾⒿⓀⓁ	2	['flʌstə]	n. 慌乱，混乱 v. 使慌张
reminiscence	ⒶⒷⒸⒹⒺⒻⒼⒽⒾⒿⓀⓁ	2	[ˌremi'nisns]	n. 回忆，怀旧
demolition	ⒶⒷⒸⒹⒺⒻⒼⒽⒾⒿⓀⓁ	2	[ˌdemə'liʃən]	n. 毁坏，破坏
auspicious	ⒶⒷⒸⒹⒺⒻⒼⒽⒾⒿⓀⓁ	2	[ɔ:'spiʃəs]	n. 吉兆的，幸运的
clip	ⒶⒷⒸⒹⒺⒻⒼⒽⒾⒿⓀⓁ	2	[klip]	n. 夹子 v. 夹住，修剪
supposition	ⒶⒷⒸⒹⒺⒻⒼⒽⒾⒿⓀⓁ	2	[ˌsʌpə'ziʃən]	n. 假设，推测，推想
stoic	ⒶⒷⒸⒹⒺⒻⒼⒽⒾⒿⓀⓁ	2	['stəuik]	n. 坚韧克己的人，禁欲主义者
persona	ⒶⒷⒸⒹⒺⒻⒼⒽⒾⒿⓀⓁ	2	[pə:'səunə]	n. 角色，人格形象
pedagogy	ⒶⒷⒸⒹⒺⒻⒼⒽⒾⒿⓀⓁ	2	['pedəgɔgi]	n. 教育学
antidote	ⒶⒷⒸⒹⒺⒻⒼⒽⒾⒿⓀⓁ	2	['æntidəut]	n. 解毒剂，解药
stem	ⒶⒷⒸⒹⒺⒻⒼⒽⒾⒿⓀⓁ	2	[stem]	n. 茎，干 v. 起源于，堵住
vigor	ⒶⒷⒸⒹⒺⒻⒼⒽⒾⒿⓀⓁ	2	['vigə]	n. 精力，活力
denizen	ⒶⒷⒸⒹⒺⒻⒼⒽⒾⒿⓀⓁ	2	['denizn]	n. 居住者，外籍居民，外来物种
plight	ⒶⒷⒸⒹⒺⒻⒼⒽⒾⒿⓀⓁ	2	[plait]	n. 困境，苦境 v. 宣誓，保证
wax	ⒶⒷⒸⒹⒺⒻⒼⒽⒾⒿⓀⓁ	2	[wæks]	n. 蜡 v. 月亮渐圆
nonchalance	ⒶⒷⒸⒹⒺⒻⒼⒽⒾⒿⓀⓁ	2	['nɔnʃələns]	n. 冷淡
apathy	ⒶⒷⒸⒹⒺⒻⒼⒽⒾⒿⓀⓁ	2	['æpəθi]	n. 冷漠，缺乏兴趣
formality	ⒶⒷⒸⒹⒺⒻⒼⒽⒾⒿⓀⓁ	2	[fɔ:'mæliti]	n. 礼节，拘泥形式，拘谨
decorum	ⒶⒷⒸⒹⒺⒻⒼⒽⒾⒿⓀⓁ	2	[di'kɔ:rəm]	n. 礼貌，得体
charisma	ⒶⒷⒸⒹⒺⒻⒼⒽⒾⒿⓀⓁ	2	[kə'rizmə]	n. 领袖气质，魅力
influx	ⒶⒷⒸⒹⒺⒻⒼⒽⒾⒿⓀⓁ	2	['inflʌks]	n. 流入，注入，汇集
caricature	ⒶⒷⒸⒹⒺⒻⒼⒽⒾⒿⓀⓁ	2	[ˌkærikə'tjuə]	n. 漫画，讽刺文章，讽刺手法
riddle	ⒶⒷⒸⒹⒺⒻⒼⒽⒾⒿⓀⓁ	2	['ridl]	n. 谜，谜语 v. 解谜，出谜题
stealth	ⒶⒷⒸⒹⒺⒻⒼⒽⒾⒿⓀⓁ	2	[stelθ]	n. 秘密行动，秘密
agility	ⒶⒷⒸⒹⒺⒻⒼⒽⒾⒿⓀⓁ	2	[ə'dʒiliti]	n. 敏捷，灵活，机敏
acumen	ⒶⒷⒸⒹⒺⒻⒼⒽⒾⒿⓀⓁ	2	[ə'kju:mən]	n. 敏锐，聪明
friction	ⒶⒷⒸⒹⒺⒻⒼⒽⒾⒿⓀⓁ	2	['frikʃən]	n. 摩擦，矛盾，摩擦力
lumber	ⒶⒷⒸⒹⒺⒻⒼⒽⒾⒿⓀⓁ	2	['lʌmbə]	n. 木材，木料 v. 拖累，缓慢移动

单词	标记	频率	读音	词义
tranquillity	ⒶⒷⒸⒹⒺⒻⒼⒽⒾⒿⓀⓁ	2	[træŋ'kwiliti]	n. 宁静，安静，稳定
exertion	ⒶⒷⒸⒹⒺⒻⒼⒽⒾⒿⓀⓁ	2	[ig'zə:ʃən]	n. 努力，发挥，运用
coincidence	ⒶⒷⒸⒹⒺⒻⒼⒽⒾⒿⓀⓁ	2	[kəu'insidəns]	n. 巧合，一致，同时发生
pundit	ⒶⒷⒸⒹⒺⒻⒼⒽⒾⒿⓀⓁ	2	['pʌndit]	n. 权威人士，专家，批评家
turmoil	ⒶⒷⒸⒹⒺⒻⒼⒽⒾⒿⓀⓁ	2	['tə:mɔil]	n. 骚动，混乱
subsistence	ⒶⒷⒸⒹⒺⒻⒼⒽⒾⒿⓀⓁ	2	[sʌb'sistəns]	n. 生存，生计，存在
ecologist	ⒶⒷⒸⒹⒺⒻⒼⒽⒾⒿⓀⓁ	2	[i'kɔlədʒist]	n. 生态学家
anthology	ⒶⒷⒸⒹⒺⒻⒼⒽⒾⒿⓀⓁ	2	[æn'θɔlədʒi]	n. 诗选，文选
beneficiary	ⒶⒷⒸⒹⒺⒻⒼⒽⒾⒿⓀⓁ	2	[beni'fiʃəri]	n. 受益人
negligence	ⒶⒷⒸⒹⒺⒻⒼⒽⒾⒿⓀⓁ	2	['neglidʒəns]	n. 疏忽，粗心大意，渎职
terminology	ⒶⒷⒸⒹⒺⒻⒼⒽⒾⒿⓀⓁ	2	[ˌtə:mi'nɔlədʒi]	n. 术语，术语学
pine	ⒶⒷⒸⒹⒺⒻⒼⒽⒾⒿⓀⓁ	2	[pain]	n. 松树 v. 消瘦
eulogy	ⒶⒷⒸⒹⒺⒻⒼⒽⒾⒿⓀⓁ	2	['ju:lədʒi]	n. 颂词，悼词，赞美
velocity	ⒶⒷⒸⒹⒺⒻⒼⒽⒾⒿⓀⓁ	2	[vi'lɔsiti]	n. 速度，速率
scapegoat	ⒶⒷⒸⒹⒺⒻⒼⒽⒾⒿⓀⓁ	2	['skeipgəut]	n. 替罪羊
affliction	ⒶⒷⒸⒹⒺⒻⒼⒽⒾⒿⓀⓁ	2	[ə'flikʃən]	n. 痛苦，苦恼
sarcasm	ⒶⒷⒸⒹⒺⒻⒼⒽⒾⒿⓀⓁ	2	['sa:kæzəm]	n. 挖苦，讽刺
transgression	ⒶⒷⒸⒹⒺⒻⒼⒽⒾⒿⓀⓁ	2	[træns'greʃən;trænz-]	n. 违反，犯罪
atrophy	ⒶⒷⒸⒹⒺⒻⒼⒽⒾⒿⓀⓁ	2	['ætrəfi]	n. 萎缩，萎缩症
anarchist	ⒶⒷⒸⒹⒺⒻⒼⒽⒾⒿⓀⓁ	2	['ænəkist]	n. 无政府主义者
misnomer	ⒶⒷⒸⒹⒺⒻⒼⒽⒾⒿⓀⓁ	2	['mis'nəumə]	n. 误称，叫错名称，用词不当
lap	ⒶⒷⒸⒹⒺⒻⒼⒽⒾⒿⓀⓁ	2	[læp]	n. 膝上，一圈 v. 舔，拍打
harbinger	ⒶⒷⒸⒹⒺⒻⒼⒽⒾⒿⓀⓁ	2	['ha:bindʒə]	n. 先驱，预言者 v. 预示
precursor	ⒶⒷⒸⒹⒺⒻⒼⒽⒾⒿⓀⓁ	2	[pri(:)'kə:sə]	n. 先驱者，先兆
sinecure	ⒶⒷⒸⒹⒺⒻⒼⒽⒾⒿⓀⓁ	2	['sainikjuə]	n. 闲职
correlation	ⒶⒷⒸⒹⒺⒻⒼⒽⒾⒿⓀⓁ	2	[ˌkɔri'leiʃən]	n. 相互关系，关联
vendor	ⒶⒷⒸⒹⒺⒻⒼⒽⒾⒿⓀⓁ	2	['vendɔ:]	n. 小贩，卖主，自动售货机
rivulet	ⒶⒷⒸⒹⒺⒻⒼⒽⒾⒿⓀⓁ	2	['rivjulit]	n. 小河，小溪
foible	ⒶⒷⒸⒹⒺⒻⒼⒽⒾⒿⓀⓁ	2	['fɔibl]	n. 小缺点，小毛病
ramp	ⒶⒷⒸⒹⒺⒻⒼⒽⒾⒿⓀⓁ	2	[ræmp]	n. 斜面，坡道 v. 乱冲，加速
novice	ⒶⒷⒸⒹⒺⒻⒼⒽⒾⒿⓀⓁ	2	['nɔvis]	n. 新手，初学者
ordeal	ⒶⒷⒸⒹⒺⒻⒼⒽⒾⒿⓀⓁ	2	[ɔ:'di:l;-'di:əl]	n. 严酷的考验，痛苦的经验
potion	ⒶⒷⒸⒹⒺⒻⒼⒽⒾⒿⓀⓁ	2	['pəuʃən]	n. 一服，一剂（药水）
relic	ⒶⒷⒸⒹⒺⒻⒼⒽⒾⒿⓀⓁ	2	['relik]	n. 遗物，遗迹，纪念物
virtuoso	ⒶⒷⒸⒹⒺⒻⒼⒽⒾⒿⓀⓁ	2	[və:tju'əuzəu;-səu]	n. 艺术大师，演奏能手
mutability	ⒶⒷⒸⒹⒺⒻⒼⒽⒾⒿⓀⓁ	2	[ˌmju:tə'biliti]	n. 易变性，性情不定
dupe	ⒶⒷⒸⒹⒺⒻⒼⒽⒾⒿⓀⓁ	2	[dju:p]	n. 易受骗的人 v. 欺骗
eon	ⒶⒷⒸⒹⒺⒻⒼⒽⒾⒿⓀⓁ	2	['i:ən;'i:ɔn]	n. 永世，千万年
prognosis	ⒶⒷⒸⒹⒺⒻⒼⒽⒾⒿⓀⓁ	2	[prɔg'nəusis]	n. 预断病情，预测
allegory	ⒶⒷⒸⒹⒺⒻⒼⒽⒾⒿⓀⓁ	2	['æligəri]	n. 寓言

单词	标记	频率	读音	词义
serendipity	ⒶⒷⒸⒹⒺⒻⒼⒽⒾⒿⓀⓁ	2	[ˌserənˈdipiti]	n. 缘分，运气，意外收获
respite	ⒶⒷⒸⒹⒺⒻⒼⒽⒾⒿⓀⓁ	2	[ˈrespait]	n. 暂缓，缓刑 v. 延期，推迟
quagmire	ⒶⒷⒸⒹⒺⒻⒼⒽⒾⒿⓀⓁ	2	[ˈkwægmaiə]	n. 沼泽，困境
caucus	ⒶⒷⒸⒹⒺⒻⒼⒽⒾⒿⓀⓁ	2	[ˈkɔ:kəs]	n. 政党高层会议，秘密会议
loom	ⒶⒷⒸⒹⒺⒻⒼⒽⒾⒿⓀⓁ	2	[lu:m]	n. 织布机 v. 隐约出现，迫近
fidelity	ⒶⒷⒸⒹⒺⒻⒼⒽⒾⒿⓀⓁ	2	[fiˈdeliti]	n. 忠诚，忠实，逼真，保真度
tenure	ⒶⒷⒸⒹⒺⒻⒼⒽⒾⒿⓀⓁ	2	[ˈtenjuə]	n. 终身职位，任期，保有
incantation	ⒶⒷⒸⒹⒺⒻⒼⒽⒾⒿⓀⓁ	2	[ˌinkænˈteiʃən]	n. 咒语，口头禅
solemnity	ⒶⒷⒸⒹⒺⒻⒼⒽⒾⒿⓀⓁ	2	[səˈlemniti]	n. 庄严，庄重的仪式
spontaneity	ⒶⒷⒸⒹⒺⒻⒼⒽⒾⒿⓀⓁ	2	[ˌspɔntəˈni:iti]	n. 自发，自发性
synthesis	ⒶⒷⒸⒹⒺⒻⒼⒽⒾⒿⓀⓁ	2	[ˈsinθisis]	n. 综合，综合体，合成
hindrance	ⒶⒷⒸⒹⒺⒻⒼⒽⒾⒿⓀⓁ	2	[ˈhindrəns]	n. 阻碍，阻碍物
cajole	ⒶⒷⒸⒹⒺⒻⒼⒽⒾⒿⓀⓁ	2	[kəˈdʒəul]	v.（以甜言蜜语）哄骗
redress	ⒶⒷⒸⒹⒺⒻⒼⒽⒾⒿⓀⓁ	2	[riˈdres]	v./n. 补偿，改正，修正
libel	ⒶⒷⒸⒹⒺⒻⒼⒽⒾⒿⓀⓁ	2	[ˈlaibəl]	v./n. 诽谤，中伤
repeal	ⒶⒷⒸⒹⒺⒻⒼⒽⒾⒿⓀⓁ	2	[riˈpi:l]	v./n. 废止，撤销
salvage	ⒶⒷⒸⒹⒺⒻⒼⒽⒾⒿⓀⓁ	2	[ˈsælvidʒ]	v./n. 救援，打捞，抢救
squander	ⒶⒷⒸⒹⒺⒻⒼⒽⒾⒿⓀⓁ	2	[ˈskwɔndə]	v./n. 浪费
hoax	ⒶⒷⒸⒹⒺⒻⒼⒽⒾⒿⓀⓁ	2	[həuks]	v./n. 欺骗，骗局
trek	ⒶⒷⒸⒹⒺⒻⒼⒽⒾⒿⓀⓁ	2	[trek]	v./n. 长途跋涉
veer	ⒶⒷⒸⒹⒺⒻⒼⒽⒾⒿⓀⓁ	2	[viə]	v./n. 转向，改变
appease	ⒶⒷⒸⒹⒺⒻⒼⒽⒾⒿⓀⓁ	2	[əˈpi:z]	v. 安抚，平息，满足
comprise	ⒶⒷⒸⒹⒺⒻⒼⒽⒾⒿⓀⓁ	2	[kəmˈpraiz]	v. 包含，由…构成
surfeit	ⒶⒷⒸⒹⒺⒻⒼⒽⒾⒿⓀⓁ	2	[ˈsə:fit]	v. 暴食，过分沉溺 n. 过量
fabricate	ⒶⒷⒸⒹⒺⒻⒼⒽⒾⒿⓀⓁ	2	[ˈfæbrikeit]	v. 编造，虚构，制造
efface	ⒶⒷⒸⒹⒺⒻⒼⒽⒾⒿⓀⓁ	2	[iˈfeis]	v. 擦掉，抹去，冲淡
dismantle	ⒶⒷⒸⒹⒺⒻⒼⒽⒾⒿⓀⓁ	2	[disˈmæntl]	v. 拆除，拆开
spawn	ⒶⒷⒸⒹⒺⒻⒼⒽⒾⒿⓀⓁ	2	[spɔ:n]	v. 产卵，大量生产 n. 卵
elucidate	ⒶⒷⒸⒹⒺⒻⒼⒽⒾⒿⓀⓁ	2	[iˈlju:sideit]	v. 阐明，说明
surpass	ⒶⒷⒸⒹⒺⒻⒼⒽⒾⒿⓀⓁ	2	[sə:ˈpa:s]	v. 超越，胜过
deride	ⒶⒷⒸⒹⒺⒻⒼⒽⒾⒿⓀⓁ	2	[diˈraid]	v. 嘲笑
chide	ⒶⒷⒸⒹⒺⒻⒼⒽⒾⒿⓀⓁ	2	[tʃaid]	v. 斥责，责骂
induce	ⒶⒷⒸⒹⒺⒻⒼⒽⒾⒿⓀⓁ	2	[inˈdju:s]	v. 促使，引诱
usurp	ⒶⒷⒸⒹⒺⒻⒼⒽⒾⒿⓀⓁ	2	[ju(:)ˈzə:p]	v. 篡夺，篡位
withstand	ⒶⒷⒸⒹⒺⒻⒼⒽⒾⒿⓀⓁ	2	[wiðˈstænd]	v. 抵抗，对抗，经得起
ignite	ⒶⒷⒸⒹⒺⒻⒼⒽⒾⒿⓀⓁ	2	[igˈnait]	v. 点火，使燃烧
domineer	ⒶⒷⒸⒹⒺⒻⒼⒽⒾⒿⓀⓁ	2	[ˌdɔmiˈniə]	v. 独裁，作威作福
impede	ⒶⒷⒸⒹⒺⒻⒼⒽⒾⒿⓀⓁ	2	[imˈpi:d]	v. 妨碍，阻止
amplify	ⒶⒷⒸⒹⒺⒻⒼⒽⒾⒿⓀⓁ	2	[ˈæmplifai]	v. 放大，增强
abolish	ⒶⒷⒸⒹⒺⒻⒼⒽⒾⒿⓀⓁ	2	[əˈbɔliʃ]	v. 废除，消灭

单词	标记	频率	读音	词义
ossify	ⒶⒷⒸⒹⒺⒻⒼⒽⒾⒿⓀⓁ	2	['ɔsifai]	v. 骨化，硬化，僵化
equivocate	ⒶⒷⒸⒹⒺⒻⒼⒽⒾⒿⓀⓁ	2	[i'kwivəkeit]	v. 含糊其词，模棱两可地说
assuage	ⒶⒷⒸⒹⒺⒻⒼⒽⒾⒿⓀⓁ	2	[ə'sweidʒ]	v. 缓和，减轻，镇定
barrage	ⒶⒷⒸⒹⒺⒻⒼⒽⒾⒿⓀⓁ	2	['bæra:ʒ;bæ'ra:ʒ]	v. 火力猛攻 n. 弹幕
exasperate	ⒶⒷⒸⒹⒺⒻⒼⒽⒾⒿⓀⓁ	2	[ig'za:spəreit]	v. 激怒，使加剧，恶化
improvise	ⒶⒷⒸⒹⒺⒻⒼⒽⒾⒿⓀⓁ	2	['imprəvaiz]	v. 即兴创作，即兴表演
compute	ⒶⒷⒸⒹⒺⒻⒼⒽⒾⒿⓀⓁ	2	[kəm'pju:t]	v. 计算，估计
commemorate	ⒶⒷⒸⒹⒺⒻⒼⒽⒾⒿⓀⓁ	2	[kə'meməreit]	v. 纪念
accelerate	ⒶⒷⒸⒹⒺⒻⒼⒽⒾⒿⓀⓁ	2	[æk'seləreit]	v. 加速，促进
expedite	ⒶⒷⒸⒹⒺⒻⒼⒽⒾⒿⓀⓁ	2	['ekspidait]	v. 加速进程，加快执行
feign	ⒶⒷⒸⒹⒺⒻⒼⒽⒾⒿⓀⓁ	2	[fein]	v. 假装，冒充，捏造
mitigate	ⒶⒷⒸⒹⒺⒻⒼⒽⒾⒿⓀⓁ	2	['mitigeit]	v. 减轻，缓和
abate	ⒶⒷⒸⒹⒺⒻⒼⒽⒾⒿⓀⓁ	2	[ə'beit]	v. 减弱，缓和，打折，废除
converse	ⒶⒷⒸⒹⒺⒻⒼⒽⒾⒿⓀⓁ	2	[kən'və:s]	v. 交谈 n. 反面说法 a. 相反的
roil	ⒶⒷⒸⒹⒺⒻⒼⒽⒾⒿⓀⓁ	2	[rɔil]	v. 搅浑，激怒，动荡
repudiate	ⒶⒷⒸⒹⒺⒻⒼⒽⒾⒿⓀⓁ	2	[ri'pju:dieit]	v. 拒绝接受，拒付，断绝，否定
inaugurate	ⒶⒷⒸⒹⒺⒻⒼⒽⒾⒿⓀⓁ	2	[i'nɔ:gjureit]	v. 开始，开创，举行就职典礼
forestall	ⒶⒷⒸⒹⒺⒻⒼⒽⒾⒿⓀⓁ	2	[fɔ:'stɔ:l]	v. 领先，先发制人，垄断
browse	ⒶⒷⒸⒹⒺⒻⒼⒽⒾⒿⓀⓁ	2	[brauz]	v. 浏览，吃草 n. 嫩叶，浏览
exempt	ⒶⒷⒸⒹⒺⒻⒼⒽⒾⒿⓀⓁ	2	[ig'zempt]	v. 免除 a. 被免除的
preclude	ⒶⒷⒸⒹⒺⒻⒼⒽⒾⒿⓀⓁ	2	[pri'klu:d]	v. 排除，预防，阻止
supplant	ⒶⒷⒸⒹⒺⒻⒼⒽⒾⒿⓀⓁ	2	[sə'pla:nt]	v. 排挤，取代
decipher	ⒶⒷⒸⒹⒺⒻⒼⒽⒾⒿⓀⓁ	2	[di'saifə]	v. 破译，破解，辨认
erode	ⒶⒷⒸⒹⒺⒻⒼⒽⒾⒿⓀⓁ	2	[i'rəud]	v. 侵蚀，腐蚀
admonish	ⒶⒷⒸⒹⒺⒻⒼⒽⒾⒿⓀⓁ	2	[əd'mɔniʃ]	v. 劝告，训诫，告诫
circumvent	ⒶⒷⒸⒹⒺⒻⒼⒽⒾⒿⓀⓁ	2	[ˌsə:kəm'vent]	v. 绕行，设法避开，围住
abridge	ⒶⒷⒸⒹⒺⒻⒼⒽⒾⒿⓀⓁ	2	[ə'bridʒ]	v. 删节，缩短，限制
lull	ⒶⒷⒸⒹⒺⒻⒼⒽⒾⒿⓀⓁ	2	[lʌl]	v. 使安静，使入睡，哄骗 n. 暂停
energize	ⒶⒷⒸⒹⒺⒻⒼⒽⒾⒿⓀⓁ	2	['enədʒaiz]	v. 使活跃，使精力充沛
fray	ⒶⒷⒸⒹⒺⒻⒼⒽⒾⒿⓀⓁ	2	[frei]	v. 使惊恐，使磨损 n. 吵架，磨损
embody	ⒶⒷⒸⒹⒺⒻⒼⒽⒾⒿⓀⓁ	2	[im'bɔdi]	v. 使具体化，体现，包含
baffle	ⒶⒷⒸⒹⒺⒻⒼⒽⒾⒿⓀⓁ	2	['bæfl]	v. 使困惑，阻碍 n. 挡板，困惑
mortify	ⒶⒷⒸⒹⒺⒻⒼⒽⒾⒿⓀⓁ	2	['mɔ:tifai]	v. 使受辱，抑制
jeopardize	ⒶⒷⒸⒹⒺⒻⒼⒽⒾⒿⓀⓁ	2	['dʒepədaiz]	v. 使陷入危险
predispose	ⒶⒷⒸⒹⒺⒻⒼⒽⒾⒿⓀⓁ	2	['pri:dis'pəuz]	v. 使易患（疾病），预先倾向于
stifle	ⒶⒷⒸⒹⒺⒻⒼⒽⒾⒿⓀⓁ	2	['staifl]	v. 使窒息，抑制，扼杀
mandate	ⒶⒷⒸⒹⒺⒻⒼⒽⒾⒿⓀⓁ	2	['mændeit]	v. 授权，托管 n. 命令，指令，授权
babble	ⒶⒷⒸⒹⒺⒻⒼⒽⒾⒿⓀⓁ	2	['bæbl]	v. 说蠢话，含糊不清地说
mediate	ⒶⒷⒸⒹⒺⒻⒼⒽⒾⒿⓀⓁ	2	['mi:dieit]	v. 调停，斡旋 a. 间接的
manifest	ⒶⒷⒸⒹⒺⒻⒼⒽⒾⒿⓀⓁ	2	['mænifest]	v. 显示，证明 a. 明显的 n. 清单

单词	标记	频率	读音	词义
embellish	ⒶⒷⒸⒹⒺⒻⒼⒽⒾⒿⓀⓁ	2	[im'beliʃ]	v. 修饰，装饰，美化
quell	ⒶⒷⒸⒹⒺⒻⒼⒽⒾⒿⓀⓁ	2	[kwel]	v. 压制，平息
raze	ⒶⒷⒸⒹⒺⒻⒼⒽⒾⒿⓀⓁ	2	[reiz]	v. 夷为平地，摧毁，抹去
repress	ⒶⒷⒸⒹⒺⒻⒼⒽⒾⒿⓀⓁ	2	[ri'pres]	v. 抑制，镇压
allure	ⒶⒷⒸⒹⒺⒻⒼⒽⒾⒿⓀⓁ	2	[ə'ljuə]	v. 引诱，吸引 n. 诱惑力
preempt	ⒶⒷⒸⒹⒺⒻⒼⒽⒾⒿⓀⓁ	2	[pri(:)'empt]	v. 优先占有，以先买权获得
entice	ⒶⒷⒸⒹⒺⒻⒼⒽⒾⒿⓀⓁ	2	[in'tais]	v. 诱惑，引诱
beguile	ⒶⒷⒸⒹⒺⒻⒼⒽⒾⒿⓀⓁ	2	[bi'gail]	v. 诱骗，诱惑
patronize	ⒶⒷⒸⒹⒺⒻⒼⒽⒾⒿⓀⓁ	2	['pætrənaiz]	v. 赞助，光顾，保护
bilk	ⒶⒷⒸⒹⒺⒻⒼⒽⒾⒿⓀⓁ	2	[bilk]	v. 诈骗，赖账 n. 骗子
adhere	ⒶⒷⒸⒹⒺⒻⒼⒽⒾⒿⓀⓁ	2	[əd'hiə]	v. 粘附，遵守，坚持
distill	ⒶⒷⒸⒹⒺⒻⒼⒽⒾⒿⓀⓁ	2	[di'stil]	v. 蒸馏，提炼，滴下
corroborate	ⒶⒷⒸⒹⒺⒻⒼⒽⒾⒿⓀⓁ	2	[kə'rɔbəreit]	v. 证实，确认
flounder	ⒶⒷⒸⒹⒺⒻⒼⒽⒾⒿⓀⓁ	2	['flaundə]	v. 挣扎，笨拙地移动 n. 比目鱼
adorn	ⒶⒷⒸⒹⒺⒻⒼⒽⒾⒿⓀⓁ	2	[ə'dɔ:n]	v. 装饰，佩戴
reactionary	ⒶⒷⒸⒹⒺⒻⒼⒽⒾⒿⓀⓁ	1	[ri(:)'ækʃənəri]	a. 保守的，反动的
petulant	ⒶⒷⒸⒹⒺⒻⒼⒽⒾⒿⓀⓁ	1	['petjulənt]	a. 暴躁的，易怒的，任性的
bereft	ⒶⒷⒸⒹⒺⒻⒼⒽⒾⒿⓀⓁ	1	[bi'reft]	a. 被剥夺的，丧失的，失去亲人的
ponderous	ⒶⒷⒸⒹⒺⒻⒼⒽⒾⒿⓀⓁ	1	['pɔndərəs]	a. 笨重的，沉闷的
ungainly	ⒶⒷⒸⒹⒺⒻⒼⒽⒾⒿⓀⓁ	1	[ʌn'geinli]	a. 笨拙的，不雅的
protean	ⒶⒷⒸⒹⒺⒻⒼⒽⒾⒿⓀⓁ	1	['prəuti:ən]	a. 变化多端的
pathological	ⒶⒷⒸⒹⒺⒻⒼⒽⒾⒿⓀⓁ	1	[pæθə'lɔdʒikəl]	a. 病理学的
morbid	ⒶⒷⒸⒹⒺⒻⒼⒽⒾⒿⓀⓁ	1	['mɔ:bid]	a. 病态的，不正常的
avuncular	ⒶⒷⒸⒹⒺⒻⒼⒽⒾⒿⓀⓁ	1	[ə'vʌŋkjulə]	a. 伯父的，伯父似的
callow	ⒶⒷⒸⒹⒺⒻⒼⒽⒾⒿⓀⓁ	1	['kæləu]	a. 不成熟的，羽翼未丰的
inordinate	ⒶⒷⒸⒹⒺⒻⒼⒽⒾⒿⓀⓁ	1	[i'nɔ:dinit]	a. 不规则的，紊乱的，过度的
indiscriminate	ⒶⒷⒸⒹⒺⒻⒼⒽⒾⒿⓀⓁ	1	[indis'kriminit]	a. 不加选择的，不加区分的
guileless	ⒶⒷⒸⒹⒺⒻⒼⒽⒾⒿⓀⓁ	1	['gaillis]	a. 不狡猾的，诚实的，单纯的
inalienable	ⒶⒷⒸⒹⒺⒻⒼⒽⒾⒿⓀⓁ	1	[in'eiljənəbl]	a. 不可剥夺的
infallible	ⒶⒷⒸⒹⒺⒻⒼⒽⒾⒿⓀⓁ	1	[in'fæləbl]	a. 不可能犯错的，绝对可靠的
inviolable	ⒶⒷⒸⒹⒺⒻⒼⒽⒾⒿⓀⓁ	1	[in'vaiələbl]	a. 不可亵渎的，不可侵犯的
irrefutable	ⒶⒷⒸⒹⒺⒻⒼⒽⒾⒿⓀⓁ	1	[i'refjutəbl]	a. 不可争辩的，不能反驳的
discrete	ⒶⒷⒸⒹⒺⒻⒼⒽⒾⒿⓀⓁ	1	[dis'kri:t]	a. 不连续的，离散的
impenetrable	ⒶⒷⒸⒹⒺⒻⒼⒽⒾⒿⓀⓁ	1	[im'penitrəbl]	a. 不能穿过的，不能理解的
indeterminate	ⒶⒷⒸⒹⒺⒻⒼⒽⒾⒿⓀⓁ	1	[indi'tə:minit]	a. 不确定的，含混的
abject	ⒶⒷⒸⒹⒺⒻⒼⒽⒾⒿⓀⓁ	1	['æbdʒekt]	a. 不幸的，悲惨的，卑鄙的
stolid	ⒶⒷⒸⒹⒺⒻⒼⒽⒾⒿⓀⓁ	1	['stɔlid]	a. 不易激动的，冷淡的
pallid	ⒶⒷⒸⒹⒺⒻⒼⒽⒾⒿⓀⓁ	1	['pælid]	a. 苍白的，暗淡的，无生气的
penitent	ⒶⒷⒸⒹⒺⒻⒼⒽⒾⒿⓀⓁ	1	['penitənt]	a. 忏悔的 n. 悔罪者
preternatural	ⒶⒷⒸⒹⒺⒻⒼⒽⒾⒿⓀⓁ	1	[pri:tə'nætʃərəl]	a. 超自然的，异常的

单词	标记	频率	读音	词义
humid	ⒶⒷⒸⒹⒺⒻⒼⒽⒾⒿⓀⓁ	1	['hju:mid]	a. 潮湿的
obstreperous	ⒶⒷⒸⒹⒺⒻⒼⒽⒾⒿⓀⓁ	1	[əb'strepərəs]	a. 吵闹的，喧嚣的
imperturbable	ⒶⒷⒸⒹⒺⒻⒼⒽⒾⒿⓀⓁ	1	[impə'tə:bəbl]	a. 沉着的，镇静的
belated	ⒶⒷⒸⒹⒺⒻⒼⒽⒾⒿⓀⓁ	1	[bi'leitid]	a. 迟来的
fraught	ⒶⒷⒸⒹⒺⒻⒼⒽⒾⒿⓀⓁ	1	[frɔ:t]	a. 充满的，伴随的，忧伤的 n. 货物
ample	ⒶⒷⒸⒹⒺⒻⒼⒽⒾⒿⓀⓁ	1	['æmpl]	a. 充足的，丰富的
flagrant	ⒶⒷⒸⒹⒺⒻⒼⒽⒾⒿⓀⓁ	1	['fleigrənt]	a. 臭名昭著的
traumatic	ⒶⒷⒸⒹⒺⒻⒼⒽⒾⒿⓀⓁ	1	[trɔ:'mætik]	a. 创伤的，外伤的
moribund	ⒶⒷⒸⒹⒺⒻⒼⒽⒾⒿⓀⓁ	1	['mɔribʌnd]	a. 垂死的，即将结束的
subservient	ⒶⒷⒸⒹⒺⒻⒼⒽⒾⒿⓀⓁ	1	[sʌb'sə:viənt]	a. 次要的，从属的，奉承的
raspy	ⒶⒷⒸⒹⒺⒻⒼⒽⒾⒿⓀⓁ	1	['ra:spi;'ræs-]	a. 刺耳的，粗糙的
cursory	ⒶⒷⒸⒹⒺⒻⒼⒽⒾⒿⓀⓁ	1	['kə:səri]	a. 匆忙的，草率的，粗略的
ingenious	ⒶⒷⒸⒹⒺⒻⒼⒽⒾⒿⓀⓁ	1	[in'dʒi:njəs]	a. 聪明的，精巧的
churlish	ⒶⒷⒸⒹⒺⒻⒼⒽⒾⒿⓀⓁ	1	['tʃə:liʃ]	a. 粗野的
insubstantial	ⒶⒷⒸⒹⒺⒻⒼⒽⒾⒿⓀⓁ	1	[,insəb'stænʃəl]	a. 脆弱的，无实体的，非实质的
iconoclastic	ⒶⒷⒸⒹⒺⒻⒼⒽⒾⒿⓀⓁ	1	[ai,kɔnə'klæstik]	a. 打破旧习的，打破常规的
vicarious	ⒶⒷⒸⒹⒺⒻⒼⒽⒾⒿⓀⓁ	1	[vi'keəriəs]	a. 代理的，代替的
monochromatic	ⒶⒷⒸⒹⒺⒻⒼⒽⒾⒿⓀⓁ	1	[,mɔnəkrə'mætik]	a. 单色的
inimical	ⒶⒷⒸⒹⒺⒻⒼⒽⒾⒿⓀⓁ	1	[i'nimikl]	a. 敌意的
endemic	ⒶⒷⒸⒹⒺⒻⒼⒽⒾⒿⓀⓁ	1	[en'demik]	a. 地方性的
seismic	ⒶⒷⒸⒹⒺⒻⒼⒽⒾⒿⓀⓁ	1	['saizmik]	a. 地震的
regal	ⒶⒷⒸⒹⒺⒻⒼⒽⒾⒿⓀⓁ	1	['ri:gəl]	a. 帝王的，尊贵的
subversive	ⒶⒷⒸⒹⒺⒻⒼⒽⒾⒿⓀⓁ	1	[sʌb'və:siv]	a. 颠覆性的，破坏性的 n. 破坏分子
volatile	ⒶⒷⒸⒹⒺⒻⒼⒽⒾⒿⓀⓁ	1	['vɔlətail]	a. 动荡的，反复无常的，易挥发的
precipitous	ⒶⒷⒸⒹⒺⒻⒼⒽⒾⒿⓀⓁ	1	[pri'sipitəs]	a. 陡峭的，急促的
sheer	ⒶⒷⒸⒹⒺⒻⒼⒽⒾⒿⓀⓁ	1	[ʃiə]	a. 陡峭的 v. 避开，偏离
authoritarian	ⒶⒷⒸⒹⒺⒻⒼⒽⒾⒿⓀⓁ	1	[ɔ:,θɔri'teəriən]	a. 独裁的，独裁主义的
transitory	ⒶⒷⒸⒹⒺⒻⒼⒽⒾⒿⓀⓁ	1	['trænsitəri]	a. 短暂的，瞬息的
multifaceted	ⒶⒷⒸⒹⒺⒻⒼⒽⒾⒿⓀⓁ	1	[mʌlti'fæsətid]	a. 多层面的
officious	ⒶⒷⒸⒹⒺⒻⒼⒽⒾⒿⓀⓁ	1	[ə'fiʃəs]	a. 多管闲事的
multifarious	ⒶⒷⒸⒹⒺⒻⒼⒽⒾⒿⓀⓁ	1	[mʌlti'feəriəs]	a. 多种的，各种各样的
perverse	ⒶⒷⒸⒹⒺⒻⒼⒽⒾⒿⓀⓁ	1	[pə(:)'və:s]	a. 堕落的，固执的，故意作对的
malignant	ⒶⒷⒸⒹⒺⒻⒼⒽⒾⒿⓀⓁ	1	[mə'lignənt]	a. 恶意的，恶性的，有害的
luminous	ⒶⒷⒸⒹⒺⒻⒼⒽⒾⒿⓀⓁ	1	['lu:minəs]	a. 发光的，清楚的，明白易懂的
luxuriant	ⒶⒷⒸⒹⒺⒻⒼⒽⒾⒿⓀⓁ	1	[lʌg'ʒu:riənt]	a. 繁茂的，丰富的，奢华的
onerous	ⒶⒷⒸⒹⒺⒻⒼⒽⒾⒿⓀⓁ	1	['ɔnərəs]	a. 繁重的，麻烦的
recalcitrant	ⒶⒷⒸⒹⒺⒻⒼⒽⒾⒿⓀⓁ	1	[ri'kælsitrənt]	a. 反抗的，顽强的
introspective	ⒶⒷⒸⒹⒺⒻⒼⒽⒾⒿⓀⓁ	1	[intrəu'spektiv]	a. 反省的
redolent	ⒶⒷⒸⒹⒺⒻⒼⒽⒾⒿⓀⓁ	1	['redəulənt]	a. 芳香的，令人联想的
licentious	ⒶⒷⒸⒹⒺⒻⒼⒽⒾⒿⓀⓁ	1	[lai'senʃəs]	a. 放荡的，放肆的

单词	标记	频率	读音	词义
dissolute	ⒶⒷⒸⒹⒺⒻⒼⒽⒾⒿⓀⓁ	1	['disəlju:t]	a. 放荡的，放纵的
copious	ⒶⒷⒸⒹⒺⒻⒼⒽⒾⒿⓀⓁ	1	['kəupjəs]	a. 丰富的，大量的
submissive	ⒶⒷⒸⒹⒺⒻⒼⒽⒾⒿⓀⓁ	1	[səb'misiv]	a. 服从的，顺从的
maudlin	ⒶⒷⒸⒹⒺⒻⒼⒽⒾⒿⓀⓁ	1	['mɔ:dlin]	a. 感情脆弱的，易伤感的
arid	ⒶⒷⒸⒹⒺⒻⒼⒽⒾⒿⓀⓁ	1	['ærid]	a. 干旱的，枯燥的
supercilious	ⒶⒷⒸⒹⒺⒻⒼⒽⒾⒿⓀⓁ	1	[sju:pə'siliəs]	a. 高傲的，目中无人的
impartial	ⒶⒷⒸⒹⒺⒻⒼⒽⒾⒿⓀⓁ	1	[im'pa:ʃəl]	a. 公平的，不偏不倚的
disinterested	ⒶⒷⒸⒹⒺⒻⒼⒽⒾⒿⓀⓁ	1	[dis'intəristid]	a. 公正的，无私心的，不感兴趣的
resonant	ⒶⒷⒸⒹⒺⒻⒼⒽⒾⒿⓀⓁ	1	['rezənənt]	a. 共鸣的，回响的 n. 共鸣声
staid	ⒶⒷⒸⒹⒺⒻⒼⒽⒾⒿⓀⓁ	1	[steid]	a. 古板的，固定的
invulnerable	ⒶⒷⒸⒹⒺⒻⒼⒽⒾⒿⓀⓁ	1	[in'vʌlnərəbl]	a. 固若金汤的，无法伤害的
finicky	ⒶⒷⒸⒹⒺⒻⒼⒽⒾⒿⓀⓁ	1	['finiki]	a. 过分挑剔的，苛求的
maritime	ⒶⒷⒸⒹⒺⒻⒼⒽⒾⒿⓀⓁ	1	['mæritaim]	a. 海上的，海事的
frigid	ⒶⒷⒸⒹⒺⒻⒼⒽⒾⒿⓀⓁ	1	['fridʒid]	a. 寒冷的，冷淡的，生硬的
convivial	ⒶⒷⒸⒹⒺⒻⒼⒽⒾⒿⓀⓁ	1	[kən'viviəl]	a. 好交际的，欢乐的
bellicose	ⒶⒷⒸⒹⒺⒻⒼⒽⒾⒿⓀⓁ	1	['belikəus]	a. 好战的，好斗的
disputatious	ⒶⒷⒸⒹⒺⒻⒼⒽⒾⒿⓀⓁ	1	[dispju'teiʃəs]	a. 好争辩的
affable	ⒶⒷⒸⒹⒺⒻⒼⒽⒾⒿⓀⓁ	1	['æfəbl]	a. 和蔼的，友善的，殷勤的
murky	ⒶⒷⒸⒹⒺⒻⒼⒽⒾⒿⓀⓁ	1	['mə:ki]	a. 黑暗的，阴沉的，模糊的
grandiose	ⒶⒷⒸⒹⒺⒻⒼⒽⒾⒿⓀⓁ	1	['grændiəus]	a. 宏伟的，浮夸的
retrograde	ⒶⒷⒸⒹⒺⒻⒼⒽⒾⒿⓀⓁ	1	['retrəugreid]	a. 后退的，倒退的 v. 倒退，退化
preposterous	ⒶⒷⒸⒹⒺⒻⒼⒽⒾⒿⓀⓁ	1	[pri'pɔstərəs]	a. 荒谬的，可笑的
hoary	ⒶⒷⒸⒹⒺⒻⒼⒽⒾⒿⓀⓁ	1	['hɔ:ri;'hɔəri]	a. 灰白的，古老的
resplendent	ⒶⒷⒸⒹⒺⒻⒼⒽⒾⒿⓀⓁ	1	[ri'splendənt]	a. 辉煌的，灿烂的
somnolent	ⒶⒷⒸⒹⒺⒻⒼⒽⒾⒿⓀⓁ	1	['sɔmnələnt]	a. 昏昏欲睡的，催眠的
propitious	ⒶⒷⒸⒹⒺⒻⒼⒽⒾⒿⓀⓁ	1	[prə'piʃəs]	a. 吉利的，顺利的
infinitesimal	ⒶⒷⒸⒹⒺⒻⒼⒽⒾⒿⓀⓁ	1	[in,finə'tesiməl]	a. 极小的，无限小的
spurious	ⒶⒷⒸⒹⒺⒻⒼⒽⒾⒿⓀⓁ	1	['spjuəriəs]	a. 假的，伪造的
demure	ⒶⒷⒸⒹⒺⒻⒼⒽⒾⒿⓀⓁ	1	[di'mjuə]	a. 假装端庄的，假正经的，矜持的
trenchant	ⒶⒷⒸⒹⒺⒻⒼⒽⒾⒿⓀⓁ	1	['trentʃənt]	a. 尖刻的，清晰的，敏锐的
oblique	ⒶⒷⒸⒹⒺⒻⒼⒽⒾⒿⓀⓁ	1	[ə'bli:k]	a. 间接的，斜的，不坦率的
intermittent	ⒶⒷⒸⒹⒺⒻⒼⒽⒾⒿⓀⓁ	1	[intə'mitənt]	a. 间歇的，断断续续的
laborious	ⒶⒷⒸⒹⒺⒻⒼⒽⒾⒿⓀⓁ	1	[lə'bɔ:riəs]	a. 艰苦的，费劲的，勤劳的
mannered	ⒶⒷⒸⒹⒺⒻⒼⒽⒾⒿⓀⓁ	1	['mænəd]	a. 矫揉造作的，装模作样的
dogmatic	ⒶⒷⒸⒹⒺⒻⒼⒽⒾⒿⓀⓁ	1	[dɔg'mætik]	a. 教条的，武断的
punctilious	ⒶⒷⒸⒹⒺⒻⒼⒽⒾⒿⓀⓁ	1	[pʌŋk'tiliəs]	a. 谨小慎微的，一丝不苟的
dutiful	ⒶⒷⒸⒹⒺⒻⒼⒽⒾⒿⓀⓁ	1	['dju:tifəl]	a. 尽职的，责任感强的，顺从的
aghast	ⒶⒷⒸⒹⒺⒻⒼⒽⒾⒿⓀⓁ	1	[ə'ga:st]	a. 惊骇的，吓呆的
sedentary	ⒶⒷⒸⒹⒺⒻⒼⒽⒾⒿⓀⓁ	1	['sednteri]	a. 久坐的，固定不动的
voluminous	ⒶⒷⒸⒹⒺⒻⒼⒽⒾⒿⓀⓁ	1	[və'lju:minəs]	a. 卷数多的，长篇的，大量的

单词	标记	频率	读音	词义
martial	ⒶⒷⒸⒹⒺⒻⒼⒽⒾⒿⓀⓁ	1	['ma:ʃəl]	a. 军事的，战争的，好战的
tangible	ⒶⒷⒸⒹⒺⒻⒼⒽⒾⒿⓀⓁ	1	['tændʒəbl]	a. 可触摸的，有形的
lurid	ⒶⒷⒸⒹⒺⒻⒼⒽⒾⒿⓀⓁ	1	['ljuərid]	a. 可怕的，骇人听闻的，耀眼的
soluble	ⒶⒷⒸⒹⒺⒻⒼⒽⒾⒿⓀⓁ	1	['sɔljubl]	a. 可溶解的，可解决的
negligible	ⒶⒷⒸⒹⒺⒻⒼⒽⒾⒿⓀⓁ	1	['neglidʒəbl]	a. 可以忽略的，微不足道的
heinous	ⒶⒷⒸⒹⒺⒻⒼⒽⒾⒿⓀⓁ	1	['heinəs]	a. 可憎的，十恶不赦的
retroactive	ⒶⒷⒸⒹⒺⒻⒼⒽⒾⒿⓀⓁ	1	[retrəu'æktiv]	a. 可追溯的，有追溯力的
avid	ⒶⒷⒸⒹⒺⒻⒼⒽⒾⒿⓀⓁ	1	['ævid]	a. 渴望的，贪婪的
vitriolic	ⒶⒷⒸⒹⒺⒻⒼⒽⒾⒿⓀⓁ	1	[vitri'ɔlik]	a. 刻薄的，硫酸的
vacuous	ⒶⒷⒸⒹⒺⒻⒼⒽⒾⒿⓀⓁ	1	['vækjuəs]	a. 空的，空虚的，空洞的
torrid	ⒶⒷⒸⒹⒺⒻⒼⒽⒾⒿⓀⓁ	1	['tɔrid]	a. 酷热的，热情的，困难的
jovial	ⒶⒷⒸⒹⒺⒻⒼⒽⒾⒿⓀⓁ	1	['dʒəuvjəl;-viəl]	a. 快活的，愉快的
magnanimous	ⒶⒷⒸⒹⒺⒻⒼⒽⒾⒿⓀⓁ	1	[mæg'næniməs]	a. 宽宏大量的
frenzied	ⒶⒷⒸⒹⒺⒻⒼⒽⒾⒿⓀⓁ	1	['frenzid]	a. 狂乱的，疯狂的
slipshod	ⒶⒷⒸⒹⒺⒻⒼⒽⒾⒿⓀⓁ	1	['slipʃɔd]	a. 邋遢的，马虎的
slovenly	ⒶⒷⒸⒹⒺⒻⒼⒽⒾⒿⓀⓁ	1	['slʌvənli]	a. 懒散的，不修边幅的
lavish	ⒶⒷⒸⒹⒺⒻⒼⒽⒾⒿⓀⓁ	1	['læviʃ]	a. 浪费的，丰富的，慷慨的 v. 浪费
garrulous	ⒶⒷⒸⒹⒺⒻⒼⒽⒾⒿⓀⓁ	1	['gæruləs]	a. 唠叨的，喋喋不休的
sanguine	ⒶⒷⒸⒹⒺⒻⒼⒽⒾⒿⓀⓁ	1	['sæŋgwin]	a. 乐观的，脸上红润的
redundant	ⒶⒷⒸⒹⒺⒻⒼⒽⒾⒿⓀⓁ	1	[ri'dʌndənt]	a. 累赘的，多余的
quaint	ⒶⒷⒸⒹⒺⒻⒼⒽⒾⒿⓀⓁ	1	[kweint]	a. 离奇有趣的，古怪的
tawdry	ⒶⒷⒸⒹⒺⒻⒼⒽⒾⒿⓀⓁ	1	['tɔ:dri]	a. 廉价而俗丽的
miserly	ⒶⒷⒸⒹⒺⒻⒼⒽⒾⒿⓀⓁ	1	['maizəli]	a. 吝啬的，小气的
dexterous	ⒶⒷⒸⒹⒺⒻⒼⒽⒾⒿⓀⓁ	1	['dekstərəs]	a. 灵巧的，熟练的
pert	ⒶⒷⒸⒹⒺⒻⒼⒽⒾⒿⓀⓁ	1	[pə:t]	a. 鲁莽的，活泼的，别致的
terrestrial	ⒶⒷⒸⒹⒺⒻⒼⒽⒾⒿⓀⓁ	1	[ti'restriəl]	a. 陆地的，陆生的，地球的
chronic	ⒶⒷⒸⒹⒺⒻⒼⒽⒾⒿⓀⓁ	1	['krɔnik]	a. 慢性的，长期的
unconscionable	ⒶⒷⒸⒹⒺⒻⒼⒽⒾⒿⓀⓁ	1	[ʌn'kɔnʃənəbl]	a. 没有良心的，不合理的，过度的
unscathed	ⒶⒷⒸⒹⒺⒻⒼⒽⒾⒿⓀⓁ	1	['ʌn'skeiðd]	a. 没有受伤的
boisterous	ⒶⒷⒸⒹⒺⒻⒼⒽⒾⒿⓀⓁ	1	['bɔistərəs]	a. 猛烈的，喧闹的，狂暴的
titular	ⒶⒷⒸⒹⒺⒻⒼⒽⒾⒿⓀⓁ	1	['titjulə]	a. 名义上的，有名无实的
exemplary	ⒶⒷⒸⒹⒺⒻⒼⒽⒾⒿⓀⓁ	1	[ig'zempləri]	a. 模范的，典型的，值得效仿的
maternal	ⒶⒷⒸⒹⒺⒻⒼⒽⒾⒿⓀⓁ	1	[mə'tə:nl]	a. 母亲的，母系的，母性的
visceral	ⒶⒷⒸⒹⒺⒻⒼⒽⒾⒿⓀⓁ	1	['visərəl]	a. 内脏的，发自肺腑的
wry	ⒶⒷⒸⒹⒺⒻⒼⒽⒾⒿⓀⓁ	1	[rai]	a. 扭曲的，讽刺的
sporadic	ⒶⒷⒸⒹⒺⒻⒼⒽⒾⒿⓀⓁ	1	[spə'rædik]	a. 偶尔发生的，零星的
incidental	ⒶⒷⒸⒹⒺⒻⒼⒽⒾⒿⓀⓁ	1	[ˌinsi'dentl]	a. 偶然的，附带的
haphazard	ⒶⒷⒸⒹⒺⒻⒼⒽⒾⒿⓀⓁ	1	['hæp'hæzəd]	a. 偶然的，随意的
insurgent	ⒶⒷⒸⒹⒺⒻⒼⒽⒾⒿⓀⓁ	1	[in'sə:dʒənt]	a. 叛乱的 n. 叛乱分子
compensatory	ⒶⒷⒸⒹⒺⒻⒼⒽⒾⒿⓀⓁ	1	[kəm'pensətəri]	a. 赔偿的，补偿的

单词	标记	频率	读音	词义
surly	ⒶⒷⒸⒹⒺⒻⒼⒽⒾⒿⓀⓁ	1	['sə:li]	a. 脾气暴躁的，傲慢的
meager	ⒶⒷⒸⒹⒺⒻⒼⒽⒾⒿⓀⓁ	1	['mi:gə(r)]	a. 贫乏的，不足的，瘦的
banal	ⒶⒷⒸⒹⒺⒻⒼⒽⒾⒿⓀⓁ	1	[bə'na:l]	a. 平凡的，陈腐的，老一套的
trite	ⒶⒷⒸⒹⒺⒻⒼⒽⒾⒿⓀⓁ	1	[trait]	a. 平庸的，陈腐的
grotesque	ⒶⒷⒸⒹⒺⒻⒼⒽⒾⒿⓀⓁ	1	[grəu'tesk]	a. 奇怪的，可笑的 n. 怪异图案
equestrian	ⒶⒷⒸⒹⒺⒻⒼⒽⒾⒿⓀⓁ	1	[i'kwestriən]	a. 骑马的 n. 骑手
chivalrous	ⒶⒷⒸⒹⒺⒻⒼⒽⒾⒿⓀⓁ	1	['ʃivəlrəs]	a. 骑士的，侠义的
downcast	ⒶⒷⒸⒹⒺⒻⒼⒽⒾⒿⓀⓁ	1	['daunka:st]	a. 气馁的，沮丧的
unassuming	ⒶⒷⒸⒹⒺⒻⒼⒽⒾⒿⓀⓁ	1	['ʌnə'sju:miŋ]	a. 谦逊的，不装腔作势的
pious	ⒶⒷⒸⒹⒺⒻⒼⒽⒾⒿⓀⓁ	1	['paiəs]	a. 虔诚的
drab	ⒶⒷⒸⒹⒺⒻⒼⒽⒾⒿⓀⓁ	1	[dræb]	a. 浅褐色的，单调的
obligatory	ⒶⒷⒸⒹⒺⒻⒼⒽⒾⒿⓀⓁ	1	[ə'bligətəri]	a. 强制性的，义务的，必需的
felicitous	ⒶⒷⒸⒹⒺⒻⒼⒽⒾⒿⓀⓁ	1	[fi'lisitəs]	a. 巧妙的，适当的，可喜的
invasive	ⒶⒷⒸⒹⒺⒻⒼⒽⒾⒿⓀⓁ	1	[in'veisiv]	a. 侵入的，侵略性的，攻击性的
industrious	ⒶⒷⒸⒹⒺⒻⒼⒽⒾⒿⓀⓁ	1	[in'dʌstriəs]	a. 勤劳的，勤奋的
assiduous	ⒶⒷⒸⒹⒺⒻⒼⒽⒾⒿⓀⓁ	1	[ə'sidjuəs]	a. 勤勉的，刻苦的
verdant	ⒶⒷⒸⒹⒺⒻⒼⒽⒾⒿⓀⓁ	1	['və:dənt]	a. 青翠的，稚嫩的
livid	ⒶⒷⒸⒹⒺⒻⒼⒽⒾⒿⓀⓁ	1	['livid]	a. 青黑色的，苍白的，暴怒的
imprudent	ⒶⒷⒸⒹⒺⒻⒼⒽⒾⒿⓀⓁ	1	[im'pru:dənt]	a. 轻率的，不谨慎的
pandemic	ⒶⒷⒸⒹⒺⒻⒼⒽⒾⒿⓀⓁ	1	[pæn'demik]	a. 全国流行的 n. 流行病
panoramic	ⒶⒷⒸⒹⒺⒻⒼⒽⒾⒿⓀⓁ	1	[pænə'ræmik]	a. 全景的
omnipotent	ⒶⒷⒸⒹⒺⒻⒼⒽⒾⒿⓀⓁ	1	[ɔm'nipətənt]	a. 全能的，无所不能的
scanty	ⒶⒷⒸⒹⒺⒻⒼⒽⒾⒿⓀⓁ	1	['skænti]	a. 缺乏的，不足的
facile	ⒶⒷⒸⒹⒺⒻⒼⒽⒾⒿⓀⓁ	1	['fæsail;'fæsl]	a. 容易的，肤浅的，麻利的
supple	ⒶⒷⒸⒹⒺⒻⒼⒽⒾⒿⓀⓁ	1	['sʌpl]	a. 柔软的，逢迎的，顺从的 v. 使柔软
carnal	ⒶⒷⒸⒹⒺⒻⒼⒽⒾⒿⓀⓁ	1	['ka:nl]	a. 肉体的，肉欲的
sensual	ⒶⒷⒸⒹⒺⒻⒼⒽⒾⒿⓀⓁ	1	['sensjuəl]	a. 肉欲的，好色的，感觉的
treacly	ⒶⒷⒸⒹⒺⒻⒼⒽⒾⒿⓀⓁ	1	['tri:k(ə)li]	a. 如蜜糖的，甜腻的
sagacious	ⒶⒷⒸⒹⒺⒻⒼⒽⒾⒿⓀⓁ	1	[sə'geiʃəs]	a. 睿智的，聪明的
iridescent	ⒶⒷⒸⒹⒺⒻⒼⒽⒾⒿⓀⓁ	1	['iri'desnt]	a. 色彩斑斓的
uncanny	ⒶⒷⒸⒹⒺⒻⒼⒽⒾⒿⓀⓁ	1	[ʌn'kæni]	a. 神秘的，不可思议的
opportune	ⒶⒷⒸⒹⒺⒻⒼⒽⒾⒿⓀⓁ	1	['ɔpətju:n]	a. 时机适宜的，适当的
cosmopolitan	ⒶⒷⒸⒹⒺⒻⒼⒽⒾⒿⓀⓁ	1	[ˌkɔzmə'pɔlitən]	a. 世界性的，全球的
adroit	ⒶⒷⒸⒹⒺⒻⒼⒽⒾⒿⓀⓁ	1	[ə'drɔit]	a. 熟练的，敏捷的
ambidextrous	ⒶⒷⒸⒹⒺⒻⒼⒽⒾⒿⓀⓁ	1	[æmbi'dekstrəs]	a. 双手都灵巧的，怀有二心的
mendacious	ⒶⒷⒸⒹⒺⒻⒼⒽⒾⒿⓀⓁ	1	[men'deiʃəs]	a. 说谎的，虚假的
spartan	ⒶⒷⒸⒹⒺⒻⒼⒽⒾⒿⓀⓁ	1	['spa:tən]	a. 斯巴达式的，简朴的，纪律性强的
gaudy	ⒶⒷⒸⒹⒺⒻⒼⒽⒾⒿⓀⓁ	1	['gɔ:di]	a. 俗丽的，花哨的
vapid	ⒶⒷⒸⒹⒺⒻⒼⒽⒾⒿⓀⓁ	1	['væpid]	a. 索然无味的
petty	ⒶⒷⒸⒹⒺⒻⒼⒽⒾⒿⓀⓁ	1	['peti]	a. 琐碎的，微不足道的，次要的

单词	标记	频率	读音	词义
brusque	ⒶⒷⒸⒹⒺⒻⒼⒽⒾⒿⓀⓁ	1	[brusk;brʌsk]	a. 唐突的，鲁莽的
evasive	ⒶⒷⒸⒹⒺⒻⒼⒽⒾⒿⓀⓁ	1	[i'veisiv]	a. 逃避的，难以捉摸的，闪烁其词的
irksome	ⒶⒷⒸⒹⒺⒻⒼⒽⒾⒿⓀⓁ	1	['ə:ksəm]	a. 讨厌的，枯燥乏味的
pastoral	ⒶⒷⒸⒹⒺⒻⒼⒽⒾⒿⓀⓁ	1	['pa:stərəl]	a. 田园的，宁静的 n. 田园诗，牧歌
bucolic	ⒶⒷⒸⒹⒺⒻⒼⒽⒾⒿⓀⓁ	1	[bju:'kɔlik]	a. 田园的，乡村的，牧羊的
concentric	ⒶⒷⒸⒹⒺⒻⒼⒽⒾⒿⓀⓁ	1	[kən'sentrik]	a. 同中心的，同轴的
furtive	ⒶⒷⒸⒹⒺⒻⒼⒽⒾⒿⓀⓁ	1	['fə:tiv]	a. 偷偷的，秘密的
clairvoyant	ⒶⒷⒸⒹⒺⒻⒼⒽⒾⒿⓀⓁ	1	[kleə'vɔiənt]	a. 透视的，有洞察力的 n. 千里眼
elliptical	ⒶⒷⒸⒹⒺⒻⒼⒽⒾⒿⓀⓁ	1	[i'liptikəl]	a. 椭圆的
peripheral	ⒶⒷⒸⒹⒺⒻⒼⒽⒾⒿⓀⓁ	1	[pə'rifərəl]	a. 外围的，不重要的
obdurate	ⒶⒷⒸⒹⒺⒻⒼⒽⒾⒿⓀⓁ	1	['ɔbdjurit]	a. 顽固的，冷酷的
refractory	ⒶⒷⒸⒹⒺⒻⒼⒽⒾⒿⓀⓁ	1	[ri'fræktəri]	a. 顽固的，耐火的，难治愈的
mercenary	ⒶⒷⒸⒹⒺⒻⒼⒽⒾⒿⓀⓁ	1	['mə:sinəri]	a. 唯利是图的 n. 雇佣兵
unmitigated	ⒶⒷⒸⒹⒺⒻⒼⒽⒾⒿⓀⓁ	1	[ʌn'mitigeitid]	a. 未缓和的，绝对的
palatable	ⒶⒷⒸⒹⒺⒻⒼⒽⒾⒿⓀⓁ	1	['pælətəbl]	a. 味美的，使人愉快的
bland	ⒶⒷⒸⒹⒺⒻⒼⒽⒾⒿⓀⓁ	1	[blænd]	a. 温和的，乏味的
tender	ⒶⒷⒸⒹⒺⒻⒼⒽⒾⒿⓀⓁ	1	['tendə]	a. 温柔的，嫩的 v./n. 投标，提出
insolvent	ⒶⒷⒸⒹⒺⒻⒼⒽⒾⒿⓀⓁ	1	[in'sɔlvənt]	a. 无法偿还债务的，破产的
irreparable	ⒶⒷⒸⒹⒺⒻⒼⒽⒾⒿⓀⓁ	1	[i'repərəbl]	a. 无法弥补的，不可挽回的
impassive	ⒶⒷⒸⒹⒺⒻⒼⒽⒾⒿⓀⓁ	1	[im'pæsiv]	a. 无感情的，冷漠的，无知觉的
gratuitous	ⒶⒷⒸⒹⒺⒻⒼⒽⒾⒿⓀⓁ	1	[grə'tju:itəs]	a. 无根据的，不必要的，免费的
irreproachable	ⒶⒷⒸⒹⒺⒻⒼⒽⒾⒿⓀⓁ	1	[iri'prəutʃəbl]	a. 无可指责的，无过失的
ruthless	ⒶⒷⒸⒹⒺⒻⒼⒽⒾⒿⓀⓁ	1	['ru:θlis]	a. 无情的，残忍的
illimitable	ⒶⒷⒸⒹⒺⒻⒼⒽⒾⒿⓀⓁ	1	[i'limitəbl]	a. 无穷的，无限的
omnipresent	ⒶⒷⒸⒹⒺⒻⒼⒽⒾⒿⓀⓁ	1	[ɔmni'prezənt]	a. 无所不在的
impeccable	ⒶⒷⒸⒹⒺⒻⒼⒽⒾⒿⓀⓁ	1	[im'pekəbl]	a. 无瑕疵的，不犯罪的
boundless	ⒶⒷⒸⒹⒺⒻⒼⒽⒾⒿⓀⓁ	1	['baundlis]	a. 无限的，无边无际的
ineffectual	ⒶⒷⒸⒹⒺⒻⒼⒽⒾⒿⓀⓁ	1	[ini'fektjuəl]	a. 无效率的，无能的，无用的
unimpeachable	ⒶⒷⒸⒹⒺⒻⒼⒽⒾⒿⓀⓁ	1	[ʌnim'pi:tʃəbl]	a. 无懈可击的，无可指责的
interminable	ⒶⒷⒸⒹⒺⒻⒼⒽⒾⒿⓀⓁ	1	[in'tə:minəbl]	a. 无休止的，冗长的
incorrigible	ⒶⒷⒸⒹⒺⒻⒼⒽⒾⒿⓀⓁ	1	[in'kɔridʒəbl]	a. 无药可救的，积习难改的，固执的
improvident	ⒶⒷⒸⒹⒺⒻⒼⒽⒾⒿⓀⓁ	1	[im'prɔvidənt]	a. 无远见的，不节约的
insensible	ⒶⒷⒸⒹⒺⒻⒼⒽⒾⒿⓀⓁ	1	[in'sensəbl]	a. 无知觉的，麻木的
histrionic	ⒶⒷⒸⒹⒺⒻⒼⒽⒾⒿⓀⓁ	1	[ˌhistri'ɔnik]	a. 戏剧的，演戏似的，做作的
salient	ⒶⒷⒸⒹⒺⒻⒼⒽⒾⒿⓀⓁ	1	['seiljənt]	a. 显著的，突出的
extant	ⒶⒷⒸⒹⒺⒻⒼⒽⒾⒿⓀⓁ	1	[eks'tænt]	a. 现存的，未毁的
evanescent	ⒶⒷⒸⒹⒺⒻⒼⒽⒾⒿⓀⓁ	1	[i:və'nesnt]	a. 消失的，短暂的
minuscule	ⒶⒷⒸⒹⒺⒻⒼⒽⒾⒿⓀⓁ	1	[mi'nʌskju:l]	a. 小写字的，极小的 n. 小写字母
nascent	ⒶⒷⒸⒹⒺⒻⒼⒽⒾⒿⓀⓁ	1	['næsnt]	a. 新生的，不成熟的
metaphysical	ⒶⒷⒸⒹⒺⒻⒼⒽⒾⒿⓀⓁ	1	[ˌmetə'fizikəl]	a. 形而上学的，纯粹哲学的

单词	标记	频率	读音	词义
gory	ⒶⒷⒸⒹⒺⒻⒼⒽⒾⒿⓀⓁ	1	['gɔ:ri]	a. 血淋淋的，血腥的
itinerant	ⒶⒷⒸⒹⒺⒻⒼⒽⒾⒿⓀⓁ	1	[i'tinərənt]	a. 巡回的 n. 巡回者
acrimonious	ⒶⒷⒸⒹⒺⒻⒼⒽⒾⒿⓀⓁ	1	[ækri'məunjəs]	a. 严厉的，辛辣的，刻薄的
fractious	ⒶⒷⒸⒹⒺⒻⒼⒽⒾⒿⓀⓁ	1	['frækʃəs]	a. 易怒的，难驾驭的
gullible	ⒶⒷⒸⒹⒺⒻⒼⒽⒾⒿⓀⓁ	1	['gʌlib(ə)l]	a. 易受骗的
susceptible	ⒶⒷⒸⒹⒺⒻⒼⒽⒾⒿⓀⓁ	1	[sə'septəbl]	a. 易受影响的，易感染的，容许的
prone	ⒶⒷⒸⒹⒺⒻⒼⒽⒾⒿⓀⓁ	1	[prəun]	a. 易于…的，有…倾向的，俯卧的
evocative	ⒶⒷⒸⒹⒺⒻⒼⒽⒾⒿⓀⓁ	1	[i'vɔkətiv]	a. 引起回忆的，唤起感情的
heterogeneous	ⒶⒷⒸⒹⒺⒻⒼⒽⒾⒿⓀⓁ	1	[hetərəu'dʒi:niəs]	a. 由不同成分组成的，异类的
nomadic	ⒶⒷⒸⒹⒺⒻⒼⒽⒾⒿⓀⓁ	1	[nəu'mædik]	a. 游牧的，流浪的
remunerative	ⒶⒷⒸⒹⒺⒻⒼⒽⒾⒿⓀⓁ	1	[ri'mju:nəˌreitiv]	a. 有报酬的，有利益的
buoyant	ⒶⒷⒸⒹⒺⒻⒼⒽⒾⒿⓀⓁ	1	['bɔiənt]	a. 有浮力的，快乐的
noxious	ⒶⒷⒸⒹⒺⒻⒼⒽⒾⒿⓀⓁ	1	['nɔkʃəs]	a. 有害的，有毒的
genteel	ⒶⒷⒸⒹⒺⒻⒼⒽⒾⒿⓀⓁ	1	[dʒen'ti:l]	a. 有教养的，优雅的
abstemious	ⒶⒷⒸⒹⒺⒻⒼⒽⒾⒿⓀⓁ	1	[æb'sti:miəs]	a. 有节制的，节省的
problematic	ⒶⒷⒸⒹⒺⒻⒼⒽⒾⒿⓀⓁ	1	[prɔblə'mætik]	a. 有问题的，有疑问的
dissident	ⒶⒷⒸⒹⒺⒻⒼⒽⒾⒿⓀⓁ	1	['disidənt]	a. 有异议的 n. 持不同意见的人
infantile	ⒶⒷⒸⒹⒺⒻⒼⒽⒾⒿⓀⓁ	1	['infəntail]	a. 幼稚的，婴幼儿的
devious	ⒶⒷⒸⒹⒺⒻⒼⒽⒾⒿⓀⓁ	1	['di:vjəs]	a. 迂回的，不正直的，狡猾的
circuitous	ⒶⒷⒸⒹⒺⒻⒼⒽⒾⒿⓀⓁ	1	[sə'kju:itəs]	a. 迂回的，绕行的
cosmic	ⒶⒷⒸⒹⒺⒻⒼⒽⒾⒿⓀⓁ	1	['kɔzmik]	a. 宇宙的
apocalyptic	ⒶⒷⒸⒹⒺⒻⒼⒽⒾⒿⓀⓁ	1	[əpɔkə'liptik]	a. 预示世界末日的，天启的
prophetic	ⒶⒷⒸⒹⒺⒻⒼⒽⒾⒿⓀⓁ	1	[prə'fetik]	a. 预言的，预知的
lunar	ⒶⒷⒸⒹⒺⒻⒼⒽⒾⒿⓀⓁ	1	['lju:nə]	a. 月亮的，阴历的
euphonious	ⒶⒷⒸⒹⒺⒻⒼⒽⒾⒿⓀⓁ	1	[ju:'fəuniəs]	a. 悦耳的
kinetic	ⒶⒷⒸⒹⒺⒻⒼⒽⒾⒿⓀⓁ	1	[kai'netik]	a. 运动的
pied	ⒶⒷⒸⒹⒺⒻⒼⒽⒾⒿⓀⓁ	1	[paid]	a. 杂色的
motley	ⒶⒷⒸⒹⒺⒻⒼⒽⒾⒿⓀⓁ	1	['mɔtli]	a. 杂色的，混杂的 n. 杂色，小丑
recurrent	ⒶⒷⒸⒹⒺⒻⒼⒽⒾⒿⓀⓁ	1	[ri'kʌrənt]	a. 再发生的，周期性的
inchoate	ⒶⒷⒸⒹⒺⒻⒼⒽⒾⒿⓀⓁ	1	['inkəueit;-kəuit]	a. 早期的，不成熟的
grueling	ⒶⒷⒸⒹⒺⒻⒼⒽⒾⒿⓀⓁ	1	['gruəliŋ]	a. 折磨人的，使精疲力尽的
sedate	ⒶⒷⒸⒹⒺⒻⒼⒽⒾⒿⓀⓁ	1	[si'deit]	a. 镇静的 v. 使镇静
polemical	ⒶⒷⒸⒹⒺⒻⒼⒽⒾⒿⓀⓁ	1	[pə'lemikəl]	a. 争论的，辩论的
remedial	ⒶⒷⒸⒹⒺⒻⒼⒽⒾⒿⓀⓁ	1	[ri'mi:djəl]	a. 治疗的，补习的
perennial	ⒶⒷⒸⒹⒺⒻⒼⒽⒾⒿⓀⓁ	1	[pə'renjəl]	a. 终年的，常绿的 n. 多年生植物
pivotal	ⒶⒷⒸⒹⒺⒻⒼⒽⒾⒿⓀⓁ	1	['pivətl]	a. 重要的，中枢的，轴的
eminent	ⒶⒷⒸⒹⒺⒻⒼⒽⒾⒿⓀⓁ	1	['eminənt]	a. 著名的，卓越的
imperative	ⒶⒷⒸⒹⒺⒻⒼⒽⒾⒿⓀⓁ	1	[im'perətiv]	a. 专横的，强制的，紧急的 n. 命令
filial	ⒶⒷⒸⒹⒺⒻⒼⒽⒾⒿⓀⓁ	1	['filjəl]	a. 子女的，孝顺的
inadvertently	ⒶⒷⒸⒹⒺⒻⒼⒽⒾⒿⓀⓁ	1	[inəd'və:təntli]	ad. 非故意地，不注意地

单词	标记	频率	读音	词义
headlong	ⒶⒷⒸⒹⒺⒻⒼⒽⒾⒿⓀⓁ	1	['hedlɔŋ]	ad. 头向前地，轻率地，飞快地
curator	ⒶⒷⒸⒹⒺⒻⒼⒽⒾⒿⓀⓁ	1	[kjuə'reitə]	n.（博物馆、展览馆）馆长，管理者
phylum	ⒶⒷⒸⒹⒺⒻⒼⒽⒾⒿⓀⓁ	1	['failəm]	n.（生物分类学上的）门，语群
balm	ⒶⒷⒸⒹⒺⒻⒼⒽⒾⒿⓀⓁ	1	[ba:m]	n.（止痛或疗伤的）香膏，精油，安慰剂
lope	ⒶⒷⒸⒹⒺⒻⒼⒽⒾⒿⓀⓁ	1	[ləup]	n./v. 大步慢跑
rue	ⒶⒷⒸⒹⒺⒻⒼⒽⒾⒿⓀⓁ	1	[ru:]	n./v. 后悔，懊悔
scuffle	ⒶⒷⒸⒹⒺⒻⒼⒽⒾⒿⓀⓁ	1	['skʌfl]	n./v. 混战，扭打
trespass	ⒶⒷⒸⒹⒺⒻⒼⒽⒾⒿⓀⓁ	1	['trespəs]	n./v. 冒犯，侵犯，非法侵入
reproach	ⒶⒷⒸⒹⒺⒻⒼⒽⒾⒿⓀⓁ	1	[ri'prəutʃ]	n./v. 谴责，责骂
reprimand	ⒶⒷⒸⒹⒺⒻⒼⒽⒾⒿⓀⓁ	1	['reprima:nd]	n./v. 训斥，谴责
nurture	ⒶⒷⒸⒹⒺⒻⒼⒽⒾⒿⓀⓁ	1	['nə:tʃə]	n./v. 养育，培育
laud	ⒶⒷⒸⒹⒺⒻⒼⒽⒾⒿⓀⓁ	1	[lɔ:d]	n./v. 赞美，称赞
rebuke	ⒶⒷⒸⒹⒺⒻⒼⒽⒾⒿⓀⓁ	1	[ri'bju:k]	n./v. 指责，谴责
parody	ⒶⒷⒸⒹⒺⒻⒼⒽⒾⒿⓀⓁ	1	['pærədi]	n./v. 拙劣的模仿
devotee	ⒶⒷⒸⒹⒺⒻⒼⒽⒾⒿⓀⓁ	1	[ˌdevəu'ti:]	n. 爱好者，献身者，皈依者
inkling	ⒶⒷⒸⒹⒺⒻⒼⒽⒾⒿⓀⓁ	1	['iŋkliŋ]	n. 暗示，略微知道
remorse	ⒶⒷⒸⒹⒺⒻⒼⒽⒾⒿⓀⓁ	1	[ri'mɔ:s]	n. 懊悔，悔恨
fleck	ⒶⒷⒸⒹⒺⒻⒼⒽⒾⒿⓀⓁ	1	[flek]	n. 斑点，微粒
assurance	ⒶⒷⒸⒹⒺⒻⒼⒽⒾⒿⓀⓁ	1	[ə'ʃuərəns]	n. 保证，确信，保险
retaliation	ⒶⒷⒸⒹⒺⒻⒼⒽⒾⒿⓀⓁ	1	[riˌtæli'eiʃən]	n. 报复，报仇
enormity	ⒶⒷⒸⒹⒺⒻⒼⒽⒾⒿⓀⓁ	1	[i'nɔ:miti]	n. 暴行，穷凶极恶，巨大
windfall	ⒶⒷⒸⒹⒺⒻⒼⒽⒾⒿⓀⓁ	1	['windfɔ:l]	n. 被风吹落的果子，横财
debacle	ⒶⒷⒸⒹⒺⒻⒼⒽⒾⒿⓀⓁ	1	[dei'ba:kl]	n. 崩溃，溃败，灾难
sanctuary	ⒶⒷⒸⒹⒺⒻⒼⒽⒾⒿⓀⓁ	1	['sæŋktjuəri]	n. 避难所，圣殿
metamorphosis	ⒶⒷⒸⒹⒺⒻⒼⒽⒾⒿⓀⓁ	1	[ˌmetə'mɔ:fəsis]	n. 变形
justification	ⒶⒷⒸⒹⒺⒻⒼⒽⒾⒿⓀⓁ	1	[dʒʌstifi'keiʃ(ə)n]	n. 辩护，正当理由
apologist	ⒶⒷⒸⒹⒺⒻⒼⒽⒾⒿⓀⓁ	1	[ə'pɔlədʒist]	n. 辩护者，辩证者，护教论者
subsidy	ⒶⒷⒸⒹⒺⒻⒼⒽⒾⒿⓀⓁ	1	['sʌbsidi]	n. 补助金，津贴
immobility	ⒶⒷⒸⒹⒺⒻⒼⒽⒾⒿⓀⓁ	1	[i'məubiliti]	n. 不动性，不动，固定
anomaly	ⒶⒷⒸⒹⒺⒻⒼⒽⒾⒿⓀⓁ	1	[ə'nɔməli]	n. 不规则，异常的人或物
discord	ⒶⒷⒸⒹⒺⒻⒼⒽⒾⒿⓀⓁ	1	['diskɔ:d]	n. 不和谐，不一致
agnostic	ⒶⒷⒸⒹⒺⒻⒼⒽⒾⒿⓀⓁ	1	[æg'nɔstik]	n. 不可知论者 a. 不可知论的
imbalance	ⒶⒷⒸⒹⒺⒻⒼⒽⒾⒿⓀⓁ	1	[im'bæləns]	n. 不平衡，失调
malaise	ⒶⒷⒸⒹⒺⒻⒼⒽⒾⒿⓀⓁ	1	[mæ'leiz]	n. 不舒服，身体不适
mishap	ⒶⒷⒸⒹⒺⒻⒼⒽⒾⒿⓀⓁ	1	['mishæp;mis'hæp]	n. 不幸，厄运
gait	ⒶⒷⒸⒹⒺⒻⒼⒽⒾⒿⓀⓁ	1	[geit]	n. 步法，步态
atrocity	ⒶⒷⒸⒹⒺⒻⒼⒽⒾⒿⓀⓁ	1	[ə'trɔsiti]	n. 残暴，暴行
residue	ⒶⒷⒸⒹⒺⒻⒼⒽⒾⒿⓀⓁ	1	['rezidju:]	n. 残渣，剩余物
linchpin	ⒶⒷⒸⒹⒺⒻⒼⒽⒾⒿⓀⓁ	1	['lintʃpin]	n. 车辖，关键
reticence	ⒶⒷⒸⒹⒺⒻⒼⒽⒾⒿⓀⓁ	1	['retisəns]	n. 沉默寡言

单词	标记	频率	读音	词义
addiction	ⒶⒷⒸⒹⒺⒻⒼⒽⒾⒿⓀⓁ	1	[ə'dikʃən]	n. 沉溺，上瘾
ewe	ⒶⒷⒸⒹⒺⒻⒼⒽⒾⒿⓀⓁ	1	[ju:]	n. 成年母羊
idiom	ⒶⒷⒸⒹⒺⒻⒼⒽⒾⒿⓀⓁ	1	['idiəm]	n. 成语，方言
lexicon	ⒶⒷⒸⒹⒺⒻⒼⒽⒾⒿⓀⓁ	1	['leksikən]	n. 词典，词汇
glossary	ⒶⒷⒸⒹⒺⒻⒼⒽⒾⒿⓀⓁ	1	['glɔsəri]	n. 词汇表，术语表
amnesty	ⒶⒷⒸⒹⒺⒻⒼⒽⒾⒿⓀⓁ	1	['æmnesti]	n. 大赦，特赦
medley	ⒶⒷⒸⒹⒺⒻⒼⒽⒾⒿⓀⓁ	1	['medli]	n. 大杂烩，混成曲 a. 混合的
hodgepodge	ⒶⒷⒸⒹⒺⒻⒼⒽⒾⒿⓀⓁ	1	['hɔdʒpɔdʒ]	n. 大杂烩，杂烩菜
languor	ⒶⒷⒸⒹⒺⒻⒼⒽⒾⒿⓀⓁ	1	['læŋgə]	n. 怠惰，疲倦
gall	ⒶⒷⒸⒹⒺⒻⒼⒽⒾⒿⓀⓁ	1	[gɔ:l]	n. 胆汁，恶毒 v. 磨伤，烦恼
mentor	ⒶⒷⒸⒹⒺⒻⒼⒽⒾⒿⓀⓁ	1	['mentɔ:]	n. 导师，指导者 v. 指导
cartographer	ⒶⒷⒸⒹⒺⒻⒼⒽⒾⒿⓀⓁ	1	[ka:'tɔgrəfə]	n. 地图绘制者
topography	ⒶⒷⒸⒹⒺⒻⒼⒽⒾⒿⓀⓁ	1	[tə'pɔgrəfi]	n. 地形学，地形，地势
acme	ⒶⒷⒸⒹⒺⒻⒼⒽⒾⒿⓀⓁ	1	['ækmi]	n. 顶点，极致
jettison	ⒶⒷⒸⒹⒺⒻⒼⒽⒾⒿⓀⓁ	1	['dʒetisn;-tizn]	n. 丢弃物 v. 丢弃，抛弃
viper	ⒶⒷⒸⒹⒺⒻⒼⒽⒾⒿⓀⓁ	1	['vaipə]	n. 毒蛇，毒蛇般的人
affirmation	ⒶⒷⒸⒹⒺⒻⒼⒽⒾⒿⓀⓁ	1	[əfə:'meiʃən]	n. 断言，主张，肯定
cavalcade	ⒶⒷⒸⒹⒺⒻⒼⒽⒾⒿⓀⓁ	1	[ˌkævəl'keid]	n. 队列，游行行列
antithesis	ⒶⒷⒸⒹⒺⒻⒼⒽⒾⒿⓀⓁ	1	[æn'tiθisis]	n. 对立面，对照
depravity	ⒶⒷⒸⒹⒺⒻⒼⒽⒾⒿⓀⓁ	1	[di'præviti]	n. 堕落，腐败，邪恶
perquisite	ⒶⒷⒸⒹⒺⒻⒼⒽⒾⒿⓀⓁ	1	['pə:kwizit]	n. 额外补贴，临时津贴
tantrum	ⒶⒷⒸⒹⒺⒻⒼⒽⒾⒿⓀⓁ	1	['tæntrəm]	n. 发脾气，发怒
projectile	ⒶⒷⒸⒹⒺⒻⒼⒽⒾⒿⓀⓁ	1	[prə'dʒektail;-tl]	n. 发射体，抛射物，炮弹
statute	ⒶⒷⒸⒹⒺⒻⒼⒽⒾⒿⓀⓁ	1	['stætju:t]	n. 法令，法规，条例
ordinance	ⒶⒷⒸⒹⒺⒻⒼⒽⒾⒿⓀⓁ	1	['ɔ:dinəns]	n. 法令，条例
spate	ⒶⒷⒸⒹⒺⒻⒼⒽⒾⒿⓀⓁ	1	[speit]	n. 泛滥，洪水，倾泻
decomposition	ⒶⒷⒸⒹⒺⒻⒼⒽⒾⒿⓀⓁ	1	[ˌdi:kɔmpə'ziʃən]	n. 分解，腐烂，变质
watershed	ⒶⒷⒸⒹⒺⒻⒼⒽⒾⒿⓀⓁ	1	['wɔ:təʃed]	n. 分水岭，转折点，流域
accessory	ⒶⒷⒸⒹⒺⒻⒼⒽⒾⒿⓀⓁ	1	[æk'sesəri]	n. 附件，同谋 a. 附属的，同谋的
interloper	ⒶⒷⒸⒹⒺⒻⒼⒽⒾⒿⓀⓁ	1	['intələupə(r)]	n. 干涉他人事务者，闯入者
fledgling	ⒶⒷⒸⒹⒺⒻⒼⒽⒾⒿⓀⓁ	1	['fledʒliŋ]	n. 刚会飞的幼鸟，无经验的人
adage	ⒶⒷⒸⒹⒺⒻⒼⒽⒾⒿⓀⓁ	1	['ædidʒ]	n. 格言，古训
precept	ⒶⒷⒸⒹⒺⒻⒼⒽⒾⒿⓀⓁ	1	['pri:sept]	n. 格言，规则，原则
maxim	ⒶⒷⒸⒹⒺⒻⒼⒽⒾⒿⓀⓁ	1	['mæksim]	n. 格言，普遍真理
seclusion	ⒶⒷⒸⒹⒺⒻⒼⒽⒾⒿⓀⓁ	1	[si'klu:ʒən]	n. 隔离，隔绝，隐退
artisan	ⒶⒷⒸⒹⒺⒻⒼⒽⒾⒿⓀⓁ	1	[a:rtizn]	n. 工匠，技工
equity	ⒶⒷⒸⒹⒺⒻⒼⒽⒾⒿⓀⓁ	1	['ekwiti]	n. 公正，公平，股权
arcade	ⒶⒷⒸⒹⒺⒻⒼⒽⒾⒿⓀⓁ	1	[a:'keid]	n. 拱廊
garner	ⒶⒷⒸⒹⒺⒻⒼⒽⒾⒿⓀⓁ	1	['ga:nə]	n. 谷仓，积蓄 v. 储存，贮藏
champion	ⒶⒷⒸⒹⒺⒻⒼⒽⒾⒿⓀⓁ	1	['tʃæmpjən]	n. 冠军，拥护者

单词	标记	频率	读音	词义
spectrum	ⒶⒷⒸⒹⒺⒻⒼⒽⒾⒿⓀⓁ	1	['spektrəm]	n. 光谱，范围，系列
gloss	ⒶⒷⒸⒹⒺⒻⒼⒽⒾⒿⓀⓁ	1	[glɔs]	n. 光泽，注解 v. 使有光泽
restitution	ⒶⒷⒸⒹⒺⒻⒼⒽⒾⒿⓀⓁ	1	[ˌresti'tju:ʃən]	n. 归还，偿还，恢复
trajectory	ⒶⒷⒸⒹⒺⒻⒼⒽⒾⒿⓀⓁ	1	['trædʒiktəri;trə'dʒekətəri]	n. 轨道，弹道，轨迹
apparition	ⒶⒷⒸⒹⒺⒻⒼⒽⒾⒿⓀⓁ	1	[ˌæpə'riʃən]	n. 鬼，幽灵，幻影
aristocracy	ⒶⒷⒸⒹⒺⒻⒼⒽⒾⒿⓀⓁ	1	[ˌæris'tɔkrəsi]	n. 贵族，贵族阶级
plethora	ⒶⒷⒸⒹⒺⒻⒼⒽⒾⒿⓀⓁ	1	['pleθərə]	n. 过剩，过量，多血症
gaffe	ⒶⒷⒸⒹⒺⒻⒼⒽⒾⒿⓀⓁ	1	[gæf]	n. 过失，出丑，失态
coalition	ⒶⒷⒸⒹⒺⒻⒼⒽⒾⒿⓀⓁ	1	[ˌkəuə'liʃən]	n. 合并，联合
merger	ⒶⒷⒸⒹⒺⒻⒼⒽⒾⒿⓀⓁ	1	['mə:dʒə]	n. 合并，联合体
cardinal	ⒶⒷⒸⒹⒺⒻⒼⒽⒾⒿⓀⓁ	1	['ka:dinəl]	n. 红衣主教 a. 最主要的
chicanery	ⒶⒷⒸⒹⒺⒻⒼⒽⒾⒿⓀⓁ	1	[ʃi'keinəri]	n. 哄骗，欺骗，强词夺理
posterity	ⒶⒷⒸⒹⒺⒻⒼⒽⒾⒿⓀⓁ	1	[pɔs'teriti]	n. 后代，后裔
aftermath	ⒶⒷⒸⒹⒺⒻⒼⒽⒾⒿⓀⓁ	1	['a:ftəmæθ]	n. 后果，余波，灾后时期
milieu	ⒶⒷⒸⒹⒺⒻⒼⒽⒾⒿⓀⓁ	1	['mi:ljə:]	n. 环境，背景
resumption	ⒶⒷⒸⒹⒺⒻⒼⒽⒾⒿⓀⓁ	1	[ri'zʌmpʃən]	n. 恢复，重新开始
hybrid	ⒶⒷⒸⒹⒺⒻⒼⒽⒾⒿⓀⓁ	1	['haibrid]	n. 混血儿，杂种 a. 混合的，杂种的
firebrand	ⒶⒷⒸⒹⒺⒻⒼⒽⒾⒿⓀⓁ	1	['faiəbrænd]	n. 火把，燃烧的木柴，煽动叛乱者
opportunist	ⒶⒷⒸⒹⒺⒻⒼⒽⒾⒿⓀⓁ	1	['ɔpətju:nist;-tu:n]	n. 机会主义者，投机者
integral	ⒶⒷⒸⒹⒺⒻⒼⒽⒾⒿⓀⓁ	1	['intigrəl]	n. 积分，整数 a. 完整的
rationale	ⒶⒷⒸⒹⒺⒻⒼⒽⒾⒿⓀⓁ	1	[ˌræʃə'na:li]	n. 基本原理，基础理论
heckler	ⒶⒷⒸⒹⒺⒻⒼⒽⒾⒿⓀⓁ	1	['heklə(r)]	n. 激烈质问者
malady	ⒶⒷⒸⒹⒺⒻⒼⒽⒾⒿⓀⓁ	1	['mælədi]	n. 疾病，弊病，混乱
rally	ⒶⒷⒸⒹⒺⒻⒼⒽⒾⒿⓀⓁ	1	['ræli]	n. 集会 v. 集合，召集
memento	ⒶⒷⒸⒹⒺⒻⒼⒽⒾⒿⓀⓁ	1	[me'mentəu]	n. 纪念品，遗物
finesse	ⒶⒷⒸⒹⒺⒻⒼⒽⒾⒿⓀⓁ	1	[fi'nes]	n. 技巧，手段，策略
sleight	ⒶⒷⒸⒹⒺⒻⒼⒽⒾⒿⓀⓁ	1	[slait]	n. 技巧，手法，诡计
affiliation	ⒶⒷⒸⒹⒺⒻⒼⒽⒾⒿⓀⓁ	1	[əˌfili'eiʃən]	n. 加入，入会，联合
accolade	ⒶⒷⒸⒹⒺⒻⒼⒽⒾⒿⓀⓁ	1	['ækəleid]	n. 嘉奖，表扬，封爵
pseudonym	ⒶⒷⒸⒹⒺⒻⒼⒽⒾⒿⓀⓁ	1	['(p)sju:dənim]	n. 假名，笔名
surveillance	ⒶⒷⒸⒹⒺⒻⒼⒽⒾⒿⓀⓁ	1	[sə:'veiləns]	n. 监视，监督
pariah	ⒶⒷⒸⒹⒺⒻⒼⒽⒾⒿⓀⓁ	1	['pæriə]	n. 贱民
amnesia	ⒶⒷⒸⒹⒺⒻⒼⒽⒾⒿⓀⓁ	1	[æm'ni:zjə]	n. 健忘症，记忆缺失
impasse	ⒶⒷⒸⒹⒺⒻⒼⒽⒾⒿⓀⓁ	1	[æm'pa:s;im-]	n. 僵局，死路
stalemate	ⒶⒷⒸⒹⒺⒻⒼⒽⒾⒿⓀⓁ	1	['steil'meit]	n. 僵局 v. 使陷入僵局
podium	ⒶⒷⒸⒹⒺⒻⒼⒽⒾⒿⓀⓁ	1	['pəudiəm]	n. 讲台，指挥台，矮墙
guile	ⒶⒷⒸⒹⒺⒻⒼⒽⒾⒿⓀⓁ	1	[gail]	n. 狡诈，诡计
doctrine	ⒶⒷⒸⒹⒺⒻⒼⒽⒾⒿⓀⓁ	1	['dɔktrin]	n. 教条，教义，学说，官方声明
cadence	ⒶⒷⒸⒹⒺⒻⒼⒽⒾⒿⓀⓁ	1	['keidəns]	n. 节奏，韵律，抑扬顿挫
discretion	ⒶⒷⒸⒹⒺⒻⒼⒽⒾⒿⓀⓁ	1	[dis'kreʃən]	n. 谨慎，慎重，自行决定

单词	标记	频率	读音	词义
ascetic	ⒶⒷⒸⒹⒺⒻⒼⒽⒾⒿⓀⓁ	1	[ə'setik]	n. 禁欲者,修道者 a. 修道的,禁欲的
magnate	ⒶⒷⒸⒹⒺⒻⒼⒽⒾⒿⓀⓁ	1	['mægneit]	n. 巨头，富豪
revulsion	ⒶⒷⒸⒹⒺⒻⒼⒽⒾⒿⓀⓁ	1	[ri'vʌlʃən]	n. 剧变，非常厌恶
throe	ⒶⒷⒸⒹⒺⒻⒼⒽⒾⒿⓀⓁ	1	[θrəu]	n. 剧痛，阵痛
prank	ⒶⒷⒸⒹⒺⒻⒼⒽⒾⒿⓀⓁ	1	[præŋk]	n. 开玩笑，恶作剧 v. 盛装
remonstrance	ⒶⒷⒸⒹⒺⒻⒼⒽⒾⒿⓀⓁ	1	[ri'mɔnstrəns]	n. 抗议
archaeology	ⒶⒷⒸⒹⒺⒻⒼⒽⒾⒿⓀⓁ	1	[ˌa:ki'ɔlədʒi]	n. 考古学
plasticity	ⒶⒷⒸⒹⒺⒻⒼⒽⒾⒿⓀⓁ	1	[plæs'tisiti]	n. 可塑性，适应性
forbearance	ⒶⒷⒸⒹⒺⒻⒼⒽⒾⒿⓀⓁ	1	[fɔ:'beərəns]	n. 克制，忍耐，宽容
phobia	ⒶⒷⒸⒹⒺⒻⒼⒽⒾⒿⓀⓁ	1	['fəubjə]	n. 恐惧症
hyperbole	ⒶⒷⒸⒹⒺⒻⒼⒽⒾⒿⓀⓁ	1	[hai'pə:bəli]	n. 夸张法
leniency	ⒶⒷⒸⒹⒺⒻⒼⒽⒾⒿⓀⓁ	1	['li:njənsi]	n. 宽大，仁慈
zealot	ⒶⒷⒸⒹⒺⒻⒼⒽⒾⒿⓀⓁ	1	['zelət]	n. 狂热者
predicament	ⒶⒷⒸⒹⒺⒻⒼⒽⒾⒿⓀⓁ	1	[pri'dikəmənt]	n. 困境，窘状
fissure	ⒶⒷⒸⒹⒺⒻⒼⒽⒾⒿⓀⓁ	1	['fiʃə]	n. 裂缝，分裂 v. 裂开
vagrant	ⒶⒷⒸⒹⒺⒻⒼⒽⒾⒿⓀⓁ	1	['veigrənt]	n. 流浪汉 a. 流浪的
ruffian	ⒶⒷⒸⒹⒺⒻⒼⒽⒾⒿⓀⓁ	1	['rʌfjən;-fiən]	n. 流氓，恶棍 a. 残暴的
exuberance	ⒶⒷⒸⒹⒺⒻⒼⒽⒾⒿⓀⓁ	1	[ig'zju:bərəns]	n. 茂盛，丰富，健康
impostor	ⒶⒷⒸⒹⒺⒻⒼⒽⒾⒿⓀⓁ	1	[im'pɔstə]	n. 冒名顶替者，骗子
gourmand	ⒶⒷⒸⒹⒺⒻⒼⒽⒾⒿⓀⓁ	1	['guəmənd]	n. 美食家，贪吃者
affinity	ⒶⒷⒸⒹⒺⒻⒼⒽⒾⒿⓀⓁ	1	[ə'finiti]	n. 密切关系，吸引力
paragon	ⒶⒷⒸⒹⒺⒻⒼⒽⒾⒿⓀⓁ	1	['pærəgən]	n. 模范，典型
farce	ⒶⒷⒸⒹⒺⒻⒼⒽⒾⒿⓀⓁ	1	[fa:s]	n. 闹剧，轻喜剧
compunction	ⒶⒷⒸⒹⒺⒻⒼⒽⒾⒿⓀⓁ	1	[kəm'pʌŋkʃ(ə)n]	n. 内疚，后悔
mire	ⒶⒷⒸⒹⒺⒻⒼⒽⒾⒿⓀⓁ	1	['maiə]	n. 泥沼，困境 v. 陷入困境
reparation	ⒶⒷⒸⒹⒺⒻⒼⒽⒾⒿⓀⓁ	1	[ˌrepə'reiʃən]	n. 赔偿，恢复，修理
lassitude	ⒶⒷⒸⒹⒺⒻⒼⒽⒾⒿⓀⓁ	1	['læsitju:d]	n. 疲倦，无精打采
predilection	ⒶⒷⒸⒹⒺⒻⒼⒽⒾⒿⓀⓁ	1	[ˌpri:di'lekʃən]	n. 偏好，偏袒
charlatan	ⒶⒷⒸⒹⒺⒻⒼⒽⒾⒿⓀⓁ	1	['ʃa:lətən]	n. 骗子，冒充内行者
pauper	ⒶⒷⒸⒹⒺⒻⒼⒽⒾⒿⓀⓁ	1	['pɔ:pə]	n. 贫民，被救济者
equilibrium	ⒶⒷⒸⒹⒺⒻⒼⒽⒾⒿⓀⓁ	1	[ˌi:kwi'libriəm]	n. 平衡，平静
equanimity	ⒶⒷⒸⒹⒺⒻⒼⒽⒾⒿⓀⓁ	1	[ˌi:kwə'nimiti;ˌekwə-]	n. 平静，镇定
duplicity	ⒶⒷⒸⒹⒺⒻⒼⒽⒾⒿⓀⓁ	1	[dju(:)'plisiti]	n. 欺骗，口是心非，二重性
salvo	ⒶⒷⒸⒹⒺⒻⒼⒽⒾⒿⓀⓁ	1	['sælvəu]	n. 齐射，突然爆发，猛烈攻击
invocation	ⒶⒷⒸⒹⒺⒻⒼⒽⒾⒿⓀⓁ	1	[ˌinvəu'keiʃən]	n. 祈祷，调用
cavalier	ⒶⒷⒸⒹⒺⒻⒼⒽⒾⒿⓀⓁ	1	[ˌkævə'liə]	n. 骑士，绅士
genesis	ⒶⒷⒸⒹⒺⒻⒼⒽⒾⒿⓀⓁ	1	['dʒenisis]	n. 起源，开端
plummet	ⒶⒷⒸⒹⒺⒻⒼⒽⒾⒿⓀⓁ	1	['plʌmit]	n. 铅锤 v. 垂直落下，暴跌
piety	ⒶⒷⒸⒹⒺⒻⒼⒽⒾⒿⓀⓁ	1	['paiəti]	n. 虔诚，孝顺
ford	ⒶⒷⒸⒹⒺⒻⒼⒽⒾⒿⓀⓁ	1	[fɔ:d]	n. 浅滩 v. 涉水

单词	标记	频率	读音	词义
coercion	ⒶⒷⒸⒹⒺⒻⒼⒽⒾⒿⓀⓁ	1	[kəu'ə:ʃən]	n. 强迫，威压，高压政治
encroachment	ⒶⒷⒸⒹⒺⒻⒼⒽⒾⒿⓀⓁ	1	[in'krəutʃmənt]	n. 侵犯，侵蚀
propensity	ⒶⒷⒸⒹⒺⒻⒼⒽⒾⒿⓀⓁ	1	[prə'pensiti]	n. 倾向，癖好
repertoire	ⒶⒷⒸⒹⒺⒻⒼⒽⒾⒿⓀⓁ	1	['repətwa:]	n. 全部节目，全部技能
ensemble	ⒶⒷⒸⒹⒺⒻⒼⒽⒾⒿⓀⓁ	1	[ɔn'sɔmbl]	n. 全体，剧团，大合唱
canine	ⒶⒷⒸⒹⒺⒻⒼⒽⒾⒿⓀⓁ	1	['keinain]	n. 犬，犬科动物
pitfall	ⒶⒷⒸⒹⒺⒻⒼⒽⒾⒿⓀⓁ	1	['pitfɔ:l]	n. 缺陷
certitude	ⒶⒷⒸⒹⒺⒻⒼⒽⒾⒿⓀⓁ	1	['sə:titju:d]	n. 确实，确信
archipelago	ⒶⒷⒸⒹⒺⒻⒼⒽⒾⒿⓀⓁ	1	[ˌa:ki'peligəu]	n. 群岛
fervor	ⒶⒷⒸⒹⒺⒻⒼⒽⒾⒿⓀⓁ	1	['fə:və]	n. 热情，热诚
throng	ⒶⒷⒸⒹⒺⒻⒼⒽⒾⒿⓀⓁ	1	[θrɔŋ]	n. 人群，一大群 v. 挤满
dissolution	ⒶⒷⒸⒹⒺⒻⒼⒽⒾⒿⓀⓁ	1	[disə'lju:ʃən]	n. 溶解，瓦解，解体
litany	ⒶⒷⒸⒹⒺⒻⒼⒽⒾⒿⓀⓁ	1	['litəni]	n. 冗长的陈述，祷文
bereavement	ⒶⒷⒸⒹⒺⒻⒼⒽⒾⒿⓀⓁ	1	[bi'ri:vmənt]	n. 丧亲，丧友
turbulence	ⒶⒷⒸⒹⒺⒻⒼⒽⒾⒿⓀⓁ	1	['tɜ:bjuləns]	n. 骚乱，动荡，湍流
raconteur	ⒶⒷⒸⒹⒺⒻⒼⒽⒾⒿⓀⓁ	1	[rækɔn'tə:]	n. 善于讲故事的人
pittance	ⒶⒷⒸⒹⒺⒻⒼⒽⒾⒿⓀⓁ	1	['pitəns]	n. 少量，微薄的工资
rancor	ⒶⒷⒸⒹⒺⒻⒼⒽⒾⒿⓀⓁ	1	['ræŋkə(r)]	n. 深仇，敌意
abyss	ⒶⒷⒸⒹⒺⒻⒼⒽⒾⒿⓀⓁ	1	[ə'bis]	n. 深渊，无底洞，地狱
ellipsis	ⒶⒷⒸⒹⒺⒻⒼⒽⒾⒿⓀⓁ	1	[i'lipsis]	n. 省略，省略符号
anthem	ⒶⒷⒸⒹⒺⒻⒼⒽⒾⒿⓀⓁ	1	['ænθəm]	n. 圣歌，赞美诗
defeatist	ⒶⒷⒸⒹⒺⒻⒼⒽⒾⒿⓀⓁ	1	[di'fi:tist]	n. 失败主义者
pantomime	ⒶⒷⒸⒹⒺⒻⒼⒽⒾⒿⓀⓁ	1	['pæntəmaim]	n. 手势，哑剧 v. 打手势，演哑剧
metropolis	ⒶⒷⒸⒹⒺⒻⒼⒽⒾⒿⓀⓁ	1	[mi'trɔpəlis]	n. 首都，大城市
calligraphy	ⒶⒷⒸⒹⒺⒻⒼⒽⒾⒿⓀⓁ	1	[kə'ligrəfi]	n. 书法
jargon	ⒶⒷⒸⒹⒺⒻⒼⒽⒾⒿⓀⓁ	1	['dʒa:gən]	n. 术语，行话，胡言乱语
foliage	ⒶⒷⒸⒹⒺⒻⒼⒽⒾⒿⓀⓁ	1	['fəuliidʒ]	n. 树叶
sleeper	ⒶⒷⒸⒹⒺⒻⒼⒽⒾⒿⓀⓁ	1	['sli:pə]	n. 睡眠者，枕木，卧铺
compliance	ⒶⒷⒸⒹⒺⒻⒼⒽⒾⒿⓀⓁ	1	[kəm'plaiəns]	n. 顺从，屈从
rote	ⒶⒷⒸⒹⒺⒻⒼⒽⒾⒿⓀⓁ	1	[rəut]	n. 死记硬背
fodder	ⒶⒷⒸⒹⒺⒻⒼⒽⒾⒿⓀⓁ	1	['fɔdə]	n. 饲料，草料，素材
entourage	ⒶⒷⒸⒹⒺⒻⒼⒽⒾⒿⓀⓁ	1	[ˌɔntu'ra:ʒ]	n. 随行人员，周围的环境
debris	ⒶⒷⒸⒹⒺⒻⒼⒽⒾⒿⓀⓁ	1	['debri:;'deib-]	n. 碎片，残骸
shard	ⒶⒷⒸⒹⒺⒻⒼⒽⒾⒿⓀⓁ	1	[ʃa:d]	n. 碎片，碎陶片，昆虫翅鞘
avarice	ⒶⒷⒸⒹⒺⒻⒼⒽⒾⒿⓀⓁ	1	['ævəris]	n. 贪财，贪婪
prerogative	ⒶⒷⒸⒹⒺⒻⒼⒽⒾⒿⓀⓁ	1	[pri'rɔgətiv]	n. 特权
scuttle	ⒶⒷⒸⒹⒺⒻⒼⒽⒾⒿⓀⓁ	1	['skʌtl]	n. 天窗 v. 急促奔跑，凿沉
flair	ⒶⒷⒸⒹⒺⒻⒼⒽⒾⒿⓀⓁ	1	[fleə]	n. 天赋，才华，辨别力
ingenue	ⒶⒷⒸⒹⒺⒻⒼⒽⒾⒿⓀⓁ	1	[ænʒei'nju:]	n. 天真无邪的少女
palette	ⒶⒷⒸⒹⒺⒻⒼⒽⒾⒿⓀⓁ	1	['pælit]	n. 调色板

单词	标记	频率	读音	词义
regimen	ⒶⒷⒸⒹⒺⒻⒼⒽⒾⒿⓀⓁ	1	['redʒimen]	n. 统治，养生法，训练课程
degradation	ⒶⒷⒸⒹⒺⒻⒼⒽⒾⒿⓀⓁ	1	[ˌdegrə'deiʃən]	n. 退化，降级，堕落，降解
protocol	ⒶⒷⒸⒹⒺⒻⒼⒽⒾⒿⓀⓁ	1	['prəutəkɔl]	n. 外交礼仪，草案，协议
elixir	ⒶⒷⒸⒹⒺⒻⒼⒽⒾⒿⓀⓁ	1	[i'liksə]	n. 万灵药，长生不老药
microcosm	ⒶⒷⒸⒹⒺⒻⒼⒽⒾⒿⓀⓁ	1	['maikrəkɔz(ə)m]	n. 微观世界，缩影
glimmer	ⒶⒷⒸⒹⒺⒻⒼⒽⒾⒿⓀⓁ	1	['glimə]	n. 微光，迹象 v. 发微光
clientele	ⒶⒷⒸⒹⒺⒻⒼⒽⒾⒿⓀⓁ	1	[ˌkli:a:n'teil]	n. 委托人，客户
gentility	ⒶⒷⒸⒹⒺⒻⒼⒽⒾⒿⓀⓁ	1	[dʒen'tiliti]	n. 文雅，出身高贵，有教养
taint	ⒶⒷⒸⒹⒺⒻⒼⒽⒾⒿⓀⓁ	1	[teint;tent]	n. 污点，耻辱 v. 污染，中毒
choreography	ⒶⒷⒸⒹⒺⒻⒼⒽⒾⒿⓀⓁ	1	[ˌkɔ(:)ri'ɔgrəfi]	n. 舞蹈，舞蹈编排
hone	ⒶⒷⒸⒹⒺⒻⒼⒽⒾⒿⓀⓁ	1	[həun]	n. 细磨刀石 v. 磨刀，磨练
filament	ⒶⒷⒸⒹⒺⒻⒼⒽⒾⒿⓀⓁ	1	['filəmənt]	n. 细丝，灯丝，花丝
hedonist	ⒶⒷⒸⒹⒺⒻⒼⒽⒾⒿⓀⓁ	1	['hi:dənist]	n. 享乐主义者
figurine	ⒶⒷⒸⒹⒺⒻⒼⒽⒾⒿⓀⓁ	1	['figjuri:n]	n. 小雕像
euphoria	ⒶⒷⒸⒹⒺⒻⒼⒽⒾⒿⓀⓁ	1	[ju:'fɔ:riə]	n. 幸福愉快感，欣快症
truculence	ⒶⒷⒸⒹⒺⒻⒼⒽⒾⒿⓀⓁ	1	['trʌkjuləns;'tru:-]	n. 凶猛，好斗，残暴
sham	ⒶⒷⒸⒹⒺⒻⒼⒽⒾⒿⓀⓁ	1	[ʃæm]	n. 虚假，赝品 v. 伪装
infirmity	ⒶⒷⒸⒹⒺⒻⒼⒽⒾⒿⓀⓁ	1	[in'fə:miti]	n. 虚弱，疾病，弱点
preamble	ⒶⒷⒸⒹⒺⒻⒼⒽⒾⒿⓀⓁ	1	[pri:'æmbl]	n. 序言，前言，开端
franchise	ⒶⒷⒸⒹⒺⒻⒼⒽⒾⒿⓀⓁ	1	['fræntʃaiz]	n. 选举权，特权，特许经营权
precinct	ⒶⒷⒸⒹⒺⒻⒼⒽⒾⒿⓀⓁ	1	['pri:siŋkt]	n. 选区，管辖区域，范围
panache	ⒶⒷⒸⒹⒺⒻⒼⒽⒾⒿⓀⓁ	1	[pə'næʃ]	n. 炫耀，虚饰，羽饰
apprenticeship	ⒶⒷⒸⒹⒺⒻⒼⒽⒾⒿⓀⓁ	1	[ə'prentisˌʃip]	n. 学徒的身份，学徒的年限
lineage	ⒶⒷⒸⒹⒺⒻⒼⒽⒾⒿⓀⓁ	1	['liniidʒ]	n. 血统，后代
moratorium	ⒶⒷⒸⒹⒺⒻⒼⒽⒾⒿⓀⓁ	1	[ˌmɔrə'tɔ:riəm]	n. 延缓偿付
orator	ⒶⒷⒸⒹⒺⒻⒼⒽⒾⒿⓀⓁ	1	['ɔrətə]	n. 演说者，雄辩家
misanthrope	ⒶⒷⒸⒹⒺⒻⒼⒽⒾⒿⓀⓁ	1	['misənθrəup]	n. 厌恶人类的人，愤世嫉俗者
raiment	ⒶⒷⒸⒹⒺⒻⒼⒽⒾⒿⓀⓁ	1	['reimənt]	n. 衣服
vestige	ⒶⒷⒸⒹⒺⒻⒼⒽⒾⒿⓀⓁ	1	['vestidʒ]	n. 遗迹，退化的器官
oblivion	ⒶⒷⒸⒹⒺⒻⒼⒽⒾⒿⓀⓁ	1	[ə'bliviən]	n. 遗忘，忘却，赦免
ideology	ⒶⒷⒸⒹⒺⒻⒼⒽⒾⒿⓀⓁ	1	[ˌaidi'ɔlədʒi;id-]	n. 意识形态，思想意识
prowess	ⒶⒷⒸⒹⒺⒻⒼⒽⒾⒿⓀⓁ	1	['prauis]	n. 英勇，非凡的能力
valor	ⒶⒷⒸⒹⒺⒻⒼⒽⒾⒿⓀⓁ	1	['vælə]	n. 英勇，勇猛
advocacy	ⒶⒷⒸⒹⒺⒻⒼⒽⒾⒿⓀⓁ	1	['ædvəkəsi]	n. 拥护，支持，鼓吹
aria	ⒶⒷⒸⒹⒺⒻⒼⒽⒾⒿⓀⓁ	1	['a:riə]	n. 咏叹调，独唱曲
vantage	ⒶⒷⒸⒹⒺⒻⒼⒽⒾⒿⓀⓁ	1	['va:ntidʒ]	n. 优势
bard	ⒶⒷⒸⒹⒺⒻⒼⒽⒾⒿⓀⓁ	1	[ba:d]	n. 游唱诗人，抒情诗人
camaraderie	ⒶⒷⒸⒹⒺⒻⒼⒽⒾⒿⓀⓁ	1	[ka:mə'ra:dəri:]	n. 友情，同志之爱
marsupial	ⒶⒷⒸⒹⒺⒻⒼⒽⒾⒿⓀⓁ	1	[ma:'sju:pjəl]	n. 有袋动物 a. 有袋动物的
glaze	ⒶⒷⒸⒹⒺⒻⒼⒽⒾⒿⓀⓁ	1	[gleiz]	n. 釉，光滑表面 v. 上釉，变呆滞

单词	标记	频率	读音	词义
circumlocution	ⒶⒷⒸⒹⒺⒻⒼⒽⒾⒿⓀⓁ	1	[ˌsə:kəmlə'kju:ʃən]	n. 迂回累赘的陈述，遁词
plumage	ⒶⒷⒸⒹⒺⒻⒼⒽⒾⒿⓀⓁ	1	['plu:midʒ]	n. 羽毛，翅膀，华丽的衣服
presentiment	ⒶⒷⒸⒹⒺⒻⒼⒽⒾⒿⓀⓁ	1	[pri'zentimənt]	n. 预感
prescience	ⒶⒷⒸⒹⒺⒻⒼⒽⒾⒿⓀⓁ	1	['pre'saiəns]	n. 预知，先见
archetype	ⒶⒷⒸⒹⒺⒻⒼⒽⒾⒿⓀⓁ	1	['a:kitaip]	n. 原型
prototype	ⒶⒷⒸⒹⒺⒻⒼⒽⒾⒿⓀⓁ	1	['prəutətaip]	n. 原型，范例
tenet	ⒶⒷⒸⒹⒺⒻⒼⒽⒾⒿⓀⓁ	1	['ti:net;'tenit]	n. 原则，教义，信条
foresight	ⒶⒷⒸⒹⒺⒻⒼⒽⒾⒿⓀⓁ	1	['fɔ:sait]	n. 远见，深谋远虑
escapade	ⒶⒷⒸⒹⒺⒻⒼⒽⒾⒿⓀⓁ	1	['eskəpeid]	n. 越轨行为
stricture	ⒶⒷⒸⒹⒺⒻⒼⒽⒾⒿⓀⓁ	1	['striktʃə]	n. 责难，限制
antipathy	ⒶⒷⒸⒹⒺⒻⒼⒽⒾⒿⓀⓁ	1	[æn'tipəθi]	n. 憎恶，反感
stratagem	ⒶⒷⒸⒹⒺⒻⒼⒽⒾⒿⓀⓁ	1	['strætidʒəm]	n. 战略，计谋
reconnaissance	ⒶⒷⒸⒹⒺⒻⒼⒽⒾⒿⓀⓁ	1	[ri'kɔnisəns]	n. 侦察，勘察
veracity	ⒶⒷⒸⒹⒺⒻⒼⒽⒾⒿⓀⓁ	1	[və'ræsiti]	n. 真实性，诚实
flora	ⒶⒷⒸⒹⒺⒻⒼⒽⒾⒿⓀⓁ	1	['flɔ:rə]	n. 植物群落，花神
tanner	ⒶⒷⒸⒹⒺⒻⒼⒽⒾⒿⓀⓁ	1	['tænə]	n. 制革工人，六便士
bourgeois	ⒶⒷⒸⒹⒺⒻⒼⒽⒾⒿⓀⓁ	1	[bə'dʒɔis]	n. 中产阶级
abeyance	ⒶⒷⒸⒹⒺⒻⒼⒽⒾⒿⓀⓁ	1	[ə'beiəns]	n. 中止，搁置
arbiter	ⒶⒷⒸⒹⒺⒻⒼⒽⒾⒿⓀⓁ	1	['a:bitə]	n. 仲裁人，裁决者
motif	ⒶⒷⒸⒹⒺⒻⒼⒽⒾⒿⓀⓁ	1	[məu'ti:f]	n. 主题，主旨
repository	ⒶⒷⒸⒹⒺⒻⒼⒽⒾⒿⓀⓁ	1	[ri'pɔzitəri]	n. 贮藏室，仓库
garnish	ⒶⒷⒸⒹⒺⒻⒼⒽⒾⒿⓀⓁ	1	['ga:niʃ]	n. 装饰，装饰品 v. 装饰
grandeur	ⒶⒷⒸⒹⒺⒻⒼⒽⒾⒿⓀⓁ	1	['grændʒə]	n. 壮丽，庄严，伟大
conceit	ⒶⒷⒸⒹⒺⒻⒼⒽⒾⒿⓀⓁ	1	[kən'si:t]	n. 自负，幻想
complacency	ⒶⒷⒸⒹⒺⒻⒼⒽⒾⒿⓀⓁ	1	[kəm'pleisənsi]	n. 自满
narcissist	ⒶⒷⒸⒹⒺⒻⒼⒽⒾⒿⓀⓁ	1	['na:sisist]	n. 自我陶醉者
soliloquy	ⒶⒷⒸⒹⒺⒻⒼⒽⒾⒿⓀⓁ	1	[sə'liləkwi]	n. 自言自语，独白
progenitor	ⒶⒷⒸⒹⒺⒻⒼⒽⒾⒿⓀⓁ	1	[prə'dʒenitə]	n. 祖先，先驱
plumb	ⒶⒷⒸⒹⒺⒻⒼⒽⒾⒿⓀⓁ	1	[plʌm]	v.（用铅锤）测量，探测 a. 垂直的
chortle	ⒶⒷⒸⒹⒺⒻⒼⒽⒾⒿⓀⓁ	1	['tʃɔ:tl]	v./ n. 哈哈大笑
gibe	ⒶⒷⒸⒹⒺⒻⒼⒽⒾⒿⓀⓁ	1	[dʒaib]	v./n. 嘲笑
prod	ⒶⒷⒸⒹⒺⒻⒼⒽⒾⒿⓀⓁ	1	[prɔd]	v./n. 刺，戳，刺激
rebuff	ⒶⒷⒸⒹⒺⒻⒼⒽⒾⒿⓀⓁ	1	[ri'bʌf]	v./n. 断然拒绝
fret	ⒶⒷⒸⒹⒺⒻⒼⒽⒾⒿⓀⓁ	1	[fret]	v./n. 烦躁，焦虑，担心
traverse	ⒶⒷⒸⒹⒺⒻⒼⒽⒾⒿⓀⓁ	1	['trævə(:)s]	v./n. 横渡，横越
regale	ⒶⒷⒸⒹⒺⒻⒼⒽⒾⒿⓀⓁ	1	[ri'geil]	v./n. 款待，宴请
ramble	ⒶⒷⒸⒹⒺⒻⒼⒽⒾⒿⓀⓁ	1	['ræmbl]	v./n. 漫步，闲逛，漫谈
writhe	ⒶⒷⒸⒹⒺⒻⒼⒽⒾⒿⓀⓁ	1	[raið]	v./n. 扭动，挣扎，受苦
clamber	ⒶⒷⒸⒹⒺⒻⒼⒽⒾⒿⓀⓁ	1	['klæmbə]	v./n. 攀登，爬上
sanction	ⒶⒷⒸⒹⒺⒻⒼⒽⒾⒿⓀⓁ	1	['sæŋkʃən]	v./n. 批准，支持

单词	标记	频率	读音	词义
lurk	ⒶⒷⒸⒹⒺⒻⒼⒽⒾⒿⓀⓁ	1	[lə:k]	v./n. 潜伏，隐藏
snicker	ⒶⒷⒸⒹⒺⒻⒼⒽⒾⒿⓀⓁ	1	['snikə]	v./n. 窃笑
swerve	ⒶⒷⒸⒹⒺⒻⒼⒽⒾⒿⓀⓁ	1	[swə:v]	v./n. 突然转向，转弯
jostle	ⒶⒷⒸⒹⒺⒻⒼⒽⒾⒿⓀⓁ	1	['dʒɔsl]	v./n. 推，推挤，争夺
ebb	ⒶⒷⒸⒹⒺⒻⒼⒽⒾⒿⓀⓁ	1	[eb]	v./n. 退潮，衰落
tryst	ⒶⒷⒸⒹⒺⒻⒼⒽⒾⒿⓀⓁ	1	[traist;trist]	v./n. 幽会，约会
balk	ⒶⒷⒸⒹⒺⒻⒼⒽⒾⒿⓀⓁ	1	[bɔ:lk]	v./n. 障碍，阻止，拒绝前进
query	ⒶⒷⒸⒹⒺⒻⒼⒽⒾⒿⓀⓁ	1	['kwiəri]	v./n. 质问，疑问
recast	ⒶⒷⒸⒹⒺⒻⒼⒽⒾⒿⓀⓁ	1	['ri:'ka:st]	v./n. 重铸，改变角色，改写
mollify	ⒶⒷⒸⒹⒺⒻⒼⒽⒾⒿⓀⓁ	1	['mɔlifai]	v. 安慰，平息
insinuate	ⒶⒷⒸⒹⒺⒻⒼⒽⒾⒿⓀⓁ	1	[in'sinjueit]	v. 暗示，旁敲侧击地说
allude	ⒶⒷⒸⒹⒺⒻⒼⒽⒾⒿⓀⓁ	1	[ə'lju:d]	v. 暗指，间接提到
depose	ⒶⒷⒸⒹⒺⒻⒼⒽⒾⒿⓀⓁ	1	[di'pəuz]	v. 罢免，作证
bustle	ⒶⒷⒸⒹⒺⒻⒼⒽⒾⒿⓀⓁ	1	['bʌsl]	v. 奔忙，催促 n. 喧嚣，匆忙
eschew	ⒶⒷⒸⒹⒺⒻⒼⒽⒾⒿⓀⓁ	1	[is'tʃu:]	v. 避开，回避
demean	ⒶⒷⒸⒹⒺⒻⒼⒽⒾⒿⓀⓁ	1	[di'mi:n]	v. 贬低（身份），降低
depreciate	ⒶⒷⒸⒹⒺⒻⒼⒽⒾⒿⓀⓁ	1	[di'pri:ʃieit]	v. 贬值，降价，轻视
relent	ⒶⒷⒸⒹⒺⒻⒼⒽⒾⒿⓀⓁ	1	[ri'lent]	v. 变温和，发慈悲，缓和
replenish	ⒶⒷⒸⒹⒺⒻⒼⒽⒾⒿⓀⓁ	1	[ri'pleniʃ]	v. 补充，再装满
embed	ⒶⒷⒸⒹⒺⒻⒼⒽⒾⒿⓀⓁ	1	[im'bed]	v. 插入，嵌入
embark	ⒶⒷⒸⒹⒺⒻⒼⒽⒾⒿⓀⓁ	1	[im'ba:k]	v. 乘船，上飞机，从事
winnow	ⒶⒷⒸⒹⒺⒻⒼⒽⒾⒿⓀⓁ	1	['winəu]	v. 吹去糠皮，扬谷，精选
vouchsafe	ⒶⒷⒸⒹⒺⒻⒼⒽⒾⒿⓀⓁ	1	[vautʃ'seif]	v. 赐予
supersede	ⒶⒷⒸⒹⒺⒻⒼⒽⒾⒿⓀⓁ	1	[ˌsju:pə'si:d]	v. 代替，取代，淘汰
kindle	ⒶⒷⒸⒹⒺⒻⒼⒽⒾⒿⓀⓁ	1	['kindl]	v. 点燃，照亮
wither	ⒶⒷⒸⒹⒺⒻⒼⒽⒾⒿⓀⓁ	1	['wiðə]	v. 凋谢，枯萎
wean	ⒶⒷⒸⒹⒺⒻⒼⒽⒾⒿⓀⓁ	1	[wi:n]	v. 断奶，戒掉，放弃
despoil	ⒶⒷⒸⒹⒺⒻⒼⒽⒾⒿⓀⓁ	1	[dis'pɔil]	v. 夺取，掠夺
germinate	ⒶⒷⒸⒹⒺⒻⒼⒽⒾⒿⓀⓁ	1	['dʒə:mineit]	v. 发芽，使生长
blunder	ⒶⒷⒸⒹⒺⒻⒼⒽⒾⒿⓀⓁ	1	['blʌndə]	v. 犯大错，绊倒 n. 大错
stymie	ⒶⒷⒸⒹⒺⒻⒼⒽⒾⒿⓀⓁ	1	['staimi]	v. 妨碍，阻挠
hamper	ⒶⒷⒸⒹⒺⒻⒼⒽⒾⒿⓀⓁ	1	['hæmpə]	v. 妨碍，阻止 n. 大篮子
relinquish	ⒶⒷⒸⒹⒺⒻⒼⒽⒾⒿⓀⓁ	1	[ri'liŋkwiʃ]	v. 放弃，放手
recant	ⒶⒷⒸⒹⒺⒻⒼⒽⒾⒿⓀⓁ	1	[ri'kænt]	v. 放弃信仰，撤回声明
defame	ⒶⒷⒸⒹⒺⒻⒼⒽⒾⒿⓀⓁ	1	[di'feim]	v. 诽谤，中伤
seethe	ⒶⒷⒸⒹⒺⒻⒼⒽⒾⒿⓀⓁ	1	[si:ð]	v. 沸腾，起泡，大怒
diverge	ⒶⒷⒸⒹⒺⒻⒼⒽⒾⒿⓀⓁ	1	[dai'və:dʒ]	v. 分歧，分叉，离题
incubate	ⒶⒷⒸⒹⒺⒻⒼⒽⒾⒿⓀⓁ	1	['inkjubeit]	v. 孵卵，逐渐发展，酝酿
avenge	ⒶⒷⒸⒹⒺⒻⒼⒽⒾⒿⓀⓁ	1	[ə'vendʒ]	v. 复仇
ameliorate	ⒶⒷⒸⒹⒺⒻⒼⒽⒾⒿⓀⓁ	1	[ə'mi:ljəreit]	v. 改善，改进

单词	标记	频率	读音	词义
bestow	ⒶⒷⒸⒹⒺⒻⒼⒽⒾⒿⓀⓁ	1	[bi'stəu]	v. 给予，赠送，利用
assail	ⒶⒷⒸⒹⒺⒻⒼⒽⒾⒿⓀⓁ	1	[ə'seil]	v. 攻击，责骂，使苦恼
cabal	ⒶⒷⒸⒹⒺⒻⒼⒽⒾⒿⓀⓁ	1	[kə'bæl]	v. 共谋 n. 徒党，阴谋
pander	ⒶⒷⒸⒹⒺⒻⒼⒽⒾⒿⓀⓁ	1	['pændə]	v. 勾引，拉皮条，迎合 n. 拉皮条者
deplete	ⒶⒷⒸⒹⒺⒻⒼⒽⒾⒿⓀⓁ	1	[di'pli:t]	v. 耗尽，用光
incorporate	ⒶⒷⒸⒹⒺⒻⒼⒽⒾⒿⓀⓁ	1	[in'kɔ:pəreit]	v. 合并，组成公司 a. 合并的
exclaim	ⒶⒷⒸⒹⒺⒻⒼⒽⒾⒿⓀⓁ	1	[iks'kleim]	v. 呼喊，惊叫，大叫
reciprocate	ⒶⒷⒸⒹⒺⒻⒼⒽⒾⒿⓀⓁ	1	[ri'siprəkeit]	v. 互换，报答，往复运动
slither	ⒶⒷⒸⒹⒺⒻⒼⒽⒾⒿⓀⓁ	1	['sliðə]	v. 滑行，滑动
revert	ⒶⒷⒸⒹⒺⒻⒼⒽⒾⒿⓀⓁ	1	[ri'və:t]	v. 回复，恢复，归还
postulate	ⒶⒷⒸⒹⒺⒻⒼⒽⒾⒿⓀⓁ	1	['pɔstjuleit]	v. 假定，要求 n. 假定，基本条件
coddle	ⒶⒷⒸⒹⒺⒻⒼⒽⒾⒿⓀⓁ	1	['kɔd(ə)l]	v. 娇养，溺爱
unravel	ⒶⒷⒸⒹⒺⒻⒼⒽⒾⒿⓀⓁ	1	[ʌn'rævəl]	v. 解开，阐明
disengage	ⒶⒷⒸⒹⒺⒻⒼⒽⒾⒿⓀⓁ	1	['disin'geidʒ]	v. 解开，解除，使脱离
unfetter	ⒶⒷⒸⒹⒺⒻⒼⒽⒾⒿⓀⓁ	1	['ʌn'fetə]	v. 解开脚链，释放，使自由
exalt	ⒶⒷⒸⒹⒺⒻⒼⒽⒾⒿⓀⓁ	1	[ig'zɔ:lt;eg-]	v. 晋升，赞扬
converge	ⒶⒷⒸⒹⒺⒻⒼⒽⒾⒿⓀⓁ	1	[kən'və:dʒ]	v. 聚合，集中
aspire	ⒶⒷⒸⒹⒺⒻⒼⒽⒾⒿⓀⓁ	1	[əs'paiə]	v. 渴望，有志于
surmount	ⒶⒷⒸⒹⒺⒻⒼⒽⒾⒿⓀⓁ	1	[sə:'maunt]	v. 克服，越过，登上最高点
beseech	ⒶⒷⒸⒹⒺⒻⒼⒽⒾⒿⓀⓁ	1	[bi'si:tʃ]	v. 恳求，祈求
entreat	ⒶⒷⒸⒹⒺⒻⒼⒽⒾⒿⓀⓁ	1	[in'tri:t]	v. 恳求，乞求
solicit	ⒶⒷⒸⒹⒺⒻⒼⒽⒾⒿⓀⓁ	1	[sə'lisit]	v. 恳求，征求，诱惑
rhapsodize	ⒶⒷⒸⒹⒺⒻⒼⒽⒾⒿⓀⓁ	1	['ræpsədaiz]	v. 狂热地说，过分赞美
distend	ⒶⒷⒸⒹⒺⒻⒼⒽⒾⒿⓀⓁ	1	[dis'tend]	v. 扩大，扩张，膨胀
gorge	ⒶⒷⒸⒹⒺⒻⒼⒽⒾⒿⓀⓁ	1	[gɔ:dʒ]	v. 狼吞虎咽 n. 峡谷，咽喉
inter	ⒶⒷⒸⒹⒺⒻⒼⒽⒾⒿⓀⓁ	1	[in'tə:]	v. 埋葬
decimate	ⒶⒷⒸⒹⒺⒻⒼⒽⒾⒿⓀⓁ	1	['desimeit]	v. 每十人杀一人，大量杀死
enthrall	ⒶⒷⒸⒹⒺⒻⒼⒽⒾⒿⓀⓁ	1	[in'θrɔ:l]	v. 迷住，奴役
exonerate	ⒶⒷⒸⒹⒺⒻⒼⒽⒾⒿⓀⓁ	1	[ig'zɔnəreit]	v. 免除责任，证明无罪
canvass	ⒶⒷⒸⒹⒺⒻⒼⒽⒾⒿⓀⓁ	1	['kænvəs]	v. 民意调查，拉选票，调查
whet	ⒶⒷⒸⒹⒺⒻⒼⒽⒾⒿⓀⓁ	1	[(h)wet]	v. 磨（刀），刺激 n. 磨，开胃物
chasten	ⒶⒷⒸⒹⒺⒻⒼⒽⒾⒿⓀⓁ	1	['tʃeisn]	v. 磨炼，改正，斥责
grate	ⒶⒷⒸⒹⒺⒻⒼⒽⒾⒿⓀⓁ	1	[greit]	v. 磨碎，使气恼 n. 栅栏，壁炉
acquiesce	ⒶⒷⒸⒹⒺⒻⒼⒽⒾⒿⓀⓁ	1	[ˌækwi'es]	v. 默许，勉强同意
defile	ⒶⒷⒸⒹⒺⒻⒼⒽⒾⒿⓀⓁ	1	[di'fail]	v. 弄脏，污损，败坏 n. 狭谷
ratify	ⒶⒷⒸⒹⒺⒻⒼⒽⒾⒿⓀⓁ	1	['rætifai]	v. 批准，认可
plagiarize	ⒶⒷⒸⒹⒺⒻⒼⒽⒾⒿⓀⓁ	1	['pleidʒiəraiz]	v. 剽窃，抄袭
blanch	ⒶⒷⒸⒹⒺⒻⒼⒽⒾⒿⓀⓁ	1	[bla:ntʃ]	v. 漂白，使变白
waft	ⒶⒷⒸⒹⒺⒻⒼⒽⒾⒿⓀⓁ	1	[wa:ft;wɔft]	v. 飘浮，飘荡 n. 一股，一阵微风
sever	ⒶⒷⒸⒹⒺⒻⒼⒽⒾⒿⓀⓁ	1	['sevə]	v. 切断，脱离，分开

单词	标记	频率	读音	词义
intrude	ⒶⒷⒸⒹⒺⒻⒼⒽⒾⒿⓀⓁ	1	[in'tru:d]	v. 侵入，闯入，打扰
belittle	ⒶⒷⒸⒹⒺⒻⒼⒽⒾⒿⓀⓁ	1	[bi'litl]	v. 轻视
careen	ⒶⒷⒸⒹⒺⒻⒼⒽⒾⒿⓀⓁ	1	[kə'ri:n]	v. 倾斜，猛冲
enunciate	ⒶⒷⒸⒹⒺⒻⒼⒽⒾⒿⓀⓁ	1	[i'nʌnsieit;-ʃi-]	v. 清楚地表达，发音
dissipate	ⒶⒷⒸⒹⒺⒻⒼⒽⒾⒿⓀⓁ	1	['disipeit]	v. 驱散，消散，挥霍
dislodge	ⒶⒷⒸⒹⒺⒻⒼⒽⒾⒿⓀⓁ	1	[dis'lɔdʒ]	v. 驱逐，移走，离开原位
succumb	ⒶⒷⒸⒹⒺⒻⒼⒽⒾⒿⓀⓁ	1	[sə'kʌm]	v. 屈从，屈服，死忘
nettle	ⒶⒷⒸⒹⒺⒻⒼⒽⒾⒿⓀⓁ	1	['netl]	v. 惹怒，使恼火 n. 荨麻
disseminate	ⒶⒷⒸⒹⒺⒻⒼⒽⒾⒿⓀⓁ	1	[di'semineit]	v. 散布，传播，宣传
bask	ⒶⒷⒸⒹⒺⒻⒼⒽⒾⒿⓀⓁ	1	[ba:sk]	v. 晒太阳，感到舒适
expurgate	ⒶⒷⒸⒹⒺⒻⒼⒽⒾⒿⓀⓁ	1	['ekspə:geit]	v. 删除，净化，使纯洁
instigate	ⒶⒷⒸⒹⒺⒻⒼⒽⒾⒿⓀⓁ	1	['instigeit]	v. 煽动，怂恿，教唆
deify	ⒶⒷⒸⒹⒺⒻⒼⒽⒾⒿⓀⓁ	1	['di:ifai]	v. 神话，奉为神，崇拜
censor	ⒶⒷⒸⒹⒺⒻⒼⒽⒾⒿⓀⓁ	1	['sensə]	v. 审查 n. 监察官，审查员
mesmerize	ⒶⒷⒸⒹⒺⒻⒼⒽⒾⒿⓀⓁ	1	['mezməraiz]	v. 施催眠术，迷住，迷惑
obfuscate	ⒶⒷⒸⒹⒺⒻⒼⒽⒾⒿⓀⓁ	1	['ɔbfʌskeit]	v. 使暗淡，使混乱，使困惑
perturb	ⒶⒷⒸⒹⒺⒻⒼⒽⒾⒿⓀⓁ	1	[pə'tə:b]	v. 使不安
disgruntle	ⒶⒷⒸⒹⒺⒻⒼⒽⒾⒿⓀⓁ	1	[dis'grʌntl]	v. 使不高兴
appall	ⒶⒷⒸⒹⒺⒻⒼⒽⒾⒿⓀⓁ	1	[ə'pɔ:l]	v. 使胆寒，使惊骇
invert	ⒶⒷⒸⒹⒺⒻⒼⒽⒾⒿⓀⓁ	1	[in'və:t]	v. 使倒转，使颠倒
faze	ⒶⒷⒸⒹⒺⒻⒼⒽⒾⒿⓀⓁ	1	[feiz]	v. 使慌乱，使担忧
polarize	ⒶⒷⒸⒹⒺⒻⒼⒽⒾⒿⓀⓁ	1	['pəuləraiz]	v. 使极化，使偏振
saturate	ⒶⒷⒸⒹⒺⒻⒼⒽⒾⒿⓀⓁ	1	['sætʃəreit]	v. 使浸透，使充满，使饱和
dishearten	ⒶⒷⒸⒹⒺⒻⒼⒽⒾⒿⓀⓁ	1	[dis'ha:tən]	v. 使沮丧，使泄气
disconcert	ⒶⒷⒸⒹⒺⒻⒼⒽⒾⒿⓀⓁ	1	[ˌdiskən'sə:t]	v. 使困惑，使尴尬
nonplus	ⒶⒷⒸⒹⒺⒻⒼⒽⒾⒿⓀⓁ	1	['nɔn'plʌs]	v. 使困惑 n. 迷惑，困惑
sate	ⒶⒷⒸⒹⒺⒻⒼⒽⒾⒿⓀⓁ	1	[seit]	v. 使满足，过分地给予
dumbfound	ⒶⒷⒸⒹⒺⒻⒼⒽⒾⒿⓀⓁ	1	[dʌm'faund]	v. 使目瞪口呆
rejuvenate	ⒶⒷⒸⒹⒺⒻⒼⒽⒾⒿⓀⓁ	1	[ri'dʒu:vineit]	v. 使年轻，使复原，使恢复精神
facilitate	ⒶⒷⒸⒹⒺⒻⒼⒽⒾⒿⓀⓁ	1	[fə'siliteit]	v. 使容易，促进，帮助
invigorate	ⒶⒷⒸⒹⒺⒻⒼⒽⒾⒿⓀⓁ	1	[in'vigəreit]	v. 使生机勃勃，鼓舞
validate	ⒶⒷⒸⒹⒺⒻⒼⒽⒾⒿⓀⓁ	1	['vælideit]	v. 使生效，证实，确认
stupefy	ⒶⒷⒸⒹⒺⒻⒼⒽⒾⒿⓀⓁ	1	['stju:pifai]	v. 使失去知觉，使惊讶
acclimate	ⒶⒷⒸⒹⒺⒻⒼⒽⒾⒿⓀⓁ	1	[ə'klaimit]	v. 使适应新环境，使服水土
enervate	ⒶⒷⒸⒹⒺⒻⒼⒽⒾⒿⓀⓁ	1	['enə:veit]	v. 使衰弱，使无力
invalidate	ⒶⒷⒸⒹⒺⒻⒼⒽⒾⒿⓀⓁ	1	[in'vælideit]	v. 使无效，使作废
vaporize	ⒶⒷⒸⒹⒺⒻⒼⒽⒾⒿⓀⓁ	1	['veipəraiz]	v. 使蒸发
fetter	ⒶⒷⒸⒹⒺⒻⒼⒽⒾⒿⓀⓁ	1	['fetə]	v. 束缚 n. 脚镣，束缚
deface	ⒶⒷⒸⒹⒺⒻⒼⒽⒾⒿⓀⓁ	1	[di'feis]	v. 损伤外观，丑化
curtail	ⒶⒷⒸⒹⒺⒻⒼⒽⒾⒿⓀⓁ	1	[kə:'teil]	v. 缩减，消减，剥夺

单词	标记	频率	读音	词义
abbreviate	ⒶⒷⒸⒹⒺⒻⒼⒽⒾⒿⓀⓁ	1	[ə'bri:vieit]	v. 缩写，简化，缩短
modulate	ⒶⒷⒸⒹⒺⒻⒼⒽⒾⒿⓀⓁ	1	['mɔdjuleit]	v. 调整，调节，调制
berate	ⒶⒷⒸⒹⒺⒻⒼⒽⒾⒿⓀⓁ	1	[bi'reit]	v. 痛斥，严厉批评
belabor	ⒶⒷⒸⒹⒺⒻⒼⒽⒾⒿⓀⓁ	1	[bi'leibə]	v. 痛打，过分冗长地讨论
capitulate	ⒶⒷⒸⒹⒺⒻⒼⒽⒾⒿⓀⓁ	1	[kə'pitjuleit]	v. 投降
temporize	ⒶⒷⒸⒹⒺⒻⒼⒽⒾⒿⓀⓁ	1	['tempəraiz]	v. 拖延，敷衍
daunt	ⒶⒷⒸⒹⒺⒻⒼⒽⒾⒿⓀⓁ	1	[dɔ:nt]	v. 威吓，使畏缩
beleaguer	ⒶⒷⒸⒹⒺⒻⒼⒽⒾⒿⓀⓁ	1	[bi'li:gə]	v. 围攻，使苦恼
misrepresent	ⒶⒷⒸⒹⒺⒻⒼⒽⒾⒿⓀⓁ	1	['mis,repri'zent]	v. 误传，歪曲，不称职地代表
relish	ⒶⒷⒸⒹⒺⒻⒼⒽⒾⒿⓀⓁ	1	['reliʃ]	v. 喜欢，品尝 n. 滋味，爱好
emulate	ⒶⒷⒸⒹⒺⒻⒼⒽⒾⒿⓀⓁ	1	['emjuleit]	v. 效法，尽力赶上
amend	ⒶⒷⒸⒹⒺⒻⒼⒽⒾⒿⓀⓁ	1	[ə'mend]	v. 修订，改进
renovate	ⒶⒷⒸⒹⒺⒻⒼⒽⒾⒿⓀⓁ	1	['renəuveit]	v. 修复，恢复，整修，革新
prune	ⒶⒷⒸⒹⒺⒻⒼⒽⒾⒿⓀⓁ	1	[pru:n]	v. 修剪，削减 n. 梅干
renounce	ⒶⒷⒸⒹⒺⒻⒼⒽⒾⒿⓀⓁ	1	[ri'nauns]	v. 宣布放弃，断绝关系
compress	ⒶⒷⒸⒹⒺⒻⒼⒽⒾⒿⓀⓁ	1	[kəm'pres]	v. 压缩，浓缩
inundate	ⒶⒷⒸⒹⒺⒻⒼⒽⒾⒿⓀⓁ	1	['inəndeit]	v. 淹没
loathe	ⒶⒷⒸⒹⒺⒻⒼⒽⒾⒿⓀⓁ	1	[ləuð]	v. 厌恶，憎恶
bequeath	ⒶⒷⒸⒹⒺⒻⒼⒽⒾⒿⓀⓁ	1	[bi'kwi:ð]	v. 遗赠，把…传下去
outwit	ⒶⒷⒸⒹⒺⒻⒼⒽⒾⒿⓀⓁ	1	[aut'wit]	v. 以智取胜
refrain	ⒶⒷⒸⒹⒺⒻⒼⒽⒾⒿⓀⓁ	1	[ri'frein]	v. 抑制，避免 n. 叠句，副歌
circumscribe	ⒶⒷⒸⒹⒺⒻⒼⒽⒾⒿⓀⓁ	1	['sə:kəmskraib]	v. 在周围画线，限制
impugn	ⒶⒷⒸⒹⒺⒻⒼⒽⒾⒿⓀⓁ	1	[im'pju:n]	v. 责难，提出异议，攻击
gloat	ⒶⒷⒸⒹⒺⒻⒼⒽⒾⒿⓀⓁ	1	[gləut]	v. 沾沾自喜，幸灾乐祸
tout	ⒶⒷⒸⒹⒺⒻⒼⒽⒾⒿⓀⓁ	1	[taut]	v. 招徕顾客，极力吹捧，兜售
harass	ⒶⒷⒸⒹⒺⒻⒼⒽⒾⒿⓀⓁ	1	['hærəs]	v. 折磨，骚扰，使疲乏
subjugate	ⒶⒷⒸⒹⒺⒻⒼⒽⒾⒿⓀⓁ	1	['sʌbdʒugeit]	v. 征服，镇压
excise	ⒶⒷⒸⒹⒺⒻⒼⒽⒾⒿⓀⓁ	1	[ek'saiz]	v. 征税，切除 n. 货物税，消费税
commandeer	ⒶⒷⒸⒹⒺⒻⒼⒽⒾⒿⓀⓁ	1	[,kɔmən'diə]	v. 征用，强占
falter	ⒶⒷⒸⒹⒺⒻⒼⒽⒾⒿⓀⓁ	1	['fɔ:ltə]	v. 支支吾吾地说，蹒跚地走
thwart	ⒶⒷⒸⒹⒺⒻⒼⒽⒾⒿⓀⓁ	1	[θwɔ:t]	v. 阻挠，反对 a. 横向的
venerate	ⒶⒷⒸⒹⒺⒻⒼⒽⒾⒿⓀⓁ	1	['venəreit]	v. 尊敬，崇拜
swarthy	ⒶⒷⒸⒹⒺⒻⒼⒽⒾⒿⓀⓁ	0	['swɔ:ði]	a.（皮肤等）黝黑的
offhand	ⒶⒷⒸⒹⒺⒻⒼⒽⒾⒿⓀⓁ	0	['ɔ:f'hænd;'ɔf-]	a./ad. 即席的
ghastly	ⒶⒷⒸⒹⒺⒻⒼⒽⒾⒿⓀⓁ	0	['ga:stli]	a./ad. 可怕的，恐怖的
gratis	ⒶⒷⒸⒹⒺⒻⒼⒽⒾⒿⓀⓁ	0	['greitis]	a./ad. 免费的
verbatim	ⒶⒷⒸⒹⒺⒻⒼⒽⒾⒿⓀⓁ	0	[və:'beitim]	a./ad. 逐字的
meddlesome	ⒶⒷⒸⒹⒺⒻⒼⒽⒾⒿⓀⓁ	0	['medlsəm]	a. 爱管闲事的
waggish	ⒶⒷⒸⒹⒺⒻⒼⒽⒾⒿⓀⓁ	0	['wægiʃ]	a. 爱开玩笑的，滑稽的
lachrymose	ⒶⒷⒸⒹⒺⒻⒼⒽⒾⒿⓀⓁ	0	['lækriməus]	a. 爱哭的，悲哀的

单词	标记	频率	读音	词义
censorious	ⒶⒷⒸⒹⒺⒻⒼⒽⒾⒿⓀⓁ	0	[sen'sɔ:riəs]	a. 爱挑剔的，吹毛求疵的
sportive	ⒶⒷⒸⒹⒺⒻⒼⒽⒾⒿⓀⓁ	0	['spɔ:tiv]	a. 爱玩的，爱好运动的
sordid	ⒶⒷⒸⒹⒺⒻⒼⒽⒾⒿⓀⓁ	0	['sɔ:did]	a. 肮脏的，卑鄙的
concave	ⒶⒷⒸⒹⒺⒻⒼⒽⒾⒿⓀⓁ	0	['kɔn'keiv]	a. 凹的 n. 凹面
baroque	ⒶⒷⒸⒹⒺⒻⒼⒽⒾⒿⓀⓁ	0	[bə'rəuk]	a. 巴洛克风格的，豪华繁复
diurnal	ⒶⒷⒸⒹⒺⒻⒼⒽⒾⒿⓀⓁ	0	[dai'ə:nl]	a. 白天的，每天的
translucent	ⒶⒷⒸⒹⒺⒻⒼⒽⒾⒿⓀⓁ	0	[træns'lu:sənt]	a. 半透明的，透明的
actuarial	ⒶⒷⒸⒹⒺⒻⒼⒽⒾⒿⓀⓁ	0	[æktʃu'eəriəl]	a. 保险精算的
mutinous	ⒶⒷⒸⒹⒺⒻⒼⒽⒾⒿⓀⓁ	0	['mju:tinəs]	a. 暴动的
touchy	ⒶⒷⒸⒹⒺⒻⒼⒽⒾⒿⓀⓁ	0	['tʌtʃi]	a. 暴躁的，难以处理的，易起火的
scurvy	ⒶⒷⒸⒹⒺⒻⒼⒽⒾⒿⓀⓁ	0	['skə:vi]	a. 卑鄙的，下流的 v. 坏血病
plaintive	ⒶⒷⒸⒹⒺⒻⒼⒽⒾⒿⓀⓁ	0	['pleintiv]	a. 悲哀的，痛苦的
doleful	ⒶⒷⒸⒹⒺⒻⒼⒽⒾⒿⓀⓁ	0	['dəulful]	a. 悲哀的，忧愁的
marred	ⒶⒷⒸⒹⒺⒻⒼⒽⒾⒿⓀⓁ	0	[ma:rid]	a. 被毁坏的
cumbersome	ⒶⒷⒸⒹⒺⒻⒼⒽⒾⒿⓀⓁ	0	['kʌmbəsəm]	a. 笨重的，麻烦的
unwieldy	ⒶⒷⒸⒹⒺⒻⒼⒽⒾⒿⓀⓁ	0	[ʌn'wi:ldi]	a. 笨重的，难操作的，庞大的
maladroit	ⒶⒷⒸⒹⒺⒻⒼⒽⒾⒿⓀⓁ	0	[ˌmælə'drɔit]	a. 笨拙的
gauche	ⒶⒷⒸⒹⒺⒻⒼⒽⒾⒿⓀⓁ	0	[gəuʃ]	a. 笨拙的，粗鲁的，不善交际的
uncouth	ⒶⒷⒸⒹⒺⒻⒼⒽⒾⒿⓀⓁ	0	[ʌn'ku:θ]	a. 笨拙的，粗俗的，不舒适的
taut	ⒶⒷⒸⒹⒺⒻⒼⒽⒾⒿⓀⓁ	0	[tɔ:t]	a. 绷紧的，拉紧的，紧张的
requisite	ⒶⒷⒸⒹⒺⒻⒼⒽⒾⒿⓀⓁ	0	['rekwizit]	a. 必需的 n. 必需品
equable	ⒶⒷⒸⒹⒺⒻⒼⒽⒾⒿⓀⓁ	0	['ekwəbl;'i:k-]	a. 变动小的，平静的
ostensible	ⒶⒷⒸⒹⒺⒻⒼⒽⒾⒿⓀⓁ	0	[ɔs'tensəbl]	a. 表面的，假装的
urbane	ⒶⒷⒸⒹⒺⒻⒼⒽⒾⒿⓀⓁ	0	[ɜ:'bein]	a. 彬彬有礼的
complementary	ⒶⒷⒸⒹⒺⒻⒼⒽⒾⒿⓀⓁ	0	[kɔmplə'mentəri]	a. 补充的，互补的，互余的
inopportune	ⒶⒷⒸⒹⒺⒻⒼⒽⒾⒿⓀⓁ	0	[in'ɔpətju:n]	a. 不凑巧的
apolitical	ⒶⒷⒸⒹⒺⒻⒼⒽⒾⒿⓀⓁ	0	[ˌeipə'litikəl]	a. 不关心政治的
ignoble	ⒶⒷⒸⒹⒺⒻⒼⒽⒾⒿⓀⓁ	0	[ig'nəubl]	a. 不光彩的
discordant	ⒶⒷⒸⒹⒺⒻⒼⒽⒾⒿⓀⓁ	0	[dis'kɔ:dənt]	a. 不和谐的，不一致的
insalubrious	ⒶⒷⒸⒹⒺⒻⒼⒽⒾⒿⓀⓁ	0	[insə'lu:briəs]	a. 不健康的，不卫生的
intemperate	ⒶⒷⒸⒹⒺⒻⒼⒽⒾⒿⓀⓁ	0	[in'tempərit]	a. 不节制的，饮酒过度的
impious	ⒶⒷⒸⒹⒺⒻⒼⒽⒾⒿⓀⓁ	0	['impiəs]	a. 不敬的，不虔诚的，不孝的
asymmetric	ⒶⒷⒸⒹⒺⒻⒼⒽⒾⒿⓀⓁ	0	[æsi'metrik]	a. 不均匀的，不对称的
ulterior	ⒶⒷⒸⒹⒺⒻⒼⒽⒾⒿⓀⓁ	0	[ʌl'tiəriə]	a. 不可告人的，进一步的
impassable	ⒶⒷⒸⒹⒺⒻⒼⒽⒾⒿⓀⓁ	0	[im'pæsəbl]	a. 不可通行的
malcontent	ⒶⒷⒸⒹⒺⒻⒼⒽⒾⒿⓀⓁ	0	['mælkən'tent]	a. 不满的 n. 不满者
indissoluble	ⒶⒷⒸⒹⒺⒻⒼⒽⒾⒿⓀⓁ	0	[indi'sɔljubl]	a. 不能分解的，坚固的
insuperable	ⒶⒷⒸⒹⒺⒻⒼⒽⒾⒿⓀⓁ	0	[in'sju:pərəbl]	a. 不能克服的，无敌的
impermeable	ⒶⒷⒸⒹⒺⒻⒼⒽⒾⒿⓀⓁ	0	[im'pə:miəbl]	a. 不能渗透的
impervious	ⒶⒷⒸⒹⒺⒻⒼⒽⒾⒿⓀⓁ	0	[im'pə:viəs]	a. 不能渗透的，不受影响的

单词	标记	频率	读音	词义
irremediable	ⒶⒷⒸⒹⒺⒻⒼⒽⒾⒿⓀⓁ	0	[ˌiri'mi:djəbl]]	a. 不能挽回的
irrevocable	ⒶⒷⒸⒹⒺⒻⒼⒽⒾⒿⓀⓁ	0	[i'revəkəbl]	a. 不能挽回的，不能取消的
invincible	ⒶⒷⒸⒹⒺⒻⒼⒽⒾⒿⓀⓁ	0	[in'vinsəbl]	a. 不能征服的，无敌的
loath	ⒶⒷⒸⒹⒺⒻⒼⒽⒾⒿⓀⓁ	0	[ləuθ]	a. 不情愿的，勉强的
dauntless	ⒶⒷⒸⒹⒺⒻⒼⒽⒾⒿⓀⓁ	0	['dɔ:ntlis]	a. 不屈不挠的，大胆的
indubitable	ⒶⒷⒸⒹⒺⒻⒼⒽⒾⒿⓀⓁ	0	[in'dju:bitəbl]	a. 不容置疑的
unseemly	ⒶⒷⒸⒹⒺⒻⒼⒽⒾⒿⓀⓁ	0	['ʌn'si:mli]	a. 不适当的，不相称的
opaque	ⒶⒷⒸⒹⒺⒻⒼⒽⒾⒿⓀⓁ	0	[əu'peik]	a. 不透明的，晦涩难懂的
unobtrusive	ⒶⒷⒸⒹⒺⒻⒼⒽⒾⒿⓀⓁ	0	['ʌnəb'tru:siv]	a. 不突出的，不显眼的，谦虚的
unprepossessing	ⒶⒷⒸⒹⒺⒻⒼⒽⒾⒿⓀⓁ	0	[ˌʌnpri:pə'zesiŋ]	a. 不吸引人的
unsightly	ⒶⒷⒸⒹⒺⒻⒼⒽⒾⒿⓀⓁ	0	[ʌn'saitli]	a. 不悦目的，不好看的，难看的
impenitent	ⒶⒷⒸⒹⒺⒻⒼⒽⒾⒿⓀⓁ	0	[im'penitənt]	a. 不知悔改的，顽固的
indefatigable	ⒶⒷⒸⒹⒺⒻⒼⒽⒾⒿⓀⓁ	0	[ˌindi'fætigəbl]	a. 不知疲倦的，不懈怠的
insatiable	ⒶⒷⒸⒹⒺⒻⒼⒽⒾⒿⓀⓁ	0	[in'seiʃiəbl]	a. 不知足的，贪得无厌的
heedless	ⒶⒷⒸⒹⒺⒻⒼⒽⒾⒿⓀⓁ	0	['hi:dlis]	a. 不注意的
sartorial	ⒶⒷⒸⒹⒺⒻⒼⒽⒾⒿⓀⓁ	0	[sa:'tɔ:riəl]	a. 裁缝的
slapdash	ⒶⒷⒸⒹⒺⒻⒼⒽⒾⒿⓀⓁ	0	['slæpdæʃ]	a. 草率的，马虎的
cursive	ⒶⒷⒸⒹⒺⒻⒼⒽⒾⒿⓀⓁ	0	['kə:siv]	a. 草书的，草书体的
episodic	ⒶⒷⒸⒹⒺⒻⒼⒽⒾⒿⓀⓁ	0	[ˌepə'sɔdik]	a. 插曲式的，短暂的
rampant	ⒶⒷⒸⒹⒺⒻⒼⒽⒾⒿⓀⓁ	0	['ræmpənt]	a. 猖獗的，蔓延的
exhaustive	ⒶⒷⒸⒹⒺⒻⒼⒽⒾⒿⓀⓁ	0	[ig'zɔ:stiv]	a. 彻底的，详尽的，耗尽的
stodgy	ⒶⒷⒸⒹⒺⒻⒼⒽⒾⒿⓀⓁ	0	['stɔdʒi]	a. 沉闷的
punitive	ⒶⒷⒸⒹⒺⒻⒼⒽⒾⒿⓀⓁ	0	['pju:nitiv]	a. 惩罚性的，惩罚的
demented	ⒶⒷⒸⒹⒺⒻⒼⒽⒾⒿⓀⓁ	0	[di'mentid]	a. 痴呆的，发狂的
replete	ⒶⒷⒸⒹⒺⒻⒼⒽⒾⒿⓀⓁ	0	[ri'pli:t]	a. 充满的
amiss	ⒶⒷⒸⒹⒺⒻⒼⒽⒾⒿⓀⓁ	0	[ə'mis]	a. 出差错的
peerless	ⒶⒷⒸⒹⒺⒻⒼⒽⒾⒿⓀⓁ	0	['piəlis]	a. 出类拔萃的，无可匹敌的
incipient	ⒶⒷⒸⒹⒺⒻⒼⒽⒾⒿⓀⓁ	0	[in'sipiənt]	a. 初期的，初始的
tactile	ⒶⒷⒸⒹⒺⒻⒼⒽⒾⒿⓀⓁ	0	['tæktail]	a. 触觉的，有触觉的
threadbare	ⒶⒷⒸⒹⒺⒻⒼⒽⒾⒿⓀⓁ	0	['θredbeə]	a. 穿破旧衣服的，俗套的
hypercritical	ⒶⒷⒸⒹⒺⒻⒼⒽⒾⒿⓀⓁ	0	['haipə'kritikl]	a. 吹毛求疵的
pungent	ⒶⒷⒸⒹⒺⒻⒼⒽⒾⒿⓀⓁ	0	['pʌndʒənt]	a. 刺鼻的，刻薄的
perspicacious	ⒶⒷⒸⒹⒺⒻⒼⒽⒾⒿⓀⓁ	0	[ˌpə:spi'keiʃəs]	a. 聪颖的，有洞察力的
gruff	ⒶⒷⒸⒹⒺⒻⒼⒽⒾⒿⓀⓁ	0	[grʌf]	a. 粗鲁的，粗糙的，粗哑的
cacophonous	ⒶⒷⒸⒹⒺⒻⒼⒽⒾⒿⓀⓁ	0	[kæ'kafənəs]	a. 粗腔横调的，发音不协和的
boorish	ⒶⒷⒸⒹⒺⒻⒼⒽⒾⒿⓀⓁ	0	['buəriʃ]	a. 粗野的
acetic	ⒶⒷⒸⒹⒺⒻⒼⒽⒾⒿⓀⓁ	0	[ə'sitik]	a. 醋的，乙酸的
soporific	ⒶⒷⒸⒹⒺⒻⒼⒽⒾⒿⓀⓁ	0	[,səupə'rifik]	a. 催眠的，想睡的 n. 催眠药
antediluvian	ⒶⒷⒸⒹⒺⒻⒼⒽⒾⒿⓀⓁ	0	[,æntidi'lu:viən]	a. 大洪水前的，上古的，古老的
cerebral	ⒶⒷⒸⒹⒺⒻⒼⒽⒾⒿⓀⓁ	0	['seribrəl]	a. 大脑的，理智的

单词	标记	频率	读音	词义
incontinent	ⒶⒷⒸⒹⒺⒻⒼⒽⒾⒿⓀⓁ	0	[in'kɔntinənt]	a. 大小便失禁的
acidulous	ⒶⒷⒸⒹⒺⒻⒼⒽⒾⒿⓀⓁ	0	[ə'sidjuləs]	a. 带酸味的，尖刻的
monosyllabic	ⒶⒷⒸⒹⒺⒻⒼⒽⒾⒿⓀⓁ	0	[ˌmɔnəusi'læbik]	a. 单音节
bilious	ⒶⒷⒸⒹⒺⒻⒼⒽⒾⒿⓀⓁ	0	['biljəs]	a. 胆汁质的，坏脾气的
infernal	ⒶⒷⒸⒹⒺⒻⒼⒽⒾⒿⓀⓁ	0	[in'fə:nl]	a. 地狱的，恶魔的
migratory	ⒶⒷⒸⒹⒺⒻⒼⒽⒾⒿⓀⓁ	0	['maigrətəri]	a. 定期迁移的，流浪的
hibernal	ⒶⒷⒸⒹⒺⒻⒼⒽⒾⒿⓀⓁ	0	[hai'bə:nəl]	a. 冬天的，冬季的
steep	ⒶⒷⒸⒹⒺⒻⒼⒽⒾⒿⓀⓁ	0	[sti:p]	a. 陡的，急剧的 v. 浸泡
obtuse	ⒶⒷⒸⒹⒺⒻⒼⒽⒾⒿⓀⓁ	0	[əb'tju:s]	a. 钝的，迟钝的
porous	ⒶⒷⒸⒹⒺⒻⒼⒽⒾⒿⓀⓁ	0	['pɔ:rəs]	a. 多孔的，可渗透的
amorous	ⒶⒷⒸⒹⒺⒻⒼⒽⒾⒿⓀⓁ	0	['æmərəs]	a. 多情的，恋爱的
succulent	ⒶⒷⒸⒹⒺⒻⒼⒽⒾⒿⓀⓁ	0	['sʌkjulənt]	a. 多汁的，肉质的
multiform	ⒶⒷⒸⒹⒺⒻⒼⒽⒾⒿⓀⓁ	0	['mʌltifɔ:m]	a. 多种形式的
abominable	ⒶⒷⒸⒹⒺⒻⒼⒽⒾⒿⓀⓁ	0	[ə'bɔminəbl]	a. 恶劣的
execrable	ⒶⒷⒸⒹⒺⒻⒼⒽⒾⒿⓀⓁ	0	['eksikrəbl]	a. 恶劣的
diabolical	ⒶⒷⒸⒹⒺⒻⒼⒽⒾⒿⓀⓁ	0	['daiə'bɔlikl]	a. 恶魔的
biennial	ⒶⒷⒸⒹⒺⒻⒼⒽⒾⒿⓀⓁ	0	[bai'eniəl]	a. 二年生的，二年一次的
incandescent	ⒶⒷⒸⒹⒺⒻⒼⒽⒾⒿⓀⓁ	0	[ˌinkæn'desnt]	a. 发白热光的，光亮的，白热化的
frenetic	ⒶⒷⒸⒹⒺⒻⒼⒽⒾⒿⓀⓁ	0	[fri'netik]	a. 发狂的，狂热的
distraught	ⒶⒷⒸⒹⒺⒻⒼⒽⒾⒿⓀⓁ	0	[dis'trɔ:t]	a. 发狂的，心烦意乱的
musty	ⒶⒷⒸⒹⒺⒻⒼⒽⒾⒿⓀⓁ	0	['mʌsti]	a. 发霉的，陈腐的，落伍的
calorific	ⒶⒷⒸⒹⒺⒻⒼⒽⒾⒿⓀⓁ	0	[ˌkælə'rifik]	a. 发热的，生热的
inarticulate	ⒶⒷⒸⒹⒺⒻⒼⒽⒾⒿⓀⓁ	0	[ˌina:'tikjulit]	a. 发音不清的，不善言辞的，无言的
forensic	ⒶⒷⒸⒹⒺⒻⒼⒽⒾⒿⓀⓁ	0	[fə'rensik]	a. 法庭的，辩论的
queasy	ⒶⒷⒸⒹⒺⒻⒼⒽⒾⒿⓀⓁ	0	['kwi:zi]	a. 反胃的，恶心的，不安的
balmy	ⒶⒷⒸⒹⒺⒻⒼⒽⒾⒿⓀⓁ	0	['ba:mi]	a. 芳香的，温和的
profligate	ⒶⒷⒸⒹⒺⒻⒼⒽⒾⒿⓀⓁ	0	['prɔfligit]	a. 放荡的，挥霍的
extrinsic	ⒶⒷⒸⒹⒺⒻⒼⒽⒾⒿⓀⓁ	0	[eks'trinsik]	a. 非本质的，非固有的，外在的
corpulent	ⒶⒷⒸⒹⒺⒻⒼⒽⒾⒿⓀⓁ	0	['kɔrpjələnt]	a. 肥胖的
portly	ⒶⒷⒸⒹⒺⒻⒼⒽⒾⒿⓀⓁ	0	['pɔ:tli]	a. 肥胖的
divergent	ⒶⒷⒸⒹⒺⒻⒼⒽⒾⒿⓀⓁ	0	[dai'və:dʒənt]	a. 分歧的，分开的，偏离的
aromatic	ⒶⒷⒸⒹⒺⒻⒼⒽⒾⒿⓀⓁ	0	[ˌærəu'mætik]	a. 芬芳的，芳香的
bountiful	ⒶⒷⒸⒹⒺⒻⒼⒽⒾⒿⓀⓁ	0	['bauntiful]	a. 丰富的，物产丰富的
maniacal	ⒶⒷⒸⒹⒺⒻⒼⒽⒾⒿⓀⓁ	0	[ˌmə'naiəkəl]]	a. 疯狂的
grandiloquent	ⒶⒷⒸⒹⒺⒻⒼⒽⒾⒿⓀⓁ	0	[græn'diləkwənt]	a. 浮夸的，夸大的
subsidiary	ⒶⒷⒸⒹⒺⒻⒼⒽⒾⒿⓀⓁ	0	[səb'sidjəri]	a. 辅助的，补充的 n. 子公司
auxiliary	ⒶⒷⒸⒹⒺⒻⒼⒽⒾⒿⓀⓁ	0	[ɔ:g'ziljəri]	a. 辅助的，后备的 n. 助动词
caustic	ⒶⒷⒸⒹⒺⒻⒼⒽⒾⒿⓀⓁ	0	['kɔ:stik]	a. 腐蚀性的，刻薄的
adherent	ⒶⒷⒸⒹⒺⒻⒼⒽⒾⒿⓀⓁ	0	[əd'hiərənt]	a. 附着的，固守的 n. 党徒
impalpable	ⒶⒷⒸⒹⒺⒻⒼⒽⒾⒿⓀⓁ	0	[im'pælpəbl]	a. 感触不到的，难理解的

单词	标记	频率	读音	词义
intangible	ⒶⒷⒸⒹⒺⒻⒼⒽⒾⒿⓀⓁ	0	[in'tændʒəbl]	a. 感觉不到的，无形的
dapper	ⒶⒷⒸⒹⒺⒻⒼⒽⒾⒿⓀⓁ	0	['dæpə]	a. 干净利落的，衣冠楚楚的
valedictory	ⒶⒷⒸⒹⒺⒻⒼⒽⒾⒿⓀⓁ	0	[ˌvæli'diktəri]	a. 告别的 n. 告别词
dowdy	ⒶⒷⒸⒹⒺⒻⒼⒽⒾⒿⓀⓁ	0	['daudi]	a. 古板过时的
studied	ⒶⒷⒸⒹⒺⒻⒼⒽⒾⒿⓀⓁ	0	[stʌdid]	a. 故意的，深思熟虑的，精通的
gusty	ⒶⒷⒸⒹⒺⒻⒼⒽⒾⒿⓀⓁ	0	['gʌsti]	a. 刮风的，突发的
glossy	ⒶⒷⒸⒹⒺⒻⒼⒽⒾⒿⓀⓁ	0	['glɔsi]	a. 光滑的，有光泽的
wily	ⒶⒷⒸⒹⒺⒻⒼⒽⒾⒿⓀⓁ	0	['waili]	a. 诡计多端的
inclement	ⒶⒷⒸⒹⒺⒻⒼⒽⒾⒿⓀⓁ	0	[in'klemənt]	a. 寒冷的，冷酷的
practicable	ⒶⒷⒸⒹⒺⒻⒼⒽⒾⒿⓀⓁ	0	['præktikəbl]	a. 行得通的，实用的
prurient	ⒶⒷⒸⒹⒺⒻⒼⒽⒾⒿⓀⓁ	0	['pruəriənt]	a. 好色的，渴望的
salacious	ⒶⒷⒸⒹⒺⒻⒼⒽⒾⒿⓀⓁ	0	[sə'leʃəs]	a. 好色的，猥亵的，淫荡的
droll	ⒶⒷⒸⒹⒺⒻⒼⒽⒾⒿⓀⓁ	0	[drəul]	a. 好笑的，滑稽的
ruddy	ⒶⒷⒸⒹⒺⒻⒼⒽⒾⒿⓀⓁ	0	['rʌdi]	a. 红的，红润的
importunate	ⒶⒷⒸⒹⒺⒻⒼⒽⒾⒿⓀⓁ	0	[im'pɔ:tjunit]	a. 胡搅蛮缠的，强求的
reciprocal	ⒶⒷⒸⒹⒺⒻⒼⒽⒾⒿⓀⓁ	0	[ri'siprəkəl]	a. 互惠的，相互的 n. 倒数，互惠，相互
piebald	ⒶⒷⒸⒹⒺⒻⒼⒽⒾⒿⓀⓁ	0	['paibɔ:ld]	a. 花斑的
florid	ⒶⒷⒸⒹⒺⒻⒼⒽⒾⒿⓀⓁ	0	['flɔrid]	a. 华丽的，红润的
asunder	ⒶⒷⒸⒹⒺⒻⒼⒽⒾⒿⓀⓁ	0	[ə'sʌndə]	a. 化为碎片的
brazen	ⒶⒷⒸⒹⒺⒻⒼⒽⒾⒿⓀⓁ	0	['breizn]	a. 黄铜制的，厚颜无耻的
ashen	ⒶⒷⒸⒹⒺⒻⒼⒽⒾⒿⓀⓁ	0	['æʃ(ə)n]	a. 灰色的，苍白的
jocose	ⒶⒷⒸⒹⒺⒻⒼⒽⒾⒿⓀⓁ	0	[dʒə'kəus]	a. 诙谐的
prodigal	ⒶⒷⒸⒹⒺⒻⒼⒽⒾⒿⓀⓁ	0	['prɔdigəl]	a. 挥霍的 n. 挥霍者
retrospective	ⒶⒷⒸⒹⒺⒻⒼⒽⒾⒿⓀⓁ	0	[ˌretrəu'spektiv]	a. 回顾的
derogatory	ⒶⒷⒸⒹⒺⒻⒼⒽⒾⒿⓀⓁ	0	[di'rɔgətəri]	a. 毁谤的，贬低的，贬义的
comatose	ⒶⒷⒸⒹⒺⒻⒼⒽⒾⒿⓀⓁ	0	['kəumətəus]	a. 昏迷的，昏睡的
lethargic	ⒶⒷⒸⒹⒺⒻⒼⒽⒾⒿⓀⓁ	0	[le'θa:dʒik]	a. 昏睡的，无精打采的
marital	ⒶⒷⒸⒹⒺⒻⒼⒽⒾⒿⓀⓁ	0	['mæritl]	a. 婚姻的
turbid	ⒶⒷⒸⒹⒺⒻⒼⒽⒾⒿⓀⓁ	0	['tə:bid]	a. 浑浊的
vivacious	ⒶⒷⒸⒹⒺⒻⒼⒽⒾⒿⓀⓁ	0	[vi'veiʃəs]	a. 活泼的
spry	ⒶⒷⒸⒹⒺⒻⒼⒽⒾⒿⓀⓁ	0	[sprai]	a. 活泼的，敏捷的
iniquitous	ⒶⒷⒸⒹⒺⒻⒼⒽⒾⒿⓀⓁ	0	[i'nikwətəs]	a. 极不公平的，邪恶的
egregious	ⒶⒷⒸⒹⒺⒻⒼⒽⒾⒿⓀⓁ	0	[i'gri:dʒəs]	a. 极端恶劣的
obese	ⒶⒷⒸⒹⒺⒻⒼⒽⒾⒿⓀⓁ	0	[əu'bi:s]	a. 极肥胖的
impromptu	ⒶⒷⒸⒹⒺⒻⒼⒽⒾⒿⓀⓁ	0	[im'prɔmptju:]	a. 即兴的，即席的 n. 即席演出
retentive	ⒶⒷⒸⒹⒺⒻⒼⒽⒾⒿⓀⓁ	0	[ri'tentiv]	a. 记性好的，保持的
mnemonic	ⒶⒷⒸⒹⒺⒻⒼⒽⒾⒿⓀⓁ	0	[ni:'mɔnik]	a. 记忆的，助记的 n. 助记符号
bogus	ⒶⒷⒸⒹⒺⒻⒼⒽⒾⒿⓀⓁ	0	['bəugəs]	a. 假的，伪造的
impregnable	ⒶⒷⒸⒹⒺⒻⒼⒽⒾⒿⓀⓁ	0	[im'pregnəbl]	a. 坚不可摧的，不能攻破的
collateral	ⒶⒷⒸⒹⒺⒻⒼⒽⒾⒿⓀⓁ	0	[kə'lætərəl]	a. 间接的

单词	标记	频率	读音	词义
fitful	ⒶⒷⒸⒹⒺⒻⒼⒽⒾⒿⓀⓁ	0	['fitful]	a. 间歇的，断断续续的
sententious	ⒶⒷⒸⒹⒺⒻⒼⒽⒾⒿⓀⓁ	0	[sen'tenʃəs]	a. 简洁精练的
pithy	ⒶⒷⒸⒹⒺⒻⒼⒽⒾⒿⓀⓁ	0	['piθi]	a. 简练的，多髓的
stalwart	ⒶⒷⒸⒹⒺⒻⒼⒽⒾⒿⓀⓁ	0	['stɔ:lwət]	a. 健壮的，坚定的
festive	ⒶⒷⒸⒹⒺⒻⒼⒽⒾⒿⓀⓁ	0	['festiv]	a. 节日的，欢乐的
thrifty	ⒶⒷⒸⒹⒺⒻⒼⒽⒾⒿⓀⓁ	0	['θrifti]	a. 节约的，兴旺的
pecuniary	ⒶⒷⒸⒹⒺⒻⒼⒽⒾⒿⓀⓁ	0	[pi'kju:njəri]	a. 金钱上的，金钱的
tempestuous	ⒶⒷⒸⒹⒺⒻⒼⒽⒾⒿⓀⓁ	0	[tem'pestʃuəs]	a. 紧张的，剧烈的
chary	ⒶⒷⒸⒹⒺⒻⒼⒽⒾⒿⓀⓁ	0	['tʃeəri]	a. 谨慎的，节俭的
canny	ⒶⒷⒸⒹⒺⒻⒼⒽⒾⒿⓀⓁ	0	['kæni]	a. 谨慎的，精明的，节约的
sodden	ⒶⒷⒸⒹⒺⒻⒼⒽⒾⒿⓀⓁ	0	['sɔdn]	a. 浸透的
politic	ⒶⒷⒸⒹⒺⒻⒼⒽⒾⒿⓀⓁ	0	['pɔlitik]	a. 精明的，圆滑的，策略的
exact	ⒶⒷⒸⒹⒺⒻⒼⒽⒾⒿⓀⓁ	0	[ig'zækt]	a. 精确的，准确的 v. 强求
spasmodic	ⒶⒷⒸⒹⒺⒻⒼⒽⒾⒿⓀⓁ	0	[spæz'madik]	a. 痉挛的，间歇性的
bacchanalian	ⒶⒷⒸⒹⒺⒻⒼⒽⒾⒿⓀⓁ	0	[ˌbækə'neiljən]	a. 酒神节的，狂饮作乐的
antiquate	ⒶⒷⒸⒹⒺⒻⒼⒽⒾⒿⓀⓁ	0	['æntikwit]	a. 旧式的，过时的 v. 废弃
ceremonious	ⒶⒷⒸⒹⒺⒻⒼⒽⒾⒿⓀⓁ	0	[seri'məunjəs]	a. 拘礼的，礼节性的，正式的
titanic	ⒶⒷⒸⒹⒺⒻⒼⒽⒾⒿⓀⓁ	0	[tai'tænik]	a. 巨大的，泰坦的
serrate	ⒶⒷⒸⒹⒺⒻⒼⒽⒾⒿⓀⓁ	0	['serit]	a. 锯齿状的
arable	ⒶⒷⒸⒹⒺⒻⒼⒽⒾⒿⓀⓁ	0	['ærəbl]	a. 可耕的，适于种植的
navigable	ⒶⒷⒸⒹⒺⒻⒼⒽⒾⒿⓀⓁ	0	['nævigəbl]	a. 可航行的，可操纵的
exceptionable	ⒶⒷⒸⒹⒺⒻⒼⒽⒾⒿⓀⓁ	0	[ik'sepʃ(ə)nəb(ə)l]	a. 可抗议的，可反对的
savory	ⒶⒷⒸⒹⒺⒻⒼⒽⒾⒿⓀⓁ	0	['seivəri]	a. 可口的，香辣的，体面的
venial	ⒶⒷⒸⒹⒺⒻⒼⒽⒾⒿⓀⓁ	0	['vi:niəl;-njəl]	a. 可宽恕的
tensile	ⒶⒷⒸⒹⒺⒻⒼⒽⒾⒿⓀⓁ	0	['tensail]	a. 可拉长的，可伸展的
redoubtable	ⒶⒷⒸⒹⒺⒻⒼⒽⒾⒿⓀⓁ	0	[ri'dautəbl]	a. 可怕的，可敬畏的
gruesome	ⒶⒷⒸⒹⒺⒻⒼⒽⒾⒿⓀⓁ	0	['gru:səm]	a. 可怕的，毛骨悚然的
prehensile	ⒶⒷⒸⒹⒺⒻⒼⒽⒾⒿⓀⓁ	0	[pri'hensail]	a. 可盘卷的，有理解力的，贪婪的
combustible	ⒶⒷⒸⒹⒺⒻⒼⒽⒾⒿⓀⓁ	0	[kəm'bʌstəbl]	a. 可燃的，易冲动的 n. 可燃物
permeable	ⒶⒷⒸⒹⒺⒻⒼⒽⒾⒿⓀⓁ	0	['pə:miəbl]	a. 可渗透的，可穿透的
limber	ⒶⒷⒸⒹⒺⒻⒼⒽⒾⒿⓀⓁ	0	['limbə]	a. 可塑的
malleable	ⒶⒷⒸⒹⒺⒻⒼⒽⒾⒿⓀⓁ	0	['mæliəbl]	a. 可塑的，有延展性的，顺从的
deducible	ⒶⒷⒸⒹⒺⒻⒼⒽⒾⒿⓀⓁ	0	[di'dju:səbl]	a. 可推论的
reparable	ⒶⒷⒸⒹⒺⒻⒼⒽⒾⒿⓀⓁ	0	['repərəbl]	a. 可修理的，能补救的
optional	ⒶⒷⒸⒹⒺⒻⒼⒽⒾⒿⓀⓁ	0	['ɔpʃənəl]	a. 可选择的，随意的
obnoxious	ⒶⒷⒸⒹⒺⒻⒼⒽⒾⒿⓀⓁ	0	[əb'nɔkʃəs]	a. 可憎的，不愉快的，损害的
odious	ⒶⒷⒸⒹⒺⒻⒼⒽⒾⒿⓀⓁ	0	['əudjəs;-diəs]	a. 可憎的，讨厌的
remediable	ⒶⒷⒸⒹⒺⒻⒼⒽⒾⒿⓀⓁ	0	[ri'mi:djəbl]	a. 可治疗的
ambulatory	ⒶⒷⒸⒹⒺⒻⒼⒽⒾⒿⓀⓁ	0	['æmbjulətəri]	a. 可走动的，流动的
inane	ⒶⒷⒸⒹⒺⒻⒼⒽⒾⒿⓀⓁ	0	[i'nein]	a. 空洞的，无意义的，空虚的

单词	标记	频率	读音	词义
chimerical	ⒶⒷⒸⒹⒺⒻⒼⒽⒾⒿⓀⓁ	0	[kai'merikəl]	a. 空想的，荒诞的
grisly	ⒶⒷⒸⒹⒺⒻⒼⒽⒾⒿⓀⓁ	0	['grizli]	a. 恐怖的，可怕的，令人毛骨悚然的
glib	ⒶⒷⒸⒹⒺⒻⒼⒽⒾⒿⓀⓁ	0	[glib]	a. 口齿伶俐的，油腔滑调的
commodious	ⒶⒷⒸⒹⒺⒻⒼⒽⒾⒿⓀⓁ	0	[kə'məudjəs]	a. 宽敞的
rabid	ⒶⒷⒸⒹⒺⒻⒼⒽⒾⒿⓀⓁ	0	['ræbid]	a. 狂暴的，激烈的，患有狂犬病的
berserk	ⒶⒷⒸⒹⒺⒻⒼⒽⒾⒿⓀⓁ	0	[bə(:)'sə:k]	a. 狂暴的，精神错乱的
infuriate	ⒶⒷⒸⒹⒺⒻⒼⒽⒾⒿⓀⓁ	0	[in'fjuərieit]	a. 狂怒的 v. 激怒
burly	ⒶⒷⒸⒹⒺⒻⒼⒽⒾⒿⓀⓁ	0	['bə:li]	a. 魁伟的，结实的
destitute	ⒶⒷⒸⒹⒺⒻⒼⒽⒾⒿⓀⓁ	0	['destitju:t]	a. 困穷的，缺乏的
slothful	ⒶⒷⒸⒹⒺⒻⒼⒽⒾⒿⓀⓁ	0	['sləuθful]	a. 懒惰的
sluggish	ⒶⒷⒸⒹⒺⒻⒼⒽⒾⒿⓀⓁ	0	['slʌgiʃ]	a. 懒惰的，迟钝的
indolent	ⒶⒷⒸⒹⒺⒻⒼⒽⒾⒿⓀⓁ	0	['indələnt]	a. 懒惰的，慢性的
promiscuous	ⒶⒷⒸⒹⒺⒻⒼⒽⒾⒿⓀⓁ	0	[prə'miskjuəs]	a. 滥交的，混乱的，随便的
centrifugal	ⒶⒷⒸⒹⒺⒻⒼⒽⒾⒿⓀⓁ	0	[sen'trifjugəl]	a. 离心的
bicameral	ⒶⒷⒸⒹⒺⒻⒼⒽⒾⒿⓀⓁ	0	[bai'kæmərəl]	a. 两院制的
interim	ⒶⒷⒸⒹⒺⒻⒼⒽⒾⒿⓀⓁ	0	['intərim]	a. 临时的 n. 过渡时期，中间时期
provisional	ⒶⒷⒸⒹⒺⒻⒼⒽⒾⒿⓀⓁ	0	[prə'viʒənl]	a. 临时的 n. 临时人员
incorporeal	ⒶⒷⒸⒹⒺⒻⒼⒽⒾⒿⓀⓁ	0	[inkɔ:'pɔ:riəl]	a. 灵魂的
invidious	ⒶⒷⒸⒹⒺⒻⒼⒽⒾⒿⓀⓁ	0	[in'vidiəs]	a. 令人讨厌的，不公平的
repugnant	ⒶⒷⒸⒹⒺⒻⒼⒽⒾⒿⓀⓁ	0	[ri'pʌgnənt]	a. 令人讨厌的，抵触的
repellent	ⒶⒷⒸⒹⒺⒻⒼⒽⒾⒿⓀⓁ	0	[ri'pelənt]	a. 令人讨厌的，排斥的，击退的
mawkish	ⒶⒷⒸⒹⒺⒻⒼⒽⒾⒿⓀⓁ	0	['mɔ:kiʃ]	a. 令人厌恶的
mellifluous	ⒶⒷⒸⒹⒺⒻⒼⒽⒾⒿⓀⓁ	0	[mə'lifluəs]	a. 流畅的，甜美的
seamy	ⒶⒷⒸⒹⒺⒻⒼⒽⒾⒿⓀⓁ	0	['si:mi]	a. 露出线缝的，丑恶的
bawdy	ⒶⒷⒸⒹⒺⒻⒼⒽⒾⒿⓀⓁ	0	['bɔ:di]	a. 卖淫的，妓女的，好色的
desultory	ⒶⒷⒸⒹⒺⒻⒼⒽⒾⒿⓀⓁ	0	['desəltɔri]	a. 漫无目的的
insipid	ⒶⒷⒸⒹⒺⒻⒼⒽⒾⒿⓀⓁ	0	[in'sipid]	a. 没有味道的，枯燥无味的
deciduous	ⒶⒷⒸⒹⒺⒻⒼⒽⒾⒿⓀⓁ	0	[di'sidʒuəs]	a. 每年落叶的，非永久性的
luscious	ⒶⒷⒸⒹⒺⒻⒼⒽⒾⒿⓀⓁ	0	['lʌʃəs]	a. 美味的
muggy	ⒶⒷⒸⒹⒺⒻⒼⒽⒾⒿⓀⓁ	0	['mʌgi]	a. 闷热的
sultry	ⒶⒷⒸⒹⒺⒻⒼⒽⒾⒿⓀⓁ	0	['sʌltri]	a. 闷热的，粗暴的，激烈的，放荡的
hazy	ⒶⒷⒸⒹⒺⒻⒼⒽⒾⒿⓀⓁ	0	['heizi]	a. 朦胧的，烟雾弥漫的，模糊的
winsome	ⒶⒷⒸⒹⒺⒻⒼⒽⒾⒿⓀⓁ	0	['winsəm]	a. 迷人的
hermetic	ⒶⒷⒸⒹⒺⒻⒼⒽⒾⒿⓀⓁ	0	[hə:'metik]	a. 密封的，与外界隔绝的，秘术的
deadpan	ⒶⒷⒸⒹⒺⒻⒼⒽⒾⒿⓀⓁ	0	['dedpæn]	a. 面无表情的
fallacious	ⒶⒷⒸⒹⒺⒻⒼⒽⒾⒿⓀⓁ	0	[fə'leiʃəs]	a. 谬误的，误导的，欺骗的
demoniac	ⒶⒷⒸⒹⒺⒻⒼⒽⒾⒿⓀⓁ	0	[di'məuniæk]	a. 魔鬼的，魔鬼般的
unfathomable	ⒶⒷⒸⒹⒺⒻⒼⒽⒾⒿⓀⓁ	0	[ʌn'fæðəməbl]	a. 难测的，深不可测的
unpalatable	ⒶⒷⒸⒹⒺⒻⒼⒽⒾⒿⓀⓁ	0	[ʌn'pælətəbl]	a. 难吃的，令人讨厌的
restive	ⒶⒷⒸⒹⒺⒻⒼⒽⒾⒿⓀⓁ	0	['restiv]	a. 难控制的，焦躁不安的

单词	标记	频率	读音	词义
indelible	ⒶⒷⒸⒹⒺⒻⒼⒽⒾⒿⓀⓁ	0	[in'delibl]	a. 难忘的，擦不掉的
insurmountable	ⒶⒷⒸⒹⒺⒻⒼⒽⒾⒿⓀⓁ	0	[ˌinsə'mauntəbl]	a. 难以克服的，不能逾越的
anthropomorphic	ⒶⒷⒸⒹⒺⒻⒼⒽⒾⒿⓀⓁ	0	[ænθrəpə'mɔːfik]	a. 拟人化的
bovine	ⒶⒷⒸⒹⒺⒻⒼⒽⒾⒿⓀⓁ	0	['bəuvain]	a. 牛的，迟钝的
sadistic	ⒶⒷⒸⒹⒺⒻⒼⒽⒾⒿⓀⓁ	0	[sæ'distik]	a. 虐待狂的
pusillanimous	ⒶⒷⒸⒹⒺⒻⒼⒽⒾⒿⓀⓁ	0	[ˌpjuːsi'læniməs]	a. 懦弱的，胆小的
adventitious	ⒶⒷⒸⒹⒺⒻⒼⒽⒾⒿⓀⓁ	0	[ˌædven'tiʃəs]	a. 偶然的，外来的
gargantuan	ⒶⒷⒸⒹⒺⒻⒼⒽⒾⒿⓀⓁ	0	[gar'gæntʃuən]	a. 庞大的，巨大的
embryonic	ⒶⒷⒸⒹⒺⒻⒼⒽⒾⒿⓀⓁ	0	[ˌembri'ɔnik]	a. 胚胎的，萌芽期的
unkempt	ⒶⒷⒸⒹⒺⒻⒼⒽⒾⒿⓀⓁ	0	['ʌn'kempt]	a. 蓬乱的，粗野的，不整洁的
indigent	ⒶⒷⒸⒹⒺⒻⒼⒽⒾⒿⓀⓁ	0	['indidʒənt]	a. 贫乏的，穷困的
artless	ⒶⒷⒸⒹⒺⒻⒼⒽⒾⒿⓀⓁ	0	['aːtlis]	a. 朴实的
rife	ⒶⒷⒸⒹⒺⒻⒼⒽⒾⒿⓀⓁ	0	[raif]	a. 普遍的
germane	ⒶⒷⒸⒹⒺⒻⒼⒽⒾⒿⓀⓁ	0	[dʒəː'mein]	a. 恰当的，有密切关系的
devout	ⒶⒷⒸⒹⒺⒻⒼⒽⒾⒿⓀⓁ	0	[di'vaut]	a. 虔诚的，衷心的
subliminal	ⒶⒷⒸⒹⒺⒻⒼⒽⒾⒿⓀⓁ	0	[sʌb'liminl]	a. 潜意识的
potent	ⒶⒷⒸⒹⒺⒻⒼⒽⒾⒿⓀⓁ	0	['pəutənt]	a. 强有力的，有效的
sinewy	ⒶⒷⒸⒹⒺⒻⒼⒽⒾⒿⓀⓁ	0	['sinjəwi]	a. 强壮有力的
gaunt	ⒶⒷⒸⒹⒺⒻⒼⒽⒾⒿⓀⓁ	0	[gɔːnt]	a. 憔悴的，不起眼的
pejorative	ⒶⒷⒸⒹⒺⒻⒼⒽⒾⒿⓀⓁ	0	['piːdʒərətiv]	a. 轻蔑的，贬低的 n. 轻蔑语
jaunty	ⒶⒷⒸⒹⒺⒻⒼⒽⒾⒿⓀⓁ	0	['dʒɔːnti]	a. 轻松活泼的，洋洋得意的
limpid	ⒶⒷⒸⒹⒺⒻⒼⒽⒾⒿⓀⓁ	0	['limpid]	a. 清澈的
pellucid	ⒶⒷⒸⒹⒺⒻⒼⒽⒾⒿⓀⓁ	0	[pə'ljuːsid]	a. 清晰的，清澈透明的
comely	ⒶⒷⒸⒹⒺⒻⒼⒽⒾⒿⓀⓁ	0	['kʌmli]	a. 清秀的，美丽的，标致的
tortuous	ⒶⒷⒸⒹⒺⒻⒼⒽⒾⒿⓀⓁ	0	['tɔːtjuəs]	a. 曲折的，转弯抹角的
rapt	ⒶⒷⒸⒹⒺⒻⒼⒽⒾⒿⓀⓁ	0	[ræpt]	a. 全神贯注的
fervid	ⒶⒷⒸⒹⒺⒻⒼⒽⒾⒿⓀⓁ	0	['fəːvid]	a. 热的，热心的
solicitous	ⒶⒷⒸⒹⒺⒻⒼⒽⒾⒿⓀⓁ	0	[sə'lisitəs]	a. 热切的，挂念的，焦虑的
ardent	ⒶⒷⒸⒹⒺⒻⒼⒽⒾⒿⓀⓁ	0	['aːdənt]	a. 热情的，热烈的
willful	ⒶⒷⒸⒹⒺⒻⒼⒽⒾⒿⓀⓁ	0	['wilful]	a. 任性的，故意的
capacious	ⒶⒷⒸⒹⒺⒻⒼⒽⒾⒿⓀⓁ	0	[kə'peʃəs]	a. 容量大的，宽敞的
opalescent	ⒶⒷⒸⒹⒺⒻⒼⒽⒾⒿⓀⓁ	0	[ˌəupəlˈesənt]	a. 乳白色的，发乳光的
abusive	ⒶⒷⒸⒹⒺⒻⒼⒽⒾⒿⓀⓁ	0	[ə'bjuːsiv]	a. 辱骂的，虐待的，滥用的
vituperative	ⒶⒷⒸⒹⒺⒻⒼⒽⒾⒿⓀⓁ	0	[vi'tjuːpəreitiv]	a. 辱骂的，责骂的
flaccid	ⒶⒷⒸⒹⒺⒻⒼⒽⒾⒿⓀⓁ	0	['flæksid]	a. 软弱的，无活力的，没气力的
discursive	ⒶⒷⒸⒹⒺⒻⒼⒽⒾⒿⓀⓁ	0	[di'skəːsiv]	a. 散漫的
spangle	ⒶⒷⒸⒹⒺⒻⒼⒽⒾⒿⓀⓁ	0	['spæŋgl]	a. 闪烁 n. 闪光的饰品
sumptuous	ⒶⒷⒸⒹⒺⒻⒼⒽⒾⒿⓀⓁ	0	['sʌmptjuəs]	a. 奢侈的，华丽的
centigrade	ⒶⒷⒸⒹⒺⒻⒼⒽⒾⒿⓀⓁ	0	['sentigreid]	a. 摄氏温度的
musky	ⒶⒷⒸⒹⒺⒻⒼⒽⒾⒿⓀⓁ	0	['mʌski]	a. 麝香的，有麝香味的，麝香似的

单词	标记	频率	读音	词义
impecunious	ⒶⒷⒸⒹⒺⒻⒼⒽⒾⒿⓀⓁ	0	[ˌimpi'kju:niəs]	a. 身无分文的，贫穷的
abysmal	ⒶⒷⒸⒹⒺⒻⒼⒽⒾⒿⓀⓁ	0	[ə'bizməl]	a. 深不可测的，无底的
sacrosanct	ⒶⒷⒸⒹⒺⒻⒼⒽⒾⒿⓀⓁ	0	['sækrosæŋkt]	a. 神圣不可侵犯的
oracular	ⒶⒷⒸⒹⒺⒻⒼⒽⒾⒿⓀⓁ	0	[ə'rækjələ]	a. 神谕的，谜似的，玄妙深奥的
abortive	ⒶⒷⒸⒹⒺⒻⒼⒽⒾⒿⓀⓁ	0	[ə'bɔrtiv]	a. 失败的，流产的，堕胎的
nefarious	ⒶⒷⒸⒹⒺⒻⒼⒽⒾⒿⓀⓁ	0	[ni'feəriəs]	a. 十恶不赦的，恶毒的
anachronistic	ⒶⒷⒸⒹⒺⒻⒼⒽⒾⒿⓀⓁ	0	[əˌnækrə'nistik]	a. 时代错误的
virtual	ⒶⒷⒸⒹⒺⒻⒼⒽⒾⒿⓀⓁ	0	['və:tjuəl;-tʃuəl]	a. 实质的，实际的，虚拟的
herbivorous	ⒶⒷⒸⒹⒺⒻⒼⒽⒾⒿⓀⓁ	0	[hə'bivərəs]]	a. 食草的
secular	ⒶⒷⒸⒹⒺⒻⒼⒽⒾⒿⓀⓁ	0	['sekjulə]	a. 世俗的，非宗教的
temporal	ⒶⒷⒸⒹⒺⒻⒼⒽⒾⒿⓀⓁ	0	['tempərəl]	a. 世俗的，暂时的，当时的
specious	ⒶⒷⒸⒹⒺⒻⒼⒽⒾⒿⓀⓁ	0	['spi:ʃəs]	a. 似是而非的，华而不实的
aquiline	ⒶⒷⒸⒹⒺⒻⒼⒽⒾⒿⓀⓁ	0	['ækwəlain]	a. 似鹰的
apposite	ⒶⒷⒸⒹⒺⒻⒼⒽⒾⒿⓀⓁ	0	['æpəzit]	a. 适当的，贴切的
seemly	ⒶⒷⒸⒹⒺⒻⒼⒽⒾⒿⓀⓁ	0	['si:mli]	a. 适宜的
potable	ⒶⒷⒸⒹⒺⒻⒼⒽⒾⒿⓀⓁ	0	['pəutəbl]	a. 适于饮用的
epistolary	ⒶⒷⒸⒹⒺⒻⒼⒽⒾⒿⓀⓁ	0	[i'pistələri]	a. 书信的，书信体的
aloof	ⒶⒷⒸⒹⒺⒻⒼⒽⒾⒿⓀⓁ	0	[ə'lu:f]	a. 疏远的，冷淡的 ad. 远离，离开
conversant	ⒶⒷⒸⒹⒺⒻⒼⒽⒾⒿⓀⓁ	0	[kən'vəsnt]	a. 熟悉的
auroral	ⒶⒷⒸⒹⒺⒻⒼⒽⒾⒿⓀⓁ	0	[ɔ:'rɔ:rəl]	a. 曙光的，玫瑰色的，极光的
obsequious	ⒶⒷⒸⒹⒺⒻⒼⒽⒾⒿⓀⓁ	0	[əb'si:kwiəs]	a. 顺从的，谄媚的
compliant	ⒶⒷⒸⒹⒺⒻⒼⒽⒾⒿⓀⓁ	0	[kəm'plaiənt]	a. 顺从的，适应的
amenable	ⒶⒷⒸⒹⒺⒻⒼⒽⒾⒿⓀⓁ	0	[ə'mi:nəbəl]	a. 顺从的，通情达理的
expository	ⒶⒷⒸⒹⒺⒻⒼⒽⒾⒿⓀⓁ	0	[eks'pɔzitəri]	a. 说明的，解释的
posthumous	ⒶⒷⒸⒹⒺⒻⒼⒽⒾⒿⓀⓁ	0	['pastʃəməs]	a. 死后的
cadaverous	ⒶⒷⒸⒹⒺⒻⒼⒽⒾⒿⓀⓁ	0	[kə'dævərəs]	a. 死人样的
piecemeal	ⒶⒷⒸⒹⒺⒻⒼⒽⒾⒿⓀⓁ	0	['pismil]	a. 碎片的
noncommittal	ⒶⒷⒸⒹⒺⒻⒼⒽⒾⒿⓀⓁ	0	[ˌnɔnkə'mitəl]	a. 太多不明朗的，不承担义务的
ravenous	ⒶⒷⒸⒹⒺⒻⒼⒽⒾⒿⓀⓁ	0	['rævinəs]	a. 贪婪的，极饿的
rapacious	ⒶⒷⒸⒹⒺⒻⒼⒽⒾⒿⓀⓁ	0	[rə'peiʃəs]	a. 贪婪的，强夺的
venal	ⒶⒷⒸⒹⒺⒻⒼⒽⒾⒿⓀⓁ	0	['vi:nl]	a. 贪污的，受贿的
buxom	ⒶⒷⒸⒹⒺⒻⒼⒽⒾⒿⓀⓁ	0	['bʌksəm]	a. 体态丰满的
synoptic	ⒶⒷⒸⒹⒺⒻⒼⒽⒾⒿⓀⓁ	0	[si'nɔptik]	a. 天气的，概要的
ethereal	ⒶⒷⒸⒹⒺⒻⒼⒽⒾⒿⓀⓁ	0	[i'θiəriəl]	a. 天上的，飘逸的，精致的
ingenuous	ⒶⒷⒸⒹⒺⒻⒼⒽⒾⒿⓀⓁ	0	[in'dʒenjuəs]	a. 天真的，坦白的
voluptuous	ⒶⒷⒸⒹⒺⒻⒼⒽⒾⒿⓀⓁ	0	[və'lʌptjuəs]	a. 挑逗的，激起性欲的
auditory	ⒶⒷⒸⒹⒺⒻⒼⒽⒾⒿⓀⓁ	0	['ɔ:ditəri]	a. 听觉的，耳的
acoustic	ⒶⒷⒸⒹⒺⒻⒼⒽⒾⒿⓀⓁ	0	[ə'ku:stik]	a. 听觉的，声学的
stagnant	ⒶⒷⒸⒹⒺⒻⒼⒽⒾⒿⓀⓁ	0	['stægnənt]	a. 停滞的，萧条的
polyglot	ⒶⒷⒸⒹⒺⒻⒼⒽⒾⒿⓀⓁ	0	['pɔliglɔt]	a. 通晓多种语言的

单词	标记	频率	读音	词义
cognate	ⒶⒷⒸⒹⒺⒻⒼⒽⒾⒿⓀⓁ	0	['kɔgneit]	a. 同词源的，同类的
tantamount	ⒶⒷⒸⒹⒺⒻⒼⒽⒾⒿⓀⓁ	0	['tæntəmaunt]	a. 同等的，相等的，相当于
dank	ⒶⒷⒸⒹⒺⒻⒼⒽⒾⒿⓀⓁ	0	[dæŋk]	a. 透水的，潮湿的，阴湿寒冷的
schematic	ⒶⒷⒸⒹⒺⒻⒼⒽⒾⒿⓀⓁ	0	[ski'mætik]	a. 图解的 n. 示意图
earthy	ⒶⒷⒸⒹⒺⒻⒼⒽⒾⒿⓀⓁ	0	['ə:θi]	a. 土的，粗陋的，朴实的，现实的
agrarian	ⒶⒷⒸⒹⒺⒻⒼⒽⒾⒿⓀⓁ	0	[ə'greəriən]	a. 土地的，耕地的
propulsive	ⒶⒷⒸⒹⒺⒻⒼⒽⒾⒿⓀⓁ	0	[prəu'pʌlsiv]	a. 推进的
askew	ⒶⒷⒸⒹⒺⒻⒼⒽⒾⒿⓀⓁ	0	[əs'kju:]	a. 歪斜的
awry	ⒶⒷⒸⒹⒺⒻⒼⒽⒾⒿⓀⓁ	0	[ə'rai]	a. 歪斜的，不走正道的
sinuous	ⒶⒷⒸⒹⒺⒻⒼⒽⒾⒿⓀⓁ	0	['sinjuəs]	a. 蜿蜒的，弯弯曲曲的
monolithic	ⒶⒷⒸⒹⒺⒻⒼⒽⒾⒿⓀⓁ	0	[ˌmɔnə'liθik]	a. 完整的，庞大的，独石的
pertinacious	ⒶⒷⒸⒹⒺⒻⒼⒽⒾⒿⓀⓁ	0	[ˌpə:tiˈneiʃəs]	a. 顽固的
paltry	ⒶⒷⒸⒹⒺⒻⒼⒽⒾⒿⓀⓁ	0	['pɔ:ltri]	a. 微不足道的，无价值的，卑鄙的
tepid	ⒶⒷⒸⒹⒺⒻⒼⒽⒾⒿⓀⓁ	0	['tepid]	a. 微温的，不热情的
puny	ⒶⒷⒸⒹⒺⒻⒼⒽⒾⒿⓀⓁ	0	['pju:ni]	a. 微小的，弱小的，微不足道的
apocryphal	ⒶⒷⒸⒹⒺⒻⒼⒽⒾⒿⓀⓁ	0	[ə'pɔkrifəl]	a. 伪的
gustatory	ⒶⒷⒸⒹⒺⒻⒼⒽⒾⒿⓀⓁ	0	['gʌstətəri]	a. 味的，味觉的
debonair	ⒶⒷⒸⒹⒺⒻⒼⒽⒾⒿⓀⓁ	0	[ˌdebə'neə]	a. 温文尔雅
unrequited	ⒶⒷⒸⒹⒺⒻⒼⒽⒾⒿⓀⓁ	0	[ˌʌnri'kwaitid]	a. 无报答的，得不到回应的
amorphous	ⒶⒷⒸⒹⒺⒻⒼⒽⒾⒿⓀⓁ	0	[ə'mɔ:fəs]	a. 无定形的，无组织的
inimitable	ⒶⒷⒸⒹⒺⒻⒼⒽⒾⒿⓀⓁ	0	[i'nimitəbl]	a. 无法仿效的，不可比拟的
unaccountable	ⒶⒷⒸⒹⒺⒻⒼⒽⒾⒿⓀⓁ	0	[ˌiri'zistəbl]	a. 无法解释的，无责任的
irretrievable	ⒶⒷⒸⒹⒺⒻⒼⒽⒾⒿⓀⓁ	0	[ˌiri'tri:vəbl]	a. 无法挽回的
impertinent	ⒶⒷⒸⒹⒺⒻⒼⒽⒾⒿⓀⓁ	0	[im'pə:tinənt]	a. 无关的，鲁莽的，不相干的
extraneous	ⒶⒷⒸⒹⒺⒻⒼⒽⒾⒿⓀⓁ	0	[eks'treiniəs]	a. 无关的，外来的
inert	ⒶⒷⒸⒹⒺⒻⒼⒽⒾⒿⓀⓁ	0	[i'nə:t]	a. 无活动的，惰性的，迟钝的
wanton	ⒶⒷⒸⒹⒺⒻⒼⒽⒾⒿⓀⓁ	0	['wɔntən]	a. 无节制的，淫乱的
listless	ⒶⒷⒸⒹⒺⒻⒼⒽⒾⒿⓀⓁ	0	['listlis]	a. 无精打采的
lackadaisical	ⒶⒷⒸⒹⒺⒻⒼⒽⒾⒿⓀⓁ	0	[lækə'deizikl]	a. 无精打采的，懒散的
uninhibited	ⒶⒷⒸⒹⒺⒻⒼⒽⒾⒿⓀⓁ	0	[ʌnin'hibitid]	a. 无拘无束的，不受约束的
incontrovertible	ⒶⒷⒸⒹⒺⒻⒼⒽⒾⒿⓀⓁ	0	[inkɔntrə'və:təbl]	a. 无可辩驳的，不容置疑的
impotent	ⒶⒷⒸⒹⒺⒻⒼⒽⒾⒿⓀⓁ	0	['impətənt]	a. 无力的，虚弱的，性无能的
inexorable	ⒶⒷⒸⒹⒺⒻⒼⒽⒾⒿⓀⓁ	0	[in'eksərəbl]	a. 无情的，无动于衷的
atheistic	ⒶⒷⒸⒹⒺⒻⒼⒽⒾⒿⓀⓁ	0	[eiθi'istik]	a. 无神论的
inanimate	ⒶⒷⒸⒹⒺⒻⒼⒽⒾⒿⓀⓁ	0	[in'ænimit]	a. 无生命的，没精打采的
omniscient	ⒶⒷⒸⒹⒺⒻⒼⒽⒾⒿⓀⓁ	0	[ɔm'nisiənt;-'niʃənt]	a. 无所不知的
immaculate	ⒶⒷⒸⒹⒺⒻⒼⒽⒾⒿⓀⓁ	0	[i'mækjulit]	a. 无瑕疵的，洁净的，无过失的
inefficacious	ⒶⒷⒸⒹⒺⒻⒼⒽⒾⒿⓀⓁ	0	[inefi'keiʃəs]	a. 无效的，无用的
unassailable	ⒶⒷⒸⒹⒺⒻⒼⒽⒾⒿⓀⓁ	0	[ʌnə'seləbl]	a. 无懈可击的
witless	ⒶⒷⒸⒹⒺⒻⒼⒽⒾⒿⓀⓁ	0	['witlis]	a. 无知的，轻率的

单词	标记	频率	读音	词义
corporeal	ⒶⒷⒸⒹⒺⒻⒼⒽⒾⒿⓀⓁ	0	[kɔ:'pɔ:riəl]	a. 物质的
frolicsome	ⒶⒷⒸⒹⒺⒻⒼⒽⒾⒿⓀⓁ	0	['frɔliksəm]	a. 嬉戏的，爱玩闹的
ribald	ⒶⒷⒸⒹⒺⒻⒼⒽⒾⒿⓀⓁ	0	['ribəld]	a. 下流的
wispy	ⒶⒷⒸⒹⒺⒻⒼⒽⒾⒿⓀⓁ	0	['wispi]	a. 纤细的，脆弱的
rustic	ⒶⒷⒸⒹⒺⒻⒼⒽⒾⒿⓀⓁ	0	['rʌstik]	a. 乡村的，粗野的 n. 乡下人
commensurate	ⒶⒷⒸⒹⒺⒻⒼⒽⒾⒿⓀⓁ	0	[kə'menʃərit]	a. 相称的，相当的
centripetal	ⒶⒷⒸⒹⒺⒻⒼⒽⒾⒿⓀⓁ	0	[sen'tripitəl]	a. 向心的，利用向心力的
rancid	ⒶⒷⒸⒹⒺⒻⒼⒽⒾⒿⓀⓁ	0	['rænsid]	a. 像油脂腐臭味的，腐臭的
sphinx-like	ⒶⒷⒸⒹⒺⒻⒼⒽⒾⒿⓀⓁ	0	['sfiŋks'laik]	a. 像狮身人面像的
cherubic	ⒶⒷⒸⒹⒺⒻⒼⒽⒾⒿⓀⓁ	0	[tʃe'ru:bik]	a. 小天使般的
recumbent	ⒶⒷⒸⒹⒺⒻⒼⒽⒾⒿⓀⓁ	0	[ri'kʌmbənt]	a. 斜倚的，休息的
profane	ⒶⒷⒸⒹⒺⒻⒼⒽⒾⒿⓀⓁ	0	[prə'fein]	a. 亵渎神灵的，世俗的 v. 亵渎
sacrilegious	ⒶⒷⒸⒹⒺⒻⒼⒽⒾⒿⓀⓁ	0	[sækri'lidʒəs]	a. 亵渎神圣的
tacit	ⒶⒷⒸⒹⒺⒻⒼⒽⒾⒿⓀⓁ	0	['tæsit]	a. 心照不宣的，隐含的，缄默的
acrid	ⒶⒷⒸⒹⒺⒻⒼⒽⒾⒿⓀⓁ	0	['ækrid]	a. 辛辣的，（言语或语调）刻薄的
piquant	ⒶⒷⒸⒹⒺⒻⒼⒽⒾⒿⓀⓁ	0	['pi:kənt]	a. 辛辣的，刺激的，令人振奋的
astral	ⒶⒷⒸⒹⒺⒻⒼⒽⒾⒿⓀⓁ	0	['æstrəl]	a. 星形的
beatific	ⒶⒷⒸⒹⒺⒻⒼⒽⒾⒿⓀⓁ	0	[ˌbi:ə'tifik]	a. 幸福，快乐安详
erotic	ⒶⒷⒸⒹⒺⒻⒼⒽⒾⒿⓀⓁ	0	[i'rɔtik]	a. 性爱的，色情的 n. 好色之徒
choleric	ⒶⒷⒸⒹⒺⒻⒼⒽⒾⒿⓀⓁ	0	['kɔlərik]	a. 性情暴躁的
olfactory	ⒶⒷⒸⒹⒺⒻⒼⒽⒾⒿⓀⓁ	0	[ɔl'fæktəri]	a. 嗅觉的
fulsome	ⒶⒷⒸⒹⒺⒻⒼⒽⒾⒿⓀⓁ	0	['fulsəm]	a. 虚伪的，令人生厌的
vociferous	ⒶⒷⒸⒹⒺⒻⒼⒽⒾⒿⓀⓁ	0	[vəu'sifərəs]	a. 喧哗的，大叫大嚷的
mute	ⒶⒷⒸⒹⒺⒻⒼⒽⒾⒿⓀⓁ	0	[mju:t]	a. 哑的 v. 减弱声音 n. 哑巴
draconian	ⒶⒷⒸⒹⒺⒻⒼⒽⒾⒿⓀⓁ	0	[drə'kəunjən]	a. 严厉的，苛刻的
giddy	ⒶⒷⒸⒹⒺⒻⒼⒽⒾⒿⓀⓁ	0	['gidi]	a. 眼花的，头昏的，轻浮的
ramshackle	ⒶⒷⒸⒹⒺⒻⒼⒽⒾⒿⓀⓁ	0	['ræmˌʃækl]	a. 摇摇欲坠的
metallurgical	ⒶⒷⒸⒹⒺⒻⒼⒽⒾⒿⓀⓁ	0	[ˌmetə'lə:dʒikəl]	a. 冶金的，冶金学的
feral	ⒶⒷⒸⒹⒺⒻⒼⒽⒾⒿⓀⓁ	0	['fiərəl]	a. 野生的，凶猛的
bestial	ⒶⒷⒸⒹⒺⒻⒼⒽⒾⒿⓀⓁ	0	['bestjəl]	a. 野兽的，兽性的，残忍的
sophomoric	ⒶⒷⒸⒹⒺⒻⒼⒽⒾⒿⓀⓁ	0	[ˌsɔfə'mɔ:rik]	a. 一知半解的，二年级的
seedy	ⒶⒷⒸⒹⒺⒻⒼⒽⒾⒿⓀⓁ	0	['si:di]	a. 衣衫褴褛的，破旧的，多籽的
salubrious	ⒶⒷⒸⒹⒺⒻⒼⒽⒾⒿⓀⓁ	0	[sə'lju:briəs]	a. 宜人的，体面的
anthropocentric	ⒶⒷⒸⒹⒺⒻⒼⒽⒾⒿⓀⓁ	0	[ˌænθrəpəu'sentrik]	a. 以人类为中心的
aberrant	ⒶⒷⒸⒹⒺⒻⒼⒽⒾⒿⓀⓁ	0	[æ'berənt]	a. 异常的
heterodox	ⒶⒷⒸⒹⒺⒻⒼⒽⒾⒿⓀⓁ	0	['hetərədɔks]	a. 异端的，非正统的
irrepressible	ⒶⒷⒸⒹⒺⒻⒼⒽⒾⒿⓀⓁ	0	[ˌiri'presəbl]	a. 抑制不住的
fallible	ⒶⒷⒸⒹⒺⒻⒼⒽⒾⒿⓀⓁ	0	['fæləbl]	a. 易犯错的
receptive	ⒶⒷⒸⒹⒺⒻⒼⒽⒾⒿⓀⓁ	0	[ri'septiv]	a. 易接受的，能容纳的
testy	ⒶⒷⒸⒹⒺⒻⒼⒽⒾⒿⓀⓁ	0	['testi]	a. 易怒的，暴躁的

单词	标记	频率	读音	词义
brittle	ⒶⒷⒸⒹⒺⒻⒼⒽⒾⒿⓀⓁ	0	['britl]	a. 易碎的，脆弱的
ductile	ⒶⒷⒸⒹⒺⒻⒼⒽⒾⒿⓀⓁ	0	['dʌktail]	a. 易延展的，可塑的，易教导的
saturnine	ⒶⒷⒸⒹⒺⒻⒼⒽⒾⒿⓀⓁ	0	['sætə(:)nain]	a. 阴郁的
complaisant	ⒶⒷⒸⒹⒺⒻⒼⒽⒾⒿⓀⓁ	0	[kəm'pleiznt]	a. 殷勤的，顺从的，彬彬有礼的
lewd	ⒶⒷⒸⒹⒺⒻⒼⒽⒾⒿⓀⓁ	0	[lu:d]	a. 淫荡的，猥亵的，下流的
personable	ⒶⒷⒸⒹⒺⒻⒼⒽⒾⒿⓀⓁ	0	['pə:sənəbl]	a. 英俊的，风度好的
intrepid	ⒶⒷⒸⒹⒺⒻⒼⒽⒾⒿⓀⓁ	0	[in'trepid]	a. 勇猛的，无畏的
disconsolate	ⒶⒷⒸⒹⒺⒻⒼⒽⒾⒿⓀⓁ	0	[dis'kɔnsəlit]	a. 忧郁的，郁郁不乐的
unctuous	ⒶⒷⒸⒹⒺⒻⒼⒽⒾⒿⓀⓁ	0	['ʌŋktjuəs]	a. 油似的，油质的，松软肥沃的
unintimidating	ⒶⒷⒸⒹⒺⒻⒼⒽⒾⒿⓀⓁ	0	['ʌnin'timideitiŋ]	a. 友好平易近人的
amicable	ⒶⒷⒸⒹⒺⒻⒼⒽⒾⒿⓀⓁ	0	['æmikəbl]	a. 友善的，和睦的
brindled	ⒶⒷⒸⒹⒺⒻⒼⒽⒾⒿⓀⓁ	0	['brind(ə)ld]	a. 有斑的，有斑纹的
solvent	ⒶⒷⒸⒹⒺⒻⒼⒽⒾⒿⓀⓁ	0	['sɔlvənt]	a. 有偿债能力的 n. 溶剂，解决者
virulent	ⒶⒷⒸⒹⒺⒻⒼⒽⒾⒿⓀⓁ	0	['virələnt]	a. 有毒的，恶毒的
pernicious	ⒶⒷⒸⒹⒺⒻⒼⒽⒾⒿⓀⓁ	0	[pə'niʃəs]	a. 有毒的，致命的
malodorous	ⒶⒷⒸⒹⒺⒻⒼⒽⒾⒿⓀⓁ	0	[mæl'əudərəs]	a. 有恶臭的
fetid	ⒶⒷⒸⒹⒺⒻⒼⒽⒾⒿⓀⓁ	0	['fetid;'fi:-]	a. 有恶臭的
malevolent	ⒶⒷⒸⒹⒺⒻⒼⒽⒾⒿⓀⓁ	0	[mə'levələnt]	a. 有恶意的，有害的
lustrous	ⒶⒷⒸⒹⒺⒻⒼⒽⒾⒿⓀⓁ	0	['lʌstrəs]	a. 有光泽的，光辉的
injurious	ⒶⒷⒸⒹⒺⒻⒼⒽⒾⒿⓀⓁ	0	[in'dʒuəriəs]	a. 有害的
baleful	ⒶⒷⒸⒹⒺⒻⒼⒽⒾⒿⓀⓁ	0	['beilful]	a. 有害的，恶意的
noisome	ⒶⒷⒸⒹⒺⒻⒼⒽⒾⒿⓀⓁ	0	['nɔisəm]	a. 有害的，有毒的
angular	ⒶⒷⒸⒹⒺⒻⒼⒽⒾⒿⓀⓁ	0	['æŋgjulə]	a. 有角的，消瘦的
knotty	ⒶⒷⒸⒹⒺⒻⒼⒽⒾⒿⓀⓁ	0	['nɔti]	a. 有结的，棘手的
virile	ⒶⒷⒸⒹⒺⒻⒼⒽⒾⒿⓀⓁ	0	['virail]	a. 有男子气概的
odorous	ⒶⒷⒸⒹⒺⒻⒼⒽⒾⒿⓀⓁ	0	['əudərəs]	a. 有气味的，芳香的
tendentious	ⒶⒷⒸⒹⒺⒻⒼⒽⒾⒿⓀⓁ	0	[tenˈdenʃəs]	a. 有倾向的，宣传性的
enterprising	ⒶⒷⒸⒹⒺⒻⒼⒽⒾⒿⓀⓁ	0	['entəˌpraiziŋ]	a. 有事业心的，有进取心的
cogent	ⒶⒷⒸⒹⒺⒻⒼⒽⒾⒿⓀⓁ	0	['kəudʒənt]	a. 有说服力的，令人信服的
effectual	ⒶⒷⒸⒹⒺⒻⒼⒽⒾⒿⓀⓁ	0	[i'fektjuəl]	a. 有效果的，有法律效力的
incumbent	ⒶⒷⒸⒹⒺⒻⒼⒽⒾⒿⓀⓁ	0	[in'kʌmbənt]	a. 有义务的，依靠的，在职的 n. 在职者
provident	ⒶⒷⒸⒹⒺⒻⒼⒽⒾⒿⓀⓁ	0	['prɔvidənt]	a. 有远见的，节俭的
puerile	ⒶⒷⒸⒹⒺⒻⒼⒽⒾⒿⓀⓁ	0	['pjuərail]	a. 幼稚的，孩子气的
blithe	ⒶⒷⒸⒹⒺⒻⒼⒽⒾⒿⓀⓁ	0	[blaið]	a. 愉快的，高兴的
dulcet	ⒶⒷⒸⒹⒺⒻⒼⒽⒾⒿⓀⓁ	0	['dʌlsit]	a. 愉快的，美妙的，悦耳的
delectable	ⒶⒷⒸⒹⒺⒻⒼⒽⒾⒿⓀⓁ	0	[di'lektəbl]	a. 愉快的，美味的
asinine	ⒶⒷⒸⒹⒺⒻⒼⒽⒾⒿⓀⓁ	0	['æsinain]	a. 愚蠢的
fatuous	ⒶⒷⒸⒹⒺⒻⒼⒽⒾⒿⓀⓁ	0	['fætjuəs]	a. 愚昧的，蠢笨的
amoral	ⒶⒷⒸⒹⒺⒻⒼⒽⒾⒿⓀⓁ	0	['e'mɔrəl]	a. 与道德无关的
horticultural	ⒶⒷⒸⒹⒺⒻⒼⒽⒾⒿⓀⓁ	0	['hɔ:ti'kʌltʃərəl]	a. 园艺的

单词	标记	频率	读音	词义
primordial	ⒶⒷⒸⒹⒺⒻⒼⒽⒾⒿⓀⓁ	0	[prai'mɔ:djəl]	a. 原始的，最初的
causal	ⒶⒷⒸⒹⒺⒻⒼⒽⒾⒿⓀⓁ	0	['kɔ:zəl]	a. 原因的，因果关系的
omnivorous	ⒶⒷⒸⒹⒺⒻⒼⒽⒾⒿⓀⓁ	0	[ɔm'nivərəs]	a. 杂食的，兴趣广泛的
viscid	ⒶⒷⒸⒹⒺⒻⒼⒽⒾⒿⓀⓁ	0	['visid]	a. 粘的，胶粘的，粘质的，半流体的
viscous	ⒶⒷⒸⒹⒺⒻⒼⒽⒾⒿⓀⓁ	0	['viskəs]	a. 粘的，粘性的
untenable	ⒶⒷⒸⒹⒺⒻⒼⒽⒾⒿⓀⓁ	0	['ʌn'tenəbl;-ti:n-]	a. 站不住脚的，不能防守的
chaste	ⒶⒷⒸⒹⒺⒻⒼⒽⒾⒿⓀⓁ	0	[tʃeist]	a. 贞洁的，纯洁的，朴素的
natty	ⒶⒷⒸⒹⒺⒻⒼⒽⒾⒿⓀⓁ	0	['næti]	a. 整洁的
prim	ⒶⒷⒸⒹⒺⒻⒼⒽⒾⒿⓀⓁ	0	[prim]	a. 整洁的
orthodox	ⒶⒷⒸⒹⒺⒻⒼⒽⒾⒿⓀⓁ	0	['ɔ:θədɔks]	a. 正统的，传统的，东正教的
forthright	ⒶⒷⒸⒹⒺⒻⒼⒽⒾⒿⓀⓁ	0	['fɔ:θ'rait]	a. 直率的，直截了当的
astringent	ⒶⒷⒸⒹⒺⒻⒼⒽⒾⒿⓀⓁ	0	[əs'trindʒənt]	a. 止血的，收缩的 n. 收敛剂
lethal	ⒶⒷⒸⒹⒺⒻⒼⒽⒾⒿⓀⓁ	0	['li:θəl]	a. 致命的
turgid	ⒶⒷⒸⒹⒺⒻⒼⒽⒾⒿⓀⓁ	0	['tə:dʒid]	a. 肿的，浮夸的
imperious	ⒶⒷⒸⒹⒺⒻⒼⒽⒾⒿⓀⓁ	0	[im'piəriəs]	a. 专横的，傲慢的，迫切的
peremptory	ⒶⒷⒸⒹⒺⒻⒼⒽⒾⒿⓀⓁ	0	[pə'remptəri]	a. 专横的，不容反抗的
autocratic	ⒶⒷⒸⒹⒺⒻⒼⒽⒾⒿⓀⓁ	0	[ˌɔ:təu'krætik]	a. 专制的
tautological	ⒶⒷⒸⒹⒺⒻⒼⒽⒾⒿⓀⓁ	0	[ˌtɔ:tə'lɔdʒikəl]	a. 赘述的
transcendent	ⒶⒷⒸⒹⒺⒻⒼⒽⒾⒿⓀⓁ	0	[træn'sendənt]	a. 卓越的，超凡的
preeminent	ⒶⒷⒸⒹⒺⒻⒼⒽⒾⒿⓀⓁ	0	[pri(:)'eminənt]	a. 卓越的，优秀的
alimentary	ⒶⒷⒸⒹⒺⒻⒼⒽⒾⒿⓀⓁ	0	[ˌæli'mentəri]	a. 滋养的，食物的
bumptious	ⒶⒷⒸⒹⒺⒻⒼⒽⒾⒿⓀⓁ	0	['bʌmpʃəs]	a. 自夸的，傲慢的
egotistical	ⒶⒷⒸⒹⒺⒻⒼⒽⒾⒿⓀⓁ	0	[ˌi:gə'tistikəl]	a. 自我主义的，自我本位的
pontifical	ⒶⒷⒸⒹⒺⒻⒼⒽⒾⒿⓀⓁ	0	[pɔn'tifikəl]	a. 自以为是的，炫耀的，教皇的
tan	ⒶⒷⒸⒹⒺⒻⒼⒽⒾⒿⓀⓁ	0	[tæn]	a. 棕褐色的 v. 晒黑 n. 鞣革
incendiary	ⒶⒷⒸⒹⒺⒻⒼⒽⒾⒿⓀⓁ	0	[in'sendjəri]	a. 纵火的,煽动的 n. 纵火犯,煽动者
gamely	ⒶⒷⒸⒹⒺⒻⒼⒽⒾⒿⓀⓁ	0	['geimli]	ad. 不屈地，勇敢地
more	ⒶⒷⒸⒹⒺⒻⒼⒽⒾⒿⓀⓁ	0	[mɔ:(r)]	ad. 更多，更
gingerly	ⒶⒷⒸⒹⒺⒻⒼⒽⒾⒿⓀⓁ	0	['dʒindʒəli]	ad. 小心谨慎地
askance	ⒶⒷⒸⒹⒺⒻⒼⒽⒾⒿⓀⓁ	0	[ə'skæns]	ad. 斜，斜视
aloft	ⒶⒷⒸⒹⒺⒻⒼⒽⒾⒿⓀⓁ	0	[ə'lɔft]	ad. 在高处，在上，在空中
unerringly	ⒶⒷⒸⒹⒺⒻⒼⒽⒾⒿⓀⓁ	0	[ʌn'ə:riŋli]	ad. 正确地，无过失地
scabbard	ⒶⒷⒸⒹⒺⒻⒼⒽⒾⒿⓀⓁ	0	['skæbəd]	n.（刀剑的）鞘
aviary	ⒶⒷⒸⒹⒺⒻⒼⒽⒾⒿⓀⓁ	0	['eivjəri]	n.（动物园的）大型鸟舍，鸟类饲养场
alimony	ⒶⒷⒸⒹⒺⒻⒼⒽⒾⒿⓀⓁ	0	['æliməni]	n.（离婚后的）赡养费
chauvinist	ⒶⒷⒸⒹⒺⒻⒼⒽⒾⒿⓀⓁ	0	['ʃəuvinist]	n.（沙文）盲目爱国主义者
tempo	ⒶⒷⒸⒹⒺⒻⒼⒽⒾⒿⓀⓁ	0	['tempəu]	n.（音乐）速度，拍子，发展速度
schism	ⒶⒷⒸⒹⒺⒻⒼⒽⒾⒿⓀⓁ	0	['sizəm]	n.（政治组织等的）分裂，教派
optimum	ⒶⒷⒸⒹⒺⒻⒼⒽⒾⒿⓀⓁ	0	['ɔptiməm]	n./a. 最适宜，最佳效果
quiver	ⒶⒷⒸⒹⒺⒻⒼⒽⒾⒿⓀⓁ	0	['kwivə]	n./v. 颤抖，震动 n. 箭囊

单词	标记	频率	读音	词义
scruple	ⒶⒷⒸⒹⒺⒻⒼⒽⒾⒿⓀⓁ	0	['skru:pl]	n./v. 顾虑，顾忌
guffaw	ⒶⒷⒸⒹⒺⒻⒼⒽⒾⒿⓀⓁ	0	[gʌ'fɔ:]	n./v. 哄笑，狂笑
travesty	ⒶⒷⒸⒹⒺⒻⒼⒽⒾⒿⓀⓁ	0	['trævisti]	n./v. 滑稽模仿，歪曲
welter	ⒶⒷⒸⒹⒺⒻⒼⒽⒾⒿⓀⓁ	0	['weltə]	n./v. 混乱，翻滚
rave	ⒶⒷⒸⒹⒺⒻⒼⒽⒾⒿⓀⓁ	0	[reiv]	n./v. 极力赞扬，吹捧，咆哮
splice	ⒶⒷⒸⒹⒺⒻⒼⒽⒾⒿⓀⓁ	0	[splais]	n./v. 接合，拼接
embargo	ⒶⒷⒸⒹⒺⒻⒼⒽⒾⒿⓀⓁ	0	[em'ba:gəu]	n./v. 禁运
succor	ⒶⒷⒸⒹⒺⒻⒼⒽⒾⒿⓀⓁ	0	['sʌkə]	n./v. 救助，援助
clout	ⒶⒷⒸⒹⒺⒻⒼⒽⒾⒿⓀⓁ	0	[klaut]	n./v. 猛击
renegade	ⒶⒷⒸⒹⒺⒻⒼⒽⒾⒿⓀⓁ	0	['renigeid]	n./v. 叛徒，背叛
flick	ⒶⒷⒸⒹⒺⒻⒼⒽⒾⒿⓀⓁ	0	[flik]	n./v. 轻击，轻打
simper	ⒶⒷⒸⒹⒺⒻⒼⒽⒾⒿⓀⓁ	0	['simpə]	n./v. 傻笑，假笑
pique	ⒶⒷⒸⒹⒺⒻⒼⒽⒾⒿⓀⓁ	0	[pi:k]	n./v. 生气，愤怒
halt	ⒶⒷⒸⒹⒺⒻⒼⒽⒾⒿⓀⓁ	0	[hɔ:lt]	n./v. 停止，暂停
titter	ⒶⒷⒸⒹⒺⒻⒼⒽⒾⒿⓀⓁ	0	['titə]	n./v. 偷笑，嗤嗤地笑
descant	ⒶⒷⒸⒹⒺⒻⒼⒽⒾⒿⓀⓁ	0	[dis'kænt]	n./v. 详述，评论
clamor	ⒶⒷⒸⒹⒺⒻⒼⒽⒾⒿⓀⓁ	0	['klæmə]	n./v. 喧闹，大声喊叫
avalanche	ⒶⒷⒸⒹⒺⒻⒼⒽⒾⒿⓀⓁ	0	['ævə,la:nʃ]	n./v. 雪崩
feint	ⒶⒷⒸⒹⒺⒻⒼⒽⒾⒿⓀⓁ	0	[feint]	n./v. 佯攻，假装
repast	ⒶⒷⒸⒹⒺⒻⒼⒽⒾⒿⓀⓁ	0	[ri'pa:st]	n./v. 饮食，就餐
dwarf	ⒶⒷⒸⒹⒺⒻⒼⒽⒾⒿⓀⓁ	0	[dwɔ:f]	n. 矮子，侏儒 v. 使矮小
gusto	ⒶⒷⒸⒹⒺⒻⒼⒽⒾⒿⓀⓁ	0	['gʌstəu]	n. 爱好，嗜好，趣味，由衷的高兴
requiem	ⒶⒷⒸⒹⒺⒻⒼⒽⒾⒿⓀⓁ	0	['rekwiem]	n. 安魂曲
placebo	ⒶⒷⒸⒹⒺⒻⒼⒽⒾⒿⓀⓁ	0	[plə'si:bəu]	n. 安慰剂
squalor	ⒶⒷⒸⒹⒺⒻⒼⒽⒾⒿⓀⓁ	0	['skwɔlə]	n. 肮脏，悲惨，贫穷
alcove	ⒶⒷⒸⒹⒺⒻⒼⒽⒾⒿⓀⓁ	0	['ælkəuv]	n. 凹室，壁龛
haughtiness	ⒶⒷⒸⒹⒺⒻⒼⒽⒾⒿⓀⓁ	0	['hɔ:tinis]	n. 傲慢，不逊
pomposity	ⒶⒷⒸⒹⒺⒻⒼⒽⒾⒿⓀⓁ	0	[pɔm'pɔsiti]	n. 傲慢，自大，炫耀
cataract	ⒶⒷⒸⒹⒺⒻⒼⒽⒾⒿⓀⓁ	0	['kætərækt]	n. 白内障
centurion	ⒶⒷⒸⒹⒺⒻⒼⒽⒾⒿⓀⓁ	0	[sen'tjuəriən]	n. 百夫长（古罗马指挥百人的军官）
dapple	ⒶⒷⒸⒹⒺⒻⒼⒽⒾⒿⓀⓁ	0	['dæpl]	n. 斑纹，斑点
trigger	ⒶⒷⒸⒹⒺⒻⒼⒽⒾⒿⓀⓁ	0	['trigə]	n. 扳机，触发器 v. 触发，引起
veneer	ⒶⒷⒸⒹⒺⒻⒼⒽⒾⒿⓀⓁ	0	[və'niə]	n. 薄木片，饰面，虚饰 v. 虚饰
warranty	ⒶⒷⒸⒹⒺⒻⒼⒽⒾⒿⓀⓁ	0	['wɔrənti]	n. 保单，保修期，根据
bastion	ⒶⒷⒸⒹⒺⒻⒼⒽⒾⒿⓀⓁ	0	['bæstiən]	n. 堡垒
reprisal	ⒶⒷⒸⒹⒺⒻⒼⒽⒾⒿⓀⓁ	0	[ri'praizəl]	n. 报复
retribution	ⒶⒷⒸⒹⒺⒻⒼⒽⒾⒿⓀⓁ	0	[,retri'bju:ʃən]	n. 报应，惩罚，报偿
despot	ⒶⒷⒸⒹⒺⒻⒼⒽⒾⒿⓀⓁ	0	['despɔt]	n. 暴君，专制者
detonation	ⒶⒷⒸⒹⒺⒻⒼⒽⒾⒿⓀⓁ	0	[,detəu'neiʃən]	n. 爆炸，爆炸声，爆裂
chalice	ⒶⒷⒸⒹⒺⒻⒼⒽⒾⒿⓀⓁ	0	['tʃælis]	n. 杯，圣餐杯

单词	标记	频率	读音	词义
woe	ⒶⒷⒸⒹⒺⒻⒼⒽⒾⒿⓀⓁ	0	[wəu]	n. 悲哀
elegy	ⒶⒷⒸⒹⒺⒻⒼⒽⒾⒿⓀⓁ	0	['elidʒi]	n. 悲歌，挽歌
thespian	ⒶⒷⒸⒹⒺⒻⒼⒽⒾⒿⓀⓁ	0	['θespiən;-pjən]	n. 悲剧演员 a. 悲剧性的
cynosure	ⒶⒷⒸⒹⒺⒻⒼⒽⒾⒿⓀⓁ	0	['sinəzjuə]	n. 北极星，指引物，焦点
apostate	ⒶⒷⒸⒹⒺⒻⒼⒽⒾⒿⓀⓁ	0	[ə'pɔstit]	n. 背教者，放弃信仰者，变节者
turncoat	ⒶⒷⒸⒹⒺⒻⒼⒽⒾⒿⓀⓁ	0	['tɜ:nkəut]	n. 背叛者，变节者
Atlas	ⒶⒷⒸⒹⒺⒻⒼⒽⒾⒿⓀⓁ	0	['ætləs]	n. 背叛宙斯被罚以肩顶天的巨神
enclave	ⒶⒷⒸⒹⒺⒻⒼⒽⒾⒿⓀⓁ	0	['enkleiv]	n. 被包围的领土
lummox	ⒶⒷⒸⒹⒺⒻⒼⒽⒾⒿⓀⓁ	0	['lʌməks]	n. 笨蛋
lout	ⒶⒷⒸⒹⒺⒻⒼⒽⒾⒿⓀⓁ	0	[laut]	n. 笨人
hulk	ⒶⒷⒸⒹⒺⒻⒼⒽⒾⒿⓀⓁ	0	[hʌlk]	n. 笨重的船，废船
verisimilitude	ⒶⒷⒸⒹⒺⒻⒼⒽⒾⒿⓀⓁ	0	[ˌverisi'militju:d]	n. 逼真，逼真的事物
graduate	ⒶⒷⒸⒹⒺⒻⒼⒽⒾⒿⓀⓁ	0	['grædjueit;-dʒueit]	n. 毕业生 a. 研究生的 v. 毕业
asylum	ⒶⒷⒸⒹⒺⒻⒼⒽⒾⒿⓀⓁ	0	[ə'sailəm]	n. 庇护，收容所
fresco	ⒶⒷⒸⒹⒺⒻⒼⒽⒾⒿⓀⓁ	0	['freskəu]	n. 壁画
bulwark	ⒶⒷⒸⒹⒺⒻⒼⒽⒾⒿⓀⓁ	0	['bulwə(:)k]	n. 壁垒，防波堤
chameleon	ⒶⒷⒸⒹⒺⒻⒼⒽⒾⒿⓀⓁ	0	[kə'mi:ljən]	n. 变色龙，善变的人
alias	ⒶⒷⒸⒹⒺⒻⒼⒽⒾⒿⓀⓁ	0	['eiliæs;'eiliəs]	n. 别名，化名
mortician	ⒶⒷⒸⒹⒺⒻⒼⒽⒾⒿⓀⓁ	0	[mɔ:'tiʃən]	n. 殡仪业者
arsenal	ⒶⒷⒸⒹⒺⒻⒼⒽⒾⒿⓀⓁ	0	['a:sinl]	n. 兵工厂，军械库
tonic	ⒶⒷⒸⒹⒺⒻⒼⒽⒾⒿⓀⓁ	0	['tɔnik]	n. 补品 a. 滋补的，声调的
nonentity	ⒶⒷⒸⒹⒺⒻⒼⒽⒾⒿⓀⓁ	0	[nɔ'nentiti]	n. 不存在
inequity	ⒶⒷⒸⒹⒺⒻⒼⒽⒾⒿⓀⓁ	0	[in'ekwiti]	n. 不公平，不公正
torpor	ⒶⒷⒸⒹⒺⒻⒼⒽⒾⒿⓀⓁ	0	['tɔ:pə]	n. 不活泼，迟缓，冬眠
disinclination	ⒶⒷⒸⒹⒺⒻⒼⒽⒾⒿⓀⓁ	0	['disinkli'neiʃən]	n. 不情愿，厌恶
impunity	ⒶⒷⒸⒹⒺⒻⒼⒽⒾⒿⓀⓁ	0	[im'pju:niti]	n. 不受惩罚，免罚，无患
insubordination	ⒶⒷⒸⒹⒺⒻⒼⒽⒾⒿⓀⓁ	0	['insəˌbɔ:din'eiʃən]	n. 不顺从，反抗
intransigence	ⒶⒷⒸⒹⒺⒻⒼⒽⒾⒿⓀⓁ	0	[in'trænsidʒəns]	n. 不妥协，不让步
premonition	ⒶⒷⒸⒹⒺⒻⒼⒽⒾⒿⓀⓁ	0	[ˌpri:mə'niʃən]	n. 不祥的预感
dissonance	ⒶⒷⒸⒹⒺⒻⒼⒽⒾⒿⓀⓁ	0	['disənəns]	n. 不谐和音，不一致
infidel	ⒶⒷⒸⒹⒺⒻⒼⒽⒾⒿⓀⓁ	0	['infidəl]	n. 不信教者 a. 不信教的
mischance	ⒶⒷⒸⒹⒺⒻⒼⒽⒾⒿⓀⓁ	0	[mis'tʃa:ns]	n. 不幸，灾难
shyster	ⒶⒷⒸⒹⒺⒻⒼⒽⒾⒿⓀⓁ	0	['ʃaistə]	n. 不择手段的人(尤指律师，政客)
irreverence	ⒶⒷⒸⒹⒺⒻⒼⒽⒾⒿⓀⓁ	0	[i'revərəns]	n. 不尊敬，无礼
impiety	ⒶⒷⒸⒹⒺⒻⒼⒽⒾⒿⓀⓁ	0	[im'paiəti]	n. 不尊敬，无信仰，不虔诚
edict	ⒶⒷⒸⒹⒺⒻⒼⒽⒾⒿⓀⓁ	0	['i:dikt]	n. 布告，法令
liniment	ⒶⒷⒸⒹⒺⒻⒼⒽⒾⒿⓀⓁ	0	['linimənt]	n. 擦剂， 涂抹油
contusion	ⒶⒷⒸⒹⒺⒻⒼⒽⒾⒿⓀⓁ	0	[kən'tju:ʒən]	n. 擦伤，撞伤，挫伤
carnage	ⒶⒷⒸⒹⒺⒻⒼⒽⒾⒿⓀⓁ	0	['ka:nidʒ]	n. 残杀，大屠杀
fiasco	ⒶⒷⒸⒹⒺⒻⒼⒽⒾⒿⓀⓁ	0	[fi'æskəu]	n. 惨败，大失败，可耻的下场

单词	标记	频率	读音	词义
trough	ⒶⒷⒸⒹⒺⒻⒼⒽⒾⒿⓀⓁ	0	['trɔ:f]	n. 槽，水槽，饲料槽，木钵
lateral	ⒶⒷⒸⒹⒺⒻⒼⒽⒾⒿⓀⓁ	0	['lætərəl]	n. 侧面 a. 侧面的
ruse	ⒶⒷⒸⒹⒺⒻⒼⒽⒾⒿⓀⓁ	0	[ru:z, ru:s]	n. 策略，谋略，诡计
obstetrician	ⒶⒷⒸⒹⒺⒻⒼⒽⒾⒿⓀⓁ	0	[ˌɔbste'triʃən]	n. 产科医师
tremor	ⒶⒷⒸⒹⒺⒻⒼⒽⒾⒿⓀⓁ	0	['tremə]	n. 颤动，震动
epithet	ⒶⒷⒸⒹⒺⒻⒼⒽⒾⒿⓀⓁ	0	['epiθet]	n. 绰号，称号，诨名
tumult	ⒶⒷⒸⒹⒺⒻⒼⒽⒾⒿⓀⓁ	0	['tju:mʌlt]	n. 吵闹，骚动，拥挤，混乱
mote	ⒶⒷⒸⒹⒺⒻⒼⒽⒾⒿⓀⓁ	0	[məut]	n. 尘埃，微粒
cliché	ⒶⒷⒸⒹⒺⒻⒼⒽⒾⒿⓀⓁ	0	[kli:'ʃei]	n. 陈词滥调
platitude	ⒶⒷⒸⒹⒺⒻⒼⒽⒾⒿⓀⓁ	0	['plætitju:d]	n. 陈词滥调，陈腐
rectitude	ⒶⒷⒸⒹⒺⒻⒼⒽⒾⒿⓀⓁ	0	['rektitju:d]	n. 诚实，正直
citadel	ⒶⒷⒸⒹⒺⒻⒼⒽⒾⒿⓀⓁ	0	['sitədəl]	n. 城堡，要塞
brunt	ⒶⒷⒸⒹⒺⒻⒼⒽⒾⒿⓀⓁ	0	[brʌnt]	n. 冲击
plenitude	ⒶⒷⒸⒹⒺⒻⒼⒽⒾⒿⓀⓁ	0	['plenitju:d]	n. 充分
xenophobia	ⒶⒷⒸⒹⒺⒻⒼⒽⒾⒿⓀⓁ	0	[ˌzenə'fəubiə]	n. 仇外，惧外者
exodus	ⒶⒷⒸⒹⒺⒻⒼⒽⒾⒿⓀⓁ	0	['eksədəs]	n. 出埃及记
debutante	ⒶⒷⒸⒹⒺⒻⒼⒽⒾⒿⓀⓁ	0	['debju:ta:nt]	n. 初次参加社交活动的
tiro	ⒶⒷⒸⒹⒺⒻⒼⒽⒾⒿⓀⓁ	0	['taiərəu]	n. 初学者，生手
subpoena	ⒶⒷⒸⒹⒺⒻⒼⒽⒾⒿⓀⓁ	0	[səb'pi:nə]	n. 传票
saga	ⒶⒷⒸⒹⒺⒻⒼⒽⒾⒿⓀⓁ	0	['sa:gə]	n. 传奇
braggart	ⒶⒷⒸⒹⒺⒻⒼⒽⒾⒿⓀⓁ	0	['brægət]	n. 吹牛者 a. 吹牛的，自夸的
gavel	ⒶⒷⒸⒹⒺⒻⒼⒽⒾⒿⓀⓁ	0	['gævəl]	n. 槌
naivet	ⒶⒷⒸⒹⒺⒻⒼⒽⒾⒿⓀⓁ	0	[naivet]	n. 纯真
lexicographer	ⒶⒷⒸⒹⒺⒻⒼⒽⒾⒿⓀⓁ	0	[ˌleksi'kɔgrəfə]	n. 词典编纂者
malapropism	ⒶⒷⒸⒹⒺⒻⒼⒽⒾⒿⓀⓁ	0	['mælə'prɔpizəm]	n. 词语误用，用词错误可笑
goad	ⒶⒷⒸⒹⒺⒻⒼⒽⒾⒿⓀⓁ	0	[gəud]	n. 刺棒，刺激物 v. 刺激，激励
saboteur	ⒶⒷⒸⒹⒺⒻⒼⒽⒾⒿⓀⓁ	0	[ˌsæbə'tə:]	n. 从事破坏活动者，怠工者
clump	ⒶⒷⒸⒹⒺⒻⒼⒽⒾⒿⓀⓁ	0	[klʌmp]	n. 丛，块，沉重的声音
doggerel	ⒶⒷⒸⒹⒺⒻⒼⒽⒾⒿⓀⓁ	0	['dɔgərəl]	n. 打油诗
maul	ⒶⒷⒸⒹⒺⒻⒼⒽⒾⒿⓀⓁ	0	[mɔ:l]	n. 大槌 v. 打
gale	ⒶⒷⒸⒹⒺⒻⒼⒽⒾⒿⓀⓁ	0	[geil]	n. 大风，（突发的）一阵
caldron	ⒶⒷⒸⒹⒺⒻⒼⒽⒾⒿⓀⓁ	0	['kɔ:drən]	n. 大锅（炉），大汽锅
cantata	ⒶⒷⒸⒹⒺⒻⒼⒽⒾⒿⓀⓁ	0	[kæn'ta:tə]	n. 大合唱，清唱剧
cataclysm	ⒶⒷⒸⒹⒺⒻⒼⒽⒾⒿⓀⓁ	0	['kætəklizəm]	n. 大洪水，灾难，巨变
ire	ⒶⒷⒸⒹⒺⒻⒼⒽⒾⒿⓀⓁ	0	['aiə]	n. 大怒
galleon	ⒶⒷⒸⒹⒺⒻⒼⒽⒾⒿⓀⓁ	0	['gæliən]	n. 大型帆船
maelstrom	ⒶⒷⒸⒹⒺⒻⒼⒽⒾⒿⓀⓁ	0	['meilstrəm]	n. 大漩涡，大混乱
catastrophe	ⒶⒷⒸⒹⒺⒻⒼⒽⒾⒿⓀⓁ	0	[kə'tæstrəfi]	n. 大灾难，大灾祸
oaf	ⒶⒷⒸⒹⒺⒻⒼⒽⒾⒿⓀⓁ	0	[əuf]	n. 呆子，畸形儿
dolt	ⒶⒷⒸⒹⒺⒻⒼⒽⒾⒿⓀⓁ	0	[dəult]	n. 呆子，傻瓜，笨蛋

单词	标记	频率	读音	词义
surrogate	ⒶⒷⒸⒹⒺⒻⒼⒽⒾⒿⓀⓁ	0	['sʌrəgit]	n. 代替品，代理人 a. 代替的
monotony	ⒶⒷⒸⒹⒺⒻⒼⒽⒾⒿⓀⓁ	0	[mə'nɔtəni]	n. 单音，单调，千篇一律
timidity	ⒶⒷⒸⒹⒺⒻⒼⒽⒾⒿⓀⓁ	0	[ti'miditi]	n. 胆怯，羞怯
catapult	ⒶⒷⒸⒹⒺⒻⒼⒽⒾⒿⓀⓁ	0	['kætəpʌlt]	n. 弹弓，飞机弹射器
prot	ⒶⒷⒸⒹⒺⒻⒼⒽⒾⒿⓀⓁ	0	[prɔt]	n. 蛋白质纤维
dossier	ⒶⒷⒸⒹⒺⒻⒼⒽⒾⒿⓀⓁ	0	['dɔsiei]	n. 档案，卷宗，病历表册
archive	ⒶⒷⒸⒹⒺⒻⒼⒽⒾⒿⓀⓁ	0	['a:kaiv]	n. 档案 v. 存档
missile	ⒶⒷⒸⒹⒺⒻⒼⒽⒾⒿⓀⓁ	0	['misail;-səl]	n. 导弹，发射物
insularity	ⒶⒷⒸⒹⒺⒻⒼⒽⒾⒿⓀⓁ	0	[ˌinsju'lærəti;'insə-]	n. 岛国性质，狭隘
larceny	ⒶⒷⒸⒹⒺⒻⒼⒽⒾⒿⓀⓁ	0	['la:sni]	n. 盗窃罪
embezzlement	ⒶⒷⒸⒹⒺⒻⒼⒽⒾⒿⓀⓁ	0	[im'bezlmənt]	n. 盗用，侵占，挪用
animus	ⒶⒷⒸⒹⒺⒻⒼⒽⒾⒿⓀⓁ	0	['ænimәs]	n. 敌意，意图
chassis	ⒶⒷⒸⒹⒺⒻⒼⒽⒾⒿⓀⓁ	0	['ʃæsi]	n. 底盘
stratum	ⒶⒷⒸⒹⒺⒻⒼⒽⒾⒿⓀⓁ	0	['streitəm]	n. 地层，阶层
clime	ⒶⒷⒸⒹⒺⒻⒼⒽⒾⒿⓀⓁ	0	[klaim]	n. 地方，气候，风土
clangor	ⒶⒷⒸⒹⒺⒻⒼⒽⒾⒿⓀⓁ	0	['klæŋgə]	n. 叮当声 v. 叮当声响
apex	ⒶⒷⒸⒹⒺⒻⒼⒽⒾⒿⓀⓁ	0	['eipeks]	n. 顶，峰，绝顶
zenith	ⒶⒷⒸⒹⒺⒻⒼⒽⒾⒿⓀⓁ	0	['zeniθ]	n. 顶点，顶峰，最高点
menagerie	ⒶⒷⒸⒹⒺⒻⒼⒽⒾⒿⓀⓁ	0	[mi'nædʒəri]	n. 动物园，动物展览
miasma	ⒶⒷⒸⒹⒺⒻⒼⒽⒾⒿⓀⓁ	0	[mi'æzmə;mai'æzmə]	n. 毒气，沼气
venom	ⒶⒷⒸⒹⒺⒻⒼⒽⒾⒿⓀⓁ	0	['venəm]	n. 毒液，恶意
malfeasance	ⒶⒷⒸⒹⒺⒻⒼⒽⒾⒿⓀⓁ	0	[mæl'fi:zəns]	n. 渎职，不法行为
staccato	ⒶⒷⒸⒹⒺⒻⒼⒽⒾⒿⓀⓁ	0	[stə'ka:təu]	n. 断奏，断唱
fecundity	ⒶⒷⒸⒹⒺⒻⒼⒽⒾⒿⓀⓁ	0	[fi'kʌndəti]	n. 多产，丰饶，繁殖力
polygamist	ⒶⒷⒸⒹⒺⒻⒼⒽⒾⒿⓀⓁ	0	[pɔ'ligəmist]	n. 多配偶，一妻多夫，一夫多妻
reek	ⒶⒷⒸⒹⒺⒻⒼⒽⒾⒿⓀⓁ	0	[ri:k]	n. 恶臭 v. 放出臭气
pediatrician	ⒶⒷⒸⒹⒺⒻⒼⒽⒾⒿⓀⓁ	0	[ˌpi:diə'triʃən]	n. 儿科医师
bait	ⒶⒷⒸⒹⒺⒻⒼⒽⒾⒿⓀⓁ	0	[beit]	n. 饵 v. 以饵引诱，欺负 v. 中途休息
luminary	ⒶⒷⒸⒹⒺⒻⒼⒽⒾⒿⓀⓁ	0	['lju:minəri]	n. 发光体，杰出人物
incidence	ⒶⒷⒸⒹⒺⒻⒼⒽⒾⒿⓀⓁ	0	['insidəns]	n. 发生，出现，发生率，入射
coiffure	ⒶⒷⒸⒹⒺⒻⒼⒽⒾⒿⓀⓁ	0	[kwa:'fjuə]	n. 发型
paroxysm	ⒶⒷⒸⒹⒺⒻⒼⒽⒾⒿⓀⓁ	0	['pærəksizəm]	n. 发作，爆发
quorum	ⒶⒷⒸⒹⒺⒻⒼⒽⒾⒿⓀⓁ	0	['kwɔ:rəm]	n. 法定人数，选出的团体
jurisprudence	ⒶⒷⒸⒹⒺⒻⒼⒽⒾⒿⓀⓁ	0	[ˌdʒuəris'pru:dəns]	n. 法学
canvas	ⒶⒷⒸⒹⒺⒻⒼⒽⒾⒿⓀⓁ	0	['kænvəs]	n. 帆布，油画
boom	ⒶⒷⒸⒹⒺⒻⒼⒽⒾⒿⓀⓁ	0	[bu:m]	n. 繁荣 v. 繁荣，发隆隆声
rejoinder	ⒶⒷⒸⒹⒺⒻⒼⒽⒾⒿⓀⓁ	0	[ri'dʒɔində]	n. 反驳，回答
caprice	ⒶⒷⒸⒹⒺⒻⒼⒽⒾⒿⓀⓁ	0	[kə'pri:s]	n. 反复无常，任性
misdemeanor	ⒶⒷⒸⒹⒺⒻⒼⒽⒾⒿⓀⓁ	0	[ˌmisdi'mi:nə]	n. 犯罪，品行不端
malefactor	ⒶⒷⒸⒹⒺⒻⒼⒽⒾⒿⓀⓁ	0	['mælifæktə]	n. 犯罪分子

单词	标记	频率	读音	词义
paradigm	ⒶⒷⒸⒹⒺⒻⒼⒽⒾⒿⓀⓁ	0	['pærədaim;-dim]	n. 范例，示范
aseptic	ⒶⒷⒸⒹⒺⒻⒼⒽⒾⒿⓀⓁ	0	[æ'septik]	n. 防腐剂 a. 无菌的
impediment	ⒶⒷⒸⒹⒺⒻⒼⒽⒾⒿⓀⓁ	0	[im'pedimənt]	n. 妨碍，口吃，障碍物
abnegation	ⒶⒷⒸⒹⒺⒻⒼⒽⒾⒿⓀⓁ	0	[ˌæbni'geiʃən]	n. 放弃
detraction	ⒶⒷⒸⒹⒺⒻⒼⒽⒾⒿⓀⓁ	0	[di'trækʃən]	n. 诽谤
calumny	ⒶⒷⒸⒹⒺⒻⒼⒽⒾⒿⓀⓁ	0	['kæləmni]	n. 诽谤，中伤
verbiage	ⒶⒷⒸⒹⒺⒻⒼⒽⒾⒿⓀⓁ	0	['və:biidʒ]	n. 废话，冗长，措辞
wastrel	ⒶⒷⒸⒹⒺⒻⒼⒽⒾⒿⓀⓁ	0	['weistrəl]	n. 废物
ramification	ⒶⒷⒸⒹⒺⒻⒼⒽⒾⒿⓀⓁ	0	[ˌræmifi'keiʃən]	n. 分叉，衍生物，支流，结果
cornucopia	ⒶⒷⒸⒹⒺⒻⒼⒽⒾⒿⓀⓁ	0	[ˌkɔ:nju'kəupjə]	n. 丰饶角，聚宝盆
philanderer	ⒶⒷⒸⒹⒺⒻⒼⒽⒾⒿⓀⓁ	0	[fi'lændərə(r);fə-]	n. 风流男子
innuendo	ⒶⒷⒸⒹⒺⒻⒼⒽⒾⒿⓀⓁ	0	[ˌinju'endəu]	n. 讽刺，暗讽
lampoon	ⒶⒷⒸⒹⒺⒻⒼⒽⒾⒿⓀⓁ	0	[læm'pu:n]	n. 讽刺文章 v. 讽刺
phoenix	ⒶⒷⒸⒹⒺⒻⒼⒽⒾⒿⓀⓁ	0	['fi:niks]	n. 凤凰，不死鸟
blandishment	ⒶⒷⒸⒹⒺⒻⒼⒽⒾⒿⓀⓁ	0	['blændiʃmənt]	n. 奉承，哄诱
floe	ⒶⒷⒸⒹⒺⒻⒼⒽⒾⒿⓀⓁ	0	[fləu]	n. 浮冰
dross	ⒶⒷⒸⒹⒺⒻⒼⒽⒾⒿⓀⓁ	0	[drɔs]	n. 浮渣，糟粕，无价值之物
obituary	ⒶⒷⒸⒹⒺⒻⒼⒽⒾⒿⓀⓁ	0	[ə'bitjuəri]	n. 讣闻，讣告
adjunct	ⒶⒷⒸⒹⒺⒻⒼⒽⒾⒿⓀⓁ	0	['ædʒʌŋkt]	n. 附件，助手 a. 附属的
annex	ⒶⒷⒸⒹⒺⒻⒼⒽⒾⒿⓀⓁ	0	[ə'neks]	n. 附件 v. 附加
addendum	ⒶⒷⒸⒹⒺⒻⒼⒽⒾⒿⓀⓁ	0	[ə'dendəm]	n. 附录，补遗
facsimile	ⒶⒷⒸⒹⒺⒻⒼⒽⒾⒿⓀⓁ	0	[fæk'simili]	n. 复制本，传真
avocation	ⒶⒷⒸⒹⒺⒻⒼⒽⒾⒿⓀⓁ	0	[ævə'keiʃ(ə)n]	n. 副业，嗜好
plutocracy	ⒶⒷⒸⒹⒺⒻⒼⒽⒾⒿⓀⓁ	0	[plu:'tɔkrəsi]	n. 富豪统治
opulence	ⒶⒷⒸⒹⒺⒻⒼⒽⒾⒿⓀⓁ	0	['ɔpjuləns]	n. 富裕
quack	ⒶⒷⒸⒹⒺⒻⒼⒽⒾⒿⓀⓁ	0	[kwæk]	n. 嘎嘎叫，庸医，冒充内行的人
expletive	ⒶⒷⒸⒹⒺⒻⒼⒽⒾⒿⓀⓁ	0	[eks'pli:tiv]	n. 感叹词，咒骂语
arroyo	ⒶⒷⒸⒹⒺⒻⒼⒽⒾⒿⓀⓁ	0	[ə'rɔiəu]	n. 干枯的河床，峡谷，小河
fulcrum	ⒶⒷⒸⒹⒺⒻⒼⒽⒾⒿⓀⓁ	0	['fʌlkrəm]	n. 杠杆的支点，支点，叶附属物
prelate	ⒶⒷⒸⒹⒺⒻⒼⒽⒾⒿⓀⓁ	0	['prelit]	n. 高级教士
cession	ⒶⒷⒸⒹⒺⒻⒼⒽⒾⒿⓀⓁ	0	['seʃən]	n. 割让，转让
diva	ⒶⒷⒸⒹⒺⒻⒼⒽⒾⒿⓀⓁ	0	['di:və]	n. 歌剧中的首席女主角
aphorism	ⒶⒷⒸⒹⒺⒻⒼⒽⒾⒿⓀⓁ	0	['æfərizm]	n. 格言，警语
gnome	ⒶⒷⒸⒹⒺⒻⒼⒽⒾⒿⓀⓁ	0	[nəum]	n. 格言，箴言，土地神，侏儒
atavism	ⒶⒷⒸⒹⒺⒻⒼⒽⒾⒿⓀⓁ	0	['ætəvizəm]	n. 隔代遗传，返祖
tiller	ⒶⒷⒸⒹⒺⒻⒼⒽⒾⒿⓀⓁ	0	['tilə]	n. 耕者，农夫，（船的）舵柄
missive	ⒶⒷⒸⒹⒺⒻⒼⒽⒾⒿⓀⓁ	0	['misiv]	n. 公文，书信
candor	ⒶⒷⒸⒹⒺⒻⒼⒽⒾⒿⓀⓁ	0	['kændə]	n. 公正，坦率，正直
efficacy	ⒶⒷⒸⒹⒺⒻⒼⒽⒾⒿⓀⓁ	0	['efikəsi]	n. 功效，效力
collusion	ⒶⒷⒸⒹⒺⒻⒼⒽⒾⒿⓀⓁ	0	[kə'l(j)u:ʒən]	n. 共谋，勾结

单词	标记	频率	读音	词义
symbiosis	ⒶⒷⒸⒹⒺⒻⒼⒽⒾⒿⓀⓁ	0	[simbai'əusis]	n. 共生，共栖
dog	ⒶⒷⒸⒹⒺⒻⒼⒽⒾⒿⓀⓁ	0	[dɔg]	n. 狗
paleontology	ⒶⒷⒸⒹⒺⒻⒼⒽⒾⒿⓀⓁ	0	[ˌpæliɔn'tɔlədʒi]	n. 古生物学
chaff	ⒶⒷⒸⒹⒺⒻⒼⒽⒾⒿⓀⓁ	0	[tʃa:f]	n. 谷壳，糠，愚弄 v. 戏弄，开玩笑
bigotry	ⒶⒷⒸⒹⒺⒻⒼⒽⒾⒿⓀⓁ	0	['bigətri]	n. 固执，顽固
oligarchy	ⒶⒷⒸⒹⒺⒻⒼⒽⒾⒿⓀⓁ	0	['ɔliga:ki]	n. 寡头政治，寡头政治的执政团
culvert	ⒶⒷⒸⒹⒺⒻⒼⒽⒾⒿⓀⓁ	0	['kʌlvət]	n. 管路
luster	ⒶⒷⒸⒹⒺⒻⒼⒽⒾⒿⓀⓁ	0	['lʌstə]	n. 光彩，光泽 v. 发亮
aureole	ⒶⒷⒸⒹⒺⒻⒼⒽⒾⒿⓀⓁ	0	['ɔ:riəl]	n. 光轮，光环
aperture	ⒶⒷⒸⒹⒺⒻⒼⒽⒾⒿⓀⓁ	0	['æpətjuə]	n. 光圈，孔径，缝隙
martinet	ⒶⒷⒸⒹⒺⒻⒼⒽⒾⒿⓀⓁ	0	[ˌma:ti'net]	n. 规律严肃的人，严格的人
sophistry	ⒶⒷⒸⒹⒺⒻⒼⒽⒾⒿⓀⓁ	0	['sɔfistri]	n. 诡辩，谬论
patrician	ⒶⒷⒸⒹⒺⒻⒼⒽⒾⒿⓀⓁ	0	[pə'triʃən]	n. 贵族
gentry	ⒶⒷⒸⒹⒺⒻⒼⒽⒾⒿⓀⓁ	0	['dʒentri]	n. 贵族，名流
kernel	ⒶⒷⒸⒹⒺⒻⒼⒽⒾⒿⓀⓁ	0	['kə:nl]	n. 果仁，中心，精髓
parsimony	ⒶⒷⒸⒹⒺⒻⒼⒽⒾⒿⓀⓁ	0	['pa:siməni]	n. 过度节俭，吝啬，简约
prude	ⒶⒷⒸⒹⒺⒻⒼⒽⒾⒿⓀⓁ	0	[pru:d]	n. 过分正经的人
buccaneer	ⒶⒷⒸⒹⒺⒻⒼⒽⒾⒿⓀⓁ	0	[ˌbʌkə'niə]	n. 海盗
promontory	ⒶⒷⒸⒹⒺⒻⒼⒽⒾⒿⓀⓁ	0	['prɔməntəri]	n. 海角，岬
mirage	ⒶⒷⒸⒹⒺⒻⒼⒽⒾⒿⓀⓁ	0	['mira:ʒ]	n. 海市蜃楼，幻想
pugnacity	ⒶⒷⒸⒹⒺⒻⒼⒽⒾⒿⓀⓁ	0	[pʌg'næsəti]	n. 好斗
lechery	ⒶⒷⒸⒹⒺⒻⒼⒽⒾⒿⓀⓁ	0	['letʃəri]	n. 好色，淫荡，纵欲
plaudit	ⒶⒷⒸⒹⒺⒻⒼⒽⒾⒿⓀⓁ	0	['plɔ:dit]	n. 喝彩，赞美
aggregate	ⒶⒷⒸⒹⒺⒻⒼⒽⒾⒿⓀⓁ	0	['ægrigeit]	n. 合计 v. 聚集，集合，合计
pacifist	ⒶⒷⒸⒹⒺⒻⒼⒽⒾⒿⓀⓁ	0	['pæsifist]	n. 和平主义者
rapport	ⒶⒷⒸⒹⒺⒻⒼⒽⒾⒿⓀⓁ	0	[ræ'pɔ:t]	n. 和谐，友好关系
sonorous	ⒶⒷⒸⒹⒺⒻⒼⒽⒾⒿⓀⓁ	0	[sə'nɔ:rəs]	n. 洪亮的，响亮的
recession	ⒶⒷⒸⒹⒺⒻⒼⒽⒾⒿⓀⓁ	0	[ri'seʃən]	n. 后退，（经济）不景气
progeny	ⒶⒷⒸⒹⒺⒻⒼⒽⒾⒿⓀⓁ	0	['prɔdʒini]	n. 后裔
pachyderm	ⒶⒷⒸⒹⒺⒻⒼⒽⒾⒿⓀⓁ	0	['pækidə:m]	n. 厚皮类动物，迟钝的人
effrontery	ⒶⒷⒸⒹⒺⒻⒼⒽⒾⒿⓀⓁ	0	[e'frʌntəri]	n. 厚颜无耻
migrant	ⒶⒷⒸⒹⒺⒻⒼⒽⒾⒿⓀⓁ	0	['maigrənt]	n. 候鸟，移居者
respiration	ⒶⒷⒸⒹⒺⒻⒼⒽⒾⒿⓀⓁ	0	[ˌrespi'reiʃən]	n. 呼吸，呼吸作用
amulet	ⒶⒷⒸⒹⒺⒻⒼⒽⒾⒿⓀⓁ	0	['æmjulit]	n. 护身符
talisman	ⒶⒷⒸⒹⒺⒻⒼⒽⒾⒿⓀⓁ	0	['tælizmən]	n. 护身符，辟邪物
passport	ⒶⒷⒸⒹⒺⒻⒼⒽⒾⒿⓀⓁ	0	['pa:spɔ:t]	n. 护照
fop	ⒶⒷⒸⒹⒺⒻⒼⒽⒾⒿⓀⓁ	0	[fɔp]	n. 花花公子
roster	ⒶⒷⒸⒹⒺⒻⒼⒽⒾⒿⓀⓁ	0	['rəustə]	n. 花名册，执勤表
burlesque	ⒶⒷⒸⒹⒺⒻⒼⒽⒾⒿⓀⓁ	0	[bə:'lesk]	n. 滑稽表演，讽刺作品
buffoonery	ⒶⒷⒸⒹⒺⒻⒼⒽⒾⒿⓀⓁ	0	[bə'fu:nəri]	n. 滑稽可笑的举动

单词	标记	频率	读音	词义
incarnation	ⒶⒷⒸⒹⒺⒻⒼⒽⒾⒿⓀⓁ	0	[ˌinka:'neiʃən]	n. 化身，具体化，赋予肉体
assay	ⒶⒷⒸⒹⒺⒻⒼⒽⒾⒿⓀⓁ	0	[ə'sei]	n. 化验，检测
montage	ⒶⒷⒸⒹⒺⒻⒼⒽⒾⒿⓀⓁ	0	[mɔn'ta:ʒ;'mɔntidʒ]	n. 画面剪辑，画面合成，蒙太奇
stigma	ⒶⒷⒸⒹⒺⒻⒼⒽⒾⒿⓀⓁ	0	['stigmə]	n. 坏名声，耻辱
paean	ⒶⒷⒸⒹⒺⒻⒼⒽⒾⒿⓀⓁ	0	['pi:ən]	n. 欢乐歌，赞美歌
mirth	ⒶⒷⒸⒹⒺⒻⒼⒽⒾⒿⓀⓁ	0	[mə:θ]	n. 欢笑，欢乐
badger	ⒶⒷⒸⒹⒺⒻⒼⒽⒾⒿⓀⓁ	0	['bædʒə]	n. 獾 v. 纠缠
hallucination	ⒶⒷⒸⒹⒺⒻⒼⒽⒾⒿⓀⓁ	0	[həlu:si'neiʃən]	n. 幻觉，幻想
reverie	ⒶⒷⒸⒹⒺⒻⒼⒽⒾⒿⓀⓁ	0	['revəri]	n. 幻想
discomposure	ⒶⒷⒸⒹⒺⒻⒼⒽⒾⒿⓀⓁ	0	[ˌdiskəm'pəuʒə]	n. 慌张，失态
spendthrift	ⒶⒷⒸⒹⒺⒻⒼⒽⒾⒿⓀⓁ	0	['spendθrift]	n. 挥霍者
cloister	ⒶⒷⒸⒹⒺⒻⒼⒽⒾⒿⓀⓁ	0	['klɔistə]	n. 回廊，修道院
perdition	ⒶⒷⒸⒹⒺⒻⒼⒽⒾⒿⓀⓁ	0	[pə:'diʃən]	n. 毁灭
stupor	ⒶⒷⒸⒹⒺⒻⒼⒽⒾⒿⓀⓁ	0	['stju:pə]	n. 昏迷
nuptial	ⒶⒷⒸⒹⒺⒻⒼⒽⒾⒿⓀⓁ	0	['nʌpʃəl]	n. 婚礼 a. 婚礼的
pastiche	ⒶⒷⒸⒹⒺⒻⒼⒽⒾⒿⓀⓁ	0	[pæs'ti:ʃ]	n. 混成曲，模仿画
furor	ⒶⒷⒸⒹⒺⒻⒼⒽⒾⒿⓀⓁ	0	['fjuərɔ:]	n. 激怒，狂热，（诗情的）激情
anguish	ⒶⒷⒸⒹⒺⒻⒼⒽⒾⒿⓀⓁ	0	['æŋgwiʃ]	n. 极大痛苦，剧痛
iota	ⒶⒷⒸⒹⒺⒻⒼⒽⒾⒿⓀⓁ	0	[ai'əutə]	n. 极微小
quirk	ⒶⒷⒸⒹⒺⒻⒼⒽⒾⒿⓀⓁ	0	[kwə:k]	n. 急转，遁词，怪癖
anticlimax	ⒶⒷⒸⒹⒺⒻⒼⒽⒾⒿⓀⓁ	0	['ænti'klaimæks]	n. 急转直下，虎头蛇尾
season	ⒶⒷⒸⒹⒺⒻⒼⒽⒾⒿⓀⓁ	0	['si:zn]	n. 季节
parasite	ⒶⒷⒸⒹⒺⒻⒼⒽⒾⒿⓀⓁ	0	['pærəsait]	n. 寄生虫，食客
coronation	ⒶⒷⒸⒹⒺⒻⒼⒽⒾⒿⓀⓁ	0	[kɔ:rə'neʃ(ə)n]	n. 加冕礼
yoke	ⒶⒷⒸⒹⒺⒻⒼⒽⒾⒿⓀⓁ	0	[jəuk]	n. 枷锁
patriarch	ⒶⒷⒸⒹⒺⒻⒼⒽⒾⒿⓀⓁ	0	['peitra:k]	n. 家长，族长，创办人
kindred	ⒶⒷⒸⒹⒺⒻⒼⒽⒾⒿⓀⓁ	0	['kindrid]	n. 家族，亲戚关系 a. 同族的
turpitude	ⒶⒷⒸⒹⒺⒻⒼⒽⒾⒿⓀⓁ	0	['tə:pitju:d]	n. 奸恶，卑鄙
espionage	ⒶⒷⒸⒹⒺⒻⒼⒽⒾⒿⓀⓁ	0	['espiənidʒ]	n. 间谍，侦探
tutelage	ⒶⒷⒸⒹⒺⒻⒼⒽⒾⒿⓀⓁ	0	['tju:tilidʒ]	n. 监护，指导
checker	ⒶⒷⒸⒹⒺⒻⒼⒽⒾⒿⓀⓁ	0	['tʃekə]	n. 检验员，检验器，收银员，国际象棋
facade	ⒶⒷⒸⒹⒺⒻⒼⒽⒾⒿⓀⓁ	0	[fə'sa:d]	n. 建筑物的正面，外观，表面
armada	ⒶⒷⒸⒹⒺⒻⒼⒽⒾⒿⓀⓁ	0	[a:'ma:də]	n. 舰队
rostrum	ⒶⒷⒸⒹⒺⒻⒼⒽⒾⒿⓀⓁ	0	['rɔstrəm]	n. 讲坛，演讲坛
IAX	ⒶⒷⒸⒹⒺⒻⒼⒽⒾⒿⓀⓁ	0	[iax]	n. 交互协议
barterer	ⒶⒷⒸⒹⒺⒻⒼⒽⒾⒿⓀⓁ	0	['ba:rtərər]	n. 交易商
outskirt	ⒶⒷⒸⒹⒺⒻⒼⒽⒾⒿⓀⓁ	0	['autskə:t]	n. 郊区，市郊
scaffold	ⒶⒷⒸⒹⒺⒻⒼⒽⒾⒿⓀⓁ	0	['skæfəld]	n. 脚手架，绞刑台
arousal	ⒶⒷⒸⒹⒺⒻⒼⒽⒾⒿⓀⓁ	0	[ə'rauzəl]	n. 觉醒，激励
leaven	ⒶⒷⒸⒹⒺⒻⒼⒽⒾⒿⓀⓁ	0	['levən]	n. 酵母，发酵剂

单词	标记	频率	读音	词义
juncture	ⒶⒷⒸⒹⒺⒻⒼⒽⒾⒿⓀⓁ	0	['dʒʌŋktʃə]	n. 接合点
propinquity	ⒶⒷⒸⒹⒺⒻⒼⒽⒾⒿⓀⓁ	0	[prə'piŋkwiti]	n. 接近
recipient	ⒶⒷⒸⒹⒺⒻⒼⒽⒾⒿⓀⓁ	0	[ri'sipiənt]	n. 接受者
stanza	ⒶⒷⒸⒹⒺⒻⒼⒽⒾⒿⓀⓁ	0	['stænzə]	n. 节，演出期，比赛中的盘
frugality	ⒶⒷⒸⒹⒺⒻⒼⒽⒾⒿⓀⓁ	0	[fru(:)'gæliti]	n. 节俭，俭省
abstinence	ⒶⒷⒸⒹⒺⒻⒼⒽⒾⒿⓀⓁ	0	['æbstinəns]	n. 节制，节欲，戒酒
upshot	ⒶⒷⒸⒹⒺⒻⒼⒽⒾⒿⓀⓁ	0	['ʌpʃɔt]	n. 结果
denouement	ⒶⒷⒸⒹⒺⒻⒼⒽⒾⒿⓀⓁ	0	[deinu:'mɔŋ]	n. 结局，结果
agglomeration	ⒶⒷⒸⒹⒺⒻⒼⒽⒾⒿⓀⓁ	0	[ə,glɔmə'reiʃən]	n. 结块，凝聚，块
epilogue	ⒶⒷⒸⒹⒺⒻⒼⒽⒾⒿⓀⓁ	0	['epilɔg]	n. 结尾，收场白
liberator	ⒶⒷⒸⒹⒺⒻⒼⒽⒾⒿⓀⓁ	0	['libə,reitə]	n. 解放者，释放者
dissection	ⒶⒷⒸⒹⒺⒻⒼⒽⒾⒿⓀⓁ	0	[di'sekʃən]	n. 解剖，仔细分析
subterfuge	ⒶⒷⒸⒹⒺⒻⒼⒽⒾⒿⓀⓁ	0	['sʌbtəfju:dʒ]	n. 借口，托辞
bullion	ⒶⒷⒸⒹⒺⒻⒼⒽⒾⒿⓀⓁ	0	['buliən]	n. 金块，银块，金银丝花边
celibate	ⒶⒷⒸⒹⒺⒻⒼⒽⒾⒿⓀⓁ	0	['selibit]	n. 禁欲的人，独身者
cameo	ⒶⒷⒸⒹⒺⒻⒼⒽⒾⒿⓀⓁ	0	['kæmiəu]	n. 精彩片段，小品，浮雕宝石
quintessence	ⒶⒷⒸⒹⒺⒻⒼⒽⒾⒿⓀⓁ	0	[kwin'tesns]	n. 精萃，精华，典范
delirium	ⒶⒷⒸⒹⒺⒻⒼⒽⒾⒿⓀⓁ	0	[di'liriəm]	n. 精神错乱，发狂
elaboration	ⒶⒷⒸⒹⒺⒻⒼⒽⒾⒿⓀⓁ	0	[iˌlæbə'reiʃən]	n. 精致，详细阐述
vigilance	ⒶⒷⒸⒹⒺⒻⒼⒽⒾⒿⓀⓁ	0	['vidʒiləns]	n. 警戒，警惕
cordon	ⒶⒷⒸⒹⒺⒻⒼⒽⒾⒿⓀⓁ	0	['kɔ:dən]	n. 警戒线
epigram	ⒶⒷⒸⒹⒺⒻⒼⒽⒾⒿⓀⓁ	0	['epigræm]	n. 警句，讽刺短诗
homage	ⒶⒷⒸⒹⒺⒻⒼⒽⒾⒿⓀⓁ	0	['hɔmidʒ]	n. 敬意，臣服
blare	ⒶⒷⒸⒹⒺⒻⒼⒽⒾⒿⓀⓁ	0	[bleə]	n. 巨响，吼叫声
libretto	ⒶⒷⒸⒹⒺⒻⒼⒽⒾⒿⓀⓁ	0	[li'bretəu]	n. 剧本，歌词
ennui	ⒶⒷⒸⒹⒺⒻⒼⒽⒾⒿⓀⓁ	0	['ɔnwi:]	n. 倦怠，厌倦
badinage	ⒶⒷⒸⒹⒺⒻⒼⒽⒾⒿⓀⓁ	0	['bædina:ʒ]	n. 开玩笑，打趣
grill	ⒶⒷⒸⒹⒺⒻⒼⒽⒾⒿⓀⓁ	0	[gril]	n. 烤架 v. 拷问，烧烤
exigency	ⒶⒷⒸⒹⒺⒻⒼⒽⒾⒿⓀⓁ	0	['eksidʒənsi]	n. 苛求，紧急，紧急事件
indentation	ⒶⒷⒸⒹⒺⒻⒼⒽⒾⒿⓀⓁ	0	[ˌinden'teiʃən]	n. 刻痕，缩进，凹进处
acrophobia	ⒶⒷⒸⒹⒺⒻⒼⒽⒾⒿⓀⓁ	0	[ˌækrəu'fəubjə]	n. 恐高症
trepidation	ⒶⒷⒸⒹⒺⒻⒼⒽⒾⒿⓀⓁ	0	[trepi'deiʃən]	n. 恐惧
ventriloquist	ⒶⒷⒸⒹⒺⒻⒼⒽⒾⒿⓀⓁ	0	[ven'triləkwist]	n. 口技表演者
caliber	ⒶⒷⒸⒹⒺⒻⒼⒽⒾⒿⓀⓁ	0	['kælibə(r)]	n. 口径，才干
clasp	ⒶⒷⒸⒹⒺⒻⒼⒽⒾⒿⓀⓁ	0	[kla:sp]	n. 扣子，钩，紧握，抱住 v. 扣紧
drudgery	ⒶⒷⒸⒹⒺⒻⒼⒽⒾⒿⓀⓁ	0	['drʌdʒəri]	n. 苦差事，苦工
fanfare	ⒶⒷⒸⒹⒺⒻⒼⒽⒾⒿⓀⓁ	0	['fænfeə]	n. 夸耀，嘹亮的喇叭声
jollity	ⒶⒷⒸⒹⒺⒻⒼⒽⒾⒿⓀⓁ	0	['dʒɔliti]	n. 快乐，欢闹
felicity	ⒶⒷⒸⒹⒺⒻⒼⒽⒾⒿⓀⓁ	0	[fi'lisiti]	n. 快乐，幸福
gibberish	ⒶⒷⒸⒹⒺⒻⒼⒽⒾⒿⓀⓁ	0	['dʒibəriʃ;'gib-]	n. 快速而不清楚的言语，乱语

单词	标记	频率	读音	词义
breadth	ⒶⒷⒸⒹⒺⒻⒼⒽⒾⒿⓀⓁ	0	[bredθ]	n. 宽度，广泛
revelry	ⒶⒷⒸⒹⒺⒻⒼⒽⒾⒿⓀⓁ	0	['revlri]	n. 狂欢
hydrophobia	ⒶⒷⒸⒹⒺⒻⒼⒽⒾⒿⓀⓁ	0	[ˌhaidrəu'fəubjə]	n. 狂犬病，恐水病
fanaticism	ⒶⒷⒸⒹⒺⒻⒼⒽⒾⒿⓀⓁ	0	[fə'nætisizəm]	n. 狂热，盲信
ecstasy	ⒶⒷⒸⒹⒺⒻⒼⒽⒾⒿⓀⓁ	0	['ekstəsi]	n. 狂喜，入迷，忘形
voyeur	ⒶⒷⒸⒹⒺⒻⒼⒽⒾⒿⓀⓁ	0	[vwa:'jɜ:(r)]	n. 窥淫癖者
entomology	ⒶⒷⒸⒹⒺⒻⒼⒽⒾⒿⓀⓁ	0	[entəu'mɔlədʒi]	n. 昆虫学
quandary	ⒶⒷⒸⒹⒺⒻⒼⒽⒾⒿⓀⓁ	0	['kwɔndəri]	n. 困惑，窘境，进退两难
tarantula	ⒶⒷⒸⒹⒺⒻⒼⒽⒾⒿⓀⓁ	0	[tə'ræntjulə]	n. 狼蛛
optimist	ⒶⒷⒸⒹⒺⒻⒼⒽⒾⒿⓀⓁ	0	['ɔptimist]	n. 乐天派，乐观者
anthropoid	ⒶⒷⒸⒹⒺⒻⒼⒽⒾⒿⓀⓁ	0	['ænθrəpɔid]	n. 类人猿 a. 似人类的
recidivism	ⒶⒷⒸⒹⒺⒻⒼⒽⒾⒿⓀⓁ	0	[ri'sidivizəm]	n. 累犯
liaison	ⒶⒷⒸⒹⒺⒻⒼⒽⒾⒿⓀⓁ	0	[li(:)'eiza:n;-zən]	n. 联络，（语音）连音
trinket	ⒶⒷⒸⒹⒺⒻⒼⒽⒾⒿⓀⓁ	0	['triŋkit]	n. 廉价的小装饰品
alchemy	ⒶⒷⒸⒹⒺⒻⒼⒽⒾⒿⓀⓁ	0	['ælkimi]	n. 炼金术，魔力
shoddy	ⒶⒷⒸⒹⒺⒻⒼⒽⒾⒿⓀⓁ	0	['ʃɔdi]	n. 劣质品 a. 劣质的
martyr	ⒶⒷⒸⒹⒺⒻⒼⒽⒾⒿⓀⓁ	0	['ma:tə]	n. 烈士 v. 杀害，牺牲
hiatus	ⒶⒷⒸⒹⒺⒻⒼⒽⒾⒿⓀⓁ	0	[hai'eitəs]	n. 裂缝，空隙
rift	ⒶⒷⒸⒹⒺⒻⒼⒽⒾⒿⓀⓁ	0	[rift]	n. 裂口，切口 v. 裂开，劈开
breach	ⒶⒷⒸⒹⒺⒻⒼⒽⒾⒿⓀⓁ	0	[bri:tʃ]	n. 裂口，违背 v. 打破，突破
skinflint	ⒶⒷⒸⒹⒺⒻⒼⒽⒾⒿⓀⓁ	0	['skinflint]	n. 吝啬鬼
tightwad	ⒶⒷⒸⒹⒺⒻⒼⒽⒾⒿⓀⓁ	0	['taitwɔd]	n. 吝啬鬼
vagabond	ⒶⒷⒸⒹⒺⒻⒼⒽⒾⒿⓀⓁ	0	['vægəbənd;-ˌbɔnd]	n. 流浪汉 a. 流浪的
picaresque	ⒶⒷⒸⒹⒺⒻⒼⒽⒾⒿⓀⓁ	0	[ˌpikə'resk]	n. 流浪汉小说，流浪汉
fluency	ⒶⒷⒸⒹⒺⒻⒼⒽⒾⒿⓀⓁ	0	['fluənsi]	n. 流利，流畅，雄辩
flux	ⒶⒷⒸⒹⒺⒻⒼⒽⒾⒿⓀⓁ	0	[flʌks]	n. 流量，泛滥，变迁 v. 熔化
knave	ⒶⒷⒸⒹⒺⒻⒼⒽⒾⒿⓀⓁ	0	[neiv]	n. 流氓
gnarl	ⒶⒷⒸⒹⒺⒻⒼⒽⒾⒿⓀⓁ	0	[na:l]	n. 瘤，节 v. 咆哮
protuberance	ⒶⒷⒸⒹⒺⒻⒼⒽⒾⒿⓀⓁ	0	[prə'tju:bərəns]	n. 隆起，突出，结节，瘤
slag	ⒶⒷⒸⒹⒺⒻⒼⒽⒾⒿⓀⓁ	0	[slæg]	n. 炉渣，熔渣，矿渣 v. 使成渣
temerity	ⒶⒷⒸⒹⒺⒻⒼⒽⒾⒿⓀⓁ	0	[ti'meriti]	n. 鲁莽
indiscretion	ⒶⒷⒸⒹⒺⒻⒼⒽⒾⒿⓀⓁ	0	[ˌindis'kreʃən]	n. 鲁莽，轻率
barricade	ⒶⒷⒸⒹⒺⒻⒼⒽⒾⒿⓀⓁ	0	[ˌbæri'keid]	n. 路障，障碍 v. 设路障
bivouac	ⒶⒷⒸⒹⒺⒻⒼⒽⒾⒿⓀⓁ	0	['bivu:æk]	n. 露营，野营
depredation	ⒶⒷⒸⒹⒺⒻⒼⒽⒾⒿⓀⓁ	0	[depri'deiʃ(ə)n]	n. 掠夺，破坏
treatise	ⒶⒷⒸⒹⒺⒻⒼⒽⒾⒿⓀⓁ	0	['tri:tiz]	n. 论文，论述
laggard	ⒶⒷⒸⒹⒺⒻⒼⒽⒾⒿⓀⓁ	0	['lægəd]	n. 落后者 a. 缓慢的
itinerary	ⒶⒷⒸⒹⒺⒻⒼⒽⒾⒿⓀⓁ	0	[ai'tinərəri;i't-]	n. 旅程，游记 a. 巡回的，旅行的
patina	ⒶⒷⒸⒹⒺⒻⒼⒽⒾⒿⓀⓁ	0	['pætinə]	n. 绿锈，光亮的外表
colander	ⒶⒷⒸⒹⒺⒻⒼⒽⒾⒿⓀⓁ	0	['kʌləndə(r)]	n. 滤器，漏锅

单词	标记	频率	读音	词义
anesthetic	ⒶⒷⒸⒹⒺⒻⒼⒽⒾⒿⓀⓁ	0	[ˌænis'θetik]	n. 麻醉剂，麻药 a. 麻醉的
equine	ⒶⒷⒸⒹⒺⒻⒼⒽⒾⒿⓀⓁ	0	['i:kwain;'ek-]	n. 马 a. 马的
sycophant	ⒶⒷⒸⒹⒺⒻⒼⒽⒾⒿⓀⓁ	0	['sikəfənt]	n. 马屁精
mosaic	ⒶⒷⒸⒹⒺⒻⒼⒽⒾⒿⓀⓁ	0	[mɔ'zeiik]	n. 马赛克，镶嵌图案
quay	ⒶⒷⒸⒹⒺⒻⒼⒽⒾⒿⓀⓁ	0	[ki:]	n. 码头
interment	ⒶⒷⒸⒹⒺⒻⒼⒽⒾⒿⓀⓁ	0	[in'tə:mənt]	n. 埋葬，葬礼
coquette	ⒶⒷⒸⒹⒺⒻⒼⒽⒾⒿⓀⓁ	0	[kəu'ket]	n. 卖弄风情之女子
anchor	ⒶⒷⒸⒹⒺⒻⒼⒽⒾⒿⓀⓁ	0	['æŋkə]	n. 锚 v. 抛锚
effervescence	ⒶⒷⒸⒹⒺⒻⒼⒽⒾⒿⓀⓁ	0	[ˌefə:'vesəns]	n. 冒泡，沸腾，活泼
nicety	ⒶⒷⒸⒹⒺⒻⒼⒽⒾⒿⓀⓁ	0	['naisiti]	n. 美好，准确，精密，纤细
pulchritude	ⒶⒷⒸⒹⒺⒻⒼⒽⒾⒿⓀⓁ	0	['pʌlkritju:d]	n. 美丽，标致
gourmet	ⒶⒷⒸⒹⒺⒻⒼⒽⒾⒿⓀⓁ	0	['guəmei]	n. 美食家
epicure	ⒶⒷⒸⒹⒺⒻⒼⒽⒾⒿⓀⓁ	0	['epikjuə]	n. 美食家
somnambulist	ⒶⒷⒸⒹⒺⒻⒼⒽⒾⒿⓀⓁ	0	[sɔm'næmbjulist;səm-]	n. 梦游者，梦游症患者
labyrinth	ⒶⒷⒸⒹⒺⒻⒼⒽⒾⒿⓀⓁ	0	['læbərinθ]	n. 迷宫
cipher	ⒶⒷⒸⒹⒺⒻⒼⒽⒾⒿⓀⓁ	0	['saifə]	n. 密码，零，暗号
emissary	ⒶⒷⒸⒹⒺⒻⒼⒽⒾⒿⓀⓁ	0	['emisəri]	n. 密使，特使
remission	ⒶⒷⒸⒹⒺⒻⒼⒽⒾⒿⓀⓁ	0	[ri'miʃən]	n. 免除
deposition	ⒶⒷⒸⒹⒺⒻⒼⒽⒾⒿⓀⓁ	0	[ˌdepə'ziʃən;di:-]	n. 免职，沉积，宣誓作证
countenance	ⒶⒷⒸⒹⒺⒻⒼⒽⒾⒿⓀⓁ	0	['kauntinəns]	n. 面容，面部表情 v. 赞同，支持
witticism	ⒶⒷⒸⒹⒺⒻⒼⒽⒾⒿⓀⓁ	0	['witisizəm]	n. 妙语，俏皮话
quip	ⒶⒷⒸⒹⒺⒻⒼⒽⒾⒿⓀⓁ	0	[kwip]	n. 妙语，俏皮话，讽刺 v. 说俏皮话
ethos	ⒶⒷⒸⒹⒺⒻⒼⒽⒾⒿⓀⓁ	0	['i:θɔs]	n. 民族精神，道德风貌
celerity	ⒶⒷⒸⒹⒺⒻⒼⒽⒾⒿⓀⓁ	0	[si'leriti]	n. 敏捷，快速
acuity	ⒶⒷⒸⒹⒺⒻⒼⒽⒾⒿⓀⓁ	0	[ə'kjuiti]	n. 敏锐，尖锐
appellation	ⒶⒷⒸⒹⒺⒻⒼⒽⒾⒿⓀⓁ	0	[ˌæpe'leiʃən]	n. 名称，称呼
repute	ⒶⒷⒸⒹⒺⒻⒼⒽⒾⒿⓀⓁ	0	[ri'pju:t]	n. 名誉，名声 v. 认为，以为
nomenclature	ⒶⒷⒸⒹⒺⒻⒼⒽⒾⒿⓀⓁ	0	[nəu'menklətʃə]	n. 命名法，术语
mimicry	ⒶⒷⒸⒹⒺⒻⒼⒽⒾⒿⓀⓁ	0	['mimikri]	n. 模仿
membrane	ⒶⒷⒸⒹⒺⒻⒼⒽⒾⒿⓀⓁ	0	['membrein]	n. 膜，隔膜
attrition	ⒶⒷⒸⒹⒺⒻⒼⒽⒾⒿⓀⓁ	0	[ə'triʃən]	n. 磨擦，磨损
mushroom	ⒶⒷⒸⒹⒺⒻⒼⒽⒾⒿⓀⓁ	0	['mʌʃrum]	n. 蘑菇
spatula	ⒶⒷⒸⒹⒺⒻⒼⒽⒾⒿⓀⓁ	0	['spætjulə]	n. 抹刀，小铲
epitaph	ⒶⒷⒸⒹⒺⒻⒼⒽⒾⒿⓀⓁ	0	['epita:f]	n. 墓志铭，碑文
anonymity	ⒶⒷⒸⒹⒺⒻⒼⒽⒾⒿⓀⓁ	0	[ˌænə'nimiti]	n. 匿名
annals	ⒶⒷⒸⒹⒺⒻⒼⒽⒾⒿⓀⓁ	0	['ænlz]	n. 年报，编年史，年鉴
annuity	ⒶⒷⒸⒹⒺⒻⒼⒽⒾⒿⓀⓁ	0	[ə'nju(:)iti]	n. 年金，养老金，年金享受权
reprise	ⒶⒷⒸⒹⒺⒻⒼⒽⒾⒿⓀⓁ	0	[ri'praiz]	n. 年金，再发生 v. 重复
ornithology	ⒶⒷⒸⒹⒺⒻⒼⒽⒾⒿⓀⓁ	0	[ˌɔ:ni'θɔlədʒi;-nai-]	n. 鸟类学，鸟学论文
ornithologist	ⒶⒷⒸⒹⒺⒻⒼⒽⒾⒿⓀⓁ	0	[ˌɔ:ni'θɔlədʒist]	n. 鸟类学者

单词	标记	频率	读音	词义
Nemesis	ⒶⒷⒸⒹⒺⒻⒼⒽⒾⒿⓀⓁ	0	[ni'misis]	n. 涅莫西斯（复仇女神）
nirvana	ⒶⒷⒸⒹⒺⒻⒼⒽⒾⒿⓀⓁ	0	[niə'va:nə;nə:'v-]	n. 涅槃
serenity	ⒶⒷⒸⒹⒺⒻⒼⒽⒾⒿⓀⓁ	0	[si'reniti]	n. 宁静，平静
cohesion	ⒶⒷⒸⒹⒺⒻⒼⒽⒾⒿⓀⓁ	0	[kəu'hi:ʒən]	n. 凝聚力，结合，内聚力
gadfly	ⒶⒷⒸⒹⒺⒻⒼⒽⒾⒿⓀⓁ	0	['gædflai]	n. 牛蝇，讨厌的人
servitude	ⒶⒷⒸⒹⒺⒻⒼⒽⒾⒿⓀⓁ	0	['sə:vitju:d]	n. 奴役，束缚
matriarch	ⒶⒷⒸⒹⒺⒻⒼⒽⒾⒿⓀⓁ	0	['meitria:k]	n. 女家长，女族长
idolatry	ⒶⒷⒸⒹⒺⒻⒼⒽⒾⒿⓀⓁ	0	[ai'dɔlətri]	n. 偶像崇拜，过度崇拜，邪神崇拜
behemoth	ⒶⒷⒸⒹⒺⒻⒼⒽⒾⒿⓀⓁ	0	[bi'hi:mɔθ]	n. 庞然大物，巨兽
bombardment	ⒶⒷⒸⒹⒺⒻⒼⒽⒾⒿⓀⓁ	0	[bɔm'ba:dmənt]	n. 炮击，轰击
approbation	ⒶⒷⒸⒹⒺⒻⒼⒽⒾⒿⓀⓁ	0	[ˌæprə'beiʃən]	n. 批准，认可
dermatologist	ⒶⒷⒸⒹⒺⒻⒼⒽⒾⒿⓀⓁ	0	[ˌdə:mə'tɔlədʒist]	n. 皮肤学者，皮肤科医生
curmudgeon	ⒶⒷⒸⒹⒺⒻⒼⒽⒾⒿⓀⓁ	0	[kə:'mʌdʒən]	n. 脾气暴躁的人
partiality	ⒶⒷⒸⒹⒺⒻⒼⒽⒾⒿⓀⓁ	0	[ˌpa:ʃi'æliti]	n. 偏爱
bias	ⒶⒷⒸⒹⒺⒻⒼⒽⒾⒿⓀⓁ	0	['baiəs]	n. 偏见 v. 抱有偏见
hermitage	ⒶⒷⒸⒹⒺⒻⒼⒽⒾⒿⓀⓁ	0	['hə:mitidʒ]	n. 偏僻的寺院
paranoia	ⒶⒷⒸⒹⒺⒻⒼⒽⒾⒿⓀⓁ	0	[ˌpærə'nɔiə]	n. 偏执狂，妄想狂
canto	ⒶⒷⒸⒹⒺⒻⒼⒽⒾⒿⓀⓁ	0	['kæntəu]	n. 篇，曲调
swindler	ⒶⒷⒸⒹⒺⒻⒼⒽⒾⒿⓀⓁ	0	['swindlə(r)]	n. 骗子
collage	ⒶⒷⒸⒹⒺⒻⒼⒽⒾⒿⓀⓁ	0	[kə'la:ʒ]	n. 拼贴画，大杂烩
penury	ⒶⒷⒸⒹⒺⒻⒼⒽⒾⒿⓀⓁ	0	['penjuri;-juəri]	n. 贫困，贫穷
privation	ⒶⒷⒸⒹⒺⒻⒼⒽⒾⒿⓀⓁ	0	[prai'veiʃən]	n. 贫困，丧失
anemia	ⒶⒷⒸⒹⒺⒻⒼⒽⒾⒿⓀⓁ	0	[ə'ni:miə]	n. 贫血，贫血症
bungalow	ⒶⒷⒸⒹⒺⒻⒼⒽⒾⒿⓀⓁ	0	['bʌŋgələu]	n. 平房
parallelism	ⒶⒷⒸⒹⒺⒻⒼⒽⒾⒿⓀⓁ	0	['pærəlelizəm]	n. 平行，相似
quietude	ⒶⒷⒸⒹⒺⒻⒼⒽⒾⒿⓀⓁ	0	['kwaiətju:d]	n. 平静，寂静
laceration	ⒶⒷⒸⒹⒺⒻⒼⒽⒾⒿⓀⓁ	0	[ˌlæsə'reiʃən]	n. 破口
proletarian	ⒶⒷⒸⒹⒺⒻⒼⒽⒾⒿⓀⓁ	0	[ˌprəule'teəriən]	n. 普罗，无产者 a. 普罗的
rider	ⒶⒷⒸⒹⒺⒻⒼⒽⒾⒿⓀⓁ	0	['raidə]	n. 骑手，附件，扶手
mendicant	ⒶⒷⒸⒹⒺⒻⒼⒽⒾⒿⓀⓁ	0	['mendikənt]	n. 乞丐 a. 乞丐的
insurrection	ⒶⒷⒸⒹⒺⒻⒼⒽⒾⒿⓀⓁ	0	[ˌinsə'rekʃən]	n. 起义
verve	ⒶⒷⒸⒹⒺⒻⒼⒽⒾⒿⓀⓁ	0	[veəv;və:v]	n. 气魄，神韵，活力，热情
smell	ⒶⒷⒸⒹⒺⒻⒼⒽⒾⒿⓀⓁ	0	[smel]	n. 气味 v. 嗅，闻
indenture	ⒶⒷⒸⒹⒺⒻⒼⒽⒾⒿⓀⓁ	0	[in'dentʃə]	n. 契约，合同，凹痕 v. 以契约束缚
pact	ⒶⒷⒸⒹⒺⒻⒼⒽⒾⒿⓀⓁ	0	[pækt]	n. 契约，协定，合同
vanguard	ⒶⒷⒸⒹⒺⒻⒼⒽⒾⒿⓀⓁ	0	['vænga:d]	n. 前锋，先锋，领导者
portent	ⒶⒷⒸⒹⒺⒻⒼⒽⒾⒿⓀⓁ	0	['pɔ:tənt]	n. 前兆，恶兆，异常之物
purse	ⒶⒷⒸⒹⒺⒻⒼⒽⒾⒿⓀⓁ	0	[pə:s]	n. 钱包
numismatist	ⒶⒷⒸⒹⒺⒻⒼⒽⒾⒿⓀⓁ	0	[nju:'mizmətist]	n. 钱币奖章收藏家
anathema	ⒶⒷⒸⒹⒺⒻⒼⒽⒾⒿⓀⓁ	0	[ə'næθimə]	n. 强烈谴责，诅咒，逐出教门

单词	标记	频率	读音	词义
duress	ⒶⒷⒸⒹⒺⒻⒼⒽⒾⒿⓀⓁ	0	[djuə'res]	n. 强迫，监禁
brawn	ⒶⒷⒸⒹⒺⒻⒼⒽⒾⒿⓀⓁ	0	[brɔ:n]	n. 强壮的肌肉
percussion	ⒶⒷⒸⒹⒺⒻⒼⒽⒾⒿⓀⓁ	0	[pə:'kʌʃən]	n. 敲打，打击乐器
incursion	ⒶⒷⒸⒹⒺⒻⒼⒽⒾⒿⓀⓁ	0	[in'kə:ʃən]	n. 侵犯，入侵
aggressor	ⒶⒷⒸⒹⒺⒻⒼⒽⒾⒿⓀⓁ	0	[ə'gresə(r)]	n. 侵略者，攻击者
endearment	ⒶⒷⒸⒹⒺⒻⒼⒽⒾⒿⓀⓁ	0	[in'diəmənt]	n. 亲爱，钟爱
geniality	ⒶⒷⒸⒹⒺⒻⒼⒽⒾⒿⓀⓁ	0	[ˌdʒi:ni'æliti]	n. 亲切
impudence	ⒶⒷⒸⒹⒺⒻⒼⒽⒾⒿⓀⓁ	0	['impjudəns]	n. 轻率，厚颜无耻
levity	ⒶⒷⒸⒹⒺⒻⒼⒽⒾⒿⓀⓁ	0	['leviti]	n. 轻率，轻浮，易变
peccadillo	ⒶⒷⒸⒹⒺⒻⒼⒽⒾⒿⓀⓁ	0	[pekə'diləu]	n. 轻罪，小过失
proclivity	ⒶⒷⒸⒹⒺⒻⒼⒽⒾⒿⓀⓁ	0	[prə'kliviti]	n. 倾向，癖好
declivity	ⒶⒷⒸⒹⒺⒻⒼⒽⒾⒿⓀⓁ	0	[di'kliviti]	n. 倾斜，下坡
detergent	ⒶⒷⒸⒹⒺⒻⒼⒽⒾⒿⓀⓁ	0	[di'tə:dʒənt]	n. 清洁剂
ablution	ⒶⒷⒸⒹⒺⒻⒼⒽⒾⒿⓀⓁ	0	[ə'blu:ʃən]	n. 清洗
recourse	ⒶⒷⒸⒹⒺⒻⒼⒽⒾⒿⓀⓁ	0	[ri'kɔ:s]	n. 求助，依赖
rotundity	ⒶⒷⒸⒹⒺⒻⒼⒽⒾⒿⓀⓁ	0	[rəu'tʌnditi]	n. 球状，圆形
torso	ⒶⒷⒸⒹⒺⒻⒼⒽⒾⒿⓀⓁ	0	['tɔ:səu]	n. 躯干
trap	ⒶⒷⒸⒹⒺⒻⒼⒽⒾⒿⓀⓁ	0	[træp]	n. 圈套，陷阱，困境 v. 设圈套
entitlement	ⒶⒷⒸⒹⒺⒻⒼⒽⒾⒿⓀⓁ	0	[in'taitlmənt]	n. 权力，津贴
gamut	ⒶⒷⒸⒹⒺⒻⒼⒽⒾⒿⓀⓁ	0	['gæmət]	n. 全部，全范围
heyday	ⒶⒷⒸⒹⒺⒻⒼⒽⒾⒿⓀⓁ	0	['heidei]	n. 全盛时期
pugilist	ⒶⒷⒸⒹⒺⒻⒼⒽⒾⒿⓀⓁ	0	['pju:dʒilist]	n. 拳击手
defection	ⒶⒷⒸⒹⒺⒻⒼⒽⒾⒿⓀⓁ	0	[di'fekʃən]	n. 缺点，背信，背叛，变节
ovation	ⒶⒷⒸⒹⒺⒻⒼⒽⒾⒿⓀⓁ	0	[əu'veiʃən]	n. 热烈欢迎，鼓掌
cognizance	ⒶⒷⒸⒹⒺⒻⒼⒽⒾⒿⓀⓁ	0	['kɔgnizəns]	n. 认识，审理，认定
ordination	ⒶⒷⒸⒹⒺⒻⒼⒽⒾⒿⓀⓁ	0	[ˌɔ:di'neiʃən]	n. 任命，神职授任
nepotism	ⒶⒷⒸⒹⒺⒻⒼⒽⒾⒿⓀⓁ	0	['nepətizəm]	n. 任人唯亲
yen	ⒶⒷⒸⒹⒺⒻⒼⒽⒾⒿⓀⓁ	0	[jen]	n. 日元，渴望
eclipse	ⒶⒷⒸⒹⒺⒻⒼⒽⒾⒿⓀⓁ	0	[i'klips]	n. 日月食，没落 v. 形成日月食
kudos	ⒶⒷⒸⒹⒺⒻⒼⒽⒾⒿⓀⓁ	0	['kudas]	n. 荣誉，名望，称赞
fusion	ⒶⒷⒸⒹⒺⒻⒼⒽⒾⒿⓀⓁ	0	['fju:ʒən]	n. 熔化，融合，核聚变
prolixity	ⒶⒷⒸⒹⒺⒻⒼⒽⒾⒿⓀⓁ	0	[prəu'liksəti]	n. 冗长，啰嗦
suavity	ⒶⒷⒸⒹⒺⒻⒼⒽⒾⒿⓀⓁ	0	['swævəti]	n. 柔和，愉快，温和
invective	ⒶⒷⒸⒹⒺⒻⒼⒽⒾⒿⓀⓁ	0	[in'vektiv]	n. 辱骂 a. 辱骂的
emollient	ⒶⒷⒸⒹⒺⒻⒼⒽⒾⒿⓀⓁ	0	[i'mɔliənt]	n. 润肤剂，软化剂，缓和剂
astigmatism	ⒶⒷⒸⒹⒺⒻⒼⒽⒾⒿⓀⓁ	0	[æs'tigmətizəm]	n. 散光
killjoy	ⒶⒷⒸⒹⒺⒻⒼⒽⒾⒿⓀⓁ	0	['kildʒɔi]	n. 扫兴的人，煞风景
acerbity	ⒶⒷⒸⒹⒺⒻⒼⒽⒾⒿⓀⓁ	0	[ə'sə:biti]	n. 涩，酸，刻薄
monastic	ⒶⒷⒸⒹⒺⒻⒼⒽⒾⒿⓀⓁ	0	[mə'næstik]	n. 僧侣，修道士
antiseptic	ⒶⒷⒸⒹⒺⒻⒼⒽⒾⒿⓀⓁ	0	[ˌænti'septik]	n. 杀菌剂，防腐剂 a. 杀菌的，防腐的

单词	标记	频率	读音	词义
jingoist	ⒶⒷⒸⒹⒺⒻⒼⒽⒾⒿⓀⓁ	0	[dʒiŋgə'uist]	n. 沙文主义者，侵略主义者
sedition	ⒶⒷⒸⒹⒺⒻⒼⒽⒾⒿⓀⓁ	0	[si'diʃən]	n. 煽动叛乱的言行
sentinel	ⒶⒷⒸⒹⒺⒻⒼⒽⒾⒿⓀⓁ	0	['sentinl]	n. 哨兵
chasm	ⒶⒷⒸⒹⒺⒻⒼⒽⒾⒿⓀⓁ	0	['kæzəm]	n. 深坑，裂口
theocracy	ⒶⒷⒸⒹⒺⒻⒼⒽⒾⒿⓀⓁ	0	[θi'ɔkrəsi]	n. 神权政治，神政，神治国
seminary	ⒶⒷⒸⒹⒺⒻⒼⒽⒾⒿⓀⓁ	0	['seminəri]	n. 神学院，学校，学院，发源地
ecclesiastic	ⒶⒷⒸⒹⒺⒻⒼⒽⒾⒿⓀⓁ	0	[i,kli:zi'æstik]	n. 神职人员 a. 传教士的
notoriety	ⒶⒷⒸⒹⒺⒻⒼⒽⒾⒿⓀⓁ	0	[,nətə'raiəti]	n. 声名狼藉，臭名昭著
insomnia	ⒶⒷⒸⒹⒺⒻⒼⒽⒾⒿⓀⓁ	0	[in'sɔmniə]	n. 失眠，失眠症
aphasia	ⒶⒷⒸⒹⒺⒻⒼⒽⒾⒿⓀⓁ	0	[æ'feizjə]	n. 失语症
vogue	ⒶⒷⒸⒹⒺⒻⒼⒽⒾⒿⓀⓁ	0	[vəug]	n. 时尚，流行
larder	ⒶⒷⒸⒹⒺⒻⒼⒽⒾⒿⓀⓁ	0	['la:də]	n. 食品储藏室，食品柜
casualty	ⒶⒷⒸⒹⒺⒻⒼⒽⒾⒿⓀⓁ	0	['kæʒjuəlti]	n. 事故，受害者，伤亡者
touchstone	ⒶⒷⒸⒹⒺⒻⒼⒽⒾⒿⓀⓁ	0	['tʌtʃstəun]	n. 试金石，标准
propriety	ⒶⒷⒸⒹⒺⒻⒼⒽⒾⒿⓀⓁ	0	[prə'praiəti]	n. 适当，得体，礼节
amenity	ⒶⒷⒸⒹⒺⒻⒼⒽⒾⒿⓀⓁ	0	[ə'mi:niti]	n. 适意，温和，礼仪
reaper	ⒶⒷⒸⒹⒺⒻⒼⒽⒾⒿⓀⓁ	0	['ri:pə]	n. 收割者，收割机
shackle	ⒶⒷⒸⒹⒺⒻⒼⒽⒾⒿⓀⓁ	0	['ʃækl]	n. 手铐，脚镣 v. 束缚
holster	ⒶⒷⒸⒹⒺⒻⒼⒽⒾⒿⓀⓁ	0	['həulstə]	n. 手枪用的皮套
sap	ⒶⒷⒸⒹⒺⒻⒼⒽⒾⒿⓀⓁ	0	[sæp]	n. 树液，精力 v. 耗尽
decrepitude	ⒶⒷⒸⒹⒺⒻⒼⒽⒾⒿⓀⓁ	0	[di'krepitju:d]	n. 衰老，老朽，老耄
cistern	ⒶⒷⒸⒹⒺⒻⒼⒽⒾⒿⓀⓁ	0	['sistən]	n. 水塔，蓄水池
deference	ⒶⒷⒸⒹⒺⒻⒼⒽⒾⒿⓀⓁ	0	['defərəns]	n. 顺从，尊重
caption	ⒶⒷⒸⒹⒺⒻⒼⒽⒾⒿⓀⓁ	0	['kæpʃən]	n. 说明，字幕，标题
cadaver	ⒶⒷⒸⒹⒺⒻⒼⒽⒾⒿⓀⓁ	0	[kə'deivə;-'dæ-]	n. 死尸，尸体
deadlock	ⒶⒷⒸⒹⒺⒻⒼⒽⒾⒿⓀⓁ	0	['dedlɔk]	n. 死锁，僵局
quadruped	ⒶⒷⒸⒹⒺⒻⒼⒽⒾⒿⓀⓁ	0	['kwɔdruped]	n. 四足动物
panegyric	ⒶⒷⒸⒹⒺⒻⒼⒽⒾⒿⓀⓁ	0	[,pæni'dʒirik]	n. 颂词，推崇备至
philistine	ⒶⒷⒸⒹⒺⒻⒼⒽⒾⒿⓀⓁ	0	['filistain]	n. 俗气的人 a. 俗气的
litigation	ⒶⒷⒸⒹⒺⒻⒼⒽⒾⒿⓀⓁ	0	[,liti'geiʃən]	n. 诉讼，起诉
retinue	ⒶⒷⒸⒹⒺⒻⒼⒽⒾⒿⓀⓁ	0	['retinju:]	n. 随行人员
paraphernalia	ⒶⒷⒸⒹⒺⒻⒼⒽⒾⒿⓀⓁ	0	[,pærəfə'neiljə;-liə]	n. 随身用具
rubble	ⒶⒷⒸⒹⒺⒻⒼⒽⒾⒿⓀⓁ	0	['rʌbl]	n. 碎石，瓦砾
index	ⒶⒷⒸⒹⒺⒻⒼⒽⒾⒿⓀⓁ	0	['indeks]	n. 索引，指数
dais	ⒶⒷⒸⒹⒺⒻⒼⒽⒾⒿⓀⓁ	0	['deiis]	n. 台，讲台
typhoon	ⒶⒷⒸⒹⒺⒻⒼⒽⒾⒿⓀⓁ	0	[tai'fu:n]	n. 台风
tundra	ⒶⒷⒸⒹⒺⒻⒼⒽⒾⒿⓀⓁ	0	['tʌndrə]	n. 苔原，冻土地带
glutton	ⒶⒷⒸⒹⒺⒻⒼⒽⒾⒿⓀⓁ	0	['glʌtn]	n. 贪吃者
cupidity	ⒶⒷⒸⒹⒺⒻⒼⒽⒾⒿⓀⓁ	0	[kju(:)'piditi]	n. 贪心，贪婪
decollete	ⒶⒷⒸⒹⒺⒻⒼⒽⒾⒿⓀⓁ	0	[di'kɔltei;dikɔl'tei]	n. 袒胸女装

单词	标记	频率	读音	词义
saccharine	ⒶⒷⒸⒹⒺⒻⒼⒽⒾⒿⓀⓁ	0	['sækərain;'sækəri:n]	n. 糖精 a. 矫情造作的
escapism	ⒶⒷⒸⒹⒺⒻⒼⒽⒾⒿⓀⓁ	0	[is'keipizəm]	n. 逃避现实，空想
forte	ⒶⒷⒸⒹⒺⒻⒼⒽⒾⒿⓀⓁ	0	[fɔ:t]	n. 特长，优点
idiosyncrasy	ⒶⒷⒸⒹⒺⒻⒼⒽⒾⒿⓀⓁ	0	[ˌidiə'siŋkrəsi]	n. 特质，特性
stamina	ⒶⒷⒸⒹⒺⒻⒼⒽⒾⒿⓀⓁ	0	['stæminə]	n. 体力，耐力
dormer	ⒶⒷⒸⒹⒺⒻⒼⒽⒾⒿⓀⓁ	0	['dɔ:mə]	n. 天窗
azure	ⒶⒷⒸⒹⒺⒻⒼⒽⒾⒿⓀⓁ	0	['æʒə]	n. 天蓝色，碧空 a. 蔚蓝的
catholic	ⒶⒷⒸⒹⒺⒻⒼⒽⒾⒿⓀⓁ	0	['kæθəlik]	n. 天主教徒 a. 普遍的
cessation	ⒶⒷⒸⒹⒺⒻⒼⒽⒾⒿⓀⓁ	0	[sə'seiʃən]	n. 停止，中止
vent	ⒶⒷⒸⒹⒺⒻⒼⒽⒾⒿⓀⓁ	0	[vent]	n. 通风口，火山口 v. 发泄，排出
coterie	ⒶⒷⒸⒹⒺⒻⒼⒽⒾⒿⓀⓁ	0	['kəutəri]	n. 同行，圈内人，伙伴
accomplice	ⒶⒷⒸⒹⒺⒻⒼⒽⒾⒿⓀⓁ	0	[ə'kɔmplis]	n. 同谋者，帮凶
tautology	ⒶⒷⒸⒹⒺⒻⒼⒽⒾⒿⓀⓁ	0	[tɔ:'tɔlədʒi]	n. 同义反复，重复
sluggard	ⒶⒷⒸⒹⒺⒻⒼⒽⒾⒿⓀⓁ	0	['slʌgəd]	n. 偷懒者，游手好闲的人
alliteration	ⒶⒷⒸⒹⒺⒻⒼⒽⒾⒿⓀⓁ	0	[əˌlitə'reiʃən]	n. 头韵
convex	ⒶⒷⒸⒹⒺⒻⒼⒽⒾⒿⓀⓁ	0	['kɔn'veks]	n. 凸面 a. 凸出的
ejaculation	ⒶⒷⒸⒹⒺⒻⒼⒽⒾⒿⓀⓁ	0	[iˌdʒækju'leiʃən]	n. 突然说出，射精，射出
repulsion	ⒶⒷⒸⒹⒺⒻⒼⒽⒾⒿⓀⓁ	0	[ri'pʌlʃən]	n. 推斥，排斥，严拒，厌恶，反驳
impetus	ⒶⒷⒸⒹⒺⒻⒼⒽⒾⒿⓀⓁ	0	['impitəs]	n. 推动力，刺激，刺激物
propellant	ⒶⒷⒸⒹⒺⒻⒼⒽⒾⒿⓀⓁ	0	[prə'pelənt]	n. 推进物，发射火药
ratiocination	ⒶⒷⒸⒹⒺⒻⒼⒽⒾⒿⓀⓁ	0	[ˌrætiɔsi'neiʃən;ˌræʃi-]	n. 推理，推论
decadence	ⒶⒷⒸⒹⒺⒻⒼⒽⒾⒿⓀⓁ	0	['dekədəns]	n. 颓废
arrears	ⒶⒷⒸⒹⒺⒻⒼⒽⒾⒿⓀⓁ	0	[ə'riəz]]	n. 拖欠
secession	ⒶⒷⒸⒹⒺⒻⒼⒽⒾⒿⓀⓁ	0	[si'seʃən]	n. 脱离
guise	ⒶⒷⒸⒹⒺⒻⒼⒽⒾⒿⓀⓁ	0	[gaiz]	n. 外表，伪装
egress	ⒶⒷⒸⒹⒺⒻⒼⒽⒾⒿⓀⓁ	0	['i:gres]	n. 外出，出口
extrapolation	ⒶⒷⒸⒹⒺⒻⒼⒽⒾⒿⓀⓁ	0	[ˌekstrəpəu'leiʃən]	n. 外推法，推论
periphery	ⒶⒷⒸⒹⒺⒻⒼⒽⒾⒿⓀⓁ	0	[pə'rifəri]	n. 外围，边缘
kaleidoscope	ⒶⒷⒸⒹⒺⒻⒼⒽⒾⒿⓀⓁ	0	[kə'laidəskəup]	n. 万花筒，千变万化
panacea	ⒶⒷⒸⒹⒺⒻⒼⒽⒾⒿⓀⓁ	0	[ˌpænə'siə]	n. 万灵药
yore	ⒶⒷⒸⒹⒺⒻⒼⒽⒾⒿⓀⓁ	0	[jɔ:ˌjɔə]	n. 往昔
ingrate	ⒶⒷⒸⒹⒺⒻⒼⒽⒾⒿⓀⓁ	0	[in'greit]	n. 忘恩负义的人
deterrent	ⒶⒷⒸⒹⒺⒻⒼⒽⒾⒿⓀⓁ	0	[di'tə:rənt]	n. 威慑物 a. 威慑的
zephyr	ⒶⒷⒸⒹⒺⒻⒼⒽⒾⒿⓀⓁ	0	['zefə]	n. 微风
shimmer	ⒶⒷⒸⒹⒺⒻⒼⒽⒾⒿⓀⓁ	0	['ʃimə]	n. 微光 v. 发微光
blas	ⒶⒷⒸⒹⒺⒻⒼⒽⒾⒿⓀⓁ	0	[bla:s]	n. 微型栅极干电池
perjury	ⒶⒷⒸⒹⒺⒻⒼⒽⒾⒿⓀⓁ	0	['pə:dʒəri]	n. 伪誓，伪证
savor	ⒶⒷⒸⒹⒺⒻⒼⒽⒾⒿⓀⓁ	0	['seivə]	n. 味道，风味，气味
clemency	ⒶⒷⒸⒹⒺⒻⒼⒽⒾⒿⓀⓁ	0	['klemənsi]	n. 温和，仁慈，和蔼
catechism	ⒶⒷⒸⒹⒺⒻⒼⒽⒾⒿⓀⓁ	0	['kætikizəm]	n. 问答教学法，教义问答集

单词	标记	频率	读音	词义
utopia	ⒶⒷⒸⒹⒺⒻⒼⒽⒾⒿⓀⓁ	0	[ju:'təupjə;-piə]	n. 乌托邦，理想国
necromancy	ⒶⒷⒸⒹⒺⒻⒼⒽⒾⒿⓀⓁ	0	['nekrəumænsi]	n. 巫术
wizardry	ⒶⒷⒸⒹⒺⒻⒼⒽⒾⒿⓀⓁ	0	['wizədri]	n. 巫术
waif	ⒶⒷⒸⒹⒺⒻⒼⒽⒾⒿⓀⓁ	0	[weif]	n. 无家可归的人或动物
scamp	ⒶⒷⒸⒹⒺⒻⒼⒽⒾⒿⓀⓁ	0	[skæmp]	n. 无赖，调皮家伙 v. 草率地做
limerick	ⒶⒷⒸⒹⒺⒻⒼⒽⒾⒿⓀⓁ	0	['limərik]	n. 五行打油诗
ignominy	ⒶⒷⒸⒹⒺⒻⒼⒽⒾⒿⓀⓁ	0	['ignəmini]	n. 侮辱，无耻行为
indignity	ⒶⒷⒸⒹⒺⒻⒼⒽⒾⒿⓀⓁ	0	[in'digniti]	n. 侮辱，无礼举动
misapprehension	ⒶⒷⒸⒹⒺⒻⒼⒽⒾⒿⓀⓁ	0	[misæpri'henʃ(ə)n]	n. 误解
gruel	ⒶⒷⒸⒹⒺⒻⒼⒽⒾⒿⓀⓁ	0	[gruəl;gruil]	n. 稀粥
fancy	ⒶⒷⒸⒹⒺⒻⒼⒽⒾⒿⓀⓁ	0	['fænsi]	n. 喜爱，想象力 a. 华丽的
moodiness	ⒶⒷⒸⒹⒺⒻⒼⒽⒾⒿⓀⓁ	0	['mu:dinis]	n. 喜怒无常，忧郁
legerdemain	ⒶⒷⒸⒹⒺⒻⒼⒽⒾⒿⓀⓁ	0	[ˌledʒədə'mein]	n. 戏法，骗术
genealogy	ⒶⒷⒸⒹⒺⒻⒼⒽⒾⒿⓀⓁ	0	[ˌdʒi:ni'ælədʒi]	n. 系谱，宗谱，家谱
minutia	ⒶⒷⒸⒹⒺⒻⒼⒽⒾⒿⓀⓁ	0	[mai'nju:ʃiə]	n. 细节，琐事，细目
prelude	ⒶⒷⒸⒹⒺⒻⒼⒽⒾⒿⓀⓁ	0	['prelju:d]	n. 先驱，前奏，序幕
phenomenon	ⒶⒷⒸⒹⒺⒻⒼⒽⒾⒿⓀⓁ	0	[fi'nɔminən]	n. 现象，奇迹，奇才
parity	ⒶⒷⒸⒹⒺⒻⒼⒽⒾⒿⓀⓁ	0	['pæriti]	n. 相等，等值，势均力敌
responsiveness	ⒶⒷⒸⒹⒺⒻⒼⒽⒾⒿⓀⓁ	0	[ri'spɔnsivnis]	n. 相应能力，有同情心
fruition	ⒶⒷⒸⒹⒺⒻⒼⒽⒾⒿⓀⓁ	0	[fru(:)'iʃən]	n. 享用，结果实，成就，实现
clapper	ⒶⒷⒸⒹⒺⒻⒼⒽⒾⒿⓀⓁ	0	['klæpə]	n. 响板，拍手者
acclivity	ⒶⒷⒸⒹⒺⒻⒼⒽⒾⒿⓀⓁ	0	[ə'kliviti]	n. 向上的斜坡
effigy	ⒶⒷⒸⒹⒺⒻⒼⒽⒾⒿⓀⓁ	0	['efidʒi]	n. 肖像，雕像
brochure	ⒶⒷⒸⒹⒺⒻⒼⒽⒾⒿⓀⓁ	0	[brəu'ʃjuə]	n. 小册子
tract	ⒶⒷⒸⒹⒺⒻⒼⒽⒾⒿⓀⓁ	0	[trækt]	n. 小册子，大片土地
vignette	ⒶⒷⒸⒹⒺⒻⒼⒽⒾⒿⓀⓁ	0	[vi'njet]	n. 小插图，小品文，小插曲
skirmish	ⒶⒷⒸⒹⒺⒻⒼⒽⒾⒿⓀⓁ	0	['skə:miʃ]	n. 小冲突，小战斗
zany	ⒶⒷⒸⒹⒺⒻⒼⒽⒾⒿⓀⓁ	0	['zeini]	n. 小丑，丑角 a. 滑稽的，荒唐的
skiff	ⒶⒷⒸⒹⒺⒻⒼⒽⒾⒿⓀⓁ	0	[skif]	n. 小船
clique	ⒶⒷⒸⒹⒺⒻⒼⒽⒾⒿⓀⓁ	0	[kli:k]	n. 小集团，派系
junta	ⒶⒷⒸⒹⒺⒻⒼⒽⒾⒿⓀⓁ	0	['dʒʌntə]	n. 小集团，团体，派别
pinnacle	ⒶⒷⒸⒹⒺⒻⒼⒽⒾⒿⓀⓁ	0	['pinəkl]	n. 小尖塔，山顶，顶点
pore	ⒶⒷⒸⒹⒺⒻⒼⒽⒾⒿⓀⓁ	0	[pɔ:;pɔə]	n. 小孔，毛孔，气孔
facet	ⒶⒷⒸⒹⒺⒻⒼⒽⒾⒿⓀⓁ	0	['fæsit]	n. 小平面，方面，局部
cascade	ⒶⒷⒸⒹⒺⒻⒼⒽⒾⒿⓀⓁ	0	[kæs'keid]	n. 小瀑布，串联 v. 瀑布般落下
madrigal	ⒶⒷⒸⒹⒺⒻⒼⒽⒾⒿⓀⓁ	0	['ma:drigəl]	n. 小曲
knoll	ⒶⒷⒸⒹⒺⒻⒼⒽⒾⒿⓀⓁ	0	[nəul]	n. 小山
bauble	ⒶⒷⒸⒹⒺⒻⒼⒽⒾⒿⓀⓁ	0	['bɔ:bl]	n. 小玩意
hovel	ⒶⒷⒸⒹⒺⒻⒼⒽⒾⒿⓀⓁ	0	['hɔvəl]	n. 小屋，杂物间，家畜小屋
blasphemy	ⒶⒷⒸⒹⒺⒻⒼⒽⒾⒿⓀⓁ	0	['blæsfimi]	n. 亵渎，亵渎的话

单词	标记	频率	读音	词义
cardiologist	ⒶⒷⒸⒹⒺⒻⒼⒽⒾⒿⓀⓁ	0	[ˌka:di'ɔlədʒist]	n. 心脏病专家
travail	ⒶⒷⒸⒹⒺⒻⒼⒽⒾⒿⓀⓁ	0	['træveil]	n. 辛苦
poignancy	ⒶⒷⒸⒹⒺⒻⒼⒽⒾⒿⓀⓁ	0	['pɔinənsi]	n. 辛酸事，尖锐，辛辣
neologism	ⒶⒷⒸⒹⒺⒻⒼⒽⒾⒿⓀⓁ	0	[ni:'ɔlədʒiz(ə)m]	n. 新词，新语
neophyte	ⒶⒷⒸⒹⒺⒻⒼⒽⒾⒿⓀⓁ	0	['ni(:)əufait]	n. 新入教者，新信徒
stipend	ⒶⒷⒸⒹⒺⒻⒼⒽⒾⒿⓀⓁ	0	['staipend]	n. 薪水，定期生活津贴
hilarity	ⒶⒷⒸⒹⒺⒻⒼⒽⒾⒿⓀⓁ	0	[hi'læriti]	n. 兴高采烈
extrovert	ⒶⒷⒸⒹⒺⒻⒼⒽⒾⒿⓀⓁ	0	['ekstrəuvə:t]	n. 性格外向者
masochist	ⒶⒷⒸⒹⒺⒻⒼⒽⒾⒿⓀⓁ	0	['mæsəukist;'mæz-]	n. 性受虐狂者，受虐狂者
brooch	ⒶⒷⒸⒹⒺⒻⒼⒽⒾⒿⓀⓁ	0	[bru:tʃ]	n. 胸针，领针
eloquence	ⒶⒷⒸⒹⒺⒻⒼⒽⒾⒿⓀⓁ	0	['eləkwəns]	n. 雄辩，口才
furlough	ⒶⒷⒸⒹⒺⒻⒼⒽⒾⒿⓀⓁ	0	['fə:ləu]	n. 休假
emendation	ⒶⒷⒸⒹⒺⒻⒼⒽⒾⒿⓀⓁ	0	[ˌi:men'deiʃən]	n. 修订，校正，修正
fatalism	ⒶⒷⒸⒹⒺⒻⒼⒽⒾⒿⓀⓁ	0	['feitəliz(ə)m]	n. 宿命论
nihilist	ⒶⒷⒸⒹⒺⒻⒼⒽⒾⒿⓀⓁ	0	['naiilist;'ni:-]	n. 虚无主义者
bravado	ⒶⒷⒸⒹⒺⒻⒼⒽⒾⒿⓀⓁ	0	[brə'va:dəu]	n. 虚张声势
catcall	ⒶⒷⒸⒹⒺⒻⒼⒽⒾⒿⓀⓁ	0	['kætkɔ:l]	n. 嘘声 v. 发嘘声
prologue	ⒶⒷⒸⒹⒺⒻⒼⒽⒾⒿⓀⓁ	0	['prəulɔg]	n. 序言
acquittal	ⒶⒷⒸⒹⒺⒻⒼⒽⒾⒿⓀⓁ	0	[ə'kwit(ə)l]	n. 宣判无罪
affidavit	ⒶⒷⒸⒹⒺⒻⒼⒽⒾⒿⓀⓁ	0	[ˌæfi'deivit]	n. 宣誓书
catharsis	ⒶⒷⒸⒹⒺⒻⒼⒽⒾⒿⓀⓁ	0	[kə'θa:sis]	n. 宣泄，净化，通便
pandemonium	ⒶⒷⒸⒹⒺⒻⒼⒽⒾⒿⓀⓁ	0	[ˌpændi'məunjəm]	n. 喧嚣的地方，大混乱
fracas	ⒶⒷⒸⒹⒺⒻⒼⒽⒾⒿⓀⓁ	0	['frækəs]	n. 喧噪，吵闹
precipice	ⒶⒷⒸⒹⒺⒻⒼⒽⒾⒿⓀⓁ	0	['presipis]	n. 悬崖
vortex	ⒶⒷⒸⒹⒺⒻⒼⒽⒾⒿⓀⓁ	0	['vɔ:teks]	n. 漩涡，旋风
vertigo	ⒶⒷⒸⒹⒺⒻⒼⒽⒾⒿⓀⓁ	0	['və:tigəu]	n. 眩晕，晕头转向
pedant	ⒶⒷⒸⒹⒺⒻⒼⒽⒾⒿⓀⓁ	0	['pedənt]	n. 学究，卖弄学问者，书呆子
dissertation	ⒶⒷⒸⒹⒺⒻⒼⒽⒾⒿⓀⓁ	0	[ˌdisə(:)'teiʃən]	n. 学位论文
ferret	ⒶⒷⒸⒹⒺⒻⒼⒽⒾⒿⓀⓁ	0	['ferit]	n. 雪貂 v. 搜出，发现
inquisitor	ⒶⒷⒸⒹⒺⒻⒼⒽⒾⒿⓀⓁ	0	[in'kwizitə]	n. 询问者，检察官，审理者
ballast	ⒶⒷⒸⒹⒺⒻⒼⒽⒾⒿⓀⓁ	0	['bæləst]	n. 压舱物，沙囊
opiate	ⒶⒷⒸⒹⒺⒻⒼⒽⒾⒿⓀⓁ	0	['əupiit]	n. 鸦片，安眠药
asperity	ⒶⒷⒸⒹⒺⒻⒼⒽⒾⒿⓀⓁ	0	[æs'periti]	n. 严酷，粗暴，刻薄
severity	ⒶⒷⒸⒹⒺⒻⒼⒽⒾⒿⓀⓁ	0	[si'veriti]	n. 严肃，严格，严重
rendition	ⒶⒷⒸⒹⒺⒻⒼⒽⒾⒿⓀⓁ	0	[ren'diʃən]	n. 演奏，翻译，给予，投降
optician	ⒶⒷⒸⒹⒺⒻⒼⒽⒾⒿⓀⓁ	0	['ɔptiʃən]	n. 验光师，眼镜商
autopsy	ⒶⒷⒸⒹⒺⒻⒼⒽⒾⒿⓀⓁ	0	['ɔ:təpsi]	n. 验尸
fleece	ⒶⒷⒸⒹⒺⒻⒼⒽⒾⒿⓀⓁ	0	[fli:s]	n. 羊毛 v. 剪下羊毛，诈取
apiary	ⒶⒷⒸⒹⒺⒻⒼⒽⒾⒿⓀⓁ	0	['eipjəri]	n. 养蜂场，蜂房
fluke	ⒶⒷⒸⒹⒺⒻⒼⒽⒾⒿⓀⓁ	0	[flu:k]	n. 侥幸，偶然的机会，比目鱼

单词	标记	频率	读音	词义
gist	ⒶⒷⒸⒹⒺⒻⒼⒽⒾⒿⓀⓁ	0	[dʒist]	n. 要点，主旨
haggard	ⒶⒷⒸⒹⒺⒻⒼⒽⒾⒿⓀⓁ	0	['hægəd]	n. 野鹰 a. 憔悴的
frond	ⒶⒷⒸⒹⒺⒻⒼⒽⒾⒿⓀⓁ	0	[frɔnd]	n. 叶，植物体
generality	ⒶⒷⒸⒹⒺⒻⒼⒽⒾⒿⓀⓁ	0	[ˌdʒenə'ræliti]	n. 一般性
horde	ⒶⒷⒸⒹⒺⒻⒼⒽⒾⒿⓀⓁ	0	[hɔ:d]	n. 一大群，游牧部落
bevy	ⒶⒷⒸⒹⒺⒻⒼⒽⒾⒿⓀⓁ	0	['bevi]	n. 一群
swathe	ⒶⒷⒸⒹⒺⒻⒼⒽⒾⒿⓀⓁ	0	[sweið]	n. 一长片
unanimity	ⒶⒷⒸⒹⒺⒻⒼⒽⒾⒿⓀⓁ	0	['ju:nə'nimiti]	n. 一致同意，全体一致
codicil	ⒶⒷⒸⒹⒺⒻⒼⒽⒾⒿⓀⓁ	0	['kɔdisil]	n. 遗嘱附录
qualm	ⒶⒷⒸⒹⒺⒻⒼⒽⒾⒿⓀⓁ	0	[kwa:m;kwɔ:m]	n. 疑虑
misgiving	ⒶⒷⒸⒹⒺⒻⒼⒽⒾⒿⓀⓁ	0	[mis'giviŋ]	n. 疑虑，恐惧
gambit	ⒶⒷⒸⒹⒺⒻⒼⒽⒾⒿⓀⓁ	0	['gæmbit]	n. 以优势的开局棋法，话题，开始
heresy	ⒶⒷⒸⒹⒺⒻⒼⒽⒾⒿⓀⓁ	0	['herəsi]	n. 异端，异教，非正统
volition	ⒶⒷⒸⒹⒺⒻⒼⒽⒾⒿⓀⓁ	0	[vəu'liʃən]	n. 意志
figment	ⒶⒷⒸⒹⒺⒻⒼⒽⒾⒿⓀⓁ	0	['figmənt]	n. 臆造的事物，虚构的事
pterodactyl	ⒶⒷⒸⒹⒺⒻⒼⒽⒾⒿⓀⓁ	0	[ˌ(p)terəu'dæktil]	n. 翼手龙
machination	ⒶⒷⒸⒹⒺⒻⒼⒽⒾⒿⓀⓁ	0	[mæki'neiʃ(ə)n]	n. 阴谋，图谋
concert	ⒶⒷⒸⒹⒺⒻⒼⒽⒾⒿⓀⓁ	0	['kɔnsət]	n. 音乐会，一致，和谐
extradition	ⒶⒷⒸⒹⒺⒻⒼⒽⒾⒿⓀⓁ	0	[ˌekstrə'diʃən]	n. 引渡
recluse	ⒶⒷⒸⒹⒺⒻⒼⒽⒾⒿⓀⓁ	0	[ri'klu:s]	n. 隐士 a. 隐居的
aerie	ⒶⒷⒸⒹⒺⒻⒼⒽⒾⒿⓀⓁ	0	['eəri]	n. 鹰巢，高山建筑
comeuppance	ⒶⒷⒸⒹⒺⒻⒼⒽⒾⒿⓀⓁ	0	[kʌm'ʌpəns]	n. 应得的惩罚，因果报应
incrustation	ⒶⒷⒸⒹⒺⒻⒼⒽⒾⒿⓀⓁ	0	[ˌinkrʌs'teiʃən]	n. 硬壳，外包壳
mettle	ⒶⒷⒸⒹⒺⒻⒼⒽⒾⒿⓀⓁ	0	['met(ə)l]	n. 勇气
cerebration	ⒶⒷⒸⒹⒺⒻⒼⒽⒾⒿⓀⓁ	0	[seri'breiʃ(ə)n]	n. 用脑，思考
ascendancy	ⒶⒷⒸⒹⒺⒻⒼⒽⒾⒿⓀⓁ	0	[ə'sendənsi]	n. 优势，支配（或统治）地位
doldrums	ⒶⒷⒸⒹⒺⒻⒼⒽⒾⒿⓀⓁ	0	['dɔldrəmz]	n. 忧郁，赤道无风带
hypochondriac	ⒶⒷⒸⒹⒺⒻⒼⒽⒾⒿⓀⓁ	0	[ˌhaipəu'kɔndriæk]	n. 忧郁症患者 a. 忧郁症的
claustrophobia	ⒶⒷⒸⒹⒺⒻⒼⒽⒾⒿⓀⓁ	0	[ˌklɔ:strə'fəubjə]	n. 幽闭恐怖症
peregrination	ⒶⒷⒸⒹⒺⒻⒼⒽⒾⒿⓀⓁ	0	[perigri'neiʃ(ə)n]	n. 游历，旅行
amity	ⒶⒷⒸⒹⒺⒻⒼⒽⒾⒿⓀⓁ	0	['æməti]	n. 友好，亲善关系
aspirant	ⒶⒷⒸⒹⒺⒻⒼⒽⒾⒿⓀⓁ	0	[əs'paiərənt]	n. 有抱负的人
kleptomaniac	ⒶⒷⒸⒹⒺⒻⒼⒽⒾⒿⓀⓁ	0	[ˌkleptəu'meiniæk]	n. 有盗窃癖的人
potentate	ⒶⒷⒸⒹⒺⒻⒼⒽⒾⒿⓀⓁ	0	['pəutənteit]	n. 有权势的人，统治者
whelp	ⒶⒷⒸⒹⒺⒻⒼⒽⒾⒿⓀⓁ	0	[(h)welp]	n. 幼崽，小狗
abduction	ⒶⒷⒸⒹⒺⒻⒼⒽⒾⒿⓀⓁ	0	[æb'dʌkʃən]	n. 诱拐，诱导
ichthyology	ⒶⒷⒸⒹⒺⒻⒼⒽⒾⒿⓀⓁ	0	[ˌikθi'ɔlədʒi]	n. 鱼类学，鱼类学者作
solecism	ⒶⒷⒸⒹⒺⒻⒼⒽⒾⒿⓀⓁ	0	['sɔlisizəm]	n. 语法错误，谬误，失礼
philology	ⒶⒷⒸⒹⒺⒻⒼⒽⒾⒿⓀⓁ	0	[fi'lɔlədʒi]	n. 语言学，文献学
etymology	ⒶⒷⒸⒹⒺⒻⒼⒽⒾⒿⓀⓁ	0	[ˌeti'mɔlədʒi]	n. 语源，语源学

单词	标记	频率	读音	词义
parable	ⒶⒷⒸⒹⒺⒻⒼⒽⒾⒿⓀⓁ	0	['pærəbl]	n. 寓言，比喻
marshal	ⒶⒷⒸⒹⒺⒻⒼⒽⒾⒿⓀⓁ	0	['ma:ʃəl]	n. 元帅 v. 整顿，排列
amphitheater	ⒶⒷⒸⒹⒺⒻⒼⒽⒾⒿⓀⓁ	0	['æmfiθiətə(r)]	n. 圆形剧场，竞技场
simian	ⒶⒷⒸⒹⒺⒻⒼⒽⒾⒿⓀⓁ	0	['simiən]	n. 猿
apogee	ⒶⒷⒸⒹⒺⒻⒼⒽⒾⒿⓀⓁ	0	['æpəudʒi:]	n. 远地点
jaunt	ⒶⒷⒸⒹⒺⒻⒼⒽⒾⒿⓀⓁ	0	[dʒɔ:nt]	n. 远足，短途旅游
conveyance	ⒶⒷⒸⒹⒺⒻⒼⒽⒾⒿⓀⓁ	0	[kən'veiəns]	n. 运输，财产让与，运输工具
miscellany	ⒶⒷⒸⒹⒺⒻⒼⒽⒾⒿⓀⓁ	0	[mi'seləni]	n. 杂集，混合物
mottle	ⒶⒷⒸⒹⒺⒻⒼⒽⒾⒿⓀⓁ	0	['mɔtl]	n. 杂色，斑点 v. 使有斑点
assent	ⒶⒷⒸⒹⒺⒻⒼⒽⒾⒿⓀⓁ	0	[ə'sent]	n. 赞成 v. 同意
encomium	ⒶⒷⒸⒹⒺⒻⒼⒽⒾⒿⓀⓁ	0	[en'kəumjəm]	n. 赞辞，赞美，称赞
chisel	ⒶⒷⒸⒹⒺⒻⒼⒽⒾⒿⓀⓁ	0	['tʃizl]	n. 凿子
bandy	ⒶⒷⒸⒹⒺⒻⒼⒽⒾⒿⓀⓁ	0	['bændi]	n. 早期曲棍球 v. 争吵
onus	ⒶⒷⒸⒹⒺⒻⒼⒽⒾⒿⓀⓁ	0	['əunəs]	n. 责任，负担
liability	ⒶⒷⒸⒹⒺⒻⒼⒽⒾⒿⓀⓁ	0	[,laiə'biliti]	n. 责任，债务，倾向
increment	ⒶⒷⒸⒹⒺⒻⒼⒽⒾⒿⓀⓁ	0	['inkrimənt]	n. 增加，增量，增值
accretion	ⒶⒷⒸⒹⒺⒻⒼⒽⒾⒿⓀⓁ	0	[æ'kri:ʃən]	n. 增长
odium	ⒶⒷⒸⒹⒺⒻⒼⒽⒾⒿⓀⓁ	0	['əudiəm; -djəm]	n. 憎恶，讨厌
largess	ⒶⒷⒸⒹⒺⒻⒼⒽⒾⒿⓀⓁ	0	['la:dʒes; 'la:dʒis]	n. 赠送，赏赐，赠品，贺礼
dreg	ⒶⒷⒸⒹⒺⒻⒼⒽⒾⒿⓀⓁ	0	[dreg]	n. 渣滓，糟粕，沉淀物
epitome	ⒶⒷⒸⒹⒺⒻⒼⒽⒾⒿⓀⓁ	0	[i'pitəmi]	n. 摘要，缩影
augury	ⒶⒷⒸⒹⒺⒻⒼⒽⒾⒿⓀⓁ	0	['ɔ:gjuri]	n. 占兆，占卜，预言
tirade	ⒶⒷⒸⒹⒺⒻⒼⒽⒾⒿⓀⓁ	0	[tai'reid; ti'ra:d]	n. 长篇激烈的演说
harangue	ⒶⒷⒸⒹⒺⒻⒼⒽⒾⒿⓀⓁ	0	[hə'ræŋ]	n. 长篇演说，慷慨激昂的演说
talon	ⒶⒷⒸⒹⒺⒻⒼⒽⒾⒿⓀⓁ	0	['tælən]	n. 爪，魔爪
marquee	ⒶⒷⒸⒹⒺⒻⒼⒽⒾⒿⓀⓁ	0	[ma:'ki:]	n. 遮掩
refraction	ⒶⒷⒸⒹⒺⒻⒼⒽⒾⒿⓀⓁ	0	[ri'frækʃən]	n. 折光，折射
verity	ⒶⒷⒸⒹⒺⒻⒼⒽⒾⒿⓀⓁ	0	['veriti]	n. 真理，真实性
truism	ⒶⒷⒸⒹⒺⒻⒼⒽⒾⒿⓀⓁ	0	['tru:izm]	n. 真实性
composure	ⒶⒷⒸⒹⒺⒻⒼⒽⒾⒿⓀⓁ	0	[kəm'pəuʒə]	n. 镇静，沉着
analgesic	ⒶⒷⒸⒹⒺⒻⒼⒽⒾⒿⓀⓁ	0	[ænæl'dʒi:sik]	n. 镇痛剂 a. 止痛的
altercation	ⒶⒷⒸⒹⒺⒻⒼⒽⒾⒿⓀⓁ	0	[ɔ:ltə'keiʃ(ə)n]	n. 争论，口角
beeline	ⒶⒷⒸⒹⒺⒻⒼⒽⒾⒿⓀⓁ	0	['bi:lain]	n. 直线
arboretum	ⒶⒷⒸⒹⒺⒻⒼⒽⒾⒿⓀⓁ	0	[,a:bə'ri:təm]	n. 植物园
denotation	ⒶⒷⒸⒹⒺⒻⒼⒽⒾⒿⓀⓁ	0	[,di:nəu'teiʃən]	n. 指示，意义，符号
beatitude	ⒶⒷⒸⒹⒺⒻⒼⒽⒾⒿⓀⓁ	0	[bi(:)'ætitju:d]	n. 至福
finale	ⒶⒷⒸⒹⒺⒻⒼⒽⒾⒿⓀⓁ	0	[fi'na:li]	n. 终曲，结局
termination	ⒶⒷⒸⒹⒺⒻⒼⒽⒾⒿⓀⓁ	0	[,tə:mi'neiʃən]	n. 终止，结束，完结
arbitrator	ⒶⒷⒸⒹⒺⒻⒼⒽⒾⒿⓀⓁ	0	['a:bitreitə]	n. 仲裁人，公断者
felon	ⒶⒷⒸⒹⒺⒻⒼⒽⒾⒿⓀⓁ	0	['felən]	n. 重罪犯

单词	标记	频率	读音	词义
ambience	ⒶⒷⒸⒹⒺⒻⒼⒽⒾⒿⓀⓁ	0	['æmbiəns]	n. 周围环境，气氛
girth	ⒶⒷⒸⒹⒺⒻⒼⒽⒾⒿⓀⓁ	0	[gə:θ]	n. 周长，尺寸
equinox	ⒶⒷⒸⒹⒺⒻⒼⒽⒾⒿⓀⓁ	0	['i:kwinɔks]	n. 昼夜平分点，春分或秋分
lilliputian	ⒶⒷⒸⒹⒺⒻⒼⒽⒾⒿⓀⓁ	0	[ˌlili'pju:ʃjən]	n. 侏儒 v. 侏儒的
scad	ⒶⒷⒸⒹⒺⒻⒼⒽⒾⒿⓀⓁ	0	[skæd]	n. 竹荚鱼
suffragist	ⒶⒷⒸⒹⒺⒻⒼⒽⒾⒿⓀⓁ	0	['sʌfrədʒist]	n. 主张妇女参政的人
domicile	ⒶⒷⒸⒹⒺⒻⒼⒽⒾⒿⓀⓁ	0	['dɔmisail]	n. 住所，住宅
exegesis	ⒶⒷⒸⒹⒺⒻⒼⒽⒾⒿⓀⓁ	0	[ˌeksi'dʒi:sis]	n. 注释，解释
benediction	ⒶⒷⒸⒹⒺⒻⒼⒽⒾⒿⓀⓁ	0	[beni'dikʃən]	n. 祝福
savant	ⒶⒷⒸⒹⒺⒻⒼⒽⒾⒿⓀⓁ	0	[mə'liŋgərə]	n. 专家
malingerer	ⒶⒷⒸⒹⒺⒻⒼⒽⒾⒿⓀⓁ	0	[mə'lin:gə]	n. 装病以逃避责任者
poseur	ⒶⒷⒸⒹⒺⒻⒼⒽⒾⒿⓀⓁ	0	[pəu'zə:]	n. 装模作样的人
gesticulation	ⒶⒷⒸⒹⒺⒻⒼⒽⒾⒿⓀⓁ	0	[dʒeˌstikju'leiʃən]	n. 姿势，做姿势传达，手势
aptitude	ⒶⒷⒸⒹⒺⒻⒼⒽⒾⒿⓀⓁ	0	['æptitju:d]	n. 资质，才能，倾向
automaton	ⒶⒷⒸⒹⒺⒻⒼⒽⒾⒿⓀⓁ	0	[ɔ:'tɔmətən]	n. 自动机器，机器人
egoism	ⒶⒷⒸⒹⒺⒻⒼⒽⒾⒿⓀⓁ	0	['i:gəuiz(ə)m]	n. 自我主义，利己主义
buffet	ⒶⒷⒸⒹⒺⒻⒼⒽⒾⒿⓀⓁ	0	['bʌfit]	n. 自助餐 v. 连续猛击
sectarian	ⒶⒷⒸⒹⒺⒻⒼⒽⒾⒿⓀⓁ	0	[sek'teəriən]	n. 宗派主义者
summation	ⒶⒷⒸⒹⒺⒻⒼⒽⒾⒿⓀⓁ	0	[sʌ'meiʃən]	n. 总和，和，合计
pyromaniac	ⒶⒷⒸⒹⒺⒻⒼⒽⒾⒿⓀⓁ	0	[ˌpaiərəu'meiniæk]	n. 纵火狂
orgy	ⒶⒷⒸⒹⒺⒻⒼⒽⒾⒿⓀⓁ	0	['ɔ:dʒi]	n. 纵酒狂欢，放荡
sybarite	ⒶⒷⒸⒹⒺⒻⒼⒽⒾⒿⓀⓁ	0	['sibərait]	n. 纵情逸乐之徒
podiatrist	ⒶⒷⒸⒹⒺⒻⒼⒽⒾⒿⓀⓁ	0	[pəu'daiətrist]	n. 足病医生
vendetta	ⒶⒷⒸⒹⒺⒻⒼⒽⒾⒿⓀⓁ	0	[ven'detə]	n. 族间仇杀，深仇
malediction	ⒶⒷⒸⒹⒺⒻⒼⒽⒾⒿⓀⓁ	0	[ˌmæli'dikʃən]	n. 诅咒，诽谤
antecedent	ⒶⒷⒸⒹⒺⒻⒼⒽⒾⒿⓀⓁ	0	[ˌænti'si:dənt]	n. 祖先，先辈 a. 先行的
ancestry	ⒶⒷⒸⒹⒺⒻⒼⒽⒾⒿⓀⓁ	0	['ænsistri]	n. 祖先，血统
forebear	ⒶⒷⒸⒹⒺⒻⒼⒽⒾⒿⓀⓁ	0	['fɔ:beə]	n. 祖先，祖宗
nadir	ⒶⒷⒸⒹⒺⒻⒼⒽⒾⒿⓀⓁ	0	['neidiə;-də]	n. 最底点，最低点，天底
apotheosis	ⒶⒷⒸⒹⒺⒻⒼⒽⒾⒿⓀⓁ	0	[əˌpɔθi'əusis]	n. 尊为神，神化，颂扬，崇拜，典范
opus	ⒶⒷⒸⒹⒺⒻⒼⒽⒾⒿⓀⓁ	0	['əupəs,'ɔpəs]	n. 作品
multilingual	ⒶⒷⒸⒹⒺⒻⒼⒽⒾⒿⓀⓁ	0	[ˌmʌlti'liŋgwəl]	n. a. 使用多种语言
lunge	ⒶⒷⒸⒹⒺⒻⒼⒽⒾⒿⓀⓁ	0	[lʌndʒ]	n. v. 刺
nip	ⒶⒷⒸⒹⒺⒻⒼⒽⒾⒿⓀⓁ	0	[nip]	n. v. 夹
sheaf	ⒶⒷⒸⒹⒺⒻⒼⒽⒾⒿⓀⓁ	0	[ʃi:f]	n. v. 捆，束，扎
canter	ⒶⒷⒸⒹⒺⒻⒼⒽⒾⒿⓀⓁ	0	['kæntə]	n. v. 漫步
saunter	ⒶⒷⒸⒹⒺⒻⒼⒽⒾⒿⓀⓁ	0	['sɔ:ntə]	n. v. 漫步
vise	ⒶⒷⒸⒹⒺⒻⒼⒽⒾⒿⓀⓁ	0	[vais]	n. v. 钳
whiff	ⒶⒷⒸⒹⒺⒻⒼⒽⒾⒿⓀⓁ	0	[(h)wif]	n. v. 轻吹，清风
fallow	ⒶⒷⒸⒹⒺⒻⒼⒽⒾⒿⓀⓁ	0	['fæləu]	n. v. 休耕 a. 休耕的

单词	标记	频率	读音	词义
manifesto	ⒶⒷⒸⒹⒺⒻⒼⒽⒾⒿⓀⓁ	0	[ˌmæni'festəu]	n. v. 宣言
eddy	ⒶⒷⒸⒹⒺⒻⒼⒽⒾⒿⓀⓁ	0	['edi]	n. v. 漩涡
apropos	ⒶⒷⒸⒹⒺⒻⒼⒽⒾⒿⓀⓁ	0	['æprəpəu; ˌæprə'pəu]	adj. 关于
decelerate	ⒶⒷⒸⒹⒺⒻⒼⒽⒾⒿⓀⓁ	0	[di:'seləreit]	v. （使）减速
defoliate	ⒶⒷⒸⒹⒺⒻⒼⒽⒾⒿⓀⓁ	0	[di:'fəulieit]	v. （使）落叶
divest	ⒶⒷⒸⒹⒺⒻⒼⒽⒾⒿⓀⓁ	0	[dai'vest]	v. 剥夺，脱去
explicate	ⒶⒷⒸⒹⒺⒻⒼⒽⒾⒿⓀⓁ	0	['eksplikeit]	v. 阐明，说明
liquidate	ⒶⒷⒸⒹⒺⒻⒼⒽⒾⒿⓀⓁ	0	['likwideit]	v. 偿还，清算
browbeat	ⒶⒷⒸⒹⒺⒻⒼⒽⒾⒿⓀⓁ	0	['braubi:t]	v. 恫吓，吓唬
scintillate	ⒶⒷⒸⒹⒺⒻⒼⒽⒾⒿⓀⓁ	0	['sintileit]	v. 发出火花，闪耀光芒
waive	ⒶⒷⒸⒹⒺⒻⒼⒽⒾⒿⓀⓁ	0	[weiv]	v. 放弃，搁置
annul	ⒶⒷⒸⒹⒺⒻⒼⒽⒾⒿⓀⓁ	0	[ə'nʌl]	v. 废除，取消，废止
gainsay	ⒶⒷⒸⒹⒺⒻⒼⒽⒾⒿⓀⓁ	0	[gein'sei]	v. 否认
resurge	ⒶⒷⒸⒹⒺⒻⒼⒽⒾⒿⓀⓁ	0	[ri'sə:dʒ]	v. 复活
indoctrinate	ⒶⒷⒸⒹⒺⒻⒼⒽⒾⒿⓀⓁ	0	[in'dɔktrineit]	v. 灌输，教导
inebriate	ⒶⒷⒸⒹⒺⒻⒼⒽⒾⒿⓀⓁ	0	[i'ni:brieit]	v. 灌醉
recuperate	ⒶⒷⒸⒹⒺⒻⒼⒽⒾⒿⓀⓁ	0	[ri'kju:pəreit]	v. 恢复，复原
palliate	ⒶⒷⒸⒹⒺⒻⒼⒽⒾⒿⓀⓁ	0	['pælieit]	v. 减轻，缓和
abase	ⒶⒷⒸⒹⒺⒻⒼⒽⒾⒿⓀⓁ	0	[ə'beis]	v. 降低，使谦卑
skimp	ⒶⒷⒸⒹⒺⒻⒼⒽⒾⒿⓀⓁ	0	[skimp]	v. 克扣，吝啬给
commiserate	ⒶⒷⒸⒹⒺⒻⒼⒽⒾⒿⓀⓁ	0	[kə'mizəreit]	v. 怜悯，同情
abrade	ⒶⒷⒸⒹⒺⒻⒼⒽⒾⒿⓀⓁ	0	[ə'breid]	v. 磨损，磨蚀
coagulate	ⒶⒷⒸⒹⒺⒻⒼⒽⒾⒿⓀⓁ	0	[kəu'ægjuleit]	v. 凝结，凝固
importune	ⒶⒷⒸⒹⒺⒻⒼⒽⒾⒿⓀⓁ	0	[im'pɔ:tju:n]	v. 强求
sunder	ⒶⒷⒸⒹⒺⒻⒼⒽⒾⒿⓀⓁ	0	['sʌndə]	v. 切开，分离
mince	ⒶⒷⒸⒹⒺⒻⒼⒽⒾⒿⓀⓁ	0	[mins]	v. 切碎，小步走，委婉地说
propitiate	ⒶⒷⒸⒹⒺⒻⒼⒽⒾⒿⓀⓁ	0	[prə'piʃieit]	v. 劝解，抚慰
infiltrate	ⒶⒷⒸⒹⒺⒻⒼⒽⒾⒿⓀⓁ	0	[in'filtreit]	v. 渗透，潜入
suborn	ⒶⒷⒸⒹⒺⒻⒼⒽⒾⒿⓀⓁ	0	[sʌ'bɔ:n]	v. 收买，贿赂，教唆
cogitate	ⒶⒷⒸⒹⒺⒻⒼⒽⒾⒿⓀⓁ	0	['kɔdʒiteit]	v. 思考，考虑
disfigure	ⒶⒷⒸⒹⒺⒻⒼⒽⒾⒿⓀⓁ	0	[dis'figə]	v. 损伤外貌，使变丑
disinter	ⒶⒷⒸⒹⒺⒻⒼⒽⒾⒿⓀⓁ	0	['disin'tə:]	v. 挖出，掘出
denigrate	ⒶⒷⒸⒹⒺⒻⒼⒽⒾⒿⓀⓁ	0	['denigreit]	v. 污蔑，诽谤
disjoint	ⒶⒷⒸⒹⒺⒻⒼⒽⒾⒿⓀⓁ	0	[dis'dʒɔint]	v. （使）脱节，（使）解体
beget	ⒶⒷⒸⒹⒺⒻⒼⒽⒾⒿⓀⓁ	0	[bi'get]	v. （书面语）招致，产生，引起
smolder	ⒶⒷⒸⒹⒺⒻⒼⒽⒾⒿⓀⓁ	0	['sməuldə]	v. （无火焰地）闷烧，压抑
palpitate	ⒶⒷⒸⒹⒺⒻⒼⒽⒾⒿⓀⓁ	0	['pælpiteit]	v. （心脏）悸动，怦怦跳
bludgeon	ⒶⒷⒸⒹⒺⒻⒼⒽⒾⒿⓀⓁ	0	['blʌdʒən]	v. （用重器）连击
bicker	ⒶⒷⒸⒹⒺⒻⒼⒽⒾⒿⓀⓁ	0	['bikə]	v./ n. 斗嘴，争吵
chafe	ⒶⒷⒸⒹⒺⒻⒼⒽⒾⒿⓀⓁ	0	[tʃeif]	v./n. 擦伤，激怒，摩擦

单词	标记	频率	读音	词义
glut	ⒶⒷⒸⒹⒺⒻⒼⒽⒾⒿⓀⓁ	0	[glʌt]	v./n. 吃得过饱，供过于求
snivel	ⒶⒷⒸⒹⒺⒻⒼⒽⒾⒿⓀⓁ	0	['snivl]	v./n. 抽泣，啼哭，流鼻涕
hoard	ⒶⒷⒸⒹⒺⒻⒼⒽⒾⒿⓀⓁ	0	[hɔ:d]	v./n. 储藏
quibble	ⒶⒷⒸⒹⒺⒻⒼⒽⒾⒿⓀⓁ	0	['kwibl]	v./n. 吹毛求疵，诡辩
glare	ⒶⒷⒸⒹⒺⒻⒼⒽⒾⒿⓀⓁ	0	[gleə]	v./n. 刺眼，耀眼，怒视
wallow	ⒶⒷⒸⒹⒺⒻⒼⒽⒾⒿⓀⓁ	0	['wɔləu]	v./n. 打滚，沉溺于
sojourn	ⒶⒷⒸⒹⒺⒻⒼⒽⒾⒿⓀⓁ	0	['sɔdʒə(:)n;'səudʒə:n]	v./n. 逗留，旅居
ferment	ⒶⒷⒸⒹⒺⒻⒼⒽⒾⒿⓀⓁ	0	['fə:mənt]	v./n. 发酵，骚动，动乱
rummage	ⒶⒷⒸⒹⒺⒻⒼⒽⒾⒿⓀⓁ	0	['rʌmidʒ]	v./n. 翻箱倒柜地搜寻，搜出
retort	ⒶⒷⒸⒹⒺⒻⒼⒽⒾⒿⓀⓁ	0	[ri'tɔ:t]	v./n. 反驳，反击
filibuster	ⒶⒷⒸⒹⒺⒻⒼⒽⒾⒿⓀⓁ	0	['filibʌstə]	v./n. 妨碍议事，阻挠
slander	ⒶⒷⒸⒹⒺⒻⒼⒽⒾⒿⓀⓁ	0	['sla:ndə]	v./n. 诽谤
slur	ⒶⒷⒸⒹⒺⒻⒼⒽⒾⒿⓀⓁ	0	[slə:]	v./n. 诽谤，草率地看
suture	ⒶⒷⒸⒹⒺⒻⒼⒽⒾⒿⓀⓁ	0	['sju:tʃə]	v./n. 缝合
prattle	ⒶⒷⒸⒹⒺⒻⒼⒽⒾⒿⓀⓁ	0	['prætl]	v./n. 孩子气的话，空谈，闲聊
jabber	ⒶⒷⒸⒹⒺⒻⒼⒽⒾⒿⓀⓁ	0	['dʒæbə]	v./n. 含糊不清地说话
swelter	ⒶⒷⒸⒹⒺⒻⒼⒽⒾⒿⓀⓁ	0	['sweltə]	v./n. 汗流浃背，中暑
waffle	ⒶⒷⒸⒹⒺⒻⒼⒽⒾⒿⓀⓁ	0	['wɔfl]	v./n. 胡扯，废话
drivel	ⒶⒷⒸⒹⒺⒻⒼⒽⒾⒿⓀⓁ	0	['drivl]	v./n. 胡说，傻话，流口水
fester	ⒶⒷⒸⒹⒺⒻⒼⒽⒾⒿⓀⓁ	0	['festə]	v./n. 化脓，溃烂，恶化
amble	ⒶⒷⒸⒹⒺⒻⒼⒽⒾⒿⓀⓁ	0	['æmbl]	v./n. 缓行，漫步
molt	ⒶⒷⒸⒹⒺⒻⒼⒽⒾⒿⓀⓁ	0	[məult]	v./n. 换毛，蜕皮
rouse	ⒶⒷⒸⒹⒺⒻⒼⒽⒾⒿⓀⓁ	0	[rauz]	v./n. 唤醒，奋起，激起
retrieve	ⒶⒷⒸⒹⒺⒻⒼⒽⒾⒿⓀⓁ	0	[ri'tri:v]	v./n. 恢复，挽回
scurry	ⒶⒷⒸⒹⒺⒻⒼⒽⒾⒿⓀⓁ	0	['skʌri]	v./n. 疾行，急跑
muster	ⒶⒷⒸⒹⒺⒻⒼⒽⒾⒿⓀⓁ	0	['mʌstə]	v./n. 集合，鼓起（勇气）
smirk	ⒶⒷⒸⒹⒺⒻⒼⒽⒾⒿⓀⓁ	0	[smə:k]	v./n. 假笑
stint	ⒶⒷⒸⒹⒺⒻⒼⒽⒾⒿⓀⓁ	0	[stint]	v./n. 紧缩，节省，限制
purge	ⒶⒷⒸⒹⒺⒻⒼⒽⒾⒿⓀⓁ	0	[pə:dʒ]	v./n. 净化，清除，清洗
prate	ⒶⒷⒸⒹⒺⒻⒼⒽⒾⒿⓀⓁ	0	[preit]	v./n. 唠叨，瞎扯
pillage	ⒶⒷⒸⒹⒺⒻⒼⒽⒾⒿⓀⓁ	0	['pilidʒ]	v./n. 掠夺，抢劫
flit	ⒶⒷⒸⒹⒺⒻⒼⒽⒾⒿⓀⓁ	0	[flit]	v./n. 掠过，轻快地飞
wrench	ⒶⒷⒸⒹⒺⒻⒼⒽⒾⒿⓀⓁ	0	[rentʃ]	v./n. 扭曲，扭伤 n. 扳手
shamble	ⒶⒷⒸⒹⒺⒻⒼⒽⒾⒿⓀⓁ	0	['ʃæmbl]	v./n. 蹒跚地走
rant	ⒶⒷⒸⒹⒺⒻⒼⒽⒾⒿⓀⓁ	0	[rænt]	v./n. 咆哮，大声地说
bluster	ⒶⒷⒸⒹⒺⒻⒼⒽⒾⒿⓀⓁ	0	['blʌstə]	v./n. 咆哮，狂风吹，夸口
jaundice	ⒶⒷⒸⒹⒺⒻⒼⒽⒾⒿⓀⓁ	0	['dʒɔ:ndis]	v./n. 偏见，黄疸
partition	ⒶⒷⒸⒹⒺⒻⒼⒽⒾⒿⓀⓁ	0	[pa:'tiʃən]	v./n. 区分，分割，隔开
garble	ⒶⒷⒸⒹⒺⒻⒼⒽⒾⒿⓀⓁ	0	['ga:bl]	v./n. 曲解，篡改，混淆
audit	ⒶⒷⒸⒹⒺⒻⒼⒽⒾⒿⓀⓁ	0	['ɔ:dit]	v./n. 审计，查账

单词	标记	频率	读音	词义
disquiet	ⒶⒷⒸⒹⒺⒻⒼⒽⒾⒿⓀⓁ	0	[dis'kwaiət]	v./n. 使不安，使担心，焦虑
wane	ⒶⒷⒸⒹⒺⒻⒼⒽⒾⒿⓀⓁ	0	[wein]	v./n. 衰落，月亏
demur	ⒶⒷⒸⒹⒺⒻⒼⒽⒾⒿⓀⓁ	0	[di'mə:]	v./n. 提出异议，反对
doodle	ⒶⒷⒸⒹⒺⒻⒼⒽⒾⒿⓀⓁ	0	['du:dl]	v./n. 涂鸦，乱写，傻瓜
surmise	ⒶⒷⒸⒹⒺⒻⒼⒽⒾⒿⓀⓁ	0	['sə:maiz]	v./n. 推测，猜测
retire	ⒶⒷⒸⒹⒺⒻⒼⒽⒾⒿⓀⓁ	0	[ri'taiə]	v./n. 退休，撤退
wince	ⒶⒷⒸⒹⒺⒻⒼⒽⒾⒿⓀⓁ	0	[wins]	v./n. 畏缩，退缩
drone	ⒶⒷⒸⒹⒺⒻⒼⒽⒾⒿⓀⓁ	0	[drəun]	v./n. 嗡嗡叫，混日子，雄蜂
affront	ⒶⒷⒸⒹⒺⒻⒼⒽⒾⒿⓀⓁ	0	[ə'frʌnt]	v./n. 侮辱，冒犯
graft	ⒶⒷⒸⒹⒺⒻⒼⒽⒾⒿⓀⓁ	0	[gra:ft]	v./n. 移植，嫁接，贪污
paraphrase	ⒶⒷⒸⒹⒺⒻⒼⒽⒾⒿⓀⓁ	0	['pærəfreiz]	v./n. 意译，注释，改写
presage	ⒶⒷⒸⒹⒺⒻⒼⒽⒾⒿⓀⓁ	0	['presidʒ]	v./n. 预兆，预感
squabble	ⒶⒷⒸⒹⒺⒻⒼⒽⒾⒿⓀⓁ	0	['skwɔbl]	v./n. 争吵，口角
grapple	ⒶⒷⒸⒹⒺⒻⒼⒽⒾⒿⓀⓁ	0	['græpl]	v./n. 抓住，搏斗
rig	ⒶⒷⒸⒹⒺⒻⒼⒽⒾⒿⓀⓁ	0	[rig]	v./n. 装配，装扮，操纵
ensconce	ⒶⒷⒸⒹⒺⒻⒼⒽⒾⒿⓀⓁ	0	[in'skɔns]	v. 安置，隐藏
codify	ⒶⒷⒸⒹⒺⒻⒼⒽⒾⒿⓀⓁ	0	['kɔdifai;'kəu-]	v. 把…编成法典，编密码
oscillate	ⒶⒷⒸⒹⒺⒻⒼⒽⒾⒿⓀⓁ	0	['ɔsileit]	v. 摆动，犹豫不决
prostrate	ⒶⒷⒸⒹⒺⒻⒼⒽⒾⒿⓀⓁ	0	[prɔs'treit]	v. 拜倒，使屈服 a. 俯卧的，拜倒的
promulgate	ⒶⒷⒸⒹⒺⒻⒼⒽⒾⒿⓀⓁ	0	['prɔməlgeit]	v. 颁布，公布
grimace	ⒶⒷⒸⒹⒺⒻⒼⒽⒾⒿⓀⓁ	0	[gri'meis]	v. 扮鬼脸 n. 鬼脸，痛苦的表情
requite	ⒶⒷⒸⒹⒺⒻⒼⒽⒾⒿⓀⓁ	0	[ri'kwait]	v. 报答，报复
parry	ⒶⒷⒸⒹⒺⒻⒼⒽⒾⒿⓀⓁ	0	['pæri]	v. 避开，挡开
knit	ⒶⒷⒸⒹⒺⒻⒼⒽⒾⒿⓀⓁ	0	[nit]	v. 编织，密接 n. 编织物
scourge	ⒶⒷⒸⒹⒺⒻⒼⒽⒾⒿⓀⓁ	0	[skə:dʒ]	v. 鞭打，折磨 n. 鞭打，灾祸
debase	ⒶⒷⒸⒹⒺⒻⒼⒽⒾⒿⓀⓁ	0	[di'beis]	v. 贬低，降低
attenuate	ⒶⒷⒸⒹⒺⒻⒼⒽⒾⒿⓀⓁ	0	[ə'tenjueit]	v. 变薄，稀释，变弱
evince	ⒶⒷⒸⒹⒺⒻⒼⒽⒾⒿⓀⓁ	0	[i'vins]	v. 表明，表示
fluctuate	ⒶⒷⒸⒹⒺⒻⒼⒽⒾⒿⓀⓁ	0	['flʌktjueit]	v. 波动，起伏
undulate	ⒶⒷⒸⒹⒺⒻⒼⒽⒾⒿⓀⓁ	0	['ʌndjuleit]	v. 波动，起伏
disenfranchise	ⒶⒷⒸⒹⒺⒻⒼⒽⒾⒿⓀⓁ	0	[ˌdisin'fræntʃaiz]	v. 剥夺…公民权
unfrock	ⒶⒷⒸⒹⒺⒻⒼⒽⒾⒿⓀⓁ	0	['ʌn'frɔk]	v. 剥夺职权
deploy	ⒶⒷⒸⒹⒺⒻⒼⒽⒾⒿⓀⓁ	0	[di'plɔi]	v. 部署，展开
obliterate	ⒶⒷⒸⒹⒺⒻⒼⒽⒾⒿⓀⓁ	0	[ə'blitəreit]	v. 擦掉，删除，切除
refurbish	ⒶⒷⒸⒹⒺⒻⒼⒽⒾⒿⓀⓁ	0	[ri:'fə:biʃ]	v. 擦亮，刷新
quarry	ⒶⒷⒸⒹⒺⒻⒼⒽⒾⒿⓀⓁ	0	['kwɔri]	v. 采集，挖出 n. 采石场，猎物
sheathe	ⒶⒷⒸⒹⒺⒻⒼⒽⒾⒿⓀⓁ	0	[ʃi:ð]	v. 插入鞘
detach	ⒶⒷⒸⒹⒺⒻⒼⒽⒾⒿⓀⓁ	0	[di'tætʃ]	v. 拆卸，使分开，分离
adulterate	ⒶⒷⒸⒹⒺⒻⒼⒽⒾⒿⓀⓁ	0	[ə'dʌltəreit]	v. 掺假 a. 通奸的，掺假的
ravel	ⒶⒷⒸⒹⒺⒻⒼⒽⒾⒿⓀⓁ	0	['rævəl]	v. 缠绕

单词	标记	频率	读音	词义
engender	ⒶⒷⒸⒹⒺⒻⒼⒽⒾⒿⓀⓁ	0	[in'dʒendə]	v. 产生，引起
toady	ⒶⒷⒸⒹⒺⒻⒼⒽⒾⒿⓀⓁ	0	['təudi]	v. 谄媚，拍马屁 n. 谄媚者
reimburse	ⒶⒷⒸⒹⒺⒻⒼⒽⒾⒿⓀⓁ	0	[ˌri:im'bə:s]	v. 偿还
quaff	ⒶⒷⒸⒹⒺⒻⒼⒽⒾⒿⓀⓁ	0	[kwa:f;kwɔf]	v. 畅饮，一饮而尽
transcribe	ⒶⒷⒸⒹⒺⒻⒼⒽⒾⒿⓀⓁ	0	[træns'kraib]	v. 抄写，改编，转录
withdraw	ⒶⒷⒸⒹⒺⒻⒼⒽⒾⒿⓀⓁ	0	[wið'drɔ:]	v. 撤销，撤回，撤退
subside	ⒶⒷⒸⒹⒺⒻⒼⒽⒾⒿⓀⓁ	0	[səb'said]	v. 沉没，下陷，平息
avow	ⒶⒷⒸⒹⒺⒻⒼⒽⒾⒿⓀⓁ	0	[ə'vau]	v. 承认，公开声明
cloy	ⒶⒷⒸⒹⒺⒻⒼⒽⒾⒿⓀⓁ	0	[klɔi]	v. 吃腻
upbraid	ⒶⒷⒸⒹⒺⒻⒼⒽⒾⒿⓀⓁ	0	[ʌp'breid]	v. 斥责，责骂
swill	ⒶⒷⒸⒹⒺⒻⒼⒽⒾⒿⓀⓁ	0	[swil]	v. 冲洗
lionize	ⒶⒷⒸⒹⒺⒻⒼⒽⒾⒿⓀⓁ	0	['laiənaiz]	v. 崇拜，捧为名人
bedizen	ⒶⒷⒸⒹⒺⒻⒼⒽⒾⒿⓀⓁ	0	[bi'daizn]	v. 穿着俗丽
impart	ⒶⒷⒸⒹⒺⒻⒼⒽⒾⒿⓀⓁ	0	[im'pa:t]	v. 传授，赋予，告知
arraign	ⒶⒷⒸⒹⒺⒻⒼⒽⒾⒿⓀⓁ	0	[ə'rein]	v. 传讯，指责
carp	ⒶⒷⒸⒹⒺⒻⒼⒽⒾⒿⓀⓁ	0	[ka:p]	v. 吹毛求疵 n. 鲤鱼
inculcate	ⒶⒷⒸⒹⒺⒻⒼⒽⒾⒿⓀⓁ	0	[in'kʌlkeit]	v. 谆谆教诲，反复灌输
resign	ⒶⒷⒸⒹⒺⒻⒼⒽⒾⒿⓀⓁ	0	[ri'zain]	v. 辞职，放弃，顺从
impale	ⒶⒷⒸⒹⒺⒻⒼⒽⒾⒿⓀⓁ	0	[im'peil]	v. 刺穿，钉住，折磨
embroider	ⒶⒷⒸⒹⒺⒻⒼⒽⒾⒿⓀⓁ	0	[im'brɔidə]	v. 刺绣，镶边，装饰
precipitate	ⒶⒷⒸⒹⒺⒻⒼⒽⒾⒿⓀⓁ	0	[pri'sipiteit]	v. 促成，使沉淀 n. 沉淀物 a. 仓促的
accost	ⒶⒷⒸⒹⒺⒻⒼⒽⒾⒿⓀⓁ	0	[ə'kɔst]	v. 搭讪，勾引
perforate	ⒶⒷⒸⒹⒺⒻⒼⒽⒾⒿⓀⓁ	0	['pə:fəreit]	v. 打孔，刺穿
burnish	ⒶⒷⒸⒹⒺⒻⒼⒽⒾⒿⓀⓁ	0	['bə:niʃ]	v. 打磨，擦亮 n. 光泽
gawk	ⒶⒷⒸⒹⒺⒻⒼⒽⒾⒿⓀⓁ	0	[gɔ:k]	v. 呆呆地看
entail	ⒶⒷⒸⒹⒺⒻⒼⒽⒾⒿⓀⓁ	0	[in'teil]	v. 带来，伴随，需要
tarry	ⒶⒷⒸⒹⒺⒻⒼⒽⒾⒿⓀⓁ	0	['ta:ri]	v. 耽搁，逗留
quail	ⒶⒷⒸⒹⒺⒻⒼⒽⒾⒿⓀⓁ	0	[kweil]	v. 胆怯，畏缩 n. 鹌鹑
betroth	ⒶⒷⒸⒹⒺⒻⒼⒽⒾⒿⓀⓁ	0	[bi'trəuð]	v. 订婚
hibernate	ⒶⒷⒸⒹⒺⒻⒼⒽⒾⒿⓀⓁ	0	['haibəneit]	v. 冬眠
squat	ⒶⒷⒸⒹⒺⒻⒼⒽⒾⒿⓀⓁ	0	[skwɔt]	v. 蹲下 n. 蹲姿 a. 矮胖的
degenerate	ⒶⒷⒸⒹⒺⒻⒼⒽⒾⒿⓀⓁ	0	[di'dʒenəreit]	v. 堕落，退化 a. 堕落的，退化的
recapitulate	ⒶⒷⒸⒹⒺⒻⒼⒽⒾⒿⓀⓁ	0	[ˌri:kə'pitjuleit]	v. 扼要重述
grouse	ⒶⒷⒸⒹⒺⒻⒼⒽⒾⒿⓀⓁ	0	[graus]	v. 发牢骚，抱怨 n. 松鸡
contrive	ⒶⒷⒸⒹⒺⒻⒼⒽⒾⒿⓀⓁ	0	[kən'traiv]	v. 发明，设计，图谋
initiate	ⒶⒷⒸⒹⒺⒻⒼⒽⒾⒿⓀⓁ	0	[i'niʃieit]	v. 发起，创始，接纳
abjure	ⒶⒷⒸⒹⒺⒻⒼⒽⒾⒿⓀⓁ	0	[əb'dʒuə]	v. 发誓放弃，公开放弃
forswear	ⒶⒷⒸⒹⒺⒻⒼⒽⒾⒿⓀⓁ	0	[fɔ:'sweə]	v. 发誓放弃，作伪证
burgeon	ⒶⒷⒸⒹⒺⒻⒼⒽⒾⒿⓀⓁ	0	['bɜ:dʒ(ə)n]	v. 发芽，快速发展 n. 芽，嫩枝
controvert	ⒶⒷⒸⒹⒺⒻⒼⒽⒾⒿⓀⓁ	0	['kɔntrəˌvə:t;kɔntrə'və:t]	v. 反驳，驳斥

单词	标记	频率	读音	词义
ruminate	ⒶⒷⒸⒹⒺⒻⒼⒽⒾⒿⓀⓁ	0	['ru:mineit]	v. 反刍，沉思
deprecate	ⒶⒷⒸⒹⒺⒻⒼⒽⒾⒿⓀⓁ	0	['deprikeit]	v. 反对，轻视
perpetrate	ⒶⒷⒸⒹⒺⒻⒼⒽⒾⒿⓀⓁ	0	['pə:pitreit]	v. 犯罪，做坏事
encumber	ⒶⒷⒸⒹⒺⒻⒼⒽⒾⒿⓀⓁ	0	[in'kʌmbə]	v. 妨害，阻碍
forsake	ⒶⒷⒸⒹⒺⒻⒼⒽⒾⒿⓀⓁ	0	[fə'seik]	v. 放弃，抛弃
unbridle	ⒶⒷⒸⒹⒺⒻⒼⒽⒾⒿⓀⓁ	0	['ʌn'bridl]	v. 放松缰绳，放纵
vilify	ⒶⒷⒸⒹⒺⒻⒼⒽⒾⒿⓀⓁ	0	['vilifai]	v. 诽谤，中伤
traduce	ⒶⒷⒸⒹⒺⒻⒼⒽⒾⒿⓀⓁ	0	[trə'dju:s]	v. 诽谤，中伤
malign	ⒶⒷⒸⒹⒺⒻⒼⒽⒾⒿⓀⓁ	0	[mə'lain]	v. 诽谤 a. 恶毒的
abrogate	ⒶⒷⒸⒹⒺⒻⒼⒽⒾⒿⓀⓁ	0	['æbrəugeit]	v. 废除，撤销
rescind	ⒶⒷⒸⒹⒺⒻⒼⒽⒾⒿⓀⓁ	0	[ri'sind]	v. 废止，取消
stratify	ⒶⒷⒸⒹⒺⒻⒼⒽⒾⒿⓀⓁ	0	['strætifai]	v. 分层，使层化
allocate	ⒶⒷⒸⒹⒺⒻⒼⒽⒾⒿⓀⓁ	0	['æləukeit]	v. 分派，分配
disperse	ⒶⒷⒸⒹⒺⒻⒼⒽⒾⒿⓀⓁ	0	[dis'pə:s]	v. 分散，散开，驱散
fawn	ⒶⒷⒸⒹⒺⒻⒼⒽⒾⒿⓀⓁ	0	[fɔ:n]	v. 奉承，讨好
placate	ⒶⒷⒸⒹⒺⒻⒼⒽⒾⒿⓀⓁ	0	[plə'keit]	v. 抚慰，使和解，平息
corrode	ⒶⒷⒸⒹⒺⒻⒼⒽⒾⒿⓀⓁ	0	[kə'rəud]	v. 腐蚀，削弱
defray	ⒶⒷⒸⒹⒺⒻⒼⒽⒾⒿⓀⓁ	0	[di'frei]	v. 付款
append	ⒶⒷⒸⒹⒺⒻⒼⒽⒾⒿⓀⓁ	0	[ə'pend]	v. 附加，添加
animate	ⒶⒷⒸⒹⒺⒻⒼⒽⒾⒿⓀⓁ	0	['ænimeit]	v. 赋予生命 a. 有生命的，有活力的
enfranchise	ⒶⒷⒸⒹⒺⒻⒼⒽⒾⒿⓀⓁ	0	[in'fræntʃaiz;en-]	v. 赋予选举权，解放
strut	ⒶⒷⒸⒹⒺⒻⒼⒽⒾⒿⓀⓁ	0	[strʌt]	v. 高视阔步地走，支撑 n. 支柱
cede	ⒶⒷⒸⒹⒺⒻⒼⒽⒾⒿⓀⓁ	0	[si:d]	v. 割让，放弃
stoke	ⒶⒷⒸⒹⒺⒻⒼⒽⒾⒿⓀⓁ	0	[stəuk]	v. 给…添煤
billow	ⒶⒷⒸⒹⒺⒻⒼⒽⒾⒿⓀⓁ	0	['biləu]	v. 鼓胀，升腾
rivet	ⒶⒷⒸⒹⒺⒻⒼⒽⒾⒿⓀⓁ	0	['rivit]	v. 固定，吸引 n. 铆钉
ascribe	ⒶⒷⒸⒹⒺⒻⒼⒽⒾⒿⓀⓁ	0	[əs'kraib]	v. 归因于，归咎于
stipulate	ⒶⒷⒸⒹⒺⒻⒼⒽⒾⒿⓀⓁ	0	['stipjuleit]	v. 规定，保证
solder	ⒶⒷⒸⒹⒺⒻⒼⒽⒾⒿⓀⓁ	0	['sɔldə]	v. 焊接 n. 焊接剂
amalgamate	ⒶⒷⒸⒹⒺⒻⒼⒽⒾⒿⓀⓁ	0	[ə'mælgəmeit]	v. 合并，混合
coalesce	ⒶⒷⒸⒹⒺⒻⒼⒽⒾⒿⓀⓁ	0	[ˌkəuə'les]	v. 合并，联合
parch	ⒶⒷⒸⒹⒺⒻⒼⒽⒾⒿⓀⓁ	0	[pa:tʃ]	v. 烘干，烘烤，烤焦
wheedle	ⒶⒷⒸⒹⒺⒻⒼⒽⒾⒿⓀⓁ	0	['(h)wi:dl]	v. 哄骗，劝诱
hurtle	ⒶⒷⒸⒹⒺⒻⒼⒽⒾⒿⓀⓁ	0	['hə:tl]	v. 呼啸而过，用力投掷
brandish	ⒶⒷⒸⒹⒺⒻⒼⒽⒾⒿⓀⓁ	0	['brændiʃ]	v. 挥舞（刀剑等）
rehabilitate	ⒶⒷⒸⒹⒺⒻⒼⒽⒾⒿⓀⓁ	0	[ˌri:(h)ə'biliteit]	v. 恢复，康复，恢复名誉
convolute	ⒶⒷⒸⒹⒺⒻⒼⒽⒾⒿⓀⓁ	0	['kɔnvəlju:t]	v. 回旋，盘旋 a. 回旋状的
impel	ⒶⒷⒸⒹⒺⒻⒼⒽⒾⒿⓀⓁ	0	[im'pel]	v. 激励，驱使
rile	ⒶⒷⒸⒹⒺⒻⒼⒽⒾⒿⓀⓁ	0	[rail]	v. 激怒，搅动
incense	ⒶⒷⒸⒹⒺⒻⒼⒽⒾⒿⓀⓁ	0	[in'sens]	v. 激怒 n. 香味，薰香，奉承

单词	标记	频率	读音	词义
extrude	ⒶⒷⒸⒹⒺⒻⒼⒽⒾⒿⓀⓁ	0	[eks'tru:d]	v. 挤出，压出，逐出
calculate	ⒶⒷⒸⒹⒺⒻⒼⒽⒾⒿⓀⓁ	0	['kælkjuleit]	v. 计算，考虑
striate	ⒶⒷⒸⒹⒺⒻⒼⒽⒾⒿⓀⓁ	0	['straieit]	v. 加条纹 a. 有条纹的
incarcerate	ⒶⒷⒸⒹⒺⒻⒼⒽⒾⒿⓀⓁ	0	[in'ka:səreit]	v. 监禁
extenuate	ⒶⒷⒸⒹⒺⒻⒼⒽⒾⒿⓀⓁ	0	[iks'tenjueit]	v. 减轻
allay	ⒶⒷⒸⒹⒺⒻⒼⒽⒾⒿⓀⓁ	0	[ə'lei]	v. 减轻，缓和，使平静
bate	ⒶⒷⒸⒹⒺⒻⒼⒽⒾⒿⓀⓁ	0	[beit]	v. 减少，抑制
shear	ⒶⒷⒸⒹⒺⒻⒼⒽⒾⒿⓀⓁ	0	[ʃiə]	v. 剪，修剪 n. 剪刀
relegate	ⒶⒷⒸⒹⒺⒻⒼⒽⒾⒿⓀⓁ	0	['religeit]	v. 降级，流放，移交
douse	ⒶⒷⒸⒹⒺⒻⒼⒽⒾⒿⓀⓁ	0	[daus]	v. 浇灭，熄灭，使浸入液体中
abet	ⒶⒷⒸⒹⒺⒻⒼⒽⒾⒿⓀⓁ	0	[ə'bet]	v. 教唆，煽动，怂恿
debunk	ⒶⒷⒸⒹⒺⒻⒼⒽⒾⒿⓀⓁ	0	[di:'bʌŋk]	v. 揭穿，暴露
abstain	ⒶⒷⒸⒹⒺⒻⒼⒽⒾⒿⓀⓁ	0	[əb'stein]	v. 戒除（烟酒等），弃权，避免
clench	ⒶⒷⒸⒹⒺⒻⒼⒽⒾⒿⓀⓁ	0	[klentʃ]	v. 紧握，牢牢抓住，确定
proscribe	ⒶⒷⒸⒹⒺⒻⒼⒽⒾⒿⓀⓁ	0	[prəus'kraib]	v. 禁止，放逐，排斥
peruse	ⒶⒷⒸⒹⒺⒻⒼⒽⒾⒿⓀⓁ	0	[pə'ru:z]	v. 精读，细读
primp	ⒶⒷⒸⒹⒺⒻⒼⒽⒾⒿⓀⓁ	0	[primp]	v. 精心打扮
vie	ⒶⒷⒸⒹⒺⒻⒼⒽⒾⒿⓀⓁ	0	[vai]	v. 竞争
exhume	ⒶⒷⒸⒹⒺⒻⒼⒽⒾⒿⓀⓁ	0	[eks'hju:m]	v. 掘出，发掘
exculpate	ⒶⒷⒸⒹⒺⒻⒼⒽⒾⒿⓀⓁ	0	['ekskʌlpeit]	v. 开脱，证明无罪
implore	ⒶⒷⒸⒹⒺⒻⒼⒽⒾⒿⓀⓁ	0	[im'plɔ:]	v. 恳求，哀求
supplicate	ⒶⒷⒸⒹⒺⒻⒼⒽⒾⒿⓀⓁ	0	['sʌplikeit]	v. 恳求，乞求
impeach	ⒶⒷⒸⒹⒺⒻⒼⒽⒾⒿⓀⓁ	0	[im'pi:tʃ]	v. 控告，怀疑，弹劾
blight	ⒶⒷⒸⒹⒺⒻⒼⒽⒾⒿⓀⓁ	0	[blait]	v. 枯萎，摧残 n. 枯萎病
exult	ⒶⒷⒸⒹⒺⒻⒼⒽⒾⒿⓀⓁ	0	[ig'zʌlt]	v. 狂喜
loll	ⒶⒷⒸⒹⒺⒻⒼⒽⒾⒿⓀⓁ	0	[lɔl]	v. 懒洋洋地待着，闲逛
trifle	ⒶⒷⒸⒹⒺⒻⒼⒽⒾⒿⓀⓁ	0	['traifl]	v. 浪费，玩弄 n. 琐事，少量
dawdle	ⒶⒷⒸⒹⒺⒻⒼⒽⒾⒿⓀⓁ	0	['dɔ:dl]	v. 浪费时间，闲逛
extort	ⒶⒷⒸⒹⒺⒻⒼⒽⒾⒿⓀⓁ	0	[iks'tɔ:t]	v. 勒索，敲诈
exhort	ⒶⒷⒸⒹⒺⒻⒼⒽⒾⒿⓀⓁ	0	[ig'zɔ:t]	v. 力劝，恳求，勉励
abut	ⒶⒷⒸⒹⒺⒻⒼⒽⒾⒿⓀⓁ	0	[ə'bʌt]	v. 邻接，毗连
grudge	ⒶⒷⒸⒹⒺⒻⒼⒽⒾⒿⓀⓁ	0	[grʌdʒ]	v. 吝惜，嫉妒 n. 怨恨，恶意
matriculate	ⒶⒷⒸⒹⒺⒻⒼⒽⒾⒿⓀⓁ	0	[mə'trikjuleit]	v. 录取入学
fall	ⒶⒷⒸⒹⒺⒻⒼⒽⒾⒿⓀⓁ	0	[fɔ:l]	v. 落下，倒下 n. 秋天，落下
whinny	ⒶⒷⒸⒹⒺⒻⒼⒽⒾⒿⓀⓁ	0	['wini;'hwini]	v. 马嘶
waylay	ⒶⒷⒸⒹⒺⒻⒼⒽⒾⒿⓀⓁ	0	['wei'lei]	v. 埋伏，伏击
slake	ⒶⒷⒸⒹⒺⒻⒼⒽⒾⒿⓀⓁ	0	[sleik]	v. 满足（一种渴望），解渴，平息
expropriate	ⒶⒷⒸⒹⒺⒻⒼⒽⒾⒿⓀⓁ	0	[eks'prəuprieit]	v. 没收，充公，剥夺
pummel	ⒶⒷⒸⒹⒺⒻⒼⒽⒾⒿⓀⓁ	0	['pʌm(ə)l]	v. 猛击，（用拳）连续地打
pulverize	ⒶⒷⒸⒹⒺⒻⒼⒽⒾⒿⓀⓁ	0	['pʌlvəraiz]	v. 磨成粉，摧毁

单词	标记	频率	读音	词义
anoint	ⒶⒷⒸⒹⒺⒻⒼⒽⒾⒿⓀⓁ	0	[ə'nɔint]	v. 抹油，指定
gape	ⒶⒷⒸⒹⒺⒻⒼⒽⒾⒿⓀⓁ	0	[geip]	v. 目瞪口呆，打哈欠，张大嘴
dote	ⒶⒷⒸⒹⒺⒻⒼⒽⒾⒿⓀⓁ	0	[dəut]	v. 溺爱
besmirch	ⒶⒷⒸⒹⒺⒻⒼⒽⒾⒿⓀⓁ	0	[bi'smə:tʃ]	v. 弄脏，玷污
bedraggle	ⒶⒷⒸⒹⒺⒻⒼⒽⒾⒿⓀⓁ	0	[bi'drægl]	v. 弄脏，弄湿
glower	ⒶⒷⒸⒹⒺⒻⒼⒽⒾⒿⓀⓁ	0	['glauə]	v. 怒视
grovel	ⒶⒷⒸⒹⒺⒻⒼⒽⒾⒿⓀⓁ	0	['grɔvl]	v. 趴，卑躬屈膝
ostracize	ⒶⒷⒸⒹⒺⒻⒼⒽⒾⒿⓀⓁ	0	['ɔstrəsaiz]	v. 排斥，放逐
repel	ⒶⒷⒸⒹⒺⒻⒼⒽⒾⒿⓀⓁ	0	[ri'pel]	v. 排斥，击退，使反感
obviate	ⒶⒷⒸⒹⒺⒻⒼⒽⒾⒿⓀⓁ	0	['ɔbvieit;-vjeit]	v. 排除，消除
ogle	ⒶⒷⒸⒹⒺⒻⒼⒽⒾⒿⓀⓁ	0	['əugl]	v. 抛媚眼
cleave	ⒶⒷⒸⒹⒺⒻⒼⒽⒾⒿⓀⓁ	0	[kli:v]	v. 劈开，分开，忠实
deviate	ⒶⒷⒸⒹⒺⒻⒼⒽⒾⒿⓀⓁ	0	['di:vieit]	v. 偏离，脱离，出轨
impend	ⒶⒷⒸⒹⒺⒻⒼⒽⒾⒿⓀⓁ	0	[im'pend]	v. 迫近，逼近，即将发生
hoodwink	ⒶⒷⒸⒹⒺⒻⒼⒽⒾⒿⓀⓁ	0	['hudwiŋk]	v. 欺骗
indict	ⒶⒷⒸⒹⒺⒻⒼⒽⒾⒿⓀⓁ	0	[in'dait]	v. 起诉，控告
incriminate	ⒶⒷⒸⒹⒺⒻⒼⒽⒾⒿⓀⓁ	0	[in'krimi,neit]	v. 牵连，控告，使负罪
abscond	ⒶⒷⒸⒹⒺⒻⒼⒽⒾⒿⓀⓁ	0	[əb'skɔnd]	v. 潜逃，逃亡
reprobate	ⒶⒷⒸⒹⒺⒻⒼⒽⒾⒿⓀⓁ	0	['reprəubeit]	v. 谴责 a./n. 堕落的
obtrude	ⒶⒷⒸⒹⒺⒻⒼⒽⒾⒿⓀⓁ	0	[əb'tru:d]	v. 强加，打扰
compel	ⒶⒷⒸⒹⒺⒻⒼⒽⒾⒿⓀⓁ	0	[kəm'pel]	v. 强迫，迫使
amputate	ⒶⒷⒸⒹⒺⒻⒼⒽⒾⒿⓀⓁ	0	['æmpju,teit]	v. 切断，删除
cant	ⒶⒷⒸⒹⒺⒻⒼⒽⒾⒿⓀⓁ	0	[kænt]	v. 倾斜 n. 斜面，术语，黑话
celebrate	ⒶⒷⒸⒹⒺⒻⒼⒽⒾⒿⓀⓁ	0	['selibreit]	v. 庆祝，祝贺
exorcise	ⒶⒷⒸⒹⒺⒻⒼⒽⒾⒿⓀⓁ	0	['eksɔ:saiz]	v. 驱赶，驱邪
actuate	ⒶⒷⒸⒹⒺⒻⒼⒽⒾⒿⓀⓁ	0	['æktjueit]	v. 驱使，激励，开动
oust	ⒶⒷⒸⒹⒺⒻⒼⒽⒾⒿⓀⓁ	0	[aust]	v. 驱逐，剥夺，取代
expatriate	ⒶⒷⒸⒹⒺⒻⒼⒽⒾⒿⓀⓁ	0	[eks'pætrieit]	v. 驱逐出国，移居国外 n. 移居者
deign	ⒶⒷⒸⒹⒺⒻⒼⒽⒾⒿⓀⓁ	0	[dein]	v. 屈尊，施恩惠于人
countermand	ⒶⒷⒸⒹⒺⒻⒼⒽⒾⒿⓀⓁ	0	[,kauntə'ma:nd]	v. 取消，撤回
revoke	ⒶⒷⒸⒹⒺⒻⒼⒽⒾⒿⓀⓁ	0	[ri'vəuk]	v. 取消，废除，撤回
dissuade	ⒶⒷⒸⒹⒺⒻⒼⒽⒾⒿⓀⓁ	0	[di'sweid]	v. 劝阻
derange	ⒶⒷⒸⒹⒺⒻⒼⒽⒾⒿⓀⓁ	0	[di'reindʒ]	v. 扰乱，使发狂
endure	ⒶⒷⒸⒹⒺⒻⒼⒽⒾⒿⓀⓁ	0	[in'djuə]	v. 忍受，容忍，持久
ordain	ⒶⒷⒸⒹⒺⒻⒼⒽⒾⒿⓀⓁ	0	[ɔ:'dein]	v. 任命，命中注定
melt	ⒶⒷⒸⒹⒺⒻⒼⒽⒾⒿⓀⓁ	0	[melt]	v. 融化，消散
revile	ⒶⒷⒸⒹⒺⒻⒼⒽⒾⒿⓀⓁ	0	[ri'vail]	v. 辱骂
strew	ⒶⒷⒸⒹⒺⒻⒼⒽⒾⒿⓀⓁ	0	[stru:]	v. 散播，撒满，点缀
emanate	ⒶⒷⒸⒹⒺⒻⒼⒽⒾⒿⓀⓁ	0	['eməneit]	v. 散发，发出
expunge	ⒶⒷⒸⒹⒺⒻⒼⒽⒾⒿⓀⓁ	0	[eks'pʌndʒ]	v. 删除，擦掉

单词	标记	频率	读音	词义
bowdlerize	ⒶⒷⒸⒹⒺⒻⒼⒽⒾⒿⓀⓁ	0	['baudləraiz]	v. 删节
incite	ⒶⒷⒸⒹⒺⒻⒼⒽⒾⒿⓀⓁ	0	[in'sait]	v. 煽动，刺激
foment	ⒶⒷⒸⒹⒺⒻⒼⒽⒾⒿⓀⓁ	0	[fəu'ment]	v. 煽动，热敷
levitate	ⒶⒷⒸⒹⒺⒻⒼⒽⒾⒿⓀⓁ	0	['leviteit]	v. 升空，浮在空中
bristle	ⒶⒷⒸⒹⒺⒻⒼⒽⒾⒿⓀⓁ	0	['brisl]	v. 生气，竖起 n. 猪鬃
purport	ⒶⒷⒸⒹⒺⒻⒼⒽⒾⒿⓀⓁ	0	['pə:pət;-pɔ:t]	v. 声称，意图 n. 含义，意图
petrify	ⒶⒷⒸⒹⒺⒻⒼⒽⒾⒿⓀⓁ	0	['petri,fai]	v. 石化，吓呆
scavenge	ⒶⒷⒸⒹⒺⒻⒼⒽⒾⒿⓀⓁ	0	['skævindʒ]	v. 食腐肉，（在废物中）寻觅
discomfit	ⒶⒷⒸⒹⒺⒻⒼⒽⒾⒿⓀⓁ	0	[dis'kʌmfit]	v. 使懊恼，挫败
satiate	ⒶⒷⒸⒹⒺⒻⒼⒽⒾⒿⓀⓁ	0	['seiʃieit]	v. 使饱，使满足，使厌腻
transmute	ⒶⒷⒸⒹⒺⒻⒼⒽⒾⒿⓀⓁ	0	[trænz'mju:t]	v. 使变化，使变形
maim	ⒶⒷⒸⒹⒺⒻⒼⒽⒾⒿⓀⓁ	0	[meim]	v. 使残疾
granulate	ⒶⒷⒸⒹⒺⒻⒼⒽⒾⒿⓀⓁ	0	['grænjuleit]	v. 使成颗粒
variegate	ⒶⒷⒸⒹⒺⒻⒼⒽⒾⒿⓀⓁ	0	['veərigeit]	v. 使多样化，使成杂色
debauch	ⒶⒷⒸⒹⒺⒻⒼⒽⒾⒿⓀⓁ	0	[di'bɔ:tʃ]	v. 使堕落，使放荡
demystify	ⒶⒷⒸⒹⒺⒻⒼⒽⒾⒿⓀⓁ	0	[di:'mistifai]	v. 使非神秘化
ramify	ⒶⒷⒸⒹⒺⒻⒼⒽⒾⒿⓀⓁ	0	['ræmifai]	v. 使分叉
subdue	ⒶⒷⒸⒹⒺⒻⒼⒽⒾⒿⓀⓁ	0	[sʌb'dju:]	v. 使服从，压制
affix	ⒶⒷⒸⒹⒺⒻⒼⒽⒾⒿⓀⓁ	0	[ə'fiks]	v. 使附于，粘贴 n. 词缀
proselytize	ⒶⒷⒸⒹⒺⒻⒼⒽⒾⒿⓀⓁ	0	['prɔsilitaiz]	v. 使改变宗教信仰
desiccate	ⒶⒷⒸⒹⒺⒻⒼⒽⒾⒿⓀⓁ	0	['desikeit]	v. 使干燥，脱水 a. 乏味的
exhilarate	ⒶⒷⒸⒹⒺⒻⒼⒽⒾⒿⓀⓁ	0	[ig'ziləreit]	v. 使高兴，鼓舞
ingrain	ⒶⒷⒸⒹⒺⒻⒼⒽⒾⒿⓀⓁ	0	[in'grein]	v. 使根深蒂固，牢记 a. 根深蒂固的
outmode	ⒶⒷⒸⒹⒺⒻⒼⒽⒾⒿⓀⓁ	0	[aut'məud]	v. 使过时
muddle	ⒶⒷⒸⒹⒺⒻⒼⒽⒾⒿⓀⓁ	0	['mʌdl]	v. 使浑浊，使糊涂 n. 混乱，糊涂
extricate	ⒶⒷⒸⒹⒺⒻⒼⒽⒾⒿⓀⓁ	0	['ekstrikeit]	v. 使解脱，救出
dispirit	ⒶⒷⒸⒹⒺⒻⒼⒽⒾⒿⓀⓁ	0	[dis'pirit]	v. 使沮丧，使气馁
qualify	ⒶⒷⒸⒹⒺⒻⒼⒽⒾⒿⓀⓁ	0	['kwɔlifai]	v. 使具备资格
embroil	ⒶⒷⒸⒹⒺⒻⒼⒽⒾⒿⓀⓁ	0	[im'brɔil]	v. 使卷入，牵连
insulate	ⒶⒷⒸⒹⒺⒻⒼⒽⒾⒿⓀⓁ	0	['insjuleit]	v. 使绝缘，隔离
harrow	ⒶⒷⒸⒹⒺⒻⒼⒽⒾⒿⓀⓁ	0	['hærəu]	v. 使苦恼，折磨，耙掘 n. 耙子
enrapture	ⒶⒷⒸⒹⒺⒻⒼⒽⒾⒿⓀⓁ	0	[in'ræptʃə]	v. 使狂喜
exude	ⒶⒷⒸⒹⒺⒻⒼⒽⒾⒿⓀⓁ	0	[ig'zju:d]	v. 使流出，渗出
bemuse	ⒶⒷⒸⒹⒺⒻⒼⒽⒾⒿⓀⓁ	0	[bi'mju:z]	v. 使迷惑，使茫然
befuddle	ⒶⒷⒸⒹⒺⒻⒼⒽⒾⒿⓀⓁ	0	[bi'fʌdl]	v. 使迷惑，使烂醉
enamor	ⒶⒷⒸⒹⒺⒻⒼⒽⒾⒿⓀⓁ	0	[i'næmə]	v. 使迷住，迷恋
dishevel	ⒶⒷⒸⒹⒺⒻⒼⒽⒾⒿⓀⓁ	0	[di'ʃevəl]	v. 使蓬乱，使头发凌乱
bloat	ⒶⒷⒸⒹⒺⒻⒼⒽⒾⒿⓀⓁ	0	[bləut]	v. 使膨胀
inflate	ⒶⒷⒸⒹⒺⒻⒼⒽⒾⒿⓀⓁ	0	[in'fleit]	v. 使膨胀，使得意，通货膨胀
jade	ⒶⒷⒸⒹⒺⒻⒼⒽⒾⒿⓀⓁ	0	[dʒeid]	v. 使疲倦 n. 玉石，翡翠，老马

单词	标记	频率	读音	词义
impoverish	ⒶⒷⒸⒹⒺⒻⒼⒽⒾⒿⓀⓁ	0	[im'pɔvəriʃ]	v. 使贫穷，使贫瘠
pacify	ⒶⒷⒸⒹⒺⒻⒼⒽⒾⒿⓀⓁ	0	['pæsifai]	v. 使平静，安抚，镇压
corrugate	ⒶⒷⒸⒹⒺⒻⒼⒽⒾⒿⓀⓁ	0	['kɔrugeit]	v. 使起皱纹，使起波浪
engross	ⒶⒷⒸⒹⒺⒻⒼⒽⒾⒿⓀⓁ	0	[in'grəus]	v. 使全神贯注，用大字体写，独占
incapacitate	ⒶⒷⒸⒹⒺⒻⒼⒽⒾⒿⓀⓁ	0	[ˌinkə'pæsiteit]	v. 使丧失能力，使无资格
estrange	ⒶⒷⒸⒹⒺⒻⒼⒽⒾⒿⓀⓁ	0	[is'treindʒ]	v. 使疏远，使分离
slacken	ⒶⒷⒸⒹⒺⒻⒼⒽⒾⒿⓀⓁ	0	['slækən]	v. 使松弛，使松懈
addle	ⒶⒷⒸⒹⒺⒻⒼⒽⒾⒿⓀⓁ	0	['ædl]	v. 使头脑混乱
nullify	ⒶⒷⒸⒹⒺⒻⒼⒽⒾⒿⓀⓁ	0	['nʌlifai]	v. 使无效，废弃，取消
stultify	ⒶⒷⒸⒹⒺⒻⒼⒽⒾⒿⓀⓁ	0	['stʌltifai]	v. 使无效，使愚蠢
rarefy	ⒶⒷⒸⒹⒺⒻⒼⒽⒾⒿⓀⓁ	0	['reərifai]	v. 使稀薄，使纯净
inure	ⒶⒷⒸⒹⒺⒻⒼⒽⒾⒿⓀⓁ	0	[i'njuə]	v. 使习惯
emaciate	ⒶⒷⒸⒹⒺⒻⒼⒽⒾⒿⓀⓁ	0	[i'meiʃieit]	v. 使消瘦，使憔悴
elate	ⒶⒷⒸⒹⒺⒻⒼⒽⒾⒿⓀⓁ	0	[i'leit]	v. 使兴高采烈，使得意
abash	ⒶⒷⒸⒹⒺⒻⒼⒽⒾⒿⓀⓁ	0	[ə'bæʃ]	v. 使羞愧，使困窘
sequester	ⒶⒷⒸⒹⒺⒻⒼⒽⒾⒿⓀⓁ	0	[si'kwestə]	v. 使隐退，使隔离，扣押
nauseate	ⒶⒷⒸⒹⒺⒻⒼⒽⒾⒿⓀⓁ	0	['nɔ:sieit]	v. 使作呕，使厌恶
hallow	ⒶⒷⒸⒹⒺⒻⒼⒽⒾⒿⓀⓁ	0	['hæləu]	v. 视为神圣，崇敬，使神圣
emancipate	ⒶⒷⒸⒹⒺⒻⒼⒽⒾⒿⓀⓁ	0	[i'mænsipeit]	v. 释放，解放
retract	ⒶⒷⒸⒹⒺⒻⒼⒽⒾⒿⓀⓁ	0	[ri'trækt]	v. 收回，撤销，缩回
atone	ⒶⒷⒸⒹⒺⒻⒼⒽⒾⒿⓀⓁ	0	[ə'təun]	v. 赎罪，补偿
expiate	ⒶⒷⒸⒹⒺⒻⒼⒽⒾⒿⓀⓁ	0	['ekspieit]	v. 赎罪，补偿
tether	ⒶⒷⒸⒹⒺⒻⒼⒽⒾⒿⓀⓁ	0	['teðə]	v. 束缚 n. 系绳
languish	ⒶⒷⒸⒹⒺⒻⒼⒽⒾⒿⓀⓁ	0	['læŋgwiʃ]	v. 衰弱，萎靡不振
rend	ⒶⒷⒸⒹⒺⒻⒼⒽⒾⒿⓀⓁ	0	[rend]	v. 撕裂，分裂
excoriate	ⒶⒷⒸⒹⒺⒻⒼⒽⒾⒿⓀⓁ	0	[eks'kɔ:rieit]	v. 撕去皮，严厉批评
delve	ⒶⒷⒸⒹⒺⒻⒼⒽⒾⒿⓀⓁ	0	[delv]	v. 探究，钻研，挖掘，搜索
shirk	ⒶⒷⒸⒹⒺⒻⒼⒽⒾⒿⓀⓁ	0	[ʃə:k]	v. 逃避
haggle	ⒶⒷⒸⒹⒺⒻⒼⒽⒾⒿⓀⓁ	0	['hægl]	v. 讨价还价
broach	ⒶⒷⒸⒹⒺⒻⒼⒽⒾⒿⓀⓁ	0	[brəutʃ]	v. 提出，开瓶，钻洞
propound	ⒶⒷⒸⒹⒺⒻⒼⒽⒾⒿⓀⓁ	0	[prə'paund]	v. 提出，提议
caulk	ⒶⒷⒸⒹⒺⒻⒼⒽⒾⒿⓀⓁ	0	[kɔ:k]	v. 填塞使不渗水 n. 堵
tantalize	ⒶⒷⒸⒹⒺⒻⒼⒽⒾⒿⓀⓁ	0	['tæntəlaiz]	v. 挑逗
cavil	ⒶⒷⒸⒹⒺⒻⒼⒽⒾⒿⓀⓁ	0	['kævil]	v. 挑剔，吹毛求疵
galvanize	ⒶⒷⒸⒹⒺⒻⒼⒽⒾⒿⓀⓁ	0	['gælvənaiz]	v. 通电，电镀，刺激，激励
apprise	ⒶⒷⒸⒹⒺⒻⒼⒽⒾⒿⓀⓁ	0	[ə'praiz]	v. 通知，告诉
accede	ⒶⒷⒸⒹⒺⒻⒼⒽⒾⒿⓀⓁ	0	[æk'si:d]	v. 同意，就任，加入
filch	ⒶⒷⒸⒹⒺⒻⒼⒽⒾⒿⓀⓁ	0	[filtʃ]	v. 偷（没有什么价值的东西）
skulk	ⒶⒷⒸⒹⒺⒻⒼⒽⒾⒿⓀⓁ	0	[skʌlk]	v. 偷偷摸摸，躲藏
protrude	ⒶⒷⒸⒹⒺⒻⒼⒽⒾⒿⓀⓁ	0	[prə'tru:d]	v. 突出，伸出

单词	标记	频率	读音	词义
daub	ⒶⒷⒸⒹⒺⒻⒼⒽⒾⒿⓀⓁ	0	[dɔ:b]	v. 涂抹，乱画
disgorge	ⒶⒷⒸⒹⒺⒻⒼⒽⒾⒿⓀⓁ	0	[dis'gɔ:dʒ]	v. 吐出，呕出，流出
spit	ⒶⒷⒸⒹⒺⒻⒼⒽⒾⒿⓀⓁ	0	[spit]	v. 吐唾沫 n. 唾沫
defer	ⒶⒷⒸⒹⒺⒻⒼⒽⒾⒿⓀⓁ	0	[di'fə:]	v. 推迟，延期，顺从
abdicate	ⒶⒷⒸⒹⒺⒻⒼⒽⒾⒿⓀⓁ	0	['æbdikeit]	v. 退位，放弃
slough	ⒶⒷⒸⒹⒺⒻⒼⒽⒾⒿⓀⓁ	0	[slau]	v. 蜕皮 n. 泥坑，困境
doff	ⒶⒷⒸⒹⒺⒻⒼⒽⒾⒿⓀⓁ	0	[dɔf]	v. 脱，丢弃
blurt	ⒶⒷⒸⒹⒺⒻⒼⒽⒾⒿⓀⓁ	0	[blə:t]	v. 脱口而出
dehydrate	ⒶⒷⒸⒹⒺⒻⒼⒽⒾⒿⓀⓁ	0	[di:'haidreit]	v. 脱水
meander	ⒶⒷⒸⒹⒺⒻⒼⒽⒾⒿⓀⓁ	0	[mi'ændə]	v. 蜿蜒而流，闲逛
dabble	ⒶⒷⒸⒹⒺⒻⒼⒽⒾⒿⓀⓁ	0	['dæbl]	v. 玩水，涉猎
renege	ⒶⒷⒸⒹⒺⒻⒼⒽⒾⒿⓀⓁ	0	[ri'ni:g]	v. 违约，食言
beset	ⒶⒷⒸⒹⒺⒻⒼⒽⒾⒿⓀⓁ	0	[bi'set]	v. 围攻，使苦恼
besiege	ⒶⒷⒸⒹⒺⒻⒼⒽⒾⒿⓀⓁ	0	[bi'si:dʒ]	v. 围困，围攻
underlie	ⒶⒷⒸⒹⒺⒻⒼⒽⒾⒿⓀⓁ	0	[ˌʌndə'lai]	v. 位于…之下，成为基础
flinch	ⒶⒷⒸⒹⒺⒻⒼⒽⒾⒿⓀⓁ	0	[flintʃ]	v. 畏缩，退缩 n. 退缩
stigmatize	ⒶⒷⒸⒹⒺⒻⒼⒽⒾⒿⓀⓁ	0	['stigmətaiz]	v. 污蔑
misconstrue	ⒶⒷⒸⒹⒺⒻⒼⒽⒾⒿⓀⓁ	0	['miskən'stru:]	v. 误解
quench	ⒶⒷⒸⒹⒺⒻⒼⒽⒾⒿⓀⓁ	0	[kwentʃ]	v. 熄灭，抑制，缓和
banter	ⒶⒷⒸⒹⒺⒻⒼⒽⒾⒿⓀⓁ	0	['bæntə]	v. 戏弄 n. 戏谑，嘲弄
disembark	ⒶⒷⒸⒹⒺⒻⒼⒽⒾⒿⓀⓁ	0	['disim'ba:k]	v. 下车，下船，下飞机
loiter	ⒶⒷⒸⒹⒺⒻⒼⒽⒾⒿⓀⓁ	0	['lɔitə]	v. 闲逛，徘徊，虚度
annihilate	ⒶⒷⒸⒹⒺⒻⒼⒽⒾⒿⓀⓁ	0	[ə'naiəleit]	v. 消灭，废止
collate	ⒶⒷⒸⒹⒺⒻⒼⒽⒾⒿⓀⓁ	0	[kɔ'leit]	v. 校对，整理
rectify	ⒶⒷⒸⒹⒺⒻⒼⒽⒾⒿⓀⓁ	0	['rektifai]	v. 校正，调整，整流
divulge	ⒶⒷⒸⒹⒺⒻⒼⒽⒾⒿⓀⓁ	0	[dai'vʌldʒ]	v. 泄露，暴露
desecrate	ⒶⒷⒸⒹⒺⒻⒼⒽⒾⒿⓀⓁ	0	['desikreit]	v. 亵渎，玷污
bluff	ⒶⒷⒸⒹⒺⒻⒼⒽⒾⒿⓀⓁ	0	[blʌf]	v. 虚张声势，吓唬 n. 断崖
absolve	ⒶⒷⒸⒹⒺⒻⒼⒽⒾⒿⓀⓁ	0	[əb'zɔlv]	v. 宣告无罪，赦免，免除
whittle	ⒶⒷⒸⒹⒺⒻⒼⒽⒾⒿⓀⓁ	0	['(h)witl]	v. 削（木头），削减
retrench	ⒶⒷⒸⒹⒺⒻⒼⒽⒾⒿⓀⓁ	0	[ri'trentʃ]	v. 削减开支
overbear	ⒶⒷⒸⒹⒺⒻⒼⒽⒾⒿⓀⓁ	0	[ˌəuvə'beə]	v. 压倒，超过
procrastinate	ⒶⒷⒸⒹⒺⒻⒼⒽⒾⒿⓀⓁ	0	[prəu'kræstineit]	v. 延迟，拖延，耽搁
protract	ⒶⒷⒸⒹⒺⒻⒼⒽⒾⒿⓀⓁ	0	['prɔtrækt]	v. 延长，拖长，伸出
castigate	ⒶⒷⒸⒹⒺⒻⒼⒽⒾⒿⓀⓁ	0	['kæstigeit]	v. 严惩，谴责
chastise	ⒶⒷⒸⒹⒺⒻⒼⒽⒾⒿⓀⓁ	0	[tʃæs'taiz]	v. 严惩，严厉批评
dissimulate	ⒶⒷⒸⒹⒺⒻⒼⒽⒾⒿⓀⓁ	0	[di'simjuleit]	v. 掩饰，伪装
dissemble	ⒶⒷⒸⒹⒺⒻⒼⒽⒾⒿⓀⓁ	0	[di'sembl]	v. 掩饰，伪装
totter	ⒶⒷⒸⒹⒺⒻⒼⒽⒾⒿⓀⓁ	0	['tɔtə]	v. 摇摇欲坠，步履蹒跚
rout	ⒶⒷⒸⒹⒺⒻⒼⒽⒾⒿⓀⓁ	0	[raut]	v. 一举击败，用鼻子拱

单词	标记	频率	读音	词义
encipher	ⒶⒷⒸⒹⒺⒻⒼⒽⒾⒿⓀⓁ	0	[in'saifə]	v. 译成密码
imbibe	ⒶⒷⒸⒹⒺⒻⒼⒽⒾⒿⓀⓁ	0	[im'baib]	v. 饮，吸入，吸收
ingratiate	ⒶⒷⒸⒹⒺⒻⒼⒽⒾⒿⓀⓁ	0	[in'greiʃieit]	v. 迎合，讨好
cater	ⒶⒷⒸⒹⒺⒻⒼⒽⒾⒿⓀⓁ	0	['keitə]	v. 迎合，提供饮食及服务
affect	ⒶⒷⒸⒹⒺⒻⒼⒽⒾⒿⓀⓁ	0	[ə'fekt]	v. 影响，作用，感到
verbalize	ⒶⒷⒸⒹⒺⒻⒼⒽⒾⒿⓀⓁ	0	['və:bəlaiz]	v. 用语言描述，赘述
fraternize	ⒶⒷⒸⒹⒺⒻⒼⒽⒾⒿⓀⓁ	0	['frætɜ:naiz]	v. 友好往来，亲如兄弟
decoy	ⒶⒷⒸⒹⒺⒻⒼⒽⒾⒿⓀⓁ	0	[di'kɔi]	v. 诱捕 n. 诱饵
premeditate	ⒶⒷⒸⒹⒺⒻⒼⒽⒾⒿⓀⓁ	0	[pri(:)'mediteit]	v. 预谋，预先思考
betoken	ⒶⒷⒸⒹⒺⒻⒼⒽⒾⒿⓀⓁ	0	[bi'təukən]	v. 预示，表示
bode	ⒶⒷⒸⒹⒺⒻⒼⒽⒾⒿⓀⓁ	0	[bəud]	v. 预示，意味着
portend	ⒶⒷⒸⒹⒺⒻⒼⒽⒾⒿⓀⓁ	0	[pɔ:'tend]	v. 预示，预警，预告
predetermine	ⒶⒷⒸⒹⒺⒻⒼⒽⒾⒿⓀⓁ	0	['pri:di'tə:min]	v. 预先决定
forebode	ⒶⒷⒸⒹⒺⒻⒼⒽⒾⒿⓀⓁ	0	[fɔ:'bəud]	v. 预兆，预感
descry	ⒶⒷⒸⒹⒺⒻⒼⒽⒾⒿⓀⓁ	0	[dis'krai]	v. 远远看到，发现，察看
rankle	ⒶⒷⒸⒹⒺⒻⒼⒽⒾⒿⓀⓁ	0	['ræŋkl]	v. 怨恨，化脓，发炎，痛苦
antecede	ⒶⒷⒸⒹⒺⒻⒼⒽⒾⒿⓀⓁ	0	[ˌænti'si:d]	v. 在…之前
gouge	ⒶⒷⒸⒹⒺⒻⒼⒽⒾⒿⓀⓁ	0	[gaudʒ]	v. 凿，凿孔
reprove	ⒶⒷⒸⒹⒺⒻⒼⒽⒾⒿⓀⓁ	0	[ri'pru:v]	v. 责骂，责备
accrue	ⒶⒷⒸⒹⒺⒻⒼⒽⒾⒿⓀⓁ	0	[ə'kru:]	v. 增加，积累
aggrandize	ⒶⒷⒸⒹⒺⒻⒼⒽⒾⒿⓀⓁ	0	[ə'grændaiz]	v. 增加，夸大
abhor	ⒶⒷⒸⒹⒺⒻⒼⒽⒾⒿⓀⓁ	0	[əb'hɔ:]	v. 憎恶，痛恨
cohere	ⒶⒷⒸⒹⒺⒻⒼⒽⒾⒿⓀⓁ	0	[kəu'hiə]	v. 粘合
decapitate	ⒶⒷⒸⒹⒺⒻⒼⒽⒾⒿⓀⓁ	0	[di'kæpiteit]	v. 斩首，杀头
incur	ⒶⒷⒸⒹⒺⒻⒼⒽⒾⒿⓀⓁ	0	[in'kə:]	v. 招惹，蒙受
convoke	ⒶⒷⒸⒹⒺⒻⒼⒽⒾⒿⓀⓁ	0	[kən'vəuk]	v. 召集会议
preen	ⒶⒷⒸⒹⒺⒻⒼⒽⒾⒿⓀⓁ	0	[pri:n]	v. 整理羽毛，打扮修饰
authenticate	ⒶⒷⒸⒹⒺⒻⒼⒽⒾⒿⓀⓁ	0	[ɔ:'θentikeit]	v. 证明，证实，鉴定
vindicate	ⒶⒷⒸⒹⒺⒻⒼⒽⒾⒿⓀⓁ	0	['vindikeit]	v. 证明无辜，证明正确，维护
buttress	ⒶⒷⒸⒹⒺⒻⒼⒽⒾⒿⓀⓁ	0	['bʌtris]	v. 支持 n. 扶墙，支撑物
prevaricate	ⒶⒷⒸⒹⒺⒻⒼⒽⒾⒿⓀⓁ	0	[pri'værikeit]	v. 支吾，搪塞，说谎
dismember	ⒶⒷⒸⒹⒺⒻⒼⒽⒾⒿⓀⓁ	0	[dis'membə]	v. 肢解
stanch	ⒶⒷⒸⒹⒺⒻⒼⒽⒾⒿⓀⓁ	0	[sta:ntʃ]	v. 止血，止住
interrogate	ⒶⒷⒸⒹⒺⒻⒼⒽⒾⒿⓀⓁ	0	[in'terəgeit]	v. 质问，审问
superimpose	ⒶⒷⒸⒹⒺⒻⒼⒽⒾⒿⓀⓁ	0	['sju:pərim'pəuz]	v. 置于某物之上，添加
annotate	ⒶⒷⒸⒹⒺⒻⒼⒽⒾⒿⓀⓁ	0	['ænəuteit]	v. 注解，注释
accoutre	ⒶⒷⒸⒹⒺⒻⒼⒽⒾⒿⓀⓁ	0	[ə'ku:tə(r)]	v. 装备
impinge	ⒶⒷⒸⒹⒺⒻⒼⒽⒾⒿⓀⓁ	0	[im'pindʒ]	v. 撞击，侵害
warble	ⒶⒷⒸⒹⒺⒻⒼⒽⒾⒿⓀⓁ	0	['wɔ:bl]	v 鸟鸣，颤音唱

猴哥

SAT词汇蓝宝书

白金升级 3.0 版

第八章

猴哥 SAT 数学单词

代数

1.Basic concepts and phrases 基本概念和词组

单词	读音	标记	词义
operation	[ˌɔpə'reiʃən]	ⒶⒷⒸⒹⒺⒻ	n. 运算
algebra	['ældʒibrə]	ⒶⒷⒸⒹⒺⒻ	n. 代数
arithmetic	[ə'riθmətik]	ⒶⒷⒸⒹⒺⒻ	n. 算术
geometry	[dʒi'amətri]	ⒶⒷⒸⒹⒺⒻ	n. 几何
digit	['didʒit]	ⒶⒷⒸⒹⒺⒻ	n. 数位；数字
units digit		ⒶⒷⒸⒹⒺⒻ	n. 个位数
tens digit		ⒶⒷⒸⒹⒺⒻ	n. 十位数
single-digit number	['siŋgl]	ⒶⒷⒸⒹⒺⒻ	n. 一位数
two-digit number	['didʒit]	ⒶⒷⒸⒹⒺⒻ	n. 两位数
equal	['ikwəl]	ⒶⒷⒸⒹⒺⒻ	vt. 相等；等于
be equivalent/equal to	[i'kwivələnt]	ⒶⒷⒸⒹⒺⒻ	vt. 与…相等
expression	[ik'spreʃən]	ⒶⒷⒸⒹⒺⒻ	n. 表达式
equation	[i'kweiʃən]	ⒶⒷⒸⒹⒺⒻ	n. 方程式；等式；解析式
solution	[sə'lju:ʃən]	ⒶⒷⒸⒹⒺⒻ	n.（方程的）解
constant	['kanstənt]	ⒶⒷⒸⒹⒺⒻ	n. 常数；衡量
variable	['veriəbl]	ⒶⒷⒸⒹⒺⒻ	n. 变量
represent/express	[ˌrepri'zent]	ⒶⒷⒸⒹⒺⒻ	vt.（变量，函数等）表示；代表
y in terms of x	[təm]	ⒶⒷⒸⒹⒺⒻ	用 x 表示 y
value	['vælju]	ⒶⒷⒸⒹⒺⒻ	n. 值
absolute value	['æbsəlut]	ⒶⒷⒸⒹⒺⒻ	n. 绝对值
all values	['vælju]	ⒶⒷⒸⒹⒺⒻ	n. 全部的值
possible value	['pasəbl]	ⒶⒷⒸⒹⒺⒻ	n. 可能的值
least possible value	[list]	ⒶⒷⒸⒹⒺⒻ	n. 最小可能的值
maximum	['mæksiməm]	ⒶⒷⒸⒹⒺⒻ	n. 最大的
minimum	['miniməm]	ⒶⒷⒸⒹⒺⒻ	n. 最小的
be closest to	[kləuzist]	ⒶⒷⒸⒹⒺⒻ	n. 最接近
approximate	[ə'praksimət]	ⒶⒷⒸⒹⒺⒻ	vt. 近似；接近
estimation	[esti'meiʃən]	ⒶⒷⒸⒹⒺⒻ	n. 估计，近似
certain	['sətn]	ⒶⒷⒸⒹⒺⒻ	a. 某个
overlap	['ovəlæp]	ⒶⒷⒸⒹⒺⒻ	v. 重叠
nonoverlapping	['nɔnəuvə'læpiŋ]	ⒶⒷⒸⒹⒺⒻ	a. 不重叠的
(anti)clockwise	['klak'waiz]	ⒶⒷⒸⒹⒺⒻ	ad.（逆）顺时针方向

2.Numbers 数

单词	读音	标记	词义
number	['nʌmbə]	ⒶⒷⒸⒹⒺⒻ	n.（实）数；数目
real number, rational number	['riəl]	ⒶⒷⒸⒹⒺⒻ	n. 实数

irrational(number)	[i'ræʃənl]	ⒶⒷⒸⒹⒺⒻ	n. 无理数
natural number	['nætʃrəl]	ⒶⒷⒸⒹⒺⒻ	n. 自然数
integer/ whole number	['intidʒə]	ⒶⒷⒸⒹⒺⒻ	n. 整数
consecutive integers	[kən'sekjətiv]	ⒶⒷⒸⒹⒺⒻ	n. 连续整数
signed number	[saind]	ⒶⒷⒸⒹⒺⒻ	n. 有符号数
positive number	['pazətiv]	ⒶⒷⒸⒹⒺⒻ	n. 正数
negative number	['negətiv]	ⒶⒷⒸⒹⒺⒻ	n. 负数
nonnegative	[nɒn'negətiv]	ⒶⒷⒸⒹⒺⒻ	a. 非负的
even integer, even number	['ivən]	ⒶⒷⒸⒹⒺⒻ	n. 偶数
odd integer, odd number	[ad]	ⒶⒷⒸⒹⒺⒻ	n. 奇数
prime number	[praim]	ⒶⒷⒸⒹⒺⒻ	n. 质数
composite number	[kəm'pazət]	ⒶⒷⒸⒹⒺⒻ	n. 合数
total number	['totl]	ⒶⒷⒸⒹⒺⒻ	n. 总数
the combined number of	[kəm'baind]	ⒶⒷⒸⒹⒺⒻ	…的总数
reciprocal	[ri'siprəkl]	ⒶⒷⒸⒹⒺⒻ	n. 倒数
opposite	['apəzət]	ⒶⒷⒸⒹⒺⒻ	n. 相反数
multiple	['mʌltəpl]	ⒶⒷⒸⒹⒺⒻ	n. 倍数
the least common multiple	LCM	ⒶⒷⒸⒹⒺⒻ	n. 最小公倍数
common factor	['fæktə]	ⒶⒷⒸⒹⒺⒻ	n. 公因数
the greatest common factor		ⒶⒷⒸⒹⒺⒻ	n. 最大公因数（GCF）
the greatest common divisor		ⒶⒷⒸⒹⒺⒻ	n. 最大公因数（GCD）
average/ arithmetic mean	['ævəridʒ]	ⒶⒷⒸⒹⒺⒻ	n. 平均数
geometric mean	[ˌdʒiə'metrik]	ⒶⒷⒸⒹⒺⒻ	n. 几何平均数
weighted average	['wetid]	ⒶⒷⒸⒹⒺⒻ	n. 加权平均数
median	['midiən]	ⒶⒷⒸⒹⒺⒻ	n. 中位数
mode	[mod]	ⒶⒷⒸⒹⒺⒻ	n. 众数
ordinary scale, decimal scale	[skel]	ⒶⒷⒸⒹⒺⒻ	n. 十进制

3.Operations 运算

单词	读音	标记	词义
addition	[ə'diʃən]	ⒶⒷⒸⒹⒺⒻ	n. 加法
substraction	[sʌbst'rækʃn]	ⒶⒷⒸⒹⒺⒻ	n. 减法
multiplication	['mʌltəplə'keʃən]	ⒶⒷⒸⒹⒺⒻ	n. 乘法
division	[də'viʒən]	ⒶⒷⒸⒹⒺⒻ	n. 除法
add / plus	[æd] / [plʌs]	ⒶⒷⒸⒹⒺⒻ	vt. 加
be added to, be increased by		ⒶⒷⒸⒹⒺⒻ	v. 加；增加
exceed…by…	[ik'sid]	ⒶⒷⒸⒹⒺⒻ	vt. 超过…
sum	[sʌm]	ⒶⒷⒸⒹⒺⒻ	n. 和
a total of	['totl]	ⒶⒷⒸⒹⒺⒻ	总共
combination	[ˌkɔmbi'neiʃən]	ⒶⒷⒸⒹⒺⒻ	n.（两者的）和
subtract,minus	[səb'trækt]	ⒶⒷⒸⒹⒺⒻ	vt. 减
be subtracted from	[səb'trækt]	ⒶⒷⒸⒹⒺⒻ	v. 从…减去

difference	['difrəns]	ⒶⒷⒸⒹⒺⒻ	n. 差
differ by	['difə]	ⒶⒷⒸⒹⒺⒻ	v. 相差…
multiply,time	['mʌltiplai]	ⒶⒷⒸⒹⒺⒻ	vt. 乘
product	['pradʌkt]	ⒶⒷⒸⒹⒺⒻ	n. 积
twice,two times	[twais]	ⒶⒷⒸⒹⒺⒻ	a. 两倍
three times		ⒶⒷⒸⒹⒺⒻ	a. 三倍
half of		ⒶⒷⒸⒹⒺⒻ	a.…的一半
divide	[di'vaid]	ⒶⒷⒸⒹⒺⒻ	vt. 除
be divided by		ⒶⒷⒸⒹⒺⒻ	被…除
divisible	[də'vizəbl]	ⒶⒷⒸⒹⒺⒻ	a. 可被整除的
divisor	[di'vaizə]	ⒶⒷⒸⒹⒺⒻ	n. 除数；因子
dividend	['dividend]	ⒶⒷⒸⒹⒺⒻ	n. 被除数
quotient	['kwəuʃənt]	ⒶⒷⒸⒹⒺⒻ	n. 商
remainder	[ri'meində]	ⒶⒷⒸⒹⒺⒻ	n. 余数
factor	['fæktə]	ⒶⒷⒸⒹⒺⒻ	n. 因子；因式分解
factorization	[ˌfæktərai'zeiʃən]	ⒶⒷⒸⒹⒺⒻ	n. 因式分解
factorial	[fæk'tɔriəl]	ⒶⒷⒸⒹⒺⒻ	n. 阶乘
exponent	[ik'sponənt]	ⒶⒷⒸⒹⒺⒻ	n. 指数；幂
base	[bes]	ⒶⒷⒸⒹⒺⒻ	n. 底数
square	[skwer]	ⒶⒷⒸⒹⒺⒻ	n./vt. 平方
perfect square		ⒶⒷⒸⒹⒺⒻ	n. 完全平方
power	['pauə]	ⒶⒷⒸⒹⒺⒻ	n. 乘方
A to the Bth power		ⒶⒷⒸⒹⒺⒻ	A 的 B 次方
root	[rut]	ⒶⒷⒸⒹⒺⒻ	n. 根
radical	['rædikl]	ⒶⒷⒸⒹⒺⒻ	n. 根式
square root		ⒶⒷⒸⒹⒺⒻ	n. 平方根
cube root		ⒶⒷⒸⒹⒺⒻ	n. 立方根
radical sign, root sign		ⒶⒷⒸⒹⒺⒻ	n. 根号
parentheses	[pə'renθəsiz]	ⒶⒷⒸⒹⒺⒻ	n. 括号
distributive law	[di'stribjətiv]	ⒶⒷⒸⒹⒺⒻ	n. 分配定律
algebraic term	[ˌældʒə'breik]	ⒶⒷⒸⒹⒺⒻ	n. 代数项
algebraic fraction	[ˌældʒə'breik]	ⒶⒷⒸⒹⒺⒻ	n. 代数分式
term	[təm]	ⒶⒷⒸⒹⒺⒻ	n. 项
like terms,similar terms	[təm]	ⒶⒷⒸⒹⒺⒻ	n. 同类项
coefficient	[ˌkəui'fiʃənt]	ⒶⒷⒸⒹⒺⒻ	n. 系数
numerical coefficient	[nju:'merikl]	ⒶⒷⒸⒹⒺⒻ	n. 数字系数
literal coefficient	['litərəl]	ⒶⒷⒸⒹⒺⒻ	n. 字母系数

4. Sets 集合

单词	读音	标记	词义
set	[set]	ⒶⒷⒸⒹⒺⒻ	n. 集合
element,member	['eləmənt],['membə]	ⒶⒷⒸⒹⒺⒻ	n. 元素

intersection	[ˌintə'sekʃən]	ⒶⒷⒸⒹⒺⒻ	n. 交集
union	['juniən]	ⒶⒷⒸⒹⒺⒻ	n. 并集
solution set	[sə'luʃən]	ⒶⒷⒸⒹⒺⒻ	n. 解集
subset	['sʌbset]	ⒶⒷⒸⒹⒺⒻ	n. 子集
proper subset	['sʌbset]	ⒶⒷⒸⒹⒺⒻ	n. 真子集

5. Fractions and decimals 分数和小数

单词	读音	标记	词义
fraction	['frækʃən]	ⒶⒷⒸⒹⒺⒻ	n. 分数
what fraction of A	['frækʃən]	ⒶⒷⒸⒹⒺⒻ	A 的几分之几
numerator	['nju:məreitə]	ⒶⒷⒸⒹⒺⒻ	n. 分子
denominator	[di'namə'netə]	ⒶⒷⒸⒹⒺⒻ	n. 分母
least common denominator		ⒶⒷⒸⒹⒺⒻ	n. 最小公分母
proper fraction	['prapə]	ⒶⒷⒸⒹⒺⒻ	n. 真分数
improper fraction	[im'prapə]	ⒶⒷⒸⒹⒺⒻ	n. 假分数
mixed number	[mikst]	ⒶⒷⒸⒹⒺⒻ	n. 带分数
vulgar /simple/common fraction	['vʌlgə]	ⒶⒷⒸⒹⒺⒻ	n. 简分数
complex fraction	['kɒmpleks]	ⒶⒷⒸⒹⒺⒻ	n. 繁分数
equivalent fractions	[i'kwivələnt]	ⒶⒷⒸⒹⒺⒻ	n. 等值分数
fraction in lowest terms		ⒶⒷⒸⒹⒺⒻ	n. 最简分数
decimal	['desiml]	ⒶⒷⒸⒹⒺⒻ	n. 小数
decimal form		ⒶⒷⒸⒹⒺⒻ	n. 小数形式
decimal point		ⒶⒷⒸⒹⒺⒻ	n. 小数点
infinite decimal	['infinət]	ⒶⒷⒸⒹⒺⒻ	n. 无穷小数
recurring decimal	[ri'kəiŋ]	ⒶⒷⒸⒹⒺⒻ	n. 循环小数
convert	[kən'vət]	ⒶⒷⒸⒹⒺⒻ	vt. 转化
simplify	['simplifai]	ⒶⒷⒸⒹⒺⒻ	vt. 简化
round off,to the nearest	[raund]	ⒶⒷⒸⒹⒺⒻ	v. 四舍五入
round to the nearest tenth		ⒶⒷⒸⒹⒺⒻ	v. 保留一位小数

6. Percents 百分数

单词	读音	标记	词义
percent	[pə'sent]	ⒶⒷⒸⒹⒺⒻ	n. 百分数；百分比
percentage	[pə'sentidʒ]	ⒶⒷⒸⒹⒺⒻ	n. 百分比；百分点
percent increase	['inkris]	ⒶⒷⒸⒹⒺⒻ	n. 增长百分比
percent decrease	[di'kris]	ⒶⒷⒸⒹⒺⒻ	n. 减少百分比
increase	['inkris]	ⒶⒷⒸⒹⒺⒻ	n. 增加；提高
decrease	[di'kris]	ⒶⒷⒸⒹⒺⒻ	n. 减少；降低
portion	['pɔrʃən]	ⒶⒷⒸⒹⒺⒻ	n. 一份；份额
discount	[dis'kaunt]	ⒶⒷⒸⒹⒺⒻ	v./n. 打折
coupon	['ku:pɔn]	ⒶⒷⒸⒹⒺⒻ	n. 优惠券；赠券

7. Ratios and proportions 比率和比例

单词	读音	标记	词义
ratio	['reiʃiəu]	ⒶⒷⒸⒹⒺⒻ	n. 比率；比
rate	[ret]	ⒶⒷⒸⒹⒺⒻ	n. 率；速率
per	[pə]	ⒶⒷⒸⒹⒺⒻ	ad. 每
vary	['veri]	ⒶⒷⒸⒹⒺⒻ	vi. 变化
proportion	[prə'pɔrʃən]	ⒶⒷⒸⒹⒺⒻ	n. 比例
directly proportional to	[dai'rektli]	ⒶⒷⒸⒹⒺⒻ	a. 成正比
inversely proportional to	[in'vəsli]	ⒶⒷⒸⒹⒺⒻ	a. 成反比

8. Equations and inequalities 等式和不等式

单词	读音	标记	词义
equation	[i'kweʒn]	ⒶⒷⒸⒹⒺⒻ	n. 等式；方程
linear equation	['liniə]	ⒶⒷⒸⒹⒺⒻ	n. 线性方程；一次方程
quadratic equation	[kwa'drætik]	ⒶⒷⒸⒹⒺⒻ	n. 二次方程
system of equations	[i'kweʒn]	ⒶⒷⒸⒹⒺⒻ	n. 方程组
original equation	[ə'ridʒənl]	ⒶⒷⒸⒹⒺⒻ	n. 原方程
equivalent equation	[i'kwivələnt]	ⒶⒷⒸⒹⒺⒻ	n. 同解方程
satisfy	['sætisfai]	ⒶⒷⒸⒹⒺⒻ	vt. 满足（等式，不等式…）
inequality	[ˌini'kwaləti]	ⒶⒷⒸⒹⒺⒻ	n. 不等式
triangle inequality		ⒶⒷⒸⒹⒺⒻ	n. 三角不等式
greater than		ⒶⒷⒸⒹⒺⒻ	a. 大于；多于
less than		ⒶⒷⒸⒹⒺⒻ	a. 小于；少于
greater than or equal to		ⒶⒷⒸⒹⒺⒻ	a. 大于或等于
less than or equal to		ⒶⒷⒸⒹⒺⒻ	a. 小于或等于

9. Functions 函数

单词	读音	标记	词义
function	['fʌŋkʃən]	ⒶⒷⒸⒹⒺⒻ	n. 函数
domain	[do'men]	ⒶⒷⒸⒹⒺⒻ	n. 定义域
range	[rendʒ]	ⒶⒷⒸⒹⒺⒻ	n. 值域
interval	['intəvl]	ⒶⒷⒸⒹⒺⒻ	n. 区间
define	[di'fain]	ⒶⒷⒸⒹⒺⒻ	vt. 定义（函数，集合等）
the definition of *f*	[ˌdefi'niʃən]	ⒶⒷⒸⒹⒺⒻ	n. 函数 f 的解析式
model	['madl]	ⒶⒷⒸⒹⒺⒻ	n./vt. 模型；表示
be modeled by the function *f*	['madl]	ⒶⒷⒸⒹⒺⒻ	…由函数 f 表示
graph	[græf]	ⒶⒷⒸⒹⒺⒻ	n.（函数或解析式的）图形
pass through		ⒶⒷⒸⒹⒺⒻ	v. 经过（某个点）
ordered pair	['ɔrdəd]	ⒶⒷⒸⒹⒺⒻ	n. 有序对
linear	['liniə]	ⒶⒷⒸⒹⒺⒻ	a. 线性的
collinear	[kə'liniə]	ⒶⒷⒸⒹⒺⒻ	a. 共线的；同在一条直线上的
line	[lain]	ⒶⒷⒸⒹⒺⒻ	n. 直线

parabola	[pə'ræbələ]	ⒶⒷⒸⒹⒺⒻ	n. 抛物线
for which of the values of *x*		ⒶⒷⒸⒹⒺⒻ	x 取哪一个值
attain	[ə'ten]	ⒶⒷⒸⒹⒺⒻ	vt. 得到（…值）

几何

1. Lines and angles 线和角

单词	读音	标记	词义
figure not drawn to scale	[skel]	ⒶⒷⒸⒹⒺⒻ	图形未按比例绘制
number line	[lain]	ⒶⒷⒸⒹⒺⒻ	n. 数轴
segment/line segment	['segmənt]	ⒶⒷⒸⒹⒺⒻ	n. 线段
labeled,indicated	['leibld],['indəˌketid]	ⒶⒷⒸⒹⒺⒻ	a. 标记的；标出的
tick marks	[ma:k]	ⒶⒷⒸⒹⒺⒻ	n. 刻度线
be equally spaced	[spes]	ⒶⒷⒸⒹⒺⒻ	a. 间隔相等
dashed line	[dæʃt]	ⒶⒷⒸⒹⒺⒻ	n. 虚线
ray	[re]	ⒶⒷⒸⒹⒺⒻ	n. 射线
length	[leŋθ]	ⒶⒷⒸⒹⒺⒻ	n. 长度
intersect	['intə'sekt]	ⒶⒷⒸⒹⒺⒻ	vt. 相交
bisect	[bai'sekt]	ⒶⒷⒸⒹⒺⒻ	vt. 平分
angle bisector	[bai'sektə]	ⒶⒷⒸⒹⒺⒻ	n. 角平分线
extend	[ik'stend]	ⒶⒷⒸⒹⒺⒻ	v. 延长
perpendicular	['pəpən'dikjələ]	ⒶⒷⒸⒹⒺⒻ	a. 垂直的；正交的
perpendicular line segment		ⒶⒷⒸⒹⒺⒻ	n. 垂线段
parallel	['pærəlel]	ⒶⒷⒸⒹⒺⒻ	n. 平行线；平行的
transversal	[træns'vəsəl]	ⒶⒷⒸⒹⒺⒻ	n. 截线
intercept	[ˌintə'sept]	ⒶⒷⒸⒹⒺⒻ	n. 截距
vertex	['vəteks]	ⒶⒷⒸⒹⒺⒻ	n. 交点
midpoint	['midˌpɔint]	ⒶⒷⒸⒹⒺⒻ	n. 中点
endpoint	['endˌpɔint]	ⒶⒷⒸⒹⒺⒻ	n. 端点
angle	['æŋgl]	ⒶⒷⒸⒹⒺⒻ	n. 角
equiangular	[ˌi:kwi'æŋgjulə]	ⒶⒷⒸⒹⒺⒻ	a. 等角的
measure	['meʒə]	ⒶⒷⒸⒹⒺⒻ	n. 度数
number of degrees	[di'gri]	ⒶⒷⒸⒹⒺⒻ	n. 度数
acute angle	[ə'kjut]	ⒶⒷⒸⒹⒺⒻ	n. 锐角
right angle	[rait]	ⒶⒷⒸⒹⒺⒻ	n. 直角
obtuse angle	[əb'tju:s]	ⒶⒷⒸⒹⒺⒻ	n. 钝角
straight angle	[stret]	ⒶⒷⒸⒹⒺⒻ	n. 平角
round angle	[raund]	ⒶⒷⒸⒹⒺⒻ	n. 周角
supplementary angles	[ˌsʌpli'mentri]	ⒶⒷⒸⒹⒺⒻ	n. 补角
complementary angle	['kamplə'mentri]	ⒶⒷⒸⒹⒺⒻ	n. 余角

adjacent angle	[ə'dʒesnt]	ⒶⒷⒸⒹⒺⒻ	n. 邻角
alternate angle	['ɔltənət]	ⒶⒷⒸⒹⒺⒻ	n. 内错角
corresponding angle	[ˌkɔrə'spandiŋ]	ⒶⒷⒸⒹⒺⒻ	n. 同位角
vertical angles	['vətikl]	ⒶⒷⒸⒹⒺⒻ	n. 对顶角
included angle	[in'kludid]	ⒶⒷⒸⒹⒺⒻ	n. 夹角
exterior angle	[ik'stiriə]	ⒶⒷⒸⒹⒺⒻ	n. 外角
interior angle	[in'tiriə]	ⒶⒷⒸⒹⒺⒻ	n. 内角
central angle	['sentrəl]	ⒶⒷⒸⒹⒺⒻ	n. 圆心角

2. Triangles 三角形

单词	读音	标记	词义
triangle	['traiæŋgl]	ⒶⒷⒸⒹⒺⒻ	n. 三角形
oblique	[ə'blik]	ⒶⒷⒸⒹⒺⒻ	n. 斜三角形
scalene triangle	[ske'lin]	ⒶⒷⒸⒹⒺⒻ	n. 不等边三角形
isosceles triangle	[ai'sasə'liz]	ⒶⒷⒸⒹⒺⒻ	n. 等腰三角形
equilateral triangle	['ikwə'lætərəl]	ⒶⒷⒸⒹⒺⒻ	n. 等边三角形
inscribed triangle	[in'skraib]	ⒶⒷⒸⒹⒺⒻ	n. 内接三角形
acute triangle	[ə'kjut]	ⒶⒷⒸⒹⒺⒻ	n. 锐角三角形
obtuse triangle	[əb'tju:s]	ⒶⒷⒸⒹⒺⒻ	n. 钝角三角形
right triangle	[rait]	ⒶⒷⒸⒹⒺⒻ	n. 直角三角形
side	[said]	ⒶⒷⒸⒹⒺⒻ	n. 边
hypotenuse	[hai'patənus]	ⒶⒷⒸⒹⒺⒻ	n. 斜边
leg	[leg]	ⒶⒷⒸⒹⒺⒻ	n. 直角边
Pythagorean theorem	[pai'θægɔriən]	ⒶⒷⒸⒹⒺⒻ	n. 勾股定理
altitude	['æltitud]	ⒶⒷⒸⒹⒺⒻ	n. 高；高线
median of a triangle	['midiən]	ⒶⒷⒸⒹⒺⒻ	n. 三角形的中线
perimeter	[pə'rimitə]	ⒶⒷⒸⒹⒺⒻ	n. 周长
area	['eriə]	ⒶⒷⒸⒹⒺⒻ	n. 面积
base	[beis]	ⒶⒷⒸⒹⒺⒻ	n. 底边；底面
similar (triangles)	['simələ]	ⒶⒷⒸⒹⒺⒻ	n. 相似（三角形）
ratio of similitude	[sə'miləˌtjud]	ⒶⒷⒸⒹⒺⒻ	n. 相似比
identical	[ai'dentikl]	ⒶⒷⒸⒹⒺⒻ	a. 恒等的；一样的
congruent	['kɔŋgruənt]	ⒶⒷⒸⒹⒺⒻ	a. 全等的

3. Quadrilaterals and other polygons 四边形和多边形

单词	读音	标记	词义
quadrilateral	[ˌkwadri'lætərəl]	ⒶⒷⒸⒹⒺⒻ	n. 四边形；四边形的
parallelogram	['pærə'lelə'græm]	ⒶⒷⒸⒹⒺⒻ	n. 平行四边形
rectangle	['rektæŋgl]	ⒶⒷⒸⒹⒺⒻ	n. 矩形；长方形
square	[skwer]	ⒶⒷⒸⒹⒺⒻ	n. 正方形
rhombus	['rambəs]	ⒶⒷⒸⒹⒺⒻ	n. 菱形
trapezoid	['træpə'zɔid]	ⒶⒷⒸⒹⒺⒻ	n. 梯形

polygon	['pɔligəns]	ⒶⒷⒸⒹⒺⒻ	n. 多边形
regular polygon	['pɔligəns]	ⒶⒷⒸⒹⒺⒻ	n. 正多边形
pentagon	['pentəgan]	ⒶⒷⒸⒹⒺⒻ	n. 五边形
hexagon	['heksəgan]	ⒶⒷⒸⒹⒺⒻ	n. 六边形
heptagon	['heptəgan]	ⒶⒷⒸⒹⒺⒻ	n. 七边形
octagon	['aktəgan]	ⒶⒷⒸⒹⒺⒻ	n. 八边形
nonagon	['nanəgan]	ⒶⒷⒸⒹⒺⒻ	n. 九边形
decagon	['dekəgan]	ⒶⒷⒸⒹⒺⒻ	n. 十边形
vertex	['vəteks]	ⒶⒷⒸⒹⒺⒻ	n. 顶点
vertices	['vətəˌsiz]	ⒶⒷⒸⒹⒺⒻ	n. 顶点（单数 vertex）
diagonal	[dai'ægənl]	ⒶⒷⒸⒹⒺⒻ	n. 对角线
opposite side	['apəzət]	ⒶⒷⒸⒹⒺⒻ	n. 对边
opposite angle	['apəzət]	ⒶⒷⒸⒹⒺⒻ	n. 对角
length	[leŋθ]	ⒶⒷⒸⒹⒺⒻ	n. 长
width	[widθ]	ⒶⒷⒸⒹⒺⒻ	n. 宽
nonagon	[di'menʃ(ə)n]	ⒶⒷⒸⒹⒺⒻ	n. 尺寸；维

4. Circles 圆

单词	读音	标记	词义
circle	['səkl]	ⒶⒷⒸⒹⒺⒻ	n. 圆
semicircle	['semiˌsə:kəl]	ⒶⒷⒸⒹⒺⒻ	n. 半圆
concentric circles	[kən'sentrik]	ⒶⒷⒸⒹⒺⒻ	n. 同心圆
circular	['səkjələ]	ⒶⒷⒸⒹⒺⒻ	a. 圆形的
center	['sentə]	ⒶⒷⒸⒹⒺⒻ	n. 圆心
radius	['rediəs]	ⒶⒷⒸⒹⒺⒻ	n. 半径（复数 radii）
diameter	[dai'æmitə]	ⒶⒷⒸⒹⒺⒻ	n. 直径
chord	[kɔrd]	ⒶⒷⒸⒹⒺⒻ	n. 弦
circumference	[sə'kʌmfərəns]	ⒶⒷⒸⒹⒺⒻ	n. 圆周
arc	[ark]	ⒶⒷⒸⒹⒺⒻ	n. 弧
segment of a circle		ⒶⒷⒸⒹⒺⒻ	n. 弧形
radian	['rediən]	ⒶⒷⒸⒹⒺⒻ	n. 弧度
curved path/curve	[kəvd]	ⒶⒷⒸⒹⒺⒻ	n. 曲线
tangent	['tændʒənt]	ⒶⒷⒸⒹⒺⒻ	a./n. 相切；相切的
inscribe	[in'skraib]	ⒶⒷⒸⒹⒺⒻ	vi. 内接

5. Solid geometry 立体几何

单词	读音	标记	词义
solid	['salid]	ⒶⒷⒸⒹⒺⒻ	a./n. 立体的；立体图形
rectangular	[rek'tæŋgjələ]	ⒶⒷⒸⒹⒺⒻ	a. 矩形的
rectangular solid/box	[rek'tæŋgjələ]	ⒶⒷⒸⒹⒺⒻ	n. 长方体
cube	[kjub]	ⒶⒷⒸⒹⒺⒻ	n. 立方体
cylinder	['silində]	ⒶⒷⒸⒹⒺⒻ	n. 圆柱体

cylindrical	[sə'lindrikl]	ⒶⒷⒸⒹⒺⒻ	a. 圆柱形的；圆柱体的
right circular cylinder	['səkjələ]	ⒶⒷⒸⒹⒺⒻ	n. 直圆柱体
sphere	[sfir]	ⒶⒷⒸⒹⒺⒻ	n. 球体
prism	['prizəm]	ⒶⒷⒸⒹⒺⒻ	n. 棱柱体
cone	[kəun]	ⒶⒷⒸⒹⒺⒻ	n. 圆锥体
square pyramid	['pirəmid]	ⒶⒷⒸⒹⒺⒻ	n. 四角锥
triangular face	[trai'æŋgjələ]	ⒶⒷⒸⒹⒺⒻ	n. 三角面
edge	[edʒ]	ⒶⒷⒸⒹⒺⒻ	n. 棱
length	[leŋθ]	ⒶⒷⒸⒹⒺⒻ	n. 长
width	[widθ]	ⒶⒷⒸⒹⒺⒻ	n. 宽
height	[hait]	ⒶⒷⒸⒹⒺⒻ	n. 高
face	[fes]	ⒶⒷⒸⒹⒺⒻ	n. 面
plane	[plen]	ⒶⒷⒸⒹⒺⒻ	n. 平面
cross section	['sekʃən]	ⒶⒷⒸⒹⒺⒻ	n. 横截面
volume	['valjum]	ⒶⒷⒸⒹⒺⒻ	n. 体积
surface area	['səfis]	ⒶⒷⒸⒹⒺⒻ	n. 表面积
cubic units	['kjubik]	ⒶⒷⒸⒹⒺⒻ	n. 立方单位

6. Coordinate geometry 坐标几何

单词	读音	标记	词义
coordinate plane,xy-plane	[ko'ɔrdinet]	ⒶⒷⒸⒹⒺⒻ	n. 坐标平面
axis	['æksis]	ⒶⒷⒸⒹⒺⒻ	n. 轴
x-axis	['æksis]	ⒶⒷⒸⒹⒺⒻ	n. x 轴
y-axis	['æksis]	ⒶⒷⒸⒹⒺⒻ	n. y 轴
coordinate	[ko'ɔrdinet]	ⒶⒷⒸⒹⒺⒻ	n. 坐标
abscissa,x-coordinate	[æb'sisə]	ⒶⒷⒸⒹⒺⒻ	n. 横坐标
ordinate,y-coordinate	['ɔrdinət]	ⒶⒷⒸⒹⒺⒻ	n. 纵坐标
quadrant	['kwadrənt]	ⒶⒷⒸⒹⒺⒻ	n. 象限
origin	['ɔridʒin]	ⒶⒷⒸⒹⒺⒻ	n. 原点
point	[pɔint]	ⒶⒷⒸⒹⒺⒻ	n. 点
be reflected across	[ri'flekt]	ⒶⒷⒸⒹⒺⒻ	v. 以…为对称轴
reflection	[ri'flekʃən]	ⒶⒷⒸⒹⒺⒻ	n. 对称（点，线）
respectively	[ri'spektivli]	ⒶⒷⒸⒹⒺⒻ	ad. 分别地
lie	[lai]	ⒶⒷⒸⒹⒺⒻ	vt. 在（线或面）上
in the interior of	[in'tiriə]	ⒶⒷⒸⒹⒺⒻ	在…内部
distance	['distəns]	ⒶⒷⒸⒹⒺⒻ	n. 距离
x-intercept	[ˌintə'sept]	ⒶⒷⒸⒹⒺⒻ	n. 与 x 轴的交点
y-intercept	[ˌintə'sept]	ⒶⒷⒸⒹⒺⒻ	n. 与 y 轴的交点
horizontal	['hɔrə'zantl]	ⒶⒷⒸⒹⒺⒻ	a. 水平的
vertical	['vətikl]	ⒶⒷⒸⒹⒺⒻ	a. 竖直的
slope	[slop]	ⒶⒷⒸⒹⒺⒻ	n. 斜率
rise	[raiz]	ⒶⒷⒸⒹⒺⒻ	n.（计算斜率时的）高
run	[rʌn]	ⒶⒷⒸⒹⒺⒻ	n.（计算斜率时的）长

其他

1. Probability 概率

单词	读音	标记	词义
probability	['prabə'biləti]	ⒶⒷⒸⒹⒺⒻ	n. 概率
event	[i'vent]	ⒶⒷⒸⒹⒺⒻ	n. 事件
impossible	[im'pasəbl]	ⒶⒷⒸⒹⒺⒻ	a. 不可能的
certain	['sətn]	ⒶⒷⒸⒹⒺⒻ	a. 必然的
permutation	['pəmju'teʃən]	ⒶⒷⒸⒹⒺⒻ	n. 排列
combination	[ˌkambi'neʃən]	ⒶⒷⒸⒹⒺⒻ	n. 组合
arrange	[ə'rendʒ]	ⒶⒷⒸⒹⒺⒻ	vt. 排列
randomly,at random	['rændəmli]	ⒶⒷⒸⒹⒺⒻ	ad. 任意地
order	['ɔrdə]	ⒶⒷⒸⒹⒺⒻ	n. 顺序

2. Logical reasoning 逻辑推理

单词	读音	标记	词义
sequence	['sikwəns]	ⒶⒷⒸⒹⒺⒻ	n. 序列
term	[təm]	ⒶⒷⒸⒹⒺⒻ	n. 项
the first term	[təm]	ⒶⒷⒸⒹⒺⒻ	n. 第一项
the *n*th term	[təm]	ⒶⒷⒸⒹⒺⒻ	n. 第 n 项
the preceding/previous term	['prisidiŋ]	ⒶⒷⒸⒹⒺⒻ	n. 前一项
arithmetic sequence	[ə'riθmətik]	ⒶⒷⒸⒹⒺⒻ	n. 等差数列
geometric sequence	[ˌdʒiə'metrik]	ⒶⒷⒸⒹⒺⒻ	n. 等比数列
restriction condition/rule	[ri'strikʃən]	ⒶⒷⒸⒹⒺⒻ	n.（限制）条件

3. Data analysis 数据分析

单词	读音	标记	词义
figure	['figjə]	ⒶⒷⒸⒹⒺⒻ	n. 图形
grid	[grid]	ⒶⒷⒸⒹⒺⒻ	n. 网格图；格子 v. 涂答案
pictogram/pictograph	['piktəgræm]	ⒶⒷⒸⒹⒺⒻ	n. 象形图
bar graph	[bar]	ⒶⒷⒸⒹⒺⒻ	n. 柱状图
circle graph,pie chart	['səkl]	ⒶⒷⒸⒹⒺⒻ	n. 饼状图
scatterplot	['skætəplat]	ⒶⒷⒸⒹⒺⒻ	n. 散点图
line of best fit		ⒶⒷⒸⒹⒺⒻ	n. 最适线
line graph	[lain]	ⒶⒷⒸⒹⒺⒻ	n. 线形图
Venn diagram	['daiəgræm]	ⒶⒷⒸⒹⒺⒻ	n. 韦恩图
table	['tebl]	ⒶⒷⒸⒹⒺⒻ	n. 表格
shaded/darkened region	['ʃedid]	ⒶⒷⒸⒹⒺⒻ	n. 阴影部分
be consistent with	[kən'sistənt]	ⒶⒷⒸⒹⒺⒻ	与…相符 / 一致
positive correlation	[ˌkɔrə'leʃən]	ⒶⒷⒸⒹⒺⒻ	n. 正相关
negative correlation	[ˌkɔrə'leʃən]	ⒶⒷⒸⒹⒺⒻ	n. 负相关

4. Units 单位

单词	读音	标记	词义
dollar	['dalə]	ⒶⒷⒸⒹⒺⒻ	n. 美元
cent	[sent]	ⒶⒷⒸⒹⒺⒻ	n. 美分
penny	['peni]	ⒶⒷⒸⒹⒺⒻ	n. 一美分硬币
nickel	['nikl]	ⒶⒷⒸⒹⒺⒻ	n. 5 美分硬币
dime	[daim]	ⒶⒷⒸⒹⒺⒻ	n. 一角硬币
dozen	['dʌzn]	ⒶⒷⒸⒹⒺⒻ	n. 打（12 个）
score	[skɔ]	ⒶⒷⒸⒹⒺⒻ	n. 廿（20 个）
centigrade	['sentigreid]	ⒶⒷⒸⒹⒺⒻ	adj. 摄氏
Celsius	['selsiəs]	ⒶⒷⒸⒹⒺⒻ	n. 摄氏
Fahrenheit	['færən'hait]	ⒶⒷⒸⒹⒺⒻ	n. 华氏
quart	[kwɔrt]	ⒶⒷⒸⒹⒺⒻ	n. 夸脱（=2 品脱）
pint	[paint]	ⒶⒷⒸⒹⒺⒻ	n. 品脱
gallon	['gælən]	ⒶⒷⒸⒹⒺⒻ	n. 加仑（=4 夸脱）
inch	[intʃ]	ⒶⒷⒸⒹⒺⒻ	n. 英寸
foot	[fut]	ⒶⒷⒸⒹⒺⒻ	n. 英尺（=12 英寸）
yard	[jad]	ⒶⒷⒸⒹⒺⒻ	n. 码（=3 英尺）
meter	[mi:tə]	ⒶⒷⒸⒹⒺⒻ	n. 米
cubic meter	['kjubik]	ⒶⒷⒸⒹⒺⒻ	n. 立方米
centimeter	['sentəˌmitə]	ⒶⒷⒸⒹⒺⒻ	n. 厘米
micron	['maikrɔn]	ⒶⒷⒸⒹⒺⒻ	n. 微米（百万分之一米）
hour	['auə]	ⒶⒷⒸⒹⒺⒻ	n. 小时
minute	['minit]	ⒶⒷⒸⒹⒺⒻ	n. 分钟
in dollars, inches, square feet…		ⒶⒷⒸⒹⒺⒻ	以美元、英寸、平方英尺等为单位

5. 常用词根

单词	读音	标记	词义
	semi-,hemi-,half, 半		
semicircular	[ˌsemai'səkjulə]	ⒶⒷⒸⒹⒺⒻ	a. 半圆的
semiweekly	[ˌsemai'wikli]	ⒶⒷⒸⒹⒺⒻ	a. 半周一次的；每周两次的
hemisphere	['hemisfir]	ⒶⒷⒸⒹⒺⒻ	n. 半球
hemicycle	['heməˌsaikl]	ⒶⒷⒸⒹⒺⒻ	n. 半圆形
	uni-,mono-,one, 一		
uniaxial	[ˌjuni'æksiəl]	ⒶⒷⒸⒹⒺⒻ	a. 单轴的，单轴晶体
unicellular	[ˌjuni'seljələ]	ⒶⒷⒸⒹⒺⒻ	a. 单细胞的
unilateral	['juni'lætərəl]	ⒶⒷⒸⒹⒺⒻ	a. 单方面做出的；仅影响一方的；单方面的；单边的
	di-,du-,bi-,two, 二		
dioxide	[dai'aksaid]	ⒶⒷⒸⒹⒺⒻ	n. 二氧化物
carbon dioxide		ⒶⒷⒸⒹⒺⒻ	n. 二氧化碳

divert	[dai'vət]	ⒶⒷⒸⒹⒺⒻ	vt. 使转移转向
digress	[dai'gres]	ⒶⒷⒸⒹⒺⒻ	vi. 离题，岔开话题
biannual	[bai'ænjuəl]	ⒶⒷⒸⒹⒺⒻ	a. 一年两次的
bicycle	['baisikl]	ⒶⒷⒸⒹⒺⒻ	n. 自行车，脚踏车
bifocals	[ˌbai'foklz]	ⒶⒷⒸⒹⒺⒻ	n. 双光眼镜，双焦镜片；双筒望远镜玻璃
bilateral	[ˌbai'lætərəl]	ⒶⒷⒸⒹⒺⒻ	a. 双边的，双方的
bilingual	['bai'liŋgwəl]	ⒶⒷⒸⒹⒺⒻ	a. 两种语言的，能说两种语言的 n. 能说两种语言的人
binoculars	[bi'nakjələz]	ⒶⒷⒸⒹⒺⒻ	n. 双筒望远镜
binomial	[bai'nomiəl]	ⒶⒷⒸⒹⒺⒻ	a. 二项的，二项式的 n. 二项式
biped	['baiped]	ⒶⒷⒸⒹⒺⒻ	n. 两足动物
bisect	[bai'sekt]	ⒶⒷⒸⒹⒺⒻ	vt. 把…一分为二

tri-,three, 三

triode	['traiod]	ⒶⒷⒸⒹⒺⒻ	n. 三极管
triangle	['traiæŋgl]	ⒶⒷⒸⒹⒺⒻ	n. 三角形；三角形物体；三人一组；三角关系
tripod	['traipad]	ⒶⒷⒸⒹⒺⒻ	n.（照相机等的）三角架
triple	['tripl]	ⒶⒷⒸⒹⒺⒻ	n. 三倍

qua-,tetr-,four, 四

quadrilateral	[ˌkwadri'lætərəl]	ⒶⒷⒸⒹⒺⒻ	a. 四边（四边形）的 n. 四边形
quarter	['kwɔrtə]	ⒶⒷⒸⒹⒺⒻ	n. 四分之一，两角五分的硬币
quadruple	[kwa'drupl]	ⒶⒷⒸⒹⒺⒻ	n. 四倍
tetralogy	[ti'trælədʒi]	ⒶⒷⒸⒹⒺⒻ	n. 四部曲，（古希腊）四联剧，四部剧

penta-,quin-,five, 五

pentagon	['pentəgan]	ⒶⒷⒸⒹⒺⒻ	n. 五边形；五角形
pentagram	['pentə'græm]	ⒶⒷⒸⒹⒺⒻ	n. 五角星形

hex-,sex-,sen-,six, 六

hexagon	['heksəgan]	ⒶⒷⒸⒹⒺⒻ	n. 六边形；六角形
hexagram	['heksəgræm]	ⒶⒷⒸⒹⒺⒻ	n. 六角星形，六线形
hexapod	['heksəˌpad]	ⒶⒷⒸⒹⒺⒻ	a. 六脚的 n. 昆虫，六脚的节足动物
sextant	['sekstənt]	ⒶⒷⒸⒹⒺⒻ	n.（航海用的）六分仪数
sexangle	['seksˌæŋgl]	ⒶⒷⒸⒹⒺⒻ	n. 六角形，六边形

hept-,sept-,seven, 七

heptangular	[hep'tæŋgjulə]	ⒶⒷⒸⒹⒺⒻ	a. 七角的
heptad	['heptæd]	ⒶⒷⒸⒹⒺⒻ	n. 七个，七个成套之物，七价原子
heptathlon	[hep'tæθlən]	ⒶⒷⒸⒹⒺⒻ	n. 七项全能
septennium	[sep'teniəm]	ⒶⒷⒸⒹⒺⒻ	n. 七年
septet	[sep'tet]	ⒶⒷⒸⒹⒺⒻ	n. 七重奏，一人一组的
septivalent	[ˌsepti'veilənt]	ⒶⒷⒸⒹⒺⒻ	a. 七价的

oct-,eight, 八

octachord	['aktəˌkɔrd]	ⒶⒷⒸⒹⒺⒻ	n. 八的合音，八弦琴，八度音阶

octangular	[ɒk'tæŋgjulə]	ⒶⒷⒸⒹⒺⒻ	a. 八边形的，八角形的
octopus	['aktəpəs]	ⒶⒷⒸⒹⒺⒻ	n. 章鱼，八爪鱼

ennea-,nona-,nine, 九

ennead	['eniˌæd]	ⒶⒷⒸⒹⒺⒻ	n. 九个一组
nonagenarian	[ˌnanədʒə'neriən]	ⒶⒷⒸⒹⒺⒻ	a. 九十多岁的 n. 九十多岁
nonagon	['nanəgan]	ⒶⒷⒸⒹⒺⒻ	n. 九边形
novena	[no'vinə]	ⒶⒷⒸⒹⒺⒻ	n.（天主教）连续九天的祷告

deca,decem,ten, 十

decade	['deked]	ⒶⒷⒸⒹⒺⒻ	n. 十年，十年间
tenth	[tenθ]	ⒶⒷⒸⒹⒺⒻ	n./a. 第十（的）
dime	[daim]	ⒶⒷⒸⒹⒺⒻ	n.（美国 / 加拿大的）10 分铸币
decimal	['desiml]	ⒶⒷⒸⒹⒺⒻ	a. 十进位的，小数的 n. 小数

centi-,hecto-,100, 一百

cent	[sent]	ⒶⒷⒸⒹⒺⒻ	n. 分，一分钱的硬币
centenary	[sen'tenəri]	ⒶⒷⒸⒹⒺⒻ	n. 一百周年（百纪念）
centennial	[sen'teniəl]	ⒶⒷⒸⒹⒺⒻ	n. 一百周年（百纪念）
centigram	['sentigræm]	ⒶⒷⒸⒹⒺⒻ	n. 厘克
centimeter	['sentəˌmitə]	ⒶⒷⒸⒹⒺⒻ	n. 厘米
centipede	['sentipid]	ⒶⒷⒸⒹⒺⒻ	n. 蜈蚣
century	['sentʃəri]	ⒶⒷⒸⒹⒺⒻ	n.100 年，一世纪，100 分
percent	[pə'sent]	ⒶⒷⒸⒹⒺⒻ	n. 百分比，百分数
percentage	[pə'sentidʒ]	ⒶⒷⒸⒹⒺⒻ	n. 百分比，百分率比例
hectogram	['hektəgræm]	ⒶⒷⒸⒹⒺⒻ	n. 一百公克
hectoliter	['hektəˌlitə]	ⒶⒷⒸⒹⒺⒻ	n. 一百升
hectometer	['hektəˌmitə]	ⒶⒷⒸⒹⒺⒻ	n. 百米

kilo-,mill-1000, 千

kilowatt	['kilə'wat]	ⒶⒷⒸⒹⒺⒻ	n. 千瓦
kilometer	['kiləˌmitər]	ⒶⒷⒸⒹⒺⒻ	n. 千米，公里
kilogram	['kiləgræm]	ⒶⒷⒸⒹⒺⒻ	n. 千克
milliampere	[ˌmili'æmpir]	ⒶⒷⒸⒹⒺⒻ	n. 毫安
millennium	[mi'leniəm]	ⒶⒷⒸⒹⒺⒻ	n. 千年
milligram	['miligræm]	ⒶⒷⒸⒹⒺⒻ	n. 毫克
millipede	['milipid]	ⒶⒷⒸⒹⒺⒻ	n. 千足虫
millimeter	['miləˌmitə]	ⒶⒷⒸⒹⒺⒻ	n. 毫米
million	['miljən]	ⒶⒷⒸⒹⒺⒻ	n. 百万

poly-many, 多

polygon	['paligan]	ⒶⒷⒸⒹⒺⒻ	n. 多边形
polychrome	['paliˌkrom]	ⒶⒷⒸⒹⒺⒻ	adj. 多彩的

附　录

课外活动在美国本科申请中的作用

作者：陈起永 & 猴哥

一、课外活动对申请的重要性

1. 申请美国大学，要填写通用申请表：

THE COMMON APPLICATION 通用申请表格　2011-12 FIRST-YEAR APPLICATION

For Undergraduate Admission 用于本科院校录取

For Spring 2012 or Fall 2012 Enrollment
用于2012春季/2012秋季录取

APPLICANT

请在下方列出父母双方的信息，即使其中一方或双方去世或已经不对你承担任何法律责任。许多院校会收集这部分信息用于人口数据调查，即使你是个成年人或者是脱离父母独立生活的未成年人。如果你是一名有着法定监护人的未成年人（法定监护人可以是个人或政府），也请将他们的信息列在下方。如果你愿意，也可以把你的继父/母，或其他与你住在一起的成年人，或是照顾你的人的信息写在“附加信息区”。

FAMILY 家庭成员

Please list both parents below, even if one or more is deceased or no longer has legal responsibilities toward you. Many colleges collect this information for demographic purposes even if you are an adult or an emancipated minor. If you are a minor with a legal guardian (an individual or government entity), then please list that information below as well. If you wish, you may list step-parents and/or other adults with whom you reside, or who otherwise care for you, in the Additional Information section.

Household 家庭成员

Parents' marital status (relative to each other): ○ Never Married 未婚 ○ Married 已婚 ○ Civil Union/Domestic Partners 民事结合/家庭伴侣 ○ Widowed 寡居 ○ Separated 分居 ○ Divorced 离异 (________) mm/yyyy
父母婚姻状况

With whom do you make your permanent home? ○ Parent 1 父母1 ○ Parent 2 父母2 ○ Both 父母1及父母2 ○ Legal Guardian 法定监护人 ○ Ward of the Court 法庭监护 ○ Other 其他
和谁生活在一起？

If you have children, how many? ________
申请人有几个孩子（如有）？

Parent 1: ○ Mother 母亲 ○ Father 父亲 ○ Unknown 不知

Is Parent 1 living? ○ Yes ○ No (Date Deceased ________)
父母1是否在世？是　否　（过世日期　月/年）mm/yyyy

Last/Family/Sur　First/Given　Middle　Title (Mr./Mrs./Ms./Dr.)

Country of birth 出生国家

Home address **if different** from yours
家庭住址（如果和你的不同，请注明）

Preferred Telephone: ○ Home ○ Cell ○
Area/Country/City Code

E-mail 电子信箱

Occupation 职业

Employer 雇主

College (if any) 大学　CEEB 学校代码

Degree 学位　Year 时间

Graduate School (if any) 研究生院（如有）　CEEB 学校代码

Degree 学位　Year 时间

Parent 2: ○ Mother 母亲 ○ Father 父亲 ○ Unknown 不知

Is Parent 2 living? ○ Yes ○ No (Date Deceased ________)
父母2是否在世？是　否　（过世日期　月/年）mm/yyyy

Last/Family/Sur　First/Given　Middle　Title (Mr./Mrs./Ms./Dr.)

Country of birth 出生国家

Home address **if different** from yours
家庭住址（如果和你的不同，请注明）

Preferred Telephone: ○ Home ○ Cell ○ Work (______) ________
Area/Country/City Code

E-mail 电子信箱

Occupation 职业

Employer 雇主

College (if any) 大学　CEEB 学校代码

Degree 学位　Year 时间

Graduate School (if any) 研究生院（如有）　CEEB 学校代码

Degree 学位　Year

除了基本情况外，还有 SAT/ 托福、AP 等成绩及 GPA。

ACADEMICS 学术背景

The self-reported information in this section is not intended to take the place of your official records. Please note the requirements of each institution to which you are applying and arrange for official transcripts and score reports to be sent from your secondary school and the appropriate testing agencies. Where "Best Scores" are requested, please report the highest individual scores you have earned so far, even if those scores are from different test dates.

Grades 年级 Class Rank 班级排名 (if available) Class Size 班级人数 Weighted? ○ Yes ○ No 已加权重？ GPA (if available) 平均绩点 Scale 分数范围 Weighted? ○ Yes ○ No 已加权重？

ACT Exam Dates: (past & future) 考试时间 mm/yyyy mm/yyyy mm/yyyy Best Scores: (so far) 最高分数 COMP mm/yyyy English mm/yyyy Math mm/yyyy Reading mm/yyyy Science mm/yyyy Writing mm/yyyy

SAT Exam Dates: (past & future) mm/yyyy mm/yyyy mm/yyyy Best Scores: (so far) Critical Reading mm/yyyy Math mm/yyyy Writing mm/yyyy

TOEFL/ IELTS Exam Dates: (past & future) mm/yyyy mm/yyyy mm/yyyy Best Score: (so far) Test Score mm/yyyy

AP/IB/SAT Subjects Best Scores: (per subject, so far)
mm/yyyy Type & Subject Score mm/yyyy Type & Subject Score
mm/yyyy Type & Subject Score mm/yyyy Type & Subject Score
mm/yyyy Type & Subject Score mm/yyyy Type & Subject Score
mm/yyyy Type & Subject Score mm/yyyy Type & Subject Score

Current Courses Please indicate title, level (AP, IB, advanced honors, etc.) and credit value of all courses you are taking this year. Indicate quarter classes taken in the same semester on the appropriate semester line.

Full Year/First Semester/First Trimester | Second Semester/Trimester | Third Trimester (or additional first/second term courses if more space is needed)

在这部分所提供的个人报告信息并不能取代你的官方成绩。请按你所申请的不同院校要求递交你的官方成绩单。成绩单需要从你的高中或相关考试机构寄出。标明需要“最高分数”的地方（接受不同考试的拼分），请告知你到目前为止参加的考试中得分最高的。

目前就读课程：请说明名称、等级（AP、IB、先进荣誉等），并给出你今年所学课程、获得的分数。请在相关学期目标上列出在同一学期内你所参加的季度班。

2. 美国大学申请表除了填写基本的 SAT/ 托福成绩、GPA 等基本情况外，还要填写 9~12 年级（初三到高三）获得了哪些奖项，获得奖项的级别是校级、地区级、国家级还是国际级。很多奖项需要通过从事课外活动来获得。如下图所示：

所获荣誉：简要列出你自9年级开始获得的荣誉或奖项（例如：国家优秀学生奖学金，优等成绩毕业者）。

Honors Briefly list any academic distinctions or honors you have received since the 9th grade or international equivalent (e.g., National Merit, Cum Laude Society).

S(School) S/R(State or Regional) N(National) I(International) S（校级） S/R（省州级别/地域级别） N（国家级别） I（国际级别）

Grade level or post-graduate (PG) 年级/毕业后(PG) 9 10 11 12 PG	Honor 所获证书	Highest Level of Recognition S S/R N I 经认证的最高级别
○○○○○		○○○○
○○○○○		○○○○
○○○○○		○○○○
○○○○○		○○○○
○○○○○		○○○○

3. 申请表还需要填写 10 个课外活动或者实习经历。除了写明参与活动的时间（9~12 年级），每周、每年参加的时间长度，还要写明你是参与者还是组织者，获得了什么荣誉，上大学后是否还继续做这个活动。如下图所示：

请列出你的主要课外活动、志愿者和工作经历。按照对你来说的重要程度由高到低列出。如果你愿意，可随意将你的活动和工作经历分开列举出来。利用空白区域写明你所参加的活动或获得成就的细节（重大事件、校队、乐器、雇主经历等）。为了让我们能够了解到并关注你活动的亮点，请务必完成下列内容的填写，即使你会额提交一份简历。

EXTRACURRICULAR ACTIVITIES & WORK EXPERIENCE 课外活动&工作经历

Extracurricular Please list your **principal** extracurricular, volunteer, and work activities **in their order of importance to you.** Feel free to group your activities and paid work experience separately if you prefer. Use the space available to provide details of your activities and accomplishments (specific events, varsity letter, musical instrument, employer, etc.). **To allow us to focus on the highlights of your activities, please complete this section even if you plan to attach a résumé.**

Grade level or post-graduate (PG) 年级/毕业后(PG) 9 10 11 12 PG	Approximate time spent 大约所用时间 Hours per week 小时/周	Weeks per year 周/年	When did you participate in the activity? 参与时间 School year 在校时间	Summer/School Break 暑假/假期	Positions held, honors won, letters earned, or employer 职位、所获证书、推荐信及雇主信息	If applicable, do you plan to participate in college? 如果可能的话，大学期间想参加吗？
○○○○○	____	____	○	○	____	○
Activity 活动名称 ____						
○○○○○	____	____	○	○	____	○
Activity 活动名称 ____						
○○○○○	____	____	○	○	____	○
Activity 活动名称 ____						
○○○○○	____	____	○	○	____	○
Activity 活动名称 ____						
○○○○○	____	____	○	○	____	○
Activity 活动名称 ____						
○○○○○	____	____	○	○	____	○
Activity 活动名称 ____						
○○○○○	____	____	○	○	____	○
Activity 活动名称 ____						
○○○○○	____	____	○	○	____	○
Activity 活动名称 ____						
○○○○○	____	____	○	○	____	○
Activity 活动名称 ____						
○○○○○	____	____	○	○	____	○

4. 申请美国大学还需要写文书来展示自己，文书的题目也是有要求的。

文书要求：文书证明你对特定题目有清晰、简洁的写作能力，并要求用自己的观点表明自己与他人的不同。除了课程、分数、考试之外，你还希望阅读你申请的人知道哪些关于你的内容呢？选择一个对你来说能最好展现自己不同的题目，写一篇不超过650个单词的文书，并用题目中的提示来引入并展开你的回答。

题目1：有些学生有着特别的背景和故事，对他们来说很重要，以至于他们认为如果没有写出来他们的申请就不完整。如果你是这样的情况，就请你来分享你的故事吧。

英文原文：Some students have a background or story that is so central to their identity that they believe their application would be incomplete without it. If this sounds like you, then please share your story.

题目2：讲述你遭遇失败的一次事件或经历。该经历如何影响了你，以及你学到了哪些教训？

英文原文：Recount an incident or time when you experienced failure. How did it affect you, and what lessons did you learn?

题目3：描述你在挑战一个看法或者观点的时候，是什么促使你做出那样的反应的？（如果让你再次处于那样的境地，）你还会做出相同的决定吗？

英文原文：Reflect on a time when you challenged a belief or idea. What prompted you to act? Would you make the same decision again?

题目4：描述一个你极为满意的地方或者环境。你在那里做了什么或者经历了什么？为什么这个地方或者环境对你而言有意义？

英文原文：Describe a place or environment where you are perfectly content. What do you do or experience there, and why is it meaningful to you?

题目5：讨论一个正式的或者非正式的成就或事件，它标志着在你的文化、社区或家庭里你已经从童年时期转变进入成人时期。

英文原文：Discuss an accomplishment or event, formal or informal, that marked your transition from childhood to adulthood within your culture, community, or family.

美国大学对课外活动如此重视，在申请表格中除了让你仔细填写外，还要求写文书，就是为了更全面地判断一个学生是否是美国大学所需要的有创造力、想象力、领导力、科研才能、抗挫折、有社会责任心的人才。考试分数符合标准后，就要看课外活动了。

从以上的申请信息可以看出，由于中国大学和美国大学的教育体制完全不同，中国大学录取学生就只看考试成绩；而美国名校则是在成绩的基础之上，看重学生的课外活动，这种天壤之别的教育体制差异导致许多中国学子达不到美国名校的录取要求。

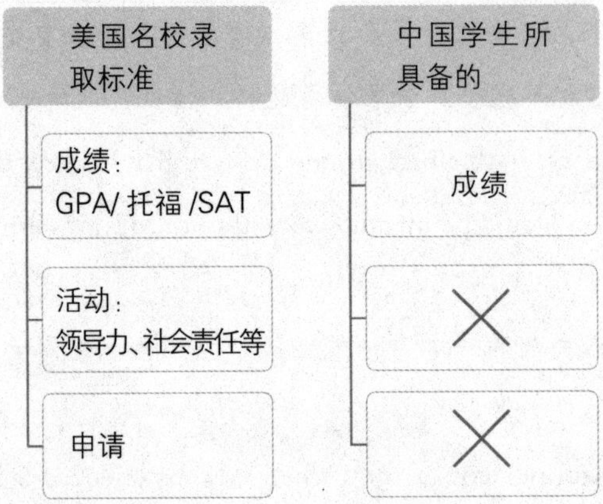

啄木鸟教育总裁、国内顶级留学申请专家陈起永老师指出，美国名校的录取标准是成绩（GPA、托福、SAT）+ 课外活动 + 申请文书。从这点看，中国学生要想获得美国 TOP50 名校的录取，光有好的托福、SAT、雅思等语言成绩是达不到美国名校的录取要求的。中国大多数学生都达不到美国名校的录取标准，即使有了好的托福或者 SAT 成绩，仍然缺少"课外活动"这个录取的关键点，申请美国 TOP50 名校的难度可想而知。

二、判断一个活动价值的八原则

- ▶ 级别高低（校级、地区级、国家级、国际级）
- ▶ 活动是否有持续性与逻辑性
- ▶ 利他性及公益性
- ▶ 影响范围的广度高低
- ▶ 是否可以获奖，获奖的级别及概率高低
- ▶ 体现学生的能力及潜力的高低

- 利用家庭资源的程度高低
- 个性化程度高低

三、活动的六大方向

- 公益慈善
- 领导力和组织能力
- 学术专业能力
- 商业潜力
- 内在独特个性能力
- 外在多姿多彩能力

四、参加猴哥课外活动八大收获

1. 获得申请美国大学所需的课外活动和奖项

收获申请美国大学所需的课外实践活动经历和奖项，让学生凭此打动美国大学录取官，确保学生在申请过程中始终处于优势地位。

2. 真正提高综合素质

创造力、领导力、执行力、科研能力、抗挫折能力、演讲能力、社会责任感得到真正提高。

3. 学习方法、方法论、学习习惯、时间管理、规划能力、分析能力的提高

猴哥亲传规划师的全程保驾护航，向学生传授先进的学习方法和方法论，并通过对学生时间管理能力、规划能力以及分析能力的训练，帮助学生养成科学良好的学习习惯和生活习惯。

4. 让美国大学面试内容得到丰富、面试技巧得到提高

美国大学面试的问题主要集中在实践活动方面。通过参加课外活动，学生不仅锻炼了表达能力和沟通能力，还可以丰富面试回答内容，提高面试技巧，在面试过程中自信、从容地展示自己最优秀的一面。

5. 挖掘自己的兴趣和潜能，为将来的专业选择做准备

丰富的课外活动能够帮助学生挖掘自己的兴趣和潜能，准确把握未来大学的专业方向。

6. 提升未来在美国大学的生活、学习、适应能力

在活动中提升学生的活动能力和整体素质，从而更快地适应美国大学生活。请记住，美国大学对学生的评价标准不仅仅只是学习，还包括大量的课外活动。

7. 单词的持续背诵

寓教于乐，劳逸结合，规划师会在活动中向学生传授猴哥背词法，确保单词的持续背诵，做到活动、学习两不误。记单词，So easy！

8. 一次开心、幸福、有收获、能结交几个志同道合的朋友的旅程，让自己在留学路上不孤单！

五、参加活动的注意事项

1. 活动要“扬长补短”

在活动规划中，活动规划师善于发挥学生的优势特长，匹配合理的活动思路，弥补学生的不足之处，将其变化的成长经历塑造成闪光点。

2. 集体活动是个性活动的起点

学生只有积极参与集体活动，才能有更多机会发现自己的个性特点，寻找自己的兴趣爱好，从而使学生个性活动的灵感和思路更加清晰，使后来的个性化活动设计更符合逻辑。比如参加完救援队培训，就可以策划个性活动，如，在自己家乡的希望小学进行安全演练等。

3. 掌握一种能力可以衍生出多种能力

比如在科考活动中，不仅能够掌握科考、钻研的能力，还可以掌握更多能力，比如，创造力、领导力、执行力、沟通能力，以及社会责任感的真正提高等。

4. “蜻蜓点水”不如“善始善终”

多数学生参与过许多活动，校内校外，数量多，却仅象征性地参与，没有深入钻研，这就是所谓“蜻蜓点水”。美国大学申请看重学生在某一方面的深度关注、学习、钻研，直至将自己的创新想法融入其中,改变现状,推进事物不断向前发展。所以我们的课外活动安排更强调“善始善终”。

六、啄木鸟教育的活动规划优势

1. 啄木鸟教育最早提出课外活动规划的概念，并且在 7 年的美国本科申请过程中通过不断实践，积累了大量经验。

2. 多年的活动策划，积累了大量且丰富的活动资源和学生家庭资源，形成全国最大的课外活动池。

七、参加课外活动后学生的收获

活动名称：国际青少年金融大赛

李同学收获：

这一次模拟一个公司的实战之旅，是我们长这么大以来第一次为自己想做的事情真真切切地努力，也是第一次我们不再为了游戏、聊天、刷微博而熬夜，这一次是为了我们自己的公司。通过这一次实战，我们懂得了什么才是专注于一件事，感觉到了要为自己的事业奋斗，这也为我们将来的事业打下很好的基础，奠定了我们对金融行业的热情与好奇。让我们这一群快成年的孩子经过了人生中的一次重要洗礼和蜕变，我们不再是只会玩游戏的小青年了，感觉自己变得成熟了。

冯同学收获：

这次活动让我对金融这个概念有了更深的体会，我也或多或少地感受到了它的魅力，我很佩服也很喜欢 Santande 银行为我们授课的那位行长，我也很佩服我老爸，他们都是我的偶像。受家庭环境的影响，在未来我也许会从事金融这样的行业！

刘同学收获：

这次收获巨大！以前特别不想学金融是因为不想像家里人那么累，现在看来学金融也挺有意思的！这个活动真是太精彩了！

参加金融大赛杨同学的实习感想：

这些天，我学习到了很多金融方面的知识："投行"的意义与运作模式，股票的组成与出售和盈利方式，以及现货金的买卖等。这次活动使我受益匪浅，提升了我对金融行业的兴趣，也拓展了我的知识面。这些天见识了各个行业的领军人物，让我对金融界有了更充分的认识，与上流社会的人打交道，也会提高自己的水准。

这次的实习让我学到了许多金融方面的知识，其中学到最多的应该是黄金的买卖，在香港听了几节课之后对于黄金的交易我也有了初步的了解。我认为黄金是个非常好的投资项目，它有着许多股票没有的优点，例如，投入少回报高，价格波动是有根有据的；全球性的市场，让黄金可以随时买卖，24 小时都能够操作，导致了黄金的流动性很好而且比股票的风险要低；而且具有 1∶100 的高杠杆，可以以小博大。而且黄金不存在庄家，所以对投资者来说更加公平。所以我认为黄金是一个很好的投资产品。

同时，我认为香港的市场比内地更加优秀，香港有着良好的法律制度，拥有全方位的金融服务体制，同时具备高度严格、规范的法律监管体系，明显强于内地市场。而且香港的制度也提供了金融全球化发展得天独厚的条件。

刚开始实习的时候我连一些基本的商务礼仪都不懂，只是一名愣头青，穿西装、皮鞋加上白袜子，还有领带打的也不对。经过郑律师的指导，我懂得了一些基本的礼仪。礼仪在任何领域都是极其重要的基本课程，有了礼貌与得体的举动，对方对你的印象就会不一样。如果让对方认为你是一个受过良好教育有得体举动的绅士，那你谈下这笔生意的几率也大大提高。这就是商务礼仪的重要性，在任何领域，良好的礼仪都能让你的事业更上一层楼。所以我们要先去做一个得体的人，提高自己的修养与水准，这样才能够在自己的人生之路上走得更远。

此次去实习最大的感受就是商人们都有着极高的道德修养，张总一直强调的契约精神，按着规矩做，不做出格、违法的事情。保持一个良好的信誉，提高自己的道德修养。没有道德约束的人可能会做出伤天害理的事情，人需要有限制，被宗教、良知、信仰或者道德限制。无论赢或输，都要跟着规矩，一步步地走下去，否则就成了强盗，那就十分可怕了，也许会害死很多人。孔孟为什么被无数的中国人尊重，因为他们代表了道德，是中国人的老师，教授我们如何做人，“吾日三省吾身”，不断反思自己有哪里做的不对，才能有足够的提升。

经过这次实习，我发现，关于金融的知识还有许多我们不懂，需要努力地去学习。提高自己的阅读量，多多阅读，机会是给予有准备的人的，提高自己的能力，才能抓住成功的机会。我见张总经常在阅读，这点是我非常崇拜的，学无止境。我还有很多事情要去学习去成长。

活动名称：中国青少年校园安全及紧急救援训练营

张同学收获：

在七天的时间里，围绕着“救援”这一主题，我最根本的体会倒不是单纯的技能学习，而是一种以前从未有过的自救意识。参加这个活动之前我也不是没听过各种安全讲座和逃生技能，可是心底里总是有一种恐慌，潜意识里觉得自己就应该什么动作都不做地听天由命、等人营救。不过，这几天的学习给了我一个最大的帮助，虽然我无法亲身体验能否在灾难面前保持镇定，但至少，在应对时心里有了底气，在行动时也有了方向。在我看来，一个良好的心态是灾难突发时最重要的东西。其次，这几天的教学管理也清除了我的一个误区：救援不能单凭一腔热血，还要有理性有头脑。作为珍贵的劳动力保护好自己是一件重要的事。我们不能逞一时的英雄而浪费团体组织的人力物力和资源。

王同学收获：

狭小空间逃生之感

这个活动是所有模拟活动中给我印象和感触最深的，也是最有真实感的。我们所有人被分为三组，每组十人，依次进入这个模拟的灾难现场。这个灾难现场类似于迷宫，通道由铁丝网构成，供人们爬行的区域非常狭窄，稍微一偏头便会撞到顶部。现场还有模拟的烟雾和人们的惨叫声，跟真实的灾难现场非常相似！

我们二组的队长拿好手电打头阵，其余队员紧随其后，见机行事。大家都蹲趴在地上，伏着身子用双手缓缓地向有光源的地方爬行，途中还会遇到各种障碍物，如井盖，我们必须掀开井盖下到另一层通道里去。在狭小黑暗的空间穿行相当需要团队合作精神，这样才不会让任何一个队员掉队或是被井盖夹伤手。

耗时十三分钟，我们终于突破重围，顺利通过这个狭小的地下空间，逃出生天。然而此时，大家的衣服都已经被汗水给浸透了。这次狭小空间逃生着实让我体验了一把灾害逃生和救援时的惊心动魄！

吴同学感言：

倾塌的房屋，苍凉的废墟，绝望的困境……这些只有在灾难片里才能看到的场景、遇到的境遇，在这次活动中，都被重现了。虽然湿热的天气、紧张的学习安排让人感到有些局促，但是丰富的课程还有带队老师无微不至的关怀让我感到这一周的活动是快乐的、让人兴奋的。感谢活动中，各位教官的专业指导，让我在短时间里，快速学习了很多救援知识，不但知识教授准确、全面，而且演示生动、分析透彻。不但让我们知道了要如何做，更知道了为何要这么做。教官让我们掌握了很多救援的技巧，更帮助我们树立了临危不乱的自信和理性镇定的心。

感谢活动中带队的丁老师对我们无微不至的关怀和照顾，让我感受到了家的温暖。每天授课后，她都会和我们聊天，了解学习情况，及时反馈给授课教官，调整授课细节。每天课后的生活中，丁老师关心每个人的安全和健康，食品、药品、无微不至的关怀，这些都会在我们需要的时候带给我们。她是我们的好老师，我们的好朋友。

杨同学：雅安芦山灾后重建有感

在开学前四天，我们还匆匆忙忙地赶到芦山去和志愿者交流，进行灾后重建活动。出发前在我看来这是不可理喻的行为，上飞机前的我，还嗤笑着跟同学说："实际上也就两天！能做点什么？也就是走走过场罢了。"

然而，这一切都停止在我真正到达灾区的那个瞬间。

忘了曾经是谁说过，这个世界上永远没有什么真正的感同身受，除非你体验一次对方的生活。于是我来体验了。无数次在电视屏幕上看到的那些缩小了数倍的废墟，无数次在广播里听到的那些令人心悸的数据，无数次在报纸上看到的那些触目惊心的照片，在我们的双脚踏上这片曾地动山摇的土地时，反而远离了我的脑海，取而代之的是真正深深烙印在我们心里的处处实景。不需要告诉我们曾死亡多少人，不需要告诉我们裂缝是怎样席卷了生命，不需要告诉我们楼房坍塌时的灰尘曾蒙住了谁的双眼……这一刻，我们站在这里，就是重新感受了一次当时当地的境况，我们就是一群惊慌失措的灾民。

和同行的重庆妹子曾寒抵达芦山的早上，已经晚了一天。下车时我从朦胧的睡意中醒来，耳边传来嘈杂的说笑声和打闹声，这是"壹基金"在不同地区设立的游乐活动项目——壹乐园。我们的计划很简单，上午和这里照看孩子们的老志愿者沟通交流，并自行讨论，下午和孩子们玩游戏，晚上为灾民们放电影。次日上午为孩子们讲授地震"第一响应人"的知识，下午去探望空巢和孤寡老人以及黎明村安置点的灾民。

29 号上午，我们坐在简陋的小院里和志愿者攀谈。无需多说，只要看看他们的宿舍，他们歪歪斜斜支起来的锅灶，他们无处悬挂的衣物，就已经明白这里的条件有多么艰苦。从某种意义上来说，志愿者因为要将他人捐赠的物资发放出去，他们的生活质量可能还比不上灾民。从他们的言语中，我们只能捕捉到一丝灾难突发时的感受，可就连他们自己也说，这样的叙述真的不能凸显什么。简单的沟通后，我们开始了热火朝天的讨论，为下午的游戏做准备。

下午的游戏，就在一个简陋的空地上进行。孩子们初现羞涩，扭扭捏捏地不肯配合我们，在我们热情的带领下，才慢慢放开了胆子和我们打成一片。贴膏药、躲避球、猜数字、抢椅子，一阵阵哄笑中，我们和孩子们成为了好朋友。这里的孩子，和城市里的孩子一样争强好胜，一样开朗活泼，可因为所处的环境不同，他们的人生已经开始出现分岔，并将偏离得越来越远……在教课时也一样，许多孩子都很聪明，回答问题富有想象力，也很积极，可因为教学水平和环境落后，他们的命运再也不能操控在自己的手中。这是令人悲哀的事情，我们想要帮助，却发现自己能做的事微乎其微，似乎每一个环节每一个步骤都不能顺畅地完成……在黑夜里看着他们的小脸上映着电影放映闪烁的光，心里有种酸涩的感觉。有时候决定一个人的不是努力，而是环境，他们即使尽其所能，或许也只能望尘莫及……

在探望和拜访空巢老人的时候，这种感觉愈发强烈，并混杂着说不清道不明的无奈感。一个住在漆黑的小窝棚里的老人，已经91岁高龄了，双眼看不清，无法行走，只能靠在路边烧蜂窝煤煮方便面来度日……我们离开时每个人的心情都无比沉重，而我们能做的，只是杯水车薪……

两天的活动即将结束时，我竟有些依依不舍。小女孩们跑过来说舍不得我、太喜欢我的时候，我看着她们的眼睛，不知是高兴还是难过；孤寡老人接过我们买的水杯，脸上露出迷茫无措的表情时，我看着他们的脸庞，不知是满足还是无奈；芦阳二小的校长接过捐赠的图书时，脸上充满感激，我不知是幸福还是悲哀……

我只能告诉自己，我无法做到一切……但是我可以做到我能做到的一切。

每一次，都为这一次。

活动名称：乐博士机器人夏令营·2013

吉同学感言：

光阴荏苒，从我最初进入乐博士机器人夏令营接触机器人到结束，在短短10天的时间里，收获远比我预想的要多！

我了解了机器人的运行原理，接触了新的编程知识，结识了来自全国各地的友人，建立了强大的团队精神。在整个夏令营期间，每完成一个机器人，写好一个程序，都是一次全新的体验。美式的授课方式，让课堂变得生动有活力，让知识变得有趣易懂。理论学习和动手实践的结合，让机器人活跃得像伙伴一样与我们在课堂上共舞。最有趣和激烈的还是上课之后的比赛，尤其是竞技组的抢球大赛！我们组建自己的战队，搭建机器人，编写程序，在比赛中，我们整个队伍拧成一股绳，鼓舞士气，小心操控我们的“小小抢球员”，当最后一个球抢先到达我们的篮筐时，我们激动得大跳，我们赢了，我们凭借自己的能力最终取得了胜利！

短短的十天，我收获了学习方法，养成了按时预习、及时复习的学习习惯；还收获了专业、高端的机器人知识，找到了学习的兴趣。我想，机器人会一直是我今后的好伙伴。我更收获了和老师、和战友的友谊。在这短短的时间里，我有了一群新的家人，享受着他们对我的照顾和关怀。这次夏令营经历让我学会奉献、学会帮助、学会关爱，让我学会上进、学会投入、学会独立。

我们约定将来要一起到美国学习，共同为梦想而战！

王同学感言：

短短十天，从未接触过的知识充实着我们的每一天，学到不少，感悟良多。

学习方面，我们需要提前预习生词，课后也要回去复习，全英文的视频确实有一点困难，但同时也带给我一种全新的感受，教材的结构由浅入深，给人思考的余地。我们的主讲“光头老大”更是带给我们许多欢乐，让我始终带着一种希冀来面对未知的知识。

每天课程结束，各种各样的代码在脑海中回荡，接着沉入睡眠，这就是我每天去见周公前的最后一件事，全心去投入的感觉确实不错！不同于填鸭式教育，这种夏令营能够更好地激发每个人的激情。其实在中国，最不缺的是人才，而缺少的是引导的方式，引导到更加开放、更加自由的思想国度,只有在这种环境下,人的思维才能够无限地向远方延展,直至触及真理金字塔的顶端！

最精彩激烈的，还是我们的比赛！我们每个小组都要同时准备好几项比赛，并且每项都要充分准备，这给了我们好大的压力和难度。可是我们全组的努力付出，让比赛的压力转化为无数的欢笑，整个比赛我们有成功，当然也有多次与名次失之交臂，甚是遗憾。但人生又何尝不是这样?其实幸运女神往往站在敌人的身后，而非自己这边，因此自己的硬实力才是压在天秤上的最后一根羽毛。不要期待运气,而是努力去最大化自己的实力以及一切。这是我在比赛中得到的最大启发。

夏令营的十天过得很快，学习和比赛的欢乐时光稍纵即逝，但是我学习机器人知识的长征还远远没有结束。闲来无事之时，我会拿着我们得到的 4 块奖牌，回忆我们一起付出汗水、付出心血的那段时光。只愿记得那时年轻的我们，记得那时抬头共同看到的蔚蓝天空！

活动名称：青少年场地马术训练营

姚同学收获：

我们每日流连在马房、马场与会议室中，学习不同的有关马术的实践、礼仪与知识，受益匪浅。对于我个人来说，最喜欢的还是在马场里骑马。让一匹马听从你的命令做你想让它做的动作是一种很奇妙的体验，除此之外，骑在马背上与马一起奔跑是我喜欢这门运动最主要的理由。期间我学会了许多的马术技巧，诸如控缰、发命令等，但有一点我与教官的观点不同。教官认为对马要狠一点，必须要让它听人的话，但是我认为服从是建立在感情基础上的，想要马听你的话必须要让它感受到你对它的爱，比如说它不想跑的时候就让它走一会儿，然后再跑起来，或者叫它的名字拍拍它摸摸它，再或者给它洗澡喂它吃草，如果它太过分了可以教训教训它。马和人类一样拥有感情，虽然智商比人类差上那么一点，但它依旧和人一样知道该对谁好。我爱我的大马。

袁同学收获：

每天参加马术的理论课，我们学会了如何牵马、备马与不同马匹所需要的不同量的饲料等。在随后的骑乘课中，我们根据自己的喜好来挑选不同的马匹进行试骑，而且我们有不同的教练根据我们自己的情况来教授与训练我们。晚上我们会了解国外马术的起源、发展，了解不同马术比赛项目并且通过观看视频的形式来了解这些不同的运动项目，像花式骑乘、障碍赛与三项赛这些奥运比赛项目。我们在马场每天的生活都很充实。

刘同学收获：

大家对我的坐骑“大黄”的评价是：好是好，但你不会骑，它那倔脾气会欺负你。照理说我应该有些害怕，谁知道它会不会心情不好把我一甩。但相反地我却更喜欢它了，它的脾性与其他马不同，毛色让我觉得它越发闪闪发亮。特别是当我和它相处的时候，偶尔会感觉到它能听懂我的话，它在用自己的方式跟我交流，向我表达它的满足与不满。这时候骑马于我也变成了一种享受。

我在期待大黄带给我惊喜，期待比赛时我们一起合作的表现。我相信不会太差，实际上也非常不差，最后我们拿到的是：一等奖！

啄木鸟教育的培训、留学优势有哪些?

常常被问到啄木鸟教育的培训、活动策划、留学申请和别的机构比有什么优势，猴哥总结如下：

一、培训的优势

1. 内部教材体系

《猴哥 SAT 词汇蓝宝书》（白金升级 3.0 版）

《猴哥 SAT 填空词频 3100》

《猴哥 SAT 语法宝典》

《猴哥 SAT 数学宝典》

《猴哥 SAT 写作宝典》

《猴哥 SAT 阅读长难句第二版》

《猴哥 SAT 阅读真题详解》

《猴哥托福阅读、听力词频》

《猴哥托福阅读长难句宝典》

《猴哥托福写作宝典》

《英语基础语法教程》

猴哥编写的托福、SAT 系列教材和《Level-A》《Level-B》教材构成了啄木鸟内部教材体系优势，这里面有大量的内容堪称业界唯一：托福 SAT 词频、SAT 语法真题详解、SAT 长难句、SAT 数学难题 200、SAT 满分作文、SAT 阅读真题详解等，这些内容都是啄木鸟的老师们花大量时间研发出来的，只有集体的力量才可以完成，让学生在学习过程中能针对性更强地解决其疑难问题，达到快速提分的目的。

2. 课程体系优势

猴哥协同啄木鸟资深教师自主研发的高效课程体系，在高效提分的前提下，注重学生英语能力的提高，为学员海外的学习、生活奠定坚实的基础。在集体教研的高效课程体系下，老师具有多样的风格，能根据学生不同的基础和性格，进行针对性的授课，从而高效地使学生达到理想成绩。

3. 学习规划体系优势

- ▶ 猴哥根据不同学生类型、不同学习特点进行了按级别学习的课程体系划分；
- ▶ 辅以导师、规划师相互配合的分级学习规划，按学生的学习进度形成最终的学习规划体系；
- ▶ 通过入学的八大能力测试，来确定学生的初始学习状态和后续的提分规划；
- ▶ 每名学生配专属的导师和规划师，针对性地制定提分学习规划。

学习规划的目的是帮助学生全面地提高能力，从而达到提分的目的，在整个学习规划体系中，导师会按照每日学习进度细分到每小时的学习规划。导师是对托福和SAT全科备考最具权威的老师，他们将根据学生的学习特点、性格类型等，帮助每个学生科学规划每天背诵什么单词，练习什么听力和阅读，以及每天的学习量是多少（猴哥就是一个典型的导师）。此外，啄木鸟的导师定时和学员安排答疑课，及时解决学员在阶段性学习中遇到的各科问题。而规划师负责监督执行以及反馈效果和跟踪进度，及时沟通和调整，保障学生学习时不会偏离预定的学习方向和目标。

中国的学生从小到大，没有形成自我规划能力。对于托福、SAT的学习，除了上课学习各科的技巧，下课训练什么内容，先背什么单词，如何合理安排托福、SAT考试，写的作文是否有提高，是否有人监督，这些都需要一对一的导师和规划师的安排、指导和监督。

我们根据每个学生不同的英语水平、学习时间以及考试时间安排，有针对性地制定非常详细的每日学习规划表，保证学生清晰地了解每天需要完成的学习任务，并且对于学生作业的完成情况进行量化跟踪和分析。

猴哥公式：托福 /SAT 分数 = 能力 + 技巧 + 发挥

老师上课主要讲授的是技巧，能力则决定了分数的最终档次。能力的提升，依靠的是课后科学的规划和训练。考试中稳定的发挥主要通过系统的模考和整理模考心理笔记来保证。

4. 责任心保障体系

一切以学生为中心的责任心保障体系，依托全方位的责任保障方案，辅以责任心最强的老师进行保障，确保学生在责任心保障体系下得到最优服务。

通过对过程满意、结果满意的标准来要求和考核导师、讲师与规划师，建立了相关的奖惩制度体系，并提供给每位学员自由的沟通渠道反馈教学以及服务问题。

家长的信：

方老师：

您好！非常感谢您对芳芳多方面的关心和鼓励！这些天来，您对芳芳每天的学习规划和要求让我很感动，在您的指导下，芳芳每天也很开心地完成当天的任务，您每次对她的赞许她回家都要高兴好久，这也让我很开心地看到孩子的进步。芳芳属于一个很会学习的孩子，她的方法就是把老师讲的尽量搞懂，认真去做，注重课堂内容，做到高效。她节约下来的时间我都会奖励她做自己想做的事，一般情况她就是看小说、杂志，很书虫了。从小到现在，在学习上没让我烦心过，我只告诉她要有梦想，并且坚持去做就一定会成功！今年的体育中考和全市中考让她慢慢体验到小小成功的喜悦，我也经常告诉她，大的成功还在后面呢，我们还需要继续努力。她是一个很讲道理的好孩子，自己心里明白但不善于表现自己，有些内向文静，我很希望方老师除了在知识上教她外，能更多地用您活泼开朗的性格和积极正面的心态引导她，她很喜欢您，从第一天回来告诉我对您的描述就能感觉得到，所以，我很高兴您能作为她的教学老师全程帮助她，我和芳芳也很有信心在托福和 SAT 上考出满意的分数。很谢谢您能在繁忙的工作之余对芳芳今天的模考进行了全面分析，她在路上就讲了她今天的考试感受，除了对整个托福考试内容不清楚和完全不知道有哪些要求的因素外，她也觉得自己在单词拼写、口语考试中迅速的构思表达上有问题。我相信，有您对她的专业教学和严格把关，芳芳一定会有更大进步的。再次表达对您的感谢！方老师，辛苦啦！

二、活动规划的优势

1. 先发优势

陈起永老师在 2006 年最先提出了活动规划，并给学生策划、实施了大量活动案例，在众多学生获得美国 TOP30 学校的录取中起到了关键性作用。

2. 活动规划体系

设置了业界最大、最专业的活动规划部门，并在活动策划、执行的过程中逐渐形成了围绕美国 TOP50 名校录取要求为核心的活动规划体系，配备专属于每个学生的活动规划师，保障活动符合学生的个性以及美国名校的录取要求。

3. 特色大型活动

以几十个特色活动为核心，辅以为学生量身策划的专属个性化活动规划，学生在通过活动获得奖项的同时更具备了如领导力、社会责任、科研、创新力、抗挫折力等相应的能力，在被美国名校录取时更能突出自己的个性特点。

4. 个性化 1V1 的活动深度策划体系

根据学生个性特长和目标院校的录取要求，针对性地进行个性化的活动策划和执行，彰显学生独一无二的特点，保障活动的深度能够达到美国名校的录取要求。

5. 完全对接美国 TOP50 录取标准

以美国 TOP50 名校录取标准开设的活动课程，无缝对接美国 TOP50 名校的录取。

6. 活动中的责任心体系

从家长来信中反映啄木鸟教育在活动中的责任心体系。

家长来信：

卡耐基梅隆大学机器人活动结束后，孩子收获满满的同时，非常感谢啄木鸟的海老师，每天她在安排完孩子入睡后，会以手机短信的形式给我们每个家长发来孩子一天的情况汇报，让我们了解孩子的学习、比赛和生活状况，一共 40 多个孩子，据说发完都到凌晨 2 点了，尤其是在她生病的日子里还一如既往，从未间断，这一点让人感动。从海老师身上，从我开始接触啄木鸟教育的李老师，还有金牌导师周老师，负责活动的总老师等人身上，都能感受到你们不辞辛苦，为我们着想的敬业精神。

三、留学申请的优势

1. 先发优势（国内顶级留学专家领衔）

陈起永老师从 2004 年就致力于美国本科留学的申请，陈起永老师是新东方前途留学的第一名员工，开创了美国留学申请指导之先河，在行业内绝对权威。

2. 案例积累优势

啄木鸟教育 10 年来积累了业界领先的本科申请案例库，常春藤名校案例不胜枚举。

3. 留学申请人才优势

陈起永老师领衔国内最顶尖的留学申请团队，辅以各钻石、金牌顾问等申请服务体系，构成了业界最富经验的申请人才库，同时形成业界最强大的TOP30申请团队。

4. 申请小组合作体系

采取业界最先进的小组合作体系，客户经理、文书、助理配合工作，工作效率得以最大化发挥。

5. 客户数量精简制

啄木鸟留学小组服务客户人数平均为15人，达到客户数量的团队决不会因外界任何原因而继续接收客户。客户数量的精简保证了啄木鸟留学花费最多的时间在每一个客户的申请工作上。我们坚信只有提高服务质量才能保证服务结果。

6. 文书管理体系

拥有业界领先的文书亮点挖掘体系、文书写作体系和文书修订体系。

7. 申请多重审核体系

申请流程中的每道关卡经多人多重审核体系，部门主管严格把控，确保万无一失。

8. 责任心体系

从家长的角度反映啄木鸟教育在留学申请中的责任心体系：

家长来信：

您好！

我是小雪的父亲。我女儿从出生以来一直都很幸运。她1岁3个月就认识一百多个汉字，2岁6个月在省里电视台参加表演时曾誉她为“小神童”。但由于我们缺乏培养孩子的经验，因此孩子在上学期间虽能顺利考入本市最好的学府，但成绩却不算顶尖。由此，让孩子出国深造就成了我们培养她的最佳选择。然而，出国留学并非父母攒点钱让孩子跳出国门便了事，而是要经过诸多探索、选择……尽量帮助孩子能够学有所成才是目的。但是办理系列的留学申请对门外汉的我们来说的确是一片茫然。还好，有了女儿的幸运！让我们选择了“啄木鸟”，遇上了郑老师。郑老师接手我们这个业务后，真诚负责，客观实际，尽心尽职，比如在选校的过程中能根据孩子的特点，不厌其烦，有始有终地跟踪服务，尽量让我们申请到满意的学校。我们由衷地赞叹：“碰上好人了。”郑老师是“啄木鸟”德才兼备的好员工，更是我们这些普通客户的福星，我们将会把在“啄木鸟”的所见所闻介绍给我们周围的朋友，并自愿地，真诚地为您们做一番推广，以报答郑老师对我们真诚、无私的帮助。并希望陈总把我们由衷的谢意转达给郑老师，同时向陈总和郑老师的同事表示衷心感谢！

四、培训、活动策划、留学申请一体化服务

啄木鸟采取业界先进的培训、活动策划、留学申请一体化的服务，让学生的时间获得最有效率的分配，培训、活动、留学申请三不误，申请美国 TOP50 名校的成功率得到最大化的保障。

啄木鸟教育美国本科录取案例

经典案例 01

学生情况

姓名	Z 同学	性别	女		
高中名称	国内某重点中学	在读	是	毕业	
客户优势	● 国家英语大赛冠军 ● 活动丰富				
客户劣势	● 慈善活动深度不够				

申请结果

排名	大学英文名称	大学中文名称
8	Duke University	杜克大学
17	Rice University	莱斯大学
24	University of Virginia	弗吉尼亚大学
30	University of North Carolina - Chapel Hill	北卡罗来纳大学教堂山分校

啄木鸟策划及点评

学生在个人成长方面的经历和成就非常璀璨，但是在慈善方面的活动深度不够。在啄木鸟顾问的建议下，学生加入到某少数民族非物质文化遗产的传播中，联系到当地演出，为保护非物质文化遗产做出贡献，对社会做出贡献。另外，在电视台实习，学会了怎么把欢乐带给别人，为社会及他人做出贡献。

申请过程中，在啄木鸟顾问的指导下，学生构思和写作文书，与啄木鸟顾问反复讨论修改，完成所有申请材料，为申请成功奠定了坚实的基础。

经典案例 02

学生情况

高中名称	国内某重点中学	在读	是	毕业	
平均分数	90/100	学校排名	无		
TOEFL	111	IELTS	无		
SAT Ⅰ	2000（拼分 2090）	SAT Ⅱ	数学：770 化学：760 物理：760		
客户优势	● 有国家级科技类奖项				
客户劣势	●SAT 分数冲击名校无优势 ● 课外活动虽有，但没有独特性				

申请结果

排名	大学英文名称	大学中文名称
3	Yale University	耶鲁大学
8	University of Pennsylvania	宾夕法尼亚大学
8	Carleton College	卡尔顿学院
24	University of California – Los Angeles*	加州大学洛杉矶分校

啄木鸟策划及点评

啄木鸟初识这个女孩，就被她不同于同龄人的成熟和冷静所吸引。与此同时，该女孩也被啄木鸟老师的经验和洞察力所吸引。在走访了北京众多家美国升学指导机构后，该女孩均被指出，靠着 SAT1 成绩 2000 分和 TOEFL 成绩 103 分（111 的分数是 12 月考出来的）是不可能申请到常春藤名校的。心灰意冷但又不愿放弃的她，来到了啄木鸟。第一次和啄木鸟老师咨询时，啄木鸟老师就告诉她："你应该可以进常春藤！" 啄木鸟老师是基于以下两点做出判断的：

一是学生在学术方面的优势，是很多学生无法复制和山寨的。

二是学生的活动虽然不够优秀，但是具有很大的挖掘潜力。虽然该学生有足够多的课外活动经历，但是都不出色，然而对啄木鸟建立信心之后，学生把自己成长的酸甜苦辣都讲了出来。正是这样的信任，这样发自肺腑的吐露，让啄木鸟老师找到了学生身上的独特之处，帮助学生把普通的活动策划成了可以获得申请常春藤名校优势的独一无二的活动。由于该活动涉及到学生的隐私，因此我们不能细说，但是用啄木鸟陈起永老师的话来说，该活动"绝对比 SAT 分数 2300 还有用"！

基于这两点，尽管学生当时的分数只有 SAT2000 和 TOEFL103，啄木鸟的老师破格将她录取为"种子计划"学员，目标直指常春藤名校！在申请过程中，通过啄木鸟顾问的指导，学生合理挖掘课外活动、书写申请文书方面的能力，与啄木鸟老师反复讨论并修改，最终取得满意的结果！

经典案例 03

学生情况

高中名称	重点高中	在读	否	毕业	06/2011
平均分数	90/100	学校排名	无		
TOEFL	117	IELTS	无		
SAT I	2300	SAT II	数学：800 西班牙语：790 美国历史：780		
客户优势	● 各项成绩出类拔萃				
客户劣势	● 缺少特色活动 ● 不善于表现自己的优势 ●GAP YEAR 3 年				

申请结果

学校排名	录取学校名称及奖学金额度	被拒学校名称候补
3	Yale University 全奖	耶鲁大学
26	Oberlin College 奖学金 $42,000/yr	奥伯林学院
32	Mount Holyoke College 奖学金 $25,000/yr	霍山学院（女校）
46	Gettysburg College 奖学金 $25,000/yr	盖茨堡学院

啄木鸟策划及点评

该学生是一个学霸型选手。成绩好，内心强大，热爱写作和弹吉他。她用英语写了很多文章，曾靠自己的写作才华赢得过一次全国英语大赛奖。除此以外，再无特别觉得有优势的地方。并且，GAP YEAR 3 年。

怎样去把这一块璞玉，让她的独一无二展示在世人面前，成了啄木鸟顾问的重任。首先，啄木鸟顾问从挖掘学生活动开始，指导学生做更具深度更适合学生的活动，以提升在申请中的竞争力。了解到学生长期关注美国一些慈善捐赠机构的运作后，啄木鸟顾问结合她的心得与写作才华为她策划了特别的公益类活动，而这项公益活动也是帮助学生赢得 Yale University 录取的重要因素。

在申请过程中，啄木鸟顾问与学生反复沟通，指导学生申请材料及申请文书准备。经过前期活动挖掘设计和文书指导，学生最终获得 Yale University 的青睐，并且获得了全额奖学金的殊荣。

啄木鸟对该学生的定位就是“前十全奖”，因为该学生除了分数出色之外，更具有很多在校学生不具备的优势：Gap years！用啄木鸟陈起永老师的话说：“如果策划得当，Gap Year 的经历将会成为学生的巨大优势，因为你现在能做的事情通常是在校学生做不到的。”如果不需要奖学金的话，该学生恐怕要收获十个八个美国名校的录取呢！

那些 Gap Year 的学生，还有那些想要第二年重新申请的学生，希望你们从该案例中获得启发和勇气。

经典案例 04

学生情况

高中名称	美国某高中	在读	是	毕业	
平均分数	3.52/4.0	学校排名	无		
TOEFL	102	IELTS	无		
SAT I	1860	SAT II	数学 1：710		
客户优势	● 美国高中读书 ● 课外活动丰富，包括在学校的慈善活动，以及在校的年级主席等				
客户劣势	● 在校成绩一般 ● 标准化考试分数低				

申请结果

排名	大学英文名称	大学中文名称
15	Cornell University（酒店专业）	康奈尔大学
36	Bard College	巴德学院
44	University of Miami	迈阿密大学
46	Penn State University–Park Campus	宾州州立大学
46	Dickinson College	迪金森学院

啄木鸟策划及点评

该学生在学校的活动很丰富，而假期在国内不知道应该参加何种活动。啄木鸟顾问建议学生参加某金融企业实习活动，并且在活动中给予指导，成为组长，并提出完整的商业计划。在申请过程中，因为学生非常喜欢 CORNELL（康奈尔），而本身可用 SATII 成绩只有一门，这种情况下，啄木鸟顾问建议学生自己申请也非常喜欢的 HOTEL 酒店管理专业，并指导学生在这方面进行大量深入的调查研究。准备充分的申请材料，让学生在酒管专业申请方面信心十足。

除了准备申请材料，啄木鸟顾问在补充推荐信写作方向、面试形式及内容方面，给予学生细致全面的指导，为申请提供了强有力的辅助，学生得到了校友面试的最高分。

而由于标准化成绩较低，学生在 ED CORNELL 的时候被延到正常申请。这种情况下，啄木鸟顾问指导学生补充材料，表达对 CORNELL 的热爱并继续补充自己在酒管方面的进一步作为。学生的热情、坚持以及投入，最终打动学校，成功被 CORNELL HOTEL 录取！太黑了啊，这匹黑马！

经典案例 05

学生情况

高中名称	省重点中学	在读	是	毕业	
平均分数	90+/100	学校排名	TOP 10%		
TOEFL	110	IELTS	无		
SAT Ⅰ	2200	SAT Ⅱ	数学：800 化学：780 物理：800		
客户优势	● 学生会副主席，活动丰富 ● 某世界五百强公司实习经历				
客户劣势	● 无明显劣势				

申请结果

排名	大学英文名称	大学中文名称
8	Duke University	杜克大学
24	University of Virginia	弗吉尼亚大学
30	University of North Carolina - Chapel Hill	北卡罗来纳大学教堂山分校
32	New York University	纽约大学

啄木鸟策划及点评

该学生是一个有大爱、成熟并有思想的女性，她为了帮助贫困学生接受教育，成立慈善机构，组织一系列活动，其中某活动，让贫困学生和家庭靠自己的劳动获得回报，并且设立专项基金，尤其帮助在教育权利上处于弱势的贫困家庭的女孩接受教育。进行慈善活动的过程中，学生发现了自己的学术兴趣与商科相关，于是啄木鸟顾问指导学生在实际生活和实践中，检验自己的学术兴趣以及发掘自己的能力，在某世界五百强公司实习。实习期间，学生组织了一场大规模的市场推广活动，取得了成功，由此更激发了学生对商科的热情。在申请过程中，啄木鸟顾问整体规划、挖掘和指导学生的课外活动及申请文书，为申请成功奠定了坚实的基础。

学生最大的困惑，并不是没有活动可以写，而是活动太多了不知道写哪个、从哪个角度写。啄木鸟老师在与学生交流后，提出了创新性的角度，学生高兴得几乎跳了起来！申请过程中的几个不眠之夜，学生反复与啄木鸟老师沟通修改文书，在其他同学提前申请获得各种录取的压力下不乱分寸，都是成功的关键，最终她获得了自己所在高中在该年度最好的美国大学录取结果。

经典案例 06

学生情况

高中名称	国内某高中	在读	是	毕业	
平均分数	90+/100	学校排名	无		
TOEFL	105	IELTS	无		
SAT Ⅰ	2180	SAT Ⅱ	数学 2：800 物理：700 美国历史：570		
客户优势	●SAT 成绩不错 ● 校内成绩优异 ● 参加的活动多				
客户劣势	●TOEFL 成绩在同档位录取学生中相对偏低				

申请结果

排名	大学英文名称	大学中文名称
9	Haverford College	哈弗福德学院
12	Davidson College	戴维森学院
15	Cornell University	康奈尔大学
18	Smith College	史密斯学院（女校）
20	Emory University	埃默里大学
21	University of California – Berkeley	加州大学伯克利分校
24	University of California – Los Angeles	加州大学洛杉矶分校
24	University of Virginia	弗吉尼亚大学
24	University of Southern California	南加州大学
24	Macalester College	麦卡利斯特学院

啄木鸟策划及点评

拿 Offer 不难，难的是拿到 13 所名校的 Offer。之所以有这么高的录取率，很大程度上取决于该学生听从了啄木鸟老师的意见。该生是高一就参加啄木鸟精英计划的学生，因此长期参与多个课外活动。学生曾在短暂的时间内想要放弃公益事业继续冲击更好的托福成绩，在啄木鸟百般劝解下最终放弃继续考托福，而把公益事业持续做下去，扩大自身影响力。最后的录取证明，该活动为学生赢得了所有院校的好评。

啄木鸟更是在文书上针对每个学校的特点一一为学生指导，在充分挖掘学生自身背景的同时结合学校特点，让录取官过目不忘。

经典案例 07

学生情况

高中名称	国内某重点中学	在读	是	毕业	
平均分数	90+/100	学校排名	TOP 10%		
TOEFL	110	IELTS	无		
SAT Ⅰ	2100	SAT Ⅱ	数学：750 物理：730 美国历史：660		
客户优势	● 在校成绩优秀 ● 擅长绘画 ● 参加啄木鸟美国名校申请 Workshop 班				
客户劣势	● SAT 成绩申请名校优势不大 ● 虽有一些活动，但是活动均不够深入				

申请结果

排名	大学英文名称	大学中文名称
9	Haverford College	哈弗福德学院
13	Johns Hopkins University	约翰霍普金斯大学
15	Cornell University	康奈尔大学
17	Rice University	莱斯大学
18	Colby College	科尔比学院
21	University of California – Berkeley	加州大学伯克利分校
24	Univ. of California – Los Angeles	加州大学洛杉矶分校
24	University of Southern California	南加州大学
32	New York University	纽约大学
33	Brandeis University	布兰迪斯大学
36	Georgia institute of Technology*	佐治亚理工学院
46	University of Illinois Urbana Champaign	伊利诺伊大学—香槟分校

啄木鸟策划及点评

像大部分的客户一样，该学生是通过上届客户的口碑介绍而来，所以目标相当明确：冲刺 TOP30 的美国名校。

啄木鸟根据学生的目标一一分析学生的优劣势。当了解到学生的活动时，顾问发现学生热爱自然和环保，曾经参加过一些科研项目的实习和研究。学生的活动出发点很好，但是啄木鸟认为活动并没有上升到一定高度。在顾问指导下，学生将此研究成果应用到西部开发中，对人类和自然产生实际效益。经过这点睛指导，该活动成为申请成功的关键因素。

另外，学生参加啄木鸟美国名校申请 Workshop 班，了解了大学申请的整个流程，掌握到选校以及书写文书的关键要素，学习到了面试中可能出现的问题以及回答方式等。在 Workshop 班的学习和锻炼，也为学生成功完成留学申请奠定了坚实基础。

经典案例 08

学生情况

高中名称	省重点中学	在读	是	毕业	
平均分数	90+/100	学校排名	TOP 10%		
TOEFL	113	IELTS	无		
SAT Ⅰ	2050	SAT Ⅱ	数学：800 化学：800 物理：800		
客户优势	● 在校成绩、TOEFL 成绩高 ● 在美国高中交换半年 ● 慈善活动深入				
客户劣势	SAT 分数低				

申请结果

排名	大学英文名称	大学中文名称
15	Brown University	布朗大学

啄木鸟策划及点评

靠 2050 的 SAT 分数提前被布朗大学录取给该生所在学校造成了不小的轰动，啄木鸟分析其成功原因主要有以下几方面：

跨文化的有机结合。学生在美国高中交换半年，不仅完善自身，让内秀的自己逐渐成长为勇于表达自己的成熟学生，还将美国课堂上激发讨论和思想碰撞的形式，带到自己在中国的学习和活动中。

公益事业上的坚持不懈。在啄木鸟顾问的指导下，学生将亲身经历的美国教育模式带到创办的支教活动中。学生带领他的队员长期投身于支教活动，见证了他的爱心和领导能力。

申请过程的亲力亲为。学生参加啄木鸟美国名校申请 Workshop 班，在各位老师的指导下，从自身亮点挖掘、整体设计、文书选点构思、面试辅导等多方面完善自己，在申请过程中，充分认识自己，挖掘自己，并取得了先机，及早思考申请事宜。

结合自己的专业爱好，参加啄木鸟推荐的某科技创新活动并取得优异成果。

总有一扇窗为你打开，6 个月斩获耶鲁 offer

——啄木鸟常春藤种子计划 C 同学分享耶鲁申请过程

“得到陈起永老师亲自指导”为成功申请铺好了路。

所有学校的录取通知书都有一个特点，就是看完第一句话，剩下不用看都知道是怎么回事了。所以，当我 29 号（Ivy 发榜日）早上起来看结果时，两分钟内就知道我被三个学校拒绝，意料之中，情理之中。剩下两个学校我想快点看完了事，不过两个网站打开的速度都比较慢，所以我就在两个网页之间换来换去地等。当我再次点开 Yale 那一页时，突然看到：“Welcome！”接下来的一天我都是在恍恍惚惚神智不清中度过的。

我第一次来到啄木鸟时是四月份，没有 SAT/ 托福成绩，还一点都不知道问题的严重性。好在我的高中排名还比较好，英语基础也还行，美女 Zoe 就收留了我。接下来赶快报名考试，幸运地报到了六月的 SAT 和托福。考 SAT 前，我在啄木鸟做了四次真题模考，这四次考试对我把握考试的难度和节奏有非常大的帮助。

让我最头疼的就是自己的课外活动平淡无奇，虽然包含 leadership 和 service 还有一些奖，但冲刺牛校都不够分量。我的顾问老师很耐心地与我沟通，想方设法从我的经历中发掘与众不同之处，并以此为基础指导我参加更多活动，为申请文书积累素材。我还得到了给哈佛爷爷做翻译的机会，零距离了解了美国大学录取的一个重要环节。

后来考试成绩出来了，达到了啄木鸟“常春藤种子计划”的要求，但因为课外活动还是不够出色，险些没有通过。好在天无绝人之路，我幸运地成为了啄木鸟种子计划的一员，得到陈起永老师的亲自指导。

经过反复的交流，陈老师发现了我课外活动中的亮点，确定了主要文书的素材，接下来的任务就是写。写文书的时候我遇到了不少难题，第一是方向把握不准，第二是字数总是超标。陈老师总是很快地给我回馈，有时还亲自打电话过来指导我。准确地说，我和陈老师联系的次数不算特别多，但他的每一个建议都说到要点，给了我很大的帮助，主文书来来回回改了七八遍后终于定稿。

陈老师建议我 EA 冲刺普林斯顿大学。被普林斯顿大学 defer 以后，因为要申奖，所以 RD 必须多申才能保证不踏空。我本来没打算申哈佛和耶鲁了，觉得既然普林斯顿大学没录取，RD 被哈佛或耶鲁录取的概率约等于零，但陈老师“命令”我必须一试，最终定下 20 所学校。接下来是比较焦头烂额的一段时间，一个月内要写完 19 所学校的额外小文书。我就先挑简单的和短的写，写到最后剩下几篇无从下手的，硬着头皮熬夜写完。陈老师看过说 OK，我就把它们都提交上去。当我把 common app 提交给最后一所学校时，实在是松了一口气。

接下来是过年，走亲访友，基本上没想申请的事，谁知道冷不丁地接到一个面试通知。当时我和面试官不在同一个城市，想到春运期间的交通状况，两人约定电话面试。从这次经验来看，如果有条件本人到场或 skype，就千万不要电话面试，因为打电话与见面的感觉实在差太远，在电话里很难全面展示自己，而且两个人会因为听不清对方讲话而影响交流，见面就不会有这个问题。这次面试基本上是走过场，只讲了 20 多分钟，没留下好印象也没留下坏印象，最终果然没被这个学校录取。

二月中下旬，本以为面试阶段已经告一段落，结果收到耶鲁面试官的一封邮件。我定了一个比较晚的日期，利用之前的几天想想可以聊的话题，以防冷场。说实话，我没太在意这次面试，因为耶鲁嘛，我想反正没什么戏，如果是个 LAC 我反而会紧张。面试当天，我以很轻松的心态赴约，结果这个面试官看我比较顺眼，聊了一个多小时，我看到他不停地记笔记。回家后我发了封邮件感谢他，就没怎么想这件事了。

我收到的第一封 decision letter 是来自一个“保底”学校，结果居然被拒了！我想想名单上其他十几所更加高不可攀的学校，顿时觉得希望渺茫。我想，是不是因为我申了半奖，然后这个学校今年比较缺钱？又或者，学校觉得我分数太高，录了也不会去？想来想去也没结果。几天后，另一所学校决定把我放到 waitlist 上，又比之前好了一点。又过了几天，另一所“保底”学校录取了，给了荣誉奖学金。我觉得自己非常幸运，因为这个学校真的很漂亮。

又过了两天，我被一所女校录取，给的奖比“保底”学校多一点，让我陷入了一个两难的选择，因为我其实不大想去女校，担心那样的环境会不会阴气太重。我觉得自己的录取结果很可能就是这两个了，因为剩下的学校要不就排名太前，要不就申奖太多。谁知，当很多学校已经开始出结果的时候，有个 LAC 发邮件来说要 skype 面试！我问他为什么突然在这个时候面试，但学校没给我很明确的回答，只是确定了时间。我惶惶不安地接受了面试，因为这么晚了，肯定是学校对我还有一点兴趣但又不是很确定，所以这次面试将决定这个学校录不录我。面试的时候我比较紧张，有点结结巴巴的，然后网络又不怎么好，不过面试官很友好，我跟她讲了我的“生平”和想学的专业，她看起来对我印象还不差。挂了电话后，我开始幻想被这个学校录取，但一直没什么消息。

三月二十几号，录取高峰期。我接到了一连串的 waitlist 和 rejection，到 28 号的时候基本上已经尘埃落定，只剩 ivy 和上述 LAC 了。29 号早上我起来查邮件，发现被 LAC 录取！所以我后来查

ivy 结果的时候虽然没抱什么希望，但心情特别好。不过不用说，当我看到 Yale 的结果时，实在是大吃了一惊……

如果说感想，我只能感叹自己运气好。首先，我报考试的时候基本上已经只有一次机会了，但在巨大压力下，托福和 SAT 都一次过关。如果没进啄木鸟种子计划，就不会得到陈老师指导，更不会报耶鲁。而且，中国大陆这么多人报耶鲁，面试官远远供不应求，抽签抽到我有机会面试，然后还碰到一个和我比较谈得来的面试官。最不可思议的是，在千百位各种各样的牛人中，招生委员会偏偏选中了我！这些事和这些人，缺少了任何一个，我都不可能被录取。和我一样努力和 qualified 的申请人很多，我的录取是 30% 汗水 +70% 运气的结果。

陈起永老师点评：

6 个月被耶鲁录取靠实力而不是运气

——美国大学录取是能“展示”出来的实力比拼

被耶鲁大学全奖录取的 C 同学说她的录取是“30% 汗水 +70% 运气的结果”，我认为她的耶鲁录取主要是靠自己的实力，其运气成分最多只能占到 10%，因此她的录取应该是“30% 汗水+60% 的实力+10% 运气的结果”。

这 60% 的实力是她在申请中一直没有认识到的自己的实力部分，以至于普林斯顿大学的提前申请被拒后不敢申请哈佛、耶鲁了。她为什么没有意识到这部分的实力呢？因为这些实力不像分数那样直观，很多学生都无法意识到。C 同学的这些实力，一部分是对她已经做过的事情的深入挖掘而产生的（包装旧活动），另外一部分则是结合她的能力和特点、特长继续策划新活动而产生的（策划新活动），因此连她自己都没有意识到在她申请的时候其竞争实力已经大大提高了。

我认为 C 同学是一位非常优秀的学生，而且是很独特的学生，但她并不会包装自己，以至于第一次申请我的“常春藤种子计划”时被我当成一个仅有高分数的学生给拒掉了。当我的同事为她再次争取并口述了一些 C 同学的经历后，我才毫不犹豫地把 C 同学录取进“常春藤种子计划”。

有些学生和家长会产生一个疑问：靠“包装旧活动”和“策划新活动”进入耶鲁大学，这公平合理吗？当然公平合理！申请美国大学严格来讲，不是实力的比拼，而是“申请人能展示出来的实力比拼”。如果你有实力但是没有展示出来，那录取官只能认为你不具备那部分实力。不管是“包装旧活动”还是“策划新活动”，都是展示自己真实的实力。录取的“游戏规则”——不！还是叫

"竞争规则"好了——早就清清楚楚地在申请表格中公布了，最重要的就是：

1. 学校的 GPA（及 AP、IB、A-Leval 等课程分数）；
2. TOEFL 成绩 +SAT 成绩；
3. 课外活动；
4. 申请文书；
5. 面试（有的学校没有面试）。

耶鲁大学的录取官说："很多学生认为学习刻苦、成绩出色就可以被大学录取，实际上这是不够的。我们的想法是，如果你每天回家除了学习，别的什么都不做，那么理所当然地你应该得到 A。相比之下，另一个学生跟你成绩一样，但是却参加了许多重要的课外活动，很明显，我们会偏爱后者。"

普林斯顿大学的录取官则说："我们根本不看（分数），因为凡是申请我们学校的学生 SAT 大多都可以达到满分，你认为我们还会看重谁比谁多一分还是少一分吗？我们只比较学生其他方面是否优秀。"

在上面 1~5 项实力中，我们先去掉 SAT 分数；再去掉学校的分数即 GPA，因为申请常春藤级别名校的学生大部分 GPA 都非常高；然后剩下三项（3. 课外活动；4. 申请文书；5. 面试）。而在第 4 项和第 5 项中，通常写的还有与面试官说的都不是分数，而是第 3 项即课外活动。因此，我认为想进入名校，在拿到进入门槛的分数之后，就看你的课外活动了，剩下的就是写好、说好，即写好你的申请文书，说好你的面试内容。

高分的同学，别着急，其实课外活动相同或者相近的时候，你被名校录取的概率更大，但如果你的课外活动不够，包括数量不够和质量不够，你就不能大意了。

一切为了学生！

——用学生、家长的反馈来证明啄木鸟教育的责任心

教育是一个良心工程，也是一个责任心工程。任何一个家长都不会随便把孩子交给一个教育机构，而是要经过非常慎重地对比、选择，很多家长最后都成为了留学专家。家长不会因为一个广告就相信一个机构，但是朋友的推荐，往往能够让家长快速下决心。口碑对于留学企业来说，非常关键。

啄木鸟教育每年有 50% 以上的客户都是由老客户介绍而来，这点在行业里是非常难得的。要保住这个良好的口碑，就需要良好的服务质量和服务结果，也就是过程满意、结果满意。

老师的责任心对于口碑来说至关重要，如何确保老师的责任心呢？啄木鸟教育从两个方面把握：一是“一切以学生为中心”的企业文化的传承，啄木鸟在选择老师的时候，也把这个企业文化作为重要的指标；二是通过考核制度，把培训过程和结果与老师的绩效挂钩，来激发老师的责任心。

正是因为这份责任心，啄木鸟教育在培训、活动策划、留学申请方面，都取得了巨大的成绩。多年来，在啄木鸟教育培训的学生有 90% 进入美国 TOP 50 大学，100% 的学生进入美国 TOP 80 大学。

啄木鸟教育经常可以收到很多学生和家长的反馈，我想这极大地体现了啄木鸟的老师们的责任心。

一、家长来信

家长来信一：

您好！我是小雪的父亲。我女儿从出生以来一直都很幸运。她 1 岁 3 个月就认识一百多个汉字，2 岁 6 个月在省里电视台参加表演时曾誉她为“小神童”。但由于我们缺乏培养孩子的经验，因此孩子在上学期间虽能顺利考入本市最好的学府，但成绩却不算顶尖。由此，让孩子出国深造就成了我们培养她的最佳选择。然而，出国留学并非父母攒点钱让孩子跳出国门便了事，而是要经过诸多探索、选择……尽量帮助孩子能够学有所成才是目的。但是办理系列的留学申请对门外汉的我们来说的确是一片茫然。还好，有了女儿的幸运！让我们选择了“啄木鸟”,遇上了郑老师。郑老师接手我们这个业务后，

真诚负责，客观实际，尽心尽职，比如在选校的过程中能根据孩子的特点，不厌其烦，有始有终地跟踪服务，尽量让我们申请到满意的学校。我们由衷地赞叹："碰上好人了。"郑老师是"啄木鸟"德才兼备的好员工，更是我们这些普通客户的福星，我们将会把在"啄木鸟"的所见所闻介绍给我们周围的朋友，并自愿地，真诚地为您们做一番推广，以报答郑老师对我们真诚、无私的帮助。并希望陈总把我们由衷的谢意转达给郑老师，同时向陈总和郑老师的同事表示衷心感谢！

家长来信二：

周老师：

卡耐基梅隆大学机器人活动结束后，孩子收获满满的同时，非常感谢啄木鸟的海老师，每天她在安排完孩子入睡后，会以手机短信的形式给我们每个家长发来孩子一天的情况汇报，让我们了解孩子的学习、比赛和生活状况，一共40多个孩子，据说发完都到凌晨2点了，尤其是在她生病的日子里还一如既往，从未间断，这一点让人感动。从海老师身上，从我开始接触啄木鸟教育的李老师，还有金牌导师周老师，负责活动的总老师等人身上，都能感受到你们不辞辛苦，为我们着想的敬业精神。

谢谢你们。

家长来信三：

方老师：

您好！非常感谢您对芳芳多方面的关心和鼓励！这些天来，您对芳芳每天的学习规划和要求让我很感动，在您的指导下，芳芳每天也很开心地完成当天的任务，您每次对她的赞许她回家都要高兴好久，这也让我很开心地看到孩子的进步。芳芳属于一个很会学习的孩子，她的方法就是把老师讲的尽量搞懂，认真去做，注重课堂内容，做到高效。她节约下来的时间我都会奖励她做自己想做的事，一般情况她就是看小说、杂志，很书虫了。从小到现在，在学习上没让我烦心过，我只告诉她要有梦想，并且坚持去做就一定会成功！今年的体育中考和全市中考让她慢慢体验到小小成功的喜悦，我也经常告诉她，大的成功还在后面呢，我们还需要继续努力。她是一个很讲道理的好孩子，自己心里明白但不善于表现自己，有些内向文静，我很希望方老师除了在知识上教她外，能更多地用您活泼开朗的性格和积极正面的心态引导她，她很喜欢您，从第一天回来告诉我对您的描述就能感觉得到，所以，我很高兴您能作为她的教学老师全程帮助她，我和芳芳也很有信心在托福和 SAT 上考出满意的分数。很谢谢您能在繁忙的工作之余对芳芳今天的模考进行了全面分析，她在路上就讲了她今天的考试感受，除了对整个托福考试内容不清楚和完全不知道有哪些要求的因素外，她也觉得自己在单词拼写、口语考试中迅速的构思表达上有问题。我相信，有您对她的专业教学和严格把关，芳芳一定会有更大进步的。再次表达对您的感谢！方老师，辛苦啦！

二、学生评价

学生评价一：

刘老师是一个工作特别专注投入的老师。为我们做申请时，首先是通过各种方式充分了解我们，挖掘我们身上的闪光点，然后再将突出的闪光点最大程度地融入在文书中，让我看到一个世界上独一无二的自己。在平时的学习生活中，刘老师总是会关心我、鼓励我，让我感觉特别温暖。

学生评价二：

最重要的一点我必须在这里提一下：带队老师魏老师实在是太负责了，简直负责到家了，什么事情都想得很周到。我们都给她起了个外号叫“哆啦 A 梦”，要什么有什么，光药品就准备了 20 多种，而且对同学们都非常好。让我印象最深刻、最感动的就是一个同学腿上有点擦伤，魏老师趴在地上给同学上药，那场景实在太让人感动了。魏老师在整个过程中真的很负责任，不管她有多年轻，或者经验多与少，通过这次活动，我感觉魏老师真是尽心尽力而且表现得十分的完美！

如何度过 SAT/ 托福备考过程中的情绪低潮期

——SAT/ 托福学习的八大收获

在准备 SAT/ 托福的过程中，几乎每个学生都会出现情绪的低潮期。

你会觉得，SAT 的长阅读怎么这么长、这么烦，不就是去美国吗？为什么要逼着我看这么多无聊的 SAT 长阅读？

你会觉得背诵《猴哥填空 2300》的单词怎么这么烦，怎么每个单词都这么难背？

你会觉得我为什么要写这么无聊的作文，“人是不是在有压力的情况下效率更高？”“过程重要，还是结果重要？”这关我鸟事？！

于是，你就会觉得十分烦，不想再学了。

于是，你的学习效率大大降低……

干脆，玩几天……

等低潮期过去，你的斗志回来了，又会产生极大的负罪感和内疚感，觉得自己浪费了本来就很紧张的准备时间……

猴哥发现，大部分人都会出现这种状态……

如何快速克服这种厌学情绪呢？猴哥发现，在学习的过程中，你感觉自己收获的越多，产生厌学情绪的概率就会越低。

那么，在准备 SAT/ 托福的过程中我们能获得哪些收获呢？

1. 获得一个有竞争力的 SAT/ 托福成绩：我们不能忙了半天，分数上不去，所以成绩是第一个收获。

2. 英语的听、说、读、写、词汇和语法能力真正提高：记住，我们去美国求学的目的，不是去了就行，而是要去一个适合自己的学校，并且能在这所学校里学有所成，至少也要顺利毕业。中国学生的学习能力都不弱，但是语言能力会成为一块绊脚石。与其去美国之后再提高，还不如借助 SAT/ 托福的学习，把英语能力真正提高上去。托福的听力、口语分数上去了，自然去美国听课、生活的能力就会提高，而 SAT 的阅读、写作如果你能搞定，美国大学课程的大量阅读及阅读后的写作你也就能搞定。

3. 增加对美国历史、文化的认识与理解：SAT/ 托福的阅读里面有大量美国历史、文化、价值观的东西，掌握了这些，对于你尽快融入美国大学很有帮助。如果你的美国室友讲了一个笑话，别人都笑，你却不知道哪里好笑，那就尴尬了。

4. 学习方法的获得：猴哥可以接触全国各地一些 SAT 第一次就考 2300 分、托福第一次就考 115 分的学生，猴哥特别喜欢研究他们。猴哥发现，他们普遍有两个特点：第一个特点是他们的智商都很高，特别聪明；第二个特点是他们一定会利用自己的聪明才智，研究出一套学习方法，使他们的学习变得特别有效率。而这些学习方法，有很多共性，这些共性的东西，普通学生掌握了，也可以大大提高学习效率。猴哥自己当年上学的时候，就是这样做的。啄木鸟教育会把这些学习方法融入教学过程，让学生逐渐掌握这些学习方法。

5. 方法论的获得：猴哥发现，最聪明的学生，还会去研究在学习 SAT/ 托福过程中形成的学习方法的内在规律，然后把这些内在规律应用到其他科目的学习上，甚至生活、课外活动中，以提高效率，这个内在规律，就是方法论。在学习过程中，如果能形成自己的方法论，则受益终生。

6. 自我分析能力的提高：一个学生，在不同阶段，每天背多少单词，上什么培训班，做什么题目，这个不是一拍脑袋就决定的，而是要了解学生已经背了多少什么单词，上了什么培训班，做了什么题，参加了几次 SAT/ 托福考试，考了多少分，分数细节是什么，然后通过科学的分析，来判断下一步要怎么做，这个就需要分析能力。刚开始是老师帮你分析，之后，自己要有分析意识，要掌握分析的方法，最终要能够进行自我分析。

7. 自我规划能力的提高：分析完自己的实际情况，就要开始规划学习计划了。在中国中小学的教学体系里，学生往往不需要训练和掌握规划能力，因为一切都是老师安排的，只需要完成老师的要求即可。SAT/ 托福备考过程中，刚开始我们的规划师会帮你做规划，但是，我们希望学生能够掌握规划的原则和规律，最终形成自我规划的能力和主动性。

8. 心理承受能力的提高：SAT/ 托福是有一定难度的考试，不管是考试形式还是内容，对于中国的学生，都是一个挑战。在这个过程中，情绪波动是正常的，有时候会失去信心，甚至想放弃。但是，最终如果坚持下来，你的心理同样也经历了一次洗礼，从而提高了以后在学习、生活、工作中的心理承受能力。这是第八个收获。

你看，经过 SAT/ 托福的考试，你可以获得八个收获，而不只是简单的一个分数，你是不是觉得，SAT 的长阅读不再那么讨厌了呢？

只要用心，就有收获

猴哥发现，不管学什么，只要用心学，将来迟早会用上。

例子一：打扫厕所也会入党

猴哥上初中的时候，属于蔫坏型，现在叫闷骚型，特别喜欢上课和上自习的时候与前后左右的同学说话，老师最后实在没有办法了，就把我的桌子搬到讲台上，让我坐在讲台的侧面，老师的出发点是："我盯不住你，我就不信全班同学还盯不住你！"当我坐在讲台上，侧头一看，能够看到全班同学齐刷刷地看着我，那种感觉真是太好了，我当时就觉得，将来要是能够当老师就好了。后来老师犯了一个非常严重的错误，她把我们班第二闷骚的同学也安排到讲台上，结果我们两个开始在上自习的时候说相声，老师彻底崩溃。于是老师想出了一个更狠的方法，如果谁上课、上自习再说话被抓住，就罚扫一周的清洁区，谁如果在扫清洁区的一周里还说话被抓住，则再扫一周，而且要累加。结果我几乎扫了一个学期的清洁区，我们班的清洁区是操场。

本来扫操场这件事情，对于我来说是一件很无聊的事情，但是为了能够尽快扫完回家，我发明了"程氏扫操场法"，多人配合，扫得又快又好，还不扬灰。按理说我扫操场的技能也不会派上什么用场，但是我上了大学后，正值西安交通大学的百年校庆和评选"211 工程"达标院校，所以学校要求把厕所搞得和厨房一样干净，我带领一票人马，接下了扫操场和扫厕所的活(含女厕所)，结果由于我扫操场扫得又快又好，扫厕所也很给力，于是后来我光荣地加入了中国共产党。

谁能想到初中时锻炼的扫操场本领，在大学入党过程中能起到作用呢？

例子二：讲电影讲出的老师

大家都觉得现在的猴哥特别能说，到处演讲，其实猴哥本身是一个很闷骚的人，私底下打打闹闹没正形，但是一上台面就容易蒙。上大学的时候，猴哥不喜欢上课，喜欢自学，其实也就是不学，每天早晨，别的同学去上课，我会去图书馆的电教室看电影。当时宿舍没有电脑，要看最新的大片，就要去图书馆的电教室，每人一台电脑，可以戴着耳机看大片，美其名曰："看大片学英语"。每周大概有 10 多部大片可供选择，我每天都去，所以把这些大片都看了。我的同学们，一般只周末去看，所以只能看两三部。我每天晚上熄灯后，就会搬一把椅子，坐在宿舍中间，其他六名同学十分惬意地躺在被子里，安静地等待我来讲今天看的电影，然后根据我讲的剧情和评价，来决定周末去看哪几部。猴哥发现，要把一个电影讲清楚十分困难，看电影时可以通过画面、声音来交代背景，但是在黑暗的情况下，你不能通过肢体语言来表达，只能通过纯语言来表述逻辑。这个方式非常好地锻炼了猴哥的思维模式，因为所谓口才，最关键的是脑子里的逻辑思维能力。猴哥在 5 舍 114 室讲完，就被邀请去 121 室，再去 118 室，我们班的宿舍讲完了，再被邀请去其他班的宿舍讲。这样讲了 1 年，猴哥发现自己的表达能力、逻辑思维能力和演讲能力大大提高了。

今天，我成为了一名老师，也需要到处演讲，2 年讲了 100 多场讲座，谁能想到，当初讲电影的爱好，今天也得到了应用。

例子三：SAT/ 托福词频背后的故事

猴哥本来是电力系统及自动化专业的，但是最后对电力系统没有了兴趣，对经济学产生了浓厚的兴趣，于是就决定去考厦门大学数量经济的研究生。要考数量经济学研究生，就需要考统计学的专业课，于是猴哥仔细学习了统计学的教材。后来很不幸，猴哥专业课没有过，没有考上，这也是猴哥人生的第一次重大挫折。后来猴哥去北京供电局工作，统计学也就再也用不上了。

猴哥大学毕业设计没有选择本专业的内容，而是选择了制作西安交通大学电气工程学院的官方网站。那个年代，做网站的人很少。

后来，猴哥发现，猴哥是全国所有英语老师里，唯一一个懂统计还懂做网站的人。猴哥的《猴哥 SAT 词汇蓝宝书》《猴哥托福词频 9000》，都是按照单词在考试中出现的频率来排序的。别人统计词频，有时候甚至要靠人工一个一个去数，但是猴哥可以用统计软件很快统计出来。猴哥为了让更多人使用猴哥这些高效率的背词方法，创办了满分网。

猴哥 10 年前研究的统计学、数量经济，在今天改名字叫作大数据，而猴哥把大数据的研究和教学结合起来，研发出很多 SAT 备考资料。

当初猴哥学统计、做官网时，也没有想到将来可以用于英语学习。所以只要用心学，就迟早会用上。

例子四：看书的心得

2003 年的时候，猴哥曾经和几个高中同学在北京合伙做过一次创业，创业内容是做网上书店，专门销售经济管理类书籍。后来项目失败，我们四个人把已经进货的书分了，我分到的书把书房一面墙的书架都放满了。后来我从供电局辞职后，感觉很无聊，就开始看这些书，用了半年时间把一面墙的书都看了，当时就是无聊才看的，后来我做啄木鸟，发现当时看的很多管理、营销、市场、人力资源的书都可以用上。

所以，只要用心看，都能用上。

例子五：霹雳舞征服学生

猴哥上初中的时候，在一次校级的联欢会上，几个高年级学生表演了霹雳舞，当时我彻底被震慑了，我还发现学校里所有的女生看着他们的眼神都发光，直觉告诉我这个霹雳舞值得去学。不过那个年代，都是人传人地教，没有专门学舞的地方，他们也不愿意教我，于是作罢。我从供电局辞职后，有一段时间很无聊，就想去学霹雳舞。后来发现，霹雳舞现在已经改名了，叫街舞。于是我报了一个培训班，去的第一天，我就发现学员都是十五六岁的中学生，就我一个 30 岁的，我的同学曾不解地问我："大叔，你为什么来学这个？"后来我发现了一个非常悲剧的事实：舞蹈的效果，不但与舞姿有关，还和表演者的身材有很大的关系，我每一次都是含泪在镜子前看着自己的肚子练习。最后，老师给我的评价是："你是所有学员中学得最卖力的一个。"再无其他评价。

后来我成为了老师，有一次给一个班的学生讲课，这些学生用他们校长的话说是十分难管，很少听老师的话，课堂秩序很难保证。课堂上果然有几个学生不停地说话，我忽然冲下去，把这几个家伙拉上讲台，然后和他们斗舞，虽然我的动作不是很标准，但还是震慑住了他们，从此之后，他们再也不敢上课捣乱。

当初我学习街舞的时候，没有想到还能在课堂上用到。

例子六：玩出的活动规划

猴哥从供电局辞职后，曾经出去玩了一年，要么去岛上住一阵，要么组织几十人去新疆的沙漠看胡杨林，义务当领队的日子里，只想着要把大家安全快乐地带出去，再安全快乐地带回来。

后来猴哥留学需要活动规划，猴哥也经常带着学生去拯救非洲犀牛、去野化大熊猫、去亚马逊科考，猴哥的户外技能也就全都派上了用场。

所以，不管学什么，既然学了，就要认真学，因为将来迟早会用上的。

快速提分的框架式学习法

从事 SAT 的教学和研究以来，猴哥接触到全国各地最优秀的学生，他们一般有如下特点：一般在所在城市排名第一的高中就读，学习成绩一般为年级前三名，托福第一次考试一般在 110 分左右，SAT 第一次考试一般在 2200 分左右，一般是学生会主席或者副主席，参加奥数（物理、化学、生物）并且获得一等奖，有音乐、美术等艺术特长，或者参加机器人大赛，参加各种公益活动，喜欢运动并且坚持运动，善良，善于与人沟通，口才好，每天按时睡觉。

对他们的特点进一步总结，猴哥发现，他们在学习方面有如下特点：

1. 智商很高，十分聪明。
2. 利用自己的高智商，研究出一套学习方法，并有效执行，使自己的学习效率高且非常轻松。
3. 他们的这些学习方法有很多共性。

猴哥自己本身不是一个很聪明的人，上学期间，奥数从来没有获过奖，连学校级别的奖也没有得过。但是猴哥特别注重研究聪明学生的学习方法，通过学习方法来弥补自己“智商低”的现实。利用这一套学习方法，猴哥也可以考到班上前几名，也保送上了西安交通大学。到了大学，猴哥仔细研究了班上前三名学生的学习方法，猴哥发现，虽然表面上各有千秋，但本质上是一样的。通过对前三名学生学习方法的仔细研究（猴哥本身也是前三名之一），猴哥形成了一套非常有效的学习方法。猴哥平时并不喜欢上课，猴哥喜欢自学，其实也就是不学，但是考试前，猴哥拿出一本新书，用猴哥的学习方法看四五天，基本上就可以考到我们班的前三名。到了大二，猴哥忽然想保送研究生，但是研究生要考到年级前几名才可以保送，于是猴哥把学一本书的时间增加到 10 天左右，结果那个学期，猴哥几乎所有的科目都是满分，猴哥考了年级第一名。

在这里，猴哥和大家分享一下猴哥的这一套学习方法。

猴哥从小到大，学习理科都是靠背诵。比如学数学，猴哥会先把数学书有哪些章节背诵下来，然后把每个章节有多少定理背诵下来。然后猴哥会拿出一张 A3 的大纸，把这些章节、定理默写出来，然后接着背诵,就像背单词一样,然后开始做题。做题时一般有三种状态：第一种是一看这个题目,就知道如何做；第二种是一看题目不会，就开始思考如何做，东试一下，西试一下，最后试出来了解题方法；第三种情况是试了半天，没有试出来，结果没有做出来。猴哥一般只有第三种情况,但是在第三种情况下，猴哥会设法获得答案。一般人知道答案后就会发出感叹:“哦，原来是这样,我怎么没有想到？”所以一个题目做不出来,就是因为“没有想到”,比如没有想到做这条辅助线,没有想到把定理这样组合用一下,等等。但是对猴哥来说,这只是个开始,猴哥会认真总结这些“没有想到”,然后把这些“没有想到”总结成猴哥可以记住的几个词或者几个知识点,然后把这些“没有想到”写在猴哥的数学章节、定理框架的A3大纸的下面,然后开始背诵,和背单词一样天天背诵,直到彻底背熟。猴哥后来发现，到一定时候，猴哥再也不需要这个框架了，猴哥一闭上眼睛，这个框架就会非常清晰地出现在猴哥的脑海里。猴哥还发现，那些数学非常厉害、奥数得过一等奖的学生，是十分容易在大脑里形成这个框架的，这个框架是什么，这个框架就是“数学观”，有了这个“数学观”，我们学数学就会十分容易。很多同学不明白学数学的目的，认为学数学就是为了做题，其实，学数学有两个目的，一是为了学会用数学这种语言来解释世界，二是用数学来解决问题。同样地，我们学习化学是为了建立“化学观”，学物理是为了建立“物理观”，学哲学是为了建立“哲学观”。

从这个角度去学习，有三大好处：第一，使用框架式学习法，可以使学习的效率提高，其实学习厉害的学生大部分都使用这种方法；第二，学习的成果容易保持，将来还会再用，你学会做某几道题,将来往往不会用上,到后续学习或者工作中,也往往用不上,但是如果你建立起数学观、物理观、哲学观，则在将来的生活中肯定可以用上；第三，当你学累了不想学的时候，如果感觉只是为了考试、做题而学，你的动力会不足，但是如果知道将来这些建立起来的数学观、哲学观还可以用得上，则学习动力会加强。

因为爱情，所以 SAT2350，托福 115！

猴哥一直固执地认为，要想证明爱一个人，就要做对你来说最难的事情来证明这份爱有多深。是在女生楼下摆“我爱你”的蜡烛阵难度大？还是 SAT 考 2350 分、托福 115 分的难度大？你可以天天摆蜡烛阵吗？显然不能。但是可以为她天天背诵《猴哥 SAT 词汇蓝宝书》《猴哥托福词频 9000》，为她 SAT/ 托福考高分，去哈佛、耶鲁，给爱的人创造可以依靠的未来！

追求爱情有两种境界：

1. 追求你喜欢的人。

2. 让你喜欢的人追求你。（注意，是你喜欢的人！）

你们班上有一个同学追求你，他整天踢足球，你虽然觉得他有一些小帅，但是整天一身臭汗，你可能不会喜欢他。但是，忽然有一天他开始发飙，他的学习成绩飙升至班上前几名，同时足球赛每场都进球，这个时候他还是一身臭汗，但在你看来，这就是男人味了。你可以抵挡住诱惑吗？

好吧，你抵挡住了。如果他奥数获得大奖、机器人大赛获得大奖，你还能抵挡住他的诱惑吗？

好吧，你抵挡住了。要是他在学校联欢会上，和你搭档主持呢？要是他还是校辩论队的最佳辩手呢？你还能抵挡得住诱惑吗？

好吧，你抵挡住了。要是有一天你发现他多年来一直自己编程序赚钱来资助一个希望小学的学生呢？

好吧，你抵挡住了。如果他为你写的诗在《青年文摘》“青春风铃”版块发表了呢？你能抵挡得住诱惑吗？

好吧，你抵挡住了。那么，要是他 SAT 2350 呢？

这时候“麻辣诱惑”都抵挡不住他的诱惑吧！

猴哥从来都认为，两个人需要一个从“相识”到“相知”到“相恋”再到“相爱”的过程……

你有没有仔细分析过，你为什么喜欢一个人？

有人说是一种感觉……

就是喜欢一个人……

就是惦记牵挂一个人……

就是总不停地在纸上写他的名字……

其实，喜欢一个人，必定是喜欢他（她）这个综合体。

喜欢他（她）的帅气（美貌）、智慧、善良，办事能力强；会跳舞，足球每场都进球；是模联主席；是读书会的主持人；是舞会皇后；去汶川救过灾；擅长跆拳道；对你无微不至地关怀；替你占座位；会写剧本；擅长摄影；擅长素描，能给你画像；讲义气；考试总是班上前几名，还会不厌其烦地给你讲题；擅长演讲，演讲赛最佳辩手；尊重你；奥数第一名；机器人制作大赛一等奖；环保创新大赛一等奖；能抵抗挫折；在家里制造能载人的飞机；喜欢旅游，擅长扎营；有科研能力；会从植物中提炼柴油；会编程，能帮人修电脑；会弹古筝和电贝司，识谱；能为你写诗；能为你写歌……

如果一个人具备以上所有素质，猴哥不推荐你去和他（她）相恋，除非你也这样。但是，具备以上素质较多的人，吸引你的概率会大大增加。

既然别人追求你的时候，你希望看到的是一个全面、有素质、能给你惊喜的人，那么，你在追求别人的时候，是否也应该先考虑提升自己呢?

一个人的素质，是可以提升的。

学习好 = 方法得当 + 用心

组织管理能力强 = 多实践 + 脸皮厚 + 用心

体育好 = 多运动 + 选择一个自己擅长的项目 + 用心

科研能力 = 灵感 + 科研方法 + 用心

做义工 = 善良 + 做义工的能力 + 用心

各种文艺特长 = 天赋 + 用心

对喜欢的人无微不至地关怀 = 细心 + 持久力 + 用心

其实，最重要的就是用心!

你才初一！你才高一！你才大一！你的各种能力，还有很多时间来提升和学习。

猴哥 30 岁才学街舞，猴哥 33 岁才开始学鬼步舞!

所以，真正喜欢一个人去追求她的方式，不是在楼下摆一个蜡烛阵，让全宿舍哥们儿去楼下喊“安红，额爱你”。你能天天这样吗?

做以上事情，只是为了让你爱的人知道你爱她，那么，爱难道只能通过这种方式表达出来吗?

你如果爱一个人，就 SAT 考 2350 分、托福考 115 分吧!

因为，SAT 考 2350 分、托福考 115 分比在楼下摆个蜡烛阵要艰难得多!

这个事情你一旦做到了：

第一，证明你真的爱她，愿意为她做最难的事情！

第二，你自己的英语能力和逻辑能力也获得了提升！

第三，证明了你的学术能力！

第四，你获得一个通向更有优势的未来的机会，你将会更有能力娶她！

蜡烛阵似乎只能证明两件事：

第一，你现在愿意为她做有一定难度的事情。

第二，她想让她的朋友知道你在为她做有一定难度的事情。

所以，让你喜欢的人追求你，其核心要素就是你好好跟着猴哥学 SAT，学托福，多参加各种课外活动，然后好好提升自身各种素质，然后静静地等待你喜欢的女生来追求你，多好！

以上是猴哥个人观点，不代表满分网和啄木鸟教育。

以上各种方法，同样适用于女生。

我的父亲·续

猴哥

这一生有这么好的父亲，是很多世修行得来的缘分，在以后的轮回里再和父亲相遇，是一件非常非常非常难的事情，甚至永远也遇不到了。我在2013年的父亲节写下这篇文章，就是为了时时提醒自己，我，长大了，父亲，老了，所以要珍惜和父亲在一起的分分秒秒……

今天是父亲节，微信上、微博上大家都在发各种祝福。猴哥觉得，写一篇关于父亲的文章，也是很好的。

要写这篇关于父亲的文章，你要做两件事情，一是仔细回忆，回忆从你记事起，你和父亲在一起的点点滴滴；二是要去找父亲，挖掘父亲小时候的事情，以及父亲少年、青年到成年的光辉岁月。

当你做第一件事情的时候，你会发现你和父亲在一起的记忆都有些模糊了，而这种模糊的感觉会让你惊醒，会让你意识到，你长大了，而父亲，老了……

2010年的时候，猴哥曾回忆过一次，并写了一篇《我的父亲》，这篇文章被收录在《猴哥SAT词汇蓝宝书》的附录里，父亲拿到书后，很开心。而那次的回忆，真的惊醒了我。

今年，为了挖掘有关父亲的内幕消息，我和父亲长谈了几次。只要一讲起自己的光荣历史，父亲就十分开心。

父亲的父亲，也就是我的爷爷，出身贫寒，很小的时候就从农村去县城打工，在一家商行做伙计。他勤劳好学，并且天资聪慧，后来还做了管账先生，成为了职业经理人。爷爷很有土地意识，知道农民的根在于土地，所以把每年挣的钱积攒下来，回到农村买了地。地多了就需要雇长工，爷爷对长工非常好，长工家里遇到困难，需要借钱或者借粮，爷爷从来不拒绝。这些长工和我们家一直保持着很好的关系，即使解放后也是如此。

爷爷很重视教育，送我大伯去上了黄埔军校，我大伯八年抗战，身先士卒。解放战争中大伯是整编七十五师的中校营长，后来率部在澎湖列岛起义。

解放后，我们家被判定为地主，父亲虽然努力学习，也考上了大学，但是由于家庭成分是地主，属于“地富反坏右”，无法被录取。

于是父亲高中毕业后就去工地上背砖挣钱，在背砖的过程中，父亲并没有因为考上大学但不能上而怨天尤人。父亲工作努力，主动干重活、累活、脏活，而且还利用业余时间，给工地写宣传海报，帮助工人补习文化知识。后来工地的工头被父亲感动，于是给父亲写了一封“证明信”，说父亲虽然是地主成分，但是工作期间努力认真，属于可以改造的“地富反坏右”分子。正是由于这份推荐信，父亲考入了西安铁道学院。

父亲大学期间努力学习、成绩优异，大学毕业后，分配到铁道部第一勘测设计院从事铁路设计工作。

父亲学的是路基专业，这个专业非常辛苦，因为要在铁路设计的最初期，在没有路的时候，去野外勘测设计。猴哥喜欢户外，但猴哥去过的地方的艰苦程度，和父亲一比，差得太远了，父亲才是真正的户外专家。

父亲有着非常强的学习能力，当初评高级工程师需要考外语，父亲因为根本没有学过英语，所以决定考日语，大夏天光着膀子自学 3 个月，竟然考过了，成为了高级工程师。

父亲十分清廉，他当铁路施工监理期间，施工方常常拿着现金来找父亲改一个设计，父亲从来都不收。

父亲为人正直，看到单位里不合理的事情，就会站出来为弱势群体说话，后来我判断这也是父亲一直没有当官，而只是走技术路线的原因。父亲少了一份做人的圆滑，但是活得坦荡。

父亲今年已经 75 岁了，最近身体一直不好，一个月内做了两次手术。住院期间，父亲常常怕麻烦我就自己做一些事情，每次遇到这种情况，我都会发火，我火的是父亲为什么要自己冒险做这些事情，完全可以让我来做的。

父亲由于年纪大了，记忆力不好，有时候会重复问我一些问题，我也会有不耐烦的时候。我的这些不耐烦、发火，虽然本质上都是为父亲好，但是父亲肯定会不舒服。我儿子小猴子今年三岁，他常常重复问我很多问题，我从来都不会烦。其实，我小的时候，也重复问父亲问题，父亲从来都不烦，那我现在怎么能烦他呢？

除了给父亲安排最好的医院，最好的大夫之外，我还能做的就是每天坚持做磕长头（藏传佛教里五体投地的磕头方式），为父亲祈福。今天磕了一个小时的头，完成了 430 个左右。另外，父亲的内心需要依托，我也给父亲看净空法师讲经的视频，猴哥自从信佛后发现，有信仰可以增强幸福感。

这一生有这么好的父亲，是很多世修行得来的缘分，在以后的轮回里再和父亲相遇，是一件非常非常非常难的事情，甚至永远也遇不到了。

我在 2013 年的父亲节写下这篇文章，就是为了时时提醒自己，我，长大了，父亲，老了，所以要珍惜和父亲在一起的分分秒秒……

附：我的父亲

这几天在给《猴哥 SAT 词汇蓝宝书》写致谢，除了没有感谢 CCTV，别的能感谢的都感谢了，但最先感谢的肯定是我的家人。

忽然想看看自己 2002 年写《猴哥 GRE 满分写作教程》和《猴哥 GRE 类比反义速记》的时候，是怎么感谢的，于是把这两本书拿了出来，看完之后，不禁潸然泪下，我竟然没有提到父母一个字。

我父亲在 40 岁的时候有了我，据母亲讲，我被架子车从县医院拉回来的时候，父亲唱了一路秦腔：“两个儿一个女，美得很！”

我 5 岁以前家在农村，父亲是铁路设计师，常年在全国各地跑，所以每年和父亲在一起的时间很短。但是父亲每一次回来，都会给我买很多玩的、吃的，令我的童年玩伴们羡慕不已。

依靠邓小平同志的知识分子政策，1983 年，成分是地主的我们全家“农转非”来到城里，一家人挤在很小的房子里（现在想想大约 10 平方米）。

当时母亲没有正式工作，家里的三个孩子都在上学，所以比较困难。我记得那个时候，哥哥姐姐都寄住在别人家。

父亲每一次出差，虽然可以坐卧铺，但他从来不坐。因为硬座和卧铺的差价，可以用来给嘴馋的我买肉吃。

我从小嘴馋，喜欢吃肉，父亲总是通过各种方法，让我可以每周吃一点肉，但他自己却很少吃。他总是说自己不喜欢吃，直到长大后我才知道，我喜欢吃肉是遗传父亲。

父亲也为我自豪过。6 岁的时候，我随父亲去参加单位的新年团拜会，被要求表演节目，刚从农村来城里 1 年的我，连普通话都说不标准，又能表演什么才艺呢？面对 100 多个大人，我没有退缩，不能给父亲丢脸，我迅速转动脑子，想出一个节目。

我当时的思路是反客为主，于是我给这些大人出了三个谜语，谁答出来了，就把我面前的苹果奖励给他。我至今还记得其中的一个谜语：“百万雄兵卷白旗，天下英雄无人敌，秦国死了余元帅，驷马将军无马骑，打四个汉字。”你猜出来是什么了吗？

长大后父亲还经常提起那次让他无比风光的团拜会。

小时候，父亲十分喜欢带我去单位的大澡堂洗澡。每一次他都会给我搓背，把我搓得全身红扑扑的才罢休，然后让我给他搓。猴急的我一直惦记着去大池子里扑腾，总是马马虎虎地搓上几下就溜走了。

小学时我的学习成绩还可以，也没有早恋，所以父亲还比较省心。但刚上初中，我忽然痴迷起中学的“帮派组织”，加入帮派当小弟，结果那一年的学习成绩成了班上倒数第三，还不如帮派老大的成绩。

那是父亲唯一一次打我。那天父亲要去开家长会，也就意味着会知道我的成绩，老师也会给父亲讲解我“光荣的帮派生涯”，我先是鼓动我姐姐代替父亲去参加家长会，但是没有成功，我只好使用第二招，提前上床、装睡。结果还是被父亲从被窝里揪了出来，一顿“毒打”之后，我全招了。

从那以后，我似乎明白了学习是为自己学，于是开始发挥自己善于学习的优势，第二个学期就从倒数第三考到了正数第三。

考高中的时候，我们的子弟学校不让学习成绩好的学生考宝鸡中学（省重点），而是仍然在子弟学校读高中。校长和我父亲以前在一个单位共事过，他告诉我父亲子弟学校也同样可以考上好大学，并且说按政策一个人都不能走。我们全家都比较天真，也就相信了。

高中开学那天，我发现我们年级前 20 名就剩下我一个，别人全都走了。

不过我也挺开心，我觉得这样老师就可以好好教我一个人了。

高一第一次期末考试，我就考了年级第一名，但是，其他同学的评论让我愤怒不已，他们说：“山中无老虎，猴子称霸王（难道我猴哥的雅号从那个时候就注定了吗？）。”于是我跟父亲说，这里没有学习氛围，我想去宝鸡中学证明自己的实力。

于是父亲托人，并且给我交了 2400 元的转校费（难道这预示着我 GRE 会是 2400？）。

去宝鸡中学报名那天，父亲对我说：“这是我两年的工资，也是我们家几乎全部的积蓄，宝鸡中学都是各个区县的尖子生，你也不要有太大的压力，第一次考班级二三十名就可以了。”

我到宝鸡中学后第一次期末考试考了班上第三名，后来被保送去了西安交大，大学期间我获得很多奖学金，也考过年级第一，这些都让父亲很自豪。

但当得知我放弃保送研究生的机会，自己考厦门大学的数量经济学专业时（我在西安交通大学学的是自动化专业），父亲崩溃了。知道我由于跨专业考研而失败的时候，父亲更加崩溃了。

还好由于我大学阶段的成绩不错，后来去了北京供电局，这又让父亲自豪了一把，说我在的地方离胡书记近。

2002 年，利用供电局上班的业余时间，我创办了满分网，写了 2 本 GRE 的书。当父亲拿到这两本书的时候，自豪到了极点。他把书拿给每一个认识的人，让别人看一看自己的小儿子出书了。

后来我在没有告诉父亲的情况下，从供电局辞职创业，父亲知道后，再度崩溃。所以我仔细总结了一下，我父亲有我这样一个小儿子，真的不知道是喜是悲。

我从小就有自己的主意，一般想好的事情，喜欢做成了再和大人说。这就让父亲经历了一次次的过山车式的冲击。我辞职后，创业并不是很顺利，在那个阶段，父亲来北京在我的家里给我做饭。我由于创业压力比较大，心情不好，经常对父亲恶语相加，过后虽然后悔，但总是用"因为是父亲，所以可以把自己的情绪都发泄出来，父亲也不会见怪，旁人就不行"的歪理来安慰自己。现在想起来，发现自己真的错了。因为我忽略了父亲当时的感受。

去年年底，父亲身体不好，住了院，我过年回家，看着 73 岁的父亲还在为我的事业操心，内心无比痛苦。而立之年的我虽然感觉自己还像个孩子，但是这一次真的觉得自己忽然长大了，虽然长大得晚了一点。

爱自己的父母吧，不要等到父母老了，再后悔……

啄木鸟教育
WOODPECKER EDUCATION

这是一套业界独一无二的托福/SAT教材:《猴哥SAT词汇蓝宝书》(白金升级3.0版)《猴哥SAT填空词频3100》《猴哥SAT语法宝典》《猴哥SAT数学宝典》《猴哥SAT写作宝典》《猴哥SAT阅读长难句第二版》《猴哥SAT阅读真题详解》《猴哥托福阅读、听力词频》《猴哥托福阅读长难句宝典》《猴哥托福写作宝典》等;这也是一套颠覆性的教材体系,把大量老师在课堂上讲的内容,提供给学生去学习和背诵,提高学习成绩和学习效率。

《猴哥 SAT 词汇蓝宝书》(白金升级 3.0 版)

《猴哥 SAT 填空词频 3100》

《猴哥 SAT 语法宝典》

《猴哥 SAT 数学宝典》

《猴哥 SAT 写作宝典》

《猴哥 SAT 阅读长难句第二版》

《猴哥 SAT 阅读真题详解》

《猴哥托福阅读、听力词频》

《猴哥托福阅读长难句宝典》

《猴哥托福写作宝典》